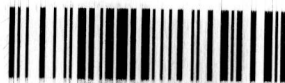

ORÍGENES DEL CONSTITUCIONALISMO MODERNO EN
HISPANOAMÉRICA
TRATADO DE DERECHO CONSTITUCIONAL - TOMO II

Colección Tratado de Derecho Constitucional

Allan R. Brewer-Carías

Profesor de la Universidad Central de Venezuela (desde 1963)
Simón Bolívar Professor, University of Cambridge (1985–1986)
Professeur Associé, Université de Paris II (1989–1990)
Adjunct Professor of Law, Columbia Law School, New York (2006–2008)

ORÍGENES DEL CONSTITUCIONALISMO MODERNO EN HISPANOAMÉRICA

COLECCIÓN
TRATADO DE DERECHO CONSTITUCIONAL
TOMO II

Fundación de Derecho Público
Editorial Jurídica Venezolana

Caracas, 2014

©   Allan R. Brewer-Carías, 2014
http://www.allanbrewercarias.com
Email: allan@brewercarias.com

Hecho el Depósito de Ley
ISBN: 978-980-365-248-7
Depósito Legal: lf5402014340830

Editado por: Editorial Jurídica Venezolana
Avda. Francisco Solano López, Torre Oasis, P.B., Local 4, Sabana Grande,
Apartado 17.598 – Caracas, 1015, Venezuela
Teléfono 762.25.53, 762.38.42. Fax. 763.5239
http://www.editorialjuridicavenezolana.com.ve
Email fejv@cantv.net

 Impreso por: Lightning Source, an INGRAM Content company
 para Editorial Jurídica Venezolana International Inc.
 Panamá, República de Panamá.
 Email: editorialjuridicainternational@gmail.com

Diagramación, composición y montaje
por: Francis Gil, en letra Times New Roman, 10,5
Interlineado 11, Mancha 19 x 12.5 cm., libro: 22.9 x 15.2 cm.

CONTENIDO GENERAL

TOMO II

PRESENTACIÓN

Este libro sobre Los Orígenes del Constitucionalismo Moderno en Hispanoamérica, que se publica como Tomo II del *Tratado de Derecho Constitucional*, recoge en forma sistematizada, en siete partes, todos mis trabajos sobre los orígenes del constitucionalismo moderno y su desarrollo en la América Hispana, publicados en las últimas décadas.

Dichas Partes son las siguientes, con indicación de las diversas fechas de redacción y publicación de los diversos estudios:

La Primera Parte, recoge diversos trabajos con *reflexiones sobre la organización territorial del Estado al inicio del constitucionalismo moderno*, en particular, los estudios sobre el modelo urbano de ciudad colonial y su implantación en Hispanoamérica (2008); la organización territorial de las colonias hispanoamericanas (1997); el proceso de poblamiento de América (1998-1999); el modelo urbano de la ciudad colonial y su implantación en Hispanoamericana, con especial referencia al poblamiento del Virreinato del Perú (2014); y proceso de poblamiento de las Provincias de Venezuela (1997).

La Segunda Parte, incluye dos trabajos sobre las bases del constitucionalismo moderno y su penetración en los territorios de la América colonial, que son el texto del libro sobre Reflexiones sobre la Revolución americana (1776) y la Revolución francesa (1789) y sus aportes al constitucionalismo moderno (1992); y el del estudio sobre El significado y repercusión en América hispana de la Declaración de derechos del hombre y del ciudadano de 1789 (2012).

La Tercera parte, incluye diversos estudios publicados en el libro sobre *El constitucionalismo hispanoamericano pregaditano 1811-1812* (2013), en particular los relativos al inicio del proceso constituyente en España y en América y la elección de representantes en 1809–1810 (2013); al paralelismo entre el constitucionalismo venezolano (1811) y el constitucionalismo de Cádiz (1812) (o de cómo el de Cádiz no influyó en el venezolano) (2005); a las primeras manifestaciones del constitucionalismo en tierras americanas: las Constituciones provinciales y nacionales de Venezuela y de la Nueva Granada en 1811–1812 (2012); a las declaraciones de derechos del pueblo y del hombre en el constitucionalismo histórico de Venezuela y de la Nueva Granada (1811-1812) (2012); a la crónica de un desencuentro: las Provincias de Venezuela y las Cortes de Cádiz (1810–1812) (2012); a la Constitución de Cádiz de 1812 y los principios del constitucionalismo moderno: su vigencia en Europa y en América (2009); y a la independencia de Venezuela y el inicio del constitucionalismo hispano americano en 1810–1811, como obra de civiles, y el desarrollo del militarismo a partir de 1812, en ausencia de régimen constitucional (2012).

La Cuarta Parte, incluye el texto de libro sobre *Las declaraciones de derechos del pueblo y del hombre de 1811* (2011).

La Quinta Parte, es el texto del libro sobre *La Constitución de la Provincia de Caracas de 31 de enero de 1812 como modelo de constitución provincial (2011)*.

La Sexta Parte, incluye diversos estudios sobre los inicios del constitucionalismo en Hispanoamérica, en particular los siguientes, sobre España y el constitucionalismo hispanoamericano (1986); sobre las causas de la independencia de Venezuela explicadas en Londres en 1812, cuando la Constitución de Cádiz comenzaba a conocerse y la Republica comenzaba a derrumbarse (2010-2012); sobre la concepción del Estado en la obra de Andrés Bello (1983); sobre la concepción del Estado en la obra de Simón Bolívar (1984); y sobre los orígenes del sistema mixto o integral de control de constitucionalidad (1995).

Y la Séptima parte, es el texto del estudio sobre el desarrollo del constitucionalismo en Venezuela después de la revolución y Constitución de Caracas (1811), en particular con la Constitución de Angostura (1819), la Constitución de Cúcuta (1821) con la creación de la república de Colombia y la Constitución de Valencia (1830) con el restablecimiento del Estado de Venezuela (2005).

A lo largo del Tomo, en cada una de las Partes y en las diversas Secciones en las cuales se dividen, se especifica con precisión la fecha y lugar de las diversas ediciones donde se incluyeron los trabajos.

New York, enero 2014

PRIMERA PARTE

REFLEXIONES SOBRE LA ORGANIZACIÓN TERRITORIAL DEL ESTADO AL INICIO DEL CONSTITUCIONALISMO MODERNO

Los principios del constitucionalismo moderno que derivaron de las revoluciones Norteamericana y Francesa de finales del Siglo XVIII, encontraron desarrollo por primera vez en la historia, a partir de 1810, en los territorios de América del Sur, ocupados por las antiguas colonias españolas de la Capitanía General de Venezuela y del Virreinato de la Nueva Granada.

En esta Primera Parte de este libro sobre los Orígenes del Constitucionalismo Moderno en Iberoamérica, que es el Tomo II del *Tratado de derecho Constitucional*, se recogen una serie de trabajos con reflexiones sobre el proceso de formación jurídica, precisamente, de dichos territorios donde por primera vez, después de Norteamérica y Francia, surgieron Estados modernos. Estos, en la América Hispana puede decirse que tuvieron su origen en las Provincias coloniales establecidas en el Continente Americano desde comienzos del Siglo XVI, y con ellas, en la municipalización general del territorio, mediante la fundación sistemática de ciudades obedeciendo a un preciso plan de ocupación territorial, llevado a cabo, siempre, conforme a reglas preestablecidas.

Dichos estudios, redactados en diversos tiempos y con diversos motivos –de allí que en muchos casos sean variaciones sobre el mismo temas- son, el libro: *El modelo urbano de ciudad colonial y su implantación en Hispanoamérica*, Serie Derecho Urbanístico N° 1, Universidad Externado de Colombia, Bogotá 2008 (133 pp.), donde se recogieron ideas y temas tratados en trabajos anteriores, en particular, en el estudio sobre "Poblamiento y orden urbano en la conquista española de América", publicado en Enrique Gómez-Reino y Carnota, (Director), *Ordenamientos Urbanísticos. Valoración crítica y perspectivas de futuro, Jornadas Internacionales de Derecho Urbanístico, Santiago de Compostela, 2 y 3 de julio de 1998*, Marcial Pons, Ediciones Jurídicas y Sociales, S.A., Madrid, Barcelona 1998, pp. 311-349; y en la *Revista de la Academia Colombiana de Jurisprudencia*, N° 313, Mayo 1999, Colombia, pp. 186-225; en el estudio sobre "La 'Ciudad Ordenada' Americana: El gran aporte colonial hispano a la historia del urbanismo," en *Societas. Academia Chilena de Ciencias Sociales, Políticas y Morales*, Año 2012, N° 14, Santiago de Chile 2012, pp. 61-73; y en el estudio: Introducción general a la historia del municipalismo en América Latina: Poblamiento, Ciudad y Orden urbano (Con especial referencia al proceso de poblamiento colonial en el Perú y al inicio del nuevo orden municipal republicano en Venezuela en 1812), destinado al Tratado de Derecho Municipal (Orlando Vignolo, Coord.), Lima 2014. Además, se recogen dos estudios sobre la organización territorial de las colonias españolas que originó los territorios de los nuevos Estados en América, que son el estudio sobre: "Carlos III y la organización territorial del poblamiento de América," publicado en el libro *Reflexiones sobre la organización territorial del Estado en Venezuela y en la América Colonial*, Editorial Jurídica Venezolana, Caracas 1997, pp. 19-42; y el estudio sobre "Las provincias coloniales y la organización territorial del Estado venezolano," publicado en *Revista de Derecho Público*, N° 51, Editorial Jurídica Venezolana, Caracas, julio-septiembre 1992, pp. 5-14; y en quinto lugar, se incluyen dos estudios sobre el proceso de poblamiento en las provincias de Venezuela publicados en el libro *Reflexiones sobre la organización territorial del Estado en Venezuela y en la América Colonial*, Editorial Jurídica Venezolana, Caracas 1997, que son "El proceso de poblamiento de las Provincias de Venezuela (Siglo XVI)", pp. 67-107; y "El poblamiento del Táchira y la descentralización territorial", pp. 43-66.

SECCIÓN PRIMERA:
POBLAMIENTO, CIUDAD, MUNICIPALISMO, Y ORDEN URBANO EN LA AMÉRICA HISPANA (2008-2014)

Esta Sección tiene su origen remoto en las notas redactadas para el curso sobre "El modelo urbano de la ciudad colonial y su implantación en Iberoamérica" que dictamos en la *Maestría en Derecho Urbanístico*, Departamento de Derecho Administrativo la Universidad Externado de Colombia, Bogotá, en 2007, cuando lo dirigía el profesor Jaime Orlando Santofimio, y que fue publicado con el título *El modelo urbano de ciudad colonial y su implantación en Hispanoamérica*, Serie Derecho Urbanístico No. 1, Universidad Externado de Colombia, Bogotá 2008, 133 pp. El texto fue ajustado con motivo de la preparación del trabajo sobre "Introducción general a la historia del municipalismo en América Latina: Poblamiento, ciudad y orden urbano (Con especial referencia al proceso de poblamiento colonial en el Perú y al inicio del nuevo orden municipal republicano en Venezuela en 1812)," elaborado para el *Tratado de Derecho Municipal*, coordinado por el profesor Orlando Vignolo, Lima Perú (2014). El mencionado curso, por otra parte, estuvo íntegramente basado en mi libro *La Ciudad Ordenada (Estudio sobre "el orden que se ha de tener en descubrir y poblar" o sobre el trazado regular de la ciudad hispanoamericana) (Una historia del poblamiento de la América colonial a través de la fundación ordenada de ciudades)*, 1ª edición, Universidad Carlos III de Madrid, Boletín Oficial del Estado, Madrid 1997; 2ª edición ampliada: Editorial Criteria, Caracas 2006, 545 pp., ilustrada con 636 planos antiguos y recientes; Reimpresión de la 2ª edición: Editorial Thompson-Aranzadi, Madrid 2008, 545 pp. Para la información sobre la bibliografía utilizada, nos remitimos a la citada en dicha obra.

INTRODUCCIÓN

América Hispana, como conjunto de naciones, no es otra cosa que el resultado final de un descomunal proceso de municipalización sistemática del extenso territorio que va desde San Agustín en La Florida hasta las tierras australes, que no tiene parangón en la historia de la Humanidad, y que fue desarrollado en el siglo XVI por la Corona Española, mediante la fundación de innumerables pueblos, villas y ciudades, en cumplimiento de estrictas normas jurídicas que se dictaron para las Indias (derecho indiano), que es por lo demás, lo único que explica la pasmosa regularidad y orden urbano que caracterizó el proceso de poblamiento de América.

Y decimos que fue un proceso de "municipalización" del territorio, partiendo de la propia etimología de la propia palabra "municipio" que viene del latín: *Municipium*, como palabra compuesta de *munus, muneris* (cargo, oficio, deber, obligación), y el verbo *capio, capere* (tomar, coger, recibir); y que identifica en general a una comunidad política local o *comune*, establecida en un territorio (término municipal), con una población (vecinos) y regida por autoridades propias (munícipes, ediles), designadas o electas, que tenían la obligación política de servir a la misma en los cargos.

El derecho aplicable a ese proceso de "municipalización" del territorio fue el derecho castellano, el que regía en el reino de Castilla, y que imponía a los Adelantados la obligación de fundar pueblos para que se materializara la incorporación de las tierras descubiertas a la Corona de Castilla, ya que conforme al *Código de las Siete Partidas* (1348) correspondía "a aquél que las poblara primeramente"; lo que además, debían hacer mediante un acto formal (*ad solemnitatem*) que tenía efectos jurídicos importantísimos, por lo que debía siempre quedar formalizado en acta levantada por escribano, en la cual entre otros aspectos, debía quedar registrada la designación de las nuevas autoridades de la *civitas*, la demarcación del territorio de la misma y el repartimiento de las tierras a los vecinos; con el cual el pueblo adquiría existencia legal.

El *Código de las Siete Partidas,* que era el cuerpo jurídico básico del derecho castellano, en efecto definía el proceso de poblar o de establecer un pueblo, como el asentar o reunir hombres mayores, medianos y menores en forma comunal (*Partida 7, Título 1°, Ley 1*), en un territorio o lugar edificado y generalmente cercado (*Partida 7, Título 33, Ley 6*), sometido a autoridades y leyes. Por ello, en pueblo, era una "república" en el sentido que refería Marco Tulio Cicerón (54 A.C.), cuando señalaba que "República es cosa del pueblo; pueblo no es toda reunión de hombres congregados de cualquier manera, sino sociedad formada bajo la garantía de las leyes y con el objeto de utilidad común" (*Tratado de la Republica*); o una *civitas*, como Aristóteles (347 A.C.), la definía, como agrupación de hombres establecida en un lugar para su común beneficio y sometidos a leyes comunes (*La Política, Libro Primero, Capítulo Primero)*; considerada por Isidoro de Sevilla (Siglo VII*)* también como un número de hombres juntados por un lazo social (*Ethymologiae).*

Por ello es que decimos que América, y los países del Continente, en definitiva surgieron de la municipalización del territorio con los pueblos y ciudades que se fundaron. Ese proceso de municipalización, y la forma urbana utilizada para el diseño de la ciudad colonial, fue sin duda la gran creación y legado cultural urbano español en el Nuevo Continente, materializada en un trazado regular, hecho partiendo del establecimiento de una plaza mayor o central dispuesta a cordel y regla, de la cual paulatinamente fueron saliendo las calles trazadas en línea recta, formando una trama urbana en manzanas o cuadras generalmente iguales (como un damero), tal y como todavía hoy se aprecia en todos los centros o cascos históricos de los pueblos y ciudades latinoamericanas.

Lo importante, en todo caso, es que esa increíble empresa urbana y de municipalización tan extendida, fue un proceso "ordenado" en el sentido de que no sólo fue realizada en acatamiento a precisas normas jurídicas que al efecto se fueron dictando desde la Corona, relativas al acto fundacional mismo, a la definición del territorio de la población, a la repartición de solares entre los vecinos, y a la designación de autoridades del municipio (regidores y corregidores), sino que fue "ordenado" en cuanto a la adopción de una sola forma urbana reticular para las ciudades, que se repitió regularmente, y que caracteriza a todas las ciudades del Continente, la cual no existía en las ciudades de la Península que generalmente tenían y tienen una trama urbana irregular e intrincada

En ese proceso, por tanto, nada quedó al azar o a la sola experiencia o criterio de los adelantados y pobladores, de manera que incluso en sus inicios, cuando el proceso del descubrimiento, conquista y colonización de la América hispana se desarrolló por iniciativas privadas, conforme Capitulaciones que fueron otorgadas por los monarcas a los Adelantados, en cuanto al proceso de poblamiento del territorio, ello obedeció siempre a una política centralizada, trazada desde la Corona, y que se plasmó paulatinamente en Ordenanzas, Instrucciones y Reales Providencias dictadas especialmente para la empresa americana, para asegurar, jurídicamente, mediante el poblamiento, que las nuevas tierras descubiertas en las Indias se incorporaran a la Corona de Castilla.

He allí, precisamente, una de las diferencias esenciales que existió entre los procesos colonizadores español e inglés en América, iniciado el último, 100 años después del primero. Si bien ambos estuvieron a cargo de particulares que obtuvieron una concesión real a su propio riesgo y ventura, en el caso de la conquista y colonización española el proceso fue muy rápidamente ordenado por la Metrópoli, enmarcándolo en normas jurídicas que evidenciaron una deliberada política del Estado español, que fue lo que dio origen al "derecho indiano", es decir, a un cuerpo de leyes dictadas especialmente para las Indias. Ese ordenamiento es el que explica cómo en la América Hispana, a diferencia de Norte América, se hubiese establecido una organización política territorial racional y jerarquizada para el gobierno interno en el Nuevo Mundo, compuesta por Virreinatos, Audiencias, Capitanías Generales y Provincias que ni siquiera existió en la propia Península; con autoridades propias, estando las últimas a cargo de Gobernadores, Corregidores y Cabildos.

La colonización fue por tanto en América, para el conquistador, un proceso de fundación de pueblos, villas o ciudades, realizado formalmente mediante acta auténtica, y no simplemente estableciendo o asentando campamentos, aldeas, rancherías o embarcaderos, al punto de que si no se fundaban pueblos, legalmente no había conquista. Así lo diría el cronista y capellán de Hernán Cortés, Francisco López de Gomara (1511-1564) en su *Historia General de las Indias y vida de Hernán Cortés,* al comentar el fracaso de la expedición de Pánfilo de Narváez a Florida: "Quien no poblare no hará buena conquista, y no conquistando la tierra no se convertirá la gente, así que la máxima del conquistador ha de ser poblar" (Capítulo XLVI).

Por ello, la fundación de pueblos o "municipios" en América, en los términos formales y jurídicos indicados, fue la acción más importante del proceso de conquista, al punto de que sólo se podían fundar pueblos con licencia de la Corona o de los adelantados, de manera que fundar pueblos sin licencia, era un delito que incluso acarreaba la pena de muerte. La fundación de un pueblo, en efecto, le daba a las nuevas autoridades designadas por el adelantado, el gobierno respecto de un territorio descubierto, lo que implicaba una limitación al eventual derecho al territorio que pudieran reclamar otros adelantados, quienes debían considerar que por el hecho de la existencia de una población, ya la tierra estaba conquistada bajo una determinada jurisdicción.

Este singular proceso de poblamiento en América, que no es otra cosa que el proceso de municipalización del Continente, es el que queremos analizar en esta aproximación histórica sobre los orígenes del derecho municipal en la América hispana, la cual hemos dividido en las siguientes siete partes: (i) El poblamiento o municipalización como título jurídico para la incorporación del territorio a la Corona de Castilla; (ii) La organización político administrativa del territorio en América; (iii) El modelo urbano utilizado para la fundación de las ciudades americanas; (iv) Las Instrucciones Reales para la municipalización e implantación del modelo urbano en la ciudad colonial americana; (v) Algo sobre el proceso de poblamiento y municipalización en la época colonial: el caso del Virreinato del Perú; (vi) Apreciación general sobre el Municipio en el derecho indiano; (vii) El municipio americano al momento de la independencia a comienzos del siglo xix; y (viii) El régimen municipal en las primeras Constituciones provinciales americanas: el caso de la Constitución para el gobierno y administración interior de la Provincia de Caracas de 31 de enero de 1812.

I. EL POBLAMIENTO O MUNICIPALIZACIÓN COMO TÍTULO JURÍDICO PARA LA INCORPORACIÓN DEL TERRITORIO A LA CORONA DE CASTILLA

1. *Algo sobre el derecho castellano, su origen como derecho local o municipal, y su configuración territorial*

Como antes se dijo, el derecho que rigió el proceso de descubrimiento, conquista y colonización de los territorios de América fue el derecho castellano, el cual al final del medioevo, era el derecho escrito que se había ido conformando por el legado del derecho romano que se había aplicado en *Hispania,* Colonia Romana, y del derecho visigótico, que se aplicó luego de la caída del Imperio romano, cuando la ocupación del territorio de la península por poblaciones del Norte de Europa; y que luego se fue paulatinamente moldeado conforme a los usos locales. Se trataba, básicamente de un derecho de origen municipal que se desarrolló principalmente durante los siglos XI al XIII, en pleno proceso de la Reconquista de la península frente a los moros, habiendo sido plasmado en la legislación de orden local que se fue otorgando por los Reyes específicamente para cada ciudad y sus Municipios. Ello dio origen a lo que se conoce como los "fueros municipales" en los cuales se reflejó el derecho que fue aceptado y seguido en cada localidad. En su origen, por supuesto, los fueros tenían aplicación estrictamente local, lo que no impidió que se fueran extendiendo a otras localidades, llegando algunos incluso a aplicarse en casi todo el Reino.

Entre los fueros más importantes otorgados con motivo del proceso de la Reconquista, mediante los cuales se reguló el proceso de repoblamiento de las antiguas ciudades y pueblos romanos-visigóticos que habían sido ocupados por los moros por varios siglos, una vez recuperados por los cristianos, está el Fuero de Sepúlveda en la Provincia de Segovia, expedido por Alfonso VI el 17 de noviembre de 1076, el cual puede considerarse como un antecedente fundamental de las regulaciones urbanísticas.

En el mismo se encuentra, por ejemplo, como parte de la política de repoblación, el establecimiento de privilegios y excepciones para estimular la repoblación de las villas abandonadas. A tal efecto se estableció, por ejemplo, la obligación del poblador de residir por un tiempo en la ciudad, peor a la vez se le otorgó el privilegio de poder salir y dejar su casa segura por un mes, sin perderla por ausencia. El privilegio general era una excepción al principio general que se resumió en la frase común española de que "el que va a Sevilla pierde su silla", o en la hispanoamericana "el que va de villa pierde su silla", o en la brasilera "el que va a Portugal pierde su lugar".

Pero aparte de ese privilegio general al poblador de conservar su casa en ausencia, el Fuero de Sepúlveda establecía algunos principios vinculados al proceso urbano, como los siguientes:

En primer lugar, el principio de la ordenación y asignación de uso a la tierra urbana por la autoridad local, de manera que la ocupación del suelo no era libre, sino que debían estar sometida a un ordenamiento.

En segundo lugar, en el Fuero de Sepúlveda se encuentra también el antecedente remoto de la existencia de un patrimonio público del suelo, de manera que sólo el Concejo podía y debía adjudicar solares al poblador para construir su casa, en el lugar adecuado y cerca de las otras casas.

En tercer lugar, este deber de la autoridad local de adjudicar solares para poblamiento, sólo se establecía para un primer establecimiento, por lo que si posteriormente el poblador vendía su casa y se proponía edificar de nuevo, ya no podía pedir adjudicación de un nuevo solar sino esta vez que debía comprar el terreno que necesitaba.

En cuarto lugar, en el Fuero también se establecía la exención tributaria para el poblador, siempre que tuviese casas en la villa o las tuviere pobladas; y además, que la casa estuviere necesariamente cubierta de teja y no de paja; pues de lo contrario debía pagar sus impuestos como si no morase en la villa.

Por último, como en todos los fueros castellanos, algunas normas básicas sobre el derecho civil de la propiedad urbana también se establecían en el Fuero de Sepúlveda, como el de la dimensión vertical de la propiedad urbana que recogía el viejo precepto romanista, de que el dominio se extendía ilimitadamente en sentido vertical, por arriba, *usque ad coelum, ad sidera* y, por debajo, *usque ad inferos, ad centrum, ad profumdum*, lo que en materia urbana se concretaba en el derecho del propietario de elevar sus edificaciones sin límite alguno.

Por otra parte, al lado del derecho local, en la Edad Media también se desarrolló un derecho territorial consuetudinario y judicial, que tuvo su origen en recopilaciones hechas por iniciativas privadas, de las costumbres jurídicas y de la jurisprudencia de los tribunales del país castellano. Entre esas recopilaciones se destaca el *Libro de los Fueros de Castilla* (1250), redactado en Burgos durante la segunda mitad del siglo XIII, y el *Fuero Viejo de Castilla* (1356), considerado durante algún tiempo como el código de la nobleza castellana, y atribuido al rey Pedro I el Cruel (1334-1336). En estos últimos casos se trataba de obras de índole privada de recopilación de textos anteriores.

Ese derecho disperso, además, había sido objeto de recopilaciones generales, como la monumental ordenada por Alfonso X, El Sabio en 1256-1263, denominada el *Código de las Siete Partidas*, para cuya elaboración una de las principales fuentes utilizadas fue el *Corpus iuris civilis*, utilizándose la división romano en libros, títulos y leyes, que abarcó todas las manifestaciones del derecho en la época.

Se trató inicialmente de una obra de carácter didáctico, dirigida a instruir a los príncipes para facilitarles la adopción de sus resoluciones, la cual un siglo después de su publicación del Código, adquirió fuerza obligatoria en virtud de la adopción por las Cortes en Alcalá de Henares, en 1348, del llamado *Ordenamiento de Alcalá*.

En este cuerpo se estableció por primera vez el orden de prelación de las fuentes legales, disponiéndose que el Código tendría el carácter de cuerpo normativo supletorio general, con lo que se dio cierta unicidad a la legislación del Reino de Castilla y León.

2. *El poblamiento como título de señorío sobre las nuevas tierras: la necesidad jurídica de poblar*

Este *Código de las Siete Partidas* regulaba las formas o "maneras como se gana el señorío del Reyno", mencionando cuatro soluciones o títulos jurídicos: herencia, elección voluntaria, matrimonio con heredera del reino o concesión pontificia o imperial. Pero en un mundo reducido a Europa, África y el Oriente hacia Asia como era el existente en la época, la empresa isabelina del descubrimiento de la ruta a la India por el occidente, no tenía por objeto hacer de los Reyes Católicos Señores del algún reino existente, por lo que el régimen jurídico mencionado en el Código no tenía aplicación en ese momento: los Reyes no tenían posibilidad de heredar las tierras nuevas que se descubrieren; no podían adquirirlas por el consentimiento de todos los de los ignotos reinos; no había posibilidad de que las obtuvieran por casamiento, y en las tierras nuevas y desconocidas ni el Papa ni el Emperador eran reyes de las mismas.

Por tanto, el título jurídico que podía utilizarse para apoderarse de las "islas y tierras firmes" que Colón encontrare en las "mares océanas", conforme al mismo derecho castellano, era otro. Y allí está precisamente la respuesta a la pregunta de porqué poblar.

En efecto, la Ley 29, título XXVIII de la Partida III, al plantear la cuestión de a quien pertenece "la ysla que se faze nuevamente en el mar", prescribía lo siguiente

> "Pocas vegadas acaece que se fagan yslas nuevamente en la mar. Pero si acaeciesse que se fiziese y alguna ysla de nuevo, suya dezimos que deve ser de aquel que la poblare primeramente; e aquel o aquellos que la poblaren, deben obedescer al Señor en cuyo señorio es aquel lugar do apareció tal ysla."

Por tanto, el título jurídico del cual se disponía conforme al derecho castellano para incorporar las nuevas tierras o islas que se descubriesen al señorío de la Corona de Castilla, consistía *en poblar* las islas y tierra firme que se descubrieren, lo que imponía la obligación de poblar para poder tomar posesión de una tierra, correspondiendo el señorío a quien primero poblare.

Sin embargo, un escollo interpretativo se derivó del texto de la norma. Resulta que como Colón lo informó a la Corona desde el mismo momento de su regreso del primer viaje (1493), esas tierras, decía, estaban "pobladas con gente sinnúmero", pero que a pesar de ello, "dellas todas he tomado posesión por sus altezas con pregón y bandera real estendida y non me fue contradicho".

Esta situación hizo que el problema del título jurídico de la ocupación fuera motivo de discusión. Conforme al derecho de la época, los países habitados por infieles se consideraban que pertenecían a la nación cristiana que los descubriera, conquistara y poblara; pero, los juristas de la Corte no estaban seguros de que lo que se había descubierto fuesen países habitados por infieles –los cuales en principio, en ese momento eran sólo los moros-, acudieron entonces al Papa para que les concediera las tierras descubiertas y por descubrir en la Mar Océana, aun cuando el Papa no era rey en esas tierras, único título que le hubiera podido permitir conforme a las Partidas, otorgarlas a los monarcas.

En la época, sin embargo, no habían sido infrecuentes las bulas de asignación de territorios en soberanía a reyes y príncipes; más bien eran una práctica internacional común en Europa antes de 1492: Adriano IV había entregado a Enrique II de Inglaterra, la isla de Irlanda; Clemente IV, en 1344, concedió al Conde Clermont las islas Canarias; y Nicolás V, en 1455, Calixto III, en 1456 y Sixto IV, en 1481 habían otorgado a Portugal las tierras africanas, desde el cabo Bojador hasta la India. Se trataba de una tradición arraigada de tipo medieval, basada en la idea del poder temporal del papado

En el caso de América, además, la búsqueda de una concesión papal se precipitó, por el reclamo que el rey Juan II de Portugal le había hecho a Colón a su regreso del primer viaje, en la entrevista que sostuvieran también en febrero de 1493, en el sentido de que las islas descubiertas le pertenecían por encontrarse enclavadas en el espacio reconocido a Portugal particularmente en el Tratado de Alcaçobas. Este se había suscrito en 1479 con motivo de los descubrimientos portugueses en la costa africana repartiéndose los dos reinos las tierras descubiertas, habiendo sido confirmado por el Papa con la bula *Aeterni Regis* (1481).

Lo cierto es que al recibir el informe del primer viaje, los Reyes Católicos, si bien ordenaron inmediatamente los preparativos para la realización del segundo, de inmediato iniciaron negociaciones con el papado para asegurar el monopolio de la navegación y colonización de los mares y territorios que Colón había descubierto. El Papa Alejandro VI, además, era Rodrigo Borja, español de Valencia, quien para lo que se le requería tenía como precedentes las bulas que habían sido concedidas a los monarcas portugueses décadas antes.

Ahora le tocaba a España, para lo cual el papa otorgó a los Reyes Católicos todas las tierras descubiertas por Colón, y trazando una línea imaginaria de norte a sur a 100 leguas al oeste de las Azores y de las islas de cabo Verde, estableciendo que todas las tierras y el mar al oeste de esa línea quedaban bajo la exploración e influencia españolas.

Esta demarcación quedó plasmada en tres bulas fechadas los días 3 y 4 de mayo de 1493: la *Inter coetera* y la *Eximiae devotionis* del 3 de mayo, y la *Inter coetera* del 4 de mayo. Mediante una cuarta bula, la *Dudum Siguidem*, otorgada el 26 de septiembre de 1493, el Papa amplió las concesiones a los monarcas españoles para incluir "las islas y continentes cualesquiera, encontrados o por encontrar... navegando o viajando al oeste o el sur, ya se encuentren en las regiones occidentales o meridionales y orientales y *de la India*". En esta concluyó afirmando que:

> "donamos, concedemos y asignamos todas y cada una de las tierras e islas supradichas, así las desconocidas como las hasta aqui descubiertas, por vuestros enviados y las que se han de descubrir en lo futuro que no se hallen sujetas al dominio actual de algunos señores cristianos."

Esta donación pontificia tuvo un gran valor internacional, habiendo sido ésta, además, la última vez en la historia de la humanidad que se produciría un acto teocrático de esa naturaleza.

En todo caso, la alarma de Portugal por la generosidad de las concesiones del Papa, al incluir a la India en la bula, llevó al rey Juan II a negociar directamente con los Reyes Católicos, aceptando la demarcación de la bula *Inter coetera*, pero pidiendo que la línea fuera trazada no a las 100 leguas, sino a 370 leguas al oeste de las islas de cabo Verde. Para ello, los reinos suscribieron un nuevo Tratado, el de Tordecillas en 1494, con el cual los monarcas españoles accedieron a la petición portuguesa creyendo, por Colón, que ya había quedado descubierto el camino occidental a la India. Pero no fue así, con lo que Portugal aseguró el dominio del verdadero camino a la India bordeando África y del Atlántico Sur, así como del territorio de Brasil, aun cuando en principio todavía se tenía como no descubierto. España luego se daría cuenta que con lo que se había quedado con el Tratado, había sido con un Nuevo Mundo que había "aparecido" y le pertenecía.

La concesión papal, en todo caso, se refería a las tierras que no fuesen poseídas por otro rey cristiano, es decir, conforme al derecho castellano, que no hubiesen sido pobladas antes bajo el señorío de otro soberano. La obligación de poblamiento, por tanto, quedaba como título jurídico siempre válido y necesario para que incluso pudiera materializarse la concesión papal.

3. *El "justo título" de la conquista y los pueblos de españoles y los pueblos de indios*

Otro tema jurídico que hubo que resolver en el proceso de poblamiento se refirió al "justo título" de la Conquista, particularmente por la problemática que surgió en torno a los indios y su régimen jurídico, que formó parte fundamental del derecho Indiano.

Al inicio del proceso de conquista, y como reacción a las conductas esclavistas desplegadas por Colón en la isla La Española, por Real Cédula de 20 de junio de 1500 se declaró a los indios como vasallos libres de la Corona. Sólo se admitió que podían ser tenidos como esclavos a los indios cautivos en justa guerra, lo que incluso se eliminó en 1530.

Los indios, sin embargo, vieron condicionada su libertad al ser equiparados a lo que en el viejo derecho castellano se denominaba "rústicos" o menores, es decir, personas que requerían de tutela o protección legal, situación de la cual surgieron los repartimientos y encomiendas que fueron las dos formas jurídicas más importantes tendientes a organizar a los indios en las Indias.

Estos repartimientos dieron origen a las encomiendas, y que implicaba que un grupo de familias de indios, incluso con su propia organización y sus propios caciques, se entregaban o se "encomendaban" a un español encomendero. A este se le obligaba jurídicamente a proteger a los indios que le habían sido encomendados y a velar por su fe religiosa, pero tenía el derecho de beneficiarse con el trabajo u otros servicios personales de los indios y de exigirles tributos y diversas prestaciones económicas. Esta institución regularizó entonces una relación entre el encomendero y los encomendados, de señor-siervo, lo que marcó profundamente la vida colonial, sobre todo en los países de América Latina con gran densidad de población autóctona. En todo caso, muchos pueblos en América tuvieron su origen, precisamente, en las encomiendas, desarrollándose en torno a la casa del encomendero y a la iglesia de la doctrina.

A pesar de los intentos de eliminar las encomiendas, particularmente por la lucha sostenida entre fray Bartolomé de Las Casas, mediante leyes protectoras del trabajo del indio, como la muy importante *Leyes y Ordenanzas nuevamente hechas por Su Majestad para la gobernación de las Indias y buen tratamiento y conservación de los indios* de 1542, conocidas como las *Leyes Nuevas,* por las protestas que originó en América, la institución persistió pero con preceptos más favorables a los indios.

En cuanto a los indios no repartidos en encomiendas se procuró que los mismos vivieran agrupados en núcleos de población, aislados de los españoles, con cierta autonomía administrativa. Estos fueron los *pueblos de indios*, que tenían sus propios alcaldes y alguaciles. Inicialmente se denominaron "reducciones", pues implicaban reducir al indio generalmente de vida no sedentaria, para que viviera en una población a la cual se adscribían. Además, estas reducciones también tuvieron su origen en las doctrinas y misiones, originando pueblos de indios en torno a la labor misionera de un fraile o cura doctrinero (pueblos de doctrina).

Pero a pesar de la distinción básica entre los pueblos de españoles y los pueblos de indios, en realidad todos fueron centros mixtos de población donde vivieron en calidad de vecinos los blancos con los indios. La ciudad exclusivamente para población blanca, en realidad no existió, ni se sostuvo jamás en las Indias, pues la actividad socio-económica del ibérico no podía pensarse ni sostenerse sin la colaboración, apoyo y ayuda de la población indígena.

En todo caso, con motivo de las *Leyes Nuevas* se regularizó una dualidad de Reinos de Indias: la república de indios, por una parte, y la de los españoles, por la otra, independientes entre sí y sometidas al monarca. Se reconoció, así, la vigencia del propio derecho indígena en lo que no contradijese las leyes dictadas por los monarcas o las leyes naturales. Posteriormente, en 1550, el Emperador ordenó suspender todas las conquistas y descubrimientos en el Nuevo Mundo, hasta 1556 cuando se proscribió el uso del término "conquista" y se lo sustituyó por el de "pacificación" como apareció en la *Instrucción* dirigida al virrey del Perú, sobre poblaciones y nuevos descubrimientos.

4. *Las Capitulaciones como fuente inicial del derecho indiano y como título de la obligación de poblar*

La obligación general de poblar, además, les fue impuesta a los Adelantados en los títulos individuales que obtuvieron de la Corona para la empresa de descubrimiento y conquista.

Y estos títulos fueron las capitulaciones, las cuales se convirtieron en el instrumento título jurídico fundamental que sirvió para el proceso de descubrimiento, colonización y población. Se trataba, en términos contemporáneos de una especie de contrato de concesión territorial que la Corona otorgaba a los jefes de las expediciones descubridoras. Su origen fue enteramente medieval, consecuencia también de la Reconquista, como instrumento que otorgaba a los adelantados señorío de las tierras que se conquistaren; y se aplicaron también en la conquista de las islas Canarias en 1420, cuando el rey Juan II las dio en señorío a Alfonso de Las Casas sin sujeción a ningún oficio de la Corona y con la sola obligación de mantener fidelidad a Castilla.

En las Capitulaciones dadas para la conquista de América se establecía la autoridad del adelantado sobre una tierra descubierta o por descubrir; se otorgaba el derecho de conquista, población y gobierno de la tierra sometida, de manera que los Adelantados eran los gobernadores de las Provincias descubiertas; se establecían las obligaciones del adelantado de sufragar la empresa con sus propios fondos; se fijaban los derechos que se reservaba la Corona en los nuevos territorios; y se determinaban los territorios a los cuales se podía dirigir el descubridor; y se le imponía al Adelantado la obligación de fundar pueblos.

En la ejecución de las Capitulaciones, la Corona no corría con ningún gasto para el envío de la expedición, lo que quedaba a expensas del expedicionario. Por ello se le compensaba con privilegios de títulos y ganancias, y con facultades para repartir tierras y solares, para hacer repartimiento de indios, para erigir fortalezas y para proveer de oficios a las ciudades; y en las Capitulaciones se establecía la participación de la Corona en las ganancias de la empresa.

El Adelantado, además, era el responsable de su hueste, que era un ejército particular que constituyó el elemento humano de la conquista. Los hombres que se reclutaban para integrarlo pasaban a formar parte de la empresa, con derecho a que se les concedieran o repartieran tierras y solares. Es decir, en las empresas descubridoras, no había soldada y todos tenían derecho en los repartos de utilidades y en el botín.

5. *La solemnidad del acto fundacional y la definición del territorio de las provincias*

En cuanto a la obligación de poblar, la misma se estableció desde la primera Capitulación que los Reyes otorgaron para el Nuevo Mundo, que fue la de Cristóbal Colón en 1492; y siendo la ejecución de la misma (fundar) el acto jurídico más importante del como un acto solemnísimo, del cual se dejaba constancia en acta levantada por escribano. El ceremonial era uniforme y formal; y venía descrito por precisión en los "manuales" o instrucciones dadas a los conquistadores. Mediante el mismo se tomaba posesión de la tierra, inmediatamente se trazaba la plaza como un cuadrado o rectángulo, en la cual se clavaba el símbolo de la justicia y gobierno, y a partir de ella las calles se extendían formando una retícula, indicándose el sitio de la iglesia, siempre en el costado este de la plaza, y de los otros edificios públicos; y se repartían los diversos solares entre los vecinos, nombrándose las autoridades que regirían la ciudad, y disponiéndose los ejidos.

El pueblo como tal, por supuesto, al fundarse, no era absolutamente nada, salvo quizás un acta o una demarcación de calles y plaza y unas cuantas chozas que luego, con el correr del tiempo y de las actividades en torno al mismo se iban asentando y mejorando, surgiendo progresivamente la ciudad, ordenadamente, en el marco del plano trazado en la fundación.

Lo importante de este acto, aún cuando físicamente la ciudad no existiese, era que con el acta fundacional existía jurídicamente, como el título fundamental para el establecimiento del señorío o dominio de los monarcas españoles, y además, como el título fundamental para la demarcación del ámbito territorial de las Gobernaciones otorgadas en las Capitulaciones.

Hay que recordar, por ejemplo, que las Provincias se definieron en Tierra Firme siempre con la sola indicación más o menos precisa de puntos en la costa del mar, así: la Capitulación otorgada a Gonzalo Fernández de Oviedo en 1523, ampliada en 1525, para Gobernación de la Provincia y puerto de Cartagena, se extendía desde el golfo de Urabá, que era el término de la Gobernación de Castilla del Oro, que había sido dada a Pedrarias Dávila en 1513, hasta dicho puerto de Cartagena; la Capitulación otorgada a Rodrigo de Bastidas en 1524, para Gobernación de la Provincia y puerto de Santa Marta, se extendía desde el puerto de Cartagena, que era el término de la Gobernación de Cartagena, hasta el cabo de la Vela, en la parte occidental de la península de la Guajira; y la Capitulación otorgada a los Welser en Venezuela en 1528, para la Gobernación de la Provincia de Venezuela y cabo de la Vela, se extendía desde dicho el cabo de la Vela, que era a la vez el término de la Gobernación de Santa Marta, hasta el cabo de Maracapana (en el actual Estado Anzoátegui) hacia el este.

Las Provincias, por tanto, tenían una extensión determinada en la costa, pero tierra adentro, llegaban hasta donde poblaran y en todo caso, hasta el mar del Sur. Así se indicaba por ejemplo, en la Capitulación de 27 de marzo de 1528 dada a Enrique Ehinger y Jerónimo Sailer, en la cual se señaló además, como término de la Gobernación, desde la costa (norte) hacia el sur, "de la una mar a la otra", es decir, desde el mar Caribe tierra adentro hasta el mar del Sur. La prolongación de la Provincia hacia el sur, por tanto, en principio seguía una línea por el meridiano que pasaba por cada uno de los términos hacia el oeste (cabo de la Vela) y hacia el este (Maracapana). Sin embargo, su determinación precisa posteriormente, iba a depender de la labor de poblamiento.

En otras palabras, la fundación de pueblos, villas o ciudades en el territorio descubierto fue lo que en definitiva definió el territorio como formando parte de la Provincia que integraba la Gobernación correspondiente.

Así, unas tierras podían haber sido descubiertas y visitadas por determinados adelantados o exploradores, pero mientras no las poblaban, no formaban parte de la Gobernación de la Provincia a la cual servían. Si luego, otro adelantado bajo el mando del gobernador de otra Provincia las poblaba primero, el territorio se consideraba como perteneciente a esta última.

Se comprenderá, por tanto, la importancia del poblamiento para la definición del ámbito geográfico de las Provincias respectivas. Por ejemplo, si los conquistadores alemanes de la Gobernación de Venezuela, entre 1530 y 1538, particularmente Alfinger, Hutten y Federmann, en sus correrías por los llanos al sur de los ríos Apure y Meta, hasta el Amazonas, por el valle de Pamplona y por el Valle de Upar, hubiesen fundado pueblos, buena parte del territorio de lo que luego fue parte del Nuevo Reino de Granada, hubiese sido de la Provincia de Venezuela.

Así lo señalaba, sólo una década después de las expediciones de Alfinger, en 1548, el licenciado Juan Pérez de Tolosa, quien había sido nombrado por el Emperador como gobernador y capitán general de la Provincia de Venezuela por Real Cédula de 12 de septiembre de 1546. En efecto, en su celebre *Relación de las tierras y provincias de la gobernación de Venezuela*, de 1548, Provincias que gobernó hasta 1549, decía:

> "Del dicho pueblo de Maracaibo, el dicho gobernador Ambrosio Alfinger entró la tierra adentro y llegó al Valle de Upare, que ahora está poblado por Santa Marta, que serais una treinta leguas desde Cabo de la Vela... Si esta Tierra la hubiera poblado el dicho Ambrosio, la Gobernación de Venezuela fuera próspera y tuviera poblado el Nuevo Reino de Granada, porque es el paso y camino por donde después se descubrió. Con ser esta tierra de los pacabuyes, no la pobló, antes siguió el río arriba de Cartagena, que es el río por donde vienen del Nuevo Reino de Granada, y dejó la derrota del Reino y resolvió sobre la culata de la laguna para volverse a Coro."

Por no poblar se perdieron las tierras descubiertas para la Provincia de Venezuela.

La población, por tanto, era la garantía de la ocupación y, por tanto, el título de la pertenencia de la tierra descubierta y ocupada a la jurisdicción de una gobernación determinada. El caso de *Quito* es ilustrativo, pues su fundación urgente, virtualmente a la carrera, hizo que esa tierra quedase en la jurisdicción de la Capitulación dada a Francisco Pizarro y no en la jurisdicción de la Capitulación dada a Pedro de Alvarado.

En efecto, Francisco Pizarro, vecino de Tierra Firme, es decir, de la Provincia de Castilla del Oro y Diego de Almagro, vecino de la ciudad de Panamá, con licencia de Pedrarias Dávila habían ido a conquistar, descubrir, pacificar y poblar por la costa del mar del Sur por el levante, y con motivo de la relación que de ello hicieron a la Reina, esta otorgó Capitulación a Francisco Pizarro, el 26 de julio de 1529 para ir a la conquista de Tumbes, es decir, de la Provincia de Perú hasta 200 leguas tierra adentro. Con ello se inició a la conquista y poblamiento de las tierras de los Incas. Tres años después, el 5 de agosto de 1532, se otorgó Capitulación a Pedro de Alvarado, quien era adelantado y gobernador de la Provincia de Guatemala, para ir a "descubrir y conquistar las islas en la Mar del Sur de la Nueva España", particularmente que existieran hacia el poniente de la Mar, aun cuando con la salvedad de que no se hiciese "en el paraje de las tierras en que oy ay probeidos gobernadores", es decir, que perteneciesen a otras Capitulaciones.

En las huestes de Pizarro estaban Diego de Almagro y Sebastián de Belalcázar. Ambos, en marzo de 1534, salieron desde puntos diversos para tratar de cerrar el paso a la penetración e intromisión que en esas tierras, que pertenecían a la Capitulación de Pizarro, había iniciado Pedro de Alvarado al amparo de su Capitulación. A los efectos de evitar una confrontación que por las fuerzas de Alvarado, mayor en número, podría implicar una derrota, Almagro y Belalcázar decidieron a toda urgencia, en la noche del 15 de agosto de 1534, fundar una ciudad en el lugar de Riobamba, donde estaban acampados, a la que llamaron Santiago de Quito. Dicha fundación la hizo Almagro, en su carácter de Lugar-Teniente del gobernador y capitán general Francisco de Pizarro. Se trató inicialmente de una ciudad en el papel del acta fundacional, pues el sitio definitivo no estaba decidido. Sin embargo, se nombraron de inmediato los alcaldes y regidores. En esta forma cuando Alvarado llegó al sitio al día siguiente se encontró con un pueblo ya fundado y jurídicamente establecido, y por tanto, con que las tierras ya pertenecían a la jurisdicción de la Gobernación de Pizarro.

Aún cuando la ciudad de Santiago en ese momento no era más que un campamento. Pedro de Alvarado, no pudo fundamentar su propósito de justificar la penetración en esos territorios sobre la base de considerarlos como tierras por descubrir que estarían fuera de la jurisdicción de Pizarro. La fundación de Quito, por ello, convirtió el territorio ocupado en parte de la Gobernación de Pizarro. El resultado de ello fue el abandono por Alvarado de su intento, pues su gente se había pasado a la de Almagro; por lo que vendiendo sus navíos a Almagro y entregándole su gente, regresó a Guatemala.

Diego de Almagro entonces, casi dos semanas después de la primera fundación, el 28 de agosto de 1534 decidió fundar una segunda ciudad denominada San Francisco de Quito, en el mismo sitio, pero incorporando esta vez las huestes que habían sido de Alvarado. Así, San Francisco de Quito, sustituyó a Santiago de Quito.

Ya para esa fecha, en todo caso, el 21 de mayo de 1534 se había otorgado a Diego de Almagro Capitulación para descubrir doscientas leguas del mar del Sur hacia el estrecho de Magallanes, con lo que se inició la conquista de Chile. De regreso al Perú se enfrentó con Pizarro por la posesión del Cuzco, terminando sus días decapitado (1538) por orden de Hernando Pizarro, quien lo venció en la batalla de Salinas.

Por su parte, Sebastián de Belalcázar como teniente general de la Gobernación de Pizarro, posteriormente inició expedición hacia el norte llegando a la Sabana de Bogotá en 1538, donde ya estaba Gonzalo Jiménez de Quesada, teniente de gobernación de la Provincia de Santa Marta, donde había llegado después de remontar el río Magdalena. Allí, en el Valle de los Alcázares de Bogotá, en la tierra de los *muiscas,* al llegar en el mismo año, el 6 de agosto de 1538, fundó a la carrera un pueblo con el nombre de la Ciudad Nueva de Granada, precisamente porque sabía que al mismo paraje llegarían las huestes de otros dos adelantados: uno, que venía desde las provincias del sur, el mismo Sebastián de Belalcázar, y otro, que venía desde el este, Nicolás de Federman, teniente de gobernación de los Welsares en la Provincia de Venezuela. Con la fundación inicial podía considerarse que esas tierras ya estaban ocupadas por Jiménez de Quesada, al estar poblada. El conflicto, sin embargo, fue inevitable. Por una parte, la presencia de las huestes de los tres conquistadores en la Sabana, condujo a que Jiménez de Quesada -como había sucedido en Quito- hiciera una nueva fundación, el 27 de abril de 1539 esta vez de Santa Fe de Bogotá con la participación de las tres huestes, aun cuando conservando las huestes quesadistas la mayoría de los cargos concejiles. En esta forma, Santa Fe de Bogotá. Pero como los tres conquistadores reclamaron jurisdicción sobre esas tierras, ese mismo año de 1539 los tres conquistadores se embarcaron por el río Magdalena y luego en Santa Marta, para embarcarse hacia España, donde debieron dirimir sus derechos ante el Consejo de Indias, entidad que sólo fue después de una década de pleitos, cuando reconoció los derechos a favor del licenciado en derecho Jiménez de Quesada, quien entonces regresaría a América en 1549 como Capitán general del Nuevo Reyno de Granada.

La fundación de una ciudad y su permanencia, por tanto, era el título jurídico para que un territorio formara parte de una determinada gobernación. Por ello, también, la destrucción de una ciudad era el mecanismo para que un territorio dejara de pertenecer a determinada gobernación. Así sucedió, por ejemplo, con la villa de Bruselas, fundada cerca del golfo de Nicoya, en Costa Rica, por Francisco Hernández de Córdoba en 1524, en nombre del gobernador Pedrarias Dávila de la Provincia de Castilla del Oro. Después de fundar el mismo año, en tierras de Nicaragua, las ciudades de León y Granada, Hernández de Córdoba, pretendió desligar los territorios descubiertos de la autoridad de Pedrarias, ordenando en 1525 la destrucción de la villa de Bruselas. La consecuencia de tal acto fue que Pedrarias fuera personalmente desde Panamá hacia Nicaragua para tomar el gobierno de esos territorios para su gobernación, ordenando a Gonzalo de Badajoz la repoblación de la villa de Bruselas para asegurar la pertenencia de las tierras de la costa del Pacífico de Costa Rica a la Provincia de Castilla del Oro. Además, apresó al rebelde Hernández de Córdoba, a quien ejecutó como castigo por su delito territorial. Pero al año siguiente, Pedrarias había sido reemplazado en la Gobernación de Castilla del Oro, a la cual los pobladores de la villa de Bruselas habían decidido permanecer. En vista de que en la Provincia de Nicaragua había sido designado Diego López de Salcedo como gobernador, este de nuevo ordenó la destrucción de la villa de Bruselas para buscar que las tierras de Nicoya pasaran a su gobernación. Luego, el mismo Pedrarias esta vez nombrado gobernador de Nicaragua en 1529, logró que por Real Cédula de 1530 la villa de Bruselas se adscribiera definitivamente a esa gobernación, desligándose de Castilla del Oro, con lo cual décadas después, las tierras de Costa Rica se conquistarían desde Nicaragua. La villa de Bruselas, sin embargo, no sobrevivió a estos atentados territoriales, habiendo asumido el carácter de centro de conquista en la zona, a partir de 1561, la villa de Garcimuñoz, que fue el origen de la ciudad de Cartago.

Por último, debe indicarse que con el acto fundacional, y de acuerdo con la licencia recibida, en general se establecía el tipo de entidad urbana que debían establecer los adelantados, distinguiéndose entre las villas y ciudades las cuales, a diferencia de las rancherías o sitios, siempre surgieron de un acto fundacional formal. Las villas eran centros poblados fundados con la finalidad expresa de servir de base para la ocupación de un territorio y la subsiguiente penetración de otros no ocupados por españoles. Las ciudades, por su parte, tenían una categoría superior dada su permanencia, por lo cual eran siempre fundadas deliberadamente, también con todas las formalidades, pero sin que el condicionante fuese la penetración del territorio. También se otorgaba por real Cédula el título de ciudad, a villas previamente fundadas.

6.   *La necesaria licencia para fundar y la pena de muerte por poblar sin ella*

Por otra parte, como antes se dijo, para descubrir, conquistar y poblar se requería de un título y ese fue en su inicio el de las Capitulaciones, cuyo régimen quedó instituido y generalizado a partir de la Real Provisión dada en Granada el 3 de septiembre de 1501, en la cual se estableció:

> "Por la presente ordenamos e mandamos e prohibimos e defendemos que ninguna ni algunas personas, nuestros súbditos e naturales de nuestros reinos e señoríos, ni extraños de fuera de ellos, sean osados de ir ni vayan sin nuestra licencia e mandado a descubrir el dicho Mar Océano, ni a las islas e tierra firmes que en él hasta agora son descubiertas o se descobrieren de aquí adelante..."

El fundar una villa o ciudad, sin licencia, por tanto, se consideraba como un delito que podía acarrear la pena de muerte y pérdida de todos los bienes. Lo mismo ocurría respecto del que destruyera una villa sin licencia.

Por ello, por ejemplo, Hernán Cortés, legitimó su empresa conquistadora fundando sin título una ciudad (Villa Rica de la Vera Cruz), de cuyas autoridades se hizo otorgar los títulos necesarios para la conquista de la Nueva España. En efecto, Hernán Cortés, Alcalde de Santiago de Cuba, cuando en 1519 desembarcó en las costas de México con la misión que le había dado el gobernador de la isla de Cuba, Diego de Velásquez, de buscar a otros expedicionarios. Al percatarse de la riqueza del Imperio Azteca que había descubierto, y consciente de que no tenía licencia para descubrir, conquistar y poblar, como conocedor del derecho por sus estudios en Salamanca, lo que hizo aun sin licencia, fue fundar un pueblo al cual llamó la Villa Rica de la Vera Cruz, para de inmediato renunciar al mando del ejército y al precario mandato que tenía del gobernador Velásquez, ante las mismas autoridades que venía de nombrar. Acto seguido, los Alcaldes de la Villa por él designados le dieron el título de adelantado de la ciudad, con lo que "quemando las naves" para impedir el regreso de su hueste a Cuba, emprendió la conquista de México. Sin duda, la importancia de la riqueza descubierta y conquistada fue lo que le permitió salir airoso del largo proceso judicial que le entabló Velásquez ante la Corte del Emperador Carlos V, del cual salió con el título de gobernador y capitán general de la Nueva España.

En Venezuela dos casos famosos ilustran la problemática y las consecuencias de fundar pueblos sin licencia. En primer lugar, está el caso de Juan Rodríguez Suárez, el "Caballero de la Capa Roja", y uno de los conquistadores y pobladores más destacados de la Provincia de Venezuela. Como alcalde que era de las minas de oro de Pamplona, y luego de la propia ciudad, fue autorizado por el Cabildo para emprender nuevos descubrimientos al norte, en las Sierras Nevadas, luego de los fracasos de los intentos precedentes por descubrir allí minas, entre otros, de Juan de Maldonado, quien también había sido alcalde de la ciudad, y su enemigo.

En 1558, Juan Rodríguez Suárez partió hacia las Provincia de las Sierras Nevadas situadas en lo que hoy es el Estado Mérida de Venezuela, y luego de pasar por los valles de Cúcuta, del Torbes, del Cobre y de La Grita, por Bailadores y Estanques, en lugar de descubrir minas, en la ribera de la laguna de Urao (Lagunillas), fundó, el 9 de octubre, la ciudad de Mérida en recuerdo de su ciudad natal extremeña. Nombró autoridades reservándose el cargo de justicia mayor. Al mes siguiente cambió de lugar el sitio de la ciudad, trasladándola a la mesa de Tatey, en el valle del Chama, nombrando a los ríos que limitaban la meseta con los mismos nombres de Guadiana (Chama) y Albarregas que flanqueaban su ciudad natal, fijándole su término territorial, el cual, por supuesto, competía con el que tenía la ciudad de Pamplona.

El "Caballero de la Capa Roja" no tenía licencia alguna para fundar ciudades, por lo que la Real Audiencia de Santa Fe comisionó al alcalde de Pamplona, Juan de Maldonado, para hacerlo preso por haber cometido el delito de fundar una ciudad para lo cual no tenía licencia real, lo que afectaba el ámbito territorial de Pamplona. Juan de Maldonado salió para Mérida, y Rodríguez Suárez, quien no había encontrado oro ni siquiera en la culata del lago de Maracaibo, donde desemboca el Chama, fue a su encuentro. Al tener conocimiento de las órdenes de la Real Audiencia, accedió a cambiar nuevamente el sitio de la ciudad, más arriba, aguas arriba del río Chama, la cual entonces fue "refundada" por Juan de Maldonado, formalmente con el nombre de Santiago de los Caballeros.

A pesar de ello, Rodríguez Suárez fue hecho prisionero y llevado a Bogotá, donde fue sentenciado a muerte en 1560. Logró, sin embargo, escapar de prisión con la ayuda del obispo de Santa Marta, y fue a dar a la ciudad de Trujillo en los mismos Andes venezolanos, fundada por otro extremeño de Trujillo, Diego García de Paredes, quien lo acogió y nombró su Teniente. Cuando los enviados del oidor de la Audiencia de Santa Fe llegaron a aprehenderlo, ante la orden escrita de arresto, el Alcalde les dijo tranquilamente que allí nadie sabía leer ni escribir sino "el Ave María y el Padre Nuestro", y que sobre el hombre de la Capa Roja -como se conocía a Rodríguez Suárez- tenían las mejores referencias. La insistencia del oidor de la Audiencia de Santa Fe fue tal que envió una orden de arresto no sólo de Rodríguez Suárez sino de su protector García de Paredes a la ciudad de El Tocuyo, donde estaba el gobernador de la Provincia de Venezuela, Pablo Collado. La respuesta de Collado fue la jurídicamente correcta: que la jurisdicción de la Audiencia de Santa Fe no llegaba hasta la Provincia de Venezuela donde estaba enclavada la ciudad de Trujillo, la cual estaba sometida a la Audiencia de Santo Domingo, con lo que puede decirse que se consolidaría el primer caso de asilo político que se otorgó en América.

Otro caso de fundación sin licencia que puede destacarse, es el de Francisco de Cáceres, con la fundación de la villa de La Grita. Este conquistador había participado en la guerra que en 1559, Felipe II había emprendido contra el imperio turco. En la derrota cayó prisionero y fue llevado a Marruecos. Luego estuvo como esclavo remero amarrado como galeote en una de las galeras de la armada turca que señoreaban en el Mediterráneo. Después de algunos años fue conducido a Constantinopla y entró al servicio de un Bajá de Solimán el Magnífico. Logró huir atravesando el Bósforo, y pasando por lo que hoy es Bulgaria, Hungría y Austria, en 1567 llegó a España. Se alistó en la expedición de Diego Fernández de Serpa cuando fue a tomar posesión de la Gobernación de Nueva Andalucía, a quien acompañó entre 1569 y 1570 en sus andanzas. Pero el gobernador murió en 1570 en un ataque indígena en el sitio de Nueva Córdoba (Cumaná). La desbandada de los expedicionarios llevó a Cáceres al Nuevo Reino de Granada, y en particular, a la Provincia de Pamplona. Desde allí, en el valle de La Grita fundó, en 1572, una ciudad con el nombre de Espíritu Santo), para lo cual no tenía licencia. Por orden de la Real Audiencia de Santa Fe fue ordenado su encarcelamiento, pero luego de viajar a España, con influencias en la Corte de Felipe II logró la confirmación por Orden Real en 1574, de la conquista y poblamiento de la Provincia de Espíritu Santo. La Capitulación para ello se le otorgó el año siguiente, en Santa Fe, con el título de gobernador y capitán general de la Provincia de Espíritu Santo de la Grita y Cáceres, título con el que "refundó", esta vez legalmente, la ciudad del Espíritu Santo. Luego fundó, en 1577, por intermedio de Juan Andrés Varela, a Altamira de Cáceres, en el Cañón del Río Santo Domingo, ciudad de la cual surgieron, posteriormente, por traslado, las ciudades de Barinitas y de Barinas. Murió en 1588, también a manos de los indios, entre los ríos Meta y Casanare.

II. LA ORGANIZACIÓN POLÍTICO ADMINISTRATIVA DEL TERRITORIO EN AMÉRICA

1. *El Real Consejo de Indias*

Apenas iniciado el proceso de conquista, en 1504 falleció la reina Isabel, habiendo ordenado en su testamento que si Juana su hija y heredera del reino no podía gobernarlo por estar ausente o por otra razón, lo hiciese el rey Fernando hasta tanto su nieto, el infante Carlos de Gandes, hijo de Juana y Felipe de Habsburgo, cumpliese 20 años. Con ello, Fernando había perdido en vida el título de rey de Castilla y de Señor de las Indias, quedando sólo como gobernador y administrador del Reino.

En 1506 de Juana y Felipe a España recibieron el juramento de las cortes de Castilla en Valladolid como los nuevos reyes de España, pero a los pocos meses el archiduque falleció en Burgos. Al año siguiente, Juana dio a luz a su última hija, y ya no salió nunca más de Tordesillas, donde pasó 46 años encerrada de "locura", hasta su muerte en 1555.

En 1516, falleció Fernando, quien dispuso en su testamento que Carlos lo sucediera como Rey de Aragón, y en cuanto al reino de Castilla, su herencia también debía recaer sobre él, pero sólo cuando la reina Juana muriese. Hasta que ello ocurriese y Carlos pudiese asumir el trono, Fernando, en su carácter de gobernador General, dejó como Regente al Cardenal Fray Francisco Ximénez de Cisneros, para que administrara y gobernara los Reinos. En 1517 Carlos I llegó a España y en ese mismo año murió el cardenal, cumplida su labor de regente. Al ser proclamado rey de España, Carlos I no tenía nada de español; pues educado en los Países Bajos, le era totalmente extrañas el alma, la cultura y la historia hispánica. Era un flamenco y lo sería siempre, por lo que los negocios españoles le fueron siempre accesorios.

En todo caso, antes de su coronación, entre 1506 y 1516, los asuntos de las Indias habían seguido un curso importante, de manera que en las Antillas del Nuevo Mundo se había desarrollado una actividad inusitada de exploración y descubrimiento del mundo circunvecino: en 1508, Diego de Nicuesa y Alonso de Hojeda habían recibido Capitulación para comerciar en Urabá y Veragua, fundándose en 1510, San Sebastián de Urabá y Santa María la Antigua del Darién; en 1509, Juan de Esquivel había iniciado la colonización de Jamaica; en 1511, se había efectuado la colonización de Cuba por Diego Velásquez; en 1512, había comenzado el poblamiento de Puerto Rico a cargo de Juan Ponce de León; en 1513, Vasco Núñez de Balboa había descubierto el mar del Sur (océano Pacífico); en el mismo año se le había otorgado Capitulación a Pedrarias Dávila para colonizar la Provincia de Castilla del Oro; y en 1515 y 1516, Díaz de Solís había explorado el estuario del Río de la Plata.

En esta forma, para cuando Fernando murió y luego ara cuando Carlos I se juramenta como rey de España, ya habían sido colonizadas en el Nuevo Mundo las grandes Antillas: Española, Cuba, Puerto Rico y Jamaica; había sido descubierta la península de Florida; habían sido exploradas las costas norte y este de Sur América y las costas del sur de Centro América, y se hallaba en formación un centro de colonización en tierra firme, en el istmo de Panamá. Posteriormente, sin duda, durante la época de Carlos V fue que se consolidó la conquista de América y se realizaron las más importantes penetraciones en el territorio del Nuevo Mundo; y ello, a pesar de que los asuntos americanos no tuvieron gran importancia, siendo los mismos asuntos españoles, un aspecto más del vasto imperio.

No hay que olvidar que Carlos V habría de enfrentar las guerras civiles (Guerra de las Comunidades) que se desataron en Castilla entre 1520 y 1521 provocadas por los señores españoles en búsqueda de preservar sus fueros, bajo el grito de "Comunidad" y la proclamación de su madre Juana como única heredera; tendría que detener los avances de Solimán el Magnífico, quien se había entronizado hacia el Oriente luego de la caída de Constantinopla (1453) en poder de los turcos, pues en 1521 ya había entrado en Belgrado y en 1529 entraría en Budapest, año en el cual también cercaría a Viena; continuaría la guerra contra los franceses, de manera que entre otros acontecimientos, en 1522 estos serían expulsados de Milán, y en 1525 vencería a Francisco I en la batalla de Pavía, haciéndolo prisionero; tendría que enfrentar el proceso de la Reforma y el surgimiento del protestantismo, lo cual coincidió con el inicio de su reinado, haciéndole guerra a los protestantes hasta 1555, cuando con la Paz de Habsburgo se produjo el reconocimiento de la religión luterana; y además, entraría en conflicto con los papas por el temor de estos a la pérdida de su poder temporal, habiendo, sin embargo, sido coronado por el Papa en 1530, como emperador y rey de Italia. No se olvide, en particular, que la reforma protestante se inició precisamente en 1517 con las 95 tesis de Martín Lutero, denunciando, entre otras cosas, la venta de indulgencias y quien después de su excomunión en 1520, sería desterrado por Carlos V.

En 1556, un año después de la muerte de su madre, Juana la Loca, el Emperador abdicó a las Coronas y se retiró a España, donde murió enclaustrado en el monasterio de San Jerónimo de Yuste en la Sierra de Gredos, el 21 de septiembre de 1558.

Fue que durante el reinado de Carlos I se consolidó el proceso de descubrimiento y conquista de las provincias de Tierra Firme. El año 1519, así, fue cuando se fundó la ciudad de Panamá y Hernán Cortés fundaba la villa de La Victoria el primer asentamiento en las costas de Tabasco en México, para iniciar la conquista de la Nueva España. En las casi cuatro décadas del reinado de Carlos puede decirse que los españoles tomaron posesión de casi todas las tierras americanas mediante la fundación de decenas de ciudades, adquiriendo la empresa americana completamente un carácter de empresa real, ya que precisamente el mismo año de la abdicación de Carlos V, en 1556 el Consejo de Indias declaró formalmente a los Welser privados de sus derechos sobre la Provincia de Venezuela, asumiendo la Corona la autoridad directa sobre la misma.

Dada la magnitud del Imperio y de los asuntos imperiales, Carlos V fue uno de los monarcas que haría el mayor uso del régimen de Consejos, los cuales combinaban tareas administrativas y jurídicas, pero con predominio de estas últimas. Uno de esos Consejos fue, por supuesto, el Consejo Real de Castilla, cuyo presidente era quien en ausencia de Carlos ostentaba la regencia de toda la Península, en el cual Carlos delegó los asuntos de América.

Fue dicho Consejo el que se ocupó de los asuntos de las Indias. Inicialmente, mediante delegación de orden técnico que los reyes Católicos dieron en 1493 a uno de sus miembros, el obispo Juan Rodríguez de Fonseca. Fue en dicho Consejo en 1518, que el Emperador creó una Junta o Comisión de Indias, en la cual también participó Fonseca, que se especializó en los asuntos de las Indias. Este Comité permanente del Consejo Real de Castilla integrado por algunos de sus miembros para atender los asuntos de las Indias, en 1524 se transformó en el Real y Supremo Consejo de Indias, como órgano eminentemente jurídico pero que también combinaba en su seno funciones de tribunal de apelación, de órgano asesor y ministerio de supervisión de los asuntos coloniales. La función de legislación, aunque teóricamente estaba reservada al rey, también se ejercía con frecuencia por el Consejo, con la aprobación formal del rey.

Desde su constitución en 1524, todo el gobierno político y administrativo de los territorios de Indias estaría en manos de este Consejo: la jurisdicción civil y criminal en última instancia; el nombramiento de funcionarios; las expediciones de descubrimientos; la hacienda colonial y tratamiento de indios, entre otros aspectos. Además, con la creación del Consejo de Indias en 1524, se hizo depender del mismo a la Casa de Contratación, que había sido establecida en 1503 para centralizar todos los aspectos de comercio y navegación con las Indias, y donde se almacenaba todo lo que se destinaba a América y todo lo que de ella llegare a la Península. Fue en todo caso en las *Leyes nuevas* de 1542 donde se fijó la estructura del Consejo y su función de velar por los indios. El producto más acabado del Consejo de Indias en materia de poblamiento, fueron las *Ordenanzas de Descubrimiento y Población* de 1573, en las cuales se reguló todo lo concerniente al poblamiento y al trazado regular de la ciudad hispanoamericana, recogiéndose en cierta forma todo lo que había ocurrido en la materia en las décadas precedentes.

2. *La organización territorial de las Indias*

El proceso de poblamiento de América por la Corona española dio origen al progresivo diseño de una forma particular de organización del territorio para su gobierno, que puede decirse que sólo se aplicó en el Nuevo Mundo, pues fue establecido particularmente para América, y sin la cual, por supuesto, la Corona no habría podido manejar centralizadamente los asuntos de las Indias. Surgieron así, progresivamente, Provincias, Audiencias y Virreinatos, las cuales fueron las instituciones territoriales claves que se implantaron en el Nuevo Mundo.

A. *Las Provincias.*

La primera forma de organización territorial de las Indias fue la del Virreinato de Colón, otorgado conforme a las Capitulaciones de Santa Fe de 1492, el cual duró siete años hasta 1499, cuando se desplomó, con la designación de Francisco de Bobadilla como juez perseguidor y haber Colón sido detenido y llevado a España donde murió en 1506. Si bien antes los Reyes lo perdonaron, nunca recuperó su Virreinato, el cual fue sustituido por la organización en Provincias y gobernadores. Entre 1508 y 1515, sin embargo, después de un largo pleito, se nombró a Diego Colón gobernador de la Española, habiéndosele reestablecido en 1511, el Virreinato del Almirante, el cual con muchas vicisitudes y sin mando efectivo se extinguió definitivamente con la muerte de Diego Colón en 1526.

Lo cierto fue que a partir de 1499, el territorio americano se comenzó a organizar en tres Provincias o Gobernaciones: la primera, la de la isla La Española, que comprendía las islas y tierra firmes descubiertas hasta entonces por Colón, para la cual después de Bobadilla, se había designado como gobernador a Nicolás de Ovando, el 3 de septiembre de 1501; la segunda, la de la isla de Coquibacoa (que era la Península de la Guajira), que se había otorgado en Capitulación a Alonso de Hojeda el 26 de julio de 1500, después, con título de gobernador el 10 de junio de 1501,ampliado en Capitulación de 30 de septiembre de 1504, para llegar hasta el golfo de Urabá; y la tercera, la que se concedería el 5 de septiembre de 1501, en lo que es hoy tierra brasileña, a Vicente Yánez Pinzón "para ir a descubrir desde la Punta de Santa María hasta Rostro Hermoso y el Río Santa María de la Mar Dulce" (Amazonas).Sólo la primera provincia existió efectivamente, pues las dos últimas no llegarían a poblarse.

Posteriormente, el 12 de julio de 1503, se le otorgaría Capitulación a Cristóbal Guerra para llegar a descubrir la Costa de las Perlas y otras islas, hasta el golfo de Urabá, con tal de que no fuera lo descubierto por Colón hasta 1498; y a Juan de la Cosa, el 14 de febrero de 1504, para ir a descubrir el golfo de Urabá. Sin embargo, ninguna de estas provincias llegaría a establecerse efectivamente, entre otros factores, por ausencia de poblamiento.

Posteriormente, el 9 de junio de 1508 se otorgó Capitulación a Diego de Nicuesa y a Alonso de Hojeda para comerciar en Urabá y Veragua, nombrándoseles capitanes y gobernadores, quienes fracasaron en su empresa por la negativa de apoyo de Diego Colón a la Provincia, la cual, sin embargo, había sido constituida de hecho por Vasco Núñez de Balboa en el Darién y Tierra Firme. En 1512 además, se otorgó Capitulación a Juan Ponce de León para descubrir y poblar Florida y la isla de Bimini, otorgada el 23 de febrero de 1512, la cual no llegó a constituirse.

La gobernación del Darién se consolidaría, luego del descubrimiento del Mar del Sur en 1513 por balboa, con el nombramiento de Pedrarias Dávila como gobernador y capitán general de la Provincia de Castilla del Oro.

Luego de la ocupación de la isla de Cuba por el teniente de gobernador de Colón, Diego Velásquez, este trató de independizarse habiendo obtenido Capitulación el 13 de noviembre de 1518, para descubrir y conquistar Yucatán y Cozumel. Envió a Hernán Cortés a buscar otros expedicionarios, habiendo desarrollado por su cuenta la conquista de Nueva España (1519-1521), lo que se extendió a Honduras (1521), separando su autoridad de la de Velásquez

Por su parte, Pedrarias extendió sus expediciones desde Panamá hacia el norte, por Costa Rica, Nicaragua y Honduras (1519-1524).

La confusión que tantos descubrimientos habían producido entonces en el gobierno de las Indias, tanto en el Caribe como en Centroamérica, paralelamente a la consolidación de la Provincia de la Nueva España, fueron los que, entre otros factores, provocaron en 1524 la creación del Consejo Real de las Indias, precisamente para reordenar el gobierno de las Indias, lo que se facilitó a partir de la muerte de Diego Colón, el 23 de febrero de 1526.

Con el Consejo Real de las Indias y con el rápido proceso de la conquista en América, puede decirse que se multiplicó el sistema de Provincias. En primer lugar se dividieron las que en ese momento existían: de la Provincia de la isla La Española, se separaron Puerto Rico y Cuba; de la Provincia de Tierra Firme o Castilla del Oro, se separó Nicaragua; y de la Provincia de la Nueva España, se separaron Guatemala y Honduras. Surgieron además otras nuevas Provincias y Gobernaciones: en las costas de Sur América: la de Cartagena, en Capitulación otorgada a Gonzalo Fernández de Oviedo, el 26 de junio de 1523; la de Santa Marta, en Capitulación dada a Rodrigo de Bastidas, el 6 de noviembre de 1524; la de Margarita, en Capitulación a Marcelo Villalobos de 18 de marzo de 1525; la de Curaçao, Aruba y Bonaire, en Capitulación otorgada a Juan de Ampíes, el 15 de noviembre de 1526; y la de cabo de la Vela y Venezuela, en Capitulación otorgada a Ambrosio Ehinger y Gerónimo Sailer, el 27 de marzo de 1528.

En Centroamérica, se creó la Provincia de Yucatán y Cozumel, en Capitulación dada a Francisco de Montejo, el 8 de diciembre de 1526; y en el Perú, la Provincia surgida de Capitulación otorgada por Pedrarias Dávila a Francisco de Pizarro, confirmada por el Rey el 17 de mayo de 1527, y la que le dio el Rey, el 26 de julio de 1529.

Por otra parte, el 14 de septiembre de 1526, después de la muerte de Diego Colón, la Audiencia de Santo Domingo que se había creado en 1511, se convirtió en Real Audiencia y Cancillería con jurisdicción sobre todas las Indias, hasta el año siguiente cuando se creó la Audiencia de Nueva España, con jurisdicción en el territorio continental del golfo de México desde Honduras hacia el norte, y hacia el este, hasta Florida. En 1538 se creó la Audiencia de Panamá, con jurisdicción hasta Nicaragua, Veragua y Tierra Firme, excepto la Provincia de Venezuela, que quedó sujeta a la de Santo Domingo.

La institución del Virreinato en las Indias reapareció el 17 de abril de 1535, cuando se nombró a Antonio de Mendoza, virrey y gobernador de la Nueva España y presidente de la Real Audiencia de esa Provincia. En 1542, con las *Nuevas Leyes* se suprimió la Audiencia de Panamá y se creó el Virreinato del Perú, con Audiencia presidida por el virrey y gobernador. En Centroamérica, en 1542, se creó la Audiencia de Guatemala y Nicaragua, y en 1547 se creó la Audiencia de Santa Fe de Bogotá.

De lo anterior resulta que durante todo el proceso de conquista y colonización española en América, desde comienzos del siglo XVI hasta el inicio del siglo XIX, la *Provincia* se configuró como la estructura territorial básica para lo militar, la administración y el gobierno y la administración de justicia en los territorios de ultramar. Estas Provincias como unidades territoriales básicas, giraban en torno a una ciudad, que con sus autoridades locales (Ayuntamiento o Cabildo) hacía de cabeza de Provincia.

La Provincia, así, durante todo el período del dominio español en América hasta comienzos del siglo XIX, fue una institución territorial creada y desarrollada por la monarquía española especialmente para el gobierno y la administración de los territorios de América, no existiendo en la Península una institución territorial similar; no teniendo el término mismo en la Metrópoli, ni siquiera un significado definido.

Esta unidad territorial básica de la *Provincia,* en todo caso fue la circunscripción territorial donde ejercía su autoridad un adelantado al inicio de la labor descubridora y de conquista, y luego un gobernador. El gobernador ejercía el poder militar, por que era capitán general y, además, tenía a su cargo las funciones administrativas, de gobierno y de administración de justicia. Estas Provincias, como circunscripciones territoriales, tuvieron diversas formas de creación en el tiempo. Inicialmente surgieron de las *Capitulaciones*, es decir, de los títulos otorgados por el monarca al jefe de una expedición proyectada, en las cuales se indicaban los derechos que la Corona se reservaba, así como los privilegios que se concedían a los participantes en la empresa descubridora. En ellas, al jefe de la expedición se le otorgaba el título de *adelantado*, con carácter vitalicio o hereditario y con amplísimos poderes militares, de administración y de gobierno. Posteriormente, fueron creados por la Corona por Reales Cédulas.

Los territorios de las provincias, sólo se irían conformando progresivamente conforme avanzara el proceso de poblamiento de acuerdo con la penetración que se hiciera en el territorio. El gobierno de cada adelantado y su provincia, por tanto, llegaba hasta los términos de lo que poblara, es decir, hasta donde fundara pueblos, villas o ciudades juntando españoles o indios en un sitio escogido y designando sus autoridades locales.

Conforme el proceso de colonización fue avanzando, las Provincias se fueron clasificando según su importancia político-territorial en dos categorías: las Provincias mayores, que eran aquellas en cuyos territorios se encontraban las sedes de las Audiencias, institución que presidía el respectivo gobernador; las Provincias menores, las cuales se encontraban más alejadas de la sede de aquellas, pero cuyo gobierno también estaba a cargo de sus respectivos gobernadores. Además, en otros casos, se establecieron Corregimientos y Alcaldías Mayores en territorios o ciudades, respectivamente, que también se encontraban alejados de las Provincias mayores, pero en los cuales no se consideraba necesario establecer una cabeza de Provincia ni un gobernador, sino un corregidor, generalmente para continuar la avanzada.

Tanto las Provincias como los Corregimientos y por supuesto, las ciudades donde tenían su sede o capital, fueron sometidos progresivamente a la jurisdicción de las otras dos instituciones políticas coloniales más importantes en el proceso de colonización americana, las Audiencias y los Virreinatos.

B.   *Las Reales Audiencias*

Las Reales Audiencias *fueron* creadas conforme al modelo de las Reales Audiencias y Cancillerías de los Reinos de Castilla y Aragón que habían sido creadas en Valladolid y Granada, y que abarcaron todo el territorio español peninsular, al norte y al sur del Tajo. De acuerdo al modelo peninsular, las Reales Audiencias tenían como función primordial la administración de justicia, por lo que entre otras competencias eran tribunales de alzada respecto de las decisiones de los gobernadores; pero se diferenciaron del modelo peninsular en que en América, además de las funciones judiciales, se constituyeron en importantes órganos corporativos de gobierno, carácter que no tuvieron en España. Así, en las Indias las Audiencias velaban por el mantenimiento del orden y buena gobernación de las ciudades; nombraban *ad interim* a los gobernadores y a los funcionarios de las que estaban sometidas a su jurisdicción; y en sus funciones deliberativas-gubernativas, producían los Reales Acuerdos.

Se distinguieron tres clases de audiencias: las Audiencias Virreinales, las Audiencias Pretoriales y las Audiencias Subordinadas. Las Virreinales eran las que tenían su sede en la capital del Virreinato y estaban presididas por el virrey; las Pretoriales, aquellas que tenían su sede en una Provincia mayor, y cuyo presidente era entonces el gobernador y capitán general; y las Subordinadas, generalmente situadas en una Provincia menor, presididas por el gobernador. La primera Audiencia creada en América fue la de Santo Domingo establecida en 1511.

C. *Los Virreinatos*

En cuanto a los Virreinatos, como su nombre lo indica, eran la representación del rey mismo en las colonias, estando sus territorios conformados por el del conjunto de Audiencias, provincias, corregimientos y pueblos que se dispusiera. Los virreyes, así, fueron una especie de *alter ego* del rey, que reunían todas las competencias estatales de la Monarquía en sus correspondientes Virreinatos, configurándose como la más alta instancia después del rey. Además, por la inmensidad de las distancias, la dificultad de las comunicaciones con la Península y la urgencia de los problemas a ser resueltos, el virrey decidía por sí mismo sin plantear siquiera la cuestión a los altos organismos radicados en España (Consejo de Indias), por lo que hasta cierto punto, era *alter ego* de dichas instancias. Los virreyes, además, como se dijo, presidían la Real Audiencia virreinal, establecían los cambios de límites territoriales de las Audiencias que estaban en su jurisdicción territorial y promulgaban instrucciones para los gobernadores y capitanes generales, corregidores y alcaldes mayores, quienes debían consultar al virrey sobre las resoluciones de importancia que debían adoptar.

3. *La organización territorial de las Audiencias en los Virreinatos conforme a la Recopilación de las Leyes de los Reynos de las Indias (1680)*

Conforme al anterior esquema institucional, cuando en 1680 se publicó la *Recopilación de Leyes de los Reynos de las Indias,* el territorio de la América colonial hispana estaba dividido en el de dos Virreinatos, el de Nueva España, con sede en Ciudad de México, establecido en 1535; y el del Perú, con sede en Lima, establecido en 1543, que agrupaban once Audiencias, cuatro que estaban en el ámbito del territorio del Virreinato de Nueva España y siete en el del Virreinato del Perú. Además, existía una Audiencia en Manila, en el archipiélago de las Filipinas, cuyas islas habían sido conquistadas y pobladas desde el Virreinato de Nueva España. En el siglo XVIII, al crearse los Virreinatos de Nueva Granada (1717), y Río de la Plata (1776), quedaron en la jurisdicción del primero, las Audiencias de Santa Fe, Panamá, Quito y Venezuela; y dentro de las del segundo, las de Buenos Aires y Charcas.

A. *Las Audiencias en el Virreinato de Nueva España*

En el *Virreinato de Nueva España,* cuyo territorio abarcaba todas las islas y casi todas las provincias que se encontraban en el ámbito del mar Caribe, conforme se indicó en la *Recopilación* de 1680, funcionaban las siguientes Reales Audiencias:

1) La *Real Audiencia de Santo Domingo* con sede en Santo Domingo en la isla La Española, que había sido establecida en 1511, y que presidía el gobernador y capitán general de la isla. De ella dependían las gobernaciones de la isla de Cuba, de la isla de San Juan de Puerto Rico, de la Provincia de Venezuela, de la Provincia de Cumaná (Nueva Andalucía) y de la isla de Margarita. También dependían de esta Audiencia las islas de Barlovento y de la Costa de la Tierra Firme. Su ámbito territorial abarcaba, por tanto, a las islas del mar Caribe y el territorio del norte de Sur

América, de manera que sus límites eran los de las Audiencias del Nuevo Reyno de Granada, de Tierra Firme, de Guatemala y de Nueva España.

2) La *Real Audiencia de México* con sede en Ciudad de México, que había sido establecida en 1527, y que presidía el virrey de Nueva España. De esta Audiencia dependían el Corregimiento de la Ciudad de México, la gobernación de la Provincia de Yucatán y las alcaldías del Castillo de Acapulco, de Tabasco, de Guavtla o Amilpas, de Tucuba, de Istlavaca o Metepeque y el Corregimiento de Veracruz. El ámbito territorial de la Audiencia abarcaba buena parte del centro y oriente de México y por el este, la costa del golfo de México hasta el cabo de Florida. Tenía entre sus límites los de las Audiencias de Guatemala y de Guadalajara y los de la Provincia de Florida.

3) La *Real Audiencia de Santiago de Guatemala* con sede en Santiago de Guatemala, había sido establecida en 1543, y la presidía el gobernador y capitán general de Guatemala. De esta Audiencia dependían las gobernaciones de Valladolid de Comayagua, de la Provincias de Costa Rica, de Honduras y de Nicaragua y de Soconusco, y los alcaldes de Verapaz, de Chiapa, de Nicoya, de Trinidad de Sonsonate, de Zapotitlán o Súchitepeque y de la Ciudad de San Salvador. El ámbito territorial abarcaba, por tanto, a casi todo Centro América y sus límites eran los de las Audiencias de Guadalajara y de Tierra Firme

4) La *Real Audiencia de Guadalaxara* de la Nueva Galicia con sede en Guadalajara, había sido establecida en 1548, y la presidía el gobernador de Guadalajara. De esta Audiencia dependían la gobernación de Nueva Vizcaya, el Corregimiento de Zacatecas y las provincias de Nueva Galicia, Culiacán, Copala, Colima y Zacatula. Su ámbito territorial, por tanto, estaba en la parte occidental de México hacia el Pacífico y la parte norte de dicho país; y sus límites eran los de las Audiencias de Nueva España y de Guatemala.

El territorio de la Republica Dominicana y de la República de Cuba se formó en el territorio que era de la Audiencia de Santo Domingo. El territorio de la República de Venezuela se formó con parte de lo que era territorio de esa Audiencia de Santo Domingo y parte del que fue de la Audiencia de Santa Fe del otro Virreinato, el del Perú, pues la Provincia de Mérida y La Grita, y la Provincia de Guayana, incluida Trinidad, formaban parte del distrito de esta Real Audiencia de Santa Fe; y las Provincias de Venezuela, de Cumaná y de Margarita, formaban parte del distrito de aquella Real Audiencia de Santo Domingo de la isla La Española.

Los Estados Unidos Mexicanos se formaron con parte los territorios de la Audiencias de México y de Guatemala y con el territorio de la Audiencia de Guadalajara; y las repúblicas de Guatemala, El Salvador, Honduras, Nicaragua y Costa Rica, se formaron en el territorio que había sido de la Audiencia de Guatemala.

Bajo la jurisdicción del Virreinato de Nueva España, además, y sin estar sometido a las antes mencionadas cuatro Audiencias, estaba el territorio del archipiélago de las Filipinas, sometido a su propia *Real Audiencia de Manila*, que había sido establecida en 1583. Además, estaba el territorio de la Gobernación de Florida, que si bien había quedado bajo la jurisdicción del virrey de Nueva España, no estaba sujeta a ninguna Audiencia americana, sino directamente al Consejo de Indias.

B. *Las Audiencias en el Virreinato del Perú*

En cuanto al *Virreinato del Perú*, en su territorio que abarcaba casi todo el territorio de Sur América, excepto el de su costa norte, pero incluido el del istmo de Panamá, conforme a la misma *Recopilación* de 1680, funcionaban las siguientes Audiencias:

1) *La Real Audiencia de Panamá* con sede en Panamá), había sido establecida en 1538 y la presidía el gobernador de la Provincia de Tierra Firme (Castilla del Oro). De esta Audiencia dependían las gobernaciones de la Provincia de Veragua y de la isla de Santa Catalina, y la Alcaldía de San Felipe de Portobelo. El ámbito territorial de la Audiencia, por tanto, llegaba por el mar del Sur hasta el Puerto de la Buenaventura en la costa colombiana del Pacífico y por el mar del Norte hacia Cartagena, hasta el río Darién, teniendo entre sus límites, los de las Audiencias de Guatemala y de las Audiencias del Nuevo Reyno de Granada y de Quito.

2) La *Real Audiencia de Lima* con sede en la ciudad de los Reyes de Lima, había sido establecida en 1543, y la presidía el virrey del Perú. De esta Audiencia dependían los Corregimientos de Cuzco, de Caxamarca, de la Villa de Santiago de Miraflores de Zaña y pueblo de Chiclayo, de San Marcos de Arica, de Collaguas, de los Andes de Cuzco, de la Villa de Ica, de Arequipa, de Guamanga, de la Ciudad de San Miguel de Piura y del Puerto de Payta y de Castro-Vireyna. Los límites territoriales de la Audiencia eran los de las Audiencias de Chile, de La Plata y de Quito y tierra adentro, los de las provincias no descubiertas.

3) La *Real Audiencia de Santa Fe* con sede en Santa Fe de Bogotá, había sido establecida en 1548, y la presidía el gobernador y capitán general del Nuevo Reyno de Granada. De esta Audiencia dependían las gobernaciones de las Provincias de Cartagena, de Santa Marta, de Mérida y La Grita y de Trinidad y la Guayana o del Dorado y los Corregimientos de Tocayama y Vague y de Tunxa. Los límites territoriales de la Audiencia eran los de las Audiencias de La Española, de Tierra Firme y de Quito.

4) La *Real Audiencia de Charcas* con sede en La Plata, había sido establecida en 1559. De la misma dependían las Gobernaciones de Chucuito y de Santa Cruz de la Sierra, y los Corregimientos de Potosí, de La Paz y de San Felipe de Austria y minas de Oruro. Los límites de la Audiencia eran los de las Audiencias de Lima, de Chile y de la Trinidad, Puerto de Buenos Aires, y además, la línea de demarcación entre las Coronas de los Reynos de Castilla y Portugal por la parte de la Provincia de Santa Cruz del Brasil.

5) La *Real Audiencia de San Francisco de Quito* con sede en Quito, había sido establecida en 1563, y de la misma dependían el Corregimiento de Quito, las Gobernaciones de Popayán, de Quixos, de Jaén de Bracamoros y de Cuenca, y los Corregimientos de las Ciudades de Loja y Zamora y minas de Zuruma y de Guayaquil. El ámbito territorial de la Audiencia abarcaba hasta el puerto de Buenaventura en la costa colombiana en el mar del Sur, y sus límites eran los de las Audiencias de Tierra Firme y del Nuevo Reyno de Granada.

6) La *Real Audiencia de Chile* con sede en Santiago de Chile, había sido establecida en 1563, y la presidía el gobernador y capitán general de Chile. El ámbito territorial de la Audiencia llegaba hasta el Estrecho de Magallanes y, tierra adentro, hasta la Provincia de Cuyo, inclusive.

7) La *Real Audiencia de la Trinidad y Puerto de Buenos-Ayres* con sede en Buenos Aires, había sido establecida en 1661, y la presidía el gobernador y capitán general de las Provincias del Río de la Plata, de la cual dependían las gobernaciones de Tucumán y de las Provincias del Paraguay.

El territorio de la República de Panamá derivó de lo que era parte del de la Audiencia de Panamá, y el de la República de Colombia se formó con parte del territorio que era de las Audiencias de Panamá, de Santa Fe y de Quito. La República de Quito conformó su territorio con parte del que era de la Audiencia de Quito. El territorio del Perú, se configuró básicamente con el territorio que era de la Audiencia de Lima; y el de la República de Bolivia con parte de lo que era territorio de la Audiencia de Charcas. La República del Paraguay y la República Oriental del Uruguay se formaron territorialmente con parte de lo que había sido el territorio de la Audiencia de Buenos Aires. En cuanto a la República Argentina, su territorio se formó con parte del territorio de la misma Audiencia de Buenos Aires y parte del de la Audiencia de Chile; y el de la República de Chile, con parte del que fue el territorio de la Audiencia de Chile.

La organización territorial que dio origen a los países latinoamericanos, como se dijo, fue consecuencia directa del proceso de poblamiento del territorio descubierto y conquistado, conforme con precisas instrucciones reales, la más importante de las cuales, desde el punto de vista urbanístico, se dictó por Felipe II en 1573, cuando ya casi todo el territorio americano estaba territorialmente conformado.

En efecto, para esa fecha la casi totalidad de las ciudades importantes del Nuevo Mundo ya habían sido fundadas, por lo que puede decirse que el modelo regular de la ciudad americana ya estaba implantado. Las *Ordenanzas de Descubrimiento y Población* de Felipe II, de 1573 que regularon dicho modelo, por tanto, en realidad fueron reflejo de una realidad que ya se había desarrollado con base en normas contenidas en Instrucciones particularizadas o generales que, desde 1513, el rey ya había otorgado o dictado sucesivamente a los descubridores y conquistadores en aproximaciones sucesivas y con base en la experiencia del poblamiento desarrollada por estos, condicionada por las exigencias de la conquista.

III. EL MODELO URBANO QUE SE UTILIZÓ PARA LA FUNDACIÓN DE LAS CIUDADES AMERICANAS

Como se ha dicho, en el proceso de poblamiento en América durante el siglo XVI, los Adelantados utilizaron invariablemente, un modelo urbano básico, consistente en una planta urbana reticular, con una plaza mayor como punto de inicio de la trama urbana de la cual salían calles rectas, formando en general un damero.

Se trataba de un modelo que se había utilizado en empresas coloniales en la antigüedad, y que había sido "descubierto" culturalmente con el Renacimiento, destinado a la creación de ciudades *ex novo,* conformado por los siguientes elementos básicos: En *primer lugar*, la indispensable existencia de una plaza, de cuya ubicación y trazado reticular derivaba la existencia misma de la nueva ciudad, condicionando su traza o forma urbana, dada su forma cuadrada o rectangular, constituyendo siempre el centro de la vida urbana; en *segundo lugar*, el trazado de las calles a cordel y regla, derivado de la propia forma reticular de la plaza, desde la cual aquéllas salían en forma paralela; y en *tercer lugar*, la existencia siempre de la iglesia, cuya ubicación cerca de la plaza era la primera tarea del fundador y su construcción el primer deber

de los pobladores, dado el carácter religioso que condicionó la conquista y poblamiento de América.

Esos elementos conformaron un modelo que fue de utilización común en las
grandes empresas de la antigüedad de ocupación y dominio territorial, y en particular, caracterizaron tanto la ocupación territorial helénica en las colonias del Mediterráneo, como la ocupación territorial romana en la Península Itálica y en el resto de
Europa. Esta experiencia, expuesta en libros antiguos, fue descubierta con el Renacimiento, habiendo penetrando rápidamente en la Corte de los Reyes Católicos,
donde las teorías pronto se convertirían en normas jurídicas que obligaron a su utilización en el Nuevo Mundo.

Los mencionados elementos urbanos, por otra parte, habían sido objeto de aplicación en plena Edad Media durante los siglos XIII y XIV para asegurar la ocupación de territorios conquistados o por razones estrictamente militares, como ocurrió
con las pueblas nuevas en los Reinos de Castilla y León y Aragón, con las *bastides*
en el suroeste de Francia o con las ciudades florentinas, y en general para la creación
de villas nuevas, particularmente en el siglo XV, también en general por razones
militares.

1. *Los antecedentes griegos de la creación ex novo de ciudades con forma regular*

    A. *Hippodamus de Mileto y la planta ortogonal urbana del mundo griego*

El antecedente remoto en el ámbito de la civilización occidental de la creación
sistemática de ciudades nuevas con forma ortogonal, sin duda debe situarse en el
mundo griego con motivo de la colonización de las costas en el mar Mediterráneo.
Ya señalamos cómo Aristóteles atribuyó a Hippodamus de Mileto haber concebido
el arte de construir ciudades con una disposición ortogonal, la cual caracterizó todas
las ciudades griegas de nueva fundación.

La planta reticular de las ciudades, tan simple y elemental, por tanto, puede decirse que surgió naturalmente donde y cuando fue posible establecer y planificar una
ciudad *ex novo*, y eso ocurrió en forma generalizada por todas las costas del Mediterráneo con motivo de la asombrosa actividad colonizadora y fundadora griega de
los siglos IX a VI a.C. La necesidad de situar un gran número de colonias libres en
los territorios colonizados permitió a los griegos elegir el emplazamiento más adecuado para la nueva ciudad, previamente concebida y trazada en forma regular. En
Ese proceso jugó un papel central la ciudad de Mileto que destruida por los persas
en 494 a.C., se había reconstruido con una planta atribuida a Hippodamus, denominada "hippodámica", de carácter ortogonal.

Por ello, a Hippodamus se lo ha considerado como el creador del urbanismo funcional, lo que además consagró Aristóteles al exigir que la forma de la ciudad se
adaptara a normas estéticas, matemáticas y filosóficas, con una ordenación razonada
de sus elementos, de manera que, por ejemplo, las calles debían tener una orientación de acuerdo con el curso del sol y la dirección predominante de los vientos; de-
biéndose asegurar la monumentalidad y proporción de sus edificaciones con el todo
y sus partes.

La planta hippodámica de la ciudad, en todo caso, se propagó a partir del siglo
IV a.C., convirtiéndose en la forma general adoptada por las ciudades helenísticas
de nueva fundación, tanto en Grecia, por ejemplo, en las ciudades de Priene y de

Olinto, como en las colonias de ultramar, particularmente en Sicilia y la Península Itálica, donde Agrigento (Akrágas) y Nápoles (Néapolis), todavía conservan vestigios de la planta ortogonal.

B. *La ciudad y el Estado en la Política de Aristóteles*

Pero la ciudad no sólo fue un tema urbano para la expansión colonial de las ciudades griegas, sino también un tema filosófico y político, al punto de que entre los libros de mayor influencia del mundo antiguo en el Renacimiento, como fue la obra de Aristóteles de Estagira (384-322 a.C.), denominada *Política,* se destaca el análisis detenido que en él se hace sobre la ciudad e, incluso, sobre su forma y emplazamiento.

El libro, incluso, comienza con el párrafo siguiente sobre *"la ciudad":*

> "La ciudad es agrupación; las agrupaciones se organizan con miras al bien; porque el hombre obra siempre con el fin de lograr lo que cree bueno. Si toda agrupación tiende al bien, la ciudad o sociedad política, que es la superior entre ellas y las comprende todas, tiende al bien en mayor grado que las demás, y al mejor bien" (Libro Primero, Capítulo Primero).

En la concepción de Aristóteles, la ciudad o la polis, es la República o Estado, como la organización política fundamental del hombre, que lo agrupaba con un fin común, asentado en un lugar determinado y sometido a unas leyes y unas autoridades, y con un vínculo educativo y cultural común

El sitio de la ciudad y su forma, era siempre esencial y fue de la primera atención de Aristóteles, al punto de que al referirse a la forma reticular de la ciudad, indicó que:

> "Hippodamo de Mileto, hijo de Eurifón, concibió el arte de proyectar y construir ciudades, siendo también el que ideó la disposición que presenta Pireo;..". (Libro Segundo, Capítulo V)

El Pireo, que es el puerto de Atenas, en efecto, reconstruido en 480 a.C., presenta una forma reticular en su traza urbana al igual que la tuvo Mileto. No es de extrañar, por tanto, que Aristóteles destacara en su *Política*, a Hippodamo a quien consideró como "el primero entre los particulares que se dedicó a investigar sobre la mejor forma de gobierno", (Libro Segundo, Capítulo V).

En el Libro Séptimo de *Política*, dedicado a analizar la "Felicidad del individuo y del Estado. Constitución del Estado. Sistemas de educación. El Estado perfecto", Aristóteles dedicó varios Capítulos al estudio de la ciudad, su límite, su emplazamiento, su forma y sus edificaciones.

Sobre el emplazamiento de la ciudad, Aristóteles dedicó en el Capítulo X del Libro Séptimo las siguientes consideraciones sobre la salud del lugar escogido, donde se nota, sin duda, la influencia de Hipócrates, particularmente en relación con la importancia del aire y del agua:

> "Ya dije que la ciudad debe tener fácil comunicación por mar y tierra... Referente al emplazamiento, mi deseo sería que su situación fuere ventajosa en cuatro aspectos: ante todo la salud, cosa necesaria... El asiento de la ciudad debe también ser ventajoso para su administración política y para la guerra... Debe

abundar en fuentes y manantiales, y, de no ser así, construir grandes depósitos para la recogida de las aguas pluviales, para que no falte agua en caso de asedio. Hay que tener cuidado especial en lo tocante a la salud de sus habitantes, que dependerá principalmente de lo salubre de la localidad y de su orientación, y en segundo lugar, de la pureza de sus aguas; este segundo punto tiene suma importancia, porque los elementos que más empleamos para satisfacer las necesidades del cuerpo son los que más contribuyen a la salud, y entre ellos figuran el agua y el aire...."

En el mismo Capítulo X del Libro Séptimo de la *Política,* Aristóteles hizo referencia a la forma de las edificaciones y del trazado de las calles, en línea recta, así:

"En cuanto a las moradas, se considera más bello y conveniente que las calles sean rectas, como indicó Hippodamo; para seguridad en la guerra es preferible el modo antiguo de edificar, que dificultaba la salida de los extranjeros y la entrada de los asaltantes. Por eso la ciudad adoptará ambos sistemas de construcción, siendo posible disponer los edificios irregularmente, al modo como los labradores plantan las vides, llamado tresbolillo. No toda la ciudad tendrá sus calles rectas, sino sólo ciertos barrios y distritos, combinando la belleza con la seguridad."

Por último, sobre los componentes importantes de la ciudad, en cuanto a la plaza y a las edificaciones públicas, en el Capítulo XI del Libro Séptimo, Aristóteles señaló que debían contar con edificios destinados al culto divino:

"Esos templos ocuparán una eminencia, para que se vean desde lejos y den realce a la virtud, con torres que dominen las cercanías. A sus pies habrá una plaza, como la llamada *Agora de los hombres libres* por los Tesalios, en la que estará prohibida toda compraventa, así como la entrada a los artesanos labradores y otros, de no ser llamados por los magistrados. El mejor destino que puede darse a dicha plaza es que los adultos practiquen en ella sus ejercicios gimnásticos... También habrá un *Agora* para los traficantes, distante de la otra, en lugar de fácil acceso por mar y tierra... El *Agora* cercana al templo se reservará para el asueto, la otra para las necesidades del comercio."

C.　*La ciudad en la obra de Francesco Eiximenis*

Ahora bien, *Política* de Aristóteles fue traducida al latín en 1260, cuando Santo Tomás de Aquino tenía 36 años (1261), influyendo en su obra *De Regimene Principum,* en la cual se explicaba que fundar ciudades era bueno, por lo que dicha actividad la proponía dentro del programa para el rey ideal. Esta obra, con sus preceptos Aristotélicos, influyó directa y profundamente en los tratadistas españoles medievales, como fray Francesco Eiximenis, y a través de ellos, en las Ordenanzas colonizadoras hispánicas para las Indias.

En efecto, entre 1384 y 1385, apareció en Valencia la obra *Dotzé del Crestiá* del teólogo franciscano Francesch Eiximenis, quién organizó la enseñanza pública en la ciudad. Dicha obra está condicionada por la idea del orden y de la sociedad ordenada, en sus aspectos morales y legislativos, lo que se reflejó en la formulación de una idea perfecta de la ciudad, cuya representación formal resulta, en consecuencia, también ordenada, expresada en forma cuadricular, porque así la ciudad "recta es más bella y más ordenada" (Cap. 110). Decía, además, que como lo habían dicho los filósofos griegos y algunos sabios, "toda ciudad debía ser cuadrada" (Cap. 110).

En la obra, siguiendo los pasos de Aristóteles, Eiximenis se ocupó de todo lo concerniente a la ciudad: en cuanto a la elección del sitio, hizo particular referencia a la orientación de la planta de la misma en relación con los vientos y con las montañas que pudieran proteger la ciudad (Cap. 106); y a la necesidad de que la ciudad esté "cerca del agua" (Cap. 106) de mar o de río, recomendando que se situare al costado del agua, de manera que esta no la dividiera (Cap. 106). En cuanto al trazado de la ciudad, Eiximenis especificó que el palacio del príncipe debía estar en uno de los costados del cuadrado de la ciudad, y en cuanto a la iglesia debía estar "en medio de la ciudad... y junto a ella debe haber una plaza grande y bella" (Cap. 110). En medio de cada uno de los costados del cuadrado que formaba la ciudad debía haber una entrada o puerta, de manera que se comunicaran entre sí por sendos "caminos grandes y amplios que atraviesen toda la ciudad de parte a parte", "de la entrada de Oriente a la de Poniente" y "desde la entrada principal que mira hacia mediodía hasta la otra principal que mira a Tramontana"(Cap. 110).

En esta forma, en el cuadrado inicial de la ciudad se insertan dos ejes que se cruzan en el centro donde se abre un espacio grande para la plaza. Los ejes a la vez dividen la ciudad en cuatro partes o barrios principales, en los cuales se ubica una plaza como elemento centralizador de los mismos.

Las ideas de Eiximenis, sin duda, influyeron en la fundación de las nuevas pueblas con motivo de la Reconquista y de la utilización del Camino de Santiago en el Reino de Aragón.

2. Los antecedentes romanos de la ciudad reticular y el "castro" colonial

Pero por supuesto, los antecedentes del trazado regular de ciudades no sólo se pueden ubicar en las empresas colonizadoras que desarrollaron los griegos, sino también los romanos en todo lo que implicó la creación de ciudades nuevas, como acto formal, como consecuencia del proceso de conquista y colonización de nuevas tierras por un Imperio. Así sucedió con todas las ciudades romanas establecidas como colonias fuera de Roma, que obedeció a una racional preparación y a una ejecución cuidadosamente desarrolladas.

La práctica romana de fundar ciudades siguió siempre las siguientes líneas: El primer paso que siempre se daba además de la consulta al *augur*, consistía en la escogencia del sitio, que no era cualquiera, pues debía estar cerca de un río con adecuado escurrimiento de aguas, y en sitio lo suficientemente alto como para que no fuera inundable. Además, como lo recomendaban los sabios, el lugar debía ser saludable, lo que se determinaba mediante el examen del hígado de alguna liebre o faisán cazados en el área.

Escogido el lugar, se establecía un *castrum* o campamento militar donde se ubicaban los soldados y esclavos, con foso y cerca alrededor, el cual generalmente tenía forma rectangular. El campamento siempre se encontraba atravesado por dos calles, una de norte a sur denominada *cardo* y otra de este a oeste denominada *decumanus*, que se cruzaban en ángulo recto en un espacio libre denominado *forum*, en el cual se reunían los soldados diariamente para recibir órdenes, y que servía de centro político y religioso de la ciudad. En un lado del *forum* se establecía la tienda del comandante de la fuerza, y las otras tiendas de soldados, esclavos y obreros se establecían en fila en el resto del *castrum*. En los meses siguientes, las tiendas se iban reemplazando por construcciones más permanentes, generalmente de madera.

El área de la ciudad se dividía en calles en una forma reticular, de norte a sur, teniendo cada manzana o bloque, llamado *insulae*, una forma cuadrada; y se rodeaba de una muralla alta, con puertas fortificadas para dar salida a los extremos del *cardo* y del *decumanus*. Los edificios particulares en ningún caso podían tener una altura mayor al doble del ancho de la calle en el cual se construía, a los efectos de asegurar la penetración de los rayos de sol hasta la calle.

Puede decirse que de acuerdo con este sistema racional se construyeron todas las ciudades coloniales romanas, tanto en la península itálica como en el resto del mundo europeo, muchas de las cuales aún conservan en el trazado de su centro evidentes testimonios del antiguo casco romano. En la Península Ibérica, los ejemplos más notables son *Emerita Augusta* (Mérida); *Norba Caesarina* (Cáceres); *Caesaraugusta* (Zaragoza); *Barcino* (Barcelona); *Lucus Augusti* (Lugo); y *Regio* (León).

3.   *La influencia de la obra de Vitruvius sobre la arquitectura romana*

Esa práctica romana de fundar ciudades se plasmó en el Siglo I D.C, en la obra del ingeniero militar Marcus V. Pollio Vitruvius, *De Architectura Libri Decem*, conocida como los *Diez Libros de la Arquitectura*, en la cual se encontraba todo lo que debía saberse sobre arquitectura, construcción y trazado de ciudades en el mundo romano. Es la única obra de arquitectura de la antigüedad que ha llegado a nuestros días, cuyo manuscrito fue descubierto en la Abadía de Saint-Gall, en 1416, y luego publicado a partir de 1486. Su libro *Primero* está destinado a la "ciudad ordenada", donde se recogen los principios fundamentales para la fundación de ciudades como regían en Roma.

A.   *Sobre la elección de los sitios*

Vitruvio insistió en el Capítulo VII del Libro *Primero* dedicado a "De la inspección de los hígados de los animales para reconocer la calidad del aire", sobre la necesidad de volver a los métodos de la antigüedad particularmente descritos por los griegos, respecto de la elección de los sitios para ubicar las ciudades, partiendo del principio de que "cuando se va a construir una ciudad, lo primero que es necesario hacer, es escoger un sitio sano", particularmente "templado").

Para ello, Vitruvio aprobaba los usos de los antiguos:

> "que consistían en hacer un sacrificio en los lugares donde querían construir o acampar: escogían como víctimas, animales que moraban de ordinario en esos lugares, y examinaban sus hígados, si después de haber examinado varios de ellos, encontraban que algunos estaban lívidos y corrompidos, si juzgaban que ello era el efecto de alguna enfermedad particular, pues los otros se conservaban sanos y enteros como consecuencia de buenas aguas y pastos, entonces establecían sus ciudades; si al contrario, encontraban que los hígados de los animales eran generalmente anormales, concluían que el de los hombres estarían iguales, y que las aguas y pastos no podían ser buenos en ese país; y abandonaban incontinente, pues no apreciaban tanto otra cosa, que lo que podía contribuir al mantenimiento de la salud."

En esta forma, la primera consideración que debía prevalecer en el proceso de fundación de una ciudad era la concerniente a la salubridad del lugar escogido para establecerla, a los efectos de asegurar no sólo su habitabilidad sino el mantenimiento de la salud de los pobladores. El lugar, en definitiva, debía se sano con buenas aguas y pastos, tal como se indicó en la Instrucción dada a Hernán Cortés en 1523 y con más precisión en las Ordenanzas de Felipe II de 1573 (Art. 38, 39, 40).

B. *Sobre la situación de los lugares*

En las regiones sanas que se eligieran conforme a las pruebas antes señaladas, los sitios precisos que debían escogerse para el emplazamiento de la ciudad, como lo recomendaba Vitruvio en el mismo Capítulo VII del Libro *Primero* de su Obra, no debían estar sometidos a condiciones climáticas extremas, para lo cual recomendaba que:

"debe ser alto, ni nublado ni helado, y en un clima ni caliente ni frío, sino temperado; y además, sin pantanos en los alrededores.

Y cuando la brisa de la mañana sople hacia el pueblo al amanecer, si traen consigo nieblas de los pantanos y mezclados con estas, el aliento envenenado de las criaturas de los pantanos a ser respirado por los habitantes, entonces el sitio será insalubre.

De nuevo, si el pueblo está en la costa con exposición hacia el sur o el oeste, no será saludable porque en el verano el cielo del sur es muy caliente en el amanecer y es bravo al mediodía, en tanto que la exposición hacia el oeste se hace calurosa después del amanecer, es caliente al mediodía, y en la noche es helada.

Esas variaciones en calor y las heladas subsecuentes son dañinas para las personas que viven en esos sitios."

En las Ordenanzas de Felipe II de 1573 se precisaron con toda claridad estas exigencias (Art. 40).

C. *Sobre el abastecimiento de la ciudad*

Vitruvio indicaba, además, en el Capítulo VIII ("De las fundaciones de los muros y de las instalaciones de las torres") del Libro *Primero*, que para la escogencia del sitio de la ciudad debía tenerse en cuenta que el lugar fuese de fácil acceso para asegurar el abastecimiento, fuera por tierra o por agua, señalado que:

"Una vez que se haya asegurado la salubridad del lugar donde debe fundarse la ciudad, debe procederse a trabajar en las fundaciones de las torres y de los muros, de acuerdo con el conocimiento que se tenga de la pureza de su aire, de la abundancia de los frutos que crecen en los países de los alrededores y de la facilidad de los caminos, los ríos y los puertos de mar que existan para traer todas las cosas necesarias."

En las Ordenanzas de Felipe II de 1573, esta exigencia también se estableció con toda precisión (Art. 35). Por ello, la mayoría de las ciudades latinoamericanas se fundaron en las orillas de ríos.

D. *Sobre la dirección de las calles*

En el Capítulo IX ("Del reparto de las obras en el interior de los muros y de la disposición para que las ráfagas dañinas de los vientos sean evitadas") del Libro *Primero*, Vitruvio estableció la necesidad de que las calles fueran alineadas, y para su disposición se tuviera en cuenta el sentido y orientación que tenían los vientos en el lugar, de manera que las ráfagas no corrieran libremente por las calles en perjuicio de los habitantes. Decía, entonces, que:

"Concluida la construcción de los muros de la ciudad, debe trazarse el emplazamiento de las casas y establecerse el alineamiento de las grandes y pequeñas calles, según el aspecto más ventajoso del cielo.

Debe evitarse, ante todo, que los vientos habituales se enfilen directamente en las calles, porque son siempre dañinos, sea por el frío que hiere, por el calor que corrompe, o por la humedad que afecta la salud.

En consecuencia, deben tenerse cuidadosamente en cuenta estos inconvenientes, con el fin de no caer, como ha sucedido en muchas ciudades,... en las cuales los edificios son bellos y magníficos, pero dispuestos en forma poco prudente; ya que en estas ciudades, el viento del mediodía (sur) genera fiebres, el que sopla entre el poniente y el septentrión (norte) hace toser; y el del septentrión, que cura estos males, es tan frío, que es imposible quedarse en las calles cuando sopla..."

Señalaba, más adelante, en el mismo Capítulo IX del Libro *Primero*, que:

"Es necesario en consecuencia, trazar los alineamientos de las calles entre dos cuartos para no ser incomodado por la violencia de los vientos; ya que si estos recorren las calles directamente, no habrá duda de su impetuosidad, que siendo tan grande al aire libre y abierto, aumentaría mucho estando encerrados en calles estrechas.

Por ello, las calles deben disponerse de tal forma que los vientos, dando contra los ángulos que ellas formen, se rompan y dispersen."

En las Ordenanzas de Felipe II de 1573, todas estas indicaciones sobre el trazado de las calles a cordel y regla, y sobre la orientación de la trama urbana en relación con los vientos, también fueron recogidas (Arts. 110 y 114).

E. *Sobre la plaza*

En el Capítulo VIII del Libro Primero, Vitruvio formuló un conjunto de principios en relación con el *forum* o plaza:

En relación con la *proporción* de la plaza, en el Capítulo I ("De la plaza pública y de las basílicas") del Libro Quinto Vitruvio decía:

"La grandeza de estas plazas públicas debe ser proporcional a la población, de manera que no sean muy pequeñas si muchas personas allí van, ni que sean demasiado vastas, si la ciudad no está suficientemente poblada. Para establecer el largo de la plaza, debe dividirse el largo en tres partes, y tomar dos (para el ancho); de esta manera, la forma será larga, y esta disposición será mucho más cómoda para los espectáculos."

El mismo principio de la dimensión de la plaza en proporción con la cantidad de vecinos que hubiere (Art. 113) y la forma de la plaza con un largo una vez y media de su ancho (Art. 112), también se recogió en las Ordenanzas de Felipe II de 1573.

Sobre la *forma* de la plaza en el Capítulo VIII del Libro Primero, Vitruvio señalaba que:

> "La figura de una plaza no debe ser ni cuadrada ni compuesta de ángulos demasiado avanzados, sino que simplemente debe hacer un cerco, con el fin de que se pueda ver el enemigo desde varios puntos; los ángulos avanzados no son en absoluto propios para la defensa, y son más favorables a los que sitian que a los sitiados."

Agregaba, además en el Capítulo I del Libro Quinto que:

> "La plaza pública en los griegos, es cuadrada, y rodeada de dobles y amplios pórticos con columnas pegadas unas a otras, que sustentan arcadas de piedra o mármol con galerías en lo alto; pero ello no se práctica en esa forma en las ciudades de Italia, debido a la vieja costumbre de hacer ver al pueblo en la plaza los combates de los gladiadores..."

El principio se siguió en las plazas americanas en cuanto a su utilización para espectáculos, como las corridas de toros.

En el Capítulo X ("De la escogencia de los emplazamientos para el uso común de la población") del Libro Primero, Vitruvio indicaba sobre la ubicación de la plaza, que "si la ciudad está al borde del mar, es necesario que la plaza pública esté cerca del puerto, por tanto que si la ciudad esta alejada del mar, la plaza deberá estar en el centro".

Estos principios de ubicación de la plaza en puertos en la costa, abierta hacia el mar, y de su ubicación en el centro del poblado en pueblos situados en el interior (Art. 112), también fueron de regulación precisa en las Ordenanzas de Felipe II de 1573.

Sobre los templos, Vitruvio señalaba en el mismo Capítulo X del Libro Primero que aquellos correspondientes a los dioses titulares bajo cuya protección especial se erigía la ciudad, a Júpiter, Juno y Minerva, debían estar en el punto más elevado de manera que de allí pueda verse la mayor parte de las murallas de la ciudad.

La tesorería, la prisión y la Casa del Senado debían estar adjuntas al *forum*, pero de forma tal que sus dimensiones fueran proporcionadas a las del *forum*.

En las Ordenanzas de Felipe II de 1573, se dispuso igualmente la necesaria edificación de la iglesia, la casa real, la casa del concejo y cabildo y la aduana, cerca de la plaza mayor (Art. 121 y 124).

4. *La obra de León Battista Alberti y su influencia en la arquitectura del renacimiento*

El mismo año de 1486, en el cual se publicó en Roma el Tratado de Vitruvio, *De Architectura Libri Decem,* también se publicó el libro de León Battista Alberti (1404-1472), *De re aedificatoria.* Se trató del primer libro sobre arquitectura que se escribía desde la antigüedad, en el cual partiendo de las enseñanzas del mundo helenístico y romano, se señala cómo debía construirse en el futuro. Su influencia fue inmediata, estando dividido, al igual que el Tratado de Vitruvio, en Diez Libros dedicados cada uno a diversos aspectos de la arquitectura, la construcción y el urbanismo.

A la ciudad, Alberti como Vitruvio, dedicó muchas de sus reflexiones en su tratado, señalando, en general que:

> "El principal ornamento para una ciudad está en su emplazamiento, su situación, composición y arreglo de sus calles, plazas y trabajos individuales: cada uno debe ser cuidadosamente planificado y distribuido de acuerdo con el uso, importancia y conveniencia. Porque sin orden nada cómodo, gracioso o noble puede haber" (Libro Séptimo, 1)

El orden, por supuesto, está en la base de los escritos de Alberti y de todo el Renacimiento, que aplicado a la ciudad dio origen, como en Vitruvio, a múltiples reglas sobre la misma, señalando seis principios de base para edificar: *regio, areae, partitio* (plan), *paries* (muros), *tectum* (techos) y *apertiones* (ventanas).

A. El sitio o regio

Sobre la localización de la ciudad, Alberti también destacó el énfasis que los antiguos daban a la misma, para:

> "Asegurar que no tuviera (de ser posible) nada dañino y que estuviera acompañada con todas las facilidades. Sobre todo, tomaron gran cuidado para evitar un clima que pudiera ser desagradable y nocivo; era una precaución muy prudente, incluso, indispensable. Porque si bien no hay duda que cualquier defecto de la tierra o del agua puede ser remediado por la destreza e ingeniosidad, ninguna máquina de la mente o de las manos podría mejorar apreciablemente el clima..." (Libro Primero, 3).

En el Libro Primero, Alberti hizo extensos comentarios sobre el aire, el agua y los lugares, como lo hizo Vitruvio, lo que sin duda estuvo inspirado por Aristóteles y sobre todo por Hipócrates (430 a.C.), quien dedicó a ello un estudio de gran importancia titulado *Del aire, del agua y de los lugares*, con observaciones sobre las aguas y los vientos, la naturaleza del suelo y la exposición y soleamiento de los lugares.

En esta forma, Alberti recomendaba para ubicar la ciudad, poner especial atención en su relación con el sol y el viento; con los aires pestilentes y las nieblas excesivas; con los sitios en costa de mar, de manera que la ciudad no estuviera en costas mirando al sur, dado el reflejo de los rayos del sol (Libro Primero, 3); a la ubicación de la ciudad ni en sitios muy altos ni muy bajos, más bien planos, con facilidades de acceso, con clima moderado y relativamente húmedo (Libro Primero, 4); a las bondades de buen aire y agua (Libro Primero, 5) de manera de evitar tanto regiones azotadas por tormentas y cambios de temperatura, como la ubicación de la ciudad en el pie de monte de montañas situadas al oeste, por considerarlo insalubre dada la exposición a súbitas exhalaciones nocturnas y oscuridad extrema (Libro Primero, 5).

Por supuesto, para la elección de los sitios, Alberti recordaba también la antigua costumbre, "que se podía llevar atrás hasta Demetrius, de inspeccionar el color y las condiciones del hígado del ganado que pastara en el sitio cuando se fuera a fundar un pueblo o una ciudad (Libro Primero, 6)".

Todos estos principios expuestos en general, los precisó en relación con la ciudad en sí misma, en el Libro Cuarto, 2, indicando lo siguiente:

"Estos son los requerimientos que tenemos que señalar para nuestra ciudad: no debe sufrir de ninguna de las desventajas señaladas en el Primer Libro, ni debe faltar nada por razones de economía; su territorio debe ser saludable, extenso y variado en su terreno; debe ser agradable, fértil, naturalmente fortificado, bien abastecido y lleno de frutas y abundantes cursos de agua. Debe haber ríos, lagos y acceso conveniente desde el mar para permitir la importación de bienes en caso de carestía o la exportación de cualquier exceso...

Adicionalmente, la ciudad debe estar ubicada en la mitad del territorio, desde donde se extienda la vista hasta sus fronteras, de manera que pueda leerse la situación y estar listos para intervenir de inmediato de ser necesario... Es particularmente importante determinar si se debe localizar la ciudad en sitio abierto, en la costa, o en la montaña: cada caso tiene sus ventajas y desventajas...

Este, sin embargo, es un consejo: hágase todo el esfuerzo de asegurar que, sea donde fuere localizada la ciudad, goce de los beneficios de cada tipo de terreno, y ninguna de sus desventajas. Preferiría localizar la ciudad en lugar plano cuando se construya en las montañas, o en un monte alto cuando se haga en la llanura. Pero si no hay suficiente variedad para permitir una escogencia ideal, así es que deben satisfacerse los requerimientos esenciales: una ciudad en llanura no debe estar cerca de la costa de mar, ni la que este en las montañas, muy lejos de ella" (Libro Cuarto, 2).

B.   *Las calles y las plazas*

Sobre las calles de la ciudad, Alberti recomendaba que cuando llegaban a la misma debían ser rectas y anchas, aun cuando no debían dar directamente a las puertas. Dentro de la propia ciudad, consideraba mejor "que las calles no sean rectas, sino gentilmente ondulantes como un río que baña ahora aquí, ahora allí, de una orilla a la otra" (Libro Cuarto, 5).

En otro Libro de su obra, Alberti (Libro Octavo) hizo amplias referencias a las calles de las ciudades, de carácter monumental, las cuales debían estar elegantemente alineadas con pórticos, de iguales líneas, siendo las más importantes, las que daban a los puentes, esquinas, foros y edificios feriales.

Consideraba al *forum* como un cruce de calles agrandado, de manera que "el cruce de calles y el *forum* sólo difieren en tamaño. De hecho el cruce de calles es un forum pequeño" (Libro Octavo, 6).

En cuanto a las plazas en particular, Alberti señaló que:

"La plaza puede servir de sitio de mercado para monedas y vegetales, para ganado o madera; cada tipo de plaza debe estar situado en su propio lugar dentro de la ciudad, y debe tener su propio ornamento.

Los griegos hicieron sus plazas cuadradas; y las rodearon con dobles pórticos generosos, adornados con columnas y piedras; construyendo una galería en el piso superior. Aquí, en Italia, nuestras plazas tienen un ancho de 2/3 del largo; y en vista de que tradicionalmente han sido el sitio de espectáculos de gladiadores, las columnas de sus pórticos están más separadas...

En la actualidad preferimos construir el área del forum como un doble cuadrado..." (Libro Octavo, 6).

El tratado de *De re aedificatoria* puede considerarse como el primer tratado de arquitectura del Mundo Moderno, siendo el producto más acabado en la materia del Renacimiento, con influencias, sin duda, de la obra de Vitruvio, cuya estructura en diez libros imitó. Sin embargo, como se dijo, con visión de futuro más que del pasado, la obra de Alberti ejerció una influencia determinante en todos los artistas que le siguieron, siendo la gran figura de la arquitectura renacentista. Su obra, sin duda, igual que la de Vitruvio, tuvo una influencia decisiva en la concepción de la ciudad hispanoamericana.

En efecto, basta leer y releer las Instrucciones de poblamiento que desde 1513 hasta 1573 se fueron dando a los adelantados, y que se recogieron en las *Ordenanzas de Descubrimiento y Población* de Felipe II de ese año, para darse cuenta de la notable influencia que los escritos de Alberti y Vitruvio, y a través de ellos, de Hipócrates y Aristóteles, tuvieron en la redacción de esos textos.

Por lo que se refiere a la arquitectura y a la influencia de Vitruvio y Alberti, en todo caso, para cuando se publica la *Recopilación de Leyes de los Reynos de Indias* por Carlos II en 1680, la Academia de Arquitectura de París, el 14 de febrero de 1672 había señalado, al haberse sometido a deliberación cuál era la autoridad de Vitruvio y qué sentimientos debía tenerse sobre su doctrina, todos los académicos fueron de la opinión de que se le debía considerar como el primer y más destacado de todos los arquitectos, y que debía tener la principal autoridad entre todos ellos, por lo que su doctrina, admirable en general, debía ser seguida sin separaciones. La misma Academia de París, un mes más tarde, el 17 de marzo de 1672 señaló que después de Vitruvio, Alberti era el que más doctamente había escrito sobre arquitectura.

Esas obras, sin duda, penetraron en las Cortes españolas y permitieron que la gran empresa del poblamiento de Hispanoamérica, se hubiese hecho de manera ordenada, con instrucciones precisas conforme a la simetría y racionalidad que enseñaban.

5. *El impacto del conocimiento de la arquitectura renacentista en la Corona española*

No hay que olvidar, en efecto, que el Descubrimiento de América ocurrió en medio del Renacimiento, proceso que convencionalmente puede decirse que se inició a mitades del siglo XV, y que se consolidó siete décadas después, a partir de 1520. Si bien tuvo su centro de expansión en Italia por la preponderancia que adquirió el humanismo en la cultura italiana, se expandió por toda Europa, gracias a la posibilidad de acceder a los textos antiguos por la creación de bibliotecas en las principales ciudades, y a la invención de la imprenta. De ello resultó un sin número de ediciones de textos de los autores antiguos clásicos, con lo que los principales humanistas tuvieron a su disposición la posibilidad de ofrecer a los demás los conocimientos derivados de los textos de escritores antiguos, corregidos y enmendados por ellos.

En el mismo período coincidente con el descubrimiento y el inicio de la conquista de América, en España también se produjo un nuevo interés por las humanidades, precisamente como consecuencia del influjo humanista de Italia, a cuyas universidades habían asistido los grandes humanistas españoles, como Elio Antonio de Nebrija (1444-1522) y Hernán Núñez (1471-1522). Además, muchos italianos cultos fueron a enseñar a España en el último cuarto del siglo XV. El humanismo penetró entonces en la Corte, y durante el reinado de Isabel y Fernando el cargo de secretario de letras latinas fue ocupado por un erudito educado en Italia, Alonso Hernández de Palencia (1423-1492) y luego por Pedro Martyr de Anghleria (1459-1526), quien fue profesor de humanidades en la escuela aneja a la Corte creada con el objeto de mejorar la cultura de los miembros de la Casa Real. Además, fue uno de los primeros escritores sobre América.

Estos eruditos, además, enseñaron en las universidades más importantes, entre ellas Salamanca, donde dominaba la teología tomista. En 1508, además, el cardenal Cisneros, quien efectivamente gobernó el Reino después de la muerte de la reina Isabel en 1504, había fundado la Universidad de Alcalá de Henares, la cual se convertiría en el centro del humanismo cristiano hispánico. El entusiasmo por el humanismo en España se reflejó, también, por los libros impresos hasta 1520, en los que se ubican textos de los clásicos latinos y de humanistas italianos.

Entre las áreas del conocimiento renacentista de mayor importancia estaba, por supuesto, la arquitectura, la que se concibió como el "renacer" de la arquitectura antigua. Los mismos arquitectos de la época proclamaban que habían vuelto a la antigua forma de construir después de un largo período de decadencia, sometiéndose a las reglas de simetría y proporción y al sistema de los órdenes, aun cuando interpretando con libertad los preceptos clásicos. Ello implicó, en todo caso, la vuelta al uso de la regla, a las líneas precisas, a las fachadas rectilíneas e incluso, al abuso de los ángulos rectos en las esquinas, dando origen al plano regular que se convirtió en obligatorio para edificios y ciudades.

Todos esos elementos, y en particular los relativos a la ciudad, sirvieron a la Corona para diseñar el modelo de ciudad que se implantaría en América, el cual se fue transmitiendo a los Adelantados mediante instrucciones precisas, elaboradas por aproximaciones sucesivas a partir de 1513, y que culminaron con las Ordenanzas sobre descubrimiento y población de 1573.

IV. LAS INSTRUCCIONES REALES PARA LA MUNICIPALIZACIÓN E IMPLANTACIÓN DEL MODELO URBANO EN LA CIUDAD COLONIAL AMERICANA AMÉRICA

Desde el mismo inicio del proceso de conquista y dada la importancia jurídica de fundar ciudades o *civitas* en los espacios ocupados para la determinación del área de las gobernaciones de los adelantados, la Corona comenzó a idear el modelo urbano que debía implantarse, con orden, y a instruir a los conquistadores sobre la forma y el orden que se debía tener en el proceso de fundación de las mismas, tanto desde el punto de vista de la escogencia de los lugares y sitios adecuados, como desde el punto de vista de su diseño urbano regular. Para ello, todos los conocimientos disponibles derivados del Renacimiento se utilizaron de inmediato y se plasmaron en Instrucciones que se comenzaron a formular con cierta precisión a partir de 1513, con motivo de la expedición comandada por Pedrarias Dávila para la conquista de la Provincia de Castilla del Oro, y culminaron con las mencionadas *Ordenanzas sobre descubrimiento y población* otorgadas por Felipe II en 1573. Sesenta años bastaron para que un modelo de ciudad especialmente diseñado para América se hubiese ideado y aplicado en todo el Continente americano, lo que fue posible, sin duda, por la posibilidad que hubo de que todas las ideas renacentistas que paralelamente se estaban formulando por los humanistas de los siglos XV y XVI, penetraran en la Corte de los Reyes Católicos y luego, de Carlos V y Felipe II, y se plasmaran en Instrucciones reales del derecho indiano.

El texto de estas Instrucciones pone en evidencia, en todo caso, la enorme y directa influencia que en su redacción tuvieron los textos de Vitruvio y Alberti, entre otros.

1. *Las Instrucciones dadas a los Adelantados en 1513, 1521 y 1523 para poblar, municipalizar y pacificar el territorio americano*

Dada la necesidad jurídica de fundar pueblos para la determinación geográfica de las provincias, fue con ocasión del inicio de la conquista de Tierra Firme y con motivo de la adopción de las llamadas Leyes de Burgos de 1512 que se comenzaron a dar precisas instrucciones a los adelantados entre otras cosas, en relación con la forma de fundar los pueblos. En tal sentido, la *Instrucción dada por el Rey á Pedrarias Dávila, para su viaje a la Provincia de Castilla del Oro que iba á poblar y pacificar con la gente que llevaba,* en Valladolid, el 2 de agosto de 1513, es de la mayor importancia (*Instrucción de 1513*).

Las Instrucciones fueron otorgadas por Fernando el Católico (de Aragón), pues la reina Isabel ya había fallecido, por lo que no es descartable que en ellas hubiesen influido las concepciones aragonesas medievales sobre la ciudad que provenían tanto de las ciudades establecidas a partir del siglo XIII como de las ideas de Eiximenis.

Posteriormente, en 1521, esta vez por el rey Carlos I, se emitió una *Real Cédula de Población otorgada a los que hicieran Descubrimientos en Tierra Firme* en la cual, precisamente con motivo de las empresas descubridoras que ya se habían adelantado en el mar Caribe por Francisco de Garay, en la isla de Santiago; Diego Velásquez en Cuba, en Cozumel y Yucatán, y Juan Ponce de León, en la isla de Puerto Rico, el ya Emperador les concedió licencia para "poblar á vuestra costa é misión... con tanto que en la dicha población tengáis é guardéis la orden siguiente". Ello motivó, entonces, que se formularan con carácter general los principios de ordenación del poblamiento, que antes se habían formulado en particular para Pedrarias, y que rigieron el poblamiento en adelante materialmente en toda la América hispana (*Instrucción de 1521*).

Después de la conquista de la Ciudad de México en 1521 y de la designación de Hernán Cortés como gobernador y capitán general de Nueva España en 1522, en Valladolid, el 26 de junio de 1523, el Emperador formuló la *Instrucción para la población de la Nueva España, conversión de indios y organización del país*, dada a Hernán Cortés y que sirvió de guía para el poblamiento sucesivo de la Nueva España (*Instrucción de 1523*) en la cual se recogieron las normas y principios que ya habían sido establecidos en las Instrucciones anteriores

En todas estas Instrucciones, en las cuales puede apreciarse la influencia directa de la experiencia aragonesa y castellana de las nuevas pueblas y de los escritos de Eiximenis, Vitruvio y Alberti, se formularon un conjunto de ordenes y normas en materia de fundación de pueblos y ciudades, que fueron el origen del proceso de formulación jurídica del poblamiento lo que, en aproximaciones sucesivas, culminaría con las *Ordenanzas de Descubrimiento y Población* de Felipe II de 1573.

Los siguientes aspectos son los más notables de dichas Instrucciones de 1513, 1521 y 1523, en cuanto al proceso de poblamiento.

A. *El nombre de los lugares y la atención de la evangelización*

En la *Instrucción de 1513,* decía el Rey a Pedrarias, que llegados a la Provincia de Castilla del Oro, con la buenaventura, "lo primero que se ha de facer es poner nombre general á toda la tierra general, á las cibdades é villas é logares", y dar "órden en las cosas concernientes al aumento de Nuestra santa fe é á la conversion de los yndios, é á la buena órden del servicio de Dios é aumento del culto divino..." (N° 5).

Con esta *Instrucción* se expresó formalmente la obligación de los adelantados de poner nombres a todos los sitios, lugares y pueblos que descubrieren o encontraren, lo que fue una característica específica de la conquista española al punto de que aún hoy se conservan muchos de los nombres dados inicialmente a los sitios (ríos, llanos, colinas, cerros, montañas, costas, bahías, islas, etc). Estas denominaciones, por otra parte, se debían informar a la Corona mediante *Relaciones* que los adelantados y gobernadores debían elaborar, en muchos casos, acompañadas de mapas generales de las respectivas provincias.

En la *Instrucción de 1521*, al igual que ocurrió en la dada a Pedrarias en 1513, se insistía en la necesidad de dar nombre a los lugares y de atender debidamente la empresa evangelizadora, así:

> "Primeramente, habéis de proveer que, llegados á cualesquier tierras é islas, en los términos é límites que caen en lo que ansí habéis descubierto con la buena ventura, lo primero es poner nombre á todas las ciudades, villas é logares que se hallaren é en la dicha tierra hobiere ó se hiziere con grandísimo cuidado y vigilancia; y dar órden en las cosas concernientes y necesarias á la aumentacion de nuestra santa fe católica é á la conversion de los caciques é indios y á la buena órden del servicio de Dios y del culto divino."

Sobre el tema de dar nombres a los sitios y lugares, en la *Instrucción* dada a Hernán Cortés en 1523 se recogieron los mismos principios de las Instrucciones precedentes, así:

> "11. Item, juntamente con los dichos nuestros oficiales pondréis nombre general a toda la dicha tierra e provincias de ellas, e a *las ciudades, villas y lugares que se hallaren y en la dicha tierra hubiere*, en las cosas concernientes al aumento de nuestra santa fe católica a la conversión de los indios."

Conforme a estas instrucciones, por tanto, todo fue bautizado, comenzando por los lugares y ciudades. Pero para ello, en muchos casos predominó la tendencia a darle a las nuevas tierras los nombres de las regiones de España, y de allí surgió la isla La Española, Nueva España, Castilla del Oro, Nueva Andalucía, Nuevo Reino de Toledo, Nueva Galicia, Nueva Vizcaya, Nuevo León, Nueva Extremadura y Nuevo Reino de Granada. También se les dieron a las nuevas villas y ciudades los nombres de las ciudades de nacimiento de los fundadores en la Península, y de allí, por ejemplo, los nombres de las Méridas, los Trujillos, las Cuencas, las Sevillas y los Cáceres en varias partes del territorio americano. También fueron utilizados los nombres de los monarcas o de sus ministros, como sucedió con los nombres de Fernandina, Isabela, La Imperial, San Carlos de Austria o Fonseca; o los propios nombres de los propios fundadores de las ciudades, como Mendoza o Valdivia.

B. *La elección de puertos en la costa de la mar*

En virtud de que la expedición de Pedrarias era una empresa dirigida hacia la costa de la Tierra Firme, la Instrucción precisó en particular a lo que debía atenerse el adelantado en cuanto a los asientos que se hicieran en la costa del mar. Así, en el N° 6 de la *Instrucción* de 1513 se le indicó a Pedrarias, lo siguiente:

> "6° Una de las principales cosas en que habéis mucho de mirar, es en los asientos ó logares que allá se hobieren de asentar: lo primero es ver en cuántos logares es menester que se fagan asientos en la Costa de la Mar, para se guardar la navegación é para mas seguridad de la tierra; que los que han de ser para seguiar la navegación, sean en puertos que los navíos de acá de España fueren, se puedan aprovechar dellos en refrescar e tomar agua, é las otras cosas que fueren menester para su viaje."

La escogencia del lugar para un puerto, por tanto, requería que se tuvieran en consideración tanto las necesidades de la navegación como la seguridad de la tierra, debiendo tratarse de sitios en los cuales pudiera guiarse fácilmente la navegación, se pudieran fondear los barcos y hubiera agua dulce y provisiones.

Respecto de la escogencia de sitios en la costa para la ubicación de pueblos, en la *Instrucción* de 1513 también se daban indicaciones sobre su calidad desde el punto de vista de la salud, el comercio y del trabajo, así:

> "así en el logar que agora está fecho, como en los que de nuevo se ficieren, se ha de mirar que sean en sitios sanos é non anegadizos, é donde se puedan aprovechar de la Mar para cargo e descargo, sin que haya trabajo é costa de llevar por tierra las mercaderías que de acá fueren."

Un pueblo en costa de mar, por tanto, debía ubicarse en un sitio sano y particularmente no anegadizo ni pantanoso; y con una calidad tal que pudiera servir de punto de carga y descarga de los navíos, con el menor trabajo posible, a fin de llevar los bienes a sus destinos sin tener que hacer largos recorridos por tierra.

En relación con los asientos en la costa del mar, en la *Instrucción de 1521*, repitiéndose lo que se había establecido en la Instrucción de 1513 a Pedrarias, se decía:

> "Una de las cosas principales, en que habéis mucho de mirar, es en los asientos de los logares que allá se hubiesen de fazer y sentar lo primero es ver cuantos logares es menester que se hagan asiento en la costa de la mar, para seguridad de la navegación y para seguridad de la tierra; que los que han de ser para asegurar la navegación, sean en tales puertos, que los navíos, que de acá de España, fueren, se puedan aprovechar dellos en refrescar de agua y las otras cosas que fueren menester para su viaje, ansí en el logar que agora están fechos, como en los que de nuevo se hizieren."

En todo caso, en la *Instrucción de 1521* también se insistía en la necesidad de velar por la calidad de los sitios, así "se ha de mirar que sea en sitios sanos y no anegadizos, y donde se pueda aprovechar de la mar para cargo y descargo, sin que haya trabajo é costa de llevar por tierra las mercaderías que de acá fueren".

En la *Instrucción* dada a Cortés en 1523 también se exigía prestar mucha atención en cuanto a la elección de los sitios, así "una de las mas principales cosas que habéis de mirar mucho, es en los asientos de los lugares que allá se hubieren de hacer y asentar de nuevo".

Con base en ello, también se formulaban recomendaciones siguiendo las mismas orientaciones que en las Instrucciones precedentes según se tratase de asientos en la costa del mar o en el interior.

En cuanto a los asientos en costa de mar, la *Instrucción de 1523* a Cortés también señalaba:

> "Lo primero, es ver en cuantos lugares es menester que se hagan asientos en la costa de la mar para seguridad de la navegación y para seguridad de la tierra; y los que han de ser para asegurar la navegación, sean en tales puertos que los navíos que de acá de España fueren se puedan aprovechar de ellos en refrescar de agua e de las otras cosas que fueren menester para su viaje. E si en el lugar que agora están hechos, como en los que de nuevo se hicieren, se ha de mirar que sean en sitios sanos y no anegadizos y de buenas aguas y de buenos aires y cerca de montes y de buena tierra de labranzas, e donde se puedan aprovechar de la mar para cargar e descargar, sin que haya trabajo e costa de llevar por tierra las mercaderías que de aca fueren."

C.   *La elección de los sitios en el interior y sus calidades para el asentamiento de pueblos*

Pero el sitio de las poblaciones no sólo debía escogerse en las costas del mar, sino que, particularmente, por razones de explotación minera, los centros poblados también debían ubicarse en tierra adentro, para lo cual, en el mismo N° 6 de la *Instrucción* de 1513 sobre la elección de los sitios según fueran en la costa o tierra adentro, se daban instrucciones precisas para los asentamientos.

En los casos en los cuales los asentamientos de pueblos se ubicasen en el interior del territorio, particularmente por el interés minero, en la *Instrucción de 1513* se exigía que estuviesen en riberas de ríos para facilidad del transporte, así:

> "é si por respeto de estar más cercanos á las minas se hobieren de meter la tierra adentro, débese mucho mirar que por alguna rivera, se puedan llevar las cosas que de acá fueren desde la Mar fasta la población, porque non habiendo allá bestias, como non las hay, sería grandísimo trabajo para los hombres llevarlo acuestas, y ni los de acá, ni los yndios non lo podrían sufrir; y que sean de buenas aguas é de buenos aires é cerca de montes é de buena tierra de labranza; é destas cosas, las que más pudiere tener."

La exigencia, por tanto, era múltiple. En primer lugar, ya se constataba como en efecto era así, que en América no había bestias de carga, por lo que se exigía que el pueblo estuviese cerca de la ribera de un río, por cuyas aguas pudieran transportarse desde el mar los bienes y objetos necesarios, y evitar así que los mismos tuviesen que ser transportados a cuestas, por los hombres, españoles o indios. Por ello, materialmente todos los pueblos y villas situados en el interior de los territorios de América hispana, se asentaron a orillas de los ríos. En segundo lugar, se exigía que en el sitio escogido para asentar el pueblo se constatara que las aguas fueran buenas, y que el lugar tuviera buenas brisas, cerca de montes, y además, existieran tierras de labranza, tal como se planteaba en las obras de Santo Tomás, de Eiximenis y de Vitruvio.

En cuanto a los sitios en tierra adentro, en la *Instrucción de 1521*, al igual que en la *Instrucción* a Pedrarias de 1513, se decía:

> "Y si por respeto de estar más cercanos á las minas se hobiere de meter la tierra adentro, débese mucho mirar que por alguna ribera se puedan llevar las cosas que de acá fueren, desde la mar hasta la población; porque no habiendo allá bestias, sería grandísimo el trabajo para los hombres llevarlo á cuestas, y ni los de acá ni los de allá lo podrán sofrir."

En relación con la calidad de los sitios, en la *Instrucción de 1521*, al igual que en la dada a Pedrarias, también se insistía: "Y los dichos asientos, se ha de mirar que sean de buenas aguas y de buenos aires, y cerca de montes, y de buena tierra de labranza; y destas cosas las que mas pudieren tener".

En cuanto a los asientos en tierra adentro la *Instrucción* a Cortés de 1523, también indicaba lo siguiente:

> "e si por respeto de estar más cercano a las minas se hubiere de meter la tierra adentro, débese mucho mirar que sea en parte que por alguna ribera se pueda llevar las cosas que de acá fueren desde la mar hasta la población, porque no habiendo allá bestias, como no las hay, será grandísimo el trabajo para los hombres llevarlos a cuestas, que ni los de acá ni los indios lo podrán sufrir. E de tener estas cosas susodichas las que más pudieren tener se deben procurar."

D. *La necesaria preservación de los pueblos de indios*

Fue en la Instrucción de 1523 dada a Hernán Cortés, donde se comenzó a prestar atención a los pueblos existentes, reconociéndose la realidad del mundo azteca en el sentido de que había muchos indios congregados en pueblos, por lo que se instruía que debía procurarse mantenerlos y conservarlos con su propia organización, así:

> "2. Asimismo, por las dichas causas parece que dichos indios tienen mucha razón, para vivir política y ordenadamente en sus pueblos que ellos tienen, habéis de trabajar, como lo hagan así y preserven en ello, poniéndolos en buenas costumbres y toda buena orden de vivir."

Esta circunstancia de que en la Nueva España los indios estaban habituados a la vida urbana, hizo que el desarrollo de los pueblos de indios se hiciera en forma distinta a las reducciones que se desarrollaron en las islas antillanas o en otras partes de Tierra Firme, por ejemplo, donde la población indígena estaba dispersa. Por ello, muchas ciudades españolas en Nueva España se establecieron sobre lo que eran ciudades indígenas, como fue el caso de Cholula.

E. *El repartimiento de solares y de heredades*

Uno de los aspectos más importantes de la conquista que se encomendaba a los adelantados mediante Capitulación, y que realizaban a sus propias expensas, era que el reclutamiento de las huestes se debía hacer siempre bajo promesa de repartimiento no sólo de parte del botín que se descubriese, sino de tierras para poblar y para cultivar. Se trataba de empresas colonizadoras para lo cual debían entregarse a los colonos pobladores los solares necesarios para hacer sus casas, y heredades para cultivo. En esta forma, en el N° 7 de la *Instrucción* de 1513 se indicaba la forma como debía hacerse el repartimiento de tierras en los pueblos, de la siguiente manera:

> "Vistas las cosas que para los asientos de los logares son nescesarias, e escogido el sitio más provechoso y en que incurren más de las cosas que para el pueblo son menester, habéis de repartir los solares del logar para facer las casas, y éstos han de ser repartidos segund las calidades de las personas."

En cuanto al repartimiento de heredades, este debía ser equitativo, pero según la importancia de cada colono. Así se señalaba:

> "así mesmo se han de repartir los heredamientos segund la calidad e manera de las personas, e segund lo que sirvieren, así les creced en heredad, y el repartimiento ha de ser de manera que á todos quepa parte de lo bueno e de lo mediano e de lo menos bueno, segund la parte que á cada uno se le hobiere de dar en su calidad; e porque los primeros que allá pasaron con Hojeda e Nicuesa e Enciso han pasado mucho trabajo e fambre e nescesidad, á Hojeda e á ellos se les ha de facer mejoría en repartimiento, á él como á Capitan, e á ellos como á vecinos en el logar que está fecho, si por alguna cabsa de más comodidad se hobiere de mudar, ó si non se mudare en él".

En la *Instrucción* de 1521, también se reguló lo concerniente al repartimiento de solares y heredades, así:

> "Vistas las cosas que para los asientos de los lugares son necesarias, y escogido el sitio mas provechoso y en que incurren más de las cosas que para el pueblo son menester, habéis de repartir los solares del logar, para hazer las casas. Y estos han de ser repartidos, segun las calidades de las personas a quien se dieren y lo que cada uno hobiera servido."

Más adelante se señalaba el mismo principio del repartimiento equitativo de heredades, de manera que cada cual tuviese parte de la tierra buena, de la mediana y de la menos buena, así:

> "Asi mesmo se han de repartir los heredamentos, é segun la calidad é manera de las personas; é segun lo que sirvieren; ansi les creced en heredad. Y el repartimiento ha de ser de manera, que á todos quede de lo bueno y de lo mediano y de lo menos bueno, segun la parte que cada uno se le hobiere de dar en su calidad."

En cuanto al repartimiento de solares en las villas y de heredades para el cultivo, en la *Instrucción* a Cortés de 1523, ello también se regulaba con detalle así:

> "12. Vistas las cosas que para los asientos de los lugares son necesarias y escogidas, y el sitio más provechoso e que incurran más de las cosas que para el pueblo son menester, habéis de repartir los solares del lugar para hacer las casas, y estos han de ser repartidos según la calidad de las personas."

En particular en cuanto al repartimiento de heredades, en la *Instrucción* de 1523 se incorporó por primera vez la distinción entre las "caballerías" y las "peonías", que eran los nombres para las heredades destinadas a los de a caballo y a los peones, así:

"ansi mismo se han de repartir los heredamientos según la calidad y manera de las personas y según lo que hubieren servido asi los creced y mejorad en heredad, repartiéndolas por peonías o caballerías y el repartimiento ha de ser de manera que a todos quepa parte de lo bueno y de lo mediano y de lo menos bueno, según la parte que a cada uno se le hubiere de dar en su calidad."

Por otra parte, también aparece en forma expresa en la Instrucción de 1523, la misma exigencia de la obligación de residencia para la consolidación de la propiedad sobre las heredades, pero extendida por un período de cinco años, así:

"13. E a las personas y vecinos que fueren recibidos por vecinos de los tales pueblos, les déis sus vecindades de caballerías o peonías, según la calidad de la persona de cada uno; residiéndola por cinco años le sea dada por su vida la tal vecindad, para disponer de ella a su voluntad como es costumbre; al repartimiento de las cuales dichas vecindades y caballerías que se hubieren de dar a los tales vecinos, mandamos que se halle presente el Procurador de la ciudad o villa donde se le hubiere de dar y ser vecino."

F.   *El orden de la población y su crecimiento ordenado*

Con la *Instrucción* a Pedrarias de 1513, como se dijo, se inició la formulación de reglas para el establecimiento de los pueblos de manera ordenada con el objeto de asegurar su crecimiento ordenado; reglas que se fueron perfeccionando por aproximaciones sucesivas en las décadas siguientes, de manera que como lo decía el plano de Santiago de León de Caracas levantado por el gobernador Juan de Pimentel "desta suerte ba todo el pueblo edificandose". Hasta cuando se dictó la Instrucción dada a Pedrarias, los pueblos que se habían fundado en la isla La Española y en las otras islas del Caribe y en Tierra Firme, puede decirse que en su inicio no tuvieron una forma urbana ordenada y reticular, ni siquiera en el caso de Santo Domingo, la cual sin embrago como todas posteriormente fue objeto de un trazado regular. En todo caso, las Instrucciones dadas a partir de 1513, contribuyeron al desarrollo de esa forma ordenada en todas las poblaciones, incluso en la reordenación de los pueblos y villas que habían sido fundados en las islas antes de esa fecha.

Ahora bien, en cuanto a las Instrucciones de 1513, en su redacción se aprecia, por supuesto, la influencia directa de Vitruvio y de Alberti, y con ellos, todas las ideas de orden y simetría que conformaron el Renacimiento en la arquitectura.

En efecto, en el mismo N° 7 de la *Instrucción* de 1513 se ordenaba que en el repartimiento de solares, estos fueran *"de comienzo dados por órden"*, agregándose:

"por manera que fechos los solares, el pueblo parezca ordenado, así en el logar que se dejare para plaza, como el logar en que hobiere la iglesia, como en la órden que tovieren las calles; porque en los logares que de nuevo se facen dando la órden en el comienzo, sin ningud trabajo ni costa quedan ordenados, e los otros jamás se ordena"

De esta *Instrucción* dada a Pedrarias Dávila, resulta claramente la idea del orden que debía tenerse en el establecimiento de los pueblos, para que fundados en forma ordenada, en el futuro pudieran sin esfuerzo seguir desarrollándose en forma ordenada a medida que se fueran agrandando. El orden debía entonces prevalecer en cuanto al sitio para el asiento de la plaza mayor, y en el de la iglesia, que debía estar próximo a la plaza. Además, el orden debía guiar el diseño de las calles; y ese orden sólo podía resultar de la forma reticular.

En todo caso, el modelo urbano adoptado formalmente a partir de 1513, reflejado rápidamente en la traza de Santo Domingo, y que guió el diseño de la casi totalidad de los pueblos, villas y ciudades de América, por tanto, gravitó en torno a los tres elementos urbanos esenciales mencionados en la Instrucción: El primero, la plaza, que era lo que debía establecerse inicialmente, siendo el elemento principal, y cuya forma debía hacer parecer el pueblo como ordenado. Por supuesto, no había otra forma ordenada que no fuera la forma cuadricular o rectangular, en todo caso, reticular, con lados rectos. El segundo, la iglesia que debía ubicarse también en un sitio ordenado, fuera del área de la plaza, pero en un lugar principal, que en general fue en una de las manzanas ubicadas a un costado de la plaza. Y el tercero, las calles que debían también tener orden, es decir, diseñarse ordenadamente, y no había otra forma para el orden de las calles, cuando debían partir de la plaza reticular, que no fuera su trazado en líneas rectas, formando ángulos rectos en los cruces entre ellas, y manzanas o cuadras de terreno, donde se ubicaban los solares a ser repartidos, también ordenadamente.

La plaza, la iglesia y las calles, por tanto, configuraron el modelo urbano latinoamericano, y este se siguió uniformemente en todas partes. Correspondió así a Alonso García Bravo, quien había llegado a América en la expedición de Pedrarias, haber comenzado a implantar el modelo. A él, incluso, se le atribuye haber diseñado la planta de la ciudad de Santo Domingo en La Española y fue a éste alarife a quien Pedrarias, en 1519, le habría encomendado el trazado de las ciudades de Panamá y Natá; y Hernán Cortés, el diseño de la Villa Rica de la Vera Cruz y la reconstrucción de Ciudad de México, además de la planta de Oaxaca.

En todo caso, la parte de mayor interés en la *Instrucción* de 1521, conforme a la orientación de la *Instrucción* a Pedrarias Dávila de 1513, también era la relativa al orden regular que debía tener la población para asegurar su crecimiento ordenado, expresada así:

> "Y desde el comienzo se han de dar y comenzar por órden, por manera que fechos los solares, el pueblo parezca ordenado, ansi en el lugar que se dexare para plaza, como el lugar en que hobiere de ser la Iglesia, como en la órden que tuvieren los tales pueblos en los servicios y edificios públicos. Porque en los lugares que de nuevo se hazen, dando la órden en el comienzo, sin ningún trabajo ni costa quedan ordenados; y los otros jamás se ordenan."

El orden urbano, por tanto, si se establecía desde el inicio, luego se desarrollaba sin esfuerzo adicional. Eso fue lo que sucedió por ejemplo en Buenos Aires, donde la cuadrícula fue repetida sin límites en la llanura circundante. Se trata de un principio elemental de la planificación urbana que puede decirse que se aplicó con la forma reticular para el diseño y crecimiento de todas las ciudades hispanoamericanas hasta comienzos del siglo XX. Ello se puede observar de los planos casi idénticos de

Caracas de 1801 y de 1909, y en el plano de la misma ciudad de 1929 donde se aprecia un crecimiento reticular aun cuando con cuadras más pequeñas. El principio se abandonó, sin embargo, al invadir el modernismo el diseño de las ciudades.

Los solares, decía al igual que las anteriores la *Instrucción* de 1523, debían desde un comienzo ser repartidos por orden, para que el pueblo apareciera ordenado y siempre lo fuera. Decía:

> "y sean de comienzo dadas por orden, de manera que hechas las casas en los solares, el pueblo parezca ordenado, así en el lugar que dejaren para la plaza, como en el lugar que hubiere de ser la iglesia, como en la orden que tuvieren los tales pueblos y calles de ellos; porque en los lugares que de nuevo se hacen, dando la orden en el comienzo, sin ningún trabajo ni costa quedan ordenados, y los otros jamás se ordenan."

En esta forma, en los planos iniciales de ciudades hispanoamericanas, aparece el reparto de solares en las cuadras de la ciudad, incluso con la indicación de los nombres de los pobladores.

G. *La iglesia*

Dado el carácter evangélico de la conquista, de acuerdo con la Instrucción, en la traza de los pueblos y su desarrollo posterior, lo primero que debía construirse era la iglesia. La *Instrucción* decía, "y en lo que de nuevo se ficieren la más principal cosa e que con más diligencia se ha de facer, es la iglesia, porque en ella se faga todo el servicio de Dios que se debe facer".

En cuanto a la ubicación de la iglesia en relación con la plaza, sin embargo, nada se precisaba sobre su ubicación en relación con la plaza; y nada se decía de su orientación, aun cuando conforme al rito vigente para el sacrificio de la misa en el siglo XVI, la fachada debía orientarse hacia el oeste y el ábside hacia el este, como sucedió con casi todas las iglesias coloniales que se ubicaron al este de la plaza mayor.

H. *La organización política de los pueblos*

La fundación de los pueblos exigía, por otra parte, y por sobre todo, el establecimiento de una organización municipal. Fundar un pueblo era en definitiva, como se ha dicho, establecer una *civitas* o una república, lo que exigía una organización política local que rigiera y gobernara la comunidad respectiva que se asentaba en un determinado territorio. Un pueblo, por tanto, no sólo era una planta física, sino gente asentada, juntada, reunida o reducida en el lugar, y unas autoridades y leyes que rigieran la vida comunitaria. Si faltaba uno de esos elementos, puede decirse que conforme a la legislación colonial americana, no existía un pueblo, una villa o una ciudad.

Por ello, en cuanto a las autoridades locales en la Instrucción de 1531 se decía:

> "y en tanto que non ficiéremos merced de los oficios de regimiento perpetuos, habéis de mandar que en cada pueblo los elijan entre si por un año, e vos le confirmad siendo personas hábiles para regir".

Se destaca el principio electivo, por un año, que inicialmente se aplicó para la designación de los regidores.

En la *Instrucción* de 1521 también se reguló lo concerniente a la administración de las ciudades, así:

"Y en tanto que no hiziéremos merced de los oficios del regimiento perpétuos, habéis de mandar que en cada pueblo los elijan entre si, por un año, siendo personas hábiles para regir".

En esta *Instrucción* también se regulaba lo siguiente sobre el nombramiento de autoridades:

"Y en tanto que, nos, hiciéremos merced de los oficios de regimiento perpetuo y otra cosa mandamos proveer, habéis de mandar que en cada pueblo de la dicha nuestra gobernación, elijan entre si para un año para cada uno de los dichos oficios, tres personas, y de estas tres, vos con los dichos nuestros oficiales tomaréis una, la que más hábil o mejor os pareciere que sea, cual conviene".

I.   Los ejidos

En la *Instrucción* dada a Hernán Cortés en 1523, además, se reguló por primera vez el tema de la dotación de ejidos a las ciudades así:

"14.   Ansi mismo os mando que señaléis a cada una de las villas y lugares que de nuevo se han poblado y poblaren en esa tierra, las tierras y solares que vos parezca que han menester y se les podrá dar sin perjuicio de tercero para propio; y enviarmeheis la relación de los que a cada uno hubiéredes dado y señalado para que yo se lo mande confirmar".

J.   Algunos derechos de los colonos

Por último, en relación con la *Instrucción* de 1513 dada a Pedrarias en 1513, teniendo incluso alguna relación directa con el poblamiento, deben destacarse dos disposiciones que le garantizaban a los colonos ciertos derechos, entre ellos, el de ir y venir libremente, y el de petición o queja; y una obligación particular, la de residir un tiempo determinado en el lugar del asentamiento, con lo que se consolidaba la propiedad de lo que había sido repartido, en el mismo sentido de lo que ocurrió durante la Reconquista en las antiguas ciudades moras.

a.   La libertad de queja

En cuanto al derecho de petición, dado los problemas que había habido en las Antillas hasta ese momento, sobre todo por las quejas de Enciso contra Balboa ante las autoridades de la Corona, en la Instrucción a Pedrarias se le garantizaba a los colonos el derecho de dirigirse directamente al Monarca, sin control por parte del Adelantando, así:

"22.   Habéis de estar muy avisado que todos los que allá están, e todos lo que con vos fueran, e fueren dempues de vos, han de tener toda libertad para escribir acá todo lo que quisieren, sin que por vos ni por vuestros oficiales, ni por otra persona ninguna les sea tomada carta, ni mandado que non escriba, sinon que cada uno escriba lo que quisiese; e si alguna persona las tomare, Mandamos que ejecutéis, en ellos las penas que de derecho se deben ejecutar, e si por vuestro mandado se ficiere, os certifico más, que demas de lo que de derecho se debe facer, mandaremos que se provea como cosa que Nos tenemos por deservido, e habiendo mucho enojo".

Se trata no sólo de una regla sobre libertad de queja sino, en general, de una garantía del derecho de petición, sin interferencia alguna de las autoridades; y, además, del derecho a la libre comunicación e, incluso, a la privacidad de las comunicaciones.

Esta libertad de queja y expresión que continuó en las décadas posteriores, provocó una inundación de escritos y mensajes personales dirigidos a los reyes, enviados por conquistadores, colonizadores, curas, funcionarios, vecinos e indios, que explican la riqueza del Archivo General de Indias, en Sevilla. En realidad todo se discutía con amplia libertad, por lo que la Instrucción de 1513 en realidad recogía la orden del Rey Fernando de 14 de agosto de 1509 en el sentido de "que ningún oficial impidiera a nadie enviar al rey o a cualquiera otro cartas u otra información concerniente al bienestar de las Indias". Fue así que desde el inicio se ventiló públicamente y en innumerables escritos, por ejemplo, el tema mismo de la justicia del derecho de España a gobernar el Nuevo Mundo. La libertad de palabra, sin embargo, no fue total pues no cabía en el campo religioso.

b. *La obligación de residir y la libertad de ir y venir*

En la Instrucción, además, se garantizó a todos los colonos la libertad de tránsito, es decir, el derecho de ir y venir de la Provincia hacia España y viceversa, en la siguiente forma:

"23.   Así mesmo, con los vecinos que allá se avecindaren, si acá quisieren venir durante los primeros cuatro años que han de residir para ganar sus faciendas, dejando sus faciendas, habeiles de dar licencia, e dempues así mesmo les dad licencia para que vengan e gocen de sus faciendas, e non se la impidáis ni estorbéis, sinon fuese acaso que los hobieredes menester para alguna cosa que quisiéredes facer por quince, veinte ó treinta días, ó mas fasta dos meses, los podéis detener; pero pasado el término de la nescesidad que dellos teniades, les deis libremente su licencia para que se vengan como quisieren".

La norma, además, establecía el principio de la obligación de residencia para consolidar la posesión de las haciendas, por un período de cuatro años. Si antes de esa fecha el colono decidía partir, perdía su hacienda. Ello recuerda el famoso dicho que ya hemos destacado, derivó del mismo principio que rigió en la Reconquista: "el que va a Sevilla pierde su silla".

K. *Recomendación general del orden*

La *Instrucción de 1521* terminaba con una recomendación general del orden que una vez seguido, evitaría trabajos sucesivos innecesarios:

"Habéis de procurar con todo cuidado de tener fin en lo de los pueblos que hizierdes en la tierra adentro, que los hagáis en parte é asientos que os podáis aprovechar dellos para poder hazellos. Y porque desde acá no se os puede dar regla ni aviso particular por la manera que se ha de tener en hacerlo, sino la esperiencia de las cosas que de allá sucedieren os han de dar la avilanteza y aviso de como y cuando se ha de hacer. Solamente se os puede dezir esto generalmente: que procuréis con mucha instancia y diligencia y con toda la brevedad que pudiérdes, de certificaros dello, y certificado ques ansi verdad, á todas las cosas, que ordenárdes y hiziérdes, las hagáis y determinéis con pensamiento que os han de servir y aprovechar para aquello. Porque habrá mucho de lo que agora sin ninguna costa ni trabajo les podéis hazer, porque no costará más sino determinarlas que se hagan de la parte que sean provechosas, como se habia de hazer en otra parte que no lo fuesen, de donde si, despues los hobiérdes de mudar para este propósito, será muy trabajoso, y algunos tan dificultosos, que serian imposibles."

Conforme a estas Instrucciones, por ejemplo, puede decirse que Juan Ponce de León, quien como se dijo había fundado el pueblo de Capana en 1508 en la isla de Puerto Rico, dispuso el traslado de la ciudad en 1521 al sitio de la "ysleta" que hoy ocupa San Juan de Puerto Rico, con un trazado reticular, con manzanas rectangulares.

En la *Instrucción* dada a Cortés, al igual que en la Instrucción General de 1521, también se formularon recomendaciones generales sobre el orden, así:

"15. Habéis de procurar con todo cuidado de tener fin en los pueblos que hicieren en la tierra adentro, que los hagáis en parte y asiento que os podáis aprovechar de ellos para poder hacerlo. Y porque desde acá no se puede dar regla particular para la manera que se ha de tener en hacerlo sino la experiencia de las cosas que de allá sucedieren, os han de dar la abilanteza e aviso de cómo y cuándo se han de hacer; solamente se os puede decir esta generalmente: que procuréis con mucha instancia y diligencia y con toda brevedad que pudiéredes certificaros de ello y certificado que es ansi verdad, todas las cosas que ordenáredes e hiciéredes, las hagáis y determinéis con pensamiento que os ha de servir e aprovechar para aquello, porque habrá mucho de ello que agora sin ninguna costa ni trabajo lo podéis hacer, porque no costará más sino determinar lo que se haga de la parte que sea provechosa, como se había de hacer en otra parte que no lo fuese, de donde si después la hubiésedes de mudar para este propio sería muy trabajosa cosa y algunas tan dificultosas que serían imposibles."

2.   *El impacto de las Instrucciones de poblamiento en el interior de las Provincias americanas: el ejemplo de las propuestas de poblamiento de Juan de Matienzo en 1567*

Un caso de interés de las repercusiones de las Instrucciones sobre poblamiento en el interior de las Provincias americanas, es el que se produjo en las Provincias del Virreinato del Perú, a partir de 1571, cuando bajo el gobierno del Virrey Francisco de Toledo se desarrolló la labor de poblamiento mediante reducciones y asentamientos de pueblos de indios, conforme a la Real Cédula que había recibido de 28 de diciembre de 1568, a los efectos de "la conversión, doctrina y costumbre y policía" de los indios. En esa labor de reducción y poblamiento que efectuaron los Visitadores designados por el Virrey, tuvo por ejemplo, una importante influencia el libro del Licenciado Juan de Matienzo, quien era además Oidor de la Audiencia de Charcas, denominado *Gobierno del Perú,* escrito en 1567.

En particular, Matienzo formuló propuestas para la política reduccional en pueblos de indios, sugiriendo para estos el modelo urbano general que se había desarrollado en Hispanoamérica para los pueblos de españoles, indicando que "los pueblos se hagan por sus cuadras, y la plaza en medio" definiéndoles su traza como indicaba en el plano que incorporó a su libro. Dicho esquema, lo explicó así en su obra:

"Ha de trazar el pueblo de esta manera por sus cuadras, y en cada cuadra cuatro solares, con sus calles anchas y la plaza en medio, todo de la medida que pareciere al visitador, conforme a la gente y la disposición de la tierra.

La iglesia esté en la cuadra que escogiere de la plaza, y tenga una cuadra entera, y la otra casa de enfrente ha de ser aposento para españoles pasaxeros, toda la cuadra, y lleve en la cuadra cuatro cuartos, con sus caballerizas y cubiertos de teja, con terrados encima de la casa, porque está más segura.

En un solar de la otra cuadra han de hacer casa de consexo, adonde se junten a juzgar y tratar de lo que conviene a la comunidad. En otro solar ha de haber hospital, y en otro, huertas y servicio de hospital. En el otro solar, corral de consexo.

En otro solar se ha de hacer casa del Corregidor, toda ella de texas. La casa del padre que los doctrinare ha de ser de dos solares, junto a la iglesia, de texa.

Los demás solares de la plaza han de ser casas de españoles casados que quisieren vivir entre los indios, todas cubiertas de texa, o terrados, que estén seguras del fuego. A cada cacique se ha de dar una cuadra, o dos solares, conforme a la gente que tuviere. A cada indio se ha de dar un solar, o dos, conforme a la gente que tuviere; y ellos dos solares que estén detrás de la casa del Corregidor, se ha de hacer la casa del *tucuirico*, y la cárcel, adonde ha de haber dos cepos y cuatro pares de grillos y dos cadenas."

En el plano, en todo caso, se destaca la plaza cuadrada y abierta en el centro del poblado, con la iglesia a la derecha (este) de la misma y las demás casas principales en las cuadras o manzanas contiguas a la plaza, y que formaban las calles que salían derechas desde la misma. Debe mencionarse que la palabra *tucuirico*, que identificaba a la persona cuya casa debía estar detrás de la del Corregidor, y que como lo explicaba el mismo Matienzo, significaba quien "todo lo ve", y debía:

"ser indio ladino, estrangero, y no de aquel repartimiento sino de otro bien lexos, para que no tenga deudo con los de aquel repartimiento, y no ha de estar mucho tiempo, por que no se haga con los caciques, y ellos lo sobornen para que calle sus tiranías".

3. *La culminación jurídica de la ordenación del proceso de poblamiento en América: las Ordenanzas de Descubrimiento y Población De Felipe II de 1573*

    A. *El orden que se ha de tener en descubrir y poblar*

El punto culminante de la formulación jurídica del modelo urbano, del proceso de poblamiento y de la formación de ciudades en América Hispana, que se inició mediante Instrucciones dadas a los adelantados y gobernadores con motivo de cada empresa o, en general, durante la primera mitad del siglo XVI, lo constituyeron las *Ordenanzas de Descubrimiento y Población dadas por Felipe II en el Bosque de Segovia,* el 13 de julio de 1573, en las que se establecen con precisión las reglas e instrucciones relativas a la forma urbana regular y reticular de la ciudad americana, en lo que se puede considerar como el primer cuerpo orgánico de normas jurídicas sobre ordenación urbana que se haya dictado jamás. En ellas, se les precisó a los adelantados, "el orden que se ha de tener en descubrir y poblar".

Las Ordenanzas, fueron producto de una reforma del Consejo de Indias ordenada por el Rey en 1571, y fueron redactadas bajo la supervisión de Fray Juan de Ovando y Godoy, nombrado para presidir el Consejo, después de haber presentado un informe al Rey proponiendo la expedición de un cuerpo de leyes que precisara las que debían mantenerse vigentes entre todas las que dispersamente se habían dictado con relación al Nuevo Mundo hasta ese tiempo, y la elaboración de un libro descriptivo de las Provincias que formaban las Indias Occidentales.

En el Informe, Ovando decía:

> "Con ser el Consejo de las Indias la cabeza y la mente que a de governar todo el orbe de las Indias en el dicho Consejo no se sabe el subjeto de las dichas Indias y las cosas que en ella ay sobre que cae disposición de ley y governación ni se ha tenido cuydado del medio y modo con que esto fácilmente se pudiera hazer, para que, aunque los mensageros y ministros del dicho consejo mudaran o faltaran, los sucesores lo pudieran también saber como los antecesores".

Y agregaba:

> "En el Consejo ni en las Indias no se tiene noticia de las leyes y ordenanzas por donde se rigen y gobiernan todos aquellos Estados".

El resultado fue la expedición de las Instrucciones en las cuales se ratificó el carácter de la empresa descubridora como una política y derecho exclusivo de la Corona, aun cuando realizada por particulares. Por ello, el artículo primero comenzó por asegurar el control absoluto de la empresa indiana a la Corona, lo cual ya se había establecido claramente desde la Orden Real dada en Granada el 3 de septiembre de 1501, en el sentido de que nadie podía hacer nuevos descubrimientos sin la obtención previa de una licencia. De allí la advertencia del artículo 1° de las Ordenanzas a quienes se atrevieran a realizar expediciones de descubrimiento, nueva población o pacificación sin expresa licencia de las autoridades facultadas para otorgarlas, que se les castigaría con la pena de muerte y de perdimiento de todos los bienes.

A tal efecto, se facultaba a las autoridades civiles y eclesiásticas a celebrar Capitulaciones de descubrimientos y pacificación, con la condición de que luego las remitieran al virrey o a la Audiencia para que éstos, a su vez, las mandaran al Consejo de Indias el cual, en últimas instancia, era el único capacitado para otorgar la licencia definitiva (Art. 2).

En todo caso, la licencia para hacer nuevas poblaciones estaba condicionada a que estas se hiciesen "*guardando la orden* que en el hazerlas se manda guardar por las leyes de este libro".

A los efectos de formalizar la tarea descubridora y asegurar el dominio de la Corona, los artículos 13 y 14 establecieron que tanto en los descubrimientos por mar y por tierra, la toma de posesión que debía efectuarse, apenas llegados a lo nuevamente descubierto, se debía realizar en nombre de los reyes de Castilla, *con todas las formalidades inherentes al caso, y ante escribano público que debía levantar el acta correspondiente.* En dicha acta se debían incluir los nombres que los descubridores pusieren a las diversas provincias, tierras, montes y ríos principales que fueran encontrando y ciudades que fueren fundando.

Para guiar esa empresa de la Corona, realizada por particulares a sus expensas, fue necesario idear y promulgar todo un conjunto de normas, algunas dirigidas a determinados adelantados, otras formuladas en forma general, que orientasen y guiasen la tarea de descubrir y particularmente de poblar, a cargo de adelantados dispersos en toda América. Esas normas e instrucciones, precisamente, y por agregaciones sucesivas, culminaron con la elaboración de las *Ordenanzas* de Felipe II de 1573, cuya parte más importante con relación a la forma urbana, es la relativa a las instrucciones sobre *el orden que se ha de tener en descubrir y poblar*, por supuesto, aplicables a las Nuevas Poblaciones, y donde se evidencia toda la influencia renacentista antes indicada. Esta es la parte que nos interesa destacar de las Ordenanzas contenidas en los artículos 32 al 137 sobre "nuevas poblaciones", siendo el contenido general de las Instrucciones el siguiente:

1. La elección de los sitios: 32 (I, i), 33 (I, i), 34 (V, i) 35 (V, i), 36 (V, i) y 37 (V, ii)

2. La fundación de los pueblos: 38, 39 (VII, i), 40 (VII, i), 41 (VII, iiii), y 42

3. La organización del gobierno: 43 (VII, ii)

4. La fundación subsecuente de otros pueblos: 44, 45, (VII, xviii), 46 (XII, xviiii), 47 a 49, 50, (V, iii), y 51

5. Las poblaciones contratadas con particulares: 52 (III, ii), y 53 a 55 (III, vii)

6. Los Adelantados: 56, 57, (IX, xi), 58, 59, 60, (III, iiii), 61, 62, 63 (III, xii), 64 (III, xi), 65 (III, xviii), 66 (III, xvii), 67 (III, xvi), 68 (III, xiiii), 69 (III, xv), 70 (III, xiii), 71, 72, 73 a 75 (III, iii), 76 (III, iiii), 77 (III, vi), 78 (III, vii), 79 (III, v), 80 (III, xviiii), 81 (III, xx), 82 (III, xxi), 83 (III, xxii), 84 (III, xxiii), 85, y 86 (III, ii).

7. El alcalde mayor y el corregidor: 87 (III, xxv)

8. Los alcaldes ordinarios, los regidores y los oficiales anales: 88, 89 (V, vi), 90, (VII, vii), 91, 92 (V, viii; VII, vi), 93, (VII, xxv), 94, 95, (V, xi), 96 y 97 (III, xxiiii), 98 (VI, ii), 99 (VI, vi), y 100 (V, vii)

9. Las fundaciones de casados: 101 (V, x)

10. Obligaciones del Gobernador y demás autoridades de las Indias: 102 (VII, xx)

11. Las Capitulaciones subordinadas: 103 (V, viiii)

12. La Repartición de tierras: 104, 105 y 106 (XII, i)

13. Las Obligaciones de los pobladores: 107 (XII, iii), 108 y 109 (VII, xxi)

14. El trazado regular en la fundación de las nuevas poblaciones: 110 y 111 (VII, iii)

15. La plaza mayor: 112, a 115 (VII, iiii), 116 y 117 (VII, x), 118 y 119 (VII, viii)

16. Las poblaciones costeñas: 120 y 121 (VII, viii), y 122 (VII, v; VII, viii; y Libro Primero, IV, ii)

17. Las poblaciones interiores: 123 (VII, v), 124, y 125 y 126 (VII, viii)

18. Los Solares a los particulares: 127 (VII, xi) y 128 (VII, xvi)

19. Los ejidos, dehesas, tierras de labor y tierras de regadío: 129 (VII, xiii), 130 (VII, xiiii) y 131 (VII, xxvi)

20. La edificación de la población: 132 (VII, xv), 133, 134 (VII, xvii) y 135

21. La oposición de los indios: 136 (VII, xxiii), y 137 (VII, xxiiii; VII, xxvi)

B. *Las normas sobre el sitio y ubicación de las poblaciones*

a. *La elección de los sitios*

Las *Ordenanzas* establecieron las pautas que debían tomar en cuenta los adelantados para elegir los sitios de ubicación de las poblaciones, con normas relativas a la salubridad, al abastecimiento y a la ubicación.

a'. *Principios relativos a la salubridad*

Los artículos 34 al 37 de las Ordenanzas establecieron las pautas generales para la elección de los sitios más convenientes para asentar las poblaciones, recomendándose escoger comarcas saludables, esto es, aquéllas en que se encontrasen hombres de edad avanzada, así como hombres sanos y fuertes y de buen color; animales sanos y de buen tamaño; buenos frutos y mantenimientos. Donde no hubiera cosas venenosas, y donde el cielo fuera claro y el aire puro y suave; el clima agradable, sin mucho frío o calor y, en todo caso, que fuera más frío que caliente. Como lo dice el artículo 34: "...de buena y felice costelación el cielo claro y begnino (sic) el ayre puro y suaue sin ympedimiento ni alteraciones y de buen temple sin excesso de Calor o frio y hauiendo de declinar el mejor que sea frio".

Estas normas, sin duda, tienen su antecedente directo en la obra de Santo Tomás, *De Regimene Principum* (Gobierno de los Príncipes)*, en cuyo Libro II, Capítulos I y II se encuentra la misma fraseología de las Ordenanzas. El primero de los Capítulos estaba destinado a "Cómo los reyes han de fundar ciudades para alcanzar fama, y que se debe elegir para ello sitio templado y las comodidades que de esto se siguen, y las incomodidades de lo contrario"; y el segundo destinado a "Cómo deben los reyes y príncipes elegir las regiones para fundar ciudades o castillos, y que debe ser de aire saludable y muestra en qué se conoce el serlo".

b'. *Principios relativos al abastecimiento*

Por otra parte, el artículo 35 exigía que las tierras resultasen fértiles, con abundancia de frutos y de pastos para el ganado, así como de montes con árboles que proporcionasen leña en abundancia y material para la construcción; que se tuviera cuidado de tener cerca agua suficiente para el consumo y para los regadíos, procurando que hubiera buenas salidas y entradas de mar y tierra, y pueblos de indígenas suficientemente cerca para poder evangelizarlos.

b. *La ubicación de los pueblos*

Una vez elegido el sitio que reuniera la mayor cantidad de ventajas para fundar la nueva población, se debía proceder a fijar el lugar que correspondería tanto a la cabecera como a los sitios que le debían estar sujetos, procurando hacerlo sin perjuicio de los indios. De cualquier modo, estos lugares debían tener siempre cerca el agua, los materiales, las tierras de labranza y cultivo, así como los pastos. (Arts. 38 y 39).

Una vez que se hubieren escogido los lugares para las cabeceras, se debían señalar los de los pueblos dependientes para estancias, chácaras y granjas, igualmente sin perjuicio de los indios (Art. 42).

a'. La altitud de los lugares

No se debían escoger lugares muy altos por el problema que representaba tanto el viento como el acarreo de cosas; ni muy bajos, ya que resultaban enfermizos. De preferencia debían elegirse lugares medianamente levantados, que recibieran el aire del norte y del mediodía. En caso de tener sierras o cuestas cercanas, éstas debían quedar al poniente y al levante, y si por alguna causa debía edificarse en lugares altos, se hiciese en sitios donde no estuviesen sujetos a nieblas (Art. 40).

b'. Los pueblos interiores en la ribera de ríos

De preferencia se recomendaba que las poblaciones interiores se levantasen a la orilla de algún río que fuera navegable, dejando la ribera baja para los oficios que arrojaren inmundicias (Art. 123).

Si el lugar escogido se encontrase a la orilla del agua, debía tenerse cuidado de que quedase de tal forma que a la salida del sol los rayos pegasen primero en la población y no en el agua (Art. 40).

c'. Los pueblos costeños

Por otra parte, se recomendaba alejarse de las costas por el peligro que representaban los constantes ataques de corsarios y por las enfermedades que en esos lugares abundaban, así como porque eran sitios que se prestaban al ocio. La excepción admisible era que se tratase de puertos principales, necesarios para la entrada, defensa y comercio de las tierras (Art. 41).

Todas estas normas referidas al sitio y ubicación de las poblaciones, por ejemplo, se formularon dos siglos antes que las consideraciones que aparecieron en la mencionada obra de A. Ribeiro Sánchez, *Tratado de la conservación de la salud de los pueblos y consideraciones sobre los terremotos* (1781, donde señaló que:

> "El sitio más adecuado para conseguir ambos fines (la conservación de los habitantes y su comodidad) será el que estuviere más expuesto al oriente, donde haya aguas vivas y corrientes, al cual se pueda llegar por muchas partes a un tiempo, a fin de que puedan entrar embarcaciones y carruajes, así en verano como en invierno; que no sea ni húmedo por extremo, ni árido como las peñas; que le ventilen antes los vientos fríos, cuales son los de levante y norte, que no los del sur y poniente, que suelen ser húmedos y calientes"

C. *Las normas sobre el repartimiento de las tierras*

a. *La propiedad pública de las tierras y la concesión en propiedad a los pobladores*

Las tierras de las Indias conforme al derecho castellano eran consideradas como pertenecientes a la Corona. Por tanto, originalmente los particulares solo podían poseerlas, por gracia real, en virtud de Cédula especial o de las normas de las Capitulaciones.

El repartimiento constituyó así, el título jurídico, sujeto a normas de permanencia luego de un plazo, para que se originara la propiedad personal. Es decir, el repartimiento si bien fue el título originario para adquirir en propiedad tierras en las Indias, sin embargo, no era suficiente para adquirir el pleno dominio, pues era necesario cultivar la tierra o residir en ella en un lapso de tiempo de entre 4 a 8 años. Estas normas, sin duda, tienen sus antecedentes en los fueros medievales de las ciudades castellanas y aragonesas, y en las experiencias del poblamiento como consecuencia de la Reconquista.

Una de las atribuciones de los adelantados, concedidas en las Capitulaciones, fue la de repartir tierras y solares. Lo mismo podían los virreyes, gobernadores en los territorios de nuevo descubrimiento y población, lo cual en este caso debía ser confirmado por la Corona.

b. El reparto del terreno

En el término y territorio del pueblo, debía repartirse la tierra así:

En primer lugar debía determinarse lo que fuera necesario para los solares del pueblo; para los ejidos necesarios y dehesas en las cuales pudiera pastar abundantemente el ganado de los vecinos.

En cuanto a las otras tierras, dentro del territorio y término de la ciudad, debían dividirse en cuatro partes: una de ellas para el fundador del pueblo "el questa obligado a hazer el dicho pueblo" (Art. 91); y las otras tres partes para ser repartidas en treinta suertes para los 30 pobladores del lugar.

c. El repartimiento de solares a particulares

Salvo los solares en la plaza mayor para la iglesia y las casas reales, el resto de los solares se debían repartir a suerte entre los pobladores, comenzando a partir de la plaza mayor.

Con esto se iniciaba el proceso de apropiación privada del suelo urbano. Los terrenos adyacentes a la plaza mayor, se repartían entre los más destacados de las huestes conquistadoras y pobladoras; y el resto de los solares se iba repartiendo por el adelantado fundador de acuerdo a la categoría social de los pobladores.

En todo caso, los solares que quedaren vacantes se debían reservar a la Corona, para repartirlos entre las personas que de nuevo fueren llegando. Sin embargo, de preferencia se recomendaba al adelantado llevar la planta de la población ya hecha (Art. 127).

Así el artículo 127 de las Ordenanzas, para los futuros repartimientos de solares señalaba que "para que se acierte mejor llebesse siempre hecha la planta de la población que se oviere de hazer".

En esta forma, se aseguraba que la ciudad siguiese creciendo ordenadamente de acuerdo con la planta reticular.

d.   *La obligación de ocupar el suelo*

Una vez hecha la planta y repartidos los solares, cada poblador, en la parte que se le hubiere asignado, debía proceder a instalar el toldo que para ello le hubiere solicitado el capitán. El que no lo llevare, haría su rancho de los materiales que hubiere en la región. Con la mayor prontitud, todos debían cooperar a hacer palisadas en cerco de la plaza, de manera que quedase protegida de los ataques de los indios (Art. 128). Como textualmente lo exigía el artículo 128:

> "hauiendo hecho la planta de la poblacion y repartimiento de solares cada vno de los pobladores en el suyo assienten su toldo si lo tuuiere para lo qual los capitanes les persuadan que los lleben y los que no los tuuieren hagan su rancho de materiales que con facilidad puedan auer donde se puedan recoger y todos con la maior presteca que pudieren hagan alguna palicada, o tanches (sic) en cerco de la plaça de manera que no puedan rrecibir daño de los Indios y naturales."

e.   *El repartimiento equitativo de tierras*

En cuanto a las tierras de cultivo, al hacerse los repartimientos debía procurarse que a todos correspondiese "parte de lo bueno e de lo mediano e de lo menos bueno", y debían hacerse sin agravio para los indios, es decir, que no se le quitasen las tierras que pudieran tener; sin perjuicio de terceros y sin que significara concesión de facultades jurisdiccionales sobre los habitantes de la tierra adjudicada ni de propiedad, sobre las minas que existieren o descubrieren.

f.   *Las peonías y las caballerías*

De acuerdo con las *Ordenanzas,* las tierras se debían repartir entre los nuevos pobladores, clasificadas en *peonías* y *caballerías,* denominación de origen medieval: las peonías eran las tierras que se otorgaban a los infantes o peones y las caballerías a los caballeros.

Las *peonías* eran solares de 50 pies de ancho por 100 de largo; 100 fanegas de tierras de labor, de trigo o cebada; 10 de maíz; 2 *huelras* de tierra para huerta; 8 para plantas de otros árboles de secadal; tierra de pasto para 10 puercas de vientre, 20 vacas y 5 yeguas, 100 ovejas y 20 cabras (Art. 105). Las *caballerías* eran solares para casa de 100 pies de ancho y 200 de largo; y en lo demás, el equivalente de 5 peonías, que eran: 500 fanegas de labor para pan de trigo o cebada; 50 de maíz; 10 huelras de tierra para huerta; 40 para plantas de otros árboles de secadal; tierra de pasto para 50 puercas de vientre, 100 vacas, 20 yeguas, 500 ovejas y 100 cabras (Art. 106).

Las *caballerías,* así en los solares como en las tierras de pasto y de labor, se debían de dar deslindadas y apeadas en término cerrado. Las *peonías,* en los solares y tierras de labor y plantas, se debían dar deslindadas y divididas, pero, en cuanto al pasto, era común (Art. 107).

g.   *Las obligaciones de los pobladores*

Los que tomaren asiento de residir las peonías y caballerías se obligaban a tener edificados los solares, y pobladas las casas, así como hechas y repartidas las hojas de las tierras de labor, habiéndolas labrado y puestas de plantas y ganados, fijando los plazos para irlo haciendo. El que no cumpliera con lo ofrecido, perdía las tierras y solares que se le hubieren señalado, y sería multado. De ahí que antes de empezar, debían otorgar fianza suficiente para garantizar el cumplimiento de sus obligaciones (Art. 108).

Por otra parte, los que se hubieran comprometido a edificar, labrar y pastar caballerías, podían celebrar asiento con labradores que les ayudasen en sus tareas (Art. 109).

Tanto el gobernador que hubiere negociado la nueva población, como la justicia del pueblo que de nuevo se poblare, quedaban encargados del exacto cumplimiento de las obligaciones de estos pobladores, tanto de oficio como a petición de parte interesada. Igualmente los regidores y procuradores de consejo podían elevar instancias contra los pobladores que no cumplieren sus obligaciones, dentro de sus plazos (Art. 110).

D. *Las normas sobre el trazado regular e ilimitado en la fundación de las nuevas poblaciones*

Una vez efectuado el descubrimiento, escogida la parte más conveniente para asentar en ella la nueva población -siempre que no fuera en los lugares reservados en exclusiva para la Corona, ni en perjuicio de los indios-, y celebrados los asientos respectivos, se debía proceder de la manera siguiente:

a. *La planta o trama ortogonal partiendo de la plaza mayor: a cordel y regla*

Primero se debía hacer la planta del lugar escogido, repartiéndola por sus plazas, calles y solares, a *cordel y regla,* comenzando por la plaza mayor. Desde allí se debían sacar las calles a las puertas y caminos principales, dejando tanto compás abierto que, aunque la población aumentase mucho, se pudiera proseguir en la misma forma. Como lo señala el artículo 110 de las Ordenanzas:

> "... se haga la planta del lugar repartiendola por sus plaças calles y solares a cordel y regla comenzando desde la plaça maior y desde alli sacando las calles a las puertas y caminos principales y dexando tanto compas abierto que aunque la población vaya en gran crecimiento se pueda siempre proseguir en la misma forma..."

De esta norma de las Ordenanzas resulta claro que el punto de partida de la nueva ciudad o población siempre era la plaza mayor, y que la forma ortogonal o reticular fue la regla general de las ciudades, no sólo las fundadas en el siglo XVI, sino también en los siglos subsiguientes de la Colonia. En todo caso, la plaza era lo primero que tenía que situarse y delimitarse en el lugar, y una vez hecho esto, de allí debían salir las calles en forma rectilínea y paralela hacia los confines o puertas de la ciudad.

Las ciudades que ordenaba este texto, no eran ciudades cerradas o amuralladas sino que al contrario, no debían tener límites artificiales y debían crecer en forma ilimitada, siguiendo el mismo esquema formal, de calles paralelas y perpendiculares cruzadas en ángulo recto, a cordel y regla, que nacían de la plaza mayor formando un damero o malla reticular. En consecuencia, las ciudades amuralladas fueron una excepción en la América hispana, lo que sucedió con los puertos importantes en el mar Caribe como Santo Domingo, La Habana, San Juan de Puerto Rico y Cartagena de Indias. Aun cuando no eran puertos, también fueron amuralladas las ciudades de Lima y de Trujillo en el Perú.

En caso de que existiesen las condiciones necesarias en el sitio escogido, la traza de la población debía ajustarse a los siguientes lineamientos (Art. 111): Que el lugar escogido de preferencia fuera elevado, sano, seguro, fértil y abundante en tierras de labor y pasto; leña, madera y materiales; aguas potables; mano de obra; bien ubicado con entradas y salidas abiertas al norte.

En caso de estar en la costa, se debía tener consideración al puerto, y el mar no debía quedar ni al mediodía, ni al poniente. Que se evitase que quedaren cerca pantanos o lagunas, ya que ahí suelen criarse animales venenosos, además de que tanto el agua como el aire se corrompen (Art. 111).

b. *La plaza mayor*

Como se dijo, la plaza mayor era de donde debía comenzarse el trazado y edificación de la población. Como lo señalaba el Art. 112 de las Ordenanzas, "la plaça maior de donde se a de comenzar la población..."

Pero además, y por lo anterior, la plaza mayor era y ha sido siempre el centro de la vida urbana en las ciudades latinoamericanas y el lugar más importante de la ciudad. Como lo anhelaba más de dos siglos después V. Foronda en su obra *Cartas sobre la Policía* (Madrid 1801), aun cuando pensaba que las calles debían finalizar en la plaza y no comenzar en ella:

> "Sería tan útil como hermoso que todas las calles finalizaran en una plaza cerrada como la que hay en París, conocida bajo el nombre de *Palacio Real*, que sea el punto de reunión de las gentes, y puedan pasearse en sus arcos, ya de noche, ya cuando llueve, y encontrar reunidas todas las cosas que sirvan de adorno, comodidad y recreo. También debe haber diseminadas por el pueblo otras varias plazas destinadas a vender los alimentos."

Ese anhelo, para ese momento ya era una realidad en el mundo americano. Por ello, las Ordenanzas regulaban con precisión todo lo concerniente a la plaza mayor.

a'. *Ubicación*

En el caso de que la población se erigiere en la costa, la plaza debía hacerse al desembarcadero del puerto; si estaba tierra adentro, la plaza se debía fijar en el centro o en medio de la población, de manera que fuese el corazón y su centro vital.

Precisamente, por esta norma, en las poblaciones costeras, la plaza mayor estaba abierta al mar y en su extremo costero debía ubicarse el puerto. Como ejemplos se pueden citar la ciudad de la Habana y la ciudad de Buenos Aires, en las cuales se interpuso entre la plaza y el mar un fuerte. La ubicación de la plaza abierta se debía, sin duda, a que ese lugar, el malecón, era el centro de mayor importancia económica y social de la ciudad. Igual exigencia se dio en relación con los pueblos en las riberas de los ríos navegables.

En cambio, en las ciudades mediterráneas, ubicadas tierra adentro, la plaza mayor debía ubicarse en el centro de la ciudad, y de ella debía partir el crecimiento de la ciudad, irradiándose la trama urbana hacia los diversos puntos cardinales, en forma regular.

b'. *Forma*

La plaza debía ser rectangular, teniendo de largo, una vez y media el ancho, por ser esto lo mejor para las justas de a caballo y otras que se hubieren de hacer (Art. 112). Como lo decía el texto del artículo 112 de las Ordenanzas:

> "...la plaça sea en quadro prolongada que por lo menos tenga de largo Vna vez y media de su ancho porque desta mana es mejor para las fustas de a cauallo y qualesquiera otras que se ayan de hazer."

La idea de esta forma rectangular propia para las fiestas ecuestres, que eran las más populares de la época, sin duda, tiene su antecedente en la forma de los circos romanos que originaron plazas como la Piazza Navona en Roma, tal como lo enseñaba Vitruvio.

Esta regla, sin embargo, no siempre se siguió. La gran mayoría de las plazas en América Hispana fueron rectangulares, ocupando el área de una manzana de la trama urbana. Sin embargo, existen ejemplos de plazas rectangulares que ocupan dos manzanas en la traza de la ciudad, como es el caso, único en Venezuela, de Barinas, y de algunas ciudades en las islas del Caribe, como Daxaban en República Dominicana. Otros ejemplos característicos de esta forma rectangular de la plaza se ubican en ciudades de más reciente fundación como Cienfuegos en Cuba, plaza que en el proyecto de la ciudad elaborado en 1798 se había ubicado en dirección norte-sur.

c'. *Dimensión*

El tamaño o grandeza de la plaza debía ser en proporción a la cantidad de vecinos que hubiere y al crecimiento futuro de la población que se pudiere prever, no debiendo ser menor de 100 pies de ancho y 300 de largo, ni mayor de 530 de ancho y 800 de largo (Art. 113). Un ejemplo de plaza, sin duda monumental, fue el adoptado en México cuyo Zócalo es de grandes proporciones.

El artículo 113 de las Ordenanzas, en este aspecto de la dimensión de la población, era bastante detallado estableciendo que para determinarla no sólo debía tenerse en consideración la cantidad de vecinos existentes al momento de la fundación, sino el crecimiento futuro de la misma, lo que era previsible en ciudades de nueva fundación. Particularmente, en estas debía tenerse en consideración la presencia de los indios o naturales. Como lo decía las *Ordenanzas,* en estas ciudades o poblaciones de indios, "como son nuevas se va con intento de que han de yr en aumento y así se hara la elección de la plaça teniendo respecto de que la población puede crecer..."

Por ello, muchos pueblos de indios conservan en la actualidad plazas de gran tamaño, que no guardan proporción con el tamaño del poblado actual.

En todo caso, las *Ordenanzas* recomendaban que una mediana y buena proporción de la plaza era de 600 pies de largo y 500 de ancho.

d'. *La intersección de las calles en la plaza*

De acuerdo con las Ordenanzas, de la plaza debían salir doce calles: una del centro de cada uno de los cuatro lados del rectángulo y dos de cada esquina, formando ángulo recto.

De acuerdo con esta norma, siendo la forma estipulada para la plaza la rectangular y no la cuadrada y, en principio, de dimensiones mayores a las manzanas de la retícula urbana, las calles debían partir no sólo de las cuatro esquinas en ángulo recto, sino que también debían partir de los cuatro costados de la plaza.

En realidad, este modelo normativo puede decirse que sólo se siguió muy excepcionalmente en la América hispana, tal y como aparece en los planos hechos para los pueblos de Manajay y San Juan de Jaruco en Cuba. A dicho modelo se le aproxima el caso de Quetzaltenango, aun cuando a la plaza sólo llegan once calles en forma irregular. Lo normal fue la opción fáctica que escogieron los fundadores de una forma menos grandiosa y más simple, de plaza cuadrada con las mismas dimensiones de las cuadras del centro poblado, abierta en sus cuatro esquinas de donde salen ocho calles en ángulo recto. Por ello, en general, no salen calles de los costados de las plazas.

En algunos casos, sin embargo, aún con la opción de la plaza cuadrada y sus ocho calles en los ángulos, en muchas ciudades se hizo llegar a alguno de los costados de la plaza algunas calles, como sucedió en el caso de Santiago, en La Española y en el caso de Ponce, en Puerto Rico. En el caso de la Nueva Panamá, a la plaza cuadrada le llegan ocho calles, pero no todas en los ángulos de la misma, presentando una forma irregular en cuanto a la intersección de las calles, al igual que sucede en Cajamarca.

En otros casos, en el diseño de la plaza cuadrada ésta se ubicó en el centro de la intersección de las calles principales que cruzaban el poblado, como fue el caso del proyecto para la nueva población de Portobelo en 1731, y es la forma urbana que se escogió para el diseño de las plazas de las ciudades de Rancagua y Vallenar en Chile.

Otro modelo urbanístico de plaza cuadrada que se adoptó en algunos casos, fue el de un cuadrado equivalente a cuatro cuadras del damero, dando lugar a una enorme plaza con las doce calles reglamentarias que llegan a la misma. Es el caso de Mendoza y de otras ciudades del noreste argentino como Resistencia y Formosa. El mismo diseño de plaza cuadrangular equivalente a cuatro cuadras y doce calles que le llegan, se encuentra en la ciudad de Armenia en Colombia. En el caso de Kingston, Jamaica, la plaza William Grant Park es cuadrangular pero a la misma llegan dieciséis calles.

e'. *La orientación de las esquinas y la protección respecto de los vientos*

Cada una de las esquinas debía orientarse a los vientos principales, para proteger a la plaza de dichos vientos (Art. 114). Así lo decía textualmente el artículo 114 de las Ordenanzas:

"De la plaça salgan quatro calles principales Vna por medio de cada costado de la plaça y dos calles por cada esquina de la plaça las quatro esquinas de la plaça miren a los quatro Vientos principales porque desta manera saliendo las calles de la plaça no estaran expuestas a los quatro Vientos principales que seria de mucho ynconviniente."

Precisamente por ello, la orientación general de las plazas en las ciudades de la parte septentrional de Sur América, por ejemplo, y de las calles principales que de ellas salen, es Norte-Sur, Este-Oeste, pues los vientos, en general, los alisios, vienen del noreste, como es el caso de Caracas. En otras partes, las esquinas de las plazas se orientaban hacia los puntos cardinales precisamente para que el damero sirviera de rompevientos, como es el caso del diseño de San Felipe, en el centro de Venezuela según el plano de 1732.

En esta forma, como lo enseñaban Vitruvio y Alberti, las calles no se convertían en pasajes o canales de vientos y la disposición cruzada de las mismas más bien las concebía como obstáculos rompe-viento.

f.   Los portales de la plaza mayor

Dada la forma rectangular de la plaza, el Art. 115 de las Ordenanzas disponía que tanto alrededor de la plaza, como en la entrada de las cuatro calles principales a la misma que partían de sus costados, debían tener portales, por la comodidad que proporcionaban a los comerciantes que ahí se reunieran (Art. 115).

Se concebía así, una plaza rodeada de portales, en la cual, sin embargo, debían quedar libres las ocho calles que salían de la plaza por las cuatro esquinas, "sin encontrarse con los portales retrayendolos de manera que hagan lazera derecha con la calle y plaça".

Este modelo ideal de plaza rodeada de portales, sin duda derivó de la antigüedad del modelo del *Agora* griega o *Foro* romano, como lo había expuesto Vitruvio y luego Alberti. La plaza, rodeada de portales pero cerrada, fue además la forma escogida en las *Bastides* medioevales. Para inicios del Renacimiento, además, se había aplicado en algunas ciudades italianas, como por ejemplo en la Piazza dell'Annunziata en Florencia con la construcción de la *Loggia degli Innocenti* en 1459 de Brunelleschi.

Los portales de las calles de las esquinas de las plazas fueron adoptados con frecuencia en la América hispana, al igual que las arcadas en los lados de la plaza, que muy rara vez se han conservado.

c.   Las calles

a'.   La anchura de las calles

La anchura de las calles se determinaba según el lugar escogido para la ubicación de la ciudad.

En los lugares fríos, las calles se debían trazar anchas, para permitir que el sol entrase plenamente en la ciudad. Por ello, por ejemplo, en ciudades como Antigua Guatemala (1.500 mts. de altitud) o en Mucuchíes, Venezuela (3.000 mts. de altitud) las calles todavía se conservan relativamente anchas. En los lugares calientes, por el contrario, las calles debían ser angostas para evitar la inclemencia del sol (Art. 116) y asegurar la protección de la sombra, como por ejemplo sucede en los puertos de Cartagena de Indias y de La Guaira.

En esta forma se regulaba la posibilidad de mayor soleamiento de las ciudades ubicadas en lugares fríos, por la anchura de las calles; y al contrario, una mayor cantidad de sombra en las ciudades ubicadas en lugares calientes, por lo angosto de las calles, como medio de protección ante la inclemencia del sol.

Una recomendación similar pero con dos siglos de diferencia, se encuentra, por ejemplo, en la obra de Benito Bails, *Elementos de Matemática* (Madrid, 1783), en la cual señalaba:

> "Al determinar el ancho de las calles, y la altura de las casas de la Ciudad, atenderíamos al temple del clima donde las edificásemos. En los países fríos o templados, haríamos las calles anchurosas, y las casas menos altas... Pero en un clima caluroso, haríamos más altos los edificios, y las calles más angostas."

b'. *La prolongación del trazado regular de las calles*

Las calles debían proseguirse a partir de la plaza mayor, de suerte que aunque la población llegase a crecer de manera considerable no se afease la población, o se obstruyese su defensa o comodidad (Art. 117). Así se expresaba el artículo 117 de las Ordenanzas:

> "Las calles se Prosigan desde la plaça maior de manera que aunque la población venga en mucho crecimiento no venga a dar en algun inconveniente que sea caussa de afear lo que se ouiere rrehedificado e perjudique su defensa y comodidad."

En esta forma, las *Ordenanzas* previeron el crecimiento ordenado de la población, conforme a la forma y dirección de las calles, de manera ilimitada, conforme a un esquema uniforme de la trama urbana. Hasta las primeras décadas del siglo XX muchas ciudades latinoamericanas continuaban creciendo con el orden reticular, como por ejemplo, sucedió con Barquisimeto, Venezuela, que en 1940 todavía mostraba el desarrollo casi perfecto de la retícula, pero la misma fue luego abandonada a partir de la segunda mitad del siglo XX en casi todas las ciudades hispanoamericanas, por la falta de autoridad tanto en la orientación ordenada de las ocupaciones espontáneas del suelo urbano que han dado origen a las amplias áreas marginales de las ciudades sin regularidad alguna, como en el proceso de urbanización desarrollado exclusivamente por privados, que han abandonado la forma regular. Una excepción, hasta cierto punto, ha sido la ciudad de Buenos Aires, debido en parte a lo plano de la topografía del terreno que la circunda.

d. *Las plazas menores*

Dentro de la trama urbana, además de la regulación *in extenso* de la plaza mayor y de la forma regular de la malla reticular urbana mediante calles paralelas que se cruzan perpendiculares, las *Ordenanzas* establecieron el sistema de plazas menores diseminadas en la población, que permitieran un reparto apropiado de los vecinos y sus actividades.

En esta forma se precisaba que a cierta distancia de la plaza mayor, se debían ir dejando plazas menores, donde se pudieran edificar los templos de la iglesia mayor, parroquias y monasterios, de manera que todo se repartiese en buena proporción para la doctrina (Art. 118). El texto del artículo era así:

> "A trechos de la poblacion se vayan formando plaças menores en buena proporcion adonde se han de edificar los templos, de la yglesia maior parroquias y monasterios de mana que todo se rreparta en buena proporcion por la doctrina."

En esta forma, además del "centro" de la ciudad en la plaza mayor, se buscaba que como sistema de crecimiento de la ciudad se repitiera el esquema a medida que creciera la misma, ubicando otros "centros" menores, que a la vez sirvieran de "parroquias" con su plaza menor y templo correspondiente.

En el plano elaborado para la edificación de la Nueva ciudad de Guatemala en 1776, después del terremoto que destruyó en gran parte La Antigua Guatemala, se estableció a la perfección el sistema de plazas menores en una forma que recuerda la expresión de la ciudad de Eiximenis. Por otra parte, dicho trazado es el de la actual ciudad de Mendoza, y de la ciudad de Chillán en Chile.

E.   Las normas sobre edificaciones

a.   El templo o iglesia mayor

Las *Ordenanzas* regulaban con precisión la erección de los templos e iglesias.

Para la iglesia mayor, parroquia o monasterio, después de que se señalasen calles y plazas, se les debían asignar inmediatamente solares, antes que a nadie, debiendo dejarse para ellos solos toda una cuadra, "ysla entera", para que ningún otro edificio los estorbase, sino tan sólo los propios para sus comodidades y ornato (Art. 119). Un ejemplo de la ubicación de los templos o conventos en las diversas plazas, se puede apreciar en el caso de Quito.

a'.   Los templos en poblaciones costeras

En caso de que la población estuviese en la costa, la iglesia mayor se debía edificar en lugar visible desde la costa, que sirviera para la defensa del puerto (Art. 120).

En esta forma, en las ciudades costeras la iglesia debía flanquear el área del malecón del puerto y de la plaza mayor, siendo visible desde el mar. Este conjunto, por tanto, debía convertir esta zona en el centro de más importancia de la ciudad costera. Las necesidades de defensa de las ciudades costeras, sin embargo, desdibujaron la regla y la iglesia no siempre se ubicó abierta al mar. El ejemplo del puerto de Santa Marta es significativo pues si bien tiene la plaza mayor abierta al mar, la Nueva Catedral se ubicó después unas cuadras adentro.

b'.   Los templos en poblaciones mediterráneas

En los lugares mediterráneos, el templo no se debía ubicar en la plaza, sino distante de ésta y aislado de otros edificios. Se debía edificar en alto, para que tuviera más ornato y autoridad, haciendo que a él se ingresase por gradas. Cerca del templo debía estar la plaza mayor y se debían levantar las casas reales del consejo, cabildo y aduana, no para que lo opacasen, sino para que lo resaltaren (Art. 124)

Esta disposición, a veces ha sido mal interpretada. En efecto, cuando el artículo 124 dice: "El templo en lugares mediterráneos no se ponga en la plaza sino distante della", lo que buscaba era evitar que el templo estuviese en medio de la plaza, aislado entre vías de circulación como sucedía en la mayoría de las ciudades medioevales y todavía sucede en la actualidad.

Por ello, en general, en América, la iglesia principal está casi siempre ubicada a un costado de la plaza mayor, generalmente, en el costado este; siendo excepcional encontrar el templo ubicado en el área de la propia plaza rodeado de calles. En las ciudades fundadas en los primeros años de la conquista, sin embrago, para la ubicación de la plaza se siguió la experiencia medieval, y se situó en forma aislada en medio de la plaza, como ocurrió en Santo Domingo. En igual sentido, en las primeras fundaciones en la isla de Margarita, a partir de 1525, la iglesia se estableció en forma aislada, como sucede en la ciudad de La Asunción y en las otras ciudades de la isla, excepto Porlamar. Igualmente, en las dos primeras ciudades fundadas en Tierra Firme de la Provincia de Venezuela, Coro y El Tocuyo, la iglesia se ubicó en forma aislada, al igual que sucedió con algunas iglesias de ciudades de la Provincia de Nueva Andalucía, como Clarines.

De resto, el templo está ubicado fuera de la plaza pero con la fachada dando a la misma, y generalmente, como se dijo, en la cuadra situada al este de la plaza cumpliendo la tradición canóniga originada en la iglesia oriental.

En todo caso, al sitio del templo se debía adjudicar una cuadra entera, y por ello en el artículo 124 de las Ordenanzas se señalaba que el templo debía estar separado de los otros edificios, "que no sea tocante a él y que de todas partes sea visto porque se pueda ornar mejor y tenga más autoridad ase de procurar que sea algo levantado del suelo de manera que se aya de entrar en el por gradas".

Por ello, sobre todo en las ciudades capitales de provincia, la iglesia ocupaba una cuadra entera al este de la plaza mayor, como sucedió con Cartago, capital de la Provincia de Costa Rica, donde aún las ruinas de la enorme catedral se pueden apreciar.

c.   *Los edificios públicos*

Una vez señalado el lugar para el templo, se debía fijar el sitio para la casa real, la casa de concejo, el cabildo y la aduana. Esto se debía hacer junto al mismo templo y puerto, de manera que si llegase a haber necesidad, se pudieran apoyar los unos a los otros (Art. 121). Así ocurrió en todas las ciudades hispanoamericanas.

d.   *Los edificios de servicios públicos*

a'.   *En las poblaciones costeñas*

El hospital para pobres y enfermos de mal no contagioso se debía dejar junto al templo y por su claustro. Para los de enfermedad contagiosa el hospital se debía ubicar en parte donde ningún viento que pasase por ahí fuera a dar a la población, y de preferencia en lugar elevado (Art. 121).

Los sitios y solares para carnicería, pescadería, tenerías y otros oficios de los que producen inmundicias se debían situar en lugares que con facilidad se pudieran conservar limpias (Art. 122).

b'.   *Las poblaciones interiores*

En las poblaciones interiores, el hospital de no contagiosos se debía edificar en el claustro del templo; y el de contagiosos a la parte del cierzo –viento septentrional– que diese al mediodía (en la parte norte, para que goce del sur) (Art. 124).

La misma planta se debía aplicar a los demás lugares interiores que de nuevo se fuesen a poblar, aunque no estuvieren a la orilla de algún río (Art. 125).

e.   *El uso de los solares*

En la plaza mayor no se debían asignar solares a los particulares, sino sólo a la iglesia y casas reales, edificios propios de la ciudad y comercios. Esto debía ser lo primero que se debía edificar, y en ello debían ayudar todos los pobladores; para ello se autorizaba a poner algún moderado impuesto sobre las mercancías.(Art. 126).

El resto de los solares se debía repartir entre los pobladores.

F.   *La edificación de la población*

a.   *La obligación de edificar*

Sembradas las tierras y una vez acomodado el ganado, para así garantizar el abastecimiento de la población, los pobladores debían comenzar a trabajar en la edificación de sus casas, empleando para ello buenos cimientos y paredes, para lo cual debían ir proveídos de tapias, tablas y las herramientas necesarias para gastar poco y acabar pronto (Art. 132).

b.   *La forma de las casas*

Las casas debían orientarse debidamente, de suerte que gozasen de los aires del norte y del sur, por ser éstos los mejores. Las edificaciones debían hacerse de modo que sirvieran de defensa a la ciudad. Cada casa debía calcularse para que en ella cupieran los caballos y las bestias, con corrales y patios, así como con toda la anchura que fuere posible por convenir así a la salud y a la higiene (Art. 133).

c.   *El estilo de las edificaciones*

En bien del ornato de la población, se debía procurar unificar el estilo de las construcciones que en ella se hicieren (Art. 134). Así lo decía el artículo 134 de las Ordenanzas:

> "Procuren en quanto fuere posible que los edificios sean de vna forma por el ornato de la poblacion".

d.   *El control de las edificaciones*

Tanto los fieles ejecutores como los alarifes, así como los designados para esto por el gobernador, serían los encargados de vigilar el cumplimiento y prontitud con que se debían llevar a cabo las obras (Art. 135).

e.   *Los ejidos, dehesas, tierras de labor y tierras de regadío*

Los artículos 129 a 131 de las *Ordenanzas* regularon la existencia de bienes comunes ejidos para el crecimiento futuro de la población, así como bienes comunes para la labranza y cría de ganado. En particular, en cuanto a los ejidos se exigía su señalamiento de manera que la ciudad pudiera crecer sin que se afectasen las labores de recreación y de cría (Art. 129). El artículo 129 de las Ordenanzas decían:

> "senalese a la población exido En tan competente Cantidad que aunque la poblacion vaya En / (sic) mucho crecimiento siempre quede bastante spacio adonde la gente se pueda salir a recrear y salir los ganados sin que hagan daño".

Como puede apreciarse del texto y contenido de las *Ordenanzas* de 1573, la operación de poblar en América no se hizo por casualidad ni en forma espontánea. Fue, ante todo, un proceso ordenado jurídicamente, porque como se ha dicho, el poblamiento fue el instrumento o título jurídico para afirmar el dominio de la Corona sobre el territorio y, además, el mecanismo para precisar el término de la jurisdicción que abarcaba cada Capitulación.

G.   *Las normas sobre la organización política del doblamiento: el gobierno municipal*

a.   *Dimensión del pueblo*

De acuerdo con las Ordenanzas, al que se obligare a poblar un pueblo de españoles dentro del término que le fuese indicado en su título, debía fundarlo en un término y territorio de "quatro leguas en quadro" (Art. 90), debiendo estar el pueblo distanciado de cualquier ciudad, villa o lugar de españoles poblados, previamente existente, por lo menos cinco leguas (Art. 90).

Además, la población que se hiciese no debía ser en perjuicio de cualquier pueblo de españoles o de indios que antes estuviesen poblados (Art. 91).

b.   *La organización del gobierno*

Una vez fijados los lugares en que se habrían de fundar las nuevas poblaciones, el gobernador de la provincia que confinare con dicho territorio, se ocuparía de extender los títulos de ciudad, villa o lugar, según el caso; y a continuación debía designar el consejo, y los oficiales. En caso de tratarse de ciudad metropolitana, debía de contar con un juez que ostentaría el nombre y título de adelantado, gobernador, alcalde mayor, corregidor o alcalde ordinario, con jurisdicción *in solidum*. Además, junto con el regimiento debían compartir la administración: tres oficiales de la hacienda real; doce regidores; dos fieles ejecutores; dos jurados de cada parroquia; un procurador general; un mayordomo; un escribano de consejo; dos escribanos públicos; uno de minas y registros; un pregonero mayor; un corregidor de lonja y dos porteros.

Si en vez de ciudad metropolitana, se tratase de ciudad sufragánea o diocesana, entonces el gobierno se debía componer de ocho regidores y los demás oficiales perpetuos.

En caso de tratarse de villa o lugar, la administración debía quedar a cargo de un alcalde ordinario; cuatro regidores; un alguacil; un escribano de consejo y público, y un mayordomo. (Art. 43).

En todo caso, para la organización del gobierno de la ciudad, se autorizaba a los Adelantados o descubridores a

> "hacer ordenanzas para la gobernación de la tierra, y labor de las minas con que no sean contra derecho y lo que por Nos esta ordenado" (Art.66).

Las ordenanzas así dictadas debían confirmarse dentro de un término de dos años por el respectivo Cabildo de la ciudad.

c. La fundación subsecuente de otros pueblos

Una vez que hubiera quedado integrado el consejo y los otros cargos, el gobernador debía encargar a una ciudad, villa o lugar de su jurisdicción, que sacase de ahí una república formada por vía de colonia. Para ello, la justicia y regimiento debían inscribir, ante escribano, a todas las personas que quisieren ir a la nueva población, aceptando a todos aquellos que estuvieren casados, o que fueren hijos o descendientes de los primeros pobladores de ese lugar, siempre que se tratase de personas que no tuvieren solares ni tierras de pasto o labor, para que de esa manera no se corriera peligro de dejar despoblado el lugar. (Art. 44 y 45).

Una vez integrado el número de los que se necesitaban para la nueva población, entre ellos se debía proceder a escoger a los justicias y al regimiento. Estas nuevas autoridades se debían encargar de que cada uno de los nuevos pobladores manifestare y registrare el caudal con el cual pensaban cooperar para realizar la nueva población, ya que de acuerdo a lo que cada uno hubiere aportado, en la misma medida, le serían señalados repartimientos y solares, tierras de pasto y labor, así como indios a quienes debían de mantener y dar pertrechos suficientes para poblar, labrar y criar. (Arts. 46 y 47).

Los oficiales debían ir asalariados del erario público; en tanto que los nobles debían llevar a su propia costa a los labradores, con obligación de mantenerlos y dar tierras para labranza y crianza. Los labradores, a su vez, debían retribuir a los nobles con los frutos que obtuvieran (Arts. 48 y 49).

A esas nuevas poblaciones también se autorizaba llevar indios, siempre que fuera por su propia voluntad, y que no fueran de los que tenían casa y tierras para que no se despoblare, ni fueran de los indios dados en repartimiento a los españoles, para no afectar a los encomenderos, a menos que sobraren por no tener que labrar, siempre que el propio encomendero les hubiere dado su consentimiento. (Art. 50).

Para el caso de que no se encontrare de dónde sacar colonos para la nueva población, el Consejo podía autorizar que éstos fueran llevados de la península. (Art. 51).

d. Las poblaciones contratadas con particulares

Casi una tercera parte de los artículos de la Ordenanza se destinaban a regular lo relativo a estas poblaciones formadas por particulares con carácter de adelantado, alcalde mayor o corregidor, lo que corrobora que éstas representaban los casos más frecuentes de poblaciones en las Indias. Se estableció, en efecto que en el caso de que ni en las Indias ni en la península se encontraren sujetos suficientes para ir a hacer la nueva población, se debía contratar con particulares (en eso consistieron las Capitulaciones) que se ofrecieran a realizar la población, concediéndoles a cambio, según el caso, títulos de adelantado, alcalde mayor, corregidor o alcalde ordinario. (Art. 52).

El título de Adelantado se concedía al particular que se obligaba, en un cierto plazo, a eregir, fundar, edificar y poblar por lo menos tres ciudades, una provincial y dos sufragáneas (Art. 53). El título de alcalde mayor se otorgaba a quien se comprometiera lo mismo que el Adelantado, pero limitándose sólo a una ciudad diocesana y dos sufragáneas. (Art. 54). El título de Corregidor se otorgaba a quien sólo se obligaba con una ciudad sufragánea, y los lugares con su jurisdicción que bastaren para la labranza y crianza de los términos de la ciudad. (Art. 55).

V. APRECIACIÓN GENERAL SOBRE EL MUNICIPIO EN EL DERECHO INDIANO

De lo anteriormente expuesto, resulta evidente que en materia municipal, como en todo el orden jurídico y político del Estado, las instituciones españolas medioevales, particularmente las del Reino de Castilla cuyo derecho rigió en América, no fueron sin embargo trasladadas tal cual funcionaban en la Península, al Continente americano. Todas, incluyendo el mismo *corpus juris* de Castilla, sufrieron de un proceso de adaptación que fue configurando el derecho indiano, es decir, el derecho español para las Indias, mediante aproximaciones sucesivas a se fueron produciendo a través de las Instrucciones que se fueron dando a los Adelantados y Gobernadores con motivo de cada empresa de descubrimiento y población, y luego, por mediante Reales Cédulas y Órdenes.

La primera manifestación global de este proceso, particularmente en materia de poblamiento y organización de las ciudades, fueron precisamente las *Ordenanzas de Descubrimiento y Población dadas por Felipe II en el Bosque de Segovia,* el 13 de julio de 1573, donde como hemos visto se establecieron con precisión las reglas e instrucciones relativas al "orden que se ha de tener en descubrir y poblar," incluso en relación con la organización política de ciudades, villas y lugares, es decir, a lo que sería el municipalismo indiano. El contenido de dichas Ordenanzas, luego fue incorporado al texto de la *Recopilación de las Leyes de los Reynos de las Indias* (Libro IV, Títulos I-VII), mandada a imprimir y publicar por el Rey Carlos II en 1680, que rigió hasta después de la Independencia de los países americanos.

En dichas Ordenanzas y por consiguiente en las leyes de los Reynos de Indias, se dispuso, en cuanto a la organización política de las ciudades, que una vez fijados los lugares en que se habrían de fundar, el gobernador de la provincia que confinare con dicho territorio, era el que debía ocuparse de extender los títulos de ciudad, villa o lugar, según el caso; y además, debía designar el consejo, y los oficiales a cargo del gobierno local.

En caso de tratarse de ciudad metropolitana, la ciudad debía contar con un juez que ostentaba el nombre y título de adelantado, gobernador, alcalde mayor, corregidor o alcalde ordinario, según los casos, con jurisdicción *in solidum*. Además, junto con el regimiento, estos funcionarios debían compartir la administración con tres oficiales de la hacienda real; doce regidores; dos fieles ejecutores; dos jurados de cada parroquia; un procurador general; un mayordomo; un escribano de consejo; dos escribanos públicos; uno de minas y registros; un pregonero mayor; un corregidor de lonja y dos porteros.

Si en vez de ciudad metropolitana, se trataba de ciudad sufragánea o diocesana, entonces el gobierno local se debía componer de ocho regidores y los demás oficiales perpetuos.

En caso de tratarse de villa o lugar, la administración debía quedar a cargo de un alcalde ordinario; cuatro regidores; un alguacil; un escribano de consejo y público, y un mayordomo. (Art. 43).

En toda esa organización, las figuras claves eran los vecinos y el Consejo o cabildo que era la instancia que detentaba el poder. Los vecinos eran los pobladores que debía inscribirse siempre en el libro correspondiente que existía en todos los concejos o ayuntamientos, y que le permitía ejercer los derechos vecinales, como elegir o ejercer cargo público municipal, y poder participar en los cabildos. Estos, por su parte, eran las instancias a través de las cuales el Gobernador llevaba la administración y gobierno de la provincia, además de la impartición de justicia. En esta organización municipal, en efecto, los Alcaldes ordinarios ejercían funciones judiciales, en primera instancia en cuanto a la jurisdicción ordinaria, tanto civil como criminal. Los Regidores, por su lado, eran más bien funcionarios administrativos, con atribuciones en materia de policía, al igual que los Alguaciles Mayores, que tenían las atribuciones de orden público.[1]

Para cuando se publicó la *Recopilación de las Leyes de los Reynos de Indias* en 1680, la estructura territorial para la ordenación política en América, se resumió en la siguiente forma:

"Para mejor, y más fácil gobierno de las Indias Occidentales, están divididos aquellos Reynos y Señoríos en *Provincias* mayores y menores, señalando las mayores, que incluyan otras muchas por distritos a nuestras Audiencias Reales: proveyendo en las menores Gobernaciones particulares, que por estar más distantes de las Audiencias, las rijan y gobiernen en paz y justicia: y en otras partes, donde por la calidad de la tierra, y disposición de los lugares no ha parecido necesario, ni conveniente hacer Cabeza de Provincia, ni proveer en ella Gobernador, se han puesto Corregidores y Alcaldes mayores para el gobierno de las Ciudades y sus Partidos, y lo mismo se ha observado respecto de los pueblos principales de Indios, que son Cabeceras de otros".

La *Recopilación* consideraba, además, que "la distinción de los términos y territorios de las Provincias", era "uno de los medios con que más se facilita el buen gobierno". En esta forma, la organización política del Imperio español en el territorio americano que recogía la *Recopilación de Leyes* en 1680, y que se había ido conformando durante casi dos siglos, estaba montada sobre una unidad territorial básica, que era de carácter municipal, que fue la *Provincia,* que era la circunscripción territorial donde ejercía su autoridad un Gobernador. Este ejercía el poder mili-

---

1   Véase Enrique Orduña, *Municipios y Provincias*, Instituto Nacional de Administración Pública, Madrid 2003, Capítulo 7 (El Municipio en América), pp. 199 ss.

tar, razón por la cual era Capitán General y, además, tenía a su cargo las funciones administrativas, de gobierno municipal, y de administración de justicia.

Conforme el proceso de colonización fue avanzando, las Provincias se fueron clasificando según su importancia político-territorial, en dos categorías: las Provincias mayores, que eran aquellas en cuyos territorios se encontraban las sedes de las Audiencias, institución que presidía el respectivo Gobernador; las Provincias menores, las cuales se encontraban más alejadas de la sede de aquellas, pero cuyo gobierno también estaba a cargo de sus respectivos Gobernadores. Además, en otros casos, se establecieron Corregimientos y Alcaldías Mayores en territorios o ciudades, respectivamente, que también se encontraban alejados de las Provincias mayores, pero en los cuales no se consideraba necesario establecer una cabeza de Provincia ni un gobernador, sino un corregidor, generalmente para continuar la avanzada.

El Gobernador y Capitán General o el Gobernador, según el caso, tenía su sede en la ciudad cabeza de Provincia, la cual generalmente le daba el nombre a ésta, y que como núcleo urbano siempre jugó un papel protagónico. Las autoridades de las ciudades eran los Alcaldes (Alcaldes Mayores u Ordinario según la importancia de la villa, metropolitana o no) y los Regidores que se reunían en Ayuntamiento o Concejo, presidido por el Gobernador de Provincia y bajo su autoridad. En los casos de ciudades en las que por la disposición de los lugares o la calidad de la tierra, no resultaba conveniente establecer una Provincia, y en los casos de pueblos de indios, la autoridad sobre éstas se atribuía a un Corregidor o Alcalde Mayor.

En este esquema territorial, los municipios o municipalidades se configuraron en torno a los Cabildo o Ayuntamiento que tenían que existir en las ciudades cabeza de Provincia, presididos por el Gobernador, todos los cuales por la lejanía respecto de la Península, fueron adquiriendo progresivamente un importante grado de autonomía, llegando incluso progresivamente a asumir incluso el gobierno interino de las Provincias ante la falta de los Gobernadores, con poder para designar a los Gobernadores en forma interina. Ese privilegio, por ejemplo, lo reclamaron los cabildantes en Santa Ana de Coro, la primera ciudad fundada en la Provincia de Venezuela en 1528 a la muerte del Gobernador Ambrosio Alfinger en 1533, y fue ejercida sucesivamente por los Cabildos provinciales durante todo el período colonial, confirmada por Real Cédula 1560 y luego por otra Real Cédula de 1676.[2]

Los Cabildos eran, además, sede de una importante fase del sistema judicial, al corresponder a lo Alcaldes la administración de la justicia en el ámbito locaNo es de extrañar, entonces, porqué fueron los Cabildos coloniales los que hicieron la Independencia.

---

2   El privilegio sólo lo perdieron los Cabildos a partir de 1737. Véase Joaquín Gabaldón Márquez, *El Municipio, Raíz de la República*, Academia Nacional de la Historia, Caracas, 1977, pp. 73-110; 125-169

VI. EL MUNICIPIO AMERICANO AL MOMENTO DE LA INDEPENDENCIA A COMIENZOS DEL SIGLO XIX, Y LOS ANTECEDENTES DEL RÉGIMEN CONSTITUCIONAL EN EL CONSTITUCIONALISMO MODERNO

1. *El Municipio colonial americano*

En la época colonial, por tanto, como se puede apreciar de lo anteriormente expuesto del régimen municipal resultante del poblamiento, y dejando aparte la figura de los Virreyes en las escasas ciudades donde existían (México, Santa Fe, Buenos Aires), la institución de gobierno y justicia más importante y con mayor arraigo en todo el territorio americano, era el Municipio, al punto de que las entidades que inician la Revolución hispanoamericana fueron los Ayuntamientos o Cabildos metropolitanos, como sucedió en Caracas en 1810, donde estaba presidido por el Gobernador y Capitán General, el cual, con la revolución, se transformó en la Junta Suprema de gobierno provincial. Fueron luego esos mismos antiguos Cabildos transformados en Colegios Electorales o Legislaturas provinciales, las que sancionaron las primeras Constituciones de la América Hispana, antes de que se sancionara la primera Constitución nacional que fue la Constitución Federal para los Estados de Venezuela de diciembre de 1812.

Se trataba, en todo caso, de unos Cabildos o Ayuntamientos con ámbitos territoriales municipales enormes, en muchos casos coincidentes con el de las mismas Provincias, por lo que la autonomía fáctica de la que gozaban en la Colonia por la lejanía respecto de las autoridades de la Península, rápidamente pasó a ser una autonomía local, pero básicamente de las Provincias cuyos ámbitos territoriales de jurisdicción eran muy extensos, lo que explica la adopción rápida del modelo federal en la organización constitucional de algunos de los nacientes Estados. Al inicio, fue el caso de las provincias de Venezuela o en la Nueva Granada, pero no por simple copia de la Constitución norteamericana, sino porque era el modelo que más se adaptaba a la realidad que provenía de la Colonia.[3]

Por ello, el Municipio colonial comenzó a ser cambiado, precisamente con motivo de la independencia, habiendo contribuido a ello las influencias recibidas de las reformas que ya se habían desarrollado tanto en Norteamérica como en Francia, con motivo de las Revoluciones Norteamericana y Francesa.

Así, las antiguas Provincias-Municipalidades, sus Gobernadores y Cabildos comenzaron a configurarse como parte de las nuevas autoridades provinciales, con sus Gobernadores y Legislaturas provinciales, con elementos del federalismo, ubicados en los mismos amplios ámbitos territoriales superiores de las provincias; y a la vez se comenzó en paralelo, en un proceso de aproximaciones sucesivas, a diseñar una organización territorial propia, de menor ámbito territorial para las ciudades, de orden administrativo, de la cual se fueron eliminando las antiguas funciones judiciales que pasaron a un Poder judicial independiente. Los Alcaldes, así pasaron de ser jue-

---

3   Véase Manuel Rachadell, "Influencia hispánica en la adopción del federalismo en Venezuela," en *Revista de Derecho Público*, No. 121, Editorial Jurídica venezolana, caracas 2010, pp. 7 ss.; José Luis Villegas Moreno, *Doscientos Años de Municipalismo*, Universidad Católica del Táchira, FUNEDA, Caracas 2010., pp.28. ss.

ces, a ser administradores de las ciudades con poderes de policía. En ese proceso, por ejemplo, al inicio del proceso de independencia en las Provincias de Venezuela en 1811, fue evidente la influencia francesa de la reforma municipal que había sido recién implementada por la Revolución, antes de que repercutiera también, luego, a partir de en 1812 en la propia España.

En efecto, como es sabido, el régimen político del Antiguo Régimen en Francia y, en general en Europa antes de la Revolución, era altamente centralizado, sin que existieran efectivos poderes locales, salvo los que fueran establecidos por fueros o privilegios territoriales. Los Intendentes eran la fuente única de poder en las Provincias de Francia, y las autoridades locales que podía haber, eran delegados del Intendente, sometidos a su control. No existía, por tanto, un poder municipal ni nada que se le pareciera.

2.   El municipio en el origen del constitucionalismo moderno

El municipio moderno como unidad política primaria en la organización nacional puede decirse entonces que surgió de los postulados del constitucionalismo derivados tanto de la revolución norteamericana como de la francesa[4], que sustituyeron al Estado absoluto y que originaron la concepción del Estado de derecho, habiendo tenido influencia en paralelo, a partir de 1810 en el constitucionalismo hispanoamericano y en el constitucionalismo español.

Es decir, en Europa y en Iberoamérica, el municipio del mundo moderno tomó raíces al mismo tiempo, siguiendo sin embargo un desarrollo paralelo en los dos continentes, basado en una diferencia fundamental inicial que fue que desde el inicio, a comienzos del siglo XIX, el municipio como unidad política primaria se ubicó en Europa, en cuanta aldea, burgo, pueblo, villa y ciudad que existía, bien cerca del ciudadano; y en cambio, en América Latina, el municipio colonial que traspasó las batallas de la Independencia, continuó ubicado tal como se lo había creado, en el nivel territorial de las antiguas Provincias coloniales, bien lejos del ciudadano. En los primeros, la participación política es tan cotidiana en las cosas pequeñas que es imperceptible; en los segundos, simplemente no hay participación alguna o hay muy poca.

Otro principio que condicionó el municipio derivado también de la revolución francesa fue el principio de la igualdad, la madre de todos los principios del Estado moderno, esencia misma de los derechos humanos y fundamento del principio de legalidad, en el cual la igualdad ante la ley tiene primacía, de manera que lo que hace iguales a los hombres es el sometimiento a la ley. Es el origen mismo de la Administración Pública, la cual, como lo analizó magistralmente hace décadas Eduardo García de Enterría, al estar sometida a la ley es igual para todos sin privilegios y sin sociedades intermedias estamentales o poderes secundarios, a los cuales preci-

---

4   Véase Allan R. Brewer-Carías, *Reflexiones sobre la Revolución Americana (1776) y la Revolución Francesa (1789) y sus aportes al constitucionalismo moderno,* Edit. Jurídica Venezolana, Caracas, 1992; e *id.*, "El paralelismo entre el constitucionalismo venezolano y el constitucionalismo de Cádiz (o de cómo el de Cádiz no influyó en el venezolano)" en *La Constitución de Cádiz. Hacia los orígenes del constitucionalismo iberoamericano y latino,* Unión Latina, Universidad Católica Andrés Bello, Caracas, 2004, pp. 223-333.

samente sustituyó tanto la estructura de la Administración centralizada como local para garantizar la libertad y la misma igualdad[5]. La creación de municipios uniformes en todo el territorio de Francia, por tanto, condujo a la sustitución definitiva de las cartas, fueros y privilegios locales. Como lo observó De Tocqueville", producto de la Revolución: "las instituciones deben ser las mismas para todas las partes del territorio y para todos los hombres que los habitan"[6].

Ahora bien, en la Francia anterior a la Revolución, ciertamente que había habido intentos de transformar el régimen municipal, pero sin mayores resultados. Primero, en 1775, había sido el Ministro Turgot, con motivo de las propuestas de reforma impositiva, el que había planteado la posibilidad de establecer Municipalidades en el territorio, pero sin lograrlo. Luego, a iniciativa de otros Ministros de Luis XVI, antes de 1787 se crearon las asambleas provinciales junto a los Intendentes, y además, en cada pueblo, se crearon cuerpos municipales electivos destinados a sustituir a las antiguas asambleas parroquiales, y en la mayoría de los casos, al síndico. Contrario a las costumbres que existían, todos los poderes que se pretendieron crear fueron colectivos, y el intendente fue disminuido en su poder. Todo ello condujo a la parálisis de la administración, y, como lo apuntó *de Tocqueville*, "Las asambleas, queriendo mejorarlo todo, acabaron por enredarlo todo", produciéndose entonces "una de las mayores perturbaciones que haya registrado jamás la historia de un gran pueblo", en la cual "Cada francés había experimentado una confusión particular. Nadie sabía ya ni a quien obedecer, ni a quién dirigirse";[7] y terminaba señalando *de Tocqueville*, que "Perdido el equilibrio de las partes que componían la Nación, un último golpe bastó para hacerla oscilar y producir el más vasto trastorno y la más espantosa confusión que hayan tenido lugar jamás."[8]

La Revolución quiso poner fin a esta situación, y en el mismo año de 1789, aún antes de adoptar la Declaración de los Derechos del Hombre y del Ciudadano, la Asamblea Nacional Constituyente definió un nuevo orden municipal uniforme, fragmentado, generalizado y de carácter electivo; el cual en definitiva, si bien complicó aún más la situación de la Administración, puso las bases para el régimen municipal del constitucionalismo moderno.

La reforma comenzó el 4 de agosto de 1789, con un Decreto que declaró irrevocablemente abolidos "todos los privilegios particulares de provincias, principados, cantones, ciudades y comunidades de habitantes, sean pecuniarios o de cualquier otra naturaleza,"[9] eliminándose así los antiguos reinos y las antiguas e históricas circunscripciones territoriales. A ello le siguieron, los Decretos de 14 y 22 de diciembre del mismo año 1789, mediante los cuales se estableció una uniformización

---

5   Eduardo García de Enterría, *Revolución Francesa y administración contemporánea*, Taurus Ediciones, Madrid, 1981, pp. 17, 41, 43, 46, 49, 50 y 56.

6   Véase Alexis de Tocqueville, *El Antiguo Régimen y la Revolución*, t. I., Alianza Editorial, Madrid, 1982, pp. 99, 201.

7   Alexis de Tocqueville, *El Antiguo Régimen y la Revolución*, Alianza Editorial, Tomo II, Madrid 1982, p. 197

8   *Idem*, Tomo II, p. 197

9   Luciano Vandelli, *El Poder Local. Su origen en la Francia revolucionaria y su futuro en la Europa de las regiones*, Ministerio para las Administraciones Públicas, Madrid 1992, p. 28, nota 10.

territorial general que antes no existía, al dividir el país en Departamentos, éstos en Distritos, los Distritos en Cantones y éstos en Comunas, que fueron las municipalidades, creándose así el Poder Municipal. A tal fin, el primer Decreto dispuso la supresión y abolición que "las Municipalidades existentes en cada villa, burgo, parroquia o comunidad," con las denominaciones que tuvieren, y se agregó que serían sustituidas por "colectividades locales del reino" tanto en las ciudades como en el campo, con la misma naturaleza y situadas en el mismo plano constitucional, con el nombre común de municipalidad, que tendían en su cabeza al alcalde.

En el segundo Decreto se dividió el territorio francés de manera uniforme en departamentos, distritos y cantones, suprimiéndose los intendentes, y además se dispuso que "en cada villa, burgo, parroquia y comunidad del campo habrá una municipalidad."[10] Este principio se consagró luego, expresamente, en la Constitución de 1791, al regular en su título "La división del Reino", que: "El Reino es uno e indivisible: su territorio se distribuye en 83 Departamentos, cada Departamento en Distritos, cada Distrito en Cantones." Fue esa creación de Municipios uniformes en todo el territorio de Francia, por tanto, lo que condujo a la sustitución definitiva de las cartas, fueros y privilegios locales, siendo las instituciones locales entonces, las mismas para todas las partes del territorio y para todos los ciudadanos.

De ello resultó que en 1791 en la Francia revolucionaria había 43.915 municipios, que comenzaron a llamarse comunas. Estas entidades municipales, además de las funciones propias de la Administración general que les podían ser delegadas, ejercían el "poder municipal", concepto que venía de los escritos de Benjamín Constant y de las propuestas de reforma del ministro *Turgot* (1775),[11] y que luego se arraigaría en el constitucionalismo iberoamericano, de manera que por ejemplo, aparece en Venezuela, a partir de la Constitución de 1857 (artículos 6 y 85).

Con esta división territorial, como lo percibió Edmund Burke en tiempos de la Revolución: "Es la primera vez que se ve a los hombres hacer pedazos su patria de una manera tan bárbara"; pero *de Tocqueville* acotaría años después, que en realidad, si bien "Parecía, en efecto que se desagarraban cuerpos vivos ... lo único que se hacía era despedazar cuerpos muertos."[12] Sin embargo, lo cierto es que el sistema produjo la disolución del Estado al haber estallado Francia en cuarenta mil pedazos, cada uno con una especie de república soberana y anárquica que no tenían nexo alguno con el poder central en construcción.

Por ello, esta reforma sólo duró cinco años, porque al tratar la Revolución de desmontar un sistema tan centralizado como el de la Monarquía Absoluta, en un sistema de división territorial donde se crearon más de 40.000 comunas o municipios, con poderes locales propios, lo que hizo fue desquiciar el Estado, por lo que fue la propia Asamblea la que tuvo, luego, que retroceder en la creación del Poder Municipal.

---

10   Albert Soboul, *La révolution française*, Gallimard, París 1981, pp. 198 y ss.

11   Eduardo García de Enterría, *Revolución Francesa y Administración contemporánea*, Taurus Ediciones, Madrid 1981, pp. 72, 76, 135.

12   Alexis de Tocqueville, *El Antiguo Régimen... cit.* Tomo I, p. 107.

3. *Los efectos de la Revolución: de la anarquía municipal a la organización piramidal del poder*

De tal anarquía vinieron las reformas para tratar de controlar la acción municipal desde el poder central, como por ejemplo, al atribuírsele en la Constitución de 1791 poderes anulatorios al Rey, respecto de los actos municipales; al crearse en la Ley del 14 de frimario del año II (4 de diciembre de 1793) unos agentes nacionales directamente conectados al centro (Paris) para ejercer la vigilancia sobre los municipios; y además, al pretender reducir el número de comunas en la Constitución del año III (5 fructuoso, 22 de agosto de 1795), reagrupándoselas en entidades locales, y estableciendo la subordinación de las comunas a las Administraciones departamentales, y estas a los Ministros.

Pero el torbellino revolucionario que no había cesado, comenzó a producir su propia transformación con el golpe de Estado del 18 de brumario del año VIII (9 de noviembre de 1799), a raíz del cual Napoleón reimplantará la centralización que se había establecido en el Antiguo Régimen y que había quedado destrozada con la Revolución. Se estableció, así, un esquema de control centralizado sobre las más de 40.000 comunas que fueron restablecidas, creándose un sistema escalonado y jerarquizado de control sobre las mismas, donde serían esenciales las figuras del prefecto y subprefecto dependientes del poder central y controlando a los alcaldes, establecidos en la Ley de 28 pluvioso del año VIII (17 de febrero de 1800). [13]

La centralización administrativa por el establecimiento de esa rígida cadena institucional que unía: Ministro, Prefecto, Subprefecto y Alcalde, y que dio origen al llamado control de tutela, sin duda, fue uno de los aportes más importantes a la Administración municipal y local, y a la propia construcción del Estado centralizado. Como lo diría el Presidente François Mitterand, casi doscientos años después, al proponer la reforma descentralizadora de 1981: "Francia tuvo que acudir a un poder fuerte y centralizado para hacerse. Hoy necesita un poder descentralizado para no deshacerse."[14] Esta, entre tantas, fue precisamente una de las motivaciones de la sanción de la conocida Ley francesa de Libertad de las Comunas de 1982. [15]

4. *Los principios del régimen municipal napoleónico y sus repercusiones en Iberoamérica*

Tres principios configuraron el régimen municipal napoleónico: primero, el principio de la creación de un municipio por cada colectividad local –incluso de dimensiones mínimas- abarcando desde el pequeño pueblo rural hasta el gran centro urbano; segundo, el principio de la uniformidad e igualdad formal del régimen de los municipios a pesar de la diversidad territorial, geográfica y demográfica de los mismos a lo largo y ancho de los territorios estatales; y tercero, las reglas generales de

---

13   Véase Luciano Vandelli, *El Poder Local...*, *cit.*, pp. 29 y ss.; Eduardo García de Enterría, *Revolución Francesa ...*, *cit.*, pp. 107 y ss.; Sandra Morelli, *La Revolución Francesa y la Administración Territorial en Colombia, Perspectivas comparadas*, Universidad Externado de Colombia, 1991, pp. 31 y ss.

14   Citado por Jaime Castro, *La cuestión territorial*, Editorial Oveja Negra, Bogotá 2003, p. 26.

15   Sobre la aplicación de la Ley del 2 de marzo de 1982, véase en general, André Terrazzoni, *La décentralisation a l'épreive des faits*, LGDJ, Paris 1987

funcionamiento de la tutela, como instrumento de control sobre las entidades locales. Todo ello configuró un modelo de régimen municipal, sin duda que se extendió por toda Europa. [16]

Hacia América, sin embargo, con la excepción del proceso inicial en la provincia de Caracas en 1812, sólo hicieron la travesía del Atlántico a comienzos del siglo XIX algunos aspectos del régimen de municipalización uniforme, pero ni el primero ni el último de los principios, es decir, el de la generalización de colectividades locales en el territorio y el del control de tutela, llegaron a nuestras costas; y al contrario, desde el inicio del Siglo XIX, el municipio si bien se arraigó en las ciudades capitales, se siguió ubicando en niveles territoriales muy alejados de los pueblos, implantándose además el principio de la autonomía municipal, inexistente en el modelo europeo napoleónico.

A. *El principio de la multiplicidad de municipios en Europa y en particular en España*

En cuanto al primer aspecto que es el de la creación de un municipio por cada colectividad local que existiera en un territorio, con la consecuente fragmentación territorial, puede decirse, sin embargo, que el mismo efectivamente dejó su impronta en toda Europa, cuyos países se comenzaron a identificar después de los tiempos de la revolución, por haber tenido y tener muchos municipios. [17] Por ello, por ejemplo, en los años setenta del siglo pasado, todavía existían 2.539 municipios en Bélgica, con una población promedio de 3.600 habitantes, los cuales después de la paradigmática operación quirúrgica realizada en el mapa municipal en 1972, hayan sido reducidos a 589 municipios, ahora con una población promedio de 16.900 habitantes por municipio. En Alemania Occidental aunque antes de la unificación, de los más de 24.000 municipios que existían, entre 1968 y 1980 habían quedado reducidos a 8.357.[18]; actualmente existen 16.121 municipios, con un promedio de 5.086 habitantes. En Italia hay 8.104 municipios con un promedio de 7.156 habitantes; y en Suiza hay 3.000 cantones con 2.333 habitantes promedio[19].

En España, la influencia de los postulados de la Revolución francesa en este aspecto también fue decisiva, por lo que la Constitución de Cádiz de 1812, dispuso en su artículo 310 que:

---

16   Luciano Vandelli, *El Poder Local...*, *cit.*, pp. 153 y ss.

17   En tiempos actuales, por ejemplo, hace pocos años todavía existían 2.539 Municipios en Bélgica, que en décadas pasadas han sido reducidos a 589 municipios; en Alemania Occidental existen 16.121 Municipios; en Italia hay 8.104 municipios y en Suiza hay 3.000 cantones . Véase Luciano Vandelli, *El Poder Local....*, *cit.*, pp. 179; Allan R. Brewer-Carías, *Reflexiones sobre el constitucionalismo en América*, Editorial Jurídica Venezolana, Caracas 2001, pp. 139 y ss.

18   *Cfr.*, Torsten Sagawe, "La situación de los pequeños municipios en Europa: con especial referencia a la República Federal de Alemania", en Luis Villar Borla et ál, *Problemática de los pequeños municipios en Colombia ¿Supresión o reforma?*, Universidad Externado de Colombia, Bogotá, pp. 42-43.

19   *Cfr.*, Luciano Vandelli, *El poder Local. Su origen en la Francia revolucionaria y su futuro en la Europa de las regiones*, *cit.*, pp. 179; Allan R. Brewer-Carías, *Reflexiones sobre el constitucionalismo en América*, Edit. Jurídica Venezolana, Caracas, 2001, pp. 139 y ss.

"Se pondrá Ayuntamiento en los pueblos que no lo tengan, y en que convenga le haya, no pudiendo dejar de haberle en los que por sí o con su comarca lleguen a mil almas, y también se les señalará término correspondiente."

Los Ayuntamientos, sin embargo, debían desempeñar sus encargos bajo la inspección de las diputaciones provinciales (Art. 323).[20] En todo caso, con esta orientación todo el territorio español se sembró así también de municipios todo el territorio español, y ello explica los 9.245 municipios que Cirilo Martín Retortillo reseñaba en la edición de su recordado libro sobre *El municipio Rural*[21], de 1950; cifra que ha pasado a los 8.056 municipios actuales, con un promedio de población de 4.825 habitantes. El Municipio que derivó de la influencia francesa, sustituyó así lo que quedaba del municipio de arraigo medieval, con sus fueros, privilegios y cartaspueblas, en muchos casos con raíces en el proceso de la Reconquista.[22] Esos fueron, a pesar de su progresivo control por la Corona a partir del Siglo XVI, por su arraigo en las ciudades, los que condujeron la guerra de Independencia contra la invasión napoleónica. El precio que pagaron por ello, en todo caso, en nombre de la igualdad, fue su uniformización y su multiplicación territorial.

B.   *El régimen municipal colonial en Iberoamérica: Los Cabildos Provinciales*

El Iberoamérica, el municipio colonial también fue el factor fundamental del proceso de Independencia frente a España, de manera que sin lugar a dudas se puede afirmar que a también a comienzos del siglo XIX, la Independencia americana la hicieron los Cabildos, de manera que el municipio, "fue la raíz de la República"[23]. Ese municipio también fue radicalmente transformado con el republicanismo constitucional, en forma paralela a la transformación que se estaba operando en la Península, al punto de que por ejemplo se puede leer en la "Constitución para el gobierno y administración de la provincia de Caracas" de enero de 1812, que formaba parte de la Confederación de los Estados de Venezuela creada conforme a la Constitución de diciembre de 1811 (ambas promulgadas antes que lo fuera la Constitución de Cádiz de marzo de 1812); se puede leer, decía, sobre la división del territorio de la Provincia, uniformemente, en Departamentos, Cantones y distritos, debiendo tener estos últimos un territorio con aproximadamente 10.000 habitantes[24]. En las capitales de Distrito se establecieron municipalidades, así como en muchos de los pueblos entonces existentes, denominándose estas pequeñas municipalidades como villas. La municipalidad, se concibió, así, inicialmente más como una corporación local electa conforme al principio representativo para la atención de los intereses de la comunidad, que una división uniforme del territorio; por lo que con frecuencia tenían juris-

---

20   Ello explica que en los años cincuenta del siglo pasado todavía España tenía 9.245 Municipios. Véase Cirilo Martín Retortillo, *El Municipio Rural*, Bosch, casa Editorial, Barcelona 1950, p. 139. Luego pasó a tener alrededor de 8.056 municipios.

21   *Cfr.*, Cirilo Martín Retortillo, *El municipio rural*, Bosch, casa Edit., Barcelona, 1950, p. 139.

22   Véase Enrique Orduña Rebollo, *Historia del Municipalismo Español*, Iustel, Madrid 2005, pp. 131 ss.

23   *Cfr.*, Joaquín Gabaldón Márquez, *El municipio, raíz de la República*, Academia Nacional de la Historia, Caracas, 1977.

24   Allan R. Brewer-Carías, "La formación del Estado venezolano", en *Revista Paramillo*, n° 14, Universidad Católica del Táchira, San Cristóbal, 1996, pp. 290 y ss.

dicción sobre otros pueblos y parroquias[25]. La uniformización territorial municipal fue posterior y paulatinamente arraigándose durante el Siglo XIX en todos los países iberoamericanos, pudiendo decirse que el municipio que en América también derivó, en cierta forma de la influencia de la revolución francesa además de la norteamericana, y luego, por supuesto la española de Cádiz. Se sustituyó así al municipio colonial indiano, el cual, por lo demás era distinto del que en la época colonial funcionaba en España, pues como bien sabemos, la mayoría de las instituciones americanas antes de la Independencia, fueron concebido por España especialmente para América o se desarrollaron en el Continente americano en forma distinta a la de España. Ello ocurrió en cierta forma con los Cabildos, que en el mismo momento en que su poder y autonomía era pulverizada por Carlos V en campo de Villamar, al poner fin a la rebelión de los Comuneros de esta tierra castellana, florecieron en América a partir del inicio mismo del poblamiento en lo que se ha denominado una "adaptación regresiva de las instituciones coloniales"[26]. Los Cabildos americanos en la época colonial, como Cabildos provinciales, con la gran descentralización de que gozaron derivada de la distancia (Recordemos la extraordinaria máxima administrativa colonial: "Se acata pero no se cumple"), incluso tenían poder para designar a los gobernadores en forma interina. Ese privilegio lo reclamaron los cabildantes en Santa Ana de Coro, la primera ciudad fundada en la Provincia de Venezuela en 1528 a la muerte del gobernador Ambrosio Alfinger en 1533, y fue ejercida sucesivamente por los Cabildos provinciales durante todo el período colonial, confirmada por Real Cédula 1560 y luego por otra Real Cédula de 1676[27]. No es de extrañar, entonces, porqué fueron los Cabildos coloniales los que hicieron la Independencia.

C. *El Municipio republicano en América Hispana alejado del ciudadano*

El municipio republicano americano, por otra parte, desarrolló características propias: como dijimos, en nuestros países se adoptó el uniformismo napoleónico en cuanto a la organización y funcionamiento de las corporaciones locales, pero los otros dos principios que derivaron de la revolución francesa y sus correcciones napoleónicas puede decirse que no se siguieron. Por una parte, en América no se arraigó la institución del control de tutela derivada de la centralización napoleónica, y en cambio si germinaron los conceptos del "poder municipal" y de la "autonomía municipal", al punto de haber adquirido por ejemplo, rango constitucional a partir de 1857, por ejemplo, en la Constitución de Venezuela de ese año al disponer en su artículo 6° que "El poder público se divide para su administración en legislativo, ejecutivo, judicial y municipal", dedicando entonces un Título a regular dicho "po-

---

25   *Cfr.*, el texto de la Constitución provincial de la Provincia de Caracas, en *Las Constituciones Provinciales*, Biblioteca de la Academia Nacional de la Historia, Caracas, 1959, pp. 77 y ss.

26   *Cfr.*, Laureano Vallenilla Lanz, *Disgregación e Integración, Ensayo sobre la formación de la nacionalidad venezolana*, 2ª ed., Caracas, 1953, *cit.*, por Joaquín Gabaldón Márquez, *El municipio, raíz de la República*, *cit.*, p. 66. La obra de Laureano Vallenilla Lanz puede consultarse en Laureano Vallenilla Lanz, *Obras Completas*, t. II, (Recopilación de Federico Brito Figueroa y Nikita Harwich Vallenilla), Universidad Santa María, Caracas, 1984.

27   El privilegio sólo lo perdieron los Cabildos a partir de 1737. *Cfr.*, Joaquín Gabaldón Márquez, *El municipio, raíz de la República*, *cit.*, pp. 73-110; 125-169.

der municipal"[28], cuyo contenido relativo a los asuntos propios de la vida local no era distinto al del decreto de la Asamblea Constituyente en Francia, de diciembre de 1789.

El otro principio, el de la creación de un municipio por cada colectividad local, es decir, por cada caserío, por cada pueblo, por cada villa o ciudad, tampoco se siguió en América, y de los viejos municipios provinciales coloniales con territorios amplísimos, se pasó a los alejados municipios republicanos, establecidos en ámbitos territoriales cada vez más y más alejados de los ciudadanos y de sus comunidades, con muy pocas excepciones.

Recordemos de nuevo el contraste de la relación entre autoridad local y población derivado de los datos que antes mencionábamos sobre la municipalización en Europa, que lleva incluso a situaciones extremas como la de los 2.248 municipios que tiene una sola Comunidad Autónoma española, como lo es Castilla y León, para los 2.582.327 habitantes que tenía hace 20 años (1986), lo que daba un promedio general de algo más de 1000 habitantes por municipio. En Venezuela, en cambio, con 10 veces más de población (24 MM de habitantes aproximadamente), solo hay los 335 municipios con un promedio de población de 70.00 habitantes aproximadamente[29].

Lo que resulta más interesante de esta información comparativa es que ninguno de los países latinoamericanos, con todos sus enormes territorios y gran población, alcanza siquiera el número de municipios que tiene la sola Comunidad Autónoma española de Castilla y León, cuyos habitantes, además, a pesar de todos los proyectos y esfuerzos que se han hecho por reducir o fusionar municipios, se han opuesto radicalmente a tales propósitos y a perder su personalidad municipal.

El municipio latinoamericano contemporáneo, al contrario, está en el otro extremo y en general ha adquirido un ámbito territorial tan alto y extraño al ciudadano, que hace que no sirva ni para gerenciar adecuadamente los intereses locales ni para servir de instancia de participación política de la ciudadanía en la decisión o gestión de sus propios asuntos comunales.

D.   *El desarrollo de la autonomía municipal en América en contraste con el control de tutela europeo*

En cuanto al segundo aspecto que caracterizó el régimen municipal en Europa luego de las reformas napoleónicas, que fue la implantación del control de tutela de los Municipios por el poder central, el mismo puede decirse que no se trasladó a América Latina, adoptándose al contrario paulatinamente el principio de autonomía, por la democratización municipal, lo que sin embargo se atenuó en muchos casos por la designación de un funcionario con funciones ejecutivas municipales, por los niveles superiores de gobierno, como fueron los llamados Corregidores.

---

28   Véase en Allan R. Brewer-Carías, *Las Constituciones de Venezuela*, Biblioteca de la Academia de Ciencias Políticas y Sociales, Caracas, 1997, p. 475.

29   *Cfr.*, las referencias en Allan R. Brewer-Carías, *Reflexiones sobre el constitucionalismo en América*, *cit.*, pp. 139 y ss.

5. *Los principios del régimen municipal napoleónico y sus repercusiones en Ibe-roamérica*

El Municipio en Hispanoamérica, en todo caso, como antes se dijo, fue el factor fundamental del proceso de Independencia frente a España, por lo que con razón se ha dicho que el Municipio, "fue la raíz de la República."[30] Pero ese Municipio, raíz de la república, que era el que venía del derecho indiano, sin duda, fue transformado con el republicanismo constitucional de los nacientes Estados, en forma paralela a la transformación que en esos mismos años se había comenzado a operar en la Península, al punto de que, por ejemplo, en la Constitución provincial "para el gobierno y administración de la Provincia de Caracas" de enero de 1812, se estableció la división del territorio de la Provincia, uniformemente, en Departamentos, Cantones y Distritos, debiendo tener estos últimos un territorio con aproximadamente 10.000 habitantes.[31]

Específicamente, en esta Constitución provincial, en el Capítulo Cuarto destinado a regular a las "Municipalidades," –lo que comentamos detalladamente más adelante– se estableció el carácter electivo en cada parroquia de los miembros y de los agentes municipales (art. 24, 59, 65, 67); siendo variable el número de los miembros de las Municipalidades: 24 en la Municipalidad de Caracas, dividida en dos cámaras de 12 cada una (art. 90); 16 miembros en las Municipalidades de Barquisimeto, San Carlos, La Victoria y San Sebastián (art. 92); y luego de 12, 8 y 6 miembros según la importancia y jerarquía de las ciudades (arts. 91 a 102).

Correspondía a las Municipalidades capitales de Distrito llevar el Registro Civil (art. 70) y se les atribuían todas las competencias propias de vida local en una enumeración que cualquier régimen municipal contemporáneo envidiaría (art. 76). La Municipalidad gozaba "de una autoridad puramente legislativa" (art. 77), y elegía los Alcaldes (art. 69) que seguían siendo las autoridades para la administración de justicia, y proponían al Poder Ejecutivo los empleos de Corregidores (arts. 69 y 217) que eran los órganos ejecutivos municipales. En ellas tenían asiento, voz y voto, los agentes municipales que debían ser electos en cada parroquia (arts. 65 y 103).[32]

Por su parte, en la Constitución Fundamental de la República de Barcelona Colombiana de 12 de enero de 1812, también se destinó un Título Undécimo a regular a las "Municipalidades," indicándose que debía haber habrá "un cuerpo municipal compuesto de dos corregidores de primera y segunda nominación y seis regidores" en cada una de las cuatro ciudades "actualmente existentes en el territorio de la República" que eran Barcelona, Aragua, Pao y San Diego de Cabrutica, así como "en todas las demás ciudades y villas que en adelante se erigieren." De acuerdo con esa Constitución de Barcelona Colombiana, según la votación que se obtuviese en su

---

30   Véase Joaquín Gabaldón Márquez, *El Municipio, raíz de la República*, Academia Nacional de la Historia, Caracas 1977.

31   Allan R. Brewer-Carías, "La formación del Estado venezolano," en *Revista Paramillo*, N° 14, Universidad Católica del Táchira, San Cristóbal 1996, pp. 290 y ss.

32   Véase el texto de la Constitución provincial de la Provincia de Caracas, en *Las Constituciones Provinciales, cit.,* pp. 77 ss. Véase sobre dicha Constitución, Allan R. Brewer-Carías, *La Constitución de la Provincia de Caracas de 31 de enero de 1812. Homenaje al bicentenario,* (Prólogo de Alfredo Arismendi), Academia de Ciencias Políticas y Sociales, Colección Estudios No. 100, Caracas 2011.

elección, el Regidor que hubiere obtenido mayor número de votos era considerado como Alguacil Mayor, el que más se le acercaba, como Fiel Ejecutor y el que menos votos obtuviera se consideraba el Síndico General. Correspondía a la Municipalidad, conforme a la Constitución, el Registro Civil y la Policía. Debe mencionarse, además, que la institución municipal fue objeto de regulación extensa en el Plan de Gobierno de la provincia de Barinas de 28 de marzo de 1811, donde se regló al Cabildo, sus funcionarios y competencias (arts. 4-9). En la Constitución de la provincia de Trujillo de 2 de septiembre de 1811, se reguló el gobierno de la provincia residiendo en dos cuerpos: "el Cuerpo Superior del Gobierno y el Municipal o de cabildo" (Título Tercero, cap. 2), éste último denominado Cuerpo Municipal, compuesto por 5 Alcaldes ordinarios; 2 Magistrado denominados Juez de Policía y Juez de Vigilancia Pública y un Síndico personero (Título Quinto, cap. 1°). Igualmente en la Constitución de la provincia de Mérida de 31 de julio de 1811 se regularon los Cabildos, con funciones de policía y judiciales a cargo de los Acaldes (Capítulo VII).

En todo caso, la uniformización territorial municipal que se vislumbra en estas primeras Constituciones provinciales, en particular la de la Provincia de Caracas, posteriormente se fue arraigando paulatinamente, pudiendo decirse que el municipio republicano derivó de la transformación del municipio provincial colonial conforme a las influencias del constitucionalismo moderno derivado de los principios de la revolución francesa, además de los que provinieron del gobierno local y del federalismo de norteamericana, particularmente en el fortalecimiento de los antiguos Cabildos provinciales en las Legislaturas de las nuevas provincias convertidas en Estados Soberanos.

En todo caso, con la revolución de independencia se comenzó a trasformar el Municipio colonial indiano, el cual por lo demás había desarrollado cierta autonomía por la derivada de la distancia, desarrollando el municipio republicano americano, características propias. Como dijimos, en nuestros países se adoptó el principio del uniformismo napoleónico en cuanto a la organización y funcionamiento de las corporaciones locales, pero sin embargo, los otros dos principios mencionados que derivaron de la Revolución francesa y sus correcciones napoleónicas, puede decirse que no se siguieron. Por una parte, en América no se arraigó la institución del control de tutela derivada de la centralización napoleónica, que se recogió incluso en la Constitución de Cádiz de 1812, y en cambio, sí germinaron los conceptos del "poder municipal" y de la "autonomía municipal," al punto de haber adquirido por ejemplo, rango constitucional a partir de 1857. En la Constitución de Venezuela de ese año, así, se dispuso en su artículo 6°, que "El Poder público se divide para su administración en Legislativo, Ejecutivo, Judicial y Municipal", dedicando entonces un Título a regular dicho "Poder Municipal" (arts. 85-87)[33] cuyo contenido relativo a los asuntos propios de la vida local no era distinto al del Decreto de la Asamblea Constituyente en Francia, de diciembre de 1789.

El otro principio, el de la creación de un municipio por cada colectividad local, es decir, por cada caserío, por cada pueblo, por cada villa o ciudad, que se recogió en buena parte en la Constitución de la Provincia de Caracas de enero de 1812 y

---

33   Véase en Allan R. Brewer-Carías, *Las Constituciones de Venezuela, cit.*, Tomo I, p. 745.

luego se recogió en la Constitución de Cádiz de marzo de 1812, sin embargo, no se siguió posteriormente en América, y de los viejos Municipios provinciales coloniales con territorios amplísimos, que se transformaron en las provincias y sus legislaturas, se pasó a los municipios republicanos, establecidos luego en ámbitos territoriales menores que las provincias, pero siempre alejados de los ciudadanos y de sus comunidades, con muy pocas excepciones.

SECCIÓN SEGUNDA:

ESTUDIOS SOBRE LA ORGANIZACIÓN TERRITORIAL DE LAS COLONIAS HISPANOAMERICANAS (1992-1997)

Esta Sección Segunda incluye los siguientes estudios sobre la organización territorial de las colonias españolas donde se originaron los territorios de los nuevos Estados: primero, el estudio sobre "Carlos III y la organización territorial del poblamiento de América," publicado en el libro *Reflexiones sobre la organización territorial del Estado en Venezuela y en la América Colonial,* Editorial Jurídica Venezolana, Caracas 1997, pp. 19-42; y el estudio sobre "Las provincias coloniales y la organización territorial del Estado venezolano," publicado en *Revista de Derecho Público,* N° 51, Editorial Jurídica Venezolana, Caracas, julio-septiembre 1992, pp. 5-14.

PRIMERO: CARLOS III Y LA ORGANIZACIÓN TERRITORIAL DEL POBLAMIENTO DE AMÉRICA (1996)

Texto del Discurso leído en el *Acto de Conferimiento del Doctorado Honoris Causa* de la Universidad Carlos III de Madrid. Getafe, Madrid, 3 de octubre de 1996. Publicado en el libro *Reflexiones sobre la Organización Territorial sel Estado en Venezuela y en la América Colonial,* Caracas 1997, pp. 19-42.

Para cualquier profesor universitario, y particularmente para aquellos que exhibimos como la credencial más preciada de nuestra vida el haberla dedicado con gusto a la docencia y a la investigación, recibir un Doctorado *Honoris Causa es* un honor que nos llena de satisfacción y gratitud. Por ello, mis primeras palabras en este acto tienen que ser de agradecimiento a la Junta de Gobierno de esta Universidad por el honor conferido; agradecimiento que, con la venia del Magnífico y Excelentísimo Señor Rector, personalizo en mi entrañable amigo de tantos años, y cómplice de tantas empresas académicas entre España y Latinoamérica, el Profesor Luciano Parejo Alfonso, Vicerrector de Profesorado y Secretario General de esta Casa de Estudios, desde ahora mi Universidad.

Pero para un profesor latinoamericano, de aquel todavía lejano, ignoto e incomprendido mundo para tantos peninsulares contemporáneos, recibir un honor como éste de una Universidad española, y particularmente de la más dinámica Universidad de Madrid por haber sido lo que es en sólo siete años de existencia, es una distinción extrema que sin duda, abruma.

Si a ello se agrega que ésta es quizás la única Universidad de la Península con vocación hispanoamericana y que, además, lleva el nombre de Carlos III, recibir este honor para un venezolano, es más de lo que se podría normalmente desear en la vida académica, pues a ese singular Monarca borbón, el último de los Monarcas españoles del Antiguo Régimen, los venezolanos le debemos la existencia misma de Venezuela, como Estado- Nación.

I.   CARLOS III Y LOS CAMBIOS AMERICANOS

Carlos III, realmente es el responsable de todos los cambios institucionales operados en América a finales del Siglo XVIII. Después de reinar durante 25 años en Nápoles, como Rey de las Dos Sicilias y duque de Parma y Plasencia, apenas instalado en Madrid en 1759, habría de producir el giro más importante de la política colonial de la Monarquía española hacia América, que en ese momento poseía el mayor conjunto colonial existente. Ese giro partió del apoyo que le dio a Francia contra el expansionismo británico hacia el Atlántico, lo que produjo la declaratoria de guerra por parte de Inglaterra.

Como consecuencia de esa guerra llamada de los Siete Años, las escuadras inglesas tomaron La Habana, el puerto más importante del Caribe y punto clave de las comunicaciones entre España y América, y además, ocuparon Manila, en las Filipinas. El único éxito español de esta guerra fue la ocupación de una colonia Portuguesa, la de Sacramento, en la orilla oriental del Río de La Plata frente a Buenos Aires, hoy en territorio de la República oriental del Uruguay.

La desdichada guerra concluyó con el triunfo de Inglaterra que quedó como la primera potencia marítima, pero el Tratado de París de 1763 que le puso fin, había cambiado la faz de América.

En efecto, como consecuencia del mismo los dominios ingleses se consolidaron en Norteamérica, formando una fachada continua en toda la costa atlántica del continente, pues habían pasado a Inglaterra tanto las posesiones francesas en el Canadá como las posesiones españolas en las dos Floridas. Estos dominios abarcaban las tierras descubiertas por España en las primeras décadas del Siglo XVI desde la desembocadura del Missisippi hasta el Atlántico, incluyendo hacia el Norte en la Península de la Florida a la ciudad de San Agustín, la más antigua que los españoles habían fundado en lo que es actualmente territorio de los Estados Unidos.

En compensación por su participación en la guerra, Francia cedió a España la colonia de la Luisiana, que si bien aparentemente le daba penetración por el Missisippi al interior de Norteamérica, quedaba reducida a la ciudad de Nueva Orleans. Inglaterra, por su parte, devolvería a España a La Habana y Manila, recuperando para Portugal el enclave en el Río de La Plata.

Pero el antagonismo mutuo, realmente no había terminado. No habían transcurrido trece años desde la firma del Tratado de París, para que los derrotados, cada cual con sus motivaciones, encontraran el desquite frente a Gran Bretaña. Francia había financiado y apoyado la revolución de las trece colonias británicas en Norteamérica, y la declaración de Independencia de las mismas en 1776, lo que dio fue la ocasión a España para buscar afianzar su política de defensa de América y profundizar su lucha contra las amenazas inglesas en el Caribe; y si bien la posición española a favor de la independencia de las Colonias norteamericanas no había sido tan abierta como la de Francia, en 1779 ya había roto, de nuevo, sus relaciones con Inglaterra.

La nueva guerra entre Francia, España y Gran Bretaña concluyó con el Tratado de Versalles de 1783, en el que se obligó a Inglaterra a reconocer la independencia de sus antiguas Colonias y a abandonar, a favor de España, tanto a Menorca como a sus pretensiones sobre las dos Floridas.

En esta forma, bajo el reinado de Carlos III el Imperio hispanoamericano había llegado a su máxima extensión de 8 millones de kilómetros cuadrados, pero con la independencia norteamericana, el peligro de que el ejemplo se siguiera en las Colonias de América española comenzaba a aflorar. Esto lo destacó el Conde de Aranda, embajador entonces en París, al señalar al Rey que la independencia de las Colonias inglesas había sido para él "motivo de dolor y temor", porque desde ese momento las Colonias españolas se hallaban "expuesta a las más terribles conmociones", ya que —constataba con razón—, "Jamás han podido conservarse largo tiempo posesiones tan vastas, situadas a tan gran distancia de la metrópoli..."

Sus temores estaban bien fundados, y los ratificó al dudar incluso sobre el partido que había tomado España. Decía:

> «Prescindiendo de opinar si para España hubiera sido mejor que las colonias inglesas no hubieran tomado el partido de la rebelión, por el mal ejemplo que un día u otro puede trascender a nuestra América española, tan extendida y no toda igualmente denominada; o si puestas ya las cosas en la crisis presente, debiéramos desear el mal éxito de los ingleses.»

Aquel ejemplo, en todo caso, estaba dado. La consumación de la independencia de las colonias españolas en América, en realidad, lo que requería era que en los territorios del antiguo Nuevo Mundo se dieran las bases para el surgimiento de nuevos Estados, es decir, en su concepción más elemental, allí donde hubiera una población asentada permanentemente en un territorio, con gobierno propio. Y ello estaba a punto de ocurrir.

II. LA ORGANIZACIÓN DEL POBLAMIENTO DE AMERICA

En efecto, el vasto territorio de la Corona española en el Nuevo Mundo se había ido organizando con instituciones propias, diseñadas para América, conforme el poblamiento iba avanzando. Había entonces población en territorios demarcados. Faltaba el gobierno propio, que fue el producto de la Revolución hispanoamericana iniciada cuando en la Península Ibérica de la autoridad de la Corona sólo quedaba un enclave en la Iisla de León, en Cádiz, consecuencia de la invasión napoleónica.

En cuanto a la población, debe recordarse que la América española fue, ante todo, producto de una descomunal operación de poblamiento desarrollada en los dos siglos y medio que precedieron el reinado de Carlos III. Ningún país del mundo, en toda la historia de la humanidad, ha fundado tantos pueblos, villas y ciudades en un territorio tan grande, en un período de tiempo tan corto, y en una forma tan regular y ordenada como España lo hizo en América. La «ciudad ordenada» fue la creación española en América, y a ella precisamente he dedicado un ensayo histórico-jurídico-urbanístico que con todo afecto y agradecimiento he entregado a esta Universidad, con motivo de esta ocasión tan especial.

Lo interesante del proceso de poblamiento de América que destaco en ese ensayo, es que no sólo tuvo móviles de conquista tendientes a asegurar territorios descubiertos, sino que respondió a una exigencia jurídica impuesta por el derecho que rigió en tiempos del descubrimiento y conquista, que era el derecho castellano, contenido en el Código de las Siete Partidas que conforme lo indicaban las Leyes de Toro de 1504, se aplicaba supletoriamente.

En dicho Código, en particular, se regulaban las maneras como se ganaba señorío en relación a un Reino existente, lo cual sólo se podía dar de cuatro formas: por herencia, por elección voluntaria, por matrimonio con heredera del mismo o por concesión pontificia o imperial.

Pero en la empresa iniciada por Colón en América, el objetivo no era adquirir señorío de un Reino existente y menos cuando comenzó a quedar claro que en esas tierras verdaderamente había aparecido un increíble e inconcebible Nuevo Mundo, que se hallaba intercalado en medio del Atlántico, entre Asia y Europa, contra todos los conocimientos geográficos de la época que no admitían nada distinto fuera de Europa, Africa y Asia.

Para adquirir señorío sobre el Nuevo Mundo, por tanto, había que acudir a otra regla del *Código de las Siete Partidas y* era la que prescribía que cuando se hicieren nuevas islas en el Mar —por ello para la denominación cartográfica inicial de todo lo que se iba descubriendo en el Nuevo Mundo, se utilizó la palabra "Ysla"—, la manera de adquirir señorío sobre ellas correspondía "a aquél que la poblare primeramente".

Por tanto, el título jurídico para incorporar las nuevas tierras a la Corona de Castilla fue el poblamiento, y precisamente por ello, a diferencia de los ingleses, los españoles en América fueron febriles fundadores de ciudades. Las Capitulaciones se dieron siempre con la obligación de poblar, y este hecho no sólo implicaba la toma de posesión de la nueva tierra en nombre de la Corona sino, que en definitiva, era el elemento central de la demarcación de la jurisdicción de la Gobernación de cada Adelantado y de la Provincia que la asentaba.

Hay que tener en cuenta, por ejemplo, que las Capitulaciones otorgadas para descubrimiento y colonización, particularmente en Tierra Firme, siempre se dieron indicándose solamente la línea de la costa, de modo que tierra adentro la jurisdicción llegaba hasta donde se poblare. Así sucedió, por ejemplo, con las Capitulaciones dadas para descubrir y poblar los territorios de lo que fue la Provincia de Venezuela, que sólo indicaban sitios en la costa del mar Caribe, desde Maracapana al Cabo de La Vela, pero que hacia el Sur, indicaban que se extendían "de la una a la otra mar". Esta otra mar era el Mar del Sur, que luego resultó ser el Pacífico.

III. LA IMPORTANCIA DE FUNDAR PUEBLOS, VILLAS Y CIUDADES

En todo caso, la sola penetración en el territorio no bastaba para asegurar el ámbito de la Gobernación y de la Provincia, sino que para ello era necesario poblar, es decir, fundar pueblos, no limitándose esta operación al simple hecho de establecer un campamento o una ranchería. Poblar, por sobre todo, como pieza esencial de la política de la Monarquía de ocupación territorial en América, era fundar ciudades y villas, mediante Acta levantada con toda la solemnidad necesaria por Escribano, donde se fijaba el término territorial de la población, y se designaban sus autoridades. Por ello, a diferencia de las ciudades norteamericanas, todas las ciudades latinoamericanas tienen fecha precisa de fundación, lo que era jurídicamente necesario para demarcar el ámbito de cada Gobernación. De allí que muchos pueblos se tuvieran que fundar a la carrera, a la media noche, como sucedió en 1534 con Santiago de

Quito por Diego de Almagro y Sebastián de Belalcázar a los efectos de que al día siguiente de aquella fundación formal, cuando llegase al mismo lugar el Gobernador de Guatemala Pedro de Alvarado, quien tenía Capitulación para descubrir en el Mar del Sur, se encontrase con pueblo ya fundado en la jurisdicción que era de la Gobernación de Pizarro. Alvarado entonces se retiró, dejando parte de sus huestes, con las cuales meses después, se refundo la misma ciudad pero con el nombre de San Francisco de Quito.

Asimismo, Gonzalo Jiménez de Quesada, Teniente de Gobernación de la Provincia de Santa Marta, quien remontó el río Magdalena, al llegar a la actual Sabana de Bogotá en 1528, fundó a la carrera un pueblo con el nombre de la Ciudad Nueva de Granada, en la víspera de la llegada al mismo paraje de otros dos Adelantados, uno desde el sur, el mismo Sebastián de Belalcázar, Teniente de Gobernación de Pizarro en la Provincia del Perú, y otro desde el este, Nicolás Federman, Teniente de Gobernación de los Welsares en la Provincia de Venezuela. Todos reclamaron jurisdicción sobre esas tierras, de manera que también en este caso, meses después, en 1529, la ciudad fue refundada con la participación de las huestes de los tres hombres, con el nombre de Santa Fé de Bogotá; y de allí salieron inmediatamente para Cartagena, para embarcarse hacia España, donde debían dirimir sus derechos ante el Consejo de Indias, entidad que después de una década de pleitos, los reconoció a favor del Licenciado en derecho, Jiménez de Quesada.

El poblamiento, por tanto, como título jurídico para el establecimiento del ámbito de las Provincias y Gobernaciones, constituyó el acto más importante del proceso de conquista, al punto de que sólo se podían fundar pueblos con licencia de la Corona o de los Adelantados. En consecuencia, fundar pueblos sin licencia era un delito, que acarreaba la pena de muerte. Esto explica lo que hizo Hernán Cortés, Alcalde de Santiago de Cuba, cuando desembarcó en 1519 en las Costas de Yucatán con la misión dada por el Gobernador de la Isla de buscar a otros expedicionarios. Al percatarse de la riqueza del imperio Azteca que había descubierto, y consciente de que no tenía licencia para descubrir, conquistar y poblar, como buen conocedor del derecho que era, lo que hizo fue, aún sin licencia, fundar la Villa Rica de la Vera Cruz y de inmediato renunciar ante sus autoridades al mando del ejército y al mandato que tenía del Gobernador Velázquez. Acto seguido, los Alcaldes de la Villa recién nombrados por él, le dieron el título de Adelantado con lo que, quemando las naves para impedir el regreso, emprendió la conquista de México. Sin duda, la importancia de la riqueza descubierta y conquistada fue lo que le permitió salir airoso del largo proceso que le entabló Velázquez ante la Corte del Emperador Carlos V, del cual salió con el título de Gobernador y Capitán General de la Nueva España.

En América, por fundar pueblos sin licencia hubo condenas a muerte. Un ejemplo preciso de ello son los acontecimientos que se sucedieron en torno a la fundación de la ciudad de Mérida, en la Provincia de las Sierras Nevadas en los Andes venezolanos, que en ese entonces formaba parte de la Provincia de Tunja y Pamplona del Nuevo Reyno de Granada.

El Alcalde de Pamplona, Juan Rodríguez Suárez, quien era oriundo de Mérida de Extremadura, en 1558 había sido encargado de una expedición hacia el norte para la búsqueda de minas de oro, en lo que se denominó la Provincia de las Sierras Nevadas. En lugar de descubrir minas fundó la ciudad de Mérida, nombrando a sus ríos con los mismos nombres de Guadiana y Albarrengas, fijándole su término que por supuesto competía con el que tenía la ciudad de Pamplona. Se le entabló juicio ante la Real Audiencia de Santa Fé, se le aprehendió y al año siguiente se lo condenó a muerte. Logró escapar de prisión con la ayuda del Obispo de Santa Marta, y fue a dar a la ciudad de Trujillo en los mismos Andes Venezolanos, fundada por otro extremeño de Trujillo, Diego García de Paredes, quien lo acogió y nombró su Teniente de Gobernación. Cuando los enviados del Oidor de la Audiencia de Santa Fé llegaron a aprehenderlo, ante la orden escrita de arresto, el Alcalde les dijo tranquilamente que allí nadie sabía leer ni escribir sino el Ave María y el Pater Noster, y que sobre el hombre de la Capa Roja— como se conocía a Rodríguez Suárez— tenían las mejores referencias. La insistencia del Oidor de la Audiencia de Santa Fé fue tal, que envió al Gobernador de la Provincia de Venezuela, Don Pablo Collado, la orden de arresto, no sólo de Rodríguez Suárez sino de su protector García de Paredes. La respuesta de Collado fue la jurídicamente correcta: que la jurisdicción de la Audiencia de Santa Fé no llegaba a la Provincia de Venezuela, la cual estaba sometida a la Audiencia de Santo Domingo, con lo que se consolidó el primer asilo político que se otorgó en América.

IV. LA ORGANIZACIÓN TERRITORIAL DE LA AMÉRICA COLONIAL Y DE LAS PROVINCIAS DE VENEZUELA

Pero junto con el poblamiento, como política imperial, la Corona española desarrolló en América una organización territorial propia para el Nuevo Mundo, que no existió en la Península con tanta regularidad, y que partió de la institución de la Provincia, inicialmente desdibujada geográficamente porque dependía del avance del proceso de poblamiento, pero posteriormente regularizada en todo el continente americano. América, así, se dividió en Provincias y éstas se agruparon en Virreinatos y en Presidencias de Audiencias, de manera que para el momento en el cual Carlos II publicó la *Recopilación de Leyes de los Reynos de Indias* en 1680, todas las Provincias de los territorios americanos estaban agrupadas en los Virreinatos de Nueva España y del Perú, y en las Presidencias de Audiencias de Santo Domingo, de Guatemala y de la Nueva Granada, ésta última, después, convertida en Virreinato. Recordemos, en contraste, que la división del territorio español de la Península en Provincias, fue una idea en la Constitución de Cádiz de 1812 y sólo comenzó a cristalizar a partir de 1833, cuando la institución provincial ya tenía tres siglos de existencia en los territorios americanos.

Esa organización territorial del Nuevo Mundo, de nuevo, es un contraste con la colonización inglesa de Norteamérica, pues en el Norte, Inglaterra no formuló política alguna de organización territorial. En el Imperio Hispanoamericano, en cambio, la organización del territorio recuerda la del vasto Imperio Romano en Europa y África.

Pero dada la magnitud del territorio y la lejanía con la metrópolis, a pesar del control que ejercía el Consejo de Indias, la organización territorial en América, contrariamente a lo que a veces se afirma, fue bastante descentralizada, originando instituciones con gran autonomía. De destacar es, por ejemplo, los privilegios que obtuvieron los Alcaldes de los Cabildos Coloniales de la Provincia de Venezuela a partir de 1533, de intervenir en la designación o de designar los Gobernadores interinos de la Provincia en caso de ausencia de los titulares, que perduró hasta 1778 cuando, precisamente Carlos III creó en Caracas el cargo de Teniente del Rey, funcionario que debía asumir el gobierno en ausencia o falta del Gobernador y Capitán General.

Señalaba al inicio que la existencia de Venezuela, como Estado- Nación la debemos los venezolanos a Carlos III, pues fue este Rey quien dio cierta unidad a las diversas Provincias que hoy conforman nuestro territorio.

En efecto, el proceso de poblamiento de la Tierra Firme en lo que hoyes Venezuela, en los casi tres siglos precedentes, se había realizado en momentos y corrientes distintas, así: a partir de 1508, con la ciudad de Nueva Cádiz, en la Isla de las Perlas, Cubagua, la primera ciudad americana con Ordenanzas municipales dadas por el Emperador Carlos V; a partir de 1525, en la Provincia de Margarita, circunscrita a la isla del mismo nombre; a partir de 1528, en la Provincia de Venezuela y Cabo de La Vela, que abarcaba todo el centro occidente del país; a partir de 1558, en la Provincia de Mérida-La Grita, en los Andes venezolanos, luego denominada Provincia de Maracaibo que abarcaba todo el occidente; a partir de 1568, en la Provincia de Nueva Andalucía, en el oriente del territorio, luego denominada Provincia de Cumaná; y a partir del mismo año 1568, en la Provincia del Dorado de Guayana, que comprendió todo el sur de los territorios venezolanos amazónicos. De estas Provincias, las de Mérida-La Grita y de Guayana dependían de la Audiencia y Virreinato de Santa Fé, con sede en Bogotá; y las otras, de la Real Audiencia de Santo Domingo.

El territorio de lo que es hoy Venezuela, por tanto, en contraste con el que fue el de otras naciones americanas, no tuvo integración territorial durante la Colonia. Se trataba de Provincias aisladas y disgregadas, con una lejanía increíble de los centros de poder coloniales, entre otros factores por lo paupérrimas que eran, hecho que paradójicamente las dotó siempre de autonomía y espíritu rebelde.

Fue precisamente obra de Carlos III el haberle dado forma territorial y unidad de autoridad a estas Provincias dispersas situadas en la costa meridional de Tierra Firme en la América del Sur; y varias decisiones de su política organizativa general que desarrolló incluso en la Península, configuraron el territorio de nuestro país. Todo comenzó en 1776, el mismo año de la independencia de las Colonias inglesas en Norteamérica, cuando Carlos III creó una Intendencia en las Provincias de Venezuela, Cumaná, Guayana y Maracaibo e Islas de Trinidad y Margarita con sede en Santiago de León de Caracas. La motivación para ello había sido la positiva experiencia y los efectos beneficiosos en la administración de las rentas y la subsistencia de las tropas de seguridad, que había provocado la creación de las Intendencias del Ejército y Real Hacienda tanto en el Reino de Castilla, como en la isla de Cuba. La nueva Intendencia abarcó todo el territorio de lo que es hoy Venezuela, pero sin embargo la dependencia jurídica de las Provincias siguió dividida en dos Audiencias distintas, la de Santo Domingo y la de Santa Fé. A pesar de ello, la Intendencia fue para Venezuela el propio inicio de la nacionalidad, como también lo fue para la mayoría de los países latinoamericanos, cuyos territorios se configuraron con el de las antiguas Intendencias que Carlos III estableció, ya fuera dividiendo territorios mayores, ya agrupando diversas Provincias, como sucedió en Venezuela.

En esta forma, por primera vez en Tierra Firme se reunieron bajo una misma autoridad hacendística a Gobernadores de Provincias que habían estado siempre separadas y que en lo político siguieron conservando su autonomía hasta la Independencia. Con motivo de la creación de la Intendencia, en todo caso, los Gobernadores de las Provincias e incluso el Virrey de Santa Fé dejaron de tener competencia sobre los asuntos relativos a la Real Hacienda y por tanto al comercio, los puertos, la agricultura, los tributos de indios, la adjudicación de tierras a éstos, la administración de las Misiones, la venta de tierras reales, lo contencioso mercantil, el contrabando, el asiento de tabaco y el fomento de los cultivos; y además, lo relativo a la materia económica militar: sueldos, transportes, fortificaciones, suministro de víveres y municiones, almacenes y hospitales militares. Se comprenderá entonces la importancia del establecimiento de las Intendencias por Carlos III. Era el Intendente el funcionario más poderoso en América, sólo sujeto al Monarca.

Un nuevo evento en la misma dirección tuvo lugar al año siguiente. En 1777, mediante Real Cédula dada en San Ildefonso, la unificación económica que se había dispuesto de las Provincias que conformaron el hoy territorio de Venezuela, fue seguida de una unificación militar, al disponerse la separación absoluta de las Provincias de Cumaná, Guayana y Maracaibo e Islas de Trinidad y Margarita, del Virreinato del Nuevo Reyno de Granada, y su sometimiento en lo militar al Capitán General y Gobernador de la Provincia de Venezuela «del mismo modo que lo están —decía la Real Cédula— por lo respectivo al manejo de mi Real Hacienda a la nueva Intendencia erigida en dicha Provincia y ciudad de Caracas». La motivación de la medida, básicamente fue la distancia que había entre esas Provincias y la Ciudad de Santa Fé, origen del retardo en las providencias.

Además, la misma Real Cédula de 1777 adoptó otra medida unificadora fundamental en lo jurídico, como fue la separación de las Provincias de Maracaibo y Guayana de la Audiencia de Santa Fé y la agregación de ellas a la Audiencia de Santo Domingo, como lo estaban la de Cumaná y las islas de Margarita y Trinidad, para que —como lo decía el Rey—:

«hallándose estos territorios bajo una misma Audiencia, un Capitán General y un Intendente inmediatos; sean mejor regidos, y gobernados con mayor utilidad en mi Real servicio.»

Esta unificación judicial en lo civil, la completaría Carlos III en Venezuela, con la creación de la Audiencia de Caracas, en 1786, dos años antes de su muerte; y el proceso terminaría, en 1793, con la creación del Real Consulado de Caracas, que unificaba los asuntos judiciales mercantiles y el fomento, en las mismas Provincias.

Carlos III, por tanto, sentó las bases territoriales y organizativas de lo que luego sería Venezuela, cuyo territorio, conforme al principio del *uti possidetis juris* siempre ha sido el que correspondía a la Capitanía General de Venezuela de 1777, hasta las transformaciones políticas de 1810 que originaron la Independencia, y que se sucedieron sólo una generación después de la integración territorial mencionada.

Con un territorio integrado bajo autoridades comunes a todas las Provincias conformadas por Intendencia, Capitanía General, Real Audiencia y Real Consulado y, con una población asentada durante un proceso continuo de penetración y ocupación territorial desarrollado durante tres siglos, lo que faltaba para que surgiera el Estado venezolano era un gobierno propio, lo que ocurrió a partir de la Revolución iniciada el 19 de abril de 1810.

VI. LA INDEPENDENCIA DE VENEZUELA Y EL FIN DEL ANTIGUO RÉGIMEN

Carlos III murió en 1788, precisamente el año en el cual se agudizó en Francia la lucha entre Luis XVI y los *Parlements* con la declaración de estos últimos en el sentido de que el voto de los nuevos impuestos que se requerían por la quiebra de las finanzas reales, entre otros factores por la ayuda francesa a la Revolución norteamericana, pertenecía a los Estados Generales, institución que no había sido convocada en los 175 años precedentes. Esta apelación a la representación de la Nación frente al Rey, significó la negación más absoluta del Poder Real. Como sabemos, Luis XVI terminó convocando a los Estados Generales, hecho con el cual dictó la sentencia de muerte del Antiguo Régimen, de la Monarquía Absoluta y de su propia persona.

La muerte de Carlos III coincidió entonces con el fin del Antiguo Régimen, a partir de lo cual comenzó la crisis que en toda Europa y América culminaría con el surgimiento del constitucionalismo moderno, producto de tres y no sólo de dos grandes Revoluciones: la norteamericana, la francesa y la latinoamericana. Esta última iniciada en 1810, precisamente en Caracas, la cual lamentablemente no se destaca en la historia contada tanto desde Europa como desde Norteamérica.

En efecto, en 1808, mediante Real Cédula emitida en abril de ese año, se había notificado a la Provincia de Caracas como a todas las Provincias americanas, de la abdicación de Carlos IV a favor de su hijo Fernando VII. La Real Cédula, por la lentitud de las comunicaciones de entonces, llegó tarde a Caracas, tan tarde que cuando llegó ya Femando VII había renunciado en su padre los derechos de la Corona de España y de las Indias; éste ya los había cedido a Napoleón, para poner orden en el Reino a cambio de asilo, pensiones y propiedades en territorio francés, y el Emperador había dictado la Constitución de Bayona de 6 de julio de 1808. En un período de dos años, entre mayo de 1808 y abril de 1810, la Península entró en un estado de guerra de independencia contra los franceses, y sin Rey ni Cortes, quedó gobernada sólo por autoridades locales constituidas en Juntas Supremas, en retirada frente al invasor.

A pesar de que la Junta Suprema Central de Sevilla había emitido una Real Orden en enero de 1809, reconociendo que los dominios de España en las Indias no eran propiamente colonias o factorías, sino una parte esencial e integrante de la Monarquía española, ya era muy tarde. Las noticias que allí llegaban eran que no había Monarquía, sino una Junta Suprema Central que había convocado a las Cortes para marzo de 1810, en la Isla de León, en Cádiz, y que por los triunfos franceses en Andalucía, había sido sustituida por un Consejo de Regencia.

Esas noticias se recibieron en Caracas el 18 de abril de 1810, signadas por la material desaparición de todo gobierno supremo en España, por lo que el Cabildo de Caracas que se consideraba en total orfandad política, simplemente dio un golpe de estado, erigiéndose en Junta Conservadora de los Derechos de Fernando VIL La Junta asumió el mando supremo de la Provincia con el consentimiento del pueblo, y destituyó a las autoridades españolas. La conservación de los derechos de Fernando VII había sido un pretexto, pues como lo dice el acta de la sesión del Cabildo, la motivación para asumir el mando supremo fue que:

«el derecho natural y todos los demás dictan la necesidad de procurar medios de conservación y defensa y de erigir en el seno mismo de estos países un sistema de gobierno que supla las faltas, ejerciendo los derechos de la soberanía, que por el mismo hecho ha recaído en el pueblo.»

Para hacer esta Revolución, el Ayuntamiento desconoció la autoridad del Consejo de Regencia pues consideró que:

«no puede ejercer ningún mando ni jurisdicción sobre estos paísesporque no ha sido constituido por el voto de estos fieles habitantes, cuando han sido ya declarados, no colonos, sino partes integrantes de la Corona de España.»

La "revolución de Caracas", como la denominó la propia Junta al explicar «la independencia de Caracas», tuvo por objeto establecer un nuevo gobierno:

«mientras una Constitución aprobada por la representación nacional legítimamente constituida, sanciona, consolida y presenta con dignidad política a la faz del universo la Provincia de Venezuela, organizada y gobernada de un modo que haga felices a sus habitantes, que pueda servir de ejemplo útil y decoroso a la América.»

Estas manifestaciones estaban empapadas, sin duda, de los principios revolucionarios norteamericanos y franceses de libertad, soberanía popular, representatividad y constitucionalismo, y que al ser recogidos por primera vez en la América española marcaron el inicio del proceso de independencia que ya no se pudo detener, y que en poco menos de dos décadas se completaría en todo el continente. Constitucionalmente, todo se inició con la Constitución Federal para los Estados de Venezuela del 21 de diciembre de 1811, dictada tres meses antes que la Constitución de Cádiz de 18 de marzo de 1812.

VII. LA RESTAURACIÓN Y EL ABANDONO DE AMERICA

En ese contexto histórico, dos años después, en España fueron aniquilados los aires de constitucionalismo que habían soplado en las Cortes de Cádiz, restaurándose la Monarquía y a Femando VII quien sin más, en la fórmula de nulidad radical más absoluta que he leído, declaró a aquella Constitución y a los actos dictados durante el gobierno constitucional:

«nulos y de ningún valor ni efecto, ahora ni en tiempo alguno, como si no hubiesen pasado jamás... y se quitasen de en medio del tiempo.»

Esto en lo interno, porque hacia América, España, resentida por la rebelión de sus antiguas colonias, les dió la espalda y las abandonó. Por su parte, los pueblos liberados también abandonaron a la metrópoli, de tal manera que ni siquiera el derecho español influyó sustancialmente en la formación del orden jurídico criollo.

No olvidemos que América estaba regida por el *derecho indiano* que no era el derecho español de la Península, sino que era el derecho dictado por la Corona para América, recogido en ese monumento legislativo que rigió en nuestros países hasta casi finales del Siglo pasado, que fue la *Recopilación de las Leyes de los Reynos de Indias* mandadas a publicar por Carlos II en 1680.

América ha sido la obra histórica más importante y el título de mayor orgullo con el cual España ha contribuido a la civilización occidental. Pero a veces, la vocación europea actual ha hecho olvidar a este país su más grande obra. No debe dejar de mencionarse que España, en realidad, había sido parte de Europa con el Imperio, cuando reyes españoles la gobernaron casi toda. Al morir Felipe II, volvió a su Península y a su vocación americana, pero con la independencia de sus colonias, ésta desapareció, abandonando a América. Y tiene más de un siglo queriendo ser europea, aún cuando, históricamente hablando, Europa sólo la ha considerado marginalmente suya.

Sin duda, España es y tiene que ser parte de Europa y desde el punto de vista político-económico lo está siendo con la Unión Europea; pero desde el punto de vista cultural no debe dejar de mirar intensamente, de nuevo, hacia América. Allí es donde efectivamente puede continuar teniendo proyección; y no sólo porque los americanos lo queramos, sino porque allí siempre pasa algo, sucede algo y, además es donde la obra cultural de los españoles tiene y puede tener efectivamente influencia cotidiana. Allí, no se olvide, es donde se los lee.

Que los españoles por tanto, no miren a América como otros europeos, conforme lo sugería en estos últimos meses algún diario continental, que recomendaba a Europa interesarse por Latinoamérica provechándose de la reacción antinorteamericana que había vuelto a soplar al sur del Río Grande, por la promulgación de la Ley Helms-Burton contra Cuba. No, España no tiene que aprovecharse de nada circunstancial para interesarse por América Latina, que es parte de su patrimonio cultural. Lo que tiene es que tener conciencia de que allí siempre pasa algo que le interesa.

Como lo decía Rafael Alberti hace 60 años, al admirar desde el mar, el hermoso paisaje de las costas de Venezuela. Dijo:

«Se ve que estas montañas son los hombros de América».

Y agregó:

«Aquí sucede algo, nace o se ha muerto algo.

Estas carnes sangrientas, peladas, agrietadas,

estos huesos veloces, hincándose en las olas,

estos precipitados espinazos a los que el viento asesta un golpe seco y verde a la cintura.

Puede que aquí suceda el silencioso nacimiento o la agonía de las nubes,

sombríamente espiadas desde lejos por mil picos furiosos
de pájaros piratas,

cayendo de improviso lo mismo que cerrados balazos ya difuntos

sobre el horror velado de los peces que huyen.

Aquí se perdió alguien,

se hundió, se murió alguien,

algo que estas costillas,

saben callar o ignoran.

Pero aquí existe un nombre,

una fecha,

un origen.

Se ve que estas montañas son los hombros de América.»

SEGUNDO: LAS PROVINCIAS COLONIALES Y LA ORGANIZACIÓN TERRITORIAL DEL ESTADO VENEZOLANO (1992)

Este Segundo punto de la Sección es el texto del artículo sobre "Las provincias coloniales y la organización territorial del Estado venezolano," publicado en la *Revista de Derecho Público*, N° 51, Editorial Jurídica Venezolana, Caracas, julio-septiembre 1992, pp. 5-14.

La Declaración solemne de la Independencia de Venezuela del 5 de julio de 1811, se formuló por los representantes de las "Provincias Unidas de Caracas, Cumaná, Barinas. Margarita, Barcelona, Mérida y Trujillo, que forman la Confederación Americana de Venezuela en el Continente Meridional", reunidos en Congreso[34] y esos mismos representantes, reunidos en "Congreso General", elaboraron la "Constitución Federal para los Estados Unidos de Venezuela", sancionada el 21 de diciembre de 1811.[35] Venezuela, como Estado independiente se configuró, entonces, como una Federación de Provincias y se estructuró sobre la base de la división provincial que nos había legado el régimen político de la Monarquía española.

I. LA PROVINCIA EN LA ORGANIZACIÓN POLÍTICA DE LAS INDIAS OCCIDENTALES

En efecto, durante todo el proceso español de conquista y colonización en América, desde comienzos del siglo XVI hasta el inicio del siglo XIX, la Provincia se configuró como la estructura territorial básica para lo militar, la administración y el gobierno y la administración de justicia en los territorios de Ultramar. Estas Provincias, como unidades territoriales básicas, giraban en torno a una ciudad, que con sus autoridades locales (Ayuntamiento o Cabildo) hacía de cabeza de Provincia.

La Provincia, así, durante todo el período del dominio español en América hasta comienzos del siglo XIX, fue una institución territorial creada y desarrollada por la Monarquía española especialmente para el gobierno y administración de los territorios de América, no existiendo en la Península una institución territorial similar; no teniendo el término mismo ni siquiera un significado definido. En efecto, en las leyes del reino de Casilla, las cuales fueron en el inicio de la conquista las que básicamente se aplicaron en América, el término provincia no se refería a una división administrativa o política organizada, sino más bien se usaba como equivalente de región, comarca distrito e incluso de tierra sin régimen político o administrativo estable o fijo.[36] En ese mismo sentido se siguió utilizando hasta el punto de que las provincias que existían en la Península para fines del siglo XVIII tenían más realidad en los diferentes estudios que se habían elaborado por la Corona para uniformar la Administración territorial del Estado, que en la organización política existente.

---

34   Véase en Allan R. Brewer-Carías, *Las Constituciones de Venezuela,* Madrid, 1985, p. 171.

35   *Ídem* p. 179

36   Véase J. Cerda Ruiz-Funes, "Para un Estudio sobre los Adelantos Mayores de Castilla (siglos XIII-XV). Actas del II Symposium" *Historia de la administración*, Madrid, 1971, p. 191: T. Chiossone, *Formación Jurídica de Venezuela en la Colonia y la Republica*, Caracas 1980, p. 74, nota 69.

No hay que olvidar que el descubrimiento de América en 1492, y el inicio del proceso de la conquista de los territorios americanos coincide, en España, con el fin de la larga lucha de la Reconquista del territorio peninsular por los reyes cristianos, con la toma de Granada en enero de 1492, y la subsiguiente expulsión de los mores y judíos a comienzos del siglo XVI. Este es el mismo tiempo del inicio del proceso de unificación política de los territorios de la España peninsular que desarrollan los Reyes Católicos, Isabel de Castilla y Fernando de Aragón, en torno a dos Reinos, el de Castilla y el de Aragón, unidos por un principio de unidad dinástica. El Estado español, por tanto, a partir de un mismo momento histórico, comienza a ordenarse territorialmente, por una parte en las provincias de los reinos de las Indias Occidentales y por la otra, en los territorios de los Reinos de Castilla y Aragón y los otros reinos de la península.

En todo caso, fue sólo a partir de la Constitución de Cádiz de 1812, dictada después el establecimiento del Estado venezolano como Estado independiente, que la Administración Provincial comenzó a implantarse en el Estado de la España peninsular, uniformizada luego a partir de las reformas de 1833, que siguiendo el esquema francés de los Departamentos, dividió la totalidad del territorio español en Provincias[37].

La Provincia hispano-americana, en cambio, fue anterior a la Provincia peninsular, y su concepción durante la conquista y colonización, siguió los trazos de la institución que con el mismo nombre se desarrolló en el imperio Romano para el gobierno y administración de los territorios conquistados por el ejército romano fuera de Italia (Ultramar) y que estaban a cargo de un gobernador *(propetor, procónsul o legati)*.[38]

En esta forma, en la Recopilación de Leyes de los Rey nos de las Indias, mandadas a imprimir y publicar por el Rey Carlos TI (1680), se resumió la estructura territorial para la ordenación política que España había creado en América, en la siguiente forma:

"Para mejor, y más fácil gobierno de las Indias Occidentales, están divididos aquéllos Reynos y Señoríos en Provincias mayores y menores, señalando las mayores, que incluyan otras muchas por distritos á nuestras Audiencias Reales: proveyendo en las menores Gobernaciones particulares, que por estar mas distantes de las Audiencias, las rijan y gobiernen en paz y justicia: y en otras partes, donde por la calidad de la tierra, y disposición de los lugares no ha parecido necesario, ni conveniente hacer Cabeza de Provincia, ni proveer en ella Gobernador, se han puesto Corregidores y Alcaldes mayores para el gobierno de las

---

37   Véase el Real Decreto de 30 noviembre de 1833, mandando hacer la división del territorio español en la Península e Islas adyacentes, en 49 provincias, en T.R. Fernández y J.A. Santamaría, *Legislación Administrativa Española del Siglo XX*, Madrid, 1977, p. 115 y ss.

38   A. Posada, *Escritos Municipales y de la Vida Local,* Madrid, 1979, p. 284; *Cfr.* J. Arias, *Manual de Derecho Romano*, Buenos Aires, 1949, p. 58: F. Gutiérrez Alviz, Diccionario de Derecho Romano, Madrid, 1948, p. 504: T. Chiossone, op. cit., 74, nota N° 69.

Ciudades y sus Partidos, y lo mismo se ha observado respecto de los Pueblos principales de Indios, que son Cabeceras de otros"[39].

La Recopilación consideraba, además, que "la distinción de los términos y territorios de las Provincias", era "uno de los medios con que más se facilita el buen gobierno"[40].

En esta forma, la organización política del Imperio español en el territorio americano que recogía la Recopilación de Leyes en 1680, y que se había ido conformando durante casi dos siglos, era la siguiente:

La unidad territorial básica, como queda expuesto, fue la Provincia, la cual era la circunscripción territorial donde ejercía su autoridad, un Adelantado, al inicio de la labor descubridora y de conquista, y luego un Gobernador[41]. El Gobernador ejercía el poder militar, por ello era Capitán General, y además, tenía a su cargo las funciones administrativas, de gobierno y de administración de justicia. Estas Provincias, como circunscripciones territoriales, tuvieron diversas formas de creación en el tiempo: inicialmente surgieron de las Capitulaciones, es decir, de los convenios suscritos entre el Monarca y el Jefe de una expedición proyectada, en las cuales se indicaban los derechos que la Corona se reservaba, así como los privilegios que se concedían a los participantes en la empresa descubridora. En ellas, al Jefe de la expedición se !e otorgaba el título de Adelantado, con carácter vitalicio o hereditario, y con amplísimos poderes militares, de administración y de gobierno[42]; posteriormente, fueron creadas por la Corona por Reales Cédulas.

Las Provincias eran de dos clases: las Provincias mayores, y las Provincias menores. Las Provincias mayores agrupaban a otras Provincias menores, en cuyo caso, el Gobernador de la Provincia mayor llevaba el título de Capitán General, por su función militar en el territorio de las otras provincias menores, que eran comandadas por un Gobernador. Los gobernadores de cada Provincia gozaban de autonomía y se entendían directamente con la Real Audiencia o el Monarca. En el caso de Venezuela, al crearse la Capitanía General de Venezuela (1777), los gobernadores de las distintas provincias conservaron su autonomía excepto para asuntos militares que pasaron a estar bajo el Gobernador y Capitán General de Venezuela.

---

39   La Ley respectiva es de "Carlos II y la Reyna Gobernadora en esta Recopilación", *Recopilación de Leyes de los Reynos de las Indias* (ed. 1943), Tomo II, Libro Quinto, Titulo Primero, p. 109.

40   *Idem*

41   El carácter de los "Adelantados Gobernadores" en los primeros años después del Descubrimiento y en los primeros anos de la conquista, sin duda, esta inspirado en la figura de los Adelantados Mayores de Castilla, como oficiales del Rey en los "provincias", generalmente fronterizas con los reinos moros, (que con la terminación de la reconquista se sustituyeron por los Alcaldes Mayores o Corregidores), equivalentes o semejantes a los Lugartenientes General, Gobernadores o Virreyes de la Corona de Aragón, *Cfr.* J. Cerda Ruiz Funes, *loc. cit.*, p. 190-192: J.M. Ots. Capdequi, *Manual de Historia del Derecho Español de las Indias y del derecho propiamente indiano*, Buenos Aires, 1945, p. 174.

42   Era a la vez Gobernador, Capitán General y Alguacil Mayor de su provincia. *Cf.* J.M. Ots Capdequi. *El Estado Español en las Indias*, México 1946, pp. 20-2p; *Manual de Historia del derecho Español en las Indias, cit,* p. 3466; y *Estatutos de Historia del derecho Español en las Indias,* Bogotá, 1940: S.A. Zavala, *Las Instituciones jurídicas en la conquista de América*, Madrid 1935.

El Gobernador y Capitán General o el Gobernador, según el caso, tenían su sede en la ciudad Cabeza de Provincia, la cual generalmente le daba el nombre a ésta, y que como núcleo urbano siempre jugó un papel protagónico. Por ello, el sistema de ciudades, tanto en América como en la Península, fue la base para la organización del territorio[43], y en América dicho sistema se configuró, en definitiva, de la manera siguiente: Había ciudades integradas en el territorio de las provincias, en cuyos casos, las autoridades de las mismas, los Alcaldes (Alcaldes Mayores u Ordinario según la importancia de la villa, metropolitana o no) y los Regidores, que se reunían en ayuntamiento o concejo, estaban bajo la autoridad del Gobernador de Provincia [44]. En los casos de ciudades que por la disposición de los lugares o la calidad de la tierra, no resultaba conveniente establecer una Provincia, y en los casos de Pueblos de Indios, la autoridad sobre éstas se atribuía a un Corregidor o Alcalde Mayor [45].

En esta forma, para 1680, cuando se manda a publicar la Recopilación de Leyes, los territorios que formaron luego a Venezuela estaban divididos en las siguientes cinco provincias: Margarita (1525). Venezuela (1528) o Caracas, Nueva Andalucía o Cu- maná (1568); Guayana (1591) y Mérida y La Grita (Maracaibo) (1622) [46]; estando cada una de dichas provincias a cargo de un Gobernador y Capitán General, con sede en la ciudad Cabeza de Provincia, respectivamente, en La Asunción, Caracas, Cumaná, Santo Tomé y Maracaibo.

Ahora bien, conforme a la Recopilación de Leyes, las Provincias del Imperio Español en América, fueran Provincias mayores o menores, así como los Corregimientos y Alcaldías Mayores, como unidades territoriales básicas, se agruparon bajo la autoridad de las Reales Audiencias creadas conforme al modelo de las Reales Audiencias y Cancillerías de España que habían sido creadas en Valladolid y Granada, que abarcaron todo el territorio español peninsular, al norte y al sur del Tajo. De acuerdo al modelo peninsular, las Reales Audiencias tenían como función primordial la administración de justicia, por lo que entre otras competencias eran Tribunales de alzada respecto de las decisiones de los gobernadores; pero se diferenciaron del modelo peninsular en que en América, además de las funciones judiciales, se constituyeron en importantes órganos corporativos de gobierno, carácter que no tuvieron en España[47]. Así, las Audiencias velaban por el mantenimiento del orden y buena gobernación de las ciudades: nombraban *ad interim* a los gobernadores y a los

---

43   L. Morell Ocaña, "Raíces históricas de la concepción constitucional de la Provincia", en el libro *La Provincia*, IV Congreso Italo-Español de Profesores de Derecho Administrativo, Granada, 1985, pp. 15, 17, 18.

44   Recopilación de Leyes, Tomo II, Libro IV, Título V, p. 14 y Título VII, p. 19.

45   *Idem.*, Tomo II, Libro V, Título I, p. 109.

46   En el territorio de Venezuela, en 1680, no existían ni Corregimientos ni Alcaldías Mayores, como unidades territoriales separadas de las Provincias. Un Corregimiento existió en lo que es hoy los Estados Táchira y Mérida. El Corregimiento de Mérida y La Grita comprendía las ciudades de Mérida, San Cristóbal y San Antonio, territorio elevado a Provincia en 1622. *Cfr.* Guillermo Morón, *Historia de Venezuela*, Caracas. 1971, Tomo 3, p. 400.

47   J. M. Ots Capdequi, *El Estado Español...*, *cit.*, p. 65; y *Manual de Historia...*, *cit.*, p. 355.

funcionarios de las que estaban sometidos a su jurisdicción; y en sus funciones deliberativas-gubernativas, producían los Reales Acuerdos [48].

Se distinguieron tres clases de audiencias: las Audiencias Virreinales, las Audiencias Pretoriales y las Audiencias Subordinadas. Las Virreinales eran las que tenían su sede en la capital del Virreinato y estaban presididas por el Virrey. Las Pretoriales, aquellas que tenían su sede en una Provincia mayor, y cuyo Presidente era entonces el Gobernador v Capitán General: y las Subordinadas las otras, generalmente situadas en una Provincia menor, presididas por el Gobernador[49].

En cuanto a las Provincias que formaban el territorio de Venezuela, en 1680, y conforme a la Recopilación de Leyes, la Provincia de Mérida y La Grita, y la Provincia de Guayana, incluida Trinidad, formaban parte del distrito de la Real Audiencia de Santa Fe; y las provincias de Venezuela, de Cumaná y de Margarita, formaban parte del distrito de la Real Audiencia de Santo Domingo de la Isla Española.[50]

Por otra parte, conforme a la Recopilación de Leyes, el territorio español en América inicialmente estaba dividido en dos Virreinatos, el de Nueva España (1535) y el del Perú (1543), estando a cargo de cada Virrey, la cúspide del poder delegado por el Rey en las Indias. Los Virreyes, así, fueron una especie de alter ego del Rey, reunían todas las competencias estatales de la Monarquía en sus correspondientes Virreinatos, configurándose como la más alta instancia después del Rey. Además, por la inmensidad de las distancias, la dificultad de las comunicaciones con la península y la urgencia de los problemas a ser resueltos, el Virrey decidía por sí mismo sin plantear siquiera la cuestión a los altos organismos radicados en España, por lo que hasta cierto punto, era alter ego de dichas instancias[51]. Los Virreyes, además, presidían la Real Audiencia virreinal, establecían los cambios de límites territoriales de las Audiencias que estaban en su jurisdicción territorial y promulgaban instrucciones para los Gobernadores y Capitanes generales, Corregidores y Alcaldes Mayores, quienes debían consultar al Virrey sobre las resoluciones de importancia que debían adoptar[52]

En el siglo XVII, y conforme se ordenó en la Recopilación de Leyes, dependían del Virreinato de Nueva España, las Audiencias de Santo Domingo, México, Guatemala y Guadalajara; y del Virreinato del Perú, las de Panamá, Lima, Santa Fe de Bogotá, Charcas, Chile y Buenos Aires. En el siglo XVIII, al crearse los Virreinatos de Nueva Granada (1718), y Río de la Plata, quedaron en la jurisdicción del primero, las Audiencias de Santa Fe, Panamá, Quito y Venezuela; y dentro de las del segundo, las de Buenos Aires y Charcas.[53]

En cuanto a las Provincias de Venezuela, en 1680, aquellas que estaban en la jurisdicción de la Real Audiencia de Santa Fe (Mérida, La Grita y Guayana) estaban

---

48   *Idem.*

49   J.M. Ots Capdequi, *Es Estado Español...*, *cit.* p. 65; y *Manual de Historia... cit.*, p. 336

50   *Recopilación de Leyes*, Tomo II, Libro V, Titulo II, pp. 113,114 y 115

51   J.M.Ots Capdequi, *Estado Español...*, *cit.*, p. 64 y *Manual de Historia... cit*, p. 360-362.

52   *Idem*

53   *Idem.*, pp. 66 y 356, respectivamente

bajo la jurisdicción del Virreinato del Perú; y aquellas que estaban en la jurisdicción de la Real Audiencia de Santo Domingo de la Isla Española (Venezuela, Cumaná y Margarita) estaban bajo la jurisdicción del Virreinato de Nueva España. Posteriormente, a partir de la creación del Virreinato de Nueva Granada (1718), las Provincias sometidas a la jurisdicción de la Real Audiencia de Santa Fe comenzaron a estar bajo la jurisdicción de dicho Virreinato.

Las Provincias de Venezuela, por tanto, no tuvieron una integración definida sino hasta 1777, cuando se crea la Capitanía General de Venezuela y luego, en 1786, cuando se erige la Real Audiencia de Caracas. A partir de esas fechas [54] las Provincias de Venezuela quedan integradas en una sola jurisdicción militar y de administración de justicia. El Gobernador de la Provincia de Venezuela, comenzó a ser, además, Capitán General de las demás provincias e islas anexas y agregadas a ellas.

II. LA INTEGRACIÓN DE LAS PROVINCIAS DE VENEZUELA: LA CAPITANÍA GENERAL DE VENEZUELA

Como se ha señalado, por Real Cédula de 8 de septiembre de 1777, dada en San Ildefonso[55] y en virtud de las representaciones formuladas a la Corona por el Virrey del Nuevo Reyno de Granada y por los Gobernadores de las Provincias de Guayana y Maracaibo, acerca de los inconvenientes que producía a dichas Provincias así como a las de Cumaná, Margarita y Trinidad el seguir unidas al Virreinato del Nuevo Reino de Granada por la distancia en que se hallaban de su capital Santa Fe, lo que provocaba el retardo en las providencias, con graves perjuicios para el Real servicio, para evitar estos males y otros mayores que podrían ocasionarse "en el caso de una invasión", se resolvió "la absoluta separación de las mencionadas Provincias de Cumaná, Guayana y Maracaibo e Islas de Trinidad y Margarita del Virreinato y Capitanía General del Nuevo Reyno de Granada y agregarlas en lo gubernativo y militar a la Capitanía General de Venezuela, del mismo modo que lo están, en lo respectivo al manejo de mi Real Audiencia, a la nueva Intendencia crujida en dicha Provincia, y ciudad de Caracas, su capital"[56]

En efecto, con motivo de las reformas adoptadas por el rey Carlos III desde 1749, mediante la creación de las Intendencias en la Península, se había querido ordenar la administración territorial, que estaba subdividida, hasta entonces, en infinidad de derechos históricos. Así, las Intendencias originaron una nueva distribución territorial, en la que quedaban enclavados varios corregimientos y alcaldías mayores, y el Intendente intervenía en los asuntos de hacienda, guerra, policía y justicia[57]. Pues bien, el esquema de las Intendencias se aplicó también a los territorios de América, y por ello se creó en 1776, la Intendencia del Ejército y Real Hacienda de las

---

54   A las que hay que agregar la de 1776, cuando se crea la Intendencia del Ejército y Real Hacienda; y la de 1793, cuando se crea el Real Consulado de Caracas.

55   Véase el texto en J. F. Blanco y R. Azpúrua, *Documentos para la historia de la vida pública del Libertador*, Caracas, 1977, tomo 2, pp. 129-130.

56   *Idem.*, p. 129

57   Véase los comentarios a la Ordenanza de Intendentes y Corregidores de 1749, en V. Rodríguez Casado. "Las reformas provinciales en la España de Carlos III". *Crónicas del VI Congresos Historia Municipal Interamericano*, IEAL, Madrid 1959, pp. 205-211

Provincias de Venezuela, Cumaná, Guayana, Maracaibo, Margarita y Trinidad, encargada de administrar las rentas. Son esas mismas Provincias las que al año siguiente se integran a la Capitanía General de Venezuela, por la Real Cédula de 1777, que dispuso además, "separar en lo jurídico de la Audiencia de Santa Fe, y agregar a la primitiva de Santo Domingo, las dos expresadas Provincias de Maracaibo y Guayana, como lo está la de Cumaná y las Islas de Margarita y Trinidad, para que hallándose estos territorios bajo una misma Audiencia, un Capitán General y un Intendente inmediato, sean mejor regidos y gobernados con mayor utilidad de mi Real Servicio"[58].

La consecuencia de la creación de la Capitanía General de Venezuela se establece claramente en la Real Cédula, al ordenar al Virrey y Audiencia de Santa Fe, el que se inhibieran y abstuvieran "del conocimiento de los respectivos asuntos que les tocaba antes de la separación" y a "los Gobernadores de las Provincias de Cumaná, Guayana y Trinidad, que obedezcan, como a su Capitán General, al que hoy es y en adelante lo fueren de la Provincia de Venezuela, y cumplan las órdenes que en asuntos de mi Real Servicio les comunicare en todo lo gubernativo y militar; y que asimismo den cumplimiento los Gobernadores de las Provincias de Maracaibo y Guayana á las Provisiones que lo sucesivo despachare mi Real Audiencia de Santo Domingo, admitiendo para ante ella, las apelaciones que se interpusieren según y en la forma que lo han hecho, o debido hacer para ante la de Santa Fe"[59].

Posteriormente, por Real Cédula de 13 de junio de 1786, se ratificó el reacomodo provincial que se había dispuesto en las Reales Cédulas de 1676 y de febrero de 1786 sobre la creación de las Provincias de Maracaibo y Barinas. Ordenándose que la Provincia de Maracaibo continuase unida a la Capitanía General e Intendencia de Caracas, y además se dispuso, crear la Real Audiencia de Caracas, "para evitar los perjuicios que originan a los habitantes de dichas Provincias de Maracaibo. la de Cumaná, Guayana. Margarita e Isla de Trinidad, comprendidas en la misma Capitanía General de recurrir por apelación de sus negocios a la Audiencia pretorial de Santo Domingo"[60].

Finalmente, por Real Cédula de 3 de julio de 1793, se erigió el Real Consulado de Caracas, con su Tribunal y jurisdicción en toda la Capitanía General de Venezuela, en los asuntos mercantiles[61]

En esta forma, para 1810, la base de la integración política de las Provincias de la Capitanía General de Venezuela estaba establecida con la creación, en 1776, de la Intendencia del Ejército y Real Hacienda; en 1777, de la Capitanía General de Venezuela; en 1786 de la Real Audiencia de Caracas; y en 1793, del Real Consulado de Caracas[62]. El cuadro político territorial de las Provincias que formaban la Capitanía General de Venezuela en 1810, correspondía aproximadamente al territorio

---

58   Véase el texto en J.F. Blanco y R. Azpurua, *op.cit.*, Tomo I, p. 129

59   *Idem.*, p. 140

60   Véase el texto en *Ídem*, p. 214

61   Véase el texto en *idem.*, pp. 248 a 256. Véase en general M.M. Álvarez F., *El Tribunal del Real Consulado de Caracas*, 2 tomos, Caracas 1967.

62   *Cfr.* T. Chiossone, *op. cit.*, p. 89: G. Morón, *El Proceso de Integración*, El nacional 26-8-76, p. A-4

siguiente: la Provincia de Margarita, a la Isla de Margarita; la Provincia de Venezuela o Caracas, los territorios de los Estados Falcón, Lara, Portuguesa, Yaracuy, Cojedes, Carabobo, Aragua, Guárico, Miranda, y el Distrito Federal; la Provincia de Cumaná o Nueva Andalucía, los territorios de los Estados Anzoátegui. Sucre, Monagas v parte del territorio del Estado Delta Amacuro; la Provincia de Guayana los territorios de los Estados Bolívar, Amazonas y parte del Delta Amacuro; la Provincia de Maracaibo, los territorios de los Estados Zulia, Mérida. Táchira y Trujillo; y la Provincia de Barinas los territorios de los Estados Barinas y Apure.

A raíz de la constitución de la Junta Conservadora de los Derechos de Fernando VII. en Caracas, el 19 de abril de 1810, y del inicio del proceso de Independencia de Venezuela, en los meses subsiguientes se establecieron tres nuevas provincias: el 27 de abril, se constituyó una Junta Provincial en Barcelona, dando origen a la Provincia de Barcelona, con parte del territorio de la que era la Provincia de Nueva Andalucía o Cumaná [63]; el 16 de septiembre de 1810. En la ciudad de Mérida se constituyó una Junta que asumió la autoridad soberana, constituyéndose la Provincia de Mérida con parte del territorio de la Provincia de Maracaibo, a la que se sumaron las ciudades de La Grita (11-10-1810) y San Cristóbal (28-10-1810); y el 9 de octubre de 1810, al constituirse una Junta se estableció la Provincia de Trujillo, con parte del territorio que correspondía a la Provincia de Maracaibo [64].

En consecuencia, para finales de 1810, el territorio de Venezuela estaba integrado por las siguientes nueve (9) Provincias: Margarita, Caracas, Cumaná, Guayana, Maracaibo, Barinas, Barcelona. Mérida y Trujillo. El Congreso que declaró solemnemente La Independencia el 5 de julio de 1811, estaba integrado por representantes de las Provincias de Caracas. Cumaná. Barinas, Margarita, Barcelona, Mérida y Trujillo, y representantes de esas mismas siete (7) Provincias sancionaron la Constitución Federal para los Estados de Venezuela de 21 de diciembre de 1811. No habían participado en esos actos representantes de las Provincias de Guayana y Maracaibo, así como tampoco de Coro, que si bien pertenecían a la Provincia de Caracas, no se sumaron a la declaración de independencia y quedaron sometidas a la Corona. Por ello, el artículo 128 de la Constitución, estableció que "luego que libres de la opresión que sufren las provincias de Coro, Maracaibo y Guayana puedan y quieran unirse a la Confederación, serán admitidas a ella, sin que la violenta separación en que a su pesar y el nuestro han permanecido, pueda alterar para con ellas los principios de igualdad, justicia, fraternidad de que gozarán, desde luego, como todas las demás provincias de la Unión"[65].

III. EL TERRITORIO DEL ESTADO FORMADO POR EL DE LAS PROVINCIAS DE LA CAPITANÍA GENERAL DE VENEZUELA

La Constitución Federal para los Estados de Venezuela, de 1811, hecha por los representantes "de Margarita, de Mérida, de Cumaná, de Barinas, de Barcelona, de

63   Véase en J. F. Blanco y R. Azpúrua, *op. cit.*, Tomo II, p. 411.
64   Véase los textos en el libro *Las Constituciones Provinciales*. Biblioteca de la Academia Nacional de la Historia, Caracas 1959. pp. 341 a 350.
65   Véase en Allan R. Brewer-Carias, *Las Constituciones de Venezuela, op. cit.*, p. 194

Trujillo y de Caracas", a! establecer el Pacto Federal, dejó a cada una de esas Provincias "su Soberanía, Libertad e Independencia", con "el derecho exclusivo de arreglar su gobierno y administración territorial bajo las leyes que crean convenientes". Agregó el Preliminar de dicho texto, que "del mismo derecho gozarán todos aquellos territorios que por división del actual o agregación a él vengan a ser parte de esta Confederación". Por ello, como se dijo, el artículo 128 de la Constitución, conforme a esa declaración se destinó a las otras Provincias que formaban la Capitanía General de Venezuela: Coro, Maracaibo y Guayana, las cuales "luego que libres de la opresión que sufren puedan y quieran unirse a la confederación, será admitidas a ella".

En esta forma, aun cuando sin una definición expresa, el territorio de la Confederación se formó por e! de las Provincias que formaban parte de la Capitanía General de Venezuela y cuyos representantes sancionaron la Constitución.

La Constitución de 1819, decretada "por nuestros representantes, diputados al efecto por las provincias de nuestro territorio que se han liberado ya del despotismo español", en su título II, Sección Primera, artículo 2 estableció que:

> "el territorio de la República de Venezuela se divide en diez Provincias que son: Barcelona. Barinas. Caracas, Coro, Cumaná, Guayana, Maracaibo, Margarita, Mérida y Trujillo. Sus límites y demarcaciones se fijarán por el Congreso".

Este texto, en igual forma, sin definir el ámbito del territorio, al dividirlo en el de las Provincias, remito al territorio de éstas para su determinación.

A partir de la Ley Fundamental de la Unión de los pueblos de Colombia de 1821 y de la Constitución de esa fecha, se comenzó a definir el territorio de la República por el que formaba la Capitanía General de Venezuela establecida por Real Cédula de 8 de septiembre de 1777, tal como estaba configurado en 1810 antes del proceso político iniciado el 19 de abril de ese año. En esta forma en Venezuela se siguió el principio de derecho internacional público americano, conocido como el de *Uti possidetis juris*, según el cual nuestro país tenía derechos sobre los territorios que correspondían en 1810 a la Capitanía General de Venezuela, de tal manera que los límites territoriales del país, eran los mismos que correspondían en ese año a dicha entidad colonial, en relación al Virreinato de la Nueva Granada, al Brasil y a la Guyana Británica.

En efecto, en 1821, la Ley Fundamental de la Unión de los pueblos de Colombia, sancionada en Cúcuta, al reunir los pueblos de Nueva Granada y Venezuela en una sola Nación, denominada República de Colombia, definió su territorio en la siguiente forma:

> *Art. 5.* El territorio de la República de Colombia será el comprendido dentro de la antigua Capitanía General de Venezuela y el Virreinato y Capitanía del nuevo Reino de Granada. Pero la asignación de sus términos precisos queda reservada para tiempo más oportuno.

En la Constitución de Colombia de 1821 conforme a la orientación de la Ley Fundamental, el territorio de la República se definió así:

> *Art. 6.* El territorio de Colombia es el mismo que comprendían el antiguo Virreinato de la Nueva Granada y Capitanía General de Venezuela.

En la Constitución de 1830, luego de la separación de Venezuela de la Gran Colombia y su constitución como Estado independiente, se definió el territorio de Venezuela en la siguiente forma:

Art. 5. El territorio de Venezuela comprende todo lo que antes de la transformación política de 1810 se denominaba Capitanía General de Venezuela. Para su mejor administración se dividirá en provincias, cantones y parroquias, cuyos límites fijará la ley.

Esta norma de la Constitución de 1830, sustancialmente quedó con la misma redacción en las Constituciones posteriores, evolucionando hasta lograr la concepción vigente del texto constitucional de 1961.

IV. LA PROVINCIA EN EL RÉGIMEN ESPAÑOL DE LA PENÍNSULA

Contrariamente a lo que sucedió en los territorios coloniales, donde la Provincia fue el eje de la organización territorial que España montó en su imperio americano, en la península ibérica la división Provincial es un hecho posterior al inicio de la independencia hispano americana, que se inició con los trabajos de las Cortes de Cádiz en 1812.

En efecto, la Constitución de Cádiz de marzo de 1812, encargada de definir al territorio español y enumerar sus posesiones en la Península, agregó que:

"*Art. 11.* Se hará una división más conveniente del territorio español por una ley constitucional, luego que las circunstancias políticas de la Nación lo permitan".

Las Cortes, por Decreto de 23 de mayo de 1812, restablecieron en diversas partes del territorio diputaciones provinciales, mientras se llegaba "el caso de hacerse la conveniente división del territorio español", de lo que Adolfo Losada deduce en su obra Escritos municipalistas de la vida local "la idea que se tenía de la necesidad de una división territorial nueva en Provincias". A esos efectos, en la Constitución de Cádiz se había previsto un capítulo relativo al "Gobierno Político de las Provincias y de las Diputaciones provinciales" (Arts. 324 a 337).

En realidad, las Cortes, al regular las Diputaciones Provinciales lo que habían hecho fue conservar la figura de las Juntas Provinciales que habían surgido al calor de la guerra de independencia, transformándolas en tales Diputaciones a las cuales se atribuyó el rol de representar el vínculo de unión intermedio, entre los ayuntamientos y el gobierno central, asumiendo tales diputaciones el control de tutela de éstos (Art. 323).

El esquema de Cádiz, fue efímero. El 11 de diciembre de 1813 España firmó el Tratado con Francia en el que se reconoció a Fernando VII como Rey, y éste, cinco meses después, el 4 de mayo de 1814 adoptó su célebre manifiesto sobre abrogación del Régimen Constitucional mediante el cual se restableció la autoridad absoluta del monarca, declarando "nulos y de ningún valor ni efecto, ahora, ni en tiempo alguno, como si no hubiesen pasado jamás..., y se quitasen de en medio del tiempo" la Constitución y los actos y leyes dictados durante el período de gobierno constitucional y se extinguió así, por Reales Cédulas de junio y julio de 1814 la nueva estructura municipal y provincial que se había comenzado a establecer, restableciéndose el sistema municipal a la condición que tenía en marzo de 1808.

El 10 de marzo de 1820, mediante Manifiesto regio el mismo Fernando VII había sido obligado a aceptar y jurar la Constitución de Cádiz ante el Ayuntamiento de Madrid, restableciéndose así la estructura municipal abolida en 1814, reorganizándose de nuevo las Provincias y comunicándose a las Cortes, ante las cuales el Rey renovó el 9 de julio de 1820 el juramento de fidelidad a la Constitución.

Por Decreto de 22 de enero de 1822 se intentó dar a la Provincia una concreción territorial definida, estableciéndose lo que puede considerarse como la primera división regular del territorio español, en cierto número de provincias. Sin embargo, de nuevo, desde Francia se invadió la Península ejecutando Luis XVIII la decisión del Congreso de Verona, de la Santa Alianza, de liquidar el principio monárquico- liberal que surgía en España. El triunfo de los ejércitos borbónicos obligaron a las Cortes a negociar, y el Rey, de nuevo, con apoyo extranjero, asumió el poder absoluto restableciéndose por Real Decreto de 17 de octubre de 1824, de nuevo los ayuntamientos perpetuos y eliminando las bases populares de los ayuntamientos constitucionales.

En 1833 falleció Fernando VII, siendo sustituido por Isabel II, pero bajo la regencia de María Cristina de Borbón como gobernadora del Reino. Fue así, por Real Decreto de 30 de noviembre de 1833 que por fin se formuló la división territorial de la Península, en Provincias, con lo cual se consagró en forma definitiva a la Provincia como circunscripción administrativa del Estado español.

SECCIÓN TERCERA:

ALGO SOBRE EL PROCESO DE POBLAMIENTO DE AMÉRICA (1998-2012)

Esta Sección Tercera incluye parte de algunos estudios sobre el proceso de poblamiento de América, en particular, de los siguientes: "La 'Ciudad Ordenada' Americana: El gran aporte colonial hispano a la historia del urbanismo," en *Societas. Academia Chilena de Ciencias Sociales, Políticas y Morales,* Año 2012, N° 14, Santiago de Chile 2012, pp. 61-73; Introducción general a la historia del municipalismo en América Latina: Poblamiento, Ciudad y Orden urbano (Con especial referencia al proceso de poblamiento colonial en el Perú y al inicio del nuevo orden municipal republicano en Venezuela en 1812), *Tratado de Derecho Municipal* (Orlando Vignolo, Coord.), Lima 2014; lla Ponencia sobre "La Formación del Estado Venezolano" presentada en las *II Jornadas Colombo-Venezolanas de Derecho Público,* celebradas en la Universidad Externado de Colombia, Santa Fé de Bogotá, el 8 de agosto de 1995, publicado en el libro *Reflexiones sobre la Organización Territorial sel Estado en Venezuela y en la América Colonial,* Editorial Jurídica Venezolana, Caracas 1997, pp. 67-107.

I.   "CIUDAD ORDENADA" AMERICANA: EL GRAN APORTE COLONIAL HISPANO A LA HISTORIA DEL URBANISMO Y EL POBLAMIENTO DE CHILE (2012)

Esta parte es el texto del *Discurso de incorporación como Académico Correspondiente Extranjero en la Academia Chilena de Ciencias Sociales, Políticas y Mo-*

rales, Santiago de Chile, 27 de abril 2011, que versó sobre el tema "SOBRE LA "CIUDAD ORDENADA" AMERICANA: EL GRAN APORTE COLONIAL HISPANO A LA HISTORIA DEL URBANISMO," el cual fue publicado en la Revista *Societas. Academia Chilena de Ciencias Sociales, Políticas y Morales,* Año 2012, N°. 14, Santiago de Chile 2012, pp. 61-73.

Durante el siglo XVI, en este Nuevo Mundo americano, se produjo lo que puede considerarse como la más grande y descomunal operación de poblamiento que se haya realizado jamás en la historia de la humanidad, sin parangón en ningún otro tiempo, lo cual sin embargo, lamentablemente es casi completamente ignorado en las clásicas obras de Historia del Urbanismo escritas en Europa y en Norte América.

En todo caso, lo cierto es que el resultado de ese proceso fue que en la historia de la humanidad, ningún otro país del mundo ha fundado tantos pueblos, villas y ciudades en un territorio tan grande, en un período de tiempo tan corto, y en una forma tan regular y ordenada como lo hizo España en América durante ese siglo, y conforme a un modelo único de ciudad.

El legado de ese proceso fue el desarrollo de lo que he llamado la «ciudad ordenada» americana, o simplemente, la ciudad americana, como en su momento lo fue la ciudad romana o la ciudad griega, cuya forma urbana quedó plasmada en todas las ciudades del Continente Americano como puede apreciarse todavía del casco histórico de las mismas, desde San Agustín en La Florida y Puebla de los Ángeles en el norte y en la Nueva España; hasta Santiago, Concepción, Osorno o La Serena en lo que fue esta provincia de la Nueva Extremadura, o hasta Mendoza y San Juan pasando la Cordillera; todas fundadas en el siglo XVI.

Además de, por supuesto, el idioma, la religión y la cultura, esa forma urbana reticular común fue la gran creación y huella física que dejaron los españoles en el Nuevo Continente, materializada en la invariable traza urbana reticular y en algunos cuadricular que tienen nuestras ciudades, que se configuró siempre, partiendo de la cuidadosa escogencia del lugar apropiado, mediante el diseño inicial de una plaza mayor o central siempre levantada a cordel y regla, y por tanto, con ángulos rectos, desde la cual paulatinamente creció el trazado de las calles en línea recta, con lo cual necesariamente se formó la trama urbana en manzanas o cuadras generalmente iguales y, en todo caso, con forma ortogonal, tal y como todavía hoy se aprecia en todos los centros o cascos históricos de nuestras ciudades y pueblos latinoamericanos. El más claro ejemplo de lo que fue esa ciudad es hoy la ciudad La Antigua Guatemala, fundada en 1527, y luego de trasladada en 1541 al valle de Pochoy por un deslave, entre los volcanes de Agua, de Fuego y Acatenango, donde está enclavada, en la misma forma como fue detenida en el tiempo desde 1773, cuando tuvo que se abandonada por haber sido casi toda destruida a causa de un terremoto. Se trata de una joya urbana, de la "ciudad ordenada" colonial, declarada por la Unesco en 1979, como Patrimonio Cultural de la Humanidad.

La historia de la América Hispana y de todos nuestros países, en todo caso, es en gran parte la historia de esa ciudad, la cual aún cuando fue implantada por los españoles, no era en si misma española pues nada similar existía en España, sino que fue americana, pues fue diseñada por los españoles específicamente para América. De ella y de su siembra paulatina en todos los rincones del territorio en un período de menos de cien años, surgieron las Provincias, y de aquellas, los actuales Estados americanos.

Pero lo más destacado de aquella empresa pobladora fue que se trató de un proceso ordenado, realizado en orden y con orden, obedeciendo a instrucciones precisas de la Corona, que fueron conformándose en aproximaciones sucesivas en sólo seis décadas, desde 1513 cuando después de los excesos de los españoles en las Antillas, la Corona reasumió la Conquista hacia Tierra Firme, con la expedición de Pedrarias Dávila hacia la provincia de Castilla del Oro; hasta 1573, cuando Felipe II dictó en el Bosque de Segovia, ese monumento jurídico denominado las Ordenanzas de Descubrimiento y Población, en lo que se puede considerar como el primer código urbanístico en la historia.

En todo ese tiempo, lo importante a destacar desde el punto de vista jurídico, y es eso lo que distingue la conquista de América Hispana, por ejemplo, de la que se desarrolló cien años después por los ingleses en Norte América, es que en el proceso español americano, nada se dejó al azar ni a la sola experiencia o criterio de los adelantados y pobladores, incluso a pesar de que en sus inicios, el proceso del descubrimiento, conquista y colonización se hubiese desarrollado mediante las Capitulaciones, como iniciativas privadas. En la América Hispana, todo fue ordenado mediante una política centralizada que se plasmó sucesivamente en Ordenanzas, Instrucciones y Reales Providencias elaboradas, primero en el Comité de las Indias del Real Consejo de Castilla y luego, a partir de 1524, en el Real y Supremo Consejo de Indias creado por Carlos V, y que fueron formuladas especialmente para la empresa americana.

Ello fue esencial, porque conforme al ordenamiento jurídico vigente y aplicable en el proceso de ocupación del territorio americano, era precisamente mediante el poblamiento que se podía asegurar jurídicamente la incorporación de las nuevas tierras descubiertas en las Indias, al señorío de la Corona de Castilla, es decir, mediante la fundación de pueblos y ciudades. Para ese fin, fue que se dieron instrucciones precisas tendientes a regular tanto la forma jurídica conforme a la cual debía realizarse el acto jurídico fundacional, siempre revestido de importante solemnidad; como se Puede leer de cualquier acta de fundación de nuestras ciudades; como la forma urbana y la organización política conforme a las cuales debía quedar configurado el pueblo; normas que se aplicaron uniformemente por gobernadores y adelantados en todo el Continente. Tan importante fue la fundación de una ciudad, que hacerlo sin licencia acarreaba nada menos que la pena de muerte.

La característica más destacada del proceso de poblamiento de la América Hispana, por tanto, fue que no sólo tuvo móviles de conquista para asegurar la ocupación de los territorios descubiertos, sino que respondió a una exigencia jurídica impuesta por el ordenamiento jurídico que rigió en tiempos del Descubrimiento y de la Conquista, y que estaba contenida en el *Código de las Siete Partidas* de Alfonso X el Sabio (1221-1284).

Allí, en efecto, se regulaban las maneras como un Príncipe podía ganar Señorío en relación con un reino existente, lo cual sólo podía ocurrir de cuatro maneras: por herencia; por elección voluntaria; por matrimonio con heredera del mismo, o por concesión pontificia o imperial. Esas normas, sin embargo, no eran las que podían aplicarse a la empresa que había iniciado Cristóbal Colón hacia las Indias, cuyo objetivo no era adquirir Señorío sobre algún reino que pudiera existir conforme al conocimiento geográfico de la época, y menos, cuando comenzó a quedar claro que en las tierras encontradas hacia el poniente, lo que verdaderamente había aparecido había sido un increíble e inconcebible Nuevo Mundo cuyo territorio, contra todos los conocimientos existentes, asombrosamente se había "descubierto" intercalado en medio del Atlántico, entre Europa y las costas de Asia. En la Edad Media no se admitía geográficamente nada distinto a lo que era Europa, África y Asia, y ese era el conocimiento del cual disponía Cristóbal Colón al iniciar su empresa, conforme al cual lo único posible era que pudieran encontrar nuevas islas en el mar, pero no nuevos continentes.

En ese contexto, las reglas que podían aplicarse para que Colón pudiera tomar posesión para los Reyes Católicos de cualquier nueva isla que descubriera en su ruta, eran otras distintas a las antes mencionadas, reguladas en las *Partidas*, pues los Reyes no tenían posibilidad de heredar las nuevas tierras que se descubrieren; ni podían adquirirlas por el consentimiento de todos los habitantes de los ignotos lugares; ni había posibilidad de que las obtuvieran por casamiento, y en las nuevas y desconocidas tierras ni el Papa ni los reyes tenían señorío sobre las mismas. Al contrario, Colón llevaba salvoconductos y mensajes de los Reyes Católicos pero para otros monarcas que pudiera encontrar.

Por ello, lo que se aplicaba para la empresa de las Indias, y rigió en la ocupación de América, fue otra Ley del *Código de las Siete Partidas* (Ley 29, título XXVIII de la Partida III), que al plantear la cuestión de a quien pertenece "la ysla que se faze nuevamente en el mar", prescribía así:

> "Pocas vegadas acaece que se fagan yslas nuevamente en la mar. Pero si acaeciesse que se fiziese y alguna ysla de nuevo, suya dezimos que deve ser de aquel que la poblare primeramente; e aquel o aquellos que la poblaren, deben obedescer al Señor en cuyo señorio es aquel lugar do apareció tal ysla."

Es decir, que sólo adquiría Señorío sobre de las nuevas tierras o islas que se descubriesen, quien las poblare primeramente, es decir, quien estableciera en ellas una población. Por ello, incluso, Colón, al concluir su accidentado primer viaje, como signo de toma de posesión de la isla La Española, en enero de 1493 dejó forzosamente un puñado de hombres en una villa que llamó La Navidad o La Natividad, construida con los restos de la Santa María en la costa norte de la Isla en lo que hoy es Haití.

Ello explica que el título jurídico para poder incorporar las nuevas tierras que se fueron descubriendo en el Nuevo Mundo a la Corona de Castilla, fue precisamente el poblamiento, es decir, la fundación de villas, pueblos o ciudades que pasaron a ser habitadas por las huestes de los conquistadores que de guerreros pasaron a ser vecinos; o incluso de la fundación de pueblos de indios habitadas por estos. Precisamente por ello, a diferencia de los ingleses en Norteamérica, los españoles en el resto de América América fueron febriles fundadores de ciudades. Aquí, por tanto, los pueblos o ciudades no resultaron del crecimiento o desarrollo de embarcaderos o de cruces de caminos, sino del cumplimiento de la obligación de poblar impuesta en las Capitulaciones, mediante la fundación de un número determinado de pueblos en el territorio descubierto en un plazo especificado, a cuyo efecto se autorizaba al Adelantado para repartir tierras y solares entre su hueste. Con el tiempo, este hecho del poblamiento fue, además, el instrumento central para la demarcación de la jurisdicción de cada Gobernación y de la Provincia que la asentaba, siendo ello el origen remoto de los actuales Estados.

La tarea de los conquistadores fue, por tanto, primero, descubrir; y luego, poblar, de manera que si no se poblaba lo descubierto no podía haber conquista; o como lo dijo el capellán de Hernán Cortés, Francisco López de Gomara (1511-1564) en su *Historia General de las Indias y vida de Hernán Cortés,* al comentar el fracaso de la expedición de Pánfilo de Narváez hacia la Florida: "Quien no poblare no hará buena conquista, y no conquistando la tierra no se convertirá la gente, así que la máxima del conquistador ha de ser poblar" (Capítulo XLVI).

En este marco jurídico era entonces evidente que poblar no era simplemente el hecho físico o material de asentar campamentos, aldeas o rancherías en un territorio, sino que era sobre todo, un proceso formal de crear un pueblo, lo cual debía estar respaldado por acta levantada por escribano en forma auténtica, en la cual se debían recoger los pormenores de un acto que era solemnísimo. Por ello, en el mismo *Código de las Siete Partidas,* al definirse qué era un pueblo, además de indicarse que era un lugar edificado y generalmente cercado (*Partida 7, Título 33, Ley 6*), se lo concebía como reunión de hombres mayores, medianos y menores en forma comunal (*Partida 7, Titulo 1º, Ley 1*) sometidos a unas autoridades y leyes.

En definitiva, lo que se imponía en el viejo derecho castellano para tomar posesión de una nueva isla, o tierra ignota, era la necesidad de fundar una *civitas*; siendo ese acto el de mayor importancia jurídica en el proceso de ocupación del territorio, para lo cual, por supuesto, se requería de una licencia expresa del rey, del virrey o del gobernador de la Provincia; pues con la fundación de una ciudad se tomaba posesión de lo descubierto en nombre de la Corona, quedando el territorio bajo el señorío y soberanía del rey; y además, se determinaba el término de cada Provincia o Gobernación bajo el mando del adelantado.

Las provincias, por ello, al inicio, sólo se definieron y se podían definir por una línea a lo largo de la costa del mar que era lo único conocido inicialmente, de manera que las provincias fueran encontrando su ámbito territorial, tierra adentro, a medida que se fuera sembrando el territorio de villas y ciudades. Así, por ejemplo, se estableció en la capitulación dada por Carlos V a Diego de Almagro para la conquista de Chile, el 21 de mayo de 1534, donde sólo se indicó que estaba destinada a descubrir doscientas leguas del Mar del Sur hacia el estrecho de Magallanes, y nada más.

La Provincias, por tanto, inicialmente se definieron por la extensión de las costas del Mar, igual en el Pacífico, como en el Caribe como en el Atlántico, de manera que las mismas llegaban, tierra adentro, hasta donde llegara el poblamiento, por lo que una tierra recorrida sin que en la misma se hubiese dejado sembrada algún pueblo o ciudad, no pertenecía a la jurisdicción de quien la recorriera Por no poblar, por tanto, en el propio Siglo XVI, muchas tierras dejaron de pertenecer a determinadas Provincias, quedando en la jurisdicción de otras.

El rito fundacional de la constitución de las ciudades, por tanto, fue correlativo con la importancia del proceso, para lo cual se siguió invariablemente el mismo procedimiento, incluyendo la traza de la plaza como un cuadrado o rectángulo, y a partir de ella, de las calles, indicándose el sitio de la iglesia y de los otros edificios públicos, así como de los diversos solares que se repartían a los vecinos, nombrándose las autoridades que regirían la ciudad, y disponiéndose los ejidos; todo lo cual se debía recoger en las actas fundacionales.

Precisamente por ello, a diferencia de las ciudades norteamericanas, todas las ciudades latinoamericanas tienen fecha de nacimiento o de fundación precisa, que siempre celebramos, incluso aún cuando la ciudad hubiera tenido que fundarse de urgencia, o a la carrera, pues con ese acto quedaba jurídicamente demarcado el ámbito de cada Gobernación. Así sucedió por ejemplo, con Santiago de Quito, ciudad fundada curiosamente a la media noche del día 15 de agosto de 1534, con el único propósito de que quedara jurídicamente asentado, en acta levantada por escribano, que esas tierras ya estaban bajo la jurisdicción de la gobernación de Francisco Pizarro y que, por tanto, para cuando al día siguiente, Pedro de Alvarado, entonces Capitán General de Guatemala, con Capitulación para ir a "descubrir y conquistar las islas en la Mar del Sur de la Nueva España" llegara al lugar, quedara claro que ya no podía pretender tener jurisdicción sobre esas tierras. Y efectivamente, cuando Alvarado, después de desembarcar en las costas de las Esmeraldas cerca de la actual Guayaquil, llegó al sitio de Riobamba el día 16 de agosto de 1534, se encontró con que los tenientes de gobernación de Pizarro, Diego de Almagro y Sebastián de Belalcázar, ya habían fundado en la víspera una ciudad, recibiéndolo con el acta de la fundación de Santiago de Quito que daba cuenta del nombramiento de sus autoridades. Esa fundación, a la media noche, fue lo que convirtió al reino de Quito en parte de la Gobernación de Pizarro, provocando que Alvarado tuviera que abandonar su empresa, vendiendo sus navíos a Almagro, y dejando a su hueste con más de tres mil indios guatemaltecos en las montañas del Ecuador. Por ello, dos semanas después, el 28 de agosto de 1534, para incorporar a la hueste de Alvarado en la empresa pobladora, se produjo la refundación de la ciudad con el nombre de San Francisco de Quito.

Y así fue como fue conformándose el territorio de la América Hispana, mediante la fundación de ciudades, cuya concepción y diseño, como dije, no surgió de experimentos locales de tipo práctico que pudieran haber realizado los adelantados, ni de las experiencias vividas en la Península en el proceso de repoblación de los territorios recuperados a los Moros, sino de prescripciones y normas jurídicas que se fueron conformando rápidamente en la Corona, particularmente por los influjos recibidos de los descubrimientos renacentistas, en especial en el conocimiento de la arquitectura, que comenzaban a influir en Europa en todos los órdenes. Ello había provocado, que de golpe, después de un largo período de decadencia, en Europa se hubiera vuelto a la antigua forma de construir, sometiéndose los arquitectos a las reglas de simetría y proporción y al sistema de órdenes, lo que implicó la vuelta al uso de la regla, a las líneas precisas, a las fachadas rectilíneas, dando origen al plano regular que se convirtió en obligatorio para edificios y ciudades. Todo ello fue rápidamente absorbido por la Corona y trasmitido a América, en un proceso normativo en el cual se recogió la experiencia que los romanos habían aplicado un milenio y medio antes en la tarea de poblar el vasto Imperio que abarcó todas las costas del Mediterráneo y buena parte de Europa hasta Inglaterra; y que cinco siglos antes de los romanos, los griegos habían seguido cuando comenzó la expansión helénica en el Mediterráneo.

En esa forma, la técnica de establecer centros poblados de nueva planta en forma regular que se siguió en América, la verdad es que es tan antigua como la civilización misma; y para constatarlo basta con referirnos a lo que escribió Aristóteles refiriéndose a la traza reticular perfecta que presentaron muchas ciudades griegas en el siglo IV AC, indicando que había sido Hippodamo de Mileto, hijo de Eurifón, quien había concebido "el arte de proyectar y construir ciudades, siendo también el que ideó la disposición que presenta Pireo"(Libro Segundo, Capítulo V), que es el puerto de Atenas, donde la traza reticular aún se conserva. Ello lo escribió en *La Política*, libro en el cual dedicó muchos Capítulos a la ciudad, a la *polis*, y a los principios para su establecimiento. Allí indicó, por ejemplo, que lo primero que debía tenerse en cuenta en la creación de las ciudades, era la salud el lugar escogido, de manera que bajo la influencia de los escritos de Hipócrates, destacó particularmente la importancia de los elementos aire y agua. Recomendaba Aristóteles que "la ciudad debía tener fácil comunicación por mar y tierra, y de ser posible, con todos los puntos de su territorio, "y en cuanto a su emplazamiento, consideraba que debía ser ventajoso fundamentalmente en cuatro a la salud y la disposición de los vientos. El emplazamiento debía depender principalmente, decía, "de lo salubre de la localidad y de su orientación," y además "de la pureza de sus aguas" planteando que el sitio debía "abundar en fuentes y manantiales, y, de no ser así, construir grandes depósitos para la recogida de las aguas pluviales" (Capítulo X).

Aristóteles, además, sobre la forma urbana consideraba que era "más bello y conveniente que las calles sean rectas, como indicó Hippodamo" (Libro Séptimo, Capítulo X); dando especial importancia a la plaza o ágora que debía estar a los pies de los templos o edificios destinados al culto divino, que – decía - debían "ocupar una eminencia, para que se vean desde lejos y den realce a la virtud, con torres que dominen las cercanías" (Libro Séptimo, Capítulo XI)." Todo ello reflejaba la práctica antigua de los griegos de fundar ciudades, que nunca se dejo al azar, particularmente cuando se trató de fundaciones de nueva planta con motivo de la expansión colonial griega en el mediterráneo.

Y lo mismo ocurrió en el mundo romano, cuatrocientos años después de las enseñanzas de Hippodamo proceso igualmente motivado por la necesidad de ocupar nuevas tierras del Imperio, todo lo cual se recogió en el único tratado antiguo sobre arquitectura que en la época del Renacimiento se había conservado, y que fue el libro de Marcus V. Pollio Vitruvius, *De Architectura Libri Decem* (Los Diez Libros de la Arquitectura) escrito a comienzos de la era cristiana, y que todo estudiante de arquitectura tiene que haber leído, u hojeado o al menos manoseado. Olvidado durante trece siglos, el mismo fue descubierto en 1416, y publicado por primera vez en Roma en 1486, el mismo año de la publicación del libro de Leon Battista Alberti, *De re aedificatoria*, quien sin duda había tenido acceso al manuscrito de Vitruvio, y que tanta influencia tuvo igualmente en el renacimiento de la arquitectura.

Se trató, en todo caso, de una obra única en la cual se describía la arquitectura romana, sometida a precisas reglas, y en la cual se incluyeron los principios fundamentales para la fundación de ciudades aplicados en la Roma imperial.

Entre esos principios se destacan los siguientes:

Primero, siguiendo las mismas ideas expresadas por Aristóteles sobre la elección de los sitios para "escoger un sitio sano," Vitruvio explicó sobre el procedimiento de "inspección de los hígados de los animales para reconocer la calidad del aire" (Capítulo VII del Libro Primero), que conforme a los usos de los "antiguos" –decía-, si los mismos se encontraban "lívidos y corrompidos" o eran generalmente anormales, se debía concluir "que el de los hombres estarían iguales, y que las aguas y pastos no podían ser buenos en ese país"; el cual debían abandonar incontinente, "pues no apreciaban tanto otra cosa, que lo que podía contribuir al mantenimiento de la salud."

Segundo, sobre la situación de los lugares, los cuales no debían estar sometidos a condiciones climáticas extremas, para lo cual Vitruvio recomendaba que "debe ser alto, ni nublado ni helado, y en un clima ni caliente ni frío, sino temperado"; y además, sin pantanos en los alrededores (Capítulo VII del Libro *Primero)*.

Tercero, sobre el abastecimiento de la ciudad, de manera que el sitio de emplazamiento fuese de fácil acceso, fuera por tierra o por agua de manera que "asegurada la salubridad del lugar donde debe fundarse la ciudad," debía procederse a emplazarla "con el conocimiento que se tenga de la pureza de su aire, de la abundancia de los frutos y de la facilidad de los caminos, los ríos y los puertos de mar que existan para traer todas las cosas necesarias" (Capítulo VIII del Libro *Primero)*.

Cuarto, en cuanto a la dirección de las calles y al sentido de los vientos, Vitruvio escribió sobre la necesidad de que las calles fueran alindadas, para cuya disposición se tuviera en cuenta el sentido y orientación que podían tener los vientos en el lugar, de manera que las ráfagas no corrieran libremente por las calles en perjuicio de los habitantes. De ello, concluía diciendo que "las calles deben disponerse de tal forma que los vientos, dando contra los ángulos que ellas formen, se rompan y dispersan" (Capítulo IX del Libro Primero*)*.

Y quinto, en relación con la plaza o *forum*, Vitruvio formuló un conjunto de principios que se referían a sus diversos aspectos, como la proporción o grandeza de la misma, que debía diseñarse en relación a la población de la ciudad; a su forma, reconociendo que "en los griegos, es cuadrada, y rodeada de dobles y amplios pórticos con columnas pegadas," considerando sin embargo que una forma rectangular podía ser "mucho más cómoda para los espectáculos." También se refirió a la ubicación de la plaza, de manera que – decía -, "Si la ciudad está al borde del mar, es necesario que la plaza pública esté cerca del puerto, por tanto que si la ciudad esta alejada del mar, la plaza deberá estar en el centro" (Capítulo X del Libro Primero); y finalmente a las edificaciones que debían estar en la misma, entre ellas, los templos, que debían estar en el punto mas elevado; la tesorería; la prisión, y la Casa del Senado cuyas dimensiones debían ser proporcionadas a las del *forum*.

Todos estos principios, también los recogió Albertti en su magna obra, *De re aedificatoria*, la cual igualmente tuvo una extraordinaria influencia en el renacimiento.

Pero lo importante de todos estos principios es que apenas divulgados, penetraron en América a través de las Cortes de los Reyes Católicos, de Carlos V y de Felipe II, para lo cual jugó un papel decisivo, la difusión de las ideas humanistas que fue posible con la creación de la Universidad de Alcalá de Henares en 1508. El resultado de ello fue que las ideas de Vitruvio y Albertti fueron inmediatamente plasmadas en las Instrucciones reales destinadas a guiar urbanísticamente el monumental proceso de conquista, colonización y poblamiento del enorme Continente Americano.

El orden del proceso, en todo caso, como dije al inicio, fue que el mismo resultó de la aplicación de precisas normas jurídicas que fueron incorporándose progresivamente en las instrucciones dadas a los Adelantados, que comenzaron a expresarse en 1513, con motivo de la expedición de Pedrarias Dávila para la conquista de la provincia de Castilla del Oro en Tierra Firme, culminaron sesenta años después con las *Ordenanzas sobre descubrimiento y población* otorgadas por Felipe II en 1573.

El control jurídico del proceso fue tal que sesenta años bastaron para que un modelo de ciudad especialmente diseñado para América, ideado sobre la marcha durante la emergencia de la conquista y poblamiento, se hubiese aplicado en todo el Continente americano, bajo la influencia de las ideas expuestas por Vitruvio y Albertti.

Esa búsqueda permanente del orden, por lo demás, quedó plasmada desde la propia *Instrucción* dada a Pedrarias de 1513, al referirse al establecimiento de los pueblos en forma ordenada, de manera que el repartimiento de solares a los vecinos fueran – decía- *"de comienzo dados por órden"*, expresando con toda precisión que:

> "por manera que fechos los solares, *el pueblo parezca ordenado, así en el logar que se dejare para plaza, como el logar en que hobiere la iglesia, como en la órden que tovieren las calles; porque en los logares que de nuevo se facen dando la órden en el comienzo, sin ningud trabajo ni costa quedan ordenados, e los otros jamás se ordena."*

Ese modelo urbano ordenado, por supuesto, gravitó en torno a los tres elementos urbanos esenciales antes mencionados:

Primero, la plaza, que era lo que debía establecerse inicialmente, y de donde debía partir el proceso de poblamiento, y cuya forma debía hacer parecer el pueblo como ordenado. Por supuesto, no había otra forma renacentista ordenada que no fuera la forma cuadricular o rectangular, y en todo caso, reticular, con lados y ángulos rectos.

Segundo, la iglesia que debía ubicarse también en un sitio ordenado, fuera del área de la plaza, pero en un lugar principal, que en general fue en una de las manzanas ubicadas a un costado de la plaza.

Y tercero, las calles que debían también tener orden, es decir, diseñarse ordenadamente, y no había otra forma para ello si su trazado debía partir de una plaza reticular, que no fuera en líneas rectas, formando ángulos rectos de lo que resultaban manzanas o cuadras regulares donde se debían ubicabar los solares a ser repartidos, también ordenadamente.

La plaza, la iglesia y las calles, por tanto, fueron los elementos que configuraron el modelo urbano latinoamericano, de manera que para cuando el mismo culminó, los principios se recogieron en las mencionadas *Ordenanzas de Descubrimiento y Población dadas por Felipe II en el Bosque de Segovia,* de 1573, en las cuales se le precisó a los adelantados, como lo dice la frase con las que se inician, "el orden que se ha de tener en descubrir y poblar."

En estas Ordenanzas, las cuales incluso ya habían recogido la experiencia de aplicación práctica del poblamiento en las primeras décadas de la conquista, por tanto, se expresaron los mismos principios romanos y, antes, griegos, para la fundación de ciudades que se aplicaron invariablemente en toda América:

Primero, sobre la selección de los sitios y la ubicación de las poblaciones, de detallaron las mismas reglas que venían de la antigüedad en materia de salubridad, abastecimiento y ubicación. Se recomendaba (artículos 34 al 37), en particular, que no se debían escoger lugares muy altos por el problema que representaba tanto el viento como el acarreo de cosas; ni muy bajos, ya que resultaban enfermizos. De preferencia debían elegirse lugares medianamente levantados, que recibieran buenos aires. La precisión de las Ordenanzas era tal que por ejemplo, se recomendaba que las poblaciones interiores se levantasen a la orilla de algún río que fuera navegable, dejando la ribera baja para los oficios que arrojaren inmundicias (Art. 123); e incluso, se disponía que si el lugar escogido se encontraba a la orilla del agua, debía tenerse cuidado de que quedase de tal forma que a la salida del sol los rayos pegasen primero en la población y no en el agua (Art. 40).

Segundo, una vez escogida la parte más conveniente para asentar en ella la nueva población, las Instrucciones de 1573 resumían la tarea subsiguiente al prescribir que se debía proceder a hacer la planta del lugar escogido, repartiéndola por sus plazas, calles y solares, a *cordel y regla,* comenzando por la plaza mayor, lo que implicaba siempre, como resultado, una planta o trama ortogonal. Desde la plaza, una vez trazada, debían salir las calles en forma rectilínea y paralela hacia los caminos principales o puertas de la ciudad, dejando tanto compás abierto que, aunque la población aumentase mucho, se pudiera proseguir en la misma forma (artículo 110). Por tanto, conforme a las Ordenanzas, resulta claro que el punto de partida de la nueva ciudad o población siempre debía ser la plaza mayor, siendo por tanto la forma ortogonal o reticular la regla general de todas las ciudades, no sólo las fundadas en el Siglo XVI, sino también en los Siglos subsiguientes de la Colonia, como puede constatarse en casi todos los centros poblados americanos.

Tercero, además, también se indicaba con precisión sobre la ubicación de la plaza de manera que si la población se erigiere en la costa, la plaza debía hacerse en el desembarcadero del puerto, abierta al mar o al río; y si estaba tierra adentro, la plaza se debía fijar en medio de la población, de manera que fuese el corazón y su centro vital.

Cuarto, sobre la forma de la plaza, las Ordenanzas también fueron precisas en establecer siempre la forma reticular, resultando plazas algunas veces rectangulares y casi siempre cuadriculares. También hubo precisión sobre la dimensión, que debía ser en proporción a la cantidad de vecinos que hubiere y al crecimiento futuro previsto de la población. Por ello, muchos pueblos aún conservan en la actualidad plazas de gran tamaño, aún cuando no guarden proporción con el tamaño del poblado actual.

Quinto, en relación a la orientación de la planta urbana, las Ordenanzas también imponían la necesidad de que las esquinas de la plaza se orientasen a los vientos principales, para proteger la ciudad de los mismos. Así lo decía textualmente el artículo 114 de las Ordenanzas, que "las cuatro esquinas de la placa miren a los cuatro Vientos principales porque de esta manera, saliendo las calles de la placa, no estén expuestas a los cuatro Vientos principales que seria de mucho inconveniente."

Sexto, trazada la plaza, de la misma debían salir las calles, de suerte que aunque la población llegase a crecer de manera considerable no se afease la población, o se obstruyese su defensa o comodidad (Art. 117), previéndose entonces el crecimiento ordenado de la población, conforme a la forma y dirección de las calles, de manera ilimitada, conforme a un esquema uniforme de la trama urbana, en damero. Ello fue tan efectivo, que hasta las primeras décadas del Siglo XX muchas ciudades latinoamericanas continuaban creciendo con el orden reticular, mostrando muchas todavía el desarrollo casi perfecto de la retícula. Esa forma, sin embargo, fue luego abandonada particularmente a partir de la segunda mitad del Siglo XX en casi todas las ciudades hispanoamericanas, por la falta de autoridad tanto en la orientación ordenada de las ocupaciones espontáneas del suelo urbano que han dado origen a las amplias áreas marginales de las ciudades, sin regularidad alguna, como en el proceso de urbanización desarrollado exclusivamente por privados, que han abandonado la forma regular.

Séptimo, sobre las calles mismas, las Ordenanzas prescribían sobre su anchura, la cual se determinaba según el lugar escogido para la ubicación de la ciudad, de manera que en los lugares fríos, las calles debían trazarse anchas, para permitir que el sol entrase plenamente en la ciudad. En los lugares calientes, por el contrario, las calles debían ser angostas para evitar la inclemencia del sol (Art. 116) y asegurar la protección de la sombra, como por ejemplo sucede con las ciudades costeñas del Caribe. En esta forma se regulaba la posibilidad de mayor soleamiento de las ciudades ubicadas en lugares fríos, por la anchura de las calles; y al contrario, una mayor cantidad de sombra en las ciudades ubicadas en lugares calientes, por lo angosto de las calles, como medio de protección ante la inclemencia del sol.

Por supuesto, como dije, el texto de las Ordenanzas de 1573, como sucede en general con la formación de las normas jurídicas, fue el producto final de todo el conjunto de normas que se fueron dictando sucesivamente durante las primeras décadas del proceso de conquista y poblamiento. Las Ordenanzas, por tanto recogieron la experiencia normativa de los primeros tiempos y guiaron rígidamente el proceso de poblamiento hacia el futuro, de manera que incluso hasta en legislaciones latinoamericanas del Siglo XX para colonización e inmigración, se encuentran sus secuelas.

Ese trazado regular de la ciudad, en todo caso, marcó el desarrollo del poblamiento en todo el Continente Americano y, por supuesto, en esta Provincia de Nueva Extremadura.

Recuerden ustedes que después de la expedición inicial del mismo Diego de Almagro hacia estas tierras en 1536, fue Pedro de Valdivia, quien por encargo de Francisco Pizarro en 1540, iniciaría la conquista del reino de Chile, para lo cual, desde el Alto Perú, después de pasar por el desierto de Atacama, tomó la ruta de la costa, la misma que de regreso había recorrido Almagro, acompañado, entre otros, por Francisco y Pedro Villagra.

Llegó así al valle de Copiapó, donde tomaría posesión de la tierra descubierta poniéndole el nombre de Nueva Extremadura en sustitución del de Nueva Toledo que había tenido en la época de Almagro. Después de un año de recorrido, llegó a este hermoso valle del río Mapocho, en el país de los Mapuches o Mapochoes, donde el 24 de febrero de 1541, hace 470 años, al pié del cerro Huelén, que decidió bautizar como Santa Lucía, fundaría esta ciudad de Santiago del Nuevo Extremo. El diseño de la planta de la ciudad se atribuye al alarife Pedro de Gamboa, con una forma urbana cuadricular casi perfecta, con la plaza de armas en el centro, y la Catedral al oeste de la misma; quedando ubicada entre el cerro Santa Lucía hacia este, el río Mapocho al norte y un brazo o cañada del mismo que corría al sur, por donde luego se construyó la Alameda, y que es la que explica que esa gran avenida contraste con el diseño urbano cuadricular de la ciudad. La Ermita de Nuestra Señora del Socorro que erigió Valdivia en la ribera sur de la cañada, en 1553 sería ocupada por los hijos de San Francisco de Asís, habiéndose construido la Iglesia en 1572, y luego el Convento, siendo aquella la edificación más antigua de la ciudad.

Al poco tiempo, y luego de conocerse el asesinato de Pizarro, en marzo de 1541, el Cabildo de Santiago como era la practica de la época, signo del poder municipal, designaría a Valdivia como Gobernador Interino, correspondiéndole entonces dirigir la operación del poblamiento.

Así, enviado por Valdivia, y a medio camino entre Santiago y Copiapó, Juan Bohon fundaría en 1544, en el valle de Coquimbo, la ciudad de La Serena de Nueva Extremadura, en recuerdo de la ciudad natal del Adelantado. Esa ciudad, situada al norte de Valparaíso y establecida para abrir el camino hacia el Perú, fue destruida en enero de 1549. Refundada por entonces Francisco de Aguirre, pasó a denominarse como San Bartolomé de La Serena, también con un diseño reticular orientado conforme a los puntos cardinales, con la plaza de armas en el centro, y la iglesia Catedral al este de la plaza.

En 1548, Valdivia se embarcaría en Valparaíso, que ya era el puerto de la Provincia, para unirse a la causa del Virrey La Gasca contra Gonzalo Pizarro, de donde regresaría como Gobernador de Chile, cuyo territorio para esa época, ya se había extendido hasta el Estrecho de Magallanes en toda la vertiente oeste de la cordillera de los Andes.

Como tal Gobernador, Valdivia emprendería en 1550 la dificultosa campaña hacia el sur, fundando en la ribera del río Biobio, el más ancho de los ríos de la zona, donde tuvo su primer encuentro con los araucanos, la villa de Concepción del Nuevo Extremo, la cual después de haber sido destruida en 1554 debido al constante ataque de los indios mapuches y luego de dos devastadores terremotos en 1730 y 1751, encontró su sitio definitivo en 1764, con una traza cuadricular perfecta.

Valdivia, en su búsqueda del estrecho de Magallanes, en 1551 fundaría la villa La Imperial, cerca del actual pueblo Nueva Imperial y de la ciudad de Temuco; y en 1552, la villa de Santa María la Blanca de Valdivia, en la ribera del río Valdivia. Además, fundaría la villa de Los Confines, la cual sería repoblada en 1559 con el nombre de Angol.

En abril del mismo año 1552, por su parte, Jerónimo de Alderete fundaría la villa Santa María Magdalena de Villarrica, en la ribera del lago Villarrica. Sería desde Valdivia que Villagra enviaría a explorar los estrechos en la zona de la isla de Chiloé, aun cuando sólo sería a partir de 1567 cuando los españoles tomarían posesión de la misma, fundándose, por Marín Ruiz de Gamboa, la ciudad de Castro, en el Fiordo del mismo nombre donde desemboca el río Gamboa.

En 1553 se produjo una extensa sublevación de los araucanos, comandados por el toqui general Lautaro, la cual condujo a la destrucción de muchos de los fuertes y ciudades que habían establecido los españoles, entre ellos, Villarrica y Angol, falleciendo Valdivia a manos de los indios.

Por ello, Villagrá sería encargado por los Cabildos sureños en 1554 de la Gobernación hasta que la Audiencia de Lima, en 1557, lo nombraría como gobernador interino, venciendo a Lautaro ese mismo año en el río Mataquito.

Al poco tiempo, el recién designado Virrey del Perú, Antonio Hurtado de Mendoza, nombraría a su hijo García Hurtado de Mendoza como gobernador de Chile, quien desarrollaría campañas conquistadoras hacia el sur, recuperando Concepción y Angol, y fundando, en 1558, la villa de San Mateo de Osorno, al sur de Valdivia, ubicada en la ribera del río Rahue.

En la expedición que comandó Mendoza hasta el Canal de Chacao, iría Alonso de Ercilla y Zúñiga, el famoso autor de *La Araucana*. Años después, Martín Ruiz de

Gamboa fundaría en 1580 la ciudad de Bartolomé de Gamboa de Chillán, la cual destruida varias veces por los ataques mapuches y por terremotos, solo vino a encontrar u asiento definitivo en 1835. La traza de la misma siguió la clásica forma cuadricular, con plazas diseminadas también en forma equidistante, de manera similar a la de la ciudad de Mendoza

Recordemos que en 1560, Villagra, como gobernador interino había encargado a Pedro del Castillo para entrar en el país de Cuyo, por el paso de Uspalleta para tomar posesión de la tierra y hacer alguna fundación, razón por la cual el 2 de marzo de 1561 fundó la ciudad de Mendoza, así nombrada en honor del recién nombrado gobernador de Chille. En 1562, la ciudad sería trasladada a un lugar más adecuado por Juan Jufré de Loaysa y Montesso, quien había sido designado teniente de gobernador y capitán general de las provincias de Cuyo y Cariagasta. La denominó como la Resurrección, pretendiéndole quitar el nombre de Mendoza, trazándola con una cuadrícula perfecta que se conservaría en el rediseño que se efectuó luego del terremoto de 1863.

Además, el 13 de junio de 1562, más al norte y en la ribera del río San Juan, el mismo Juan Jufré fundaría la ciudad de San Juan de la Frontera, trasladada en 1593 a su actual emplazamiento.

Luego su hijo fundaría en 1594, en la misma Provincia como parada entre Santiago de Chile y Buenos Aires, la ciudad de San Luis, llamada inicialmente San Luis de Loyola Nueva Medina de Río Seco.

Estas ciudades quedaron bajo el gobierno de Chile en la Provincia que se llamó de Cuyo, aun cuando durante el invierno quedaban incomunicadas con Santiago.

Fue solo en 1776 cuando con la creación del Virreinato del Río de la Plata, dichas ciudades se segregarían del gobierno de la Provincia de Chile, pasando a ser gobernadas desde Buenos Aires.

Lo importante a retener en todas estas fundaciones es que la forma urbana siempre fue la misma, resultado de la aplicación de las mismas normas urbanísticas que guiaron el establecimiento de pueblos y ciudades en toda América, las cuales incluso se siguieron en las fundaciones tardías, como las que se efectuaron en los siglos posteriores, particularmente en Chile por las dificultades de la conquista.

Es así, que la traza reticular se aprecia por ejemplo, en las fundaciones del siglo XVIII, como las que realizó en gran escala el gobernador José Antonio Manzo de Velasco (1737-1745), proceso que quedó plasmado en poblaciones como Santa María de Los Ángeles (1739); San Agustín de Talca (1742); Nuestra Señora de Las Mercedes de Cuaquenes (1742); San Felipe el Real (1740); San Fernando de Tinguiririca (1742); Logroño de San José (Melipilla) (1743); San José de Buena Vista (Curicó) (1743); San Francisco de la Selva (Copiapo) (1744); y Santa Cruz de Triana (Rancagua) (1743).

Igualmente en las fundaciones efectuadas por su sucesor en la gobernación, Domingo Ortiz de Rozas (1745-1755), como los pueblos de Talcahuana (1746), San Luis de Coelemu (1749), Santo Domingo de Rosas de Ligua (1754), San Rafael de Rozas de Illapel (1752), Santa Bárbara de Casablanca (1753) y Santa Ana de Briviesca Petorca (1753).

Quizás la única excepción que se encuentra en Chile respecto de la forma urbana reticular, es la ciudad de Coihaique, en el extremo sur, en la región de los Lagos, de muchísima más reciente fundación, la cual presenta una plaza pentagonal, única en América Latina, cuyo origen sin duda fue la forma que tenía el fuerte militar que dio inicio a la ciudad.

Pero salvo curiosidades urbanísticas como esta, lo cierto es que en toda América, la fundación sistemática de ciudades como consecuencia de la necesidad de afirmación de señorío territorial que imponía el derecho castellano, condujo a la forma urbana ordenada de trazado regular propia de la ciudad americana, que como dijimos, perduró hasta las primeras décadas del siglo XX, hasta que el suelo urbano comenzó a ser fuente de ingreso; hasta que la propiedad urbana se convirtió en un medio para producir renta; hasta que el uso del suelo urbano pasó a ser definido por su propietario, perdiendo la autoridad local su papel rector; y hasta que, en fin, el modernismo en la arquitectura se apoderó del urbanismo, desordenando a la ciudad.

Pero a pesar de estas variaciones, lo que es cierto es que en América, el gran aporte y sello cultural indeleble que quedó como legado de la colonización, fue la concepción de la *ciudad americana* como modelo urbano que nos es propio, ya que como dije, no existía ni existió en España. Prueba de ello, incluso, es que después de un siglo de implantación en América, parte del modelo mismo comenzó a ser exportado de América hacia la Península, lo que ocurrió con las Plazas Mayores reticulares y cerradas que se construyeron y existen en las ciudades más importantes, como Madrid, Valladolid o Salamanca, construidas o rediseñadas después de que el poblamiento de América estaba básicamente concluido.

En todo caso, fue esa ciudad americana, diseminada en el territorio de las provincias americanas, la que contribuyó a su demarcación territorial, y con ello, a la definición del territorio de los futuros países y Estados, como fue el caso, precisamente de la provincia de la Nueva Extremadura o el Nuevo Extremo que fue el origen de este extraordinario país que es Chile, del cual tanto tenemos que aprender los americanos, y al cual ahora, me siento más unido por este inmenso honor que me han hecho de incorporarme a esta reconocida Academia Chilena de Ciencias Sociales, Políticas y Morales del Instituto de Chile, y así estar también más cerca de mis admirados amigos de siempre, José Luis Cea Egaña y Enrique Silva Cimma, a quienes mucho agradezco su amistad

II.   ALGO SOBRE LA IMPLEANTACIÓN DEL MODELO URBANO DE LA CIUDAD COLONIAL EN EL VIRREINATO DEL PERÚ

Esta Parte es parte del estudio sobre "**Introducción general a la historia del municipalismo en América Latina**: Poblamiento, Ciudad y Orden urbano (Con especial referencia al proceso de poblamiento colonial en el Perú y al inicio del nuevo orden municipal republicano en Venezuela en 1812)," preparado para *Tratado de Derecho Municipal* (Orlando Vignolo, Coord.), Lima 2014

El proceso de implantación del modelo urbano colonial en el Virreinato del Perú, en un continuo proceso de doblamiento,se desarrolló desde las primeras fundaciones de ciudades a partir de 1532 con la fundación de la ciudad de San Miguel de Piura cuando llegó Francisco Pizarro a del reino de los Incas, en lo que luego sería el Reino de Quito, hasta la conquista unas décadas después de la provincia de Nueva Extremadura en Chile. A continuación se explica la secuencia de dicho proceso.

1. *La compañía para la conquista del Perú*

Con el descubrimiento del Mar del Sur en 1513, puede decirse que al Nuevo Mundo al que ya habían descubierto los españoles en el Mar del Norte o Mar Caribe, se añadiría uno nuevo, el del Mar del Sur u Océano Pacífico; y la fundación de Panamá en 1519, haría de esa ciudad el centro de operaciones para su conquista. Fue entonces bajo el gobierno de Pedrarias Dávila cuando se comenzaron a adelantar expediciones por las costas del Pacífico, tanto hacia el poniente, hacia las costas de Nicaragua, como hacia el levante, hacia el país del Birú.

Las noticias más concretas sobre este vasto y populoso país situado hacia el sur por la línea ecuatorial y en las montañas, pero cerca del mar, las había llevado a Panamá, Pascual de Andragoya, quién estuvo al servicio de Pedrarias, y luego escribiría la *Relación de los sucesos ocurridos durante la Gobernación de Pedrarias d'Avila*. Para 1522 Andragoya ya había recorrido las costas desde Panamá hasta el río San Juan, cerca de la bahía de Buenaventura en Colombia, y si bien no había encontrado nada que pudiera interesar a quienes buscaban oro y plata, sí había recibido noticias, y muchas, de parte de los indígenas que encontró, sobre reinos poderosos y riquísimos en las montañas.

En Panamá se encontraban, entre tantos colonos que habían llegado con Pedrarias, Diego de Almagro y sus compadres Francisco Pizarro y Sebastián de Belalcázar, quienes eran padrinos de su hijo mestizo, Almagro el Mozo, quién décadas después sería el primer hombre nacido en América que se alzaría contra el Rey. También estaba Fernando de Luque, sacerdote y socio de aquellos, y Gaspar de Espinosa, el alcalde que había juzgado a Balboa. Pizarro había llegado al Darien con Alonso de Hojeda en 1510, y había estado con Núñez de Balboa en el descubrimiento del Mar del Sur. Bajo las órdenes de Pedrarias sería quien aprehendería a Balboa en 1519 y luego acompañaría a Pedrarias en el traslado de la capital de Castilla del Oro hacia Panamá. Belalcázar, por su parte, había participado con Hernández de Córdoba en la conquista de Nicaragua.

Entre Pizarro, Almagro y Luque se establecería un vínculo personal y económico que luego continuaría en la conquista del Perú, la cual emprendieron a partir de 1524 con licencia de Pedrarias; vínculo que se materializó en una Carta de compañía hecha "para siempre jamás" que firmaron en Panamá, el 10 de marzo de 1526.

Luque se quedaría en Panamá atendiendo los negocios comunes, y Pizarro y Almagro zarparían en diciembre de 1524, en lo que sería el inicio de cuatro largos años de penosos y ruinosos viajes y regresos que, en aproximaciones sucesivas, gracias al financiamiento final de Espinosa, los llevaría por la costa de Colombia y de Ecuador, hasta el Perú.

2. *El poblamiento de la provincia de Lima*

A. *El inicio del poblamiento en el país de los Incas*

Fue Bartolomé Ruiz, enviado por Pizarro, quien primero cruzó la línea ecuatorial en el Pacífico, llamando a la costa ecuatoriana como de las Esmeraldas y constatando, más al sur, signos de la existencia de culturas indígenas avanzadas. Pizarro, por supuesto, a pesar de la orden que había dado el nuevo gobernador de Panamá, Pedro de los Ríos, de detener la empresa, llegó hasta el golfo de Huancavilas (Guayaquil), desembarcado cerca de la isla de Santa Clara en la entrada de la bahía de Tumbes, cerca de la ciudad del mismo nombre que era parte del imperio incaico, confirmando entonces todo lo que se habían imaginado sobre la riqueza y grandiosidad de lo que estaban por conquistar. Debieron haber visto, además, la magnificencia del Chimborazo y del Cotopaxi. En el recorrido por la costa hacia el sur, Pizarro incluso pasó por el sitio donde años después fundaría la ciudad de Trujillo.

Pero la necesidad de obtener los títulos necesarios para la conquista hicieron que Pizarro regresara a Panamá, incluso con algunos indios, entre ellos Felipillo quien luego le serviría de intérprete en su empresa. Desde Nombre de Dios, Pizarro partió en 1528 a España, para llegar a Toledo, donde el 26 de julio de 1529 el Emperador le otorgaría Capitulación nombrándolo Gobernador, Capitán General, Adelantado y Alguacil Mayor del Perú. El Rey también nombraría a Almagro como gobernador de Tumbes, de lo cual este se resentiría por el trato desigual que pensó había recibido en una empresa que estimaba era común; y designó a de Luque como obispo de Tumbes y Protector de los Indios del Perú. Pizarro, después de pasar por su ciudad natal de Trujillo, en 1530 regresó a Panamá con sus hermanos Hernando, Juan, Gonzalo y Francisco Martín de Alcántara y su primo Pedro Pizarro, y en enero de 1531 zarparía hacia el Perú, quedándose Almagro para organizar las reservas.

Los expedicionarios desembarcaron en la bahía de San Mateo situada algo más al norte de la línea del Ecuador, y siguieron rumbo al sur, por tierra, pasando por el golfo de Guayaquil hasta llegar a la isla de Puna en la desembocadura del río Tumbes. En la travesía se les había unido Sebastián de Belalcázar.

En los meses de estadía en esos parajes de la costa, Pizarro tuvo que luchar contra los indios de Puna, y recibió refuerzos comandados por Hernando de Soto, quien ya había participado en la conquista de Nicaragua y luego sería el descubridor del Misisipi.

Los conquistadores, además, habían tomado conocimiento por parte de los indios de Tumbes, de la guerra civil que se estaba desarrollando en el imperio incaico, entre el Inca Atahualpa, quien había reinado en Quito, y el Inca Huáscar, quien también había reinado en Cuzco, ambos hijos del Inca Huayna Capac, quién había fallecido en Quito solo diez años antes de la llegada de los españoles a esas tierras. Antes de su muerte, el Inca había decidido dividir su Imperio entre sus dos hijos, quienes durante cinco años habrían reinado sin problemas territoriales entre ellos. Estos, sin embargo, surgieron respecto del territorio de Tumebamba, y de allí resultó una rivalidad irreconciliable y la guerra de la cual, en 1523, resultarían triunfantes las fuerzas de Atahualpa. Este tuvo conocimiento de la captura de Huáscar estando en la ciudad de Cajamarca, donde había acampado con su ejército. Estos hechos ocurrirían sólo unos meses antes de que los españoles hubieran desembarcado en la costa.

Enterados los españoles de que Atahualpa se encontraba un la ciudad de Cajamarca, concibieron la idea de apoderarse del Inca conforme a la estratagema que doce años antes había dado tan buenos resultados a Cortés con Moctezuma.

B. *El poblamiento en la costa*

Pizarro prosiguió por la costa hacia el sur hasta la desembocadura del río Chira y en el valle del mismo nombre, en el sitio de Tangarala, en la ribera del río Piura, en 1532 fundaría la ciudad de San Miguel de Piura, "según las reglas, con la plaza central", siendo la primera población establecida por los españoles en esos reinos. La ciudad, situada en la ribera del río, presenta una traza urbana reticular, con su plaza de armas y la iglesia Catedral con su inmensa fachada, al este de la plaza. Luego de su fundación, en ella quedaría Sebastián de Belalcázar, como Teniente de gobernador.

En la costa, y como puerto de la ciudad de Piura, se asentaría el puerto de Paita, en el sitio donde había desembarcado Pizarro en su segundo viaje a esas tierras. Posteriormente, la ciudad de Tumbes, la cual Pizarro consideraba como la ciudad llave del imperio, se transformaría en ciudad española, montada sobre la indígena con una forma urbana regular de la cual se destaca la gran Plaza de Armas cerca del río, con la catedral al norte de la misma.

C.   En procura de Atahualpa en Cajamarca

El 23 de septiembre de 1532, Pizarro inició camino hacia el interior del territorio con 177 hombres entre los cuales había 67 de caballería, cuando ya habían pasado siete años desde que había iniciado la empresa. Atravesó el desierto de Sechura y cuando escalaba la cordillera occidental fue que recibió embajadores de Atahualpa, así como la información que le daría Hernando de Soto, después de alguna de sus avanzadas, sobre el enorme ejército de Atahualpa que estaba acampado cerca de Cajamarca.

El 15 noviembre del mismo año 1532 los españoles llegaron a la ciudad de Cajamarca, la cual había sido desocupada por ordenes de Atahualpa, para recibirlos. Pizarro envió a Hernando de Soto y a su hermano Hernando, con hombres de caballería, hasta el campamento de Atahualpa, quien anunció que al día siguiente visitaría a Pizarro en la ciudad. Durante la misma noche, en consejo de oficiales, Pizarro expuso entonces su plan de emboscar a Atahualpa cuando visitara la ciudad, y de hacerlo preso ante su propio ejército desarmado. Al día siguiente, el 16 de noviembre de 1532, en efecto, en la enorme plaza de Cajamarca y como había sido planeado, se produjo la sangrienta emboscada al Inca Atahualpa, a quién apresaron. Nunca se sabrá si los españoles tenía alguna otra alternativa para evitar una muerte segura, dada la magnitud de un ejército de varios miles de guerreros a los cuales unos pocos hombres jamás hubieran podido enfrentar.

En febrero de 1533, por su parte, Diego de Almagro llegaba de Panamá y haría su entrada a Cajamarca con los esperados refuerzos y para reclamar también su parte en el botín que resultare de la empresa.

Meses después, el 29 de agosto de 1533, Atahualpa sería alevosamente ajusticiado, acusado de traición, y a pesar de haber satisfecho todos los requerimientos en oro que se le habían hecho, que condujeron, como lo indica la tradición, a llenar de objetos del precioso metal un aposento entero hasta donde llegan las manos alzadas de un hombre. La ejecución de Atahualpa ocurrió incluso antes de que Hernando de Soto, quien había sido enviado por Pizarro para verificar la veracidad de las noticias recibidas sobre supuestos preparativos de un asalto a Cajamarca por los ejércitos del Inca, pudiera informar sobre lo infundado de la acusación. Antes de la muerte de Arahualpa, por otra parte, y ante la amenaza de que su hermano Huáscar pudiera escapar de su prisión y llegar a algún acuerdo con Pizarro en su contra, aquél ordenaría su muerte.

En todo caso, en la recolección del rescate que se había exigido para liberar a Atahualpa, también habían participado los españoles, quienes recorrieron buena parte del reino hasta Cuzco y hasta Pachacamac, en la búsqueda de objetos de oro y plata. Almagro y su gente, por supuesto, disputaron su participación en el reparto del tesoro-rescate del Inca; y del botín amasado por "los de Cajamarca", Hernando Pizarro fue el encargado de llevar a España el quinto que correspondía a la Corona.

La Cajamarca incaica fue destruida, y sobre sus ruinas se diseñó la ciudad española del mismo nombre, con una Plaza de Armas semi-cuadricular, ubicada en el mismo sitio de la que sirvió para la captura de Atahualpa, pero de menor escala. La Catedral se construyó al oeste de la plaza, la cual, además presenta la característica de que le llegan tres calles paralelas por los lados este, sur y oeste.

Con la muerte del Inca Atahualpa y poco antes, con la muerte de su hermanastro Huáscar, la conquista del Imperio se desarrollaría en una forma relativamente fácil; no así la consolidación de lo conquistado, lo cual fue difícil por la codicia de los conquistadores y por las sucesivas guerras civiles que se produjeron entre los bandos españoles. Pizarro, en todo caso, procuró llenar la vacante del trono Inca proponiendo a los nobles Incas la designación de Toparca, quien era un joven hermano de Atahualpa, como el futuro Inca, cuando en realidad el heredero debió haber sido Manco Capac, quien era un hermano de Huáscar.

D.   *La capital del Imperio y sus traslados: Cuzco y Lima*

Pizarro prosiguió al sur desde Cajamarca, atravesando el altiplano central del Perú hasta llegar al valle de Jauja, donde fundó la ciudad del mismo nombre, la cual luego, el 6 de enero de 1535, se trasladaría hacia la costa, cerca del puerto del Callao, en el valle de Rimac y a orillas del río del mismo nombre, con el nombre de Ciudad de los Reyes (Lima), llamada así en honor de la fiesta de la Epifanía.

En Jauja murió el joven Inca Topearca, y allí mismo Pizarro recibió la visita del joven príncipe Manco Capac. Con Hernando de Soto en la avanzada, Pizarro se dirigió hacia la ciudad imperial del Cuzco haciéndose acompañar por Manco Capac, donde entró el 15 de noviembre de 1533, al año de haber llegado a Cajamarca. Allí estableció entonces, el 23 de marzo de 1534, autoridades españolas mediante un acto fundacional de la nueva ciudad con el que se efectuó su toma de posesión, ubicándose el sitio de la plaza mayor y realizándose la traza de la ciudad sobre la indígena, cuya plaza se dividió en dos.

El centro de la vida social y política del Cuzco estaba ubicado en una enorme plaza (Huacaypata-Cusipata) que contaba con una gran superficie que abarcaba la actual Plaza de Armas, en cuyo lado este está la Catedral, y la de la Plaza de Nuestra Señora de la Merced (Plaza Regocijo). La Catedral, además, está flanqueada por dos otras iglesias, la de El Triunfo, a la derecha, que data de 1536, siendo la más antigua del Cuzco, y la iglesia de Jesús María, a la izquierda. En el Cuzco también se destacan las edificaciones de los Conventos de San Francisco y de Santa Clara del Siglo XVI y la del Colegio e iglesia de la Compañía de Jesús; asimismo, las de los Conventos de Santo Domingo y de La Misericordia.

Pizarro convirtió al Cuzco, ciudad a la cual denominó La Gran Ciudad de Cuzco, en la capital de la gobernación la cual una década después se trasladaría a Lima.

La ciudad, la cual había sido la capital del imperio de los Incas, al igual que Cholula, también se ha considerado como el centro poblado con habitación continua más antiguo del continente americano. En Cuzco, además, Pizarro instalaría a Manco Capac como Inca bajo su control. La ciudad había sido el centro del Imperio hasta el fallecimiento del Inca Huayna Capac en 1522, cuando el Imperio quedaría dividido entre sus dos hijos, ubicándose la capital de su parte norte en Quito, a cargo del Inca Atahualpa, y la de la parte sur, en el Cuzco, a cargo del Inca Huáscar. La grandiosidad de la ciudad condujo a que en la *Civitates orbis terrarum* de G. Braun y F. Hogenberg publicado en 1572, junto con el de Ciudad de México también se haya publicado el grabado de la ciudad de Cuzco, como *Cusco Regni Peru In Novo Orbe Caiut,* con una traza ortogonal, diseñada sobre la de la ciudad original. En el libro de Felipe Guzmán Poma de Ayala, *Nueva Crónica y Buen Gobierno*, además, el dibujo con la descripción del Cuzco es quizás de las más precisas, dominada por las dos plazas y las divisiones de la ciudad.

Durante su permanencia en Cuzco, Pizarro tuvo que enfrentar levantamientos de las fuerzas de uno de los comandantes de Atahualpa, Quizquiz, con soldados del reino de Quito; y asimismo, tuvo que hacer frente a la tentativa de Pedro de Alvarado, Capitán General de Guatemala, de conquistar precisamente el reino de Quito.

La ubicación de Cuzco ciertamente no era la propicia para el establecimiento de la capital de la provincia, la cual requería de una comunicación más eficaz con el mar. Por ello Pizarro decidió trasladar la capital desde Jauja hasta el valle del río Rimac cerca de la costa, estableciendo el 6 de enero de 1535 la Ciudad de los Reyes, así llamada por la fiesta de la Epifanía, la cual sin embargo se denominó como Lima, por deformación del nombre indígena de Rimac.

La planta de la ciudad de Lima establecida con forma triangular con su base hacia el río, tiene una traza que respondió a un modelo cuadricular, con calles paralelas y manzanas iguales, ubicándose la plaza en una de ellas, cerca del río. Pizarro hizo mención a la traza en el Acta fundacional de la ciudad, al señalar que "repartio los solares a los vezinos del dicho pueblo segud pareçera por la traça de la dicha çibdad se hizo". La catedral se ubicó al este de la plaza. Fue la capital del Virreinato del Perú, sede de la Real Audiencia y de la Inquisición, y en ella se estableció desde 1551 la Universidad de San Marcos. En la ciudad se edificaron en el Siglo XVI, los Conventos de Santo Domingo, San Agustín, La Misericordia y San Francisco. La ciudad, diseñada originalmente en forma abierta hacia el valle, a partir de 1685 fue cerrada con una muralla con 34 baluartes ubicados a todo su largo. En 1746 fue parcialmente destruida por un terremoto.

El puerto de la Ciudad de los Reyes, se estableció en El Callao cerca de la desembocadura del río Rimac en el Océano Pacífico. Como en todos los puertos coloniales, la plaza de la ciudad se diseñó abierta al mar. En el Camino Real entre Lima y Callao se fundaría, además, el pueblo de Bellavista, también con una traza reticular.

3.   *Las dificultades del poblamiento y las guerras civiles*

Francisco Pizarro se instaló en Lima en 1535, donde como se dijo, había trasladado la capital de su gobierno. Desde allí, hacia el norte, cerca del litoral y de la ciudad indígena de Chimú capital de Chan-Chan, en mismo año 1535 mandó a fundar a orillas del río Moche, en el sitio que ya había determinado Almagro, la ciudad de Trujillo, así llamada en razón de su pueblo natal. Trujillo tiene una traza reticular, con la plaza en el centro y la Catedral al este de la plaza. A finales del Siglo XVII fue rodeada de una muralla trazada con forma ovalada, con quince lados iguales e igual número de baluartes a todo su largo. La muralla corría por lo que es la actual avenida España que circunvala el centro de la ciudad. Más al norte de Trujillo, en la costa, se fundó la ciudad de Chiclayo; así como el pueblo de Lambayeque.

A.   *Los títulos de las provincias de Nueva Castilla y Nueva Toledo y la expe-*
     dición a Chile

Desde Lima Pizarro envió a Almagro a controlar el Cuzco, donde sería recibido por los hermanos Juan y Gonzalo Pizarro, quienes le entregaron el gobierno de la ciudad. Pizarro también le había encomendado iniciar la conquista de los territorios al sur, hacia Chile, pues ya sabía que Pedro de Mendoza había sido designado Adelantado del Río de la Plata mediante Capitulación que le había sido otorgada el 21 de mayo de 1534, y era necesario detener cualquier intento de avance que pudiera pretender hacer hacia el oeste.

Posteriormente Hernando Pizarro llegaría a Lima de regreso de España, donde el Emperador ratificaría los títulos de Pizarro extendiendo incluso el ámbito de su gobernación hacia el sur, denominándola como Nueva Castilla, otorgándole además el título de Marqués de los Atavillos, el cual usó. Pero además, esta vez el Mariscal Diego de Almagro también sería recompensado por sus servicios al Imperio, y mediante sus agentes, quienes también habían viajado con Hernando Pizarro, había obtenido Capitulación el mismo día 21 de mayo de 1534, para conquistar el territorio que quedaba al sur del que correspondió a Pizarro, denominado Nueva Toledo. Almagro entonces pudo viajar al sur con sus propios títulos, con los que además, pretendería jurisdicción en el Cuzco mismo.

En efecto, Hernando Pizarro había llegado de España al puerto de Nombre de Dios en la que quizás había sido la mayor flota que para ese momento había llegado a América; mayor que la de Ovando en 1502 y que la de Pedrarias en 1513. Tuvo sin embargo dificultades en atravesar del Istmo, lo que no impidió que alguno de los agentes de Almagro llegaran primero al Perú y le informaran de la Capitulación que le había otorgado el Emperador. De ella dedujo que la ciudad de Cuzco quedaba en la jurisdicción de su nueva gobernación de Nueva Toledo.

Con las mismas noticias recibidas y ante el temor de que Almagro asumiera la gobernación del Cuzco como suya, Pizarro entonces ordenó a sus hermanos que reasumieran dicha gobernación, lo que originó una situación altamente conflictiva con la gente de Almagro, la cual sólo la presencia de Francisco Pizarro en el Cuzco podía contener. Y así fue, de manera que incluso hubo que recurrir a la firma de un contrato solemne y notariado entre los dos socios, el cual otorgaron el 12 de julio de 1535, con el objeto de arreglar sus diferencias.

Como consecuencia del pacto suscrito, en el mismo año 1535 Almagro pudo partir hacia el sur por el camino incaico, a través de la costa occidental del Lago Titicaca, atravesando el helado altiplano boliviano por la meseta del Collao y la provincia de Charcas. Los españoles bajaron por Turpiza al valle de Salta, en actual territorio de la Argentina, y luego, en marzo de 1536 pasaron la Cordillera hacia el Pacífico por el paso de San Francisco, hasta legar al valle del río Copiapó, en la parte norte de lo que hoy es Chile. Recorriendo más de dos mil kilómetros del litoral chileno, llegaron hasta el valle del río Aconcagua. Desde allí, Almagro adelantó expediciones de reconocimiento: Juan de Saavedra, exploraría la zona del Maipó y llegaría a un puerto natural que bautizaron como Valparaíso; y Gómez de Alvarado llegaría hasta el río Mapocho. Sin embargo, no encontraron riqueza alguna de interés ni fundaron pueblo alguno. Emprendiendo el regreso al Perú por la ruta del desierto, por la costa, luego de que Almagro recibiera noticias sobre la sublevación de los indios en el Cuzco de donde había huido el Inca Manco Capac, y de la ocupación del Cuzco por los Pizarro. La expedición, en todo caso, fue el prólogo de la conquista de Chile que se realizaría tres años más tarde por Pedro de Valdivia, el Mariscal de campo que vencería precisamente a Almagro en su guerra contra Pizarro.

B.   *La lucha por el control del Cuzco y el inicio de la guerra civil*

Durante la ausencia de Almagro, en efecto, en el Cuzco y motivado en gran parte por las desavenencias entre los españoles, el Inca Manco Capac había podido huir de la ciudad. Sin embargo, al poco tiempo fue capturado y hecho prisionero. Hernando Pizarro había entonces llegado a Lima, desde donde sería despachado por el Marqués para que asumiera el gobierno de la antigua capital. Su avaricia lo llevó a aflojar el control sobre el Inca Manco, quién de nuevo escapó para entonces liderizar la más grande de las rebeliones indígenas que se produjeron en el Perú, la cual condujo al sitio del Cuzco a partir de febrero de 1536, así como de otras ciudades en medio de encarnizadas batallas.

Almagro tuvo conocimiento de estos hechos en Arequipa, luego de haber atravesado el desierto de Atacama, de regreso de su expedición al sur. Trató de entrevistarse con el Inca pero de ello lo que resultó fue una batalla. Los Pizarros sabían de las pretensiones de Almagro sobre el Cuzco, por lo que desde Lima, Pizarro había enviado una tropa al mando de Alonso de Alvarado para enfrentarlo. Almagro, en definitiva, asaltó la ciudad el 8 de abril de 1537, y apoderándose del gobierno apresó a los hermanos Pizarro. Se enfrentó con Alvarado, venciéndolo. De todos estos hechos se enteró Francisco Pizarro cuando marchaba desde Lima hacia el Cuzco, lo que lo obligó a devolverse para establecer la defensa de la capital. Envió una embajada al Cuzco al mando de Gaspar de Espinoza, quien recién había llegado de Panamá, para negociar con Almagro. Espinoza, a su vez, había obtenido Capitulación para poblar las tierras al norte desde la gobernación concedida a Pizarro hasta el río San Juan. Las pretensiones de Almagro ahora no sólo eran sobre Cuzco sino sobre Lima, lo que en definitiva se configuró como el preludio de la guerra civil, sobre todo luego de que las negociaciones finalizaron por la muerte de Espinoza.

La declaración de la guerra civil se efectuó con la decisión de Almagro de marchar hacia Lima a disputar la autoridad de Pizarro. En el litoral, cerca de Lima, en Chinca, incluso Almagro fundaría una villa con su propio nombre. Después de un año de guerras, el epílogo de esta primera fase de la guerra civil se produjo en la llanura de Las Salinas, donde el 26 de abril de 1538 se enfrentaron los dos ejércitos, batalla de la cual Almagro, quien la presenció enfermo desde una litera, salió vencido y condenado a muerte por orden de Hernando Pizarro. Pedro de Valdivia, el futuro conquistador de Chile, había sido el principal soporte de Gonzalo Pizarro en la batalla.

C. *Las penurias del proceso de ocupación del territorio en la provincia de Nueva Castilla*

A su muerte, Diego de Almagro, el Mariscal, había dejado a su hijo Almagro el Mozo como su heredero, particularmente de la provincia de Nueva Toledo, cuya demarcación con la provincia de Pizarro había sido el origen de las hostilidades. Hernando Pizarro volvería a España para informar de lo acontecido, pero a su vez sería hecho prisionero en la Península por el asesinato de Almagro, permaneciendo en la prisión de Medina del Campo por veinte años largos, hasta 1560.

Con posterioridad, Alonso de Alvarado, quien había sido enviado por Francisco Pizarro hacia el este de Cajamaraca, en 1538 fundaría la ciudad de San Juan de la Frontera de Chachapoyas, actual capital del Departamento de Amazonas). La ciudad presenta un trazado cuadricular, con la plaza mayor en el centro y la iglesia al norte de la plaza. Allí recolectó entonces noticias sobre el país de El Dorado, el cual se situaba hacia el río Marañón, donde no pudieron penetrar por las montañas, ríos y pantanos que se interponían. Entre los pueblos que después se establecerían en la provincia puede mencionarse a San Teodoro de Colla.

Luego de la victoria de Las Salinas, Francisco Pizarro quien había salido de Lima hacia el Cuzco, se encontró en el sitio de la ciudad de Jauja a Diego de Almagro el Mozo, sin aún saber la suerte que había corrido su padre a manos de su hermano Hernando. Poco tiempo después, en 1541, Francisco Pizarro moriría precisamente a manos de la gente de Almagro el Mozo, quien reclamando el gobierno de la Provincia de Nueva Toledo se proclamaría gobernador del Perú, ocupando el Cuzco. Se trató de la primera rebelión que se produciría en el Nuevo Mundo encabezada por un mestizo contra la autoridad imperial.

Pero antes de esos acontecimientos, en 1535 y para asegurar la ocupación del territorio entre Cuzco y Lima, Francisco Pizarro había mandado a fundar la ciudad de Huamanga, hoy Ayacucho. La ciudad tiene una forma cuadricular en su centro, con la plaza de armas al centro y la Catedral al este de la plaza.

Cerca de Ayacucho se destaca el pueblo de Huancavelica, que tuvo su origen en la reducción de indios que se comenzó en 1564 para trabajar en los famosos yacimientos del lugar que permitían la obtención de mercurio necesario para la extracción de la plata. El pueblo actual, como Villa Rica de Oropeza de Huancavelica situado en la ribera del río Ichu, se fundó en 1571.Más al norte de Huancavelica, está la población de Huancayo, no lejos de Jauja; y al norte de esta, la ciudad de Tarma. Todavía más al norte, en la ribera del río Huallaga está la población de Huánuco.

El 15 de agosto de 1540, además, se fundó la *Villa de la Asunción de Nuestra Señora del valle hermoso de Arequipa*, tal como fue bautizada el 15 de agosto de 1540 por el Teniente de Gobernador de Francisco Pizarro, Garci Manuel de Carbajal, un extremeño de Placencia, como tantos hombres de Extremadura que vinieron a estas tierras americanas. La Ciudad Blanca fue fundada hacia el sur, en la ribera del río Chili, accesible desde el litoral y al pie del volcán El Misti, la cual, en 1600 seria totalmente destruida por un terremoto. Ha sido sucesivamente reconstruida, conservando su traza regular en el centro, con la plaza ubicada en el centro de la trama urbana, y la Catedral al norte de la plaza. No lejos de Arequipa se establecieron los pueblos de Characato y Chivata.

Pero además de enfrentar las secuelas de la guerra civil, Pizarro tuvo que enfrentar las pretensiones independentistas de Belalcázar, hacia el norte de Quito. Este, después de haber fundado Popayán y Cali, y participado en la fundación de Bogotá, en 1539 había marchado a España para dirimir los derechos sobre el país de los Muiscas, de donde regresó con Capitulación otorgada el 30 de mayo de 1540 como gobernador de la provincia de Popayán.

Por otra parte, la necesidad de consolidar su gobernación llevó a Pizarro a encomendar a su hermano Gonzalo el comando de las tropas en la región de Charcas, Alto Perú, en lo que es hoy Bolivia, donde Pedro de Anzures, en 1539, fundaría la Villa de La Plata, actual Sucre, con una forma urbana casi cuadricular. En 1561 la ciudad fue sede de la Real Audiencia de Charcas.

Francisco Pizarro también comisionaría a su hermano Gonzalo para enfrentar al Inca Manco Capac, siempre en rebeldía; habiendo sido designado en 1540, como gobernador de Quito. Sería entonces Gonzalo Pizarro quien iniciaría la penetración hacia el este, hacia el Amazonas, organizando la expedición que realizó a partir de 1541 desde Quito con Francisco de Orellana, la cual llevó a este último a navegar el río Amazonas aguas abajo, desembocando en el Atlántico y llegando hasta la isla de Cubagua el 11 de septiembre de 1542. Como consecuencia de su extraordinaria travesía obtendría, el 13 de febrero de 1544, la Capitulación para conquistar y poblar las tierras de la Nueva Andalucía, misión que por su prematura muerte no pudo realizar. En cuanto a Gonzalo Pizarro, éste regresaría a Quito en junio de 1542 después de una penosa expedición de cerca de dos años, para encontrar una provincia donde todo había cambiado, pues para ese momento ya su hermano el Marqués Francisco Pizarro había sido asesinado. Pizarro, por otra parte, también había enviado al sur a Pedro de Valdivia, para asegurar la conquista de Chile.

D. *Los intentos de la Corona por controlar la guerra civil y pacificar la Provincia*

Mientras todas estas acciones se realizaban, y durante la expedición y ausencia de Gonzalo Pizarro por el Amazonas, en España y ante los desordenes civiles ocurridos en el Perú, se había tomado la determinación de enviar a la colonia al Licenciado Cristóbal Vaca de Castro de la Audiencia de Valladolid para, incluso, controlar el poder absoluto que había quedado en manos de Francisco Pizarro. Vaca de Castro llegó a América y una vez que atravesó el istmo de Panamá, tuvo que desembarcar en las costas del Pacífico, por Buenaventura, siguiendo su ruta por tierra por la provincia de Popayán hacia el sur.

Los hombres del partido de los almagritas, o "los de Chile" como se los llamaba, pues muchos habían estado con Almagro en la expedición a sur, se habían reunido en Lima en torno a Almagro el Mozo, y como incluso ya estaba anunciado que podía ocurrir en un día cercano al de San Juan Bautista, el 26 de junio de 1541 le dieron muerte al Marqués Francisco Pizarro. Diego de Almagro se proclamaría entonces como gobernador del Perú, como heredero que era de su padre de la gobernación de Nueva Toledo, y como él, reclamaba sus derechos sobre esas tierras, lo que incluía Lima.

La contrarrevolución estalló de inmediato comandada por Alonso de Alvarado quien salía armado desde Chiachiapoyas, y fue quien daría la noticia a Cristóbal Vaca de Castro, quién venía avanzando desde Popayán. Al enterarse de la muerte de

Pizarro y del alzamiento de Almagro, como estaba expresamente y con acierto previsto en su comisión, asumió entonces la gobernación del Perú.

Fue recibido por Gonzalo Pizarro en Quito a quien se uniría Sebastián de Belalcázar, aún cuando por cuestiones tácticas éste hubo de regresar a Popayán. Vaca de Castro siguió rumbo por la costa, pasando por San Miguel de Piura y Trujillo, llegando al campamento de Alonso de Alvarado en Huaura. Vaca de Castro continuó entonces hasta Jauja donde recibió a Gonzalo Pizarro y siguió hasta Huamanga donde recibió a los enviados de Almagro. Después de algunos intentos de negociación entre las partes, dado que Almagro lo que pretendía era asegurar la posesión de su gobernación de Nueva Toledo, los ejércitos españoles se enfrentaron el 18 de septiembre de 1542. Almagro resultó vencido y condenado a muerte por Vaca de Castro, habiendo sido decapitado en el mismo lugar de la gran plaza de Cuzco, donde su padre había sido ejecutado cuatro años antes.

Correspondió al Gobernador Vaca de Castro iniciar la pacificación del país, para lo cual alentó expediciones desde el Cuzco hacia el sur, por los valles de Salta, por el Chaco, las cuales llegaron hasta el Río de la Plata; pero no pudo ver concluidos sus esfuerzos, pues en 1543 con motivo de la creación de la Audiencia de Lima, sería nombrado como su Presidente, el Virrey Blasco Núñez de Vela. Este llegó a Lima en 1544, apresaría a Vaca de Castro acusado de corrupción, quien posteriormente logró escapar hacia Panamá y luego hacia España, terminaría preso varios años en Simancas.

De nuevo en el Perú se sucederían violentos acontecimientos, entre ellos la muerte de Manco Inca a manos de una facción de almagristas, y luego, en 1545, la deposición del mismo Virrey Blasco Núñez de Vela quien progresivamente había sido aborrecido por los colonos e incluso por los jueces de la Audiencia, quienes lo apresaron, proclamando entonces a Gonzalo Pizarro como Gobernador de la Provincia y enviando al Virrey a España. No se olvide que fue a partir de 1542 cuando se habían dictado las Leyes Nuevas, las cuales abolían las encomiendas.

Gonzalo Pizarro persiguió a sus adversarios y materialmente anuló los poderes de la Real Audiencia. El Virrey, quien había llegado hasta Panamá, decidió regresar a la provincia, llegando a Tumbes en octubre de 1544 y marchando hacia Quito en el mismo mes de marzo de 1545 en que Gonzalo Pizarro avanzaba hacia Trujillo y San Miguel de Piura, para enfrentarlo. Cuando este llegó a Quito, el virrey huyó hacia Pasto en la gobernación de Popayán con el apoyo de Belalcázar. Los ejércitos finalmente se enfrentaron cerca de Quito, y Blasco Núñez de Vela resultó asesinado luego de haber sido herido en la batalla. Gonzalo Pizarro salió de Quito en julio de 1546, y pasando por Trujillo, llegó a Lima donde fue recibido como Libertador y Protector del pueblo.

Si bien Gonzalo Pizarro era entonces quien controlaba el poder, en España sólo se percibía una crisis de gobernabilidad que ameritaba la búsqueda de una solución política por la muerte del primer Virrey del Perú. Para ello la Corona nombró un nuevo Virrey, esta vez a Pedro de La Gasca, lo que provocó nuevas divisiones en el Virreinato entre los que lo apoyaron y los seguidores de Gonzalo Pizarro. A La Gasca, por ejemplo, se unieron los ejércitos de Pedro de Valdivia, quien había regresado desde Chile, y de Sebastián de Belalcázar, quién venía de regreso de Popayán. En todo caso, luego de nuevos enfrentamientos entre españoles, el nuevo Virrey pudo vencer a Gonzalo Pizarro, quién a su vez, también fue condenado a muerte y decapitado el 10 de abril de 1548.

En esta forma, de los cinco Pizarro que fueron al Perú desde Extremadura, cuatro habrían de morir violentamente, y Hernando, quien había regresado a España con un cuantioso tesoro, permanecería 20 años preso en el castillo La Mota, en Medina del Campo. Por otra parte, Pedro La Gasca habría de ser el único gobernante del Perú que hasta ese momento no había terminado su mandato violentamente, muerto o preso. Recuérdese, como se ha dicho, que el Inca Atahualpa había ordenado la muerte del Inca Huáscar, su hermanastro; que Francisco Pizarro y Almagro asesinaron a Atahualpa; que Pizarro y sus hermanos dieron muerte Diego de Almagro; que el hijo de éste, Diego de Almagro el Mozo, hizo matar a Francisco Pizarro; que el licenciado Vaca de Castro degolló a Diego de Almagro el Mozo; que Blasco Núñez de Vela apresó a Vaca de Castro; que Gonzalo Pizarro mató a Blasco Núñez; y que Pedro La Gasca ajustició a Gonzalo Pizarro.

El Perú, en todo caso, después de estos sucesivos acontecimientos que se produjeron en medio de una sangrienta guerra civil, puede decirse que se pacificó relativamente, pues las luchas entonces comenzarían entre los encomenderos por la aplicación de las *Nuevas Leyes* de 1542. En 1550, por otra parte, Antonio de Mendoza, quien había sido Virrey de Nueva España, sería nombrado Virrey del Perú.

En todo caso, durante todos los conflictos señalados e incluso antes del desarrollo de la política de reducciones y establecimiento de pueblos de indios, en el litoral, al sur de Lima, se había fundado la villa de Ica, por Jerónimo Luis Cabrera, en 1563. La traza de la ciudad es reticular, con su plaza de armas en el centro y la catedral ubicada en la esquina sur oeste de la plaza.

Hacia el sur de Ica se fundaría la ciudad de Nazca, en la ribera del río Tierras Blancas y con un trazado regular; y en el extremo sur en la actual frontera con Chile, en 1555, se fundaría la villa de San Marcos de Arica, que sería el puerto de exportación de la plata que provenía de las minas de Potosí, en la provincia de Charcas, el Alto Perú, hoy Bolivia. La ciudad tiene una forma reticular con la plaza Colón abierta al mar, y la Iglesia al este de la plaza.

Al sur de Arica, en lo que es hoy Chile, en la región de Tarapacá, las encomiendas originaros muchos pueblos de indios, entre ellos, por ejemplo, San Lorenzo de Tarapacá, Codpa y Putre.

4. El poblamiento de la Provincia del Reino de Quito

A. Las pretensiones del Gobernador de Guatemala y la fundación de Quito

Después de la fundación de Cuzco el 23 de marzo de 1534, y tras las noticias recibidas en la ciudad sobre la llegada al sitio de Puerto Viejo, en el litoral ecuatoriano, de Pedro de Alvarado, Capitán General de Guatemala y quien tenía Capitulación para descubrir y conquistar tierras en el Mar del Sur; Pizarro enviaría a Diego de Almagro hacia el norte, hacia el Reino de Quito, para tratar de detener las pretensiones de aquél. Almagro, en ruta hacia San Miguel de Piura, por su parte, también tuvo conocimiento de que el gobernador que había quedado en dicha ciudad, Sebastián de Belalcázar, también había partido hacia el sitio de Quito con el mismo propósito de enfrentar a Alvarado.

Ambos conquistadores se encontrarían a mitades de 1534 en el sitio de Riobamba y el 15 de agosto de 1534 procederían a fundar a la carrera, el pueblo de Santiago de Quito, cerca de la actual ciudad de Sicalpa, de manera que cuando Alvarado llegara al lugar, se encontrase con una cuidad ya fundada por la gente de la gobernación de Pizarro, lo que implicaba que esas tierras ya formarían parte de dicha gobernación.

Y así fue. La ciudad, aun cuando todavía en el papel, ya había sido establecida formalmente antes de la llegada de Alvarado, lo cual se hizo constar en acta levantada por Escribano, donde se indicaban sus autoridades y término. Pero aún así, luego de la llegada de Alvarado siguió la necesaria negociación entre los conquistadores, pues entre otros aspectos, la hueste de Alvarado estaba compuesta por varios miles de indígenas guatemaltecos, que tendrían que quedarse en tierras del Perú, después del retiro de Alvarado. Se procedió así, a la refundación de la ciudad, esta vez en la falda este de Volcán Pichincha, pero entonces con la participación de la hueste de Alvarado, quién renunciaría a proseguir su conquista.

El acto de refundación ocurrió unas semanas después, el 6 de diciembre de 1534, como San Francisco de Quito. La ciudad se situaría entonces sobre las ruinas de la milenaria ciudad de Quito, la cual había sido destruida por Rumitrahui, el general de Atahualpa que estaba a cargo de la misma, para evitar que cayera en manos de los conquistadores. La traza de San Francisco de Quito es básicamente reticular, desarrollándose la trama urbana en torno a la plaza mayor, en cuyo lado sur se ubicó la Catedral. Cerca de la plaza está la iglesia de la Compañía de Jesús y en la trama urbana se destacan otras plazas menores, entre ellas, las de San Francisco y de Santo Domingo, donde están las iglesias y conventos del mismo nombre. Otros conventos importantes en la ciudad fueron los de San Agustín y La Misericordia. La ciudad, además, sería sede de la Audiencia de Quito.

B. *El proceso de poblamiento de la provincia*

Luego de la fundación de Quito, Belalcázar fue designado Teniente Gobernador de la misma, y Almagro junto con Alvarado partieron a reunirse con Pizarro en Pachacamac. Sin embargo, para asegurar la jurisdicción sobre el territorio descubierto en la costa, Almagro mandó a Francisco Pacheco a fundar un pueblo en el litoral, y así se fundó Puerto Viejo, el 12 de marzo de 1535, en la ribera del río Portoviejo, cerca del sitio donde Alvarado había desembarcado. La traza de la ciudad es semi-reticular, con la plaza mayor (Parque Eloy Alfaro) en el centro, y en su lado norte, la Catedral.

En el extremo norte de Ecuador, se asentó la ciudad de Esmeraldas, en la desembocadura del río del mismo nombre, cerca del sitio donde por primera habrían desembarcado los españoles en las costas del Ecuador.

El mismo año de 1535 se fundó la villa de Guayaquil, a orillas del rió Guayasó, la cual, por mandato de Francisco Pizarro en 1537 fue posteriormente refundada por Francisco de Orellana, el futuro descubridor del Amazonas, como Santiago de Guayaquil. La traza de la ciudad es reticular, con la plaza a tres cuadras del río Guayas, que está al este de la cuadrícula, estando la Catedral ubicada al oeste de la plaza.

En la provincia de Quito, y hacia el sur de la ciudad, posteriormente Alonso de Mercadillo, enviado por Gonzalo Pizarro, fundaría en la provincia de los indios paltas, en la ribera del río Zamora, el 8 de diciembre de 1548, la villa de Loja. Esta villa previamente había sido fundada por el mismo Mercadillo, no lejos del sitio, con el nombre de La Zarza. La traza urbana de Lorja es cuadricular, ubicándose la Catedral al este de la plaza que está en el centro de la trama urbana inicial.

Desde Loja, el propio Alonso de Mercadillo, fundaría en 1549 las villas de Zamora y Zaruma, como pueblos mineros.

La villa de Santa Ana de los Ríos de Cuenca, en la ribera del río Tomebamba, sería fundada el 12 de abril de 1557 por Gil Ramírez Dávalos, gobernador de Quito, por órdenes del Virrey Andrés Hurtado de Mendoza, en la provincia de los cañaris. En las instrucciones que le había dado Hurtado de Mendoza, le indicó que: "visto y examinado el lugar más conveniente, se trazará el dicho pueblo...Y la traza de la dicha ciudad será por la orden que está hecha esta Ciudad de los Reyes, y en medio de ella se señalará una plaza que sea tan grande como la mitad de la Ciudad de los Reyes". Además, en la provisión del Virrey nombrado a Ramírez Dávalos como Guarda Mayor de la ciudad, aquél indicó: "el cual me ha enviado la traza de la dicha ciudad", la cual era y es cuadricular, con la plaza mayor (Parque Calderón) en el centro, y la vieja Catedral al este de la plaza.

Posteriormente, por autoridad del Cabildo de Quito, el 9 de julio de 1575, se fundaría la ciudad de Riobamba por Antonio de Ribera y Ruy Días Fuenmayor, en el sitio donde se había efectuado la primera fundación de Santiago de Quito en 1534. La ciudad fue destruida en 1797 por un terremoto, razón por la cual fue trasladada a la meseta de Tapi, sitio que ocupa actualmente con un trazado perfectamente cuadricular, como quedó expresado en el grabado de Poma de Ayala con la plaza mayor en el centro y la Catedral al este de la misma.

La última de las grandes ciudades serranas que se fundaron en la provincia de Quito, al norte, fue la villa de San Miguel de Ibarra, el 28 de septiembre de 1606, por Cristóbal de Troya, quien era uno de los regidores del Cabildo de Quito, y quién actuaba por órdenes del presidente de la Real Audiencia de Quito, Miguel de Ibarra. La traza de la ciudad es también cuadricular, con la plaza mayor (parque Pedro Moncayo) en el centro y la Catedral situada al norte de la plaza.

En todo caso, a partir de 1570 mediante las reducciones de indígenas se inició su asentamiento en pueblos de indios, lo que caracterizó el poblamiento en el interior tanto de Ecuador como del Perú. Como ejemplo de tales pueblos, se destaca el pueblo de Otavalo, cerca de Quito, el cual tiene una forma de retícula, con la plaza mayor en el centro, y la iglesia al oeste de la plaza.

Por otra parte, desde Quito, y sin el debido conocimiento del gobernador Pizarro, Belalcázar había salido hacia el norte, hacia el reino de los Muiscas, y en su ruta, como se ha dicho, en 1536 fundó las ciudades de Popayán y Cali, llegando en 1538 a la sabana de Bogotá, donde participó junto con los adelantados Jiménez de Quesada y Federman en la refundación de Santa Fe de Bogotá.

Hacia el oriente, en las vertientes del Amazonas, en 1560 se fundaría la villa de Tena, a orillas del río del mismo nombre, con una forma urbana bastante irregular; y como misión, el pueblo de Archidona. En el sitio de la conjunción de los ríos Napo y Coca, se ubicó el puerto Coca también llamado Francisco de Orellana, por haber sido el lugar por donde pasó Orellana en 1542, en su ruta hacia el Amazonas. Más al sur de Tena, está la ciudad de Puyo.

Como también hemos señalado, en 1539 se fundaría la ciudad de Pasto, y en 1540 Belalcázar obtendría de la Corona el nombramiento de gobernador de Popayán. La Audiencia de Quito se estableció en 1563, pasando a formar parte de su jurisdicción, además, precisamente, todas las ciudades norteñas fundadas por autoridad de Belalcázar hasta Cali.

5. *El Poblamiento de la Provincia de Charcas*

Durante su permanencia en el Cuzco, entre 1538 y 1539, Gonzalo Pizarro había encargado de la Gobernación de Charcas a Diego de Rojas quién había sido uno de los que había llegado al Perú desde Guatemala, en la expedición de Pedro de Alvarado. Con Pedro de Anzures, fundó, en 1539, en el valle de Choque-Chaca, la ciudad de La Plata, nombrada luego como Chuquisaca o Charcas, la actual ciudad Sucre, así llamada en honor del Mariscal Antonio José de Sucre; en fin, la ciudad de los cuatro nombres.

Con la fundación de La Plata se aseguraba el dominio sobre las ricas minas que en la zona se habían descubierto. Fue la capital de la provincia de Charcas y la sede de la Real Audiencia que allí se estableció en 1559, la cual, hasta 1776 tendría jurisdicción en los territorios que hoy son de Paraguay, sur del Perú, Bolivia y norte de Argentina y Chile. La ciudad tiene una traza reticular, muy regular, con la plaza en el centro y la Catedral al oeste de la plaza. Desde el inicio, la trama urbana presentó diseminadas, varias plazuelas que fueron conformando la vida urbana.

En la provincia se estableció, además, en 1546, lo que luego sería la Villa Rica e Imperial de Potosí, al pie del Cerro Rico, uno de los yacimientos más ricos en plata que se descubrieron en el Perú, y que tuvo un desarrollo fundamental durante el gobierno del Virrey Toledo. La ciudad, originalmente establecida como un asentamiento desordenado de explotación minera, fue reordenada por disposición del Virrey Toledo. Presenta así una traza reticular en su centro histórico, con la plaza (plaza 10 de Noviembre) en el centro y la Catedral al norte de la misma.

En el borde del altiplano, en el sitio de Leja cerca del Lago Titicaca, luego del descubrimiento de minas de oro en el río Choqueyapu, por orden del Virrey La Gasca, Alonso de Mendoza fundaría la ciudad de Nuestra Señora de La Paz, el 20 de octubre de 1548. Por lo frío del lugar, al poco tiempo hubo que mudarla al sitio actual en el valle del río Chuquiago, donde existía un pueblo de indios aimaras, lugar en el cual perduró de manera estable, al encontrarse en la ruta entre Potosí y el Océano Pacífico. La ciudad de La Paz presenta en su centro histórico una traza reticular, con la plaza de armas (Plaza D. Murillo) en el centro, y la Catedral de dimensión impresionante, al sur de la misma. La reducción del pueblo de indios denominado San Pedro y Santiago quedó ubicada a la otra orilla del río.

En la zona del Lago Titicaca también se fundaría la villa de Copacabana por los Agustinos en 1586, donde está el famoso Santuario, y la ciudad de Puno, en 1668, cerca de la mina de plata conocida como Laykakota. Su traza urbana es irregular, y la Catedral edificada en forma aislada.

Más al este de la Paz, en 1574, Sebastián Barba de Padilla fundaría la villa de Oropeza, luego denominada Cochabamba. Se desarrolló conforme a una traza cuadricular, con la plaza de armas (Plaza 14 de septiembre) en el centro y la iglesia Catedral ubicada al sur de la misma.

En la parte sur del Altiplano, también se fundaría en 1606 la villa de Oruro, cerca del Lago Uru Uru; y al extremo sur, se fundaría, el 4 de junio de 1574, por Luis de Fuentes y Vargas, la villa de Tupiza, y por el mismo de Fuentes, el 4 de julio del mismo año, la villa de San Bernardo de Tarija, la cual también tiene una traza cuadricular con varias plazas ubicadas en el centro. La Catedral, sin embargo, no está en los costados de la plaza de armas (plaza Luis de Fuentes y Vargas), sino a una cuadra al oeste de ésta, edificada en forma aislada.

Hacia la vertiente amazónica, pero en la zona de transición con las tierras altas, Nuflo de Chávez fundaría en 1561, la villa de Santa Cruz de la Sierra, en la región del Gran Chaco, aún cuando originalmente localizada a doscientos kilómetros de su actual ubicación, mudada por los ataques indígenas. La ciudad, ubicada en un extensísimo llano, tiene también una traza reticular, con la plaza de armas (plaza 24 de septiembre) en el centro, y la Basílica el sur de la misma. Más al norte de Santa Cruz de la Sierra, el 13 de junio de 1686, se fundaría la villa de La Santísima Trinidad por el padre Cipriano Barace, como misión jesuita, cerca del río Mamoré, y luego mudada a su sitio actual, en la ribera del arroyo San Juan. Tiene una forma cuadricular, con la Catedral al sur de la plaza. Fue la segunda misión jesuita fundada en las tierras llanas de la amazonía.

Las otras misiones jesuitas más importantes, más al este, establecidas desde el Paraguay, dieron origen a muchos pueblos que se encuentran en la amazonía, como San Javier, que es la más antigua, fundada en 1691. Allí llegó el jesuita, Martín Schmidt, quien fundaría las misiones de Concepción (1709) y San Rafael de Velasco (1697). También están los pueblos misiones de San Ignacio de Velasco, Santa Ana de Velasco, San Miguel de Velasco y San José de Chiquitos. Todos tienen una traza urbana cuadricular, con su plaza en el centro, y en general, la iglesia al este de la plaza.

6.   *El poblamiento de la Provincia de Chile o de Nueva Extremadura*

Pedro de Valdivia, maestre de campo de Hernando Pizarro en la batalla librada contra Almagro en Las Salinas, había sido encargado por Francisco Pizarro, en 1539, de la conquista del reino de Chile, el cual tres años antes, en 1536, Diego de Almagro había reconocido en su desafortunada expedición. Almagro, en efecto, había tomado la ruta hacia el sur saliendo del Cuzco, por el camino Inca, pasando por el Lago Titicaca, la villa de Tupiza y el valle de Jujuy, pasando luego la Cordillera de los Andes hasta Copiapó y terminando en el valle del Aconcagua. El regreso al Perú lo hizo por la costa.

Teniendo en cuenta esa experiencia, en enero de 1540 Valdivia saldría con 150 hombres desde el Cuzco, pero esta vez tomando la ruta de la costa, por Arequipa. Lo acompañaban, entre otros, Francisco y Pedro Villagra, y en octubre de 1540, llegaría al valle de Copiapó, donde tomaría posesión de la tierra descubierta poniéndole el nombre de Nueva Extremadura, en sustitución del de Nueva Toledo que había tendido en la época de Almagro.

Después de un año de recorrido llegó al hermoso valle del río Mapocho, en el país de los Mapuches o Mapochoes, no lejos del puerto de Valparaíso, donde había llegado Almagro en 1536 y el cual quedaría establecido a partir de 1543; y el 24 de febrero de 1541, al pié del cerro Huelén, que decidió bautizar como Santa Lucía, fundaría la ciudad de Santiago del Nuevo Extremo, Santiago de Chile, donde ubicó la sede de la provincia de Nueva Extremadura.

El diseño de la planta de la ciudad se atribuye al alarife Pedro de Gamboa, con una forma urbana cuadricular, con la plaza de armas en el centro, y la Catedral al oeste de la misma. Esta ubicación de la plaza al oeste de la plaza se repetiría en otras ciudades como Concepción, Copiapó y Talca. En Santiago, la planta de la ciudad quedó ubicada entre el cerro Santa Lucía hacia este, el río Mapocho al norte y un brazo o cañada del mismo que corría al sur, por donde luego se construyó la Alameda. La Iglesia y Convento de San Francisco, la edificación más antigua de la ciudad, se ubicó en la ribera sur de la cañada.

Valdivia había llegado a Chile como Teniente de Gobernador de Pizarro, pero al poco tiempo, al conocerse el asesinato de éste ocurrida en marzo de 1541, el Cabildo de Santiago lo designaría Gobernador Interino.

Enviado por Valdivia, y a medio camino entre Santiago y Copiapó, Juan Bohon fundaría en 1544, en el valle de Coquimbo, la ciudad de La Serena de Nueva Extremadura, en recuerdo de la ciudad natal del Adelantado en Extremadura. La ciudad, situada al norte de Valparaíso y establecida para abrir el camino hacia el Perú, fue destruida en enero de 1549, y refundada por Francisco de Aguirre ese mismo año, como San Bartolomé de La Serena. Tiene una traza reticular orientada conforme a los puntos cardinales, con la plaza de armas en el centro, y la iglesia Catedral al este de la plaza. Más al sur de La Serena, también en la costa, se fundaría la ciudad de Coquimbo, con traza reticular y plaza rectangular.

Valdivia tuvo que armar barcos en los puertos para enviar emisarios a Lima y lograr el envío de refuerzos desde el Perú, pues la hostilidad de los indios había sido extrema, instigados, además, por los emisarios del Inca Manco quién se había rebelado en el Cuzco, y sabiéndose ya las noticias de la muerte de Almagro. El puerto más importante ya era Valparaíso, y desde allí Valdivia envió navíos hacia el sur, que llegaron hasta el Estrecho de Magallanes, tomando posesión de las tierras australes.

En 1548, en todo caso, el mismo Valdivia se embarcaría en Valparaíso con rumbo hacia el Perú a unirse a la causa del Virrey La Gasca contra Gonzalo Pizarro, llevando consigo un importante tesoro, y dejando encargado del gobierno de la provincia a Francisco de Villagra. La Gasca confirmó a Valdivia como Gobernador de Chile, con jurisdicción en territorios desde Copiapó hacia el sur y que llegaban hasta vertiente este de los Andes. Por Real Cédula de 1522, el Emperador le confirmaría la Gobernación, la cual en 1544 sería extendida hasta el Estrecho de Magallanes, otorgándose a Jerónimo de Alderete, quien en 1546 y por cuenta del Gobernador había estado en esas tierras, los territorios al sur de dicho Estrecho.

En la zona norte de la Gobernación, entre la pampa y las minas de Bolivia, el maestre de campo de Valdivia, Francisco de Villagra, de regreso de un viaje de reclutamiento por el Perú, tomaría el camino de Tucumán, y allí se encontraría que Núñez de Prado, enviado por La Gasca, había fundado en 1553 una ciudad conocida luego como Santiago del Estero, la más antigua ciudad de Argentina. Villagra tomó posesión de la misma bajo la autoridad de Valdivia. La ciudad tiene una forma casi reticular, con la plaza (Libertad) en el centro, y al oeste de la misma la iglesia Catedral. Villagra pasó luego por los alrededores de donde se situaría después la ciudad de Mendoza, y a través del paso de Uspallata en los Andes, trazó el camino que luego sería la comunicación regular entre Chile y Argentina.

Por su parte y después de la campaña con La Gasca, Valdivia regresaría a Chile en 1549 desde el puerto de Arica hacia la villa de La Serena, encontrándola destruida y muertos sus habitantes, por lo que procedió a su reconstrucción. Emprendió luego una dificultosa campaña hacia el sur, y fue en la ribera del río Biobio, el más ancho de los ríos de la zona, donde tuvo su primer encuentro con los araucanos. En marzo de 1550 estableció un fuerte, fundando allí, en octubre del mismo año, la villa de Concepción del Nuevo Extremo. La misma, destruida en 1554 debido al constante ataque de los indios mapuches y luego de dos devastadores terremotos en 1730 y 1751, encontró su sitio definitivo en 1764. Está trazada en una forma de cuadrícula perfecta, con la plaza (Bernardo O'Higgins) en el centro y la iglesia Catedral al oeste da la misma. Más al sur, en 1553, se establecieron también en la costa, los fuertes villas de Arauco en el golfo del mismo nombre, y de Tucapel y Purén.

Posteriormente, en 1580, Martín Ruiz de Gamboa fundaría la villa de San Bartolomé de Gamboa de Chillán, la cual destruida varias veces por los ataques mapuches y por terremotos, encontró su asiento definitivo en 1835. La traza de la ciudad sigue la clásica de ciudad cuadricular, con plazas diseminadas también en forma equidistante, de manera similar a la de la ciudad de Mendoza. En todo caso, el pueblo de Chillán Viejo también se conserva.

Tanto en la provincia de Concepción como en la de Santiago, con posterioridad, en el Siglo XVIII, el gobernador José Antonio Manso de Velasco (1737-1745) fundaría otras poblaciones como Santa María de Los Ángeles en 1739; San Agustín de Talca en 1742; Nuestra Señora de Las Mercedes de Cuaquenes en 1742; San Felipe el Real en 1740; San Fernando de Tinguiririca en 1742; Logroño de San José (Melipilla) en 1743; San José de Buena Vista (Curicó), en 1743; San Francisco de la Selva (Copiapo) en 1744; y Santa Cruz de Triana (Rancagua) en 1743. Todas tienen una forma urbana cuadricular.

Otros pueblos que por sus plazas particulares deben mencionarse son, hacia el norte, Vallenar, entre la Serena y Copiapó, y Coihaique, en el extremo sur, en la región de los Lagos. La primera ciudad presenta una plaza cuadricular con cuatro calles que llegan a los cuatro costados de la misma, como es el caso también de Rancagua; y en cuanto a Coihaique, de más reciente fundación, presenta una plaza pentagonal, única en América Latina, cuyo origen sería la forma de un fuerte militar.

Valdivia buscaba hacia el sur el estrecho de Magallanes, y en 1551 fundaría la villa La Imperial, cerca del actual pueblo Nueva Imperial y de la ciudad de Temuco; y en 1552, la villa de Santa María la Blanca de Valdivia, en la ribera del río Valdivia, la cual tiene una plaza rectangular a la cual llegan seis calles. Además, fundaría la villa de Los Confines, la cual sería repoblada en 1559 con el nombre de Angol. En abril del mismo año 1552, Jerónimo de Alderete fundaría la villa Santa María Magdalena de Villarrica, en la ribera del lago Villarrica, la cual tiene una cuadricula como traza urbana.

Sería desde Valdivia que Villagra enviaría a explorar los estrechos en la zona de la isla de Chiloé. Sin embargo, sólo fue a partir de 1567 cuando los españoles tomarían posesión de la isla, fundándose por Marín Ruiz de Gamboa la ciudad de Castro, capital de la provincia. La ciudad, ubicada en el Fiordo de Castro donde desemboca el río Gamboa, tiene una forma urbana cuadricular, con su plaza en el centro, y la iglesia al norte de la misma. Otra ciudad fundada en la isla fue la villa de San Carlos de Chiloé o Ancud, en 1767, en el golfo de Quetalmahue en el extremo norte de la misma.

En 1553 se produjo una extensa sublevación de los araucanos, comandados por el toqui general Lautaro, la cual condujo a la destrucción de muchos de los fuertes y ciudades que habían establecido los españoles, entre ellos, Villarrica y Angol.

El 25 de diciembre de 1553 Pedro de Valdivia fallecería a manos de los indios insurrectos, entrando la provincia en estado de gran anarquía por falta de gobierno. Villagrá sería encargado de la gobernación por los Cabildos sureños en 1554, hasta que la Audiencia de Lima, en 1557, lo nombraría como gobernador interino, venciendo a Lautaro ese mismo año en el río Mataquito.

Pero al poco tiempo, el recién designado Virrey del Perú, Antonio Hurtado de Mendoza, nombraría a su hijo García Hurtado de Mendoza como gobernador de Chile. Este desarrollaría campañas conquistadoras hacia el sur, recuperando Concepción y Angol, y fundando, en 1558, la villa de San Mateo de Osorno, al sur de Valdivia, ubicada en la ribera del río Rahue, la cual también tiene una traza reticular. En expedición que comandó Mendoza hasta el Canal de Chacao, iría Alonso de Ercilla y Zúñiga, el famoso autor de *La Araucana*.

También debe mencionarse las ciudades de Cañete y de San Javier de Bella Isla, cuyo plano fundacional coincide con los de Mendoza y Caracas..

Desde finales del Siglo XVI y durante el Siglo XVII se sucederían en el Reino de Chile nuevas y sucesivas rebeliones indígenas, entre ellas, las dirigidas por el toqui Pelantelau, quien daría muerte al gobernador Martín Oñez de Loyola (1598), y medio siglo después, por el mestizo Alejo produciéndose rebeliones generales con la destrucción de la mayoría de las ciudades al sur del río Biobío, a pesar de la labor evangelizadora que desarrollarían jesuitas y franciscanos.

A finales del Siglo XVII y comienzos del Siglo XVIII, fue que comenzó entonces un nuevo proceso de poblamiento, correspondiendo como se ha dicho, al Gobernador José Antonio Manzo de Velasco (1737-1745) iniciar fundaciones a gran escala.

Su sucesor en la gobernación, Domingo Ortiz de Rozas (1745-1755), fundaría nuevos pueblos como Talcahuana (1746), San Luis de Coelemu (1749), Santo Domingo de Rosas de Ligua (1754), San Rafael de Rozas de Illapel (1752), Santa Bárbara de Casablanca (1753) y Santa Ana de Briviesca Petorca (1753) y reconstruiría los derribados por el terremoto de 1751. El gobernador Manuel Amat y Junient (1755-1761), fundaría los pueblos de San Juan Bautista de Guaiqui (1756), Santa Bárbara (1758) y San Rafael de Talcamavida (1757); y además, el gobernador Antonio Guill y Gonzaga (1761-1768), fundaría pueblos de indios, como San Luis Gonzaga o Rere, San Carlos de Austria o Yumbel (1766) y San Diego de Tucapel (1668).

Por último, entre las ciudades importantes de Chile de fundación reciente y con trazado urbano reticular, debe mencionarse en el extremo norte el puerto de Antofagasta, en la costa entre Coquimbo y Arica, desde donde se accede a la Puna o desierto de Atacama, donde se encuentra el Salar de Atacama. La ciudad fue fundada en 1870, con una traza cuadricular y su plaza cerca de la costa, con la Iglesia Catedral San José al este de la misma. Se convirtió en el puerto central de embarque del salitre. Al sur del poblado de Cobija que había sido establecido en 1581 y que sirvió como punto de acceso al mar desde Bolivia. Al este de Cobija está la ciudad de Calama, cerca de la cual se encuentra la mina de Chuquicamata, la más grande del mundo. En el extremo sur, debe hacerse referencia a Puerto Montt, el principal puerto de la región de los Lagos, con una traza reticular; la plaza abierta a la bahía y la iglesia al norte de la misma.

III. SOBRE EL PROCESO DE POBLAMIENTO DE LAS PROVINCIAS DE VENEZUELA SIGLO XVI (1997)

Este texto es parte de la **Ponencia sobre "La Formación del Estado Venezolano" presentada en las** *II Jornadas Colombo-Venezolanas de Derecho Público,* **celebradas en la Universidad Externado de Colombia, Santa Fé de Bogotá, el 8 de agosto de 1995. Publicado en el libro** *Reflexiones sobre la Organización Territorial del Estado en Venezuela y en la América Colonial,* Editorial Jurídica Venezolana, Caracas 1997, pp. 67-107.

De acuerdo con lo que estaba establecido en el derecho castellano que rigió el proceso de Descubrimiento y la Conquista en las Indias, el título jurídico fundamental para que las nuevas tierras descubiertas quedaran sometidas a la Corona de Castilla, era el poblamiento. Así lo regulaba el Código de las Siete Partidas de Alfonso X El Sabio que atribuía el señorío sobre nuevas tierras, a "aquel que la poblare primeramente" (Ley 29, Título XXVIII, Partida II).

Por ello, las Capitulaciones dadas a los Adelantados no sólo eran para descubrir y conquistar, sino para poblar. En dichas Capitulaciones, se identificaba el ámbito de las Provincias, en el caso de la tierra firme, generalmente con la indicación de una línea de la costa y un ámbito impreciso tierra adentro. Así, por ejemplo, la Capitulación dada a Enrique Ehinger y Jerónimo Sailer en 1528 fue para "descubrir y conquistar y poblar las dichas tierras y provincias que ay en la dicha costa que comiença desde el Cabo de la Bela o del fin de los límites y términos de la dicha gobernación de Santa Marta" y que continuaba por el "golfo de Beneçuela y el Cabo de Sant Román y otras tierras hasta el Cabo de Marcapain". Cuatro años antes, se había otorgado Capitulación a Rodrigo de Bastidas en 1524 para poblar "la provincia y puerto de Santa Marta" que formaba parte de la "Provincia de Castilla del Oro llamada la Tierra Firme" y que había sido otorgada por Capitulación, en 1508, a Diego de Nicuesa y Alonso de Ojeda.

La determinación de la "tierra adentro" que estaba luego de la costa o que, como en el caso de la Capitulación a los alemanes de 1528, llegaba desde la costa del Mar Caribe a "la otra mar", y que conformaría el ámbito o área territorial de la provincia respectiva, sólo resultaría de la labor descubridora y pobladora de los Adelantados, al punto que el poblamiento era el título jurídico que incorporaba a una determinada Provincia objeto de Capitulación, la tierra descubierta. Por ello, la orden e Instrucción que se daba a los Adelantados de poblar para adquirir jurisdicción sobre las nuevas tierras pues para ello no era suficiente descubrir. Por ello, la orden de poblar contenida en las Instrucciones dadas desde 1513, individualmente a los Adelantados, y en general, desde 1521, hasta culminar en las Ordenanzas sobre Descubrimiento y Población de Felipe II de 1573.

Por tanto, en las Indias, las Provincias se fueron configurando territorialmente mediante el poblamiento, lo que ocurrió desde el inicio, de manera que puede decirse que el territorio de las Provincias de tierra firme quedó establecido básicamente en el Siglo XVI.

En el caso de los territorios de Venezuela, el proceso de poblamiento se realizó en cinco corrientes o penetraciones: en primer lugar, en las islas de Cubagua y Margarita; en segundo lugar, desde las costas del Mar Caribe hacia el sur en el occidente y hacia el centro; en tercer lugar, también desde el Mar Caribe hacia el sur, pero en el oriente; en cuarto lugar, desde el Nuevo Reyno de Granada hacia las Sierras Nevadas al norte; y en quinto lugar, también desde el Nuevo Reyno hacia el oeste por el río Orinoco hasta la isla de Trinidad. Este proceso de poblamiento, fue el que configuró, jurídicamente, el ámbito de las Provincias que fueron la base de la formación del Estado venezolano.

1. *La ciudad de Nueva Cádiz*

La primera población establecida en territorio venezolano fue la ciudad de Nueva Cádiz, en la isla de las perlas, Cubagua, la cual se consolidó, realmente, a partir de 1523, una vez que Jácome de Castellón pudo ubicar una fortaleza en Cumaná, en la boca del río Manzanares, y así asegurar parte del abastecimiento de la ciudad.

La ciudad de Nueva Cádiz no fue «fundada» en algún momento preciso; surgió del asiento sucesivo e intermitente de españoles, lo que ocurrió desde 1508, habiendo crecido espontáneamente en sucesivos poblamientos y repoblamientos conforme al auge que tuvo la pesca de perlas. En esta forma, la inicial ranchería de las perlas se consolidó como pueblo organizado en Concejo, a partir de 1525, y a pesar de lo artificial que era por lo inhóspito del lugar, sin agua, sin tierras para sembrar y sin leña, existió hasta 1543, siendo abandonada cuando las perlas se acabaron, trasladándose entonces la población hacia el Cabo de la Vela.

Hasta ese momento, la ciudad pudo resistir los sucesivos asaltos de corsarios y los terremotos, así como su dependencia tanto de tierra firme para el abastecimiento de agua, del río Manzanares; como de Margarita, para leña y verduras de siembra.

Entre 1527 y 1528 se la denominó Villa de Santiago y desde 1528 recibió el título de ciudad de Nueva Cádiz. Durante su existencia como ciudad se dictó la primera Ordenanza de origen municipal del Continente Americano, en 1538, por el propio Cabildo de Nueva Ciudad de Cádiz. Antes, la ciudad había sido objeto de dos Ordenanzas citadinas dictadas sucesivamente en 1527 y 1531, como ninguna otra ciudad de costa firme tuvo, pues fueron dadas directamente por el Emperador Carlos I y Doña Juana, mediante Cédulas Reales.

En dichas Ordenanzas se regulaba todo lo concerniente a la vida citadina y al tráfico de personas en la Isla, especificándose, entre otros aspectos, que para salir de la isla se requería "licencia de la justicia", excepto respecto de los que fueren a la Isla de Margarita, quienes no necesitaban pedir licencia (N° XVI). Así mismo se exigía el pago de derecho de aduana para poder llevar o traer cosas a o de las islas cercanas o a Tierra Firme, salvo si se trataba de la Isla de Margarita (N° XVII). Dichas Ordenanzas, en todo caso, dieron origen al derecho indiano municipal en el Nuevo Mundo.

En 1543, la ciudad fue destruida completamente, por un temporal, pero de sus ruinas aún se puede observar el trazado regular que tuvo. No tuvo fundador ni repartimiento de solares, pero fue dispuesta en orden, como todas las ciudades americanas, gozando además, de una organización administrativa y autoridades, y de una autoridad jurisdiccional que se había extendido hasta Margarita, Cumaná y Cabo de la Vela.

2.   El poblamiento de la Provincia de Margarita

El fin de Nueva Cádiz en Cubagua, significó el comienzo del poblamiento de la Isla de Margarita. Como isla abastecedora de Cubagua, tenía asentamientos dispersos, pero su poblamiento formal comenzó con el otorgamiento, a Marcelo de Villalobos el 18 de marzo de 1525, de la «Capitulación para ir a conquistar a la isla de Margarita». Se trataba de una licencia y facultad, primero que todo, para «yr o enbiar a poblar y pobléis la dicha ysla de la Margarita» con la obligación de que debía:

> «a comenzar a entender en la dicha población dentro de ocho meses primeros siguientes que corran y se quenten desde el día de la fecha desta Capitulación en adelante, y de tenerla acavada y hecho el dicho pueblo con los dichos veinte vezinos casados, y que tengan consigo las dichas mujeres y todo lo demás que os ofreceis, dentro de dos años primeros siguientes.»

Villalobos, quien era Oidor de la Real Audiencia de la Española, no llegó a tocar la Isla y dos años después, como consecuencia de su muerte, por Capitulación de 13 de junio de 1527, el Rey le concedió a su hija, Aldonza Villalobos, la Gobernación de la Isla. Durante su minoría de edad, su madre, Isabel Manrique de Villalobos gobernó en su nombre. En 1575, la sucedió su nieto en el gobierno de la Isla.

La primera población de Margarita fue el Pueblo de la Mar, Porlamar, establecido espontáneamente (1527) desde el auge de Cubagua y conocida en sus inicios como Espíritu Santo. En 1536, el padre Francisco de Villacosta la fundó formalmente. Fue una población que en el mismo esquema de Nueva Cádiz, presentaba un plano regular, reticular que, por supuesto, conserva. Debe señalarse que en 1526, también había surgido una ranchería en la Isla de Coche, con nombre de San Pedro de Coche.

Pero Margarita es una isla, y su aislamiento y carácter insular, aunado a una Gobernación ejercida desde Santo Domingo pues las Villalobos tampoco desembarcaron en la isla, originaron un modelo urbano propio, que sólo se desarrolló, luego, en las primeras ciudades fundadas en tierra firme, Coro y El Tocuyo.

En efecto, en Margarita las ciudades se fundaron en o se trasladaron a sitios donde había previamente asentamientos de población. En realidad, los pueblos no se fundaron ex novo, pues desde el auge de Cubagua, la Isla estaba poblada.

Así, en 1528 La Asunción surgió del «traslado» formal de la Villa del Pueblo de la Mar a un sitio poblado denominado Santa Lucía. La ubicación de aquella en la costa la hacía insegura y expuesta, razón por la cual se dispuso su «traslado» tierra adentro, habiéndosele concedido el título de ciudad en 1600. La disposición de la ciudad no fue ni es perfectamente ordenada y se adoptó allí un esquema de ubicación de la iglesia que es característico de las principales ciudades de la isla. La iglesia, en efecto, como las de las ciudades medioevales europeas, estaba ubicada dentro de la plaza, rodeada de calles, modelo que se siguió en Pampatar, Santa Ana, Los

Robles, Paraguachí, Las Piedras y Juan Griego, y que las normas de las Ordenanzas de Descubrimiento y Población de Felipe II de 1573, proscribieron expresamente. El esquema adoptado fue el de la iglesia-fuerte, que podía servir de protección y abrigo a la población, frente a los indígenas o las inclemencias del tiempo.

Pero antes del establecimiento de La Asunción, en 1528, ya existía como puerto de Margarita, Pampatar o Puerto Moreno, fundada por Pedro Moreno, cuya iglesia, aislada de todo adosamiento edificatorio, como se dijo, siguió el esquema urbano de los pueblos de la Isla. En 1528, también existía el sitio del Valle del Espíritu Santo, en el interior de la Isla. Santa Ana fue fundada en 1530, como pueblo del Norte, por Diego Vásquez de Coronado en el sitio donde había un Hato. De nuevo, allí, la iglesia estaba y está en el centro del pueblo, aislada de adosamiento y con circulación alrededor. Paraguachí fue fundado en 1580, como La Plaza, por Miguel Meza de Linaza, y el mismo, igualmente presenta un trazado poco regular, con la iglesia en el centro del poblado, aislada. Las Piedras (Punta de Piedras) surgió de una encomienda otorgada en Cocoyar, en 1562, a Pedro Esteban Buenavida. Juan Griego, en 1545 era un embarcadero, y como pueblo, luego, surgió al borde de la costa del mar, con la iglesia en lugar aislado, como las otras de los pueblos de la isla.

3.   *El poblamiento de la Provincia de Venezuela*

   A.   *El precario poblamiento de la Provincia de Venezuela bajo los Welser*

      a.   *La ciudad de Coro*

En 1511, Juan de Ampíes había sido nombrado factor Real de la isla La Española y demás islas y la Tierra Firme, con la misión de velar por la soberanía real en las Indias. Su misión era recibir las mercancías que enviaba la Casa de Contratación y venderlas; remitir las necesarias; velar por los bienes de la Corona, y tener en depósito los indios del Rey. Tomó afición por ellos, y legró de los frailes Gerónimos que tuvieron Capitulación, la prohibición de que se capturasen los indios de las islas de los Gigantes (Curazao, Aruba y Bonaire), por ser pacíficos. En 1520 se le concedió la protección de indios para llevarlos a las islas de los Gigantes y poblarlas, y en 1526, obtuvo Capitulación para ir a poblar y pacificar las islas. Hizo petición para continuar su labor pacificadora en Tierra Firme, y envió allí a su hijo y dos caciques, para fundar un pueblo. Así, Santa Ana de Coro se fundó en 1527, y allí se instaló Ampíes en 1528. Ese mismo año se otorgó Capitulación a los alemanes Enrique Ehinger y Jerónimo Sailer para:

> «descubrir y conquistar y poblar las dichas tierras y provincias que ay en la dicha costa que comiença desde el Cabo de la Bela o del fin de los limites y términos de la dicha gobernación de Santa Marta hasta Marcapairo, léste-oeste, norte y sur de la una a la otra mar con todas las yslas questan en la dicha costa, exceptuadas las que están encomendadas y tiene a su cargo el factor Joán de Ampíes.»

      b.   *La Capitulación a Alfinger y Sailer de 1528*

La Capitulación de 27 de marzo de 1528 autorizó a Enrique Ehinger y Gerónimo Sayler, por si mismos, «o en su defecto, quien quiera que fuese de ellos, Ambrosio de Alfinger y Jorge Eynguer, hermanos de Enrique para descubrir, conquistar y poblar» las tierras de lo que luego sería la Provincia de Venezuela. El nombre era el mismo Ehinger, Eynguer, El Einger o El Ynger, Talfinger, Dalfinger, De Alfinger o en fin, Alfinger; eran tres hermanos: Enrique, Ambrosio y Jorge.

Enrique Ehinger y Jerónimo Sailer eran factores de los Welser o "Belsares" en Santo Domingo, y antes habían obtenido una Capitulación (12-2-1528) para importar esclavos negros en dicha Isla. Por ello se ha discutido si la Capitulación de 27 de marzo de 1528 de la Gobernación de Venezuela se hizo por si o desde el principio por cuenta de los Welser.

Los beneficiarios de la Capitulación delegaron en Ambrosio Ehinger o Alfinger el título de Gobernador de la Provincia, para lo cual fue nombrado oficialmente el 23 de octubre de 1529. El 3 de diciembre de 1529, cuando ya había tomado posesión del gobierno de la Provincia, la Regenta Doña Juana le recomendó anunciar su nombramiento a Ampíes, quien acababa de ser designado Adelantado del pueblo de Santa Ana de Coro. Con el nombramiento de Alfinger así, Ampíes fue desalojado de la Provincia. Por ello, en 1529, cuando Ambrosio Alfinger desembarcó en la costa, Ampíes le entregó la población.

En esta forma, Ambrosio Alfinger, inicialmente fue representante de Enrique, su hermano, y de Gerónimo Sayler, quienes en 1530 solicitaron a Carlos V, la cesión de sus derechos derivados de la Capitulación, a Antonio y Bartolomé Welser, lo que se materializó por Ordenanza de 15 de febrero de 1531.

La Capitulación había sido otorgada para "descubrir y conquistar y poblar las dichas tierras" (del Cabo de la Vela y Venezuela),

> «y hacer en las dichas tierras dos pueblos o mas los que a vosotros pareciere y en los lugares que bieredes que conbiene y que para una de las dichas poblaciones lleveis a lo menos trescientos hombres, y hagais en la dicha tierra tres fortalezas.»

La obligación era "hacer los dichos dos pueblos dentro de dos años después de llegados". Esta obligación, en todo caso, era única pues en las Capitulaciones anteriores a otros Adelantados, no se estableció nada similar en magnitud.

Pero como se dijo, Alfinger, al llegar a su Gobernación, arribó a un sitio con una población existente desde tiempo atrás en esas tierras, ya establecida, y fundada, aún cuando en forma precaria y con indígenas asentados, cuyo cacique era Manaure. Coro fue, así, un pueblo que al recibir al Gobernador, se convirtió en el asiento permanente de la Gobernación, correspondiendo al Gobernador disponer su trazado regular y su edificación, dotarla de Cabildo, repartir solares y emprender la construcción de la iglesia, la cárcel y la horca.

Coro, en realidad, fue la segunda ciudad en Venezuela que se trazó regularmente, luego de Nueva Cádiz, precisamente al tiempo que la explotación de las perlas en ésta estaba en su apogeo. La traza urbana es casi reticular, con la plaza en el centro pero con la iglesia dentro de la misma, aislada, conforme al mismo modelo seguido en Margarita, típico de las ciudades medioevales.

La ciudad de Coro, como el primer asiento urbano de la Provincia, fungió como su capital durante casi 15 años. Durante ese período, Alfinger realizó expediciones hacia el occidente, donde estableció una ranchería en Maracaibo. Luego, Nicolás Federman en 1535, de paso por Maracaibo despobló la ranchería y trasladó el vecindario al Cabo de la Vela, donde estableció otra ranchería. Esta se consolidaría como pueblo, a pesar de lo inhóspito del lugar, en 1538, con los vecinos emigrados de Cubagua, como Nuestra Señora de los Remedios, sucediendo así el Cabo de la Vela a Cubagua en la pesquería de perlas y en la continuidad de la ciudad, que materialmente se trasladó allí, con sus autoridades. El pueblo fue cambiado luego de sitio, hacia occidente, y de nombre, hasta llamarse Río de Hacha. Pasó, así, dicha población, de la jurisdicción de la Provincia de Venezuela a la de la Provincia de Santa Marta.

Los Welser habían enviado a Tierra Firme aún antes de recibir la cesión de la Gobernación, a Nicolás Federman, para que sustituyera a Bartolomé Sayler como lugarteniente de Alfinger. Federman, así, ya estaba en Coro al regreso de Ambrosio Alfinger de su primera expedición al oeste. Este, enfermo, se embarcó para La Española.

Federman quedó al frente de la Gobernación de la Provincia y pronto salió en expedición hacia el sur, en busca del Mar del Sur, donde esperaba encontrar grandes riquezas (oro) y un camino corto hacia la Isla de la Especeria, habiendo recorrido, entre 1530 y 1531, lo que es hoy el centro-occidente de Venezuela, en torno a Acarigua y Barquisimeto, franqueando por primera vez la cadena montañosa que separa la costa del Mar Caribe de los llanos venezolanos.

A comienzos de 1531, una vez curado y confirmados sus títulos de Gobernador de Venezuela por la Regente, Alfinger regresó a Tierra Firme, haciendo preso a Federman, quien se vio obligado a partir hacia Europa, vía Santo Domingo, el 9 de diciembre de llegando a Ausburgo, el 31 de agosto de 1532.

En ese mismo año, Alfinger comenzó su segunda expedición hacia el oeste, pasó por Maracaibo y recorrió lo que es hoy la frontera este de Colombia, por el Valle de Upar hacia el sur. En el lugar conocido luego como de Miser Ambrosio, entre lo que hoy es Pamplona y Cúcuta, cerca de Chinácota, en 1532 o 1533, murió luego de haber sido herido por una flecha envenenada, y haber realizado durante esa expedición, todos los desmanes imaginables contra los indios. El resto de la expedición llegó por el río Catatumbo al lago de Maracaibo y después de dos años, regresó a Coro, en noviembre de 1533.

Durante los primeros cinco años de la Gobernación de Venezuela, por tanto, con expediciones descubridoras hacia el oeste y el sur de Coro, ninguna población fue establecida por los conquistadores. En esos primeros años se perdió, así, para la Provincia de Venezuela buena parte de lo que luego sería el Nuevo Reyno de Granada. Como lo indicó Juan Pérez de Tolosa, Gobernador y Capitán dé la Provincia de Venezuela, en su célebre "Relación de las tierras y Provincias de la Gobernación de Venezuela" de 1548, al referirse a la expedición de Alfinger:

> «Del dicho pueblo de Maracaibo, el dicho Gobernador Ambrosio Alfinger entró la tierra adentro y llegó al Valle de Upare, que ahora está poblado por Santa Marta, que serais una treinta leguas desde Cabo de la Vela... Si esta Tierra la hubiera poblado el dicho Ambrosio, la Gobernación de Venezuela fuera próspera y tuviera poblado el Nuevo Reino de Granada, porque es el paso y camino por donde después se descubrió. Con ser esta tierra de los pacabuyes, no la pobló, antes siguió el río arriba de Cartagena, que es el río por donde vie-

nen del Nuevo Reino de Granada, y dejó la derrota del Reino y resolvió sobre la culata de la laguna para volverse a Coro».

Pero si bien por no poblar se perdieron para la Provincia de Venezuela las tierras descubiertas, la labor exploratoria de los alemanes en Venezuela fue de la más destacadas y espectaculares de las Indias, siempre buscando hacia el sur, "a la otra mar", es decir, al Mar del Sur.

c. *Los descubrimientos de Federman*

El 19 de julio de 1534, los Welser obtuvieron del Emperador el nombramiento de Nicolás Federman para suceder a Alfinger como Gobernador de la Provincia. Sin embargo, la protesta de los colonos por el nombramiento y el sometimiento a juicio de residencia a Federman, por su gestión anterior, llevó a su sustitución el mismo año 1534 por Jorge Hohermuth, llamado Jorge de Spira.

En esta forma, Spira y Federman estaban en Coro en 1535, ambos con títulos encontrados. Sin embargo, pudieron resolver sus pretensiones, repartiéndose entre ellos las áreas y fuerzas de la Provincia: Spira al sur y Federman al oeste. Spira emprendió expedición al sur, el 12 de mayo de 1535, por las regiones de los actuales Estados Lara y Portuguesa, y recorrió el pie de monte de las Sierras Nevadas, las que siempre tuvo a su derecha, por los llanos de Barinas y Apure, atravesando el Guanare y el Arauca. Pasó el río Ariari, afluente del Guaviare y descubrió el río Papamene. Allí supieron del país maravilloso que existía al otro lado de la montaña, al oeste, con palacios de oro. La muerte del guía de la expedición sin embargo, provocó el regreso a Coro, el 27 de mayo de 1538, es decir, tres años y quince días después.

Por su parte Federman se había dirigido de nuevo al occidente, pues había recibido de la expedición de Alfinger, las noticias del país importante que existía remontando el río Magdalena. Al llegar de nuevo al Cabo de la Vela donde fue el primero en probar fortuna en la pesquería de perlas, y donde un año antes había trasladado los vecinos de la ranchería de Maracaibo, fundó el pueblo de Nuestra Señora de las Nieves, el 5 de agosto de 1536. Este, repoblado dos años después, recibió el nombre de Nuestra Señora de los Remedios, dando origen a la actual Río Hacha. Allí tuvo conocimiento de los planes de la expedición comandada por Gonzalo Jiménez de Quesada enviado por el Gobernador de Santa Marta, con el mismo fin de descubrir el importante país que existía al sur.

Federman intentó poblar el interior de la Península, lo que no pudo. Se dirigió hacia el Valledupar y cuando iba penetrando con ánimo de continuar hacia el Magdalena, tuvo la oposición del Gobernador de Santa Marta, quien incluso, había instruido al licenciado Jiménez de Quesada, de hacerlo preso.

Regresó hacia Maracaibo y de allí envió a sus huestes hacia Carora, mientras iba a Coro con la esperanza de encontrar su designación como Gobernador. No recibió nada, y al tener noticias de la llegada del juez de residencia Nicolás Navarro, partió de la ciudad el 14 de diciembre de 1536, hacia Carora, dirigiéndose al sur.

En efecto, Federman continuó por la vertiente oriental de las Sierras Nevadas, rumbo al sur, sin respetar el compromiso con Spira, llegando al río Apure en abril de 1538, luego hasta el Meta, para tratar de llegar antes que Quesada al alto Magdalena. Al arribar al río Meta, viró hacia el suroeste y decidió atravesar la Cordillera,

hacia la otra banda de la Sierra, que quedaba sobre su mano derecha hacia el poniente, llegando a la Sabana de Bogotá. Federmann había trepado hasta caballos por la
Cordillera, por las ásperas cimas de Pascote, saliendo al Páramo Sumapaz y descen-
diendo después a Pasca, que está en el Valle de Fusagasugá; por donde ni antes ni
después alguien lo hubiere o haya hecho en igual forma.

Al llegar a la Sabana supo que desde hacía varios días la tierra estaba ocupada
por cristianos venidos de otras regiones: los primeros, las gentes de Gonzalo Jiménez de Quesada, quien había llegado allí desde Santa Marta remontando el río Magdalena; y las otras, de Sebastián de Belalcázar, lugarteniente de Pizarro en Quito,
quien había llegado desde el sur, por el río Cauca, donde ya había fundado la ciudad
de Cali.

Federman, por tanto, había llegado de último y por las vestimentas de las tres
huestes se podía determinar la calidad y penurias de las expediciones: los venidos de
Santa Marta llevaban trajes de telas de algodón tejidas por los indios; los peruanos,
más ricos, traían vestimentas de sederías, adornados con plumas; los de Federman,
en cambio, venían cubiertos de pieles de osos, leopardos, tigres y venados, después
de haber corrido las más crueles aventuras. En todo caso, introdujeron las gallinas a
la Sabana, así como Belalcázar los cerdos.

Los tres campamentos estaban en la Sabana, establecidos en triángulo. Sin embargo, Jiménez de Quesada, el 6 de agosto de 1538, ya había fundado en el sitio la
Ciudad Nueva de Granada. En todo caso, surgió entre ellos un conflicto de jurisdicción que decidieron someter al Emperador. Santa Fe de Bogotá se refundó el 27 de
abril de 1539, con la participación de las Huestes de los tres conquistadores, particularmente de Jiménez y Federman quienes habían hecho un arreglo previo. Los tres
conquistadores viajaron a España a dilucidar sus derechos. Luego de un largo proceso que duró varios años, Quesada ganó la causa y fue nombrado Gobernador del
Nuevo Reyno de Granada por Real Cédula de 17 de julio de 1549. Federman murió
en 1542, en Valladolid, durante los pleitos que tuvo, tanto con Jiménez de Quesada
como con los Welser. En contraste con lo que se dijo de otros conquistadores alemanes, Federman junto con Spira, fue uno de los pocos descubridores cuya memoria
pasó a la posteridad libre de mancha en cuanto a crueldad y trato de los indios.

En todo caso, las quejas contra los Welser en la administración de la Provincia
llevaron al Consejo de Indias, a través de la Audiencia de Santo Domingo, a entablar
juicio de residencia, lo que como se dijo se inició con el envío del juez Nicolás Navarro, en 1538, al momento de llegar Spira a Coro, de regreso de su expedición
hacia el sur, por el pie de monte de las Sierras Nevadas, hasta el río Guaviare. El
juicio concluyó ese mismo año, habiendo resultado condenados no sólo Spira sino
Federman, quien estaba en Europa, y a Ambrosio Alfinger, ya muerto; es decir, a
todos los que habían sido durante los 10 años precedentes, beneficiarios de la Capitulación de 1528.

d.   *Las desventuras de la Gobernación de los Welser*

Para ese entonces y desde 1534 había sido designado como primer obispo de la
Provincia, Rodrigo de Bastidas, quien era el segundo obispo designado en Tierra
Firme (el primero había sido Juan de Quevedo, en 1513, de la Catedral de Nuestra
Señora del Antigua, en el Darién), e hijo del conquistador Rodrigo de Bastidas, go-
bernador de la Provincia de Santa Marta.

En 1534, Bastidas ya había sido designado Gobernador interino. En 1540, luego de la muerte de Spira, por fiebre palúdica, y de que Navarro fuese obligado a abandonar la Provincia por orden del Cabildo de Coro, Bastidas asumió interinamente la gobernación de la Provincia. Como tal, abogó por el nombramiento como Gobernador del que había sido lugarteniente de Spira, Felipe de Hutten; a quien se designó en 1541, nombrándosele como lugarteniente, a Bartolomé Welser.

En 1541, los recién nombrados emprendieron expedición hacia el sur, por supuesto, también en búsqueda del Mar del Sur que era el límite meridional de la Provincia.

En esta expedición, que se prolongó por un larguísimo período de más de cinco años, Hutten bordeó las Sierras Nevadas por los llanos, llegando a la selva amazónica y al propio río Marañón, en territorio de los Omaguas, que era la puerta de entrada al Imperio Inca y del futuro Virreinato del Perú.

En 1544, en Coro se había reabierto el juicio de residencia iniciado por Navarro y esta vez el Juez Frías, en 1545, terminó condenando a los Welser «in contumaciam», sin que nadie se hubiese presentado al proceso. Por ello, la Audiencia de Santo Domingo nombró como administrador interino, hasta el regreso de Von Hutten, a Juan de Carvajal.

En ese mismo año, Carvajal armó expedición hacia Maracaibo y luego hacia el sur, llegando al río Tocuyo, donde fundó el 7 de diciembre de 1545, la ciudad de El Tocuyo. Después de 17 años de otorgada la Capitulación de 1528, se trataba de la primera ciudad que se fundó en la Provincia, después de Coro.

e. La ciudad de El Tocuyo y el inicio del poblamiento de la Provincia

El poblamiento de la Provincia de Venezuela, en efecto, puede decirse que se inició, realmente, con la fundación de Nuestra Señora de la Pura y Limpia Concepción de El Tocuyo, el 7 de diciembre de 1545, tierra adentro, por Juan de Carvajal, donde al año siguiente se trasladaría la capital de la Provincia, constituyéndose en el centro político y económico de la misma.

La ciudad tenía una forma casi reticular e, igualmente, con la iglesia ubicada en la plaza, aislada. Fue la primera ciudad hecha por españoles, en el suelo venezolano. De ella partieron todas las empresas pobladoras hacia la costa (Borburata), el occidente (Trujillo, Maracaibo) y el centro del país (Barquisimeto, Carora, Valencia, Caracas).

Como se dijo, Juan de Carvajal había sido nombrado el año anterior Gobernador y Capitán General de la Provincia de Venezuela, y con tal título fundó la ciudad. Enfrentó a los Welser y decapitó a Hutten, Bartolomé Welser y otros.

En efecto, en la ciudad de El Tocuyo, en 1545, cuando Hutten regresaba de su desventurada expedición, Carvajal lo hizo prisionero, lo obligó a reconocerlo como Gobernador de la Provincia, y luego lo asesinó a traición, junto a Bartolomé Welser. En ese mismo año, Juan Pérez de Tolosa fue designado Gobernador y Capitán General de la Provincia, con el encargo de castigar al asesino. Arrestó a Carvajal en 1546, quien luego de haber sido atado a la cola de un caballo y arrastrado por el polvo, fue colgado en la rama de un árbol el 17 de septiembre de 1546. La condena, en efecto, por homicidio había sido a que:

«Sea sacado de la cárcel pública donde está, atado a la cola de un caballo; y por la plaza de este asiento sea arrastrado hasta la picota y horca; y allí sea colgado del pescuezo con una soga de esparto o de cañamo, de manera que muera de muerte natural. Y ninguno de allí sea osado de le quitar, sin licencia de mi, el dicho gobernador.»

Pérez de Tolosa, en todo caso, siguió la obra de Carvajal y ratificó las encomiendas y repartimientos de El Tocuyo, nombrando como Teniente General a Juan de Villegas. Despachó a su hermano Alonso Pérez de Tolosa y a Diego de Losada, a descubrir hacia las Sierras Nevadas, quienes llegaron por los llanos hasta el río Apure, el cual remontaron hasta encontrar el Uribante, el cual también remontaron hasta encontrar el Torbes, el cual también remontaron hasta llegar al Valle que denominaron las Auyamas, donde años más tarde, Juan de Maldonado desde la Provincia de Pamplona, fundaría San Cristóbal (1561). De allí, siguieron por las Lomas del Viento, el pueblo de los indios Capachos y fueron a dar al Valle de Cúcuta. De allí marcharon al río Zulia, el cual recorrieron aguas arriba y de regreso, aguas abajo, llegaron a la culata del lago de Maracaibo, por donde regresaron a El Tocuyo.

En 1543, Diego de Losada quien conocía las costas de Oriente pues había sido parte de la hueste de Sedeño, acompañó al Teniente de Gobernador Juan de Villegas en la expedición hacia las costas de Maracapaná y Cumaná a fin de deslindar, con Cubagua, los límites de las Gobernaciones. Llegaron hasta el río Neverí, regresando a Coro luego de haber firmado el deslinde con las autoridades de Nueva Cádiz.

f. La población de Borburata y la fundación de Barquisimeto y Valencia

En 1547, Juan de Villegas descubrió la laguna de Tacarigua (Lago de Valencia) y dio inicio a la fundación de Nuestra Señora de la Concepción de Borburata.

Allí se enteró de la muerte de Pérez de Tolosa y de su designación por aquél, para sucederle en el mando, lo que se confirmó a instancias de los Welser, el mismo año, por la Audiencia de Santo Domingo. Terminó con la población de Borburata y fundó, en 1551, la Villa del Real de Minas de San Felipe de Buria, en la Provincia de Nirgua, para facilitar la explotación de las minas de oro de Buria. En 1552, fundó la ciudad de Nueva Segovia de Buria, la cual en 1556, fue trasladada al sitio que hoy ocupa Barquisimeto.

En la fundación de la ciudad de Nueva Segovia de Barquisimeto, estaba con Juan de Villegas, Diego de Losada, quien fue designado Alcalde de la nueva ciudad. Allí también estaba, como fundador, Diego García de Paredes, quien luego fundaría, en 1558, la ciudad de Trujillo.

La traza urbana de Barquisimeto fue y es de carácter reticular, muy próxima a la forma cuadricular. La iglesia está ubicada al sur de la plaza, a pesar de que en el plano de 1579, la iglesia aparecía ubicada dentro de la plaza, y en su parte este. En todo caso, Barquisimeto es la ciudad venezolana que posee el mayor número de manzanas, casi cuadriculares, con crecimiento, por tanto, ordenado. Allí murió el tirano Lope de Aguirre en 1561, vencido por Diego García de Paredes, Maestre de Campo del Ejército Real.

Muerto Villegas, lo sucedió en la Gobernación, en 1553, Alonso Arias de Villasinda, quien en 1555, mandó a Alonso Díaz Moreno, vecino de Borburata, a fundar una ciudad inmediata a la Laguna de Tacarigua, fundando Nueva Valencia del Rey.

Valencia fue, en todo caso, la primera ciudad en tierra firme que se estableció con una cuadrícula perfecta, y en la cual se aplicó el concepto de plaza mayor libre, ubicándose la iglesia en la cuadra situada al este de la misma.

Durante el gobierno de Arias de Villasinda, en 1556, el Consejo de Indias declaró a los Welser privados de sus derechos sobre Venezuela e hizo reingresar a la Provincia bajo la directa autoridad de la Corona.

B.   *El poblamiento de la Provincia de Venezuela después de los Welser*

Luego de haber ejercido, en 15 51, como Gobernador y Capitán General de la isla de Margarita, en 1558 el Mariscal Gutierre de la Peña Langayo, fue designado Gobernador y Capitán General interino de la Provincia de Venezuela, quien nombró a Francisco Fajardo, primer conquistador y poblador de los Caracas, para gobernar y poblar desde Borburata hasta Maracapaná.

Al Mariscal lo sucedió como Gobernador y Capitán General de la Provincia, en 1559, Pablo Collado.

a.   *La ciudad de Trujillo*

Diego García de Paredes, quien había sido nombrado para someter a los Cuicas, salió de El Tocuyo en 1557, y al año siguiente, en 1558 fundó la ciudad de Nueva Trujillo en el sitio de Escuque. Doce años después y luego de varios traslados, en 1570, la ciudad encontró asiento definitivo en el Valle de los Cedros, en una meseta elevada e inclinada, bordeada por el río Castán y la quebrada los Cedros, con el nombre de Nuestra Señora de la Paz de Trujillo.

El trazado urbano de Trujillo está gobernado por dos calles que bajan por la meseta, ubicándose la plaza en la parte inferior. La forma de las manzanas es cuadricular.

b.   *El poblamiento del centro: Caracas*

El Gobernador Collado nombró a Francisco Fajardo como Teniente General para llevar a cabo el proyecto de conquista de los Caracas. Este título luego se lo dio a Juan Rodríguez Suárez, fundador de Mérida, quien fundó, en 1561, en el Hato San Francisco de Fajardo, en el Valle de Caracas, la Villa de San Francisco. El mismo año se había fundado el pueblo de Valle de la Pascua (el Valle), en el suroeste del Valle de los Caracas. En 1560, Fajardo había fundado la Villa de Collado, en honor del Gobernador, hoy Caraballeda.

Felipe II nombró en 1566, como Gobernador y Capitán General de la Provincia a Pedro Ponce de León, quien terminó con la conquista de los Caracas, con la ratificación del nombramiento de Diego de Losada para ello, que había hecho su antecesor, Alonso Bernáldez. Losada salió de El Tocuyo con los 3 hijos del Gobernador en 1567, pasó por Villa Rica, hoy Nirgua y por los Valles de Aragua. Lo acompañaban, entre otros, Gabriel de Avila, cuyo nombre selló el gigantesco cerro Guarairarepano, de Caracas; Alonso Andrea de Ledesma, quien había participado en la fundación de El Tocuyo y Trujillo; Sebastián Díaz Alfaro, luego fundador de San Sebastián de los Reyes; Juan Fernández de León, fundador de Guanare; Francisco de Vides, después Gobernador y Capitán General de Nueva Andalucía; Cristóbal Gómez y Esteban Martín, de los fundadores de Nueva Segovia de Barquisimeto; y

Juan Cataño, Andrés Hernández y Andrés de San Juan, de los fundadores de El To-cuyo, Borburata y Trujillo.

De los Valles de Aragua, Losada llegó por el río Tuy al Valle del Miedo, donde comienza la serranía de Los Teques, país de Guaicaipuro; y después de duros com-bates, entró al Valle de San Jorge (Las Adjuntas) pasó por el Valle de la Pascua (El Valle) y entró al Valle de San Francisco, donde fundó, el 27 de julio de 1567, la ciudad de Santiago de León de Caracas, donde el mismo año se trasladó, de Coro, la capital de la Provincia. En 1567, también se fundó Petare en el extremo este del Valle de Caracas.

En 1569, a la muerte de Ponce de León, fue nombrado Gobernador y Capitán General de la Provincia, Diego de Mazariego, quien había fundado la ciudad de Chiapas en la Nueva España y había sido Gobernador y Capitán General de Guate-mala. A la muerte de Mazariego, en 1576, Juan de Pimentel fue designado como Gobernador y Capitán General de la Provincia, quien en 1578, hizo el conocido croquis de la planta de Caracas, reducido al cuadrado que limitan los ángulos de las esquinas hoy llamadas Cuartel Viejo, Abanico, Doctor Díaz y Gorda, dividido en 25 manzanas por la trama de cuatro calles dispuestas en paralelo de Norte a Sur que partiendo de las esquinas hoy denominadas de Altagracia, Mijares, Jesuítas y Ma-turín; llegaban hasta las hoy llamadas Mercaderes, Pajarito, Camejo y Colón; y de otras cuatro calles dispuestas en paralelo de Este a Oeste, que partiendo de las es-quinas hoy denominadas La Pelota, Marrón, Doctor Paúl y Chorro, llegaban a las hoy esquinas de Llaguno, Piñango, Muñoz y Pedrera.

Caracas tiene una forma regular, pero no cuadricular como sugerían todos los planos de la ciudad hasta épocas recientes, cuando quedó en evidencia que las man-zanas que convergen hacia la Plaza Bolívar son rectangulares, siendo dicha plaza de tamaño más reducido que todas las manzanas circundantes.

c.   *La ciudad de Carora*

Bajo el mandato del Gobernador Diego de Mazariego, el 19 de junio de 1572, se fundó la ciudad del Portillo de Carora ubicada entre Coro y El Tocuyo. El primer asiento de la ciudad había sido establecido por Juan Trejo en 1569, pero en 1571, fue mudada por Juan de Maldonado al sitio donde hoy está y luego repoblada por Juan de Salamanca en 1572. La traza de la ciudad es reticular.

d.   *La ciudad de Maracaibo*

Como se dijo, Ambrosio Alfinger había llegado a Coro el 26 de febrero de 1529, haciéndose cargo del Gobierno de la Provincia. Al poco tiempo salió a descubrir tierras, rumbo a occidente. Llegó a la Laguna de Maracaibo, pasó a la otra banda, ubicando en el sitio que le pareció más conveniente una ranchería, llamada Mara-caibo.

En 1535, como se dijo, Nicolás Federman, Teniente de Gobernador de Jorge Spi-ra, trasladó el vecindario de la ranchería al Cabo de La Vela, donde fundó el pueblo de Nuestra Señora de los Remedios, quedando despoblada la ranchería de Maracai-bo.

En 1568, el Gobernador de Venezuela, Pedro Ponce de León, advirtió la necesi-dad de conquistar el lago de Maracaibo, encargando de ello al Teniente de Gobernador de la recién fundada ciudad de Trujillo, Capitán Alonso Pacheco Maldonado. La expedición entró al lago por el río Motatán fundándose una ciudad el 20 de enero del año 1569, con el nombre de Ciudad Rodrigo, la cual luego fue abandonada. Posteriormente, el Gobernador Maza riego obtuvo permiso del Rey para continuar la conquista del Lago, encargando a Pedro Maldonado proseguir la empresa iniciada por Pacheco Maldonado. Pedro Maldonado, en 1574, cambió el nombre de Ciudad Rodrigo por el de Nueva Zamora de Maracaibo, llevando nueva gente para poblarla.

e.   *San Sebastián de los Reyes y el poblamiento del centro*

En la fundación de Caracas, con Diego de Losada había participado Sebastián Díaz de Alfaro. El Gobernador Luis de Rojas le encomendó la conquista y poblamiento de los Quiriquires y tuvo a su cargo la fundación de San Sebastián de los Reyes el 6 de enero de 1585, la cual se trasladó de sitio en muchas ocasiones, encontrando la ubicación actual, 91 años después, en 1676. Sebastián Díaz de Alfaro fue Alcalde de Caracas en 1591 y 1594.

f.   *La ciudad de Guanare*

En 1589 fue nombrado Gobernador y Capitán General Diego de Osorio, quien dotó de ejidos a la ciudad de Caracas. Durante su gobierno encomendó a Juan Fernández de León poblar la Provincia de los Guanaguanare, de lo que resultó la fundación de Guanare el 3 de noviembre de 1591.

4.   *El poblamiento de las provincias de las Sierras Nevadas y del Espíritu Santo*

A.   *Pamplona y las Sierras Nevadas*

En 1548, el Visitador y Gobernador de Santa Fé de Bogotá, Manuel Díaz de Armendariz, encomendó a Pedro de Ursúa, su sobrino, junto con Ortún Velásquez de Velasco, dirigir una expedición que debía encaminarse hacia las Sierras Nevadas del Norte, que Spira y Federmann habían visto de lejos, pasando por los llanos y que también había avistado Alfinger en la jornada en la cual murió. El resultado inicial de la expedición fue la fundación de la ciudad de Pamplona en un valle elevado que llamaron Espíritu Santo, rodeado de altas sierras. La ciudad se trazó con regularidad en abril de 1549 y en dicha fundación participó Juan Rodríguez Suárez. No lejos de Pamplona se encuentra el Valle de Micer Ambrosio, donde murió Alfinger.

A Ursúa lo sucedió en el gobierno de la colonia, Ortún Velásquez de Velazco, quien en calidad de Justicia Mayor, gobernó la ciudad por 20 años, hasta 1584. La Provincia de Pamplona comprendía entonces por el norte, el río Zulia hasta el lago de Maracaibo.

En Pamplona había algunos vecinos, entre ellos, Pedro Alonso de los Hoyos, que habían llegado al Nuevo Reyno por la falda de la Cordillera que cae a los llanos, desde los cuales habían visto las Sierras Nevadas. Esos vecinos habían participado en la expedición de Spira, en 1535, por la vía de los llanos «llevando la cordillera que a la derecha tenían por guía, no perdiéndola de vista». Además, en 1547, como se dijo, desde El Tocuyo habían sido enviados a descubrir las provincias de las Sierras Nevadas, Alonso Pérez de Tolosa y Diego de Losada, sin lograr penetrar la cordillera.

En 1553, Juan Rodríguez Suárez había sido nombrado por el Regidor Juan Maldonado, Procurador de la ciudad; y en 1554 fue nombrado Alcalde de las Minas del Río de Oro por una Real Provisión firmada en Santa Fe. En el mismo año 1554, en el Cabildo de Pamplona se tomó noticias de los intentos de Pedro de Ursúa, antiguo fundador, para ir a las Sierras Nevadas a poblar un pueblo, lo cual se le impidió por carecer de autoridad para ello. Al año siguiente, en 1555, en el mismo Cabildo de Pamplona se trató sobre la conveniencia de ir a buscar minas en los términos de la ciudad, hacia las Sierras Nevadas, a solicitud de Nicolás de Palencia, de lo que resultó el nombramiento de Juan de Maldonado, Alcalde de la ciudad, para que fuera a buscar dichas minas en los términos de la ciudad, incluidas las Sierras Nevadas. La expedición de Maldonado, en 1555, sólo llegó a Cúcuta. En 1557 hubo otra decisión del Cabildo encargando a Juan Andrés Valera, Alcalde Ordinario de la ciudad con el mismo objetivo, la cual no llegó a efectuarse.

Juan Rodríguez Suárez fue designado Alcalde Ordinario de Pamplona en 1558, junto con Pedro Alonso de los Hoyos. Este, como Procurador, propuso la designación de Juan Rodríguez Suárez para la expedición de buscar las dichas minas en la Provincia de Táchira y las Sierras Nevadas. Ello se decidió el 14 de abril de 1558.

B. *La fundación de la ciudad de Mérida*

La expedición partió de Pamplona a fines de junio de 1558 pasando por los vales de Cúcuta, el río Táchira, el Valle de Santiago (donde luego Juan de Maldonado fundaría San Cristóbal), el Cobre, el Valle de La Grita, el Valle de Bailadores, y La Lagunilla hasta La Guazábara o El Realejo, donde se fundó Mérida el 9 de octubre de 1558, en el sitio que ocupa el pueblo San Juan, a una legua de Lagunillas. Se nombraron las autoridades (Regidores, Alcaldes y Oficiales Reales) y Juan Rodríguez Suárez se hizo nombrar Capitán y Justicia Mayor de la ciudad. Todo ello se notificó al Cabildo de Pamplona.

Al día siguiente, Juan Rodríguez Suárez levantó el campamento y avanzó hacia el Norte hasta descubrir una alta meseta frente a la Sierra Nevada, entre los ríos Chama (al que denominaron Guadiana) y Álbarregas, donde el 1o de noviembre de 1558 se trasladó la ciudad, al sitio denominado La Punta, donde actualmente está la población de La Parroquia (Santiago de la Punta) que integra el área urbana de Mérida. En los días siguientes, Rodríguez Suárez recorrió la tierra y descubrió sucesivamente los valles de los ríos Albarregas y Mucujun, el valle de Turmas hacia el Noreste, la laguna de Caza (Mucubají), el Valle de Santo Domingo, y el Páramo de Mucuchíes.

Pero paralelamente a estos acontecimientos, Juan de Maldonado había obtenido una Provisión Real en Santa Fe, el 17 de agosto del mismo año, en la cual se le comisionaba para prender a su enemigo, Juan Rodríguez Suárez, por cuanto este había ido a poblar «so color de buscar minas». Dada la actitud belicosa de Maldonado, otra Real Provisión le exigía cumplir su cometido quieta y pacíficamente, sin llevar gente ni armas. En febrero de 1559 ya estaba Maldonado en Mérida, ordenando nuevamente el traslado de la ciudad una legua más arriba, donde hoy se encuentra, con una traza cuadricular; pero Juan Rodríguez Suárez estaba en las orillas del lago de Maracaibo. De regreso a Mérida fue aprehendido por Juan de Maldonado, quien había bautizado la ciudad con el nombre de Santiago de los Caballeros de Mérida. En marzo de 1559 ya habían llegado a Pamplona, el prisionero y su escolta, y a fines de abril se hallaban en Bogotá, donde se inició el proceso contra Rodríguez Suárez en la Real Audiencia, en mayo de 1559, por Haber fundado un pueblo sin licencia.

C. *La fundación de San Cristóbal*

Después de las andanzas de Juan Maldonado en persecución de Juan Rodríguez Suárez, la Audiencia de Santa Fe le otorgó Provisión Real para poblar un pueblo o villa en el camino hacia Mérida, en el Valle de Santiago. La expedición salió de Pamplona a principios de 1561, por la vía del Valle de Cúcuta, la Loma del Viento y las tierras de los Capachos, remontando el río Torbes. Fundó la ciudad de San Cristóbal en la sabana alta, «que estaba de la otra banda del río principal que atraviesa por medio el Valle», el 31 de marzo de 1561. En la expedición también estaba Nicolás de Palencia, viejo conquistador de amplia experiencia en las aventuras descubridoras de Felipe de Hutten y Bartolomé Welser. Había sido hecho preso por Carvajal, y luego de la muerte de aquellos y libre, pasó al Nuevo Reyno y participó en la fundación de Pamplona.

La fundación de San Cristóbal no fue bien aceptada en Pamplona, donde se tenía fresca la experiencia de Rodríguez Suárez con la fundación de Mérida, lo que había cercenado los límites y jurisdicción a la ciudad. Irónicamente, a Juan Maldonado también se lo acusó de desacato. Había fijado los términos de San Cristóbal hasta el río Cúcuta; por la banda de Mérida, hasta Pueblo Hondo; por la banda del oriente, hasta los llanos de Venezuela; y por la banda del Poniente, hasta la laguna de Maracaibo. Las desavenencias entre Pamplona y San Cristóbal desembocaron en un enconado litigio ante la Real Audiencia, resuelto por el Visitador Angulo, ratificando los términos y jurisdicción de San Cristóbal, en 1562. Las disputas entre las dos ciudades, sin embargo, continuaron en los años siguientes.

D. *La población de la Provincia del Espíritu Santo*

a. *La fundación de La Grita*

Francisco de Cáceres había llegado a Tierra Firme en 1569 con la expedición de Diego Fernández de Serpa, a Nueva Andalucía. Después de la muerte de éste y del fracaso de la expedición, llegó al Nuevo Reyno, donde participó en muchas expediciones. Tuvo noticias de una región desconocida a espaldas de Guatavita, por donde se situaba el Dorado y se dirigió a ella. No encontró minas, pero en 1573 fundó sin licencia un pueblo, que denominó Espíritu Santo. Notificó de ello a la Real Audiencia, la que lo mandó a aprehender y a despoblar lo hecho, por no haber obtenido licencia para ello. El mandamiento podía desembocar en pena de muerte, por lo que no hizo caso al llamado de la Audiencia, y se marchó a España por la Provincia de Venezuela. Su hermano Alonso había sido designado Secretario de Cifra del Rey de España para el Reino de Napóles. Con esa influencia obtuvo una Real Cédula, en 1574, que le concedió la Gobernación de las Provincias del Espíritu Santo, ordenándosele a la Real Audiencia de Santa Fe, celebrar Capitulación con Cáceres. Con una expedición organizada precariamente, partió hacia los llanos y luego enrumbó al Norte, hacia las Sierras Nevadas, en busca de mejores tierras, llegando a San Cristóbal y Pamplona. Salió de San Cristóbal por el Zumbador y llegó al Valle de La Grita en 1576, donde fundó la ciudad del Espíritu Santo de La Grita.

Encontrándose en proceso de organizar la villa, una Real Provisión de 4 de junio de 1576 le ordenó presentarse en Santa Fe, y entregar la jurisdicción de La Grita al Capitán Ortún Velásquez de Velasco, fundador de Pamplona. Pleiteó en Santa Fe y la Audiencia, al final, le dio Despacho provisional de Justicia Mayor para regresar a La Grita.

b.   La fundación de Altamira de Cáceres y Barinas

Una vez en la ciudad, extendió los dominios de la Gobernación y encomendó a Juan Andrés Valera, vecino de Mérida, para que poblase una villa hacia los llanos, en el piedemonte. Así nació Altamira de Cáceres, origen de Barinas, el 27 de mayo de 1577.

c.   La fundación de Gibraltar y de Pedraza

Las ciudades de Mérida y San Cristóbal formaban parte de la gobernación de Tunja, y estaban territorialmente divididas por la formación de la Gobernación del Espíritu Santo de La Grita. En 1591, quien años después sería Gobernador y Capitán General de la Provincia de Venezuela, Gonzalo de Piña Ludueña, vecino de Mérida y nacido en el Peñón de Gibraltar, fundó el puerto de San Antonio de Gibraltar en el Lago de Maracaibo y la ciudad de Pedraza, en los llanos de Barinas.

E.   El corregimiento de Mérida-La Grita

En 1607, se ordenó la separación de las ciudades de Mérida y San Cristóbal del Corregimiento de Tunja, y su junta con el puerto de San Antonio de Gibraltar y las ciudades del Espíritu Santo y Barinas. Nació, así, el Corregimiento de Mérida La Grita, con cabeza en Mérida, desapareciendo la Gobernación del Espíritu Santo. En 1622, el Corregimiento se convirtió en Gobernación, contando con las ciudades de Mérida, Espíritu Santo de La Grita, Barinas, Pedraza, Gibraltar y San Cristóbal. Barinas era todavía Altamira de Cáceres, pues sólo fue refundada, por Juan Pacheco Maldonado, como Nueva Trujillo de Barinas o Barinitas en 1628, y luego trasladada dos veces más, en 1742 y 1759, hasta la ubicación actual. El trazado de Barinas es reticular, con plaza rectangular del tamaño de dos manzanas.

En 1676 se agregó a la Gobernación Mérida-La Grita, a Maracaibo, separándola de la Gobernación de Venezuela, pasando la sede de la Gobernación ampliada a Maracaibo.

5.   El poblamiento de la Provincia de Nueva Andalucía

A.   Las vicisitudes de una conquista fallida

La conquista y poblamiento del oriente venezolano se inició con los contactos con tierra firme de los pobladores de Nueva Cádiz para el establecimiento de la colonia; y comenzó a efectuarse en 1515, con el establecimiento de los franciscanos en Cumaná, y de los dominicos en el Golfo de Santa Fe (Provincia de Chichiriviche), en un ensayo de evangelización pura de los indios, sin encomiendas.

Este ensayo se inició con el envío de una misión de dominicos a las costas cumanesas mediante una Real Cédula otorgada a Fray Pedro de Córdoba, en 2 de junio de 1513, después de la promulgación de las leyes de Burgos el 27 de diciembre de

1512, como secuela de las denuncias sobre la explotación de los indios efectuadas por el Fray Antonio Montesinos en 1511.

En 1515, la rebelión de los indios por atropellos sufridos en los años precedentes, condujo a la muerte a los dos misioneros dominicos que se habían asentado en el Golfo de Santa Fe. Fue entonces el año siguiente, en 1516, cuando se produjeron los primeros asentamientos dominicos y franciscanos en las costas de oriente, pues se había definido una especie de Gobernación espiritual reservada a los religiosos "desde Cariaco hasta Coquivacoa", con la consiguiente prohibición de que otras personas fuesen a esa costa. En 1516, Fray Pedro de Córdoba estaba en el Golfo de Santa Fe, y en ese mismo año se había decidido por la orden franciscana, el envío de misioneros a la Costa de las Perlas.

Las incursiones de los pobladores españoles de la Española en tierra firme, tomando indios por esclavos de la costa, no se detuvieron y más bien se multiplicaron por el desarrollo de la explotación de perlas en Cubagua. A consecuencia de ello, en 1520 se produjo la rebelión de los naturales, incendiando las misiones de los dominicos y franciscanos, dándoles muerte a los misioneros. La reacción del gobierno de la Española fue el envío, en 1521, de una expedición de castigo al mando de Gonzalo de Ocampo, para reprimir el alzamiento, lo que agravó el encono entre españoles e indios, con el consiguiente retraso en el proceso de poblamiento de Nueva Andalucía.

En 1521, sin embargo, Gonzalo de Ocampo inició la construcción de una fortaleza en Cumaná, con el nombre de Nueva Toledo, que duró poco tiempo. Ese mismo año, Fray Bartolomé de las Casas inició, a iniciativa de la Audiencia de Santo Domingo, otro ensayo de colonización pacífica. Fue a de Las Casas a quien Ocampo entregó la fortaleza, verificada la comisión real que traía, lo que sin embargo no impidió las incursiones esclavistas de los armadores de Santo Domingo, incluido Ocampo. Al momento en el cual las Casas viajó a Santo Domingo a hacer valer sus derechos, el Teniente que dejó en tierra firme, Francisco de Soto, cometió atropellos contra los indígenas, los que de nuevo se revelaron, incendiando lo que había de Nueva Toledo.

En 1522 una nueva expedición de castigo partió de la Española, a cargo del Alcalde Mayor de Cubagua, Francisco Vallejo, quien fue sustituido posteriormente por Jácome de Castellón, vecino de Santo Domingo. Este tomó la costa y cautivó y esclavizó gran cantidad de indios, entregando el producto de la venta de éstos al factor Juan de Ampies. El 2 de febrero de 1523 fundó de nuevo una fortaleza en la desembocadura del río Cumaná, hoy Manzanares, la cual sirvió de centro de abastecimiento para Nueva Cádiz en Cubagua. Desde 1529, el Puerto de Santa Cruz era una aldea indígena y embarcadero.

En 1530, un terremoto destruyó la fortaleza de Cumaná; y en se le asignó a las autoridades de Nueva Cádiz la designación de la fortaleza de Cumaná y jurisdicción en la Costa de Tierra Firme. La fortaleza de Cumaná, así, vinculada a Nueva Cádiz desapareció cuando a partir de 1543 la pesquería de perlas se trasladó definitivamente de Cubagua al Cabo de la Vela, con la destrucción de Nueva Cádiz.

En 1530, Antonio Sedeño, vecino de Puerto Rico, obtuvo Capitulación para la conquista de Trinidad, empresa en la cual fracasó, legrando sólo situar una fortaleza en la Península de Paria. Con Sedeño llegó a Tierra Firme Diego de Lozada, quien 13 años más tarde participaría en el deslinde de la Provincia de Venezuela con la jurisdicción de Nueva Cádiz en Maracapaná. En el mismo año de 1530, Diego de Ordaz obtuvo Capitulación "para descubrir, conquistar y poblar" doscientas leguas desde Maracapaná, en los Confines de la Capitulación a los alemanes, hasta el río Marañón, llegando en 1531, a Paria, donde tomó la fortaleza de Tapias que había dejado Sedeño, dando inicio a un largo conflicto jurisdiccional entre ambos Adelantados.

Diego de Ordaz partió de Paria el 23 de junio de 1531 descubriendo la Provincia de Guayana y remontando el Orinoco hasta la desembocadura del Meta. De regreso a Paria, tuvo que enfrentar las pretensiones de la ciudad de Nueva Cádiz, al punto de haber sido hecho preso y llevado ajuicio en Santo Domingo. Murió en 1532 en viaje a España para dilucidar sus derechos en la Provincia del Marañón, frente a los derechos de Nueva Cádiz en tierra firme. En 1533 Jerónimo de Artal sucedió a Ordaz, quien obtuvo Capitulación para ir a poblar y rescatar el Golfo de Paria, donde llegó en 1534, año en el cual se había confirmado la jurisdicción de Nueva Cádiz entre la Culata del Golfo de Cariaco y Maracapaná, con 86 leguas de profundidad, lo que provocó una interminable disputa entre Cubagua y Artal.

Artal fundó el pueblo de San Miguel del Neverí a finales de agosto de 1535, y partió hacia el Meta por el Orinoco. La villa fue tomada por Sedeño, alzado contra el Rey, en cuyas huestes, como se dijo, andaba Diego de Losada, quien luego pasó a la Gobernación de Venezuela.

B. *La ciudad de Cumaná y el poblamiento de la costa oriental*

En las décadas siguientes se realizaron nuevos intentos de colonización evangelizadora en las costas de oriente, (Provincia Dominicana de Santa Cruz) a cargo de los dominicos, el más importante en 1550 respecto de los indios Araucas en Trinidad, y en el Orinoco, empresa vinculada a la Gobernación de Margarita. El Io de febrero de 1562 Fray Francisco de Montesinos, quien había libado dos años antes a Santo Domingo, dio inicio a Nueva Córdoba, como ciudad, con la elección del Ayuntamiento, con lo cual se asentó definitivamente la ciudad de Cumaná.

En 1568 se otorgó Capitulación a Diego Fernández de Serpa para ir a descubrir y poblar las Provincias de Guayana y Caura dentro de las Provincias de Nueva Andalucía, con lo que se reinició el proceso de descubrimiento y población del oriente venezolano, que en las tres décadas precedentes no había podido ser conquistado. Fernández de Serpa había vivido en Cubagua en la época de la pesquería de perlas, y en 1537 había pasado a Santa Marta y de allí al Perú. Fundada Bogotá pasó a esta ciudad, regresando a España en 1544. En 1546 regresó a las Indias en la flota del Presidente del Perú, Pedro de la Gorca nombrado para sofocar la rebelión de; Gonzalo Pizarro, quedándose en Santa Marta, desde donde participó en el ejército al mando de Pedro de Ursúa contra Pizarro. En Santo Domingo, en 1549, había sido encargado por la Audiencia de la conquista de Guayana, la que se suspendió al año siguiente. Ello motivó el paso de Fernández de Serpa a la Provincia de Venezuela, incitado por el Gobernador Juan de Villegas; y allí, con el título de Capitán participó en la fundación de Barquisimeto. De allí pasó a Quito y luego a España donde obtuvo la Capitulación de 15 de mayo de 1568, antes indicada. En el mismo día y año se otorgó Capitulación a Pedro Maraver de Silva para descubrir y poblar la Gobernación de Nueva Extremadura (entre el Orinoco y el Amazonas) y al año siguiente, el

15 de enero de 1569 se otorgó Capitulación a Juan Ponce de León para ir a descubrir y poblar las Islas de Trinidad y Tobago.

Fernández de Serpa llegó a Margarita en 1569 y de allí pasó a tierra firme, repoblando, el 24 de noviembre a Nueva Córdoba a la cual ubicó en la margen derecha del río, a los pies de la colina de San Antonio de la Eminencia, trazándose las calles y la plaza, y denominándola Cumaná de Serpa, conforme a Acta de 24 de noviembre de ese año. Repartió tierras e indios y tomó posesión de Araya "en nombre de la ciudad de Nueva Córdova". El trazado de Cumaná, aún cuando tiene cierta regularidad, no responde al de la retícula regular. Fernández de Serpa fundó, además, en 1570, la población de Santiago de los Caballeros en el Morro El Salado, actual Morro de Barcelona dando origen a Nuestra Señora del Amparo de los Pozuelos, en 1680. Penetró luego al sur, hacia los poblados indígenas de Píritu y hacia los Llanos del Alto Unare. De regreso a Santiago de los Caballeros, murió cerca del Neverí el 10 de mayo de 1570 a manos de los indios. Había fundado ese año los pueblos de Píritu y Pozuelos.

Muerto el Gobernador, sus expedicionarios se desbandaron: unos pasaron a Margarita, y otros al Nuevo Reyno de Granada como Francisco de Cáceres, fundador de La Grita. Ello revivió las pretensiones de Doña Aldonza Manrique, Gobernadora de Margarita, de extender su jurisdicción a Tierra Firme, lo que no tuvo éxito, pues la Capitulación a Fernández de Serpa se había otorgado por dos vidas, pasando al hijo del Conquistador, Garci Fernández de Serpa quien obtuvo Capitulación en 1579. En 1578 su Teniente de Gobernador había fundado a Puerto Píritu como un embarcadero.

6.   *El poblamiento de la Provincia de Guayana o El Dorado*

Antonio de Berrío, Gobernador de las Alpujarras al terminar la guerra de Granada, se había casado con María de Ortuña, sobrina de Gonzalo Jiménez de Quesada. En el testamento de este último, de 1579, ambos aparecían como sus herederos. Con tal carácter, Berrío obtuvo de la Audiencia de Santa Fe la Gobernación de Pauto y Papamene en la Provincia de los Llanos, de la cual era heredero.

Berrío partió de Santa Fe a fines de 1583 y llegó a Chita, llano adentro, de donde partió el 3 de enero de 1584 hacia el río Barraguán (Orinoco), divisó la Cordillera más allá del Guaviare en su desembocadura con el Orinoco (Serranías Guayopo y Cuao) y de los encuentros con los indios informó en carta a Su Majestad, el año siguiente:

> «Dicen que en la cordillera hay una laguna grandísima, y que de la otra parte de ella ay grandes poblaciones y muy gran número de gente, y gran riqueza de oro y piedras (preciosas). Preguntéles si avía tanta gente como en los llanos; reíanse de mi diziendo que en la Cordillera avía muchos lugares, y que en cada uno de ellos avía muchos (mas) que en todos los llanos, y prometo a Vuestra Majestad que vi y hablé en ellos a más de veinte mil, y donde se ven veinte ay mas de ciento.»

Después de su segunda expedición, en carta a Su Majestad de 1587, desde Casanare, cerca del Orinoco, de nuevo Berríos se refirió a la cordillera por informaciones de los indios así:

«...que subiendo a la cordillera que teníamos cerca heríamos una laguna muy grande que se llama Manoa, la cual emos sabido por cierto que es laguna de agua salada, y muy grande de su extremo, y que la tardan en pasar los indios en canoas tres días; dicen que en pasando esta laguna duran las grandes Provincias de Guayana asta el Marañón; dizen los indios que se tardará ir desde Manoa al Marañón dos lunas.»

Berrío tuvo así, clara visión de El Dorado o Manoa, a orillas del gran Lago Parima., nunca encontrado, no porque no existiera o fuera un mito, sino porque quizás se desaguó.

En todo caso, en su primera expedición atravesó el Orinoco, levantando campamento en su margen derecha, metiéndose tierra adentro sin poder encontrar el camino que atravesaba la Sierra, cerrándole el paso la espesura de la selva. Regresó al campamento y al ser informado que el paso estaba aguas abajo, llegó hasta losraudales de Atures. Regresó a Santa Fe por el Meta y el Casanare.

En 1587, partió de nuevo hacia las provincias del Orinoco, ahora en busca de El Dorado, hacia los raudales de Atures donde tenía planeado poblar como centro de las operaciones descubridoras. La segunda expedición también fracasó, regresando al año siguiente a Santa Fe, en busca de nuevos recursos para la conquista de Guayana.

En 1590, Berrío emprendió su tercera expedición por el Casanare y el Meta hasta el Orinoco o conforme a su expresión, "donde el Barraguán pierde el nombre y comienza a llamarse Orinoco". Intentó repetidas veces abrirse paso hacia el interior de Guayana sin poder cortar el Macizo Guayanés. Ante el nuevo fracaso, se dirigió aguas abajo, sacrificando los caballos por los raudales, hacia las provincias del Caroní. En esta jornada se inició, realmente, el poblamiento de Guayana, con la fundación de Santo Tomé de Guayana en la ribera del Orinoco, y de San José de Oruña, en Trinidad.

En efecto, Berrío llegó al Caroní donde los expedicionarios desde Margarita habían situado la puerta de entrada al Dorado. Ubicó allí un fuerte, en la margen derecha del Orinoco, y se dirigió a Margarita pasando por Trinidad donde llegó en septiembre de 1591. Se había abierto así, sin encontrar Él Dorado, la comunicación desde Colombia a Venezuela por el Casanare y el Meta hasta el Orinoco.

Berríos, con nuevas tropas reclutadas, incluso en Caracas con la aquiesencia del Gobernador Diego de Osorio, envió gente a Trinidad en 1592, donde se fundó San José de Oruña en el sitio Camucurapo, donde veinte años antes, en 1570, Juan Ponce de León había fundado la ciudad de la Circuncisión; sitio ubicado en el interior, cerca del puerto que se denominaba Puerto España.

Berrío llegó a Trinidad en 1593, desde donde partió la expedición a la Guayana al mando de Domingo de Vera e Ibargüen, quien el 22 de abril tomó formal posesión del Orinoco en nombre de Berrío. Las cartas de de Vera fueron interceptadas por Sir Walter Raleigh quien tomó y destruyó a San José de Ortuña en 1595. Raleigh quería obtener información de Berrío sobre Manoa, y lo hizo preso, siendo luego rescatado en aguas de Cumaná por de Vera, entonces su enemigo. Posteriormente, el 21 de diciembre de 1595, Berrío fundó Santo Tomé de Guayana, como capital de la Provincia de Guayana, sin la cual no se hubiera podido considerar establecida. La ciudad se ubicó cerca de la desembocadura del Caroní en el Orinoco, siendo el centro del poblamiento de Guayana.

BASES DEL CONSTITUCIONALISMO MODERNO Y SU PENETRACIÓN EN LOS TERRITORIOS DE LA AMÉRICA COLONIAL

SECCIÓN PRIMERA:

REFLEXIONES SOBRE LA REVOLUCIÓN AMERICANA (1776) Y LA REVOLUCIÓN FRANCESA (1789) Y SUS APORTES AL CONSTITUCIONALISMO MODERNO (1992)

Esta Sección de la Segunda parte de este Tomo es el texto del libro publicado inicialmente en Caracas en 1992, con el título *Reflexiones sobre la Revolución americana (1776) y la Revolución francesa (1789) y sus aportes al constitucionalismo moderno*, (Cuadernos de la Cátedra Allan R. Brewer-Carías, de Derecho Administrativo, Universidad Católica Andrés Bello, N° 1, Editorial Jurídica Venezolana, Caracas 1992), **el cual fue el producto de ordenar ideas y notas elaboradas con ocasión de múltiples y sistemáticas lecturas sobre dichas Revoluciones, hechas a lo largo de muchos años, con ocasión de la redacción de otros libros y de la preparación de cursos de postgrado, pero sin que hubiera habido un plan previamente concebido para un libro.**

Esas lecturas se acrecentaron cuando pase dos años como Visiting Scholar (1972-1974) en el Centro de Estudios Latinoamericanos en la Universidad de Cambridge, Inglaterra y luego, otro año como Profesor Simón Bolívar y Fellow del Trinity Collage en la misma Universidad (1985-1986). Los primeros fueron años de estudio y redacción de mi libro *Cambio Político y Reforma del Estado en Venezuela. Contribución al estudio del Estado democrático y social de derecho* (Editorial, Tecnos, Madrid, 1975)**; y el segundo, de estudio y preparación del curso sobre** *Judicial Review in Comparative Law*, (Cambridge University Press, Cambridge 1989.) **que dicté en el** *Master of Laws (LLM)* **de la Facultad de Derecho de Cambridge, y que luego se publicó como libro.**

En ambos casos, para entender las instituciones del constitucionalismo moderno tuve que comenzar por estudiar sus orígenes, precisamente situados, invariablemente, en dichas Revoluciones. Los muros de la *Cambridge University*

Library fueron testigos de las interminables horas dedicadas a la lectura, generalmente sin siquiera tener la tenue luz de los rayos solares que pueden entrar al edificio, dada la latitud de las Islas Británicas, donde en invierno oscurece pasadas las tres de la tarde. Ya entrada la noche siempre coincidía con mi fraternal, querido y recordado amigo Luis Castro Leiva, quien en más de una ocasión me sugirió lecturas, particularmente en cuanto a los orígenes del constitucionalismo británico.

Durante los años siguientes seguí en la misma línea de estudio y lecturas, y particularmente con ocasión de haber pasado cerca de un año como Profesor Asociado en la Universidad de Paris II (1989-1990), donde dicté en el Tercer Ciclo, el curso sobre *La procedure administrative non contentieuse en droit comparé*, que luego salió igualmente publicado como libro (Económica, París 1992.). Era el año del bicentenario de la Revolución Francesa, por lo que además de mi interés particular en el tema del curso, era obligante para cualquier persona que residiera en París, ponerse al día en la historia de aquél acontecimiento, sobre el cual, con tal motivo, se escribieron cientos de páginas.

La decisión de mi querido amigo León Enrique Cottin, de establecer la Cátedra Fundacional de Derecho Administrativo que lleva mi nombre en la Universidad Católica Andrés Bello, y la consecuencial decisión de Editorial Jurídica Venezolana de que dicha Cátedra tuviese un medio de divulgación para publicar trabajos, me llevó a preparar la versión del libro inicial que se publicó en los *Cuadernos* de dicha Cátedra. Mi agradecimiento de nuevo al profesor Cottin y a su esposa por la iniciativa que tuvieron, la cual fue el motivo para que el libro saliera de las notas, carpetas y archivos personales de un profesor, y las reflexiones que contiene pudieran ser entonces accesibles a los estudiantes.

El libro, en todo caso, tuvo fortuna, y la mejor muestra es que el Departamento de Derecho Administrativo de la Universidad Externado de Colombia, a cargo de mi querido amigo el profesor Jaime Orlando Santofimio, desde hace unos años lo venían recomendando como texto de estudio para los cursantes de las Maestrías en Derecho Administrativo. Por eso apareció la segunda edición de la obra en Bogotá, con el sello editorial de esta entrañable casa de estudios, la Universidad Externado de Colombia, a la cual también considero como mi Universidad: *Reflexiones sobre la Revolución Americana (1776), la Revolución Francesa (1789) y la Revolución Hispanoamericana (1810-1830) y sus aportes al constitucionalismo moderno*, (Serie de Derecho Administrativo N° 2, Universidad Externado de Colombia, Bogotá 2008).

En esta Parte del Tomo II del Tratado, se reproduce el texto de la primera edición, con algunos ajustes y agregados, surgidos de nuevas lecturas, esta vez con ocasión, primero, de haber pasado dos años (2002-2004) como Visiting Scholar en la Facultad de Arquitectura y Diseño Urbano de la Universidad de Columbia en Nueva York, en el proceso de redacción final de mi obra sobre *La Ciudad Ordenada* La Ciudad Ordenada *(Estudio sobre "el orden que se ha de tener en descubrir y poblar" o sobre el trazado regular de la ciudad hispanoamericana) (Una historia del poblamiento de la América colonial a través de la fundación ordenada de ciudades),* Editorial Criteria, Caracas 2006; y **segundo, de haber sido designado en 2005 como Profesor adjunto en la** *Columbia Law School* **de la**

misma Universidad, y cmo tal, preparar el curso sobre *Judicial Protection of Human Rights in Latin America. A Constitutional Comparative Law Course on the "Amparo" Suit*, que di en la Escuela de derecho entre 2006 y 2007, que luego también fue publicado como libro. (Cambridge University Press, New York, 2008). **El inicio de mi estadía en New York, fueron los años del bicentenario de la sentencia *Marbury v. Madison*, y de nuevo, era imposible no tener que emparse de nuevo con todos los trabajos sobre los orígenes del constitucionalismo norteamericano.**

En la segunda edición del libro editado por la Universidad Externado de Colombia que se publicó con el título *Reflexiones sobre la Revolución Americana (1776), la Revolución Francesa (1789) y la Revolución Hispanoamericana (1810-1830) y sus aportes al constitucionalismo moderno,* (Serie de Derecho Administrativo N° 2, Universidad Externado de Colombia, Bogotá 2008,) **se amplió el radio de las reflexiones iniciales, con las que venía trabajando sobre la tercera de las Revoluciones que se produjeron en los inicios del constitucionalismo moderno, y que hemos calificado como la Revolución Hispano y Americana, para referirnos a los acontecimientos político-constitucionales que ocurrieron tanto en España, con ocasión de la sanción de la Constitución de la Monarquía Española, de Cádiz, de 1812, como en los territorios de la parte septentrional de Sur América (Colombia y Venezuela) entre 1810 y 1830. Todas esas se publican ahora, junto con otras, en la segunda parte de este Tomo II del Tratado sobre los orígenes del constitucionalismo hispanoamericano preparados con motivo de diversos eventos académicos organizados con ocasión de la celebración del Bicentenario de la Constitución de Cádiz de 1812.**

INTRODUCCIÓN

En el último cuarto del Siglo XVIII se sucedieron en el mundo dos acontecimientos que iban a transformar radicalmente el orden político constitucional imperante, los cuales se desarrollaron con muy pocos años de diferencia entre uno y otro, pues fueron sólo 13 años los que separaron la Revolución Americana en 1776, de la Revolución Francesa de 1789.

Esas dos revoluciones, que trastocaron el constitucionalismo de la época, junto con la Revolución hispanoamericana (1810-1930), iniciada 21 años después de la última, sin duda, desde el punto de vista político, pueden considerarse como los acontecimientos más importantes del mundo moderno, los cuales tuvieron una enorme importancia para la América Hispana, ya que fue allí, en particular en la antigua Capitanía General de Venezuela a comienzos del Siglo XIX, donde por primera vez del mundo se recibió la influencia de los mismos y de sus consecuencias constitucionales; influencia que se recibió, precisamente cuando los próceres de la Independencia se encontraban en la tarea de estar elaborando las bases de un nuevo sistema jurídico-estatal para un nuevo Estado independiente, segundo en su género después de los Estados Unidos de Norte América, en la historia política del mundo moderno.

El Estado de Venezuela, por tanto, formuló sus instituciones bajo la influencia directa y los aportes al constitucionalismo de aquellas dos revoluciones, aun antes de que se operaran cambios constitucionales en España, lo que se configura como un hecho único en América Latina. Al contrario, la mayoría de las antiguas Colonias españolas que logran su independencia después de 1811 y, sobre todo, entre 1820 y 1830, recibieron las influencias del naciente constitucionalismo español plasmado en la Constitución de Cádiz de 1812 que, insistimos, no pudo suceder en el caso de Venezuela al formarse en 1811 el Estado independiente, donde puede decirse que se comienza la construcción de un Estado moderno, con un régimen constitucional moderno, mucho antes que el propio Estado español moderno.

Aquellos dos acontecimientos que establecieron las bases del Estado de Derecho, que justamente surge en la historia constitucional a finales del Siglo XVIII, dejaron un rico legado al constitucionalismo moderno, captado inmediatamente en la Revolución hispano y americana que se opera tanto en América Latina, iniciada en Venezuela y Colombia, como en España, el cual se puede resumir en los siguientes siete aportes políticos fundamentales:

En *primer lugar*, la idea de la existencia de una Constitución como una carta política escrita, emanación de la soberanía popular, de carácter rígida, permanente, contentiva de normas de rango superior, inmutable en ciertos aspectos y que no sólo organiza al Estado, es decir, no sólo tiene una parte orgánica, sino que también tiene una parte dogmática, donde se declaran los valores fundamentales de la sociedad y los derechos y garantías de los ciudadanos. Hasta ese momento, esta idea de Constitución no existía, y las Constituciones, a lo sumo, eran cartas otorgadas por los Monarcas a sus súbditos.

La primera Constitución del mundo moderno, por tanto, fue la de los Estados Unidos de América de 1776, seguida de la de Francia de 1791. La tercera Constitución moderna, republicana, fue la de Venezuela de 1811. Antes se había dictado la Constitución imperial de Haití (1804), y luego, en 1812, la Constitución Monárquica española

En *segundo lugar*, de esos dos acontecimientos surgió también la idea política derivada del nuevo papel que a partir de ese momento se confirió al pueblo, es decir, el papel protagónico del pueblo en la constitucionalización de la organización del Estado. Con esas Revoluciones, como señalamos, la Constitución comenzó a ser producto del pueblo, y dejó de ser una mera emanación de un Monarca, por lo que, en los Estados Unidos de América, las Asambleas coloniales asumieron la soberanía, y en Francia, la soberanía se trasladó del Monarca al pueblo y a la Nación; y a través de la idea de la soberanía del pueblo, surgieron todas las bases de la democracia y el republicanismo que, en ese sentido, constituyeron uno de los grandes aportes de dichas Revoluciones.

Por ello, en Venezuela, la Junta Suprema constituida en 1810, entre los primeros actos constitucionales que adoptó siguiendo los pasos adoptados ese mismo año en España para la elección de los diputados a Cortes, estuvo la convocatoria a elecciones de un Congreso General con representantes de las Provincias que conformaban la antigua Capitanía General de Venezuela, cuyos diputados, en representación del pueblo, adoptaron el 21 de diciembre de la Constitución, luego de haber declarado solemnemente la independencia el 5 de julio del mismo año.

En *tercer lugar*, de esos dos acontecimientos políticos resultó el reconocimiento y declaración formal de la existencia de derechos naturales del hombre y de los ciudadanos, con rango constitucional, y por tanto, que debían ser respetados por el Estado. La libertad se constituyó, en esos derechos, como un freno al Estado y a sus poderes, produciéndose así el fin del Estado absoluto e irresponsable. En esta forma, a las Declaraciones de Derechos que precedieron a las Constituciones de las Colonias norteamericanas al independizarse en 1776, siguieron la Declaración de Derechos del Hombre y del Ciudadano de Francia de 1789, y las Enmiendas a la Constitución de los Estados Unidos del mismo año.

La tercera de las declaraciones de derechos fundamentales en la historia del constitucionalismo moderno, fue así, la "Declaración de Derechos del Pueblo" adoptada el 1° de julio de 1811 por el Congreso General de Venezuela, texto que meses después se recogió, ampliado, en el Capítulo VIII de la Constitución de 1811.

En *cuarto lugar*, además, dentro de la misma línea de limitación al Poder Público para garantizar la libertad de los ciudadanos, las Revoluciones Francesa y Americana aportaron al constitucionalismo la idea fundamental de la separación de poderes. Esta se formuló, en primer lugar, en la Revolución Americana, razón por la cual la estructura constitucional de los Estados Unidos, en 1787, se montó sobre la base de la separación orgánica de poderes. El principio, por supuesto, se recogió aún con mayor fuerza en el sistema constitucional que resultó del proceso revolucionario francés, donde se le agregaron como elementos adicionales, el principio de la supremacía del Legislador resultado de la consideración de la ley como expresión de la voluntad general; y el de la prohibición a los jueces de interferir en cualquier forma en el ejercicio de las funciones legislativas y administrativas.

La Constitución venezolana de diciembre de 1811, en esta forma, fue el tercer texto constitucional del mundo moderno, en establecer expresa y precisamente el principio de la separación de poderes, aún cuando más dentro de la línea del balance norteamericano que de la concepción extrema francesa.

En *quinto lugar*, de esos dos acontecimientos políticos puede decirse que resultaron los sistemas de gobierno que dominan el mundo moderno: el presidencialismo, producto de las Revolución Americana; y el parlamentarismo, como sistema de gobierno que dominó en Europa después de la Revolución Francesa, aplicado en las Monarquías parlamentarias. El presidencialismo, se instauró en Venezuela, a partir de 1811, inicialmente como un ejecutivo triunviral, y luego, unipersonal, a partir de 1819; sistema de gobierno que luego se siguió en todos los países latinoamericanos.

En *sexto lugar*, las Revoluciones Americana y Francesa trastocaron la idea misma del Poder Judicial y su papel, pues la justicia dejaría de administrarla el Monarca y comenzaría a ser impartida por funcionarios independientes, en nombre de la Nación. Además, con motivo de los aportes de la Revolución Americana, los jueces asumieron una función que es fundamental en el constitucionalismo moderno, y que es la del control de la constitucionalidad de las leyes; es decir, la idea de que la Constitución, como norma suprema, tenía que tener algún control, como garantía de su supremacía, y ese control se atribuyó al Poder Judicial. De allí, incluso, el papel político que en los Estados Unidos de Norteamérica, adquirió la Corte Suprema de Justicia. En Francia, sin embargo, dada la desconfianza revolucionaria respecto de los jueces, frente a la separación absoluta de poderes, sólo sería cien años después que se originaría la consolidación de la justicia administrativa, que aún cuando separada del Poder Judicial, controlaría a la Administración.

Fue en Venezuela, en la Constitución de 1811, donde por primera vez se recogió toda la influencia en relación al papel del Poder Judicial, como fiel de la balanza entre los poderes del Estado, proveniente fundamentalmente de la experiencia norteamericana; particularmente por la inclusión en el texto mismo de la Constitución de su garantía objetiva al declararse nulas y sin valor alguno las leyes que contrariasen las normas constitucionales.

En *séptimo lugar*, fue de esos dos acontecimientos revolucionarios que surgió una nueva organización territorial del Estado, antes desconocida. En efecto, frente a las Monarquías Absolutas organizadas en base al centralismo y al uniformismo político y administrativo, esas revoluciones dieron origen a nuevas formas de organización territorial que originaron, por una parte, el federalismo, particularmente derivado de la Revolución Americana con sus bases esenciales de gobierno local, y por la otra, el Municipalismo, originado particularmente de la Revolución Francesa.

Venezuela, así, fue el primer país del mundo, en 1811, en adoptar la forma federal en la organización del Estado conforme a la concepción norteamericana; y a la vez, fue el primer país del mundo, en 1812, en haber adoptado la organización territorial municipal que legó la Revolución Francesa.

Estos *siete principios* o aportes que resultan de la Revolución Americana y de la Revolución Francesa significaron, por supuesto, un cambio radical en el constitucionalismo, producto de una transición que no fue lenta sino violenta, aún cuando desarrollada en circunstancias y situaciones distintas. De allí que, por supuesto, la contribución de la Revolución Americana y de la Revolución Francesa al derecho constitucional, aun en estas siete ideas básicas comunes, haya tenido raíces diferentes: en los Estados Unidos de Norte América se trataba de construir un Estado nuevo sobre la base de lo que eran antiguas colonias inglesas, situadas muy lejos de la Metrópoli y de su Parlamento soberano, y que durante más de un siglo se habían desarrollado independientes entre sí, por sus propios medios y gozando de cierta autonomía; tendencia que se siguió en el proceso constitucional de América latina. En el caso de Francia, en cambio, no se trataba de construir un nuevo Estado, sino dentro del mismo Estado unitario y centralizado, sustituir un sistema político constitucional monárquico, propio de una Monarquía Absoluta, por un régimen totalmente distinto, de carácter constitucional y luego republicano; tendencia que se siguió en España y en el resto de los países europeos.

Nuestro objetivo, en estas reflexiones, es analizar los aportes que tanto la Revolución Norteamericana como la Revolución Francesa suministraron al constitucionalismo moderno, las cuales inspiraron los cambios ocurridos con la Revolución Hispano y Americana y la formación constitucional paralela, del Estado Español y de los Estados latinoamericanos. Para ello partimos del supuesto de que ambos acontecimientos no pueden analizarse como acontecimientos aislados en las transformaciones del constitucionalismo, pues el proceso revolucionario francés y sus aportes al constitucionalismo, sin duda, recibió en muchos aspectos, el reflejo de lo que había ocurrido años antes en los Estados Unidos.

Así, es conocido que muchos de los revolucionarios americanos, estuvieron en la Francia revolucionaria, donde tuvieron gran influencia política; que los primeros proyectos de Declaración de Derechos presentados a la Asamblea Francesa fueron elaborados, incluso, por sugerencia de destacadas personalidades que habían participado en el proceso revolucionario de los Estados Unidos y que habían traído los textos a Francia; y que, en general, hubo un gran proceso de interrelación política e intelectual, entre Francia y los Estados Unidos previo a la Revolución Francesa, entre otros factores, por la ayuda financiera y militar que la propia Monarquía había aportado a la Revolución Americana, todo lo cual hace ver, con claridad, la influencia que tuvo la Revolución Americana en los acontecimientos de Francia. Ello, incluso, fue así escrito por contemporáneos de la Revolución, como fue el caso de *Condorcet,* con su libro sobre *Contribución de la Revolución de Norteamérica al desarrollo político de Europa* (1789).

I. LA REVOLUCIÓN AMERICANA Y SUS APORTES AL CONSTITUCIONALISMO MODERNO

La Revolución Americana se sella, definitivamente, en 1776, con la Declaración de Independencia respecto de la Metrópoli inglesa, adoptada el 4 de julio de ese año por el segundo Congreso Continental celebrado entre los representantes de las Colonias Inglesas en Norteamérica.

Días antes, sin embargo, y como consecuencia de la exhortación que el propio Congreso de las Colonias había hecho a éstas, un año antes y como consecuencia de la *Proclamación de Rebelión* que el Rey Jorge III había emitido el 23 de agosto de 1775, para que formaran sus propios gobiernos separados, la Asamblea Legislativa de Virginia adoptó el 12 y el 29 de junio de 1776, el *Bill of Rights* y la *Constitution or Form of Government of Virginia,* iniciándose así, el constitucionalismo moderno.

Por supuesto, este proceso no puede entenderse, si no se tienen en cuenta sus antecedentes teórico-políticos, que deben situarse en los conflictos políticos que sacudieron la Corona británica, un siglo antes, a partir de la guerra civil de 1642, y que a la vez tienen su origen remoto en el Siglo XIII.

Por ello, estas reflexiones sobre la Revolución Americana las vamos a dividir en cuatro partes: En una primera parte, analizaremos los antecedentes británicos de la misma desde el punto de vista de la evolución constitucional; en la segunda parte, analizaremos las ideas de John Locke sobre la Constitución inglesa que tanta influencia tuvieron en la configuración del constitucionalismo moderno; en tercer lugar, analizaremos la situación político constitucional de las Colonias inglesas en Norteamérica antes de la independencia; y en cuarto lugar, nos referiremos a los aportes de la Revolución Americana al constitucionalismo moderno y particularmente al venezolano.

1. *Antecedentes británicos*

En efecto, el régimen político-constitucional del Reino Unido, durante el siglo que precedió a la Revolución de las Colonias Americanas, en contraste con el que existía en el Continente Europeo, puede decirse que era el de un Absolutismo moderado.[1] El poder político en Gran Bretaña, desde el siglo XVII, se encontraba com-

---

1   En la relación con esta parte sobre los orígenes del constitucionalismo norteamericano y sus antecedentes británicos, véase en general W. Holdsworth, *A History of English Law*, Fourth Ed., London 1936, Reprinted 1971; A. V. Dicey, *An Introduction to the Study of the Law of the Constitution* (Introduction by E.C.S. Wade), 10th Ed. 1973; Ch. H. McIlwain, *The High Court of Parliament and its Supremacy*, Yale 1910; E.S. Corwin, *"The 'Higher Law' Background of American Constitutional Law"*, New York 1955, p. 53 (Reprinted from *Harvard Law Review*, Vol. XLII, 1928-1929); E.S. Corwin, *The Doctrine of Judicial Review. Its Legal and Historical Basis and other Essays*, Princeton 1914; I. Jennings, *The Law and the Constitution*, London 1972; I. Jennings, *Magna Carta*, London 1965; F W.

partido entre el Monarca y un Parlamento que después de la Revolución de 1688-89, se había convertido en soberano. La Revolución de independencia americana, por tanto, fue básicamente una revolución contra el Parlamento soberano de Gran Bretaña y por añadidura, contra el Rey.

Ese régimen de absolutismo moderado, en todo caso, tuvo sus raíces cinco siglos antes, en la Edad Media, y como consecuencia de las limitaciones sucesivas impuestas al poder real, cuya manifestación más destacada fue la *Carta Magna* otorgada por el Rey Juan.

A. *La Carta Magna de 1215 y las limitaciones al poder real por los barones*

En efecto, las Cruzadas, en las que participaron todos los reinos y príncipes cristianos, por la ausencia de éstos de sus respectivos dominios, produjeron consecuencias desestabilizadoras generales en toda Europa, incluyendo Inglaterra, cuyos dominios, además de extenderse a las islas británicas, incluían buena parte del territorio continental, desde el Canal de la Mancha hasta los Pirineos.

En esa época, Enrique II (1154-1189) gobernaba estos reinos. Este no participó en las Cruzadas, pero tuvo que enfrentar guerras con los reinos vecinos, particularmente con Francia. Fue sucesivamente traicionado por sus hijos, particularmente por los dos últimos, Ricardo y Juan, quienes incluso llegaron a formular alianzas secretas contra su padre, con el Rey de Francia, Felipe Augusto (Felipe II). Enrique II murió en 1189, y fue sucedido por Ricardo, llamado *Coeur de Lion* (1189-1199), verdadero caballero andante medieval, quien si tomó parte activa y despiadada en la Tercera Cruzada, al lado de Felipe Augusto de Francia, quien luego le haría la guerra.

A su regreso de la Tercera Cruzada, en 1192, Ricardo Corazón de León fue hecho prisionero por el Emperador Enrique IV de Alemania, quien pidió rescate por su liberación. Los asuntos del reino habían quedado a cargo de cuatro Ministros, entre ellos William de Brewer, quienes además, procuraron el rescate, imponiendo una carga a todas las clases de la sociedad. Los Ministros del Rey, además, debieron enfrentar los esfuerzos del hermano de Ricardo, Juan (1167-1216) quien por la ausencia del Rey, pretendía apoderarse del poder. Sin embargo, Juan fue vencido por el Arzobispo de Canterbury, Hubert Gaultier, otro de los Ministros del Reino.

Pagado como fue un tercio del monto del rescate exigido por el Emperador alemán, (100.000 marcos), Ricardo fue liberado; y de regreso en Inglaterra, en 1194, a los pocos meses, tuvo que ausentarse de nuevo, y enfrentar la guerra contra Felipe Augusto, quien había invadido Normandía. Luego de 5 años de esfuerzos por recuperar los territorios que había perdido durante su ausencia y cautiverio, fue herido en el sitio de *Chalous-Chabrot*, cerca de *Limoges,* y murió el 6 de abril de 1199.

Lo sucedió su hermano Juan, el Rey Juan sin tierra (1199-1216) quien además de tener que enfrentar, también, al Rey de Francia, quien había sucesivamente despojado a Inglaterra de casi todos sus dominios en el Continente, tuvo conflictos internos sucesivos con la Iglesia y con los señores feudales de su reino, los barones.

Maitland, *The Constitutional History of England*, Cambridge 1968; J. A. Hawgood, *Modern Constitutions since 1787*, London 1939.

El conflicto con la Iglesia derivó de las pretensiones del Rey de nombrar el Arzobispo de *Canterbury,* que en el esquema feudal ejercía la función de Ministro; pretensión que también tenían tanto los Obispos del Reino, como los propios monjes de Canterbury. A las demandas de los tres partidos, el Papa Inocencio III impuso a todos su propio candidato (Esteban de *Langton),* cuyo nombramiento fue desconocido por el Rey Juan, quien además, confiscó los bienes del Arzopispado. Como consecuencia, el reino fue objeto de sanciones pontificias, y durante seis años, como lo afirmó Richard Thomson, "Inglaterra parecía una gran ciudad donde los muertos no recibían sepultura, la Religión no tenía Ministros (del culto) y el pueblo no tenía Dios".[2]

Un año después, Juan fue excomulgado y destronado por el Papa, quien autorizó a Felipe Augusto a conducir una cruzada contra Inglaterra. Si bien posteriormente el Rey Juan cedió ante la Iglesia, recibiendo al Arzobispo y jurando ante él fidelidad a Roma, la prohibición que oscurecía el reino, sin embargo, no fue inmediatamente levantada, y la guerra con Francia que contaba con el apoyo de la Iglesia, no había cesado.

En 1213, Felipe Augusto preparaba una gran expedición naval para invadir los dominios del Rey Juan. La flota, sin embargo, fue casi destruida por uno de los barones del Reino, por lo que el Rey Juan apeló a los demás barones para invadir Francia. Los barones ingleses se rehusaron, alegando que el Rey era un hombre excomulgado y su reino estaba bajo las prohibiciones del Papa, además de alegar pobreza.

La conspiración de los Barones contra el Rey, en todo caso, estaba en marcha, dirigida por el Arzobispo *Langton,* quien en 1213 los reunió secretamente, para leerles la vieja *Carta de Enrique I,* que había caído en el olvido y que garantizaba los derechos y privilegios de los súbditos. En tal ocasión, los Barones juraron sobre las reliquias de San Juan que no concederían la paz al Rey hasta que no jurara obedecer dicha Carta.

El Rey Juan, en su guerra contra Francia, fue vencido en la batalla de *Bouvines,* en 1214, donde triunfaron los Capetos, quienes luego unirían a Francia. La derrota terminó de destruir el prestigio de Juan, a pesar de que en el mismo año serían levantadas las sanciones pontificias contra el Reino (29-junio).

Los barones no cesaron en su presión ante el Rey y procuraron su adhesión a otra vieja *Carta,* la del Rey Eduardo el Confesor, y en 1215 se reunieron en una Asamblea General de Nobles y Eclesiásticos en la Iglesia de *Saint Paul,* en Londres, bajo la convocatoria del Arzobispo *Langton.* Dirigieron un ultimátum al Rey enviándose una *diffidatio,* que era la manifestación de desconfianza que todo vasallo debía significar a un soberano indigno antes de declararle la guerra.

La guerra interna y el desafío al Rey era un hecho, habiendo estado acompañados los sucesos, de apoyo popular. Tomada la ciudad de Londres por los rebeldes, el Rey terminó aceptando encontrarse con los barones en la pradera de *Runnymede,* entre *Stainers* y *Windsor,* y allí firmó la *Magna Charter,* en 1215.[3]

---

2   Véase en R. Thomson, *Historical Essay on the Magna Carta of King John*, London 1824

3   *Idem.*

Este importante documento, y ello resulta de la breve referencia histórica de los hechos que la precedieron, fue el resultado de un proceso de lucha por la limitación de la autoridad del Rey por sus barones, razón por la cual, con razón, se la considera como el origen y fuente del constitucionalismo inglés. [4]

La Carta Magna, en efecto, a pesar de que haya sido considerada con frecuencia, como la primera declaración de derechos en la historia, en realidad no fue sino un documento de formalización de privilegios de las clases dominantes en el régimen feudal. En esa época, por supuesto, las modernas ideas de "libertad" no existían; por lo que en el lenguaje político medieval, "libertades" no eran más que los privilegios que habían sido otorgados por el Rey a los señores feudales. Por ello, la Carta Magna no fue sino un cuerpo de privilegios que el Rey tuvo que garantizar al clero y a los Barones, producto de la lucha entre las fuerzas feudales centrípetas y centrífugas, es decir, por una parte, entre la Corona y las instituciones centrales que administraban el *common law; y* por la otra, la fuerza de los Barones (señores feudales) del reino, que buscaban poder e independencia, a riesgo, incluso, de la desintegración del mismo, y con ellos, la fuerza de los terratenientes, el clero y los comerciantes. [5]

Como resultado de esta lucha, la Carta Magna, fue una carta formal, en el sentido feudal, es decir, un conjunto de declaraciones mediante las cuales el Rey reconocía y respetaba antiguos privilegios, y que le habían sido impuestas por el conjunto de los señores feudales y el clero. [6] Por eso es que este documento puede decirse que abrió un nuevo capítulo en la historia inglesa, y así fue, particularmente, más por la forma de expresión del contenido de la Carta, que por los privilegios que reconocía, lo que ha permitido su supervivencia en la historia política. Como ejemplo, basta citar declaraciones como ésta, que:

> "Existen leyes del Estado, derechos que pertenecen a la comunidad. El Rey debe respetarlos. Si los viola, la lealtad hacia él cesa de ser un deber, y sus súbditos tienen derecho a sublevarse".

La Carta Magna, en todo caso, fue uno de los muchos ejemplos de expresión formal de estipulaciones entre el Rey y los señores feudales, como también lo fue la *Charta Foresta* de 1217 sobre derechos de caza. [7] Así, la Magna Carta debe considerarse como un *stabilimentum* o acto formulado por el Rey, el clero, la nobleza, los terratenientes (Barones) y los comerciantes, en conjunto, en lo que podría considerarse como un naciente poder legislativo, y que se expresó formalmente en un documento probatorio que se denominaba *Cartam,* siendo su nombre original *Cartam Libertatis* o *Carta Baronum.*

Sus cláusulas establecieron derechos heterogéneos, todos referentes a las diferentes clases de la sociedad estratificada que existía y que habían participado en su adopción, previendo privilegios, separadamente, para la nobleza, el clero, los terra-

4   Véaase W. Holdsworth, *A History of English Law*, Vol. II, London 1971, p. 209.

5   *Idem,* Vol. II, pp. 207-208; F. W. Maitland, *The Constitutional History of England*, Cambridge 1968, p. 67.

6   Véase F. W. Maitland, *op. cit.*, p. 67; I. Jennings, *Magna Carta*, London 1965, p. 9.

7   Véase W. Holdsworth , *op.cit,* Vol. II, pp. 207, 219.

tenientes o señores feudales y los comerciantes. Por ello, sus cláusulas se clasificaron en cinco grupos: las que otorgaban la libertad de la iglesia; las relativas a las exigencias feudales; las relativas al comercio; las relativas al gobierno central, y las que establecían limitaciones al poder arbitrario.[8]

La Carta Magna, por tanto, no contenía nada que pudiese parecerse a una declaración de derechos fundamentales del pueblo inglés. Los *"liberi homines"* a los que el documento se refería, no eran los ingleses en general, sino sólo una fracción de ellos, particularmente los barones; y si bien es cierto que en algunas de las cláusulas del documento se menciona a los *"liberi homines"* en un sentido que podría incluir a los *"villan"* (villanos), como lo destacó Sir William Holdsworth,

> "[Es] claro que éstos estaban protegidos, no porque había intención alguna de conferirles derechos, sino porque eran propiedad de sus señores, y una excesiva exclusión podría disminuir su valor".[9]

En consecuencia, si bien es cierto que la Carta Magna garantizó a los "hombres libres" ciertos derechos de protección contra el abuso del poder real, ello es algo totalmente diferente a una moderna declaración de derechos del hombre y del ciudadano.

En esos tiempos (Siglo XIII), se insiste, sólo los Barones eran *liben homines;* sólo ellos eran *liben* y sólo ellos eran considerados *homines.* Entonces, históricamente hablando, la Carta Magna fue un acuerdo entre la aristocracia feudal y su Rey, a quien renovaron su homenaje y sumisión, a cambio de la garantía de derechos y privilegios. En ese contexto, en los 63 capítulos del documento, se expresaron por ejemplo, limitaciones a los poderes judiciales del Rey, afirmando que ningún hombre libre podía ser encarcelado, desterrado o castigado de ningún modo, si no es por el juicio legal de sus iguales y conforme a la ley del país *(law of the land);* limitaciones al poder tributario; y sobre todo, se estableció un Comité de Resistencia compuesto por 24 Barones y el Alcalde de Londres, para juzgar las quejas contra la Corona, en el caso de fallar en el mantenimiento de sus prescripciones.

No hay, por tanto, en la Carta Magna, referencia alguna al pueblo en general, y no podía haber sido de otro modo, ya que esa realidad no había aparecido en la historia política. Todo ello, sin embargo, no afecta la importancia crucial que ese documento tuvo en la historia constitucional británica, que cierra el período anglonormando de la Monarquía absoluta, y en el cual debe verse el primer intento, en la historia política, de expresión legal de algunos de los principios y límites de un gobierno constitucional en Inglaterra. La Carta, por ello, hasta el siglo XV, tuvo que ser jurada una y otra vez por los Reyes, hasta que en la época de los Tudor (1485), fue olvidada. De allí, en todo caso, que su interpretación por historiadores, politólogos y juristas, y por los tribunales ingleses, haya conducido a considerarla como un documento que tendría por objeto la salvaguarda de los derechos fundamentales.

En todo caso, la historia inglesa a partir del siglo XIII que resulta de la expresión de la Carta Magna, va a ser una historia signada por la lucha entre los reyes y los

---

8   *Idem*, Vol. II, p. 212.
9   *Idem*, Vol. II, p. 212

terratenientes (Barones) feudales, en la cual no siempre aquellos ganaron; e incluso, cuando los señores feudales desaparecieron, ya existía un Parlamento lo suficientemente poderoso como para limitar la autoridad real, para quitarle parte del poder al Rey, para discutir los límites del mismo, e incluso, en algunos casos, para destruir al propio Rey cuando sus ideas y acciones traspasaran los límites considerados como razonables por el Parlamento.

B.   *El surgimiento histórico del Parlamento*

a.   *El Gran Consejo o Parliament*

La peculiaridad del régimen político del Reino Unido en la Edad Media, si se lo compara con el de los países del Continente, va a estar en el surgimiento de la institución del Parlamento o Gran Consejo, en el que sucesivamente van a estar representadas todas las clases sociales y que era convocado por los Monarcas.

La palabra *parliament* se empleaba en Inglaterra desde el siglo XIII, pero en un principio no significaba otra cosa sino la acción de hablar, por lo que un parlamento era el debate que se desarrollaba en el Gran Consejo, originalmente compuesto sólo por los Barones y los miembros del clero; posteriormente estarían en él, además, los representantes de nuevas clases sociales.

En efecto, a partir del siglo XIII, comenzaron a producirse en Inglaterra cambios sociales que contribuirían a la producción de importantes transformaciones políticas. Dos nuevas capas sociales comenzaron a surgir, la de los caballeros del campo y la de los burgueses de la ciudad, que formaban clases acomodadas y respetadas, al punto de que también servían, en muchos casos, en los jurados para la administración de justicia. Incluso, Juan sin Tierra, en 1213, había admitido al Gran Consejo a cuatro caballeros de cada condado.

Ahora bien, la lucha de los Barones contra el Rey no cesó a partir de 1215, y como se dijo, continuó con posterioridad a la adopción de la Carta Magna. Como muestra de ese proceso, puede destacarse el triunfo que *Simón de Montfort* tuvo contra Enrique III (1216-1272), al que incluso, hizo preso en 1264. Como Jefe de Gobierno, quiso reformar el Reino convocando un Gran Consejo o Parlamento, al que debían acudir cuatro caballeros de cada condado, para tratar los asuntos del reino con los prelados y los Barones. Las reuniones del Gran Consejo, en 1264 y 1265, pueden considerarse como el antecedente del Parlamento inglés, encontrándose allí representadas las clases privilegiadas (nobleza, clero, barones) y los diputados o caballeros de los condados y ciudades.

Sin embargo, el Parlamento, en Inglaterra, compuesto por dos Cámaras sólo aparece bajo el reinado de Eduardo I (1272-1307), bajo el impacto de los cambios en la composición de las fuerzas feudales, de los nobles y de los burgueses.

En todo caso, puede decirse que la estratificación social y política de Inglaterra, ya desde el siglo XIII había comenzado a ser distinta a la del Continente. No había un esquema similar al de los *Etat Généraux* que existía en Francia, donde el Rey consultaba por separado a los tres estamentos de la sociedad: la nobleza, el clero y los plebeyos. En Inglaterra, en efecto, se había ido formando, por una parte, una Cámara Alta, de los Lores, con la Nobleza y los Barones, en la que también estaba representado el clero, pero no en cuanto tal, sino en tanto que jefes o señores feudales. Por otra parte, en cuanto a los caballeros y a las nuevas clases de los burgueses, estos comenzaron a formar una Cámara baja, o de los Comunes, pudiendo considerarse esta alianza entre burgueses, comerciantes y caballeros, como un proceso clave de la sociedad inglesa para la formación definitiva del Parlamento. A mitades del Siglo XIV, la división del Parlamento en dos Cámaras ya era costumbre establecida.

En efecto, desde el siglo XIII, la costumbre se había impuesto de que en casos graves, el Rey debía consultar a los representantes de la nobleza y de las comunidades, convocados estos últimos así: dos caballeros por cada condado y dos burgueses para las ciudades más importantes. El objeto de la convocatoria resultaba doble: por una parte, lograr la aceptación de los impuestos por parte de quienes habían de pagarlos y que estaban presentes en su instauración, y por la otra, conocer el estado del reino.

Esta Asamblea fue progresivamente desarrollando su propia fuerza, y lentamente comenzaría a apoderarse de privilegios y prerrogativas reales: comenzó a monopolizar el voto de los impuestos, debido a la base de representatividad de los contribuyentes que la conformaban; y asumió el derecho de hacer las leyes, lo que hasta el siglo XIII sólo pertenecía al Rey. Posteriormente, el Parlamento buscaría acaparar el derecho de dirigir la política del país, lo que sólo pudo desarrollarse siglos después, por la separación del gobierno entre un Rey inviolable e irresponsable, y unos Ministros responsables ante el Parlamento.

El Parlamento, además, progresivamente había asumido el derecho de investir al Rey, lo que fue definitivo a partir de la asunción al trono, en 1399, de *Enrique de Lancaster* como Enrique IV (1399-1413), una vez que fue encarcelado Ricardo II (1377-1399). En esa forma, Enrique IV, Rey ilegítimo por su ascendencia, debió su corona al Parlamento, por lo que, a partir de su reinado y durante los sesenta años de la dinastía de los *Lancaster,* por la debilidad de los reyes, el poder del Parlamento continuó en aumento, como único poder permanente y de representación nacional del reino.

Entre tanto, la guerra con Francia (esta vez, la Guerra de los Cien años) continuaba, y para 1415, Enrique V (1413-1422) había conquistado casi todo el norte de Francia, haciéndose nombrar heredero del trono de Francia. Murió pocos años después (1422), quedando como Rey de Inglaterra su pequeño hijo, Enrique VI (1422-1471). Es la época de Juana de Arco (1412-1431) y de sus acciones heroicas para coronar al Delfín de Francia, Carlos, como Rey, contra las pretensiones del heredero inglés. Su martirio acrecentará el odio contra los invasores ingleses, y éstos perderán sucesivamente sus dominios en el Continente. Así, en 1461, Inglaterra sólo poseía la plaza de *Calais.*

El fin de las guerras de Francia, y la vuelta de los ingleses a las Islas, provocaron el renacer de los conflictos reales por la sucesión de la Corona; se inició así, la "Guerra de las dos rosas", entre la Rosa Roja de la casa de *los Lancaster y* la Rosa Blanca de la casa de *York.*

En efecto, el Duque de *York,* Eduardo, se levantó contra el Rey Enrique VI, desatándose la guerra entre los nobles del Reino. La enfermedad del Rey y el triunfo de los barones de la Rosa Blanca, condujo a la coronación del Duque de *York,* como Eduardo IV (1461-1483), pues se trataba del heredero más próximo de Eduardo III. La querella por el trono continuó y culminó con el asesinato del viejo y enfermo Rey Enrique VI en 1471. En 1485, las dos casas pretendientes al trono se unirían con el matrimonio de Enrique VII (1485-1509) y la hija de Eduardo IV.

Con el advenimiento de la casa *York,* el Parlamento vio disminuido su prestigio, pues los reyes yorkistas reinaron por sus derechos de herencia, sin necesidad de investidura parlamentaria. La representatividad del Parlamento, por otra parte, se había trastocado, quedando la Cámara de los Comunes dominada por representantes de la Corona y de los burgueses más ricos. En cuanto a los Lores, la Guerra de las Rosas había aniquilado a los señores feudales, por lo que en 1485, sólo 29 Lores serían convocados al Parlamento, donde tendrían escasa influencia.

Con Enrique VII (1485-1509) se inicia en Inglaterra, la reinstauración de una Monarquía fuerte, bajo la casa de los *Tudor,* y a partir de la cual instituciones como el juramento de la Carta Magna, caen en desuso.

A partir del siglo XV, nuevas clases sociales en las cuales se apoyaría el Rey, contribuirán a reforzar la Monarquía. Estas son: los nuevos *gentlemen* del campo, no necesariamente nobles ni terratenientes, llamados *gentry,* que conformaban la pequeña aristocracia de riqueza; y los *yeomen,* que constituía una clase rural más acomodada, por sus ingresos, que los villanos, y cuyos miembros podían participar en las elecciones de los condados. Esta clase formará con el tiempo, la gran clase media británica. Además, entre las nuevas clases estaban los comerciantes desarrollados al amparo del mercantilismo y la navegación. Con el apoyo de estas nuevas clases, Enrique VII doblegó lo que quedaba de los grandes Barones Feudales, y durante su reinado sólo convocó al Parlamento siete veces.

El poder del gobierno, sin embargo, se desparramó poco a poco en el territorio, reforzándose el gobierno local. Así, revivieron las asambleas parroquiales y se consolidaron los funcionarios locales de policía designados por cada comunidad (*constables),* cargos que ocupaban los *yeomen*, quedando la resolución de los conflictos locales en manos de los jueces de Paz, nombrados por el Rey.

Enrique VIII (1509-1547), en 1509, sucedió a su padre, y durante los primeros años de su reinado, el gobierno real estuvo en manos del Arzobispo *Wolsey,* quien además de Cardenal, había sido nombrado legado del Papa en Inglaterra.

Su extremo poder real y temporal, lo hicieron poderoso, pero no al punto de haber logrado del Papa la anulación del matrimonio del Rey con Catalina de Aragón, tía del Emperador Carlos V, quien se había opuesto a dicha anulación. Sin embargo, con la opinión favorable de muchos teólogos, pero con la oposición de Roma, un nuevo Arzobispo de Canterbury, *Thomas Cranmer* casó secretamente al Rey con *Ana Bolena* en 1533, para lograr la legitimidad del heredero querido y esperado, y que Catalina no le había podido dar. Ana fue coronada y Enrique VIII excomulgado. La corona rompió con Roma, y la Iglesia en el Reino se convirtió en inglesa, con la ayuda del llamado Parlamento de las Reformas (1529-1536) que votó todas las medidas propuestas por la Corona. El Rey asumió el título de *Protector y Jefe Supremo de la Iglesia,* habiendo sido ésta, legalmente expoliada, confiscada y nacionalizada, en fin, anglicanizada. Todo ello, condujo a la imposición, a los clérigos, de la obligación de renegar del Papa y de su fe católica. El Canciller del Reino, Tomás Moro y el Arzobispo *Fisher* se rehusaron a ello, por lo que fueron decapitados, junto con gran número de monjes en todo el país. Todo ello, con la aprobación del Parlamento.

Posteriormente, Enrique VIII, en busca del heredero varón que no pudo tener con Ana Bolena, luego de decapitarla, se casó con *Juana Seymour,* quien le dio un hijo, que luego reinaría como Eduardo VI (1547-1553). Enrique VIII había dejado dos hijas que, por las anulaciones sucesivas de los matrimonios con Catalina y Ana, resultarían bastardas. Sin embargo, también serían a la postre coronadas: María (1553-1558) e Isabel (1558-1603). En ellas se encarnizaría, luego, la lucha entre el catolicismo y el protestantismo, con la sanción de los respectivos Parlamentos, institución que había llegado a llenar cabalmente su papel de lazo de unión entre el Rey y la opinión pública de los condados, ciudades y aldeas. Así, en la época del reinado de Isabel, Sir *Thomas Smith* escribía:

> "El poder más alto y más absoluto de Inglaterra lo constituye el Parlamento, pues todo inglés supone hallarse presente en él en persona o por poderes, desde el príncipe al más humilde de los súbditos; así que el consentimiento del Parlamento se supone ser el consentimiento de todos".

b. *La Petition of Rights (1628) y la limitación al Poder real por el Parlamento*

Antes de su muerte (1603) Isabel, quien no había tenido hijos, nombró como su heredero a Jacobo VI de Escocia (1567-1625), quien se convirtió además, en Jacobo I de Inglaterra (1603-1625), con lo que quedaron unidas ambas Coronas. Durante su reinado, surgirán enfrentamientos entre el Rey, quien se consideraba absoluto, no sometido sino a Dios, y un Parlamento que conforme a costumbres constitucionales inglesas ya centenarias, tenía inherencia en los asuntos del gobierno como delegado de la soberanía popular.

El conflicto surgirá con motivo de los gastos reales, que el Parlamento había tomado por costumbre votar. Una propuesta del Rey por una renta vitalicia, rechazada por el Parlamento, condujo a su disolución, dejando de ser convocado por 10 años (1611-1621). Sin embargo, ante la necesidad eventual de preparar una guerra contra España, en 1621 el Rey convocó al Parlamento para que votara los subsidios necesarios, pero este subordinó los votos a la reparación de los agravios y abusos reales. El primer *impeachment,* desde 1459, se acordó respecto del canciller *Beacon,* con lo que la Cámara de los Comunes adquirió signos de independencia, y pretendió intervenir en los asuntos exteriores (guerra de España) y de la Iglesia, a lo cual el Rey respondió señalando que esos eran asuntos del Monarca exclusivamente. A ello, su Parlamento le respondió:

> "Que las libertades, franquicias y privilegios del Parlamento eran la antigua e indiscutible herencia de los ingleses y que los difíciles y urgentes asuntos concernientes al Rey, al Estado, la defensa del Reino y la de la Iglesia de Inglaterra, constituían las materias de discusión propias de la Cámara".

La respuesta real fue la disolución del Parlamento y la detención de algunos de sus miembros.

Carlos I, (1625-1649) sucedió a su padre Jacobo I, y con ello, el conflicto entre la Corona y el Parlamento se agudizó, particularmente por la composición más independiente de éste, pues casi todos sus miembros eran *squires,* cultos y religiosos, que conocían la *common law.* Entre ellos estaba Sir *Eduard Colee,* quien como Juez, había proclamado la supremacía de la Ley sobre el Rey; y de la *common law* sobre los estatutos del propio Parlamento. En esta época, se inició, además, la teoría de la responsabilidad ministerial: en virtud de que como *"The King can do no wrong",* los únicos que podían ser declarados culpables eran los Ministros, quienes comenzaron a ser objeto de *impeachment.*

El Parlamento electo en 1628, en una situación política delicada por las derrotas en la guerra contra Francia, emprendió la tarea de exigir al Rey el respeto de las leyes del Reino. Sir *Eduard Coke* redactó la *Petition of Rights* que el Parlamento propuso al Rey, en la cual establecieron delimitaciones precisas entre el poder real y el poder de la ley. Al ser adoptada, esta *Petition* se convirtió en una de las Leyes Fundamentales del Reino, en la cual se restringieron las prerrogativas del Rey. Al año siguiente, el Parlamento (1629) en rebeldía votó tres resoluciones concernientes a los impuestos, en el sentido de que el Parlamento sólo era el que podía votarlos, por lo que se consideraban como enemigos públicos quienes cobrasen o pagasen impuestos no votados por el Parlamento. El Rey respondió encarcelando a nueve miembros de la Cámara de los Comunes, y decidió gobernar sin el Parlamento, restableciendo viejos impuestos, entre ellos, el impuesto naval, extendiéndolo a todo el país. La protesta se generalizó y al fin en 1640, después de 12 años de cesación, convocó al Parlamento. Este no había olvidado los antiguos rencores, y lo primero que aprobó y exigió fue la reparación de los agravios. Ese Parlamento duró 2 meses (abril-mayo 1640); fue un "Parlamento Corto", que fue prontamente disuelto.

Sin embargo, el Rey tuvo que ceder ante la presión de sus Lores y convocó de nuevo al Parlamento, con la presión adicional de una petición firmada por 10 mil hombres. Se reunía, así, el *"Long Parliament",* en medio de reuniones y agitaciones en todos los condados y ciudades, convocados por el partido de los Parlamentaristas, con *Pym* a la cabeza. Este segundo Parlamento de 1640, estaba compuesto por gentil-hombres, y propietarios, religiosos y cultos cuyo objetivo no era destruir la Monarquía, sino resolver el conflicto religioso y político provocado por el Rey. Uno de los primeros actos de este Parlamento fue acusar de alta traición a *Strafford,* Ministro del Rey, ante los Lores, quien fue condenado, mediante la votación a *posteriori* de una Ley para ello.

Así, el Parlamento había triunfado, pero tuvo que asegurar su poder e impulsó al Rey a la aprobación de varias decisiones para asegurar la supervivencia de su poder: la convocatoria regular del Parlamento (al menos una vez cada tres años); la no disolución del Parlamento si no había sesionado al menos 50 días; la improrrogabilidad del Parlamento más allá de 3 años; la imposibilidad de percibir impuestos no votados por el Parlamento; y el establecimiento general de los tribunales comunes, eliminándose los de excepción. La Ley, así, se imponía sobre el Monarca, y con ello, la guerra civil se tornó inevitable: o el Rey se imponía al Parlamento o éste al Rey.

Dos partidos y dos ejércitos se enfrentaron (parlamentaristas y realistas), entremezclados con la cuestión religiosa. La guerra civil de 1642 había comenzado, y de ella resultará el triunfo del Parlamento.

c.   *La Revolución de 1642 y el triunfo del Parlamento*

Esta gran guerra civil que se inició en 1642 y que dividió a Inglaterra entre Parlamentarios y Realistas, puede considerarse como la fase final de la larga lucha entre el Parlamento y el Rey que caracteriza la historia política inglesa. Con sus causas religiosas, económicas y políticas y en base a acusaciones mutuas de haber quebrantado y subvertido las leyes fundamentales del reino, esta guerra condujo a la ejecución del Rey Carlos I (1649), a la destrucción del sistema del gobierno central y a la asunción de éste por un Parlamento entre 1649 y 1660. Pero quien había triunfado, en realidad, había sido el Ejército al mando, entre otros, de *Oliver Cromwell.*[10]

Sin embargo, el Ejército, logrado el triunfo, corría el riesgo de quedar licenciado y empobrecido. Así, al menos, lo quería el Parlamento, institución que a pesar de haber intrigado contra la milicia y haber buscado negociar con el Rey, debido a su huida el 11 de noviembre de 1647, tuvo que permitir que el Ejército asumiera el control frente a los motines generalizados que ese hecho provocó. En todo caso, el Ejército y el Parlamento se unieron ante el peligro de una insurrección real apoyada por los escoceses, y el resultado fue el triunfo de *Cromwell* en 1648. El Ejército, a su mando, marchó contra el Parlamento y el 6 de diciembre de ese año, *Westminster* fue tomado y controlado. Sólo permanecieron en el recinto los hombres adeptos a los jefes del Ejército.

De todo este proceso, el poder absoluto del Monarca había resultado cuestionado. El 20 de enero de 1649 se abrió en *Westminster Hall,* el proceso al Rey Carlos I, acusándolo de hacer la guerra al Parlamento, y considerándolo culpable de todo lo acontecido durante la guerra. El Rey se había negado a defenderse, pues había manifestado no reconocer la jurisdicción de la Corte o de cualquier Corte para juzgarlo. Dijo:

> "Quisiera yo saber por qué autoridad, esto es, por qué autoridad legal he sido traído aquí. Hay muchas autoridades legales en el mundo, desde los ladrones hasta los salteadores de caminos. Cuando yo sepa cuál es vuestra autoridad legal, os contestaré. Recordad que soy vuestro Rey, vuestro Rey legal".

En definitiva, el Rey sostenía que el Monarca no podía ser juzgado "por ninguna jurisdicción superior en la tierra". El día siguiente, sin embargo, el 21 de enero de 1649, fue sentenciado a muerte.

Con la ejecución del Rey, tanto la Monarquía como la *House of Lords* fueron abolidas por el Parlamento, convirtiéndose Inglaterra en un *Commonwealth,* República o Estado libre, bajo el control del Ejército y de *Oliver Cromwell.* El Parlamento, en ese contexto, seguía los deseos del ejército, excepto en cuanto al establecimiento de' límites respecto de sus propios poderes y existencia. El conflicto de poderes continuó, y luego de múltiples y largas negociaciones, *Cromwell* finalmente destruyó al Parlamento, por la fuerza, el 20 de abril de 1653. La Revolución motorizada por el Parlamento contra el Rey, como suele suceder, terminó por destruir a su actor principal.

Para sustituir al Parlamento, *Cromwell* invitó a un grupo de puritanos confesos para formar una especie de "asamblea de santos", la cual, al poco tiempo renunció a sus poderes, y le entregó de nuevo la autoridad. Ello condujo al Consejo de oficiales del ejército a producir un documento escrito, de constitución del gobierno, conocido

---

10   Véase W. Holdsworth, *op. cit.,* Vol. VI, p. 146; M. Ashley, *England in the Seventeenth Century,* 1972, p. 91-92.

como el *Instrument of Government* de 1653, considerado como el resultado de la única ruptura producida en la historia del constitucionalismo inglés. [11]

En este contexto, la Revolución de 1642 no fue realmente una revolución social como la que se desarrolló en Francia más de un siglo después, tendiente a destruir un régimen despótico de gobierno y la sociedad estratificada sobre la cual estaba montada. En Inglaterra, la Revolución de 1642 fue, en realidad, el resultado de la lucha política entre el Rey y el Parlamento.

El producto de la guerra civil que se desató en Inglaterra a partir de 1642 y que duró 18 años, fue el haber impedido, en el futuro, tanto el establecimiento de Monarquías absolutas, como la perpetuación en el poder de los Parlamentos contra la opinión pública. En consecuencia, cuando la Monarquía fue restaurada después de la guerra civil, el conjunto de las posiciones de la Corona y el Parlamento había sido alterada.

Particularmente después de la Revolución, el Parlamento llegó a una posición en la organización del Estado que nunca antes había tenido, en el sentido de que se convirtió en parte permanente del gobierno, como el Rey mismo, dejando de ser un cuerpo que sólo era llamado ocasionalmente para asistir el gobierno del Rey, sancionando nuevas leyes.

Pero si bien es cierto que como resultado de la Revolución, la posición de autoridad del Parlamento quedó asegurada, también quedó establecido el principio de la supremacía de la Ley, particularmente por el creciente deseo nacional de ver a la ley como algo supremo, particularmente por la experiencia que tuvo el país bajo el protectorado de *Cromwell* (1642-1658), quien tuvo necesidad frecuente de violar la Ley para gobernar.

Por ello es que Sir *William Holdsworth,* señaló que la alteración de las relaciones entre el Rey, el Parlamento y los Tribunales, y consecuentemente, entre los poderes ejecutivo, legislativo y judicial, los llevó a asumir la posición constitucional que tienen en el derecho constitucional moderno.[12] Ello se facilitó, sin duda, por la sanción del *Instrument of Government* de 1653, considerado como la primera Constitución en el mundo moderno, en el sentido de Ley Suprema que no podía ser modificada por el Parlamento.

C. Bases históricas del constitucionalismo británico

a. El Instrument of Government de 1653: la primera Constitución de la historia moderna

El *Instrument of Government* hizo a Cromwell *"Lord Protector"* del *Commonwealth* de Inglaterra, Escocia e Irlanda, países a los cuales había unido bajo un solo gobierno, confiriéndole el poder ejecutivo al Protector, asistido de un Consejo de Estado compuesto por miembros civiles y militares, que se concebía como un cuerpo independiente, tanto del Protector como del Parlamento. Este también había sido

---

11   Véase M.C. Wheare, *Modern Constitutions*, Oxford 1966, p. 9; J.D.B. Mitchell, *Constitutional Law*, Edinburgh 1968, p. 27; W. Holdsworth, *op. cit.*, Vol VI, p. 146; M. Ashley, *op. cit*, p. 106.

12   Véase W. Holdsworth, *op. cit.* Vol. IX, London 1966, p. 104.

electo, incluyendo representantes de Escocia e Irlanda, además de Inglaterra. [13] De acuerdo a este instrumento, toda medida votada por el Parlamento debía considerarse legal, aún después del veto del *Lord Protector,* siempre que no fuese contraria a las leyes fundamentales del Reino. El Parlamento, así, durante este corto período, tendría una ley superior a la que debía someterse, encarnada en este *Instrument of Government.*

Pero cuando el Parlamento se reunió, no todos sus miembros aceptaron los principios del gobierno del Protectorado, rehusando aceptar la Constitución conforme a la cual se había reunido, que en definitiva les había sido impuesta por el Ejército. *Cromwell,* por su parte, se negaba a permitir que el Parlamento discutiera lo que era una verdadera Constitución, como ley suprema, y de ello, el resultado fue que el Parlamento fue disuelto, particularmente, además, porque intentaba despojar a *Cromwell* del control que ejercía sobre el Ejército. En esta forma, *Cromwell,* de nuevo, se encontró en la necesidad de gobernar con el apoyo del Ejército, lo que sucedió así, intermitentemente, hasta su muerte en 1658. Como lo afirmó Sir *William Holdsworth, Cromwell:*

[...]"era el único hombre que podía controlar el ejército, y en consecuencia, el único hombre que podía tener la oportunidad de establecer un gobierno civil frente al militar."[14]

A la muerte de *Cromwell,* y luego de más de un año de anarquía, sólo fue por la convocatoria relativamente irregular de un Parlamento, que pudo restaurarse la Monarquía. Así, el Rey Carlos II (1660-1685) fue restaurado en el trono, dentro de los términos de la *Declaración de Breda,* adoptada previamente el mismo año de 1660, que contenía cuatro condiciones: amnistía general, libertad de conciencia, seguridad de la propiedad y pago de lo debido al Ejército. [15] Esta Declaración no fue realmente una Constitución en el sentido del *Instrument of Government* porque la Restauración, en efecto, significó la vuelta a la antigua forma Monárquica de Gobierno, para lo cual no se necesitaba Constitución alguna. [16]

El régimen de Protectorado puede considerarse, por tanto, como el único en el cual Gran Bretaña tuvo una Constitución escrita a la usanza de las modernas, siendo esa época, desde otro punto de vista, la única en la cual se quebró la tradición inglesa de gobierno. En esa forma, el *Instrument of Government,* puede considerarse como la primera de las Constituciones en la historia constitucional moderna, cuyo objetivo fundamental era el establecimiento de reglas permanentes e inmutables en relación a las cambiantes mayorías de un Parlamento. [17] Este texto, en consecuencia, se anticipó a lo que luego sería el desarrollo del constitucionalismo a partir de 1776, siendo como lo consideró Sir *William Holdsworth:*

---

13   Véase W. Holdsworth, *op. cit.*, Vol IX, p. 154-155.

14   *Idem*, p. 148.

15   *Idem*, p. 165.

16   Véase K.C. Wheare, *op. cit.*, p. 10.

17   Véase W. Holdsworth, *op. cit.*, Vol IX, p. 157.

"[El] primer intento que los ingleses han hecho por construir una Constitución escrita, en el cual se plantearon por primera vez, todos los problemas relacionados con ella. En consecuencia, ahí se encuentra la idea de la separación de poderes como salvaguarda contra la tiranía tanto de una persona como de una asamblea representativa; la idea de establecer ciertos derechos fundamentales de las personas, y la idea de convertir estos derechos en valores permanentes, eliminando validez a cualquier legislación que atentase contra ellos."[18]

En todo caso, el hecho de que salvo esta excepción, en el Reino Unido no haya habido Constitución escrita, no significa que no haya habido y que no tenga Constitución, aunque no escrita, conformada por las instituciones que requiere el cumplimiento de las varias funciones de un Estado moderno.

b.   *La common law y los antecedentes británicos de la idea de supremacía constitucional*

Por otra parte, debe destacarse que el sistema jurídico inglés, antes del Siglo XVII, se montó sobre la idea de la *common law,* como ley fundamental en el sentido de que en su carácter de derecho no legislado, prevalecía sobre los estatutos dictados por el Parlamento, los cuales eran considerados como normas singulares y excepcionales en relación al previamente establecido *common law.*[19] Esta técnica del predominio de la *common law* sobre los estatutos, como lo expresó el Juez *Edward Coke* en 1610, respondía "a la tradicional supremacía de la *common law* sobre la autoridad del Parlamento,"[20] lo que condujo en la historia judicial inglesa al famoso caso *Bonham* decidido en 1610, en el cual el Juez *Coke* estableció que:

"Aparece en nuestros libros, que en muchos casos, la *common law* controla los actos del Parlamento, y que algunas veces los considera como absolutamente nulos: ya que cuando un acto del Parlamento es contrario al derecho y razón común, o repugnante, o imposible de ser cumplido, la *common law* lo controla y lo juzga como nulo."[21]

El *"common right and reason",* indudablemente, se consideraba algo fundamental, permanente, como una ley superior, que obligaba tanto al Parlamento como a las cortes ordinarias. Una de estas leyes fundamentales, de acuerdo a *Coke,* era precisamente, la Carta Magna, respecto de la cual señaló que se llamaba:

---

18   *Idem*, p. 157

19   Véase Mauro Cappelletti, *Judicial Review in the Contemporary World,* Indianapolis 1971, p. 36-37.

20   Citado por E.S. Corwin, *"The Higher Law" Background of American Constitutional Law*, New York 1955, p. 38. Véase igualmente sobre los puntos de vista de Coke, W. Holdsworth, *A History of English Law*, Vol. V, London 1966, p. 475.

21   Véase la cita y conmentarios en Ch. H. McIlwain, *The High Court of Parliament and its Supremacy*, Yale 1910, p. 286-301. Véase las ciritcas a los conceptos de Coke en L.B. Boudin, *Government by Judiciary*, NY 1932, Vol. I, p. 485-517.

"Magna Carta, no por su extensión y amplitud, sino por su gran peso, por la grandeza de las materias que regulaba, en pocas palabras, por ser la fuente de todas las leyes fundamentales del reino." [22]

La Magna Carta, en consecuencia, se consideró como una de las leyes fundamentales del reino, por lo que en tal sentido es que debe considerársela como un antecedente remoto de las Constituciones modernas.

Pero en relación al concepto de "ley superior" que obligaba al Parlamento, en otra decisión judicial inglesa de 1614, en el caso *Day* v. *Savadge,* el Juez *Hobart,* aún cuando sin referirse directamente al caso *Bonham,* señaló:

"Incluso un Acto del Parlamento, hecho contra la natural equity, que convierta a una persona en juez en su propia causa, es nulo en sí mismo; pues *jum naturae sunt inmutabilia* y son *leges legum*." [23]

La tradición inglesa de la existencia de una Ley superior, ley de leyes, inmutable, es decir, *lex legum, lex aeterna* o *lex immutabile*, encontró momentáneamente reflejo formal en el *Instrument of Government* de 1653, y luego se concretó en las Cartas o Pactos de las Colonias Americanas. Esa concepción fue la que se formalizó posteriormente, como ley fundamental, en 1776, en un documento solemne, precisamente en lo que comenzó a denominarse como *Constitución* a raíz de la Revolución Americana.

Por ello, aún cuando a partir de la gloriosa Revolución inglesa de 1688-1689, en el Reino Unido se erigió como principio constitucional fundamental el de la soberanía del Parlamento, quedando en cierto sentido relegado, como principio, el que pudiera existir alguna "ley superior" que obligara al propio Parlamento, aquél principio de la ley superior pasó a las Colonias Americanas, para, precisamente, engrosar el arsenal de armas acumuladas para reaccionar contra la soberanía que el Parlamento pretendía ejercer en América.

    c.   *Las declaraciones de derechos fundamentales: el Habeas Corpus Act de 1679 y el Bill of Rights de 1689*

El concepto moderno de derechos fundamentales, relacionado originalmente con la idea de derechos naturales, puede decirse que aparece en los tiempos modernos, al finalizar la Edad Media y en el curso del Siglo XVI, cuando la idea de deber de los súbditos se comenzó a transformar en la idea de derecho, conectada con la situación natural del hombre.

Como hemos señalado, la Carta Magna de 1215, en realidad, no había declarado derechos de las personas, sino sólo privilegios de los Barones, del clero y de los comerciantes. Sin embargo, había sido interpretada como una ley fundamental del reino, siendo aplicada por los tribunales como medio para la protección de derechos naturales de las personas.

---

22   Véase E.S. Corwin, *op. cit.* p. 54-55

23   *Idem*, p. 52.

En ese contexto, la primera exposición formal de este nuevo concepto puede encontrarse en el mandamiento de *habeas corpus* desarrollado por las Cortes Inglesas, precisamente por la influencia e interpretación que se había dado a la Carta Magna, como lo ha destacado Sir *William Holdsworth:*

"Independientemente de que la intención de la famosa cláusula de la Magna Carta, que establece que "ningún hombre libre puede ser hecho preso o exilado o en forma alguna destruido excepto mediante un juicio legal adoptado por sus iguales y conforme a la ley del país", haya sido o no el salvaguardar el principio de que ningún hombre puede ser hecho preso sin un debido proceso legal, pronto comenzó a ser interpretada para salvaguardar ese derecho. Fue porque se interpretó así, que dicha cláusula ejerció una enorme influencia, tanto respecto de la manera cómo los jueces aplicaron los mandamientos que podían usarse para salvaguardar esa libertad, como respecto de la manera conforme a la cual el legislador asistió dicho desarrollo." [24]

Precisamente por ello, el *Habeas Corpus Act* de 1679 es quizás, la primera Ley formal en el mundo moderno relativa a los derechos fundamentales, en particular, a la libertad personal, aun cuando se aplicó sólo respecto de la detención por "causas criminales." [25] Fue adoptada al instalarse el Parlamento de 1679, en cuya elección puede decirse que participaron por primera vez los partidos políticos que habían surgido de las pasiones de la guerra civil: unos, amigos del Rey (los *tories)* aliados a la propiedad territorial y a la Iglesia anglicana; otros, los enemigos del Rey *(los whigs),* compuestos por disidentes y los comerciantes de Londres. En las elecciones habían triunfado *los whigs,* quienes configuraron un Consejo de gobierno, intermediario entre el Rey y el Parlamento, siendo su producto legal más conocido este *Habeas Corpus Act,* con el cual se buscó asegurar a las personas detenidas por causas criminales que fueran llevadas rápidamente a juicio, para garantizar que no se abusara del poder para detener a las personas por causas criminales.

Pero la primera ley formal, como Acto del Parlamento, que se refiere a las libertades fundamentales en sentido amplio en los tiempos modernos, sin duda fue el *Bill of Rights* de 1689, adoptado al final de la Revolución de 1688-1689, que marcó precisamente, el triunfo final del Parlamento en su lucha contra el Rey.

En efecto, Carlos II había disuelto el Parlamento en 1681, pues no necesitaba de su ayuda para obtener ingresos, dado los que recibía el Rey de Francia (Luis XIV). Una nueva elección parlamentaria, que esta vez dio el triunfo a los *tories,* produjo la persecución generalizada de los *whigs.* Como lo observó François Mauriac*:*

"Los ingleses no habían aprendido aún ese juego parlamentario cuyas reglas, aceptadas por todos, permiten a los adversarios políticos alternar en el poder sin que el primer efecto de la victoria sea el aniquilamiento de los vencidos."

A la muerte de Carlos II, lo sucedió su hermano Jacobo II (1685-1689). Con el triunfo de los tories y el apoyo de la Iglesia a la Corona, el reino estaba dominado

---

24   Véase W. Holdsworth, *op. cit.* Vol. IX, p. 104.

25   Véase E.C.S. Wade y G. Godfrey Phillips, *Constitutional and Administrative Law*, (novena editción por A.W. Bradley), London 1980, p. 456.

por la Corona. Pero Jacobo II era católico, y pronto tuvo que enfrentarse a la propia Iglesia anglicana. La revuelta con base religiosa entre católicos y protestantes, hizo aparecer la figura de la Revolución. Jacobo II, ante la incertidumbre de su sucesión, casado con católica y con hijos católicos, a la puerta de conflictos generales, abandonado por todos, partió para Francia (1688).

La cuestión de la sucesión hubo de resolverse, optando los dirigentes políticos por la hermana del Rey, María, buena protestante, casada con *Guillermo de Orange*. María no quiso reinar sin su esposo ni convertir a éste en príncipe consorte, razón por la cual hubo que renunciar al principio del derecho divino de los reyes y llamar al trono, por libre elección a Guillermo de Orange, quien reinó como Guillermo III (1689-1702).

Se había realizado una revolución conservadora, sin guerra civil, formalizada en la *Declaration of Rights* que fue presentada por una Convención parlamentaria en febrero de 1689 al Príncipe Guillermo y a la Princesa María de Orange, al ofrecérseles la Corona Inglesa, y que contenía todas las principales resoluciones de la Convención. Esta *Declaration,* luego, tuvo confirmación legal por el Parlamento electo como consecuencia de la Convención Parlamentaria, precisamente en el *Bill of Rights* del mismo año (1689), por cuyo contenido, más que una declaración simple de derechos, debe ser considerada como un documento político contentivo de los "derechos de la nación"[26)] establecidos por el legislador.[27]

Sin embargo, en lo que concierne a los derechos fundamentales, el *Bill of Rights* dio efectos legales a los mencionados en la Declaración, al señalar que:

> "[T]odos y cada uno de los derechos y libertades indicados y reclamados en la dicha Declaración, son verdaderos, antiguos e indubitables derechos y libertades del pueblo de este Reino, y así deberán ser estimados, permitidos, juzgados, solicitados y así deberán ser."[28]

Pero de hecho, la *Declaration of Rights* no puede ser considerada sólo como un documento tendiente a restaurar viejos y conocidos derechos de los ingleses que habían sido violados repetidamente por el Rey Jacobo II; debe además, ser analizada como el *Bill of Rigths,* en el sentido de ser un radical y reformador documento que resolvió una larga y antigua disputa, en favor tanto del Parlamento como de los individuos, conforme a los principios de libertad que envolvieron a la Revolución.

En tal sentido, la Declaración y el *Bill of Rights,* contienen disposiciones referidas a las prerrogativas reales relacionadas con el poder soberano, así como a los poderes reales respecto de la Ley, la autoridad militar y el poder de imposición. También contienen normas para regular el papel del Parlamento, estableciendo el derecho a elecciones libres, la libertad de expresión del pensamiento, la libertad de debate, y el derecho de reunión. Estos documentos también garantizaron los dere-

---

26   Véase G. Schwoerer, *The Declaration of Rights, 1689,* London 1981, pp. 19, 291.

27   Es por eso que W. Holdsworth considera que en un Bill of Rights no hay "declaración de principios constitucionales," *op. cit.,* Vol. VI, p. 241.

28   Citado por P. Allot, '"The Courts and Parliament: Who Whom? en *The Cambridge Law Journal,* 38 (1), 1979, p. 98.

chos individuales, tales como el derecho de petición al Rey sin temor a represalia, el derecho a portar armas bajo ciertas restricciones; y el derecho a protección contra ciertos procedimientos judiciales (caución y penas excesivas, castigos crueles e inusuales).[29]

En esta forma, estos documentos deben considerarse como el producto fundamental de la Revolución de 1688-1689, que la hace una verdadera revolución y no un simple golpe de Estado, pues con ella no sólo se destruyeron los elementos esenciales del Antiguo Régimen, sino que se restablecieron ciertos derechos que habían sido conculcados por los Estuardo, y se resolvieron controversias de larga data, creándose un nuevo Reinado. En consecuencia, en el nuevo sistema político que nació, sufrieron cambios radicales tanto el principio del derecho divino del Monarca, como la idea de la sucesión hereditaria directa, las prerrogativas del Rey bajo la Ley, el Ejército, la imposición y los procedimientos judiciales que podían afectar a los individuos. Con ella, el Parlamento definitivamente ganó su larga lucha contra el Monarca.

Esta Revolución, por ello, puede considerarse como la más efectiva de las revoluciones ocurridas al comienzo del mundo moderno europeo, pues con ella se efectuó el mayor cambio político en la historia de Inglaterra, que abrió paso a la Monarquía constitucional y a la soberanía del Parlamento. Su legado jurídico fundamental, fue lo ocurrido, casi un siglo después, a fines del Siglo XVIII, en las Colonias Americanas[30]

En todo caso, la importancia e influencia del *Bill of Rights* de 1689 radica en dos aspectos principales: primero, en que abrió la vía para la transición entre el antiguo sistema estratificado de clases y privilegios hacia un moderno sistema de derechos del individuo, en el sentido de que el *Bill of Rights* declaró derechos individuales del pueblo inglés en general y no privilegios de clase; y segundo, en su influencia directa en las primeras declaraciones de derechos fundamentales de las colonias inglesas en Norte América.

D. *La "Gloriosa Revolución" de 1688-1689 y la soberanía en el Parlamento*

La Revolución de 1688-1689, como se dijo, trastocó definitivamente en la historia de Gran Bretaña, la relación entre los poderes del Rey y su Parlamento, convirtiéndose este último en soberano. Nada tuvo de común esta Revolución, con la que un siglo después ocurriría en Francia (1789) y donde el conflicto se planteó entre las diversas clases sociales del reino. En Inglaterra, el conflicto fue otro y doble: fue un conflicto religioso, en el sentido de determinar qué Iglesia dominaría la sociedad, la romana o la anglicana; y un conflicto político y social, en el sentido de determinar si el poder soberano estaba en el Rey o en el Parlamento.

La revolución dio el triunfo al Parlamento, convirtiéndose éste, desde entonces, en soberano. El principio de la soberanía parlamentaria, se convirtió así, en la piedra angular del constitucionalismo del Reino Unido, pudiendo caracterizarse por los siguientes elementos:

---

29   Véase L.G. Schwoerer, *op. cit.*, p. 283.

30   *Idem*, p. 291.

En *primer lugar*, por la ausencia de distinción formal entre leyes ordinarias y leyes constitucionales, lo que implica la ausencia de constituciones escritas. En consecuencia, el Parlamento, en cualquier momento, puede adoptar mediante el método ordinario de formación de las leyes, reformas de naturaleza constitucional. De allí que la autoridad del Parlamento de cambiar las leyes sea ilimitada, no pudiendo un Parlamento, limitar en forma alguna los poderes a otro Parlamento que se elija posteriormente.[31]

En *segundo lugar*, el principio de la soberanía parlamentaria se caracteriza por la ausencia de posibilidad alguna de control respecto de la actividad parlamentaria. Ello implica que no existe Corte o Tribunal alguno con competencia para decidir sobre la "inconstitucionalidad" de las leyes o actos del Parlamento; y al contrario, éstos, cualquiera que sea su contenido, deben ser aplicados por los Tribunales, no pudiendo éstos desaplicarlos en forma alguna. Como lo señalaba *A.V. Dicey*:

> "El principio de la soberanía del Parlamento significa, ni más ni menos, que en la Constitución inglesa el Parlamento tiene el derecho de hacer y deshacer cualquier ley; y además, que a ninguna persona o cuerpo le es reconocido por la Ley de Inglaterra derecho alguno para anular y dejar de lado la Legislación del Parlamento."[32]

En *tercer lugar*, otro elemento que resulta del principio de la soberanía parlamentaria, es que la Ley creada por el Parlamento, esto es, los estatutos, tienen primacía respecto del *common law* y sobre cualquier otra fuente del derecho. Con ello, a partir de la Gloriosa Revolución, la idea de la Ley superior integrada al *common law* que limitaba al Parlamento, propia de la tradición inglesa, quedó relegada. Sin embargo, debe destacarse que dicha tradición era tan importante que doce años después de la Revolución, el Juez *Holt* comentó el antes mencionado caso *Bonham,* en el caso *City of London v. Wood,* en 1701, señalando:

> "Lo que mi *Lord Coke* dijo en el caso *Dr. Bonham* está lejos de toda extravagancia, porque es muy razonable y cierto el decir que si un Acto del Parlamento ordenase que una misma persona sea parte y juez, o lo que es lo mismo, sea juez en su propia causa, sería un acto del Parlamento nulo, ya que es imposible que uno pueda ser juez y parte, pues corresponde al juez determinar entre parte y parte."[33]

En todo caso, debe señalarse que paradójicamente, el principio de soberanía del Parlamento tuvo efectos directos en el desarrollo posterior del control judicial de constitucionalidad en Norteamérica, en el sentido de que antes de la Declaración de Independencia, las leyes adoptadas por las Legislaturas coloniales fueron en muchos casos declaradas inválidas, por ser contrarias a las leyes de Inglaterra o a las Cartas

---

31   Véase T.R.S. Allan, "Legislative Supremacy and the Rule of Law: Democracy and Constitutionalism", en *Cambridge Law Journal*, 44, 1, 1985, p. 122.

32   Véase A.V. Dicey, *An Introduction to the Study of the Law of the Constitution*, (Introduction por E.C.S. WADE), 10th Ed. 1973, p. 39-40.

33   Véase C.P. Patterson, "The Development and Evaluation of Judicial Review," en *Washington Law Review*, 13, 1938, p. 75, 171, 353; E.S. Corwin, *op cit*, p. 52.

coloniales. Por ello, aún cuando la Gloriosa Revolución de 1688-89, como se dijo, marcó el triunfo del Parlamento inglés, convirtiéndolo en soberano, las Colonias Americanas, sin embargo, heredaron las ideas del juez *Coke* en relación a la subordinación del Monarca y del Parlamento a una ley superior y a un poder judicial acostumbrado a interpretar y, algunas veces, a ignorar los actos legislativos que violasen principios superiores. Por ello, paradójicamente, la Gloriosa Revolución no sólo no frenó sino que incluso auspició el desarrollo de la doctrina norteamericana del control judicial de constitucionalidad.

2.   *Las ideas de John Locke sobre la Constitución inglesa: la división del poder y las libertades individuales*

Al finalizar la Gloriosa Revolución, en 1689, *John Locke* publica su famoso *Two Treatises of Government* (1690). El libro, sin duda, puede considerarse como el análisis político del nuevo régimen constitucional inglés, montado sobre el principio de la separación de poderes, que resultaba de la soberanía del Parlamento. *Locke,* por tanto, puede considerarse como el primer ideólogo de la reacción contra el absolutismo abogando en su libro, por la limitación del poder político del Monarca. Para hacer sus consideraciones, *Locke* las basó en la consideración de la condición natural del hombre y del contrato original de la sociedad, que dio origen al Estado.

En dicha obra, para su concepción del Estado, Locke partió de la idea, origen de la concepción liberal, del estado natural del hombre y de que la sociedad y el Estado tiene su origen en un contrato social, que se formula entre los diferentes estamentos de la sociedad, para preservar la *property,* expresión que abarcaba no sólo la propiedad, sino el conjunto de los derechos fundamentales de la persona: la vida, la libertad, la posesión, la religión;[34] y que venían de ser proclamados en el *Bill of Rights* (1689) que precisamente marca el último triunfo del Parlamento sobre el Monarca

Naturalmente, este contrato social como lo concebía *Locke,* que cambió la condición natural del hombre, no podía dar origen a la formación de gobiernos bajo los cuales el hombre se encontrase colocado en peor situación a la que tenía previamente. En consecuencia, el gobierno absoluto no podía ser considerado legítimo, como sí lo era un gobierno civil. Si el Estado surgía para proteger los "derechos naturales" que no desaparecían con el contrato social, su conculcación debido a la acción de un Estado absoluto justificaba el derecho de resistencia frente al abuso de poder.[35]

Ahora bien, dentro de las medidas destinadas por *Locke* para racionalizar y limitar el poder, desarrolló su clásica distribución de funciones del Estado, algunas de las cuales las consideró como "poderes". En el parágrafo 131 de su libro *Two Treatises of Government,* señaló:

"Y quien sea que tenga el legislativo o supremo poder en cualquier comunidad, está obligado a gobernar mediante leyes establecidas, promulgadas y conocidas por el pueblo y no mediante Decretos extemporáneos: mediante jueces indiferentes y rectos, llamados a decidir controversias mediante esas leyes: y

---

34   Véase J. Locke, *Two Treatises of Government* (ed. Peter Laslett), Cambridge 1967, parágrafo 57, p. 324.

35   *Idem*, p. 211.

para emplear la fuerza de la comunidad en el interior, sólo en ejecución de dichas leyes, o en el extranjero para prevenir o repeler ataques foráneos, y asegurar la comunidad contra asaltos e invasiones."[36]

En esta forma, *Locke* distinguió cuatro funciones del Estado, la de legislar, la de juzgar, la de emplear la fuerza en el orden interno en ejecución de las leyes y la de emplear la fuerza en el extranjero, en defensa de la comunidad. Dio el nombre del *poder legislativo* a la primera de dichas funciones, es decir, la de hacer las leyes "respecto de las cuales todos los demás poderes están y deben estar subordinados,"[37] como dijo. La tercera función la denominó, *poder ejecutivo,* la que implicaba "la ejecución de las leyes municipales de la sociedad dentro de ella misma y por encima de sus partes"[38] o componentes. La cuarta función la denominó *poder federativo,* la que incluía "el poder de hacer la guerra y la paz, las ligas y alianzas, y transacciones con todas las personas o comunidades fuera del Estado."[39] De todas las funciones que atribuyó al Estado soberano, la única que no concibió como "poder" fue la de juzgar, la cual debía concebirse en la tradición inglesa, como un atributo general del Estado[40]

En este esfuerzo por racionalizar las funciones del Estado, la novedad de las tesis de *Locke*, estuvo en la distinción entre la facultad de legislar y la facultad de velar por la ejecución de las leyes, sin que fuera esencial individualizar el poder de juzgar el cual, como se dijo, particularmente en Inglaterra, era una de las tareas tradicionales del Estado.

En todo caso, es importante notar que *Locke* se dedicó a racionalizar y sistematizar las funciones del Estado soberano, pero no formuló, en esencia, una teoría de la división o separación de los poderes. Incluso, de la obra de *Locke* no puede deducirse tesis alguna respecto a que el poder del Estado está colocado en diferentes manos para preservar la libertad y garantizar las libertades individuales.[41] Admitió, sin embargo, que si el poder fuese colocado en manos diferentes un balance podría surgir; como lo afirmó en su libro: "balanceando el Poder del gobierno, colocando sus varias partes en diferentes manos."[42]

Sin embargo, la contribución fundamental de *Locke* al principio de la división del poder, está en su criterio según el cual, los poderes ejecutivo y federativo necesariamente debían estar en las mismas manos,[43] al igual que su criterio de la supremacía del Poder Legislativo atribuido al Parlamento sobre los otros, al extremo de que tanto la función ejecutiva como la judicial debían ser desarrolladas en ejecución

---

36   *Idem*, p. 371.

37   *Idem* parágrafos 134, 149, 150, p. 384, 385. Véase los comentarios de Peter Laslett, "Introduction", p. 117.

38   *Idem*, p. 117.

39   *Idem*, p. 383. En relación con el nombre dado por Locke a este poder dijo: "cualquiera que plazca. De manera que si la cosa se entiende, somos indiferentes en relación al nombre," *Idem*, p. 383.

40   Véase P. Laslet, "Introduction", *loc. cit.*, p. 118.

41   *Idem*, p. 117-118.

42   *Idem*, p. 107, 350.

43   *Idem*, p. 118.

y de acuerdo con las leyes adoptadas y publicadas por el Parlamento. [44] En *Locke*, esta supremacía del Poder Legislativo, sin duda, era la consecuencia de la propia supremacía del Parlamento sobre el Rey, resultado de la Revolución de 1689, configurándose en la característica más importante del derecho público inglés, comparado con los sistemas continentales.

Pero los aportes teórico-políticos de *John Locke* al constitucionalismo, no sólo se concentraron en el principio de la separación de poderes, sino en la concepción misma de la libertad como límite al poder, y en particular, a la soberanía del Parlamento. De allí que su obra sea un clásico del liberalismo, escrita, como se dijo, después de la Revolución de 1689, y luego que el *Bill of Rights* había sido adoptado.

En efecto, según *Locke* el establecimiento de una sociedad civil o política, como organización opuesta a la Monarquía absoluta, implica un acuerdo entre los hombres:

"[P]ara ingresar y unirse en una comunidad para llevar una confortable, segura y pacífica vida entre los otros, con la seguridad del goce de sus propiedades y una mayor seguridad frente a aquellas que no están en ella." [45]

En consecuencia, el poder otorgado a esa comunidad, y particularmente al Legislador, -dijo-

"[N]o es ni puede ser absolutamente arbitrario en relación con las vidas y fortunas de las personas, ya que el poder conjunto de cada miembro de la sociedad, dado a una persona o Asamblea que es el legislador, no puede ser más que lo que esas personas tenían en su estado natural, antes de entrar en sociedad y darse a la comunidad; ya que nadie puede transferir a otro más poder del que tenía, y nadie puede tener un poder arbitrario sobre sí mismo o sobre otros, para destruir su propia vida, o quitarle la vida o la propiedad a otro. Un hombre, como ha sido probado, no puede someterse al poder arbitrario de otro; y no teniendo en el estado de naturaleza poder arbitrario sobre la vida, libertad y posesiones de otro, sino sólo lo que la ley de la naturaleza le dio para la propia preservación de sí mismo, y del resto de la humanidad, eso es todo lo que debe y puede dar a la comunidad y a través de ella, al Poder Legislativo, de manera que el legislador no puede tener más de eso. Este poder, en sus extremos, está limitado por el bien público de la sociedad. Es un poder que no tiene otro fin que la preservación, y en consecuencia, nunca tiene el derecho de destruir, esclavizar o empobrecer los súbditos." [46]

Sobre esta base, *Locke* definió como fin de todo gobierno "el bien de la humanidad", señalando que "todo el poder del gobierno sólo se otorgaba para el bien de la sociedad". En consecuencia, en oposición a la sociedad civil estaba el poder absoluto y arbitrario de los gobiernos ejercidos sin leyes adoptadas regularmente, que por

---

44   Véase M.J.C. Vile, *Constitutionalism and the Separation of Powers*, Oxford 1967, p. 36.

45   Véase J. Locke, *Two Treatises of Government*, citado por W. Laquer y B. Rubin (ed.), *The Human Rights Reader*, New York 1979, p. 64.

46   *Idem*, p. 65.

supuesto no podían ser consistentes con el fin de la sociedad. Era evidente, conforme a la concepción de *Locke*, que:

"[Los] hombres no dejarían la libertad del estado de naturaleza para someterse a sí mismos a un gobierno que no tuviera por fin preservar sus vidas, libertades y fortuna, mediante reglas establecidas para asegurarlos en paz. No podría suponerse que pudieran haber tenido la intención, incluso si hubieran tenido poder para hacerlo, de dar a alguien o algunos, un poder arbitrario y absoluto sobre sus personas y bienes, y de poner fuerza en manos de los magistrados para ejecutar deseos ilimitados y arbitrarios sobre ellos. Esto -concluía Locke- significaría colocarse a si mismo en peores condiciones que la del estado de naturaleza, donde tenían la libertad de defender sus derechos contra las injurias de otros y donde tenían parecidas fuerzas contra las invasiones de un hombre o de muchos combinados." [47]

La conclusión de toda esta concepción relativa a los derechos fundamentales o *"property"* como los calificó *Locke,* y a los límites al poder, fue que:

"El supremo poder no puede tomar de ningún hombre parte de su *"property"* sin su propio consentimiento; ya que siendo la preservación de la *"property* el fin del gobierno, por lo cual los hombres entraron en sociedad, ello necesariamente supone y quiere que el pueblo debe tener *"properpy."* [48]

En esta perspectiva, la obra de *Locke* está en la base de la concepción teórica - elaborada sobre la percepción del régimen político que había resultado de la Revolución de 1689- del Estado de Derecho, como opuesto al Estado absoluto, basado en la idea de la existencia de libertades fundamentales del hombre, que son inalienables y que no pueden ser renunciadas, teniendo el Estado por objeto, la protección y mantenimiento de dichas libertades. Fue esta concepción liberal, sin duda, la que estuvo a la base del proceso revolucionario norteamericano en 1776.

3. *La situación política constitucional de las Colonias inglesas en Norteamérica y el camino hacia la independencia*

A. *Los establecimientos coloniales a partir de inicios del Siglo XVII*

El proceso de colonización de Norteamérica por los ingleses, se inicia, efectivamente, a comienzos de Siglo XVII, con el envío de los primeros colonos emigrantes de la Compañía de Londres, a *Virginia,* asentamiento así llamado por Sir *Walter Raleigh* en honor de la Reina virgen, Isabel (1558-1603), ubicado en la costa este de Norteamérica.

La colonización inglesa de Norteamérica, al contrario de la colonización española de Sur América, no fue propiamente una empresa y una política asumida centralizadamente por la Corona. Se hizo por aproximaciones sucesivas y mediante concesiones otorgadas respaldadas por cartas individuales. En esa forma, es durante el reinado de Jacobo I (1603-1625) cuando comienzan a asentarse colonias en Norte-

47   *Ibid*, p. 66.
48   *Ibid*, p. 67

américa, gobernadas por consejos locales con miembros de entre los colonos, aun cuando designados desde la metrópoli. El desarrollo de los principios de representatividad y participación local en las colonias, por tanto, se inicia desde el mismo momento en que comienza la colonización, y si bien luego se nombran gobernadores de las Colonias desde Inglaterra, ello no elimina el espíritu de Asamblea. Así, por ejemplo, fue en Virginia, en 1619, donde se reunió por primera vez y con permiso de la Compañía, la primera *Asamblea de Colonos la Cámara de burgueses de Virginia,* ya para ese momento una próspera colonia plantadora y productora de tabaco. El fracaso económico posterior de la Compañía, a partir de 1624, transformó la colonia en un asentamiento de la Corona, pero conservando sus poderes de asamblea.

Años antes, a partir de 1620, otros asentamientos coloniales se ubicaron en la costa este de Norteamérica, con un esquema diferente al de la empresa colonial virginiana, y más bien producido por las persecuciones desviadas de los conflictos religiosos y políticos que dominaban la vida en las islas británicas. La Compañía de Londres admitió este esquema de emigración forzada, otorgando concesiones a los grupos de colonos que aceptaban correr el riesgo de establecer el asentamiento, sometiéndose a una servidumbre de siete años. Así, 120 "peregrinos" se embarcaron en el *Mayflower* en septiembre de 1620. Tres meses después, el barco llegó a Cabo *Cod,* muy lejos de *Virginia,* donde los peregrinos no tenían ni concesión ni derechos de cualquier clase. Por ello, ante la necesidad de desembarcar, se fijaron sus propias reglas y firmaron un pacto o *Covenant,* conforme al cual juraron continuar juntos y obedecer las reglas establecidas para el logro del bien de todos. Conforme a este pacto, surgió el primer gobierno local autónomo en Norteamérica en la Colonia de *Ptymouth.*

Otros peregrinos, de inspiración calvinista, obtuvieron una Carta real para *The government and company of Massachussetts Bay* en Nueva Inglaterra, en 1629. La compañía, fundada por los propios peregrinos, de posición económica más acomodada que los del *Mayflower,* estaba manejada por un Consejo que funcionaba en la propia colonia, en *Boston,* totalmente independiente de Londres. El Consejo, para votar los impuestos, por ejemplo, debía asesorarse de dos delegados por cada ciudad de la colonia, con lo que quedó así constituida la primera asamblea que más tarde estaría dividida en dos Cámaras.

Luego, en la misma época, otras colonias se establecerían, con emigrados o desterrados de las ya establecidas; y en particular de *Massachussets:* se fundó, así, en 1635, un establecimiento denominado *Providence,* en *Rhode Island,* que luego, en 1662, sería objeto de una Carta real; y se creó, en 1639 la colonia de *Connecticut,* por un grupo de migrados de *Massachussets,* quienes se dieron a sí mismos sus propias "Leyes fundamentales de *Connecticut"* creando un gobierno elegido por hombres libres. Otros, puritanos, fundaron en la costa de *Connecticut,* la colonia de *New Haven,* adoptando para gobernarse, las leyes divinas. Los asentamientos de *Connecticut,* en 1662, también obtuvieron del Rey Carlos II una Carta real, en la cual se confirmaba la existencia de un gobierno y asambleas coloniales, sin control de la Corona. Por ello, se considera que *Connecticut* y *Rhode Island* fueron los primeros Estados coloniales independientes.

La colonia de *Maryland* fue establecida de otra forma y mediante carta colonial, otorgada a un individuo, *Georges Calvert,* quien había servido a la Corona pero a quien Carlos I no podía emplear en Inglaterra, por ser católico. La Carta, de verdadera configuración feudal, otorgaba al propietario, nombrado *Lord Baltimore,* carácter del jefe de la iglesia y de las fuerzas armadas, estando facultado para crear *mannors,* especie de repartimiento de tierras. *Lord Baltimore,* en todo caso, fue celoso en guardar la convivencia de las Iglesias, y en respetar el derecho de asamblea, donde hizo votar una Ley de tolerancia religiosa. A partir de la Revolución de 1688, la Iglesia de Inglaterra monopolizó la religión en *Maryland, y* sólo convirtiéndose al protestantismo, *Lord Baltimore,* pudo conservar su propiedad territorial, aceptando la autoridad de la Corona en la colonia.

Un esquema colonial similar se dio en las Carolinas (del Norte y del Sur), así denominadas en honor de Carlos II, quien otorgó en propiedad territorial grandes espacios a verdaderos grandes señores monárquicos. Estos, incluso, llegaron a solicitar de *John Locke,* filósofo de moda, la redacción de una Constitución que creaba una aristocracia. En 1729, estas colonias pasaron a la Corona. El territorio de *New Jersey,* también adquirido por los mismos señores propietarios de las Carolinas, fue otra colonia que en 1702 pasó a la Corona.

En 1681, *William Penn* obtuvo una carta del Rey que le confirió la propiedad de un vasto territorio entre *Massachussetts y Maryland,* que llamó a *Pennsylvania,* donde se estableció un gobierno libre en el que participaron una sociedad de amigos, de fe puritana extrema, denominado los *cuákeros.* En cuanto a la colonia de Nueva York, inicialmente holandesa (Nueva Amsterdam), fue ocupada por Inglaterra en la época de Carlos II (1664), quien incluso se la regaló a su hermano el *Duque de York.* De allí su nombre. Por último, otra colonia situada al Sur completó el dominio británico en la costa este de Norteamérica, fundada en 1732: Mediante una carta otorgada a un grupo de filántropos, surgió *Georgia,* colonia que a mitades del siglo XVIII también pasaría a la Corona.[49]

En todo caso, todas estas colonias, en 1750, poseían una amplia autonomía con un espíritu asambleístico arraigado y un gobierno local bastante autónomo debido, además, a la ausencia de mecanismos centralizantes de administración colonial, como los que por ejemplo España pudo establecer en América del Sur. Cada colonia, así, poseía su legislatura, compuesta de dos Cámaras; en algunas de ellas *(Connecticut y Rhode Island)* se elegía al Gobernador, en las demás, los nombraba la Corona o los propietarios. El centro de la vida política en cada comunidad, era el *meeting house,* donde en asamblea se resolvían los asuntos locales.

Paralelamente a las colonias inglesas en Norteamérica, los franceses, desde 1534, también habían comenzado sus desembarcos en lo que hoy es la Provincia de *Quebec* y *Montreal.* A principios del siglo XVII, el Rey Enrique IV otorgó el monopolio del comercio con el Canadá a individuos, estableciéndose una colonia (Nueva Francia) y luego, por el Cardenal *Richelieu,* a la *Compañía de la Nueva Francia,* con lo cual el asunto colonial dejó de ser asunto de aventureros y se asumió como una empresa nacional. La colonia prosperó y desde ella, hacia fines del Siglo XVII, pene-

---

49   Véase en general, C. M. Mc Ilwain, *Constitutionalism and the Changing World*, Cambridge 1939; A.C. McLaughlin, *A Constitutional History of the United States*, New York 1936; Robert Middlekauff, The Glorious Cause. *The American Revolution, 1763-1789*, Oxford University Press, New York 1982; James Ferguson, *The American Revolution: A General History, 1763-1790*, The Dorsey Press, Homewood, Illinois 1979

trando hacia el Oeste, algunos aventureros al mando de *Cavelier de La Salle* llegaron al Gran Río *(Mississippi)* el cual navegaron aguas abajo hasta su desembocadura en el Golfo de México. En 1684, *La Salle* regresó a Francia aconsejando a Luis XIV la creación de una colonia en la desembocadura del río, la que llamaría, en honor del Rey, *Lousiane*. Luego de varios años, un agente de la Compañía de Indias de Francia, fundó en 1718 una ciudad en homenaje del Regente el Duque de Orleans, llamada *Nueva Orleans,* donde se asentó una colonia francesa.

Paralelamente a este desarrollo colonial, en Europa se continuaron sucesivamente guerras entre Inglaterra y Francia, que afectaron por supuesto a las Colonias. La guerra de sucesión de España, que enfrentó a aquellos reinos, terminó con el Tratado de Utrech (1713), con el cual Francia perdió la Bahía de *Hudson, Acadia* y *Terranova.,* conservando Canadá y Luisiana. En 1744, otra guerra declarada entre Francia e Inglaterra, por la sucesión de Austria, hasta 1748, provocó que la misma se extendiera también al Canadá. Los franceses, dueños del Canadá, querían ocupar los *Valles de Ohio y del Mississippi* y así, encerrar a las colonias inglesas, a lo que éstas se oponían. La paz de Aquisgrán (1748), que puso fin al nuevo conflicto, obligó a Inglaterra a evacuar la isla de *Cap Breton,* la principal del Canadá. Una nueva guerra con Francia (la Guerra de los Siete Años), a partir de 1756, se reflejó directamente en América, ocupando los ingleses posiciones francesas. Francia no tenía una armada comparable a la inglesa, y así, perdió la mayoría de sus colonias en Norteamérica.

Un nuevo tratado de paz, la *Paz de París* en 1763, dio a Inglaterra el Canadá y España cedió a los ingleses La Florida, donde los españoles habían penetrado desde hacía casi dos siglos. En cuanto a la *Luisiana*, ésta fue cedida a España, y la orilla izquierda del Mississippi pasó a Inglaterra. La creación de cuatro Provincias inglesas se anunció en 1763: *Quebec, East Florida, West Florida y Grenada,* declarándose "reserva de indios" los territorios del *Mississippi* y *Los Lagos*.

La Guerra de los Siete Años (1756-1763) había dejado efectos importantes en las colonias inglesas, las que habían tenido que defenderse contra el Canadá francés. Inglaterra había proporcionado las tropas necesarias y soportado los gastos de la Campaña, y fue necesario, que luego del Tratado de París permaneciera una fuerza de 10.000 hombres en las colonias, para hacer frente a una eventual revuelta de los canadienses franceses. En el pago de estos gastos militares puede situarse el origen de la revolución americana.

B.   *Los impuestos a las colonias y la rebelión contra el Parlamento inglés*

En efecto, *Grenville,* Canciller del *Exchequer* de Jorge III propuso al Parlamento diversos impuestos que gravaron productos coloniales *(Sugaract),* y además, propuso que una tercera parte de la suma necesaria para sostener aquél pequeño ejército, se recaudara en las propias colonias, por medio de un impuesto de timbre. Se adoptó, así, el *Stamp Act* el 22 de marzo de 1765, legislación que estableció impuestos de estampillas en todos los documentos legales, periódicos, publicaciones, grados académicos, almanaques, licencias de licores y cartas de juego, lo cual provocó una enorme y generalizada hostilidad en las Colonias.

Aparte de las causas económicas y sociales de este rechazo, la reacción política se basó en el principio y derecho tradicional de todo súbdito británico, de no estar sujeto a impuestos o tasas sino con previo consentimiento, de cuyo enunciado, incluso en la Edad Media, había surgido la propia institución parlamentaria: "Ningún impuesto sin representación" o lo que es lo mismo, que "no podía haber imposición sin representación". En todo caso, la reacción colonial fue relativamente organizada y definitivamente generalizada, multiplicándose los convenios intercoloniales destinados a establecer *boycots* económicos para resistir las pretensiones impositivas de la Corona.

En este contexto, la primera reunión conjunta de significado constitucional entre las Colonias fue el Congreso de Nueva York de 1765, que se reunió para demostrar el rechazo de las Colonias al *Stamp Act,* habiendo dicha reunión adoptado las *Resolutions of the Stamp Act Congress* de 19 de octubre de 1765, en cuyas resoluciones Nos. 3, 4 y 5 se estableció:

> "3°   Que es inseparablemente esencial a la libertad de un pueblo, y un indudable derecho de los ingleses, que no se les deben imponer impuestos sino con su propio consentimiento, dado personalmente o mediante sus representantes;
>
> 4°   Que el pueblo de estas Colonias no está, y desde el punto de vista de sus circunstancias locales, no puede estar representado en la Cámara de los Comunes de Gran Bretaña;
>
> 5°   Que sólo los representantes del pueblo de estas Colonias, son las personas escogidas por ellas mismas; y que nunca impuesto alguno ha sido establecido, ni podría ser impuesto al pueblo, sino por las respectivas legislaturas." [50]

En este Congreso, a pesar de que se declaró "la debida subordinación a ese cuerpo augusto, el Parlamento de Gran Bretaña", su carácter representativo fue cuestionado, partiendo del supuesto de que los impuestos establecidos en la *Stamp Act* no habían sido aprobados por las Asambleas Coloniales. Las resoluciones del Congreso tenían por objeto implorar justicia al Monarca, pues era el Parlamento el que aparecía como "violando los derechos de súplica". Por ello estuvieron acompañadas de una vigorosa Resolución prohibiendo la entrada a las colonias de mercancías de procedencia inglesa, mientras la *Stamp Act* no fuera derogada.

Benjamín Franklin, incluso, fue llamado a testificar en la Cámara de los Comunes, y en 1766 el Parlamento inglés, como consecuencia, anuló la *Stamp Act,* pero impuso una serie de derechos aduaneros a los productos coloniales; inicialmente en relación al vidrio, al plomo, los colores, el papel y el té, creándose a tal efecto, un cuerpo de Comisarios de Aduanas con amplios poderes de investigación.

La reacción colonial, de nuevo, fue generalizada y terminante, negándose las colonias a comerciar con productos ingleses, y para 1769, las importaciones de Inglaterra ya habían descendido notablemente. La presión de la *City* sobre el Parlamento condujo, a propuesta del ministro *North,* a la derogación de las leyes impositivas, pero el Parlamento, para salvaguardar su prerrogativa, decidió mantener un impuesto bajísimo sólo sobre el té. En julio de 1770, los comerciantes americanos decidieron importar nuevamente mercancías inglesas, salvo el té.

---

50   Véase R.L. Perry (ed.), *Sources of our Liberties. Documentary Origin of Individual Liberties in the United States Constitution and Rights,* 1952, p. 270.

En 1773, la *East India Company* contaba con una enorme existencia de té en Londres, que no podía exportar a las Colonias, lo que la colocaba en grave situación económica. Obtuvo una exención del impuesto de aduanas y decidió vender el té directamente en Boston, sin acudir a los comerciantes, única forma de competir efectivamente contra el té holandés. El hecho indignó a los comerciantes de Boston que tenían grandes existencias de té. El *Dartmouth*, apenas anclado en el muelle de Boston, fue abordado por falsos indios, y el té fue a dar al mar.

En abril de 1774, el Parlamento votó cinco leyes, calificadas en las colonias como intolerables, en las cuales se cerró el puerto de Boston hasta el reembolso del valor del té; se revocó la Carta de *Massachussets,* prohibiendo las *town meetings,* atribuyendo al Rey el derecho de nombrar los funcionarios; se acordó la transferencia a Inglaterra de los procesos criminales en relación a estas leyes; se resolvió el alojamiento de tropas en *Massachussets,* y se acordó la libertad religiosa a los católicos de Canadá (Acta de *Quebec).*

C.   *La solidaridad colonial y la independencia*

Frente a estas medidas de la Metrópoli, la solidaridad colonial fue inmediata, y todas las colonias acudieron a ayudar a Boston. Con motivo de las leyes votadas por el Parlamento, resultaba claro que los problemas individuales de las Colonias, en realidad, eran problemas de todas ellas, y ello trajo como consecuencia la necesidad de una acción común, con el resultado de la propuesta de *Virginia* de la realización de un Congreso anual para discutir los intereses comunes de América. Como consecuencia, en 1774, se reunió en *Philadelphia,* el *Primer Congreso Continental* con representantes de todas las Colonias, excepto *Georgia.*

El principal elemento político que se discutió en el Congreso, de nuevo, fue la autoridad que las Colonias deberían conceder al Parlamento, y sobre qué bases, sea que fueran las leyes de la naturaleza, la Constitución británica o las *"Charters"* americanas.[51] Se decidió que las leyes de la naturaleza *(law of nature)* y no sólo el *common law,* eran las que debían ser reconocidas como uno de los fundamentos de los derechos de las Colonias. En consecuencia, el Congreso declaró, como un derecho de los habitantes de las Colonias inglesas en Norte América, en el mismo sentido que las Resoluciones del *Stamp Act Congress:*

"Que el fundamento de la libertad inglesa y de todo gobierno libre, es el derecho del pueblo a participar en sus Consejos Legislativos; y en virtud de que los colonos ingleses no están representados, y desde el punto de vista local y de otras circunstancias, no pueden estar propiamente representados en el Parlamento Británico, ellos tienen el derecho a un poder libre y exclusivo de legislación en sus diversas legislaturas provinciales, donde sólo sus derechos de representación pueden ser preservados en todos los casos de imposición y política interna, sujetos sólo a la negativa de su Soberano, en la forma y manera como hasta ahora ha sido usado y acostumbrado."[52]

---

51   Véase Ch. F. Adams (ed.) *The Works of John Adams,* Boston 1850, II, p. 374 citado por R.L. Perry, *op. cit.,* p. 275.

52   Véase R.L. Perry (ed.), *op. cit.,* p. 287.

En estas Resoluciones, aun cuando la lealtad al Rey se mantuvo, al Parlamento británico se le negó competencia para establecer impuestos en las Colonias. Como consecuencia de este Congreso, la guerra económica fue declarada, junto con la suspensión de las exportaciones e importaciones, hacia y desde Inglaterra.

La guerra económica rápidamente se convirtió en una de orden militar, y el Congreso se reunió de nuevo en mayo de 1775 (segundo Congreso). Inglaterra envió tropas a las Colonias; éstas se comenzaron a defender y hubo batallas entre ambos bandos. El Congreso de *Philadelphia* nombró a *Jorge Washington* Comandante en Jefe del Ejército Colonial, adoptó la *"Declaration of the causes and necessity of taking up arms"* de 6 de julio de 1775, como una reacción contra el "enorme" e "ilimitado poder" del Parlamento de Gran Bretaña. La Revolución Americana, como consecuencia, puede considerarse como una revolución contra la soberanía del Parlamento británico.

El Rey Jorge III, en su Discurso del Trono en octubre de 1775, declaró que Inglaterra jamás renunciaría a sus colonias, anunciando una política de fuerza, cuando ésta no existía, por lo cual la Corona tuvo que contratar mercenarios alemanes. La guerra continuó y unos meses más tarde, el segundo Congreso Continental, en su sesión del 2 de julio de 1776, adoptó una proposición conforme a la cual las Colonias se declararon a sí mismas libres e independientes, así:

> "Que las Colonias unidas son, y por derecho, deben ser, Estados libres e independientes; que ellas están absueltas de toda obediencia a la Corona Británica, por lo que toda conexión política entre ellas y el Estado de Gran Bretaña, es y tiene que ser, totalmente disuelto."[53]

El Congreso convino, además, en preparar una Declaración que redactó *Jefferson,* proclamando al mundo las razones de la separación de la Metrópoli, y el 4 de julio de 1776, la *Declaración de Independencia* fue adoptada, en formal ratificación del acto ya ejecutado.

Este documento, por supuesto, es de interés histórico universal, pues a través del mismo apareció abiertamente en la historia constitucional, la legitimidad jurídico-política-racionalista del auto-gobierno. Para ello, en él ya no se recurre al *common law,* ni a los derechos de los ingleses, sino exclusivamente a las *leyes de la naturaleza y a Dios;* en él ya no se recurre al *Bill of Rights,* sino a verdades evidentes en sí mismas, como:

> "Que todos los hombres son creados iguales; que son dotados por su Creador de ciertos derechos inalienables; que entre éstos están la vida, la libertad y la búsqueda de la felicidad. Que para garantizar estos derechos se instituyen entre los hombres los gobiernos, que derivan sus poderes legítimos del consentimiento de los gobernados; que cuando quiera que una forma de gobierno se haga destructora de estos principios, el pueblo tiene el derecho a reformarla o aboliría e instituir un nuevo gobierno que se funde en dichos principios, y a organizar

---

53   *Idem*, p. 317.

sus poderes en la forma que a su juicio ofrece las mayores probabilidades de alcanzar su seguridad y felicidad."[54]

Como consecuencia, todo lo que no estaba adaptado racionalmente a los objetivos establecidos derivados de los derechos inalienables del hombre, era injustificable e ilegítimo, debiendo estar organizado el Estado en la forma más adecuada para alcanzar dichos objetivos.

Aparte de la importancia de este documento para los Estados Unidos de Norteamérica, es indudable su significación universal: su premisa básica, como un silogismo, está constituida por todos aquellos actos de la Corona que, de acuerdo a *Loche,* definían la tiranía, siendo obvia la conclusión del silogismo: al violar el pacto que lo unía a sus súbditos americanos, el Rey había perdido toda posibilidad de reclamar su lealtad, y consecuentemente, las Colonias se convirtieron en Estados independientes.

D. *El proceso de constitucionalización de las Colonias*

Ahora bien, una vez que las Colonias adquirieron su independencia, debieron regular su propia organización política. Aún más, después de la *Proclamación de Rebelión* que el Rey formuló en relación a las Colonias el 23 de agosto de 1775, el Congreso, justo antes de la Declaración de Independencia, requirió de las Colonias que formaran gobiernos separados para el ejercicio de toda autoridad. El Congreso así, resolvió:

"Que se recomienda a las respectivas Asambleas y Convenciones de las Colonias Unidas, donde aún no se hubiere establecido un gobierno suficiente a las exigencias de sus asuntos, el adoptar tal gobierno en forma tal, que en opinión de los representantes del pueblo, pueda conducir mejor a la felicidad y seguridad, en particular de sus ciudadanos y en general de América."[55]

De esta recomendación derivaron las Declaraciones de Derecho y las Constituciones adoptadas por las Asambleas Legislativas de las Colonias, y entre ellas el *Bill of Rights* y la *Constitution or Form of Government of Virginia* adoptados, respectivamente, el 12 y el 29 de junio de 1776.

En particular, la Declaración de Derechos de Virginia es de singular importancia, pues se trata de la primera en su tipo del constitucionalismo moderno. En efecto, esta Declaración, junto con las de las Declaraciones de las otras Colonias Americanas, diferían de los precedentes ingleses (*Magna Carta,* 1215; *Habeos Corpus Act,* 1679; *Bill of Rights,* 1689), básicamente porque al declarar y establecer los derechos, no hacían referencia a éstos como basados en el *common law* o la tradición, sino a derechos derivados de la naturaleza humana y de la razón *(ratio).* Por ello, los derechos declarados en la Declaración de Derechos hecha por los "representantes del buen pueblo de Virginia" de 1776, eran derechos naturales que "pertenecen a ellos y a su posteridad, como la base y fundamento del Gobierno".

---

54   *Idem,* p. 319.

55   *Idem,* p. 318. Véase A.C. McLaughlin, *A Constitutional History of the United States,* New York 1936, p. 107-108.

En esta forma, en el breve Preámbulo de la Declaración, la relación entre los derechos naturales y el gobierno se estableció claramente, debido, sin duda, a la influencia directa de las teorías de *J. Locke*, en el sentido de que la sociedad política se forma basándose sobre esos derechos naturales, como el fundamento del Gobierno. En efecto, las doctrinas políticas imperantes en la época de *J. Locke, Montesquieu y J. Rousseau*, se basaban en el análisis de la situación natural del hombre y el logro del pacto o contrato social para establecer una soberanía como mecanismo para la protección de la libertad. Esta fue la base para la subsecuente exaltación del individualismo y de la consagración política de derechos, incluso, no sólo de los ciudadanos de un Estado, sino además del Hombre, con la consecuente construcción del liberalismo político y económico.

Estas ideas se pusieron en práctica en las Colonias Norteamericanas, con las Declaraciones de Independencia respecto de Inglaterra (1776), constituyendo cada una de ellas un Estado, con su propia Constitución. Las Declaraciones de Derechos como la de *Virginia,* entonces, pueden considerarse como el producto más inmediato de la Revolución Norteamericana.

En efecto, debe recordarse que el movimiento hacia la Independencia de Inglaterra de las Colonias Americanas, comenzó mucho antes de que la independencia fuera finalmente declarada en 1776, y se originó por el espíritu independentista desarrollado en las Asambleas coloniales. Estas habían crecido en poder e influencia durante la primera mitad del Siglo XVIII, resolviendo muchos de los problemas coloniales de carácter local[56]; y fue este espíritu asambleísta, sin duda, uno de los principales factores del proceso de independencia. Por ello, la *Declaration and Resolves of the First Continental Congress* del 14 de octubre de 1774, teniendo en cuenta que contrariamente a los derechos del pueblo, las Asambleas habían sido frecuentemente disueltas, cuando habían intentado deliberar sobre quejas, resolvió que "los habitantes de las Colonias inglesas en Norte América, por las inmutables leyes de la naturaleza, los principios de la Constitución inglesa, y varias Cartas y Manifiestos", tenían sus propios derechos entre los cuales estaba:

> "El derecho a reunirse pacíficamente para considerar sus quejas y peticiones al Rey; y que todas las persecuciones y proclamaciones prohibitivas, y compromisos en tal sentido, son ilegales."[57]

El proceso de separación de las colonias inglesas en América del Norte respecto de la Metrópoli Inglesa por tanto, ocurrió sobre la base de dos elementos: un proceso hacia la independencia de cada una de las Colonias, a través de sus respectivos gobiernos representativos; y un proceso hacia la unión de las Colonias, a través de "Congresos Continentales". Como lo señaló *John Adams,* uno de los principales protagonistas de dicho proceso: "La Revolución y la Unión se desarrollaron gradualmente desde 1770 hasta 1776."[58]

---

56   Véase R.L. Perry, (ed.), *op. cit,* p. 261

57   *Idem*, p. 287, 288.

58   Citado por Manuel García Pelayo, *Derecho constitucional comparado*, Madrid 1957, p. 325.

En todo caso, los mismos principios fundamentales de carácter liberal de la De-claración de *Virginia,* pueden también encontrarse en la Declaración de Indepen-dencia de los Estados Unidos de América aprobada el 4 de julio de 1776, menos de un mes después de la adopción de la Declaración de Virginia.

Ahora bien, después de la Declaración, el Congreso nombró como representante oficial en Francia a *Benjamin Franklin* quien tuvo a su cargo obtener el apoyo y alianza de la Monarquía. El 17 de diciembre de 1777, Luis XVI decidió el recono-cimiento de la independencia de los Estados Unidos y *Franklin* firmaba con Francia un Tratado de Comercio y Amistad. Francia participó en la guerra y se destaca, entre otros, la activa participación militar de *La Fayette,* noble francés quien además de luchar en América abogó por la causa americana en Francia.

En todo caso, las Declaraciones Americanas, sin duda, marcaron el inicio de la era democrática y liberal del Estado de Derecho Moderno, y aun cuando la Consti-tución de los Estados Unidos de América, del 17 de septiembre de 1787, no contuvo una declaración de derechos fundamentales, puede decirse que dicha declaración de derechos constituye una de las principales características del constitucionalismo americano, la cual influyó en todo el Derecho Constitucional Moderno.

Sin duda, en la historia constitucional, aparte de haber influido la propia Decla-ración francesa de los Derechos del Hombre y del Ciudadano de 1789, el texto de la Declaración de *Virginia,* fue un antecedente importante en la elaboración de la De-claración de Derechos que contiene la Constitución de Venezuela de 1811.

E. *La constitucionalización de la Unión Norteamericana*

Ahora bien, paralelamente al proceso de independencia de las Colonias Ameri-canas a partir de 1776 y a su configuración como Estados libres, cada una con su Constitución y su *Bill of Rights,* puede decirse que surgió la idea de una Confedera-ción o Unión de dichas Colonias, para satisfacer la necesidad de la unión política a los efectos de la conducción de la guerra contra Inglaterra. De allí la adopción por el Congreso, el 15 de noviembre de 1777, de los *"Artículos de la Confederación"* con-siderados como la primera Constitución Americana,[59] en la cual se creó una confe-deración y unión perpetua entre Estados, cuyo objetivo era "la defensa común, la seguridad de sus libertades y el mutuo y general bienestar", en un sistema conforme al cual cada Estado permanecía con "su soberanía, libertad e independencia,"[60] y titular de cualquier poder, jurisdicción y derecho no delegado expresamente a los Estados Unidos en Congreso.

El resultado fue que el único cuerpo de la Confederación era el Congreso, en el cual cada Estado tenía un voto. Consecuentemente, la Confederación carecía de poder impositivo directo, dependiendo por ello, desde el punto de vista económico, exclusivamente de las contribuciones de los Estados; carecía de un cuerpo ejecutivo y sólo tenía una forma de organización judicial embrionaria. A pesar de dichas debi-

---

59   Véase R.B. Morris, "Creating and Ratifying the Constitution", *National Forum. Towards the Bicenten-nial of the Constitution,* fall 1984, p. 9.

60   A.C. McLaughlin, *A Constitutional History...* , p. 137; R.L. Perry (ed.), *op. cit.,* p. 399.

lidades, sin embargo, la Confederación tuvo éxito en conducir la guerra durante 7 años, hasta finalmente triunfar.

En este proceso, muchos factores contribuyeron con la causa colonial, y entre ellos, como se dijo, hay que mencionar el apoyo de la Monarquía francesa, la cual encontró en la guerra de independencia de las Colonias, una ocasión única para vengarse del Tratado de París de 1763 y de la pérdida frente Inglaterra, como consecuencia, de sus posesiones coloniales en Canadá. La colaboración económica de Francia a esta guerra, sin embargo, no sólo provocó luego la quiebra del Tesoro real sino, además, por las ideas de libertad republicana que América exportaba, la caída de la propia Monarquía, unos años después.

En todo caso, luego de la victoria y la firma del Tratado de Paz de 1783, la precaria estructura de la Confederación provocó la necesidad de establecer un poder central que lograra la integración nacional, a cuyo efecto fue convocada una Convención Federal, "con el único y expreso objetivo de revisar los artículos de la Confederación." [61] Esto condujo, en 1787, a la sanción por el Congreso, de la Constitución de los Estados Unidos, como resultado de una serie de compromisos entre los componentes políticos y sociales de las Colonias independientes: entre federalistas y antifederalistas; entre los grandes y los pequeños Estados; entre los Estados del Norte y los Estados del Sur; entre esclavistas y antiesclavistas, y entre la democracia y los intereses de las clases dominantes; lo cual condujo finalmente al establecimiento no sólo de la forma federal del Estado, [62] sino de un sistema de separación de poderes, balanceados y controlados entre sí *(check and balance system).*[63]

Esta Constitución introdujo en el derecho constitucional moderno, dos elementos esenciales que constituyen la mayor contribución al constitucionalismo: en primer lugar, la idea de una Constitución en sí misma, en el sentido de un texto supremo escrito, estableciendo una forma de gobierno; y en segundo lugar, la idea del republicanismo, basada en la representación como ideología del pueblo contra la idea de la Monarquía y de las autocracias hereditarias.

Los americanos de finales del Siglo XVIII, por tanto, decidieron mediante una Revolución, repudiar la autoridad real y sustituirla por una República. De allí que el republicanismo y el convertir la sociedad política en República, fue la base de la Revolución Americana. Por ello es que la Constitución de 1787 fue adoptada por "el pueblo" *(We the people...),* el cual se convirtió, en la historia constitucional, en el soberano.

La Constitución de 1787, sin embargo, sólo se concibió, básicamente, como un documento *orgánico* regulando la forma de gobierno, es decir, la separación de poderes entre los órganos del nuevo Estado: horizontalmente, entre los Poderes Legislativo, Ejecutivo y Judicial, y verticalmente, como Estados Unidos, en un sistema federal. A pesar de los antecedentes coloniales e, incluso, a pesar de las propuestas

---

61 Véase R.L. Perry (ed.), *op. cit.*, p. 401.

62 Véase R.B. Morris, *loc. cit.*, p. 12, 13; M. García Pelayo, *op. cit.*, p. 336; A.C. McLaughlin, *op. cit.*, p. 163.

63 Véase Manuel García-Pelayo, *op. cit.*, p. 336-337; y A.C. McLaughlin, *op. cit.*, pp. 163, 179.

formuladas en la Convención, la Constitución de 1787 no contuvo una Declaración de Derechos, excepto por lo que se refiere al derecho a un gobierno representativo.

Incluso *Alexander Hamilton* justificando la ausencia de un *Bill of Rigths* en la Constitución, dijo:

> "Esa declaración de derechos, en el sentido y en la extensión para la cual ellos están afirmados, no sólo es innecesaria en el propósito de la Constitución, sino que incluso sería peligrosa".

> "Ellos contendrían varias excepciones respecto de poderes no concedidos; y, en esta misma cuenta, proporcionarían un pretexto plausible para reclamar más de lo que estaba concedido".

Terminó sus argumentos, preguntándose: ¿por qué declarar que ciertas cosas no deben ser hechas cuando no hay poder para hacerlas?[64]

La protesta de los oponentes al nuevo sistema federal que establecía, sin embargo, llevó a los antifederalistas, durante el proceso de ratificación de la Constitución que duró hasta 1789 (pues al menos nueve Estados debían ratificar la Constitución en sus respectivas Asambleas Legislativas), a proponer la adopción de las primeras *Diez Enmiendas* a la Constitución. Ello condujo a que, el 25 de septiembre de 1789, sólo un mes después de sancionada la Declaración de los Derechos del Hombre y del Ciudadano por la Asamblea Nacional francesa, el primer Congreso de los Estados Unidos propusiera a las Asambleas Legislativas de los diversos Estados, dichas primeras Diez Enmiendas al texto constitucional, llamada "Declaración de Derechos" (*Bill of Rights*),[65] las cuales fueron ratificadas por las Asambleas Legislativas de los Estados de Nueva Jersey, Maryland, y de los Estados de Carolina del Norte, el mismo año 1789; (de Carolina del Sur, Nueva Hampshire, Delaware, Pensilvania, Nueva York, Rhode Island, el año 1790; y de Vermont y Virginia, el año 1791. Las diez primera Enmiendas, por tanto, comenzaron a regir en 1791, el mismo año que se promulgó la primera Constitución francesa. El texto de esta Declaración de Derechos que forman estas Diez Enmiendas es el siguiente:

> *Artículo Uno*: El Congreso no hará ley alguna por la que adopte una religión como oficial del Estado o se prohíba practicarla libremente, o que coarte la libertad de palabra o de imprenta, o el derecho del pueblo para reunirse pacíficamente y para pedir al gobierno reparación de agravios.

> *Artículo Dos*: Siendo necesaria una milicia bien ordenada para la seguridad de un Estado Libre, no se violará el derecho del pueblo a poseer y portar armas.

> *Artículo Tres:* En tiempo de paz a ningún militar se le alojará en casa alguna sin el consentimiento del propietario; ni en tiempo de guerra, como no sea en la forma que prescriba la Ley.

> *Artículo Cuatro:* El derecho de los habitantes de que sus personas, domicilios, papeles y efectos se hallen a salvo de pesquisas y aprehensiones arbitrarias, será inviolable, y no se expedirán al efecto mandamientos que no se apoyen en

---

64   Véase A. Hamilton, en *The Federalist* (ed. B.F. Wright), Cambridge, Mass 1961, n° 84, p. 535.

65   Véase el texto en R.L. Perry (ed.), *op. cit.*, pp. 432-433.

un motivo verosímil, estén corroborados mediante juramento o protesta y describan con particularidad el lugar que deba ser registrado y las personas o cosas que han de ser detenidas o embargadas.

Artículo Cinco: Nadie estará obligado a responder de un delito castigado con la pena capital o con otra infamante si un gran jurado no lo denuncia o acusa, a excepción de los casos que se presenten en las fuerzas de mar o tierra o en la milicia nacional cuando se encuentre en servicio efectivo en tiempo de guerra o peligro público; tampoco se pondrá a persona alguna dos veces en peligro de perder la vida o algún miembro con motivo del mismo delito; ni se le compelerá a declarar contra sí misma en ningún juicio criminal; ni se le privará de la vida, la libertad o la propiedad sin el debido proceso legal; ni se ocupará la propiedad privada para uso público sin una justa indemnización.

Artículo Seis: En toda causa criminal, el acusado gozará del derecho de ser juzgado rápidamente y en público por un jurado imparcial del Distrito y Estado en que el delito se haya cometido, Distrito que deberá haber sido determinado previamente por la ley; así como de que se le haga saber la naturaleza y causa de la acusación, de que se le caree con los testigos que depongan en su contra, de que se obligue al comparecer a los testigos que la favorezcan y de contar con la ayuda de un abogado que le defienda.

Artículo Siete: El derecho a que se ventilen ante un jurado los juicios de common law en que el valor que se discuta exceda de veinte dólares, será garantizado, y ningún hecho de que haya conocido un jurado será objeto de nuevo examen en tribunal alguno de los Estados Unidos, como no sea con arreglo a las normas del common law.

Artículo Ocho: No se exigirán fianzas excesivas, ni se impondrán multas excesivas, ni se infligirán penas crueles y desusadas.

Artículo Nueve: No por el hecho de que la Constitución enumera ciertos derechos ha de entenderse que niega o menosprecia otros que retiene el pueblo.

Artículo Diez: Los poderes que la Constitución no delega a los Estados Unidos ni prohíbe a los Estados, quedan reservados a los Estados respectivamente o al pueblo.

El texto de la Constitución de los Estados Unidos de América con el de las primeras Enmiendas, traducido del inglés al español por Manuel Villavicencio natural de la Provincia de Caracas, y editado en Philadelphia en la imprenta Smith & M'Kennie, 1810, como *Constitución de los Estados Unidos de América*,[66] circuló en Venezuela a partir de 1810, y por supuesto también tuvieron una influencia decisiva en la elaboración de la declaración de derechos de la Constitución Federal de los Estados de Venezuela de 1811.

---

66   La traducción se refirió a la Constitución de 1787 y a las Enmiendas de 1789. Véase *Constitución de los Estados Unidos de América*, editado en Filadelfia en la imprenta Smith & M'Kennie, 1810.

4.   *Los aportes de la Revolución Americana al constitucionalismo moderno*

Puede decirse que los principios fundamentales y las instituciones claves del derecho constitucional del mundo moderno, tienen su origen en la Revolución Americana, pues este acontecimiento y todo el proceso de independencia y constitucionalización de los Estados Unidos, no sólo transformaron radicalmente las tendencias constitucionales de esos tiempos, sino que establecieron las bases del constitucionalismo contemporáneo.

Surgió así, de dicha Revolución, un nuevo esquema de organización política que tuvo sus reflejos inmediatos en el mundo, no sólo por su influencia en la Revolución Francesa de 1789, sino por su repercusión inmediata en la organización política de los nuevos Estados que surgieron de la Independencia las antiguas colonias españolas en América del Sur, a partir de 1811, y particularmente, de Venezuela.

A continuación analizaremos estos elementos centrales del constitucio-nalismo americano, que cambiaron la faz del derecho constitucional en el siglo XVIII.

A.   *La idea de Constitución*

El primero de los principios del actual derecho constitucional es el constitucionalismo, es decir, la confianza que ponen los hombres en el poder de las palabras formalmente escritas, para mantener un gobierno. Este principio tuvo su origen en la Revolución Americana, de manera que las Constituciones escritas en el mundo moderno, con la excepción del *Instrument of Government* de *Cromwell* de 1653, deben ser consideradas como una invención política norteamericana, basada en tres nociones elementales: la de la existencia de una Ley superior que está colocada por encima del gobierno y de los particulares; la de la existencia de los derechos fundamentales de los ciudadanos que deben ser garantizados por el Estado; y la de la existencia de una Carta constitucional, donde están expresamente escritos, con sentido de permanencia, los principios de sumisión del Estado al derecho, de limitación del Poder Público y de los derechos individuales.

Esta práctica de Constituciones escritas fue iniciada en las Colonias inglesas de Norteamérica, cuando se tornaron Estados independientes, en 1776, dando nacimiento al concepto racional-normativo de Constitución, como un documento escrito y sistemático, referido a la organización política de la sociedad, estableciendo los poderes de los diferentes cuerpos estatales y generalmente precedidos por una lista de derechos inherentes al hombre. De este modo, la división general del contenido de las Constituciones modernas, es en una parte orgánica y una parte dogmática, comprendiendo la primera los conceptos de la separación de poderes y la supremacía de la Ley, y la segunda, la declaración de derechos fundamentales.

El elemento básico en el proceso de constitucionalización o de constitucionalismo es, por supuesto, el concepto de la Constitución como una ley suprema y fundamental, puesta por encima de todos los poderes del Estado y de los particulares. Sus características pueden captarse de la comparación que hacía *Alexis de Tocqueville* en 1835, en su *Democracia en América,* como testigo de excepción que era de las Revoluciones Francesa y Americana, entre las Constituciones de Francia, Inglaterra y los Estados Unidos, señalando que:

"En Francia, la Constitución es una obra inmutable o reputada como tal. Ningún poder puede cambiarle nada: tal es la teoría admitida.

En Inglaterra, se reconoce al Parlamento el derecho de modificar la Constitución. En Inglaterra la Constitución puede, pues, cambiar sin cesar o más bien, no existe. El Parlamento, al mismo tiempo que es un cuerpo legislativo, es también el constituyente.

En América del Norte, las teorías políticas son más sencillas y más racionales. Su Constitución no es considerada inmutable como en Francia; ni puede ser modificada por los poderes ordinarios de la Nación, como en Inglaterra. Forma un cuerpo aparte que, representando la voluntad de todo el pueblo, obliga lo mismo a los Legisladores que a los simples ciudadanos; pero que puede ser cambiada por la voluntad del pueblo, según la forma establecida..."[67]

Y concluyó:

"En los E.E.U.U., la Constitución está sobre los Legisladores como lo está sobre los simples ciudadanos. Es la primera de las leyes y no puede ser modificada por una ley; es pues, justo que los tribunales obedezcan a la Constitución preferentemente a todas las leyes." [68]

En efecto, en la Constitución de los Estados Unidos de 1787 se había adoptado el concepto de la supremacía de la Constitución sobre la legislación de los Estados; es decir, al principio según el cual la Constitución es la ley suprema del país, que deben aplicar los jueces a pesar de cualquier disposición contraria en las Constituciones o Leyes de los Estados miembros, lo cual se consagró en la Constitución como la "Cláusula de supremacía", en la forma siguiente:

Artículo VI, parágrafo 2º: "Esta Constitución y las Leyes de los Estados Unidos que se sancionen conforme a ella, y todos los Tratados firmados o por firmar bajo la autoridad de los Estados Unidos, conformarán la Ley Suprema de la Nación; y los Jueces de cada Estado estarán subordinados a ella, independientemente de cualquier disposición contraria de las Leyes de cualquier Estado".

Debe señalarse, sin embargo, que en su artículo I, sección 9, la Constitución norteamericana había impuesto algunas limitaciones al Congreso, como por ejemplo que "El privilegio del auto de *Habeas Corpus* no se suspenderá, salvo cuando así lo requiera la seguridad pública en los casos de rebelión o invasión". No se dictará Ley alguna de efectos individuales o *ex post facto*" (numerales 2 y 3). Además, en 1789, tanto la primera Enmienda a la Constitución, como las otras nueve dirigidas a configurar una Declaración de derechos y garantías individuales *(Bill of rights),* se configuraron como una limitación al Poder Legislativo.

En todo caso, la "Cláusula de supremacía", las limitaciones constitucionales impuestas al Congreso por la Constitución y el poder conferido a la Corte Suprema para "resolver cualquier causa, en derecho y equidad, derivada de esta Constitución" (artículo III, sección 2), junto con los antecedentes de la "ley suprema" del sistema constitucional británico, fueron las que llevaron a la adopción formal no sólo de la

---

67   Véase Alexis de Tocqueville, *Democracy in America* (ed. por J.P. Mayer y M. Lerner), London 1968, p. 123.

68   *Idem*, p. 124.

doctrina de la Constitución escrita, sino también de Constitución rígida, y por encima de todo, la noción de la supremacía de la Constitución que para el momento en que *de Tocqueville* visitó los Estados Unidos, había sido desarrollado por el Presidente de la Corte Suprema, el Juez *Marshall,* en el famoso caso *Marbury v. Madison* de 1803. [69]

Pero antes, incluso, ya había sido debatido y aceptado. En efecto, la idea de la supremacía de la Constitución como norma fundamental y suprema, puede decirse que fue desarrollada por primera vez, en 1788, por Alexander Hamilton en *The Federalist,* cuando al referirse al papel de los Jueces como intérpretes de la ley afirmó:

> "Una Constitución es, de hecho, y así debe ser considerada por los jueces, como una ley fundamental. Por tanto, les corresponde establecer su significado así como el de cualquier acto proveniente del cuerpo legislativo. Si se produce una situación irreconciliable entre ambos, por supuesto, la preferencia debe darse a la que tiene la mayor obligatoriedad y validez, o, en otras palabras, la Constitución debe prevalecer sobre las Leyes, así como la intención del pueblo debe prevalecer sobre la intención de sus representantes." [70]

En respuesta a la afirmación según la cual "los poderes de los tribunales para declarar nulos actos legislativos contrarios a la Constitución" podría implicar "una superioridad del Poder Judicial sobre el Poder Legislativo", Hamilton expresó:

> "La afirmación —según la cual los Tribunales deben preferir la Constitución a las leyes— no implica de ninguna manera una superioridad del Poder Judicial sobre el cuerpo legislativo. Sólo supone que el poder del pueblo está por encima de ambos; y que cuando la voluntad de la legislatura declarada en sus Leyes, esté en oposición con la del pueblo declarada en la Constitución, los jueces deben regirse por la última más que por la primera. Ellos deben basar sus decisiones en las leyes fundamentales, antes que en aquellas que no son fundamentales." [71]

Su conclusión fue pues, la siguiente:

> "Por consiguiente, ningún acto legislativo contrario a la Constitución, puede ser válido. Negar esto significaría afirmar que el adjunto es más importante que su principal; que el sirviente está por encima de su patrón; que los representantes del pueblo son superiores al pueblo mismo; que los hombres que actúan en virtud de poderes, puedan hacer no sólo lo que sus poderes no les autorizan sino también lo que les prohíben."[72]

Así es como en *The Federalist,* Hamilton no solamente desarrolló la doctrina de la supremacía de la Constitución, sino también, aun más importante, la doctrina de "los jueces como guardianes de la Constitución", como lo expresa el título de la

---

69   Véase *Marbury v. Madison,* 5 U.S. (1 Cranch) 137, 2L, Ed. 60 (1803). Véase el texto en R.A. Rossum y G. Alan Tarr, *American Constitutional Law. Cases and Interpretation,* New York 1983, p. 70.

70   Véase *The Federalist* (ed. by B.F. Wright), Cambridge, Mass 1961, p. 491 -493

71   *Idem*

72   *Idem*

Carta N° 78 (*The Federalist* [ed. B.F. Wright], Cambridge, Mass. 1961, pp. 491-493), en la que Hamilton, al referirse a la Constitución como limitación de los poderes del Estado y, en particular, de la autoridad legislativa, afirmó que:

> "Limitaciones de este tipo sólo pueden ser preservadas, en la práctica, mediante los Tribunales de justicia, cuyo deber tiene que ser el de declarar nulos todos los actos contrarios al tenor manifiesto de la Constitución. De lo contrario, todas las reservas de derechos o privilegios particulares, equivaldrían a nada." [73]

Incluso, la posibilidad de que los Tribunales pudieran invalidar leyes "incompatibles con la Constitución, los Tratados o normas de los Estados Unidos" fue contemplada por el Primer Congreso, en la primera Ley judicial de 1789. Ello llevó a un Tribunal Federal de Circuito en 1795 (caso *Vanhorne's Lessee vs Dorrance)* y en 1800 (caso *Cooper vs Telfair*) a declarar nulas leyes estadales por ser incompatibles con la Constitución Federal y con la de los Estados. [74]

En realidad, el principio de la supremacía de la Constitución se desarrolló con relación a la legislación de los Estados federales, en el caso *Vanhorne's Lessee vs Dorrance* (1975), un caso resuelto por un Tribunal Federal de Circuito en el que el juez Williams Paterson declaró inválida por inconstitucional una Ley de Pennsylvania. En sus instrucciones al Jurado, comparando los sistemas de Inglaterra y de Norteamérica, expresó:

> "Algunos de los jueces en Inglaterra, han tenido la audacia de declarar que un Acto del Parlamento que vaya en contra de la *natural equity,* es nulo; sin embargo, tal opinión contraría la posición general según la cual, la validez de un Acto del Parlamento no puede ser cuestionada por el Poder Judicial; no se puede discutir y debe obedecerse. El poder del Parlamento es absoluto y supremo; el Parlamento es omnipotente en la jerarquía política. Además, en Inglaterra, no existe Constitución escrita, ninguna ley fundamental, nada visible, nada real, nada cierto mediante el cual pueda cuestionarse una Ley. En América, las cosas son muy diferentes: cada Estado de la Unión tiene su Constitución escrita con exactitud y precisión." [75]

Luego, se planteó lo siguiente:

> "¿Qué es una Constitución? Es la forma de gobierno, delineada por la mano todo poderosa del pueblo, en la cual se establecen algunos principios primarios de leyes fundamentales. La Constitución es cierta y permanente; contiene la voluntad permanente del pueblo y es la ley suprema de la Nación; es soberana con relación al poder legislativo y sólo puede ser revocada o modificada por la autoridad que la hizo." [76]

---

73   *Idem.*

74   Véase W.J. Wagner, *The Federal States and their Judiciary*, The Hague 1959, p. 90-91.

75   2. Dallas 304 (1795). Véase el texto en S.I. Kutler (ed.), *The Supreme Court and the Constitution. Readings in American Constitutional History*, NY 1964 , p. 7-13.

76   *Idem.*

En el mismo orden de ideas, se refirió a la legislación preguntándose:

"¿Qué son las legislaturas? Criaturas de la Constitución; le deben a ella su existencia; derivan sus poderes de la Constitución; son sus mandatarias, y por lo tanto, todos sus Actos deben conformarse a ella, so pena de ser nulos. La Constitución es la obra o la voluntad del pueblo mismo, en su capacidad original, soberana e ilimitada. La ley es obra o voluntad de la legislatura en su capacidad derivada y subordinada. Una es obra del creador y la otra de la criatura. La Constitución fija limitaciones al ejercicio de la autoridad legislativa y prescribe la órbita en la cual ésta se debe mover."[77]

En sus afirmaciones de 1795, además, el juez Paterson señaló al Jurado:

"En pocas palabras, señores, la Constitución es la cúspide del sistema político, alrededor de la cual se mueven los cuerpos legislativos, ejecutivo y judicial. Cualquiera que sea la situación en otros países, en este no cabe la menor duda de que cualquier acto legislativo incompatible con la Constitución, resulta absolutamente nulo... "[78]

De acuerdo con estas orientaciones, e independientemente de la intención de los redactores de la Constitución en relación a que el control judicial de la constitucionalidad fuera o no uno de los principios fundamentales del sistema constitucional norteamericano, ese control se estableció por primera vez en relación a las leyes federales, en el famoso caso *Marbury vs Madison* de 1803 (5. U.S. (1 Cranch), 137; 2 L. Ed 60 (1803),[79] en el cual el principio de la supremacía de la Constitución fue el argumento principal para el ejercicio de tal poder de control judicial de la constitucionalidad de las leyes por parte de la Corte Suprema.

El caso que provocó la decisión puede resumirse así: El Presidente John Adams, justo antes de finalizar su período, había nombrado a William Marbury como Juez de Paz. El nuevo Presidente, Thomas Jefferson, no quería a Marbury en el ejercicio del cargo, y ordenó al Secretario de Estado, James Madison, que no le diera el nombramiento. Marbury pidió a la Corte Suprema una orden o mandamiento judicial requiriendo del Secretario de Estado le otorgara el nombramiento. En la decisión, y aun cuando el *Chief Justice* John Marshall considerara que se había tratado injustamente a Marbury, desechó el caso al considerar que la Corte Suprema no tenía competencia para ordenar actuaciones a un órgano del Poder Ejecutivo, a pesar de que la Ley Judicial la autorizaba para ello, considerando que al así hacerlo la ley estaba en contradicción con la Constitución.

En efecto, el *Chief Justice* Marshall, buscando determinar si de conformidad con la Constitución, la Corte Suprema podía ejercer la autoridad que le había sido conferida por la Ley Judicial de 1789, de dictar *writs of mandamus* a los empleados públicos, y considerando que ello "no estaba previsto en la Constitución", decidió "investigar la posibilidad de que una jurisdicción así conferida pudiera ejercerse"; para

---

77 *Idem.*

78 *Idem.*

79 5.U.S. (1 Cranch), 137; 2 L. Ed 60 (1803). En relación con este caso véase en general, E.S. Corwin, *The Doctrine of Judicial Review. Its Legal and Historical Basis and other Essays*, Princeton 1914, p. 1-78.

ello, desarrolló la doctrina de la supremacía de la Constitución basándose en la pregunta de si "un acto incompatible con la Constitución podía o no llegar a convertirse en ley de la Nación?".

Con miras a responder esta pregunta siguió un razonamiento lógico, estableciendo, en primer lugar, el principio de la supremacía de la Constitución. Inició su argumentación aceptando la idea de un "derecho original" del pueblo a fijar los principios que han de regir "su futuro gobierno", como "la base sobre la cual se ha erigido todo el sistema norteamericano". En su opinión, este derecho original de adoptar tales principios "fundamentales" y "permanentes" representaba una tarea considerable, de tal manera que no debía "repetirse frecuentemente." [80]

Esta "voluntad original y suprema", decía, "organiza el gobierno..., confiere a diferentes departamentos sus poderes respectivos... (y) fija ciertas limitaciones que dichos departamentos no pueden sobrepasar". Consideró que el Gobierno de los Estados Unidos era del tipo en el que "los poderes de la Legislatura están definidos y limitados" y fue precisamente, para que "estas limitaciones no puedan ser mal interpretadas u olvidadas", por lo que se adoptó una Constitución escrita con aquellos principios fundamentales y permanentes.

Luego, el juez Marshall se preguntó:

"¿Para qué fin están limitados los poderes, y para qué fin tal limitación se pone por escrito si dichos límites pudieran ser transgredidos, en cualquier momento, por aquellos a quienes se busca restringir? La distinción entre un gobierno con poderes limitados y otro con poderes ilimitados desaparece, si esos límites no obligan a los individuos sobre quienes se imponen, y si los actos prohibidos y aquellos permitidos tienen la misma obligatoriedad." [81]

La alternativa, según el, como proposición demasiado evidente para ser cuestionada, era la siguiente, o:

"[Que] la Constitución controla cualquier acto legislativo incompatible con ella; o que el poder legislativo puede modificar la Constitución mediante un acto ordinario[...]";[82]

en relación a lo cual explicaba:

"En esta alternativa no hay término medio. O la Constitución es una ley suprema soberana, que no puede ser modificada por medios ordinarios, o está en el mismo nivel que los actos legislativos ordinarios y, al igual que éstos, puede ser modificada cuando le plazca a la legislatura.

Si la primera parte de la alternativa es cierta, entonces un acto legislativo contrario a la Constitución no es una ley; si la última parte es cierta, entonces las

---

80   *Idem.*

81   *Idem.*

82   *Idem.*

constituciones escritas no son sino intentos absurdos por parte del pueblo de limitar un poder por naturaleza ilimitable."[83]

Por supuesto, su conclusión fue que la Constitución era "la ley suprema y soberana de la Nación", principio que consideraba "como uno de los principios fundamentales de nuestra sociedad". En consecuencia, aceptó el postulado según el cual "un acto de la legislatura incompatible con la Constitución es nulo", considerando como "la esencia misma del deber judicial", el determinar las normas que rigen el caso, cuando una ley está en oposición a la Constitución. En estos casos, concluyó, "la Constitución es superior a cualquier acto ordinario de la legislatura; la Constitución, y no tales actos ordinarios, deben regir el caso al que ambos se aplican". Lo contrario, significaría otorgar "a la legislatura una omnipotencia real y práctica...; significaría lo mismo que prescribir limitaciones y declarar que estas pueden ser transgredidas a voluntad... lo que, en conjunto, socavaría el fundamento mismo de todas las Constituciones escritas."[84]

Después de este caso, el principio de supremacía de la Constitución, en el sentido de que prevalece sobre cualquier otra ley incompatible con ella, se convirtió en una de las principales características del constitucionalismo moderno y, por supuesto, de la posibilidad misma del control judicial de la constitucionalidad de las leyes.

Este constitucionalismo, manifestado en Constituciones escritas, rígidas y supremas, es un principio desarrollado como tendencia general en el derecho constitucional moderno y contemporáneo, seguido en casi todos los países del mundo, excepto en el Reino Unido y en muy pocos otros países.

En cualquier caso, ésta ha sido siempre la tendencia del constitucionalismo latinoamericano desde 1811, iniciada con la Constitución de Venezuela de 21 de diciembre de 1811, y las Constituciones provinciales de 1812. Incluso, en el propio texto de la Constitución de 1811, se estableció expresamente el principio de la supremacía constitucional. Así, el artículo 227 de la Constitución, dentro de la orientación de la cláusula de supremacía de la Constitución norteamericana (art 4), pero con mucho mayor alcance, estableció:

> "*Artículo 227*.- La presente Constitución, las leyes que en consecuencia se expidan para ejecutarla y todos los tratados que se concluyan bajo la autoridad del gobierno de la Unión serán la Ley suprema del Estado en toda la extensión de la Confederación, y las autoridades y habitantes de las provincias estarán obligados a obedecerlas y observarlas religiosamente, sin excusa ni pretexto alguno... pero las leyes que se expidieren contra el tenor de ella no tendrán ningún valor sino cuando hubieren llenado las condiciones requeridas para una justa y legítima revisión y sanción de la Constitución".

Además, luego de establecer y declarar los derechos fundamentales, la Constitución de 1811 agregó en su artículo 199 que "Toda ley contraria a ellas que se expida por la Legislatura federal o por las Provincias serán absolutamente nula y de ningún valor".

---

83 *Idem.*

84 *Idem.*

B.   *La democracia y la soberanía del pueblo*

El segundo de los principios desarrollados en la práctica constitucional y política en el mundo moderno, influido también por el constitucionalismo norteamericano, es el de la democracia y el republicanismo basado en el concepto de soberanía del pueblo. Con la revolución norteamericana, el principio tradicional de legitimidad monárquica del Estado, fue sustituido definitivamente. La soberanía no correspondió más a un Monarca, sino al pueblo, y por ende, con la Revolución Americana, puede decirse que la práctica del gobierno democrático fue iniciada en el mundo moderno. El mismo principio fue luego recogido en la Revolución Francesa, pero duró en la práctica constitucional muy poco, debido a la restauración de la Monarquía a partir de 1815.

En todo caso, este fue un concepto fundamental en el trabajo de *de Tocqueville,* constituyendo incluso, el título de su libro *La democracia en América,* en el cual dijo: "Cuando se quiere hablar de las leyes políticas de los Estados Unidos, hay que comenzar siempre con el dogma de la soberanía del pueblo." [85]

Un principio que *de Tocqueville* consideró que "...domina todo el sistema político de los angloamericanos", añadiendo, que:

> "Si hay algún país en el mundo en que se pueda apreciar en su justo valor el dogma de la soberanía del pueblo, estudiarlo en su aplicación a los negocios jurídicos y juzgar sus ventajas y sus peligros, ese país es sin duda Norteamérica." [86]

A ese efecto consagró su libro, para estudiar precisamente la democracia en Norteamérica. Sin embargo, como se ha visto, es evidente que la democracia se desarrolló en Norteamérica, tiempo antes de la Independencia, lo que destacó *de Tocqueville* al indicar que su ejercicio, durante el régimen colonial:

> "Se veía reducido a ocultarse en las asambleas provinciales y sobre todo en las comunas donde se propagaba en secreto"... "No podía mostrarse ostensiblemente a plena luz en el seno de las leyes, puesto que las colonias estaban todavía constreñidas a obedecer." [87]

Por ello, una vez que la Revolución norteamericana estalló:

> "El dogma de la soberanía del pueblo, salió de la comuna y se apoderó del gobierno. Todas las clases se comprometieron por su causa; se combatió y se triunfó en su nombre; llegó a ser la ley entre las leyes." [88]

De acuerdo con ese dogma de la soberanía del pueblo, cuando este rige en una nación, dijo *de Tocqueville,* "cada individuo constituye una parte igual de esa soberanía y participa igualmente en el gobierno del Estado." [89]

---

85   Véase A. De Tocqueville, *Democracy in America, cit.,* Vol. 1, p. 68.
86   *Ibid,* p. 68.
87   *Ibid,* p. 69.
88   *Ibid,* p. 69.
89   *Ibid,* p. 78-79.

El título del primer capítulo de la segunda parte del libro de *de Tocqueville,* reza así: de "Cómo se puede decir rigurosamente que en los Estados Unidos es el pueblo el que gobierna", iniciando el primer párrafo en la siguiente forma:

"En [Norte] América el pueblo nombra a quien hace la ley y a quien la ejecuta; él mismo forma el jurado que castiga las infracciones de la Ley. No solamente las instituciones son democráticas en principio, sino también en todo su desarrollo.

Así, el pueblo nombra directamente a sus representantes y los escoge cada año, a fin de tenerlos completamente bajo su dependencia. Es, pues, realmente el pueblo quien dirige y, aunque la forma de gobierno sea representativa, es evidente que las opiniones, los prejuicios, los intereses, y aún las pasiones del pueblo no pueden encontrar obstáculos durables que le impidan producirse en la dirección cotidiana de la sociedad."[90]

De ello concluía *de Tocqueville* afirmando que "Norteamérica es la tierra de la democracia."[91]

Pero uno de los principales aspectos a los cuales *de Tocqueville* se refirió en relación a la democracia, fue el relativo a "las causas principales del mantenimiento de la república democrática en el Nuevo Mundo,"[92] afirmando:

"Tres cosas parecen contribuir más que todas las demás al mantenimiento de la república democrática en el nuevo mundo:

La primera es la forma federal que los norteamericanos han adoptado, y que permite a la Unión disfrutar del poder de una gran república y de la seguridad de una pequeña.

Encuentro la segunda en las instituciones comunales que moderando el despotismo de la mayoría, dan al mismo tiempo al pueblo el gusto de la libertad y el arte de ser libre.

La tercera se encuentra en la constitución del poder judicial. He demostrado cómo los tribunales sirven para corregir los extravíos de la democracia y cómo sin poder detener jamás los movimientos de la mayoría, logran hacerlos más lentos, así como dirigirlos."[93]

De allí, la relación que *de Tocqueville* estableció entre la democracia y la descentralización, y su afirmación de que los problemas de la "omnipotencia de la mayoría" e incluso la "tiranía de la mayoría,"[94] fuera moderada por la casi inexistencia de

---

90   *Ibid,* p. 213.

91   *Ibid,* p. 216.

92   Titulo del Capítulo IX de la segunda parte, *op. cit.,* p. 342.

93   *Idem,* p. 354.

94   *Idem,* p. 304, 309.

centralización administrativa[95] y por la influencia de la profesión legal en Norteamérica.[96]

En todo caso, la democracia como una forma de gobierno, buscada, lograda o mantenida, es la segunda tendencia en el constitucionalismo moderno y contemporáneo, inspirada por el proceso constitucional norteamericano. Todas las Constituciones en el mundo la establecieron como un componente básico de sus sistemas políticos, y es el símbolo de nuestro tiempo, aún cuando su mantenimiento no ha sido siempre asegurado.

Por supuesto, el dogma de la soberanía del pueblo y de la democracia republicana fue recogido de inmediato en América Latina, a raíz de la Independencia.

Basta así, para darse cuenta, leer los motivos de la Junta Suprema de Venezuela en 1810 para convocar a elecciones, al adoptar el Reglamento de las mismas, constatando la falta de representatividad de las provincias en el gobierno de Caracas, lo que debía remediarse constituyéndose un poder central. La Junta, así, al dirigirse a los habitantes de Venezuela señaló:

"Sin una representación común, vuestra concordia es precaria, y vuestra salud peligra. Contribuid a ella como debéis y como desea el gobierno actual.

El ejercicio más importante de los derechos del pueblo es aquel en que los transmite a un corto número de individuos, haciéndolos árbitros de la suerte de todos".

De allí, el llamamiento de la Junta:

"Todas las clases de hombres libres son llamadas al primero de los goces de ciudadano, que es el concurrir con su voto a la delegación de los derechos personales y reales que existieron originariamente en la masa común y que le ha restituido el actual interregno de la Monarquía".

El Congreso formado por los diputados electos, e instalado a comienzos de 1811, entonces, no sólo declaró los Derechos del Pueblo (1° julio) y la Independencia (5 julio), sino que sancionó la Constitución que a la usanza del texto de la Constitución Norteamericana de 1787, está precedida por la siguiente declaración:

"Nos, el pueblo de los Estados Unidos de Venezuela, usando de nuestra soberanía y deseando establecer entre nosotros la mejor administración de justicia, procurar el bien general, asegurar la tranquilidad interior, proveer en común la defensa exterior, sostener nuestra libertad e independencia política, conservar pura e ilesa la sagrada religión de nuestros mayores, asegurar perpetuamente a nuestra posteridad el goce de estos bienes y estrechados mutuamente con la más inalterable unión y sincera amistad, hemos resuelto confederarnos solemnemente para formar y establecer la siguiente Constitución, por la cual se han de gobernar y administrar estos Estados…"

---

95   *Idem*, p. 323.

96   *Idem*, p. 324.

El republicanismo y asambleísmo, en todo caso, fue una constante en toda la evolución constitucional de la naciente República, por lo que desde las campañas por la independencia de Simón Bolívar, el empeño por legitimar el poder por el pueblo reunido o a través de elecciones, fue siempre una constante en nuestra historia política.

En efecto, la organización del Poder del Estado, conforme a la concepción liberal, en la concepción del Libertador tenía que tener un sustento popular y democrático, y no podía resultar de la imposición de una persona. De allí el carácter republicano y no monárquico de nuestro régimen político desde la misma Independencia. Por ello el establecimiento de un orden constitucional con base en la soberanía popular, legitimado a través de una Asamblea o Congreso, fue una constante en el pensamiento y acción del Libertador. No sólo así lo expresó en sus magistrales documentos políticos: el Manifiesto de Cartagena (1812), la Carta de Jamaica (1815) y el Discurso de Angostura (1819), sino que lo planteó repetidamente a lo largo de su vida: en 1813, en su comunicación al Congreso de Bogotá al conquistar Caracas, luego de la Campaña Admirable; en 1814, en su Discurso en la Asamblea de 2 de enero en la Iglesia de San Francisco, en Caracas; en 1816, en su Proclama al desembarcar en Margarita e iniciar la Campaña de Oriente, y en Guayana, en 1817, al instalar el Consejo de Estado en Angostura; en 1818, en su Discurso en la sesión del Consejo de Estado el 1° de octubre, y en su Proclama a los Granadinos el 8 de septiembre, luego de la Batalla de Boyacá, al plantear la unión de la Nueva Granada y Venezuela; en 1824, en su proclama a los Peruanos el 25 de diciembre de 1824, con motivo de la Batalla de Ayacucho; en 1825, en su alocución al Congreso Constituyente de Bolivia, el 25 de mayo, al presentar el Proyecto de Constitución para Bolivia, y en su Proclama a los Venezolanos, en Maracaibo, el 16 de diciembre de 1826, en la cual les exigía frente a las tendencias separatistas, no matar la Patria, y prometía "llamar al pueblo para que delibere" en una Gran Convención Nacional donde "el pueblo ejercerá libremente la omnipotencia, allí decretará sus leyes fundamentales" y concluía: "Nadie, sino la mayoría, es soberana"; en 1828, en su Mensaje a la Convención de Ocaña, el 29 de febrero, y en su Discurso ante el Consejo de Gobierno en Bogotá, después de la disolución de aquella Convención; en 1829, en la convocatoria que hizo a los pueblos de Colombia para que manifestaran su opinión sobre el gobierno y la Constitución; y en fin, 1830, en su Mensaje al Congreso Constituyente de la República de Colombia el 20 de enero de 1830, y en su Proclama a los Colombianos al dejar el mando, el 24 de enero de 1830.[97] En todos estos escritos, el Libertador planeó siempre, la necesidad de que la organización del Estado y su Constitución y gobierno, fueran una manifestación de la soberanía popular, y no el producto de la voluntad de un Jefe Supremo. Por ello, en todos los casos en que le correspondió asumir el Poder Público en su totalidad, siempre buscó su legitimación a través de la consulta a los pueblos y de la reunión de un Congreso o Asamblea.

---

97   Véase en Simón Bolívar, *Escritos Fundamentales*, Caracas 1982; y *Proclamas y Discursos del Libertador*, Caracas, 1939. Véase además los comentarios en A. R. Brewer-Carías, "Ideas centrales sobre la organización del Estado en la obra del Libertador y sus proyecciones contemporáneas", en *Boletín de la Academia de Ciencias Políticas y Sociales* enero-junio 1984, Nos. 95-96, pp. 137 y ss

C. *La distribución vertical de los poderes del Estado: El Estado federal, la descentralización política y el gobierno local*

En su estudio de la Constitución norteamericana, uno de los aspectos a los cuales *de Tocqueville,* dedicó mucha atención debido a la importancia para la democracia, fue el de la descentralización política o la distribución vertical de los poderes del Estado entre las diferentes unidades político-territoriales, lo que por lo demás, en 1835, cuando escribió, era una novedad constitucional. Este, puede decirse, es el tercer principio del constitucionalismo moderno.

De Tocqueville, en efecto observó:

"No hay en el mundo país donde la ley hable un lenguaje más absoluto que en Norteamérica, y no hay tampoco ninguno donde el derecho de aplicarla está dividido entre tantas manos."[98]

Luego en su libro, enfatizó que "Lo que más llama la atención al europeo que recorre a los Estados Unidos es la ausencia de lo que se llama entre nosotros el gobierno o administración"; agregando, que las funciones son múltiples y "Al repartir así la autoridad, vuélvese, es verdad, su acción menos pesada y menos peligrosa, pero no se la llega a destruir."[99]

Concluyó su observación destacando que:

"El poder administrativo en los Estados Unidos no ofrece en su Constitución nada central ni jerárquico. Es precisamente lo que hace que no se advierta su presencia. El poder existe, pero no se sabe donde encontrar a su representante"[100]

Ahora bien, la distribución de los poderes en sentido vertical, en Norteamérica, puede decirse que no fue producto de un proceso de descentralización, sino más bien, de centralización, en el sentido de que el Municipio, el Condado, y los Estados, existieron primero que el poder central, de manera tal que como lo observó *de Tocqueville,* "la forma de gobierno federal en los Estados Unidos apareció en último lugar."[(101]

En sus propias palabras:

"En la mayor parte de las naciones europeas, la preocupación política comenzó en las capas más altas de la sociedad, que se fue comunicando poco a poco y siempre de una manera incompleta, a las diversas partes del cuerpo social".

---

98   Véase A. De Tocqueville, *Democracy in America, cit.,* p. 87.

99   *Ibid,* p. 86.

100   *Ibid,* p. 87.

101   *Ibid,* p. 72.

"En Norteamérica, al contrario, se puede decir que la Comuna ha sido organizada antes que el Condado, el Condado antes que el Estado y el Estado antes que la Unión." [102]

Refiriéndose a Nueva Inglaterra, *de Tocqueville* constató que allí las comunidades locales tomaron completa y definitiva forma, desde 1650, señalando en consecuencia que, incluso antes de la Independencia:

"En el seno de la Comuna se ve dominar una política real, activa, enteramente democrática y republicana. Las colonias reconocen aún la supremacía de la metrópoli; la monarquía es la ley del Estado, pero ya la república está plenamente viva en la Comuna." [103]

De ahí, desde esta aproximación histórica, deriva la importancia que *de Tocqueville* asignó al gobierno local, como la fuente de la democracia. Son clásicas sus famosas palabras concernientes al gobierno local, bien conocidas y siempre válidas:

"En la Comuna es donde reside la fuerza de los pueblos libres. Las instituciones comunales son a la libertad lo que las escuelas primarias vienen a ser a la ciencia; la ponen al alcance del pueblo; le hacen paladear su uso pacífico y lo habitúan a servirse de ella." [104]

Y añadió: "En la Comuna, como en cualquier otra parte, el pueblo es la fuente de los poderes sociales, pero en ninguna ejerce su poder con más intensidad."[105] Esto es -decía- porque, las instituciones locales, "ejercen una influencia prodigiosa sobre la sociedad entera."[106] Por ello, concluyó *de Tocqueville* diciendo que "la vida política ha nacido en el seno mismo de las Comunas."[107]

En lo relativo a la forma federal del Estado, creación del sistema constitucional norteamericano, producto del proceso de centralización política de una sociedad altamente descentralizada, *de Tocqueville* constató su novedad afirmando que:

"Esta Constitución, que a primera vista se ve uno tentado a confundir con las constituciones federales que la han precedido, descansa en efecto sobre una teoría enteramente nueva, que se debe señalar como un gran descubrimiento de la ciencia política de nuestros días." [108]

Y de hecho, puede decirse que la forma del "Estado federal" vino a formar parte de la historia con la Constitución norteamericana de 1787, y aún cuando las palabras

---

102   *Ibid*, p. 51.
103   *Ibid*, p. 51.
104   *Ibid*, p. 74.
105   *Ibid*, p. 75.
106   *Ibid*, p. 75.
107   *Ibid*, p. 79.
108   *Ibid*, p. 192.

"federal" o "federación" no se usaron en la Constitución, fue el los Estados Unidos donde se creó esta forma de gobierno. [109]

La adopción del esquema federal, en todo caso, no respondió a un esquema previamente concedido, sino a necesidades prácticas: El propósito fue seguir una fórmula que hiciera posible la existencia de Estados independientes compatibles con un Poder Central con suficientes atribuciones para actuar por sí solo en un nivel federal.

Esta nueva forma de Estado, dijo *de Tocqueville,* no podía ser comparada a las confederaciones que existieron en Europa antes de la Constitución norteamericana, principalmente porque el Poder Central en la Constitución Norteamericana, como lo observó, "obra sin intermediario sobre los gobernados, los administra y los juzga por sí mismo, como lo hacen los gobiernos nacionales".

En Norteamérica, agregó:

"[La] Unión tiene por gobernados no a los Estados, sino a simples ciudadanos. Cuando quiere recaudar un impuesto, no se dirige al gobierno de *Massachusetts* y sino a cada habitante de *Massachusetts.* Los antiguos gobiernos federales tenían frente a ellos a pueblos; el de la Unión tienen a individuos. No pide prestada su fuerza, la toma por sí misma. Tiene sus administradores propios, sus tribunales, sus oficiales de justicia y su propio ejército".

Luego *de Tocqueville* añadió:

"Evidentemente, no es ya ese un gobierno federal; es un gobierno nacional incompleto. Así se ha encontrado una forma de gobierno que no era precisamente ni nacional ni federal; pero se han detenido allí, y la palabra nueva que debe expresar la cosa nueva no existe todavía." [110]

Esta "cosa nueva" es la que precisamente, en el derecho constitucional moderno es conocida como la forma de *Estado Federal,* y aunque *de Tocqueville* admiró su novedad, y además puntualizó sus defectos, claramente observó que no era un producto para la exportación. Dijo, así, que:

"La Constitución de los Estados Unidos se parece a las bellas creaciones de la industria humana que colman de gloria y de bienes a aquellos que la inventan; pero permanecen estériles en otras manos." [111])

En este sentido, en su libro, *de Tocqueville* se refirió al caso del sistema federal de México, ya en la década de 1830, pero sus observaciones podrían aplicarse a toda América Latina.

En todo caso, esta organización del Estado Federal, que se configura como uno de los principales rasgos del constitucionalismo norteamericano, fue inmediatamente seguida en Venezuela en 1811, y décadas después, por los grandes países latinoamericanos (México, Argentina, Brasil). Sin embargo, debe destacarse que en general,

---

109 Véase M. García Pelayo, *Derecho constitucional comparado*, Madrid 1957, p. 215, 341.

110 Véase A. De Tocqueville, *Democracy in America, cit.*, p. 194.

111 *Idem*, p. 203.

en los estudios de derecho constitucional realizados desde Europa y desde los Estados Unitarios latinoamericanos sobre las instituciones políticas de las Federaciones de América Latina, se observa una incomprensión sobre el federalismo latinoamericano y su origen. La forma de Estado Federal en nuestros países, debe señalarse que a pesar de la influencia norteamericana, no fue una copia mecánica y artificial de la recién creada forma federal de los Estados Unidos de América que todavía en 1833, como lo observó *de Tocqueville* en su *Democracia en América,* aún no tenía nombre propio. Al contrario, la adopción de la forma federal en América Latina obedeció a la realidad político territorial que nos había legado la colonización española y lusitana, de manera que la Federación vino a ser la solución institucional ideal, en los Estados que la adoptaron, para formar los Estados independientes, particularmente en las áreas coloniales compuestas por una gran extensión territorial (Argentina, México, Brasil, Venezuela) y múltiples demarcaciones territoriales coloniales.

El primer país que adoptó el Federalismo como forma de Estado en el mundo moderno, después de su implantación en los Estados Unidos de Norteamérica, fue Venezuela, al constituirse como Estado independiente de la metrópoli española, y cabe preguntarse: ¿Por qué nuestros constituyentes de 1811 adoptaron la forma federal para constituir el Estado, formado por siete provincias que en 1777 habían sido agrupadas por España en una Capitanía General? La respuesta a esta pregunta está en la constatación del hecho de que en América Latina, España había conformado en la época colonial, un sistema de gobierno y administración altamente descentralizado, organizado en Virreinatos, Capitanías Generales, Provincias, Corregimientos y Gobernaciones, como antes había ocurrido con todos los grandes imperios históricos. La provincia así, conforme al concepto romano, era la unidad colonial básica de ultramar, especialmente establecida para el gobierno colonial, hasta el punto de que para la organización político territorial de la propia España peninsular en Provincias, sólo fue en 1830 que se adoptó, pero conforme al modelo napoleónico de Estado centralizado.

Desde comienzos del Siglo XVI, en cambio, la Provincia fue la unidad territorial básica de las colonias en América Latina, conformándose políticamente en torno a centros poblados (política de poblamiento), con sus Cabildos y gran autonomía. Así surgió, en un proceso de 300 años, un sistema de ciudades-Estados coloniales diseminado en todo el territorio latinoamericano.

Al estallar el proceso independentista en 1810, en los Estados latinoamericanos se produjo un proceso similar al que años antes había sucedido en los Estados Unidos, signado por un doble objetivo: por una parte, la independencia en relación a la Metrópoli y por la otra, la unión de las diversas Provincias distantes, aisladas y autónomas que conformaban unidades organizativas superiores. En ese proceso, cabe preguntarse: ¿Cuál era la forma de Estado que podían adoptar nuestros países, de entre los esquemas existentes en el mundo?.

No debe olvidarse que el mundo europeo del momento, lo único que mostraba, como forma de Estado, era el Monárquico, siendo éste el sistema de integración tanto de grandes como de pequeñas entidades territoriales. La revolución de independencia en América Latina se inició contra la Monarquía, por lo que era inconcebible construir los nuevos Estados inventando un régimen monárquico criollo (quedaron como excepciones, sin embargo, los "imperios" de los Estados más extensos territorialmente, Brasil y México, de corta duración). No habiendo Monarquías, por tanto, el esquema de distribución vertical del poder propio de la forma federal, resultaba perfectamente adecuado a nuestras realidades y a nuestra dispersión territorial. Fue ese el caso de Venezuela.

En efecto, como se ha dicho, al momento de la Independencia, el sistema español había dejado en el territorio de las nuevas Repúblicas un sistema de poderes autónomos provinciales y citadinos, hasta el punto de que la Declaración de Independencia la realizan los Cabildos en las respectivas provincias, iniciándose el proceso en el Cabildo de Caracas el 19 de abril de 1810. Se trataba, por tanto, de construir un Estado en territorios disgregados en autonomías territoriales descentralizadas en manos de Cabildos o Ayuntamientos coloniales.

Por ello, al convocar elecciones, en 1810, para la constitución de un Congreso General, la Junta Suprema de Caracas lo hizo partiendo del supuesto de que había "llegado el momento de organizar un Poder central bien constituido", preguntándose en su proclama:

> ¿Cómo se podrían de otro modo trazar los límites de las autoridades de las Juntas provinciales, corregir los vicios de que también adolece la Constitución de éstas, dar a las provincias gubernativas aquella unidad sin la cual no puede haber ni orden, ni energía; consolidar un plan defensivo que nos ponga a cubierto de todas clase de enemigos; formar, en fin, una confederación sólida, respetable, ordenada, que restablezca de todo punto la tranquilidad y confianza, que mejore nuestras instituciones y a cuya sombra podamos aguardar la disipación de las borrascas políticas que están sacudiendo al universo?.[112]

El Congreso General, en consecuencia, y esa era la voluntad política, en definitiva dictó en diciembre de 1811, la "Constitución Federal para los Estados de Venezuela".

Pero el Poder Central Federal constituido, como había sucedido inicialmente en los Estados Unidos, estaba estructurado con grandes signos de debilidad, estando el poder fundamental en las Provincias constituidas como Estados soberanos. Esta debilidad ya la había apuntado *de Tocqueville,* en su observación sobre el sistema norteamericano.

En efecto, en contraste con los Estados centralizados de Europa y la concentración nacional del poder político, *de Tocqueville* señaló, que entre el "más funesto de todos los vicios que considero como inherente al sistema federal mismo, es la debilidad relativa del gobierno de la Unión", añadiendo que "una soberanía fraccionada será siempre más débil que una completa."[113]

Esta debilidad referida a la forma del Estado federal, una vez adoptada en la Constitución venezolana de 1811, seis meses después de la Declaración de Independencia, siempre se ha considerado que fue una de las principales causas del fracaso de la Primera República en 1812. De allí, la afirmación definitiva del Libertador Simón Bolívar en una carta al Gobernador de la Provincia de Barinas, el 12 de agos-

---

112   Véase en Allan R. Brewer-Carías, *Las Constituciones de Venezuela*, Academia de Ciencias Políticas y Sociales, Caracas 2008, Vol I, p. 535.

113   Véase A. De Tocqueville, *Democracy in America, cit.*, p. 204.

to de 1813: "Jamás la división de poder ha establecido y perpetuado gobiernos; sólo su concentración ha infundido respeto para una nación."[114]

Simón Bolívar, en la línea de pensamiento que luego manifestó *de Tocqueville,* durante toda su vida fue un crítico amargo contra la forma del Estado federal y su adopción en Venezuela, y siempre abogó por una forma concentrada del poder del Estado. En 1812, por ejemplo, apenas caída la Primera República, en su famoso *Manifiesto de Cartagena,* escrito un año después de la sanción de la Constitución Federal, expresó:

> "Lo que debilitó más el Gobierno de Venezuela fue la forma federal que adoptó, siguiendo las máximas exageradas de los derechos del hombre, que autorizándolo para que se rija por sí mismo, rompe los pactos sociales, y constituye a las naciones en anarquía. Tal era el verdadero estado de la Confederación. Cada Provincia se gobernaba independientemente; y a ejemplo de éstas, cada ciudad pretendía iguales facultades alegando la práctica de aquéllas, y la teoría de que todos los hombres y todos los pueblos gozan de la prerrogativa de instituir a su antojo el gobierno que les acomode"... "El sistema federal, bien que sea el más perfecto y más capaz de proporcionar la felicidad humana en sociedad, es, no obstante, el más opuesto a los intereses de nuestros nacientes Estados."[115]

Ahora bien, frente al esquema federal, el Libertador propugnaba una forma de Estado centralizada. Por ello afirmaba, en el mismo *Manifiesto de Cartagena:*

> "Yo soy de sentir que mientras no centralicemos nuestros gobiernos americanos, los enemigos obtendrán las más completas ventajas; seremos indefectiblemente envueltos en los horrores de las disensiones civiles, y conquistados vilipendiosamente por ese puñado de bandidos que infestan nuestras comarcas ... no son naciones poderosas y respetadas sino las que tienen un gobierno central y enérgico."[116]

Posteriormente, en 1815, en su famosa *Carta de Jamaica,* insistió el Libertador en sus críticas al sistema federal al constatar que:

> "Así como Venezuela ha sido la República americana que más se ha adelantado en sus instituciones políticas, también ha sido el más claro ejemplo de la ineficacia de la forma democrática y federal para nuestros nacientes estados."[117]

Y posteriormente en 1819, expresaba en su *Discurso de Angostura:*

> "Cuanto más admiro la excelencia de la Constitución Federal de Venezuela, al tanto más me persuado de la imposibilidad de su aplicación a nuestro estado."[118]

---

114   Véase Simón Bolívar, *Escritos Fundamentales,* Ed. 1982, p. 63.

115   *Idem*, p. 61-62.

116   *Idem*

117   *Idem*

118   *Idem*

"El magnífico sistema federativo", decía:

> "[N]o era dado a los venezolanos ganarlo repentinamente al salir de las cadenas. No estábamos preparados para tanto bien; el bien como el mal, da la muerte cuando es súbito y excesivo." [119]

Y agregaba:

> "Horrorizado de la divergencia que ha reinado y debe reinar entre nosotros por el espíritu sutil que caracteriza al gobierno federativo, he sido arrastrado a rogaros para que adoptéis el centralismo y la reunión de todos los Estado de Venezuela en una República sola, e indivisible." [120]

Este criterio político del Libertador a favor del centralismo lo va a acompañar hasta el fin de sus días. Así lo vemos expuesto en 1829, en una carta que envía desde Guayaquil a su antiguo edecán general Daniel Florencio O'Leary, al calificar al sistema federal, como "una anarquía regularizada, o más bien es la Ley que prescribe implícitamente la obligación de disociarse y arruinar el Estado con todos sus individuos"[121]; lo que lo llevó a afirmar rotundamente:

> "Yo pienso que mejor sería para la América adoptar el Corán que el gobierno de los Estados Unidos, aunque es el mejor del mundo."

A pesar de la clara posición del Libertador sobre el sistema federal, éste, sin embargo, no sólo se impuso en Venezuela en la Constitución de 1830, sino después de las guerras federales, en la Constitución de 1864. Otros países latinoamericanos siguieron también el modelo federal y otros optaron, sin embargo, por el modelo unitario.

Debe destacarse, por otra parte, que si bien *de Tocqueville* fue también un crítico de la forma federal del Estado, elogió los efectos beneficiosos de la descentralización política y del gobierno local, como características del sistema americano. Dijo:

> "Los partidarios de la centralización en Europa, sostienen que el poder gubernamental administra mejor las localidades de lo que ellas mismas podrían hacerlo; esto puede ser cierto cuando el Poder Central es ilustrado y las localidades no tienen cultura, cuando es activo y ellas son inertes, cuando tienen la costumbre de actuar y ellas la de obedecer." [122]

Pero cuando el pueblo es ilustrado, consciente de su propio interés, y acostumbrado a pensar por sí mismo, como lo había visto en Norteamérica, dijo:

---

119   *Idem*, p. 140.

120   *Idem*,

121   *Idem*, pp. 200, 201.

122   Véase A. De Tocqueville, *Democracy in America, cit.*, p. 110.

"Estoy persuadido por el contrario, de que en ese caso la fuerza colectiva de los ciudadanos será siempre más poderosa para producir el bienestar social que la autoridad del gobierno." [123]

Finalmente señaló que:

"Las ventajas políticas que los norteamericanos obtienen del sistema de descentralización, me lo hacen preferir al sistema central... lo que más admiro en Norteamérica, no son los efectos administrativos de la descentralización, son sus efectos políticos. En los Estados Unidos, la patria se siente en todas partes. Es venerada desde la Aldea hasta la Unión." [124]

Al comparar la situación con Europa, concluía:

"Sólo los pueblos que tienen escasa o ninguna institución provincial niegan su utilidad; es decir, que aquellos que no conocen esa institución son los únicos que hablan mal de ella".

El esquema colonial español en América Latina, sin haber logrado la autonomía de las colonias inglesas en Norteamérica, producto de la inexistencia de un esquema global de organización territorial manejado desde la Metrópoli, como si lo hubo en España (Casa de Contratación de Sevilla, Virreinatos, Audiencias, Capitanías Generales, Provincias, Gobernaciones, y Corregimientos), sin embargo, provocó el desarrollo de una intensa vida municipal en los Cabildos compuestos en su mayoría por criollos. Fueron, así, los Cabildos los que hicieron la independencia y los que la proclamaron.

En efecto, el 19 de abril de 1810, fue el Cabildo de Caracas el que asumió el poder político autonómico, y el que inició la revolución independentista. Y no podía ser otra la institución política colonial que asumiera en ese momento facultades soberanas, pues dentro del contexto histórico político, se trataba de cuerpos realmente representativos de los diversos estratos sociales libres que reflejaban legítimamente los derechos populares.

Recuérdese que el Cabildo de Caracas en 1810, inicia la revolución de independencia y asume el poder político local, con sus Diputados por el clero, el pueblo y por el gremio de los pardos con voto libre en las discusiones y con los mismos derechos que los otros miembros, lo cual le dio un carácter representativo inicial. Pero la Revolución de independencia surgió, también, de un Cabildo participativo, pues fue el pueblo en definitiva el que rechazó el mando al Capitán General Emparan. Después de reiniciada la sesión del Ayuntamiento el 19 de abril de 1810, provocada en parte por la concentración de vecinos en las inmediaciones de las Casas Consistoriales, ante su pregunta dirigida al pueblo amotinado desde el balcón de la Casa Capitular, como se recoge en el Acta de la Sesión, de "si quería que continuase en el ejercicio del Poder", el pueblo respondió por la voz de los conjurados, "no lo queremos", por lo cual quedó aquél despojado, en el acto "de la autoridad que investía, e interrumpida y protestada así la dominación de España en Venezuela". De este

---

123 *Idem,*
124 *Idem*, p. 113, 115.

hecho deja constancia el Acta respectiva así: "notificaron al pueblo su deliberación, y resultando conforme en que el mando supremo quedase depositado en este Ayuntamiento."[125]

Venezuela, como República independiente, tuvo así, su origen en un Cabildo representativo y participativo, por lo que en su estructuración política posterior, en las Constituciones Provinciales a partir de 1812, se reguló en forma detallada el Poder Municipal.

D.   *La separación de poderes y el sistema presidencialista de gobierno*

En la Constitución de los Estados Unidos de 1787, y previamente, en las distintas Constituciones de las antiguas colonias, el cuarto de los principios del constitucionalismo moderno, el principio de separación orgánica de poderes, por primera vez fue expresado formalmente dentro de la más ortodoxa doctrina de la época.

Por ejemplo, la primera de esas Constituciones, la de *Virginia* en 1776, estableció (art. III):

> "Los Departamentos Legislativo, Ejecutivo y Judicial, deberán estar separados y distintos, de manera que ninguno ejerza los poderes pertenecientes a otro; ni persona alguna debe ejercer más de uno de esos poderes al mismo tiempo".

La Constitución norteamericana de 1787, no tiene norma similar dentro de su articulado, pero su principal objetivo fue, precisamente, organizar la forma de gobierno, dentro del principio de separación de poderes, pero permitiendo diversas interferencias entre ellos, en un sistema de frenos y contrapesos, y particularmente, regulando los poderes del Ejecutivo en lo que fue una nueva forma de gobierno, el presidencialismo, como opuesto al parlamentarismo, y una configuración particular del Poder Judicial, nunca antes conocida en la práctica constitucional.

De Tocqueville se refirió en su libro a estos dos aspectos del principio. En relación al Poder Ejecutivo, inmediatamente puntualizó que en los Estados Unidos, "El mantenimiento de la forma republicana exigía que el representante del Poder Ejecutivo estuviese sometido a la voluntad nacional"; de ahí que, -dijo- "el Presidente es un magistrado efectivo... el único y solo representante del Poder Ejecutivo de la Unión."[126] Pero, anotó, "...al ejercer ese poder, no es por otra parte completamente independiente."[127]

Esa fue una de las particulares consecuencias del sistema de frenos y contrapesos de la separación de poderes adoptados en los Estados Unidos, pero sin hacer al Poder Ejecutivo dependiente del Parlamento, como en los sistemas de gobierno parlamentarios. Por ello, al comparar el sistema de las monarquías parlamentarias europeo con el sistema presidencial de los Estados Unidos, *de Tocqueville* se refirió al importante papel que el Poder Ejecutivo jugaba en Norteamérica en contraste con la situación de un Rey constitucional en Europa. Un Rey constitucional, observó, "no

---

125   Véase en Allan R. Brewer-Carías, *Las Constituciones de Venezuela*, Academia de Ciencias Políticas y Sociales, Caracas 2008, Vol I, pp. 531 ss

126   Véase A. De Toqueville, *Democracy in America, cit.*, p. 148.

127   *Idem*, p. 149.

puede gobernar cuando la opinión de las Cámaras Legislativas no concuerda con la suya."[128] En el sistema presidencialista, contrariamente, la sincera ayuda del Congreso al Presidente "es sin duda útil, pero no es necesaria para la marcha del gobierno."[129]

La separación de poderes y el sistema presidencialista de gobierno, en todo caso, fue seguido posteriormente en todas las Repúblicas Latinoamericanas, después de la Independencia o después de la experiencia de gobiernos monárquicos, como los que hubo en algunos países.

Ahora bien, el principio de la separación de poderes, como distribución horizontal del poder político, debe recordarse que es un producto de los ideólogos del absolutismo, al propugnar la limitación del poder político ilimitado del Monarca absoluto, y entre ellos, un producto del pensamiento de *Locke, de Montesquieu* y de *Rousseau.*

A la base de su construcción, como resulta de las concepciones de *John Locke,* antes comentadas, estaba la consideración del estado natural del hombre y del contrato original de la sociedad, inicio del Estado, para la preservación de su vida, libertad y posesión. El Estado surgió entonces para proteger los derechos "naturales" que no desaparecieron con el contrato social.

Bajo esta premisa se formuló un esquema de racionalización y sistematización de las funciones de todo Estado soberano, que podían "balancearse" si se las situaba en distintas manos. Posteriormente, este ensayo de sistematización se convirtió en la teoría de la división del poder que tanta influencia ha tenido en el constitucionalismo moderno, sobre todo por su conversión en "separación de los poderes" con motivo de la Revolución Francesa y de la Constitución norteamericana.

La libertad política, según *Montesquieu,* existía sólo en los Estados en los cuales los poderes no se encontraban reunidos en una misma persona o en el mismo cuerpo de magistrados.

Por tanto, formuló su proposición de que para garantizar la libertad las tres potestades públicas no debían estar en las mismas manos, y que separadas, debían estar en plano de igualdad; de lo contrario, el poder no podría frenar al poder. Recordemos sus palabras:

> "Todo estaría perdido si el mismo hombre, o el mismo cuerpo de notables, o de nobles, o del pueblo, ejercieran estos tres poderes: el de hacer las leyes, el de ejecutar las resoluciones públicas, y el de juzgar las exigencias o las diferencias de los particulares."[130]

Por ello, agregaba:

> "Los Príncipes que han querido convertirse en despóticos han comenzado siempre por reunir en su persona todas las magistraturas…"

---

128 *Idem*, p. 155.

129 *Idem*, p. 156.

130 Véase Montesquieu, *De l'Esprit des Lois* (ed. G. Truc), Paris 1949, Vol. I, p. 164. Véase los comentarios en Ch. H. McIlwain, *The High Court of Parliament and its Supremacy*, Yale 1910, pp. 322-323.

"Estas tres potestades deberían -además- formar un reposo o una inacción. Pero como por el movimiento necesario de las cosas, ellas deben andar, ellas estarían forzadas de andar concertadamente."[131]

A esta concepción de la división del poder se va a agregar, posteriormente, el postulado de *Rousseau* sobre la Ley como expresión de la voluntad general,[132] y la exigencia del sometimiento del Estado a la Ley que el mismo produce. De allí surgió el principio de la supremacía del Poder Legislativo sobre los otros poderes, como piedra angular del Derecho Público, y de sus secuelas contemporáneas: el principio de la legalidad y el Estado de Derecho.

Los escritos de *Locke, Montesquieu* y *Rousseau,* conformaron todo el arsenal histórico político que permitió la reacción contra el Estado absoluto y su sustitución por el Estado de Derecho, como garantía de la libertad, lo cual se concretó en la Revolución Francesa, en base a la exaltación del individualismo y de la libertad. Como consecuencia de ella, el principio de la separación de poderes encontró consagración expresa en la Declaración Universal de los Derechos del Hombre y del Ciudadano de 1789, conforme a la cual "cualquier sociedad en la cual las libertades no estuvieran debidamente garantizadas y no estuviese determinada la separación de poderes, no hay Constitución".

Antes, sin embargo, con su adopción en las Constituciones de las antiguas colonias inglesas a partir de 1776 y luego, en la Constitución norteamericana de 1787, la distribución horizontal del poder se había convertido en uno de los pilares básicos del constitucionalismo moderno.

Bajo la inspiración de estos principios se redactó la primera Constitución de Venezuela y de todos los países latinoamericanos, sancionada el 21 de diciembre de 1811, en la cual se estableció la igualdad como uno de los "derechos del hombre en sociedad" (éstos eran conforme al artículo 151, la libertad, la igualdad, la propiedad y la seguridad) derivados del "pacto social". Esta concepción pactista encuentra su expresión en el propio texto constitucional, al expresar sus artículos 141 y 142, lo siguiente:

"Después de constituidos los hombres en sociedad han renunciado a aquella libertad ilimitada y licenciosa a que fácilmente los conducían sus pasiones, propias sólo del estado salvaje. El establecimiento de la sociedad presupone la renuncia de esos derechos funestos, la adquisición de otros más dulces y pacíficos, y la sujeción a ciertos deberes mutuos".

"El pacto social asegura a cada individuo el goce y posesión de sus bienes, sin lesión del derecho que los demás tengan a los suyos".

En el orden jurídico-político, la Constitución de 1811, además, consagró expresamente la división del Poder Supremo en tres: Legislativo, Ejecutivo y Judicial "confiado a distintos cuerpos independientes entre sí y en sus respectivas facultades"

---

131   Montesquieu, *op cit*, Vol. I, p. 165.

132   Véase J.J. Rousseau, *Du Contract Social* (ed. Ronald Grimsley), Oxford 1972, Book I, Chap. IV, p. 136.

(Preámbulo), conforme a la más pura fórmula revolucionaria francesa, señalando expresamente que:

> "El ejercicio de esta autoridad confiada a la Confederación no podrá jamás hallarse reunida en sus diversas funciones" (Preámbulo), siendo preciso que "se conserven tan separados e independientes el uno del otro cuando lo exija la naturaleza de un gobierno libre" (art. 189).

La separación de poderes era, así, la garantía esencial de la libertad. Ello llevó a Andrés Bello a considerar que el ensanche de la libertad civil en todos los pueblos civilizados de la tierra "era debido casi exclusivamente a la observancia que tienen en ellos el principio de feliz invención que determina y separa los poderes constitucionales"; y agregaba:

> "Cualquiera que sea la forma de gobierno, la observancia de este principio debe ser la columna de los derechos civiles; y faltando él, no se podrá contar con ninguno de los bienes que deben asegurar al individuo las leyes de una sociedad organizada."[133]

Ahora bien, todo este mecanismo de separación de poderes y de hegemonía del Poder Legislativo, configuró en los primeros años de la vida republicana de Venezuela, todo un sistema de contrapeso de poderes para evitar la formación de un poder fuerte, que no sólo originó la caída de la primera República, sino que condicionó la vida republicana en las décadas posteriores. Contra esta debilidad del Poder Ejecutivo constitucionalmente consagrada, el cual, además, era tripartito, el primero que reaccionó fue el Libertador Simón Bolívar en su *Manifiesto de Cartagena* en 1812 y luego en su *Discurso de Angostura* en 1819, en el cual propondría al Congreso la adopción de una fórmula de gobierno con un Ejecutivo fuerte, lo cual, sin embargo, no fue acogido por la Constitución de 1819.

Decía en su Discurso de Angostura:

> "Aquí el Congreso ha ligado las manos y hasta la cabeza a los Magistrados. Este cuerpo deliberante ha asumido una parte de las funciones ejecutivas, contra la máxima de Montesquieu, que dice que un Congreso representativo no debe tomar ninguna resolución activa: debe hacer leyes, y ver si se ejecutan las que hace. Nada es tan contrario a la armonía de los Poderes, como su mezcla. Nada es tan peligroso con respecto al pueblo, como la debilidad del Ejecutivo."[134]

y agregaba:

> "En las Repúblicas, el Ejecutivo debe ser el más fuerte porque todo conspira contra él; en tanto que en las Monarquías el más fuerte debe ser el Legislativo, porque todo conspira en favor del Monarca."[135]

---

133 Véase en Allan R. Brewer-Carías, "La concepción del Estado en la obra de Andrés Bello", en *Bello y América Latina*, Cuarto Congreso del Bicentenario, La Casa de Bello, Caracas 1982, pp. 99-154.

134 Véase Simón Bolívar, *Escritos Fundamentales*, cit.

135 *Idem*

y concluía diciendo:

> "Por lo mismo que ninguna forma de Gobierno es tan débil como la democrática, su estructura debe ser de la mayor solidez; y sus instituciones consultarse para la estabilidad. Si no es así, contemos con que se establece un ensayo de Gobierno, y no un sistema permanente; contemos con una sociedad díscola, tumultuaria y anárquica, y no con un establecimiento social, donde tengan su imperio la felicidad, la paz y la justicia." [136]

Insistía además, en su *Discurso de Angostura:*

> "Cuando deseo atribuir al Ejecutivo una suma de facultades superiores a la que antes gozaba, no he deseado autorizar a un déspota para que tiranice la República, sino impedir que el despotismo deliberante sea la causa inmediata de un círculo de vicisitudes despóticas en que alternativamente la anarquía sea reemplazada por la oligarquía, y por la monocracia." [137]

Como se puede observar, el principio de la separación de poderes estuvo a la base del nacimiento de nuestras Repúblicas latinoamericanas, y en nuestros países, al igual que en todos los Estados del mundo moderno, ha condicionado la organización de los sistemas de gobierno, habiendo producido los dos clásicos sistemas: los parlamentarios o los presidenciales. En todo caso, puede decirse que el presidencialismo es el signo del sistema latinoamericano de gobierno constitucional, en tal medida que el parlamentarismo nunca se ha desarrollado en el Continente. Esta es más bien una forma europea de gobierno, que Europa nunca procuró exportar a Latinoamérica.

E. *El papel del Poder Judicial y el control de la constitucionalidad de las leyes*

Pero, entre las instituciones constitucionales nacidas en Norteamérica, la que tal vez tuvo la más distinguida originalidad, ha sido el papel asignado al Poder Judicial en el sistema de separación de poderes. Esto es cierto incluso en los tiempos presentes, y era así cuando *de Tocqueville* visitó Norteamérica. Por ello dedicó un capítulo aparte en su libro *Democracia en América*, al estudio del poder de los jueces y a su importancia política, comenzando con esta afirmación:

> "Ha habido confederaciones fuera de Norteamérica; se han visto repúblicas en otros lugares además de las del nuevo mundo; el sistema representativo es adoptado en varios Estados de Europa; pero no creo que hasta el presente ninguna nación del mundo haya constituido el poder judicial de la misma manera que los norteamericanos." [138]

Ahora bien, tres aspectos de la organización y funcionamiento del Poder Judicial pueden ser considerados como una contribución fundamental de Norteamérica al derecho constitucional: El rol político de los jueces; la institución de una Corte Su-

---

136 *Idem*

137 *Idem*

138 Véase A. De Tocqueville, *Democracy in America, cit.,* p. 120.

prema; y el sistema de control judicial de la legislación. Todos estos tres aspectos fueron observados por *de Tocqueville.*

El primer elemento que destacó entre las instituciones de Norteamérica, fue el "inmenso poder político"[139] atribuido a los jueces, lo cual lo llevó a afirmar que "En los Estados Unidos el juez es uno de los primeros poderes políticos."[140]

La razón para ese inmenso poder, dijo *de Tocqueville:*

"[E]stá en este solo hecho: los norteamericanos han reconocido a los jueces el derecho de fundamentar sus decisiones sobre la Constitución más bien que sobre las leyes. En otros términos, les han permitido no aplicar las leyes que les parezcan inconstitucionales."[141]

En consecuencia, decía, "no es difícil que un problema político en los Estados Unidos se vuelva más tarde o más temprano en un problema judicial."[142]

El segundo aspecto fundamental del Poder Judicial en las instituciones norteamericanas, como también lo subrayó *de Tocqueville,* fue el alto puesto de la Corte Suprema entre las grandes autoridades del Estado. *De Tocqueville* observó:

"La Corte Suprema está colocada a más altura que ningún tribunal conocido, tanto por la naturaleza de sus derechos como por la especie de sus justiciables"... "jamás un Poder Judicial mayor ha sido constituido en ningún pueblo."[143]

De Tocqueville, destacó estos poderes de la Corte Suprema, en los cuales, dijo, "descansan incesantemente, la paz, la prosperidad y la existencia de la Unión", señalando lo siguiente:

"Sin ellos (los 7 jueces federales)... la Constitución es letra muerta; a ellos es a quienes apela el Poder Ejecutivo para resistir las usurpaciones del Poder Legislativo; la Legislatura, para defenderse de las obras del Poder Ejecutivo; para hacerse obedecer de los Estados; los Estados, para rechazar las pretensiones exageradas de la Unión; el interés público contra el interés privado; el espíritu de conservación contra la inestabilidad democrática."[144]

De allí que todo el sistema de frenos y contrapesos en la separación de poderes de los Estados Unidos, descansó y aún descansa en la Corte Suprema y en el poder de los jueces para controlar la constitucionalidad de la legislación, precisamente, el tercer aspecto más importante del aporte de la Constitución de Norteamérica al constitucionalismo moderno.

139　*Ibid,* p. 122, 124.

140　*Ibid,* p. 120.

141　*Ibid,* p. 122.

142　*Ibid,* p. 184.

143　*Ibid,* p. 184.

144　*Ibid,* p. 185.

En efecto, en relación a la supremacía de la Constitución, *de Tocqueville* observó que:

> "Esto deriva de la esencia misma del Poder Judicial; escoger entre las disposiciones legales aquellas que lo atan más estrechamente, en cierto modo, es el derecho natural del magistrado." [145]

Esto condujo al establecimiento de un sistema de control judicial de la constitucionalidad de la ley, creación del constitucionalismo norteamericano, al cual se refirió *de Tocqueville* con estas simples y lógicas palabras:

> "Cuando se invoca ante los tribunales de los Estados Unidos una ley que el juez estime contraria a la Constitución, puede rehusarse a aplicarla. Este es el único poder privativo del magistrado norteamericano y de él dimana una gran influencia política." [146)]

Esta fue calificada, como se ha dicho anteriormente, como la "verdadera esencia del deber judicial" por el Juez *Marshall* en el ya comentado caso *Marbury vs. Madison* (1803) al referirse a las Constituciones escritas y su carácter de leyes superiores y fundamentales en relación a las otras leyes de la sociedad. Este deber de los tribunales de considerar los actos de la Legislatura que fueran repugnantes a la Constitución como nulos, fue descrito en ese famoso caso con los siguientes argumentos lógicos:

> "¿Si un acto de la legislatura contrario a la Constitución es nulo, puede no obstante esa nulidad, vincular a los tribunales y obligarlos a darle efectos? O, en otras palabras, a pesar de que no sea ley, ¿constituye una regla operativa como si fuera una ley?"

> "Esto sería el derrocamiento en los hechos, de lo que fue establecido en teoría, y parecería a primera vista, un absurdo tan grande como para insistir en él. Esto debería, sin embargo, recibir una mayor consideración." [(147]

En dicha sentencia, *Marshall* concluyó:

> "Indudablemente, es de la competencia y del deber del Poder Judicial, decir cuál es la ley. Quienes aplican una norma a casos particulares necesariamente tienen que establecer e interpretar esa norma. Si dos leyes están en conflicto entre sí, los tribunales deben decidir sobre la eficacia de cada una.

> Así, si una ley está en oposición con la Constitución, si las dos, la ley y la Constitución son aplicables al caso concreto, de manera que el tribunal debe decidir el caso o conforme a la ley, inaplicando la Constitución, o conforme a la Constitución, inaplicando la ley; el tribunal debe determinar cuál de las dos

---

145   *Ibid*, p. 123.
146   *Ibid*, p. 124.
147   *Marbury v. Madison*, S.U.S. (1 Cranch), 137; 2 L. Ed. 60 (1803).

normas en conflicto debe regir el caso. Esta es la verdadera esencia del deber judicial."[148]

Este *"judicial duty"* de controlar la constitucionalidad de las leyes descubierto por los norteamericanos, es otra de las mayores contribuciones de la Revolución Americana al derecho constitucional contemporáneo, y ha sido seguida y desarrollada en todo el mundo.

El control judicial de la constitucionalidad, por otra parte, está esencialmente relacionado con la forma federal del Estado, como un medio de controlar invasiones e interferencias no autorizadas entre los poderes descentralizados del Estado. Precisamente por ello, en todos los países de América Latina con forma de Estado federal, ese control judicial de la legislación, fue inmediatamente establecido bajo la influencia Norteamericana un siglo antes de las primeras experiencias de Europa Continental en la materia.

En el caso de Venezuela, la Constitución de 1811, al establecer expresamente en su texto el principio de la supremacía constitucional y la garantía objetiva de la Constitución (arts. 199 y 227) -lo que en los Estados Unidos había sido creación de la jurisprudencia de la Corte Suprema a partir de 1803-abrió paso al desarrollo futuro del control de la constitucionalidad de las leyes, establecido como sistema mixto, a la vez difuso y concentrado, desde el siglo XIX.

F. *La declaración de los derechos y libertades fundamentales*

La sexta contribución más importante del constitucionalismo norteamericano al derecho constitucional moderno, fue la práctica de establecer declaraciones formales y escritas de derechos y libertades fundamentales del hombre. Como hemos dicho, la primera declaración moderna de este tipo, sin duda, adoptada bajo la influencia de las declaraciones inglesas del Siglo XVII, fue dictada en las colonias norteamericanas el mismo año de la Declaración de la Independencia, siendo en ese sentido famosa, la Declaración de Derechos de *Virginia* de 1776.

En efecto, el *Bill of Rights* de Virginia fue aprobada el 12 de junio de 1776 por los representantes del pueblo de Virginia, pudiendo ser considerada como la primera de las declaraciones formales de derechos individuales en el constitucionalismo moderno.

Junto con las Declaraciones de las otras Colonias Americanas, diferían de los precedentes ingleses (*Magna Carta*, 1215; *Habeas Corpus Act*, 1679; *Bill of Rights*, 1689), básicamente porque al declarar y establecer los derechos no hacían referencia a éstos como basados en el *common law* o la tradición, sino a derechos derivados de la naturaleza humana y de la razón (ratio). Por ello, los derechos declarados en la Declaración de Derechos hecha por los "representantes del buen pueblo de Virginia" de 1776, eran *derechos naturales* que "pertenecen a ellos y a su posteridad, como la base y fundamento del Gobierno", declarados políticamente por los nuevos poderes constituyentes de las Colonias, como un límite a los poderes del Estado

---

148 *Marbury v. Madison*, S.U.S. (1 Cranch), 137; 2 L. Ed. 60 (1803).

En esta forma, en el breve Preámbulo de la Declaración, la relación entre los derechos naturales y el gobierno se estableció claramente, debido, sin duda, a la influencia directa de las teorías de *J. Locke*, en el sentido de que la sociedad política se forma basándose sobre esos derechos naturales, como el fundamento del Gobierno. En efecto, las doctrinas políticas imperantes en la época de *J. Locke, Montesquieu y J. J. Rousseau*, se basaban en el análisis de la situación natural del hombre y el logro del pacto o contrato social para establecer una soberanía como mecanismo para la protección de la libertad. Esta fue la base para la subsecuente exaltación del individualismo y de la consagración de derechos, incluso no sólo de los ciudadanos de un Estado, sino además del Hombre, con la consecuente construcción del liberalismo político y económico.

Estas ideas se pusieron en práctica en las Colonias Norteamericanas, con las Declaraciones de independencia respecto de Inglaterra (1776), constituyendo cada una de ellas un Estado, con su propia Constitución. Las Declaraciones de Derechos, entonces pueden considerarse como el producto más inmediato de la Revolución Norteamericana, entre ellas, el *Bill of Rights* y la *Constitution or From of Government of Virginia* adoptados, respectivamente, el 12 y el 29 de junio de 1776.

En particular, la Declaración de Derechos de Virginia es de singular importancia, pues se trata de la primera en su tipo del constitucionalismo moderno. En el breve Preámbulo de la misma, se establece claramente, la relación entre los derechos naturales y el Gobierno, donde se observa la clara influencia de las teorías de *Locke* en el sentido de que la sociedad política se forma teniendo como base esos derechos, los cuales son el fundamento del gobierno. Ello, además, deriva claramente de las tres primeras secciones de la Declaración. Adicionalmente, la Sección 4 estableció la prohibición de los privilegios, y la Sección 5 prescribió la separación de poderes y la condición temporal de los cargos públicos.

De este texto, resulta clara tanto la teoría del contrato o pacto social, basado en la existencia de derechos inherentes al hombre e inalienables, así como la base democrática del gobierno, como la mejor y más justa forma del mismo, lo que conlleva a la representación democrática mediante elecciones libres (Sección 7ª) y al derecho de resistencia, producto, asimismo del pacto social. Las otras once secciones se dedican a regular algunos derechos fundamentales, entre los cuales se destacan, el derecho a juicios rápidos, con las debidas garantías; el derecho a no ser condenado a penas excesivas o crueles o a castigos inusuales; y la libertad de prensa.

El texto de dicha Declaración de Derechos de *Virginia* es el siguiente:

"Declaración de derechos hecha por los representantes del buen pueblo de Virginia, reunidos en asamblea plenaria libre; derechos que pertenecen a ellos y a su posterioridad, como la base y fundamento del gobierno.

Sección 1. Que todos los hombres son por naturaleza igualmente libres e independientes y tienen ciertos derechos innatos, de los cuales, cuando entran en estado de sociedad, no pueden, por ningún pacto privar o desposeer a su posterioridad; a saber, el goce de la vida y de la libertad, con los medios para adquirir y poseer la propiedad, y buscar y conseguir la felicidad y la seguridad.

Sección 2. Que todo poder está investido en el pueblo y consecuentemente deriva de él, que los magistrados son sus mandatarios y servidores y en todo momento responsables ante él.

Sección 3. Que el gobierno se instituye, o debería serlo, para el provecho, protección, y seguridad comunes del pueblo, nación, o comunidad; que de todos los varios modos o formas de gobierno, es el mejor aquél que es capaz de producir el mayor grado de felicidad y de seguridad y está más eficazmente asegurado contra el peligro de mala administración; y que, cuando un gobierno resulta inadecuado o contrario a estos principios, una mayoría de la comunidad tiene el derecho indiscutible, inalienable e irrevocable de reformarlo, modificarlo o abolirlo, en la forma que se juzgue más conveniente al bienestar público.

Sección 4. Que ningún hombre, o grupo de hombres, tiene derecho a percibir de la comunidad emolumentos o privilegios exclusivos o especiales, a no ser en consideración al desempeño de servicios públicos; y no siendo éstos transmisibles (por herencia) tampoco deben ser hereditarios los oficios de magistrado, legislador, o juez.

Sección 5. Que los poderes legislativos y ejecutivo del Estado deben estar separados y ser distintos del judicial; y que los miembros de los dos primeros, (porque) deben ser alejados (de la tentación) de la opresión, sintiendo las cargas del pueblo y participando de ellas, deberán, en períodos-prefijados, ser reducidos a la condición privada y retornar al cuerpo social, del que procedían originariamente, y las vacantes deberán ser cubiertas por elecciones frecuentes, ciertas y regulares, en las que todos, o una parte, de los antiguos miembros podrán ser de nuevo elegibles, o inelegibles, según lo dispongan las leyes.

Sección 6. Que las elecciones de miembros para servir como representantes del pueblo, en asamblea, deben ser libres; y que todos los hombres que hayan probado suficientemente un interés común permanente con la comunidad, y su adhesión a ella, tengan el derecho de sufragio y no puedan ser gravados con impuestos ni privados de su propiedad para uso público sin su propio consentimiento, o el de sus representantes así elegidos, ni obligado por ley alguna a la que, del mismo modo, no hayan consentido para el bien público.

Sección 7. Que todo poder de suspender las leyes, o de ejecución de las leyes, por una autoridad, sin consentimiento de los representantes del pueblo, es perjudicial para sus derechos y no debe ejercerse.

Sección 8. Que en todos los procesos criminales o de pena capital un hombre tiene derecho a conocer la causa y naturaleza de su acusación, a ser confrontado con los acusadores y testigos, y aducir pruebas en su favor y a un juicio rápido por un jurado imparcial de doce hombres de su vecindad, sin cuyo unánime consentimiento no podrá ser considerado culpable; y nadie podrá ser obligado a dar testimonio contra sí mismo; que ningún hombre podrá ser privado de su libertad, salvo por la ley del territorio o el juicio de sus iguales.

Sección 9. Que no deberá ser exigida fianza excesiva, ni se impondrán multas excesivas, ni se infligirán castigos crueles o inusitados.

Estas Declaraciones, sin duda, marcaron el inicio de la era democrática y liberal del Estado de Derecho Moderno, y aún la cuando la Constitución de los Estados Unidos de América, del 17 de septiembre de 1787, no contuvo una declaración de derechos fundamentales, puede decirse que dicha declaración de derechos constituye una de las principales características del constitucionalismo americano, la cual influenció todo el Derecho Constitucional Moderno.

Sin duda, en la historia constitucional, aparte de haber influenciado la propia Declaración de los Derechos del Hombre y del Ciudadano de 1789, el texto de la Declaración de Virginia, fue un antecedente importante en la elaboración de la Declaración de derechos que contiene la Constitución de Venezuela de 1811.

Ahora bien, a pesar de que, como también hemos dicho, la Constitución de 1787, no incluyó un *Bill of Rights* en sus artículos, lo cual suscitó muchas objeciones durante la Convención, esta falla condujo a la aprobación, dos años más tarde, de las diez primeras Enmiendas de la Constitución. *Alexander Hamilton* justificando la ausencia de un *Bill of Rigths* en la Constitución, dijo:

"Esa declaración de derechos, en el sentido y en la extensión para la cual ellos están afirmados, no sólo es innecesaria en el propósito de la Constitución, sino que incluso sería peligrosa".

"Ellos contendrían varias excepciones respecto de poderes no concedidos; y, en esta misma cuenta, proporcionarían un pretexto plausible para reclamar más de lo que estaba concedido." [149]

Terminó sus argumentos, preguntándose: ¿por qué declarar que ciertas cosas no deben ser hechas cuando no hay poder para hacerlas?. [150]

En todo caso, este concepto de derechos como limitaciones de los poderes del Estado, a pesar de los argumentos de *Hamilton,* fue seguido en las diez primeras Enmiendas de la Constitución (1789), pero añadiendo el concepto de derechos, como derechos naturales del hombre establecidos en la Declaración de Independencia de 1776. Ambas, tal Declaración y las Enmiendas, influenciaron todas las declaraciones formales y escritas de derechos humanos que fueron adoptadas más tarde, particularmente la Declaración de Derechos del Hombre y del Ciudadano de Francia (1789), y a través de esta última, las declaraciones latinoamericanas, hasta el presente, cuando estas declaraciones han sido internacionalizadas.

En todo caso, la tercera de las Declaraciones de Derechos en la historia del constitucionalismo moderno, luego de la norteamericana (1776) y de la francesa (1789), fue la *Declaración de Derechos del Pueblo* adoptada por el Congreso General de Venezuela el 1º de julio de 1811, seguida luego, por el Capítulo de los "Derechos reconocidos en la República" de la Constitución de Venezuela el 21 de diciembre del mismo año de 1811.

II. LA REVOLUCIÓN FRANCESA Y SUS APORTES AL CONSTITUCIONALISMO MODERNO

La Revolución Francesa se sella, definitivamente, en 1789, trece años después de la Revolución Americana, con la asunción del poder por una Asamblea Nacional que se enfrenta al Rey Luis XVI, adopta la Declaración de Derechos del Hombre y del Ciudadano, y asume el papel de reorganizador del Estado.

---

149 Véase A. Hamilton en *The Federalist* (ed. B.F. Wright), Cambridge, Mass 1961, nº 84, p. 535.

150 *Idem.*

Al contrario de la Revolución Americana, que tuvo por resultado un proceso de construcción de un nuevo Estado que surgía de entre un conjunto de Colonias que habían tenido su desarrollo político lejos de la Metrópoli inglesa, en el caso de Francia, el cambio brusco que se operó tenía por marco político constitucional el de la Monarquía, y se produjo dentro de la estructura estatal propia del absolutismo, con el objeto de sustituir, dentro del mismo Estado, un sistema de gobierno por otro distinto. Por supuesto, como sucede con toda Revolución, ello no estaba totalmente planificado, pero visto retrospectivamente, ese fue el resultado. De allí que para comprender exactamente el significado y los aportes de la Revolución Francesa al constitucionalismo moderno, resulte indispensable no sólo analizar el proceso revolucionario desde el punto de vista constitucional, sino tener claramente precisado, previamente, cuál era el régimen anterior que se cambió tan brusca y radicalmente, a partir de 1789, y cómo funcionaban sus instituciones.

Para ello, estas reflexiones sobre la Revolución Francesa las vamos a dividir en cuatro partes: En una primera parte, trataremos de fijar algunas características, desde el punto de vista constitucional, del "Antiguo Régimen", tal como se denominó incluso por los contemporáneos franceses, el régimen que existió hasta el momento de la Revolución; en la segunda y tercera parte analizaremos el proceso revolucionario francés desde el punto de vista institucional y las crisis que lo provocaron;[151] y en la cuarta parte, estudiaremos las repercusiones que tuvo ese proceso en el constitucionalismo moderno y, particularmente, en relación a Venezuela.

1.   *Características político constitucionales del Antiguo Régimen*

Las características político-constitucionales del Antiguo Régimen monárquico que existió en Francia hasta el momento de la Revolución, pueden identificarse si se determinan las bases sociales, económicas y políticas de la Monarquía Absoluta.

A.   *Las bases económicas y sociales (estratificación social y mercantilismo) del Estado Absoluto*

La Monarquía como forma de Estado y de gobierno, se estructuró en Francia durante un largo período que se inicia en el año 987 cuando Hugo Capeto fue electo Rey de Francia. En los siglos posteriores, el país galo y el Reino de Francia progresivamente fueron unificados, y ello se hizo sobre una base socio-política de clases sociales estratificadas, que dieron lugar a tres estamentos claramente diferenciados. Por una parte, dos clases privilegiadas, la *nobleza* que rodeaba al Rey, unida a los señores feudales, y el *clero,* poderoso y privilegiado; y por la otra parte, una *tercera clase,* no privilegiada, el resto de la población, donde además se iría formando en las ciudades, un importante estrato de burgueses y comerciantes que a pesar de su ri-

---

151   Véase en general sobre la historia del proceso revolucionario en Francia, las obras de De Tocqueville: por una parte, *L'Ancien Régime et la Révolution (1854-1856),* para lo cual utilicé la edición *El Antiguo Régimen y la Revolución,* Alianza Editorial, Madrid 1982; y por la otra, la compilación de *Fragments et notes inédites sur la Révolution,* respecto de la hemos utilizado la edición *Inéditos sobre la Revolución,* Alianza Editorial, Madrid 1989. Véase además, Ives Guchet, *Histoire constitutionnelle française (1789-1958),* Éditions Européennes Erasme, La garenne-Colombes, 1990; A. Soboul, *La Révolution Française,* Paris, 1982.

queza e influencia siempre fue considerado por la nobleza y el clero, como una clase inferior.

Este "tercer estamento" *(Tiers)* comenzó a consolidarse a partir del Siglo XI, sirviendo incluso de instrumento al Rey en sus luchas contra los señores feudales. El Rey, a la vez, había comenzado a consolidarse como *primus inter pares* respecto de los señores feudales, siendo considerado soberano de los soberanos, por la gracia de Dios. En este proceso jugó un papel importante el reinado de Luis VII (1137-1180) y el de su hijo, Felipe Augusto (1180-1223) quien fue hábil en lograr tener de su lado a las ciudades contra los señores feudales, cuya coalición venció. Con el apoyo de la Iglesia, a la muerte del Rey inglés Ricardo Corazón de León, Felipe Augusto confiscó las tierras del reino de Inglaterra en el Continente. En la batalla de *Bovines,* consolidó su poder frente al Rey Juan sin Tierra y a los otros señores feudales europeos, venciendo la reacción feudal con el apoyo de 20.000 infantes burgueses, lo que era una gran novedad en la época. Esta victoria consolidó la obra de los Capetos y el propio reino de Francia, estableciéndose los cimientos para el posterior desarrollo de la Monarquía Absoluta.

Desde el punto de vista social, en todo caso, como se dijo, el Antiguo Régimen estaba montado sobre una estructura social aristocrática, conforme a la cual la sociedad estaba fundada sobre el privilegió de nacimiento y el privilegio derivado de la riqueza territorial. La estructura de la sociedad era alta y absolutamente estratificada en los tres órdenes o estamentos indicados, también denominados "estados" *(états),* pero utilizándose esta palabra en este contexto, en el sentido de "orden" o "estamento" social.

En esta forma, en el Antiguo Régimen medieval, paralelamente a las clases privilegiadas: el clero y la nobleza, la tercera clase, no privilegiada, la tercera orden o *tiers état,* estaba conformada por el resto de la población que era, en definitiva, la mayoría de la Nación. El denominador común de esta tercera clase era que estaba compuesta por quienes ni pertenecían al clero ni a la nobleza, es decir, por todos los no privilegiados: el pueblo, en general y, básicamente, desde el punto de vista político, por la burguesía, es decir, por todo el conjunto de personas dedicadas a la actividad comercial, industrial, bancaria, profesional o artesanal. Estas actividades se habían desarrollado al calor del mercantilismo, y si bien comenzaron a otorgar a quienes las ejercían un status importante en la vida social y económica, sin embargo, no les permitía tener acceso a los privilegios que estaban reservados a la nobleza y el clero. El "tercer estado", por tanto, lo formaban las clases populares del campo y la ciudad; la pequeña y mediana burguesía (artesanos, comerciantes); los profesionales liberales; y la alta burguesía formada en las finanzas, el gran comercio y los armadores, que por lo demás, buscaban ennoblecerse.

Pero el Antiguo Régimen, además de estar montado desde el punto de vista social sobre una sociedad estratificada, desde el punto de vista económico también estaba montado sobre un particular sistema económico: el Mercantilismo. Esto es igualmente importante destacarlo, pues no es posible entender el absolutismo sin analizar el mercantilismo, como doctrina económica de la Monarquía Absoluta, y por tanto, de corte estatista. De allí que si la Monarquía Absoluta, como forma política de Estado, sucede al régimen feudal al cual sustituyó; igualmente el mercantilismo como doctrina económica del absolutismo es contrario al sistema económico medieval y disgregado, propio del feudalismo, al cual también sustituyó.

Absolutismo y mercantilismo, por tanto, son elementos indisolubles en la conformación del Antiguo Régimen caracterizándose, el último, como una doctrina del Estado Absoluto, que ponía énfasis en la balanza comercial, es decir, en la necesidad de tener un exceso de exportaciones en relación a las importaciones, como medio de poder asegurar el flujo de metales preciosos, que constituía la base de la riqueza. El sistema, por supuesto, se desarrolló definitivamente coincidiendo con el dominio de los mares después del descubrimiento, por lo que es paralelo con todo el proceso de expansión colonial que se produjo hasta fines del Siglo XVII.

El sistema mercantilista, por tanto, fue un sistema estatista desde el punto de vista económico, que originó una gran intervención del Estado en el proceso económico, y a través de los moldes del Estado Absoluto, de las clases privilegiadas, la nobleza y el clero.

El Estado, así, fue el gran agente centralizador, lo cual contribuyó a unificar e integrar territorios que comenzaron a gobernarse centralizadamente, correspondiéndole al Estado el control de la expansión marítima, pues el Monarca era el que otorgaba los privilegios, por ejemplo, a las compañías comerciales, y con ello llegó a controlar el comercio. El Estado además, protegía a la industria e inclusive, es en la época mercantilista donde debe situarse la aparición de las primeras "empresas públicas", con las manufacturas reales de tapices (gobelinos), de porcelanas (Limoges), y con los monopolios de tabaco o alcoholes.

Todas estas manifestaciones del intervencionismo tienen su origen en la época mercantilista-absolutista, en la cual el Estado intervenía y controlaba en buena parte la economía, y ello lo hacía a través del otorgamiento de privilegios o concesiones, de los cuales eran titulares, por supuesto, las clases privilegiadas (nobleza y clero).

B.   *La base política: la Monarquía Absoluta*

La base social estratificada y la doctrina mercantilista del Antiguo Régimen, por supuesto, encuadran perfectamente con su base o conformación política, que es la del Estado Absoluto o de la Monarquía Absoluta, conforme al cual, todo el Poder y todos los poderes, en forma ilimitada, estaban en manos de un Monarca, que llegaba al trono por sucesión hereditaria.

Puede decirse que fue el Rey Felipe Augusto quien comenzó en Francia el proceso que luego originaría el establecimiento de la Monarquía Absoluta, sentando las bases para constituir un poder central. A partir de su muerte (1223), incluso, al sucederlo su hijo Luis VIII, se impuso en Francia la ley de la sucesión hereditaria del trono, fundamento de la Monarquía, conforme a la cual el Rey no era elegido por asamblea alguna, como había sido la tradición desde que Hugo Capeto había sido electo Rey en 987; y sin que el Rey tuviera que consagrar a su hijo, en vida suya, como había sido práctica constante durante todo el reinado de los Capetos.

A la muerte de Luis VIII, quedó como Regente su viuda Blanca de Castilla, y como Rey su primogénito, Luis IX, canonizado más tarde como San Luis, Rey de Francia, quien continuó la consolidación de la Monarquía Absoluta y del poder central. Durante su reinado adquirió pleno sentido el que el Rey era el centro de la administración de justicia, era el primer juez del reino y era quien resolvía las querellas.

En todo caso, el Rey tenía el poder tanto de administrar justicia, como de legislar, de gobernar, de administrar la hacienda, de declarar la guerra y de establecer la paz. Todos los poderes del Monarca, además, nadie en la tierra se los otorgaba; los tenía simple y llanamente, por la "Gracia de Dios"; por lo que era este poder divino, el que le permitía al Monarca ejercer ilimitadamente todo el Poder. Por ello, entre otros aspectos, uno de los principios de las Leyes del Reino, era el de la inviolabilidad del Monarca porque su poder provenía de Dios, consagrado usual y formalmente este poder, por el representante de Dios en la tierra, el Papa.

En esta forma, el Rey era fuente de toda justicia, fuente de toda legislación, y fuente de todo gobierno.

a. *La justicia real*

En primer lugar, en efecto, el Rey era fuente de toda justicia, hasta el punto de que no se concebía justicia alguna que no fuera impartida por el Rey. Basta recordar visualmente, por ejemplo, cualquier grabado o pintura de Luis IX, San Luis, Rey de Francia, y constatar que la forma de expresarlo gráficamente, normalmente, era como el supremo poder impartiendo justicia, bajo el roble de *Vincennes* o en cualquier otro lugar donde se desplazara la Corte, dando a cada quien lo que le correspondía, porque él era la fuente de toda justicia.

Por supuesto, en el proceso político constitucional de la Monarquía, por la complejidad del reino, se comenzaron a desarrollar instituciones a través de las cuales, por delegación, el Rey administraba justicia sin tener que hacerlo personalmente. Por supuesto, estos órganos no necesariamente estaban "separados" de otros órganos estatales, pues en realidad, los principales administradores de justicia en la Monarquía francesa, eran los Intendentes, es decir, los gobernadores de las 32 regiones en la que estaba dividida Francia, de manera que gobierno, administración y justicia se cumplían por los mismos órganos. Aparte de ellos, otras instituciones constituidas como altas Cortes de Justicia también impartían justicia. Inicialmente era la *Curia Regia* que luego se dividió y especializó en un gran Consejo y en los *Parlements,* como Tribunales permanentes de apelación, siendo el de París el más importante de todo el reino. Al final del Antiguo Régimen, precisamente serán los *Parlements* los que van a jugar un papel fundamental en la Revolución.

b. *El Rey Legislador*

Pero además de ser fuente de toda justicia, el Rey era fuente de toda legislación. *Lex Rex,* era una expresión que se utilizaba para expresar que el Rey era la ley; que era la ley viva, en sí misma, por lo que no estaba ligado por leyes dictadas por sus antecesores. Sólo él tenía el poder y el derecho de hacer las leyes, por lo que en el sistema de la Monarquía Absoluta era inconcebible la existencia de una Constitución rígida.

Si el soberano no podía estar limitado por leyes dictadas por otros soberanos anteriores, no podía haber una Constitución que limitara a los soberanos sucesores y sucesivos. No olvidemos que esencialmente ésta sigue siendo la característica de la Constitución inglesa, donde si bien el soberano realmente no es el Rey sino el Parlamento, precisamente por eso, éste no puede estar atado o ligado por ley alguna dictada por otro Parlamento anterior. De allí que en Gran Bretaña no hay ni puede haber Constitución escrita y rígida, es decir, en el Reino Unido, cada Parlamento es soberano de dictar las leyes que pueda juzgar convenientes sin tener atadura alguna respecto de lo sancionado por Parlamentos anteriores salvo, por supuesto, la de los principios y convenciones constitucionales que, en definitiva, conforman la Constitución no escrita del Reino Unido.

Ese mismo era el principio de la soberanía en el Antiguo Régimen, pero atribuida al Monarca, razón por la cual no podía haber ley alguna precedente, que pudiera limitarlo.

Sin embargo, también en la Monarquía Absoluta había unas reglas constitucionales inmutables, que como principios de Constitución no escrita (costumbres constitucionales) debían ser respetados por el Monarca. Estas reglas derivaban, en definitiva, de la misma proveniencia de su poder, de Dios, lo que obligaba al Rey a respetar la Ley Divina y la moral natural y, además, todas aquellas que conformaban "las leyes fundamentales del reino", que como en todo sistema donde no hay Constitución escrita y rígida, estaban conformadas por costumbres constitucionales establecidas desde tiempos inveterados y derivadas del funcionamiento de los diversos regímenes y sucesiones reales.

Por tanto, en el Antiguo Régimen puede decirse que había una "Constitución Monárquica" no escrita, conformada por costumbres constitucionales, denominadas "Leyes Fundamentales del Reino" y que concernían, casi todas, al funcionamiento de la Monarquía, y de la realeza. Por ejemplo, las leyes de la transmisión de la Corona, (la ley de transmisión hereditaria, la ley de primogenitura, la ley de indivisibilidad de la Corona y la ley de masculinidad o ley sálica); la ley de la continuidad de la función real, resumida en la conocida expresión "El Rey ha muerto, viva el Rey", lo que implicaba que no había ruptura ni solución de continuidad por el fallecimiento del Rey, aún cuando la minoridad o incapacidad del sucesor originara la necesidad de las regencias. También estaba la ley de la inviolabilidad del territorio, y la ley de independencia de la Corona. El Rey era considerado como el Emperador en su reino y, por tanto, no compartía su poder con ninguna otra entidad, persona u órgano, y sólo decidía soberanamente. Además, se destacaban otra serie de leyes relativas a la propia figura del Monarca: la ley de catolicidad, la ley de inviolabilidad de la persona del Monarca, y la ley de la nacionalidad. Todas esas leyes conformaban las denominadas "leyes fundamentales del Reino", derivadas de costumbres desarrolladas durante el transcurso de siglos, que la Corona debía respetar.

c.　*El gobierno y la administración real*

Pero además de ser fuente de toda justicia y de toda legislación, el Rey en el Estado Absoluto del Antiguo Régimen era también fuente de toda autoridad y gobierno, particularmente a raíz del reinado de Enrique IV (1533-1610) a quien correspondió restablecer la unidad de Francia, luego de las guerras de religión que desencadenó la Reforma. Se trataba de un Rey protestante de un país católico, quien para consolidar su poder tuvo que convertirse al catolicismo en 1593. Sólo fue por ello, que al año siguiente entró en París, dirigiéndose a *Notre Dame*, pues como él mismo diría, "París bien vale una misa".

En todo caso, la Nación confió en él, pacificó Francia y comenzó a sentar las verdaderas bases del Estado centralizado. A su muerte lo sucedió su hijo, Luis XIII, pero por su minoridad el reino estuvo manejado por María de Médicis, su madre, como Regente, condición que fue reconocida por el *Parlement* de París, es decir, la Alta Corte de Justicia que funcionaba en la capital.

Durante su reinado y bajo la regencia, se reunirían en 1614, por última vez hasta la Revolución (1789), los *États Généraux,* asamblea convocada por el Monarca que reunía a los tres estamentos de la sociedad. En esa reunión destacó como diputado del clero el joven Obispo de *Luçon, Richelieu,* a quien la Regente designó Ministro. La mayoridad de Luis XIII, lo hizo reaccionar contra su madre, a quien desterró con sus favoritos, a quienes hizo matar. Años después, *Richelieu,* ya Cardenal, fue llamado de nuevo al Consejo (1624), y gobernó, junto con el Rey como Primer Ministro hasta su muerte en 1643, y ambos consolidaron la Monarquía Absoluta.

A Luis XIII lo sucedió Luis XIV, pero al inicio de su reinado (1643) también por su minoridad, el reino estuvo manejado por su madre, Ana de Austria.' Una vez que ésta obtuvo del *Parlement* de París el derecho, como Regente, de formar Consejo, anulándose el testamento del difunto Rey, designó como Primer Ministro a otro hombre hechura de *Richelieu, Giulio Mazarini,* llamado *Mazarin.* A su muerte, en 1661, dejó en manos de Luis XIV un reino más poderoso que nunca, pues el Rey había aprendido a gobernar por sí mismo.

A partir de 1661, el Rey decidió ser su propio Primer Ministro, presidía el Consejo y se obligaba a firmar las ordenanzas por todos los gastos del Estado. La Corte fue trasladada de París a Versalles lo que por la lejanía de la ciudad, reforzó el despotismo del Monarca, instalándose allí su residencia principal en 1682 y el centro de la Corte.

Bajo el reinado de Luis XIV, los Estados Generales no volvieron a ser reunidos; los Ministros se convirtieron en grandes funcionarios, y los *Parlements* volvieron a su estrecho rol de tribunales de justicia. El Rey era la única fuente de autoridad y gobierno *("El Estado soy yo").* Por tanto, en el Antiguo Régimen, el establecimiento de impuestos, la declaración de guerra, el establecimiento de la paz, la administración total del reino, en un sistema absoluto y altamente centralizado, se resolvía y se decidía en Versalles, donde el Rey había fijado su residencia.

El manejo del Gobierno y administración real se hacía por medio de Consejos, y el Rey disponía de cuatro Secretarios de Estado (guerra, marina, asuntos exteriores y de la Casa del Rey, cuyos Departamentos eran canales intermediarios entre el Rey y las provincias y ciudades) y, además, de un Interventor General de Finanzas, que era un verdadero Primer Ministro, pues era el funcionario que conducía la administración del Reino.

La importancia de los Interventores Generales de Finanzas, por tanto, era notoria en la conducción del gobierno real, por lo que su papel, sobre todo al final del Antiguo Régimen, de *Necker* por ejemplo, va a ser fundamental en el proceso previo a la Revolución, por los intentos fallidos que asumieron para solucionar la crisis fiscal del reino. En todo caso, este alto funcionario tenía a su cargo la administración interior del país, de la agricultura, de la industria, del comercio, de los puentes y caminos, siendo sin duda, como se dijo, el funcionario más importante del reino.

Además de los Secretarios de Estado y el Interventor General de Finanzas, la organización de la administración daba origen a diversos Consejos: el Consejo de Estado, a cargo de la alta política, la paz, la guerra, las relaciones exteriores; el Consejo de Despachos, a cargo de las unidades administrativas en el interior del país; el

Consejo de Finanzas, a cargo de la administración de las finanzas; y el Consejo Privado, que era un Tribunal o Alta Corte Casación. El funcionamiento de la administración, mediante estos Consejos integrados por Ministros del Rey provenientes de las clases privilegiadas (nobleza y clero), correspondía básicamente a un esquema de administración por vía de órganos colegiados, cuyo estudio, en su momento, dio origen a la *camerlística,* o "ciencia" de los Consejos o de las "Cámaras", ubicándose en ella el origen del derecho administrativo, como derecho relativo al funcionamiento de los Consejos y Cámaras (administración del Estado).

En todo caso, este sistema centralizado de administración del Reino, tenía formas de administración territorial en el interior del país, aun cuando signadas por la ausencia de uniformidad, por el desorden y la confusión derivadas de la conformación del territorio por circunscripciones históricas de reinos locales, muchas veces con fronteras o límites imprecisos. La administración territorial, en todo caso, era conducida básicamente, por la figura que ya hemos mencionado, de los Intendentes, la cual sustituyó a la vieja institución de los Gobernadores que existían en el Siglo XVII. Estos, nombrados de entre la alta nobleza, aunque eran representantes del Rey en las circunscripciones, vivían en Versalles.

La institución de los Intendentes, en cambio, como brazos territoriales de la administración real, respondía a características distintas. Al contrario de los Gobernadores, estando los Intendentes residenciados en el interior del reino, lejos de la Corte, era difícil, por tanto, que pudieran ser escogidos entre el clero y la nobleza, por lo que comenzaron a ser designados por el Rey, para tales cargos, los miembros de su Consejo Privado, llamados *Maître de Requêtes,* que eran los altos funcionarios que provenían de la alta burguesía, por lo que eran detestados por la nobleza.

En el momento de la Revolución existían treinta y dos Intendentes, que administraban territorialmente el reino, siendo, sin duda, los agentes más activos y temidos, como agentes directos del Rey y sus representantes en las provincias, encargados de dirigir la administración local.

En todo caso, los Intendentes tenían un poder considerable con competencias múltiples: eran órganos de administración de justicia, en última instancia, participaban en juicios y vigilaban a los demás magistrados de su circunscripción; eran los órganos de policía; dirigían la administración general; controlaban las municipalidades y como tales, vigilaban el comercio, la agricultura, la industria y las milicias; y eran órganos de finanzas, a cargo de la recaudación de impuestos. Eran funcionarios poderosísimos, por lo que *Alexis de Tocqueville,* el autor que más pronto comprendió, desde el punto de vista constitucional, lo que había ocurrido en la Revolución Americana, en su libro *La Democracia en América,* y que también puede considerarse como el autor contemporáneo más importante de la Revolución Francesa, en su libro *El Antiguo Régimen y la Revolución,* resume el poder de dichos Intendentes señalando que: "Francia es un reino gobernado por treinta Intendentes".

El poder central, después del Rey, estaba en manos de estos Intendentes como órganos delegados en el territorio, cuyo poder, por lo demás, había provocado progresivamente el relegamiento de las comunas y ciudades. Estas aparecían controladas por los Intendentes y sometidas a su control de tutela. Además, con el poder que tenían estos Intendentes, los llamados *États Provinciaux,* que eran asambleas oligárquicas en las cuales estaban representadas el clero, la nobleza y la burguesía urbana, habían quedado relegados. Por ello, en general, en los *Cahiers des doléances* elaborados para los *États Généraux* en la víspera de la Revolución, la petición de los pueblos fue constante en cuanto a la eliminación de los Intendentes.

C.   *Los órganos diferenciados de la Monarquía*

Paralelamente a las organizaciones gubernamentales antes descritas, durante el período de la Monarquía Absoluta -entre el Siglo XIV y el Siglo XVII- se desarrollaron dos instituciones que significaron el establecimiento de cierta limitación al poder real y que, por tanto, jugaron un papel protagónico en la Revolución Francesa, hasta el punto de que no se puede entender como ocurrió la Revolución sin saber qué eran y cómo funcionaban.

Estas dos instituciones, fueron en primer lugar, los *États Généraux,* y en segundo lugar, los *Parlements* que, a pesar de su nombre, no eran órganos legislativos sino que eran tribunales de la Monarquía. Los *États Généraux* y los *Parlements* pueden considerarse como las instituciones que desde el punto de vista constitucional generaron la Revolución Francesa.

a.   *Los Estados Generales (États Généraux)*

En cuanto a los *États Généraux,* se trataba de asambleas en las que se reunían las tres órdenes o estamentos (de allí la palabra *états)* de la sociedad, es decir, asambleas donde se reunía el clero, la nobleza y el tercer estado o estamento. Eran, por tanto, la expresión organizada de la sociedad estratificada del Antiguo Régimen, por lo que en dichas asambleas, las tres órdenes votaban separadamente. Esta regla, sin duda, contribuyó al propio debilitamiento de las mismas.

Estas asambleas comenzaron a existir, por supuesto, por razones políticas, pero circunstanciales, a comienzos del Siglo XIV (1302), a iniciativa del Rey Felipe El Hermoso (1285-1314). Este Rey había practicado una política de independencia respecto a la Santa Sede y su poder temporal, lo que lo opuso al Papa Bonifacio VII, particularmente a propósito de la recaudación de los diezmos (1256) y del arresto del Obispo de *Pamiers* (1301). Al ser amonestado por el Papa mediante la bula *Ausculta fili,* el Rey convocó a los representantes de los tres estamentos u órdenes del reino y la sociedad: la nobleza, el clero y el tercer estamento, para buscar apoyo frente al Papa. Se reunieron así los *États Généraux* el 10 de abril de 1302, en una gran asamblea que se celebró en *Notre Dame,* la cual aprobó la conducta del Rey.

El objetivo del Monarca había sido logrado, y en esa asamblea pensó encontrar un medio para imponer su voluntad al Papa, en base a la idea de que la Nación y su Soberano estaban en perfecto acuerdo. Sin embargo, la aprobación de la conducta del Rey por parte de los *États Généraux,* lo que en realidad dio origen fue al inicio de una tumultuosa historia de esas asambleas en el decurso de los años siguientes, que trastocarían la intención inicial que dio origen a su nacimiento, para convertir la institución, más tarde, en el instrumento político más poderoso contra la Monarquía. Esta asamblea, compuesta por representantes de los tres estamentos de la sociedad perfectamente diferenciados (nobleza, clero, y el resto *(tiers)* de la población), en realidad, progresivamente tendería a convertirse en una fuerza política con ambición de poder, más allá de lo que el Rey les había delegado. Por ello, estas asambleas, cuatro siglos más tarde, fueron el motor fundamental de la Revolución.

En todo caso, los *États Généraux* jugaron un papel protagónico en el período inicial de la Monarquía, desde 1302 cuando se instalaron hasta 1614, imponiéndose a los Reyes en períodos de crisis financieras, particularmente. Sus poderes se fueron desarrollando progresivamente, primero, como consejeros del Rey, cuando éste les sometía ciertos asuntos a consulta para oír la opinión de la Nación. Posteriormente, por delegación y consentimiento del Rey, comenzaron a adquirir poder para examinar y votar subsidios y nuevos impuestos, siendo este último el poder fundamental que luego va a repercutir en la Revolución. Además, los *États Généraux* adquirirían ciertos poderes constitucionales en situaciones excepcionales: era necesaria su autorización al Rey para la cesión de parte del territorio del reino a una potencia extranjera; y le correspondía además, escoger al nuevo Rey, en el caso de la extinción de la línea hereditaria.

La convocatoria de los *États Généraux* las hacía el Rey y a partir de mitades del Siglo XVI se impuso la costumbre de que los diputados o representantes a esas asambleas, al instalarse, debían entregar al Rey un escrito con las reivindicaciones o quejas de su respectiva localidad, denominado *cahier de doléances,* y que conformaban el conjunto de peticiones que se formulaban al Rey al momento de instalarse la sesión de la Asamblea. En esta forma, mediante estos *cahiers* se hacía conocer al Rey la realidad y situación material del país, y se le planteaban reivindicaciones de los lugares de donde venían los diputados.

Ahora bien, consolidada la Monarquía y el poder absoluto del Rey, a partir de 1614, estas asambleas dejaron de reunirse por un período de 175 años, hasta 1788, precisamente para provocar la Revolución. Sin ser abolidas ni cambiadas, durante ese período el Rey no las convocó más, como signo del absolutismo. Por tanto, la convocatoria de dicha asamblea por Luis XVI (1754-1793), en 1788, un año antes de la Revolución, significó la resurrección de una institución desaparecida y olvidada, y fue esa convocatoria, precisamente, el arma mortal más peligrosa contra la Monarquía. El origen institucional de la Revolución Francesa, por tanto, puede situarse un año antes de 1789, en 1788, con la convocatoria de los *États Généraux* después de 175 años de inactividad, en cuyo seno, el Tercer Estado, convertido en Asamblea, hizo la Revolución.

b.   *Los Parlements*

Otra institución de la Monarquía a la cual correspondería jugar un papel fundamental en la Revolución, fueron los llamados *Parlements* que se convirtieron incluso, antes que los *États Généraux,* en la amenaza más peligrosa al poder del Rey.

En efecto, en el Antiguo Régimen, como hemos indicado, el Rey era fuente de toda justicia, pero podía delegarla, y así como los Intendentes realizaban funciones judiciales, el Consejo Privado del Rey también ejercía funciones judiciales, y lo mismo sucedía con doce instituciones judiciales provinciales, que se denominaban los *Parlements,* diseminados en todo el territorio del reino y que se autocalificaban como guardianes de las "leyes fundamentales del reino". Ello sucedió así, sin duda, con la tolerancia real, conforme a las ideas de *Montesquieu* (1689-1755) (quien había sido Presidente del *Parlement* de Burdeos) sobre la separación de poderes y el contrapeso de los mismos.

Estas instituciones, doce en total, configuradas como Cortes Superiores para administrar justicia en última instancia en nombre del Rey, jugaron un papel político fundamental en el proceso revolucionario, y particularmente el *Parlement* de París, con el ejercicio de sus derechos de inscripción y rechazo de los edictos reales.

En efecto, los *Parlements,* al igual que los *États Généraux,* también habían adquirido cierto poder frente al Rey, por razones políticas circunstanciales, precisamente y coincidencialmente, cuando aquellos cesan de ser convocados. En efecto, en 1614 son convocados por última vez los *États Généraux,* y fue precisamente en 1610, que los *Parlement* comienzan a adquirir fuentes de poder, también por razones circunstanciales, con motivo del asesinato de Enrique IV (1533-1610).

En efecto, al morir Enrique IV (1610), su esposa María de Médicis, en virtud de que el hijo de ambos, heredero del reino, Luis XIII, tenía 9 años, solicitó al *Parlement* que aprobase y reconociese su calidad de Regente de la Corona. Tal calidad la tenía por las leyes fundamentales del Reino, pero para asegurar su poder, le pidió al *Parlement* que le reconociera tal carácter, lo que significó el otorgamiento de un poder implícito al *Parlement,* en el futuro, para designar los regentes; con ello empezaron a adquirir poder político concreto.

De nuevo, en 1643, se produjo un nuevo acontecimiento que reforzaría el poder de los *Parlement.* A la muerte de Luis XIII (1601-1643) cuyo Primer Ministro había sido el Cardenal *Richelieu* (1585-1642), la esposa del Rey, Ana de Austria, pidió al *Parlement* de París la nulidad del testamento del fallecido Rey, que había dejado un Consejo de Regencia para su hijo Luis XIV (1638-1715), quien era menor de edad (tenía 5 años). Este Consejo estaba formado por hombres que había elegido *Richelieu* y que durante la minoría del niño-rey debía vigilar a Ana de Austria, la Regente. Esta se consideró con derecho a ser Regente y a nombrar el Consejo, razón por la cual llevó al niño-rey al *Parlement* de París y le pidió al cuerpo declarase la nulidad del testamento de manera que la regencia se ejerciera sin condiciones. El *Parlement* consideró que el testamento era contrario a los principios de la Monarquía, y lo anuló, declarando a Ana de Austria, Regente, posición que ejerció entre 1643 y 1661, con el Cardenal *Mazarin* de Primer Ministro. Con este hecho, de nuevo, se le dio más poder al *Parlement,* adquiriendo conciencia política en los siglos sucesivos, sobre todo a través del ejercicio de dos funciones que se desarrollaron progresivamente: el llamado derecho de registro y el derecho de rechazo de los edictos reales.

A través del derecho de registro, las leyes o edictos que dictaba el Monarca, debían ser enviados a los *Parlements,* antes de que pudieran entrar en ejecución. Tal derecho lo tenían en realidad todos los *Parlements,* y los edictos debían ir a los doce *Parlements* de Francia, pero el de París era, por supuesto, el que primero los recibía, y no entraban en vigencia allí hasta que el *Parlement* no los registrara. En el *Parlement* y la ley era verificada y discutida, habiendo estas organizaciones asumido un derecho histórico, a pesar de que el Rey lo consideraba como una concesión real, de poder rechazar el registro de los edictos y, por tanto, de poder rechazar la legislación que emanaba del Rey.

En esta forma, los órganos del poder judicial ejercían parte del poder legislativo (control), lo que *Alexis de Tocqueville* explicó como un producto de las costumbres generales de la época, donde no se concebía un poder absoluto total cuya obediencia al menos pudiera discutirse. Explicaba *de Tocqueville* la situación así:

"Antes de su ejecución, el edicto (del Rey), era, pues, llevado al *Parlement.* Los agentes del Rey exponían sus principios y ventajas; los magistrados lo discutían; todo públicamente y en voz alta, con la virilidad que caracterizaba a aquellas instituciones medievales. A menudo ocurría que el *Parlement* enviase repetidamente al Rey, diputados para rogarles modificar o retirar su edicto. A veces, el Rey acudía en persona, y permitía debatir con vivacidad, con violencia, su propia ley ante sí mismo. Pero cuando al fin expresaba su voluntad, todo volvía al silencio y a la obediencia; porque los Magistrados reconocían que no eran más que los primeros funcionarios del Príncipe y sus representantes, encargados de ilustrarle y no de coartarle."[152]

En esta forma, el conflicto, en caso de rechazo, en definitiva, podía resolverse con la imposición real en una sesión solemne del *Parlement,* donde el Rey en persona acudía y discutía con los Magistrados, en lo que se llamaba *lit de justice,* en la cual el Rey les imponía su voluntad.

En todo caso, este derecho de registro y de rechazo que habían asumido progresivamente los *Parlements,* va a ser el arma más importante de la aristocracia contra la Monarquía. Por ello, la reacción del *Parlement* de París, en 1787, contra los edictos reales de naturaleza impositiva, conformará una verdadera revolución aristocrática, preludio de la Revolución Francesa.

En 1787, por tanto, los mismos principios de intervención de los *Parlements,* continuaban en aplicación, pero con un cambio en cuanto al tema del debate y a la naturaleza de los argumentos: el *Parlement* de París comenzó a pedir piezas justificativas en apoyo de los edictos que proponían reformas impositivas, particularmente, las cuentas de la hacienda, a lo que el Rey se negó, lo que significó una negativa a compartir con los tribunales de justicia el Poder Legislativo* La respuesta del *Parlement* fue que "sólo la nación tenía derecho a conocer nuevos impuestos y pidió que fuera reunida", mediante la convocatoria de los *États Généraux.*

En esta forma, así como los *États Généraux* fueron el instrumento del Tercer Estado contra la Monarquía, los *Parlements* fueron el arma de la aristocracia contra la propia Monarquía, ubicándose, en ambos procesos, el origen de la propia Revolución.

En el caso de los *Parlements,* debe adicionalmente tenerse en cuenta su peculiar desarrollo institucional. Estos cuerpos sirvieron para defender los privilegios de la aristocracia frente a las reformas fiscales que el propio régimen monárquico quería imponer, para resolver la crisis fiscal que agobiaba a la Corona, y ello fue posible por la propia situación organizativa de los *Parlements*. En efecto, en la víspera de la Revolución, los Magistrados que formaban los *Parlements* ya no eran de designación real, sino por una evolución peculiar, tenían un origen hereditario y venal. Los cargos de Magistrados también podían comprarse, y se mantenían anualmente con el pago de un precio. En esta forma, el Monarca había perdido el derecho de escoger los Magistrados de sus *Parlements,* integrándose esta magistratura por cooptación, herencia o adquisición por compra. Este régimen condujo a la inamovilidad de los magistrados de los *Parlements,* consecuencia directa de la compra venta de los cargos, con lo cual el posible enfrentamiento al Monarca era más claro por la independencia adquirida. Sabían los Magistrados que podían rechazar edictos, pues no de-

---

152   Véase Alexis de Tocqueville, *El Antiguo Régimen y la Revolución,* Alianza Editorial, Madrid 1982.

pendía su cargo de la voluntad del Monarca. En consecuencia, el poder de los *Parlements* fue un instrumento fenomenal en la Revolución.

Existía además, un sistema adicional que completaba el cuadro funcional de estos órganos judiciales, y era el llamado "sistema de especies" *(des épices),* conformado por los regalos, en especie, que se hacían a los Magistrados. En efecto, los abogados solían hacer regalos a los Magistrados para obtener justicia, y esa práctica de los regalos, progresivamente se convirtió en una obligación de tener que pagar dinero o una tasa para obtener justicia. Así desapareció la gratuidad de la justicia, y allí puede encontrarse el origen de los aranceles judiciales.

Toda esta compleja conformación de los *Parlements* condujo a la formación de una clase nueva y distinta, situada entre la nobleza y la burguesía y formada por estos altos funcionarios, muchos provenientes de la alta burguesía, independientes y con pretensiones de pertenecer a una nobleza transmisible, nombrados por sí mismos, independiente del Monarca y en ejercicio de una de las funciones reales más importantes: administrar justicia. Por eso, en el Siglo XVIII actuarán contra la Monarquía, considerándose independientes. No es descartable que en el desarrollo de esa actividad, hayan influido, como se dijo, las propias ideas de un miembro de la Aristocracia, *Charles de Secondat, barón de la Brède,* y *De Montesquieu,* quien además fue Presidente del *Parlement* de Burdeos, sobre la independencia del Poder Judicial y la separación de poderes.

En todo caso, el prefacio de la Revolución Francesa debe situarse en esta revuelta aristocrática, comandada por los *Parlements* en 1787 y 1788, en medio de la grave crisis política de la Monarquía, provocada por la impotencia de resolver sus problemas financieros y por la incapacidad de reformarse. En todo caso, en esos años, cada vez que un Ministro reformador quería modernizar el Estado, la Aristocracia a través de los *Parlements* defendía su privilegio. Por ello, la revuelta de la aristocracia precedió a la Revolución, contribuyendo a destruir la propia Monarquía.

Pero no debe perderse de vista que la reacción de los *Parlements* contra la Monarquía, si bien provocó la Revolución, también significará la muerte de estas instituciones, que acabaron por ser impopulares. De allí que en los *cahiers des dolences* con que se instalan los *États Généraux* en 1788, se hubiera pedido invariablemente la abolición de los *Parlements*.

2. *Las crisis que precedieron a la Revolución Francesa*

El cuadro político constitucional de la Monarquía o del Antiguo Régimen, antes descrito, es el que va a cambiar radicalmente en 1789, con la Revolución Francesa, acontecimiento que, por supuesto, no puede considerarse como una Revolución del Pueblo. La Revolución Francesa, en efecto, ante todo, primero fue una revolución de la Aristocracia frente al Monarca, y después, una revolución de la burguesía también frente al Monarca. Por eso, en definitiva, la Revolución Francesa fue una revolución hecha por la burguesía para la burguesía. El pueblo, en ese proceso, es sólo un protagonista circunstancial en el cuadro de las pretensiones de la aristocracia actuando a través de los *Parlements,* y de la burguesía, a través del dominio del *Tiers État* en los *États Généraux*.

Pero esta revolución, por supuesto, y los cambios institucionales que originó fueron producto de la crisis política, fiscal, social y económica que afectó a Francia a finales del Siglo XVIII. Para comprender el proceso de la Revolución, por tanto, hay que comenzar por destacar los elementos de esta crisis del Antiguo Régimen.

A.   *La crisis de las ideas políticas: Montesquieu y Rousseau*

El Antiguo Régimen ante todo, sufrió una profunda crisis en cuanto al sustento político teórico del Absolutismo, a lo cual contribuyeron los mismos teóricos del Absolutismo en sus escritos durante los Siglos XVII y XVIII. Van a ser precisamente estas teorías de limitación y separación del poder, del contrato social y de las libertades naturales, las que suministrarán la base política del *Tiers État* y a los revolucionarios para trastocar todas las instituciones del Antiguo Régimen. Estas teorías la van a suministrar, básicamente tres grandes figuras del Siglo XVII y XVIII que son *John Locke,* el más grande teórico del absolutismo inglés y luego, en Francia, *Montesquieu y J. J. Rousseau.*

En primer lugar, se destaca *John Locke* (1632-1704) quien escribe al finalizar la "Gloriosa Revolución" inglesa de 1688 que concluye con el triunfo del Parlamento frente al Rey, su *Two Treatises of Government* (1690). En dicha obra, como se ha señalado, *Locke* parte de la idea, origen de la concepción liberal, del estado natural del hombre y de que la sociedad y el Estado tiene su origen en un contrato social, que se formula entre los diferentes estamentos de la sociedad, para preservar la *property,* expresión que abarcaba no sólo la propiedad, sino el conjunto de los derechos fundamentales de la persona: la vida, la libertad, la posesión, la religión; y que venían de ser proclamados en el *Bill of Rights* (1689) que precisamente marca el último triunfo del Parlamento sobre el Monarca.

Siendo ese el origen del Estado, un contrato para preservar la *property,* no podía concebirse que dicho contrato pudiera conducir a que los ciudadanos tuvieran una condición peor a la que tenían en su estado natural. De allí surge, incluso, la teoría posterior del derecho a la rebelión frente a los gobiernos despóticos.

Esta concepción liberal está acompañada, en *Locke,* por la formulación de consideraciones tendientes a la racionalización del Poder del Monarca, derivadas del proceso desarrollado en Inglaterra al término de la Gloriosa Revolución, donde triunfa el Parlamento sobre el Monarca. De allí saca *Locke* su idea de la distribución de las funciones del Estado distinguiendo cuatro funciones: la de legislar, la de juzgar, la de poner orden en el interior de los países, y la de poner orden en las relaciones exteriores.

Esta concepción de *Locke,* formulada a finales del Siglo XVII, va a tener una enorme influencia en los pensadores políticos del Continente, de manera que, en el Siglo XVIII, *Locke* es considerado el autor más importante en materia política. Su influencia es evidente en *Montesquieu* y *Rousseau.*

En efecto, *Montesquieu* (1689-1755) interpreta, a su manera, sesenta años después, la Constitución inglesa y lo que había ocurrido en Inglaterra, y en su famoso libro *De l'Esprit des lois* (1748), formula sus propias concepciones. Ante todo erige en principio la concepción de que la libertad política sólo existe en Estados donde hay una separación de los Poderes, lo que *Locke* ciertamente no había formulado.

Así, la libertad política según *Montesquieu* existía sólo en aquellos Estados donde el Poder del Estado no residía, con todas sus funciones, en la misma persona o en el mismo cuerpo de magistrados. [153] Por ello, en su *De l'Esprit des lois*, insistió en que:

> "Es una experiencia eterna que todo hombre que tiene poder es llevado a abusar de él; y llega hasta encontrar límites... Para que no se pueda abusar del Poder es necesario, que por la disposición de las cosas, el Poder detenga el Poder." [154]

En esta forma, del estudio comparado que realizó sobre el objeto de los diversos Estados de la época, *Montesquieu* llegó a la conclusión de que Inglaterra era el único Estado que tenía por objeto directo la libertad política, por lo que en el famoso Capítulo VI del Libro XI de su obra, se propuso estudiar la "Constitución" de Inglaterra, y de ese estudio dedujo su teoría de la división del Poder en tres:

> "[El] Poder Legislativo, el Poder Ejecutivo de las cosas que dependen del derecho de gentes, y el Poder Ejecutivo de aquellos que dependen del derecho civil. Mediante la primera, el Príncipe o Magistrado hace las leyes por un tiempo o para siempre. Mediante la segunda hace la paz y la guerra, envía y recibe embajadores, establece la seguridad, previene las invasiones. Mediante la tercera, castiga los crímenes, o juzga los diferendos de los particulares. A este tercer poder se lo llama el poder de juzgar y al otro, simplemente, el poder ejecutivo del Estado." [155]

En realidad, antes que una división del Poder, *Montesquieu* definió, siguiendo a *Locke*, diversas funciones o potestades del Estado: la potestad de hacer las leyes, la potestad de juzgar, y la potestad ejecutiva, englobando en esta última, las que *Locke* calificó como poder ejecutivo y poder federativo.

Ahora bien, lo novedoso de la división del Poder de *Montesquieu*, y lo que lo distinguió de la concepción de *Locke*, es, por una parte, la proposición de que para garantizar la libertad los tres poderes no deben estar en las mismas manos, y por la otra, que los mismos, en la división del poder, están en plano de igualdad; de lo contrario, el poder no podría frenar el poder. No es descartable, por ello, que estas ideas formuladas y escritas por el Presidente de uno de los *Parlements* de Francia hayan influido en el papel de estos órganos como poder judicial, frente al Monarca. En efecto, en el mismo Capítulo VI del Libro XI del Espíritu de las leyes, *Montesquieu* precisó su concepción así:

> "Cuando en una misma persona o en el mismo cuerpo de Magistrados, el poder legislativo está reunido al poder ejecutivo, no hay libertad alguna... De nuevo no hay libertad alguna si el poder de juzgar no está separado del poder legislativo y del poder ejecutivo... Todo estaría perdido si el mismo hombre, o el mismo cuerpo de príncipes o de nobles, o del pueblo ejercieran estos tres pode-

---

153   Véase A. Passerin d'Entrèves, *The Notion of the State. An introduction to Political Theory*, Oxford 1967, p. 120.

154   Véase Montesquieu, *De l'Esprit des Lois* (ed. G. Truc), Paris 1949, Vol. I, Book XI, Chap. IV, p. 162-163.

155   *Idem*, Vol. I, pp. 162-164.

res: el de hacer las leyes, el de ejecutar las resoluciones públicas, y el de juzgar los deseos o diferencias entre particulares." [156]

Como consecuencia, agregaba, y sacrificando la libertad:

"Los príncipes que han querido tornarse en despóticos han siempre comenzado por reunir en su persona todas las magistraturas."[157]

Debe destacarse, como se dijo, que en la concepción de *Montesquieu* no hay proposición alguna que otorgue superioridad a uno de los poderes públicos sobre los otros. Es claro que al definir el poder legislativo como "la voluntad general del Estado" y el poder ejecutivo como "la ejecución de esa voluntad general," [158] podría deducirse que *Montesquieu* presuponía que el segundo debía sujetarse en su ejecución, a lo dispuesto en el primero, pero no en el sentido de subordinación política, como en cambio si ocurría en Inglaterra después de la Gloriosa Revolución y la consolidación de la soberanía del Parlamento. Al contrario, en la concepción de *Montesquieu,* tan iguales concebía a los tres poderes que así era como podían frenarse mutuamente, como única forma de cooperación en beneficio del mantenimiento de la libertad política. De allí que concluyera señalando que:

"[E]sos tres poderes deberían formar un reposo o una inacción. Pero como por el movimiento necesario de las cosas, ellas están obligadas a andar, ellas estarán forzadas de andar en concierto." [159]

Es claro, en todo caso, que al igual que *Locke,* la concepción de *Montesquieu* fue una concepción formulada para el absolutismo. Ambos fueron teóricos del absolutismo; por ello, la división del poder soberano fue más una doctrina legal que un postulado político, y sólo fue por la fuerza de la Revolución que se convirtió en el principal principio político de la organización del Estado liberal moderno. [160]

Pero además de los aportes de *Montesquieu* en la teoría política francesa, que va a permitir la reacción, en la práctica, contra el Estado Absoluto, tiene un puesto de gran importancia la concepción de *J. J. Rousseau* (1712-1778) sobre la ley, lo cual va a provocar, posteriormente, el sometimiento del Estado a la Ley que él mismo produce, es decir, va a originar el principio de la legalidad y la consolidación del mismo Estado de Derecho. En efecto, y tal como *Rousseau* lo planteó en su *Discours sur l'origine et le fondement de l'inegálité parmi les hommes* y en su *Du Contrat Social,* el pacto o contrato social fue la solución dada al problema de encontrar una forma de asociación que además de asegurar "el paso del estado natural al estado civil", sirviera para:

---

156 *Idem*, Vol. I, p. 164. Véase igualmente Ch. H. McIlwain, *The High Court of Parliament and its Supremacy*, Yale 1910, pp. 322-323.

157 Véase Montesquieu, *Idem*, Vol. I, p. 165.

158 *Idem*, Vol. I, p. 166.

159 *Idem*, Vol. I, p. 172.

160 Véase A. Passerin d'Entrèves, *op. cit*, p. 121.

"Defender y proteger contra toda la fuerza común a la persona y los bienes de cada asociado, y por el cual cada uno, uniéndose a todos, no obedezca en consecuencia sino a sí mismo y permanezca así tan libre como antes."[161]

Agregaba *Rousseau:*

"Por el pacto social hemos dado existencia y vida al cuerpo político; se trata ahora de darle movimiento y voluntad, mediante la legislación."[162]

En esta forma, y he allí la novedad del planteamiento de *Rousseau,* la ley como forma de manifestación del soberano, son las que dan movimiento y voluntad al Estado, producto del pacto social, en tanto en cuanto se trata de "actos de la voluntad general que estatuyen sobre una materia general". *Rousseau* entonces, no sólo construyó la teoría de la ley como "actos de la voluntad general" a cuyas disposiciones debían someterse todas las actuaciones del propio Estado y de los particulares, sino que estableció el principio de la generalidad de la ley, lo cual permitió la posterior reacción revolucionaria contra los privilegios.[163]

Por otra parte, en el campo de las funciones estadales, en la concepción de *Rousseau,* éstas se reducían a dos: hacer las leyes y ejecutarlas, a las cuales calificó, siguiendo la terminología de *Montesquieu,* como poder legislativo y poder ejecutivo.[164] Tampoco aquí se trataba de una doctrina de la separación de poderes, sino conforme a la orientación de *Loche* y de *Montesquieu,* de una doctrina de la división del poder, que era uno sólo: el del soberano, que resultaba del pacto social o de la integración de la voluntad general.[165]

Según *Rousseau,* las dos funciones del poder: la expresión de la voluntad general mediante leyes y la ejecución de ésta, no era bueno que estuvieran en las mismas manos, por lo que siguiendo la orientación de *Montesquieu,* propugnó su ejercicio por órganos distintos, aun cuando contrariamente a la tesis de éste, propugnase la necesaria subordinación que debía tener quien ejecuta la ley en relación a quien la hiciera, con lo cual, en la orientación de *Locke,* se aseguraba la supremacía del legislador y de la ley. Va a ser esta supremacía, piedra angular del Derecho Público, la que permitirá el desarrollo del principio de la legalidad y la configuración del Estado de Derecho.

En este sentido, Rousseau coincidía con Montesquieu. Rousseau en efecto indicó que: "En consecuencia, entendemos por República un Estado que es gobernado por leyes"[166] Montesquieu, por su parte definía al "Estado" como una "Sociedad en la cual las leyes existen."[167] Lo que también significa una declaración de que la existencia de leyes era un requisito fundamental para la existencia del Estado.

---

161   Véase J.J. Rousseau, *Du Contract Social* (ed. Ronald Grimsley), Oxford 1972, Book I, Chap. IV, p. 114.

162   *Idem,* Book II, Chap V, p. 134

163   *Idem,* Book II, Chap, V, p. 136.

164   *Idem,* Book III, Chap, I, p. 153.

165   Véase R. Grimsley, "Introduction," al libro citado de Rousseau, *op. cit,* p. 35.

166   *Idem,* Book III, Chap. VI.

167   Véase Montesquieu, *op. cit.,* Book XI, Chap. III, p. 162.

Puede decirse en términos generales, que con los escritos de *Locke, Montesquieu y Rousseau,* se conforma todo el arsenal teórico político que será necesario para la reacción revolucionaria contra el Estado Absoluto y su sustitución por el Estado de Derecho, como garantía de libertad.

B.   *La crisis del sistema económico: el liberalismo*

A la crisis de la ideas políticas que sustentaban la Monarquía y que se manifiesta en el arsenal de ideas que alimentará a los revolucionarios, se agrega un elemento de crisis económica que afectó al modelo del Antiguo Régimen, es decir, al mercantilismo y el privilegio aristocrático (economía dirigida), cuyo más conspicuo artífice fue *Colbert,* Interventor General de Finanzas bajo el reinado de Luis XIV.

En efecto, así como en el campo político la concepción del estado natural del hombre y de la libertad fue configurando la base del liberalismo político como reacción frente al absolutismo, en el cual no existían derechos de los individuos; así mismo, en el campo económico, la reacción contra el mercantilismo -soporte del absolutismo- se inició con una concepción económica que también partió de las leyes naturales para su construcción. La política mercantilista, como se dijo, se puede caracterizar como un sistema netamente comercial, en el cual la agricultura -base a su vez de la economía feudal a la cual había desplazado- constituía una actividad económica marginal y de poca importancia.

En esta forma, hacia mitades del Siglo XVIII en países como Francia y como consecuencia de la política mercantilista, la agricultura no sólo no había sido promovida o protegida, sino que pobre y mal llevada había sido objeto de sucesivos gravámenes e impuestos. Así, la importancia del comercio interno y externo y la concesión de privilegios en relación a dichas actividades, provocó un considerable retraso en las actividades agrícolas y el empobrecimiento del campo, a pesar de que la agricultura se consideraba como la principal industria del país. Ante esta realidad, durante un breve período de tiempo (1760-1770), se desarrolló una política económica basada en los escritos de *François Quesnay* y en las aplicaciones prácticas que pudo ejecutar *Turgot* en el gobierno, que al contrario del mercantilismo, minimizaba la importancia del comercio exterior, y en su lugar, ponía énfasis en la importancia de la economía agrícola y particularmente en la producción de cereales y en la eliminación de los privilegios otorgados por el Estado, propios del mercantilismo. Abogaba en esta forma, porque la actividad económica y política estuviese gobernada por las leyes implantadas en la naturaleza por la Providencia.

La *fisiocracia,* en esta forma, sostenía que de todas las actividades económicas, sólo la producción agrícola podía considerarse realmente como producción, pues era la única que dejaba un producto neto, en tanto que las otras actividades consistían sólo en transformaciones de riquezas existentes. En otras palabras, la fisiocracia entendía que sólo la clase productiva que cultivaba la tierra producía, en tanto que las otras clases (artesanos y comerciantes) sólo recobraban sus gastos. De allí se planteaba que la expansión de la economía y población de un país, dependía de la expansión de la inversión en la agricultura y de los gastos de la clase productiva.

Si bien la fisiocracia, como política económica, sólo fue aplicada muy parcialmente en la década entre 1760 y 1770, su importancia teórica fue fundamental, pues se trató de la primera reacción contra la economía estatista del mercantilismo, basada en los privilegios, y que llevaría a la formulación de la doctrina del liberalismo económico. No hay que olvidar que la fisiocracia propugnó la supresión de las aduanas interiores y la libertad de comercio e industria, con la supresión de las corporaciones y cofradías, como primera reacción contra la economía estatista. *Turgot*, incluso, en su célebre *Mémoire sur les Municipalités* (1775) que presentó al Rey, propugnó una nueva organización territorial basada en la actividad agrícola, y que daría luego origen, al municipalismo francés. [168]. Pero con ello, al enfrentarse a los privilegios, *Turgot* cayó en desgracia en 1776, habiendo dejado sin embargo, las bases teóricas iniciales del liberalismo.

Correspondió a *Adam Smith* (1723-1790), iniciar la formulación de la teoría del liberalismo económico la cual partía del principio del funcionamiento armonioso de la economía conducida por los solos intereses privados, por lo que la intervención del Estado en la economía -propia del mercantilismo- debía ser reducida, lo cual llevaría más adelante a la propugnación liberal de su eliminación. *Smith*, en este sentido, en su obra *Recherches sur la nature et les causes de la richesse des nations* (1776) partió del supuesto de que "la riqueza de las naciones" está menos en la tierra que en el trabajo del hombre y el resultado de éste es la constitución del capital cuyo fin es hacer del trabajo mismo una actividad todavía mas productiva. Por otra parte, sostenía que si el interés privado es el que mueve al hombre al trabajo y al ahorro, la garantía de que a pesar de ello existirá armonía frente a los riesgos de contraposición de intereses, está en la organización espontánea de la vida económica por la libre concurrencia de ellos, dentro de un mercado con libre juego de precios. En esta forma, de acuerdo a la concepción liberal, al Estado correspondía mantener las reglas del libre juego del mercado, el cual no debía distorsionarse con privilegios o monopolios tan característicos del absolutismo-mercantilismo. Las funciones del Estado, por tanto, fueron reducidas por *Smith* a las siguientes: la protección del grupo social frente a la violencia exterior (defensa); la protección de los miembros individuales de la sociedad de las injurias u opresiones de sus conciudadanos (seguridad pública y justicia); y la creación y mantenimiento de ciertas obras públicas y ciertas instituciones públicas (fomento), cuyo mantenimiento y erección nunca podrían ser del interés de los particulares, porque el beneficio que podrían dar nunca podría compensar los gastos de un individuo o de un grupo de personas (servicios públicos). De allí el principio de la subsidiariedad de la acción del Estado en relación a la actuación económica de los particulares, tan característico del liberalismo.

En todo caso, conforme al esquema de la Monarquía Absoluta y del mercantilismo, el poder político estaba en manos del Monarca, de la nobleza y del clero, donde se alojaban muchos beneficiarios de los privilegios y monopolios derivados del intervencionismo estatal mercantilista. Pero el mercantilismo era una política económica basada en el comercio y la industria, por lo que había provocado la formación de una nueva y gran clase social de banqueros, comerciantes y artesanos, que no participaban ni de los privilegios ni del poder político. Por ello, a la búsqueda del poder político de esta clase, que era la burguesía, y a la eliminación de los privilegios, es que se dirigieron todos los esfuerzos revolucionarios en Francia, siendo la

---

168   Véase Eduardo García de Enterría, *Revolución Francesa y Administración Contemporánea*, Madrid, 1981, pp. 71 y ss.

primera forma de su actuación y luego de su triunfo, la formación del Tercer Estado en los Estados generales.

C. *La crisis social y el surgimiento de burguesía*

En esta forma, el propio proceso económico del Antiguo Régimen va a provocar también una crisis en el esquema estamental de la sociedad, con el surgimiento de la burguesía. En efecto, debe destacarse que al calor del propio mercantilismo, una nueva clase social y económica distinta a los terratenientes y privilegiados (nobleza y clero) había comenzado a afianzarse en la sociedad. Se trata de la burguesía, surgida con un nuevo poder económico derivado del comercio, de la industria, de la banca, de la actividad profesional y de la artesanía, y que progresivamente va a acumular un poder real, de carácter económico, con lo cual, naturalmente, va a buscar tener poder político. La burguesía, será, sin duda, la expresión del *Tiers,* pues a pesar de su poder económico con pretensiones de nobleza, se verá impedida de ingresar a la nobleza. La búsqueda de poder político por la burguesía, va a ser, en definitiva, el toque final de la Revolución; y precisamente será a través de la Revolución, que la burguesía obtendrá el poder político, quebrando la división de las clases privilegiadas.

Pero aparte de ello, otro elemento de crisis social precederá a la Revolución, y es el empobrecimiento progresivo de las clases populares y bajas de la sociedad, en los años que precedieron la Revolución. En efecto, el aumento de impuestos (que no afectaban a las clases privilegiadas directamente), en todo caso, implicaba el aumento de los precios y la pérdida del poder adquisitivo de la población. Adicionalmente, en esos años, los problemas climáticos produjeron graves problemas en la cosecha de cereales, con la consiguiente escases, agravando la situación de hambre en la población.

Por ello, a pesar de que la Revolución Francesa no fue propiamente una Revolución del pueblo, por estos problemas socio-económicos circunstanciales, el pueblo tuvo un papel protagónico momentáneo, en 1789, que ayudó y apoyó a quienes hicieron la Revolución. Por ello, para entender quién hizo y cómo se produjo la Revolución, es necesario fijar el contexto de la situación política anterior a 1789, caracterizada por otra crisis: la crisis fiscal.

D. *La crisis fiscal: la quiebra del Tesoro real*

En efecto, la situación política de la Monarquía en los años que precedieron a la Revolución estuvo signada por una profunda crisis fiscal que, como la historia posterior lo demostró, va a ser la causa y el motivo directo de la Revolución.

En efecto, en 1787-1788, la Monarquía francesa vivía una gravísima crisis fiscal por la impotencia financiera de la Monarquía para el manejo de los asuntos del Estado, al no tener recursos fiscales, siendo por lo demás incapaz, el sistema monárquico, para auto reformarse. Frente a cada Ministro que pretendía introducir reformas, modernizar las finanzas y modernizar el Estado, -el caso de *Necker, Calonne* y de *Brienne*- la aristocracia se oponía defendiendo sus privilegios, incluso con el apoyo de la Reina María Antonieta. Por ello, fue realmente la revuelta de la aristocracia la que precedió a la Revolución y contribuyó a destruir la Monarquía y a destruir, en definitiva, sus propios privilegios.

Este déficit fiscal del Reino, paradójicamente, tuvo su principal causa en la ayuda y financiamiento francés a la Revolución de las colonias norteamericanas, por supuesto, no porque la Monarquía apoyara los vientos de libertad y republicanismo que allí soplaban, sino como parte de la política exterior signada por la rivalidad con Inglaterra. Esta ayuda provocó un endeudamiento externo violento del país. En todo caso, a este factor de la crisis fiscal debe agregarse otro elemento: los gastos excesivos de la gran nobleza y de la Corte, que costaba mucho, a lo cual debe agregarse la corrupción.

La gravísima crisis fiscal resultante afectaba el funcionamiento del Estado y su solución no podía ser otra que la obtención de nuevos ingresos. Ello sólo podía lograrse con dos medidas: o se aumentaban los impuestos o se recurría a nuevos empréstitos (deuda pública). Esto último fue lo que sucedió en los años anteriores a la Revolución: hubo que recurrir a nuevos empréstitos para poder cubrir el déficit, pero ello había destruido prácticamente las finanzas reales.

Por supuesto, estaba la fórmula del aumento de impuestos; sin embargo, ello no era posible, políticamente hablando, pues en una sociedad estratificada los impuestos gravaban sólo una parte de la población: la propiedad territorial y la burguesía. La nobleza y el clero estaban exentos de impuestos, eran clases privilegiadas, por lo que el aumento de los impuestos lo que podía provocar era la agravación de la situación social de pobreza por el aumento de precios de los bienes de consumo y la disminución del poder de compra de las personas.

El solo remedio que pudieron formular los Ministros de Finanzas, para obviar nuevos empréstitos y ante la imposibilidad de aumentar los impuestos, era el igualar la carga ante los impuestos, es decir, erigir en principio la igualdad ante los impuestos o cargas públicas. Así, era necesario que todas las provincias contribuyeran en forma igual (había diferencia en las contribuciones provinciales) y era necesario que todos los sujetos también contribuyeran igual. Pero como las clases privilegiadas estaban exentas, la igualdad implicaba que había que gravarlas también. En esa situación y ante una sociedad estratificada ¿Qué Ministro del Rey osaría en proponer estas reformas que afectaban la propia nobleza y el clero? Qué *Parlement*, representante de esa aristocracia, iba a registrar los edictos que plantearan estas reformas?.

En realidad, no había otra solución que formular una reforma impositiva, y en ese sentido se orientaron las propuestas de los Inspectores Generales de Finanzas de Luis XVI, *Necker, Colonne, de Brienne* y luego del mismo *Necker* entre 1776 y 1788; propuestas que encontraron la firme oposición de las clases privilegiadas. La situación mostró la lucha del poder real por imponer reformas para obtener más ingresos y solucionar la crisis fiscal, y la resistencia de la aristocracia representada en el *Parlement* de París y en los otros *Parlements,* para aprobar esas reformas. Y he aquí donde surge el papel protagónico de los *Parlements* en la víspera de la Revolución y en el proceso político francés entre 1787-1789.

3. *La crisis institucional y la Revolución*

A. *La revolución aristocrática a través de los Parlements*

En efecto, particularmente frente a la propuesta que formuló el Interventor General de Finanzas, *de Brienne* en 1787, de establecer un impuesto territorial proporcional al ingreso, sin excepciones y otros impuestos, los edictos respectivos encontraron la resistencia del *Parlement* de París, que se negó a registrarlos. Debe recordarse, en efecto, que estos órganos del poder judicial ejercían parte del poder legislativo (control), lo que Alexis De Tocqueville explicó como un producto de las costumbres generales de la época, donde no se concebía un poder absoluto total cuya obediencia al menos no pudiera discutirse. Explicaba De Tocqueville la situación así:

> "Antes de su ejecución, el edicto (del Rey) era, pues, llevado al Parlament. Los agentes del Rey exponían sus principios y ventajas; los magistrados los discutían; todo públicamente y en voz alta con la virilidad que caracterizaba a aquellas instituciones medievales. A menudo ocurría que el Parlament enviase repetidamente al Rey, disputada para rogarle modificar o retirar su edicto. A veces, el Rey acudía en persona, y permitía debatir con vivacidad, con violencia, su propia ley ante sí mismo. Pero cuando al fin expresaba su voluntad, todo volvía al silencio y a la obediencia; porque los magistrados reconocían que no eran más que los primeros funcionarios del príncipe y sus representantes, encargados de ilustrarle y no de coartarle"[169].

Pero en este caso, lo más grave de la actitud del *Parlement* de negarse a registrar los edictos reales, -y ello va a ser otro de los tantos detonantes de la Revolución-, es que la razón que adujo para no poder registrar esos edictos estableciendo nuevos impuestos, fue que "sólo la Nación tenía derecho a conocer nuevos impuestos y pidió que fuera reunida,"[170] de manera que supuestamente la única institución que en Francia podía consentir esas medidas eran los *États Généraux,* que, como se dijo, habían desaparecido de la historia desde comienzos del Siglo XVII, es decir, hacía 175 años. La negativa del *Parlement,* por tanto, de registrar las leyes impositivas, se acompañó con el reclamo de que el Rey convocara los *Etat Généraux* para que fueran éstos los que aprobaran las reformas.

No por azar *Condorcet* escribía, en 1789, en su libro *Contribución de la Revolución de Norteamérica al desarrollo político de Europa,* que uno de los derechos del hombre era, precisamente, "el derecho a contribuir, sea inmediatamente, sea por representación, a sancionar estas leyes y a todos los actos consumados en nombre de la sociedad."[171]

En todo caso, en la lucha entre el Rey y el *Parlement* de París, en 1787 hubo una tregua, al haber un entendimiento entre ambos en cuanto a la promulgación del edicto que creó las Asambleas provinciales electivas, lo que, como lo afirmó *de Tocqueville,* significó una "extraña y total revolución del gobierno y de la sociedad", pues el establecimiento de estas Asambleas Provinciales:

> "Completaba la total destrucción del viejo sistema político europeo. Sustituía de golpe lo que restaba del feudalismo por la república democrática, la aristocracia por la democracia, la realeza por la República." [172]

---

169 Alexis De Tocqueville, *Inéditos sobre la Revolución,* (trad. de *Notes et Fragments inedites sur la Revolution*), Madrid, 1989, p. 56.

170 *Idem,* p. 53.

171 Condorcet, *Influencia de la Revolución de América sobre Europa,* Buenos Aires, 1945, p. 27.

172 Alexis De Tocqueville, *Inéditos...*, *cit.,* p. 58.

En todo caso, la confrontación entre el Rey y el *Parlement,* particularmente por el rechazo de las medidas relativas a los impuestos y empréstitos, amenazaban con paralizar la Administración del Reino. Francia, como se dijo, entre otros aspectos, había quedado endeudada por el financiamiento que había prestado a la Revolución Americana, y la Administración requería de mayores ingresos. La situación, en todo caso, se agravó, pues en Francia existían doce *Parlements* que tenían su sede en cada una de las doce provincias judiciales, y si bien en general, éstos sólo discutían los asuntos que concernían a las respectivas Provincias, en 1787 actuaron al unísono, negándose a registrar los nuevos impuestos atentatorios al derecho de propiedad, y pidieron la convocatoria de los *États Généraux.*

Por ello *de Tocqueville* afirmó que "la unión de los *Parlements* no sólo era el arma de la Revolución, sino su señal," [173] calificando la situación como la de una "sedición judicial, más peligrosa para el gobierno que para cualquier otro." [174]

En todo caso, la reacción real no se hizo esperar, y el 6 de agosto de 1787, el Rey Luis XVI compareció ante el *Parlement* y conforme al poder que en definitiva tenía de imponer su voluntad, en *lit de justice* hizo que el *Parlement* de París registrase los edictos reales estableciendo nuevos impuestos.

Al día siguiente, sin embargo, el *Parlement* anuló su registro por ilegal. Nunca antes se había discutido el poder real en esta forma, por lo que la reacción real fue inmediata: como no podía destituir a los magistrados del *Parlement* pues, como se dijo, eran independientes, el Rey lo que hizo, como se hacía en la época, fue exiliar a los magistrados, sacarlos fuera de París, y enviarlos a las provincias. Esto provocó -no se olvide que era necesario registrar los edictos en todos los doce *Parlements* de Francia- una agitación en todos los otros *Parlements* de las Provincias, y una reacción y resistencia general de la aristocracia frente al Rey. El Interventor General de Finanzas, *de Brienne,* tuvo que capitular en sus pretensiones, retirando los edictos. Así, se restablecieron los impuestos anteriores (4 de septiembre de 1787) y se eliminó el registro que se había hecho bajo la presión del Rey. Retornaron los magistrados del exilio, habiendo fracasado la reforma fiscal impositiva por la reacción de la aristocracia, representada precisamente en estos magistrados.

Frente a este fracaso se imponían nuevas medidas para resolver la crisis fiscal, y *de Brienne* propuso una nueva reforma, basada en la obtención de nuevos empréstitos, (aumentar la deuda externa) que también debía ser sometida al *Parlement.* La reacción del *Parlement,* de nuevo, fue de rechazo a registrar los edictos con nuevos empréstitos, planteando la necesidad de que se convocaran los *États Généraux.* Incluso el planteamiento de los magistrados fue una especie de chantaje al Rey: el registro de los edictos sólo se produciría si se convocaban a los *États Généraux.* En todo caso, ante el rechazo, el Rey asistió a la sesión solemne del *Parlement,* en *lit de justice,* e impuso el registro de los edictos el 19 de noviembre de 1787. La lucha entre estas instituciones (los *Parlements)* y el Monarca se resume en una frase que se atribuye al Duque de *Orléans,* que le dijo al Rey en esa *lit de justice* donde el Rey impuso sus impuestos:

---

173   *Idem.,* p. 66.
174   *Idem.,* p. 66.

"Sire, c 'est illégal.

C'est légal -replicó Luis XVI-, parce que je le veux."[175].

La querella entre el Rey y el *Parlement* se eternizó. El *Parlement* llegó a publicar, incluso, el 3 de mayo de 1788, una declaración sobre las "Leyes Fundamentales del Reino" de las cuales, por razones históricas, se decía guardián, siendo dicha declaración del *Parlement* la negación más absoluta del poder real, al proclamar particularmente, y en forma general, que el voto de los impuestos pertenecía a los *États Généraux,* es decir, a la Nación, además de formular otras declaraciones condenando los arrestos arbitrarios y defendiendo la inamovilidad de los magistrados. La reacción de la Monarquía fue la formulación de propuestas para reformar la función judicial y frenar a los *Parlements,* lo que originó la resistencia abierta de éstos.

La reacción de Luis XVI frente a esa actitud de los *Parlements y* particularmente, del de París, fue la orden de arresto contra dos magistrados del *Parlement (Duval d'Epremesnil y Goislard de Montsabert),* quienes se habían refugiado en el propio edificio del *Parlement* de París, los días 5 y 6 de mayo de 1788, donde buscaron la protección de la ley. La reacción del Rey fue la emisión de edictos, el 8 de mayo, quitándole todos los privilegios políticos a los magistrados, para quebrar su resistencia. Sin embargo, estos edictos contra la aristocracia Parlamentaria también debían registrarse por el propio *Parlement,* lo que produjo una verdadera insurrección de los *Parlements* en toda Francia.

Así, fue la magistratura judicial la que reaccionó contra la Monarquía, muchas veces con el apoyo popular. En muchas Provincias se produjeron incidentes *(Dijon, Toulouse, Pau)* siendo el más importante el del *Dauphine,* donde ocurrió una verdadera revuelta popular, prefacio asimismo de la Revolución. El *Parlement* de esta Provincia había rehusado registrar los edictos del 8 de mayo de 1788, lo que condujo a la orden de cesación del *Parlement.* Los magistrados, sin embargo, se reunieron y fueron exilados. El día fijado para la partida, el pueblo de *Grenoble* se sublevó, instigado, sin duda, por los auxiliares de justicia, lo que provocó la reinstalación del *Parlement (Journée des Tuilles).*

En *Grenoble* también se produjo un hecho que precipitó la crisis: se reunieron espontáneamente nobles, eclesiásticos y burgueses, convocando unos *Estados Provinciales* en el Delfinado a reunirse en el Castillo de *Vizille* para "dar al desorden un tono regular," [176] pidiendo, la reinstalación del *Parlement.* Según *de Tocqueville,* esta "Asamblea de *Vizille"* en la cual el *Tiers* tuvo un número de representantes igual al de las otras dos órdenes, "fue la última vez que un hecho ocurrido fuera de París ejerciera marcada influencia sobre el destino general del país." [177] En esta Asamblea se pidió la convocatoria de los *États Généraux,* institución que se reconoció como la que debía acordar nuevos impuestos. La Asamblea, en definitiva, fue una alianza entre el *Tiers* y los estamentos privilegiados, en la cual se desafió el Poder real.

---

175   *Idem.*

176   *Idem.,* p. 73.

177   *Idem.,* p. 73.

En todo caso, el Gobierno temió que el hecho fuese imitado en todas partes, por lo que Luis XVI despidió a sus Ministros, abolió o suspendió los edictos, y convocó de nuevo a los *Parlements*. Estos, reasumieron sus funciones, castigaron a quienes habían osado reemplazarlos y persiguieron a quienes habían obedecido a éstos. Los *Parlements,* sin embargo, "cuando se creían los dueños, descubrieron de pronto que ya no eran nada";[178] como lo afirmó *de Tocqueville* "su popularidad no tardó más tiempo en esfumarse de lo que se empleaba, en 1788, para llegar cómodamente des- de las costas de Bretaña a París."[179] Particularmente, la caída fue súbita y terrible para el *Parlement* de París, institución de la cual se vengó, desdeñosamente el Poder real.

Pero en definitiva, la unión de los *Parlements* en 1788, en el conflicto entre la Monarquía y el *Parlement,* condujo en definitiva, a una capitulación de la Monarqu- ía frente a estos organismos judiciales. El Interventor General de Finanzas, *de Brienne,* como lo habían reclamado los *Parlements,* el 5 de julio de 1788 prometió reunir los *États Généraux* y fijó de una vez, para el 1° de mayo de 1789, la apertura de esta gran Asamblea.

B. *La abdicación real al poder absoluto y la convocatoria de los État Généraux*

Con la convocatoria de los *États Généraux* puede decirse entonces que se inició la revolución política de Francia, pues en definitiva, se puso fin, por la propia Mo- narquía, al gobierno absoluto, al aceptar el Rey compartir el gobierno y el poder con un cuerpo de Diputados electos que asumirían el Poder Legislativo, que hasta ese momento era ejercido por el propio Monarca. Por tanto, realmente, el 5 de julio de 1788, al convocarse y al fijarse la fecha de los *États Généraux,* el Rey dictó la sen- tencia de muerte del Antiguo Régimen, de la Monarquía Absoluta, y de su propia vida.

Por otra parte, *Necker* fue llamado de nuevo en sustitución *de Brienne* para asu- mir la Inspección General de Finanzas, y a él correspondió terminar la capitulación de la Monarquía, revocando la reforma judicial y restableciendo plenamente los *Parlements.*

Ahora bien, aceptadas y acordadas por el Rey la convocatoria de *États Généraux,* la agitación política se volcó respecto a otro aspecto que era muy impor- tante: la forma de la convocatoria y la forma de funcionamiento de dicha Asamblea. Como se ha indicado, históricamente, los *États Généraux,* hasta 1614, constituían una Asamblea de las tres órdenes de la sociedad: la nobleza, el clero y el resto o *Tiers;* tres órdenes que tenían, cada una, un voto. Por tanto, los asuntos recibían tres votos y cada orden votaba por separado, con lo cual las clases privilegiadas: la no- bleza y el clero, siempre dominaban y se imponían, porque tenían dos votos frente al *Tiers Etat* Por tanto, la discusión política, a partir de septiembre de 1788, fue sobre la forma del voto en el sentido de si debía ser o no separado, y la forma en que deb- ían reunirse las órdenes, en cuanto al número de sus representantes. El *Parlement* de

---

178   *Idem.,* p. 77.

179   *Idem,* p. 80.

París, incluso, que era el principal instrumento de la aristocracia, dictó una declaración el 21 de septiembre de 1788 indicando la forma elegida: cada orden tendría igual representación y voto separado. Con ello, sin duda, la aristocracia había triunfado, pero también había iniciado la verdadera revolución.

En realidad, el Rey había convocado los Estados Generales, pero nadie sabía, después de 175 años de inactividad de estas Asambleas, cómo era que funcionaban, en el sentido de determinar la forma de elección de los representantes y la forma de voto. Sólo el Rey podía decirlo, y no lo dijo. [180] La imprecisión, incluso, había llevado a un hecho curioso antes de la declaración del *Parlement,* y fue la aceptación, por el Monarca, de la propuesta *de Brienne* de convocar a un "concurso académico" invitando "a todos los sabios y demás personas instruidas del Reino, y en particular, a quienes componen la Academia de Bellas Letras, a dirigir a su Señoría, el Ministro de Gracia y Justicia, toda clase de informes y memorias sobre esta cuestión." [181]

De Tocqueville señaló sarcásticamente, que "Ni más ni menos era como tratar la Constitución del país como una cuestión académica y sacarla a concurso." [182] Y así fue. En el país más literario de Europa, por supuesto, una petición de ese tipo, en un momento de efervescencia política, provocó una inundación de escritos y de papeles. Todos deliberaron, todos reclamaron y pensaron en sus intereses y trataron de encontrar en las ruinas de los antiguos *États Généraux,* la forma más apropiada para garantizarlos. Este movimiento de ideas originó la lucha de clases, y propició la subversión total de la sociedad. Por supuesto, los antiguos *États Généraux* muchas veces, fueron olvidados, y la discusión se tornó hacia otras metas y en particular, a identificar el Poder Legislativo, a la separación de Poderes, a nuevas formas de gobierno, y a las libertades individuales. La inundación de escritos provocó una subversión total de las ideas, y en ese proceso, los escritos de *Montesquieu y Rousseau* fueron fundamentales.

Como se dijo el propio *Parlement* también expresó su forma propia de pensar respecto a la forma de reunión de los *États Généraux,* en el sentido que debían reunirse igual que en 1614, es decir, cada orden un voto y votos separados, con lo cual siempre las clases privilegiadas iban a mantener el control de la Asamblea. Con ello, el *Parlement* perdió definitivamente su pretensión de ser portavoz de libertades. *De Brienne* había cesado y ya *Necker,* de nuevo, estaba al frente de la Intervención General de Finanzas. Frente a la declaración del *Parlement,* hubo múltiples reacciones panfletarias, signadas por la reacción del *Tiers,* y según lo señala *de Tocqueville,* el Rey le respondió:

> "Nada tengo que responder a mi *Parlement* sobre sus súplicas. Es con la Nación reunida con quien concertaré las disposiciones apropiadas para consolidar para siempre el orden jurídico y la propiedad del Estado." [183]

---

180   *Idem.,* p. 86.

181   *Idem.,* p. 86.

182   *Idem.,* p. 86.

183   *Idem.,* p. 81.

Pero el resultado político del conflicto fue que Luis XVI expresó que era con la Nación con quien iba a consultar, y la Nación estaba representada, precisamente, en los *États Généraux*. Con ello, el Rey, materialmente, consumó la Revolución, al renunciar al Gobierno Absoluto y aceptar compartirlo con los *États Généraux* que se reunirían en mayo de 1789. Con ello, el Rey había firmado su condena y la del Antiguo Régimen.

En cuanto a los *Parlements, de Tocqueville* resume su suerte así:

> "Una vez vencido definitivamente el poder absoluto y cuando la Nación no necesitó ya un campeón para defender sus derechos, el *Parlement* volvió de pronto a ser lo que antes era: una vieja institución deformada y desacreditada, legado de la Edad Media; y al momento volvió a ocupar su antiguo sitio en los odios públicos. Para destruirlo, al Rey le había bastado con dejarle triunfar."[184]

Los estamentos u órdenes habían estado juntos en el proceso antes descrito, pero vencido el Rey y convocados los *Estados Generales,* la lucha por el dominio de los mismos entre las clases comenzó, y con ello empezó a surgir la verdadera figura de la Revolución.

Así, la discusión que se centró sobre los *Estados Generales* fue respecto de quién debía dominar esta Asamblea. Los *Estados Generales* no se habían reunido en Francia desde hacía 175 años (los últimos, en 1614), por lo que, como instituciones, no eran sino un vago recuerdo. Por ello, frente al esquema tradicional defendido por el *Parlement* y la aristocracia de que cada orden tenía un voto y las tres órdenes votaban por separado, con lo cual las clases privilegiadas tenían dos votos sobre uno, el punto esencial de la propaganda política general que fue defendido por la burguesía, planteaba que debía haber un doblamiento de los miembros del *Tiers Etat* en relación a los otros dos estamentos, y que el voto debía ser por cabeza de diputado y no por orden.

Ese fue el motivo central del debate público del Partido Patriótico y de toda la literatura escrita: el *Tiers Etat* debía tener, entonces, el doble de los diputados que a los otros, es decir, igual a los de la nobleza y el clero sumados, y el voto debía ser por cabeza de diputado y no por orden por separado, con lo cual había posibilidad de tener un voto igual entre nobleza y clero y el *Tercer Estado,* dejando de dominar la Asamblea los dos primeros.

Como se dijo, la cuestión política fundamental se situó, entonces, en quién habría de dominar los *Estados Generales,* por lo que la lucha entre los estamentos se desató; multiplicándose los escritos contra los privilegios, la violencia contra la aristocracia, y la negación de los derechos de la nobleza. La igualdad natural, que había sido tema difundido por la propia nobleza en sus ratos de ocio, se convertiría en el arma más terrible dirigida contra ella, prevaleciendo la idea de que el gobierno debía representar la voluntad general, y la mayoría numérica debía dictar la Ley. Por ello, la discusión política giró en torno a la representación del *Tercer Estado,* en el sentido de si debía o no ser más numerosa que la concedida a cada uno de los otros dos estamentos (nobleza y clero).

---

184 *Idem.*, p. 83.

El 5 de diciembre de 1788, el Consejo Real decidió que el *Tercer Estado* tuviera un número igual a la suma de los otros dos estamentos, con lo que los duplicó. El Consejo Real, sin embargo, no se pronunció, por la forma del voto, si era por cabeza de diputado o por orden y por separado. Era evidente que aun cuando se doblara el número de los diputados del *Tiers Etat,* si el voto seguía siendo por orden, por separado, seguiría triunfando la aristocracia que tendría dos votos sobre uno de las clases no privilegiadas. Esto era, sin duda, primordial.

Por ello, el proceso político pre-revolucionario estuvo signado entonces por una revolución aristocrática que luego se volcó contra sí misma: la aristocracia, para defender sus privilegios frente al Rey, provocó por medio de los *Parlements* la convocatoria de los *États Généraux,* y por tanto, la disminución del poder absoluto de la Monarquía. Para ello, incluso, se alió a la burguesía. Sin embargo, al defender posteriormente la integración tradicional de los *États Généraux,* que favorecía sus intereses y aseguraba sus privilegios, provocó la ruptura de su alianza con el *Tiers,* Por ello, el triunfo del *Tiers* en los *États Généraux* significó el fin de la aristocracia, que fue, en definitiva, la primera víctima de la Revolución que ella misma había comenzado desde 1787.

Ahora bien, aún sin resolverse el problema del voto, en enero de 1789 se publicó el Reglamento de Elecciones de los diputados, que estableció un sistema de elección indirecta, de dos grados en el campo y de tres grados en la ciudad. Las elecciones se realizaron en más de 40.000 circunscripciones o asambleas electorales en todo el país, que despertaron políticamente a Francia, produciéndose una movilización completa de la población y despertando emociones populares. En todas las Asambleas locales se formularon los tradicionales cuadernos de reivindicaciones y peticiones *(cahiers des doléances).* En esa forma, todos los diputados, de todo el país, llegaron a *Versalles* en abril de 1789, cargados de peticiones y requerimientos de la nobleza, del clero y el pueblo, signadas por reacciones contra el absolutismo que buscaban limitar los poderes del Rey; por el deseo de una representación nacional a la que le correspondiera votar las leyes impositivas y en general, hacer las leyes; y por el deseo general de igualdad. Toda la efervescencia política, sin duda, se concretó en estos cuadernos de reivindicaciones, que a la usanza de los tradicionales *États Généraux,* los diputados debían entregar al Rey el día de su instalación.

Como previsto, el 5 de mayo de 1789 fueron inaugurados oficialmente por el Rey los *États Généraux* y la discusión inicial se concretó respecto de cómo se iban a instalar, pues ello no había sido resuelto en la convocatoria real: si en una asamblea las tres órdenes juntas o si en tres asambleas separadas.

La burguesía urbana y profesional había acaparado la mayoría de los escaños entre los diputados del *Tercer Estado,* por lo que dominó las discusiones y las votaciones en las Asambleas, lo que reforzó por la división imperante en los otros dos estamentos. En el mismo mes de mayo de 1789, el *Tercer Estado* insistió en la celebración conjunta de sesiones para considerar la validez de los mandatos de los diputados, negándose a la verificación en forma separada. La nobleza adoptó una posición diametralmente opuesta, considerando la votación separada como un principio de la constitución monárquica. El clero, dividido, si bien no aceptó celebrar sesiones conjuntas con el *Tiers,* se abstuvo de declararse como Cámara aparte.

C. *La Asamblea Nacional y la Revolución*

Un mes después, el 6 de junio de 1789, el *Tiers état se* reveló, se instaló, e incitó y convocó a las otras dos órdenes a una sesión conjunta, advirtiéndoles que si no asistían, actuaría solo, aún cuando el número de votos por *cabeza* de diputados fuera igual. En este proceso tuvo un papel importante el clero, que si bien era una de las clases privilegiadas de la sociedad estamental, no tenía una composición uniforme: había un alto clero, que formaba parte de la nobleza y había un bajo clero, más cerca de las clases populares y de la burguesía. Por ello, cuando se produjo la convocatoria por parte del *Tiers* a una asamblea general, primero fueron tres, después siete y al final dieciséis diputados del clero que se sumaron al *Tiers état,* en lo cual, sin duda, *Sieyès* jugó un papel fundamental.

Este último elemento provocó que la asamblea se constituyera, siendo ésto un triunfo del *Tiers,* arrogándose a sí misma el título de Asamblea. *Sieyès,* diputado por el clero, incluso propuso que el título fuera "Asamblea de representantes conocidos y verificados de la Nación Francesa". En todo caso, no había pasado mes y medio desde la instalación de los *États Généraux,* cuando el 17 de junio de 1789, el *Tiers,* con algunos diputados de las otras órdenes, adoptó la *Declaración de constitución de la Asamblea.*

Los diputados del *Tiers état,* dominados por la burguesía, por tanto, que además eran parte de los *États Généraux,* se erigieron en Asamblea Nacional y se atribuyeron a sí mismos, el poder de legislar y, por tanto, de consentir o no los impuestos. Este fue, sin duda, el primer acto revolucionario del *Tiers,* y de inicio, en 1789, de la Revolución Francesa. Por eso, primero los *Parlements* y luego, los *États Généraux,* son los que hicieron la Revolución.

En junio de 1789, por tanto, Francia vio surgir una Asamblea en la cual la mayoría todopoderosa e incontenible que se atribuía la representación nacional, amenazaba y disminuía el poder real, ya desarmado. Por ello *de Tocqueville* observó que en esa situación "El *Tiers état,* dominando la única Asamblea, no podía dejar de hacer, no una reforma, sino una revolución," [185] y eso fue lo que hizo. De allí la propia afirmación que deriva del título de la famosa obra de Sieyès *Qu'est-ce que le tiers état?* (¿Qué es el Tercer Estado?): El *Tercer Estado* constituye la Nación completa, negando que las otras órdenes tuvieran algún valor. [186]

La Asamblea dictó decretos, incluso sobre la forma de su propia disolución, quitándole poder al Rey sobre ello. Sin embargo, los decretos fueron derogados por el Rey, ordenando que se constituyeran los *États Généraux,* por separado, intimidando con la fuerza al *Tercer Estado.* Así apareció, por primera vez en la Revolución, el elemento popular.

En efecto, el hambre, el aumento del precio del pan por la escasez de cereales, particularmente ese año por razones climáticas; en fin, la pobreza, fue el combustible para la agitación y rebelión del pueblo, estimulado por los diputados del *Tiers État,* para lograr su supervivencia política frente al Rey. Así, la Asamblea, con el

---

185   *Idem,* p. 92.

186   Véase Sièyes, *Qu–est–ce que le tiers état,* (publicada en enero de 1789), ed. R. Zappeti, Génova, 1970.

apoyo popular, impidió su propia disolución y se impuso al Rey. La turba parisina inclusive, fue en protesta a Versalles y en el Palacio, llegó a la antesala del Rey. Esto provocó que el Rey ordenase a los otros dos estamentos (nobleza y clero) a sumarse a la Asamblea, por lo que a partir de 27 de junio de 1789, por decisión real, se cambió radicalmente la estructura político-constitucional de Francia y de la Monarquía Absoluta.

En todo caso, tan rápido y violento había sido el proceso de rebelión política y popular, que el Rey había llamado al Ejército para someter la Asamblea que desobedecía sus órdenes. La Asamblea Nacional, el 9 de julio de 1789 se había constituido en *Asamblea Nacional Constituyente* desafiando nuevamente el poder real. La presencia y acción represiva del Ejército en París produjo la exacerbación popular; el pueblo, bajo la arenga política, buscó armas para defenderse. Las obtuvo el 14 de julio en el asalto a la caserna militar de los Inválidos, donde la turba se apertrechó (4 cañones y 34.000 fusiles) y en ese proceso de búsqueda de armas, se produjo, ese mismo día, la toma de la Bastilla, prisión del Estado, símbolo de la arbitrariedad real. Allí, sin embargo, además de que no había sino siete detenidos, no había armas.

La revuelta, en todo caso, salvó a la Asamblea Nacional, la cual, reconocida por el Rey e instalada definitivamente después de la toma de la Bastilla, a partir de agosto de 1789, comenzó a cambiar la faz constitucional francesa. El espíritu subversivo se esparció por todas las Provincias, en las cuales los campesinos y los pueblos en armas se sublevaron contra los antiguos señores. La Asamblea Nacional tuvo que prestar atención inmediata al problema del privilegio fiscal, lo que llevó, el 5 de agosto, a que los diputados nobles y del clero renunciaran a sus derechos feudales y a sus inmunidades fiscales.

La Asamblea había recibido el 11 de julio un primer texto de una "Declaración de Derechos del Hombre y del Ciudadano", presentado por *Lafayette.* Suprimidas las rebeliones provinciales, dicha Declaración fue sancionada el 26-27 de agosto de 1789, y con ella, la Asamblea aprobó los artículos de una Constitución -19 artículos que preceden la Declaración-, con lo cual se produjo la primera manifestación constitucional de la Asamblea. En efecto, en estos artículos de Constitución, se recogieron los principios de organización del Estado: se proclamó que los poderes emanaban esencialmente de la Nación (art. 1°); que el Gobierno francés era monárquico, pero que no había autoridad superior a la de la Ley, a través de la cual reinaba el Rey, en virtud de la cual podía exigir obediencia (art. 2°); se proclamó que el Poder Legislativo residía en la Asamblea Nacional (art. 2°) compuesta por representantes de la Nación libre y legalmente electos (art. 9°), en una sola Cámara (art. 5°) y de carácter permanente (art. 4°); se dispuso que el Poder Ejecutivo residiría exclusivamente en las manos del Rey (art. 16), pero que no podía hacer Ley alguna (art. 17); y se estableció que el Poder Judicial no podía ser ejercido en ningún caso, por el Rey ni por el Cuerpo Legislativo, por lo que la justicia sólo sería administrada en nombre del Rey por los tribunales establecidos por la Ley, conforme a los principios de la Constitución y según las formas determinadas por la Ley (art. 19).

En cuanto al texto de la Declaración de 1789 es el siguiente:

"Los representantes del pueblo francés, constituidos en Asamblea Nacional, considerando que la ignorancia, el olvido o el desprecio de los derechos del hombre son las únicas causas de las desgracias públicas y de la corrupción de los Gobiernos, han resuelto exponer en una declaración solemne los Derechos naturales, inalienables y sagrados del hombre, a fin de que esta declaración, presente constantemente a todos los miembros del cuerpo social, les recuerde sin cesar sus derechos y sus deberes; a fin de que los actos del Poder Legislativo y del Poder Ejecutivo, pudiendo ser en cada instante comparados con la finalidad de toda institución polí-tica, sean más respetados; a fin de que las reclamaciones de los ciudadanos, fundadas en adelante en principios simples e indiscutibles, contribuyan siempre al mantenimiento de la Constitución y a la felicidad de todos.

En consecuencia, la Asamblea Nacional reconoce y declara, en presencia y bajo los auspicios del Ser Supremo, los siguientes derechos del Hombre y del Ciudadano.

Artículo 1. Los hombres nacen y permanecen libres e iguales en derechos. Las distinciones sociales no pueden fundarse más que en la utilidad común.

Artículo 2. La finalidad de toda asociación política es la conservación de los derechos naturales e imprescindibles del hombre. Estos Derechos son la libertad, la propiedad, la seguridad y la resistencia a la opresión.

Artículo 3. El principio de toda soberanía reside esencialmente en la Nación. Ningún cuerpo, ningún individuo puede ejercer una autoridad que no emane de ella expresamente.

Artículo 4. La libertad consiste en poder hacer todo lo que no perjudica a otro; así, el ejercicio de los derechos naturales de cada hombre no tiene otros límites que los que garantizan a los demás miembros de la sociedad el goce de esos mismos derechos. Estos límites sólo pueden ser determinados por la Ley.

Artículo 5. La Ley no tiene derecho a prohibir sino las acciones perjudiciales para la sociedad. No puede impedirse nada que no esté prohibido por la Ley, y nadie puede ser obligado a hacer lo que ella no ordena.

Artículo 6. La Ley es la expresión de la voluntad general. Todos los ciudadanos tienen derecho a participar personalmente, o a través de sus representantes, en su formación. Debe ser la misma para todos, así cuando protege, como cuando castiga. Todos los ciudadanos, siendo iguales a sus ojos, son igualmente admisibles a todas las dignidades, puestos y empleos públicos, según su capacidad, y sin otra distinción que la de sus virtudes y sus talentos.

Artículo 7. Ningún hombre puede ser acusado, encarcelado ni detenido sino en los casos determinados por la Ley, y según las formas por ella prescritas. Los que solicitan, dictan, ejecutan o hacen ejecutar órdenes arbitrarias, deben ser castigados; pero todo ciudadano llamado o detenido en virtud de la Ley debe obedecer al instante: se hace culpable por la resistencia.

Artículo 8. La Ley no debe establecer más que penas estricta y evidentemente necesarias y nadie puede ser castigado sino en virtud de una ley establecida y promulgada anteriormente al delito, y legalmente aplicada.

Artículo 9. Todo hombre se presume inocente mientras no haya sido declarado culpable; por ello, si se juzga indispensable detenerlo, todo rigor que no fuera necesario para asegurar su persona debe ser severamente reprimido por la Ley.

Articulo 10. Nadie debe ser inquietado por sus opiniones, incluso religiosas, siempre que su manifestación no altere el orden público establecido por la Ley.

Articulo 11. La libre comunicación de los pensamientos y de las opiniones es uno de los derechos más preciosos del hombre; todo ciudadano puede pues hablar, escribir, imprimir libremente, a reserva de responder del abuso de esta libertad, en los casos determinados por la Ley.

Articulo 12. La garantía de los derechos del Hombre y del Ciudadano hace necesaria una fuerza pública; esta fuerza se instituye pues en beneficio de todos, y no para la utilidad particular de aquellos a quienes les es confiada.

Articulo 13. Para el mantenimiento de la fuerza pública, y para los gastos de la administración, es indispensable una contribución común; ésta debe ser repartida por igual entre todos los ciudadanos, en razón de sus posibilidades.

Artículo 14. Los ciudadanos tienen derecho a comprobar, por sí mismos o por sus representantes, la necesidad de la contribución pública, a consentir en ella libremente, a vigilar su empleo, y a determinar su cuota, su base, su recaudación y su duración.

Artículo 15. La sociedad tiene el deber de pedir cuentas de su administración a todo funcionario público.

Artículo 16. Toda sociedad en la que no está asegurada la garantía de los derechos, ni determinada la separación de los poderes no tiene Constitución.

Artículo 17. Siendo la propiedad un derecho inviolable y sagrado, nadie puede ser privado de ella, salvo cuando lo exija evidentemente la necesidad pública, legalmente comprobada, y a condición de una indemnización justa y previa." [187]

La Declaración de Derechos del Hombre y del Ciudadano, sancionada por la Asamblea, fue rechazada por el Rey. Una nueva revuelta popular provocó el traslado de la Asamblea a París, y obligó a la sanción real de la Declaración, el 2 de octubre. La Asamblea conminó al Rey a regresar a París el 5-6 de octubre, y el 2 de noviembre la Asamblea confiscó los bienes de la Iglesia y del clero, que se declararon bienes nacionales. La Asamblea, en pocos meses, hizo la Revolución jurídica, cambió todos los instrumentos que regían la Monarquía y, a partir de finales de 1789, comenzó a configurarse un nuevo Estado, por la voluntad de una Asamblea Legislativa que, el 22 de diciembre, creó los Departamentos como demarcación territorial uniforme del nuevo Estado. Asimismo, antes, por Decreto de 14 de diciembre de 1789 había organizado las municipalidades e institucionalizado el "poder municipal".

El proceso posterior a 1789 es historia conocida: la Revolución originó las guerras de las Monarquías europeas contra Francia, que se encontró amenazada en todas sus fronteras. La Revolución, por tanto, además de consolidarse internamente tuvo que protegerse externamente. En junio de 1791, el Rey negoció con las potencias extranjeras e intentó huir; detenido, fue obligado a aceptar la Constitución del 13 de septiembre de 1791, que fue la primera Constitución europea moderna, configurado-

---

187   Véase el texto en J. M. Roberts, *French Revolution Document,* (ed. J. M: Robert and R. C. Cobb), Oxford, 1966, pp. 173 y 174.

ra, sin embargo, de un Estado monárquico, signado por la separación de poderes: el Rey conservaba el Poder Ejecutivo, el Poder Legislativo lo asumía la Asamblea, y el Poder Judicial, los Tribunales.

Los *Parlements* por supuesto, habían sido eliminados por la Revolución. Así, quienes hicieron la Revolución desaparecieron inmediatamente: los *États Généraux* y los *Parlement.*

Luis XVI, en virtud de la Constitución, dejó de ser "Rey de Francia" y pasó a ser "Rey de los Franceses". Como soberano constitucional se esforzó en frenar la Revolución aplicando el veto suspensivo a la legislación, pero lo que logró fue aumentar el descontento político y popular contra él. Fue hecho prisionero por la Comuna insurrecta de París el 10 de agosto de 1792, encarcelado en la prisión del *Temple,* acusado de traición, juzgado por la Convención recién electa el 2 de septiembre de 1792, condenado a muerte, y ejecutado el 21 de enero de 1793.

A partir de la prisión del Rey, el 22 de septiembre de 1792 se había proclamado la República. El 24 de junio de 1793, entró en vigencia la primera Constitución Republicana, ratificada por referéndum (Constitución del año I), que también estaba precedida de la Declaración de Derechos. El terror político y revolucionario se apoderó de Francia y el caos se generalizó, sobre todo por la coalición extranjera que se formó contra la Revolución (marzo 1793).

En 1795 (22 de agosto) se sancionó una nueva Constitución, (Constitución del año III), también precedida de una Declaración de Derechos, concluyendo la Convención, el 26 de octubre de 1795. El 2 de noviembre del mismo año se instaló el Directorio. Bonaparte, quien en octubre de 1795 develó una revuelta de los realistas (13 *Vendémiaire),* fue nombrado Jefe de la armada en Italia. Triunfante en 1795, el Directorio lo nombró Comandante de la expedición en Egipto (1798), retornando a Francia en octubre de 1799, donde los moderados le confiaron la labor de eliminar el Directorio. Mediante un golpe de Estado, el 9-10 de noviembre de 1799, *(Brumaire,* año VIII) impuso al país una Constitución autoritaria y se inició el Consulado. Terminó así la Revolución Francesa, cuyo proceso había durado sólo 10 años.

En 1802, Bonaparte, luego de reorganizar centralizadamente la justicia, la administración (con la creación de los Prefectos) y la economía, se hizo designar Cónsul Vitalicio (1802) y luego, *Emperador de los Franceses* (1804), "por la gracia de Dios y la voluntad nacional". En todo caso, como Napoleón I, estableció una monarquía hereditaria con nobleza de Imperio, y continuó la reorganización y centralización de la Francia revolucionaria, adoptándose incluso, el Código Civil. La guerra, sin embargo, acaparó buena parte de su gobierno. Después de la retirada de Rusia (1812), vencido en *Leipzig* (1813) e invadida Francia por las potencias europeas, abdicó en 1814, siendo confinado a la isla de Elba. De allí se escapó de la vigilancia inglesa, regresó a Francia en marzo 1815 (los Cien días), y luego de ser vencido en *Waterloo* (18 de junio), el 22 de junio de 1815 abdicó por segunda vez, entregándose a los ingleses, quienes lo exilaron a la isla de Santa Helena, donde murió en 1821. Desde 1815, se reinstaló en Francia la Monarquía, con Luis XVIII (1755-1824).

El Republicanismo en Francia había durado 12 años (1792-1804). Después de una breve reinstalación (II República) entre 1848 y 1852, sólo fue a partir de 1870 que se reconstituyó, con la III República (1870-1940); la IVª República (1944-1958) y la Vª República (1958 hasta el presente).

Las Constituciones Imperiales y luego Monárquicas, a partir de 1804, habían pospuesto la República. Por otra parte, la Declaración de Derechos, a partir de 1804 sólo podía considerarse como un texto histórico, sin consecuencias jurídicas precisas, si bien sus principios inspiraron los regímenes posteriores. Dicha Declaración sólo readquirió valor de derecho positivo, a nivel constitucional, en virtud del Preámbulo de la Constitución de 1958. Con tal motivo ha sido sólo en 1973 que el Consejo Constitucional ha considerado expresamente como formando parte del bloque de la constitucionalidad, a la Declaración de Derechos del Hombre y del Ciudadano de 1789.

4. *Los aportes de la Revolución Francesa al constitucionalismo moderno*

Cuando se declaró la Independencia de Venezuela (1811) y se inició la Revolución de América Latina, por tanto, ni la República existía en Francia, ni la Declaración de Derechos tenía rango constitucional, y la Revolución Francesa había cesado. Aquel proceso, sin embargo, marcó un cambio total al constitucionalismo moderno que, junto con los aportes de la Revolución Americana, germinaron inicialmente, precisamente en América Latina durante el Siglo XIX, a partir de 1811.

A. *La idea de Constitución*

La idea de Constitución, como documento escrito, de valor superior y permanente, conteniendo las normas fundamentales de organización del Estado y la de Declaración de los Derechos de los Ciudadanos fue, si duda, como hemos dicho el aporte fundamental de la Revolución Americana al Constitucionalismo Moderno, plasmado en 1776, al declararse independientes las Antiguas Colonias Inglesas en Norteamérica. En ese proceso nació la Constitución Moderna, conteniendo las Constituciones de las excolonias, tanto una parte orgánica relativa a la organización del Estado en base a los principios de la separación de poderes; como una parte dogmática, contentiva de una declaración de derechos fundamentales naturales del hombre. El elemento básico del constitucionalismo que proviene de la Revolución Americana, en todo caso, es el del carácter de ley suprema y fundamental de la Constitución, ubicada por encima de los poderes del Estado y de los ciudadanos, y no modificable por el Legislador ordinario.

Esta concepción se adoptó en Francia, desde el mismo momento de la Revolución, sin duda, bajo la influencia americana, pero con aproximaciones propias y una concepción formal más latina en su expresión y extensión, que fue la que influyó en América Latina. En efecto, al contrario de la Constitución norteamericana de 1787 que en un conjunto de 7 artículos reguló la parte orgánica y al contrario de las Constituciones de las antiguas Colonias, no contuvo inicialmente una declaración de derechos; el primer acto constitucional de la Asamblea Nacional revolucionaria francesa en 1789, fue adoptar la *Declaración de los Derechos del Hombre y del Ciudadano,* la cual estaba precedida de unos artículos de la Constitución, en los cuales se recogieron los principios fundamentales de organización del Estado en base al principio de la separación de poderes ("El Poder Legislativo reside en la Asamblea Nacional -art. 8-; "El Poder Ejecutivo supremo reside exclusivamente en el Rey" -art. 6-; y "El Poder Judicial no podrá en ningún caso ser ejercido por el Rey ni por el cuerpo Legislativo" -art. 17-).

Posteriormente, en 1791, la Asamblea dictó la primera Constitución, formalmente hablando, de Francia, la segunda en la historia constitucional del mundo moderno, regulando extensamente una Monarquía Constitucional, en cerca de 210 artículos, e incorporando al texto la Declaración de Derechos (17 artículos). El mismo esquema se siguió en las Constituciones Republicanas de 1793 (124 artículos) y 1795 (377 artículos).

La Constitución de 1791, concibió al Rey como un delegado de la Nación, sujeto a la soberanía de la Ley como expresión de la voluntad general. A partir de ese texto, en todo caso, el Estado ya no fue el Rey, como Monarca Absoluto, sino el pueblo organizado en Nación sujeto a una Constitución.

El aporte del constitucionalismo francés en cuanto a la idea de Constitución, por tanto, es que no sólo los Textos revolucionarios de 1791, 1793 y 1795 se configuraron como Constituciones orgánicas sino como Constituciones dogmáticas, precedidas todas de una Declaración de Derechos que no contenía la Constitución norteamericana de 1787, y que sólo se incorporaron a la misma, precisamente en 1789 y 1791, al sancionarse las primeras diez Enmiendas. La Declaración de Derechos de rango constitucional es, por tanto, el gran aporte a la idea de Constitución de la Revolución Francesa.

Ahora bien, la primera de las Constituciones Latinoamericanas que es la Constitución venezolana de diciembre de 1811, recibió la influencia directa tanto de la Constitución Francesa como de la Constitución Americana. De la Constitución Americana recibió la influencia de la forma federal del Estado, del Presidencialismo como sistema de gobierno dentro del esquema de la separación de poderes, y del control de la constitucionalidad, como la garantía objetiva de la Constitución. Pero en cuanto a la redacción del Texto Constitucional de 1811, la influencia directa de la Constitución Francesa es evidente, particularmente en la regulación detallada de la forma de elección indirecta de los representantes, en el reforzamiento de la separación de poderes, y en la extensa Declaración de Derechos fundamentales que contiene.

Con frecuencia se ha argumentado que el texto de la Constitución venezolana de 1811, provino de la Constitución norteamericana, lo que no es exacto, no sólo por el contenido de ambas, sino por la extensión de los textos: 7 artículos -aún cuando extensos cada uno- en la Constitución americana de 1787 contra 228 artículos de la Constitución venezolana de 1811. En realidad, este texto se inspiró de principios de la Constitución americana y a la vez, de la redacción del texto de las Constituciones francesas revolucionarias, tanto en su parte dogmática como en su parte orgánica.

Desde el punto de vista constitucional, por tanto, es evidente que la conformación inicial del Estado Venezolano no recibió influencia alguna de las instituciones españolas. No se olvide que en 1811, España era una Monarquía invadida por las tropas Napoleónicas, en plena guerra de independencia frente al invasor francés, y que es partir de 1812, con la Constitución de Cádiz, que comienza a recibir alguno de los aportes del constitucionalismo, como el principio de la separación de poderes. Sin embargo, España continuó siendo una Monarquía durante todo el Siglo XIX, en tanto que la evolución republicana de Venezuela que comienza en 1811, y con todos sus altibajos políticos, se desarrolló sin interrupciones hasta el presente. Venezuela, por tanto, al contrario de lo que sucedió en otros países de América Latina, no recibió inicialmente influencia alguna derivada de la Constitución de Cádiz, la cual sólo rigió en parte de su territorio durante la confusión de la guerra de independencia, al contrario de lo que sucedió en otros países de América Latina, que al haber logrado su independencia más tarde, a comienzos del Siglo XIX, recibieron la influencia de la Constitución gaditana.

B. *El principio de la soberanía nacional, el republicanismo y el gobierno representativo*

El segundo principio que surge del constitucionalismo revolucionario francés, es el de la soberanía nacional. En efecto, conforme al régimen del absolutismo, el soberano era el Monarca, quien ejercía todos los poderes e, incluso, otorgaba la Constitución del Estado. Con la Revolución, el Rey es despojado de su soberanía, como se dijo, deja de ser Rey de Francia y comienza a ser Rey de los franceses trasladándose la soberanía al pueblo. La noción de Nación surge entonces, para lograr privar al Rey de su soberanía, pero como la soberanía existía sólo en la persona que la podía ejercer, era necesaria una noción de "Nación", como personificación del pueblo, para reemplazar al Rey en su ejercicio. Para usar las palabras de *Berthélémy:*

"Había una persona soberana que era el Rey. Otra persona debía ser encontrada para oponérsele. Los hombres de la Revolución encontraron esa persona soberana en una persona moral: la Nación. Le quitaron la Corona al Rey y la pusieron en cabeza de la Nación." [188]

Pero la Nación en la teoría revolucionaria, fue identificada con lo que *Sieyès* estudió como el *Tercer Estado*. El *Tercer Estado* en los *Estados Generales,* comparado con los otros estamentos (nobleza y clero), era el estamento bajo la Nación globalmente considerada. *Qu'est-ce que le Tiers?* fue la pregunta que se planteó *Sieyès* en su libro, y la respuesta que dio fue "todo", "toda la Nación." [189] Las clases privilegiadas, así, fueron excluidas del concepto de Nación, en la cual tenía sin embargo cabida la burguesía.

La burguesía como lo señaló *Sieyès,* tenía "la modesta intención de tener en los Estados Generales o Asambleas una influencia igual a la de los privilegiados"; pero la situación real, particularmente por su poder económico y por la reacción contra los privilegios, llevó a la burguesía a acaparar el poder, por la Revolución, con apoyo popular. [190] El pueblo, en realidad, apoyó al *Tercer Estado,* es decir, a la burguesía, pues no tenía otra alternativa, en el sentido de que no podía apoyar ni a la nobleza ni al clero, que representaban los privilegios. Por ello, la Revolución Francesa ha sido considerada como la revolución de la burguesía, para la burguesía y por la burguesía, [191] configurándose como un instrumento contra los privilegios y discrimina-

---

188   Véase Berthélémy- Duez, *Traité elémentaire de droit constitutionnel*, Paris 1933, p. 74, citado por M. García Pelayo, *op. cit.*, p. 461.

189   Véase E. Sieyès, *"Quést-ce que le tièrs Etat?"* (Ed. R. ZAPPETI), Genève 1970, p. 121.

190   "El pueblo –los no privilegiados- por supuesto eran los que apoyaban al tercer Estado, es decir, a la burguesia, pues no tenían otra otrra alternative, en el sentido de que no podían apoyar a la nombesa ni al clero, que representaban los privilegios." Véase G. De Ruggiero, *The History of the European Liberalism*, Boston 1967, p. 74.

191   Véase G. De Ruggiero, *op. cit.*, p. 75, 77.

ciones, buscando, al contrario, la igualdad de todos los hombres en el goce de sus derechos. De allí que, incluso, la Declaración de Derechos del Hombre y del Ciudadano haya sido calificada como "la expresión ideológica del triunfo de la burguesía."[192]

De allí el principio de la soberanía atribuida a la Nación y no al Rey o a los gobernantes, que surge del texto de la Declaración de los Derechos del Hombre y del Ciudadano: "El principio de toda soberanía reside esencialmente en la Nación. Ningún cuerpo, ningún individuo puede ejercer autoridad alguna que no emane de ella expresamente" (art. 3). La Declaración de Derechos que precedió la Constitución de 1793, señalaba: "La soberanía reside en el pueblo. Ella es una e indivisible, imprescriptible e inalienable" (art. 25), y la Declaración que precedió la Constitución de 1795, señaló "La soberanía reside esencialmente en la universalidad de los ciudadanos. Ningún individuo, ninguna reunión parcial de ciudadanos puede atribuirse la soberanía."

Estos principios fueron recogidos en la Declaración venezolana de Derechos del Pueblo de 1811, cuyos primeros 2 artículos de la Sección "Soberanía del Pueblo" establecieron:

"La soberanía reside en el pueblo; y el ejercicio de ella en los ciudadanos con derechos a sufragio, por medio de sus apoderados legalmente constituidos" (art. 1);

"La soberanía, es por su naturaleza y esencia, imprescriptible, inajenable e indivisible" (art. 2).

La Constitución de 1811, en todo caso, definió la soberanía popular conforme a la misma orientación:

"Una sociedad de hombres reunidos bajo unas mismas leyes, costumbres y gobiernos forma una soberanía" (art. 143).

La soberanía de un país, o supremo poder de reglar o dirigir equitativamente los intereses de la comunidad, reside, pues esencial y originalmente en la masa general de sus habitantes y se ejercita por medio de apoderados o representantes de éstos, nombrados y establecidos conforme a la Constitución (art. 144).

Conforme a estas normas, por tanto, en las antiguas Provincias coloniales de España que formaron Venezuela, la soberanía del Monarca Español cesó y comenzó la soberanía a ejercerse por el pueblo, que se dio a sí mismo una Constitución a través de sus representantes electos. Por ello, la Constitución de 1811, comienza señalando:

"En nombre de Dios Todopoderoso, Nos, el pueblo de los Estados de Venezuela, usando de nuestra soberanía... hemos resuelto confederarnos solemnemente para formar y establecer la siguiente Constitución, por la cual se han de gobernar y administrar estos Estados".

---

192 Véase J.L. ARANGUREN, *Ética y política*, Madrid 1963, p. 293, 297, citado por E. Díaz, *Estado de derecho y sociedad democrática*, Madrid 1966, p. 80.

La idea del pueblo soberano, por tanto, que no sólo proviene de la Revolución Francesa sino antes, de la Revolución Americana, se arraiga en el constitucionalismo venezolano desde 1811, contra la idea de la soberanía monárquica que aún imperaba en España en ese momento.

Debe destacarse, además, que a pesar de su carácter monárquico, la Constitución francesa de 1791 fue representativa, desde el momento en que la Nación ejercía su poder a través de representantes. En todo caso, fue precisamente por el sistema que se estableció para la participación, que la Revolución tuvo una especial significación social vinculada a la burguesía, ya que conforme al sistema de sufragio que se estableció, un gran número de ciudadanos fue excluido de la actividad electoral.

En todo caso, después de la Monarquía y ejecutado Luis XVI, la Constitución de 1793 estableció la República, en sustitución de la Monarquía, como "única e indivisible" (art. 1). En consecuencia, el pueblo soberano, constituido por "la universalidad de los ciudadanos franceses", nombraba sus representantes en los cuales le delegaba el ejercicio de los poderes públicos (art. 7 a 10). Estas ideas de la representatividad, sin embargo, en Francia se impusieron desde el momento mismo de la Revolución, en 1789, a pesar de que al inicio la forma del gobierno siguió siendo Monárquica. Así, en la Constitución de 1791 se estableció que:

"La Nación de la cual emanan todos los poderes, no los puede ejercer sino por delegación. La Constitución francesa es representativa: los representantes son el cuerpo legislativo y el Rey" (art. 2, título III).

Por tanto, incluso el Rey se convirtió con la Revolución en representante de la Nación, hasta que fue decapitado, y con ello la Monarquía convertida en República, fue completamente representativa.

Esta idea de representatividad republicana, por supuesto, también provino inicialmente de la Revolución Americana, y se recogió en la Constitución Venezolana de 1811, en la cual, como señalamos, se establece que la soberanía se ejercita sólo "por medio de apoderados o representantes de éstos, nombrados y establecidos conforme a la Constitución" (art 144). Por ello, agrega la Constitución de 1811:

"Ningún individuo, ninguna familia, ninguna porción o reunión de ciudadanos, ninguna corporación particular, ningún pueblo, ciudad o partido, puede atribuirse la soberanía de la sociedad que es imprescindible, inajenable e indivisible, en su esencia y origen, ni persona alguna podrá ejercer cualquier función pública del gobierno si no la ha obtenido por la Constitución" (art. 146).

En definitiva, siendo el sistema de gobierno netamente republicano y representativo, conforme a la más exacta expresión francesa de la Declaración de 1789 (art. 6), la Constitución de 1811 estableció que:

"La Ley es la expresión libre de la voluntad general de la mayoría de los ciudadanos, indicada por el órgano de sus representantes legalmente constituidos" (art. 149).

C. *El principio de la separación de poderes*

La idea de la separación de poderes, debido a la formulación teórica de *Locke* y *Montesquieu,* fue expresada constitucionalmente, por primera vez, en las Constituciones de las Colonias Americanas de 1776, y luego imbuida en el texto de la Constitución Norteamericana de 1787. El principio de la separación de poderes, sin embargo, en Francia, es materialmente el motivo fundamental de la Revolución, al punto de que en la Declaración de Derechos del Hombre y del Ciudadano en 1789 se incluye, en el artículo XVI, la famosa proposición de que:

> "Toda sociedad en la cual la garantía de los derechos no esté asegurada, ni la separación de poderes determinada, no tiene Constitución".

Por lo tanto, en los artículos de la Constitución que siguieron a la Declaración de 1789, como primer acto constitucional revolucionario, se establecieron expresamente las consecuencias del principio, al establecer que "El Poder Legislativo reside en la Asamblea Nacional" (art. 8); que "El Poder Ejecutivo supremo reside exclusivamente en el Rey" (art. 16), no pudiendo este poder "hacer ninguna ley" (art. 17); y que "El Poder Judicial no podrá en ningún caso, ser ejercido por el Rey, ni por el cuerpo legislativo" (art. 17).

Este principio de la separación de poderes, de la esencia del proceso revolucionario francés, fue incorporado en forma expresa en la Constitución de 1791 en la cual se precisó (Título III):

> "3.   El Poder Legislativo es delegado a una Asamblea Nacional, compuesta de representantes temporales, libremente elegidos por el pueblo, para ser ejercido por ella, con la sanción del Rey, de la manera que se determina en esta Constitución.
>
> 4.   El gobierno es monárquico: el Poder Ejecutivo es delegado en el Rey, para ser ejercido bajo su autoridad, por los Ministros y otros agentes responsables, de la manera que se determina en esta Constitución.
>
> 5.   El Poder Judicial es delegado a los jueces electos temporalmente por el pueblo".

Sin embargo, en el sistema francés de separación de poderes de 1791, se estableció un claro predominio del Poder Legislativo. Por ello, el Rey no podía ni convocar, ni suspender ni disolver la Asamblea; sólo tenía un poder de veto, sólo de suspensión, pero no tenía iniciativa, aun cuando podía sugerir a la Asamblea tomar en consideración ciertos asuntos. La Asamblea, por su parte, no tenía control sobre el Ejecutivo, ya que la persona del Rey era sagrada e inviolable. Sólo los Ministros eran responsables penalmente. En todo caso, la Asamblea tenía importantes atribuciones ejecutivas, como el nombramiento de algunos funcionarios, la vigilancia de la administración, la declaración de la guerra y la ratificación de los Tratados.

La consecuencia del principio de la separación de poderes, en un esquema en el cual el Legislador tenía la supremacía, fue la prohibición impuesta a los Poderes Ejecutivo y al Judicial de inmiscuirse en los asuntos de los otros Poderes. Así, al regular las funciones de los administradores de Departamento, la Constitución de 1791 precisó que "no podrán, ni inmiscuirse en el ejercicio del Poder Legislativo, o suspender la ejecución de las leyes, ni actuar en el orden judicial, ni sobre las disposiciones u operaciones militares" (art. 3, Cap. IV, Título IV). En cuanto al Poder Judicial, se estableció, que este "en ningún caso podría ser ejercido por el Cuerpo Legislativo ni por el Rey" (art. 1, Cap. V, Título DI), pero se expresaba además que "los Tribunales no pueden, ni inmiscuirse en el ejercicio del Poder Legislativo, o

suspender la ejecución de las leyes, ni actuar en relación a los funcionarios administrativos, ni citar ante ellos a los administradores en razón de sus funciones" (art. 3,
Cap. V, Título III).

En materia judicial, esta concepción extrema de la separación de poderes tenía
una razón histórica: los *Parlements,* que eran los Tribunales del Antiguo Régimen,
como hemos señalado, habían tenido un papel activo, como instrumentos de la aristocracia, para oponerse a las reformas impositivas. La Revolución había surgido,
entonces, signada por una reticencia tal respecto del Poder Judicial, que la separación de poderes llegó allí al extremo de impedir no sólo que los jueces pudiesen
interpretar las leyes (por supuesto, jamás la posibilidad de anular leyes), sino la injerencia de los Tribunales respecto de la Administración, lo que fue incluso consagrado expresamente en la Ley 16-24 de agosto de 1790 sobre la reorganización del
Poder Judicial, en la cual además de abolir la venalidad de las funciones judiciales y
establecer la gratuidad de la justicia (Título II, art. 2), se estableció que:

> "Las funciones judiciales son distintas y permanecerán siempre separadas de
> las funciones administrativas. Los jueces no podrán, so pena de prevaricación,
> perturbar, de la manera que sea, las operaciones de los cuerpos administrativos,
> ni citar ante ellos a los administradores en razón de sus funciones (Título II, art.
> 13)."[193]

Fue este principio externo, el que llevó, casi 100 años después, a la consolidación de la jurisdicción administrativa a cargo del Consejo de Estado para juzgar la
Administración y para anular los actos administrativos (jurisdicción contencioso-
administrativa) pero, por supuesto, en forma separada respecto del Poder Judicial.
Es decir, la jurisdicción contencioso-administrativa en Francia, en definitiva, tuvo su
origen en el acto revolucionario de expresión extrema de la separación de poderes,
que prohibía a los jueces ordinarios juzgar a la Administración, lo que sigue teniendo vigor.

En materia de control de la legislación, la situación de abstención de los jueces
era similar. Conforme a las enseñanzas de *Montesquieu* los jueces sólo podían ser
"la boca que pronuncia las palabras de la Ley"[194] por lo que incluso, como se señaló,
la interpretación de la Ley les era prohibida inicialmente, y mediante el procedimiento llamado del *referé legislatif,* los jueces estaban obligados a consultar a la
Asamblea Nacional cuando tuviesen dudas sobre la interpretación de las leyes.[195] En
este esquema, los jueces no podían controlar la constitucionalidad de las leyes, lo
que incluso condujo a que, a partir de la Constitución de 1958 en Francia, se hubiese
creado un Consejo Constitucional, también separado del Poder Judicial, para juzgar
dicha constitucionalidad, pero sólo respecto de las leyes sancionada por la Asamblea, pero aún no promulgadas.

---

193 Véase J. Rivero, *Droit Administratif,* Paris 1973, p. 129; J.M. Auby et R. DRAGO, *Traité de contentieux
    administratif,* Paris 1984, Vol. I, p. 379.

194 Montesquieu, *De l'Espirit of Laws,* Book XI, Ch VI, citado por Ch. H. MC ILWAIN, *The High Court of
    Parliament and its Supremacy,* Yale, 1910, p. 323.

195 *Idem*

El principio de la separación de poderes, por supuesto, también influyó en el constitucionalismo venezolano, pero no conforme a la interpretación extrema francesa, sino conforme a la modalidad adoptada en los Estados Unidos, y que se expresó en las Constituciones de las Colonias de 1776, de las cuales proviene la siguiente expresión del Preámbulo de la Constitución de 1811:

"El ejercicio de la autoridad confiada a la Confederación no podrá jamás hallarse reunido en sus diversas funciones. El Poder Supremo debe estar dividido en Legislativo, Ejecutivo y Judicial, y confiado a distintos cuerpos independientes entre sí y en sus respectivas facultades".

Sin embargo, el principio de la separación de poderes no se concibió como el establecimiento de compartimientos estancos, sino conforme a un sistema de pesos, contrapesos, e interferencias constitucionales radicalmente distintos al sistema francés. En particular, entre ellas, resulta necesario destacar el papel del Poder Judicial en el control de los otros poderes respecto de su adecuación a la Constitución, y a la vigencia de la garantía objetiva de la Constitución, conforme a la influencia recibida del constitucionalismo americano.

De acuerdo a ello, en Venezuela, desde el siglo XIX el Poder Judicial (la Corte Suprema) ejerce la jurisdicción contencioso-administrativa (control de la legalidad y constitucionalidad de las actividades administrativas) y la jurisdicción constitucional (control de la constitucionalidad de las leyes), y ello no puede considerarse ni nunca se ha considerado como una ruptura o violación del principio de la separación de poderes, sino como una consecuencia esencial del mismo.

En efecto, la Constitución de 1811, estableció expresamente el principio de la supremacía constitucional, con la consecuencia expresa de que:

"Las leyes que se expidan contra el tenor de ella no tendrán ningún valor sino cuando hubieren llenado las condiciones requeridas para una justa y legítima revisión y sanción" (art. 227).

En el mismo sentido, luego de la enumeración de los derechos fundamentales, la Constitución de 1811 precisó que dichos derechos:

"[E]stán exentos y fuera del alcance del poder general ordinario del gobierno y que, conteniendo o apoyándose sobre los indestructibles y sagrados principios de la naturaleza, toda ley contraria a ellos que se expida por la legislatura federal o por las provincias será absolutamente nula y de ningún valor" (art. 199).

En estos principios, sin duda, debe situarse el origen de la concepción venezolana del poder atribuido a la Corte Suprema de Justicia para declarar la nulidad de las leyes inconstitucional, tan característico de nuestra tradición constitucional, e inexistente en Francia, salvo a partir de 1958 por lo que se refiere al control preventivo de la constitucionalidad de las leyes no promulgadas. En esos principios también debe situarse el origen del poder atribuido a todos los jueces para desaplicar las leyes que consideren inconstitucionales en los casos concretos que decidan (art. 20 Código de Procedimiento Civil) adoptado, sin duda, bajo la influencia del constitucionalismo norteamericano.

D. *El principio de la supremacía de la Ley: el principio de la legalidad*

La Revolución Francesa estuvo signada por el principio de la supremacía del legislador, que representaba a la Nación. Al haber controlado el *Tercer Estado* la Asamblea Nacional en 1789, ésta se convirtió en representante todopoderosa de la Nación. De allí que de acuerdo al postulado roussoniano de que la "ley es expresión de la voluntad general", habiendo la Asamblea asumido carácter de poder constituyente al momento de la Revolución, en la Constitución de 1791 se estableció que:

"No hay en Francia una autoridad superior a la de la ley. El Rey no reina sino por ella, y es en nombre de la Ley que él puede exigir obediencia" (Art. 3, Cap. II, Título III).

La ley, entonces, como "expresión de la voluntad general" según lo indicó la Declaración de Derechos del Hombre y del Ciudadano (art. VI), adquirió en el constitucionalismo francés un rango superior, consecuencia de la primacía del propio Poder Legislativo.

Pero además, desde el punto de vista sustantivo, el principio de la supremacía de la Ley se fundó sobre el de su generalidad, lo que a la vez fue garantía de la igualdad, uno de los postulados básicos de la Revolución. Las leyes de libertad, que tenían por objeto hacer posible el libre desenvolvimiento de los miembros del grupo social, fueron el instrumento de la Asamblea contra los privilegios que fueron abolidos.

En todo caso, siendo la ley expresión de la voluntad general, se consagró el derecho de todos los ciudadanos de "concurrir personalmente o por sus representantes" a la formación de la ley (art. VI), estableciéndose en los artículos de la Constitución que siguieron a la Declaración los siguientes principios:

"Ningún acto de los Cuerpos Legislativos podrá ser considerado como ley, si no ha sido hecho por los representantes de la Nación libremente elegidos y si no ha sido sancionado por el Monarca" (art. 9).

"El Poder Ejecutivo no puede hacer ley alguna, incluso prioritaria, sino proclamar, conforme a las leyes, para ordenar o recordar su observación" (art. 16).

"El Poder Judicial será administrado por tribunales establecidos por la ley, según los principios de la Constitución y según las normas determinadas por la ley" (art. 19).

Por su parte, la Ley de 16-24 de agosto de 1790, agregó que:

"Los Tribunales no podrán tomar directa o indirectamente, parte alguna en el ejercicio del poder legislativo, ni suspender o impedir la ejecución de los decretos del Cuerpo Legislativo, sancionados por el Rey, so pena de prevaricación" (art. 10, Título n).

Por otra parte, a la base de la concepción de la ley como expresión de la voluntad general, está la idea que emerge de la Revolución de que no sólo no había autoridad superior a la de la ley, sino que era a través de ella que se podía gobernar y exigir obediencia. Así, frente al poder absoluto del Monarca en el Antiguo Régimen, emerge el principio de la legalidad y el Estado de Derecho: sólo se puede gobernar en virtud y con sujeción de las leyes.

La concepción de la ley como expresión de la voluntad general, fue recogida expresamente en la Declaración venezolana de Derechos del Pueblo de 1811, al establecer que:

"La ley se forma por la expresión libre y solemne de la voluntad general, y ésta se expresa por los apoderados que el pueblo elige para que representen sus derechos" (art. 3 Segunda Sección).

Asimismo, en el texto de la Constitución de 1811 se estableció:

"La ley es la expresión libre de la voluntad general o de la mayoría de los ciudadanos, indicadas por el órgano de sus representantes legalmente constituidos. Ella se funda sobre la justicia y la utilidad común y ha de proteger la libertad pública e individual contra toda opresión o violencia" (art. 149).

La Constitución de 1811, sin embargo, no siguió el postulado tan radical de la supremacía de la ley, y en cambio, formuló el principio de la supremacía constitucional al declarar como "absolutamente nulas y sin ningún valor" las leyes contrarias a los derechos fundamentales (art. 199); y en general, al considerar sin "ningún valor" las leyes contrarias a la Constitución, la cual se declaró como la "Ley Suprema del Estado" (art. 227).

E. *La Declaración de Derechos*

Conforme a la más clásica concepción liberal, y a las enseñanzas de *Loche, Montesquieu y Rousseau*, la declaración de Derechos Fundamentales es una pieza clave del constitucionalismo francés y de la Revolución. En efecto, la Declaración de Derechos del Hombre y del Ciudadano, el producto más importante del inicio de la Revolución, sancionada por la Asamblea Nacional el 26 de agosto de 1789, contiene en 17 artículos los derechos fundamentales del hombre. En su redacción, sin duda, a pesar de la multiplicidad de fuentes que la originaron, tuvieron gran influencia los *Bill of Rights* de las Colonias americanas particularmente en cuanto al principio mismo de la necesidad de una formal declaración de derechos. Una larga polémica se originó en cuanto a esa influencia americana desde comienzos del Siglo XX,[196] la cual puede decirse que incluso, fue mutua entre los pensadores europeos y americanos. Los filósofos franceses, comenzando por *Montesquieu y Rousseau,* eran estudiados en Norteamérica; la participación de Francia en la Guerra de Independencia norteamericana fue importantísima; *Lafayette* fue miembro de la Comisión redactora de la Asamblea Nacional que produjo la Declaración de 1789, y sometió a consideración su propio proyecto basado en la Declaración de Independencia Americana y en la Declaración de Derechos de Virginia; el *rapporteur* de la Comisión Constitu-

---

196 Véase G. Jellinek, *La Declaration des Droits de l'Homme et du Citoyen,* trad. Fardis, París, 1902; G. Boutmy, "La Declaration des Droits de l'Homme et du Citoyen et M. Jellinek," en *Annales des Sciences Politiques,* XVIII, 1902, pp. 415 a 443; G. Jellinek, "La Declaration des Droits de l'Homme et du Citoyen" (Réponse de M. Jellinek a M. Boutmy), en *Revue du Droits Public et de la Science Politique en France et à l'étranger,* T. XVIII, París, pp. 385 a 400.

cional de la Asamblea propuso "trasplantar a Francia la noble idea concebida en Norte América"; y *Jefferson* estaba presente en París en 1789, habiendo sucedido a *Benjamín Franklin* como Ministro Americano en Francia.[197] En todo caso, el objetivo central de ambas declaraciones fue el mismo: proteger a los ciudadanos contra el poder arbitrario y establecer el principio de la primacía de la Ley.

Por supuesto, la Declaración de 1789 fue influenciada directamente por el pensamiento de *Rousseau y Montesquieu:* sus redactores tomaron de *Rousseau* los principios que consideraban el rol de la sociedad como vinculado a la libertad natural del hombre, y la idea de que la Ley, como expresión de la voluntad general adoptada por los representantes de la Nación, no podría ser instrumento de opresión. *De Montesquieu* deriva su desconfianza fundamental respecto del poder y consecuencialmente, el principio de la separación de poderes.

Por supuesto, los derechos proclamados en la Declaración eran los derechos naturales del hombre, en consecuencia inalienables y universales. No se trataba de derechos que la sociedad política otorgaba, sino derechos que pertenecían a la naturaleza inherente del ser humano. La Declaración, por tanto, se configura como una formal adhesión a los principios de la Ley natural y a los derechos naturales con los que nace el hombre, por lo que la ley sólo los reconoce y declara, pero en realidad no los establece. Por ello, la Declaración tiene un carácter universal. No fue una declaración de los derechos de los franceses, sino el reconocimiento por la Asamblea Nacional, de la existencia de derechos fundamentales del hombre, para todos los tiempos y para todos los Estados. Por ello, *de Tocqueville* comparó la revolución política de 1789 con una revolución religiosa, señalando que a la manera de las grandes religiones, la Revolución estableció principios y reglas generales, y adoptó un mensaje que se propagó más allá de las fronteras de Francia. Ello derivó del hecho de que los derechos declarados eran "derechos naturales" del hombre.

Esta concepción es clara en el texto de la Declaración adoptada por los representantes del pueblo francés, constituidos en Asamblea Nacional,

> "Considerando que la ignorancia, el olvido o el desprecio de los derechos del hombre son las únicas causas de las desgracias públicas y de la corrupción de los gobiernos".

La Declaración fue, entonces, un recuerdo perpetuo de los "derechos naturales, inalienables y sagrados del hombre" (Preámbulo).

Así, la Declaración de los Derechos del Hombre y del Ciudadano comienza por proclamar que "El fin de toda asociación política es la conservación de los derechos naturales e imprescriptibles del hombre", que se enumeraron como "la libertad, la propiedad, la seguridad y la resistencia a la opresión" (art. 2). Además, la Declaración postuló como derecho fundamental, la igualdad, al inscribir en su primer artículo que "los hombres nacen y permanecen libres e iguales en sus derechos" y proclamar en su artículo 6 la igualdad ante la Ley, así:

---

197   J. Rivero, *Les libertés publiques,* París, 1973, Vol. I, p. 455; A.H. Robertson, *Human Rights in the World,* Manchester, 1982, p. 7.

"Ella debe ser la misma para todos, sea que proteja o que castigue. Todos los ciudadanos siendo iguales ante sus ojos, son igualmente admisibles a todas las dignidades, cargos y empleos públicos, según su capacidad, y sin otra distinción que la de sus virtudes y talentos".

Esta Declaración de 1789, además de referir a los derechos naturales de todos los hombres, puede caracterizarse por otros aspectos: Primero, sin duda, por la influencia de *Rousseau:* se basa en la concepción de la bondad natural del hombre, lo que implícitamente es un rechazo a la idea del pecado original; por ello se señala que ha sido "la ignorancia, el olvido o el desprecio de los derechos del hombre las únicas causas de las desgracias públicas y de la corrupción de los gobiernos".

En segundo lugar, y esto es fundamental, desde el punto de vista legal y político, los poderes del Estado son limitados hasta el punto de que sólo puede actuar dentro de los límites impuestos por los derechos declarados y consecuencialmente, sometido a la soberanía de la Ley, principio recogido en la Constitución de 1791.

Debe decirse, en todo caso, que entre la Declaración Francesa de 1789 y las Declaraciones Americanas de 1776 se destaca una diferencia fundamental, en contenido y sentido. La Declaración de 1789 no tenía por objeto establecer un nuevo Estado sino que se adoptó como acto revolucionario, dentro del estado nacional y monárquico que ya existía. En las Declaraciones Americanas, en cambio, se trataba de manifestaciones para construir nuevos Estados, y por tanto, nuevos ciudadanos. En la Declaración de 1789, como se proclama en el Preámbulo, se buscaba recordar solemnemente a todos los miembros de la comunidad política sus derechos, por los que el nuevo principio de la libertad individual aparecía sólo como una importante modificación en el contexto de una unidad política existente. En cambio, en las Declaraciones Americanas, la vigencia de los derechos era un importante factor en un proceso de independencia, y en consecuencia, en la construcción de nuevos Estados sobre nuevas bases, particularmente sobre el principio de la soberanía del pueblo con todo su contenido democrático y antimonárquico.

En todo caso, la declaración de 1789 marcó el hito de la transformación constitucional de Francia en los años subsiguientes, y así, fue recogida en el texto de la Constitución del 13 de septiembre de 1791; en el de la Constitución de 1793; y en la Constitución del año III (promulgada el 1er *Vendémiaire* del año IV, es decir, el 23 de septiembre de 1795).

Este aporte fundamental de la Revolución de la proclamación de derechos naturales del hombre (no sólo de los franceses), tuvo sus repercusiones inmediatas en Venezuela, donde la Sección Legislativa de la Provincia de Venezuela del Congreso General, el 1° de julio de 1811, adoptó la *"Declaración de Derechos del Pueblo"*, incluso, antes de la firma del Acta de la Independencia el 5 de julio de 1811. Se trata de la primera declaración de derechos fundamentales con rango constitucional, adoptada luego de la Declaración Francesa, en la historia del constitucionalismo moderno, con lo cual se inició una tradición constitucional que ha permanecido invariable en Venezuela.

El texto de la Declaración de 1811, luego recogido, ampliado en la Constitución de ese mismo año puede decirse, que es la traducción de la Declaración de Derechos del Hombre y del Ciudadano que precedió la Constitución francesa de 1793, y que llegó a Venezuela antes de 1797, a través de José María Picornell y Gomilla, uno de los conjurados en la llamada "Conspiración de San Blas", de Madrid, de 1794, quien, una vez ésta descubierta, fue deportado a las mazmorras españolas en el Caribe. En el Puerto de La Guaira, en 1797, Picornell entró en contacto con los criollos Gual y España, y en la conspiración que llevaba el nombre de ambos, de ese año, también debelada, circuló la traducción de los derechos del Hombre. Ese texto fue el que, catorce años después, sirvió para la Declaración de Derechos del Pueblo de 1811 y luego para el capítulo respectivo de la Constitución de 1811. En ese texto, sin embargo, se incorporó una novedosa norma que no encuentra antecedentes ni en los textos constitucionales norteamericanos ni franceses, y es la que contiene la "garantía objetiva" de los derechos, y que declara "nulas y de ningún valor" las leyes que contrariaran la declaración de derechos, de acuerdo a los principios que ya se habían establecido en la célebre sentencia *Marbury contra Madison,* de 1803, de la Corte Suprema de los Estados Unidos.

F.   *Los principios de la organización territorial del Estado*

El séptimo de los aportes al constitucionalismo revolucionario francés concierne a la organización territorial y, particularmente a la autonomía local, que tuvo una influencia directa en el mundo y, particularmente, en Venezuela. En efecto, el Antiguo Régimen era un régimen político altamente centralizado, en el cual no había poderes locales. Los Intendentes eran la fuente única de poder en las Provincias, y las autoridades locales que podía haber, eran delegados del Intendente, sometidos a su control. No existía, por tanto, un poder municipal ni nada que se le pareciera.

Con motivo de las propuestas de reforma impositiva, en 1775, el Ministro *Turgot* había planteado establecer Municipalidades, pero ello no llegó a prosperar. En cambio, la Revolución cambió la faz territorial de Francia, y por los Decretos de 14 y 22 de diciembre de 1789 eliminó los antiguos reinos y las antiguas e históricas circunscripciones territoriales, estableciendo una uniformización territorial general, al dividir el país en Departamentos, éstos en Distritos, los Distritos en Cantones y éstos en Comunas, que eran las municipalidades, creándose así el Poder Municipal. En cada villa, burgo o parroquia, entonces, se constituyó una municipalidad o una comuna, generalizándose la institución municipal.

En efecto, la creación de Municipios uniformes en todo el territorio de Francia, por tanto, condujo a la sustitución definitiva de las cartas, fueros y privilegios locales, de manera que como lo observó *de Tocqueville,* producto de la Revolución: "Las instituciones deben ser las mismas para todas las partes del territorio y para todos los hombres que los habitan".

Debe insistirse en que las reformas del régimen municipal en Francia precedieron la Revolución, con la creación antes de 1787, a iniciativa de los Ministros de Luis XVI, de las asambleas provinciales junto al Intendente, y en cada pueblo, de un cuerpo municipal electivo que sustituiría a las antiguas asambleas parroquiales, y en la mayoría de los casos, al síndico. Contrario a las costumbres que existían, todos los poderes que se pretendieron crear fueron colectivos, y el intendente fue disminuido en su poder. Todo ello condujo a la parálisis de la administración, y, como lo apuntó *de Tocqueville,* "Las asambleas, queriendo mejorarlo todo, acabaron por enredarlo todo", produciéndose entonces "una de las mayores perturbaciones que haya registrado jamás la historia de un gran pueblo", en la cual "Cada francés había experimentado una confusión particular. Nadie sabía ya ni a quien obedecer, ni a quién dirigirse"; y terminaba señalando *de Tocqueville*, que "Perdido el equilibrio de las partes que componían la Nación, un último golpe bastó para hacerla oscilar y producir el más vasto trastorno y la más espantosa confusión que hayan tenido lugar jamás."[198]

La Revolución quiso poner fin a esta situación, y en el mismo año de 1789, la Asamblea Nacional Constituyente definió un nuevo orden municipal uniforme, fragmentado, generalizado y de carácter electivo; el cual en definitiva, si bien complicó aún más la situación de la Administración, puso las bases para el régimen municipal del constitucionalismo moderno. Comenzó el 4 de agosto de 1789, con un Decreto que declaró irrevocablemente abolidos "todos los privilegios particulares de provincias, principados, cantones, ciudades y comunidades de habitantes, sean pecuniarios o de cualquier otra naturaleza"[199]; y al mismo lo siguieron los Decretos de 14 y 22 de diciembre del mismo año 1789. En el primero se dispuso la supresión y abolición que "las Municipalidades existentes en cada villa, burgo, parroquia o comunidad", con las denominaciones que tuvieren, y se agregó que serían sustituidas por "colectividades locales del reino" tanto en las ciudades como en el campo, con la misma naturaleza y situadas en el mismo plano constitucional, con el nombre común de municipalidad, que tendían en su cabeza al alcalde.

En el segundo Decreto se dividió el territorio francés de manera uniforme en departamentos, distritos y cantones, suprimiéndose los intendentes, y además se dispuso que "en cada villa, burgo, parroquia y comunidad del campo habrá una municipalidad."[200] Este principio se consagró luego, expresamente, en la Constitución de 1791, al regular en su título "La división del Reino", que: "El Reino es uno e indivisible: su territorio se distribuye en 83 Departamentos, cada Departamento en Distritos, cada Distrito en Cantones".

De ello resultó que en 1791 en la Francia revolucionaria había 43.915 municipios, que comenzaron a llamarse comunas. Estas entidades municipales, además de las funciones propias de la Administración general que les podían ser delegadas, ejercían el "poder municipal", concepto que venía de los escritos de Benjamín *Constant* y de las propuestas de reforma del ministro *Turgot* (1775), [201] y que luego se arraigaría en el constitucionalismo iberoamericano, de manera que por ejemplo, aparece en Venezuela, a partir de la Constitución de 1857 (artículos 6 y 85).

Con esta división territorial, como lo percibió Edmond *Burke* en tiempos de la Revolución: "Es la primera vez que se ve a los hombres hacer pedazos su patria de una manera tan bárbara"; pero *de Tocqueville* acotaría años después, que en realidad, si bien "Parecía, en efecto que se desagarraban cuerpos vivos, … lo único que se hacía era despedazar cuerpos muertos." [202] Sin embargo, lo cierto es que el siste-

---

198   Alexis de Tocqueville, *El Antiguo Régimen y la Revolución*, Alianza Editorial, Tomo II, Madrid 1982, p. 197

199   Luciano Vandelli, *El Poder Local. Su origen en la Francia revolucionaria y su futuro en la Europa de las regiones*, Ministerio para las Administraciones Públicas, Madrid 1992, p. 28, nota 10.

200   Albert Soboul, *La révolution française*, Gallimard, París 1981, pp. 198 y ss.

201   Eduardo García de Enterría, *Revolución Francesa y Administración contemporánea*,Taurus Ediciones, Madrid 1981, pp. 72, 76, 135.

202   Alexis de Tocqueville, *El Antiguo Régimen... cit.* Tomo I, p. 107.

ma produjo la disolución del Estado al haber estallado Francia en cuarenta mil pedazos, cada uno con una especie de república soberana y anárquica que no tenían nexo
alguno con el poder central en construcción.

Por ello, esta reforma sólo duró cinco años, porque al tratar la Revolución de
desmontar un sistema tan centralizado como el de la Monarquía Absoluta, en un
sistema de división territorial donde se crearon más de 40.000 comunas o municipios, con poderes locales propios, lo que hizo fue desquiciar el Estado, por lo que
fue la propia Asamblea la que tuvo, luego, que retroceder en la creación del Poder
Municipal.

Por ello, de tal anarquía vinieron las reformas para tratar de controlar la acción
municipal desde el poder central, como por ejemplo, al atribuírsele en la Constitución de 1791 poderes anulatorios al Rey, respecto de los actos municipales; al crearse en la Ley del 14 de frimario del año II (4 de diciembre de 1793) unos agentes
nacionales directamente conectados al centro (Paris) para ejercer la vigilancia sobre
los municipios; y además, al pretender reducir el número de comunas en la Constitución del año III (5 fructuoso, 22 de agosto de 1795), reagrupándoselas en entidades
locales, y estableciendo la subordinación de las comunas a las Administraciones
departamentales, y estas a los Ministros.

Pero el torbellino revolucionario que no había cesado, comenzó a producir su
propia transformación con el golpe de Estado del 18 de brumario del año VIII (9 de
noviembre de 1799), a raíz del cual Napoleón reimplantará la centralización que se
había establecido en el Antiguo Régimen y que había quedado destrozada con la
Revolución. Se estableció, así, un esquema de control centralizado sobre las más de
40.000 comunas que fueron restablecidas, creándose un sistema escalonado y jerarquizado de control sobre las mismas, donde serían esenciales las figuras del prefecto
y subprefecto dependientes del poder central y controlando a los alcaldes, establecidos en la Ley de 28 pluvioso del año VIII (17 de febrero de 1800). [203]

La centralización administrativa por el establecimiento de esa rígida cadena institucional que unía: Ministro, Prefecto, Subprefecto y Alcalde, y que dio origen al
llamado control de tutela, sin duda, fue uno de los aportes más importantes a la Administración municipal y local, y a la propia construcción del Estado centralizado.
Como lo diría el Presidente *François Mitterand*, casi doscientos años después, al
proponer la reforma descentralizadora de 1981: "Francia tuvo que acudir a un poder
fuerte y centralizado para hacerse. Hoy necesita un poder descentralizado para no
deshacerse." [204] Esta, entre tantas, fue precisamente una de las motivaciones de la
sanción de la conocida Ley francesa de Libertad de las Comunas de 1982. [205]

---

203   Véase Luciano Vandelli, *El Poder Local. Su origen en la Francia revolucionaria y su futuro en la
       Europa de las regiones*, Ministerio para las Administraciones Públicas, Madrid 1992, pp. 29 y ss.;
       Eduardo García de Enterría, *Revolución Francesa y Administración contemporánea*, Taurus Ediciones,
       Madrid 1981, pp. 107 y ss.; Sandra Morelli, *La Revolución Francesa y la Administración Territorial en
       Colombia, Perspectivas comparadas,* Universidad Externado de Colombia, 1991, pp. 31 y ss.

204   Citado por Jaime Castro, *La cuestión territorial*, Editorial Oveja Negra, Bogotá 2003, p. 26.

205   Sobre la aplicación de la Ley del 2 de marzo de 1982, véase en general, André Terrazzoni, *La décentra-
       lisation a l'épreive des faits*, LGDJ, Paris 1987

Tres principios configuraron el régimen municipal napoleónico: primero, el principio de la creación de un municipio por cada colectividad local –aún de dimensiones mínimas- abarcando desde el pequeño pueblo rural hasta el gran centro urbano; segundo, el principio de la uniformidad e igualdad formal del régimen de los municipios a pesar de la diversidad territorial, geográfica y demográfica de los mismos a lo largo y ancho de los territorios estatales; y tercero, las reglas generales de funcionamiento de la tutela, como instrumento de control sobre las entidades locales. Todo ello configuró un modelo de régimen municipal, sin duda que se extendió por toda Europa. [206]

Hacia América, sin embargo, sólo hicieron la travesía del Atlántico algunos aspectos del régimen de municipalización uniforme, pero ni el primero ni el último de los principios, es decir, el de la generalización de colectividades locales en el territorio y el del control de tutela, llegaron a nuestras costas; y al contrario, desde el inicio del Siglo XIX, no sólo el municipio se ubicó en niveles territoriales muy alejados de los pueblos sino que además, se implantó el principio de la autonomía municipal.

En todo caso, como se dijo, la idea del Poder Municipal penetró en América Latina, y en 1811, Venezuela recogió sus influencias, al igual que las de la Revolución Americana, siendo como estaba el nuevo estado constituido por provincias aisladas, descentralizadas y con gran autonomía, que venían del esquema colonial español. La forma de unir políticamente aquellas Provincias en un solo Estado, realmente era el esquema federal, por lo que Venezuela lo tomó del federalismo de los Estados Unidos para estructurar el nuevo Estado, en Provincias soberanas (equivalentes a los Estados miembros de la Federación).

Pero además, para organizar internamente a las Provincias, los constituyentes venezolanos tomaron el esquema territorial francés, pero no en el texto de la Constitución de 1811 que organizaba una "confederación", sino en el de las Constituciones provinciales. No se olvide que conforme a la Constitución de 1811, las Provincias eran 'Estados Soberanos", correspondiéndoles a ellos, en sus respectivas Constituciones, disponer la organización territorial interna. Por tanto, una vez dictada la Constitución de 21 de diciembre de 1811, las Provincias comenzaron a dictar sus Constituciones regulándose en ellas, la organización territorial del país.

Es de destacar, así, por ejemplo, el esquema territorial establecido en la "Constitución de la Provincia de Venezuela" (enero 1811); cuyo territorio comprendía el área central del país, y que dividió la Provincia en cinco Departamentos, los Departamentos en Cantones, los Cantones en Distritos y estableció Municipalidades en las Capitales de Distritos. Se creó así, el Poder Municipal en 1811, en la Constitución Provincial de Venezuela con los aportes de la propia tradición municipal que provenía de España. Sin embargo, desde el punto de vista de la organización territorial, el municipalismo venezolano puede considerarse que no tiene su origen en el español, sino más bien en la concepción francesa, que luego España recoge, con posterioridad, a partir de 1830.

---

206 Luciano Vandelli, *El Poder Local. Su origen en la Francia revolucionaria y su futuro en la Europa de las regiones*, Ministerio para las Administraciones Públicas, Madrid 1992, pp. 153 y ss.

Todos estos aportes del constitucionalismo francés fueron fundamentales para el desarrollo del derecho constitucional posterior del mundo moderno, por supuesto, con vicisitudes en el propio país que los originó, pues después de la Revolución, y del caos institucional que surgió de la misma, vino la dictadura napoleónica y la restauración de la Monarquía a partir de 1815, por lo que Francia continuó siendo un país con régimen monárquico durante buena parte del siglo XIX, hasta 1870.

Sin embargo, los aportes al constitucionalismo moderno de la Revolución fueron, a tiempo, recogidos por otros países y sin la menor duda, en particular, por los países de América Latina. En estos, en particular, los principios de constitucionalismo tanto de la Revolución Americana como de la Revolución Francesa, encontraron de inmediato campo de cultivo, habiéndose desarrollado conforme a moldes propios, lo que significó un avance sustancial del derecho constitucional republicano durante el siglo XIX e inicios del siglo XX, cuando todavía la mayoría de los países europeos estaban regidos por monarquías.

La realidad de este proceso, en todo caso, fue que algunas antiguas colonias españolas en América Latina, como es el caso de Venezuela, no recibieron influencia alguna, para la Constitución de sus Estados independientes en 1811, del régimen político-constitucional español, que en ese momento era el propio del Antiguo Régimen, por lo demás, en crisis general por la invasión napoleónica. España, durante el siglo XIX, siguió siendo además una Monarquía, en la cual ni siquiera una Declaración de Derechos se dictó, por lo que sólo ha sido con la Constitución de 1978 que España entra, definitivamente, en los moldes del constitucionalismo moderno (declaración de derechos, control de la constitucionalidad de las leyes, Constitución como norma).En consecuencia, fue la transformación constitucional de la Revolución Americana y de la Revolución Francesa la que tuvo mayor influencia directa en la construcción inicial del sistema constitucional venezolano, razón por la cual nunca llegaremos a entender, adecuadamente, nuestras propias instituciones sin en definitiva, llegar y remontarnos a los aportes recibidos tanto de la Revolución Francesa como de la Revolución Americana, y que hemos intentado analizar someramente.

SECCIÓN SEGUNDA:

SOBRE EL SIGNIFICADO Y REPERCUSIÓN EN AMÉRICA HISPANA DE LA DECLARACIÓN DE DERECHOS DEL HOMBRE Y DEL CIUDADANO 1789 (2012)

Esta sección Cuarta está basada en el estudio sobre *"Las primeras declaraciones de derechos en Hispanoamérica y la influencia de la Declaración de los derechos del hombre y del ciudadano de 1789"* que elaboramos con ocasión del bicentenario de la "Declaración de los derechos del pueblo" de 1º de julio de 1811 y de la "Declaración de los derechos del hombre" en la Constitución Federal de los Estados de Venezuela de 21 de diciembre de 1811 y que fue presentado como ponencia al *Simposio Internacional sobre Revisión del Legado Jurídico de la revolución Francesa en las Américas,* Facultad de Derecho y Comunicación Social, Universidad Bernardo O'Higgins, Santiago de Chile, 28 de abril de 2011. Este estudio fue publicado en el libro: *Revisión del Legado Jurídico de*

la Revolución Francesa en las Américas, **Facultad de Derecho y Comunicación Social, Universidad Bernardo O'Higgins, Santiago de Chile 2012, pp. 59–118.**

INTRODUCCIÓN

En 1811 se sancionaron en la América Hispana dos declaraciones de derechos de singular importancia: en primer lugar, la *"Declaración de Derechos del Pueblo"* adoptada por el Supremo Congreso de Venezuela el 1° de julio de 1811, cuatro días antes de la declaración de Independencia del 5° de julio de 1811; y en segundo lugar, cinco meses después, la *"Declaración de Derechos del Hombre"* contenida en el Capítulo VIII de la Constitución Federal de los Estados de Venezuela de 21 de diciembre de 1811 que fue sancionada por el mismo Congreso, que reproduciría la anterior, ampliada y enriquecida.[207]

Estas declaraciones de derechos del pueblo y del hombre de 1811, fueron entonces la tercera serie de declaración de derechos de rango constitucional en la historia del constitucionalismo moderno, habiendo sido la primera, las que se adoptaron durante la Revolución Norteamericana de independencia iniciada en 1776, y que se incorporaron en las Constituciones de los nuevos Estados que surgieron de las antiguas Colonias inglesas, y en el Bill of Rights (1789) contenido en las primeras diez Enmiendas a la Constitución norteamericana de 1787; y la segunda, las que se formularon con motivo de la Revolución Francesa contenidas en la Declaración de los Derechos del Hombre y del Ciudadano sancionada por la Asamblea Nacional en 1789, y en las Declaraciones que precedieron las Constituciones revolucionarias de 1791, 1793 y 1795.

Esas dos Revoluciones trastocaron el constitucionalismo de la época, repercutieron en la Revolución Hispano Americana[208] iniciada precisamente 21 años después de la Declaración Francesa, habiendo sido en Tierra Firme, es decir, en la parte septentrional de la América del Sur, en la antigua Capitanía General de Venezuela, donde a comienzos del Siglo XIX, por primera vez en la historia constitucional se recibió su influjo de los legados y consecuencias constitucionales de las mismas, precisamente cuando los próceres de la Independencia americana se encontraban en la tarea de comenzar a elaborar las bases de un nuevo sistema jurídico–estatal para nuevos Estados independientes, proceso que ocurría por segunda vez en la historia política del mundo moderno, después de los Estados Unidos de Norte América.

Iniciada la revolución de independencia en Venezuela a partir de la constitución en Caracas, el 19 de abril de 1810, en sustitución del Cabildo Metropolitano de la Provincia de Venezuela, de la Junta Conservadora de los Derechos de Fernando VII,[209] allí fue donde por primera vez puede decirse que rindieron fruto los aportes

---

207 Véanse estos textos y los de todas las Constituciones en Allan R. Brewer-Carías, *Las Constituciones de Venezuela,* Academia de Ciencias Políticas y Sociales, 2 Vols., Caracas 2008.

208 Véase en general Allan R. Brewer-Carías, *Reflexiones sobre la Revolución Americana (1776), la Revolución Francesa (1789) y la Revolución Hispanoamericana (1811-1830) y sus aportes al constitucionalismo moderno,* Universidad Externado de Colombia, Bogotá 2008.

209 Véase sobre la Revolución de Caracas lo expuesto en Allan R. Brewer-Carías, *Historia Constitucional de Venezuela,* Editorial Alfa, Tomo I, Caracas 2008, pp. 214 ss.; y en "Estudio Preliminar. La configu-

al constitucionalismo que habían dado al mundo las dos grandes Revoluciones antes mencionadas, que habían significado un cambio radical en el constitucionalismo de la época. Ellos estudiados por quien puede considerarse como el primer constitucionalista moderno, Alexis de Tocqueville, testigo además de excepción de aquellas dos Revoluciones y de sus legados, cuyas obras por lo demás, tuvieron mucha influencia en la difusión de los mismos, particularmente en América.[210] Sin embargo, aún antes de que las obras de de Tocqueville comenzaran a circular, los legados constitucionales de las Revoluciones Norteamericana y Francesa tuvieron su primer campo de experimentación, en la tarea que asumieron las élites ilustradas de las antiguas Provincias coloniales que formaban la Capitanía General de Venezuela al declarar su Independencia, de construir nuevos Estados soberanos, y dictar en 1811, por un Congreso electo, no sólo una Declaración de Derechos del Pueblo,[211] sino una Constitución liberal moderna como fue la Constitución de los Estados de Venezuela del mismo año 1811.

I.   LA ASAMBLEA NACIONAL CONSTITUYENTE FRANCESA Y LA DECLARACIÓN DE DERECHOS DEL HOMBRE Y DEL CIUDADANO DE 1789

La Asamblea Nacional francesa recibió el 11 de julio de 1789 un texto de una "Declaración de Derechos del Hombre y del Ciudadano", presentado por *Lafayette,* destacado noble francés que había participado en la guerra de independencia de Norteamérica, la cual fue sancionada el 26–27 de agosto de 1789.

Con ella, la Asamblea aprobó los artículos de una Constitución –19 artículos que precedieron a la Declaración–, con lo cual se produjo la primera manifestación constitucional de la Asamblea, en la cual se recogieron los principios básicos de la organización del Estado: se proclamó que los poderes emanaban esencialmente de la Nación (art. 1°); que el Gobierno francés era monárquico, pero que no había autoridad superior a la de la Ley, a través de la cual reinaba el Rey, en virtud de la cual podía exigir obediencia (art. 2°); se proclamó que el Poder Legislativo residía en la Asamblea Nacional (art. 2°) compuesta por representantes de la Nación libre y legalmente electos (art. 9°), en una sola Cámara (art. 5°) y de carácter permanente (art. 4°); se dispuso que el Poder Ejecutivo residiría exclusivamente en las manos del Rey (art. 16), pero que no podía hacer Ley alguna (art. 17); y se estableció que el Poder

---

ración político-territorial del Estado Venezolano," en *Las Constituciones de Venezuela, cit.*, Tomo I, pp. 55 ss.

210   Los estudios básicos de Alexis de Tocqueville (1805-1858) sobre las repercusiones constitucionales de estos acontecimientos fueron: sobre la Revolución Norteamérica, *De la démocracie en Amérique* (1835-1840) (hemos utilizado las ediciones *Democracy in America*, ed. J. P. Meyer y M. Lerner, Londres 1969 y *La democracia en América*, Fondo de Cultura Económica, México 1973); y sobre la Revolución Francesa, *L'Ancien Régime et la Révolution (1854-1856),* para la cual hemos utilizado la edición *El Antiguo Régimen y la Revolución,* Alianza Editorial, Madrid 1982; y la compilación de *Fragments et notes inédites sur la Révolution,* respecto de la cual hemos utilizado la edición *Inéditos sobre la Revolución,* Alianza Editorial, Madrid 1989.

211   Véase en particular sobre las declaraciones de derechos en la historia constitucional venezolana, Allan R. Brewer-Carías, *Los derechos humanos en Venezuela: casi 200 años de historia*, Biblioteca de la Academia de Ciencias Políticas y Sociales, Serie Estudios, N° 38, Caracas 1990.

Judicial no podía ser ejercido en ningún caso, por el Rey ni por el Cuerpo Legislativo, por lo que la justicia sólo sería administrada en nombre del Rey por los tribunales establecidos por la Ley, conforme a los principios de la Constitución y según las formas determinadas por la Ley (art. 19).

En cuanto a la Declaración de 1789, en su texto se expusieron solemnemente, en 17 artículos, los "derechos naturales, inalienables y sagrados" del Hombre y del Ciudadano, marcando la transformación constitucional de Francia en los años subsiguientes, al ser recogida en el texto de la Constitución del 13 de septiembre de 1791; en el de la Constitución de 1793; y en la Constitución del año III (promulgada el 1er *Vendémiaire* del año IV, es decir, el 23 de septiembre de 1795).

En la redacción de esta Declaración, a pesar de la multiplicidad de fuentes que la originaron, puede decirse que tuvieron gran influencia los *Bill of Rights* de las Colonias americanas, particularmente en cuanto al principio mismo de la necesidad de una formal declaración de derechos. Una larga polémica se ha originado en cuanto a esa influencia americana desde comienzos de Siglo, la cual puede decirse que incluso, fue mutua entre los pensadores europeos y americanos. Los filósofos franceses, comenzando por Montesquieu y Rousseau, eran estudiados en Norteamérica; la participación de Francia en la Guerra de Independencia norteamericana fue importantísima; Lafayette fue miembro de la Comisión redactora de la Asamblea Nacional que produjo la Declaración de 1789, y sometió a consideración su propio proyecto basado en la Declaración de Independencia Americana y en la Declaración de Derechos de Virginia; el *rapporteur* de la Comisión Constitucional de la Asamblea propuso "trasplantar a Francia la noble idea concebida en Norte América"; y Jefferson estaba presente en París en 1789, habiendo sucedido a Benjamín Franklin como Ministro Americano en Francia. En todo caso, el objetivo central de ambas declaraciones fue el mismo: proteger a los ciudadanos contra el poder arbitrario y establecer el principio de la primacía de la Ley.

Por supuesto, la Declaración de 1789 fue influenciada directamente por el pensamiento de Rousseau y Montesquieu: sus redactores tomaron de Rousseau los principios que consideraban el rol de la sociedad como vinculado a la libertad natural del hombre, y la idea de que la Ley, como expresión de la voluntad general adoptada por los representantes de la Nación, no podría ser instrumento de opresión. De Montesquieu deriva su desconfianza fundamental respecto del poder y consecuencialmente, el principio de la separación de poderes.

Los derechos proclamados en la Declaración eran los derechos naturales del hombre, en consecuencia inalienables y universales. No se trataba de derechos que la sociedad política otorgaba, sino derechos que pertenecían a la naturaleza inherente del ser humano. La Declaración, por tanto, se configura como una formal adhesión a los principios de la Ley natural y a los derechos naturales con los que nace el hombre, por lo que la ley sólo los reconoce y declara, pero en realidad no los establece. Por ello, la Declaración tiene un carácter universal. No fue una declaración de los derechos de los franceses, sino el reconocimiento por la Asamblea Nacional, de la existencia de derechos fundamentales del hombre, para todos los tiempos y para todos los Estados. Por ello, de Tocqueville comparó la revolución política de 1789 con una revolución religiosa, señalando que a la manera de las grandes religiones, la Revolución estableció principios y reglas generales, y adoptó un mensaje que se propagó más allá de las fronteras de Francia. Ello derivó del hecho de que los derechos declarados eran "derechos naturales" del hombre.

Esta concepción es clara en el texto de la Declaración adoptada por los representantes del pueblo francés, constituidos en Asamblea Nacional,

> "Considerando que la ignorancia, el olvido o el desprecio de los derechos del hombre son las únicas causas de las desgracias públicas y de la corrupción de los gobiernos".

La Declaración fue, entonces, un recuerdo perpetuo de los "derechos naturales, inalienables y sagrados del hombre" (Preámbulo), por lo que comenzó proclamando que "El fin de toda asociación política es la conservación de los derechos naturales e imprescriptibles del hombre", que se enumeraron como "la libertad, la propiedad, la seguridad y la resistencia a la opresión" (art. 2). Además, la Declaración postuló como derecho fundamental, la igualdad, al inscribir en su primer artículo que "los hombres nacen y permanecen libres e iguales en sus derechos" y proclamar en su artículo 6 la igualdad ante la Ley, así:

> "Ella debe ser la misma para todos, sea que proteja o que castigue. Todos los ciudadanos siendo iguales ante sus ojos, son igualmente admisibles a todas las dignidades, cargos y empleos públicos, según su capacidad, y sin otra distinción que la de sus virtudes y talentos".

Esta Declaración de 1789, además de referir a los derechos naturales de todos los hombres, puede caracterizarse por otros aspectos: Primero, sin duda, por la influencia de Rousseau: se basa en la concepción de la bondad natural del hombre, lo que implícitamente es un rechazo a la idea del pecado original; por ello se señala que ha sido "la ignorancia, el olvido o el desprecio de los derechos del hombre las únicas causas de las desgracias públicas y de la corrupción de los gobiernos".

En segundo lugar, y esto es fundamental, desde el punto de vista legal y político, los poderes del Estado son limitados hasta el punto de que sólo puede actuar dentro de los límites impuestos por los derechos declarados y consecuencialmente, sometido a la soberanía de la Ley, principio recogido en la Constitución de 1791.

II. EL LEGADO FRANCÉS EN AMÉRICA HISPANA Y SU REPERCUSIÓN EN LA REVOLUCIÓN VENEZOLANA: SU PENETRACIÓN EN AMÉRICA POR OBRA DE LOS CONSPIRADORES ESPAÑOLES DEL DÍA DE SAN BLAS DE 1796 Y SU DIFUSIÓN EN VENEZUELA POR LA CONSPIRACIÓN DE GUAL Y ESPAÑA DE 1797

Dicha Declaración de Derechos del Hombre y del Ciudadano de 1789, a pesar de su desaparición del constitucionalismo francés que sólo había durado solo 12 años (1792–1804), se convirtió en la bandera más importante del liberalismo, habiendo tenido repercusión importante en la formación del constitucionalismo moderno, así como en Revoluciones importantes europeas en las primeras décadas del siglo XIX como en España, Italia y Portugal.

Sin embargo, su primera repercusión ocurrió, precisamente en la América Hispana, donde dos décadas después se reflejaría en el texto que adoptó la Sección Legislativa de la Provincia de Venezuela del Congreso General de las Provincias de Venezuela, el 1° de julio de 1811, denominada *Declaración de Derechos del Pue-*

blo," incluso, antes de la firma del Acta de la Independencia el 5 de julio de 1811. Se trató, como hemos dicho, de la primera declaración de derechos fundamentales con rango constitucional, adoptada luego de la Declaración francesa en la historia del constitucionalismo moderno, con lo cual se inició una tradición constitucional que ha permanecido invariable en Venezuela.

El texto de la Declaración francesa, apenas adoptada por la Asamblea Nacional, en todo caso había sido prohibido en América por el Tribunal de la Inquisición de Cartagena de Indias.[212] Debe recordarse además que al año siguiente, en 1790, ya los Virreyes del Perú, México y Santa Fe, así como el Presidente de la Audiencia de Quito, alguna vez, y varias veces el Capitán General de Venezuela, habían participado a la Corona de Madrid:

"Que en la cabeza de los americanos comenzaban a fermentar principios de libertad e independencia peligrosísimos a la soberanía de España"[213].

Y fue precisamente en la última década del siglo XVIII cuando comenzó a desparramarse por los ilustrados criollos el fermento revolucionario e independentista, a lo cual contribuyeron diversas traducciones de la prohibida Declaración de los Derechos del Hombre y del Ciudadano, entre las cuales debe destacarse la realizada por Antonio Nariño en Santa Fe de Bogotá, en 1792, que circuló en 1794[214], y que fue objeto de una famosísima causa en la cual fue condenado a diez años de presidio en África, a la confiscación de todos sus bienes y a extrañamiento perpetuo de la América, mandándose quemar por mano del verdugo el libro de donde había sacado los Derechos del Hombre[215].

Por esa misma época, el Secretario del Real y Supremo Consejo de Indias había dirigido una nota de fecha 7 de junio de 1793 al Capitán General de Venezuela, llamando su atención sobre los designios del Gobierno de Francia y de algunos revolucionarios franceses, como también de otros promovedores de la subversión en dominios de España en el Nuevo Mundo, que –decía– "Envían allí libros y papeles perjudiciales a la pureza de la religión, quietud pública y debida subordinación de las colonias"[216].

Pero fue un hecho acaecido en España en 1796 el que iba a tener una especial significación en todo este proceso, particularmente en las Provincias de Venezuela. El 3 de febrero de 1796, en efecto, día de San Blas, debía estallar en Madrid una conspiración planeada para establecer la República en sustitución de la Monarquía, al estilo de lo que había acontecido años antes en Francia. Los conjurados, capitaneados por Juan Bautista Mariano Picornell y Gomilla, mallorquín de Palma, fueron sin embargo apresados en la víspera de la Revolución. Conmutada la pena de muerte

---

212   Véase P. Grases, *La Conspiración de Gual y España y el Ideario de la Independencia,* Caracas, 1978, p. 13.

213. Véase en J. F. Blanco y R. Azpúrua, *Documentos para la historia de la vida pública del Libertador,* Ediciones de la Presidencia de la República, Caracas, 1983, Tomo I, p. 177.

214. *Idem.,* p. 286.

215. Véase los textos en *idem.,* pp. 257-259.

216. *Idem.,* p. 247.

que había recaído sobre ellos por intervención del Agente francés, se les condenó a reclusión perpetua en los Castillos de Puerto Cabello, Portobelo y Panamá, en tierras americanas.[217] La fortuna revolucionaria llevó a que de paso a sus destinos finales en esos "lugares malsanos de América"[218], los condenados fueran depositados en las mazmorras del Puerto de La Guaira, donde en 1797 se encontrarían de nuevos reunidos. Allí, los conjurados de San Blas, quienes se fugarían ese mismo año de 1797,[219] entraron en contacto con los americanos de La Guaira, provocando la conspiración encabezada por Manuel Gual y José María España, de ese mismo año, considerada como "el intento de liberación más serio en Hispano América antes del de Miranda en 1806."[220]

La Conspiración, como se dió cuenta en el largo "Resumen" que sobre la misma se presentó al Gabinete de Madrid, se descubrió al llegar a las autoridades coloniales la noticia de que alguien había dicho: "Ya somos todos iguales,"[221] habiendo quedado de la misma, sin embargo, un conjunto de papeles que habrían de tener la mayor influencia en el proceso constitucional de Hispanoamérica, entre los que se destacaba una obra sobre los *Derechos del Hombre y del Ciudadano*, prohibida por la Real Audiencia de Caracas el 11 de diciembre de ese mismo año 1797, la cual la consideró que llevaba:

> "toda su intención a corromper las costumbres y hacer odioso el real nombre de su majestad y su justo gobierno; que a fin de corromper las costumbres, siguen sus autores las reglas de ánimos cubiertos de una multitud de vicios, y desfigurados con varias apariencias de humanidad...[222].

El libro, con el título *Derechos del Hombre y del Ciudadano con varias máximas Republicanas y un Discurso Preliminar dirigido a los Americanos,* probablemente impreso en Guadalupe, en 1797,[223] en realidad contenía una traducción de la Declaración francesa que procedió la Constitución de 1793.[224] Por tanto, no era una traducción de la Declaración de los Derechos del Hombre y del Ciudadano de 1789, incorporada a la Constitución Francesa de 1791, que era la que había sido la traducida por Nariño en Bogotá; sino de la Declaración del texto constitucional de 1793, mucho más amplio y violento pues correspondió a la época del Terror, constituyendo una invitación a la revolución activa.[225]

---

217. Véase P. Grases, *La Conspiración de Gual y España...op. cit.*, p. 20.

218. *Idem*, pp. 14 y 17.

219. Véase en J.F. Blanco y R. Azpúrua, *Documentos para...*, op. cit., Tomo I, p. 287; P. Grases, *op. cit.*, p. 26.

220. P. Grases, *La Conspiración de Gual y España. op. cit.*, p. 27.

50. Véase en J. F. Blanco y R. Azpúrua, *Documentos para ...*, op. cit., Tomo I, p. 332.

222. P. Grases, *La Conspiración de Gual y España, op. cit.*, p. 30.

223. A pesar de que aparece con pie de imprenta en "Madrid, En la imprenta de la Verdad, año de 1797. Véase en Pedro Grases, "Estudio sobre los 'Derechos del Hombre y del Ciudadano'," en el libro *Derechos del Hombre y del Ciudadano* (Estudio Preliminar por Pablo Ruggeri Para y Estudio histórico-crítico por Pedro Grases), Academia Nacional de la Historia, Caracas 1959, pp. 147, 335.

224. *Idem.*, pp. 37 ss.

225. *Idem.*

Pero después de la conspiración de Gual y España, a pesar de su fracaso y de la feroz persecución que se desató contra sus cabecillas, quienes murieron decapitados o en el exilio, y una vez ya declarada la guerra entre Inglaterra y España (1804), otro acontecimiento importante influiría también en la independencia de Venezuela, y fueron los desembarcos y proclamas de Francisco de Miranda en las costas de Venezuela (Puerto Cabello y Coro) en 1806, los que se han considerado como los más importantes acontecimientos relativos a la emancipación de América Latina antes de la abdicación de Carlos IV y los posteriores sucesos de Bayona[226]. Miranda, por ello, ha sido considerado como el Precursor de la Independencia del continente Américo–colombiano, a cuyos pueblos dirigió sus proclamas independentistas basadas en la formación de una federación de Cabildos libres,[227] imbuidos de ideas que provenían tanto de la Revolución Norteamericana como de la Revolución francesa en cuyas acciones y guerras había participado directamente.

III. LA IDEA DE LA SOBERANÍA DEL PUEBLO Y LA ELECCIÓN DE SUS REPRESENTANTES EL CONGRESO GENERAL DE 1811 QUE DECLARÓ LA INDEPENDENCIA DE VENEZUELA

Ahora bien, luego de la crisis de la Monarquía española por la abdicación de los Monarcas a favor de Napoleón y la ocupación del territorio de la península por sus Ejércitos, el proceso de independencia se inicia en Venezuela cuando el Ayuntamiento de Caracas en su sesión del 19 de abril de 1810, que se realizó al día siguiente de conocerse la situación política de la Península, depuso a la autoridad constituida y se erigió, a sí mismo, en Junta Suprema de Venezuela Conservadora de los Derechos de Fernando VII,[228] deponiendo al Gobernador Emparan del mando de la Provincia de Venezuela, con lo que asumió el "mando supremo" o "suprema autoridad" de la Provincia,[229] "por consentimiento del mismo pueblo."[230] La motivación de esta Revolución se expuso en el texto del Acta, en la cual se consideró que por la disolución de la Junta Suprema Gubernativa de España, que suplía la ausencia del Monarca, el pueblo había quedado en "total orfandad", razón por la cual se estimó que:

> "El derecho natural y todos los demás dictan la necesidad de procurar los medios de conservación y defensa y de erigir en el seno mismo de estos países un

---

226. Véase O.C. Stoetzer, *Las Raíces Escolásticas de la Emancipación de la América Española*, Madrid, 1982, p. 252.

227. Véase Francisco de Miranda, *Textos sobre la Independencia*, Biblioteca de la Academia Nacional de la Historia, Caracas, 1959, pp. 95 ss., y 115 ss.

228. Véase el libro *El 19 de abril de 1810*, Instituto Panamericano de Geografía e Historia, Caracas 1957.

229. Véase el texto del Acta del Ayuntamiento de Caracas de 19 de Abril de 1810 de instalación de la Junta Suprema de Venezuela, en Allan R. Brewer-Carías, *Las Constituciones de Venezuela, op. cit.*, Tomo I, pp. 531-533.

230. Así se establece en la "Circular" enviada por el Ayuntamiento el 19 de abril de 1810 a las autoridades y corporaciones de Venezuela. Véase J. F. Blanco y R. Azpúrua, *Documentos para...*, *op. cit.*, Tomo II, pp. 401-402. Véase también en *Textos oficiales de la Primera República de Venezuela*, Biblioteca de la Academia Nacional de la Historia, 1959, Tomo I, p. 105.

sistema de gobierno que supla las enunciadas faltas, ejerciendo los derechos de la soberanía, que por el mismo hecho ha recaído en el pueblo".

Desde el inicio, por tanto, la idea de la soberanía cuyo titular era el pueblo fue un motor fundamental de la Revolución, siguiendo el enunciado francés, al punto de que al desconocer el Consejo de Regencia que la Junta Suprema Gubernativa de España había nombrado, el Ayuntamiento argumentó que:

"No puede ejercer ningún mando ni jurisdicción sobre estos países, porque *ni ha sido* constituido *por el voto de estos fieles habitantes*, cuando han sido ya declarados, no colonos, sino partes integrantes de la corona de España, y, como tales han sido llamados al ejercicio de la *soberanía* interna y a la reforma de la Constitución Nacional." [231]

Soberanía del pueblo y ausencia de representación fueron por tanto parte de los motivos de la Revolución, como se expresó en comunicación del 3 de mayo de 1810, que la Junta Suprema de Caracas dirigió a la Junta Suprema de Cádiz y a la Regencia, cuestionando la asunción por esas corporaciones:

"que sustituyéndose indefinidamente unas a otras, sólo se asemejan en atribuirse todas una delegación de la soberanía que, no habiendo sido hecha ni por el Monarca reconocido, ni por la gran comunidad de españoles de ambos hemisferios, no puede menos de ser absolutamente nula, ilegítima, y contraria a los principios sancionados por nuestra legislación." [232]

La Junta de Caracas en dicha comunicación agregaba que:

"De poco se necesitará para demostrar que la Junta Central carecía de una verdadera representación nacional; porque su autoridad no emanaba originariamente de otra cosa que de la aclamación tumultuaria de algunas capitales de provincias, y porque jamás han tenido en ellas los habitantes del nuevo hemisferio la parte representativa que legítimamente les corresponde. En otras palabras, desconocemos al nuevo Consejo de Regencia." [233]

Ello precisamente es lo que había provocado en Caracas, como se expresó en el Acta de otra sesión del Ayuntamiento del mismo día 19 de abril de 1810, el "establecimiento del nuevo gobierno"[234] a cargo de "una Junta Gubernativa de estas Provincias, compuesta del Ayuntamiento de esta Capital y de los vocales nombrados por el voto del pueblo,"[235] como manifestación tanto de "la revolución de Caracas" como de "la independencia política de Caracas," a las que aludía un Manifiesto de la Junta Gubernativa en el cual prometió:

---

231 Lo que afirma de nuevo, en comunicación enviada al propio Consejo de Regencia de España explicando los hechos, razones y fundamentos del establecimiento del nuevo gobierno. Véase J. F. Blanco y R. Azpúrua, *op. cit.*, Tomo II, p. 408; y *Textos oficiales, op. cit.*, Tomo I, pp. 130 y ss.

232 Véase *Textos oficiales, op. cit.* p. 130.

233 *Idem.*, p. 134.

234 Véase el texto en J.F. Blanco y R. Azpúrua, *Documentos para...*, *op. cit.*, Tomo I, p. 393.

235 Así se denomina en el manifiesto del 1° de mayo de 1810. Véase en *Textos oficiales..., cit.*, Tomo I. p. 121.

"Dar al nuevo gobierno la forma provisional que debe tener, mientras una Constitución aprobada por la *representación nacional legítimamente constituida,* sanciona, consolida y presenta con dignidad política a la faz del universo la provincia de Venezuela organizada, y gobernada de un modo que haga felices a sus habitantes, que pueda servir de ejemplo útil y decoroso a la América"[236].

La Junta Suprema de Venezuela comenzó por asumir en forma provisional, las funciones legislativas y ejecutivas, definiendo en el Bando del 25–04–1810, los siguientes órganos del Poder Judicial: "El Tribunal Superior de apelaciones, alzadas y recursos de agravios se establecerá en las casas que antes tenía la audiencia"; y el Tribunal de Policía "encargado del fluido vacuno y la administración de justicia en todas las causas civiles y criminales estará a cargo de los corregidores"[237].

Este movimiento revolucionario iniciado en Caracas en abril de 1810, indudablemente que siguió los mismos moldes de la Revolución francesa y tuvo además la inspiración de la Revolución norteamericana,[238] de manera que rápidamente, ya para junio de 1810, se comenzó a hablar oficialmente de la "Confederación de Venezuela,"[239] aún cuando la Junta de Caracas contara sólo con representantes de Cumaná, Barcelona y Margarita, sin tener representación de las otras Provincias de la Capitanía General. De allí la necesidad que había de formar un "Poder Central bien constituido" es decir, un gobierno que uniera las Provincias, por lo que la Junta Suprema estimó que había "llegado el momento de organizarlo" a cuyo efecto, convocó a "todas las clases de hombres libres al primero de los goces del ciudadano, que es el de concurrir con su voto a la delegación de los derechos personales y reales que existieron originariamente en la masa común".

En esta forma, la Junta llamó a elegir y reunir a los diputados que habían de formar "la Junta General de Diputación de las Provincias de Venezuela", para lo cual dictó, el 11 de junio de 1810, el "Reglamento para elección y reunión de diputados que han de componer el Cuerpo Conservador de los Derechos del Sr. D. Fernando VII en las Provincias de Venezuela,"[240] en el cual se previó, además, la abdicación de los poderes de la Junta Suprema en el nuevo congreso (Junta General), quedando sólo como Junta Provincial de Caracas (Capítulo III, Art. 4). Este Reglamento de Elecciones, sin duda, fue el primero de todos los dictados en materia electoral en el mundo hispanoamericano, siguiendo la orientación filosófica del igualitarismo de la

---

236   Véase el texto en J. F. Blanco y R. Azpúrua, *Documentos para...*, *op. cit.*, Tomo II, p. 406, y en *Textos oficiales...*, *cit.*, Tomo I, p. 129.

237   *Textos oficiales ...*, Tomo I, pp. 115-116.

238   Véase José Gil Fortoul, *Historia Constitucional de Venezuela*, Tomo primero, *Obras Completas*, Vol. I, Caracas, 1953, pp. 200, 209; Pablo Ruggeri Parra, *Historia Política y Constitucional de Venezuela*, Tomo I, Caracas, 1949, p. 31.

239   Véase la "refutación a los delirios políticos del Cabildo de Coro, de orden de la Junta Suprema de Caracas" de 1-6-1810 en *Textos Oficiales...*, *op. cit.*, Tomo I, p. 180.

240   Véase el texto en *Textos Oficiales...*, *op. cit.*, Tomo II, pp. 61-84; y en Allan R. Brewer-Carías, *Las Constituciones de Venezuela*, *op. cit.*, Tomo I, pp. 535-543.

Revolución francesa, consagrándose el sufragio universal para todos los hombres libres.[241]

El mismo, en efecto, estuvo precedido de unas consideraciones mucho más amplias que las contenidas en la "Instrucción que deberá observarse para la elección de Diputados a Cortes"[242] y que había dictado la Suprema Junta Gubernativa de España el 1° de enero de 1810, en las cuales, la Junta Suprema de Caracas reconocía que los diputados provinciales que hasta ese momento la integraban "sólo incluía la representación del pueblo de la capital, y que aun después de admitidos en su seno los de Cumaná, Barcelona y Margarita quedaban sin voz alguna representativa las ciudades y pueblos de lo interior, tanto de ésta como de las otras provincias," considerando que "la proporción en que se hallaba el número de los delegados de Caracas con los del resto de la Capitanía General no se arreglaba, como lo exige la naturaleza de tales delegaciones, al número de los comitentes," razón por la cual consideró la necesidad de convocar al pueblo de todas las Provincias "para consultar su voto" y para que se escogiese "inmediatamente las personas que por su probidad, luces y patriotismo os parecieran dignas de vuestra confianza."

Consideró la Junta Suprema que era imperioso establecer "otra forma de Gobierno, que aunque temporal y provisorio, evitase los defectos inculpables del actual," pues los mismos defectos se habían acusado respecto de "la nulidad de carácter público de la Junta Central de España" que adolecía de la misma falta de representatividad. La determinación fue entonces provocada por "la necesidad de un poder Central bien constituido," considerándose que había llegado "el momento de organizarlo," formando "una confederación sólida," con "una representación común." A tal efecto, la Junta llamó al "ejercicio más importante de los derechos del pueblo" que era "aquel en que los transmite a un corto número de individuos, haciéndolos árbitros de la suerte de todos," convocando a "todas las clases de hombres libres ... al primero de los goces de ciudadano, que es el concurrir con su voto a la delegación de los derechos personales y reales que existieron originariamente en la masa común y que la ha restituido el actual interregno de la monarquía."

En su motivación, debe destacarse que la Junta de Caracas advirtió, que las autoridades que accidentalmente se habían encontrado a la cabeza de la nación española tras la invasión napoleónica, debieron "solicitar que los pueblos españoles de ambos hemisferios eligiesen sus representantes;" pero no fue así, resultando "demasiado evidente que la Junta Central de España no representaba otra

---

241 Sólo se excluyeron del derecho al sufragio: "Las mujeres, los menores de 25 años, a menos que estuviesen casados y velados, los dementes los sordomudos, los que tuviesen una causa criminal abierta, los fallidos, los deudores a caudales públicos, los extranjeros, los transeúntes, los vagos públicos y notorios, los que hubiesen sufrido pena corporal aflictiva o infamatoria y todos los que tuviesen casa abierta o poblada, esto es, que viviesen en la de otro vecino particular a su salario y expensas o en actual servicio suyo, a menos que según la opinión común del vecindario fuesen propietarios por lo menos de dos mil pesos en bienes, muebles o raíces libres."

242 Véase además la "Comunicación que acompañó la Comisión de Cortes a la Instrucción que debía observarse para la elección de Diputados a Cortes al someterla a la aprobación de la Junta Central" de 8 de noviembre de 1809, en http://www.cervantesvir-tual.com/servlet/SirveObras/34695175432370 530854679/p0000001.htm

parte de la nación que el vecindario de las capitales en que se formaban las Juntas provinciales, que enviaron sus diputados a componerla," considerándose por tanto que "la Junta Central no pudo transmitir al Consejo de Regencia un carácter de que ella misma carecía," resultando "la concentración del poder en menor número de individuos escogidos, no por el voto general de los españoles de uno y otro mundo, sino por los mismos que habían sido vocales de la Central". La Junta Suprema, además, argumentaba ante esa situación, que los habitantes de la España americana "no pueden adherirse a una forma de representación tan parcial como la que se ha prescrito para las dos porciones de nuestro imperio, y que lejos de ajustarse a la igualdad y confraternidad que se nos decantan, sólo está calculada para disminuir nuestra importancia natural y política". La Junta Suprema, sin embargo, anunciaba que las Provincias "se conservarán fieles a su augusto Soberano, prontas a reconocerle en un Gobierno legítimo y decididas a sellar con la sangre del último de sus habitantes el juramento que han pronunciado en las aras de la lealtad y del patriotismo".

Por último, debe destacarse en la larga motivación que precedió al reglamento de 1810, que la Junta Suprema, consciente de que entre "las causas de las miserias que han minado interiormente la felicidad de los pueblos y siempre" siempre ha estado "la reunión de todos los poderes," fue muy precisa en determinar el rol de la Asamblea Constituyente que se proponía elegir, precisando que no asumiría ni el poder ejecutivo ni interferiría con el poder judicial: "En una palabra, dando a todas las clases y todos los cuerpos las reglas necesarias para su conducta pública no se arrogará jamás las facultades ejecutivas que son propias de éstos, y nunca olvidará que ella es la lengua, pero no el brazo de la ley."

Fue en esta forma como la Junta, "con la preocupación de establecer una separación bien clara y pronunciada entre el ramo ejecutivo y la facultad dispositiva o fuente provisoria de la ley; con la de renovar después de un período fijo la mitad de los diputados o todos ellos, reservando a sus poderdantes el reelegirlos cuando se hallen satisfechos de su desempeño," procedió a dictar las reglas de elección de los diputados al Congreso General para que tuvieran "parte en su elección todos los vecinos libres de Venezuela," estableciendo un sistema electoral indirecto, en dos grados, conforme al cual, los electores parroquiales que eran a su vez electos por los vecinos de cada parroquia, debían elegir un número de diputados a razón de uno por cada 20.000 almas.

A tal efecto, el voto se atribuyó en cada parroquia de las ciudad, villa y pueblo, a todos los vecinos, con exclusión de

> "las mujeres, los menores de veinticinco años, a menos que estén casados y velados, los dementes, los sordomudos, los que tuvieren causa criminal abierta, los fallidos, los deudores a caudales públicos, los extranjeros, los transeúntes, los vagos públicos y notorios, los que hayan sufrido pena corporal, aflictiva o infamatoria y todos los que no tuvieren casa abierta o poblada, esto es, que vivan en la de otro vecino particular a su salario y expensas, o en actual servicio suyo; a menos que, según la opinión común del vecindario, sean propietarios, por lo menos, de dos mil pesos en bienes muebles o raíces libres." (Cap. I, Art. 4).

Los vecinos eran los que debían elegir los electores parroquiales, cuyo número se determinaba de acuerdo con la población sufragante, a razón de uno por cada quinientas almas (Cap. I, Art. 6). Una vez hecho este cómputo, se debía notificar a los vecinos de la parroquia "el número de los electores que le corresponde; la naturaleza, objeto e importancia de estas elecciones y la necesidad de hacerlas recaer sobre personas idóneas, de bastante patriotismo y luces, buena opinión y fama, como que de su voto particular dependerá luego la acertada elección de los individuos que han de gobernar las provincias de Venezuela y tomar a su cargo la suerte de sus habitantes en circunstancias tan delicadas como las presentes." (Cap. I, Art. 8). El censo de los vecinos antes indicado correspondía levantarlo a los alcaldes de primera en la elección en las ciudades y villas y los tenientes justicias mayores de los pueblos, quienes debían nombrar los comisionados necesarios a tal efecto (Cap. I, Arts. 1 y 2). En el censo se debía especificar "la calidad de cada individuo, su edad, estado, patria, vecindario, oficio, condición y si es o no propietario de bienes raíces o muebles." (Cap. I, Art. 3).

Una vez efectuada la elección de los electores parroquiales de cada partido capitular, estos debían reunirse en la ciudad o villa cabeza del mismo, para proceder a la elección de los diputados, en número equivalente a uno por cada veinte mil almas de población (Cap. II, Art. 1), bastando para poder ser electos como tales, que los candidatos fueran vecinos de cualquier partido "comprendidos en las provincias de Venezuela que hayan seguido la justa causa de Caracas;" recomendándose a los electores tener "la mayor escrupulosidad en atender a las circunstancias de buena educación, acreditada conducta talento, amor patriótico, conocimiento local del país, notorio concepto y aceptación pública, y demás necesarias para sostener con decoro la diputación y ejercer las altas facultades de su instituto con el mayor honor y pureza." La elección debía verificarse en la asamblea de electores, mediante voto oral y público (Cap. II, Art. 8), en "en una sala bastante capaz, a fin de que puedan presenciarla todas las personas del vecindario que quieran y se presenten en traje decente" (Cap. II, Art 7), en un acto que debía ser presidido por los alcaldes primeros de las ciudades y villas, haciendo en ellas de secretario el que lo fuere del Ayuntamiento (Cap. II, Art. 5). La elección se hacía por mayoría de sufragios obtenidos (Cap. II, Art. 9).

Efectuada la elección, los diputados debían presentar sus credenciales a la Junta Suprema para su examen y, una vez aprobadas, "bien entendido que en llegando los dos tercios de su número total, se instalará el Cuerpo bajo el nombre de Junta general de Diputación de las provincias de Venezuela" (Cap. III, Art. 1). Se dispuso, además, que mientras la Junta General de Diputación estuviere organizando la autoridad ejecutiva, la Suprema Junta como poder ejecutivo continuaría ejerciendo "el ramo ejecutivo, la administración de las rentas y el mando de la fuerza armada" (Cap. III, Art. 3).

Conforme a estas normas y en medio de la situación de ruptura total entre las Provincias de Venezuela y la Metrópolis, se realizaron entonces las elecciones en siete de las nueve Provincias que para finales de 1810 existían en el territorio de la

Capitanía General de Venezuela,[243] habiéndose elegido 44 diputados por las Provincias de Caracas (24), Barinas (9), Cumaná (4), Barcelona (3), Mérida (2), Trujillo (1) y Margarita (1).[244] Esos fueron los diputados que conformaron el Congreso General o "Junta General de Diputados de las Provincias de Venezuela"[245] la cual declinó sus poderes en un Congreso Nacional en el cual se constituyeron los representantes electos, que al año siguiente declararía formalmente la Independencia de Venezuela y constituiría al Estado de Venezuela.

Desde la instalación del Congreso General se comenzó a hablar en todas las Provincias con más fuerza de la "Confederación de las Provincias de Venezuela," las cuales conservaron sus peculiaridades políticas propias, a tal punto que al mes siguiente, en la sesión del 6 de abril de 1812, el Congreso General resolvió exhortar a las "Legislaturas provinciales" que acelerasen la formación de sus respectivas Constituciones.[246] Por su parte, el Congreso que había sustituido a la Junta Suprema, adoptó el principio de la separación de poderes para organizar el nuevo gobierno, designando, el 5 de marzo de 1811, a tres ciudadanos para ejercer el Poder Ejecutivo Nacional, turnándose en la presidencia por períodos semanales, y constituyendo, además, una Alta Corte de Justicia.

IV. LA DECLARACIÓN DE DERECHOS DEL PUEBLO ADOPTADA EN EL CONGRESO GENERAL DE LAS PROVINCIAS DE VENEZUELA EL 1° DE JULIO DE 1811

El 28 de marzo de 1811, el Congreso nombró una comisión para redactar la Constitución de la Provincia de Caracas, la cual debía servir de modelo a las demás Provincias de la Confederación. Esta comisión tardó mucho en preparar el proyecto, por lo que algunas Provincias, procedieron a dictar las suyas para organizarse políticamente. El 5 de julio de 1811, el Congreso declaró formalmente la Independencia de Venezuela, después de haberse adoptado el 1° de julio de 1811 una declaración que se denominó como "Declaración de los Derechos del Pueblo,[247] la cual, como se ha dicho, fue la tercera declaración de derechos de rango constitucional en el constitucionalismo moderno.

Su redacción estuvo a cargo de Juan Germán Roscio[248] (1763–1821), experimentado abogado, conocido además por haber protagonizado una importante batalla legal para su aceptación en el Colegio de Abogados de Caracas luego de su rechazo

---

243 Participaron las provincias de Caracas, Barinas, Cumaná, Barcelona, Mérida, Trujillo y Margarita, *Cf.* José Gil Fortoul, *Historia Constitucional...*, *op. cit.*, Tomo primero, p. 223. *Cf.* J. F. Blanco y R. Azpúrua, *Documentos para...*, *op. cit.*, Tomo II, pp. 413 y 489.

244 Véase C. Parra Pérez, *Historia de la Primera República de Venezuela*, Academia de la Historia, Caracas 1959, Tomo I, p. 477.

245 Véase Gil Fortoul, *Historia Constitucional...*, *op. cit.*, Tomo primero, p. 224.

246 Véase *Libro de Actas del Supremo Congreso de Venezuela 1811-1812*, Biblioteca de la Academia Nacional de la Historia, Caracas, 1959, Tomo II, p. 401.

247 Véase Allan R. Brewer-Carías, *Las Constituciones de Venezuela, op. cit.*, Tomo I, pp. 549-551.

248 Véase en Pedro Grases, "Estudio sobre los 'Derechos del Hombre y del Ciudadano'," en el libro *Derechos del Hombre y del Ciudadano* (Estudio Preliminar por Pablo Ruggeri Para y Estudio histórico-crítico por Pedro Grases), Academia Nacional de la Historia, Caracas 1959, pp. 147, 335.

por su condición de *pardo*. Roscio había sido uno de los "representantes del pueblo" que habían sido incorporados en la *Junta Suprema* en 1810, habiendo sido nombrado por la misma como Secretario de Relaciones Exteriores, por lo que se lo considera el primer Ministro de Relaciones Exteriores del país. Roscio, además, había sido el redactor del antes mencionado e importante *Reglamento para la elección y reunión de diputados que han de componer el Cuerpo Conservador de los derechos del Sr. D. Fernando CVII en las Provincias de Venezuela* de 11 de junio de 1810, conforme al cual, incluso fue electo diputado al Congreso General por el partido de la Villa de Calabozo. En tal condición, fue una de las figuras claves, junto con Francisco Isnardy, en la redacción del *Acta de la Independencia* del 5 de julio de 1811; así como en la redacción del *Manifiesto que hace al mundo la Confederación de Venezuela en la América Meridional*, explicando "las razones en que se ha fundado su absoluta independencia de España, y de cualquiera otra dominación extranjera, formado y mandado publicar por acuerdo del Congreso General de sus Provincias Unidas."[249] Roscio fue también comisionado por el Congreso junto con Gabriel de Ponte, Diputado de Caracas, y Francisco Javier Ustáriz, diputado por partido de San Sebastián, para colaborar en la redacción de la Constitución de 1811, y fue incluso miembro suplente del Ejecutivo Plural de la Confederación designado en 1812. Era fluente en inglés, e incluso fue el traductor de trabajos publicados bajo el nombre de William Burke en Caracas. Roscio, por otra parte, fue uno de los pocos venezolanos que mantuvo directa correspondencia tanto con Andrés Bello cuando ya este estaba en Londres, y con José M. Blanco White, el editor del periódico *El Español*, en Londres.[250] En agosto de 1812, apresado por Monteverde al caer la Primera República, Roscio fue enviado junto con Miranda a prisión en Cádiz, como uno de los monstruos origen "de todos los males de América." Después de ser liberado en 1815, gracias a la intervención del gobierno británico, llegó a Filadelfia donde publicó en 1817 su conocido libro *El triunfo de la libertad sobre el despotismo, En la confesión de un pecador arrepentido de sus errores políticos, y dedicado a desagraviar en esta parte a la religión ofendida con el sistema de la tiranía*, en la Imprenta de Thomas H. Palmer.[251]

Ese fue entonces el Roscio a quien también se debe la redacción de la "*Declaración de Derechos del Pueblo*,"[252] adoptada por la llamada "Sección Legislativa de la Provincia de Caracas" del Congreso General de las Provincias de Venezuela, "Sección" que se instaló por acuerdo de dicho Congreso General, el 1° de junio de 1811.

---

249 Véase Luis Ugalde s.j., *El pensamiento teológico-político de Juan Germán Roscio*, Universidad Católica Andrés Bello, bid & co. Editor, Caracas 2007, p. 39.

250 Andrés Bello y López Méndez entregaron a Blanco White la carta de Roscio de 28 de enero de 1811, la cual fue contestada por éste último el 11 de julio de 1811. Ambas cartas se publicaron en *El Español*, y reimpresas en José Félix Blanco y Ramón Azpúrua, *Documentos para...*, *op. cit.*, Tomo III, pp. 14-19.

251 La segunda edición de 1821 fue hecha también en Filadelfia en la Imprenta de M. Carey e hijos.

252 El texto que seguramente usó Roscio fue básicamente, la edición del libro de Picornell, que apareció publicado de nuevo en Caracas en 1811, en la Imprenta de J. Baillio. Pedro Grases catalogó este libro como "digno candidato a 'primer libro venezolano'." Véase en Pedro Grases, "Estudio sobre los 'Derechos del Hombre y del Ciudadano'," en el libro *Derechos del Hombre y del Ciudadano* (Estudio Preliminar por Pablo Ruggeri Parra y Estudio histórico-crítico por Pedro Grases), Academia Nacional de la Historia, Caracas 1959, p. 162.

Para ese momento, todas las Provincias que formaban la Capitanía General de Venezuela tenían sus propias Legislaturas, menos la Provincia de Caracas, por residir en su capital el Congreso General. Este cuerpo, sin embargo, dada la necesidad de que la Provincia tuviera su Asamblea Legislativa para que, entre otros aspectos se "declararán los derechos del ciudadano", decretó que se formara una "Sección Legislativa" del Congreso para la Provincia, compuesta de los diputados de la Provincia que se hallaban en el Congreso.[253]

Instalada esta Sección Legislativa, materialmente, el primer acto que adoptó fue la declaración de "Derechos del Pueblo,"[254] el 1° de julio de 1811, considerada por Pedro Grases, como "la declaración filosófica de la Independencia." [255]

El texto de los "Derechos del Pueblo" contiene 43 artículos divididos en cuatro secciones: "Soberanía del pueblo", "Derechos del Hombre en Sociedad", "Deberes del Hombre en Sociedad", y "Deberes del Cuerpo Social", precedidos de un *Preámbulo*. En términos generales los derechos declarados en el documento fueron los siguientes:

Sección Primera: Soberanía del pueblo: La soberanía (arts. 1–3); usurpación de la soberanía (art. 4); temporalidad de los empleos públicos (art. 5); proscripción de la impunidad y castigo de los delitos de los representantes (art. 6); igualdad ante la ley (art. 7).

Sección Segunda: Derechos del Hombre en Sociedad: Fin de la sociedad y el gobierno (art. 1); derechos del hombre (art. 2); la ley como expresión de la voluntad general (art. 3); libertad de expresión del pensamiento (art. 4); objetivo de la ley (art. 5); obediencia de la ley (art. 6); derecho a la participación política (art. 7); derecho al sufragio (arts. 8–10); debido proceso (art. 11); proscripción de actos arbitrarios, responsabilidad funcionarial, y protección ciudadana (art. 12–14); presunción de inocencia (art. 15); derecho a ser oído, art. 16; proporcionalidad de las penas (art. 17); seguridad, art. 18; propiedad, art. 19; libertad de trabajo e industria (art. 20); garantía de la propiedad y contribuciones solo mediante representantes (art. 21); derecho de petición (art. 22); derecho a resistencia (art. 23); inviolabilidad del hogar (art. 24); derechos de los extranjeros (art. 25–27).

Sección Tercera: Deberes del Hombre en Sociedad: los límites a los derechos de otros (art. 1); deberes de los ciudadanos (art. 2); el enemigo de la sociedad (art. 3); el buen ciudadano (art. 4) el hombre de bien (art. 5).

---

253 Véase P. Grases, *La Conspiración de Gual y España y el Ideario de la Independencia*, Caracas, 1978, p. 81, nota 3.

254 Véase el texto en Allan R. Brewer-Carías, *Las Constituciones de Venezuela, cit*, Tomo I, pp. 549-551. En las páginas siguientes de este libro, en cursivas y negritas, puede leerse el texto íntegro de la Declaración.

255 Véase P. Grases, *La Conspiración de Gual y España..., cit*, p. 81. En otra obra dice Grases que la declaración "Constituye una verdadera declaración de independencia, anticipada al 5 de julio". Véase en en Pedro Grases, "Estudio sobre los 'Derechos del Hombre y del Ciudadano'," en el libro *Derechos del Hombre y del Ciudadano* (Estudio Preliminar por Pablo Ruggeri Parra y Estudio histórico-crítico por Pedro Grases), Academia Nacional de la Historia, Caracas 1959, p. 165.

Sección Cuarta: Deberes del Cuerpo Social: la garantía social (art. 1); límites de los poderes y responsabilidad funcionarial (art. 2); seguridad social y socorros públicos (art. 3); instrucción pública (art. 4).

Este texto, sin duda, está básica y directamente inspirado en los textos franceses comenzando con la *"Déclaration des Droits de l'Homme et du Citoyen"* votada por la Asamblea Nacional Francesa los días 20–26 de agosto de 1789, la cual se incorporó íntegramente al Título Preliminar de la Constitución francesa de 1791, la primera de las Constituciones europeas en la historia del Constitucionalismo, con el agregado de varias garantías constitucionales. Sin embargo, en cuanto a redacción, la mayor influencia para su redacción se recibió del texto de la *"Déclaration des Droits de l'Homme et du Citoyen"* que precede la Constitución Francesa de 1793 en el texto publicado en español como *Derechos del Hombre y del Ciudadano con varias máximas republicanas, y un discurso preliminar dirigido a los americanos* de 1797, vinculado a la Conspiración de Gual y España.[256] En adición, sin embargo, también se pueden encontrar la influencia directa del texto de la *"Déclaration des Droits et Devoirs de l'Homme et du Citoyen"* que precede el texto de la Constitución de 1795,[257] particularmente en la sección de los Deberes del Hombre en Sociedad.

Por otra parte, el orden dado a los artículos y la sistematización de la Declaración de 1811, es distinta a los textos franceses; siendo la subdivisión de su articulado en 4 secciones original del texto venezolano de 1811, en algún caso inspirada en los trabajos de William Burke, como por ejemplo el título de la sección sobre "Derechos del hombre en Sociedad."[258] En todo caso, las Declaraciones francesa de 1789 y de 1793 no tenían subdivisiones, y sólo fue en la Declaración de 1795 en la cual se incluyó una subdivisión en sólo dos secciones: Deberes y Derechos.

Una observación adicional debe formularse y es que si bien la influencia fundamental en la redacción de la Declaración de 1 de julio de 1811 provino de texto de las Declaraciones francesas, ello no ocurrió con el propio *título* del documento que no se refiere a los "Derechos del Hombre y del Ciudadano," sino a los "Derechos del Pueblo," expresión que no se encuentra en los textos franceses. Esta expresión en realidad, puede decirse que proviene de los textos firmados por William Burke publicados en la *Gaceta de Caracas* en 1811 y de Thomas Paine traducidos en el libro de Manuel García de Sena, igualmente en 1811.

En los trabajos firmados por William Burke, recogidos luego en el libro *Derechos de la América del Sur y México*, al argumentarse sobre los derechos del hombre en la Constitución norteamericana también se utilizó constantemente la expre-

---

256 Véase P. Grases, *La Conspiración...*, *cit.*, p. 147. En dicha obra puede consultarse el texto del Documento, comparándolo con el de la Declaración de 1811 y la Constitución de 1811. Igualmente en Pedro Grases, "Estudio sobre los 'Derechos del Hombre y del Ciudadano'," en el libro *Derechos del Hombre y del Ciudadano* (Estudio Preliminar por Pablo Ruggeri Para y Estudio histórico-crítico por Pedro Grases), Academia Nacional de la Historia, Caracas 1959, pp. 168 ss.

257 Véase los textos en J. M. Roberts y J. Hardman, *French Revolution Documents*, Oxford, 1973, 2 vols.

258 William Burke utilizó en uno de sus escritos en la *Gaceta de Caracas* en 1811, la expresión "Derechos del Hombre en Sociedad" que recogió la Declaración de 1811. Véase en *Derechos de la América del Sur y México*, Academia Nacional de la Historia, Caracas 1959, Vol. I., p. 107.

sión "derechos del pueblo,"[259] refiriendo que "El pueblo es, en todos los tiempos, el verdadero y legítimo soberano. En él residen y de él traen su origen todos los elementos de supremacía."[260] Refiriéndose a las constituciones de los Estados Unidos, indicó que "declaran positiva y particularmente, que la soberanía reside esencial y constantemente en el pueblo;" que "por medio del sistema de *representación* asegura el pueblo real y eficientemente su derecho de soberanía;... principio que forma la principal distinción entre los gobiernos autoritarios y libres, tanto que se puede decir que el pueblo goza de libertad a proporción del uso que hace de la representación."[261]

Por otra parte, en el libro de Paine *La Independencia de la Costa Firme justificada por Thomas Paine Treinta años ha,* traducido por García de Sena, la expresión "derechos del pueblo"" también fue utilizada en su argumentación destinada a distinguir las dos formas de gobierno posibles: "el Gobierno por sucesión hereditaria" y "el Gobierno por elección y representación," y que optando por el representativo basado en la soberanía del pueblo, argumentó lo siguiente:

> "Las Revoluciones que se van extendiendo ahora en el Mundo tienen su origen en el estado de este caso; la presente guerra es un conflicto entre el sistema representativo fundado en los derechos del pueblo; y el hereditario, fundado en la usurpación."[262]

Seguía su argumentación Paine indicando que "El carácter pues de las Revoluciones del día se distingue muy definitivamente por fundarse en el sistema del Gobierno Representativo en oposición al hereditario. Ninguna otra distinción abraza más completamente sus principios;" y concluía señalando que: "El sistema Representativo es la invención del Mundo moderno."[263] Además, al referirse al gobierno representativo, Paine lo identificaba como aquél en el cual el poder soberano estaba en el Pueblo. Partía para ello de la consideración de que:

> "Todo Gobierno (sea cual fuere su forma) contiene dentro de si mismo un principio común a todos, que es, el de un poder soberano, o un poder sobre el cual no hay autoridad alguna, y que gobierna a todos los otros... En las Monarquías despóticas [ese poder] está colocado en una sola persona, o Soberano;... En las Repúblicas semejantes a la que se halla establecida en América, el poder soberano, o el poder sobre el cual no hay otra autoridad, y que gobierna a todos los demás, está donde la naturaleza lo ha colocado, en el Pueblo; porque el Pueblo en América es el origen del poder. Él está allí como un principio de derecho reconocido en las Constituciones del país, y el ejercicio de él es Constitu-

---

259   Véase, William Burke, *Derechos de la América del Sur y México,* Academia Nacional de la Historia, Caracas 1959, Vol. I, pp. 118, 123, 127, 141, 157, 162, 182, 202, 205, 241

260   *Idem*, p. 113.

261   *Idem*, pp. 119, 120.

262   Expresado por Paine en su "Disertación sobre los Primeros principios del Gobierno" que escribió en los tiempos de la Revolución Francesa. Véase en Manuel García de Sena, *La Independencia de Costa Firme justificada por Thomas Paine treinta años ha,* Edición del Ministerio de Relaciones Exteriores, Caracas 1987, p. 90. La expresión la utilizó también en otros Discursos, pp. 111, 112.

263   *Idem,* p. 90.

cional, y legal. Esta Soberanía es ejercitada eligiendo y diputando un cierto número de personas para representar y obrar por él todo, las cuales no obrando con rectitud, pueden ser depuestas por el mismo poder que las colocó allí, y ser otras elegidas y disputadas en su lugar."[264]

De estos conceptos de Paine, que sin duda influyeron en la concepción de la declaración de los "Derechos del Pueblo" de 1811, se comprende porque la misma se inicia en la Sección Primera con las previsiones sobre la soberanía como poder que radica en el pueblo, el cual la ejerce mediante representantes, apartándose así del orden de las Declaraciones francesas donde los artículos sobre la soberanía no están al inicio de las mismas.

V. LAS FUENTES DE INSPIRACIÓN DE LA "DECLARACIÓN DE LOS DERECHOS DEL PUEBLO" DE 1° DE JULIO DE 1811

En todo caso, apartando el orden de los artículos y la sistemática de su división en Secciones, así como la variación en su denominación, el contenido del articulado de la Declaración de Derechos del Pueblo, tuvo su inspiración básica en los textos franceses, como explicamos a continuación, transcribiendo después de cada artículo de la Declaración los textos originales que los inspiraron:

PREÁMBULO

La Declaración de los Derechos del Pueblo fue precedida de un Preámbulo, siguiendo la orientación de las Declaraciones Francesas, en el cual la representación popular después de atribuir al olvido y desprecio de los derechos del hombre, denominados en la misma como "Derechos del Pueblo" las causas de la opresión durante los tres siglos de la colonia, resolvió declararlos formalmente como derechos inalienables a fin de que los ciudadanos, confrontándola con los mismos, pudiesen juzgar la conducta de los gobernantes; y que estos no confundieran su misión. El texto del Preámbulo de la Declaración de 1811 fue el siguiente:

> *El Supremo Congreso de Venezuela en su sección legislativa, establecida para la Provincia de Caracas, ha creído que el olvido y desprecio de los Derechos del Pueblo, ha sido hasta ahora la causa de los males que ha sufrido por tres siglos: y queriendo empezar a precaverlos radicalmente, ha resuelto, conformándose con la voluntad general, declarar, como declara solemnemente ante el universo, todos estos mismos Derechos inenajenables, a fin de que todos los ciudadanos puedan comparar continuamente los actos del Gobierno con los fines de la institución social: que el magistrado no pierda jamás de vista la norma de su conducta y el legislador no confunda, en ningún caso, el objeto de su misión.*

Como se dijo, este Preámbulo de la Declaración de 1811 estuvo directamente inspirado en el Preámbulo que precedió la Declaración francesa de 1793, texto que,

---

264 *Idem*, pp. 118, 119.

sin embargo, no fue incluido en la traducción incorporada en el libro de Picornell de 1797, y que fue el siguiente tenor:

> *Le peuple français, convaincu que l'oubli, le mépris des droits naturels de l'homme, sont les seules causes des malheurs du monde, a résolu d'exposer dans une déclaration s'solennelle ces droits sacrés et inaliénables, afin que tous les citoyens, pouvant comparer sans cesse les actes du gouvernement avec le but de toute institution sociale, ne se laissent jamais opprimer et avilir par la tyrannie; afin que le peuple ait toujours devant les yeux les bases de sa liberté et de son bonheur; le magistrat, la règle de ses devoirs; le législateur, l'objet de sa mission. En conséquence, il proclame, en présence de l'Être Suprême, la déclaration suivante des droits de l'homme et du citoyen.*

Este texto de 1793, a su vez, se había inspirado en el Preámbulo de la Declaración francesa de 1789:

> *Les représentants du peuple français, constitués en Assemblée nationale, considérant que l'ignorance, l'oubli ou le mépris des droits de l'homme sont les seules causes des malheurs public et de la corruption des gouvernements ont résolu d'exposer dans une déclaration solennelle les droits naturels, inaliénables et sacrés de l'homme, afin que cette déclaration, constamment présente á tous les membres du corps social, leur rappelle s'ans cesse leurs droits et leurs devoirs; afin que les actes du pouvoir législatif et ceux du pouvoir exécutif, pouvant être à chaque instant comparés avec le but de toute institution politique, en soient plus respectés; afin que les réclamations des citoyens, fondées désormais sur des principes simples et incontestables, tournent toujours au maintien de la Constitution et au bonheur de tous.*

SECCIÓN PRIMERA:

LA SOBERANÍA DEL PUEBLO

La Sección Primera de la Declaración de 1811 está destinada a regular en 7 artículos, la soberanía y las condiciones para su ejercicio mediante representantes (arts. 1–3); la proscripción de la usurpación de la soberanía (art. 4); la temporalidad de los empleos públicos (art. 5); la proscripción de la impunidad y castigo de los delitos de los representantes (art. 6); y el principio de igualdad ante la ley (art. 7).

1. *La soberanía y la representación*

La soberanía se concibió en la Declaración de 1811 como un poder imprescriptible, inalienable e indivisible que sólo residía en el pueblo, y que éste sólo podía ejercer mediante representantes, prohibiéndose, por tanto, que cualquier parcela del pueblo, cualquiera que ella fuese, se pudiera arrogar el ejercicio de la misma.

Se trató por tanto, de una declaración del derecho a la democracia representativa, asegurándole a todos el derecho a expresar su voluntad con entera libertad, principio que se declaraba como el único "que hace legítima y legal la constitución" del Gobierno. El derecho ciudadano a ejercer su soberanía, consistía, por tanto, en el derecho de concurrir con su voto a la escogencia de sus representantes para formar el Cuerpo representativo.

Estos principios se expresaron en los siguientes tres artículos de la Sección Primera (I):

Artículo 1. La soberanía reside en el pueblo; y, el ejercicio de ella en los Ciudadanos con derecho a sufragio, por medio de sus apoderados legalmente constituidos.

Artículo 2. La Soberanía es, por su naturaleza y esencia, imprescriptible, inenajenable e indivisible.

Artículo 3. Una parte de los ciudadanos con derecho a sufragio, no podrá ejercer la soberanía. Todos deben concurrir con su voto a la formación del Cuerpo que la ha de representar, porque todos tienen derecho a expresar su voluntad con entera libertad, único principio que hace legítima y legal la constitución de su Gobierno.

La redacción de estos tres artículos está inspirada en el texto de la Declaración francesa de 1793, aún cuando expresados, los conceptos, con mucha mayor precisión y amplitud, sin duda, también por la influencia del libro de Thomas Paine traducido por García de Sena, y de los escritos de William Burke.

Los artículos pertinentes de la Declaración francesa de 1793, fueron los siguientes:

Article 25. La souveraineté réside dans le peuple. Elle est une et indivisible, imprescriptible et inaliénable.

Article 26. Aucune portion du peuple ne peut exercer la puissance du peuple entier; mais chaque section du souverain assemblée doit jouir du droit d'exprimer sa volonté avec une entière liberté.

La traducción contenida en el libro de Picornell de 1797, fue la siguiente:

XXV. La soberanía reside en el pueblo; es una e indivisible, imprescriptible e inalienable.

XXVI. Ninguna porción del pueblo puede ejercer el poder del pueblo entero; pero cada parte de la soberanía en junta, debe gozar del derecho de manifestar su voluntad, con una libertad entera.

Y por supuesto, el origen de todos estos principios estaba en el artículo III de la Declaración francesa de 1789, en el cual se declaró:

III.   Le principe de toute souveraineté réside essentiellement dans la nation. Nul corps, nul individu ne peut exercer d'autorité qui n'en émane expressément.

2.   *La usurpación de la soberanía como delito*

La consecuencia de establecer la soberanía como derecho del pueblo y proscribir que cualquier grupo de ciudadanos pudiera arrogarse su ejercicio, fue la tipificación del delito de "lesa Nación" para quienes usurparan la soberanía.

En tal sentido en el artículo (I) 4 de la Declaración de 1811, se dispuso que:

Artículo. 4. Todo individuo, corporación o ciudad que usurpe la soberanía, incurrirá en el delito de lesa Nación.

Este artículo, se inspiró en parte el texto de la Declaración francesa de 1793 en el sentido de sancionar la usurpación de la soberanía, pero con la gran diferencia de que en aquella, la usurpación de la soberanía se sancionaba directamente declarando que todo hombre libre podía matar al instante al usurpador. En cambio en la Declaración de 1811 la usurpación de la soberanía se la consideraba como un delito grave, de "lesa Nación" el cual, por tanto, debía ser juzgado. El artículo 27 de la Declaración francesa de 1793, de la época del Terror, que no tenía antecedentes en la Declaración francesa de 1789, establecía en efecto:

> 27. *Que tout individu qui usurperait la souveraineté soit á l'instant mis à mort par les hommes libres.*

La traducción de este texto contenida en el libro de Picornell de 1797, fue la siguiente:

> *XXVII.* Todo individuo que usurpe la soberanía, sea al instante muerto por los hombres libres.

3. *La temporalidad de los empleos públicos*

Habiendo sido establecido el principio de la democracia representativa y del ejercicio de la soberanía mediante representantes, en la Declaración de 1811 se precisó que los empleos públicos, incluyendo los de los representantes, eran esencialmente temporales, de manera que nadie podía considerar que tenía derecho a ejercer permanentemente dichos cargos, como distinción o recompensa personal. Al contrario los empleados públicos no podían tener otra consideración que no fuera la que adquieran en el concepto de sus conciudadanos por el desempeño de sus cargos al servicio de la República.

El artículo (I) 5 de la Declaración de 1811 estableció, en efecto:

> **Artículo 5. Los empleados públicos serán por tiempo determinado; no deben tener otra consideración que la que adquieran en el concepto de sus conciudadanos por las virtudes que ejercieren en el tiempo que estuvieren ocupados por la República.**

Este artículo estuvo inspirado en el texto del artículo 30 de la Declaración francesa de 1793, el cual por lo demás, no tuvo antecedentes en el de la Declaración de 1789, en el cual se dispuso que:

> *Article 30. Les fonctions publiques sont essentiellement temporaires; elles ne peuvent être considérées comme des distinctions ni comme des récompenses, mais comme des devoirs.*

La traducción de este texto contenida en el libro de Picornell de 1797, fue la siguiente:

> *XXX.* Los empleos públicos son esencialmente temporales, nunca deben ser considerados como distinciones, ni como recompensas, sino como obligaciones.

4. *La proscripción de la impunidad en el ejercicio de la función pública*

La Declaración de 1811 consagró, además, el principio general de que los representantes del pueblo electos en ejercicio de la soberanía y, en general, todos los funcionarios públicos, eran responsables de sus acciones, precisando que los delitos que pudieran cometer nunca podían quedar impunes.

A tal efecto, el artículo (I) 6 de la Declaración de 1811 dispuso así:

> **Artículo 6. Los delitos de los representantes y agentes de la República no deben quedar nunca impunes, pues ninguno tiene derecho a hacerse más inviolable que otro.**

Este artículo fue inspirado en el texto del artículo 31 de la Declaración francesa de de 1793, sin antecedentes en el Declaración de 1789, que estableció:

> *Art. 31. Les délits des mandataires du peuple et de ses agents ne doivent jamais être impunis. Nul n'a le droit de se prétendre plus inviolable que les autres citoyens.*

La traducción de este texto contenida en el libro de Picornell de 1797, fue la siguiente:

> *XXXI*. Los delitos de los diputados del pueblo y de sus agentes jamás deben quedar sin castigo; ninguno tiene el derecho de pretender ser más impune que los demás individuos.

5. *La igualdad ante la ley*

La Declaración de 1811 también consagró el principio general de igualdad ante la ley, sin discriminación por razón de nacimiento o de herencia, de manera que la ley fuera igual para todos, "castigando los vicios y premiando las virtudes."

A tal efecto, el artículo (I) 7 de la Declaración de 1811 establece:

> **Artículo 7. La Ley debe ser igual para todos, castigando los vicios y premiando las virtudes, sin admitir distinción de nacimiento ni poder hereditario.**

Este artículo se inspiró en el texto de la Declaración francesa de 1795, cuyo artículo 3° de la Sección "Derechos," estableció el sentido de la igualdad, así:

> *Art. 3. L'égalité consiste en ce que la loi est la même pour tous soit qu'elle protège, soit qu'elle punisse. L'égalité n'admet aucune distinction de naissance, aucune hérédité de pouvoirs.*

La Declaración de 1811, en este punto, sin embargo, no llegó a declarar la proscripción de la esclavitud conforme al principio que ya se había expresado en la Declaración francesa de 1793, y que estaba en la traducción del libro de Picornell de 1797, en la cual se estableció que:

> *Art. 18. Tout homme peut engager ses services, son temps, mais il ne peut se vendre ni être vendu. Sa personne n'est pas une propriété aliénable. La loi ne reconnaît point de domesticité; il ne peut exister qu'un engagement de soins et de reconnaissance entre l'homme qui travaille et celui qui l'emploie.*

SECCIÓN SEGUNDA:

DERECHOS DEL HOMBRE EN SOCIEDAD

En la Sección Segunda sobre "Derechos del Hombre en Sociedad," la Declaración de 1811, en los 27 artículos que contiene, como se dijo, se regularon los siguientes principios y derechos: el fin de la sociedad y el gobierno (art. 1); derechos del hombre (art. 2); la ley como expresión de la voluntad general (art. 3); libertad de expresión del pensamiento (art. 4); objetivo de la ley (art. 5); obediencia de la ley (art. 6); derecho a la participación política (art. 7); derecho al sufragio (arts. 8–10); debido proceso, art. 11; proscripción de actos arbitrarios, responsabilidad funcionarial, y protección ciudadana (art. 12–14); presunción de inocencia (art. 15); derecho a ser oído (art. 16); proporcionalidad de las penas (art. 17); seguridad (art. 18); propiedad (art. 19); libertad de trabajo e industria (art. 20); garantía de la propiedad y de contribuciones solo establecidas mediante representantes (art. 21); derecho de petición (art. 22); derecho a resistencia (art. 23); inviolabilidad del hogar (art. 24); y derechos de los extranjeros (art. 25–27).

1. *El fin de la Sociedad y de los Gobiernos: asegurar el goce de los derechos*

En los artículos (II) 1 y (II) 2 de la Declaración de 1811, se establecieron los principios fundamentales sobre el fin de la Sociedad y de los Gobiernos, esencialmente vinculados a la garantía de los derechos, así:

> *Artículo 1. El fin de la sociedad es la felicidad común, y el Gobierno se instituye al asegurarla.*
>
> *Artículo 2. Consiste esta felicidad en el goce de la libertad, de la seguridad, de la propiedad y de la igualdad de derechos ante la Ley.*

Estos artículos se inspiraron en el texto de la Declaración francesa de 1793, que comenzaba precisamente con los artículos Primero y 2 donde se estableció:

> *Art. 1er. Le but de la société est le bonheur commun. Le gouvernement est institué pour garantir á l'homme la jouissance de ses droits naturels et imprescriptibles.*
>
> *Art. 2. Ces droits sont l'égalité, la liberté, la sûreté, la propriété.*

La traducción de estos textos contenida en el libro de Picornell de 1797, fue la siguiente:

> *Artículo Primero. El objeto de la sociedad, es el bien común: todo gobierno es instituido para asegurar al hombre el goce de sus derechos naturales e imprescriptibles.*
>
> *Artículo II. Estos derechos son, la igualdad, la libertad, la seguridad y la propiedad.*

2. *La ley como expresión de la voluntad general*

El artículo 3 de la Declaración de 1811, Sección "Derechos del Hombre en Sociedad," estableció sobre la ley lo siguiente:

Artículo 3. La ley se forma por la expresión libre y solemne de la voluntad general, y ésta se expresa por los apoderados que el pueblo elige para que representen sus derechos.

Esta norma se inspiró en el texto del artículo 4 de la Declaración de 1793, pero con un contenido más desarrollado. Estas normas decían:

Art. 4. La loi est l'expression libre est solennelle de la volonté générale; elle est la même pour tous, soit qu'elle protège, soit qu'elle punisse: elle ne peut ordonner que ce qui est juste et utile á la société: elle ne peut défendre que ce qui lui est nuisible.

La traducción de estas normas en el libro de Picornell de 1797, artículo IV fue la siguiente:

IV. La ley, es la declaración libre y solemne de la voluntad general: ella es igual para todos, ya sea que proteja, ya que castigue; no puede ordenar sino aquello que es justo y útil a la sociedad, ni prohibir sino lo que es perjudicial.

En este contexto de la ley, en relación con su objeto, además, el artículo 5 de la misma esta Sección estableció:

Art. 5. El objeto de la ley es arreglar el modo con que los ciudadanos deben obrar en las ocasiones en que la razón exige que ellos se conduzcan no por su opinión o su voluntad, sino por una regla común.

Una definición similar no se encuentra ni en las Declaraciones francesas ni en las Declaraciones norteamericanas.

3. *La obligatoriedad de la ley*

El artículo 6 de la Sección sobre "Derechos del Hombre en Sociedad," adicionalmente definió el sentido del carácter obligatorio de la ley, así:

Art. 6. Cuando un ciudadano somete sus acciones a una ley, que no aprueba, no compromete su razón; pero la obedece porque su razón particular no debe guiarle, sino la razón común, a quien debe someterse, y así la ley no exige un sacrificio de la razón y de la libertad de los que no la aprueban, porque ella nunca atenta contra la libertad, sino cuando se aparta de la naturaleza y de los objetos, que deben estar sujetos a una regla común.

No hemos encontrado ninguna previsión similar a esta ni en las Declaraciones francesas ni en las Declaraciones norteamericanas.

4. *La libertad de expresión del pensamiento*

La libertad de expresión del pensamiento, y las responsabilidades derivadas de su ejercicio se establecieron en el artículo 4 de la Declaración de 1811, Sección "Derechos del Hombre en Sociedad", así:

Artículo 4. El derecho de manifestar sus pensamientos y opiniones por voz de la imprenta debe ser libre, haciéndose responsable a la ley si en ellos se trata de perturbar la tranquilidad pública o el dogma, la propiedad y honor del ciudadano.

Solo la primera parte de este texto encuentra su antecedente en el artículo 7 de la Declaración de 1793, donde además de la libertad de expresión del pensamiento, se consagró la libertad de reunión y el derecho al libre ejercicio de cultos que no podían ser prohibidos, aspectos que no se incorporaron en la Declaración de 1811. Dicho artículo 7 de la Declaración de 1793, en efecto, estaba redactado así:

> *Article 7. Le droit de manifester sa pensée et ses opinions, soit par la voie de la presse, soit de toute autre manière, le droit de s'assembler paisiblement, le libre exercice des cultes ne peuvent être interdits. La nécessité d'énoncer ces droits suppose ou la présence ou le souvenir récent du despotisme.*

El texto, por tanto, es su previsión de dejar a la ley el establecimiento de las responsabilidades en los casos de expresiones que pudieren perturbar la tranquilidad pública o el dogma, la propiedad y honor del ciudadano, no tiene antecedentes en las declaraciones francesas. Más bien, puede considerarse que influyó en su concepción las apreciaciones de William Burke en la *Gaceta de Caracas* en el sentido de que la libertad de prensa solo debía estar "cuidadosamente restringida por distintas y adecuadas leyes para que no degenere en licencia," de manera que "todo hombre es libre de publicar lo que quiera; pero queda personalmente responsable de todo lo que haya publicado."[265]

5. *La participación en el proceso de formación de la ley y en el nombramiento de representantes*

En la Declaración de 1811 se estableció el derecho de los ciudadanos a participar en el proceso de formación de las leyes y a nombrar para tales efectos a sus representantes, con la previsión expresa que este derecho sólo correspondía a los que fueran ciudadanos con residencia permanente, excluidos los transeúntes o quienes no tuviesen la propiedad exigida en la Constitución; previsiones que sin embargo no se encuentran en las declaraciones francesas. En efecto, en los artículos 7 a 10 de la Sección "Derechos del Hombre en Sociedad" se estableció lo siguiente:

> **Artículo 7. Todos los ciudadanos no pueden tener igual parte en la formación de la ley, porque todos no contribuyen igualmente a la conservación del Estado, seguridad y tranquilidad de la sociedad.**
>
> **Artículo 8. Los ciudadanos se dividirán en dos clases: unos con derecho a sufragio, otros sin él.**
>
> **Artículo 9. Los sufragantes son los que están establecidos en Venezuela, sean de la nación que fueren: éstos solos forman el soberano.**
>
> **Artículo 10. Los que no tienen derecho a sufragio son los transeúntes, los que no tengan la propiedad que establece la Constitución; y éstos gozarán de los beneficios de la ley, sin tomar parte en su institución.**

En esta materia, el texto de la Declaración de 1793 se limitaba a disponer que:

---

265   Véase William Burke, *Derechos de la América...*, *op. cit.*, Tomo I, p. 192.

Art. 29. Chaque citoyen a un droit égal de concourir á la formation de la loi et á la nomination de s es mandataires ou de ses agent.

En la Declaración de 1811, en cambio, se precisó que entre los ciudadanos, sólo los residenciados o "establecidos" en el país tenían el derecho al sufragio independientemente de la nacionalidad, "sean de la nación que fueses," excluyéndose entonces del sufragio a los transeúntes. Con ello, la declaración de derechos del pueblo de 1811 estaba imbuida del ejemplo Norteamericano, expresado por Burke en la *Gaceta de Caracas*, como aliciente a la inmigración, conforme al cual al declarar "que todo hombre libre de la edad de 21 años y que pague tributos gozará del derecho al sufragio," se estaba "facilitando el ingreso y establecimiento de extranjeros útiles… que posean capitales, espíritu de empresa, industria y conocimientos útiles" que "vengan a "establecerse en el país. " [266]

6. La garantía de la libertad personal

La garantía de la libertad personal se estableció en el artículo 11 de la Declaración de 1811, al exigirse que la privación de la misma sólo pudiera hacerse en los casos determinados por la ley. Además, se enunció un aspecto del debido proceso al exigirse también que la acusación contra una persona también se hiciese sólo en los casos determinados por la ley. El texto fue el siguiente:

Artículo 11. Ninguno debe ser acusado, preso, ni detenido, sino en los casos determinados por la ley.

Aún con enunciados similares pero más amplios en la Declaración de 1793 (art. 10) y en la declaración de 1789 (art. VII), el texto de la Declaración de 1811 proviene del texto del artículo 8 de la declaración de la Constitución francesa de 1795, que dispuso:

Article 8. Nul ne peut étre appelé en justice, accusé arrété ni détenu que dans les cas déterminés par la loi, et selon les formes qu'elle a prescrites.

7. La proscripción de actos arbitrarios

En la Declaración de 1811, Sección "Derechos del Hombre en Sociedad", artículos 12 y 13 se establecieron los siguientes principios sobre los actos arbitrarios:

Art. 12. Todo acto ejercido contra un ciudadano sin las formalidades de la ley, es arbitrario y tiránico.

Art. 13. El magistrado que decrete y haga ejecutar actos arbitrarios será castigado con la severidad de la ley.

Estos textos tienen su origen en los artículos 11 y 12 de la Declaración francesa de 1793 en la cual se indicó lo siguiente:

---

266   Véase William Burke, *Derechos de la América…*, *op. cit.*, Tomo I, p. 133, 145, 146.

Art. 11. Tout acte exercé contre un homme hors des cas et sans les formes que la loi détermine est arbitraire et tyrannique; celui contre lequel on voudrait l'exécuter par la violence a le droit de le repousser par la force.

Art. 12. Ceux qui solliciteraient, expédieraient, signeraient, exécuteraient ou feraient exécuter des actes arbitraires sont coupables et doivent être punis.

La traducción de estos artículos en el libro de Picornell de 1797, era la siguiente:

Art. XI. Todo acto ejecutado contra un hombre fuera de los casos y sin las fórmulas que la ley determina, es arbitrario y tiránico; aquel contra quien se quiera ejecutar, tiene derecho para resistirse.

Art. XII. Aquellos que solicitasen, expidiesen, firmasen, ejecutasen, o hiciesen ejecutar actos arbitrarios, son culpables y deben ser castigados.

8. La protección frente a la opresión

En la Declaración de 1811, Sección "Derechos del Hombre en Sociedad", se estableció el principio de la protección de la libertad contra la opresión, lo que correspondía a la Ley.

En tal sentido, el artículo 14 de la Sección "De los Derechos del Pueblo" estableció:

Art. 14. Esta [la ley] debe proteger la libertad pública e individual contra la opresión y tiranía.

La norma proviene del artículo 9 de la Declaración de 1793 que dispuso:

Art. 9. La loi doit protéger la liberté publique et individuelle contre l'oppression de ceux qui gouvernent.

El texto fue traducido en el libro de Picornell de 1797, en la forma siguiente:

Art. IX. La Ley debe proteger, así la libertad pública como la de cada individuo en particular, contra la opresión de los que gobiernan.

9. La presunción de inocencia

El principio de la presunción de inocencia como pieza fundamental de del debido proceso, fue establecido en el artículo 15 de la Declaración de 1811, Sección "Derechos del Hombre en Sociedad", en la siguiente forma:

Art. 15. Todo ciudadano deberá ser tenido por inocente mientras no se le declare culpable. Si se cree indispensable asegurar su persona, todo rigor que no sea necesario para ello debe ser reprimido por la ley.

La norma proviene del artículo 13 de la Declaración de 1793 que dispuso:

Art. 13. Tout homme étant présumé innocent jusqu'á ce qu'il ait été déclaré coupable, s'il est jugé indispensable de l'arrêter, toute rigueur qui ne serait pas nécessaire pour s'assurer de sa personne doit être sévèrement réprimée par la loi.

El texto fue traducido en el libro de Picornell de 1797, en la forma siguiente:

Art. XIII. Todo hombre debe ser tenido por inocente, hasta tanto que haya sido declarado culpable: si se juzga indispensable su prisión, todo rigor que no sea necesario para asegurarse de su persona, debe prohibirse severamente por ley.

10. *El principio nulla pena sine legge, el derecho a ser oído y el principio de la irretroactividad de la ley*

Como parte esencial del debido proceso, en el artículo 16 de la Declaración de 1811, Sección "Derechos del Hombre en Sociedad", se regula el principio de que sólo se puede ser juzgado y castigado en virtud de previsión legislativa preexistente, y además, el derecho a ser oído y la prohibición de leyes retroactivas (leyes *ex post facto*), en la siguiente forma:

Art. 16. Ninguno debe ser juzgado ni castigado, sino después de haber sido oído legalmente, y en virtud de una ley promulgada anterior al delito. La ley que castigue delitos cometidos antes que ella exista será tiránica. El efecto retroactivo dado a la ley es un crimen.

La norma proviene del artículo 14 de la Declaración de 1793 que dispuso:

Art. 14. Nul ne doit être jugé et puni qu'après avoir être entendu ou légalement appelé et qu'en vertu d'une loi promulguée antérieurement au délit; la loi qui punirait des délits commis avant qu'elle existât serait une tyrannie; l'effet rétroactif donné á la loi serait un crime.

El texto fue traducido en el libro de Picornell de 1797, en la forma siguiente:

Art. XIV. Ninguno debe ser juzgado ni castigado antes de haber sido oído, o llamado legalmente, y en virtud de una ley promulgada antes de haber cometido el delito. La ley que castiga delitos cometidos antes de su publicación, es tiránica: el efecto retroactivo dado a la ley es un crimen.

11. *El principio de la necesidad y proporcionalidad de las penas*

El artículo 17, Sección "Derechos del Hombre en Sociedad" de la Declaración de 1811, estableció en materia de sanciones penales el principio de la proporcionalidad y necesidad, así:

Art. 17. La Ley no debe decretar sino penas muy necesarias, y éstas deben ser proporcionadas al delito y útiles a la sociedad.

La norma proviene del artículo 15 de la Declaración de 1793 que dispuso:

Art. 15. La loi ne doit décerner que des peines strictement et nécessaires; les peines doivent être proportionnées au délit et utiles á la société.

El texto fue traducido en el libro de Picornell de 1797, en la forma siguiente:

Art. XV. La Ley no debe imponer sino penas absoluta y evidentemente necesarias: las penas deben ser proporcionadas al delito, y útiles a la sociedad.

12. *La seguridad*

La seguridad fue definida en el artículo 18, Sección "Derechos del Hombre en Sociedad" de la Declaración de 1811, así:

Art. 18. La seguridad consiste en la protección que da la sociedad a cada uno de sus miembros para la conservación de su persona, de sus derechos y de sus propiedades.

La norma proviene del artículo 8 de la Declaración de 1793 que dispuso:

Art. 8. La sûreté consiste dans la protection accordée par la société á chacun de ses membres pour la conservation de sa personne, de ses droits et de ses propriétés.

Este texto fue traducido en el libro de Picornell de 1797, en la forma siguiente:

Art. VIII. La seguridad consiste en la protección acordada por la sociedad a cada uno de sus miembros, para la conservación de su persona, de sus derechos y de sus propiedades.

13. *El derecho de propiedad*

Sobre la propiedad privada, el artículo 19 de la Sección "Derechos del Hombre en Sociedad" de la Declaración de 1811 estableció el siguiente principio:

Art. 19. Todo ciudadano tiene derecho a adquirir propiedades y a disponer de ellas a su arbitrio, si no contraría el pacto o la ley.

La fuente de inspiración de esta norma fue el artículo 16 de la Declaración francesa de 1793, aún cuando esta era más descriptiva en relación con los bienes sobre los cuales se podía ejercer la propiedad, en la siguiente forma:

Art. 16. Le droit de propriété est celui qui appartient á tout citoyen de jouir et de disposer á son gré de ses biens, de ses revenus, du fruit de son travail e de son industrie.

El texto de esta norma fue traducido en el libro de Picornell de 1797, en la forma siguiente:

Art. XVI. El derecho de propiedad, es aquel que pertenece a todo ciudadano de gozar y de disponer a su gusto, de sus bienes, de sus adquisiciones, del fruto de su trabajo, y de su industria.

Fue sólo la Declaración de 1789 la que inicialmente declaró la propiedad en su artículo XVII como un "derecho inviolable y sagrado."

14. *La libertad de trabajo e industria y la intervención estatal*

El artículo 20 de la Sección "Derechos del Hombre en Sociedad" de la Declaración de 1811 estableció además la libertad de trabajo e industria, con limitaciones en relación con la posibilidad de intervención del Estado, en la siguiente forma:

Art. 20. Ningún género de trabajo, de cultura, ni industria o comercio puede ser prohibido a los ciudadanos, excepto aquellos que forman o pueden servir a la subsistencia del Estado.

La fuente de inspiración de esta norma fue el artículo 17 de la Declaración francesa de 1793, en la cual sin embargo, nada se establecía sobre la potestad del Estado de limitarla, así:

Art. 17. Nul genre de travail, de culture, de commerce, ne peut être interdit á l'industrie des citoyens.

El texto de esta norma fue traducido en el libro de Picornell de 1797, en la forma siguiente:

Art. XVII. Ningún género de trabajo, de cultura, ni de comercio, se puede prohibir a los ciudadanos.

15. *La garantía del derecho de propiedad y el establecimiento de las contribuciones mediante representantes*

El artículo 21 de la Sección "Derechos del Hombre en Sociedad" de la Declaración de 1811 estableció dos principios fundamentales: por una parte, la garantía de la propiedad privada que no podía ser expropiada sino por causa de "necesidad pública" y mediante "justa compensación"; y por la otra, el principio de que las contribuciones sólo podían ser adoptadas por la representación popular y para fines de "utilidad general," así:

Art. 21. Ninguno puede ser privado de la menor porción de su propiedad sin su consentimiento, sino cuando la necesidad pública lo exige y bajo una justa compensación. Ninguna contribución puede ser establecida sino para la utilidad general. Todos los ciudadanos sufragantes tienen derecho de concurrir, por medio de sus representantes al establecimiento de las contribuciones, de vigilar sobre su inversión y de hacerse dar cuenta.

La norma proviene de los artículos 19 y 20 de la Declaración de 1793 que dispuso:

Art. 19. Nul ne peut être prive de la moindre portion de sa propriété sans son consentement, si ce n'est lorsque la nécessité publique légale ment constatée l'exige, et sous condition d'une juste et préalable indemnité.

Art. 20. Nulle contribution ne peut être établie que pour l'utilité générale. Tous les citoyens ont droit de concourir á l'établissement des contributions, d'en surveiller l'emploi et de s'en faire rendre compte.

El texto de estas normas fue traducido en el libro de Picornell de 1797, en la forma siguiente:

Art. XIX. Ninguno puede ser privado de la menor porción de su propiedad sin su consentimiento, si no es en el caso de que una necesidad pública legalmente probada lo exija, y bajo la condición de una justa y anticipada indemnización.

Art. XX. Ninguna contribución puede ser impuesta con otro fin que el de la utilidad general: todos los ciudadanos tienen derecho de concurrir a su establecimiento, de vigilar sobre su empleo, y de hacerse dar cuenta.

16. *El derecho de petición*

El derecho de petición fue declarado en el artículo 22 de la Sección "Derechos del Hombre en Sociedad" de la Declaración de 1811 en la siguiente forma:

Art. 22. La libertad de reclamar sus derechos ante los depositarios de la pública autoridad, en ningún caso puede ser impedida ni limitada a ningún ciudadano.

La norma proviene del artículo 32 de la Declaración de 1793 que dispuso:

Art. 32. Le droit de présenter des pétitions aux dépositaires de l'autorité publique ne peut en aucun cas être interdit, suspendu ni limité.

El texto de esta norma fue traducido en el libro de Picornell de 1797, en la forma siguiente:

Art. XXXII. El derecho de presentar peticiones a los depositarios de la autoridad pública, no puede en ningún caso ser prohibido, suspendido, ni limitado.

17. *El derecho ciudadano a reclamar contra la opresión*

El artículo 23 de la Sección "Derechos del Hombre en Sociedad" de la Declaración de 1811 estableció el derecho ciudadano a reclamar contra la opresión, definiéndola, en la siguiente forma:

Art. 23. Hay opresión individual cuando un solo miembro de la sociedad está oprimido y hay opresión contra cada miembro cuando el Cuerpo social está oprimido. En estos casos las leyes son vulneradas y los ciudadanos tienen derecho a pedir su observancia.

La fuente de inspiración de esta norma fueron los artículos 33 a 35 de la Declaración francesa de 1793, en los cuales, sin embargo, se estableció el derecho de los ciudadanos a la resistencia contra la opresión y a la insurrección en los casos en los cuales el gobierno viola los derechos del pueblo, aspectos que no se recogieron en la Declaración de 1811. El texto de las normas francesas era el siguiente:

Art. 33. La résistance á l'oppression est la conséquence des autres droits de l'homme.

Art. 34. Il y a oppression contre le corps social, lorsqu'un seul de ses membres est opprimé. II y a oppression contre chaque membre, lorsque le corps social est opprimé.

Art. 35. Quand le gouvernement viole les droits du peuple, l'insurrection est pour le peuple et pour chaque portion du peuple le plus sacré des droits et le plus indispensable des devoirs.

Estos artículos fueron traducidos en el libro de Picornell de 1797, en la forma siguiente:

Art. XXXIII. La resistencia a la opresión, es la consecuencia de los otros derechos del hombre.

Art. XXXIV. Hay opresión contra el cuerpo social, al punto que uno solo de sus miembros es oprimido, y hay opresión contra cada miembro en particular, a la hora que la sociedad es oprimida.

Art. XXXV. Cuando el gobierno viola los derechos del Pueblo, la *insurrección* es para éste, y para cada uno de sus individuos, el más sagrado e indispensable de sus deberes.

18. *La inviolabilidad del hogar doméstico*

La inviolabilidad del hogar doméstico se estableció en el 24 de la Declaración de 1811, Sección "Derechos del Hombre en Sociedad", en la siguiente forma:

Art. 24. La casa de todo ciudadano es un asilo inviolable. Ninguno tiene derecho de entrar en ella, sino en los casos de incendio, inundación o reclamación, que provenga de la misma casa o para los objetos de procedimiento criminal en los casos, y con los requisitos determinados por la ley, y bajo la responsabilidad de las autoridades constituidas que hubieren expedido el decreto. Las visitas domiciliarias, exenciones civiles, sólo podrán hacerse durante el día, en virtud de la ley y con respecto a la persona y objeto expresamente indicados en el acto que ordena la visita y ejecución

Esta previsión, con un detalle destacadamente garantísta, no tiene equivalente en las Declaraciones francesas de 1793, 1795 y 1789, ni en la Constitución de 1791; y tampoco está, por supuesto, en el libro de Picornell de 1797.

La redacción de la norma debe haber estado influida por los escritos firmados por William Burke en la *Gaceta de Caracas* en 1811, donde expresó lo siguiente:

"Es una máxima en las leyes inglesas y americanas "que la casa de cada hombre es su fortaleza." No se puede entrar en ella y ser registrada; ni se pueden tomar los papeles ni ninguna otra cosa que su dueño tenga en ella, sino por un procedimiento legal (by legal process) en virtud de una orden o decreto firmado por un magistrado y ejecutada por el correspondiente oficial y durante el día, desde el amanecer hasta ponerse el sol.[267]

El texto de la misma, por tanto, estuvo inspirado en las disposiciones de las Declaraciones de derechos de las Colonias independientes de Norteamérica, y en la tradición del derecho inglés que había expuesto Edward Coke en el *Semayne's case*, en 1604, al decir que "La casa de cada quien es para él como su castillo y fortaleza, así como para su defensa contra ataques y violencia, así como para su descanso" considerando que el Rey no tenía autoridad para introducirse en la casa de sus súbditos, reconociendo, sin embargo, que los agentes del gobierno estaban permitidos realizar visitas y allanamientos bajo ciertas circunstancias cuando el propósito fuese legal y una orden judicial hubiera sido emitida."[268]

---

267   Véase William Burke, *Derechos de la América...*, *op. cit.*, tomo I, p. 151.

268   Coke's Rep. 91a, 77 Eng. Rep. 194 (K.B. 1604).

Esta doctrina, por otra parte, estaba a la base de la IV Enmienda a la Constitución de los Estados Unidos de América, que a su vez había tenido como antecedente las previsiones iniciales de las Constituciones de las antiguas Colonias, y que estuvieron a la mano de los redactores de la Declaración de 1811, a través de la traducción de la Constitución de los Estados Unidos de Norteamérica realizada por Joseph Villavicencio, así como de la contenida en el libro de Manuel García de Sena, *La independencia de Costa Firme justificada por Tomás Paine Treinta años ha*, ambos publicados en 1811.[269] Así, la IV Enmienda de la Constitución de 1789, dispone:

IV. The right of the people to be secure in their persons, houses, papers, and effects, against unreasonable searches and seizures, shall not be violated, and no Warrants shall issue, but upon probable cause, supported by Oath or affirmation, and particularly describing the place to be searched, and the persons or things to be seized.

La traducción de García de Sena de esta norma era como sigue:

IV. El derecho del pueblo para ser asegurado en sus personas, casas, papeles y efectos, libre de pesquisas y sorpresas, no podrá ser violado; y ninguna orden de arresto se expedirá, sino con causa probable y apoyada por juramento o afirmación describiendo particularmente el lugar que ha de ser pesquisado y las personas que se han de sorprender.

Esta disposición, a su vez, estuvo inspirada en las previsiones de las Constituciones coloniales, como por ejemplo, la de Massachusetts de 1779, contenida igualmente en el libro de García de Sena, que disponía:

Article XIV. Every subject has a right to be secure from all unreasonable searches, and seizures, of his person, his houses, his papers, and all his possessions. All warrants, therefore, are contrary to this right, if the cause or foundation of them be not previously supported by oath or affirmation; and if the order in the warrant to a civil officer, to make search in suspected places, or to arrest one or more suspected persons, or to seize their property, be not accompanied with a special designation of the persons or objects of search, arrest, or seizure: and no warrant ought to be issued but in cases, and with the formalities prescribed by the laws.

La traducción de esta previsión en el libro de García de Sena[270] es como sigue:

XIV: Toda persona tiene derecho para estar segura de pesquisas injustas, y de violencias en su persona, sus casas, sus papeles, y todas sus posesiones. Por tanto toda orden de arresto es contraria a este derecho, si la causa o fundamento de ella no está apoyada previamente por juramento o afirmación; y si la orden, comunicada a un Oficial Civil, para hacer pesquisa en algún lugar sospechoso, o arrestar a una o más personas sospechosas, o embargar sus propiedades, no

---

269 Véase en la Edición del Ministerio de Relaciones Exteriores, Caracas 1987.

270 Véase Pedro Grases, "Estudio sobre los 'Derechos del Hombre y del Ciudadano'," en el libro *Derechos del Hombre y del Ciudadano* (Estudio Preliminar por Pablo Ruggeri Para y Estudio histórico-crítico por Pedro Grases), Academia Nacional de la Historia, Caracas 1959, p. 237.

embargar sus propiedades, no está acompañada con una especial designación de las personas, u objetos de pesquisas, arresto, o captura. Y ninguna orden de arresto debe ser expedid, sino en los casos y con las formalidades que prescriben las leyes.

19. *Derechos de los extranjeros*

En los artículos 25 a 27 de la Sección "Derechos del Hombre en Sociedad" de la Declaración de 1811, se establecieron previsiones relativas a asegurar el estatus de los extranjeros, y establecer, además, el principio general de la igualdad entre extranjeros y venezolanos, en la siguiente forma:

> *Art. 25. Todos los extranjeros de cualquiera nación serán recibidos en la Provincia de Caracas.*
>
> *Art. 26. Las personas y las propiedades de los extranjeros gozarán de la misma seguridad que las de los demás ciudadanos, con tal que reconozcan la soberanía e independencia y respeten la Religión Católica, única en el país.*
>
> *Art. 27. Los extranjeros que residan en la Provincia de Caracas, habiéndose naturalizado y siendo propietarios, gozaran de todos los derechos de ciudadanos.*

Estas normas no tienen antecedentes ni en las Declaraciones francesas, ni en el libro de Picornell de 1797, ni en el libro de García de Sena y los textos constitucionales de la independencia Norteamericana en él publicados. El punto de inspiración de las normas debió haber estado en los escritos firmados por William Burke que fueron publicados en la *Gaceta de Caracas* en 1811,[271] como se ha comentado antes, al hablar del derecho al sufragio. Burke le atribuyó especial importancia a abrir las puertas a la inmigración que consideraba lo más beneficioso para el desarrollo del país, lo cual se arraigó, por lo demás, en la tradición de Venezuela habiendo marcado el desarrollo del país en los siglos sucesivos. Debe mencionarse, incluso, que en el libro oficial *Interesting Official Documents Relating to the United Provinces of Venezuela*,[272] publicado en 1812 contentivo de los documentos oficiales de la Primera república, los artículos que se reproducen de la declaración de derechos del pueblo fueron solo los relativos precisamente a los extranjeros y la inmigración.

---

271   Véase William Burke, *Derechos de la América...* , Tomo I, pp. 132, 144, 189.

272   Publicado por *W. Gliddon, Rupert-Street, Haymarket, para Longman and Co. Paternoster-Row; Durlau, Soho-Square; Hartding, St. Jame's Street; y W. Mason, Nº 6, Holywell Street, Strand, &c. &c, London 1812.*

SECCIÓN TERCERA:

LOS DEBERES DEL HOMBRE EN SOCIEDAD

La Sección Tercera de la Declaración de 1811, relativa a los "Deberes del Hombre en Sociedad," contiene las declaraciones sobre el límite de los derechos (art. 1); los deberes de los ciudadanos (art. 2); sobre el enemigo de la sociedad (art. 3); sobre el buen ciudadano (art. 4) y sobre el hombre de bien (art. 5). En esta Sección se aprecia más la influencia del texto de la declaración francesa de 1795.

1. *El límite de los derechos*

En el artículo 1° de la Sección "Deberes del Hombre en Sociedad" de la Declaración de 1811 se establece el límite esencial de los mismos en los derechos de los demás, en la siguiente forma:

> *Art. 1° Los derechos de los otros son el límite moral y el principio de los derechos, cuyo cumplimiento resulta del respeto debido a estos mismos derechos. Ellos reposan sobre esta máxima: haz siempre a los otros el bien que querrías recibir de ellos, no hagas a otro lo que no quieras que te hagan a ti.*

Este texto tiene su origen tanto en los textos respectivos de la Declaración francesa de 1793 como en la de 1795. En efecto, el texto del artículo 6 de la Declaración de 1793 establece:

> *Art. 6. La liberté est le pouvoir qui appartient á l'homme de faire ce qui ne nuit pas aux droits d'autrui: elle a pour principe la nature; pour règle la justice; pour sauvegarde, la loi: sa limite morale est dans cette maxime:* Ne fais pas a un autre ce que tu ne veux pas qu'il te soit fait.

La traducción de este texto que circuló en el libro de Picornell de 1793 fue la siguiente:

> *Art. VI.* La libertad consiste en poder hacer todo lo que no perjudica a los derechos de otro; tiene por principio la naturaleza, por regla la justicia, y por salvaguarda la ley: sus límites morales se contienen en esta máxima: *no hagas a otro lo que no quieres que se te haga a ti.*

Sin embargo, en el texto de la Declaración de 1811, además de la máxima indicada, se incluyó otra que proviene de la Declaración francesa de 1795, en cuyo artículo 2 de la Sección "Deberes"[273] se dispuso:

> *Art. 2. Tous les devoirs de l'homme et du citoyen dérivent de ces deux principes, gravés par la nature dans tous les cœurs:* Ne faites pas a autrui ce que vous ne voudriez pas qu'on vous fit. Faites constamment aux autres le bien que vous voudriez en recevoir.

---

273 En una fórmula, que se ha dicho proviene directamente de los textos de T. Hobbes Véase el comentario en J. J. Chevalier, *Los grandes textos políticos desde Maquiavelo a nuestros días*, Madrid 1955, p. 51.

2. *Los deberes de los ciudadanos*

En cuanto a los deberes de los ciudadanos, el artículo 2 de la Sección "Deberes del Hombre en Sociedad" de la Declaración de 1811 establece:

> *Art. 2. Los deberes de cada ciudadano para con la sociedad son: vivir con absoluta sumisión a las leyes; obedecer y respetar a las autoridades constituidas; mantener la libertad y la igualdad; contribuir a los gastos públicos; servir a la Patria cuando ella lo exige y hacerle, si es necesario, el sacrificio de los bienes y de la vida; y en el ejercicio de estas virtudes consiste el verdadero patriotismo.*

Los antecedentes de este artículo pueden ubicarse en el texto de los artículos 3 y 9 de la Sección de "Deberes" de la Declaración d 1795, en los cuales se dispuso:

> *Art. 3. Les obligations de chacun envers la société consistent á la défendre, á la servir, á vivre soumis aux lois, et á respecter ceux qui en sont les organes.*

> *Art. 9. Tout citoyen doit ses services á la patrie et au maintien de la liberté, de l'égalité et de la propriété, toutes les fois que la loi 1'appelle á les défendre*

3. *Sobre los enemigos de la sociedad*

Conforme al artículo 3 de la Sección "Deberes del Hombre en Sociedad" de la Declaración de 1811,

> *Art. 3. El que viola abiertamente las leyes, el que procura eludirlas, se declara enemigo de la sociedad.*

El antecedente de esta norma se encuentra en el texto de los artículos 6 y 7 de la Sección "Deberes" de la Declaración de 1795, que establecieron:

> *Art. 6. Celui qui viole ouvertement les lois se déclare en état de guerre avec la société.*

> *Art. 7. Celui qui, sans enfreindre ouvertement les lois, les élude par ruse ou par adresse, blesse les intérêts de tous; il se rend indigne de leur bienveillance et de leur estime.*

4. *Sobre el buen ciudadano*

El artículo 4 de la Sección "Deberes del Hombre en Sociedad" de la Declaración de 1811, definía al buen ciudadano así:

> *Art. 4. Ninguno será buen ciudadano si no es buen padre, buen hijo, buen hermano, buen amigo y buen esposo.*

El antecedente de esta norma está en el artículo 4 de la Sección de "Deberes" de la Declaración de 1795, que estableció:

> *Art. 4. Nul n'est bon citoyen s'il n'est bon fils, bon père, bon frère, bon ami, bon époux.*

5. Sobre el hombre de bien

Sobre el hombre de bien, se definía en el artículo 5 de la Sección "Deberes del Hombre en Sociedad" de la Declaración de 1811, así:

Art. 5. Ninguno es hombre de bien si no es franco, fiel y religioso observador de las leyes. La práctica de las virtudes privadas y domésticas es la base de las virtudes públicas.

Esta norma tiene su antecedente en el artículo 5 de la Sección de "Deberes" de la Declaración de 1795, que estableció:

Art. 5. Nul n'est homme de bien s'il n'est franchement et religieusement observateur des lois.

SECCIÓN CUARTA:
LOS DEBERES DEL CUERPO SOCIAL

1. La garantía social

El artículo 1 de la Sección de "Deberes del Cuerpo Social" de la Declaración de 1811 establece el deber general de solidaridad y garantía social, al disponer:

Art. 1. El deber de la sociedad para con los individuos que la componen es la garantía social. Esta consiste en la acción de todos para asegurar a cada uno el goce y la conservación de sus derechos, y ella descansa sobre la soberanía nacional.

Esta norma proviene del 23 de la Declaración de 1793 que estableció:

Art. 23. La garantie sociale consiste dans l'action de tous pour assurer á chacun la jouissance et la conservation de ses droits; cette garantie repose sur la souveraineté nationale.

La traducción de esta norma en el libro de Picornell de 1797, fue la siguiente:

Art. XXIII. La seguridad consiste en la unión de todos, para asegurar a cada uno el goce, y la conservación de sus derechos. Esta seguridad está fundada sobre la soberanía del Pueblo.

2. La responsabilidad de los funcionarios y la limitación de los poderes

El artículo 2 de la Sección "Deberes del Cuerpo Social" de la Declaración de 1811 estableció lo siguiente en cuanto a la separación de poderes y la responsabilidad de los funcionarios:

Art. 2. La garantía social no puede existir sin que la ley determine claramente los límites de los poderes, ni cuando no se ha establecido la responsabilidad de los públicos funcionarios.

Esta norma proviene del texto del artículo 24 de la Declaración de 1793 que estableció:

Art. 24. Elle ne peut exister si les limites des fonctions publiques ne sont pas clairement déterminées par la loi, et si la responsabilité de tous les fonctionnaires n'est pas assurée.

La traducción de esta norma en el libro de Picornell fue la siguiente:

Art. XXIV. Ella [la garantía social] no puede subsistir, si los límites de las funciones públicas no están claramente determinados por la ley, y si la responsabilidad de todos los funcionarios no está asegurada.

Debe destacarse que en la Declaración de 1795, la norma equivalente (art. 22) agregaba la referencia a la división de poderes así:

Art. 22. La garantie sociale ne peut exister si la division des pouvoirs n'est pas établie, si leurs limites ne sont par fixées, et si la responsabilité des fonctionnaires publics n'est pas assurée.

En el artículo XVI de la Declaración de 1789, por lo demás, el principio de la separación de poderes se establecía con toda claridad así:

XVI. Toute société dans laquelle la garantie des droits n'est pas assurée, ni la séparation des pouvoirs déterminée, n'a point de Constitution.

3. *Los socorros públicos*

El artículo 3 de la Sección de "Deberes del Cuerpo Social" de la Declaración de 1811 estableció el principio de la solidaridad social y los socorros públicos así:

Art. 3. Los socorros públicos son una deuda sagrada a la sociedad: ella debe proveer a la subsistencia de los ciudadanos desgraciados, ya asegurándoles trabajo a los que puedan hacerlo, ya proporcionando medios de existir a los que no están en este caso.

El antecedente de esta norma está en el artículo 21 de la Declaración de 1793, que estableció:

Art. 21. Les secours publics sont une dette sacrée. La société doit la subsistance aux citoyens malheureux, soit en leur procurant du travail, soit en assurant les moyens d'exister á ceux qui sont hors d'état de travailler.

La traducción de esta norma en el libro de Picornell, fue como sigue:

Art. XXI. Los socorros públicos son una obligación sagrada: la sociedad debe mantener a los ciudadanos desgraciados, ya sea procurándoles ocupación, ya asegurando modos de existir a aquellos que no están en estado de trabajar.

4. *La instrucción publica*

En el artículo 4 de la Sección de "Deberes del Cuerpo Social" de la Declaración de 1811 se estableció sobre la instrucción pública, lo siguiente:

Art. 4. La instrucción es necesaria a todos. La sociedad debe favorecer con todo su poder los progresos de la razón pública y poner la instrucción al alcance de todos.

El texto, sin duda, proviene del artículo 22 de la Declaración de 1793 que dispuso:

Art. 22. L'instruction est le besoin de tous. La société doit favoriser de tout son pouvoir les progrès de la raison publique, et mettre l'instruction á la portée de tous les citoyens.

La traducción de la norma, en el libro de Picornell de 1793 fue la siguiente:

Art. XXII. La instrucción es necesaria a todos: la sociedad debe proteger con todas sus fuerzas los progresos del entendimiento humano, y proporcionar la educación conveniente a todos sus individuos.

VIII. INFLUENCIA DE LA DECLARACIÓN DE LOS DERECHOS DEL PUEBLO DE 1º DE JULIO DE 1811 EN LA CONSTITUCIÓN DEL 21 DE DICIEMBRE DE 1811

Cuatro días después de haberse adoptado la declaración de Derechos del Pueblo del 1 de julio de 1811, como se dijo, el 5 de julio de ese mismo año de 1811, el Congreso General de las Provincias de Venezuela integrado por los representantes electos de las Provincias de Margarita, Mérida, Cumaná, Barinas, Barcelona, Trujillo y Caracas, aprobó la Declaración de Independencia de las provincias de Venezuela, pasando a denominarse la nueva nación, como Confederación Americana de Venezuela[274]; y en los meses siguientes, bajo la inspiración de los principios básicos del constitucionalismo moderno que habían sido moldeados en la Constitución norteamericana y las Declaraciones francesas de los Derechos del Hombre y del Ciudadano,[275] el 21 de diciembre de 1811 sancionó la primera Constitución de Venezuela y la de todos los países latinoamericanos.[276]

Esta Constitución fue el resultado de un proceso de discusión efectuada por el Congreso General, que culminó en un texto de 228 artículos, agrupados en 9 capítulos, destinados a regular el Poder Legislativo (Arts. 3 a 71), el Poder Ejecutivo (Arts. 72 a 109), el Poder Judicial (Arts. 110 a 118), y las Provincias (Arts. 119 a 134) concluyendo con el relativo a los "Derechos del Hombre que se respetarán en toda la extensión del Estado" (Arts. 141 a 199). Con dicho texto se conformó la Unión de las Provincias que venían siendo parte de la Confederación de Venezuela y que habían formado parte de la Capitanía General de Venezuela[277].

---

274 Véase el texto Acta de la Declaración de la Independencia, cuya formación se encomendó a Juan Germán Roscio, en Francisco González Guinán, *Historia Contemporánea de Venezuela,* Caracas, 1954, Tomo I, pp. 26 y ss.; y el Allan R. Brewer-Carías, *Las Constituciones de Venezuela, cit.,* Tomo I, pp. 545-548.

275 *Cf.* José Gil Fortoul, *Historia Constitucional...*, *op. cit.,* Tomo Primero, pp. 254 y 267.

276 Véase el texto de la Constitución de 1811, en *La Constitución Federal de Venezuela de 1811 y Documentos afines* (Estudio Preliminar de C. Parra Pérez), Caracas, 1959, pp. 151 y ss., y en Allan R. Brewer-Carías, *Las Constituciones de Venezuela, cit.,* Tomo I, pp. 553-579.

277 Véase Allan R. Brewer-Carías, *Evolución Histórica del Estado,* Tomo I, *Instituciones Políticas y Constitucionales,* Caracas 1996, pp. 268 y ss.

Con este texto puede decirse entonces que culminó el proceso constituyente en el país que se había iniciado el 19 de abril de 1810, organizándose el Estado conforme a los principios básicos del constitucionalismo moderno derivado de las Revoluciones norteamericana y francesa. De ella, dijo Pablo Ruggeri Parra: "Su parte orgánica es hecha a imitación de la Constitución de Filadelfia; su parte dogmática viene de la Francia de la Revolución, aunque ésta a su vez viene del mundo inglés."[278] En la misma, en cambio, habiéndose sancionado en diciembre de 1811, al contrario de lo que sucedió en muchas Constituciones latinoamericanas, particularmente posteriores a 1820, no pueden encontrar influencias del constitucionalismo de Cádiz derivados de la Constitución de la Monarquía Española de marzo de 1812.[279]

En cuanto a las fuentes de influyeron en su redacción, la Constitución de 1811 recibió de la Constitución americana la forma federal del Estado, del presidencialismo como sistema de gobierno dentro del esquema de la separación de poderes, y el principio de la garantía objetiva de la Constitución. Pero en cuanto a la redacción del texto constitucional de 1811, la influencia directa de la Constitución francesa es evidente, particularmente en la regulación detallada de la forma de elección indirecta de los representantes, en el reforzamiento de la separación de poderes, y en la extensa Declaración de Derechos fundamentales que contiene.[280]

Pero de ambos procesos revolucionarios, el francés y el norteamericano, la Constitución de 1811 fue el producto del principio básico del constitucionalismo moderno que los mismos aportaron, que el de la democracia y el republicanismo basado en el concepto de soberanía del pueblo. Con la Revolución norteamericana, el principio tradicional de la legitimidad monárquica del Estado fue sustituido definitivamente. La soberanía no correspondió más a un Monarca, sino al pueblo y, por ende, con la Revolución americana, puede decirse que la práctica del gobierno democrático fue iniciada en el mundo moderno. El mismo principio fue luego recogido por la Revolución francesa, pero duró en la práctica constitucional muy poco, debido a la restauración de la Monarquía a partir de 1815.

Estos principios, recogidos como hemos visto en los dos primeros artículos de la Sección "Soberanía del Pueblo," de la Declaración de Derechos del Pueblo de 1811, se recogieron con la misma orientación en la Constitución de 1811, precisándose sin embargo, más ampliamente que "Una sociedad de hombres reunidos bajo unas mismas leyes, costumbres y gobiernos forma una soberanía" (Art. 143); siendo "La soberanía de un país o supremo poder de reglar o dirigir equitativamente los inter-

---

278   Véase Pablo Ruggeri Parra. "Estudio Preliminar", al libro *Derechos del Hombre y del Ciudadano* (Estudio Preliminar por Pablo Ruggeri Para y Estudio histórico-crítico por Pedro Grases), Academia Nacional de la Historia, Caracas 1959, p. 27.

279   Véase Allan R. Brewer-Carías, "El paralelismo entre el constitucionalismo venezolano y el constitucionalismo de Cádiz (o de cómo el de Cádiz no influyó en el venezolano)" en *Libro Homenaje a Tomás Polanco Alcántara*, Estudios de Derecho Público, Universidad Central de Venezuela, Caracas 2005, pp. 101-189.

280   Véase en general Allan R. Brewer-Carías, *Reflexiones sobre la Revolución Americana (1776) y la Revolución Francesa (1789) y sus aportes al constitucionalismo moderno*, Editorial Jurídica Venezolana, Caracas 1991. Las consideraciones que se hacen en las páginas siguientes siguen lo expuesto en dicho libro. *Cf.* Allan R. Brewer-Carías, *La formación del Estado venezolano*, separata de la Revista Paramillo, Universidad Católica del Táchira, San Cristóbal 1996, pp. 201 a 359.

eses de la comunidad, reside, pues esencial y originalmente en la masa general de sus habitantes y se ejercita por medio de apoderados o representantes de estos, nombrados y establecidos conforme a la Constitución" (Art. 144).

Había sido sin duda, conforme a la orientación del contenido de estas normas, que en las antiguas Provincias coloniales de España que formaron Venezuela, la soberanía del Monarca español había cesado. Incluso, desde el 19 de abril de 1810, la soberanía había comenzado a ejercerse por el pueblo, que se dio a sí mismo una Constitución a través de sus representantes electos. Por ello, la Constitución de 1811, comenzó señalando:

> *"En nombre de Dios Todopoderoso, Nosotros, el pueblo de los Estados de Venezuela, usando de nuestra soberanía...hemos resuelto confederarnos solemnemente para formar y establecer la siguiente Constitución, por la cual se han de gobernar y administrar estos Estados".*

La idea del pueblo soberano, por tanto, que no sólo provino de la Revolución francesa sino, antes, de la Revolución americana, y se arraigó en el constitucionalismo venezolano desde 1811, en contra precisamente de la idea de la soberanía monárquica que aún imperaba en España en ese momento. La idea de representatividad republicana, por supuesto, también se recogió en la Constitución venezolana de 1811, en la cual, se estableció que la soberanía se ejercitaba sólo "por medio de apoderados o representantes de éstos, nombrados y establecidos conforme a la Constitución" (Art. 144); lo que conllevó a la previsión de que "Ningún individuo, ninguna familia, ninguna porción o reunión de ciudadanos, ninguna corporación particular, ningún pueblo, ciudad o partido, puede atribuirse la soberanía de la sociedad que es imprescindible, inajenable e indivisible, en su esencia y origen, ni persona alguna podrá ejercer cualquier función pública del gobierno si no la ha obtenido por la constitución" (Art. 146).

En definitiva, siendo el sistema de gobierno netamente republicano y representativo, conforme a la más exacta expresión francesa de la Declaración de 1789 (Art. 6), la Constitución de 1811 estableció que: "La Ley es la expresión libre de la voluntad general de la mayoría de los ciudadanos, indicada por el órgano de sus representantes legalmente constituidos" (Art. 149).

En todo caso, la democracia como sistema político buscada, lograda o mantenida, es una tendencia en el constitucionalismo moderno y contemporáneo, inspirada por el proceso constitucional norteamericano y el proceso de la Revolución francesa. Todas las constituciones en el mundo la establecieron como un componente básico de sus sistemas políticos, y es el símbolo de nuestro tiempo, aún cuando su mantenimiento no ha sido siempre asegurado. Por supuesto, este dogma de la soberanía del pueblo y de la democracia republicana fue recogido de inmediato en América Latina, a raíz de la Independencia, y basta para darse cuenta, leer los motivos de la Junta Suprema de Venezuela en 1810 para convocar a elecciones, al adoptar el Reglamento de las mismas, constatando la falta de representatividad de las Provincias en el gobierno de Caracas, lo que debía remediarse constituyéndose un poder central[281]. La Junta, así, al dirigirse a los habitantes de Venezuela señaló: "Sin una re-

---

281 Véase el texto en J.F. Blanco y R. Azpúrua, *Documentos para ...*, *op. cit.*, Tomo II, pp. 504 y ss.

presentación común, vuestra concordia es precaria, y vuestra salud peligra. Contribuid a ella como debéis y como desea el gobierno actual. El ejercicio más importante de los derechos del pueblo es aquel en que los transmite a un corto número de individuos, haciéndolos árbitros de la suerte de todos." De allí, el llamamiento de la Junta a todas las clases de hombres libres al primero de los goces de ciudadano, "que es el concurrir con su voto a la delegación de los derechos personales y reales que existieron originariamente en la masa común y que le ha restituido el actual interregno de la Monarquía."

El Congreso formado por los diputados electos, e instalado a comienzos de 1811, entonces, como se dijo, no sólo declaró los Derechos del Pueblo (1° de julio) y la Independencia (5 julio), sino que sancionó la Constitución que a la usanza del texto de la Constitución norteamericana de 1787, está precedida por la siguiente declaración:

> *"Nosotros, el pueblo de los Estados Unidos de Venezuela, usando de nuestra soberanía y deseando establecer entre nosotros la mejor administración de justicia, procurar el bien general, asegurar la tranquilidad interior, proveer en común la defensa exterior, sostener nuestra libertad e independencia política, conservar pura e ilesa la sagrada religión de nuestros mayores, asegurar perpetuamente a nuestra posteridad el goce de estos bienes y estrechados mutuamente con la más inalterable unión y sincera amistad, hemos resuelto confederarnos solemnemente para formar y establecer la siguiente Constitución, por la cual se han de gobernar y administrar estos estados..."*

El republicanismo y asambleísmo, en todo caso, fue una constante en toda la evolución constitucional de la naciente República, por lo que desde las campañas por la independencia de Simón Bolívar, el empeño por legitimar el poder por el pueblo reunido o a través de elecciones, fue permanente en nuestra historia política[282].

El otro principio fundamental que se acogió en el texto de la Constitución de 1811, fue el que se había consagrado en la Constitución de los Estados Unidos de 1787, y previamente, en las distintas Constituciones de las antiguas colonias, que fue el de la separación orgánica de poderes, el cual fue expresado formalmente por primera vez dentro de la más ortodoxa doctrina de la época, en la Constitución de *Virginia* en 1776 (Art. III).

La separación de poderes y el sistema presidencialista de gobierno, en todo caso, fue seguido posteriormente en todas las Repúblicas latinoamericanas, después de la Independencia o después de la experiencia de gobiernos monárquicos, como los que hubo en algunos países; y en todo caso, fue bajo la inspiración de estos principios que se redactó la Constitución de 1811, en la cual se consagró expresamente la división del Poder Supremo en tres: Legislativo, Ejecutivo y Judicial "confiado a distintos cuerpos independientes entre sí y en sus respectivas facultades" (Preámbulo),

---

282 Véase Allan R. Brewer-Carías, "Ideas centrales sobre la organización del Estado en la obra del Libertador y sus proyecciones contemporáneas," en *Boletín de la Academia de Ciencias Políticas y Sociales*, N° 95-96, Caracas 1984, pp. 137 y ss.

configurándose un sistema de gobierno presidencial. De allí la siguiente expresión del Preliminar de la Constitución de 1811:

> *El ejercicio de la autoridad confiada a la Confederación no podrá jamás hallarse reunido en sus diversas funciones. El Poder Supremo debe estar dividido en Legislativo, Ejecutivo y Judicial, y confiado a distintos Cuerpos independientes entre sí y en sus respectivas facultades. Los individuos que fueren llamados a ejercerlas se sujetarán inviablemente al modo y reglas que en esta Constitución se les rescriben para el cumplimiento y desempeño de sus destinos.*

A tal efecto, toda la estructura de la Constitución está montada sobre el principio, el cual se repite en el artículo 189, como se indica más adelante.

Por otra parte, como se ha dicho, entre las contribuciones más importante del constitucionalismo norteamericano al derecho constitucional moderno, fue la práctica de establecer declaraciones formales y escritas de derechos y libertades fundamentales del hombre, habiendo sido las primeras declaraciones modernas de este tipo, las dictadas en las Colonias norteamericanas el mismo año de la Declaración de la Independencia, siendo en ese sentido famosa, la Declaración de Derechos de *Virginia* de 1776; y que fueron seguidas por la Declaración de Derechos del Hombre y del Ciudadano de Francia (1789).

En Venezuela, precisamente, luego de la adopción el 1º de julio de 1811, de la *"Declaración de Derechos del Pueblo,"* que antes hemos comentado, su texto fue luego recogido y ampliado en el Capítulo *VIII* sobre los "Derechos del Hombre que se reconocerán y respetarán en toda la extensión del Estado", que se subdividió también en las mismos cuatro secciones de la Declaración de 1811: *Soberanía del pueblo* (Arts. 141 a 159), *Derechos del hombre en sociedad* (Arts. 151 a 191), *Derechos del hombre en sociedad* (Arts. 192 a 196) y *Deberes del cuerpo social* (Arts. 197 a 199). Dichos derechos, se complementan, por otra parte, con diversas previsiones incorporadas en el Capítulo IX sobre Disposiciones Generales.

En este Capítulo VIII se recogieron, enriquecidos, los artículos de la Declaración de los Derechos del Pueblo de 1811, y en su redacción se recibió la influencia directa del texto de las Declaraciones de las antiguas colonias norteamericanas, de las Enmiendas a la Constitución de los Estados Unidos de América y de la Declaración Francesa de los Derechos del Hombre y del Ciudadano, y en relación con esta última, de los documentos de la conspiración de Gual y España de 1797.[283]

En la Primera Sección sobre "Soberanía del pueblo," se precisan los conceptos básicos que en la época originaban una república, comenzando por el sentido del "pacto social" (artículos 141 y 142)

La Sección continúa con el concepto de soberanía (art. 143) y de de su ejercicio mediante representación (art. 144–146), el derecho al desempeño de empleos públicos en forma igualitaria (art. 147), con la proscripción de privilegios o títulos heredi-

---

283   Véase Allan R. Brewer-Carías, *Los Derechos Humanos en Venezuela: casi 200 años de Historia*, Academia de Ciencias Políticas y Sociales, Caracas 1990, pp. 101 ss.

tarios (art. 148), la noción de la ley como expresión de la voluntad general (art. 149) y la nulidad de los actos dictados en usurpación de autoridad (art. 150).

En la Segunda Sección sobre "Derechos del hombre en sociedad," al definirse la finalidad del gobierno republicano (art. 151), se enumeran como tales derechos a la libertad, la igualdad, la propiedad y la seguridad (art. 152), y a continuación se detalla el contenido de cada uno: se define la libertad y sus límites solo mediante ley (art. 153–156), la igualdad (art. 154), la propiedad (art. 155) y la seguridad (art. 156). Además, en esta sección se regulan los derechos al debido proceso: el derecho a ser procesado solo por causas establecidas en la ley (art. 158), el derecho a la presunción de inocencia (art. 159), el derecho a ser oído (art. 160), el derecho a juicio por jurados (art. 161). Además, se regula el derecho a no ser objeto de registro (art. 162), a la inviolabilidad del hogar (art. 163) y los límites de las visitas autorizadas (art. 165), el derecho a la seguridad personal y a ser protegido por la autoridad en su vida, libertad y propiedades (art. 165), el derecho a que los impuestos sólo se establezcan mediante ley dictada por los representantes (art. 166), el derecho al trabajo y a la industria (art. 167), el derecho de reclamo y petición (art. 168), el derecho a la igualdad respecto de los extranjeros (art. 168), la proscripción de la irretroactividad de la ley (art. 169), la limitación a las penas y castigos (art. 170) y la prohibición respecto de los tratos excesivo y la tortura (arts. 171–172), el derecho a la libertad bajo fianza (art. 174), la prohibición de penas infamantes (art. 175), la limitación del uso de la jurisdicción militar respecto de los civiles (art. 176), la limitación a las requisiciones militares (art. 177), el régimen de las milicias (art. 178), el derecho a portar armas (art. 179), la eliminación de fueros (180) y la libertad de expresión de pensamiento (art. 181). La Sección concluye con la enumeración del derecho de petición de las Legislaturas provinciales (art. 182) y el derecho de reunión y petición de los ciudadanos (art. 183–184), el poder exclusivo de las Legislaturas de suspender las leyes o detener su ejecución (art. 185), el poder de legislar atribuido al Poder Legislativo (art. 186), el derecho del pueblo a participar en la legislatura (art. 187), el principio de la alternabilidad republicana (art. 188), el principio de la separación de poderes entre el Legislativo, el Ejecutivo y el Judicial (art. 189), el derecho al libre tránsito entre las provincias (art. 190), el fin de los gobiernos y el derecho ciudadano de abolirlos y cambiarlos (art. 191).

En la Sección Tercera sobre "Deberes del hombre en sociedad", donde se establece la interrelación entre derechos y deberes (art. 192), la interrelación y limitación entre los derechos (art. 193), los deberes de respetar las leyes, mantener la igualdad, contribuir a los gastos públicos y servir a la patria (art. 194), con precisión de lo que significa ser buen ciudadano (art. 195), y de lo que significa violar las leyes (art. 196).

En la Sección Cuarta sobre "Deberes del Cuerpo Social," donde se precisa las relaciones y los deberes de solidaridad social (art. 197–198), y se establece en el artículo 199, la declaración general sobre la supremacía y constitucional y vigencia de estos derechos, y la nulidad de las leyes contrarias a los mismos.

Como se dijo, en la redacción de este articulado tuvo, sin duda, influencia, el texto de la Declaración de Derechos del Pueblo de 1º de julio de 1811, pero también la tuvieron directamente, el texto del la traducción de la declaración francesa contenida en el libro de Picornell de 1797 de la Conspiración de Gual y España, *Derechos del Hombre y del Ciudadano con varias máximas republicanas y un discurso prelimi-*

nar dirigido a los americanos, así como los textos de las Declaraciones francesas de 1789, 1791, 1793 y 1795.

En el texto de la Constitución de 1811, además del legado francés, se encuentra la influencia del texto de la Constitución de los Estados Unidos de América de 1787, de sus Enmiendas de 1789 y de varias de las Constituciones de las antiguas Colonias de Norteamérica, como la de Massachusetts de 1776 que llegaron traducidas a Caracas en los libros de Joseph Villavicencio, *La Constitución de los Estados Unidos de América* de 1811 y de Manuel García de Sena, *La Independencia de Costa Firme justificada por Thomas Paine Treinta años ha* de 1811. Sin duda, a través de esos documentos, también se recibió en Caracas la influencia de la *Constitution or form of Government, agreed to and resolved upon by the Delegates and Representatives of the several Counties and Corporation of Virginia* de 29 de junio de 1776; y del texto de la *Declaration of Rights* de Virginia de 12 de junio de 1776.

TERCERA PARTE

EL CONSTITUCIONALISMO HISPANOAMERICANO PREGADITANO 1811-1812

Esta Tercera Parte de este Tomo II del Tratado de Derecho Constitucional está conformada por casi todos los Capítulos del libro *Sobre el constitucionalismo hispanoamericano pre-gaditano 1811-1812*, editado en la Colección Cuadernos de la Cátedra Fundacional Charles Brewer Maucó, sobre Historia del Derecho, Universidad Católica Andrés Bello, N° 5, Editorial Jurídica Venezolana, Caracas 2013, 432 pp. Dicho libro estuvo precedido de la siguiente "Nota Introductoria":

Los ensayos que conforman este libro fueron elaborados durante los últimos diez años con motivo de mi participación en diversos eventos académicos que se celebraron, particularmente en Cádiz, con ocasión de la conmemoración del bicentenario de la Constitución de la Monarquía española de 19 marzo de 1812, y especialmente, para analizar su importancia e influencia en el desarrollo del constitucionalismo Hispano Americano.

Esa Constitución, sancionada por las Cortes que habían sido convocadas a comienzos de 1810, fue la primera Constitución europea, después de la Constitución francesa de 1791, en haber adoptado los principios del constitucionalismo moderno que se habían delineado como consecuencia tanto de la Revolución norteamericana de 1776 como de la Revolución francesa de 1789. Por ello, sin duda, tuvo un enorme impacto en el desarrollo posterior del constitucionalismo español y del mundo hispanoamericano, particularmente después de su segundo término de vigencia a partir de 1820.

La Constitución de Cádiz, la cual fue sancionada al final de la guerra de España contra Francia cuando Fernando VII aún permanecía cautivo en manos de Napoleón, una vez que éste, mediante el Tratado de Valençay, reconoció a Fernando como rey y accedió a que regresara a España, tuvo en realidad una corta vigencia. Materialmente, lo primero que éste el rey Fernando al pisar suelo español fue denunciar que las Cortes le habían arrebatado su soberanía, que la habían trasladado a la Nación, que le habían usurpado sus poderes y que habían usurpado los privilegios de los estamentos del reino (nobleza y clero), por lo cual procedió, mediante decreto de 4 de mayo de 1814, a declarar nula la Constitución. En un buen ejemplo de lo que para cualquier profesor de derecho público sería la declaratoria de nulidad absoluta de un acto estatal, el rey Fernando VII, al abrogar el régimen constitucional gaditano y restablecer el régimen monárquico absoluto, declaró simplemente como "nulos y de ningún valor ni efecto, ahora, ni en tiempo alguno, como si no hubiesen pasado jamás..., y se quitasen de en medio del tiempo" la Constitución y los actos y leyes dictados durante el período de gobierno constitucional.

Por tanto, inicialmente, la Constitución de Cádiz sólo tuvo un muy corto período de vigencia de algo más de dos años, entre marzo de 1812 y mayo de mayo de 1814, período en el cual, además de la dificultosa aplicación que tuvo en España, aún convulsionada por la guerra, no tuvo casi aplicación en las Colonias Americanas, y particularmente, en aquellas en las cuales en paralelo al proceso constituyente de Cádiz y con motivo de la propia crisis de la Monarquía española, a partir de 1808 ya habían comenzado a germinar las mismas ideas del constitucionalismo moderno y que a partir de 1811 dieron origen a las primeras manifestaciones de independencia y de procesos constituyentes americanos, particularmente en las provincias septentrionales de Sur América, antes incluso de la propia sanción de la Constitución gaditana.

Fue sin embargo, después de 1820, con motivo de la jura forzosa de la Constitución de 1812 por el mismo Fernando VII, que su texto fue el vehículo para que todos los principios liberales adoptados en la misma influyeran en el constitucionalismo de muchos países hispanoamericanos, particularmente en aquellos en los cuales, para esa fecha aún no se había proclamado la independencia, y además, en muchos países europeos, como sucedió en los reinos de Nápoles y Cerdeña y en Portugal, contribuyendo a la quiebra del Antiguo Régimen en Europa.

Fue precisamente con motivo de estallido de una rebelión militar, el 1º de enero de 1820 en el pueblo de Cabezas de San Juan en el cuerpo militar de expedicionarios que se había conformado y que debía partir para América para sofocar las rebeliones que ya para esa fecha se habían generalizado en todo el Continente, que la voz de la revolución se expresó con el pronunciamiento de coronel Rafael del Riego, considerando que más importante era proclamar la Constitución de 1812 en España que conservar el imperio español en América. Esa sublevación, con la connivencia de sociedades secretas como la masonería, resultó en la imposición al rey de la Constitución de 1812, quien la juró el 2 de marzo de 1820.

En ese marco, en los ensayos que se recopilan y publican en este libro, destacamos, no sólo los principios del constitucionalismo moderno tal como fueron incorporados en la Constitución de Cádiz en 1812, sino particularmente, las manifestaciones de los mismos principios en el constitucionalismo en los países hispanoamericano antes incluso de que la Constitución de Cádiz siquiera hubiese sido sancionada, es decir, lo que puede calificarse como el constitucionalismo hispanoamericano pre–gaditano.

La conmemoración del bicentenario de la Constitución de Cádiz, por tanto, coincidió con la conmemoración de ese otro bicentenario que fue el del inicio de ese constitucionalismo hispanoamericano en el cual no influyó la primera, el cual se manifestó a partir de la constitución de un gobierno independiente de la Corona española en la Provincia de Caracas el 19 de abril de 1810; con la elección, a finales de ese mismo año de 1810, de un Congreso General de diputados de las Provincias de lo que había sido la antigua Capitanía General de Venezuela; con la sanción, por dicho Congreso, de la *Declaración de Derechos del Pueblo* de 1º de julio de 1811, que fue la primera declaración de derechos del hombre sancionada en el mundo moderno, luego de las Declaraciones americanas (1776) y francesa (1789); con la adopción de la declaración formal de Independencia de Venezuela de 5 de julio de 1811; con la sanción de la *Constitución Federal de los Estados Unidos de Venezuela* de 21 de diciembre de 1811, que fue la cuarta de las Constituciones del mundo moderno después de las Constituciones francesa (1791), norteamericana (1787) y haitiana (1804); con la sanción, entre 1811 y marzo de 1812, de muy importantes textos de Constituciones Provinciales en las mismas antiguas provincias de la Capitanía General de Venezuela, como fueron las *Constituciones de los Estados de Barinas* (1811), *Mérida* (1811), *Trujillo* (811), *Barcelona* (1812) y *Caracas* (1812); y con la firma, en las antiguas provincias del Virreinato de Nueva Granada, del *Acta de la Federación de 27 de noviembre de 1811 que formó el Estado "Provincias Unidas de la Nueva Granada;"* y la sanción de también muy importantes Constituciones provinciales como las *Constituciones de los Estados* de Socorro (1810), *Cundinamarca* (1811, aún cuando ésta de carácter monárquico), de *Tunja* (1811), *Antioquia* (1812) y *Cartagena de Indias* (1812).

Este conjunto de riquísimos textos constitucionales de 1811 y de comienzos de 1812, cuyos principios, vicisitudes e importancia analizamos en este libro, permite apreciar lo ilustrada que fue la élite profesional y política que asumió la conducción del proceso constituyente en esos primeros años del nacimiento de las Repúblicas hispanoamericanas, ajustados a los principios del constitucionalismo moderno, constituyendo un esfuerzo que lamentablemente se vio truncado tanto por la incomprensión de las autoridades españolas del momento, incluidas las mismas Cortes de Cádiz, como por las secuelas del militarismo que derivó de las guerras de independencia.

Ello fue particularmente grave en la primera provincia que declaró su independencia política de España, que fue la Provincia de Caracas en la Capitanía General de Venezuela, donde al manifestarse las primeras ideas constitucionales y los primeros procesos constituyentes en el Nuevo Mundo, por ello sintieron todo el peso de la reacción del Imperio español, incluso de carácter bélico, que si bien produjo un gran desencuentro político inicial entre la Península y América, luego, con el correr de los años y la consolidación de los procesos de independencia de los demás países de Hispanoamérica, produjo la comunidad de naciones que forman hoy el mundo de origen hispano.

En el constitucionalismo moderno hubo, por tanto, un muy importante proceso de constitucionalismo hispano americano pre–gaditano, que se desarrolló en paralelo al proceso constituyente de Cádiz, el cual sin embargo, en medio de la profusión de estudios sobre la Constitución de Cádiz, no ha sido objeto de mucha atención en la historiografía contemporánea.

Todos los estudios que se recogen en este libro, sin dejar de lado el análisis del significado e influencia de la Constitución de Cádiz en el mundo hispanoamericano, en consecuencia, tienen como hilo conductor destacar y estudiar el significado y alcance de ese constitucionalismo moderno pre–gaditano que germinó entre 1810 y 1812, no sólo en las Provincias de la antigua Capitanía General de Venezuela, sino también en las Provincias del antiguo Virreinato de Nueva Granada. [...]

Este libro que ahora se publica, por tanto, como dijimos al inicio, es una recopilación de todos los estudios que elaboramos sobre el tema desde 2002 con ocasión de diversos eventos preparativos a la celebración del bicentenario de la Constitución de Cádiz, y que como se ha dicho, fueron publicados en diversas formas, fechas y lugares, lo que no facilitaba su acceso. En esta edición quedan ahora englobados en un solo texto.

New York, mayo 2013

SECCIÓN PRIMERA:

EL INICIO DEL PROCESO CONSTITUYENTE EN ESPAÑA Y EN AMÉRICA Y LA ELECCIÓN DE REPRESENTANTES EN 1809–1810 (2013).

Esta Sección Primera es el estudio sobre *El inicio del proceso constituyente en España y América (1808–1810), y la elección de representantes para integrar las Asambleas Constituyentes"*, en un texto inicialmente elaborado en 2011 para la Academia Hispano Americana de Ciencias, Letras y Artes de Cádiz. Este estudio se publicó originalmente en parte, como Introducción al libro, *Los inicios del proceso constituyente hispano y americano. Caracas 1811–Cádiz 1812* (Prólogo de Asdrúbal Aguiar), Editorial bid & co. Editor, Colección Historia, Caracas 2012, pp. 45–62

En 1808 y en 1810, tanto en España como en Caracas se produjo una ruptura del orden político gubernativo que para esos momentos existía, y que se materializó en el hecho político de que el poder de gobernar tanto el Reino de España como las provincias de la América meridional, lo asumieron órganos que se formaron *ex novo* para tales efectos, y que no estaban previstos en el ordenamiento constitucional del Antiguo Régimen, que era el entonces aplicable. Técnicamente, en esos años y en esos confines, se dio un golpe de Estado, que sería el inicio de un proceso constituyente.

En 25 de septiembre de 1808, en efecto, en Aranjuez se instaló una *Junta Suprema Central y Gubernativa del Reino*, también llamada Junta Suprema o Junta Central Suprema, que fue el órgano que asumió el poder del Estado en la ausencia del Rey Fernando VII y durante la ocupación por los ejércitos napoleónicos de España que se había iniciado en marzo de 1808. Su constitución se produjo tras la victoria lograda por los ejércitos españoles en la batalla de Bailén en 19 de julio de 1808, en lo que sería la primera derrota en la historia que tuvo el ejército napoleónico, y después que el Consejo de Castilla hubiese declarado nulas las abdicaciones a la Corona de España a favor de Napoleón, que habían efectuado en Bayona, en mayo de ese mismo año, tanto el Rey Carlos IV como su hijo el Rey Fernando VII. Esa Junta Central, formada inicialmente por representantes de las Juntas Provinciales también constituidas durante la guerra, ejerció el poder político hasta el 30 de enero de 1810, cuando lo trasladó a un Consejo de Regencia.

Año y medio más tarde, el 19 de abril de 1810, por su parte, ante la noticia recibida el día anterior en el Ayuntamiento de Caracas sobre la material desaparición del Gobierno Supremo en España y el confinamiento del Consejo de Regencia en la ciudad de Cádiz, considerándose necesario constituir un gobierno que se hiciese cargo de la Provincia de Venezuela para asegurarlas contra los designios del Emperador, el Cabildo de Caracas se erigió en *Junta Suprema de Venezuela Conservadora de los Derechos de Fernando VII*, la cual asumiendo el "mando supremo" o "suprema autoridad" de la Provincia, procedió a constituir "un nuevo gobierno" deponiendo al Gobernador y Capitán General del mando. La motivación inmediata de este hecho político había sido la "total orfandad" en la cual se consideró había quedado el pueblo por la disolución de la Junta Suprema Gubernativa de España, que suplía la ausencia del Monarca, dado que la nueva Junta Suprema desconocía la autoridad del Consejo de Regencia, que consideró no "*ha sido* constituido *por el voto de estos fieles habitantes*, cuando han sido ya declarados, no colonos, sino partes integrantes de la corona de España, y, como tales han sido llamados al ejercicio de la *soberanía* interna y a la reforma de la Constitución Nacional"

Con esos hechos, por tanto, en 1808 y 1810 tanto en España como en Hispanoamérica se dio inicio a sendos procesos constituyentes que desembocaron en la sanción de la "Constitución Federal para los Estados de Venezuela" en diciembre de 1811, y unos meses después, en marzo de 1812 en la sanción de la "Constitución de la Monarquía Española;" ambas producto de la Revolución Hispanoamericana, iniciada, así, veintidós años después de la Revolución Francesa y treinta y cinco años después de la Revolución Norteamericana. Esos tres procesos políticos fueron, sin duda, los más importantes del mundo moderno, dando inició a una transformación radical del orden político constitucional hasta entonces imperante del antiguo régimen.

Puede decirse entonces que Venezuela y España, a comienzos del Siglo XIX, fueron los primeros países en el mundo que recibieron directamente las influencias del constitucionalismo moderno derivadas de las Revoluciones del Siglo XVIII,[349] lo que ocurrió en forma paralela, precisamente cuando los próceres del proceso de Independencia de Venezuela, iniciado a partir del 19 de abril de 1810 se encontraban en la tarea de elaborar las bases del sistema jurídico–estatal que habría de regir un nuevo Estado independiente, que era el segundo en su género en la historia política del mundo moderno después de los Estados Unidos de Norte América; y cuando los constituyentes de Cádiz, después del proceso de recomposición del régimen monárquico que se había iniciado con los sucesos de Aranjuez y Bayona en 1808, llevaban a cabo la tarea de transformar una Monarquía absoluta en una Monarquía parlamentaria constitucional, lo que antes había ocurrido precisamente en Francia, como consecuencia de la Revolución. La Constitución de Cádiz de 1812, por tanto, no influyó en el proceso constituyente venezolano

El proceso en Venezuela, en todo caso, culminó antes de que se operaran los cambios constitucionales en España, sin que en el mismo se hubiese recibido influencia alguna del proceso constitucional de Cádiz, lo cual ciertamente, fue un hecho único en la América Hispana, pues al contrario, en la mayoría de las antiguas Colonias americanas españolas que lograron su independencia después de 1811 y,

---

349   Véase en general Allan R. Brewer-Carías, *Reflexiones sobre la Revolución Americana (1776) y la Revolución Francesa (1789) y sus aportes al constitucionalismo moderno*, Caracas, 1991. Una segunda edición ampliada de este libro se publicó como *Reflexiones sobre la Revolución Norteamericana (1776), la Revolución Francesa (1789) y la Revolución Hispanoamericana (1810-1830) y sus aportes al Constitucionalismo Moderno*, Serie Derecho Administrativo Nº 2, Universidad Externado de Colombia, Editorial Jurídica Venezolana, Bogotá 2008.

sobre todo, entre 1820 y 1830, las mismas recibieron las influencias del naciente constitucionalismo español plasmado en la Constitución de Cádiz de 1812.[350]

Esos procesos constituyentes que originaron la sanción de la "Constitución Federal para los Estados de Venezuela" de diciembre de 1811, y la sanción de la "Constitución de la Monarquía Española" de marzo de 1812, en todo caso, estuvieron a cargo de Asambleas Constituyentes que se concibieron y constituyeron al efecto, como instituciones representativas de la soberanía nacional que ya se consideraba había sido trasladada al pueblo, integradas por diputados electos en las diversas demarcaciones territoriales de las provincias del reino de España y de las provincias que habían constituido la Capitanía General de Venezuela.

En ambos lados del Atlántico, por tanto, es constituyeron cuerpos constituyentes integrados por representantes electos en forma indirecta, como lo fueron las Cortes en España y la Junta General de Diputación de las Provincias en Venezuela, para cuyo efecto, en ambos casos, el primer acto político para culminar esos procesos constituyentes fue la emisión de sendos cuerpos normativos destinados a establecer el sistema y procedimiento para la elección de los diputados, lo que en España hizo la Suprema Junta Gubernativa de España e Indias el 1 de enero de 1810, y en Venezuela, la Junta Suprema Conservadora de los derechos de Fernando VII, el 11 de junio del mismo año 1810.

En ambos casos, se trató de sendos actos políticos constituyentes mediante los cuales se buscó salir de la crisis política en la cual se encontraban los países. En España, como hemos dicho, provocada desde 1808 por el secuestro del Rey y la invasión de la Península Ibérica por las tropas de Napoleón, lo cual en medio de la dura guerra de independencia desarrollada por las diversas provincias, había originado la constitución de Juntas Supremas conservadoras de los derechos de Fernando VII en las Provincias más importantes, que luego formarían, entre ellas, una Junta Central para atender los asuntos del reino. Fue esa Suprema Junta, precisamente, la que el 30 de enero de 1810 pondría término a su función, delegándola en un Consejo de Regencia nombrado por la misma, no sin antes disponer la convocatoria a Cortes para recomponer el Estado, estableciendo la forma de elección de los diputados.

En Caracas, por otra parte, como también se dijo, la crisis fue provocada igualmente desde 1808, por el sentimiento sostenido orfandad política que reclamaban las Provincias debido al secuestro del Monarca español en manos de un invasor extranjero que no era querido, originando la constitución de la Junta Suprema Conservadora de los derechos de Fernando VII desde 19 de abril de 1810, la cual rápidamente dió lugar a la formación de un gobierno provincial propio, totalmente desligado de la metrópoli, y que requería urgentemente su reconstitución, abarcado además de Caracas, la totalidad de las provincias de la Capitanía General de Venezuela.

---

350 Véase por ejemplo, Jorge Mario García Laguardia, Carlos Meléndez Chaverri, Marina Volio, *La Constitución de Cádiz y su influencia en América (175 años 1812-1987)*, San José, 1987; Manuel Ferrer Muñoz, *La Constitución de Cádiz y su aplicación en la Nueva España*, UNAM México, 1993; Ernesto de la Torre Villas y Jorge Mario García Laguardia, *Desarrollo histórico del constitucionalismo hispanoamericano*, UNAM, México 1976.

Se trató, por tanto, en ambos casos de un proceso constituyente, pero con objetivos: en España, se trataba de la reconstitución política de un Estado preexistente que era el Estado Monárquico, y lograr su transformación en un Estado Monárquico constitucional; y en Venezuela, se trataba de la constitución de un nuevo Estado sobre la que habían sido antiguas Colonias americanas.

En ambos caso, el proceso constituyente tuvo como común denominador inicial, la adopción del principio de la soberanía popular y la necesidad de reconstituir o constituir los gobiernos del Estado sobre la base de la representación de sus habitantes, a cuyo efecto, tanto en la Península como en las Provincias de Venezuela, se procedió a dictar en mismo año 1810, sendos cuerpos normativos para convocar al pueblo para la elección de diputados a Cortes, en España, y a un Congreso General, en Venezuela.

Ello ocurrió, en España, mediante la "Instrucción que deberá observarse para la elección de Diputados a Cortes,"351 que dictó la Suprema Junta Gubernativa el 1° de enero de 1810, acompañando a diversos decretos en los cuales se convocaba a la elección de diputados a Cortes, con la previa advertencia de que habría habido previamente un "Real decreto expedido en Bayona de Francia a cinco de mayo del año mil ochocientos ocho, para que se juntase la Nación en Cortes generales," el cual por los acontecimientos políticos subsiguientes no se había podido publicar." En dicha Instrucción se consideraba, con razón, que la elección de Diputados de Cortes era "de tanta gravedad e importancia, que de ella depende el acierto de las resoluciones y medidas para salvar la Patria, para restituir al Trono a nuestro deseado Monarca, y para restablecer y mejorar una Constitución que sea digna de la Nación española," recomendándose confiar la representación en "personas que por sus virtudes patrióticas, por sus conocidos talentos y por su acreditada prudencia" pudieran contribuir a "establecer las bases sobre que se ha de afianzar el edificio de la felicidad pública y privada."

Tres tipos de Diputados todos electos en forma indirecta se previeron para integrar las Cortes. En primer lugar, diputados electos por la voluntad popular, en un sistema electoral de cuatro grados, fijas en número de 208, conforme al índice de un diputado por cada 50.000 almas que se previó, y de acuerdo al censo de población español publicado en 1797, estableciendo la Instrucción el número de diputados que correspondía a cada provincia; en segundo lugar, diputados electos por las Juntas Supremas provinciales; y en tercer lugar, diputados electos por las ciudades de partido.

En cuanto a la primera categoría de diputados electos por votación popular, se dispuso que la elección de estos diputados correspondía a unas Juntas provinciales electorales (Cap. I, Arts. 8 y 10), cuyos miembros "electores" eran a su vez designados por las Juntas electorales de partido, designadas a su vez por los electores parroquiales escogidos por las juntas parroquiales de los pueblos de partido que estaban integradas por los vecinos (Cap. I, Art. 4), es decir, por "todos los parroquianos que

---

351   Véase además la "Comunicación que acompañó la Comisión de Cortes a la Instrucción que debía observarse para la elección de Diputados a Cortes al someterla a la aprobación de la Junta Central" de 8 de noviembre de 1809, en Biblioteca Virtual Miguel de Cervantes, en http://www.cervantesvirtual.com/servlet/SirveObras/34695175432370 530854679/p0000001.htm

sean mayores de edad de 25 años, y que tengan casa abierta, en cuya clase son igualmente comprendidos los eclesiásticos seculares." (Cap. II, Art.). Se excluía de dichas Juntas parroquiales, a "los que estuvieren procesados por causa criminal, los que hayan sufrido pena corporal aflictiva o infamatoria; los fallidos, los deudores a los caudales públicos, los dementes, ni los sordomudos. Tampoco podrán asistir los extranjeros, aunque estén naturalizados, cualquiera que sea el privilegio de su naturalización" (Cap. II, 3).

Las Juntas parroquiales debía elegir "un elector para que vaya a la cabeza de su partido" (Cap. II, 1), sugiriéndose que "aunque los electores podrán elegir libremente para Procuradores de Cortes a cualquiera de las personas que tengan las calidades prevenidas en esta instrucción", en virtud de la precariedad de recursos "encargará esta Junta a los electores que procuren nombrar a aquellas personas que, además de las prendas y calidades necesarias para desempeñar tan importante encargo, tengan facultades suficientes para servirle a su costa." (Cap. I, 12).Para efectuar la elección, en las Juntas parroquiales, presididas por el Ayuntamiento o la Justicia (Cap. II, 10), cualquier vecino podía "exponer alguna queja relativa a cohecho o soborno" respecto de alguna persona (Cap. II, 12), y los parroquianos debían votar por uno para que fuera el "elector de la parroquia." (Cap. II, 13). Para ello, de la votación debían escogerse los "doce sujetos" que hubiesen reunido mayor número de votos, los cuales por ello, quedaban "elegidos para nombrar el elector que ha de concurrir a la cabeza del partido." (Cap. II, 14). A tal efecto, estos 12 electores debían reunirse "separadamente antes de disolverse la Junta, y conferenciando entre sí, procederán a nombrar el elector de aquella parroquia, cuya elección deberá recaer en aquel sujeto que reúna más de la mitad de los votos" (Cap. II, 15), quien no podía excusarse del encargo (Cap. II, 17).

Estas Juntas electorales de partido, compuesta por los electores nombrados por las Juntas parroquiales, reunidas en la cabeza de cada partido, (Cap. III, art. 1), eran las llamadas a nombrar el elector o electores que debían concurrir a la capital del reino o provincia, para elegir la Junta electoral provincial destinada, a su vez, a elegir los Diputados de Cortes (Cap. III, 2). Ello debían hacerlo reunidos a puerta abierta en la sala consistorial, en reunión presidida por el Corregidor y el Obispo (Cap. III, 5), expresando cada elector ante la mesa respectiva, el sujeto que elige para elector del partido. (Cap. III, 11). En este caso, igualmente, se debía identificar "las 12 personas que reúnen mayor número de votos, y éstas quedarán elegidas para nombrar los electores de aquel partido" (Cap. III, 12), debiendo dichas personas a hacer el "nombramiento del elector o electores de aquel partido que han de asistir a la capital del Reino o provincia para nombrar Diputados de Cortes" (Cap. III, 13) como miembros de las Juntas electorales provinciales. Cada uno de estos electores de partido, debía reunir más de la mitad de los votos para que su elección fuese válida (Cap. III, 15).

Las Juntas Electorales provinciales de cada reino o Provincia eran por tanto las llamadas a "los Procuradores o Diputados que en representación de aquel Reino o provincia para asistir a las Cortes generales de la Nación." (Cap. IV, 1). Las mismas, integradas por todos los electores de partido, debían reunirse en la capital del reino o Provincia "en el edificio que se halle más a propósito para un acto tan solemne, que deberá ser a puerta abierta." (Cap. IV, 4) Ante esta Junta también podían formularse "quejas relativas a cohecho o soborno," (Cap. IV, 8). Cuando debía comenzar la votación de los diputados, el Presidente de la Junta debía prevenir que la elección debía "recaer en persona natural de aquel reino o provincia, aunque no resida ni tenga propiedades en ella, como sea mayor de 25 años, cabeza de casa, soltero, casado o viudo, ya sea noble, plebeyo o eclesiástico secular, de buena opinión y fama, exento de crímenes y reatos que no haya sido fallido; ni sea deudor a los fondos públicos, ni en la actualidad doméstico asalariado de cuerpo o persona particular"(Cap. IV, art. 9). Cada elector debía entonces proceder a nombrar "el sujeto por quien vota" (Cap. IV, 10), resultando de esta votación, que toda persona "que reúna más de la mitad de los votos quedará habilitada para entrar en el sorteo que se ha de hacer para Diputados de Cortes" (Cap. IV, art. 11). La Instrucción precisa, que "por este mismo método se continuarán las votaciones hasta completar el número de tres personas, cada una de las cuales haya reunido más de la mitad de los votos" debiendo al final ponerse los nombres de estos tres sujetos en cédulas (papeles) separados, y puestos en una vasija, "se sacará por suerte una cédula, y la persona contenida en ella será Diputado de Cortes. Estas votaciones y sorteos se han de repetir hasta completar el número de Diputados que corresponde a la provincia. Las personas excluidas en el sorteo de la primera Diputación, conservarán el derecho de ser elegidas y entrar en suerte para la Diputación siguiente, y así sucesivamente en las demás." (Cap. IV, art. 12). Por el mismo método se debían elegir los Diputados suplentes para en el caso de que alguno de los electos muriese (Cap. IV, art. 15).

La segunda categoría de diputados de Cortes fueron los electos por las Juntas Superiores de Observación y Defensa, las cuales debía nombrar cada una un diputado (Cap. V, art. 1), lo que debía hacerse "por votos en los mismos términos establecidos para la elección de Diputados de Cortes que han de hacer las provincias" (Cap. V, art. 2), de manera que cada individuo de la Junta electoral provincial debía votar "por la persona que le pareciese más a propósito, aunque no sea individuo de ella, la cual en este caso deberá ser natural del reino o provincia"(Cap. V, art. 3). Las personas que resultasen con más de la mitad de los votos, quedaban entonces "habilitada para entrar en el sorteo," continuándose "las votaciones hasta elegir tres personas, cada una de las cuales haya tenido más de la mitad de los votos, y sus nombres se escribirán en cédulas separadas y meterán en una vasija, de donde se sacará una cédula, y el sujeto cuyo nombre esté escrito en ella será Diputado de Cortes" (Cap. V, Art. 4). La Junta electoral provincial debía "dar noticia a la Suprema gubernativa del Reino de la persona que haya sido elegida" (Cap. V, Art. 6).

La tercera categoría de diputados a Cortes fueron los llamados "Diputados de las ciudades de voto en Cortes," cuya elección se atribuyó a "todas las ciudades que a las últimas Cortes celebradas en el año de 1789 enviaron Diputados," otorgándoseles el derecho a enviar un diputado a las Cortes de 1810 (Cap. VI, Art. 1). En esas ciudades, la elección correspondía a una Junta reunid en la Sala consistorial, bajo la presidencia del Corregidor, e integrada además por los Regidores, Síndico, Diputados del Común y electores nombrados por el pueblo, quienes debían proceder al nombramiento de tres sujetos, cada uno de los cuales debía reunir más de la mitad de los votos. En este caso también debía elegirse por sorteo la persona que finalmente debía ser Diputado de Cortes por la respectiva ciudad (Cap. VI, Art. 6), elección que debía "recaer precisamente en una de las personas que componen esta Junta" (Cap. VI, Art. 7).

Debe señalarse que en esta Instrucción de enero de 1810, nada se preveía sobre la elección de diputados por las provincias americanas, lo cual después de mucho debate fue parcialmente e insuficientemente corregido por el Consejo de Regencia, acordando sólo 15 días antes de la instalación de las Cortes, el día 8 de septiembre de 1810, unas normas para la designación diputados suplentes americanos, lo que provocó protestas de las provincias americanas, entre ellas, precisamente de Caracas.

En todo caso, conforme a la Instrucción, a pesar del complejo proceso electoral que preveían, y la situación política general del país, se eligieron los diputados a las Cortes las cuales se instalaron el 24 de septiembre de 1810.

Por otra parte, cinco meses después de la convocatoria a Cortes en España, el día 11 de junio de 1810, apenas transcurridos dos meses desde que se constituyera en Caracas la Junta Suprema Conservadora de los derechos de Fernando VII (19 de abril de 1810), la misma, en virtud del carácter poco representativo que tenía en relación con las otras Provincias de la Capitanía General de Venezuela, procedió a dictar un *Reglamento para elección y reunión de diputados que han de componer el Cuerpo Conservador de los Derechos del Sr. D. Fernando VII en las Provincias de Venezuela*[352] que para cuando se eligió en 1811 ya fue el Congreso General de las Provincias de Venezuela, en el cual también se estableció un sistema de elección indirecta. Este Reglamento estuvo precedido de unas consideraciones mucho más amplias que las contenidas en la *Instrucción* española, en las cuales, la Junta Suprema, reconocía que los diputados provinciales que hasta ese momento la integraban "sólo incluía la representación del pueblo de la capital, y que aun después de admitidos en su seno los de Cumaná, Barcelona y Margarita quedaban sin voz alguna representativa las ciudades y pueblos de lo interior, tanto de ésta como de las otras provincias," considerando que la cual "la proporción en que se hallaba el número de los delegados de Caracas con los del resto de la Capitanía General no se arreglaba, como lo exige la naturaleza de tales delegaciones, al número de los comitentes," razón por la cual consideró la necesidad de convocar al pueblo de todas las Provincias "para consultar su voto" y para que se escogiese "inmediatamente las personas que por su probidad, luces y patriotismo os parecieran dignas de vuestra confianza." Consideraba la Junta Suprema que era imperioso establecer "otra forma de Gobierno, que aunque temporal y provisorio, evitase los defectos inculpables del actual," pues los mismos defectos se habían acusado respecto de "la nulidad de carácter público de la Junta Central de España" que adolecía de la misma falta de representatividad. La determinación fue entonces provocada por "la necesidad de un poder Central bien constituido," considerándose que había llegado "el momento de organizarlo," formando "una confederación sólida," con "una representación común." A tal efecto, la Junta llamó al "ejercicio más importante de los derechos del pueblo" que era "aquel en que los transmite a un corto número de individuos, haciéndolos árbitros de la suerte de todos," convocando a "todas las clases de hombres libres ...

---

352 Véase en *Textos Oficiales de la Primera República de Venezuela*, tomo II, Edición Biblioteca de la Academia de Ciencias Políticas y Sociales, Caracas, 1982, pp. 61 a 84. Véase también en Allan R. Brewer-Carías, *Las Constituciones de Venezuela*, Academia de Ciencias Políticas y Sociales, Tomo I, Caracas 2008.

al primero de los goces de ciudadano, que es el concurrir con su voto a la delegación de los derechos personales y reales que existieron originariamente en la masa común y que la ha restituido el actual interregno de la monarquía."

En su motivación, debe destacarse que la Junta de Caracas advirtió, que las autoridades que accidentalmente se habían encontrado a la cabeza de la nación española tras la invasión napoleónica, debieron "solicitar que los pueblos españoles de ambos hemisferios eligiesen sus representantes;" pero no fue así, resultando "demasiado evidente que la Junta Central de España no representaba otra parte de la nación que el vecindario de las capitales en que se formaban las Juntas provinciales, que enviaron sus diputados a componerla," considerándose por tanto que "la Junta Central no pudo transmitir al Consejo de Regencia un carácter de que ella misma carecía," resultando "la concentración del poder en menor número de individuos escogidos, no por el voto general de los españoles de uno y otro mundo, sino por los mismos que habían sido vocales de la Central". La Junta Suprema, además, argumentaba ante esa situación, que los habitantes de la España americana "no pueden adherirse a una forma de representación tan parcial como la que se ha prescrito para las dos porciones de nuestro imperio, y que lejos de ajustarse a la igualdad y confraternidad que se nos decantan, sólo está calculada para disminuir nuestra importancia natural y política." La Junta Suprema, sin embargo, anunciaba que las Provincias "se conservarán fieles a su augusto Soberano, prontas a reconocerle en un Gobierno legítimo y decididas a sellar con la sangre del último de sus habitantes el juramento que han pronunciado en las aras de la lealtad y del patriotismo".

Por último, debe destacarse en la larga motivación que precedió al reglamento de 1810, que la Junta Suprema, consciente de que entre "las causas de las miserias que han minado interiormente la felicidad de los pueblos y siempre" siempre ha estado "la reunión de todos los poderes," fue muy precisa en determinar el rol de la Asamblea Constituyente que se proponía elegir, precisando que no asumiría ni el poder ejecutivo ni interferiría con el poder judicial: "En una palabra, dando a todas las clases y todos los cuerpos las reglas necesarias para su conducta pública no se arrogará jamás las facultades ejecutivas que son propias de éstos, y nunca olvidará que ella es la lengua, pero no el brazo de la ley."

Fue en esta forma como la Junta, "con la preocupación de establecer una separación bien clara y pronunciada entre el ramo ejecutivo y la facultad dispositiva o fuente provisoria de la ley; con la de renovar después de un período fijo la mitad de los diputados o todos ellos, reservando a sus poderdantes el reelegirlos cuando se hallen satisfechos de su desempeño," procedió a dictar las reglas de elección de los diputados al Congreso General para que tuvieran "parte en su elección todos los vecinos libres de Venezuela," estableciendo un sistema electoral indirecto, en dos grados, conforme al cual, los electores parroquiales que eran a su vez electos por los vecinos de cada parroquia, debían elegir un número de diputados a razón de uno por cada 20.000 almas.

A tal efecto, el voto se atribuyó en cada parroquia de las ciudad, villa y pueblo, a todos los vecinos, con exclusión de

"las mujeres, los menores de veinticinco años, a menos que estén casados y velados, los *dementes*, los sordomudos, los que tuvieren causa criminal abierta, los fallidos, los deudores a caudales públicos, los extranjeros, los transeúntes, los vagos públicos y notorios, los que hayan sufrido pena corporal, aflictiva o infamatoria y todos los que no tuvieren casa abierta o poblada, esto es, que vivan en la de otro vecino particular a su salario y expensas, o en actual servicio suyo; a menos que, según la opinión común del vecindario, sean propietarios, por lo menos, de dos mil pesos en bienes muebles o raíces libres." (Cap. I, Art. 4).

Los vecinos eran los que debían elegir los electores parroquiales, cuyo número se determinaba de acuerdo con la población sufragante, a razón de uno por cada quinientas almas (Cap. I, Art. 6). Una vez hecho este cómputo, se debía notificar a los vecinos de la parroquia "el número de los electores que le corresponde; la naturaleza, objeto e importancia de estas elecciones y la necesidad de hacerlas recaer sobre personas idóneas, de bastante patriotismo y luces, buena opinión y fama, como que de su voto particular dependerá luego la acertada elección de los individuos que han de gobernar las provincias de Venezuela y tomar a su cargo la suerte de sus habitantes en circunstancias tan delicadas como las presentes". (Cap. I, Art. 8). El censo de los vecinos antes indicado correspondía levantarlo a los alcaldes de primera en la elección en las ciudades y villas y los tenientes justicias mayores de los pueblos, quienes debían nombrar los comisionados necesarios a tal efecto (Cap. I, Arts. 1 y 2). En el censo se debía especificar "la calidad de cada individuo, su edad, estado, patria, vecindario, oficio, condición y si es o no propietario de bienes raíces o muebles." (Cap. I, Art. 3).

Una vez efectuada la elección de los electores parroquiales de cada partido capitular, estos debían reunirse en la ciudad o villa cabeza del mismo, para proceder a la elección de los diputados, en número equivalente a uno por cada veinte mil almas de población (Cap. II, Art. 1), bastando para poder ser electos como tales, que los candidatos fueran vecinos de cualquier partido "comprendidos en las provincias de Venezuela que hayan seguido la justa causa de Caracas;" recomendándose a los electores tener "la mayor escrupulosidad en atender a las circunstancias de buena educación, acreditada conducta talento, amor patriótico, conocimiento local del país, notorio concepto y aceptación pública, y demás necesarias para sostener con decoro la diputación y ejercer las altas facultades de su instituto con el mayor honor y pureza." La elección debía verificarse en la asamblea de electores, mediante voto oral y público (Cap. II, Art. 8), en "en una sala bastante capaz, a fin de que puedan presenciarla todas las personas del vecindario que quieran y se presenten en traje decente" (Cap. II, Art 7), en un acto que debía ser presidido por los alcaldes primeros de las ciudades y villas, haciendo en ellas de secretario el que lo fuere del Ayuntamiento (Cap. II, Art. 5). La elección se hacía por mayoría de sufragios obtenidos (Cap. II, Art. 9).

Efectuada la elección, los diputados debían presentar sus credenciales a la Junta Suprema para su examen y, una vez aprobadas, "bien entendido que en llegando los dos tercios de su número total, se instalará el Cuerpo bajo el nombre de Junta general de Diputación de las provincias de Venezuela" (Cap. III, Art. 1). Se dispuso, además, que mientras la Junta General de Diputación estuviere organizando la autoridad ejecutiva, la Suprema Junta como poder ejecutivo continuaría ejerciendo "el ramo ejecutivo, la administración de las rentas y el mando de la fuerza armada" (Cap. III, Art. 3).

Conforme a estas normas a finales de 1810 se realizaron elecciones en siete de las nueve Provincias de la antigua Capitanía General de Venezuela,[353] habiéndose elegido 44 diputados por las Provincias de Caracas (24), Barinas (9), Cumaná (4), Barcelona (3), Mérida (2), Trujillo (1) y Margarita (1).[354] Esos fueron los diputados que conformaron el Congreso General que al año siguiente, el 1º de julio de 1811 adoptaría la declaración de los derechos del Pueblo; que el 5 de julio de 1811, declararía formalmente la Independencia de Venezuela; y que el 21 de noviembre de 1811 sancionaría la Constitución federal de las Provincias Unidas de Venezuela.

Con ello se inició el constitucionalismo moderno en la América Hispana, antes de que se sancionara la Constitución de la Monarquía española de 19 de marzo de 1812.

SECCIÓN SEGUNDA:

EL PARALELISMO ENTRE EL CONSTITUCIONALISMO VENEZOLANO (1811) Y EL CONSTITUCIONALISMO DE CÁDIZ (1812) (O DE CÓMO EL DE CÁDIZ NO INFLUYÓ EN EL VENEZOLANO) (2005)

Esta Sección segunda está basada en el texto de la ponencia sobre *El paralelismo entre el constitucionalismo venezolano (1811) y el constitucionalismo de Cádiz (1812) (O de cómo el de Cádiz no influyó en el venezolano)*, presentada en el *I Simposio Internacional, La Constitución de Cádiz de 1812. Hacia los orígenes del constitucionalismo iberoamericano y latino*, organizado por la Unión Latina, Centro de Estudios Constitucionales 1812, Centro de Estudios Políticos y Constitucionales, Fundación Histórica Tavera, celebrado en Cádiz, entre el 24 al 27 de abril de 2002. Este trabajo fue publicado en el libro: *El Estado Constitucional y el derecho administrativo en Venezuela. Libro Homenaje a Tomás Polanco Alcántara, Estudios de Derecho Público*, Universidad Central de Venezuela, Caracas 2005, pp. 101–189; y en el libro: *La Constitución de Cádiz. Hacia los orígenes del Constitucionalismo Iberoamericano y Latino*, Unión Latina–Universidad Católica Andrés Bello, Caracas 2004, pp. 223–331. El texto se recogió también en nuestro libro: *Los inicios del proceso constituyente hispano y americano. Caracas 1811–Cádiz 1812*, (Prólogo de Asdrúbal Aguiar), Editorial bid & co. Editor, Colección Historia, Caracas 2012, pp. 63–173.

---

353   Participaron las provincias de Caracas, Barinas, Cumaná, Barcelona, Mérida, Trujillo y Margarita. Véase José Gil Fortoul, *Historia Constitucional de Venezuela*, Tomo primero, Berlín 1908, p. 223. Véase J. F. Blanco y R. Azpúrua, J.F. Blanco y R. Azpúrua, *Documentos para la historia de la vida pública del Libertador*, Ediciones de la Presidencia de la República, Caracas, 1983, Tomo II, pp. 413 y 489.

354   Véase C. Parra Pérez, *Historia de la Primera República de Venezuela*, Academia de la Historia, Tomo I, Caracas 1959, p. 477.

INTRODUCCIÓN: LOS PRINCIPIOS DEL CONSTITUCIONALISMO MODERNO Y LA CONSTITUCIÓN DE CÁDIZ

1. *Los principios del constitucionalismo moderno*

Los principios del constitucionalismo moderno que derivaron de las Revoluciones francesa y americana y que influyeron de una forma u otra entre 1810 y 1812 en los procesos constituyentes de Venezuela y de España, en resumen, fueron los siguientes:[355]

En *primer lugar*, la idea de la existencia de una Constitución como carta política escrita, emanación de la soberanía popular, de carácter rígida, permanente, contentiva de normas de rango superior, inmutable en ciertos aspectos y que no sólo organiza al Estado, es decir, no sólo tiene una parte orgánica, sino que también tiene una parte dogmática, donde se declaran los valores fundamentales de la sociedad y los derechos y garantías de los ciudadanos.

Hasta ese momento, esta idea de Constitución no existía, y las Constituciones, a lo sumo, era cartas otorgadas por los Monarcas a sus súbditos. La primera Constitución del mundo moderno, por tanto, después de las que adoptaron las antiguas colonias norteamericanas en 1776 fue la de los Estados Unidos de América de 1787, seguida de la de Francia de 1791. La tercera Constitución moderna, republicana, fue la de Venezuela de 1811; y la cuarta, la de la Monarquía parlamentaria de Cádiz de 1812.

En *segundo lugar*, de esos dos acontecimientos surgió también la idea política derivada del nuevo papel que a partir de esos momentos históricos se confirió al pueblo, es decir, el papel protagónico del pueblo en la constitucionalización de la organización del Estado. Con esas Revoluciones la Constitución comenzó a ser producto del pueblo, dejando de ser una mera emanación de un Monarca. Por ello, en los Estados Unidos de América, las Asambleas coloniales asumieron la soberanía, y en Francia, la soberanía se trasladó del Monarca al pueblo y a la Nación; y a través de la idea de la soberanía del pueblo, surgieron todas las bases de la democracia y el republicanismo.

Por ello, en España, la Junta Central Gubernativa del Reino estableció un régimen de elecciones para la formación de las Cortes de Cádiz en 1810 las cuales sancionaron la Constitución de 18 de marzo de 1812; y en Venezuela, la Junta Suprema conservadora de los derechos de Fernando VII constituida en 1810, entre los primeros actos constitucionales que adoptó, también estuvo la convocatoria a elecciones de un Congreso General con representantes de las Provincias que conformaban la antigua Capitanía General de Venezuela, cuyos diputados (de siete de las nueve Provincias), en representación del pueblo, sancionaron la Constitución de 21 de

---

355 Véase Allan R. Brewer-Carías, *Reflexiones sobre la Revolución Americana (1776) y la Revolución Francesa (1789) y sus aportes al constitucionalismo moderno,* Caracas, 1991, pp. 85 ss. y 182 ss. Una segunda edición ampliada de este libro se publicó como *Reflexiones sobre la Revolución Norteamericana (1776), la Revolución Francesa (1789) y la Revolución Hispanoamericana (1810-1830) y sus aportes al Constitucionalismo Moderno,* Serie Derecho Administrativo Nº 2, Universidad Externado de Colombia, Editorial Jurídica Venezolana, Bogotá 2008.

diciembre de 1811, luego de haber declarado solemnemente la Independencia el 5 de Julio del mismo año.

En *tercer lugar*, de esos dos acontecimientos políticos resultó el reconocimiento y declaración formal de la existencia de derechos naturales del hombre y de los ciudadanos, con rango constitucional, y por tanto, que debían ser respetados por el Estado. La libertad se constituyó, con esos derechos como un freno al Estado y a sus poderes, produciéndose, así, el fin del Estado absoluto e irresponsable. En esta forma, a las Declaraciones de Derechos que precedieron a las Constituciones de las Colonias norteamericanas al independizarse en 1776, siguieron la Declaración de Derechos del Hombre y del Ciudadano de Francia de 1789, y las Enmiendas a la Constitución de los Estados Unidos del mismo año. La tercera de las declaraciones de derechos fundamentales en la historia del constitucionalismo moderno, fue la Declaración de Derechos del Pueblo adoptada el 1° de julio de 1811 por la sección de Caracas del Congreso General de Venezuela, texto que meses después se recogió ampliado, en el Capítulo VII de la Constitución de diciembre de 1811.

En *cuarto lugar*, además, dentro de la misma línea de limitación al Poder Público para garantizar la libertad de los ciudadanos, las Revoluciones francesa y americana aportaron al constitucionalismo la idea fundamental de la separación de poderes. Esta se formuló, en primer lugar, en la Revolución americana, razón por la cual la estructura constitucional de los Estados Unidos se montó, en 1787 sobre la base de la separación orgánica de poderes. El principio, por supuesto, se recogió aún con mayor fuerza en el sistema constitucional que resultó del proceso revolucionario francés, donde se le agregaron como elementos adicionales, el principio de la supremacía del Legislador resultado de la consideración de la ley como expresión de voluntad general; y el de la prohibición a los jueces de interferir en cualquier forma en el ejercicio de las funciones legislativas y administrativas. La Constitución venezolana de diciembre de 1811, en esta forma, fue el tercer texto constitucional del mundo moderno, en establecer expresa y precisamente el principio de la separación de poderes, aun cuando más dentro de la línea del balance norteamericano que de la concepción extrema francesa; siendo la Constitución de Cádiz de 1812, la cuarta Constitución que adoptó el principio de separación de poderes, siguiendo más el esquema francés de la Monarquía parlamentaria.

En *quinto lugar,* de esos dos acontecimientos políticos puede decirse que resultaron los sistemas de gobierno que han dominado en el mundo moderno: el presidencialismo, producto de la Revolución americana; y el parlamentarismo, como sistema de gobierno que dominó en Europa después de la Revolución francesa, aplicado en las Monarquías parlamentarias. El presidencialismo se instaló en Venezuela a partir de 1811, inicialmente como un ejecutivo triunviral, y luego unipersonal a partir de 1819; y el parlamentarismo se instauró en España en 1812.

En *sexto lugar*, las Revoluciones americana y francesa trastocaron la idea misma de la función de impartir justicia, la cual dejaría de ser administrada por el Monarca y comenzaría a ser impartida en nombre de la Nación por funcionarios independientes. Además, con motivo de los aportes de la Revolución americana, los jueces asumieron la función fundamental en el constitucionalismo moderno, de controlar la constitucionalidad de las leyes; es decir, la idea de que la Constitución, como norma suprema, tenía que tener algún control, como garantía de su supremacía, y ese control se atribuyó al Poder Judicial. De allí, incluso, el papel político que en los Estados Unidos de Norteamérica, adquirió la Corte Suprema de Justicia. En Francia, sin embargo, dada la desconfianza revolucionaria respecto de los jueces, frente a la separación absoluta de poderes, sólo sería cien años después que se originaría la consolidación de la justicia administrativa, que aún cuando separada del Poder Judicial, controlaría a la Administración; y sería doscientos años después que se establecería un control de constitucionalidad de las leyes a cargo del Consejo Constitucional, creado también fuera del Poder Judicial. Tanto en la Constitución de Venezuela de 1811 como en la Constitución de Cádiz de 1812 se reguló un Poder Judicial autónomo e independiente, habiéndose desarrollado en Venezuela a partir de 1858 un control judicial de la constitucionalidad de las leyes que sólo se instauró en España, efectivamente, a partir de 1978.

En *séptimo lugar*, de esos dos acontecimientos revolucionarios surgió una nueva organización territorial del Estado, antes desconocida. En efecto, frente a las Monarquías absolutas organizadas conforme al principio del centralismo político y a la falta de uniformismo político y administrativo, esas Revoluciones dieron origen a nuevas formas de organización territorial del Estado, antes desconocidas, que originaron, por una parte, el federalismo, particularmente derivado de la Revolución americana con sus bases esenciales de gobierno local, y por la otra, el municipalismo, originado particularmente como consecuencia de la Revolución francesa. Venezuela, así, fue el primer país del mundo, 1811, en seguir el esquema norteamericano y adoptar la forma federal en la organización del Estado, sobre la base de la división provincial colonial; y a la vez, fue el primer país del mundo, en 1812, en haber adoptado la organización territorial municipal que legó la Revolución francesa. En España, la división provincial siguió en parte la influencia de la división territorial departamental de la post Revolución francesa; y se adoptaron los principios del municipalismo que también derivaron de la Revolución francesa.

Estos siete principios o aportes que resultan de la Revolución americana y de la Revolución francesa significaron, por supuesto, un cambio radical en el constitucionalismo, producto de una transición que no fue lenta sino violenta, aún cuando desarrollada en circunstancias y situaciones distintas. De allí que, por supuesto, la contribución de la Revolución americana y de la Revolución francesa al derecho constitucional, aún en estas siete ideas comunes, hayan tenido raíces diferentes: en los Estados Unidos de Norte América se trataba de construir un Estado nuevo sobre la base de lo que eran antiguas Colonias inglesas, situadas muy lejos de la Metrópoli y de su Parlamento soberano, y que durante más de un siglo se habían desarrollado independientes entre sí, por sus propios medios y gozando de cierta autonomía. En el caso de Francia, en cambio, no se trataba de construir un nuevo Estado, sino dentro del mismo Estado unitario y centralizado, sustituir un sistema político constitucional monárquico, propio de una Monarquía absoluta, por un régimen totalmente distinto, de carácter constitucional y parlamentario, e incluso luego, republicano. Puede decirse que, *mutatis mutandi,* en Venezuela ocurrió un fenómeno político similar al de Norteamérica; y en España ocurrió también un fenómeno político similar al de Francia.

Ahora bien, no debe olvidarse que cuando se inició el proceso constituyente en Cádiz y en Venezuela, a partir de 1810, ya la República no existía en Francia, ni la Declaración de Derechos tenía rango constitucional, y la Revolución francesa había cesado. Después de la Revolución y del caos institucional que surgió de la misma, vino la dictadura napoleónica y la restauración de la Monarquía a partir de 1815, por lo que Francia continuó siendo un país con régimen monárquico durante buena parte del siglo XIX, hasta 1870.

2. *Los principios del constitucionalismo de Cádiz*

Por lo que respecta a España, los principios constitucionales que adoptaron las Cortes de Cádiz desde su instalación, el 24 de septiembre de 1810, y los que posteriormente se recogieron en el texto de la Constitución de 1812, sin duda, sentaron las bases del constitucionalismo español[356]. Ello fue así, incluso, a pesar de que la Constitución sólo hubiera tenido un período muy corto de vigencia, hasta su anulación en 1814[357] y de que en ese lapso de dos años, haya tenido una dificultosa o casi nula aplicación. La Constitución y los principios adoptados por las Cortes de Cádiz, además, como antes se dijo, sin duda, influyeron en el constitucionalismo de muchos países hispanoamericanos, independientemente de que en sus territorios hubiera podido haber tenido alguna aplicación, pues en general comenzaron sus procesos de independencia y de diseño constitucional, precisamente con posterioridad a la vigencia de la Constitución de Cádiz.

Dentro de los principios constitucionales adoptados por las Cortes de Cádiz que, como se dijo, recibieron la influencia de los que derivaron de la Revolución Francesa y de la Revolución de Independencia de Norteamérica, y contribuyeron a cristalizar la quiebra del antiguo Régimen en Europa, se destacan los siguientes:[358]

En *primer lugar,* el principio del constitucionalismo mismo, es decir, como hemos dicho, el del sometimiento de los órganos del Estado a una Ley Superior, precisamente la Constitución, como texto escrito y rígido, concebido como marco limitador del poder, producto de la soberanía nacional. Por ello, estimamos que el constitucionalismo se inició en España, precisamente con la Constitución de Cádiz y no con el Estatuto o Constitución de Bayona de 1808, la cual fue sólo una Carta otorgada por Napoleón luego de oída una Junta Nacional. La Constitución de Cádiz, en cambio fue emanación de la soberanía y concebida en forma muy rígida por los procedimientos para su reforma, con cláusulas de intangibilidad temporal y absoluta.

---

356 Véase el texto de la Constitución de 1812 y de los diversos Decretos de las Cortes de Cádiz en *Constituciones Españolas y Extranjeras,* Tomo I, Ediciones de Jorge de Esteban, Taurus, Madrid 1977, pp. 73 y ss.; y en *Constitución Política de la Monarquía Española promulgada en Cádiz de 19 de marzo de 1812,* Prólogo de Eduardo García de Ente-rría, Civitas, Madrid, 1999.

357 En pleno proceso de configuración política de Venezuela y en plena guerra de independencia, el 11 de diciembre de 1813, España firmó el Tratado con Francia en el que se reconoció a Fernando VII como Rey, y éste, cinco meses después, el 4 de mayo de 1814 adoptó su célebre manifiesto sobre abrogación del Régimen Constitucional mediante el cual se restableció la autoridad absoluta del Monarca, declarando "nulos y de ningún valor ni efecto, ahora, ni en tiempo alguno, como si no hubiesen pasado jamás..., y se quitasen de en medio del tiempo" la Constitución y los actos y leyes dictados durante el período de gobierno constitucional. Véase en *Constituciones Españolas y Extranjeras, op. cit.,* pp. 125 y ss.

358 Véase en general, M. Artola (ed), *Las Cortes de Cádiz,* Madrid 1991; Rafael Jiménez Asensio, *Introducción a una historia del constitucionalismo español,* Valencia 1993; J.F. Merino Merchán, *Regímenes históricos españoles,* Tecnos, Madrid 1988; Jorge Mario García Laguardia "Las Cortes de Cádiz y la Constitución de 1812. Un aporte americano" en Jorge Mario García Laguardia, Carlos Meléndez Chaverri, Marina Volio, *La Constitución de Cádiz y su influencia..., op. cit.,* pp. 13 y ss.

En *segundo lugar,* está precisamente el principio de la soberanía nacional, como poder supremo ubicado en la Nación, hacia la cual se trasladó la anterior soberanía del Monarca que caracterizó al Antiguo Régimen. Por eso, la Constitución sentó el principio de que "la soberanía reside esencialmente en la Nación" (art. 3), de lo que derivó que el Rey tuviera, un poder delegado, y era Rey no sólo "por la gracia de Dios" sino "de la Constitución" (art. 173). Este principio de la soberanía nacional, en todo caso, apareció esbozado en el Decreto de las Cortes de Cádiz el día de su constitución, el 24 de septiembre de 1810, al disponer la atribución del Poder Ejecutivo al Consejo de Regencia, para lo cual se llamó a sus miembros a prestar el siguiente juramento ante las Cortes:

¿Reconocéis la soberanía de la nación representada por los diputados de estas Cortes generales y extraordinarias? ¿Juráis obedecer sus decretos, leyes y constitución que se establezca según los santos fines para que se han reunido, y mandar observarlos y hacerlos executar?[359]

En *tercer lugar,* el principio de la división de los poderes y su limitación, el cual se introdujo por primera vez en un texto constitucional en España, en la Constitución de Cádiz, al distribuir las potestades estatales así: la potestad de hacer las leyes se atribuyó a las Cortes con el Rey (art. 15); la potestad de hacer ejecutar las leyes, al Rey (art. 16); y la potestad de aplicar las leyes, a los tribunales (art. 17).

El principio de la separación de poderes, sin embargo, también había tenido su primera aplicación en el constitucionalismo español, en el Decreto de las Cortes de Cádiz del día de su constitución, el 24 de septiembre de 1810, el cual partió del supuesto de que no convenía "queden reunidos el Poder Legislativo, el Ejecutivo y el Judiciario", declarando entonces que las propias Cortes, que venían de arrogarse la soberanía nacional, "se reservan el ejercicio del poder legislativo en toda su extensión". En cuanto al Poder Ejecutivo, el mismo, en ausencia del Rey, se delegó al Consejo de Regencia; y en cuanto al Poder Judicial, las Cortes declararon que confirmaban "por ahora a todos los tribunales y justicias establecidas en el reino, para que continúen administrando justicia según las leyes".

En cuanto a las Cortes, estas se configuraron como un parlamento unicameral, con independencia respecto de los otros poderes del Estado, cuyos diputados eran inviolables por sus opiniones (art. 128), sin que el Rey las pudiera disolver. Las Cortes, además, eran autónomas en cuanto a dictar sus propias normas y reglamentos internos (art. 127).

En *cuarto lugar,* el principio de la representatividad, de manera que los diputados electos popularmente a las Cortes fueron "representantes de toda la Nación, nombrados por los ciudadanos" (art. 27). Se rompió, así, la configuración estamental de la representación propia del Antiguo Régimen, conforme al cual se aseguraba la participación del clero, la nobleza y la burguesía, actuando cada estamento por separarlo, conforme a las instrucciones que recibían.

---

359   Rafael Flaquer Martequi, "El Ejecutivo en la revolución liberal"; en M. Artola (ed), *Las Cortes de Cádiz, op. cit.,* p. 47.

En *quinto lugar*, el principio del sufragio, consecuencia de la exigencia de la representación, lo que condujo a la incorporación en la Constitución, por primera vez en la historia de España, de un sistema de elecciones libres, con una regulación detallada del sistema electoral. Se estableció, para ello, un procedimiento electoral indirecto, en cuatro fases de elección de compromisarios de parroquias, de partido y de provincia; conforme al cual estos últimos elegían los diputados a Cortes. El sufragio fue limitado, reservado a los hombres y censitario respecto de los elegidos.

En *sexto lugar,* la previsión constitucional de derechos y libertades aún cuando en la Constitución no se incorporó una declaración de derechos del hombre y el ciudadano a la usanza de los antecedentes franceses de fines del Siglo XVIII. Sólo se reconocieron ciertas libertades vinculadas al debido proceso (art. 286, 287, 290, 291) y, además, la seguridad (art. 247), la igualdad ante la ley (art. 248), la inviolabilidad del domicilio (art. 306), la abolición del tormento como pena corporal (art. 303), la libertad de imprenta (art. 371) y el derecho de petición (art. 373).

En *séptimo lugar,* el principio de la organización territorial del poder, adoptándose la forma de Estado propia de lo que hoy sería un Estado Unitario descentralizado[360], conforme a la cual la Constitución reguló el gobierno de las provincias y pueblos mediante la creación de Diputaciones Provinciales y Ayuntamientos. Estimamos que cuando el artículo 16 enumeró los ámbitos territoriales que comprendían el territorio español, tanto en la Península como en América septentrional y meridional, estaba enumerando las "provincias" las cuales, en cuanto a su gobierno interior, se regularon en los artículos 324 y siguientes de la Constitución. Allí se estableció que el gobierno político de las Provincias residía en un jefe superior nombrado por el Rey (art. 324); y que en cada una de ellas habría una Diputación llamada provincial para promover su prosperidad, presidida por el jefe superior (art. 325) e integrada por siete individuos elegidos (art. 326) por los mismos electores de partido que debían nombrar los diputados de Cortes (art. 328). Las provincias tenían amplias facultades atribuidas a las diputaciones (art. 335).

En cuanto al régimen local, la Constitución dispuso la existencia de ayuntamientos en los pueblos, para su gobierno interior, compuestos por alcaldes, regidores y el procurador síndico; todos electos (art. 312).

En relación con la organización territorial, sin embargo, debe señalarse que la división provincial se había comenzado a concretar en España mediante el Decreto de las Cortes de 23 de mayo de 1812, con el cual se restablecieron en diversas partes del territorio, Diputaciones Provinciales, mientras se llegaba "el caso de hacerse la conveniente división del territorio español"[361]. En esta forma, al regular las Diputaciones Provinciales, lo que habían hecho era conservar la figura de las Juntas Provinciales que habían surgido al calor de la guerra de independencia frente a Francia, transformándolas en tales Diputaciones a las cuales se atribuyó el rol de representar

---

360   Véase Alfredo Gallego Anabitarte, "España 1812, Cádiz. Estado Unitario, en perspectiva histórica" en M. Artola (ed), *Las Cortes de Cádiz, op. cit.* p. 140 y ss.

361   Véase A. Posada, *Escritos Municipalistas y de la Vida Local,* IEAL, Madrid, 1979, p. 180; y *Evolución Legislativa del Régimen Local en España 1812-1909,* Madrid 1982, p. 69.

el vínculo de unión intermedio entre los ayuntamientos y el gobierno central, asumiendo tales Diputaciones el control de tutela de aquellos (art. 323).

El esquema territorial de Cádiz, en todo caso fue efímero y sólo fue por Decreto de 22 de enero de 1822 cuando se intentó dar a la Provincia una concreción territorial definida, estableciéndose lo que puede considerarse como la primera división regular del territorio español, en cierto número de provincias. Fue luego, por Real Decreto de 30 de noviembre de 1833, que se estableció en forma definitiva a la Provincia como circunscripción administrativa del Estado unitario español[362].

Estos principios del constitucionalismo moderno adoptados por el proceso constituyente de Cádiz, como se ha dicho, iniciaron en España el tránsito hacia el constitucionalismo e influyeron en el diseño constitucional de buena parte de los países latinoamericanos que declararon su independencia con posterioridad al funcionamiento de las Cortes de Cádiz.

Ello no ocurrió, sin embargo, en aquellos países como Venezuela, que declararon su independencia antes de la instalación de las Cortes de Cádiz, y con ello su incorporación a las corrientes del constitucionalismo moderno bajo la influencia directa de los mismos principios que surgieron de la Revolución francesa y de la Revolución de Independencia de Norteamérica, a finales del siglo XVIII.

I. LA REVOLUCIÓN DE CARACAS DE 1810 Y LOS INICIOS DEL CONSTITUCIONALISMO VENEZOLANO

1. *Antecedentes del proceso constituyente del Estado venezolano*

Como se ha dicho, a diferencia de lo ocurrido en la mayoría de los países latinoamericanos en los cuales, de una manera u otra, la Constitución de Cádiz contribuyó a la formación del constitucionalismo; puede decirse que en Venezuela dicho texto no tuvo influencia alguna y su conocimiento, incluso, fue escasísimo. La razón fue que el constitucionalismo venezolano, montado también sobre la base de los antes indicados principios que derivaron de las Revoluciones americana y francesa, se comenzó a formular antes de la instalación de las Cortes de Cádiz y aún antes de que entrara en vigencia la Constitución de Cádiz.[363]

En efecto, cinco meses antes de la instalación de las Cortes de Cádiz el 24 de septiembre de 1810, en Caracas, el 19 de abril de 1810, el Ayuntamiento de la capital de la Provincia de Venezuela había dado un golpe de Estado,[364] iniciándose un proceso constituyente que concluyó con la sanción de la Constitución Federal para los Estados de Venezuela del 21 de diciembre de 1811, dictada también, tres meses antes de la sanción de la Constitución de Cádiz el 18 de marzo de 1812.

---

362 Véase Antonio María Calero Amor, *La División Provincial de 1833. Bases y Antecedentes,* IEAL, Madrid 1987; Luis Morell Ocaño, "Raíces históricas de la concepción constitucional de las Provincias", *Revista Española de Derecho Administrativo,* Nº 42, Civitas, Madrid 1984, pp. 349 a 365.

363 Véase en general Allan R. Brewer-Carías, *Historia Constitucional de Venezuela,* Edit. Alfi, Caracas 2008.

364 Véase en general sobre el 19 de abril de 1810, Juan Garrido Rovira, *La Revolución de 1810, Bicentenario del 19 de abril de 1810,* Universidad Monteávila, Caracas 2009.

Por ello, puede decirse que el constitucionalismo moderno se inició en América Latina, en unas de las Provincias más relegadas del Imperio Español, aquellas que sólo, en 1777, habían sido agrupadas en la Capitanía General de Venezuela. Hasta ese entonces habían sido Provincias aisladas sometidas, algunas, a la Audiencia de Santa Fe, en el Nuevo Reyno de Granada, y otras, a la Audiencia de Santo Domingo, en lo que había sido la Isla *La Hispagniola*. La revolución contra la monarquía española, en América, por tanto, puede decirse que no se inició en las capitales virreinales ni en las Provincias ilustradas del Nuevo Mundo, sino en una de las más pobres del Continente Americano, la Provincia de Caracas o Venezuela.

En todo caso, este proceso constituyente que se desarrolló en Venezuela, en paralelo con España tuvo en buena parte los mismos antecedentes.

A. *Los cambios políticos de comienzos del Siglo XIX*

Fernando VII había iniciado su reinado en España, con motivo de la abdicación de su padre, el Rey Carlos IV, lo que se produjo como consecuencia de la rebelión de Madrid y Aranjuez del 18 de marzo de 1808, provocada por la presencia en la primera ciudad del ejército francés al mando de J. Murat, el Gran Duque de Berg.

Dicho ejército, había sido autorizado a pasar por España para someter a Portugal, después de que se produjeran convenios secretos acordados por Manuel Godoy, el Príncipe de la Paz y favorito de Carlos IV y de la Reina, con Napoleón. La reacción popular contra el favorito del reino y la oposición del Príncipe de Asturias (Fernando) al proyecto de huida de los Reyes a Cádiz e, incluso, a América, y el descubrimiento de la maniobra invasora de Napoleón, provocó la persecución de Godoy, la abdicación de Carlos IV a favor de su hijo Fernando y el destierro del primero[365].

En todo caso, unos años antes, para 1802 y durante el reinado de Carlos IV, la faz política del mundo ya había comenzado a cambiar. Carlos IV había iniciado su reinado a la muerte de su padre, el Rey Carlos III, el 14 de diciembre de 1788, dos años después de que se había creado la Real Audiencia de Caracas (1786), con la cual las Provincias de la Capitanía General de Venezuela estructurada en 1777 habían adquirido una completa integración.

Fue precisamente el inicio del reinado de Carlos IV, el que habría de coincidir con los dos acontecimientos políticos antes mencionados, de la mayor importancia en el mundo moderno, como fueron la Revolución americana y la Revolución francesa.

En efecto, un año antes, el 17 de septiembre de 1787, los Estados Unidos de América, independientes desde 1776, promulgaron la primera Constitución escrita en la historia constitucional, con la cual se comenzaron a sentar las bases del constitucionalismo moderno; y dos años después en 1789, se iniciaba la Revolución francesa que llevaría a la Asamblea Nacional a aprobar, el 27 de agosto, la Declaración de los Derechos del Hombre y del Ciudadano, la primera de las declaraciones de

---

365. Véase un recuento de los sucesos de marzo en Madrid y Aranjuez y todos los documentos concernientes a la abdicación de Carlos IV en J.F. Blanco y R. Azpúrua, *Documentos para la historia de la vida pública del Libertador,* Ediciones de la Presidencia de la República, Caracas, 1983, Tomo II, pp. 91 a 153.

derechos fundamentales del mundo moderno, después de las de las Colonias norteamericanas de 1776, recogida luego en la Constitución francesa de 1791, la primera Constitución escrita en la historia del constitucionalismo europeo.

El reinado de Carlos IV coincidió, por tanto, con la difusión masiva de ambos acontecimientos y sus secuelas políticas, lo que contribuyó al resquebrajamiento de los cimientos del mismo Estado Absoluto; y su penetración tanto en España como en las provincias americanas.

En efecto, en 1783, el mismo año en el cual nació Simón Bolívar, el Libertador, el Conde de Aranda, Ministro de Carlos III y Plenipotenciario para los ajustes entre España, Francia e Inglaterra, firmaba un Tratado que obligaba a Inglaterra a reconocer la Independencia de sus colonias en Norte América y, con tal motivo, se dirigió al Rey diciéndole que la firma de dicho Tratado había dejado en su alma "una impresión dolorosa", que se veía obligado a manifestársela, pues consideraba que el reconocimiento de la independencia de las Colonias Inglesas era "un motivo de temor y de pesar"; y agregaba:

> Esta República Federal ha nacido pigmea, por decirlo así y ha necesitado el apoyo de la fuerza de dos Estados tan poderosos como la España y la Francia para lograr su independencia. Tiempo vendrá en que llegará a ser gigante, y aún coloso muy temible en aquellas vastas regiones. Entonces ella olvidará los beneficios que recibió de ambas potencias y no pensará sino en engrandecerse. Su primer paso será apoderarse de las Floridas para dominar el Golfo de México. Estos temores son, Señor, demasiado fundados y habrán de realizarse dentro de pocos años si aún no ocurriesen otros más funestos en nuestras Américas[366].

Esos hechos "más funestos", precisamente, se sucedieron a los pocos años, y a ello contribuyeron, entre otras factores, los propios republicanos españoles que influyeron directamente en Venezuela.

B. *La difusión en América de los principios de la Revolución Francesa*

En efecto, la Declaración de los Derechos del Hombre y del Ciudadano proclamada por la Revolución francesa, había sido prohibida en América por el Tribunal de la Inquisición de Cartagena de Indias en 1789[367]. Antes que conociera divulgación alguna en el Nuevo Mundo, en 1790, incluso los Virreyes del Perú, México y Santa Fe, así como el Presidente de Quito, alguna vez, y varias el Capitán General de Venezuela, habían participado a la Corona de Madrid:

> Que en la cabeza de los americanos comenzaban a fermentar principios de libertad e independencia peligrosísimos a la soberanía de España[368].

Y fue precisamente en la última década del siglo XVIII cuando comenzó a desparramarse por los ilustrados criollos el fermento revolucionario e independentista, a lo cual contribuyeron diversas traducciones de la prohibida Declaración de los De-

---

366. Véase en J. F. Blanco y R. Azpúrua, *op. cit.* Tomo I, p. 190.

367. Véase P. Grases, *La Conspiración de Gual y España y el Ideario de la Independencia*, Caracas, 1978, p. 13.

368. Véase en J. F. Blanco y R. Azpúrua, *op. cit.*, Tomo I, p. 177.

rechos del Hombre y del Ciudadano, entre las cuales debe destacarse la realizada por Antonio Nariño en Santa Fe de Bogotá, en 1792, que circuló en 1794[369], y que fue objeto de una famosísima causa en la cual fue condenado a diez años de presidio en África, a la confiscación de todos sus bienes y a extrañamiento perpetuo de la América, mandándose quemar por mano del verdugo el libro de donde había sacado los Derechos del Hombre.[370]

Por esa misma época, el Secretario del Real y Supremo Consejo de Indias había dirigido una nota de fecha 7 de junio de 1793 al Capitán General de Venezuela, llamando su atención sobre los designios del Gobierno de Francia y de algunos revolucionarios franceses, como también de otros promovedores de la subversión en dominios de España en el Nuevo Mundo, que –decía–:

> Envían allí libros y papeles perjudiciales a la pureza de la religión, quietud pública y debida subordinación de las colonias[371].

Pero un hecho acaecido en España iba a tener una especial significación en todo este proceso: el 3 de febrero de 1796, día de San Blas, debía estallar en Madrid una conspiración planeada para establecer la República en sustitución de la Monarquía, al estilo de lo que había acontecido años antes en Francia. Los conjurados, capitaneados por Juan Bautista Mariano Picornell y Gomilla, mallorquín de Palma, fueron apresados la víspera de la Revolución. Conmutada la pena de muerte que recayó sobre ellos por intervención del Agente francés, se les condenó a reclusión perpetua en los Castillos de Puerto Cabello, Portobelo y Panamá, en tierras americanas[372]. La fortuna revolucionaria llevó a que de paso a sus destinos en esos "lugares malsanos de América"[373], los condenados fueran depositados en las mazmorras del Puerto de La Guaira, donde en 1797 se encontrarían de nuevos reunidos. Allí, los conjurados de San Blas, quienes se fugarían ese mismo año de 1797[374], entraron en contacto con los americanos de La Guaira, provocando la conspiración encabezada por Manuel Gual y José María España, de ese mismo año, considerada como "el intento de liberación más serio en Hispano América antes del de Miranda en 1806"[375].

Sin embargo, la Revolución fracasó, y habría de pasar otra década para que se iniciara la Revolución hispanoamericana. Pero el legado de esa conspiración fue un conjunto de papeles que habrían de tener la mayor influencia en el proceso constitucional de Hispanoamérica, entre los que se destaca una obra sobre los *Derechos del Hombre y del Ciudadano*, prohibida por la Real Audiencia de Caracas el 11 de diciembre de ese mismo año 1797, la cual la consideró como una obra que llevaba:

> ...toda su intención a corromper las costumbres y hacer odioso el real nombre de su majestad y su justo gobierno; que a fin de corromper las costumbres, si-

---

369. *Idem.*, p. 286.

370. Véase los textos en *idem.*, pp. 257-259.

371. *Idem.*, p. 247.

372. Véase P. Grases, *op. cit.*, p. 20.

373. *Idem*, pp. 14 y 17.

374. Véase en J.F. Blanco y R. Azpúrua, *op. cit.*, Tomo I, p. 287; P. Grases, *op. cit.*, p. 26.

375. P. Grases, *op. cit.*, p. 27.

guen sus autores las reglas de ánimos cubiertos de una multitud de vicios, y desfigurados con varias apariencias de humanidad...[376].

El libro, con el título *Derechos del Hombre y del Ciudadano con varias máximas Republicanas y un Discurso Preliminar dirigido a los Americanos,* probablemente impreso en Guadalupe, en 1797, en realidad contenía una traducción de la Declaración francesa que procedió el Acta Constitucional de 1793[377]. Por tanto, no era una traducción de la Declaración de los Derechos del Hombre y del Ciudadano de 1789, incorporada a la Constitución Francesa de 1791, que era la que había sido la traducida por Nariño en Bogotá; sino de la Declaración del texto constitucional de 1793, mucho más amplio y violento pues correspondió a la época del Terror, constituyendo una invitación a la revolución activa[378].

Pues bien, este texto tiene una importancia capital, para el consti-tucionalismo de Venezuela, pues influyó directamente en la ordenación jurídica de la República, cuyo Congreso General en su sección de la Provincia de Caracas, después del proceso de independencia iniciado en 1810, aprobó solemnemente la "Declaración de Derechos del Pueblo" el 1° de julio de 1811[379], la cual, después de las declaraciones norteamericanas y de la francesa, puede considerarse como la tercera de las Declaraciones de derechos fundamentales en la historia del constitucionalismo moderno, recogida, notablemente ampliada, en la Constitución del 21 de diciembre del mismo año 1811[380].

Pero después de la conspiración de Gual y España, y declarada la guerra entre Inglaterra y España (1804), otro acontecimiento importante influiría también en la independencia de Venezuela, y fueron los desembarcos y proclamas de Francisco de Miranda en las costas de Venezuela (Puerto Cabello y Coro), en 1806, los que se han considerado como los más importantes acontecimientos relativos a la emancipación de América Latina antes de la abdicación de Carlos IV y los posteriores sucesos de Bayona[381]. Miranda, por ello, ha sido considerado como el Precursor de la Independencia del continente americo–colombiano, a cuyos pueblos dirigió sus proclamas independentistas basadas en la formación de una federación de Cabildos libres[382], lo cual luego se pondría en práctica, en Venezuela, entre 1810 y 1811.

---

376. P. Grases, *op. cit.,* p. 30.

377. *Idem.,* pp. 37 y ss.

378. *Idem.*

379. Véase Allan Brewer-Carías, *Las Constituciones de Venezuela,* Madrid, 1985, pp. 175 y ss. Allan R. Brewer-Carías, *Los Derechos Humanos en Venezuela. Casi 200 años de Historia,* Caracas, 1990, pp. 71 y ss.

380 Esas Declaraciones de derechos, que influyeron todo el proceso constitucional posterior, sin duda, como lo ha demostrado el Profesor Pedro Grases, tuvieron su principal base de redacción en el mencionado documento, traducción de Picornell, vinculado a la conspiración de Gual y España, principal promotor de la conspiración de San Blas. Véase, P. Grases, *op. cit.,* pp. 27 y ss.

381. O.C. Stoetzer, *Las Raíces Escolásticas de la Emancipación de la América Española,* Madrid, 1982, p. 252.

382. Francisco de Miranda, *Textos sobre la Independencia,* Biblioteca de la Academia Nacional de la Historia, Caracas, 1959, pp. 95 y ss., y 115 y ss.

C.   *Los motivos del inicio del proceso constituyente en la Provincia de Venezuela*

Como hemos dicho, el proceso constituyente venezolano tuvo sus antecedentes en los mismos hechos que originaron el proceso constituyente de Cádiz, los cuales sin embargo, tuvieron repercusiones más graves, en América, entre otras cosas, por lo lento y difícil de las comunicaciones entre la Metrópolis y las provincias americanas. Un hecho inicial pone esto en evidencia: sólo fue el día 15 de julio de 1808 cuando el Ayuntamiento de Caracas abrió la Real Cédula del 20 de abril de ese mismo año, mediante la cual se comunicaba a la Provincia de Venezuela que el 18 de marzo de 1808, el Rey Fernando VII había accedido al trono.

Sin embargo, para el momento en el cual el Cabildo de Caracas se enteró de ese acontecimiento, muchas otras cosas ya habían sucedido en España, que hacían totalmente inútil la noticia inicial: el 1º de mayo de 1808, dos meses antes, ya Fernando VII había dejado de ser Rey por renuncia de la Corona, en su padre Carlos IV; y este ya había cedido a Napoleón sus derechos al Trono de España y de las Indias, lo que había ocurrido el 5 de mayo de 1808. Incluso, una semana antes de recibir tan obsoleta noticia, ya José Napoleón, proclamándose "Rey de las Españas y de las Indias", había decretado la Constitución de Bayona, el 6 de julio de 1808.

No es de extrañar, por tanto, los efectos políticos que tuvieron en Venezuela las tardías noticias sobre las disputas políticas reales entre padre a hijo; sobre la abdicación forzosa del Trono provocada por la violencia de Napoleón, y sobre la ocupación del territorio español por los ejércitos del Emperador.

Desde el 25 de mayo de 1808, Napoleón también había nombrado al Gran Duque de Berg, como Lugar–teniente general del Reyno, y anunciaba a los españoles su misión de renovar la Monarquía y mejorar las instituciones, prometiendo, además, otorgarles:

Una constitución que concilie la santa y saludable autoridad del soberano con las libertades y el privilegio del Pueblo[383].

Esa Constitución prometida, precisamente, iba a ser la de Bayona, la cual sin embargo, no dio estabilidad institucional alguna al Reino, pues antes de su otorgamiento, en el mes de mayo de 1808, ya España había iniciado su guerra de Independencia contra Francia, en la cual los Ayuntamientos tuvieron un papel protagónico al asumir la representación popular por fuerza de las iniciativas populares[384]. Por ello, a medida que se generalizó el alzamiento, en las villas y ciudades, se fueron constituyendo Juntas de Armamento y Defensa, encargadas de la suprema dirección de los asuntos locales y de sostener y organizar la resistencia frente a los franceses.

Esas Juntas, aun cuando constituidas por individuos nombrados por aclamación popular, tuvieron como programa común la defensa de la Monarquía simbolizada en la persona de Fernando VII, por lo que siempre obraron en nombre del Rey. Sin embargo, con ello puede decirse que se produjo una revolución política, al sustituirse el sistema absolutista de gobierno por un sistema municipal, popular y democráti-

---

383   Véase en J. F. Blanco y R. Azpúrua, *op. cit.,* Tomo II, p. 154.

384   Véase A. Sacristán y Martínez, *Municipalidades de Castilla y León,* Madrid, 1981, p. 490.

co, completamente autónomo[385]. La organización de tal gobierno provocó la estructuración de Juntas Municipales las cuales a la vez concurrieron, mediante delegados, a la formación de las Juntas Provinciales, las cuales representaron a los Municipios agrupados en un determinado territorio.

El 17 de junio de 1808, por ejemplo, la Junta Suprema de Sevilla explicaba a los dominios españoles en América los "principales hechos que han motivado la creación de la Junta Suprema de Sevilla que en nombre de Fernando VII gobierna los reinos de Sevilla, Córdoba, Granada, Jaén, provincias de Extremadura, Castilla la Nueva y las demás que vayan sacudiendo el yugo del Emperador de los franceses"[386].

Pero, como antes se dijo, sólo fue un mes después, el 15 de julio de 1808, cuando en el Ayuntamiento de Caracas, se conoció formalmente, la Real Cédula de proclamación de Fernando VII[387]; y fue al día siguiente, el 16 de julio, que llegó al mismo Ayuntamiento la noticia de la renuncia de Fernando VII, de la cesión de los derechos de la Corona por parte de Carlos IV a Napoleón y del nombramiento del Lugar–teniente del Reino[388]. El correo para el conocimiento tardío de estas noticias, en todo caso, había correspondido a sendos emisarios franceses que habían llegado a Caracas, lo que contribuyó a agravar la incertidumbre.

Ante esas noticias, el Capitán General de Venezuela formuló la declaración solemne del 18 de julio de 1808, expresando que en virtud de que "ningún gobierno intruso e ilegítimo puede aniquilar la potestad legítima y verdadera... en nada se altera la forma de gobierno ni el Reinado del Señor Don Fernando VII en este Distrito"[389]. A ello se sumó, el 27 de julio, el Ayuntamiento de Caracas al expresar que "no reconocen ni reconocerán otra Soberanía que la suya (Fernando VII), y la de los legítimos sucesores de la Casa de Borbón"[390].

En esa misma fecha, el Capitán General se dirigió al Ayuntamiento de Caracas exhortándolo a que se erigiese en esta Ciudad "una Junta a ejemplo de la de Sevilla"[391], para cuyo efecto, el Ayuntamiento tomó conocimiento del acto del establecimiento de aquélla[392] y acordó estudiar un "Prospecto" cuya redacción encomendó

---

385 Cfr. O. C. Stoetzer, op. cit., p. 270.

386 Véase el texto de la manifestación "de los principales hechos que han motivado la creación de la Junta Suprema de Sevilla que en nombre de Fernando VII gobierna los reinos de Sevilla, Córdoba, Granada, Jaén, provincias de Extremadura, Castilla la Nueva y las demás que vayan sacudiendo el yugo del Emperador de los franceses" del 17 de junio de 1808 en J. F. Blanco R. Azpúrua, op. cit., Tomo II, pp. 154-157.

387 Idem., p. 127.

388 Idem., p. 148.

389 Idem., p. 169.

390 Idem., p. 169.

391 Idem., pp. 170-174. Cf. C. Parra Pérez, Historia de la Primera República de Venezuela, Biblioteca de la Academia Nacional de la Historia, Caracas, 1959, Tomo I. pp. 311 y ss., y 318.

392 Véase el acta del Ayuntamiento del 28-7-1808 en J.F. Blanco y R. Azpúrua, op. cit., Tomo II, p. 171.

a dos de sus miembros, y que fue aprobado el 29 de julio de 1808, pasándolo para su aprobación al "Presidente, Gobernador y Capitán General"[393].

Este, sin embargo, nunca llegó a considerar la propuesta, incluso a pesar de la representación que el 22 de noviembre de 1808 le habían enviado las primeras notabilidades de Caracas designadas para tratar con él sobre "la formación y organización de la Junta Suprema". En dicha representación se constataba la instalación de Juntas con el nombre de Supremas en las capitales de las provincias de la Península, sobre las cuales se dijo:

> Ha descansado y descansa el noble empeño de la nación por la defensa de la religión, del rey, de la libertad e integridad del Estado, y estas mismas le sostendrán bajo la autoridad de la Soberana Central, cuya instalación se asegura haberse verificado. Las provincias de Venezuela no tienen ni menos lealtad ni menos ardor, valor ni constancia, que las de la España europea.

Por ello le expresaron que creían que era:

> De absoluta necesidad se lleve a efecto la resolución del Sr. Presidente, Gobernador y Capitán General comunicada al Ilustre Ayuntamiento, para la formación de una Junta Suprema, con subordinación a la Soberana de España que ejerza en esta ciudad la autoridad suprema, mientras regresa al trono nuestro amado rey Fernando VII[394].

A tal efecto, para "precaver todo motivo de inquietud y desorden" decidieron nombrar "representantes del pueblo" para que tratasen con el Presidente, Gobernador y Capitán General "de la organización y formación de la dicha Junta Suprema"[395]. Ante esto, el Presidente, Gobernador y Capitán, General Juan de Casas, quien desde el año anterior (1807) se había encargado del cargo a la muerte del titular, a pesar de que había manifestado sobre la conveniencia de la constitución de la Junta de Caracas, no sólo no accedió a la petición que se le formuló, sino que la consideró como un atentado contra el orden y seguridad públicas, por lo cual persiguió y juzgó a los peticionarios[396].

Se comenzó, así, a afianzar el sentimiento popular de que el gobierno de la Provincia era probonapartidista lo cual se achacó también al Mariscal de Campo, Vicente de Emparan y Orbe, nombrado por la Junta Suprema Gubernativa como Gobernador de la Provincia de Venezuela, en marzo de 1809[397].

Esta Junta Suprema Central y Gubernativa del Reyno se había constituido en Aranjuez el 25 de septiembre de 1808, y se había trasladado luego a Sevilla el 27 de diciembre de 1809, integrada por mandatarios de las diversas provincias del Reino,

---

393   Véase el texto del prospecto y su aprobación de 29-7-1809, *Idem.*, pp. 172-174. *Cf.* C. Parra Pérez, *op. cit.*, p. 318.

394   Véase el texto, J.F. Blanco y R. Azpúrua, *op. cit.*, pp. 179-180; *Cfr.* C. Parra Pérez, *op. cit.*, p. 133.

395   Véase en J.F. Blanco y R. Azpúrua, *op. cit.*, pp. 179-180.

396   *Idem.*, pp. 180-181. *Cf.* L. A. Sucre, *Gobernadores y Capitanes Generales de Venezuela*, Caracas, 1694, pp. 312-313.

397   *Cf.* L. A. Sucre, *op. cit.*, p. 314.

la cual tomó la dirección de los asuntos nacionales[398]. Fue por ello que el 12 de enero de 1809, el Ayuntamiento de Caracas reconoció en Venezuela a dicha Junta Central, como gobierno supremo del imperio[399].

Días después, fue que la Junta Suprema Central por Real Orden de 22 de enero de 1809, la que dispuso que:

> Los vastos y preciosos dominios que la España posee en las Indias no son propiamente colonias o factorías, como los de otras naciones, sino una parte esencial e integrante de la monarquía española.[400]

Como consecuencia de esta importantísima declaración se consideró, que las Provincias de América debían tener representación y constituir parte de la Junta Suprema Central, a cuyo efecto se dispuso la forma cómo habrían de elegirse los diputados y vocales americanos, los cuales, por supuesto, de haber sido electos, habrían representado una absoluta minoría en relación a los representantes peninsulares[401].

En todo caso, para comienzos de 1809, ya habían aparecido en la Península manifestaciones adversas a la Junta Suprema Central y Gubernativa, a la cual se había acusado de usurpadora de autoridad. Ello condujo, en definitiva, a la convocatoria a Cortes para darle legitimación a la representación nacional, lo que la Junta hizo por Decretos de 22 de mayo y 15 de junio de 1809, fijándose la reunión de las Cortes para el 1° de marzo de 1810, en la Isla de León[402]. En dichas Cortes, en todo caso, debían estar representadas las provincias americanas, pero con diputados designados en forma supletoria[403].

Ahora bien, en mayo de 1809, como se dijo, ya había llegado a Caracas el nuevo Presidente, Gobernador y Capitán General de Venezuela, Vicente Emparan; y en ese mismo mes, la Junta Suprema Gubernativa advertía a las Provincias de América sobre los peligros de la extensión de las maquinaciones del Emperador a las Américas[404].

El temor que surgió en Caracas respecto del subyugamiento completo de la Península, sin duda, provocó que comenzara la conspiración por la independencia de la Provincia de Venezuela de lo cual, incluso, estaba en conocimiento Emparan antes de llegara a Caracas[405]. Su acción de gobierno, por otra parte lo llevó a ene-

---

398   Véase el texto en J. F. Blanco y R. Azpúrua, *op. cit.*, Tomo II, pp. 174 y 179.

399   *Cf.* C. Parra Pérez, *op. cit.*, Tomo II, p. 305.

400   Véase el texto en J.F. Blanco y R. Azpúrua, *op. cit.*, Tomo II, pp. 230-231. *Cf.* O.C. Stoetzer, *op. cit.*, p. 271.

401   Ello fue protestado en América. Véase por ejemplo el Memorial de Agrarios de C. Torres de 20-11-1809 en J. F. Blanco y R. Azpúrua, *op. cit.*, Tomo II, pp. 243-246; *Cf.* O.C. Stoetzer, *op. cit.*, p. 272.

402   Véase el texto en J.F. Blanco y R. Azpúrua, *op. cit.*, Tomo II, pp. 234-235.

403   Véase E. Roca Roca, *América en el Ordenamiento Jurídico de las Cortes de Cádiz*, Granada, 1986, p. 21 *Cf.* J. F. Blanco y R. Azpúrua, *op. cit.*, Tomo II, pp. 267-268.

404   Véase el texto en J.F. Blanco y R. Azpúrua, *op. cit.*, Tomo II, pp. 250-254.

405   *Cf.* G. Morón, *Historia de Venezuela*, Caracas, 1971, Tomo III, p. 205.

mistarse incluso con el clero y con el Ayuntamiento, lo que contribuyó a acelerar la reacción criolla.

Así, ya para fines de 1809 en la Provincia había un plan para derribar el gobierno en el cual participaban los más destacados jóvenes caraqueños, entre ellos, Simón Bolívar, quien había regresado de España en 1807, todos amigos del Capitán General[406]. Este adoptó diversas providencias al descubrir al plan, pero fueron débiles, provocando protestas del Ayuntamiento[407].

Paralelamente, el 29 de enero de 1810, luego de los triunfos franceses en Andalucía, la Junta Central Gubernativa del Reino había resuelto reconcentrar la autoridad del mismo, nombrando un Consejo de Regencia asignándole el poder supremo, aun cuando limitado por su futura sujeción a las Cortes que debían reunirse meses después[408]. Se anunciaba, así, la disposición de que "las Cortes reducirán sus funciones al ejercicio del poder legislativo, que propiamente les pertenece; confiando a la Regencia el del poder ejecutivo"[409].

El Consejo de Regencia, en ejercicio de la autoridad que había recibido, el 14 de febrero de 1810 dirigió a los españoles americanos una "alocución" acompañada de un Real Decreto disponiendo la concurrencia a las Cortes Extraordinarias, al mismo tiempo que de diputados de la Península, de diputados de los dominios españoles de América y de Asia[410].

Entre tanto, en las Provincias de América se carecía de noticias sobre los sucesos de España, cuyo territorio, con excepción de Cádiz y la Isla de León, estaba en poder de los franceses. Estas noticias y la de la disolución de la Junta Suprema Central y Gubernativa por la constitución del Consejo de Regencia, sólo se llegaron a confirmar en Caracas el 18 de abril de 1810[411].

La idea de la desaparición del Gobierno Supremo en España, y la necesidad de buscar la constitución de un gobierno para la Provincia de Venezuela, para asegurarse contra los designios de Napoleón, sin duda, fue el último detonante del inicio de la revolución de independencia de América.

2. *El golpe de Estado del 19 de abril de 1810 y la Junta Suprema de Venezuela Conservadora de los Derechos de Fernando VII*

El Ayuntamiento de Caracas, en efecto, en su sesión del 19 de abril de 1810, al día siguiente de conocerse la situación política de la Península, depuso a la autoridad constituida y se erigió, a sí mismo, en Junta Suprema de Venezuela Conservadora de los Derechos de Fernando VII[412].

---

406   C. Parra Pérez, *op. cit.,* Tomo I, pp. 368-371.

407   *Idem.,* p. 371.

408   Véase J. F. Blanco y R. Azpúrua, *op. cit.,* Tomo II, pp. 265-269.

409   *Idem.,* Tomo II, p. 269.

410   Véase el texto en *Idem.,* Tomo II, pp. 272-275.

411   *Cf. Idem.,* Tomo II, pp. 380 y 383.

412   Véase el libro *El 19 de abril de 1810,* Instituto Panamericano de Geografía e Historia, Caracas 1957.

Con este acto se dio un golpe de Estado habiendo recogido el Acta de la sesión del Ayuntamiento de Caracas, el primer acto constitucional de un nuevo gobierno y el inicio de la conformación jurídica de un nuevo Estado[413].

En efecto, la decisión adoptada por el Ayuntamiento de Caracas deponiendo al Gobernador Emparan del mando de la Provincia de Venezuela, consistió en la asunción del "mando supremo" o "suprema autoridad" de la Provincia[414], "por consentimiento del mismo pueblo"[415].

Se estableció, así, un "nuevo gobierno" que fue reconocido en la capital, al cual quedaron subordinados "todos los empleados del ramo militar, político y demás"[416]. El Ayuntamiento, además, procedió a destituir las antiguas autoridades del país y a proveer a la seguridad pública y conservación de los derechos del Monarca cautivo, y ello lo hizo "reasumiendo en sí el poder soberano"[417].

La motivación de esta Revolución se expuso en el texto del Acta, en la cual se consideró que por la disolución de la Junta Suprema Gubernativa de España, que suplía la ausencia del Monarca, el pueblo había quedado en "total orfandad", razón por la cual se estimó que:

> El derecho natural y todos los demás dictan la necesidad de procurar los medios de conservación y defensa y de erigir en el seno mismo de estos países un sistema de gobierno que supla las enunciadas faltas, ejerciendo los derechos de la soberanía, que por el mismo hecho ha recaído en el pueblo.

Para adoptar esa decisión, por supuesto, el Ayuntamiento tuvo que desconocer la autoridad del Consejo de Regencia[418], considerando que:

---

413   Véase en general T. Polanco, "Interpretación jurídica de la Independencia" en *El Movimiento Emancipador de Hispanoamérica, Actas y Ponencias*, Caracas, 1961, Tomo IV, pp. 323 y ss.

414   Véase el texto del Acta del Ayuntamiento de Caracas de 19 de Abril de 1810 en Allan R. Brewer-Carías, *Las Constituciones de Venezuela, cit.*, p. 157.

415   Así se establece en la "Circular" enviada por el Ayuntamiento el 19 de abril de 1810 a las autoridades y corporaciones de Venezuela. Véase J. F. Blanco y R. Azpúrua, *op. cit.*, Tomo II, pp. 401-402. Véase también en *Textos oficiales de la Primera República de Venezuela*, Biblioteca de la Academia Nacional de la Historia, 1959, Tomo I, p. 105.

416   *Idem.*

417   Así se indica en el oficio de la Junta Suprema al Inspector General Fernando Toro el 20 de abril de 1810. Véase en J.F. Blanco y R. Azpúrua, *op. cit.*, Tomo II, p. 403 y Tomo I, p. 106, respectivamente.

418   Lo que afirma de nuevo, en comunicación enviada al propio Consejo de Regencia de España explicando los hechos, razones y fundamentos del establecimiento del nuevo gobierno. Véase J. F. Blanco y R. Azpúrua, *op. cit.*, Tomo II, p. 408; y *Textos oficiales, op. cit.*, Tomo I, pp. 130 y ss. En particular, en comunicación del 3 de mayo de 1810, la Junta Suprema de Caracas se dirigió a la Junta Suprema de Cádiz y a la Regencia, cuestionando la asunción por esas corporaciones "que sustituyéndose indefinidamente unas a otras, sólo se asemejan en atribuirse todas una delegación de la soberanía que, no habiendo sido hecha ni por el Monarca reconocido, ni por la gran comunidad de españoles de ambos hemisferios, no puede menos de ser absolutamente nula, ilegítima, y contraria a los principios sancionados por nuestra legislación" (*Idem*, p. 130); agregando que "De poco se necesitará para demostrar que la Junta Central carecía de una verdadera representación nacional; porque su autoridad no emanaba originariamente de otra cosa que de la aclamación tumultuaria de algunas capitales de provincias, y porque jamás han tenido en ellas los habitantes del nuevo hemisferio la parte representativa que legítimamente les corresponde. En otras palabras, desconocemos al nuevo Consejo de Regencia" (*Idem*, p. 134).

No puede ejercer ningún mando ni jurisdicción sobre estos países, porque ni ha sido constituido por el voto de estos fieles habitantes, cuando han sido ya declarados, no colonos, sino partes integrantes de la corona de España, y, como tales han sido llamados al ejercicio de la soberanía interna y a la reforma de la Constitución Nacional.

En todo caso, el Ayuntamiento estimó que aun cuando pudiera prescindirse de lo anterior, dicho Consejo de Regencia, por las circunstancias de la guerra y de la conquista y usurpación de las armas francesas en la Península, era impotente y sus miembros no podían valerse a sí mismos.

De allí que en el Cabildo Extraordinario, al ser forzado el Presidente, Gobernador y Capitán General a renunciar, el mando quedó depositado en el Ayuntamiento. Así se expresó, además, en el Acta de otra sesión del Ayuntamiento, del mismo día 19 de abril de 1810, con motivo del "establecimiento del nuevo gobierno" en la cual se dispuso que los nuevos empleados debían prestar juramento ante el cuerpo prometiendo:

> Guardar, cumplir y ejecutar, y hacer que se guarden, cumplan y ejecuten todas y cualesquiera ordenes que se den por esta Suprema Autoridad soberana de estas Provincias, a nombre de nuestro rey y señor don Fernando VII[419].

Se estableció, así, en Caracas, "una Junta Gubernativa de estas Provincias, compuesta del Ayuntamiento de esta Capital y de los vocales nombrados por el voto del pueblo"[420], y en un Manifiesto donde se hablaba de "la revolución de Caracas" y se refería a "la independencia política de Caracas", la Junta Gubernativa prometió:

> Dar al nuevo gobierno la forma provisional que debe tener, mientras una Constitución aprobada por la representación nacional legítimamente constituida, sanciona, consolida y presenta con dignidad política a la faz del universo la provincia de Venezuela organizada, y gobernada de un modo que haga felices a sus habitantes, que pueda servir de ejemplo útil y decoroso a la América[421].

La Junta Suprema de Venezuela comenzó por asumir en forma provisional, las funciones legislativas y ejecutivas, definiendo en el Bando del 25–04–1810, los siguientes órganos del Poder Judicial: "El Tribunal Superior de apelaciones, alzadas y recursos de agravios se establecerá en las casas que antes tenía la audiencia"; y el Tribunal de Policía "encargado del fluido vacuno y la administración de justicia en todas las causas civiles y criminales estará a cargo de los corregidores"[422].

En todo caso, este movimiento revolucionario iniciado en Caracas en abril de 1810, meses antes de la instalación de las Cortes de Cádiz, indudablemente que siguió los mismos moldes de la Revolución francesa y tuvo además la inspiración de

---

419   Véase el texto en *Idem.*, J.F. Blanco y R. Azpúrua, *op. cit.*, Tomo I, p. 393.

420   Así se denomina en el manifiesto del 1° de mayo de 1810. Véase en *Textos oficiales...*, *cit.*, Tomo I. p. 121.

421   Véase el texto en J. F. Blanco y R. Azpúrua, *op. cit.*, Tomo II, p. 406, y en *Textos oficiales...*, *cit.*, Tomo I, p. 129.

422   *Textos oficiales de la Primera República de Venezuela*, Tomo I, pp. 115-116.

la Revolución norteamericana[423], de manera que incluso, puede considerarse que fue una Revolución de la burguesía, de la nobleza u oligarquía criolla, la cual, al igual que el tercer estado en Francia, constituía la única fuerza activa nacional[424].

No se trató, por tanto, inicialmente, de una revolución popular, pues los pardos, a pesar de constituir la mayoría de la población, apenas comenzaban a ser admitidos en los niveles civiles y sociales como consecuencia de la Cédula de "Gracias, al Sacar", vigente a partir de 1795 y que, con toda la protesta de los blancos, les permitía a aquellos adquirir mediante el pago de una cantidad de dinero, los derechos reservados hasta entonces a los blancos notables[425].

Por ello, teniendo en cuenta la situación social preindependentista, sin duda que puede calificarse de "insólito" el hecho de que en el Ayuntamiento de Caracas, transformado en Junta Suprema, se le hubiera dado representación no sólo a estratos sociales extraños al Cabildo, como los representantes del clero y los denominados del pueblo, sino a un representante de los pardos[426].

3. *La revolución en las otras Provincias de la Capitanía General de Venezuela*

Luego de la Revolución de Caracas del 19 de abril de 1811, la Junta Suprema de Venezuela envió emisarios a las principales ciudades de las otras Provincias que conformaban la Capitanía General de Venezuela para invitarlas a adherirse al movimiento de Caracas. Se desarrolló, en consecuencia, en todas esas Provincias con excepción de Coro y Maracaibo,[427] ante la creencia de que la Metrópoli estaba go-

---

423   Véase José Gil Fortoul, *Historia Constitucional de Venezuela,* Tomo primero, *Obras Completas,* Vol. I, Caracas, 1953, p. 209.

424   *Cf.* José Gil Fortoul, *op. cit.,* Tomo primero, p. 200; Pablo Ruggeri Parra, *Historia Política y Constitucional de Venezuela,* Tomo I, Caracas, 1949, p. 31.

425   Véase sobre la Real Cédula de 10-2-1795 sobre gracias al sacar en J. F. Blanco y R. Azpúrua, *op. cit.,* Tomo I, pp. 263 a 275. *Cf.* Federico Brito Figueroa, *Historia Económica y Social de Venezuela. Una estructura para su estudio,* Tomo I, Caracas, 1966, p. 167; y L. Vallenilla Lanz, *Cesarismo Democrático,* Caracas 1952, pp. 13 y ss. En este sentido, debe destacarse que en la situación social preindependentista había manifestaciones de luchas de clase entre los blancos o mantuanos que constituían el 20 por 100 de la población y los pardos y negros 61. por 100, que luego van a aflorar en la rebelión de 1814. *Cf.* F. Brito Figueroa, *op. cit.,* tomo I, pp. 160 y 173. *Cf.* Ramón Díaz Sánchez, "Evolución social de Venezuela (hasta 1960)", en M. Picón Salas y otros, *Venezuela Independiente 1810-1960,* Caracas, 1962, p. 193.

426   Véase Gil Fortoul, *op. cit.,* Tomo primero, pp. 203, 208 y 254. Es de tener en cuenta, como señala A. Grisanti, que "El Cabildo estaba representado por las oligarquías provincianas extremadamente celosas de sus prerrogativas políticas, administrativas y sociales, y que detentaban el Poder por el predominio de contadas familias nobles o ennoblecidas, acaparadoras de los cargos edilicios...". Véase Ángel Grisanti, Prólogo al libro *Toma de Razón, 1810 a 1812,* Caracas, 1955. El cambio de actitud del Cabildo caraqueño, por tanto, indudablemente que se debe a la influencia que sus miembros ilustrados recibían del igualitarismo de la Revolución Francesa: *Cf.* L. Vallenilla Lanz, *Cesarismo Democrático, cit.,* p. 36. Este autor insiste en relación a esto de la manera siguiente: "Es en nombre de la Enciclopedia, en nombre de la filosofía racionalista, en nombre del optimismo humanitario de Condorcet y de Rousseau como los revolucionarios de 1810 y los constituyentes de 1811, surgidos en su totalidad de las altas clases sociales, decretan la igualdad política y civil de todos los hombres libres", *op. cit.,* p. 75.

427   Véase las comunicaciones de la Junta Suprema respecto de la actitud del Cabildo de Coro y del Gobernador de Maracaibo, en *Textos Oficiales...,* *cit.,* Tomo I, pp. 157 a 191. Véase además los textos que publican J.F. Blanco y R. Azpúrua, *op. cit.,* Tomo II, p. 248 a 442, y 474 a 483.

bernada por Napoleón y había sido disuelto el Gobierno Supremo, y un proceso revolucionario provincial con manifiestas tendencias autonomistas.

En consecuencia, el 27 de abril de 1810, en Cumaná, el Ayuntamiento asumió la representación de Fernando VII, y "su legítima sucesión".

El 5 de julio de 1810, el Ayuntamiento de Barinas decidió proceder a formar "una Junta Superior que recibiese la autoridad de este pueblo que la constituye mediante ser una provincia separada".

El 16 de septiembre de 1810, el Ayuntamiento de Mérida decidió "en representación del pueblo", adherirse a la causa común que defendían las Juntas Supremas y Superiores que ya se habían constituido en Santa Fé, Caracas, Barinas, Pamplona y Socorro, y resolvió, con representación del pueblo, se erigiese una Junta "que asumiese la autoridad soberana".

El Ayuntamiento de Trujillo convino en instalar "una Junta Superior conservadora de nuestra Santa Religión, de los derechos de nuestro amadísimo, legítimo, soberano Don Fernando VII y su Dinastía y de las derechos de la Patria".

El 12 de octubre de 1811, en la Sala Consistorial de la Nueva Barcelona se reunieron "las personas visibles y honradas del pueblo de Barcelona" y resolvieron declarar la independencia con España de la Provincia y unirse con Caracas y Cumaná, creándose al día siguiente, una Junta Provincial para que representara los derechos del pueblo[428].

4. *El Congreso General de Venezuela de 1811*

Como secuela del rápido y expansivo proceso revolucionario de las Provincias de Venezuela, ya para junio de 1810 se comenzaba a hablar oficialmente de la "Confederación de Venezuela"[429], y la Junta de Caracas con representantes de Cumaná, Barcelona y Margarita, ya venía actuando como Junta Suprema pero, por supuesto, sin ejercer plenamente el gobierno en toda la extensión territorial de la Capitanía General. De allí la necesidad que había de formar un "Poder Central bien constituido" es decir, un gobierno que uniera las Provincias, por lo que la Junta Suprema estimó que había "llegado el momento de organizarlo" a cuyo efecto, convocó:

> "A todas las clases de hombres libres al primero de los goces del ciudadano, que es el de concurrir con su voto a la delegación de los derechos personales y reales que existieron originariamente en la masa común."

En esta forma, la Junta llamó a elegir y reunir a los diputados que habían de formar "la Junta General de Diputación de las Provincias de Venezuela", para lo cual dictó, el 11 de junio de 1810, el Reglamento de Elecciones de dicho cuerpo[430], en el

---

428   Véase las Actas de la Independencia de las diversas ciudades de la Capitanía General de Venezuela en *Las Constituciones Provinciales,* Academia Nacional de la Historia, 1959, pp. 339 y ss.

429   Véase la "refutación a los delirios políticos del Cabildo de Coro, de orden de la Junta Suprema de Caracas" de 1-6-1810 en *Textos Oficiales..., op. cit.,* Tomo I, p. 180.

430   Véase el texto en *Textos Oficiales..., op. cit.,* Tomo II, pp. 61-84; y en Allan R. Brewer-Carías, *Las Constituciones de Venezuela, op. cit.,* pp. 161 a 169.

cual se previó, además, la abdicación de los poderes de la Junta Suprema en la Junta General, quedando sólo como Junta Provincial de Caracas[431]. Este Reglamento de Elecciones, sin duda, fue el primero de todos los dictados en materia electoral en el mundo hispanoamericano.

El mismo mes en el cual la Junta Suprema dictó el Reglamento de Elecciones, continuando la política exterior iniciada al instalarse, los comisionados Simón Bolívar y Luis López Méndez y Andrés Bello como secretario, viajaron a Londres con la misión de estrechar las relaciones con Inglaterra, y solicitar auxilios inmediatos para resistir la amenaza de Francia. Los comisionados lograron, básicamente, esto último; concretizado en el compromiso de Inglaterra de defender al gobierno de Caracas "contra los ataques o intrigas del tirano de Francia"[432]. Los comisionados venezolanos, como lo señaló Francisco de Miranda con quien se relacionaron en Londres, habían continuado lo que el Precursor había iniciado "desde veinte años a esta parte... en favor de nuestra emancipación o independencia"[433]. En todo caso, Bolívar y Miranda regresaron a Caracas en diciembre de 1810.

En esos meses, en medio de la situación de ruptura total que ya existía entre las Provincias de Venezuela y la Metrópolis, se realizaron las elecciones del Congreso General de Venezuela, en las cuales participaron siete de las nueve Provincias que para finales de 1810 existían en el territorio de la Capitanía General de Venezuela[434], habiéndose elegido 44 diputados por las Provincias de Caracas (24), Barinas (9), Cumaná (4), Barcelona (3), Mérida (2), Trujillo (1) y Margarita (1)[435].

Las elecciones se efectuaron siguiendo la orientación filosófica del igualitarismo de la Revolución francesa, consagrándose el sufragio universal para todos los hombres libres[436].

El Reglamento General de Elecciones de 11 de junio de 1810, como se dijo, había reconocido el derecho del sufragio para los venezolanos aún cuando con algunas excepciones comunes en la época, como las mujeres, los menores de 25 años que no estuviesen casados, los que tuviesen una causa criminal abierta, los fallidos, los deudores a caudales públicos, los vagos públicos y notorios, y "todos los que tuviesen casa abierta o poblada, esto es, que viviesen en la de otro vecino particular a su salario y expensas o en actual servicio suyo, a menos que según la opinión común del

---

431 Capítulo III, Art. 4.

432 Véase la circular dirigida el 7-12-1810 por el Ministro Colonial de la Gran Bretaña a los jefes de las Antillas Inglesas, en J. F. Blanco y R. Azpúrua, *op. cit.,* Tomo II, p. 519. Asimismo, la nota publicada en la *Gaceta de Caracas* del viernes 26 de octubre de 1810 sobre las negociaciones de los comisionados. Véase en J. F. Blanco y R. Azpúrua, *op. cit.,* Tomo II, p. 514.

433 Véase la Carta de Miranda a la Junta Suprema de 3-8-1810 en J. F. Blanco y R. Azpúrua, *op. cit.,* Tomo II, p. 580.

434 Participaron las provincias de Caracas, Barinas, Cumaná, Barcelona, Mérida, Trujillo y Margarita, *Cf.* José Gil Fortoul, *op. cit.,* Tomo primero, p. 223. *Cf.* J.F. Blanco y R. Azpúrua, *op. cit.,* Tomo II, pp. 413 y 489.

435 Véase C. Parra Pérez, *Historia de la Primera República de Venezuela*, Academia de la Historia, Caracas 1959, Tomo I, p. 477.

436 Véase en Allan R. Brewer-Carías, *Las Constituciones de Venezuela, op. cit.*, p. 166.

vecindario fuesen propietarios por lo menos de dos mil pes os en bienes, muebles o raíces libres."

En esta forma, puede decirse que dichas elecciones configuraron las primeras elecciones relativamente universales que se desarrollaron en Venezuela y en América Latina, en el siglo XIX. La elección fue indirecta y en dos grados, y los diputados electos en segundo grado formaron la "Junta General de Diputados de las Provincias de Venezuela"[437] la cual declinó sus poderes en un Congreso Nacional en el cual se constituyeron los representantes. El 2 de marzo de 1811, los diputados se instalaron en Congreso Nacional, con el siguiente juramento:

> Juráis a Dios por los sagrados Evangelios que váis a tocar, y prometéis a la patria conservar y defender sus derechos y los del Señor F. VII, sin la menor relación a influjo de la Francia, independiente de toda forma de gobierno de la península de España, y sin otra representación que la que reside en el Congreso General de Venezuela [438]

El Congreso se instaló, para defender y conservar además de los derechos de la Patria:

> y los del Señor D. Fernando VII, sin la menor relación o influjo de la Francia, independientes de toda forma de gobierno de la península de España, y sin otra representación que la que reside en el Congreso General de Venezuela[439].

Desde la instalación del Congreso General se comenzó a hablar en todas las Provincias de la "Confederación de las Provincias de Venezuela", las cuales conservaron sus peculiaridades políticas propias, a tal punto que al mes siguiente, en la sesión del 06–04–1812, el Congreso General resolvió exhortar a las "Legislaturas provinciales" que acelerasen la formación de sus respectivas Constituciones[440]

En todo caso, el Congreso había sustituido a la Junta Suprema y había adoptado el principio de la separación de poderes para organizar el nuevo gobierno, designando el 5 de marzo de 1811, a tres ciudadanos para ejercer el Poder Ejecutivo Nacional, turnándose en la presidencia por períodos semanales, y constituyendo, además, una Alta Corte de Justicia.

El 28 de marzo de 1811, el Congreso nombró una comisión para redactar la Constitución de la Provincia de Caracas, la cual debía servir de modelo a las demás Provincias de la Confederación. Esta comisión tardó mucho en preparar el proyecto, por lo que algunas Provincias, como se indica más adelante, procedieron a dictar las suyas para organizarse políticamente.

---

437   Véase Gil Fortoul, *op. cit.,* Tomo Primero, p. 224.

438   Gil Fortoul, Tomo I, p. 138. Véase en general sobre el Congreso de 1811, Juan Garrido Rovira, *De la Monarquía de España a la República de Venezuela, 2010-2011 Bicentenario de la Independencia y la República,* Universidad Monteávila, Caracas 2008, pp. 193 ss.; y *El Congreso Constituyente de Venezuela,* Bicentenario del 5 de julio de 1811, Universidad Monteávila, Caracas 2010.

439   *Idem,* Tomo II, p. 16.

440   Véase *Libro de Actas del Supremo Congreso de Venezuela 1811-1812,* Biblioteca de la Academia Nacional de la Historia, Caracas, 1959, Tomo II, p. 401.

El 1° de julio de 1811, el Congreso ya había proclamado los Derechos del Pueblo,[441] que fue la primera declaración de derechos fundamentales con rango constitucional adoptada luego de la Revolución Francesa. Fue entonces la tercera declaración de derechos de rango constitucional en el constitucionalismo moderno, con lo cual se inició una tradición constitucional que ha permanecido invariable en Venezuela. El texto de esta Declaración de 1811, luego recogido y ampliado en la Constitución de ese mismo año puede decirse, que es la traducción de la Declaración de Derechos del Hombre y del Ciudadano que precedió la Constitución francesa de 1793, y que llegó a Venezuela antes de 1797, a través de José María Picornell y Gomilla, uno de los conjurados en la llamada "Conspiración de San Blas", de Madrid, de 1794, quien, una vez que la misma fue descubierta, fue deportado a las mazmorras españolas del Caribe. En el Puerto de La Guaira, en 1797, Picornell entró en contacto con los criollos Gual y España, y en la conspiración que llevaba el nombre de ambos, de ese año, también debelada, circuló la traducción de los Derechos del Hombre. Ese texto fue el que, catorce años después, sirvió para la Declaración de Derechos del Pueblo de 1811 y luego para el capítulo respectivo de la Constitución de 1811. En ese texto, sin embargo, se incorporó una novedosa norma que no encuentra antecedentes ni en los textos constitucionales norteamericanos ni franceses, y es la que contiene la "garantía objetiva" de los derechos, y que declara "nulas y de ningún valor" las leyes que contrariaran la declaración de derechos, de acuerdo a los principios que ya se habían establecido en la célebre sentencia *Marbury v. Madison*, de 1803, de la Corte Suprema de los Estados Unidos.

El 5 de julio de 1811, el Congreso aprobó la Declaración de Independencia, pasando a denominarse la nueva nación, como Confederación Americana de Venezuela[442]; y en los meses siguientes, bajo la inspiración de la Constitución norteamericana y la Declaración francesa de los Derechos del Hombre[443], redactó la primera Constitución de Venezuela y la de todos los países latinoamericanos, la cual se aprobó el 21 de diciembre de 1811[444], con clara inspiración en los aportes revolucionarios de Norteamérica y Francia.

---

441 Véase Allan R. Brewer-Carías, *Las Constituciones de Venezuela, op. cit.,* pp. 175 a 177.

442 Véase el texto de las sesiones del 5 de julio de 1811 en *Libro de Actas... cit.,* pp. 171 a 202. Véase el texto Acta de la Declaración de la Independencia, cuya formación se encomendó a Juan Germán Roscio, en P. Ruggeri Parra, *op. cit.,* apéndice, Tomo I, pp. 79 y ss. Asimismo en Francisco González Guinán, *Historia Contemporánea de Venezuela,* Caracas, 1954, Tomo I, pp. 26 y ss.; y el Allan R. Brewer-Carías, *Las Constituciones de Venezuela, cit.,* pp. 171 y ss.

443 *Cf.* José Gil Fortoul, *op. cit.,* Tomo Primero, pp. 254 y 267.

444 Véase el texto de la Constitución de 1811, en *La Constitución Federal de Venezuela de 1811 y Documentos afines* (Estudio Preliminar de C. Parra Pérez), Caracas, 1959, pp. 151 y ss., y en Allan R. Brewer-Carías, *Las Constituciones de Venezuela, cit.,* pp. 179 y ss.

III. LA CONSTITUCIÓN FEDERAL DE LOS ESTADOS DE VENEZUELA DE 1811 Y LAS BASES DEL CONSTITUCIONALISMO

En efecto, luego de haberse adoptado en las Provincias unidas Constituciones Provinciales[445] en las Provincias de Barinas ("Plan de Gobierno" de la Provincia de Barinas de 26–3–1811),[446] Mérida ("Constitución Provisional de la Provincia de Mérida" de 31–7–1811)[447]. y Trujillo ("Plan de Constitución Provisional Gubernativo de la Provincia de Trujillo" de 2–9–1811),[448] donde ya se habían recogido formalmente los principios de gobierno representativo, de la separación de poderes, de la distribución del poder en el territorio conforme al sistema federal, de régimen municipal y de declaraciones de "Los derechos y obligaciones del Hombre en Sociedad," el Congreso General de las Provincias de Margarita, Mérida, Cumaná, Barinas, Barcelona, Trujillo y Caracas, sancionó la Constitución Federal para los Estados de Venezuela,[449] con la cual constitucionalmente hablando, se constituyó el Estado venezolano, como entidad política independiente.

Esta Constitución, aún cuando igual como sucedió con la Constitución de Cádiz, no tuvo vigencia real superior a un año debido a las guerras de independencia, puede decirse que condicionó la evolución de las instituciones políticas y constitucionales venezolanas hasta nuestros días; habiendo recogido los aportes esenciales del constitucionalismo norteamericano y francés.

1. *Contenido general de la Constitución de 1811*

La Constitución fue el resultado de un proceso de discusión del proyecto respectivo, por el Congreso General, conteniendo 228 artículos agrupados en 9 capítulos, destinados a regular el Poder Legislativo (Arts. 3 a 71), el Poder Ejecutivo (Arts. 72 a 109), el Poder Judicial (Arts. 110 a 118), las Provincias (Arts. 119 a 134) y los Derechos del Hombre "que se respetarán en toda la extensión del Estado" (Arts. 141 a 199). Con dicho texto se conformó la Unión de las Provincias que venían siendo parte de la Confederación de Venezuela y que habían formado parte de la Capitanía General de Venezuela[450].

---

445 Véase en general, Carlos Restrepo Piedrahita, *Primeras Constituciones de Colombia y Venezuela 1811-1830*, Bogotá 1996, pp. 37 y ss. Véase Allan R. Brewer-Carías, *Evolución histórica del Estado,* Tomo I, *Instituciones Políticas y Constitucionales,* Caracas 1996, pp. 277 y ss.

446 *Las Constituciones Provinciales, cit.,* pp. 334 y ss.

447 *Idem.*, p. 255.

448 Véase *Las Constituciones Provinciales, op. cit.,* pp. 297 y ss.

449 Véase el texto en Allan R. Brewer-Carías *Las Constituciones de Venezuela,* Madrid, 1985, pp. 181 a 205. Además, en *La Constitución Federal de Venezuela de 1811 y documentos afines,* Biblioteca de la Academia Nacional de la Historia, Caracas 1959, pp.

450 Véase Allan R. Brewer-Carías, *Evolución Histórica del Estado,* Tomo I, *Instituciones Políticas y Constitucionales,* Caracas 1996, pp. 268 y ss.

A.   *Bases del Pacto Federativo (Título Preliminar)*

a.   *La Confederación de las Provincias*

La Constitución se inició con un "Preliminar" relativo a las "Bases del Pacto Federativo que ha de constituir la autoridad general de la Confederación", donde se precisaron la distribución de poderes y facultades entre la Confederación y los Estados confederados (las Provincias).

Se estableció, en esta forma, la forma federal del Estado por primera vez en el constitucionalismo moderno después de su creación en la Constitución de los Estados Unidos de Norteamérica, conforme al siguiente esquema:

En todo lo que por el Pacto Federal no estuviere expresamente delegado a la Autoridad general de la Confederación, conservará cada una de las Provincias que la componen su Soberanía, Libertad e Independencia; en uso de ellas tendrán el derecho exclusivo de arreglar su Gobierno y Administración territorial bajo las leyes que crean convenientes, con tal que no sean de las comprendidas en esta Constitución ni se opongan o perjudiquen a los Pactos Federativos que por ella se establecen.

En cuanto a las competencias de la Confederación "en quien reside exclusivamente la representación Nacional", se dispuso que estaba encargada de las relaciones extranjeras, de la defensa común y general de los Estados Confederados, de conservar la paz pública contra las conmociones internas o los ataques exteriores, de arreglar el comercio exterior y el de los Estados entre sí, de levantar y mantener ejércitos, cuando sean necesarios para mantener la libertad, integridad e independencia de la Nación, de construir y equipar bajeles de guerra, de celebrar y concluir tratados y alianzas con las demás naciones, de declararles la guerra y hacer la paz, de imponer las contribuciones indispensables para estos fines u otros convenientes a la seguridad, tranquilidad y felicidad común, con plena y absoluta autoridad para establecer las leyes generales de la Unión y juzgar y hacer ejecutar cuanto por ellas quede resuelto y determinado.

En relación con la Confederación, debe señalarse que la Declaración solemne de la Independencia de Venezuela del 5 de julio de 1811, se había formulado por los representantes de las "Provincias Unidas de Caracas, Cumaná, Barinas, Margarita, Barcelona, Mérida y Trujillo, que forman la confederación Americana de Venezuela en el Continente Meridional", reunidos en Congreso[451]; y esos mismos representantes, reunidos en "Congreso General", fueron los que elaboraron la "Constitución Federal para los Estados Unidos de Venezuela", sancionada el 21 de diciembre de 1811[452]. Venezuela, por tanto, como Estado independiente, se configuró, como una Federación de Provincias y se estructuró sobre la base de la división provincial que había legado el régimen político de la Monarquía española.

En efecto, durante todo el proceso español de conquista y colonización en América, desde comienzos del siglo XVI hasta el inicio del siglo XIX, la *Provincia* se

---

451   Véase en Allan R. Brewer-Carías, *Las Constituciones de Venezuela, op. cit.,* p. 171.

452   *Idem.,* p. 179.

configuró como la estructura territorial básica para lo militar, la administración y el gobierno y la administración de justicia en los territorios de Ultramar. Estas Provincias, como unidades territoriales básicas, giraban en torno a una ciudad que con sus autoridades locales (Ayuntamiento o Cabildo) hacía de cabeza de Provincia.

La Provincia, así, durante todo el período del dominio español en América hasta comienzos del siglo XIX, fue una institución territorial creada y desarrollada por la Monarquía española especialmente para el gobierno y la administración de los territorios de América, no existiendo en esos tiempos en la Península una institución territorial similar; al punto de que el término mismo de Provincia no tenía, en la Metrópoli, hasta los tiempos de Cádiz, ni siquiera un significado definido.

En efecto, en las leyes del Reino de Castilla, las cuales en el inicio de la conquista fueron las que básicamente se aplicaron en América, el término "provincia" no se refería a una división administrativa o política organizada, sino más bien se usaba como equivalente de región, comarca o distrito e incluso de tierra sin régimen político o administrativo estable o fijo[453]. En ese mismo sentido se siguió utilizando con posterioridad, hasta el punto de que las provincias que existían en la Península para fines del siglo XVIII, tenían más realidad en los diferentes estudios que se habían elaborado por la Corona para uniformar la Administración territorial del Estado, que en la organización política existente[454].

En todo caso, fue sólo a partir de la Constitución de Cádiz de 1812, dictada después del establecimiento del Estado venezolano como Estado independiente, que la Administración Provincial comenzó a implantarse en el Estado de la España peninsular, uniformizada luego a partir de las reformas de 1833 que, siguiendo el esquema francés de los Departamentos, dividió la totalidad del territorio español en Provincias[455].

La Provincia hispano–americana, en cambio, como se ha dicho, fue anterior a la Provincia peninsular, y su concepción durante la conquista y colonización, siguió los trazos de la institución que con el mismo nombre se desarrolló en el Imperio Romano para el gobierno y administración de los territorios conquistados por el ejército romano fuera de Italia (Ultramar) y que estaban a cargo de un gobernador, (*propetor, procónsul o legati*)[456].

Esas Provincias que habían sido agrupadas en la Capitanía General de Venezuela en 1777, precisamente fueron las que se confederaron en 1811.

---

453   Véase J. Cerdá Ruiz-Funes, "Para un Estudio sobre los Adelantados Mayores de Castilla (Siglo XIII-XV)", *Actas del II Symposium Historia de la Administración*, Madrid, 1971, p. 191.

454   T. Chiossone, *Formación Jurídica de Venezuela en la Colonia y la República*, Caracas, 1980, p. 74, nota 69.

455   Véase el Real Decreto de 30 de noviembre de 1833, mandando hacer la división del territorio español en la Península e Islas adyacentes, en 49 provincias, en T.R. Fernández y J.A. Santamaría, *Legislación Administrativa Española del Siglo XIX*, Madrid, 1977, pp. 115 y ss.

456   A. Posada. *Escritos Municipalistas y de la Vida Local*, Madrid, 1979, p. 284. *Cf.* Vicente de la Vallina Velarde, *La Provincia, Entidad Local, en España*, Oviedo 1964, pp. 20 y ss.; J. Arias, *Manual de Derecho Romano*, Buenos Aires, 1949, p. 58; F. Gutiérrez Alviz, *Diccionario de Derecho Romano*, Madrid, 1948, p. 504; T. Chiossone, *op. cit.*, p. 74, nota N° 69.

b.   *El principio de la separación de poderes*

En el Preliminar de la Constitución también se formuló, como principio fundamental del constitucionalismo, la separación de poderes en esta forma:

El ejercicio de esta autoridad confiada a la Confederación no podrá jamás hallarse reunido en sus diversas funciones. El Poder Supremo debe estar dividido en Legislativo, Ejecutivo y Judicial, y confiado a distintos Cuerpos independientes entre sí y en sus respectivas facultades.

Además, el artículo 189 insistía en que

Los tres Departamentos esenciales del Gobierno, á saber: el Legislativo, el Ejecutivo y el Judicial, es preciso que se conserven tan separados e independientes el uno del otro cuanto lo exija la naturaleza de un gobierno libre lo que es conveniente con la cadena de conexión que liga toda fábrica de la Constitución en un modo indisoluble de Amistad y Unión.

En el orden jurídico–político, la Constitución de 1811 no sólo consagró expresamente la división del Poder Supremo en las tres ramas señaladas con un sistema de gobierno presidencial; sino que además, consagró la supremacía de la Ley como "la expresión libre de la voluntad general" conforme al texto de la Declaración Francesa de 1789[457], y la soberanía que residiendo en los habitantes del país, se ejercía por los representantes[458]. En todo caso, todo este mecanismo de separación de poderes con un acento de debilidad del Poder Ejecutivo configuró, en los primeros años de la vida republicana de Venezuela, todo un sistema de contrapeso de poderes para evitar la formación de un poder fuerte, a lo que se atribuyó la caída de la Primera República[459], y condicionó la vida republicana en las décadas posteriores.

---

457   "La Ley es la expresión libre de la voluntad general o de la mayoría de los ciudadanos, indicada por el órgano de sus representantes legalmente constituidos. Ella se funda sobre la justicia y la utilidad común, y ha de proteger la libertad pública e individualidad contra toda opresión o violencia". "Los actos ejercidos contra cualquier persona fuera de los casos y contra las formas que la Ley determina. son inicuos, y si por ellos se usurpa la autoridad constitucional o la libertad del pueblo serán tiránicos" (Arts. 149 y 150).

458   "Una sociedad de hombres reunidos bajo unas mismas Leyes, costumbres y Gobierno forma una soberanía". "La soberanía de un país, o supremo poder de reglar o dirigir equitativamente los intereses de la comunidad reside, pues, esencial y originalmente, en la masa general de sus habitantes y se ejercita por medio de apoderados o representantes de éstos, nombrados y establecidos conforme a la Constitución". "Ningún .individuo, ninguna familia particular, ningún pueblo, ciudad o partido puede atribuirse la soberanía de la sociedad, que es imprescindible, inalienable e indivisible en su esencia y origen, ni persona alguna podrá ejercer cualquier función pública del. Gobierno, si no lo ha obtenido por la Constitución" (Art. 143, 144 y 145).

459   *Cfr.* C. Parra Pérez, *Historia de la Primera República de Venezuela,* Caracas, 1959, Tomo II, pp. 7 y 3 ss.; Augusto Mijares, "La Evolución Política de Venezuela" (1810-1960)", en M. Picón Salas y otros, *Venezuela Independiente, cit.,* Caracas 1962, p. 31. De ahí el calificativo de la "Patria Boba" que se le da a la Primera República. *Cfr.* R. Díaz Sánchez, "Evolución social de Venezuela (hasta 1960), en *idem,* pp. 199 y s.

B. La religión católica (Capítulo I)

El *Capítulo I* de la Constitución de 1811 se destinó a regular la Religión, proclamándose a la Religión Católica, Apostólica y Romana como la religión del Estado y la única y exclusiva de los habitantes de Venezuela (Art. 1).

C. El Poder Legislativo (Capítulo II)

El *Capítulo II* tuvo por objeto regular al "Poder Legislativo" atribuido al Congreso General de Venezuela, el cual fue dividido en dos Cámaras, una de Representantes y un Senado (Art. 3).

En dicho Capítulo se reguló el proceso de formación de las leyes (Arts. 4 a 13); la forma de elección de los miembros de la Cámara de Representantes y del Senado (Art. 14 a 51) con una regulación detallada del proceso de elección de manera indirecta en congregaciones parroquiales (Art. 26) y en congregaciones electorales (Art. 28); sus funciones y facultades (Art. 52 a 66); el régimen de sus sesiones (Art. 67 a 70); y sus atribuciones especiales (Art. 71). La Constitución, siguiendo la tendencia general, restringió el sufragio al consagrar requisitos de orden económico para poder participar en las elecciones[460] reservándose entonces el control político del naciente Estado a la aristocracia criolla y a la naciente burguesía parda.

D. El Poder Ejecutivo (Capítulo III)

El *Capítulo III* reguló el "Poder Ejecutivo", el cual se dispuso que residiría en la ciudad federal "depositado en tres individuos elegidos popularmente" (Art. 72) por las Congregaciones Electorales (Art. 76) por listas abiertas (Art. 77). En el Capítulo no sólo se reguló la forma de elección del triunvirato (Arts. 76 a 85), sino qué se definieron las atribuciones del Poder Ejecutivo (Arts. 86 a 99) y sus deberes (Arts. 100 a 107).

De acuerdo a la forma federal de la Confederación, se reguló la relación entre los Poderes Ejecutivos Provinciales y el Gobierno Federal, indicándose que aquéllos eran, en cada Provincia, "los agentes naturales e inmediatos del Poder Ejecutivo Federal para todo aquello que por el Congreso General no estuviere cometido a empleados particulares en los ramos de Marina, Ejército y Hacienda Nacional" (Art. 108).

E. El Poder Judicial (Capítulo IV)

El *Capítulo IV* estuvo destinado a regular el Poder Judicial de la Confederación depositado en una Corte Suprema de Justicia (Arts. 110 a 114) con competencia originaria entre otros, en los asuntos en los cuales las Provincias fueren parte intere-

---

460 *Cfr.*, R. Díaz Sánchez, "Evolución Social de Venezuela (hasta 1960)", en M. Picón Salas y otros, *Venezuela Independiente 1810-1960*, Caracas, 1962, p. 197, y C. Parra Pérez, Estudio preliminar a la *Constitución Federal de Venezuela de 1811*, p. 32. Es de destacar, por otra parte, que las restricciones al sufragio también se establecieron en el sufragio pasivo, pues para ser representante se requería gozar de "una propiedad de cualquier clase" (Art. 15) y para ser Senador, gozar de "una propiedad de seis mil pesos" (Art. 49). *Cfr.* J. Gil Fortoul, *Historia Constitucional de Venezuela*, Obras Completas, Tomo I, Caracas, 1953, p. 259.

sada y competencia en apelación en asuntos civiles o criminales contenciosos (Art. 116).

F.   *Las Provincias (Capítulo V)*

El *Capítulo V* reguló a las Provincias, estableciéndose límites a su autoridad, en particular, que no podían "ejercer acto alguno que corresponda a las atribuciones concedidas al Congreso y al Poder Ejecutivo de la Confederación" (Art. 119). "Para que las leyes particulares de las Provincias no puedan nunca entorpecer la marcha de los federales –agregó el artículo 124– se someterán siempre al juicio del Congreso antes de tener fuerza y valor de tales en sus respectivos Departamentos, pudiéndose, entre tanto, llevar a ejecución mientras las revisa el Congreso".

El Capítulo, además, reguló aspectos relativos a las relaciones entre las Provincias y sus ciudadanos (Arts. 125 a 127); y al aumento de la Confederación mediante la incorporación eventual de Coro, Maracaibo y Guayana que no formaron parte del Congreso (Arts. 128 a 132).

En cuanto al gobierno y administración de las Provincias, la Constitución de 1811 remitió a lo dispuesto en las *Constituciones Provinciales*, indicando el siguiente límite:

> *Artículo 133.* El gobierno de la Unión asegura y garantiza a las provincias la forma de gobierno republicano que cada una de ellas adoptare para la administración de sus negocios domésticos, sin aprobar Constitución alguna que se oponga a los principios liberales y francos de representación admitidos en ésta, ni consentir que en tiempo alguno se establezca otra forma de gobierno en toda la confederación.

G.   *La rigidez constitucional (Capítulos VI y VII)*

Los *Capítulos VI y VII* se refirieron a los procedimientos de revisión y reforma de la Constitución (Arts. 135 y 136) y a la sanción o ratificación de la Constitución (Arts. 138 a 140).

H.   *Los Derechos del Hombre (Capítulo VIII)*

El *Capítulo VIII* se dedicó a los "Derechos del Hombre que se reconocerán y respetarán en toda la extensión del Estado", distribuidos en cuatro secciones: *Soberanía del pueblo* (Arts. 141 a 150), *Derechos del hombre en sociedad* (Arts. 151 a 191), *Derechos del hombre en sociedad* (Arts. 192 a 196) y *Deberes del cuerpo social* (Arts. 197 a 199). En este Capítulo se recogieron, enriquecidos, los artículos de la Declaración de los Derechos del Pueblo de 1811, y en su redacción se recibió la influencia directa del texto de las Declaraciones de las antiguas colonias norteamericanas, de las Enmiendas a la Constitución de los Estados Unidos de América y de la Declaración Francesa de los Derechos del Hombre y del Ciudadano, y en relación con esta última, de los documentos de la conspiración de Gual y España de 1797.[461]

En la Primera Sección sobre "Soberanía del pueblo," se precisan los conceptos básicos que en la época originaban una república, comenzando por el "pacto social," a cuyo efecto los artículos 141 y 142 de la Constitución dispusieron:

> Después de constituidos los hombres en sociedad han renunciado a aquella libertad ilimitada y licenciosa a que fácilmente los conducían sus pasiones, propia sólo del estado salvaje. El establecimiento de la sociedad presupone la renuncia de esos derechos funestos, la adquisición de otros más dulces y pacíficos, y la sujeción a ciertos deberes mutuos. El pacto social asegura a cada individuo el goce y posesión de sus bienes, sin lesión del derecho que los demás tengan de los suyos (Art. 141 y 142).

La Sección continúa con el concepto de soberanía (art. 143) y de de su ejercicio mediante representación (art. 144–146), el derecho al desempeño de empleos públicos en forma igualitaria (art. 147), con la proscripción de privilegios o títulos hereditarios (art. 148), la noción de la ley como expresión de la voluntad general (art. 149) y la nulidad de los actos dictados en usurpación de autoridad (art. 150).

En la Segunda Sección sobre "Derechos del hombre en sociedad," al definirse la finalidad del gobierno republicano (art. 151), se enumeran como tales derechos a la libertad, la igualdad, la propiedad y la seguridad (art. 152), y a continuación se detalla el contenido de cada uno: se define la libertad y sus límites solo mediante ley (art. 153–156), la igualdad (art. 154), la propiedad (art. 155) y la seguridad (art. 156). Además, en esta sección se regulan los derechos al debido proceso: el derecho a ser procesado solo por causas establecidas en la ley (art. 158), el derecho a la presunción de inocencia (art. 159), el derecho a ser oído (art. 160), el derecho a juicio por jurados (art. 161). Además, se regula el derecho a no ser objeto de registro (art. 162), a la inviolabilidad del hogar (art. 163) y los límites de las visitas autorizadas (art. 165), el derecho a la seguridad personal y a ser protegido por la autoridad en su vida, libertad y propiedades (art. 165), el derecho a que los impuestos sólo se establezcan mediante ley dictada por los representantes (art. 166), el derecho al trabajo y a la industria (art. 167), el derecho de reclamo y petición (art. 168), el derecho a la igualdad respecto de los extranjeros (art. 168), la proscripción de la irretroactividad de la ley (art. 169), la limitación a las penas y castigos (art. 170) y la prohibición respecto de los tratos excesivo y la tortura (arts. 171–172), el derecho a la libertad bajo fianza (art. 174), la prohibición de penas infamantes (art. 175), la limitación del uso de la jurisdicción militar respecto de los civiles (art. 176), la limitación a las requisiciones militares (art. 177), el régimen de las milicias (art. 178), el derecho a portar armas (art. 179), la eliminación de fueros (180) y la libertad de expresión de pensamiento (art. 181). La Sección concluye con la enumeración del derecho de petición de las Legislaturas provinciales (art. 182) y el derecho de reunión y petición de los ciudadanos (art. 183–184), el poder exclusivo de las Legislaturas de suspender las leyes o detener su ejecución (art. 185), el poder de legislar atribuido al Poder

---

461   Véase Allan R. Brewer-Carías, *Los Derechos Humanos en Venezuela: casi 200 años de Historia,* Caracas 1990, pp. 101 y ss.

Legislativo (art. 186), el derecho del pueblo a participar en la legislatura (art. 187), el principio de la alternabilidad republicana (art. 188), el principio de la separación de poderes entre el Legislativo, el Ejecutivo y el Judicial (art. 189), el derecho al libre tránsito entre las provincias (art. 190), el fin de los gobiernos y el derecho ciudadano de abolirlos y cambiarlos (art. 191).

En la Sección Tercera sobre "Deberes del hombre en sociedad," donde se establece la interrelación entre derechos y deberes (art. 192), la interrelación y limitación entre los derechos (art. 193), los deberes de respetar las leyes, mantener la igualdad, contribuir a los gastos públicos y servir a la patria (art. 194), con precisión de lo que significa ser buen ciudadano (art. 195), y de lo que significa violar las leyes (art. 196).

En la Sección Cuarta sobre "Deberes del Cuerpo Social," donde se precisa las relaciones y los deberes de solidaridad social (art. 197–198), y se establece en el artículo 199, la declaración general sobre la supremacía y constitucional y vigencia de estos derechos, y la nulidad de las leyes contrarias a los mismos, así:

> Para precaver toda trasgresión de los altos poderes que nos han sido confiados, declaramos: que todas y cada una de las cosas constituidas en la anterior declaración de derechos, están exentas y fuera del alcance del Poder general ordinario del Gobierno y que conteniendo y apoyándose sobre los indestructibles y sagrados principios de la naturaleza, toda ley contraria a ellas que se expida por la Legislatura federal o por las provincias, será absolutamente nula y de ningún valor.

I.   *Disposiciones generales (Capítulo IX)*

Por último, el *Capítulo IX,* en unos Dispositivos Generales estableció normas sobre el régimen de los indígenas (Arts. 200) y su igualdad (Arts. 201); la ratificación de la abolición del comercio de negros (Art. 202); la igualdad de los pardos (Art. 203); y la extinción de títulos y distinciones (Art. 204).

En particular, en cuanto a la igualación social las normas de la Constitución conllevaron a la eliminación de los "títulos"[462] y la restitución de los derechos "naturales y civiles" a los pardos[463], y con ello, el elemento que iba a permitir a éstos incorporarse a las luchas contra la oligarquía criolla. Se debe destacar, por otra parte, que

---

462   "Quedan extinguidos todos los títulos concedidos por el anterior gobierno y ni el Congreso, ni las Legislaciones Provinciales podrán conceder otro alguno de nobleza, honores o distinciones hereditarias..." (Art. 204). Por otra parte, la Constitución de 1811, expresamente señalaba que: "Nadie tendrá en la Confederación de Venezuela otro título ni tratamiento público que el de *ciudadano*, única denominación de todos los hombres libres que componen la Nación..." (Art. 236), expresión que ha perdurado en toda nuestra historia constitucional.

463   "Del mismo modo, quedan revocadas y anuladas en todas sus partes las leyes antiguas que imponían degradación civil a una parte de la población libre de Venezuela conocida hasta ahora bajo la denominación de *pardos*; éstos quedan en posesión de su estimación natural y civil y restituidos a los imprescindibles derechos que les corresponden como a los demás ciudadanos" (Art. 203).

a pesar de que el texto constitucional declaró abolido el comercio de esclavos[464], la esclavitud como tal no fue abolida y se mantuvo hasta 1854; a pesar de las exigencias del Libertador en 1819[465].

Se reguló, además, el juramento de los funcionarios (Arts. 206 a 209); la revocación del mandato (Art. 209 y 210), las restricciones sobre reuniones de sufragantes y de congregaciones electorales (Arts. 211 a 214); la prohibición a los individuos o grupos de arrogarse la representación del pueblo (Art. 215; la disolución de las reuniones no autorizadas (Art. 216); el tratamiento de "ciudadano" (Art. 226); y la vigencia de la Recopilación de las Leyes de Indias mientras se dictaban el Código Civil y Criminal acordados por el Congreso (Art. 228).

J.   La supremacía constitucional

Por último, debe destacarse la cláusula de supremacía de la Constitución contenida en el artículo 227, así:

> *227*. La presente Constitución, las leyes que en consecuencia se expidan para ejecutarla y todos los tratados que se concluyan bajo la autoridad del gobierno de la Unión serán la Ley Suprema del Estado en toda la extensión de la Confederación, y las autoridades y habitantes de las Provincias estarán obligados a obedecerlas religiosamente sin excusa ni pretexto alguno; pero las leyes que se expiden contra el tenor de ella no tendrán ningún valor sino cuando hubieren llenado las condiciones requeridas para una justa y legítima revisión y sanción.

Esta cláusula de supremacía y la garantía objetiva de la Constitución se ratificó en el Capítulo VIII sobre los Derechos del Hombre, al prescribirse en su último artículo, lo siguiente:

> *Artículo 199*. Para precaver toda transgresión de los altos poderes que nos han sido confiados, declaramos: Que todas y cada una de las cosas constituidas en la anterior declaración de derechos están exentas y fuera del alcance del Poder General ordinario del gobierno y que conteniendo o apoyándose sobre los indestructibles y sagrados principios de la naturaleza, toda ley contraria a ellos que será absolutamente nula y de ningún valor.

2.   Los principios del constitucionalismo moderno en la Constitución de Venezuela de 1811 y la influencia francesa y norteamericana

En la Constitución de 1811, sin duda, como se aprecia de su contenido general, los principios del constitucionalismo derivados tanto de la Revolución Americana como de la Revolución Francesa encontraron de inmediato un campo de cultivo,

---

464 "El comercio inicuo de negros prohibido por decreto de la Junta Suprema de Caracas en 14 de agosto de 1810, queda solemne y constitucionalmente abolido en todo el territorio de la Unión; sin que puedan de modo alguno introducirse esclavos de ninguna especie por vía de especulación mercantil" (Art. 202).

465 *Cfr*. Parra Pérez; "Estudio Preliminar", *loc. cit.*, p. 32. En su discurso de Angostura de 1819, Simón Bolívar imploraba al Congreso "la confirmación de la libertad absoluta de los esclavos, como imploraría por mi vida y la vida de la República", considerando a la esclavitud como "la hija de las tinieblas". Véase el Discursó de Angostura en J. Gil Fortoul, *op. cit.*, Apéndice, Tomo Segundo, pp. 491 y 512.

habiéndose sin embargo desarrollado conforme a moldes propios, no habiendo recibido influencia alguna inicial del régimen político–constitucional español moderno, que al momento de sancionarse la Constitución (1811), también sentaba las bases para la remoción del Antiguo Régimen, en medio de la crisis general por la invasión napoleónica. Esos principios encajaron en el proceso constituyente venezolano de 1811, meses antes de la sanción de la Constitución de Cádiz.

En efecto, la Constitución de 1811 recibió de la Constitución americana la influencia de la forma federal del Estado, del presidencialismo como sistema de gobierno dentro del esquema de la separación de poderes, y del control de la constitucionalidad, como secuela de la garantía objetiva de la Constitución. Pero en cuanto a la redacción del texto constitucional de 1811, la influencia directa de la Constitución francesa es evidente, particularmente en la regulación detallada de la forma de elección indirecta de los representantes, en el reforzamiento de la separación de poderes, y en la extensa Declaración de Derechos fundamentales que contiene.

Con frecuencia se ha argumentado que lo básico del texto de la Constitución venezolana de 1811 provino de la Constitución norteamericana, lo que no es exacto, no sólo por el contenido de ambas, sino por la extensión de los textos: 7 artículos –aún cuando extensos cada uno– en la Constitución norteamericana de 1787, contra 228 artículos de la Constitución venezolana de 1811. En realidad, este texto se inspiró de los principios de la Constitución americana y, a la vez, de la redacción del texto de las Constituciones revolucionarias francesas, tanto en su parte dogmática como en su parte orgánica[466].

Desde el punto de vista constitucional, por tanto, es evidente que la conformación inicial del Estado venezolano no recibió influencia alguna de las instituciones españolas que en paralelo se estaban conformando. Recordemos, de nuevo que en 1811, España aún era una Monarquía invadida por las tropas napoleónicas, en plena guerra de independencia frente al invasor francés, y que fue a partir de 1812, con la Constitución de Cádiz, que comenzó a recibir los aportes del constitucionalismo moderno, como el principio de la separación de poderes. Sin embargo, España continuó siendo una Monarquía durante todo el siglo XIX, en tanto que la evolución republicana de Venezuela que comenzó en 1811, con todos sus altibajos políticos, se desarrolló sin interrupciones hasta el presente. Venezuela, por tanto, al contrario de lo que sucedió en otros países de América Latina, no recibió inicialmente influencia alguna derivada de la Constitución de Cádiz, la cual sólo rigió en parte de su territorio durante la confusión de la guerra de independencia, al contrario de lo que sucedió en otros países de América Latina, que al haber logrado su independencia más tarde a comienzos del siglo XIX, recibieron la influencia de la Constitución gaditana.

---

466   Véase en general Allan R. Brewer-Carías, *Reflexiones sobre la Revolución Americana (1776) y la Revolución Francesa (1789) y sus aportes al constitucionalismo moderno*, Caracas 1991. Las consideraciones que se hacen en las páginas siguientes siguen lo expuesto en dicho libro. *Cf.* Allan R. Brewer-Carías, *La formación del Estado venezolano*, separata del libro Paramillo, UCAT, San Cristóbal 1996, pp. 201 a 359.

A. *La idea de Constitución*

La idea de Constitución como documento escrito, de valor superior y permanente conteniendo las normas fundamentales de la organización del Estado y una Declaración de los Derechos de los Ciudadanos fue, sin duda, como hemos dicho, el aporte fundamental de la Revolución americana al constitucionalismo moderno, el cual quedó plasmado, en 1776, al declararse independientes las antiguas colonias inglesas en Norteamérica. De ese proceso nació la Constitución moderna, con una parte orgánica relativa a la organización del Estado con base en los principios de la separación poderes; y una parte dogmática, contentiva de una declaración de derechos fundamentales naturales del hombre. El elemento básico del constitucionalismo que proviene de la Revolución americana, además, fue el del carácter de ley suprema y fundamental de la Constitución, ubicada por encima de los poderes del Estado y de los ciudadanos, y no modificable por el Legislador ordinario.

Las características esenciales de la Constitución, conforme a esta concepción, las advirtió desde el inicio, Alexis De Tocqueville en 1835, en su *Democracia en América*[467], como testigo de excepción que fue de las revoluciones francesa y americana, al establecer la diferencia entre las Constituciones de Francia, Inglaterra y los Estados Unidos, señalando que:

> En Francia, la Constitución es una obra inmutable o reputada como tal. Ningún poder puede cambiarle nada. Tal es la teoría indicada.

> En Inglaterra, se reconoce al Parlamento el derecho de modificar la Constitución. En Inglaterra la Constitución puede, pues, cambiar sin cesar o más bien, no existe. El Parlamento, al mismo tiempo que es un cuerpo legislativo, es también el constituyente.

> En América del Norte, las teorías políticas son más sencillas y más racionales. Su Constitución no es considerada inmutable como en Francia; ni puede ser modificada por los poderes ordinarios de la Nación, como en Inglaterra. Forma un cuerpo aparte que, representando la voluntad de todo el pueblo, obliga lo mismo a los Legisladores que a los simples ciudadanos; pero que puede ser cambiada por la voluntad del pueblo, según la forma establecida....

Y concluyó:

> En los EE.UU., la Constitución está sobre los Legisladores como lo está sobre los simples ciudadanos. Es la primera de las leyes y no puede ser modificada por una ley; es pues, justo que los tribunales obedezcan a la Constitución preferentemente a todas las leyes.

De esto deviene, como consecuencia, la noción no sólo de constitución escrita, sino también de constitución rígida.

Esta concepción de la Constitución, como Ley Suprema y rígida también se había adoptado en Francia desde el mismo momento de la Revolución, sin duda, bajo la influencia americana, pero con aproximaciones propias y una concepción formal

---

467. Véase Alexis de Tocqueville, *Democracy in America*, J. P. Mayery M. Lerner, eds. London, 1969. Las citas en el texto son tomadas de esta edición.

más latina en su expresión y extensión, que también influyó en América Latina. En efecto, al contrario de la Constitución norteamericana de 1787, que en un conjunto de 7 artículos reguló la parte orgánica y al contrario de las Constituciones de las antiguas Colonias, no contuvo inicialmente una declaración de derechos (sólo se incorporaron en las Enmiendas de 1789 y 1791); el primer acto constitucional de la Asamblea Nacional revolucionaria francesa en 1789, fue adoptar la Declaración de los Derechos del Hombre y del Ciudadano, la cual estaba precedida de unos artículos de la Constitución, en los cuales se recogieron los principios fundamentales de organización del Estado con base en el principio de la separación de poderes.

Posteriormente, en 1791, la Asamblea dictó la primera Constitución, que formalmente hablando, fue la segunda en la historia constitucional del mundo moderno, regulando extensamente una Monarquía Constitucional, en cerca de 210 artículos, e incorporando al texto la Declaración de Derechos (17 artículos) de rango constitucional, la cual, por tanto, fue el gran aporte a la idea de Constitución de la Revolución francesa.

Por otra parte, la Constitución de 1811 también adoptó, como se ha dicho, la noción de la supremacía de la Constitución que para el momento en que De Tocqueville visitó los Estados Unidos, había sido desarrollado por el Presidente de la Corte Suprema, el juez Marshall, en el famoso caso *Marbury vs. Madison de 1803*[468]. Por ello, incluso, en el propio texto de la Constitución de 1811 se estableció expresamente el principio de la supremacía constitucional, en el referido artículo 227 que siguió la orientación de la cláusula de supremacía de la Constitución norteamericana (Art. 4), pero con mucho mayor alcance.

Además, luego de establecer y declarar los derechos fundamentales, la Constitución de 1811 agregó, en su artículo 199, que:

> Toda ley contraria a ellas que se expida por la Legislatura federal o por las Provincias será absolutamente nula y de ningún valor.

B. *La democracia, el republicanismo y la soberanía del pueblo*

El segundo de los principios desarrollados en la práctica constitucional y política en el mundo moderno, influido también por el constitucionalismo norteamericano, es el de la democracia y el republicanismo basado en el concepto de soberanía del pueblo. Con la Revolución norteamericana, el principio tradicional de la legitimidad monárquica del Estado fue sustituido definitivamente. La soberanía no correspondió más a un Monarca, sino al pueblo y, por ende, con la Revolución americana, puede decirse que la práctica del gobierno democrático fue iniciada en el mundo moderno. El mismo principio fue luego recogido por la Revolución francesa, pero duró en la práctica constitucional muy poco, debido a la restauración de la Monarquía a partir de 1815.

---

468. *Marbury v. Madison*, S.V.S. (1 Cranch) 137. Véase los comentarios en Allan R. Brewer-Carías, *Judicial Review in Comparative Law*, Cambrigde 1989, pp. 101 y ss.

En todo caso, este fue un concepto fundamental en el trabajo de De Tocqueville, constituyendo incluso, el título de su libro *La democracia en América,* en el cual dijo:

> Cuando se quiere hablar de las leyes políticas de los Estados Unidos, hay que comenzar siempre con el dogma de la soberanía del pueblo.

Se trataba de un principio que De Tocqueville consideró que "...domina todo el sistema político de los angloamericanos", añadiendo, que:

> Si hay algún país en el mundo en que se pueda apreciar en su justo valor el dogma de la soberanía del pueblo, estudiarlo en su aplicación a los negocios jurídicos y juzgar sus ventajas y sus peligros, ese país es sin duda Norteamérica.

A ese efecto consagró su libro para estudiar, precisamente, la democracia en Norteamérica. Sin embargo, como se ha visto, es evidente que la democracia se desarrolló allí, tiempo antes de la Independencia, lo que destacó De Tocqueville al indicar que su ejercicio, durante el régimen colonial:

> Se veía reducido a ocultarse en las asambleas provinciales y sobre todo en las comunas donde se propagaba en secreto... No podía mostrarse ostensiblemente a plena luz en el seno de las leyes, puesto que las colonias estaban todavía constreñidas a obedecer.

Por ello, una vez que la Revolución norteamericana estalló:

> El dogma de la soberanía del pueblo, salió de la comuna y se apoderó del gobierno. Todas las clases se comprometieron por su causa; se combatió y se triunfó en su nombre; llegó a ser la ley entre las leyes.
>
> ...Cada individuo constituye una parte igual de esa soberanía y participa igualmente en el gobierno del Estado.

Pero a la base de toda concepción republicana está la idea de que la soberanía no pertenece a un Monarca, sino al pueblo. De allí surgió, también el segundo principio del constitucionalismo revolucionario francés. En efecto, conforme al régimen del absolutismo, el soberano era el Monarca, quien ejercía todos los poderes e, incluso, otorgaba la Constitución del Estado. Con la Revolución, el Rey fue despojado de su soberanía; dejó de ser Rey de Francia y comenzó a ser Rey de los franceses, trasladándose la soberanía al pueblo. La noción de Nación surgió, entonces, para lograr privar al Rey de su soberanía, pero como la soberanía existía sólo en la persona que la podía ejercer, era necesario una noción de "Nación", como personificación del pueblo, para reemplazar al Rey en su ejercicio.

De allí el principio de la soberanía atribuida a la Nación y no al Rey o a los gobernantes, que surge del texto de la Declaración de los Derecho del Hombre y del Ciudadano:

El principio de toda soberanía reside esencialmente en la Nación. Ningún cuerpo, ningún individuo puede ejercer autoridad que no emane de ella expresamente (Art. 3).[469]

La Declaración de Derechos que precedió la Constitución de 1793, señalaba:

La soberanía reside en el pueblo. Ella es una e indivisible, imprescindible e inalienable (Art. 25).

Y la Declaración que precedió la Constitución de 1795, señaló:

La soberanía reside esencialmente en la universalidad de los ciudadanos. Ningún individuo, ninguna reunión parcial de ciudadanos puede atribuirse la soberanía.

Estos principios fueron recogidos en la Declaración venezolana de Derechos del Pueblo de 1811, cuyos primeros dos artículos de la Sección "Soberanía del Pueblo" establecieron:

La soberanía reside en el pueblo; y el ejercicio de ella en los ciudadanos con derecho a sufragio, por medio de sus apoderados legalmente constituidos (Art. 1);

La soberanía, es por su naturaleza y esencia, imprescindible, inajenable e indivisible (Art. 2).

La Constitución de 1811, en todo caso, definió la soberanía popular conforme a la misma orientación:

Una sociedad de hombres reunidos bajo unas mismas leyes, costumbres y gobiernos forma una soberanía (Art. 143).

La soberanía de un país o supremo poder de reglar o dirigir equitativamente los intereses de la comunidad, reside, pues esencial y originalmente en la masa general de sus habitantes y se ejercita por medio de apoderados o representantes de estos, nombrados y establecidos conforme a la Constitución (Art. 144).

Conforme a estas normas, por tanto, en las antiguas Provincias coloniales de España que formaron Venezuela, la soberanía del Monarca español había cesado. Incluso, desde el 19 de abril de 1810, la soberanía había comenzado a ejercerse por el pueblo, que se dio a sí mismo una Constitución a través de sus representantes electos. Por ello, la Constitución de 1811, comenzó señalando:

En nombre de Dios Todopoderoso, Nosotros, el pueblo de los Estados de Venezuela, usando de nuestra soberanía... hemos resuelto confederarnos solemnemente para formar y establecer la siguiente Constitución, por la cual se han de gobernar y administrar estos Estados.

La idea del pueblo soberano, por tanto, que no sólo provino de la Revolución francesa sino, antes, de la Revolución americana, y se arraigó en el constituciona-

---

469 Los textos franceses han sido consultados en *Les Constitutions de la France depuis 1789,* (Presentation Jacques Godechot), París 1979.

lismo venezolano desde 1811, contra la idea de la soberanía monárquica que aún imperaba en España en ese momento.

Debe destacarse, además, que a pesar de su carácter monárquico, la Constitución francesa de 1791 fue representativa, desde el momento en que la Nación ejercía su poder a través de representantes. Ello mismo ocurrió después, con la Constitución de Cádiz de 1812.

En todo caso, en Francia, después de la Monarquía y ejecutado Luis XVI, la Constitución de 1793 estableció la República en sustitución de la Monarquía, como "única e indivisible" (Art. 1). En consecuencia, el pueblo soberano, constituido por "la universalidad de los ciudadanos franceses", nombraba sus representantes en los cuales le delegaba el ejercicio de los poderes públicos (Art. 7 a 10). Estas ideas de la representatividad, sin embargo, en Francia se impusieron desde el momento mismo de la Revolución, en 1789, a pesar de que al inicio la forma del gobierno siguió siendo Monárquica. Así, en la Constitución de 1791 se estableció que:

> La Nación de la cual emanan todos los poderes, no los puede ejercer sino por delegación. La Constitución francesa es representativa: los representantes son el cuerpo legislativo y el Rey (Art. 2, título III).

Por tanto, con la Revolución incluso el Rey se convirtió en representante de la Nación, hasta que fue decapitado, y con ello la Monarquía convertida en República, fue completamente representativa.

Esta idea de representatividad republicana, por supuesto, también se recogió en la Constitución venezolana de 1811, en la cual, se estableció que la soberanía se ejercitaba sólo "por medio de apoderados o representantes de éstos, nombrados y establecidos conforme a la Constitución" (Art. 144). Por ello, agregó la Constitución de 1811:

> Ningún individuo, ninguna familia, ninguna porción o reunión de ciudadanos, ninguna corporación particular, ningún pueblo, ciudad o partido, puede atribuirse la soberanía de la sociedad que es imprescindible, inajenable e indivisible, en su esencia y origen, ni persona alguna podrá ejercer cualquier función pública del gobierno si no la ha obtenido por la constitución (Art. 146).

En definitiva, siendo el sistema de gobierno netamente republicano y representativo, conforme a la más exacta expresión francesa de la Declaración de 1789 (Art. 6), la Constitución de 1811 estableció que:

> La Ley es la expresión libre de la voluntad general de la mayoría de los ciudadanos, indicada por el órgano de sus representantes legalmente constituidos (Art. 149).

En todo caso, la democracia como sistema político buscada, lograda o mantenida, es la segunda tendencia en el constitucionalismo moderno y contemporáneo, inspirada por el proceso constitucional norteamericano y el proceso de la Revolución francesa. Todas las constituciones en el mundo la establecieron como un componente básico de sus sistemas políticos, y es el símbolo de nuestro tiempo, aún cuando su mantenimiento no ha sido siempre asegurado.

Por supuesto, este dogma de la soberanía del pueblo y de la democracia republicana fue recogido de inmediato en América Latina, a raíz de la Independencia, y basta para darse cuenta, leer los motivos de la Junta Suprema de Venezuela en 1810 para convocar a elecciones, al adoptar el Reglamento de las mismas, constatando la falta de representatividad de las Provincias en el gobierno de Caracas, lo que debía remediarse constituyéndose un poder central[470]. La Junta, así, al dirigirse a los habitantes de Venezuela señaló:

Sin una representación común, vuestra concordia es precaria, y vuestra salud peligra. Contribuid a ella como debéis y como desea el gobierno actual.

El ejercicio más importante de los derechos del pueblo es aquel en que los transmite a un corto número de individuos, haciéndolos árbitros de la suerte de todos.

De allí, el llamamiento de la Junta:

Todas las clases de hombres libres son llamadas al primero de los goces de ciudadano, que es el concurrir con su voto a la delegación de los derechos personales y reales que existieron originariamente en la masa común y que le ha restituido el actual interregno de la Monarquía.

El Congreso formado por los diputados electos, e instalado a comienzos de 1811, entonces, no sólo declaró los Derechos del Pueblo (1° de julio) y la Independencia (5 julio), sino que sancionó la Constitución que a la usanza del texto de la Constitución norteamericana de 1787, está precedida por la siguiente declaración:

Nosotros, el pueblo de los Estados Unidos de Venezuela, usando de nuestra soberanía y deseando establecer entre nosotros la mejor administración de justicia, procurar el bien general, asegurar la tranquilidad interior, proveer en común la defensa exterior, sostener nuestra libertad e independencia política, conservar pura e ilesa la sagrada religión de nuestros mayores, asegurar perpetuamente a nuestra posteridad el goce de estos bienes y estrechados mutuamente con la más inalterable unión y sincera amistad, hemos resuelto confederarnos solemnemente para formar y establecer la siguiente Constitución, por la cual se han de gobernar y administrar estos estados....

El republicanismo y asambleísmo, en todo caso, fue una constante en toda la evolución constitucional de la naciente República, por lo que desde las campañas por la independencia de Simón Bolívar, el empeño por legitimar el poder por el pueblo reunido o a través de elecciones, fue siempre una constante en nuestra historia política[471].

---

470   Véase el texto en J.F. Blanco y R. Azpúrua, *op. cit.,* Tomo II, pp. 504 y ss.

471   Véase Allan R. Brewer-Carías, "Ideas centrales sobre la organización del Estado en la obra del Libertador y sus proyecciones contemporáneas", *Boletín de la Academia de Ciencias Políticas y Sociales,* Caracas 1984, N° 95-96, pp. 137 y ss.

C   *La distribución vertical de los poderes del Estado*

a.   *El Estado federal, la descentralización política y el gobierno local del constitucionalismo americano*

En su estudio de la Constitución norteamericana, uno de los aspectos a los cuales De Tocqueville dedicó mucha atención debido a la importancia para la democracia, fue al de la descentralización política o al principio de la distribución vertical de los poderes del Estado entre las diferentes unidades político–territoriales, lo que por lo demás, en 1835, cuando escribió, era una novedad constitucional. Este, puede decirse, es el tercer principio del constitucionalismo moderno.

De Tocqueville, en efecto observó:

No hay en el mundo país donde la ley hable un lenguaje más absoluto que en Norteamérica, y no hay tampoco ninguno donde el derecho de aplicarla esté dividido entre tantas manos.

Luego en su libro, enfatizó que "Lo que más llama la atención al europeo que recorre a los Estados Unidos es la ausencia de lo que se llama entre nosotros el gobierno o administración." Las funciones son múltiples y "Al repartir así la autoridad, vuélvese, es verdad, su acción menos pesada y menos peligrosa, pero no se la llega a destruir." Y concluyó su observación:

El poder administrativo en los Estados Unidos no ofrece en su Constitución nada central ni jerárquico. Es precisamente lo que hace que no se advierta su presencia. El poder existe, pero no se sabe dónde encontrar su representante.

Ahora bien, la distribución de los poderes en sentido vertical, en Norteamérica, puede decirse que no fue producto de un proceso de descentralización, sino más bien, de centralización, en el sentido de que el municipio, el condado y los estados, existieron primero que el poder central, de manera tal que como lo observó De Tocqueville,

La forma de gobierno federal en los Estados Unidos apareció en último lugar.

En sus propias palabras:

En la mayor parte de las naciones europeas, la preocupación política comenzó en las capas más altas de la sociedad, que se fue comunicando poco a poco y siempre de una manera incompleta, a las diversas partes del cuerpo social.

En Norteamérica, al contrario, se puede decir que la Comuna ha sido organizada antes que el Condado, el Condado antes que el Estado y el Estado antes que la Unión.

Refiriéndose a Nueva Inglaterra, De Tocqueville constató que allí las comunidades locales tomaron completa y definitiva forma, desde 1650, señalando en consecuencia que, incluso antes de la Independencia:

En el seno de la Comuna se ve dominar una política real, activa, enteramente democrática y republicana. Las colonias reconocen aún la supremacía de la metrópoli; la monarquía es la ley del Estado, pero ya la república está viva en la Comuna.

De ahí, desde esta aproximación histórica, deriva la importancia que De Tocqueville asignó al gobierno local, como la fuente de la democracia.

En lo relativo a la forma federal del Estado, creación del sistema constitucional norteamericano producto del proceso de descentralización política de una sociedad altamente descentralizada, De Tocqueville constató su novedad afirmando que:

> Esta Constitución, que a primera vista se ve uno tentado a confundir con las constituciones federales que la han precedido, descansa en efecto sobre una teoría enteramente nueva, que se debe señalar como un gran descubrimiento de la ciencia política de nuestros días.

Y de hecho, puede decirse que la forma del "Estado federal" vino a formar parte de la historia con la Constitución norteamericana de 1787, aún cuando las palabras "federal" o "federación" no se usaron en la Constitución.

La adopción del esquema federal, en todo caso, no respondió a un esquema previamente concebido, sino a necesidades prácticas: El propósito fue seguir una fórmula que hiciera posible la existencia de estados independientes compatibles con un poder central con suficientes atribuciones para actuar por sí solo en un nivel federal.

Esta nueva forma de Estado, dijo De Tocqueville, no podía ser comparada a las confederaciones que existieron en Europa antes de la Constitución norteamericana, principalmente porque el Poder Central en la Constitución norteamericana, como lo observó "obra sin intermediario sobre los gobernados, los administra y los juzga por sí mismo, como lo hacen los gobiernos nacionales."

En Norteamérica, agregó:

> la Unión tiene por gobernados no a los Estados, sino a simples ciudadanos. Cuando quiere recaudar un impuesto, no se dirige al gobierno de Massachusetts, sino a cada habitante de Massachusetts. Los antiguos gobiernos federales tenían frente a ellos a pueblos; el de la Unión tiene a individuos. No pide prestada su fuerza, la toma por sí misma. Tiene sus administradores propios, sus tribunales, sus oficiales de justicia y su propio ejército.

Luego De Tocqueville añadió:

> Evidentemente, no es ya ese un gobierno federal; es un gobierno nacional incompleto. Así se ha encontrado una forma de gobierno que no era precisamente ni nacional ni federal; pero se han detenido allí, y la palabra nueva que debe expresar la cosa nueva no existe todavía.

Esta "cosa nueva" es la que, precisamente, en el derecho constitucional moderno es conocida como la forma de *Estado Federal,* la cual se configuró como uno de los principales rasgos del constitucionalismo norteamericano, inmediatamente seguido en Venezuela, en 1811, y décadas después, por los grandes países latinoamericanos (México, Argentina, Brasil).

Pero la forma de Estado Federal en nuestros países, a pesar de la influencia norteamericana, no fue una copia mecánica y artificial de la recién creada forma federal de los Estados Unidos de América que todavía, en 1833, como lo observó De Tocqueville en su *Democracia en América,* aun no tenía nombre propio. Al contrario, la adopción de la forma federal en América Latina obedeció a la realidad político territorial que nos había legado la colonización española y lusitana, de manera que la Federación vino a ser la solución institucional para formar Estados independientes, particularmente en las áreas coloniales compuestas por una gran extensión territorial (Argentina, México, Brasil, Venezuela) y múltiples demarcaciones territoriales coloniales

El primer país que adoptó el federalismo como forma de Estado en el mundo moderno, después de su implantación en los Estados Unidos de Norteamérica, fue entonces Venezuela, al constituirse como Estado independiente de la metrópoli española. Ello tuvo su razón de ser en el hecho de que en América Latina, en la época colonial, España había conformado un sistema de gobierno y administración altamente descentralizado, organizado en Virreinatos, Capitanías Generales, Provincias, Corregimientos y Gobernaciones, como antes había ocurrido con todos los grandes imperios históricos. La Provincia así, conforme al concepto romano, era la unidad colonial básica de Ultramar, especialmente establecida para el gobierno colonial, hasta el punto de que para la organización político territorial de la propia España peninsular en Provincias, sólo fue en 1830 que se adoptó, pero conforme al modelo napoleónico de Estado centralizado.

Desde comienzos del siglo XVI, en cambio, como se ha dicho, la Provincia fue la unidad territorial básica de las colonias en América Latina, conformándose políticamente en torno a centros poblados (política de poblamiento), con sus Cabildos y gran autonomía. Así surgió, en un proceso de 300 años, un sistema de ciudades–Estados coloniales diseminado en nuestros países.

Al estallar el proceso independentista en 1810, en los Estados latinoamericanos se produjo un proceso similar al que años antes había sucedido en los Estados Unidos, signado por un doble objetivo: por una parte, la independencia en relación a la Metrópoli y por la otra, la unión de las diversas Provincias distantes, aisladas y autónomas que conformaban unidades organizativas superiores. En ese proceso, cabe preguntarse: ¿Cuál podía ser la forma de Estado que podían adoptar nuestros países, de entre los esquemas existentes en el mundo?

No debe olvidarse que el mundo europeo del momento, lo único que mostraba, como forma de Estado, era el monárquico, siendo éste el sistema de integración tanto de grandes como de pequeñas entidades territoriales. La revolución de independencia en América Latina se inició contra la Monarquía, por lo que era inconcebible construir los nuevos Estados inventado un régimen monárquico criollo (quedaron como excepciones, sin embargo, los "imperios" de los Estados más extensos territorialmente, Brasil y México, de corta duración). No habiendo Monarquías, por tanto, el esquema de distribución vertical del poder propio de la forma federal resultaba perfectamente adecuado a nuestras realidades y a nuestra dispersión territorial. Ese fue el caso de Venezuela, donde al convocarse elecciones, en 1810, para la constitución de un Congreso General, la Junta Suprema de Caracas lo hizo partiendo del supuesto de que había "llegado el momento de organizar un Poder central bien constituido",[472] preguntándose en su proclama:

---

472 Véase el texto en J.F. Blanco y R. Azpúrua, *op. cit.,* Tomo II, pp. 504 y ss.

¿Cómo se podrían de otro modo trazar los límites de las autoridades de las Juntas provinciales, corregir los vicios de que también adolece la Constitución de éstas, dar a las provincias gubernativas aquella unidad sin la cual no puede haber ni orden, ni energía; consolidar un plan defensivo que nos ponga a cubierto de toda clase de enemigos; formar, en fin, una confederación sólida, respetable, ordenada, que restablezca de todo punto la tranquilidad y confianza, que mejore nuestras instituciones y a cuya sombra podamos aguardar la disipación de las borrascas políticas que están sacudiendo al Universo.

Por ello, el Congreso General, en definitiva dictó en diciembre de 1811, la "Constitución Federal para los Estados de Venezuela". Pero el Poder Central Federal constituido, como había sucedido inicialmente en los Estados Unidos, estaba estructurado con grandes signos de debilidad, estando el poder fundamental en las Provincias constituidas como estados soberanos. Esta debilidad ya la había apuntado De Tocqueville, en su observación sobre el sistema norteamericano; y debe observarse que ella siempre se ha considerado como una de las principales causas del fracaso de la Primera República en 1812.

Sin embargo, un hecho es evidente del esquema colonial español en América Latina, conforme al cual, sin haber logrado la autonomía de las colonias inglesas en Norteamérica producto de la inexistencia de un esquema global de organización territorial manejado desde la Metrópoli, como sí lo hubo en España (Casa de Contratación de Sevilla, Consejo de Indias, Virreinatos, Audiencias, Capitanías Generales, Provincias, Gobernaciones y Corregimientos), sin embargo, había provocado el desarrollo de una intensa vida municipal en los Cabildos compuestos en su mayoría por criollos. Por ello, fueron los Cabildos los que hicieron la independencia y los que la proclamaron, iniciando el proceso el Cabildo de Caracas, el 19 de abril de 1810, al asumir el poder político autonómico. Y no podía ser otra la institución política colonial que asumiera en ese momento facultades soberanas, pues dentro del contexto histórico político, se trataba de cuerpos realmente representativos de los diversos estratos sociales libres que reflejaban legítimamente los derechos populares. Por ello, Venezuela, como República independiente, tuvo su origen en un Cabildo representativo y participativo, por lo que en su estructuración política posterior, en las Constituciones Provinciales a partir de 1812, se reguló en forma detallada el Poder Municipal. En todo caso, desde 1811 se adoptó la forma federal del Estado que aún rige en nuestros días.

b. *Los principios de la organización territorial del Estado del constitucionalismo revolucionario francés*

Otro de los aportes del constitucionalismo revolucionario francés al constitucionalismo moderno fue el relativo a la organización territorial y a la autonomía local, que tuvo una influencia directa en el mundo y, particularmente, en Venezuela. En efecto, el Antiguo Régimen era un régimen político altamente centralizado, en el cual no había poderes locales. Los Intendentes eran la fuente única de poder en las Provincias, y las autoridades locales que podía haber, eran delegados del Intendente, sometidos a su control. No existía, por tanto, un poder municipal ni nada que se le pareciera.

Con motivo de las propuestas de reforma impositiva, en 1775, el Ministro Turgot había planteado establecer Municipalidades, pero ello no llegó a prosperar[473]. En cambio, la Revolución cambió la faz territorial de Francia, y por los Decretos de 14 y 22 de diciembre de 1789, eliminó los antiguos reinos y las antiguas e históricas circunscripciones territoriales, estableciendo una uniformización territorial general, al dividir el país en Departamentos, éstos en Distritos, los Distritos en Cantones y éstos en Comunas, que eran las municipalidades, creándose así el Poder Municipal. En cada villa, burgo o parroquia, entonces, se constituyó una municipalidad o una comuna, generalizándose la institución municipal. Este principio se consagró luego, expresamente, en la Constitución de 1791, al regular en su título "La división del Reino", así:

> El Reino es uno e indivisible: su territorio se distribuye en 83 Departamentos, cada Departamento en Distritos, cada Distrito en Cantones.

Por supuesto, esta reforma sólo duró cinco años, porque al tratar la Revolución de desmontar un sistema tan centralizado como el de la Monarquía Absoluta, en un sistema de división territorial donde se crearon más de 40.000 comunas o municipios con poderes locales propios, lo que hizo fue desquiciar el Estado, por lo que fue la propia Asamblea la que luego tuvo que retroceder en la creación del Poder Municipal. No hubo retroceso, sin embargo, en el número de entidades locales (comunas) que actualmente son 36.559.

Sin embargo, la idea del Poder Municipal penetró en América Latina, y en 1811, Venezuela recogió sus influencias, al igual que las de la Revolución americana, siendo como estaba constituido el nuevo Estado por Provincias aisladas, descentralizadas y con gran autonomía, que venían del esquema colonial español. La forma de unir políticamente aquellas Provincias en un sólo Estado, como se dijo, realmente era el esquema federal, por lo que Venezuela lo tomó del federalismo de los Estados Unidos para estructurar el nuevo Estado, en Provincias soberanas (equivalentes a los Estados miembros de la Federación).

Pero además, para organizar internamente a las Provincias, los constituyentes venezolanos tomaron el esquema territorial francés, pero no en el texto de la Constitución de 1811 que organizaba una "Confederación", sino en el de las Constituciones Provinciales. No se olvide que conforme a la Constitución de 1811, las Provincias eran "Estados Soberanos", correspondiéndoles disponer, en sus respectivas Constituciones, la organización territorial interna. Por tanto, una vez dictada la Constitución de 21 de diciembre de 1811, las Provincias comenzaron a dictar sus Constituciones regulándose, en ellas, la organización territorial del país.

Es de destacar, así, por ejemplo, el esquema territorial establecido en la "Constitución de la Provincia de Venezuela" (enero 1811)[474]; cuyo territorio comprendía el

---

473. Véase Eduardo García de Enterría, *Revolución Francesa y Administración Contemporánea*, Madrid, 1981, pp. 71 y ss.

474. Véase el libro *Las Constituciones Provinciales*, Biblioteca de la Academia Nacional de la Historia, Caracas 1959, pp. 61 y ss.

área central del país, y que dividió la Provincia en cinco Departamentos, los Departamentos en Cantones, los Cantones en Distritos y estableció Municipalidades en las Capitales de Distritos. Se creó así, en 1811, el Poder Municipal en la Constitución Provincial de Venezuela, con los aportes de la propia tradición municipal que provenía de la España Colonial. Sin embargo, desde el punto de vista de la organización territorial, el municipalismo venezolano puede considerarse que no tiene su origen en el español, sino más bien en la concepción francesa, que luego recogió España, con posterioridad, a partir de 1830.

D. El principio de la separación de poderes

a. El balance entre los poderes y el sistema presidencialista de gobierno del constitucionalismo norteamericano

En la Constitución de los Estados Unidos de 1787, y previamente, en las distintas Constituciones de las antiguas colonias, el cuarto de los principios del constitucionalismo moderno fue el principio de separación orgánica de poderes, el cual fue expresado formalmente por primera vez dentro de la más ortodoxa doctrina de la época.

Por ejemplo, la primera de esas Constituciones, la de *Virginia* en 1776, estableció (Art. III):

> Los Departamentos Legislativo, Ejecutivo y Judicial, deberán estar separados y distintos, de manera que ninguno ejerza los poderes pertinentes a otro; ni persona alguna debe ejercer más de uno de esos poderes al mismo tiempo...

La Constitución norteamericana de 1787 no tiene norma similar dentro de su articulado, pero su principal objetivo fue, precisamente, organizar la forma de gobierno dentro del principio de separación de poderes, pero permitiendo diversas interferencias entre ellos, en un sistema de frenos y contrapesos y, particularmente, regulando los poderes del Ejecutivo en lo que fue una nueva forma de gobierno, el presidencialismo, como opuesto al parlamentarismo, y una configuración particular del Poder Judicial, nunca antes conocida en la práctica constitucional.

De Tocqueville se refirió en su libro a estos dos aspectos del principio. En relación al Poder Ejecutivo, inmediatamente puntualizó que en los Estados Unidos: "El mantenimiento de la forma republicana exigía que el representante del Poder Ejecutivo estuviese sometido a la voluntad nacional"; de ahí que, –dijo– "el Presidente es un magistrado efectivo... el único y sólo representante del Poder Ejecutivo de la Unión". Pero anotó, "...al ejercer ese poder, no es por otra parte completamente independiente".

Esa fue una de las particulares consecuencias del sistema de frenos y contrapesos de la separación de poderes adoptados en los Estados Unidos, pero sin hacer al Poder Ejecutivo dependiente del Parlamento como en los sistemas de gobierno parlamentarios. Por ello, al comparar el sistema europeo de las Monarquías parlamentarias con el sistema presidencial de los Estados Unidos, De Tocqueville se refirió al importante papel que el Poder Ejecutivo jugaba en Norteamérica en contraste con la situación de un Rey constitucional en Europa. Un Rey constitucional, observó, "no puede gobernar cuando la opinión de las Cámaras Legislativas no concuerda con la suya". En el sistema presidencialista, contrariamente, la sincera ayuda del Congreso al Presidente "es sin duda útil, pero no es necesaria para la marcha del gobierno".

La separación de poderes y el sistema presidencialista de gobierno, en todo caso, fue seguido posteriormente en todas las Repúblicas latinoamericanas, después de la Independencia o después de la experiencia de gobiernos monárquicos, como los que hubo en algunos países. Pero el principio de la separación de poderes había sido un producto de los ideólogos del absolutismo, al propugnar la limitación del poder público ilimitado del Monarca (p.e. Locke, Montesquieu, Rousseau). Recordemos sólo, las palabras de Monstesquieu:

> Todo estaría perdido si el mismo hombre, o el mismo cuerpo de notables, o de nobles, o del pueblo, ejercieran estos tres poderes el de hacer las leyes, el de ejecutar las resoluciones públicas, y el de juzgar las exigencias o las diferencias de los particulares.

Por ello, agregaba,

> los Príncipes que han querido convertirse en despóticos han comenzado siempre por reunir en su persona todas las magistraturas....

> Estas tres potencias deberían –además– formar un reposo o una inacción. Pero como por el movimiento necesario de las cosas, ellas deben andar, ellas estarían forzadas de andar concertadamente[475.]

A esta concepción de la división del poder se va a agregar, posteriormente, el postulado de Rousseau sobre la Ley como expresión de la voluntad general, y la exigencia del sometimiento del Estado a la Ley que el mismo produce. De allí surgió el principio de la supremacía del Poder Legislativo sobre los otros poderes, como piedra angular del Derecho Público y de sus secuelas contemporáneas: el principio de la legalidad y el Estado de Derecho.

Los escritos de Locke, Montesquieu y Rousseau, conformaron todo el arsenal histórico político que permitió la reacción contra el Estado absoluto y su sustitución por el Estado de Derecho, como garantía de la libertad, lo cual se concretó en las Constituciones de las antiguas colonias inglesas a partir de 1776 y luego, en la Constitución norteamericana de 1787, al regular la distribución horizontal del poder, convertido en uno de los pilares básicos del constitucionalismo moderno.

Fue bajo la inspiración de estos principios que se redactó la Constitución de 1811, en la cual se consagró expresamente la división del Poder Supremo en tres: Legislativo, Ejecutivo y Judicial "confiado a distintos cuerpos independientes entre sí y en sus respectivas facultades" (Preámbulo), configurándose un sistema de gobierno presidencial

b. *El principio de la separación de poderes en el constitucionalismo francés*

La idea de la separación de poderes, debido a la formulación teórica de Locke y Montesquieu, como se ha dicho, fue expresada constitucionalmente, por primera vez, en las Constituciones de las Colonias americanas de 1776, y luego imbuida en

---

475. Véase Montesquieu, *De l'Esprit des lois*, Tunc de., París, 1949, Vol. I. Las citas del texto son tomadas de esta edición.

el texto de la Constitución norteamericana de 1787. El principio de la separación de poderes, además, en Francia, fue materialmente el motivo fundamental de la Revolución, al punto de que en la Declaración de Derechos del Hombre y del Ciudadano en 1789 se incluyó, en el artículo XVI, la famosa proposición de que:

Toda sociedad en la cual la garantía de los derechos no esté asegurada, ni la separación de poderes determinada, no tiene Constitución.

Por lo tanto, en los artículos de la Constitución que siguieron a la Declaración de 1789, como primer acto constitucional revolucionario, se establecieron expresamente las consecuencias del principio, al establecer que "El Poder Legislativo reside en la Asamblea Nacional" (Art. 8); que "El Poder Ejecutivo supremo reside exclusivamente en el Rey" (Art. 16), no pudiendo este poder "hacer ninguna ley" (Art. 17); y que "El Poder Judicial no podrá en ningún caso, ser ejercido por el Rey, ni por el cuerpo legislativo" (Art. 17).

Este principio de la separación de poderes, de la esencia del proceso revolucionario francés, fue incorporado en forma expresa en la Constitución de 1791 en la cual se precisó (Título III):

3. El Poder Legislativo es delegado a una Asamblea Nacional, compuesta de representantes temporales, libremente elegidos por el pueblo, para ser ejercido por ella, con la sanción del Rey, de la manera que se determina en esta Constitución.

4. El gobierno es monárquico: el Poder Ejecutivo es delegado en el Rey, para ser ejercido bajo su autoridad, por los Ministros y otros agentes responsables, de la manera que se determina en esta Constitución.

5. El Poder Judicial es delegado a los jueces electos temporalmente por el pueblo.

Sin embargo, en el sistema francés de separación de poderes de 1791, se estableció un claro predominio del Poder Legislativo. Por ello, el Rey no podía ni convocar, ni suspender ni disolver la Asamblea; solo tenía un poder de veto, sólo de suspensión, pero no tenía iniciativa, aún cuando podía sugerir a la Asamblea tomar en consideración ciertos asuntos. La Asamblea, por su parte, no tenía control sobre el Ejecutivo, ya que la persona del Rey era sagrada e inviolable. Sólo los ministros eran responsables penalmente. En todo caso, la Asamblea tenía importantes atribuciones ejecutivas, como el nombramiento de algunos funcionarios, la vigilancia de la administración, la declaración de la guerra y la ratificación de los Tratados.

El principio de la separación de poderes, por supuesto, como hemos dicho, también influyó en el constitucionalismo venezolano, pero no conforme a la interpretación extrema francesa, sino conforme a la modalidad adoptada en los Estados Unidos, y que se expresó en las Constituciones de las Colonias de 1776, de las cuales proviene la siguiente expresión del Preámbulo de la Constitución de 1811:

El ejercicio de la autoridad confiada a la Confederación no podrá jamás hallarse reunido en sus diversas funciones. El Poder Supremo debe estar dividido en Legislativo, Ejecutivo y Judicial, y confiado a distintos cuerpos independientes entre sí y en sus respectivas facultades.

Sin embargo, el principio de la separación de poderes no se concibió como el establecimiento de compartimientos estancos, sino conforme a un sistema de pesos, contrapesos, e interferencias constitucionales radicalmente distintos al sistema francés. En particular, entre ellas, resulta necesario destacar el papel del Poder Judicial en el control de los otros poderes respecto de su adecuación a la Constitución, y a la vigencia de la garantía objetiva de la Constitución, conforme a la influencia recibida del constitucionalismo americano.

c. *El principio de la supremacía de la Ley del constitucionalismo francés*

La Revolución francesa estuvo signada por el principio de la supremacía del legislador, que representaba a la Nación. Al haber el *Tercer Estado* controlado la Asamblea Nacional en 1789, ésta se convirtió en representante todopoderosa de la Nación. De allí que de acuerdo al postulado roussoniano de que la "ley es expresión de la voluntad general", habiendo la Asamblea asumido carácter de poder constituyente al momento de la Revolución, en la Constitución de 1791 se estableció que:

No hay en Francia una autoridad superior a la de la ley. El Rey no reina sino por ella, y es en nombre de la Ley que él puede exigir obediencia (Art. 1, Cap. II, Título III).

La ley, entonces, como "expresión de la voluntad general" según lo indicó la Declaración de Derechos del Hombre y del Ciudadano (Art. 6), adquirió en el constitucionalismo francés un rango superior, consecuencia de la primacía del propio Poder Legislativo.

Pero además, desde el punto de vista sustantivo, el principio de la supremacía de la Ley se fundó sobre el de su generalidad, lo que a la vez fue garantía de la igualdad, uno de los postulados básicos de la Revolución. Las leyes de libertad, que tenían por objeto hacer posible el libre desenvolvimiento de los miembros del grupo social, fueron el instrumento de la Asamblea contra los privilegios que fueron abolidos.

En todo caso, siendo la ley expresión de la voluntad general, se consagró el derecho de todos los ciudadanos de "concurrir personalmente o por sus representantes" a la formación de la ley (Art. IV).

La concepción de la ley como expresión de la voluntad general, fue recogida expresamente en la Declaración venezolana de Derechos del Pueblo de 1811, al establecer que:

La ley se forma por la expresión libre y solemne de la voluntad general, y ésta se expresa por los apoderados que el pueblo elige para que representen sus derechos (Art. 3 Segunda Sección).

Asimismo, en el texto de la Constitución de 1811 se estableció:

La ley es la expresión libre de la voluntad general o de la mayoría de los ciudadanos, indicadas por el órgano de sus representes legalmente constituidos. Ella se funda sobre la justicia y la utilidad común y ha de proteger la libertad pública e individual contra toda opresión o violencia Art. 149).

La Constitución de 1811, sin embargo, no siguió el postulado tan radical de la supremacía de la ley, y en cambio, formuló el principio de la supremacía constitucional al declarar como "absolutamente nulas y sin ningún valor" las leyes contrarias a los derechos fundamentales (Art. 199); y en general, al considerar sin "ningún valor" las leyes contrarias a la Constitución, la cual se declaró como la "Ley Suprema del Estado" (Art. 227).

d. *El papel del Poder Judicial y el control de la constitucionalidad de las leyes del constitucionalismo norteamericano*

Pero entre las instituciones constitucionales nacidas en Norteamérica, la que tal vez tuvo la más distinguida originalidad, ha sido el papel asignado al Poder Judicial en el sistema de separación de poderes. Esto es cierto incluso en los tiempos presentes, y era así cuando De Tocqueville visitó Norteamérica. Por ello dedicó un capítulo aparte en su libro *Democracia en América,* al estudio del poder de los jueces y a su importancia política, comenzando con esta afirmación:

Ha habido confederaciones fuera de Norteamérica; se han visto repúblicas en otros lugares además las del Nuevo Mundo; el sistema representativo es adoptado en varios estados de Europa; pero no creo que hasta el presente ninguna nación del mundo haya constituido el poder judicial de la misma manera que los norteamericanos.

Ahora bien, tres aspectos de la organización y funcionamiento del Poder Judicial pueden ser considerados como una contribución fundamental de Norteamérica al derecho constitucional: El rol político de los jueces; la institución de una Corte Suprema; y el sistema de control judicial de la legislación. Todos estos tres aspectos fueron observados por De Tocqueville.

El control judicial de la constitucionalidad, por otra parte, está esencialmente relacionado con la forma federal del Estado, como un medio de controlar invasiones e interferencias no autorizadas entre los poderes descentralizados del Estado. Precisamente por ello, en todos los países de América Latina con forma de Estado federal, ese control judicial de la legislación fue inmediatamente establecido bajo la influencia norteamericana, un siglo antes de las primeras experiencias de Europa continental en la materia.

En el caso de Venezuela, la Constitución de 1811, al establecer expresamente en su texto el principio de la supremacía constitucional y la garantía objetiva de la Constitución (Art. 199 y 227) –lo que en los Estados Unidos había sido creación de la jurisprudencia de la Corte Suprema a partir de 1803– abrió paso al desarrollo futuro del control de la constitucionalidad de las leyes, establecido como sistema mixto, a la vez difuso y concentrado, desde el siglo pasado.

E. *La declaración de los derechos y libertades fundamentales*

La sexta contribución más importante del constitucionalismo norteamericano al derecho constitucional moderno, fue la práctica de establecer declaraciones formales y escritas de derechos y libertades fundamentales del hombre. Como hemos dicho, la primera declaración moderna de este tipo, sin duda, adoptada bajo la influencia de las declaraciones inglesas del siglo XVII, fue dictada en las Colonias norteamericanas el mismo año de la Declaración de la Independencia, siendo en ese sentido famosa, la *Declaración de Derechos de Virginia de 1776*.

Estas declaraciones de derechos del hombre, sin duda, pueden considerarse en la época, como un fenómeno nuevo en la historia constitucional, particularmente, porque no estuvieron basadas en la *common law* o en la tradición como lo fue el *Bill of Rigths* de 1689, sino en la naturaleza humana. Por ello, puede decirse que lo que se declaró a partir de 1776, fueron *derechos naturales* del pueblo, declarados políticamente por los nuevos poderes constituyentes de las Colonias, como un límite a los poderes del Estado.

A pesar de que, como también hemos dicho, la Constitución de 1787 no incluyó un *Bill of Rigths* en sus artículos, lo cual suscitó muchas objeciones durante la Convención, esta falla condujo a la aprobación dos años más tarde, de las diez primeras Enmiendas de la Constitución (1789), pero añadiendo el concepto de derechos, como derechos naturales del hombre establecidos en la Declaración de Independencia de 1776. Ambas, tal Declaración y las Enmiendas, influenciaron todas las declaraciones formales y escritas de derechos humanos que fueron adoptadas más tarde, particularmente la Declaración de Derechos del Hombre y del Ciudadano de Francia (1789), y a través de esta última, las declaraciones latinoamericanas, hasta el presente, cuando estas declaraciones han sido internacionalizadas.

En particular, este aporte fundamental al constitucionalismo derivado de la proclamación de derechos naturales del hombre (no sólo de los franceses), tuvo sus repercusiones inmediatas en Venezuela, donde la Sección Legislativa de la Provincia de Venezuela del Congreso General, el 1° de julio de 1811, adoptó la *"Declaración de Derechos del Pueblo",* incluso, antes de la firma del Acta de la Independencia el 5 de julio de 1811. Como se dijo, se trató de la primera declaración de derechos fundamentales con rango constitucional, adoptada luego de la Revolución Francesa, en la historia del constitucionalismo moderno, con lo cual se inició una tradición constitucional que ha permanecido invariable en Venezuela.

El texto de la Declaración de 1811, fue luego recogido y ampliado en el Capítulo de los "Derechos reconocidos en la República" de la Constitución de 1811, cuyo contenido puede decirse, que fue la traducción de la Declaración de Derechos del Hombre y del Ciudadano que precedió la Constitución francesa de 1793, y que, como se ha dicho, llegó a Venezuela antes de 1797, a través de José María Picornell y Gomilla. Ese texto fue el que, catorce años después, sirvió para la redacción de la Declaración de Derechos del Pueblo de 1811 y luego para el Capítulo respectivo de la Constitución de 1811.

En ese texto, sin embargo, se incorporó una novedosa norma que no encuentra antecedentes ni en los textos constitucionales norteamericanos ni franceses, y es la que contiene la "garantía objetiva" de los derechos, y que declara "nulas y de ningún valor" las leyes que contrariaran la declaración de derechos, de acuerdo a los principios que ya se habían establecido en la célebre sentencia *Marbury contra Madison*, de 1803, de la Corte Suprema de los Estados Unidos.

SECUELA FINAL: LA CORTA VIGENCIA DE LA CONSTITUCIÓN DE 1811

Pero el proceso constituyente venezolano de 1811 y la adopción de los principios del constitucionalismo moderno no concluyeron con la sanción de la Constitución federal de 1811, sino que al igual que ya había ocurrido previamente en las Provincias de Barinas, Mérida y Trujillo, continuaron en la sanción de otras constituciones Provinciales con posterioridad.

A tal efecto, la Constitución Federal para los Estados de Venezuela del 21 de diciembre de 1811, al regular el Pacto Federativo, dejó claramente expresado que las Provincias conservaban su Soberanía, Libertad e Independencia, y que:

"en uso de ellas tendrán el derecho exclusivo de arreglar su gobierno y administración territorial bajo las leyes que crean convenientes, con tal que no sean de las comprendidas en esta Constitución ni se opongan o perjudiquen a los Pactos Federativas que por ella se establecen".

En virtud de ello, las Provincias conservaron la potestad ya ejercida por algunas con anterioridad en el marco de la Confederación que se formaba, para dictar sus Constituciones.

De estas Constituciones Provinciales dictadas después de la promulgación de la Constitución Federal, se conocen las de las Provincias de Barcelona ("Constitución Fundamental de la República de Barcelona Colombiana" de 12–1–1812)[476], y la dé Caracas ("Constitución para el gobierno y administración interior de la Provincia de Caracas del 31–1–1812"). [477] La primera puede decirse que ya estaba redactada cuando se promulgó la Constitución Federal. La segunda, se adaptó más a lo que los redactores de ésta pensaban de lo que debía ser una Constitución Provincial en el seno de la Federación que se estaba conformando; era precisamente la "Constitución modelo" que se había elaborado para las Provincias[478].

En esas dos Constituciones, por supuesto, se recogen todos los principios del Constitucionalismo moderno, iniciándose por ejemplo, la de Barcelona, con un primer Título sobre los "Derechos de los habitantes de la República de Barcelona Colombiana," cuyos 38 artículos son copia casi exacta de la declaración de los *Derechos del Hombre y del Ciudadano* de 1789, y una proclamación del principio de la separación de poderes precisando que

38. Siendo la reunión de los poderes el germen de la tiranía, la República declara que la conservación de los derechos naturales y civiles del hombre, de la libertad y tranquilidad general, depende esencialmente de que el Poder Legislativo jamás ejerza el Ejecutivo o Judicial, ni aún por vía de excepción. Que el ejecutivo en ningún caso ejerza el legislativo o Judicial y que el Judicial se abstenga de mezclarse en el Legislativo o Ejecutivo, conteniéndose cada uno dentro de los límites que les prescribe la Constitución, a fin de que se tenga el gobierno de las leyes y no el gobierno de los hombres.

---

476   Véase en *Las Constituciones Provinciales, op. cit.,* pp. 151 y ss.

477   Véase en *Las Constituciones Provinciales, op. cit.,* pp. 63 y ss. Véase sobre esta Constitución Allan R. Brewer-Carías, *La Constitución de la Provincia De Caracas de 31 de enero de 1812. Homenaje al Bicentenario,* (Prólogo de Alfredo Arismendi), Academia de Ciencias Políticas y Sociales, Colección Estudios N° 100, Caracas 2011.

478   Véase Allan R. Brewer-Carías, *Evolución Histórica del Estado, Tomo I, Instituciones Políticas y Constitucionales, op. cit.,* pp. 280 y ss.

En cuanto a la Constitución de la provincia de Caracas, la misma se dictó para que sirviera de modelo a las demás Constituciones Provinciales de la Federación, haciéndose especial énfasis en la necesidad de "organizar equitativamente la distribución y la representación del pueblo en la legislatura provincial,[479] con una organización territorial interior en Departamentos, Cantones y Distritos y sus Municipalidades que sería en la actualidad la envidia de cualquier Constitución estadal.

Toda esta construcción constitucional desarrollada entre 1810 y 1812, sin embargo, no significó la renuncia de España y de los realistas locales al control político de la antigua Capitanía General de Venezuela. Algunas Provincias de ésta como Maracaibo y Guayana y la ciudad de Coro, no se habían sumado al proceso de independencia y habían desconocido la legitimidad del gobierno de Caracas, reconociendo el gobierno de la Regencia, y en muchas ciudades de la Confederación recién nacida se produjeron insurrecciones realistas.

En febrero de 1812, dos meses después de sancionada la Constitución, el Comandante General del Ejercito de Su Majestad Católica y quien luego asumiría el título de Capitán General de las Provincias de Venezuela, Domingo de Monteverde, desembarcó en Coro e inició la campaña de recuperación realista de la República.

Las antiguas formas institucionales de la Colonia, sin duda, habían comenzado a ser sustituidas, por las nuevas instituciones republicanas establecidas en cada una de las Provincias, reguladas en las Constituciones Provinciales y, a nivel federal (nacional) conforme a la Constitución de diciembre de 1811. Pero todo ello quedó a medio hacer, pues apenas se instaló el gobierno republicano en la capital Valencia, el 1 de marzo de 1812, la reacción realista, se comenzó a sentir con el Capitán de fragata Domingo de Monteverde a la cabeza, lo que fue facilitado por los efectos devastadores del terremoto que desoló a Caracas el 24 del mismo mes de marzo de 1812, que los Frailes y el Arzobispo de Caracas atribuyeron a un castigo de Dios por la revolución de Caracas[480].

Ello obligó al gobierno a adoptar medidas extraordinarias, delegando todo el poder en el Generalísimo a Francisco de Miranda, a quien el Congreso otorgó poderes en 4 de abril de 1812, cuya "medida y regla" no era otra que la salud de la Patria; y que siendo esa la suprema ley, "debe hacer callar las demás."[481] A la vez, el Congreso acordó participar a las "Legislaturas Provinciales" la vigencia de la Constitución Federal sin perjuicio de las facultades extraordinarias al Poder Ejecutivo[482].

Esta dictadura para salvar la república, en todo caso, duró poco, pues el 25 de julio de 1812 se produjo la Capitulación de Miranda y la aceptación por parte del Gobierno y todos los poderes del Estado, mediante un Armisticio, de la ocupación del territorio de la provincia de Caracas por Monteverde,[483] con lo cual cayó la República.

---

479   Véase en *Las Constituciones Provinciales, op. cit.,* pp. 63 y ss.

480   Véase J.F. Blanco y R. Azpúrua, *op. cit.,* Tomo III, pp. 614 y ss.

481   Véase *Libro de Actas del Congreso de Venezuela..., op. cit.,* p. 398.

482   *Idem,* p. 400.

483   Véase los documentos en J.F. Blanco y R. Azpúrua, *op. cit.,* pp. 679 y ss. Además, en José de Austria, *Bosquejo de la Historia Militar de Venezuela,* Biblioteca de la Academia Nacional de la Historia, Tomo

SECCIÓN TERCERA:

LAS PRIMERAS MANIFESTACIONES DEL CONSTITUCIONALISMO EN TIERRAS AMERICANAS: LAS CONSTITUCIONES PROVINCIALES Y NACIONALES DE VENEZUELA Y DE LA NUEVA GRANADA EN 1811–1812 (2012)

Esta Sección Tercera es el texto del estudio sobre *Las primeras manifestaciones del constitucionalismo en las tierras americanas: las Constituciones provinciales y nacionales de Venezuela y la Nueva Granada en 1811–1812*, elaborado para el Seminario sobre *Dos siglos de municipalismo y constitucionalismo iberoamericano: la construcción de la civilidad democrática*, organizado por la Organización Iberoamericana de Cooperación Intermunicipal (OICI), Cádiz, 4–6 de octubre de 2011. Este trabajo fue publicado en la *Revista de Derecho Político*, Nº 84, Universidad Nacional de Educación a Distancia, Madrid, mayo–agosto 2012, pp. 231–323. Esta Ponencia se publicó en mi libro: *La Constitución de Cádiz y el constitucionalismo hispanoamericano*, Editorial Investigaciones Jurídicas C.A., San José, Costa Rica 2012, pp. 57–200.

I. ALGO SOBRE LOS PRINCIPIOS DEL CONSTITUCIONALISMO MODERNO EN LA VÍSPERA DE LA REVOLUCIÓN HISPANA Y AMERICANA

El trastrocamiento del Estado Absoluto y del constitucionalismo monárquico imperante del Antiguo Régimen se produjo como consecuencia de las dos grandes revoluciones que se sucedieron a finales del siglo XVIII, la norteamericana de 1776 y la francesa de 1789. Sus postulados y efectos sentaron las bases del constitucionalismo moderno que se consolidaron tanto en los Estados Unidos de América como en la Francia republicana, los cuales tuvieron su primer campo de experimentación en Hispanoamérica, a partir de 1810, como consecuencia de la Revolución que se produjo al iniciarse la independencia de las antiguas colonias de España en América, lo que originó la necesidad de constituir nuevos Estados nacionales. Además dichos principios tuvieron, paralelamente, campo de experimentación en España, también a partir de 1810, con la convocatoria de las Cortez de Cádiz que condujeron al comienzo de la transformación de una Monarquía del Antiguo Régimen, en una Monarquía constitucional moderna.

Esos principios fundamentales derivados de aquellos dos acontecimientos del siglo XVIII, que originaron el Estado moderno,[484] y que se siguieron en la Revolución Hispana y Americana, en resumen, fueron los siguientes:

I, Caracas 1960, pp. 340 y ss. (José de Austria fue contemporáneo del proceso de Independencia; había nacido en Caracas en 1791).

484 Véase en general sobre los estos principios derivados de las Revoluciones norteamericana y francesa en Allan R. Brewer-Carías, *Reflexiones sobre la Revolución Americana (1776) y la Revolución Francesa (1789) y sus aportes al constitucionalismo moderno*, Editorial Jurídica Venezolana, Caracas 1992. Una segunda edición ampliada de este estudio se publicó como *Reflexiones sobre la Revolución Norteamericana (1776), la Revolución Francesa (1789) y la Revolución Hispanoamericana (1810-1830) y sus*

En *primer lugar*, la idea de la existencia de una Constitución como una carta política escrita, emanación de la soberanía popular, de carácter rígida, permanente, contentiva de normas de rango superior, inmutable en ciertos aspectos y que no sólo organiza al Estado, es decir, no sólo tiene una parte orgánica, sino que también tiene una parte dogmática, donde se declaran los valores fundamentales de la sociedad y los derechos y garantías de los ciudadanos. Hasta ese momento, esta idea de Constitución no existía, de manera que las Constituciones que habían sido dictadas no eran más que cartas otorgadas por los Monarcas a sus súbditos.

En *segundo lugar*, el nuevo papel que se confirió al pueblo como titular de la soberanía en la constitucionalización de la organización del Estado, y que se materializó en Norteamérica en la asunción por las Asambleas coloniales de la representación de dicha soberanía, y en Francia, luego de que la soberanía se trasladara del Monarca al pueblo y a la Nación, la asunción por parte de la Asamblea Nacional de la representación de dicha soberanía. De allí surgieron además, las bases políticas de la democracia, de la representación y del republicanismo, frente al régimen monárquico.

En *tercer lugar*, el reconocimiento y declaración formal con rango constitucional de la existencia de derechos naturales del hombre y de los ciudadanos que debían ser respetados por el Estado, configurándose como un freno al Estado y a sus poderes y con ello, el fin del Estado absoluto e irresponsable.

En *cuarto lugar*, la constitucionalización del principio de la separación de entre el poder legislativo, el poder ejecutivo y el poder judicial como mecanismo para asegurar esa limitación al poder del Estado, que derivó en la fórmula de control mutuo (pesos y contrapesos) que se plasmó en la Constitución norteamericana; y en la fórmula francesa de la soberanía del Legislador, con los principios de la supremacía del Ley como expresión de la voluntad general. Esto originó en el constitucionalismo norteamericano, el desarrollo del rol asumido por la Corte Suprema para ser el garante de la separación de poderes y contralor de la supremacía constitucional; y en cambio, en el constitucionalismo francés, en la prohibición impuesta a los jueces de interferir en cualquier forma en el ejercicio de las funciones legislativas y administrativas.

Por otra parte del principio de la separación de poderes derivaron los sistemas de gobierno propios del constitucionalismo moderno, que son el sistema presidencial que se concibió en Norteamérica; y el sistema parlamentario que a partir de la fórmula de las Monarquías parlamentarias, se desarrolló en Europa.

Y en *quinto lugar*, el desarrollo de una nueva organización territorial de los Estado, antes desconocida, contraria al centralismo monárquico y a los fueros y privilegios territoriales, que dieron origen a nuevas formas de descentralización política de distribución territorial del poder del Estado como fue, por una parte, la fórmula de la Federación norteamericana, y por la otra, el municipalismo que derivó tanto de la tradición del gobierno local desarrollado en las Colonias norteamericanas como

---

aportes al constitucionalismo moderno, 2ª Edición Ampliada, Universidad Externado de Colombia, Bogotá 2008.

de la reforma municipal que implantó la Revolución francesa, estableciendo en cada villa, burgo o ciudad una Comuna.

Estos principios, producto de esas las Revoluciones Norteamericana y Francesa, por supuesto, se configuraron conforme al proceso político específico que en cada caso las acompañó, y que fueron, en el caso de los Estados Unidos de Norte América, el proceso de construcción de un Estado nacional nuevo, sobre la base de lo que habían sido antiguas colonias inglesas situadas la Américo del norte muy lejos de la Metrópoli y de su Parlamento soberano, y que durante más de un siglo, se habían venido desarrollado independientes entre sí, por sus propios medios y gozando de cierta autonomía; y en el caso de Francia, el proceso de transformar un viejo Estado monárquico, unitario y centralizado, que durante siglos había conformado la Monarquía Absoluta, en un régimen político totalmente distinto, de un Estado de carácter constitucional, y luego republicano.

Como se dijo, estos principios del constitucionalismo moderno, tuvieron una repercusión inmediata en la Revolución Hispana y Americana que se inició a partir de 1810, *primero*, con motivo del proceso constituyente que marcó el inicio del constitucionalismo español moderno, con la elección de los diputados a las Cortes que sancionaron la Constitución de Cádiz de marzo 1812; y *segundo*, en paralelo, con motivo del proceso constituyente que marcó el inicio del constitucionalismo hispanoamericano, con la declaración de independencia de las antiguas Colonias españolas en la América Hispana, y en particular con la adopción, entre 1811 y 1812, de Constituciones provinciales tanto en las Provincias de la Capitanía General de Venezuela como en las del Nuevo Reino de Granada, e inmediatamente después, mediante la elección de diputados provinciales en las Provincias de la Capitanía General de Venezuela para la constitución de un Congreso General, con la sanción de la Constitución Federal de los Estados de Venezuela del 21 de diciembre 1811,[485] que fue la primera Constitución nacional sancionada en el mundo hispanoamericano; y de la sanción del Acta de la Confederación de las Provincias Unidas de la Nueva Granada de 27 de noviembre de 1811.

De ello resulta que en la conformación constitucional inicial que se produjo de los Estados nacionales en Venezuela y en la Nueva Granada, no se recibió –no pudo recibirse– influencia alguna de las instituciones constitucionales españolas de 1812;[486] influencia que, en cambio, si se recibió en otros países del Continente americano. Para cuando se dictaron las primeras Constituciones Provinciales y Nacionales americanas, en 1811–1812, España todavía era una Monarquía, invadida por las tropas napoleónicas, que se encontraba en plena guerra de independencia frente al invasor francés; habiendo sido sólo a partir de 1812, con la Constitución de Cádiz, cuando España comenzó a recibir los aportes del constitucionalismo moderno. Dicha Constitución, sólo estuvo en vigencia hasta mayo de 1814, cuando Fernando VII

---

485   Véase el texto en Allan R. Brewer-Carías, *Las Constituciones de Venezuela*, Academia de Ciencias Políticas y Sociales, Tomo I, Caracas 2008, pp. 553 ss.

486   Véase nuestro estudio Allan R. Brewer-Carías, "El paralelismo entre el constitucionalismo venezolano y el constitucionalismo de Cádiz (o de cómo el de Cádiz no influyó en el venezolano)" en *Libro Homenaje a Tomás Polanco Alcántara*, Estudios de Derecho Público, Universidad Central de Venezuela, Caracas 2005, pp. 101-189.

la anuló por Real decreto de 4 de mayo del 1814, declarándola "de ningún valor ni efecto, ahora ni en tiempo alguno, como si no hubiesen pasado jamás tales actos, y se quitasen de en medio del tiempo," de manera que sus principios sólo comenzaron a influir en Europa y en la América Hispana, en realidad, con ocasión de su juramento por el Rey a partir de 1820.[487]

Estas notas están destinadas a analizar la recepción de los principios del constitucionalismo moderno derivados de las Revoluciones Francesa y Norteamericana en esas primeras Constituciones de la América Hispana que fueron adoptadas antes de la sanción de la Constitución de Cádiz de 1812, entre 1811 y 1812, en las Provincias de Venezuela y de la Nueva Granada; con alguna referencia final al régimen del municipalismo en las mismas.

II.   LOS INICIOS DEL PROCESO CONSTITUYENTE HISPANOAMERICANO EN LAS PROVINCIAS DE VENEZUELA Y DE LA NUEVA GRANADA: 1810–1811

El proceso constituyente de los nuevos Estados hispanoamericanos que surgieron a comienzos del siglo XIX, puede decirse que se inició, luego del fallido levantamiento de Quito del 10 de agosto de 1809, con el exitoso golpe de Estado que se produjo en la Provincia de Caracas el 19 de abril de 1810,[488] cuando el Cabildo Metropolitano de la Provincia de Caracas que presidía el Gobernador y Capitán General de la Capitanía General de Venezuela, Vicente de Emparan, lo depuso de su cargo junto con todas las autoridades españolas coloniales, conformándose entonces una "Junta Suprema Conservadora de los Derechos de Fernando VII,"[489] en lo que se puede considerar el primer acto constitucional de un nuevo gobierno, y el inicio de la conformación jurídica de un nuevo Estado en la América Hispana.[490]

Dicho proceso revolucionario tuvo un rápido proceso de expansión con motivo de su inmediata divulgación y comunicación a todos los demás Cabildos de las Provincias de la Capitanía General de Venezuela, lo que originó que se constituyeran Juntas en Cumaná (27 de abril), Barcelona (27 de abril), Margarita (1 de mayo), una Junta Superior de Gobierno y Conservación, en Barinas (5 de mayo), y la Junta Superior de Guayana (11 de mayo).[491] Posteriormente, el 16 de septiembre, el Cabildo de la ciudad de Mérida proclamó la Revolución del 19 de abril y se erigió en Junta Suprema de Gobierno, a la cual se adhirieron, el 11 de octubre, la ciudad de la Grita;

---

487   Véase lo que hemos expuesto en Allan R. Brewer-Carías, "La Constitución de Cádiz y los principios del constitucionalismo moderno: Su vigencia en Europa y en América," en Asdrúbal Aguiar (Coordinador), *La Constitución de Cádiz de 1812, fuente del derecho Europeo y Americano. Relectura de sus principios fundamentales. Actas del IV Simposio Internacional Unión Latina*, Ayuntamiento de Cádiz, Cádiz 2010, pp. 35-55.

488   Véase por ejemplo, Daniel Gutiérrez Ardila, *Un Nuevo Reino. Geografía Política, Pactismo y Diplomacia durante el interregno en Nueva Granada (1808-1816)*, Universidad Externado de Colombia, Bogotá 2010, p. 157 ss.

489   Véase el libro *El 19 de abril de 1810*, Instituto Panamericano de Geografía e Historia, Caracas 1957.

490   Véase en general Tomás Polanco, "Interpretación jurídica de la Independencia" en *El Movimiento Emancipador de Hispanoamérica, Actas y Ponencias*, Caracas, 1961, Tomo IV, pp. 323 y ss.

491   Véase en Daniel Gutiérrez Ardila, *Un Nuevo Reino... cit.*, p. 211.

el 14 de octubre, la Parroquia de Bailadores; el 21 de octubre, la parroquia de San Antonio del Táchira, y el 28 de octubre, la ciudad de San Cristóbal. Además, el 9 de octubre de 1810, el Ayuntamiento de Trujillo instaló la Junta Patriótica de Trujillo.[492]

Como se analizó anteriormente (Capítulo I), luego de convocadas elecciones para representar las diversas provincias en un Congreso General, de las Provincias de Venezuela, que se instaló en 2 de marzo de 1811 adoptando expresamente el principio de la separación de poderes para organizar el nuevo gobierno, procediendo a designar mientras se sancionaba la Constitución del Estado, a un Poder Ejecutivo plural, y de una Alta Corte de Justicia.

Desde su instalación se comenzó a hablar en todas las Provincias de la necesidad de la constitución de una "Confederación de las Provincias de Venezuela," en la cual las provincias debían conservar sus peculiaridades políticas propias, a cuyo efecto, a finales del mismo mes de marzo de 1811, el Congreso procedió a nombrar una comisión para redactar la Constitución de la Provincia de Caracas, la cual debía servir de modelo para que las demás Provincias de la Confederación dictasen la suya, a cuyo efecto, al mes siguiente, en abril de 1811, procedió a exhortar a las diversas "Legislaturas provinciales" a que acelerasen la formación de las respectivas Constituciones Provinciales.[493]

El 1° de julio de 1811, la sección del Congreso General por la Provincia de Caracas, procedió a proclamar una "Declaración de los Derechos del Pueblo,"[494] que fue la primera declaración de derechos fundamentales con rango constitucional que se adoptó en la historia constitucional luego de las dictadas después de la Revolución Francesa y de la Revolución Norteamericana. A los pocos días, el 5 de julio de 1811, el Congreso General aprobó la "Declaración de Independencia de Venezuela," pasando a denominarse la nueva nación, como "Confederación Americana de Venezuela";[495] y el 21 de diciembre de 1811, procedió a sancionar la que sería la primera Constitución de Venezuela y de todos los países hispanoamericanos, la Constitución Federal de los Estados de Venezuela,[496] directamente inspirada en los principios del constitucionalismo revolucionario de Norteamérica y de Francia.

---

492 Véase Tulio Febres Cordero (Compilador), *Actas de Independencia. Mérida, Trujillo, Táchira en 1810*, El Lápiz Ed., Mérida 2008.

493 Véase *Libro de Actas del Supremo Congreso de Venezuela 1811-1812*, Biblioteca de la Academia Nacional de la Historia, Caracas, 1959, Tomo II, p. 401.

494 Véase Allan R. Brewer-Carías, *Las Constituciones de Venezuela, op. cit.*, Tomo I, pp. 549-551.

495 Véase el texto de las sesiones del 5 de julio de 1811 en *Libro de Actas... cit.*, pp. 171 a 202. Véase el texto Acta de la Declaración de la Independencia, cuya formación se encomendó a Juan Germán Roscio, en P. Ruggeri Parra, *Historia Política y Constitucional de Venezuela*, Tomo I, apéndice, Caracas, 1949, pp. 79 y ss. Asimismo en Francisco González Guinán, *Historia Contemporánea de Venezuela*, Caracas, 1954, Tomo I, pp. 26 y ss.; y el Allan R. Brewer-Carías, *Las Constituciones de Venezuela, cit.*, Tomo I, pp. 545-548.

496 Véase el texto de la Constitución de 1811, en *La Constitución Federal de Venezuela de 1811 y Documentos afines* (Estudio Preliminar de C. Parra Pérez), Caracas, 1959, pp. 151 y ss., y en Allan R. Brewer-Carías, *Las Constituciones de Venezuela, cit.*, Tomo I, pp. 553 ss.

Antes de la sanción de la Constitución Federal de diciembre de 1811, pero después de que la Provincia de Caracas que ya hubiese iniciado en 1810 el proceso constituyente al transformarse su Cabildo en la Junta Suprema Conservadora de los Derechos de Fernando VII, otras Provincias de la antigua Capitanía General de Venezuela también habían iniciado sus procesos constituyente, habiendo incluso sancionado sendas Constituciones provinciales, como ocurrió en las Provincias de Barinas, Mérida y Trujillo.[497] Otras Provincias dictarían sus Constituciones con posterioridad, en 1812, como ocurrió en Barcelona y en Caracas.

En el caso de las provincias de la Nueva Granada, es decir, del antiguo Virreinato de Nueva Granada, después de la declaración de independencia adoptada en la ciudad del Socorro el 11 de julio de 1810, y unos días después, en Vélez, el proceso constituyente puede decirse que se inició el 20 de julio de 1810, cuando se declaró la independencia de la Provincia de Santafé (Cundinamarca) por un Cabildo Extraordinario que designó una Junta a cargo del Supremo Gobierno. A la misma también se le mandó a elaborar un Reglamento de elecciones para convocar a todas las provincias del reino de Nueva Granada para elaborar una "Constitución de Gobierno sobre bases de libertad e independencia respectiva de ellas, ligadas únicamente por un sistema federativo."

En el Acta respectiva de ese Cabildo Extraordinario, en todo caso, la Junta Suprema reconoció la autoridad de Fernando VII, sujetándose el nuevo Gobierno a la Superior Junta de Regencia de España, lo cual, sin embargo, fue inmediatamente revisado y rechazado en sesión de la misma Junta Suprema de 26 de julio de 1810.[498] Con posterioridad durante los meses siguientes del año 1810, también se instalaron gobiernos revolucionarios en casi todas las provincias del Nuevo Reino, como sucedió en Tunja donde se instaló una Junta el 26 de julio, y una Junta Suprema, el 18 de diciembre; en Neiva, el 27 de julio; en Girón, el 30 de julio; en Pamplona, donde se instaló una Junta Gubernativa el 31 de julio; en Santa Marta, donde se instaló una Junta Superior Provincial el 10 de agosto; en Popayán, donde se instaló una Junta Provisional y de Seguridad Pública el 11 de agosto; en Cartagena, donde se instaló una Junta Suprema el 14 de agosto; en Antioquia, donde se instaló un Congreso provincial el 30 agosto; en Casanare, donde se instaló una Junta Superior Provincial el 13 de septiembre; en Quito, donde se instaló una Junta Superior de Gobierno el 19 de septiembre; en Ibarra, donde se instaló una Junta provincial el 27 de septiembre; en Mompox, donde se instaló una Junta el 11 de octubre; y en Zipaquirá, donde se instaló una Junta, en diciembre de 1810. Al año siguiente, en 1811, además, se estableció la Junta de las Ciudades Amigas del valle del Cauca, el 1 febrero; y además, se instaló la Junta Suprema de Popayán, el 26 de junio.[499]

Las elecciones para el Congreso de las Provincias de Nueva Granada se comenzaron a realizar en las diversas provincias, en las cuales, además, en paralelo, se comenzaron a dictar Constituciones provinciales, de manera que antes de que se

---

497   Véase en general, Carlos Restrepo Piedrahita, *Primeras Constituciones de Colombia y Venezuela 1811–1830,* Universidad Externado de Colombia, Bogotá 1996, pp. 37 y ss.

498   Véase Carlos Restrepo Piedrahita, *Primeras Constituciones...,* pp. 22-26.

499   Véase en Daniel Gutiérrez Ardila, *Un Nuevo Reino... cit.,* pp. 211-213

formara el Estado "Provincias Unidas de la Nueva Granada" mediante Acta de la Federación de 27 de noviembre de 1811, se habían dictado las Constituciones de Socorro (1810) y de Cundinamarca (1811), esta última de carácter Monárquico, habiéndose dictado después del Acta de la Federación, las Constituciones de Tunja (1811), Antioquia (1812) Cartagena de Indias (1812), Popayán (1814), Pamplona (1815), Mariquita (1815) y Neiva (1815).

Antes de que se sancionara la Constitución Monárquica de Cádiz de 19 de marzo de 1812, por tanto, en la América Hispana ya se había iniciado un muy importante proceso constituyente inspirado directamente en los principios del constitucionalismo moderno, que fue el que originó la sanción de las antes mencionadas diversas Constituciones provinciales y, además, la constitución de dos nuevos Estados nacionales en la historia constitucional, con la sanción de la Constitución Federal para los Estados de Venezuela de 21 de diciembre de 1811 y el Acta de Confederación de las Provincias Unidas de la Nueva Granada de 27 de noviembre de 1811.

Ese proceso constituyente fue el que dio inicio el constitucionalismo Hispanoamericano, habiendo servido luego, de fuente fundamental de inspiración, para el desarrollo del constitucionalismo posterior, al menos en Venezuela y en Colombia, sin influencias de la Constitución de Cádiz de marzo de 1812.

Este estudio está destinado, precisamente, a analizar ese proceso constituyente inicial hispanoamericano y sus manifestaciones constitucionales ocurridas entre 1810 y 1812, precisamente antes de que se sancionara la Constitución de Cádiz de 19 de marzo de 1812.

III. LAS PRIMERAS CONSTITUCIONES PROVINCIALES EN 1811: BARINAS, MÉRIDA, TRUJILLO, SOCORRO, CUNDINAMARCA

Como se dijo, el efecto inmediato de la declaración de independencia de las provincias que formaban la antigua Capitanía General de Venezuela y el antiguo Virreinato de la Nueva Granada, fue que los antiguos Cabildos provinciales, convertidos en Juntas Supremas provinciales procedieran a dictar Constituciones provinciales, apuntando en ambos casos a un sistema federal o confederal que eventualmente uniese a las diversas provincias. Ese proceso de sanción de Constituciones provinciales ocurrió, en Venezuela antes de que se dictase la Constitución Federal de los Estados de Venezuela de diciembre de 1811 y en Colombia, antes de que se firmase el Acta de la Confederación de las Provincias Unidas de Nueva Granada de 27 de noviembre de 1811.

1. *Las primeras Constituciones provinciales en Venezuela antes de la constitución de un Estado nacional mediante la Constitución Federal de los Estados de Venezuela en 21 de diciembre de 1811*

En efecto, después de que se efectuó la elección de los diputados provinciales representantes al Congreso o Junta General de las Provincias de Venezuela, y conforme a la misma exhortación que este hizo a las Legislaturas Provinciales para que dictasen sus propias Constituciones, en las Provincias de Barinas, Mérida y Trujillo se sancionaron las Constituciones o documentos constitutivos de nuevos gobiernos que se indican a continuación.[500]

A. El Plan de Gobierno Provisional de la Provincia de Barinas de 26 de marzo de 1811

A los 24 días de la instalación del Congreso General, y cuatro días antes del nombramiento de la Comisión para la redacción de lo que sería el modelo de las Constituciones Provinciales, la Asamblea Provincial de Barinas, el 26 de marzo de 1811, adoptó un "Plan de Gobierno"[501] de 17 artículos, conforme al cual se constituyó una Junta Provincial o Gobierno Superior compuesto de 5 miembros a cargo de toda la autoridad en la Provincia, hasta que el Congreso de todas las Provincias venezolanas dictase la Constitución Nacional (art. 17).

En este Plan de Gobierno, sin embargo, no se estableció una adecuada separación de poderes en cuanto al poder judicial, que se continuó atribuyendo al Cabildo al cual se confió, además, la atención de los asuntos municipales (art. 4). En el Plan, se regularon las competencias del Cabildo en materia judicial, como tribunal de alzada respecto de las decisiones de los Juzgados subalternos (Art 6). Las decisiones del Cuerpo Municipal podían ser llevadas a la Junta Provincial por vía de súplica (art. 8).

B. La Constitución Provisional de la Provincia de Mérida de 31 de julio de 1811

En Mérida, el Colegio Electoral formado con los representantes de los pueblos de los ocho partidos capitulares de la Provincia (Mérida, La Grita y San Cristóbal y de las Villas de San Antonio, Bailadores, Lovatera, Egido y Timotes), adoptó una "Constitución Provisional que debe regir esta Provincia, hasta que, con vista de la General de la Confederación, pueda hacerse una perpetua que asegure la felicidad de la provincia."[502]

El texto de esta Constitución, con 148 artículos, se dividió en doce capítulos, en los cuales se reguló lo siguiente:

En el *Primer Capítulo*, se dispuso la forma de "gobierno federativo por el que se han decidido todas las provincias de Venezuela" (art. 1), atribuyéndose la legítima representación provincial al Colegio Electoral, representante de los pueblos de la Provincia (art. 2). Para la organización del gobierno éste se dividió en tres poderes: Legislativo, Ejecutivo y Judicial, correspondiendo el primero al Colegio Electoral; el segundo a un cuerpo de 5 individuos encargados de las funciones ejecutivas; y el tercero a los Tribunales de Justicia de la Provincia (art. 3). La Constitución declaró, además, que "Reservándose esta Provincia la plenitud del Poder Provincial para todo lo que toca a su gobierno, régimen y administración interior, deja en favor del

---

500   Véase Allan R. Brewer–Carías, *Instituciones Políticas y Constitucionales,* Tomo I, *Evolución histórica del Estado,* Editorial Jurídica Venezolana, Caracas 1996, pp. 277 y ss.

501   Véase *Las Constituciones Provinciales* ("Estudio Preliminar" de Ángel Francisco Brice), Academia Nacional de la Historia, Caracas 1959, pp. 334 y ss.

502   *Idem.,* pp. 253-294.

Congreso General de Venezuela aquellas prerrogativas y derechos que versan sobre la totalidad de las provincias confederadas, conforme al plan que adopte el mismo Congreso en su Constitución General" (art. 6).

En el *Segundo Capítulo* se reguló la Religión Católica, Apostólica y Romana como Religión de la Provincia (art. 1), prohibiéndose otro culto público o privado (art. 2). Se precisó, en todo caso, que "la potestad temporal no conocerá en las materias del culto y puramente eclesiásticas, ni la potestad espiritual en las puramente civiles sino que cada una se contendrá dentro de sus límites" (art. 4).

En el *Tercer Capítulo* se reguló el Colegio Electoral, como "legítima representación Provincial" con poderes constituyentes y legislativos provinciales (arts. 1, 2 y 35); su composición por ocho electores (art. 3) y la forma de la elección de los mismos, por sistema indirecto (arts. 3 a 31), señalándose que se debía exigir a los que fueran a votar, que "depongan toda pasión e interés, amistad, etc., y escojan sujetos de probidad, de la posible instrucción y buena opinión pública" (art. 10). Entre las funciones del Colegio Electoral estaba el "residenciar a todos los funcionarios públicos luego que terminen en el ejercicio de su autoridad" (art. 36).

En el *Cuarto Capítulo* se reguló al Poder Ejecutivo, compuesto por cinco individuos (art. 1), en lo posible escogidos de vecinos de todas las poblaciones de la provincia y no sólo de la capital (art. 2); con término de un año (art. 3); sin reelección (art. 4); hasta un año (art. 5). En este capítulo se regularon las competencias del Poder Ejecutivo (arts. 14 a 16) y se prohibió que "tomara parte ni se introduciera en las funciones de la Administración de Justicia" (art. 20). Se precisó, además, que la Fuerza Armada estaría "a disposición del Poder Ejecutivo" (art. 23), correspondiéndole además "la General Intendencia de los ramos Militar, Político y de Hacienda" (art. 24).

El *Capítulo Quinto* de la Constitución Provisional de la Provincia de Mérida, dedicado al Poder Judicial, comenzó señalando que "No es otra cosa el Poder Judicial que la autoridad de examinar las disputas que se ofrecen entre los ciudadanos, aclarar sus derechos, oír sus quejas y aplicar las leyes a los casos ocurrentes" (art. 1); atribuyéndose el mismo a todos los jueces superiores e inferiores de la Provincia, y particularmente al Supremo Tribunal de apelaciones de la misma (art. 2), compuesto por tres individuos, abogados recibidos (art. 3). En el capítulo se regularon, además, algunos principios de procedimiento y las competencias de los diversos tribunales (arts. 4 a 14).

En el *Capítulo Sexto* se reguló el "Jefe de las Armas" atribuyéndose a un gobernador militar y comandante general de las armas sujeto inmediatamente al Poder Ejecutivo, pero nombrado por el Colegio Electoral (art. 1) y a quien correspondía "la defensa de la Provincia" (art. 4). Se regularon, además, los empleos de Gobernador Político e Intendente, reunidos en el gobernador militar para evitar sueldos (art. 6), con funciones jurisdiccionales (arts. 7 a 10), teniendo el Gobernador Político el carácter de Presidente de los Cabildos (art. 11) y de Juez de Paz (art. 12).

El *Capítulo Séptimo* se destinó a regular "los Cabildos y Jueces inferiores"; se atribuyó a los Cabildos, la "policía" (art. 2); y se definieron las competencias municipales, englobadas en el concepto de policía (art. 3). Se reguló la Administración de Justicia a cargo de los Alcaldes de las ciudades y villas (art. 4), con apelación ante el Tribunal Superior de Apelaciones (art. 5).

En el *Capítulo Octavo* se reguló la figura del "Juez Consular", nombrado por los comerciantes y hacendados (art. 1), con la competencia de conocer los asuntos de comercio y sus anexos con arreglo a las Ordenanzas del consulado de Caracas (art. 3) y apelación ante el Tribunal Superior de Apelación (art. 4).

En el *Capítulo Noveno* se reguló la "Milicia," estableciéndose la obligación de toda persona de defender a la Patria cuando ésta sea atacada, aunque no se le pague sueldo (art. 2).

El *Capítulo Décimo* reguló el "Erario Público", como "el fondo formado por las contribuciones de los ciudadanos destinado para la defensa y seguridad de la Patria, para la sustentación de los ministros y del culto divino y de los empleados de la administración de Justicia, y en la colectación y custodia de las mismas contribuciones y para las obras de utilidad común (art. 1). Se estableció también el principio de legalidad tributaria al señalarse que "toda contribución debe ser por utilidad común y sólo el Colegio Electoral las puede poner" (art. 3), y la obligación de contribuir al indicarse que "ningún ciudadano puede negarse a satisfacer las contribuciones impuestas por el Gobierno" (art. 4).

El *Capítulo Undécimo* está destinado a regular "los derechos y obligaciones del Hombre en Sociedad", los cuales también se regulan en el *Capítulo Duodécimo y Último* que contiene "disposiciones generales". Esta declaración de derechos, dictada después que el 1º de julio del mismo año 1811 la Sección Legislativa del Congreso General para la Provincia de Caracas había emitido la *Declaración de Derechos del Pueblo,* sigue las mismas líneas de ésta, conforme al libro *"Derechos del Hombre y del Ciudadano con varias máximas republicanas y un discurso preliminar dirigido a los americanos"* atribuido a Picornel, y que circuló en la Provincia con motivo de la Conspiración de Gual y España de 1797.[503]

C.   *El Plan de Constitución Provisional Gubernativo de la Provincia de Trujillo de 2 de septiembre de 1811*

Los representantes diputados de los distintos pueblos, villas y parroquias de la Provincia de Trujillo, reunidos en la Sala Constitucional aprobaron un "Plan de Constitución Provincial Gubernativo"[504] el 2 de septiembre de 1811, constante de 9 títulos, y 63 artículos, en la siguiente forma:

El *Primer Título* está dedicado a la Religión Católica, como Religión de la Provincia, destacándose, sin embargo, la separación entre el poder temporal y el poder eclesiástico.

El *Título Segundo* reguló el "Poder Provincial", representado por el Colegio de Electores, electos por los pueblos. Este Colegio Electoral se reguló como Poder Constituyente y a él corresponderá residenciar a todos los miembros del Cuerpo Superior del Gobierno.

---

503   Véase la comparación en Pedro Grases, *La Constitución de Gual y España y el Ideario de la Independencia*, Caracas, 1978, pp. 71 y ss.

504   Véase *Las Constituciones Provinciales, cit.*, pp. 297-320.

El *Título Tercero* reguló la "forma de gobierno", estableciéndose que la representación legítima de toda la Provincia residía en el prenombrado Colegio Electoral, y que el Gobierno particular de la misma residía en dos cuerpos: el Cuerpo Superior de Gobierno y el Municipal o Cabildo.

El *Título Cuarto* reguló, en particular, el "Cuerpo Superior de Gobierno", integrado por cinco (5) vecinos, al cual se atribuyeron funciones ejecutivas de gobierno y administración.

El *Título Quinto*, reguló el "Cuerpo Municipal o de Cabildo" como cuerpo subalterno, integrado por cinco (5) individuos: dos alcaldes ordinarios, dos Magistrados (uno de ellos Juez de Policía y otro como Juez de Vigilancia Pública), y un Síndico personero.

El *Título Sexto*, relativo al "Tribunal de Apelaciones", atribuyó al Cuerpo Superior de Gobierno el carácter de Tribunal de Alzada.

El *Título Séptimo* reguló las "Milicias", a cargo de un Gobernador y Comandante General de las Armas de la Provincia, nombrado por el Colegio Electoral, pero sujeto inmediatamente al Cuerpo Superior de Gobierno.

El *Título Octavo*, reguló el Juramento que deben prestar los diversos funcionarios; y el *Título Noveno*, relativo a los "Establecimientos Generales", reguló algunos de los derechos de los ciudadanos.

2. *Las primeras Constituciones provinciales en La Nueva Granada anteriores a la constitución mediante Acta de la Confederación de las Provincias Unidas de Nueva Granada en 27 noviembre de 1811*

Como se dijo, luego de la declaración de independencia adoptada por el Cabildo de Santa Fé el 20 de julio de 1810, en las provincias de la Nueva Granada también se inició un proceso de elección de diputados al Congreso de las Provincias, que en noviembre de 1811 se constituirían, mediante un Acta de la Confederación, en el Estado nacional denominado "Provincias Unidas de Nueva Granada." Antes, sin embargo, se adoptaron Constituciones o formas de gobierno en el Estado del Socorro (1810) y en Cundinamarca (1811), siendo ésta última, sin embargo, una Constitución provincial Monárquica.

A. *Acta de la Constitución del Estado libre e independiente del Socorro de 15 de agosto de 1810*

El 15 de agosto de 1810, "el pueblo del Socorro, vejado y oprimido por las autoridades del antiguo Gobierno," desconociendo expresamente la autoridad del Consejo de regencia, consideró que había sido restituido "a la plenitud de sus derechos naturales e imprescriptibles de la libertad, igualdad, seguridad y propiedad," depositando el gobierno provisional en el Cabildo de la Villa del Rosario, el cual convocó a los Cabildos de la ciudad de Vélez y de la Villa de San Gil para que enviasen diputados para formar una Junta; considerándose revestido "de la autoridad pública que debe ordenar lo que convenga y corresponda a la sociedad civil de toda la Provincia, y lo que cada uno debe ejecutar en ella". La Junta del Socorro estimó, además, que "es incontestable que a cada pueblo compete por derecho natural determinar la clase de gobierno que más le acomode; también lo es que nadie debe ponerse al ejercicio de este derecho sin violar el más sagrado que es el de la libertad."

En consecuencia de estos principios, la Junta del Socorro, "representando al pueblo que la ha establecido," sentó las "bases fundamentales de su Constitución"[505] definidas en 14 artículos así:

Primero, se reconoció a la Religión cristiana (art. 1).

Segundo, de declararon varios derechos fundamentales, como la libertad y seguridad personales y de los bienes (art. 2), el derecho al trabajo (art. 3); y el derecho a la tierra y a la propiedad (art. 4). En el acta, además, se declaró que los indios, libres de tributo, entraban en sociedad "con los demás ciudadanos de la Provincia a gozar de igual libertad y demás bienes que proporciona la nueva Constitución."

Tercero, se reconoció la remuneración a los servidores de la patria (art. 5), y la rendición de cuentas del Tesoro (art. 6).

Cuarto, se estableció el principio de la alternabilidad del gobierno, declarándose que "Toda autoridad que se perpetúa está expuesta a erigirse en tiranía" (art. 7); y el carácter representativo del gobierno, cuyos agentes debían ser elegidos anualmente (art. 8).

Quinto, el gobierno se organizó conforme al principio de la separación de poderes, correspondiendo el Poder Legislativo a una Junta de Representantes con potestad de dictar las "leyes del nuevo Gobierno" (art. 9); el Poder Ejecutivo a los Alcaldes Ordinarios (art. 10).

Sexto, se garantizó el reconocimiento de la autoridad por el pueblo (art. 11), no pudiendo éste ejercer su soberanía sino por convocatoria de la Junta (art. 12).

Séptimo, se garantizó que el territorio de la Provincia del Socorro jamás podría "ser aumentado por derecho de conquista" (art. 13), declarándose que el Gobierno del Socorro daría auxilio y protección a todo Pueblo que quisiera reunírsele "a gozar de los bienes que ofrecen la libertad e igualdad que ofrecemos como principios fundamentales de nuestra felicidad" (t. 14).

Por último, el gobierno de la provincia declaró que sólo depositaría en un Congreso Nacional, "la parte de derechos que puede sacrificar sin perjuicio de la libertad que tiene para gobernarse dentro de los límites de su territorio, sin la intervención de otro Gobierno."

B.   *La Constitución Monárquica de Cundinamarca de 30 de marzo de 1811*

En marzo de 1811 se conformó en Santa Fe de Bogotá, como asamblea constituyente, el "Colegio Constituyente y Electoral de la Provincia de Cundinamarca" que sancionó, el 30 de marzo de 1811, la Constitución de Cundinamarca,[506] la cual con

---

505   Véase el texto en Jorge Orlando Melo, *Documentos constitucionales colombianos, 1810-1815,* en http://www.jorgeorlandomelo.com/bajar/documentosconstitucionales1.pdf

506   Véase el texto en Jorge Orlando Melo, *Documentos constitucionales colombianos, 1810-1815,* en http://www.jorgeorlandomelo.com/bajar/documentosconstitucionales1.pdf

321 artículos, fue la primera Constitución Provincial colombiana propiamente dicha,[507] la cual fue promulgada el 4 de abril de 1811.

Esta Constitución, sin embargo, no fue una constitución republicana, sino más bien una Constitución Monárquica que no sólo fue adoptada en nombre de Fernando VII, sino que en ella se lo proclamó "Rey de los cundinamarqueses," recogiéndose sin embargo los principios fundamentales del constitucionalismo moderno organizando al Estado provincial como una Monarquía Constitucional. En efecto, como lo dice el Decreto de promulgación, firmado por el Presidente del Estado, Jorge Tadeo Lozano de Peralta en su carácter de "Vicegerente de la Persona del Rey," la Constitución se adoptó por el Rey "Don Fernando VII, por la gracia de Dios y por la voluntad y consentimiento del pueblo, legítima y constitucionalmente representado," mediante el Colegio Constituyente que representaba "la soberana voluntad del pueblo cundinamarqués, expresada libre y solemnemente en dicha Constitución." La Constitución estuvo dividida en los siguientes Títulos:

En el *Título I* sobre la *forma de Gobierno y sus Bases*, se hizo mención al carácter de la representación que adoptó la Constitución, como "libre y legítimamente constituida por elección y consentimiento del pueblo de esta provincia, que se estimó había recuperado su soberanía, pero como "parte de la Monarquía española" (art. 1). En consecuencia, en el artículo 2 se "ratifica su reconocimiento a Fernando VII" aún cuando en la forma establecida en la Constitución; y en el artículo 4 se declara que "la Monarquía de esta provincia será constitucional, moderando el poder del Rey una Representación Nacional permanente." Por tanto, con excepción del Rey que era vitalicio, todos los funcionarios de la Representación Nacional, que era "la reunión de los funcionarios de los tres Poderes" (art. 12), debían ser "electivos por tiempo limitado" (art. 11).

En la Constitución se adoptó el principio de la separación de poderes entre los Poderes Ejecutivo, Legislativo y Judicial disponiéndose que debían ejercitarse "con independencia unos de otros; aunque con el derecho de objetar el Poder Ejecutivo lo que estime conveniente a las libertades del Legislador en su caso y lugar" (art. 5); declarándose que "la reunión de dos o tres funciones de los Poderes Ejecutivo, Legislativo y Judicial en una misma persona, o corporación, es tiránica y contraria por lo mismo a la felicidad de los pueblos" (art. 12). En esta forma, el Poder Ejecutivo se atribuyó al Rey (art. 6), el Poder Legislativo se atribuyó a un Cuerpo legislativo (art. 7), y el Poder Judicial se asignó a los Tribunales de la provincia (art. 8). Se estableció, además, un alto Tribunal que se denominó "Senado de Censura", "para sostener esta Constitución y los derechos del pueblo, a fin de que de oficio o requerido por cualquiera ciudadano, reclame cualquiera infracción o usurpación de todos o cada uno de los tres Poderes Ejecutivo, Legislativo y Judicial que sea contra el tenor de la Constitución" (art. 9).

En materia de derechos fundamentales, en el artículo 16 se garantizó "a todos sus ciudadanos los sagrados derechos de la Religión, propiedad y libertad individual, y la de la imprenta, siendo los autores los únicos responsables de sus producciones y

---

507   Carlos Restrepo Piedrahita no consideró el Acta de Constitución de la Provincia de Socorro de 1810 como un verdadero texto constitucional. Véase *Primeras Constituciones ...*, pp. 26-27.

no los impresores, siempre que se cubran con el manuscrito del autor bajo la firma de éste, y pongan en la obra el nombre del impresor, el lugar y el año de la impresión." Además, se garantizó la inviolabilidad de la correspondencia (art. 17), y la "libertad perfecta en su agricultura, industria y comercio" (art. 18).

En la Constitución, por otra parte, "la provincia Cundinamarquesa, con el fin de efectuar la importante y deseada unión de todas las provincias que antes componían el Virreinato de Santafé, y de las demás de la Tierra Firme que quieran agregarse a esta asociación y están comprendidas entre el mar del Sur y el Océano Atlántico, el río Amazonas y el Istmo de Panamá," convino en "el establecimiento de un Congreso Nacional compuesto de todos los representantes que envíen las expresadas provincias" (art. 19); en el cual la provincia cundinamarquesa dimitiría "aquellos derechos y prerrogativas de la soberanía que tengan, según el plan general que se adopte, íntima relación con la totalidad de las provincias de este Reino en fuerza de los convenios, negociaciones o tratados que hiciere con ellas, reservándose, como desde luego se reserva, la soberanía en toda su plenitud para las cosas y casos propios de la provincia en particular, y el derecho de negociar o tratar con las otras provincias o con otros Estados." (art. 20).

En el *Título II* sobre la *Religión*, se declaró que "la Religión Católica, Apostólica, Romana es la Religión de este Estado" (art. 1), no permitiéndose otro culto público ni privado (art. 2); regulándose las bases para la negociación de un Concordato con la Santa Sede (art. 3).

En el *Título III* sobre la *Corona*, se declaró formalmente que la Provincia de Cundinamarca se erigía "en Monarquía constitucional para que el Rey la gobierne según las leyes, moderando su autoridad por la Representación Nacional que en esta Constitución se expresa y determina" (art. 1); destinándose varias normas a regular la figura y función del Rey (arts. 2 a 9), declarándose que "la Corona de Cundinamarca es incompatible con cualquiera otra extraña que no sea de aquellas que al principio del año de 1808 componían el Imperio español"(art. 10).

En el *Título IV* sobre la *Representación Nacional*, se ratificó que la misma "se compone del Presidente y Vicepresidente, Senado de Censura, dos consejeros del Poder Ejecutivo; los miembros del Legislativo y los tribunales que ejercen el Poder Judicial" (art. 1); considerándose al Rey como el "Presidente nato de la Representación Nacional, en su defecto, el presidente nombrado por el pueblo" (art. 2). En este Título, además, se reguló la forma de revisar la Constitución que corresponde al Colegio Electoral (arts. 4 a 13); las condiciones para ser miembro de la Representación nacional (arts. 14 a 15); y los signos distintivos y tratos a sus cuerpos (arts. 16 a 1).

En el *Título V* sobre el *Poder Ejecutivo* se ratificó que su ejercicio en la provincia "corresponde al Rey, cuando se halle dentro de su territorio y no esté impedido" por alguno de los motivos expresados en la Constitución (art. 8, Título III); disponiéndose que "a falta del Rey, entra en el ejercicio del Poder Ejecutivo el Presidente de la Representación Nacional" (art. 3), asistido de dos secretarios (arts. 17 a 20). En el artículo 10 se precisó que al Poder Ejecutivo correspondía el ejercicio "de todas las funciones relativas al gobierno político, militar y económico de esta provincia, en todo aquello que no sea legislativo o contencioso, y sujetándose al tenor de las leyes, para cuya ejecución podrá publicar bandos, proclamas y decretos;" disponiéndose, en particular, la competencia en materia de la fuerza armada (art. 11);

de recaudación inversión y custodia de los caudales públicos(art. 12); de provisión de todos los empleos civiles, militares, económicos y de hacienda (art. 14).Además, se le asignó al poder Ejecutivo, la "protección todos los establecimientos públicos destinados a la instrucción de la juventud, al fomento de la industria, a la prosperidad del comercio y al bien general de toda la Provincia" (art. 16). Por último, se asignó al Poder Ejecutivo la potestad de promulgar y hacer poner en práctica las leyes que dicte el Poder Legislativo (art. 21), con el derecho a poder objetarlas (art. 23) y devolverlas por inconstitucionales (art. 24), en cuyo caso, el Poder legislativo si estimaba que las objeciones eran fútiles o arbitrarias, debía someter la cuestión al Senado (art. 26). En el Título se estableció una detallada regulación sobre el ejercicio de las funciones ejecutivas (arts. 27 a 56).

En el *Título VI* sobre el *Poder Legislativo*, se reafirmó el carácter representativo del mismo, cuyos miembros debían ser nombrados por el pueblo (art. 1), estableciéndose una detallada regulación sobre la forma de elección y evocación de los miembros; sobre el ejercicio de la función legislativa (arts. 2 a 13); sobre el procedimiento de formación de las leyes (art. 14 a 19); reservándose al Poder Legislativo la "facultad de interpretar, ampliar, restringir, o comentar las leyes," al punto de indicarse que "el Poder Ejecutivo y el Judicial deberán seguirlas a la letra; y en caso de duda consultar al Cuerpo Legislativo"(art. 20). En el Título, además, se garantizó la irretroactividad de la ley (art. 20) y se regularon detalladamente las diversas competencias del Poder Legislativo (arts. 22 a 41).

En el *Título VII* sobre el *Poder Judicial*, se definió el rol del Poder Judicial (art. 1) especificándose que correspondía a los tribunales superiores de la provincia y a los Tribunales de apelación y de primera instancia (art. 33–51), los jueces subalternos y las municipalidades (art. 52–54), garantizándose la separación de poderes al disponerse que "por ningún caso podrá entrometerse en lo relativo a los Poderes Ejecutivo y Legislativo, aunque sea de un asunto contencioso" (art. 2). Se estableció, además, al Senado integrado por cinco senadores electos, como el primer Tribunal de la Provincia preferente a todos los demás (arts. 3–32), con la función de "velar sobre el cumplimiento exacto de esta Constitución e impedir que se atropellen los derechos imprescriptibles del pueblo y del ciudadano" (art. 4). En el Título sobre el Poder Judicial, además, se regularon derechos fundamentales en los enjuiciamientos como la limitación de la confiscación (art. 41), la seguridad de las personas detenidas (art. 42), la detención sólo mediante decisión judicial motivada (art. 43) y en el lugar acordado (art. 45), la limitación a la incomunicación del detenido (art. 44), la inviolabilidad del hogar doméstico, considerándoselo como asilo inviolable por la noche (art. 47).

En el *Título VIII* sobre las *Elecciones,* se dispuso el detallado régimen de las elecciones primarias, parroquiales o de apoderados, en forma indirecta, correspondiendo a los parroquianos listados en el padrón de la localidad, elegir a los electores de la parroquia (art. 1–28), a razón de un apoderado por cada 500 almas (art. 9), cuando obtuviese "la pluralidad absoluta [de votos], esto es, uno sobre la mitad de todos los sufragios" (art. 16). Los apoderados entonces, convocados por el Corregidor, debían ser convocados a las elecciones secundarias o de partido, a los efectos de elegir un sujeto por cada 5.000 almas para que en la capital procedieran a elegir los electores de partido (art. 40), que formaban el Colegio Electoral (art. 41). Estos debían concurrir a la capital de Cundinamarca, ante el Presidente de la Provincia (art. 41), para elegir a los miembros del Cuerpo Legislativo (art. 62), en razón de un representante por cada 10.000 almas.(art. 43), en votos públicos y escritos (art. 49); para Presidente (art. 52, 53), con el voto de más de la mitad de los sufragios de todos los electores (art. 54), y para Vicepresidente (art. 59), consejeros (art. 61). En cuanto a la elección de los individuos del Senado y del Tribunal de apelaciones los mismos se debían elegir en los mismos términos y por las mismas reglas establecidas para la elección de los miembros del Cuerpo Legislativo (art. 63). Al Colegio Electoral también correspondía la elección de los representantes de la Provincias para el Congreso General del Reino (art. 69).

En el *Título IX* sobre la *Fuerza Armada*, se definió su objeto de "defender al Estado de todo ataque y toda irrupción enemiga, evitar conmociones y desórdenes en lo interior, y celar el cumplimiento de las leyes" (art. 1), considerándosela como "esencialmente obediente, y por ningún caso tiene derecho de deliberar, sino que siempre debe estar sumisa a las órdenes de sus jefes" (art. 9). Todo individuo se consideró como soldado nato de la patria (art. 2) regulándose el alistamiento obligatorio para todos los ciudadanos (art. 7), Para los casos comunes y la policía interior se previó la existencia de tropas veteranas (art. 4). Para evitar que los jefes abusen de su autoridad en perjuicio de los derechos del pueblo y en trastorno del Gobierno, se dispuso la división de las tropas en muchas porciones, independientes unas de otras (art. 10), y se prohibió absolutamente y sin la menor dispensa, el que la totalidad de la fuerza armada de la provincia se pusiera a las órdenes de un solo hombre (art. 11).

En el *Título X* sobre el *Tesoro Nacional,* se reguló la obligación de los ciudadanos de "contribuir para el culto divino y la subsistencia para los Ministros del Santuario; para los gastos del Estado, la defensa y seguridad de la patria, el decoro y la permanencia de su Gobierno, la administración de justicia y la Representación Nacional" (art. 1); regulándose los impuestos, y contribuciones (art. 2) como competencia del Cuerpo Legislativo (art. 3).

En el *Título XI* sobre *la Instrucción Pública,* destacándose el valor de la misma para el hombre (art. 1), e imponiéndose la obligación de todos los poblados de establecer "escuelas de primeras letras y dibujo, dotadas competentemente de los fondos a que corresponda, con separación de los dos sexos" (art. 2). Se garantizó el derecho de cualquier ciudadano de abrir escuela de enseñanza pública sujetándose al examen del Gobierno, con la calidad de obtener su permiso y estar bajo la inspección de la Sociedad patriótica (art. 6). Los colegios y la Universidad quedaron bajo la inspección y protección del Gobierno (art. 8).

En el *Título XII* sobre los *derechos del hombre y del ciudadano*, siguiendo el texto de la Declaración Francesa de 1789, se declaró que "los derechos del hombre en sociedad son la igualdad y libertad legales, la seguridad y la propiedad" (art. 1); regulándose la libertad y sus límites (arts. 2– 4) y el respeto a los demás (art. 7); el carácter de la ley como "la voluntad general explicada" por el pueblo mediante sus "representantes legítimamente constituidos"(art. 5); la igualdad (art. 6); la seguridad y el derecho a la protección (art. 8); el derecho de propiedad (art. 9) y el régimen de la expropiación sujeta a "una justa y precisa indemnización (art. 10); la libertad de manifestar opiniones "por medio de la imprenta, o de cualquiera otro modo que no le sea prohibido, en uso de su libertad y propiedad legal"(art. 11); el régimen de las contribuciones (art. 12); el derecho al sufragio para elegir representantes (art. 13);

los derechos al debido proceso (art. 13); el régimen de la soberanía que "reside esencialmente en la universalidad de los ciudadanos"(art. 15); y las limitaciones a la condición de ciudadanos (art. 16).

En el *Título XII* sobre los *deberes del ciudadano,* se reguló la obligación de los ciudadanos de conservar la sociedad (art. 1); de observar la Constitución y las leyes (art. 2); de defender y servir a la sociedad (art. 3); considerando que "no es buen ciudadano el que no es buen hijo, buen padre, buen hermano, buen amigo, buen esposo" (art. 4) o "no observa religiosamente las leyes, el que por intrigas, cábalas y maquinaciones elude su cumplimiento, y el que sin justo motivo se excusa de servir a la Patria"(art. 5).

La Constitución de Cundinamarca fue remitida formalmente a la provincia de Venezuela, desde donde el Poder Ejecutivo de caracas contestó mediante comunicación oficial de fecha de julio de 1811 dirigida al Presidente de Cundinamarca, indicando "el acelerado paso de la Constitución reglada por el reconocimiento de un rey, no puede menos que hacerla viciosa o diametralmente opuesta a la resolución que acaba de tomar el Supremo Congreso de Venezuela," el cual el día anterior, el 5 de julio venía de declarar la Independencia de las provincias de Venezuela, puntualizando la diferencia entre ambos procesos: "porque la de Cundinamarca entra ratificando el reconocimiento de un Rey y Venezuela no reconoce ni reconocerá ninguno. Su Gobierno es y será libre y ella no obedecerá ni admitirá otras leyes que las que dicten sus representantes y sancionen los pueblos; concluyendo que "no es posible que este Soberano Congreso se congratule con la Constitución mencionada."[508]

La Constitución de Cundinamarca, en todo caso, fue revisada en fecha 17 de abril de 1812 por considerar que la misma "necesitaba de revisión por haberse formado precipitadamente para satisfacer a los deseos y a las instancias de los pueblos que exigían el que con prontitud se les diese alguna.". En la revisión, elevándose su articulado a 382 artículos, se eliminó el régimen monárquico, estableciéndose en cambio una República con un gobierno popular representativo (art. 1, Sección II); "representada por tres distintos Poderes; conviene a saber: Legislativo, Ejecutivo y Judicial" (art. 2), que "se ejercitarán con independencia unos de otros" (art. 3).

IV. LAS PRIMERAS CONSTITUCIONES NACIONALES EN 1811: LA CONSTITUCIÓN FEDERAL DE LOS ESTADOS DE VENEZUELA Y EL ACTA DE LA CONFEDERACIÓN DE LAS PROVINCIAS UNIDAS DE NUEVA GRANADA

Luego del inicio del proceso de independencia, y de la adopción de las primeras Constituciones Provinciales en 1810 y 1811, tanto en las Provincias de Venezuela como de la Nueva Granada, como antes se dijo, se inician sendos procesos de elección de diputados provinciales para integrar sendos Congresos nacionales constituyentes con el objeto de configurar Estados nacionales, siendo el resultado inmediato de ello, a finales de 1811, la sanción de la Constitución de la Confederación de los Estados de Venezuela de 21 de diciembre de 1811; y la firma del Acta de la Confe-

---

508   Véase *Textos Oficiales de la primera República de Venezuela,* Biblioteca de la Academia de Ciencias Políticas y Sociales, Caracas 1982, Tomo II, pp. 21-24.

deración de las Provincias Unidas de Nueva Granada de 27 noviembre de 1811. La primera tuvo el contenido y estructura de una Constitución moderna, estableciendo una Federación, pudiendo considerarse como la primera Constitución nacional sancionada en la América Hispana; no así la segunda, la cual realmente lo que estableció fueron las bases de una Confederación de Estados.

1. *La Constitución Federal para los Estados de Venezuela de 21 de diciembre de 1811*

La Constitución Federal para los Estados de Venezuela, que como lo destacó Carlos Restrepo Piedrahita, "fue la primera Constitución *nacional* en el continente americano,"[509] fue sancionada por el Congreso General el 21 de diciembre de 1811,[510] integrado por los representantes de las provincias de Margarita, de Mérida, de Cumaná, de Barinas, de Barcelona, de Trujillo y de Caracas,[511] y aún cuando no tuvo vigencia real superior a un año debido al inicio de las guerras de independencia, condicionó la evolución de las instituciones políticas y constitucionales venezolanas hasta nuestros días; habiendo recogido en su texto todos los principios del constitucionalismo moderno derivado de las revoluciones norteamericana y francesa. En sus 228 artículos se reguló, entonces, el Poder Legislativo (arts. 3 a 71), el Poder Ejecutivo (arts. 72 a 109), el Poder Judicial (arts. 110 a 118), las Provincias (arts. 119 a 134) y los Derechos del Hombre que se respetará en toda la extensión del Estado (arts. 141 a 199). En el Capítulo I, además, se reguló la Religión, proclamándose a la Religión Católica, Apostólica y Romana como la religión del Estado y la única y exclusiva de los habitantes de Venezuela (Art. 1).

Los principios fundamentales del constitucionalismo moderno se recogieron en esta Constitución federal de 1811, tal como se ha explicado en el capítulo II, por lo que ahora destacamos elementos esenciales del texto.

A. *La idea de Constitución*

La idea de Constitución, como documento escrito, de valor superior y permanente, conteniendo las normas fundamentales de organización del Estado y la de Declaración de los Derechos de los Ciudadanos, con el carácter de ley suprema ubicada por encima de los poderes del Estado y de los ciudadanos, y no modificable por el Legislador ordinario se plasmó en la Constitución Federal para los Estados de Venezuela de 21 de diciembre de 1811, la cual, de la Constitución Norteamericana recibió la influencia de la forma federal del Estado, del presidencialismo como sistema

---

509   Véase Carlos Restrepo Piedrahita, *Primeras Constituciones...*, p. 21.

510   Véase el texto en Allan R. Brewer–Carías *Las Constituciones de Venezuela, cit.*, Tomo I, pp. 553-581. Además, en *La Constitución Federal de Venezuela de 1811 y documentos afines*, Biblioteca de la Academia Nacional de la Historia, Caracas 1959, pp.

511   Véase *Libro de Actas del Supremo Congreso de Venezuela 1811–1812*, (Estudio Preliminar: Ramón Díaz Sánchez), Biblioteca de la Academia Nacional de la Historia, 2 vols. Caracas 1959. Véase además, Juan Garrido Rovira, "La legitimación de Venezuela (El Congreso Constituyente de 1811)", en Elena Plaza y Ricardo Combellas (Coordinadores), *Procesos Constituyentes y Reformas Constitucionales en la Historia de Venezuela: 1811–1999*, Universidad Central de Venezuela, Caracas 2005, tomo I, pp. 13–74; e Irene Loreto González, *Algunos Aspectos de la Historia Constitucional Venezolana*, Academia de Ciencias Políticas y Sociales, Caracas 2010, pp. 79 ss.

de gobierno dentro del esquema de la separación de poderes, y del control de la constitucionalidad consecuencia de la garantía objetiva de la Constitución. Sin embargo, en su redacción, el texto constitucional de 1811 recibió la influencia directa de la Constitución Francesa, particularmente en la regulación detallada de la forma de elección indirecta de los representantes, en el reforzamiento de la separación de poderes, y en la extensa Declaración de Derechos fundamentales que contiene.

Con frecuencia se ha indicado que el texto de la Constitución venezolana de 1811 fue una copia de la Constitución norteamericana, lo que no es exacto, no sólo por el contenido de ambas, sino por la extensión de los textos: 7 artículos –aún cuando extensos cada uno– en la Constitución americana de 1787, contra los 228 artículos de la Constitución venezolana de 1811. En realidad, este texto se inspiró de principios de la Constitución norteamericana y a la vez, de la redacción del texto de las Constituciones francesas revolucionarias, tanto en su parte dogmática como en su parte orgánica.

En todo caso, lo importante a retener es que la Constitución Federal para los Estados de Venezuela, se concibió como la norma suprema e inviolable, fuera del alcance del legislador ordinario, como se plasmó expresamente en su artículo 227 al indicar que:

> "Las leyes que se expidan contra el tenor de ella no tendrán ningún valor sino cuando hubieren llenado las condiciones requeridas para una justa y legítima revisión y sanción."

En el mismo sentido, luego de la enumeración de los derechos del hombre, el artículo 199 de la Constitución de 1811 precisó que dichos derechos:

> "Están exentos y fuera del alcance del poder general ordinario del gobierno y que, conteniendo o apoyándose sobre los indestructibles y sagrados principios de la naturaleza, toda ley contraria a ellos que se expida por la legislatura federal o por las provincias será absolutamente nula y de ningún valor."

B.   *El principio de la soberanía nacional, el republicanismo y el gobierno representativo*

El principio de la soberanía del pueblo también se recogió en el proceso constituyente iniciado en Venezuela en 1810 y en la Constitución de 1811. En efecto, debe recordarse que al instalarse la Junta Suprema de Venezuela Conservadora de los Derechos de Fernando VII, deponiendo al Gobernador Emparan del mando de la Provincia de Venezuela, la misma asumió el "mando supremo" o "suprema autoridad" de la Provincia,[512] "por consentimiento del mismo pueblo."[513] La motivación de esta Revolución se expuso en el texto del Acta, en la cual se consideró que por la disolución de la Junta Suprema Gubernativa de España, que suplía la ausencia del

---

512   Véase el texto del Acta del Ayuntamiento de Caracas de 19 de Abril de 1810 en Allan R. Brewer-Carías, *Las Constituciones de Venezuela, cit.,* Tomo I, pp. 531-533.

513   Así se establece en la "Circular" enviada por el Ayuntamiento el 19 de abril de 1810 a las autoridades y corporaciones de Venezuela. Véase J. F. Blanco y R. Azpúrua, *Documentos para...*, *op. cit.,* Tomo II, pp. 401-402. Véase también en *Textos Oficiales...*, *cit.,* Tomo I, p. 105.

Monarca, el pueblo había quedado en "total orfandad", razón por la cual se estimó que:

"El derecho natural y todos los demás dictan la necesidad de procurar los medios de conservación y defensa y de erigir en el seno mismo de estos países un sistema de gobierno que supla las enunciadas faltas, ejerciendo los derechos de la soberanía, que por el mismo hecho ha recaído en el pueblo".

Desde el inicio, por tanto, la idea de la soberanía cuyo titular era el pueblo fue un motor fundamental de la Revolución, siguiendo el enunciado francés, al punto de que al desconocer el Consejo de Regencia que la Junta Suprema Gubernativa de España había nombrado, el Ayuntamiento argumentó que:

"No puede ejercer ningún mando ni jurisdicción sobre estos países, porque *ni ha sido* constituido *por el voto de estos fieles habitantes*, cuando han sido ya declarados, no colonos, sino partes integrantes de la corona de España, y, como tales han sido llamados al ejercicio de la *soberanía* interna y a la reforma de la Constitución Nacional." [514]

Soberanía del pueblo y ausencia de representación fueron por tanto parte de los motivos de la Revolución, como se expresó en comunicación del 3 de mayo de 1810, que la Junta Suprema de Caracas dirigió a la Junta Suprema de Cádiz y a la Regencia, cuestionando la asunción por esas corporaciones:

"que sustituyéndose indefinidamente unas a otras, sólo se asemejan en atribuirse todas una delegación de la soberanía que, no habiendo sido hecha ni por el Monarca reconocido, ni por la gran comunidad de españoles de ambos hemisferios, no puede menos de ser absolutamente nula, ilegítima, y contraria a los principios sancionados por nuestra legislación." [515]

La Junta de Caracas en dicha comunicación agregaba que:

"De poco se necesitará para demostrar que la Junta Central carecía de una verdadera representación nacional; porque su autoridad no emanaba originariamente de otra cosa que de la aclamación tumultuaria de algunas capitales de provincias, y porque jamás han tenido en ellas los habitantes del nuevo hemisferio la parte representativa que legítimamente les corresponde. En otras palabras, desconocemos al nuevo Consejo de Regencia." [516]

Ello precisamente fue lo que había provocado en Caracas, como se expresó en el Acta de otra sesión del Ayuntamiento del mismo día 19 de abril de 1810, el "establecimiento del nuevo gobierno"[517] a cargo de "una Junta Gubernativa de estas Provincias, compuesta del Ayuntamiento de esta Capital y de los vocales nombrados

---

514   Lo que afirma de nuevo, en comunicación enviada al propio Consejo de Regencia de España explicando los hechos, razones y fundamentos del establecimiento del nuevo gobierno. Véase J. F. Blanco y R. Azpúrua, *Documentos para...*, *cit.*, Tomo II, p. 408; y *Textos oficiales, op. cit.*, Tomo I, pp. 130 y ss.

515   Véase *Textos oficiales, op. cit.*, p. 130.

516   *Idem.*, p. 134.

517   Véase el texto en J.F. Blanco y R. Azpúrua, *Documentos para...*, *op. cit.*, Tomo I, p. 393.

por el voto del pueblo,"[518] como manifestación tanto de "la revolución de Caracas" como de "la independencia política de Caracas," a las que aludía un Manifiesto de la Junta Gubernativa en el cual prometió:

"Dar al nuevo gobierno la forma provisional que debe tener, mientras una Constitución aprobada por la *representación nacional legítimamente constitui-da,* sanciona, consolida y presenta con dignidad política a la faz del universo la provincia de Venezuela organizada, y gobernada de un modo que haga felices a sus habitantes, que pueda servir de ejemplo útil y decoroso a la América"[519].

Y fue precisamente esa representación nacional integrada en el Congreso General de 1811, la que adoptó la Declaración de Derechos del Pueblo de 1 de julio de 1811,[520] en la cual, en los primeros dos artículos de la Sección de "Soberanía del Pueblo," se dispuso que:

"*Artículo 1.* La soberanía reside en el pueblo; y el ejercicio de ella en los ciudadanos con derechos a sufragio, por medio de sus apoderados legalmente constituidos.

Artículo 2. La soberanía, es por su naturaleza y esencia, imprescriptible, inajenable e indivisible.

Además, fue la misma representación nacional la que sancionó la Constitución Federal en diciembre de 1811, en la cual se definió la soberanía popular conforme a la misma orientación, así:

Artículo 143. Una sociedad de hombres reunidos bajo unas mismas leyes, costumbres y gobiernos forma una soberanía.

Artículo 144. La soberanía de un país, o supremo poder de reglar o dirigir equitativamente los intereses de la comunidad, reside, pues esencial y originalmente en la masa general de sus habitantes y se ejercita por medio de apoderados o representantes de éstos, nombrados y establecidos conforme a la Constitución".

Conforme a estas normas, por tanto, en las antiguas Provincias coloniales de España que formaron Venezuela, la soberanía del Monarca Español cesó y comenzó la soberanía a ejercerse por el pueblo, que se dio a sí mismo una Constitución a través de sus representantes electos que formaron su Congreso constituyente. Por ello, la Constitución de 1811, comienza señalando:

"En nombre de Dios Todopoderoso, Nos, el pueblo de los Estados de Venezuela, usando de nuestra soberanía... hemos resuelto confederarnos solemnemente para formar y establecer la siguiente Constitución, por la cual se han de gobernar y administrar estos Estados".

---

518 Así se denomina en el manifiesto del 1° de mayo de 1810. Véase en *Textos oficiales...*, cit., Tomo I. p. 121.

519 Véase el texto en J. F. Blanco y R. Azpúrua, *Documentos para...*, op. cit., Tomo II, p. 406, y en *Textos oficiales...*, cit., Tomo I, p. 129.

520 Véase el texto en Allan R. Brewer-Carías, *Las Constituciones de Venezuela, cit.,* Tomo I, pp. 549-551.

La idea del pueblo soberano, por tanto, que no sólo proviene de la Revolución Francesa sino antes, de la Revolución Americana, se arraigó en el constitucionalismo venezolano desde 1811, contra la idea de la soberanía monárquica que aún imperaba en España en ese momento, y contra la cual se inició el proceso de independencia. Y de allí el republicanismo y de la representatividad como forma de gobierno, que se ejerce siempre mediante representantes, habiéndose indicado en la Constitución de 1811, como se dijo, que la soberanía se ejercita sólo "por medio de apoderados o representantes de éstos, nombrados y establecidos conforme a la Constitución" (art. 144). Por ello, agregó la Constitución de 1811:

> "*Artículo 146.* Ningún individuo, ninguna familia, ninguna porción o reunión de ciudadanos, ninguna corporación particular, ningún pueblo, ciudad o partido, puede atribuirse la soberanía de la sociedad que es imprescindible, inajenable e indivisible, en su esencia y origen, ni persona alguna podrá ejercer cualquier función pública del gobierno si no la ha obtenido por la Constitución" (art. 146).

En definitiva, siendo el sistema de gobierno netamente republicano y representativo, la Constitución de 1811 estableció que:

> "*Artículo 149.* La Ley es la expresión libre de la voluntad general de la mayoría de los ciudadanos, indicada por el órgano de sus representantes legalmente constituidos. "

C.   *La declaración de derechos del pueblo y del hombre*

En el proceso constituyente venezolano, la sección legislativa de la Provincia de Caracas del Congreso General, antes incluso que se adoptara la declaración formal de la independencia el 5 de julio de 1811, sancionó un documento denominado *Declaración de Derechos del Pueblo,* que es en definitiva, la primera declaración de derechos fundamentales con rango constitucional que se adoptó en la historia del constitucionalismo moderno luego de las Declaraciones de las Constituciones de las Colonias norteamericanas de 1776 y de la Declaración de los Derechos del Hombre y del Ciudadano adoptada por la Asamblea nacional francesa en 1789.

El texto de la Declaración de Derechos del Pueblo de 1811, que luego fue recogido, aunque ampliado, en la Constitución de 1811, puede decirse que fue la traducción de la Declaración de Derechos del Hombre y del Ciudadano que precedió la Constitución francesa de 1793, y que llegó a Venezuela antes de 1797, a través de José María Picornell y Gomilla, uno de los conjurados en la llamada "Conspiración de San Blas", de Madrid, de 1794, quien, una vez ésta descubierta, fue deportado a las mazmorras españolas en el Caribe.[521] En el Puerto de La Guaira, en 1797, Picornell entró en contacto con los criollos Gual y España, y en la conspiración que llevaba el nombre de ambos, de ese año, también debelada, circuló la traducción de la declaración francesa de los derechos del Hombre. Ese texto fue el que precisamente, catorce años después, sirvió para la Declaración de Derechos del Pueblo de 1811

---

521   Véase P. Grases, *La Conspiración de Gual y España y el Ideario de la Independencia,* Caracas, 1978, p. 13.

considerada por Pedro Grases, como "la declaración filosófica de la Independencia" [522] y luego para el capítulo respectivo de la Constitución de 1811.

El texto de los "Derechos del Pueblo" contiene 43 artículos divididos en cuatro secciones: "Soberanía del pueblo", "Derechos del Hombre en Sociedad", "Deberes del Hombre en Sociedad", y "Deberes del Cuerpo Social", precedidos de un *Preámbulo*. En términos generales los derechos declarados en el documento fueron los siguientes:

Sección Primera: Soberanía del pueblo: La soberanía (arts. 1–3); usurpación de la soberanía (art. 4); temporalidad de los empleos públicos (art. 5); proscripción de la impunidad y castigo de los delitos de los representantes (art. 6); igualdad ante la ley (art. 7).

Sección Segunda: Derechos del Hombre en Sociedad: Fin de la sociedad y el gobierno (art. 1); derechos del hombre (art. 2); la ley como expresión de la voluntad general (art. 3); libertad de expresión del pensamiento (art. 4); objetivo de la ley (art. 5); obediencia de la ley (art. 6); derecho a la participación política (art. 7); derecho al sufragio (arts. 8–10); debido proceso (art. 11); proscripción de actos arbitrarios, responsabilidad funcionarial, y protección ciudadana (art. 12–14); presunción de inocencia (art. 15); derecho a ser oído, art. 16; proporcionalidad de las penas (art. 17); seguridad, art. 18; propiedad, art. 19; libertad de trabajo e industria (art. 20); garantía de la propiedad y contribuciones solo mediante representantes (art. 21); derecho de petición (art. 22); derecho a resistencia (art. 23); inviolabilidad del hogar (art. 24); derechos de los extranjeros (art. 25–27).

Sección Tercera: Deberes del Hombre en Sociedad: los límites a los derechos de otros (art. 1); deberes de los ciudadanos (art. 2); el enemigo de la sociedad (art. 3); el buen ciudadano (art. 4) el hombre de bien (art. 5).

Sección Cuarta: Deberes del Cuerpo Social: la garantía social (art. 1); límites de los poderes y responsabilidad funcionarial (art. 2); seguridad social y socorros públicos (art. 3); instrucción pública (art. 4).

Cuatro meses después, en el texto de la Constitución federal de diciembre de 1811, se incorporó un *Capítulo VIII* dedicado a los "Derechos del Hombre que se reconocerán y respetarán en toda la extensión del Estado," distribuidos en cuatro secciones: Soberanía del pueblo (arts. 141 a 159), Derechos del hombre en sociedad (arts. 151 a 191), Derechos del hombre en sociedad (arts. 192 a 196) y Deberes del cuerpo social (arts. 197 a 199). Dichos derechos, se complementaron, por otra parte, con diversas previsiones incorporadas en el Capítulo IX sobre Disposiciones Generales.

En este Capítulo VIII se recogieron, enriquecidos, los artículos de la Declaración de los Derechos del Pueblo de 1811, y en su redacción se recibió la influencia directa del texto de las Declaraciones de las antiguas colonias norteamericanas, de las

---

522 Véase P. Grases, *La Conspiración de Gual y España..., cit,* p. 81. En otra obra dice Grases que la declaración "Constituye una verdadera declaración de independencia, anticipada al 5 de julio."Véase en en Pedro Grases, "Estudio sobre los 'Derechos del Hombre y del Ciudadano'," en el libro *Derechos del Hombre y del Ciudadano* (Estudio Preliminar por Pablo Ruggeri Parra y Estudio histórico-crítico por Pedro Grases), Academia Nacional de la Historia, Caracas 1959, p. 165.

Enmiendas a la Constitución de los Estados Unidos de América y de la Declaración Francesa de los Derechos del Hombre y del Ciudadano, y en relación con esta última, de los documentos de la conspiración de Gual y España de 1797.[523]

En la *Primera Sección* sobre "Soberanía del pueblo," se precisan los conceptos básicos que en la época originaban una república, comenzando por el sentido del "pacto social" (artículos 141 y 142). La Sección continúa con el concepto de soberanía (art. 143) y de de su ejercicio mediante representación (art. 144–146), el derecho al desempeño de empleos públicos en forma igualitaria (art. 147), con la proscripción de privilegios o títulos hereditarios (art. 148), la noción de la ley como expresión de la voluntad general (art. 149) y la nulidad de los actos dictados en usurpación de autoridad (art. 150).

En la *Segunda Sección* sobre "Derechos del hombre en sociedad," al definirse la finalidad del gobierno republicano (art. 151), se enumeran como tales derechos a la libertad, la igualdad, la propiedad y la seguridad (art. 152), y a continuación se detalla el contenido de cada uno: se define la libertad y sus límites solo mediante ley (art. 153–156), la igualdad (art. 154), la propiedad (art. 155) y la seguridad (art. 156). Además, en esta sección se regulan los derechos al debido proceso: el derecho a ser procesado solo por causas establecidas en la ley (art. 158), el derecho a la presunción de inocencia (art. 159), el derecho a ser oído (art. 160), el derecho a juicio por jurados (art. 161). Además, se regula el derecho a no ser objeto de registro (art. 162), a la inviolabilidad del hogar (art. 163) y los límites de las visitas autorizadas (art. 165), el derecho a la seguridad personal y a ser protegido por la autoridad en su vida, libertad y propiedades (art. 165), el derecho a que los impuestos sólo se establezcan mediante ley dictada por los representantes (art. 166), el derecho al trabajo y a la industria (art. 167), el derecho de reclamo y petición (art. 168), el derecho a la igualdad respecto de los extranjeros (art. 168), la proscripción de la irretroactividad de la ley (art. 169), la limitación a las penas y castigos (art. 170) y la prohibición respecto de los tratos excesivo y la tortura (arts. 171–172), el derecho a la libertad bajo fianza (art. 174), la prohibición de penas infamantes (art. 175), la limitación del uso de la jurisdicción militar respecto de los civiles (art. 176), la limitación a las requisiciones militares (art. 177), el régimen de las milicias (art. 178), el derecho a portar armas (art. 179), la eliminación de fueros (180) y la libertad de expresión de pensamiento (art. 181). La Sección concluye con la enumeración del derecho de petición de las Legislaturas provinciales (art. 182) y el derecho de reunión y petición de los ciudadanos (art. 183–184), el poder exclusivo de las Legislaturas de suspender las leyes o detener su ejecución (art. 185), el poder de legislar atribuido al Poder Legislativo (art. 186), el derecho del pueblo a participar en la legislatura (art. 187), el principio de la alternabilidad republicana (art. 188), el principio de la separación de poderes entre el Legislativo, el Ejecutivo y el Judicial (art. 189), el derecho al libre tránsito entre las provincias (art. 190), el fin de los gobiernos y el derecho ciudadano de abolirlos y cambiarlos (art. 191).

En la *Sección Tercera* sobre "Deberes del hombre en sociedad," donde se establece la interrelación entre derechos y deberes (art. 192), la interrelación y limita-

---

523 Véase Allan R. Brewer-Carías, *Los Derechos Humanos en Venezuela: casi 200 años de Historia*, Academia de Ciencias Políticas y Sociales, Caracas 1990, pp. 101 y ss.

ción entre los derechos (art. 193), los deberes de respetar las leyes, mantener la igualdad, contribuir a los gastos públicos y servir a la patria (art. 194), con precisión de lo que significa ser buen ciudadano (art. 195), y de lo que significa violar las leyes (art. 196).

En la *Sección Cuarta* sobre "Deberes del Cuerpo Social," donde se precisa las relaciones y los deberes de solidaridad social (art. 197–198), y se establece en el artículo 199, la declaración general sobre la supremacía y constitucional y vigencia de estos derechos, y la nulidad de las leyes contrarias a los mismos.

En el texto venezolano de la Constitución de 1811, debe destacarse, se incorporaron unas novedosas normas, antes mencionadas, que no encuentra antecedentes ni en los textos constitucionales norteamericanos ni franceses, y son la que contienen la "garantía objetiva" de la Constitución y de los derechos que ella declara, y que proclaman como "nulas y de ningún valor" las leyes que contrariaran la Constitución y la declaración de derechos (artículos 199, 277).

D. *El principio de la separación de poderes*

El principio de la separación de poderes también se recogió en el proceso constituyente venezolano, primero, en marzo de 1811, en la conformación inicial del gobierno, una vez que fueron electos los diputados al Congreso General de representantes de las Provincias el cual sustituyó a la Junta Suprema de Caracas; y segundo en el texto de la Constitución Federal de 1811, en cuyo Preámbulo se dispuso que:

"El ejercicio de la autoridad confiada a la Confederación no podrá jamás hallarse reunido en sus diversas funciones. El Poder Supremo debe estar dividido en Legislativo, Ejecutivo y Judicial, y confiado a distintos cuerpos independientes entre sí y en sus respectivas facultades."

Además, el artículo 189 insistía en que:

"Los tres Departamentos esenciales del Gobierno, á saber: el Legislativo, el Ejecutivo y el Judicial, es preciso que se conserven tan separados e independientes el uno del otro cuanto lo exija la naturaleza de un gobierno libre lo que es conveniente con la cadena de conexión que liga toda fábrica de la Constitución en un modo indisoluble de Amistad y Unión."

Conforme a este postulado, la Constitución, adoptó el principio, no como el establecimiento de compartimientos estancos en los órganos del Estado, sino conforme a un sistema de pesos, contrapesos e interferencias constitucionales más próximo al constitucionalismo norteamericano, destinando su parte orgánica a regular en detalle conforme a un sistema de gobierno presidencial, a los órganos del Poder Legislativo, del Poder Ejecutivo y del Poder Judicial.

Así, en cuanto al Poder Legislativo, en el Capítulo II se lo reguló, atribuyéndoselo al Congreso General de Venezuela, dividido en dos Cámaras, la de Representantes y el Senado (Art. 3); con normas destinadas a regular el proceso de formación de las leyes (Arts. 4 a 13); la forma de elección de los miembros de la Cámara de Representantes y del Senado (Art. 14 a 51) con una regulación detallada del proceso de elección de manera indirecta en congregaciones parroquiales (Art. 26) y en congregaciones electorales (Art. 28); sus funciones y facultades (Art. 52 a 66); el régimen de las sesiones de las Cámaras (Art. 67 a 70); y sus atribuciones especiales (Art. 71).

En particular, en cuanto al órgano legislativo, se le asignó la función de elaborar las leyes, conforme al principio ya recogido en la Declaración de Derechos del Pueblo de 1811, al establecer en su Sección Tercera que:

> *Artículo 3*. La ley se forma por la expresión libre y solemne de la voluntad general, y ésta se expresa por los apoderados que el pueblo elige para que representen sus derechos."

En esta misma orientación, en el artículo 149 de la Constitución de 1811 se estableció:

> *Artículo 149*. La ley es la expresión libre de la voluntad general o de la mayoría de los ciudadanos, indicadas por el órgano de sus representantes legalmente constituidos. Ella se funda sobre la justicia y la utilidad común y ha de proteger la libertad pública e individual contra toda opresión o violencia."

En el Capítulo III se reguló al Poder Ejecutivo en forma plural, el cual se dispuso que residiría en la ciudad federal, estando "depositado en tres individuos elegidos popularmente" (Art. 72) por las Congregaciones Electorales (Art. 76) por listas abiertas (Art. 77). En el Capítulo no sólo se reguló la forma de elección del triunvirato (Arts. 76 a 85), sino qué se definieron las atribuciones del Poder Ejecutivo (Arts. 86 a 99) y sus deberes (Arts. 100 a 107). De acuerdo a la forma federal de la Confederación, se reguló la relación entre los Poderes Ejecutivos Provinciales y el Gobierno Federal, indicándose que aquéllos eran, en cada Provincia, "los agentes naturales e inmediatos del Poder Ejecutivo Federal para todo aquello que por el Congreso General no estuviere cometido a empleados particulares en los ramos de Marina, Ejército y Hacienda Nacional" (Art. 108).

Por último, en cuanto al Poder Judicial, el Capítulo IV se destinó a regularlo, depositándolo en una Corte Suprema de Justicia (Arts. 110 a 114) con competencia originaria entre otros, en los asuntos en los cuales las Provincias fueren parte interesada y competencia en apelación en asuntos civiles o criminales contenciosos (Art. 116).

E. *Los principios de la organización territorial del Estado: federalismo y municipalismo*

La organización constitucional del Estado que se adoptó en la constitución del nuevo Estado venezolano independiente, fue la forma federal que se había concebido con motivo de la Revolución Norteamericana que habían iniciado las antiguas Colonias, y que fue la fórmula concebida para unirlas. Igualmente en el caso de las Provincias de la Capitanía General de Venezuela, que se habían desarrollado como provincias aisladas, descentralizadas y con gran autonomía conforme al esquema colonial español, fueron dichas Provincias las que iniciaron el proceso de independencia, declarándose como Estados soberanos, de manera que el proceso de unión entre ellas para la conformación de un solo Estado provocó igualmente la adopción de la fórmula federal de gobierno.

En esta forma, conforme a la Constitución de 1811, se estableció una Federación de Provincias, organizándose en la Constitución de 1811 al Estado Federal o Confederación de Venezuela, y regulándose someramente a las Provincias cuyas Legislaturas Provinciales debía dictar sus propias Constituciones. Así, el "Preliminar" de la

Constitución se destinó a regular las "Bases del Pacto Federativo que ha de constituir la autoridad general de la Confederación", donde se precisaron la distribución de poderes y facultades entre la Confederación y los Estados confederados (las Provincias). Se estableció, en esta forma, por primera vez en el constitucionalismo moderno, después de su creación en la Constitución de los Estados Unidos de Norteamérica, una forma federal para un nuevo Estado, conforme al siguiente esquema:

En todo lo que por el Pacto Federal no estuviere expresamente delegado a la Autoridad general de la Confederación, conservará cada una de las Provincias que la componen su Soberanía, Libertad e Independencia; en uso de ellas tendrán el derecho exclusivo de arreglar su Gobierno y Administración territorial bajo las leyes que crean convenientes, con tal que no sean de las comprendidas en esta Constitución ni se opongan o perjudiquen a los Pactos Federativos que por ella se establecen.

En cuanto a las competencias de la Confederación "en quien reside exclusivamente la representación Nacional", se dispuso que estaba encargada de:

"Las relaciones extranjeras, de la defensa común y general de los Estados Confederados, de conservar la paz pública contra las conmociones internas o los ataques exteriores, de arreglar el comercio exterior y el de los Estados entre sí, de levantar y mantener ejércitos, cuando sean necesarios para mantener la libertad, integridad e independencia de la Nación, de construir y equipar bajeles de guerra, de celebrar y concluir tratados y alianzas con las demás naciones, de declararles la guerra y hacer la paz, de imponer las contribuciones indispensables para estos fines u otros convenientes a la seguridad, tranquilidad y felicidad común, con plena y absoluta autoridad para establecer las leyes generales de la Unión y juzgar y hacer ejecutar cuanto por ellas quede resuelto y determinado."

En todo lo no atribuido a la Confederación, la competencia entonces correspondía a las Provincias se concibieron como "Estados Soberanos," correspondiéndoles a ellos, en sus respectivas Constituciones, disponer sus poderes y en particular la organización territorial interna de las mismas.

Por tanto, una vez dictada la Constitución de 21 de diciembre de 1811, las Legislaturas Provinciales comenzaron a dictar sus Constituciones regulándose en ellas, la organización territorial del país que fue donde se organizó el Poder Municipal. Se destaca así, por ejemplo, el esquema territorial establecido en la Constitución de la Provincia de Venezuela dictada en enero de 1812, y que dividió uniformemente a la Provincia en cinco Departamentos; a cada uno de los Departamentos los dividió en Cantones; a cada uno de los Cantones los dividió en Distritos; y estableció Municipalidades en las Capitales de Distritos.

Este Estado nacional de la Federación de los Estados de Venezuela funcionó hasta marzo de 1812, cuando como consecuencia del Armisticio firmado entre el General Francisco de Miranda y el Coronel Domingo de Monteverde, este reasumió el control de las Provincias de Venezuela en nombre de la Corona española, haciendo jurar aunque brevemente la Constitución de Cádiz de 1812.

2.   *El Acta de la Confederación de las Provincias Unidas de la Nueva Granada de 27 de noviembre de 1811*

Siguiendo la línea de la convocatoria de formar un Congreso Nacional contenida en el acta de la Independencia adoptada por el Cabildo de Santafé del 20 de julio de 1810, a partir de finales de 1810, luego de que no se pudo reunir el primer Congreso de las provincias que se había convocado, y en forma paralela a los esfuerzos de Cundinamarca por controlar las provincias del Nuevo Reino, alguna de estas, como se ha señalado, ya había adoptado sus propia Constituciones o forma de gobierno (Socorro) y casi todas habían enviado representantes al segundo Congreso de las Provincias Unidas que se reunieron inicialmente en Santa Fe, y luego mantuvieron su centro en Tunja y Villa de Leyva.

El 27 de noviembre de 1811, los representantes de cinco de las provincias de Nueva Granada (Antioquia, Cartagena, Neiva, Pamplona, Tunja), reunidos en Convención en Santa Fe, aprobaron el Acta de Confederación de las Provincias Unidas de Nueva Granada,[524] con 78 artículos, la cual tuvo, sin duda, influencia de los textos constitucionales norteamericanos, mediante la cual se estableció la primera república neogranadina, con el título de Provincias Unidas de la Nueva Granada (art. 1). De la Constitución disintieron los diputados de las provincias de Cundinamarca y Chocó, representando las tendencias centralistas, "por considerar inconveniente el sistema federal adoptado," marcando así el desacuerdo entre federalistas y centralistas que se evidenció en la lucha entre la mayoría de las provincias y la de Cundinamarca, el cual incluso desembocó a finales de 1812 en enfrentamientos armados. Esta primera de estas guerras culminó con el triunfo de la federación en enero de 1813, en Santafé de Bogotá, y la formación de un solo gobierno con el mismo nombre de Provincias Unidas de Nueva Granada.

El Acta de la Confederación de 1811, en todo caso, desconociendo expresamente a la Regencia de España (art. 5), conservó la Religión católica (art. 4), y creó una Confederación entre las Provincias que al tiempo de la Revolución de Santafé del 20 de julio de 1810, "eran reputadas y consideradas como tales, y que en continuación y en uso de este derecho resumieron desde aquella época su gobierno y administración interior" (art. 2). A tal efecto, las provincias proclamaron "sus deseos de unirse a una asociación federativa, que remitiendo a la totalidad del Gobierno general las facultades propias y privativas de un solo cuerpo de nación, reserve para cada una de las provincias su libertad, su soberanía y su independencia, en lo que no sea del interés común." El Acta también indicaba que se admitirían en la Confederación aquellas otras que sin haber pertenecido a la Nueva Granada, por su situación geográfica o comercio tenían vínculos con la nación.

En el Acta, como se dijo, las provincias Unidas "desconocen expresamente la autoridad del Poder Ejecutivo o Regencia de España, Cortes de Cádiz, Tribunales de Justicia y cualquiera otra autoridad subrogada o substituida por las actuales, o por los pueblos de la península, en ella, sus islas adyacentes, o en cualquiera otra parte, sin la libre y espontánea concurrencia de este pueblo," indicándose además, que en

---

524   Véase el texto en Jorge Orlando Melo, *Documentos constitucionales colombianos, 1810-1815,* en http://www.jorgeorlandomelo.com/bajar/documentosconstitucionales1.pdf

ninguna de dichas provincias se obedecerá o dará cumplimiento a las órdenes, cédulas, decretos o despachos, que emanaren de las referidas autoridades (art. 5).

Las provincias se reconocieron entre sí como mutuamente "iguales, independientes y soberanas, garantizándose la integridad de sus territorios, su administración interior y una forma de gobierno republicano (art. 6); para lo cual se reservaron expresamente, un conjunto de poderes y potestades (art. 7), entre las cuales destaca "la facultad de darse un gobierno como más convenga a sus circunstancias, aunque siempre popular, representativo y análogo al general de la Unión, para que así resulte entre todas la mejor armonía, y la más fácil administración, dividiendo sus poderes, y prescribiéndoles las reglas bajo las cuales se deben conducir" (art. 7.1); la policía, el gobierno interior y económico de sus pueblos, y nombramiento de toda clase de empleados (art. 7.2); la formación de sus códigos civiles y criminales (art. 7.3); el establecimiento de los juzgados y tribunales superiores e inferiores (art. 7.4); y la creación y arreglo de milicias provinciales (art. 7.5); y en general, "todo aquello que no siendo del interés general, ni expresamente delegado en los pactos siguientes de federación, se entiende siempre reservado y retenido"(art. 7.8).

En el Acta, respecto de la Unión o Confederación, se reforzó el Congreso como "depositario de de altas facultades, conservador de los derechos de los pueblos, y director de sus medios y sus recursos," constituido por los diputados representantes de las provincias (art. 10), con votos iguales, y que a los efectos del Congreso debían considerarse "más bien representantes de la Unión en general que de ninguna provincia en particular" (art. 52). El Congreso se debía instalar y formar "donde lo tenga por conveniente, trasladándose sucesivamente si fuere necesario a donde lo pidan las ventajas de la Unión, y principalmente la defensa común" (art. 11). El Congreso tenía la facultad para levantar y formar los ejércitos que juzgue necesarios, y la fuerza naval que permitan las circunstancias, para la defensa común de las Provincias Unidas (art. 12), con facultad de "hacer las ordenanzas y reglamentos generales y particulares que convengan para la dirección y gobierno de las fuerzas marítimas y terrestres"(art. 18), y para asignarle a estas "el número de milicias con que deba contribuir para la defensa común, arreglado a las circunstancias en que se halle respecto del enemigo, sus proporciones o recursos en este género y su población (art. 15).

Se reguló en el Acta, además, dentro de las potestades privativas del Congreso, todo lo relativo al tesoro nacional y las diversas rentas (arts. 20 ss.), reconociendo sin embargo que las tierras baldías eran de las provincias (art. 23), y respetando las tierras de las tribus indígenas (art. 24); lo relativo a la moneda (art. 33); la autoridad sobre los caminos y medios de comunicación de las provincias (art. 34); el arreglo del comercio interior entre las provincias (art. 35); las relaciones exteriores (art. 40), en particular con la Silla Apostólica (art. 41), reservándose al Congreso la decisión sobre el patronato que existía (art. 42); la solución de las disputas entre las diversas provincias (art. 44), y el juicio y determinación de los pleitos y diferencias entre ciudadanos de diversas provincias (art. 47).

El Acta, además, reguló el derecho de "los habitantes libres, de todas y cada una de las provincias, a entrar en el territorio de las demás, traficar o comerciar en ellas y gozar de todos los privilegios e inmunidades de ciudadanos libres (art. 48); y se declaró que se reconocerían en todas las provincias, las diligencias judiciales que ocurrieran las mismas (art. 50).

Finalmente, con vistas a la consolidación futura de la Unión, se declaró en el artículo 61 que "que "removidos los peligros que hoy nos rodean, reunidas las provincias que definitivamente compondrán esta Unión, y conocida exactamente su población, se convocará la gran Convención Nacional sobre esta misma base de la población para darse dicha Constitución; a menos que las provincias quieran someter esta obra al Congreso, sujeta no obstante siempre a su sanción (art. 61); declarándose en cuanto a la rigidez del Acta que "Nada de lo contenido en esta acta podrá revocarse sin expresa determinación de las provincias, para cuyo efecto deberán ser oídas, lo mismo que lo han sido y van a serlo para su sanción; y nada de lo obrado contra ella tendrá autoridad ni fuerza alguna, como hecho contra su expresa y declarada voluntad" (art. 74).

Por otra parte, fue el Congreso de las Provincias Unidas, el cual en 1813 funcionaba en Tunja, ciudad bastión de las ideas federales, el que en marzo de 1813 autorizó y apoyó a Simón Bolívar para iniciar en la Campaña militar para la liberación de las provincias de Venezuela, para lo cual salió de Cúcuta en mayo de 1813. Derrotado en 1814, Bolívar se presentó en Tunja de nuevo ante el Congreso de las Provincias Unidas. Fue comisionado por el Congreso de Tunja para liberar a Bogotá, la cual sitió y la dominó, con lo cual luego de firmada la Capitulación del 12 de diciembre de 1814, Cundinamarca reconocería al Congreso de las Provincias Unidas.

Debe señalarse finalmente, que este Estado nacional, Provincias Unidas de Nueva Granada funcionó en Colombia hasta 1816, hasta cuando las tropas españolas comandadas por el mariscal Pablo Morillo tomaron en nombre de la Corona española las provincias de Nueva Granada, haciendo jurar aunque muy brevemente la Constitución de Cádiz.

V. LAS PRIMERAS CONSTITUCIONES PROVINCIALES SANCIONADAS ENTRE 1811–1812, EN EL MARCO DE CONSTITUCIONES NACIONALES: BARCELONA, CARACAS, TUNJA, ANTIOQUIA, CARTAGENA

Después de la sanción de la Constitución Federal de los Estados de Venezuela en diciembre de 1811 y de la firma del Acta de Confederación de las Provincias Unidas de Nueva Granada de noviembre de 1811, las diversas Provincias, en ambos Estados nacionales, continuaron sancionando sus constituciones provinciales: en Venezuela, en 1812 y en Nueva Granada entre 1811 y 1815.

1. *Las Constituciones Provinciales en Venezuela después de la Constitución Federal para los Estados de Venezuela de 1811*

Luego de la sanción de la Constitución Federal de los Estados de Venezuela de diciembre de 1811, en efecto, y una vez que en ese mismo año se habían dictado Constituciones o Planes de Gobierno en las Provincias Barinas, Trujillo y Mérida, conforme a sus propias normas se dictaron las Constituciones Provinciales de Barcelona y Caracas. Para ello, la Constitución de 21 de diciembre de 1811, al regular el Pacto Federativo, dejó claramente expresado que las Provincias conservaban su Soberanía, Libertad e Independencia, y que:

"en uso de ellas tendrán el derecho exclusivo de arreglar su gobierno y administración territorial bajo las leyes que crean convenientes, con tal que no sean de las comprendidas en esta Constitución ni se opongan o perjudiquen a los Pactos Federativos que por ella se establecen."

En virtud de ello, las Provincias conservaron la potestad ya ejercida por algunas con anterioridad en el marco de la Confederación que se formaba, para dictar sus Constituciones. Como se dijo, las Constituciones Provinciales dictadas después de la promulgación de la Constitución Federal fueron las de Barcelona y la de Caracas: la primera puede decirse que ya estaba redactada cuando se promulgó la Constitución Federal; y la segunda, se adaptó más a lo que los redactores de ésta pensaban de lo que debía ser una Constitución Provincial en el seno de la Federación que se estaba conformando; y que se elaboró precisamente como "Constitución modelo" para la elaboración de las Constituciones provinciales.

A.   *La Constitución Fundamental de la República de Barcelona Colombiana de 12 de enero de 1812*

En efecto, a los pocos días de promulgada la Constitución Federal del 21 de diciembre de 1811, el pueblo barcelonés, por la voz de sus Asambleas Primarias, por la de sus Colegios Electorales y por la de sus funcionarios soberanos, proclamó la "Constitución fundamental de la República de Barcelona Colombiana,"[525] que fue un verdadero Código Constitucional de 19 títulos y 343 artículos. Este texto fue redactado por Francisco Espejo y Ramón García de Sena,[526] hermano de Manuel García de Sena el traductor en 1810 de las obras de Thomas Paine y de los textos constitucionales norteamericanos, y por ello tiene gran importancia histórica, pues fue a través de ella que esos textos fueron conocidos en América española y no sólo en Venezuela.

El *Título Primero* de la Constitución contiene los "Derechos de los habitantes de la República de Barcelona Colombiana" y sus 38 artículos son copia casi exacta de los *Derechos del Hombre y del Ciudadano* de 1797, correspondiendo a Francisco Espejo la redacción de este Título.[527] Termina dicho Título con la proclamación del principio de la separación de poderes entre el Legislativo, Ejecutivo y Judicial, a la usanza de las Declaraciones de las colonias norteamericanas así:

"*38.* Siendo la reunión de los poderes el germen de la tiranía, la República declara que la conservación de los derechos naturales y civiles del hombre de la libertad y tranquilidad general, depende esencialmente de que el Poder Legislativo jamás ejerza el Ejecutivo o Judicial, ni aún por vía de excepción. Que el ejecutivo en ningún caso ejerza el legislativo o Judicial y que el Judicial se abstenga de mezclarse en el Legislativo o Ejecutivo, conteniéndose cada uno dentro de los límites que les prescribe la Constitución, a fin de que se tenga el gobierno de las leyes y no el gobierno de los hombres."

---

525   Véase en *Las Constituciones Provinciales, op. cit.,* pp. 151-249.

526   Véase Ángel Francisco Brice, "Estudio Preliminar" al libro *Las Constituciones Provinciales, op. cit.,* p. 39.

527   *Idem.,* p. 150, nota 1.

El *Título Segundo* estaba destinado a regular la organización territorial de la "República de Barcelona", como única e indivisible (art. 1), pero dividida en cuatro Departamentos (art. 2), los cuales comprendían un número considerable de pueblos, en los cuales debía haber una magistratura ordinaria y una parroquia para el régimen civil y espiritual de los ciudadanos (art. 3).

El *Título Tercero* reguló a los "ciudadanos," con una clasificación detallada respecto de la nacionalidad, siendo los Patricios, los ciudadanos barceloneses, es decir: "los naturales y domiciliados en cualesquiera de los Departamentos del Estado, bien procedan de padres originarios de la República o de extranjeros". Se reguló detalladamente el *status* de los extranjeros.

El *Título Cuarto*, se refiere a la soberanía con normas como las siguientes: "la soberanía es la voluntad general unida al poder de ejecutarla"; "ella reside en el pueblo; es una, indivisible, inalienable e imprescriptible; pertenece a la comunidad del Estado; ninguna sección del pueblo; ni individuo alguno de éste puede ejercerla". "La Constitución barcelonesa es representativa. Los representantes son las Asambleas Primarias: los Colegios Electorales y los Poderes Supremos, Legislativo, Ejecutivo y Judicial". "El gobierno que establece es puramente popular y democrático en la rigurosa significación de esta palabra." Como consecuencia del carácter representativo del nuevo Estado, el *Título Quinto* reguló en detalle las Asambleas Primarias y sus facultades, y las condiciones para ser elector y el acto de votación. Estas Asambleas Primarias debían ser convocadas por las Municipalidades, y su objeto era "constituir y nombrar entre los parroquianos un determinado grupo de electores que concurran a los Colegios Electorales a desempeñar sus funciones." Y el *Título Sexto*, por su parte, reguló a los "Colegios Electorales y sus facultades". Correspondía a los Colegios Electorales la elección de los funcionarios de la Sala de Representantes y de los Senadores de la Legislatura Provincial; la elección del Presidente y Vicepresidente del Estado; los miembros de la Municipalidad en cada Departamento; y las Justicias Mayores y Jueces de Paz.

El *Título Séptimo* se refiere al Poder Legislativo, el cual "se deposita en una Corte General nombrada de Barcelona, compuesta de dos Cámaras, una de Representantes, y la otra de Senadores". En este Título se reguló extensamente el régimen de elección de los miembros de dichas Cámaras, su funcionamiento, facultades comunes y privativas, régimen parlamentario y el procedimiento de formación de las leyes. Entre las funciones que se asignaban a esta Corte General, además de dictar leyes, se precisó que bajo este nombre general de ley se comprendían los actos concernientes a "la formación de un Código Civil, Criminal y Judicial, en cuya ampliación ocupará principalmente sus atenciones." Llama la atención la utilización en este texto, de la palabra "Corte" para denominar el Cuerpo legislativo de la Provincia.

El *Título Octavo* reguló el Poder Ejecutivo, a cargo del Presidente de la República de Barcelona, sus condiciones, atribuciones y poderes; y el *Título Noveno* reguló todo lo concerniente al Vicepresidente, como suplente del Presidente.

El *Título Décimo* se refiere al "Poder Judicial". Allí se reguló el Poder Judicial Supremo confiado a un Tribunal de Justicia, con sus competencias en única instancia y en apelación, y sus poderes de censura de la conducta y operaciones de los Jueces ordinarios. El *Título Duodécimo* reguló a los "Justicias Mayores", que a la vez que jueces de policía en las ciudades, villas y pueblos, eran los residentes natos de la Municipalidad y Jueces Ordinarios de Primera instancia en las controversias civiles y criminales. Y el *Título Decimotercero* reguló a los "Jueces de Paz" con competencia para "trazar y componer las controversias civiles de los ciudadanos antes que las deduzcan en juicio, procurándoles cuantos medios sean posibles de acomodamiento entre sí".

El *Título Undécimo*, reguló a las "Municipalidades", con la precisión de que

> "En cada una de las cuatro ciudades actualmente existentes en el territorio de la República (Barcelona, Aragua, Pao y San Diego de Cabrutica) y en todas las demás ciudades y villas que en adelante se erigieren, habrá un cuerpo municipal compuesto de dos corregidores de primera y segunda nominación y seis regidores".

Según la votación obtenida en su elección, el Regidor que hubiere obtenido mayor número de votos era considerado como Alguacil Mayor, el que más se le acercaba, como Fiel Ejecutor y el que menos votos obtuviera se consideraba el Síndico General. Correspondía a la Municipalidad el Registro Civil y la Policía.

El *Título Decimocuarto* está destinado a regular el "culto", estableciéndose a la Religión Católica y Apostólica como "la única que se venera y profesa públicamente en el territorio de la República, y la que ésta protege por sus principios constitucionales". El Obispo, conforme a este Título se elegía en la misma forma que se elegía al Presidente del Estado, con la única diferencia de que en los Colegios Electorales tendrían voto los eclesiásticos.

El *Título Decimoquinto* reguló la "Fuerza Pública"; el *Título Decimosexto* reguló la "Hacienda"; el *Título Decimoséptimo* reguló la "sanción del Código Constitucional"; el *Título Decimoctavo*, estableció el régimen de "Revisión del Código Constitucional"; y el *Título Decimonoveno*, el régimen del "juramento constitucional"

B.   *La Constitución para el gobierno y administración interior de la Provincia de Caracas del 31 de enero de 1812*

A pesar de que el Congreso General, en marzo de 1811 había designado una comisión de diputados para redactar la Constitución de la Provincia de Caracas, para que sirviera de modelo a las demás de la Confederación, solo fue después de sancionada la Constitución federal, el 31 de enero de 1812, cuando se concluyó su tarea de redactar aprobándose un texto de 328 artículos agrupados en catorce capítulos destinados, como lo indica su Preámbulo, a regular el gobierno y administración interior de la Provincia.

Más que la Constitución de una "República" soberana, como había sido el caso de la Constitución Provincial de Barcelona este texto se acomoda al de una Provincia federada en el marco de una Confederación. Por ello, la Constitución Provincial de Caracas hace especial énfasis en la necesidad de "organizar equitativamente la distribución y la representación del pueblo en la legislatura provincial"[528].

Esta Constitución puede considerarse, sin duda, como el modelo más acabado de lo que era una Constitución provincial a comienzos del siglo XIX, influida de todos

---

528   Véase en *Las Constituciones Provinciales, op. cit.*, pp. 63-146.

los principios del constitucionalismo moderno que se habían venido expandiendo en el mundo occidental luego de las revoluciones Norte Americana y Francesa de finales del siglo XVIII.

La misma fue sancionada por el Congreso General de la Confederación de Venezuela que se había instalado en 1811, en la "Sección Legislativa de la Provincia de Caracas del Congreso General de Venezuela," es decir, por los diputados electos en la Provincia que integraban dicho Congreso General; con el propósito de regular constitucionalmente el funcionamiento de dicha Provincia en el marco de la Federación que venía de establecerse formalmente el mes anterior, al sancionarse, el 21 de diciembre de 1811, por el mismo Congreso General, la Constitución Federal de los Estados de Venezuela.[529]

La elaboración de ambos proyectos de Constituciones, de la Federal y de la Provincial de Caracas, se realizó, en paralelo, en las sesiones del Congreso General, lo que se capta del encargo hecho en la sesión del 16 de marzo de 1811 a los diputados Francisco Uztáriz, Juan Germán Roscio y Gabriel de Ponte, Diputados los tres por la Provincia de Caracas por los partidos capitulares de San Sebastián de los Reyes, Calabozo y la ciudad de Caracas, recién instalado el propio Congreso, como comisionados para redactar la Constitución Federal de Venezuela[530]; y del anuncio efectuado en la sesión del Congreso General del 28 de marzo de 1811, donde se informó que se había encomendado a los mismos mencionados diputados Ustáriz y Roscio, la elaboración de "la Constitución provincial de Caracas, con el objeto de que sirviese de modelo a las demás provincias del Estado y se administrasen los negocios uniformemente."[531]

Por ello, en la sesión del Congreso General del 19 de julio de 1811 se dejó constancia de que era un mismo grupo de diputados los "encargados de trabajar la Constitución Federal y la Constitución particular de la provincia de Caracas";[532] y además, en la sesión del Congreso General del 20 de julio de 1811, el mismo Ustáriz decía que el Congreso le había encomendado junto con Roscio y de Ponte, "para que formase la Constitución federal de los Estados Unidos de Venezuela."[533]

Fue a tales efectos, que Ustáriz comenzó a presentar pliegos de la Constitución en la sesión del Congreso General del 21 de agosto de 1811,[534] dejándose constancia en la sesión del Congreso del 26 de julio de 1811, por ejemplo, de la presentación de un importante "Proyecto para la Confederación y Gobiernos provinciales de Vene-

---

529   Véase el texto en Allan R. Brewer-Carías, *Las Constituciones de Venezuela*, Academia de Ciencias Políticas y Sociales, Tomo I, Caracas 2008, pp. 553 ss.

530   En la despedida de la sección legislativa de la provincia de caracas al concluir sus sesiones y presentar la Constitución provincial 19 de febrero de 1812 Véase *Textos Oficiales de la primera República de Venezuela*, Biblioteca de la Academia de Ciencias Políticas y Sociales, Caracas 1982, Tomo II, p. 216.

531   *Id.*, Tomo II, p. 216.

532   *Id.*, Tomo II, p. 109.

533   Véase Ramón Díaz Sánchez, "Estudio Preliminar", *Libro de Actas del Segundo Congreso de Venezuela 1811-1812*, Academia Nacional de la Historia, Caracas 1959, Tomo I, p. 230.

534   *Id.*, Tomo I, p. 317.

zuela,"[535] donde se formulaba un ensayo de distribución de las competencias que debían corresponder al nivel del Estado federal, y al nivel de los Gobiernos provinciales.[536]

Se trató, por tanto, de un proceso constituyente tanto nacional como provincial que se desarrolló en paralelo en el seno del mismo cuerpo de diputados, por una parte, para la conformación de un Estado federal en todo el ámbito territorial de lo que había sido la antigua Capitanía General de Venezuela, con la participación de todos los diputados del Congreso de todas las provincias; y por la otra, para la conformación del marco constitucional de gobierno para una de las provincias de dicha Federación, la de Caracas, incluso, como se dijo, para que el texto sirviera de modelo para la elaboración de las otras Constituciones provinciales.

Esa imbricación de Legislaturas en el mismo Cuerpo de representantes, la del Congreso General y la de la Sección Legislativa de la Provincia de Caracas, explica que en la sesión del Congreso General del 31 de enero 1812 se diera cuenta formalmente de que la Constitución provincial de Caracas iba a firmarse ese mismo día;[537] hecho del cual además, se dio anuncio en la sesión del mismo Congreso General del día siguiente, del 1 de febrero de 1812.[538]

Esta Constitución de la Provincia de Caracas, por su parte, tiene la importancia de que formó parte del segundo grupo de Constituciones provinciales que se sancionaban en la historia del constitucionalismo moderno, después de las que se habían adoptado en 1776 en las trece antiguas Colonias inglesas en Norteamérica y que luego formaron los Estados Unidos de América, y que fueron las Constituciones o Formas de Gobierno de New Hampshire, Virginia, South Carolina, New Jersey Rhode Island, Connecticut, Maryland, Virginia, Delaware, New York y Massachusetts.[539] Venezuela fue, así, el segundo país en la historia del constitucionalismo moderno en haber adoptado la forma federal de gobierno a los efectos de unir como un nuevo Estado, lo que antes habían sido antiguas Provincias coloniales.

---

535   Véase el texto en *El pensamiento constitucional hispanoamericano hasta 1830*, Biblioteca de la Academia nacional de la Historia, Caracas 1961, Tomo V, pp. 41-44.

536   Véase *Textos Oficiales de la Primera República de Venezuela, cit.*, Tomo II, pp. 111-113

537   Véase *Libro de Actas del Segundo Congreso de Venezuela 1811-1812, cit.*, Tomo II, p. 307.

538   Véase *Libro de Actas del Segundo Congreso de Venezuela 1811-1812, cit.*, Tomo II, p. 309. Como se dijo, con posterioridad, el 19 de febrero de 1812 luego de haberse promulgado la Constitución de la Provincia de Caracas, la Sección Legislativa para la Provincia del Congreso General dirigió una "despedida a los habitantes de Caracas al terminar sus sesiones y presentar la Constitución," (firmada por los diputados Felipe Fermín Paúl, Martín Tovar, Lino de Clemente, Francisco Xavier Ustáriz, José Ángel Alamo, Nicolás de Castro, Juan Toro, Tomás Millano." Véase en *Textos Oficiales de la Primera República de Venezuela, cit.*, Tomo II, p. 216.

539   El texto de casi todas estas Constituciones se conocía en Caracas a partir de 1810 por la traducción que hizo Manuel García de Sena, en la obra *La Independencia de la Costa Firme, justificada por Thomas Paine treinta años ha*, editada en Filadelfia en 1810. Véase la edición, con prólogo de Pedro Grases, del Comité de Orígenes de la Emancipación, núm. 5. Instituto Panamericano de Geografía e Historia, Caracas, 1949. El texto de la Constitución de los Estados Unidos de América también se conocía por la traducción contenida en dicho libro, y por la que hizo en Joseph Manuel Villavicencio, *Constitución de los Estados Unidos de América*, editado en Filadelfia en la imprenta Smith & M'Kennie, 1810.

a.   *Los diputados de la Provincia de Caracas al Congreso General y la Sección Legislativa para la Provincia de Caracas*

Las elecciones de diputados al Congreso general por la Provincia de Caracas se efectuaron a partir del 1° de noviembre de 1810, en la forma prescrita en el antes mencionado Reglamento para la elección y reunión de diputados al cuerpo conservador de los derechos de Fernando VII en las Provincias de Venezuela de 11 de junio de 1810,[540] habiéndose elegido los siguientes 24 diputados:

Por el Partido Capitular de Caracas, cuyo territorio comprendía aproximadamente lo que hoy es el Distrito Capital y los Estados Vargas y Miranda, se eligieron los siguientes 6 diputados: 1. *Lino de Clemente*, quien había sido fue Síndico Procurador General en el Cabildo Metropolitano antes del 19 de abril de 1811, incorporándose en esa fecha a la Junta Suprema y siendo luego nombrado en el Bando del 25 de abril de 1811, como Secretario de Marina y Guerra de la Junta Suprema de Caracas; 2. *Fernando Rodríguez del Toro*, hermano del marqués del Toro, Inspector general en el 19 de abril de 1811, a cuyo cargo había quedado el Gobierno Militar en el Bando de la Junta Suprema del 25 de abril de 1811, formando parte de la Junta de Guerra y Defensa de la provincia; 3. *Nicolás de Castro*, quien había sido incorporado como Vocal de Junta Suprema en el Bando del 25 de abril de 1811; 4. *José Luis de Rivas y Tovar*; 5. *Gabriel de Ponte*; y 6. *Isidro Antonio López Méndez*, quien también formó parte de la Junta Suprema el 19 de abril de 1811, y aparece igualmente incorporado como Vocal de Junta Suprema en el Bando del 25 de abril de 1811. Estos seis diputados por Caracas participaron en la sesión inaugural del Congreso General el 3 de marzo de 1811, la cual presidió el diputado Lino de Clemente.

Por el Partido Capitular de San Sebastián de los Reyes se eligieron los siguientes 3 diputados: 1. *Felipe Fermín Paúl*, quien había sido designado como Ministro del Tribunal Superior de Apelaciones nombrado en el Bando de la Junta Suprema del 25 de abril de 1811; *Martín Tovar y Ponte*, quien formó parte de la Junta Suprema el 19 de abril de 1811, asumiendo la co–Presidencia de la misma, y aparece igualmente incorporado como Vocal de Junta Suprema en el Bando del 25 de abril de 1811; y 3. *Francisco Javier Ustáriz*, quien se había incorporado a la Junta Suprema el 19 de abril de 1810, y siendo luego nombrado Vocal de la misma en el Bando del 25 de abril de 1811. Estos seis diputados por San Sebastián de los Reyes participaron en la sesión inaugural del Congreso General el 3 de marzo de 1811.

Por el Partido Capitular de la Villa de Calabozo se eligió un (1) diputado que fue *Juan Germán Roscio*, quien había sido incorporado en la Junta Suprema del 19 de abril como Diputado por el Pueblo, y había sido designado como Vocal de la Junta Suprema en el Bando del 25 de abril de 1811, donde además se lo designó Secretario de Relaciones Exteriores de dicha Junta Suprema. Roscio participó en la sesión inaugural del Congreso General el 3 de marzo de 1811.

Por el Partido Capitular de Villa de de Cura, se eligió un (1) diputado que fue *Juan de Escalona*, militar, quien fue designado miembro del Poder Ejecutivo plural por el Congreso General el 5 de marzo de 1811; por ello fue sustituido como Dipu-

---

540   Véase *Textos Oficiales de la Primera República de Venezuela, cit.,* Tomo II, pp. 63-84.

tado por *Juan Antonio Argote*, sacerdote, quien se incorporó luego de la sesión inaugural al Congreso General.

Por el Partido Capitular de Valencia se eligieron los siguientes 3 diputados: 1. *Fernando Peñalver,* hacendado; 2. *Luis José de Cazorla*, sacerdote; y 3. *Manuel Moreno de Mendoza*, quien pasó al Poder Ejecutivo, siendo sustituido por *Juan Rodríguez del Toro*, hacendado. Los dos primeros participaron en la sesión inaugural del Congreso General el 3 de marzo de 1811.

Por el Partido Capitular de San Carlos se eligió un (1) diputado que fue *Francisco Ramón Hernández*, abogado, quien estuvo presente en la sesión inaugural al Congreso General.

Por el Partido Capitular de San Felipe se eligió un (1) diputado que fue *Juan José de Maya*, abogado, quien estuvo presente en la sesión inaugural al Congreso General

Por el Partido Capitular de Ospino se eligió un (1) diputado que fue *Gabriel Pérez de Págola*, quien estuvo presente en la sesión inaugural al Congreso General.

Por el Partido Capitular de Nirgua se eligió un (1) diputado que fue *Salvador Delgado*, sacerdote, quien estuvo presente en la sesión inaugural al Congreso General

Por el Partido Capitular del Tocuyo se eligió un (1) diputado que fue *Francisco Rodríguez del Toro*, militar, hermano también del Marqués del Toro. No estuvo presente en la sesión inaugural al Congreso General

Por el Partido Capitular de Barquisimeto se eligieron los siguientes 2 diputados: 1. *José Ángel Álamo,* médico; 2. Domingo Alvarado. Ambos participaron en la sesión inaugural del Congreso General el 3 de marzo de 1811.

Por el Partido Capitular de Guanare se eligió un (1) diputado que fue *José Vicente de Unda*, sacerdote, quien estuvo presente en la sesión inaugural al Congreso General

Por el Partido Capitular de Araure se eligió un (1) diputado que fue *Francisco Javier Yánez*, abogado. No estuvo presente en la sesión inaugural al Congreso General

Estos eran, por tanto, al momento de su instalación, los diputados de la provincia de Caracas al Congreso General. Para ese momento, todas las Provincias que formaban la Capitanía General de Venezuela tenían sus propias Legislaturas, menos la Provincia de Caracas, por haber desaparecido la Junta Suprema y transferida su autoridad al Congreso General, que además funcionaba en la capital. Este cuerpo, sin embargo, dada la necesidad de que la Provincia tuviera su Asamblea Legislativa para que, entre otros aspectos se "declararán los derechos del ciudadano," decretó que se formara una "Sección Legislativa" del Congreso para la Provincia, compuesta de los diputados de la Provincia que se hallaban en el Congreso,[541] la cual se instaló el 1° de junio de 1811.

---

541 Véase Pedro Grases, *La Conspiración de Gual y España y el Ideario de la Independencia*, Caracas, 1978, p. 81, nota 3.

Instalada esta Sección Legislativa, materialmente, el primer acto que el Congreso adoptó "en su Sección Legislativa para la Provincia de Caracas" fue la declaración de "Derechos del Pueblo,"[542] el 1° de julio de 1811, considerada por Pedro Grases, como "la declaración filosófica de la Independencia,"[543] que se comenta más adelante.

Otra importante Ley que se sancionó por Sección Legislativa de Caracas fue la Ley sobre Libertad de Imprenta 1811, encabezada su emisión por Congreso General Constituyente de Venezuela.[544] Con posterioridad, en la sesión del 5 de agosto de 1811 se planteó que el Congreso sancionase "la libertad de imprenta decretada por la Sección Legislativa de Caracas."[545]

En el mismo año 1811 se dictó, además las llamadas Ordenanzas de Llanos de la Provincia de Caracas, hechas de orden y por comisión de su Sección Legislativa del Congreso, en lo que quizás fue ley más importante de gobierno y policía dictada por el Congreso. Las firmaron los diputados Francisco Hernández, Gabriel Pérez Pagola; Juan Ascanio y Domingo Gutiérrez de la Torre.[546]

A pesar de esta actividad importante, debe recordarse que la provincia de Caracas, como tal y como se ha dicho anteriormente, no tenía autoridades políticas propias: su Poder ejecutivo era el Ejecutivo plural designado por el Congreso al instalarse; y su órgano legislativo era la sección legislativa del Congreso General. Ello dio origen a diversas discusiones sobre el tema. Por ejemplo, en la sesión del Congreso General de 17 de octubre 1811 se resolvió "que la Sección Legislativa de Caracas debe continuar gobernando la Provincia, con autoridad absoluta e independiente del Congreso General, cuando éste suspenda sus sesiones después de concluida la Constitución."[547]

Por su parte, en la sesión del 7 de diciembre 1811 se discutió en el Congreso General "sobre la necesidad de que se establezca en Caracas un Gobierno provisional legítimo," tema que fue diferido;[548] y se volvió a plantar al recibirse en la sesión del Congreso del 9 de diciembre un oficio del Poder Ejecutivo, el que se acordó pasa a la Sección Legislativa de la Provincia para que resolviera[549] En la sesión del Con-

---

542   Véase el texto en Allan R. Brewer-Carías, *Las Constituciones de Venezuela, cit,* Tomo I, pp. 549-551.

543   Véase P. Grases, *La Conspiración de Gual y España..., cit,* p. 81. En otra obra dice Grases que la declaración "Constituye una verdadera declaración de independencia, anticipada al 5 de julio". Véase en Pedro Grases, "Estudio sobre los 'Derechos del Hombre y del Ciudadano'," en el libro *Derechos del Hombre y del Ciudadano* (Estudio Preliminar por Pablo Ruggeri Parra y Estudio histórico-crítico por Pedro Grases), Academia Nacional de la Historia, Caracas 1959, p. 165.

544   Véase *Textos Oficiales de la Primera República de Venezuela,* Biblioteca de la Academia de Ciencias Políticas y Sociales, Caracas 1982, Tomo II, p. 121-128.

545   Véase Ramón Díaz Sánchez, "Estudio Preliminar", *Libro de Actas del Segundo Congreso de Venezuela 1811-1812,* Academia Nacional de la Historia, Caracas 1959, Tomo I, p. 268.

546   Véase *Textos Oficiales de la Primera República de Venezuela, cit.,* Tomo II, p. 103.

547   Véase *Libro de Actas del Segundo Congreso de Venezuela 1811-1812, cit.,* Tomo II, p. 103.

548   *Id.,* Tomo II, p. 196.

549   *Id.,* Tomo II, p. 197.

greso del 14 de diciembre de 1811, fue la Municipalidad de la capital la cual planteó el tema sobre el Gobierno Provincial, lo que consta se pasó a la legislatura. [550]

Con posterioridad a la sanción de la Constitución federal de 21 de diciembre de 1811, en la cual se estableció que la capital federal, del nuevo Estado, debía ubicarse en Valencia; y a la sanción de la Constitución de la provincia de caracas de 31 de enero de 1812, en la sesión del 6 de febrero de 1812, se discutió la consulta formulada por el Poder Ejecutivo de que no debía continuar como federal después de instalado el Provincial de Caracas, discusión que fue diferida. [551] En la sesión del 7 de febrero de 1812 "se acordó declarar que el actual Poder Ejecutivo debe continuar en todas sus atribuciones federales hasta el término preciso que prescribe el Reglamento provisorio con que fue erigido, debiendo trasladarse a la ciudad federal y comunicarse a la Sección Legislativa" para su conocimiento. [552]

En la sesión del 10 de febrero 1811, de nuevo, se dio cuenta del oficio del Poder Ejecutivo "en que se denegaba a trasladarse a la ciudad federal, a pretexto de no haber ejercido en ningún tiempo atribuciones federales y sí únicamente las de la provincia de Caracas," planteamiento que se discutió y votó, no habiéndose admitido la renuncia. [553] De nuevo se discutió el tema en la sesión del 15 de febrero de 1811, ante la negativa del poder Ejecutivo de trasladarse de Caracas a la capital federal en Valencia, resultando la negativa a aceptar tal planteamiento por el Congreso. De ello, se acordó aprobar un decreto [554] en el cual se resolvió lo siguiente:

"Considerando el Congreso la urgentísima necesidad de que al separarse del actual Poder Ejecutivo las atribuciones provinciales y federales que en parte han ejercido, no quede la Confederación sin jefe Supremo que desempeñe las funciones de alto gobierno, interín se instala el Poder Ejecutivo provisional, en quien han de recaer hasta la sanción de la Constitución, ha decretado, en sesión de este día, se restituya íntegra y plenamente el actual Poder Ejecutivo sus funciones federales que le corresponden por el reglamento provisorio con que fue elegido, mediante a que por la próxima instalación del provisional de Caracas, queda salvado uno de los principales inconvenientes que tuvieron las provincias para reconocerlo por la confederación; y que por consecuencia de las facultades que se le restituyen, debe trasladarse en su oportunidad a la ciudad federal." [555]

En la sesión extraordinaria del mismo 15 de diciembre de 1811 el Poder Ejecutivo envió oficio allanándose a trasladarse a la ciudad federal [556]

El resultado de estos incidentes fue que el 6 de marzo de 1812 el Congreso se reunió en Valencia como Capital Federal, [557] tratándose entonces en la sesión del 10 de

---

550   *Id.*, Tomo II, p. 207.

551   *Id.,* Tomo II, p. 317.

552   *Id.,* Tomo II, p. 318.

553   *Id.,* Tomo II, p. 323.

554   *Id.,* Tomo II, p. 341.

555   *Id.,* Tomo II, pp. 331-344.

556   *Id.,* Tomo II, p. 345.

557   *Id.,* Tomo II, p. 350.

marzo de 1812, el tema de la elección del Poder Ejecutivo Federal,[558] discutiéndose de nuevo en la sesión del 17 de marzo d 1811, el tema de obligar al Poder Ejecutivo a trasladarse a Valencia.[559] Finalmente en las sesiones de 21 de marzo de 1812 se eligió al Poder Ejecutivo federal conforme a la nueva Constitución federal de 1811.[560]

b.   *Contenido general*

A pesar de que el Congreso General, apenas instalado, el 28 de marzo de 1811 había nombrado una comisión para redactar la Constitución de la Provincia de Caracas, la cual debía servir de modelo a las demás Provincias de la Confederación, esa Comisión tardó mucho en preparar el proyecto, por lo que algunas Provincias, como Barcelona procedió a dictar la suya para organizarse políticamente.

En el caso de la Provincia de Caracas, también, solo fue después de sancionada la Constitución Federal, que la misma Sección Legislativa para la Provincia del mismo Congreso General, el 31 de enero de 1812 sancionó un texto de 328 artículos agrupados en catorce capítulos la Constitución de la Provincia de Caracas, destinada, como lo indica su Preámbulo, a regular el gobierno y administración interior de la Provincia.

Más que la Constitución de una "República" soberana, como había sido el caso de la Constitución Provincial de Barcelona, este texto se acomodó más al de una Provincia federada en el marco de una Confederación. Por ello, la Constitución Provincial de Caracas hace especial énfasis en la necesidad de "organizar equitativamente la distribución y la representación del pueblo en la legislatura provincial."[561]

El *Capítulo Primero* se refiere a la "Religión" declarándose que "la Religión Católica, Apostólica y Romana que es la de los habitantes de Venezuela hace el espacio de tres siglos, será la única y exclusiva de la Provincia de Caracas, cuyo gobierno la protegerá". (art. 1).

El *Capítulo Segundo* reguló detalladamente "la división del territorio". Allí se precisó que "el territorio de la Provincia de Caracas se dividirá en Departamentos, Cantones y Distritos" (arts. 2 a 4). Los Distritos debían ser un territorio con más o menos 10.000 habitantes y los Cantones, con más o menos 30.000 habitantes (art. 5). Los Departamentos de la Provincia eran los siguientes: Caracas, San Sebastián, los Valles de Aragua, (capital La Victoria), Barquisimeto y San Carlos (art. 6), y en la Constitución se precisó al detalle cada uno de los Cantones que conforman cada Departamento, y sus capitales (arts. 7 a 11); así como cada uno de los Distritos que conforman cada Cantón, con los pueblos y villas que abarcaban (arts. 12 a 23).

El *Capítulo Tercero* está destinado a regular "los sufragios parroquiales y congregaciones electorales", es decir, el sistema electoral indirecto en todo detalle, en relación a la forma de las elecciones y a la condición del elector, (arts. 24 a 30). Por

---

558   *Id.,* Tomo II, p. 353.

559   *Id.,* Tomo II, p. 356.

560   *Id.,* Tomo II, p. 370.

561   Véase en *Las Constituciones Provinciales, cit.,* pp. 63-146.

cada mil almas de población en cada parroquia debía haber un elector (art. 31). Los Electores, electos en los sufragios parroquiales, formaban en cada Distrito, Congregaciones Electorales (art. 32). También debían elegirse electores para la escogencia en cada parroquia de los agentes municipales (art. 24). Estas congregaciones electorales eran las que elegían los Representantes de la Provincia para la Cámara del gobierno federal; a los tres miembros del Poder Ejecutivo de la Unión; al Senador o Senadores por el Distrito, para la Asamblea General de la Provincia; al representante por el Distrito, para la Cámara del Gobierno Provincial; y al elector para la nominación del Poder Ejecutivo de la provincia (art. 33). Los Electores electos en cada Distrito, para la elección del Poder Ejecutivo, formaban las Juntas Electorales que reunidas en las capitales de Departamentos, debían proceder a la nominación (art. 49).

El *Capítulo Cuarto* está destinado a regular a las "Municipalidades". Sus miembros y los agentes municipales, se elegían por los electores escogidos para tal fin en cada parroquia (art. 24 y 59). La Constitución, en efecto, estableció que en cada parroquia debía elegirse un agente municipal (art. 65) y que los miembros de las municipalidades también debían elegirse (art. 67). El número de miembros de las Municipalidades variaba, de 24 en la de Caracas, dividida en dos cámaras de 12 cada una (art. 90); 16 miembros en las de Barquisimeto, San Carlos, La Victoria y San Sebastián (art. 92); y luego de 12, 8 y 6 miembros según la importancia y jerarquía de las ciudades (arts. 91 a 102). Las Municipalidades capitales de Distrito debían llevar el Registro Civil (art. 70) y se les atribuían todas las competencias propias de vida local en una enumeración que cualquier régimen municipal contemporánea envidiaría (art. 76). La Municipalidad gozaba "de una autoridad puramente legislativa" (art. 77) y elegía los Alcaldes (art. 69) que eran las autoridades para la administración de justicia, y proponían al Poder Ejecutivo los empleos de Corregidores (arts. 69 y 217) que eran los órganos ejecutivos municipales. En ellas tenían asiento, voz y voto, los agentes municipales que debían ser electos en cada parroquia (arts. 65 y 103).

El *Capítulo Quinto* reguló al "Poder Legislativo" de la Provincia que residía en una Asamblea General compuesta por un Senado y una Cámara de Representantes (art. 130). En detalle, el texto reguló su composición, funcionamiento, poderes y atribuciones y el sistema de elección de sus miembros (arts. 230 a 194).

El *Capítulo Sexto* reguló el "Poder Ejecutivo" de la Provincia, que residía en 3 individuos electos por los Electores de cada Distrito (arts. 195 y 196). Se reguló la forma de elección y las condiciones de elegibilidad de los miembros del Poder Ejecutivo (arts. 196 a 207) así como sus atribuciones (arts. 308 a 233).

El *Capítulo Séptimo* está destinado al "Poder Judicial", en el cual se dispuso que se conservaba provisionalmente la organización que del mismo existía (art. 234), y que a nivel inferior era administrado, además de por Jueces de Primera Instancia, por los Alcaldes y Corregidores con apelación ante las Municipalidades (arts. 240 a 250). En las materias civiles y criminales, sin embargo, se estableció que la justicia sería administrada por dos Cortes Supremas de Justicia (art. 259) y por los Magistrados inferiores de primera instancia antes indicados (art. 235). En cada Departamento se establecieron Tribunales Superiores (art. 251) y en general se establecieron normas de procedimiento judicial relativas al juicio verbal, que se estableció como norma general (art. 240).

Los *Capítulos Octavo y Noveno* se refieren a la "elección de los Senadores para el Congreso General y su remoción", así como de los Representantes (arts. 275 a 280).

El *Capítulo Diez* se refiere al "Fomento de la literatura" donde se reguló al Colegio y Universidad de Caracas (art. 281) y el fomento de la cultura (art. 282).

Los *Capítulos Once y Doce* están destinados a regular la revisión y reforma de la Constitución (arts. 283 a 291) y su sanción o ratificación (art. 292 a 259).

El *Capítulo Trece*, indica que "se acuerdan, declaran, establecen y se dan por insertos literalmente en esta Constitución los derechos del hombre que forman el Capítulo Octavo de la Federal, los cuales están obligados a observar, guardar y cumplir todos los ciudadanos de este Estado" (art. 296).

El *Capítulo Catorce* contiene una serie de "Disposiciones Generales, donde se regulan, en general, otros derechos de los ciudadanos así como deberes (arts. 297 a 234), concluyéndose con la formulación expresa de la garantía objetiva de la Constitución, en el sentido de que "las leyes que se expidieren contra el tenor de ella no tendrán valor alguno sino cuando hubieren llenado las condiciones requeridas para una justa y legítima revisión y sanción (de la Constitución)" (art. 325).

Este texto constitucional concluye con una "Despedida" de la "Sección Legislativa de Caracas, dirigida a los habitantes de la Provincia", al terminar sus sesiones y presentar la Constitución Provincial en la cual se hace un recuento del proceso de conformación institucional de la Confederación y del Gobierno Federal hasta ese momento, justificándose la propuesta de formar una "sección legislativa provisoria para Caracas" del Congreso General, compuesta con la separación de sus diputados al mencionado Congreso General, la cual tuvo a su cargo la elaboración del texto constitucional provincial[562].

Este texto constitucional fue firmado en "el Palacio de la Legislatura de Caracas," por los siguientes diputados: Por el Partido Capitular de San Sebastián, Felipe Fermín Paúl, *Presidente;* por el *Partido Capitular de San Sebastián,* Martín Tovar, *Vice–Presidente;* por el *Partido Capitular de San Sebastián:* Francisco Javier Uztáriz; por el *Partido Capitular de Nirgua:* Salvador Delgado; por el *Partido Capitular de Caracas,* Isidoro Antonio López Méndez; por el *Partido Capitular de San Felipe,* Juan José de Maya; por el *Partido Capitular de Guanare,* José Vicente Unda; por el *Partido Capitular de Caracas,* Bartolomé Blandín; por el *Partido Capitular de Valencia,* Fernando de Peñalver; por el *Partido Capitular de Caracas,* Lino de Clemente; por el *Partido Capitular de Barquisimeto,* José Ángel de Álamo; por el *Partido Capitular de la Villa de Calabozo,* Juan Germán Roscio; por el *Partido Capitular de la ciudad de Ospino,* Gabriel Pérez Págola; por el *Partido Capitular de Barquisimeto,* Tomás Millano; y por el *Partido Capitular de Valencia,* Juan [Rodríguez del] Toro.

---

562 Véase en *Las Constituciones Provinciales, op. cit.*, pp. 137 y ss.

c.   *Sobre el Poder Legislativo*

Como se señaló, en la Constitución provincial se asignó el Poder Legislativo de la Provincia a Asamblea General compuesta por un Senado y una Cámara de Representantes (art. 130), regulándose detalladamente su composición, funcionamiento, poderes y atribuciones, así como el sistema de elección de sus miembros (arts. 230 a 194).

Las Cámaras que componían el Poder legislativo tenían la competencia general, es decir, "pleno poder y facultad para hacer ordenar y establecer todas las leyes, ordenanzas, estatutos, órdenes y resoluciones, con penas o sin ellas," que juzgasen necesarias "para el bien y felicidad de la Provincia," con la aclaratoria de que las mismas, sin embargo, no debían "ser repugnantes ni contrarias a esta Constitución" (art. 186).

La iniciativa de las leyes se atribuyó tanto al Senado como a la Cámara de Representantes. Teniendo además, cada una de ellas la facultad de proponer a la otra reparos, alteraciones o adiciones, o de rehusar su consentimiento a la ley propuesta por una absoluta negativa (art. 131). Sin embargo, en cuanto a las leyes sobre contribuciones, las mismas se dispuso que tendrían principio solamente en la Cámara de Representantes, quedando siempre al Senado la facultad de adicionarlas, alterarlas o rehusarlas (art. 132).

Todos los proyectos o proposiciones que fuesen aceptadas, "según las leyes de debates," debían sufrir tres discusiones en sesiones distintas, con el intervalo de un día cuando menos, entre unas y otras, sin cuya circunstancia no se podía pasar a la otra Cámara (art. 133). Estas leyes de debate, sin embargo, no se aplicaban respecto de las proposiciones urgentes, en cuyo caso cada Cámara debía preceder a la declaratoria de urgencia (art. 134). Las proposiciones que fuesen rechazadas por una de las Cámaras, no podían repetirse hasta después de un año sin el consentimiento de las dos terceras partes de cada una de las Cámaras; pero podían hacerse otras nuevas que contuvieran parte, artículos o ideas de las rechazadas (art. 135). Ninguna ley, ordenanza o resolución podía contener otras materias que las que expresase su título, y debían todas estar firmadas por el Presidente del Senado y de la Cámara (art. 136).

Para que los proyecto de la ley que fuese propuestos, aceptados, discutidos y deliberados en ambas Cámaras se convirtieran en ley, con fuerza de tal, debían previamente ser presentados al Poder Ejecutivo de la Provincia para su revisión. Si el Poder Ejecutivo, después de examinar el proyecto lo aprobare, lo debía firmar en señal de su aprobación (137); y en todo caso, si el Poder Ejecutivo no devolvía el proyecto a la Cámara de su origen dentro de cinco días contados desde su recibo con exclusión de los feriados, se tendía por ley, y debía ser promulgada como tal (art. 138).

Sin embargo, el Poder Ejecutivo podía objetar el proyecto, en cuyo caso debía devolverlo, con sus reparos y objeciones, a la Cámara que hubiese tenido la iniciativa, la cual debía copiar íntegramente las objeciones en su registro y pasarlas de nuevo a examen y consideración. En caso de que resulte aprobado por segunda vez por las dos terceras partes de la Cámara, se debía pasar el proyecto con las objeciones a la otra Cámara, donde también debía considerarse. Si en esta Cámara se aprobase igualmente por las dos terceras partes de sus miembros presentes, entonces se consideraba que el proyecto tenía fuerza de ley, y el Poder Ejecutivo debía publicarla (art. 137).

La formalidades establecidas en el proceso de formación de las leyes, decretos, actos o resoluciones de las Cámaras fue muy detallada, al punto de disponerse que debían pasar de una Cámara a otra y al Poder Ejecutivo con un preámbulo que contuviera "primero, la fecha de las sesiones de cada Cámara en que se haya examinado la materia; segundo, las de las respectivas resoluciones, con inclusión de la de urgencia, cuando la haya; y, tercero, la exposición de las razones y fundamentos que han motivado la decisión." Si se omitía alguno de estos requisitos, se debían devolver los proyectos a la Cámara que hubiera cometido la falta, o la de la iniciativa, si la hubiesen cometido las dos (art. 142).

Se establecieron, además, normas de redacción legislativa para que su redacción fuera uniforme, clara y sencilla, exigiéndose la indicación de un membrete que explicase "compendiosamente su contenido, con las voces de ley, acto, resolución, u orden, sobre o para tal cosa, etc., y a la fórmula de estilo siguiente: La Asamblea general de la provincia de Caracas, decreta, o ha decretado que, etc. Estas palabras precederán a la parte dispositiva de las leyes, actos u órdenes de la Legislatura" (art. 143).

Pero además del ejercicio de la función legislativa, se atribuyó al Poder legislativo, como de su exclusiva competencia, el control e inspección sobre el Poder Ejecutivo, asignándosele "la pesquisa y averiguación de las faltas de todos los empleados del Estado en el desempeño de sus deberes". Correspondía además al Senado "recibir las correspondientes acusaciones en todos los casos de traición, colusión o malversación," correspondiendo a dicha Cámara oír, examinar y juzgar dichos hechos. Se precisó, además, que todo ciudadano quedaba "con plena libertad de acusar los delitos de esta clase, bajo la responsabilidad y cauciones prevenidas por las leyes" (art. 145). La Constitución dispuso, además, que "de ninguna manera se limiten estas facultades pesquisitorias de la Cámara sobre todos los empleados del Estado" (art. 155).

Las Cámaras del Poder Legislativo, además, tenían entre sus atribuciones, "proteger la cultura de los habitantes del país, promoviendo por leyes particulares el establecimiento de escuelas de primeras letras en todas las poblaciones y auxiliando los esfuerzos que ellas mismas hicieren por el conducto de sus respectivas Municipalidades, para lograr tan grande objeto" (art. 187).

En materia impositiva, además, se dispuso entre las funciones de las Cámaras la realización de un "censo exacto de las propiedades o bienes raíces que posean los particulares en toda la extensión de la Provincia" a los efectos de "facilitar el establecimiento de un sistema de imposición y recaudación de contribuciones más ventajoso a las rentas del Estado, menos dispendioso y molesto a los pueblos, y que no embarace el giro interno de las producciones, de la agricultura y de la industria; censo que debía servir para cuando "se crea útil y oportuno," para alterar "el método actual de los impuestos calculado sobre los frutos y producciones, y le sustituya otro que se refiera al valor de los mismos bienes raíces, moderado, equitativo, y proporcionado a las exigencias del Gobierno." (art. 189).

La Constitución atribuyó además competencia al Poder legislativo para procurar disponer "con toda la brevedad posible una razón circunstanciada de las tierras que haya vacantes sin legítimo dueño conocido en los distritos de las Municipalidades, bien por conducto de éstas o como lo juzgue más oportuno," pudiendo "disponer de ellas en beneficio del Estado, de sus rentas y de su agricultura, vendiéndolas o arrendándolas, o en favor de los mismos pueblos y distritos, cuyas Municipalidades, con estos recursos a su disposición, podrán hacer efectivos los proyectos de educación y de beneficencia que conciban para sus respectivos habitantes, con menos gravamen de éstos y mayor beneficio de los pobres"(art. 191).

Por último, correspondía también al Poder Legislativo, la competencia para "constituir Tribunales de justicia en lo interior de la Provincia según lo creyere conveniente para su mejor y más pronta administración," con posibilidad de facultarlos "para oír, juzgar y determinar toda suerte de causas civiles y criminales en el grado y forma que tuviese a bien establecer" (art. 192).

d.   Sobre el Poder Ejecutivo

El Poder Ejecutivo de la Provincia se reguló en la Constitución como un Ejecutivo plural integrado por 3 individuos electos en segundo grado, por los Electores de cada Distrito, correspondiéndole, en general, el cuidar y velará sobre la exacta y fiel ejecución de las leyes del Estado y de la Unión en todo lo que estuviere al alcance de sus facultades en el territorio de la Provincia" (art. 233).

Al Ejecutivo se lo facultó, cuando lo exigiera el bien y prosperidad de la Provincia, para convocar extraordinariamente a la Asamblea general o a alguna de sus Cámaras (232).

La Constitución dispuso que el Ejecutivo debía dar cuenta a la Asamblea general del estado de la República, presentar en particular a cada Cámara el estado de las rentas Provinciales, indicando los abusos que hubiere, y recomendando las medidas que juzgase convenientes sin presentarles proyectos de ley ya formados (art. 230). Además, se dispuso que el Ejecutivo debía dar en todo tiempo, a cualquiera de las Cámaras, las cuentas, informes e ilustraciones que le pidieran, "a excepción de aquellas cuya publicación no conviniere por entonces" (art. 231).

e.   Sobre el Poder Judicial

En cuanto al Poder judicial, la Constitución estableció en general, que las materias civiles y criminales ordinarias el Poder Judicial se debía administrar por dos Cortes supremas de Justicia, y por los Magistrados inferiores de primera instancia que residen en las ciudades, villas y pueblos de la Provincia, "bajo la misma forma y con las mismas facultades que han tenido hasta ahora" (art. 235).

Se estableció, por otra parte, que el Supremo Poder Judicial de la Provincia de Caracas residiría en dos Cortes Supremas de Justicia, una de las cuales se debía establecer en esta capital, Caracas, y la otra, en la ciudad de Barquisimeto (art. 259). La primera debía extender su jurisdicción a los departamentos de Caracas, de Aragua y de San Sebastián, y se denominaba: Corte Suprema de Justicia de los Departamentos Orientales; la segunda, debía ejercer la jurisdicción en los departamentos de Barquisimeto y de San Carlos, y se denominaba: Corte Suprema de Justicia de los Departamentos Occidentales (art. 260). Cada Corte, en su respectivo territorio, debía conocer por apelación de los negocios civiles y criminales sentenciados por los Corregidores, Alcaldes ordinarios, Municipalidades y Tribunales Superiores de departamento, y originalmente podía conocer de aquellos en que conocía la antigua Audiencia con el nombre de casos de Corte (art. 261).

La Constitución, por otra parte, fue muy precisa en prever, en general, la posibilidad de acudir a medios alternativos de administración de justicia. Así, el artículo 236 dispuso que los Jueces debían procurar "componer amigablemente todas las demandas antes que se enjuicien, y a nadie se le rehusará el derecho de hacer juzgar sus diferencias por árbitros" (art. 236). De las decisiones de estos árbitros, que debían nombrar las mismas partes, no se admitirían apelaciones ni recursos de nulidad, o de una nueva revisión, a menos que se hubieran reservado expresamente (art. 237).

Se dispuso además en la Constitución, que un "aquellos negocios de que no pueden conocer los Jueces ordinarios, se llevarán a ellos para que si es posible se concilien las partes antes de establecerse la demanda; mas si el Juez no pudiere conciliarlas, seguirán los asuntos a los Tribunales correspondientes" (art. 238).

f.   Sobre el fomento "de la literatura"

La Constitución, como se ha dicho, incluyó un capítulo sobre el "fomento de la literatura", en el cual se dispuso que "el Colegio y la Universidad que se hayan establecido en esta capital conservarán los bienes y rentas de que hasta aquí han gozado bajo la especial protección y dirección del Gobierno," correspondiéndole a la Legislatura promover y auxiliar cuanto sea posible "el adelantamiento y progresos de estas corporaciones literarias, cuyo objeto y destinos son tan interesantes y útiles al bien de la comunidad" (art. 282).

A tal efecto, en el artículo 283 de la Constitución se definió "la cultura del espíritu" como:

> "el medio único y seguro de distinguir las verdaderas y sublimes virtudes que hacen honor a la especie humana, y de conocer en toda su fuerza los vicios horrendos que la degradan y se perpetúan impunemente entre las naciones salvajes y bárbaras. Ella es también el órgano más oportuno para hacer conocer al pueblo sus imprescriptibles derechos, y los medios capaces de conservarle en la posesión de aquella arreglada y justa libertad que ha dispensado a todos la sabia naturaleza. Es igualmente el camino más pronto y seguro que hay de procurarle el acrecentamiento de sus comodidades físicas, dirigiendo con acierto su actividad y sus talentos al ejercicio de la agricultura, del comercio, de las artes y de la industria que aumentan la esfera de sus goces y le constituyen dueño de innumerables producciones destinadas a su servicio para una alta y generosa beneficencia."

En consecuencia, la propia Constitución reconoció que "un Gobierno sabio e ilustrado no puede desentenderse de procurar la cultura de la razón y de que se propague y generalice cuanto fuere posible entre todos los ciudadanos," disponiendo entonces que era un

> "deber de las Legislaturas, de las Municipalidades y de los Magistrados del Estado procurar el fomento y propagación de la literatura y de las ciencias, protegiendo particularmente el establecimiento de Seminarios para su enseñanza, y las de las lenguas cultas, sabias o extranjeras, y el de sociedades privadas e instituciones públicas que se dirijan al mismo objeto, o a promover el mejoramien-

to de la agricultura, de las artes, oficios, manufacturas y comercio, sin comprometer la verdadera libertad y tranquilidad de los pueblos" (art. 282).

g. Sobre la revisión y reforma constitucional

La Constitución de la Provincia, como era lo propio de toda Constitución moderna, estableció los mecanismos para su revisión y reforma, de manera que "cuando la experiencia manifestare la necesidad o conveniencia de corregir o añadir alguna cosa" a la Constitución, la misma se debía sujetar a las siguientes formas prescriptas en el texto, "sin cuya circunstancia no tendrán valor ni efecto las correcciones y adiciones" (art. 283). El procedimiento se estableció en la forma siguiente:

1. Las proposiciones podían tener principio en cualquiera de las Cámaras de la Legislatura, y en cada una de ellas se debían leer y discutir públicamente por tres veces en distintos días interrumpidos, del mismo modo que las leyes ordinarias (art. 284).

2. Si en ambas Cámaras las propuestas hubiesen obtenido la aprobación de las dos terceras partes de sus miembros constitucionales, debían entonces pasarse al Poder Ejecutivo obtener su aprobación. De no recibir las propuestas los votos referidos, se debían tener por rechazadas y no podían repetirse hasta después de un año cuando menos en otra sesión de la Legislatura (art. 285).

3. Si el Poder Ejecutivo aprobaba las proposiciones, se debía producir entonces una resolución de la Asamblea general sobre el objeto a que se dirigían las propuestas; pero si el Ejecutivo no las aprobaba, debía devolverlas a la Asamblea general dentro del término de diez días con los reparos correspondientes (art. 286).

4. Las proposiciones devueltas por el Ejecutivo, sin embargo, se debían calificar como "Resolución de la Asamblea" en caso de que una vez examinadas de nuevo en las Cámaras, "fuesen sostenidas por las tres cuartas partes de sus miembros constitucionales." También se considerarían con el mismo carácter "cuando no fuesen devueltas dentro de los diez días. (art. 287).

Las resoluciones sobre revisión de la Constitución, sin embargo, no entraban en vigencia con la aprobación de los órganos del Estado, sino que debían someterse a consulta popular y a la aprobación por los representantes. A tal efecto, se estableció el siguiente procedimiento:

1. Las resoluciones sobre revisión y reforma constitucional, en efecto, se debían comunicar a las Municipalidades y estas las debían insertar en los papeles públicos, "cuando menos tres meses antes de las próximas elecciones de noviembre," para que, impuestos los sufragantes y electores de las reformas o adiciones que se proponían, pudieran, si quisiesen, "dar sus instrucciones sobre el particular a los nuevos miembros que elijan para la Legislatura" (art. 288).

2. Lo mismo debía realizarse a los dos años siguientes antes de las referidas elecciones; y cuando por este medio se hubiese renovado toda o la mayor parte de la Cámara de los Representantes, la Asamblea general, en su inmediata sesión, es cuando entonces debía proceder "a examinar las propo-

siciones sujetándose a las formas prescritas" antes indicadas para la Legislatura en que se hizo la iniciativa (art. 289).

3. Si las proposiciones fuesen aceptadas finalmente por las dos terceras partes de la nueva Asamblea general con la aprobación del Poder Ejecutivo, o sin ésta por las tres cuartas partes de la misma, entonces es que debían insertarse en la Constitución en la forma correspondiente (art. 290).

4. En todo caso, los artículos de la Constitución que fuesen sometidos a examen para ampliarse, corregirse o suprimirse, debían permanecer íntegramente en su fuerza y vigor hasta que las alteraciones propuestas fueran aprobadas, publicadas y mandadas tener por parte de la Constitución (art. 291).

h. *Sobre la sanción y ratificación de la Constitución*

Por otra parte, en cuanto a la sanción o ratificación de la propia Constitución de enero de 1812, en el propio texto constitucional se estableció la necesaria participación popular, así:

1. El pueblo de la Provincia de Caracas, por medio de convenciones particulares reunidas expresamente para el caso, o por el órgano de sus Electores capitulares autorizados determinadamente al intento, o por la voz de los sufragantes Parroquiales, debía expresar solemnemente su voluntad libre y espontánea, de aceptar, rechazar o modificar, en todo o en parte, la Constitución (art. 292).

2. La elección de cualquiera de los medios antes propuestos se dejó "al arbitrio y prudencia de la próxima venidera Legislatura Provincial," lo cual lamentablemente nunca ocurrió, con la exigencia de que debía adoptar "uno mismo para la sanción y ratificación de esta Constitución que para la de la Federal;" de manera que una y otra debían ejecutarse "en un mismo tiempo, tanto por la mayor comodidad y alivio que de ello resulta a los pueblos, como por la mayor instrucción y conocimiento que les proporciona el tener a la vista simultáneamente ambas constituciones, así para exponer su voluntad como para expedir con mayor acierto y felicidad de la causa común las funciones que ellas prescriben" (art. 293).

3. Leída la Constitución a las corporaciones que hubiere hecho formar la Legislatura, y verificada su aprobación con las modificaciones o alteraciones que ocurrieren por pluralidad, se debía entonces jurar solemnemente su observancia, y se debía proceder, dentro del tercero día, "a nombrar los funcionarios de los Poderes que forman la representación Provincial, o a convocar las Congregaciones electorales con el mismo objeto" (art. 294). Se aclaró, finalmente que no habría "embarazo alguno" para que en esas elecciones se nombrasen para Legisladores o para miembros del Poder Ejecutivo, tanto en el Gobierno federal como en el de la Provincia, "a los que han servido los mismos destinos en ambos departamentos durante el año de mil ochocientos once, y a los que los sirvieren en el presente de mil ochocientos doce" (art. 295).

Es sabido, sin embargo, que nada de esto se pudo hacer pues unos meses después, desde diciembre de 1812 la ocupación del territorio de la provincia por las fuerzas españolas al mando de Monteverde, arrasaron con toda la civilidad que se establecía en este excepcionalísimo texto que fue la Constitución provincial de Caracas de 1812.

i. *Sobre las declaraciones políticas generales y el desarrollo del principio de igualdad*

La Constitución provincial de Caracas de 1812, como ocurrió con todas las Constituciones posteriores, incorporó en unas disposiciones generales, una serie de declaraciones generales de política pública, y aparte de todos los derechos de los ciudadanos que se declararon incorporados en el texto constitucional, contenidos en la declaración de Derechos del Pueblo sancionada el 1 de julio de 1811 (art. 296), se incluyeron otras disposiciones de gran importancia en materia de igualdad y no discriminación. Las más importantes fueron las siguientes:

j. *Sobre el régimen de los indios*

En primer lugar, en el texto mismo de la Constitución se dispuso que respeto de la "clase de ciudadanos que hasta ahora se ha denominado de indios," reconociéndose que no se había conseguido "el fruto apreciable de algunas leyes que la Monarquía española dictó a su favor, porque los encargados del Gobierno de estos países tenían olvidada su ejecución," en virtud de que "las bases del sistema de Gobierno que en esta Constitución ha adoptado Caracas no son otras que las de la justicia y la igualdad," entonces se dispuso que se encargaba "muy particularmente a la Asamblea general," que así como debía "aplicar sus fatigas y cuidados para conseguir la ilustración de todos los habitantes de la Provincia, proporcionándoles escuelas, academias y colegios en donde aprendan todos los que quieran los principios de Religión, de la sana moral, de la política, de las ciencias y artes útiles y necesarias para el sostenimiento y prosperidad de los pueblos," que igualmente debía procurar

"por todos los medios posibles atraer a los referidos ciudadanos naturales a estas casas de ilustración y enseñanza, hacerles comprender la íntima unión que tienen con todos los demás ciudadanos, las consideraciones que como aquéllos merecen del Gobierno, y los derechos de que gozan por sólo el hecho de ser hombres iguales a todos los de su especie, a fin de conseguir por este medio sacarlos del abatimiento y rusticidad en que los ha mantenido el antiguo estado de cosas, y que no permanezcan por más tiempo aislados, y aún temerosos de tratar a los demás hombres" (art. 297).

A tal efecto, la Constitución prohibió que los indios pudieran "aplicarse involuntariamente a prestar sus servicios a los Tenientes, o Curas de sus Parroquias, ni a otra persona alguna," y además, les permitió

"el reparto, en propiedad, de las tierras que les estaban concedidas y de que están en posesión, para que a proporción entre los padres de familia de cada pueblo las dividan y dispongan de ellas como verdaderos señores, según los términos y reglamentos que formare para este efecto"(art. 297).

La consecuencia de estas previsiones, fue que en el texto de la Constitución se revocaron y dejaron "sin valor alguno, las leyes que en el anterior Gobierno concedieron ciertos Tribunales, protectores y privilegios de menor edad a dichos naturales, las cuales, dirigiéndose al parecer a protegerlos, les han perjudicado sobremanera según ha acreditado la experiencia"(art. 298).

k.   *Sobre la prohibición de la esclavitud*

La Constitución, por otra parte, recordando que el comercio inicuo de negros había sido prohibido por Decreto de la Junta Suprema de Caracas en 14 de agosto de 1810, declaró que dicho comercio quedaba "solemne y constitucionalmente abolido en todo el territorio de la Provincia, sin que puedan de modo alguno introducirse esclavos de ninguna especie por vía de especulación mercantil" (art. 299).

l.   *Sobre la situación de los pardos*

La Constitución, además, dispuso en su artículo 300 que quedaban "revocadas y anuladas en todas sus partes las leyes antiguas que imponían degradación civil a una parte de la población libre de Venezuela, conocida hasta ahora *bajo la denominación* de pardos y morenos." En consecuencia, se declaró que éstos quedaban "en posesión de su estimación natural y civil, y restituidos a los imprescriptibles derechos que les corresponden como a los demás ciudadanos" (art. 300).

m.   *Sobre la abolición de los títulos nobiliarios y las relaciones personales con la Monarquía*

En la Constitución, además, se declararon extinguidos "todos los títulos concedidos por el anterior Gobierno," prohibiéndose a la Legislatura Provincial "conceder otro alguno de nobleza, honores o distinciones hereditarias, ni crear empleo u oficio alguno, cuyos sueldos o emolumentos puedan durar más tiempo que el de la buena conducta de los que los sirvan "(art. 301). Además, se dispuso que las persona que ejercieran algún "empleo de confianza u honor bajo la autoridad del Estado," no podían aceptar "regalo, título o emolumento de algún Rey, Príncipe o Estado extranjero, sin el consentimiento del Congreso" (art. 302).

La consecuencia de ello, fue la previsión en el artículo 324, en el sentido de que nadie podía "tener en la Provincia de Caracas otro título ni tratamiento público que el de ciudadano, única denominación de todos los hombres libres que componen la nación".

n.   *Sobre el ejercicio de los derechos políticos*

La Constitución fue determinante, al mecanismos de participación popular y un sistema de democracia representativa, en establecer en general, que los ciudadanos sólo podían "ejercer sus derechos políticos en las Congregaciones parroquiales y electorales, y en los casos y formas prescritas por la Constitución" (art. 313); de manera que ningún individuo o asociación particular podía

"hacer peticiones a las autoridades constituidas en nombre del pueblo, ni menos abrogarse la calificación de pueblo soberano, y el ciudadano o ciudadanos que contravinieren a este parágrafo, hollando el respeto y veneración debidas a la presentación y voz del pueblo, que sólo se expresa por la voluntad general, o por el órgano de sus representantes legítimos en las Legislaturas, serán perseguidos, presos y juzgados con arreglo a las leyes" (art. 314).

Además, se declaró que toda reunión de gente armada, bajo cualquiera pretexto que se formase, si no emanaba de órdenes de las autoridades constituidas, se consideraba como "un atentado contra la seguridad pública," y debía "dispersarse inmediatamente por la fuerza." Además, se declaró también, que "toda reunión de gente sin armas" que no tuviese el mismo origen legítimo se debía disolver "primero por órdenes verbales, y siendo necesario, se destruirá por la fuerza en caso de resistencia o de tenaz obstinación" (art. 315).

o.   *Sobre la supremacía constitucional y la continuidad del orden jurídico sub–constitucional anterior*

El artículo 325 de la Constitución, declaró expresamente el principio de la supremacía constitucional y graduación del orden jurídico al disponer que las leyes que se expidieran para ejecutarla, la Constitución del Gobierno de la Unión, y todas las leyes y tratados que se concluyeran bajo su autoridad, "serán la ley suprema de la Provincia de Caracas en toda la extensión de su territorio; y las autoridades y habitantes de ella estarán obligados a obedecerlas y observarlas religiosamente, sin excusa ni pretexto alguno".

Se precisó, sin embargo, como garantía objetiva de la Constitución, que "las leyes que se expidieren contra el tenor de ella no tendrán valor alguno sino cuando hubieren llenado las condiciones requeridas para una justa y legítima revisión y sanción" (art. 325).

En lo que se refiere al orden jurídico precedente de orden sub–constitucional, el artículo 326 de la Constitución estableció que entre tanto que se verificaba "la composición de un Código Civil y criminal, acordado por el Supremo Congreso el ocho de marzo último [1811], adaptable a la forma de Gobierno establecido en Venezuela," se declaraba en su fuerza y vigor el Código que hasta aquí nos ha regido en todas las materias y puntos (lo que era una clara referencia a la *Recopilación de las Leyes de los Reynos de Indias*) que directa o indirectamente no se opongan a lo establecido en esta Constitución."

p.   *Sobre la difusión y conocimiento de la Constitución y de los derechos de los ciudadanos*

Finalmente, en la Constitución misma se previó la necesidad de difundir su conocimiento, a cuyo efecto, se encargó y recomendó eficazmente

"a todos los venerables Curas de los pueblos de esta Provincia, que los domingos y demás días festivos del año la lean públicamente en las iglesias a sus feligreses, como también la Constitución federal formada por el Congreso general de Venezuela, y con especialidad el capítulo octavo de ella, que tiene por título derechos del hombre, que se reconocerán y respetarán en toda la extensión del Estado, encareciéndoles la importancia, necesidad y obligación en que se hallan todos los ciudadanos de instruirse de estos derechos y de observarlos y cumplirlos exactamente, haciéndoles cuando lo juzguen conveniente las aplicaciones, ilustraciones y advertencias conducentes a facilitarles su inteligencia. (art. 327).

Igualmente, se encargó y recomendó a todos los maestros de primeras letras que pusieran en manos de sus discípulos, en la forma y modo que hallasen más adaptables, el texto de la Constitución, y también la Federal,

> "procurando que las posean y manejen como otro cualquiera libro o lectura de las que se usan comúnmente en las escuelas, haciéndolas leer y estudiar constantemente, y en especialidad el capítulo octavo de la Constitución federal que trata de los derechos del hombre, por ser una de las instrucciones en que deben estar radicados a fondo, y un objeto esencialísimo de la educación que debe recibir la juventud de Venezuela" (art. 328).

2. *Las Constituciones Provinciales en la Nueva Granada después del Acta de la Confederación de las provincias Unidas de Nueva Granada de 1811*

En la Nueva Granada, con posterioridad a la firma del Acta de la Confederación de las Provincias, entre 1811 y 1815 se dictaron Constituciones en las Provincias de Tunja (1811), Antioquia (1812), Cartagena de Indias (1812), Popayán (1814), Pamplona (1815), Mariquita (1815) y Neiva (1815). Además, en 1815 se revisó y reformó la propia Acta de la Federación de las Provincias Unidas de la Nueva Granada. A continuación nos referiremos solamente a las Constituciones provinciales neogranadinas dictadas en 1811 y 1812, es decir, antes de que se sancionara la Constitución de Cádiz de marzo de 1812, incluyendo la de Cartagena de Indias, que si bien se sancionó en junio de 1812, para cuando se publicó la Constitución de Cádiz, la misma ya estaba materialmente redactada.

A. *La Constitución de la República de Tunja de 9 de diciembre de 1811.*

Luego de la sanción del Acta de la Confederación de las provincias Unidas de la Nueva Granada, la primera constitución provincial que se dictó fue la de la provincia de Tunja, donde precisamente funcionaba el Congreso de las Provincias Unidas. A tal efecto, el Colegio Electoral de la Provincia adoptó, el 9 de diciembre de 1811, la Constitución de Tunja[563] que se ha considerado "la primera constitución de fisonomía republicana" de Colombia,[564] con 235 artículos, en la cual se establecieron las bases de gobierno, en los siguientes Títulos:

El *Título Preliminar sobre declaración de los derechos del hombre en sociedad*, contiene un completísimo elenco de derechos y deberes en dos Capítulos. En el Capítulo I, sobre los derechos, comenzó con la declaración general ius naturalista de que "Dios ha concedido igualmente a todos los hombres ciertos derechos naturales, esenciales e imprescriptibles, como son: defender y conservar su vida, adquirir, gozar y proteger sus propiedades, buscar y obtener su seguridad y felicidad. Estos derechos se reducen a cuatro principales, a saber: la libertad, la igualdad legal, la seguridad, y la propiedad" (art. 1). De allí, se definió la libertad (art. 2); la igualdad (art. 3) con la proscripción de privilegios (art. 4) y de cargas desiguales (art. 5); la seguridad (art. 6) y la protección de la libertad pública o individual contra la opresión de

---

563 Véase el texto en Jorge Orlando Melo, *Documentos constitucionales colombianos, 1810-1815*, en http://www.jorgeorlandomelo.com/bajar/documentosconstitucionales1.pdf

564 Véase Carlos Restrepo Piedrahita, en *Primeras Constituciones...*, p. 98.

los que gobiernan (art. 7).Se regularon diversos derechos del debido proceso como el *nullum crimen sine lege* (art. 8), la presunción de inocencia y la prisión excepcional pendiente juicio (art. 9); el límite a las penas (art. 10); el derecho a ser oído, el delito en ley preexistente y la irretroactividad de la ley (art. 11). Además, el derecho de propiedad y la expropiación (art. 12), la libertad de trabajo e industria (art. 13); el régimen de las contribuciones fiscales (art. 15) establecidas por los representantes (art. 16) y derecho a la educación (art. 17). También se reguló el régimen de la soberanía residiendo en el pueblo, titular del Poder Soberano (arts. 18 y 19), su definición, conforme al principio de la separación de poderes (art. 20), y la precisión de que ninguna parcialidad puede ejercerla, y nadie puede ejercer autoridad sin la delegación de los ciudadanos (arts. 21 y 22). Se reguló el régimen de las elecciones libre, el derecho al sufragio (art. 23), el principio de la alternabilidad republicana (art. 24), la responsabilidad de los representantes (art 25), se definió la finalidad del gobierno para el bien común y se reguló el derecho el pueblo a decidir sobre su gobierno (art. 26). Se reguló la igualdad de todos los hombres (art. 27) y el derecho de petición (art. 28). Se proclamó el principio de la separación de tres poderes: legislativo, ejecutivo y judicial (art. 29) como garantía social (art. 30), y se indicaron los principios que deben guiar el ejercicio del sufragio (art. 31). En el capítulo II, se regularon los deberes del ciudadano, en su conducta hacia los demás (art. 1), las obligaciones con la sociedad y la observancia de las leyes (arts. 2, 3, 4), el deber de obediencia a la autoridad (art. 5), de respetar la propiedad ajena (art. 6), el respeto a los demás (art. 7), y el deber de servir a la patria (art, 8). El *Capítulo Tercero* se dedicó *a la Independencia* de la provincia de Tunja, en particular respecto de España sujetándose sin embargo "sobre este punto a lo que se determine por las dos terceras partes de las Provincias del Nuevo Reino de Granada" en su Congreso General del Nuevo Reino, o de sus Provincias Unidas" (art. 1), y al gobierno representativo de la misma (art. 2). El *Capítulo Cuarto* reguló la *forma de gobierno* de la provincia, como popular y representativo (art. 1), conforme al principio de la separación de poderes, con un Presidente Gobernador, un Senado, una Cámara de Representantes; un Tribunal de Apelaciones y otros tribunales; y los alcaldes ordinarios y pedáneos (art. 2).

La *Sección Primera* se destinó a regular en detalle al *Poder Legislativo*, con el *Capítulo I* sobre la Sala De Representantes compuesta por diez sujetos elegidos por el Colegio Electoral cada dos años, a propuesta de cada uno de los diversos departamentos en que se divide la provincia (art. 1), regulándose en detalle el procedimiento de las elecciones, las condiciones de elegibilidad (art. 2–7), el objeto de la corporación para formar las leyes (art. 8), y el procedimiento de su elaboración y sanción (arts. 9–17), y la inmunidad parlamentaria (art. 21). El capítulo II se destinó a regular el Senado, su composición (arts. 1–3) y su carácter de órgano colegislador (art. 4), su competencia en materia de juicios políticos (arts. 6–21), y el régimen de su funcionamiento (arts. 22–26). El *Capítulo II* se destino a la regulación de las *Disposiciones Generales sobre la Legislatura*, previéndose el régimen de formación de las leyes, su formación (arts. 1–5) y su carácter de expresión de la voluntad general como reglas universales de aplicación general (art. 8 9), reservándose a la Legislatura la facultad para interpretar, ampliar, y restringir, comentar y suspender las leyes, (art. 10), y en general las competencias legislativas de la Cámara de representantes (arts. 11–26).

En la *Sección Segunda* de la Constitución se reguló al *Poder Ejecutivo*, estableciéndose en el *Capítulo I* el régimen del *Gobernador*, a cual se denominó como

"Presidente Gobernador de la República de Tunja" (art. 1), estableciéndose el régimen de su elección por el Congreso Electoral de la provincia (art. 2) con la posibilidad de reelección inmediata por una sola vez (art. 4).sus competencias, entre ellas la de Capitán General de todas las milicias de la provincia. El capítulo II se destinó a regular al Teniente Gobernador, encargado de suplir las faltas del Gobernador quien.

En la *Sección Tercera* se reguló al *Poder Judicial*, atribuyéndose en el capítulo I algunas *facultades del Gobernador en lo contencioso*, para conocer en primera instancia de todas las "materias políticas, administrativas y económicas" (art 1), pudiendo sus sentencias apelarse ante el alto Tribunal de Justicia (art. 2). En el *Capítulo II*, se reguló a los *Alcaldes Pedáneos*, electos por los vecinos anualmente (art. 1), a cargo de conocer asunto en lo civil de menor cuantía y en lo criminal ciñéndose como ocurría en la época colonial precedente a la formación de sumario, arresto y confesión, dando cuenta en este estado a la justicia ordinaria (art. 2). En el *Capítulo II* se reguló a los *Alcaldes Ordinarios* que debía ser elegidos en cada departamentos, a cargo de decidir en primera instancia todos los asuntos contenciosos que ocurrieren en el distrito, salvo los atribuidos a los a los pedáneos. El *Tribunal de Apelaciones* se reguló en el *Capítulo IV,* para conocer en apelación de las sentencias de los alcaldes ordinarios (art. 1). En el Capítulo V se regularon *los últimos recursos,* asignándose al Senado competencia para conocer en apelación de las decisiones de Tribunal de Justicia mediante la designación de unos Conjueces de listas con la participación de las partes. En este capítulo, además, se estableció en general el régimen legal para la administración de justicia, disponiéndose que "los pleitos se sentenciarán por las leyes que nos han gobernado hasta aquí en lo que no sean contrarias a esta Constitución"(art 3); que "los jueces se ceñirán a la estricta observancia de las leyes, y en caso de no haber ley que pueda ser aplicable al caso ocurrido, lo propondrán a la Legislatura de la Provincia, para que establezca una ley que en lo sucesivo gobierne en iguales casos" (art. 4), y que "no se podrá pronunciar sentencia, sin que en ella se exprese la ley en que se funda"(art. 5). En el *Capítulo VI* se reguló el régimen de los *Jurados* para conocer de las causas civiles de mayor cuantía si así lo convinieren las partes, escogiendo "a este medio que muchos han creído el más seguro para no aventurar la justicia" (art. 1); regulándose en detalle la forma de escogencia de los mismos, así como por ejemplo el carácter irrevocable de las sentencias (art. 7).

La *Sección Cuarta* se destinó a regular el *Tesoro Público,* estableciéndose las normas de transición para la determinación de las "actuales contribuciones" que debían permanecer por el Congreso, al organizar un sistema de rentas (art.); y regulándose los cargos de Contador y Tesorero, para la recaudación, custodia y distribución del Tesoro Público (art. 3), con el régimen de las cuentas de los administradores y de las de propios de los cabildos.

En la *Sección Quinta*, se reguló a la *Fuerza Armada*, previéndose el servicio militar obligatorio (art. 1), creándose en cada pueblo de la provincia, tantas compañías de milicias, cuantas fueran posibles (art. 4), que debían ser instruidas por militares que proporcionare el Gobernador (art. 5). Se concibió a la fuerza armada como esencialmente obediente y no deliberante (art. 7).

La *Sección Sexta* se destinó a regular a la *Educación Pública,* disponiéndose que "en todos los pueblos de la provincia habrá una escuela en que se enseñe a los niños a leer, escribir, contar, los primeros rudimentos de nuestra santa Religión, y los principales derechos y deberes del hombre en sociedad" (art. 1); previéndose que en la capital habría una Universidad (art. 2). Se dispuso en forma genera, conforme al principio de la igualdad que "ni en las escuelas de los pueblos, ni en las de la capital habrá preferencias ni distinciones, entre blancos, indios, u otra clase de gente" de manera que lo que distinga "a los jóvenes, será su talento, y los progresos que hagan en su propia ilustración" (art. 3).

En la *Sección Séptima* se reguló al *Congreso Electoral*, integrado por los electores a razón de un elector por cada 2.000 habitantes (art. 5), con el régimen detallado de la elección de los mismos por los vecinos (art. 7) de los pueblos de manera que "todo pueblo, por pequeño que sea, con tal que no se halle agregado a otro, deberá nombrar su elector" (art. 6).

En la *Sección Octava*, se estableció en régimen de elección de los *representantes para el Congreso General,* que debían ser elegidos cada tres años por el Congreso Electoral (art. 1), estableciéndose como condición para ser electo el haber vivido en la provincia a lo menos cuatro años (art. 2). El mismo Congreso Electoral quedó facultado para darles instrucciones a los representantes, "siendo conformes a la Constitución de la provincia, y a la que se haya adoptado por el Congreso de las Provincias Unidas" (art. 4).

La *Sección Novena* se destinó a regular *disposiciones generales sobre empleos* de la provincia, con normas sobre el "derecho de ciudadanos" para ejercerlos que correspondía a los residentes en la provincia (art. 2); y sobre probidad en el ejercicio de los cargos públicos (art. 6). La *Sección Decima* se destinó a regular los *Juramentos* que todos los funcionarios de los tres poderes debían prestar de cumplir sus funciones conforme a la Constitución; y la *Sección Undécima*, se destinó a regular los diversos *tratamientos de las Corporaciones de la Provincia.*

Por último en la *Sección Duodécima,* se incluyó un elenco de *Leyes que el Serenísimo Colegio Electoral manda observar desde que se publique la Constitución,* que en cierta forma es un complemento de lo dispuesto en el Título preliminar sobre derechos fundamentales. En esta sección se prohibieron todo género de tormento para la inquisición de los delitos (art. 1); las penas infamantes (art. 2); la confiscación, por el delito que fuere, de más del quinto de sus bienes (art. 3), excepto en caso de asesinato, en cuyo caso, "si el agresor tuviese bienes, y no herederos forzosos, sus bienes pasarán, con la autoridad judicial, a los del muerto" (art. 4); y "la pesquisa indeterminada, y sin que se individualice el delito o delitos sobre qué se debe versar" (art. 10). Se consagró el derecho a ser juzgado en libertad, de manera que "a ninguno se reducirá a prisión, a no ser que haya semiplena prueba de su delito, o sospechas muy fundadas de fuga" (art. 6), debiendo, en los delitos que no merezcan pena corporal, excarcelarse al reo luego que diere fianza segura de estar a derecho (art. 7). Se limitó además la posibilidad de prisión por deuda civil (arts. 8, 9). Se prohibió la apertura, lectura y presentación en juicio de "cartas selladas que se hallen dentro o fuera del correo, sin expreso consentimiento de los interesados" (art. 11), considerándose que nada podía probar "en juicio una carta o papel aprehendido de esta manera," ordenándose pena de prisión para los responsables (art. 11); regulándose sin embargo los cosos en los cuales se podía registrar las correspondencias y papeles abiertos que tuviese un ciudadano dentro de su la casa (art. 12). Se prohibió a los jueces "entrar a la casa de cualquier ciudadano, ni mucho menos forzarla o quebrantarla," sin que hubiese prueba o indicio fundado de que "adentro se perpetra un deli-to, o se oculta un delincuente"(art 13); imponiéndose a los jueces el deber de oír demandas sólo en su Juzgado (art. 14). En fin, en la Constitución se prohibió "la fundación de mayorazgos" (art. 17).

B. *La Constitución del Estado de Antioquia de 21 de marzo de 1812*

La Constitución de la Provincia de Antioquia en el Nuevo Reino de Ganada,[565] con 299 artículos, fue sancionada por los representantes de la Provincia, el 21 de marzo de 1812 (dos días después de la sanción de la Constitución de Cádiz) y acep-tada por el pueblo el 3 de mayo de 1812, como se dispuso en el *Título I*, Prelimina-res sobre las *Bases de la Constitución*, a los efectos de garantizar "a todos los ciuda-danos su Libertad, Igualdad, Seguridad y Propiedad," en virtud de que por la abdi-cación de la Corona ocurrida en 1808 y disuelto el Gobierno que la misma mantenía, se habían devuelto "a los españoles de ambos hemisferios las prerrogativas de su libre naturaleza, y a los pueblos las del Contrato Social, incluyendo a la Provincia de Antioquia, la cual había reasumido la soberanía, y recobrado sus derechos. Por ello, los representantes declararon que el pueblo de la Provincia de Antioquia reconocía y profesaba la Religión Católica, Apostólica, Romana como la única verdadera, sien-do "la Religión del Estado", y además que había sido "el olvido de los sagrados e imprescriptibles derechos del hombre y de las obligaciones del ciudadano la causa primarla y el origen del despotismo, de la tiranía y de la corrupción de los gobiernos, y que por este mismo olvido e ignorancia los pueblos sufren por muchos siglos la esclavitud y las cadenas, o cometen mil excesos contrarios al orden y a la institución de las sociedades." Como consecuencia de ello, se declararon "derechos del hombre y los deberes del ciudadano".

A tal efecto, en la *Sección Segunda* del Título preliminar en sus 33 artículos se declararon *los derechos del hombre en sociedad,* como "derechos naturales, esencia-les e imprescriptibles, como son defender y conservar su vida, adquirir, gozar y pro-teger sus propiedades, buscar y obtener su seguridad y felicidad," se declaró que se reducían "a cuatro principales, a saber: la libertad y la igualdad legal, la seguridad y la propiedad"(art 1), definiéndose la libertad (art. 2) con la regulación específica de la libertad de imprenta y de expresión (art. 2); la igualdad, con regulaciones detalla-das sobre igualdad ante la ley (art. 4), la exclusión de privilegios (art. 5), y la igual-dad en los tributos (art. 6); la seguridad (art. 7), con la obligación de la ley de prote-ger la libertad pública e individual contra la opresión de los que gobiernan (art. 8). Se regularon, además, detalladamente diversos derechos del debido proceso como el principio *nullum crime sine legge* (art. 9), la presunción de inocencia y las limitacio-nes a la detención de las personas (art. 10), la prohibición de penas crueles (art. 11); el derecho a ser oído, a ser juzgado conforme a leyes preexistentes, prohibiéndose la retroactividad de la ley (art. 12). Además, se reguló el derecho de propiedad (art. 13) como derecho inviolable, estableciéndose la expropiación (art. 15); la libertad de trabajo e industria (art. 14); el régimen de las contribuciones, establecidas por la representación del pueblo (art. 17), bajo el principio de la proporcionalidad (art. 16);

---

565   Véase el texto en Jorge Orlando Melo, *Documentos constitucionales colombianos, 1810-1815,* en http://www.jorgeorlandomelo.com/bajar/documentosconstitucionales1.pdf

y el derecho a la educación (art. 18). En esta Sección, además, se reguló lo relativo a la soberanía que "reside originarla y esencialmente en el pueblo" (art. 19), constituyendo "la universalidad de los ciudadanos" al Pueblo Soberano (art. 20), de manera que ningún grupo puede atribuirse la soberanía (art. 22), la cual sólo se puede ejercer mediante "delegación legítima de los ciudadanos" (art. 23); y se definió en qué consiste la misma como "facultad de dictar leyes, en la de hacerlas ejecutar, y aplicarlas a los casos particulares que ocurran entre los ciudadanos; o en los poderes Legislativo, Ejecutivo y Judicial" (art 21). Se reguló, el régimen de elección de representantes mediante elecciones libres, con el derecho igual de los ciudadanos de concurrir a las mismas (art. 24), estableciéndose el principio de la alternabilidad republicana (art. 25), la responsabilidad de los funcionarios y representantes (art. 26), y la misión del gobierno para el bien común, teniendo el pueblo el derecho de cambiarlo (art. 27, 28). Se garantizó el derecho de petición (art 29); y se consagró el principio rector de la separación de poderes mediante la declaración de que "La garantía social no puede existir, sino se halla establecida la división de los poderes; si sus límites no están fijados, y sí la responsabilidad de los funcionarios públicos no está asegurada" (art. 31), así:

> "*30*. La separación de los tres poderes, Legislativo, Ejecutivo y Judicial, constituye esencialmente la libertad, y de su reunión en una sola persona, o en un solo cuerpo, resulta la tiranía. Por tanto el pueblo tiene derecho a que el Cuerpo Legislativo jamás ejerza las funciones del Ejecutivo, o Judicial, ni alguna de ellas; a que el Ejecutivo no ejercite las facultades legislativas, ni alguna de ellas; en fin, a que el Judicial tampoco tenga el Poder Ejecutivo o el Legislativo; para que manden las leyes, y no los hombres."

La declaración de los "derechos del hombre y del ciudadano" concluyó en el Título Preliminar, recordando al pueblo su atención al momento de elegir sus representantes (art. 32), proclamando que los mismos "son parte de la constitución, serán sagrados e inviolables, y no podrán alterarse por ninguno de los tres poderes, pues el pueblo los reserva en sí, y no están comprendidos en las altas facultades delegadas por la presente Constitución "(art. 33).

En la *Sección Tercera* del Título preliminar, además, se regularon los *deberes del ciudadano,* declarando que si buen "la declaración de los derechos del hombre contiene las obligaciones de los legisladores," por su parte "la conservación de la sociedad pide que los individuos que la componen, igualmente conozcan y llenen sus deberes" (art. 1). Así, se establecen los deberes de los hombres para con los demás (art. 2, 9), para con la sociedad (arts. 3, 6), declarándose que "ninguno es buen ciudadano, sino es buen padre, buen hijo, buen hermano, buen amigo y buen esposo" (art. 4), y que "ninguno es hombre de bien, sino es franco, y religiosamente observador de las leyes" (art. 5). Se reguló además, el deber de obediencia a la autoridad (art. 7), la obligación de respetar la propiedad ajena (art. 8), y el deber de servir a la patria (art. 10).

En el *Título II* sobre la *formación de Gobierno.*, se declaró que el pueblo que habita el territorio de la Provincia de Antioquia, "se erige en un Estado libre, independiente y soberano, con centrando su gobierno y administración interior, sin reconocer otra autoridad suprema, sino es aquella que expresamente delegare en el Congreso General de la Nueva Granada, o en el de las Provincias Unidas" (art. 1). El Gobierno Soberano del Estado se declaró que sería "popular y representativo" (art.

2), de manera que la representación de la provincia sólo se compondría "de los representantes nombrados por los padres de familia para ejercer el Poder Legislativo" precisándose que "a ellos está delegada la soberanía del pueblo, pues los poderes Ejecutivo y Judicial son sus emanaciones, y los que ejecutan sus leyes" (art. 3), proclamándose que "los poderes Legislativo, Ejecutivo y Judicial estarán separados e independientes; y no podrán ser a un mismo tiempo ejercidos por una sola persona ni por un solo Cuerpo" (art. 4).

En el *Título III* sobre del *Poder Legislativo*, en su sección primera sobre la Legislatura o disposiciones comunes a las dos Cámaras, se estableció que dicho Poder Legislativo como facultad de dar leyes, de reunía en un Senado y en una Cámara o Sala de Representantes, denominada "La Legislatura de Antioquia" (art. 1). En la sección se reguló en detalle el régimen de funcionamiento de la Legislatura, así como sus competencias (arts. 2–10), precisándose que "únicamente la Legislatura tendrá facultad para interpretar, ampliar, restringir, comentar y suspender las leyes" de manera que "el Poder Ejecutivo y el Judicial deberán seguirlas a la letra, y en caso de duda, consultar al Legislativo" (art. 11), teniendo además competencia para decidir "las dudas y competencias que se promuevan sobre los límites de los Poderes Ejecutivo y Judicial" y sobre "los límites del Legislativo" (art. 38). Se reguló además, en detalle, el procedimiento de formación de las leyes (arts. 12–28), reservándose a la legislatura la potestad para imponer nuevas contribuciones (art. 29), determinar la Fuerza Armada (art. 31) y su financiamiento anual (art. 33), los gastos ordinarios del Estado (art. 32, 34) y el control del Tesoro (art. 35). En la sección se reguló, además, detalladamente el régimen de funcionamiento de las Cámaras y de sus miembros (arts. 39–55). En la *Sección Segunda* se reguló al *Senado*, integrado por senadores electos por cada cabildo o departamento de la provincia (art. 1), regulándose el régimen de elección por los electores, (arts. 2–26), a cuyo efecto se dispuso que tendrían "derecho para elegir y ser elegido todo varón libre, padre o cabeza de familia, que viva de sus rentas u ocupación, sin pedir limosna, ni depender de otro; que no tenga causa criminal pendiente, ni haya sufrido pena corporal aflictiva o infamatoria; que no sea sordo, mudo, loco, mentecato, deudor moroso del tesoro público, fallido, culpable, o alzado con la hacienda ajena"(art. 7). Al Senado se la atribuyó la potestad de ser "el Tribunal privativo que juzgue a los miembros de los tres Poderes, Legislativo, Ejecutivo y Judicial, y a sus agentes inmediatos" (art. 29), y además, "siendo los miembros de los tres poderes responsables a los pueblos por su conducta oficial", se configuró al Senado como "el Tribunal de residencia de todos ellos" (art. 34). En la *Sección Tercera* se reguló el régimen de la *Cámara de Representantes,* como la segunda sala de la Legislatura, integrada por una "representación popular según la base de población, y bajo los principios de una absoluta igualdad" (art. 1), a razón de un representante por cada diez mil almas (art. 2), disponiéndose el régimen de las elecciones (arts. 4–8). Entre las atribuciones privativas de la Cámara de representantes, se dispuso que "todas las leyes sobre impuestos y contribuciones, y también las leyes y decretos en que se aplique alguna cantidad o cantidades del tesoro común," debían tener su origen en la misma (art. 9), correspondiéndole además, privativamente, "acusar y perseguir delante del Senado a todos los individuos de los Poderes Legislativo, Ejecutivo y Judicial y a sus secretarios cuando hayan delinquido por violación de la Constitución" (art. 10).

En el *Título IV* sobre el *Poder Ejecutivo*, en una Sección primera se reguló al Presidente del Estado de Antioquia, a cargo del Supremo Gobierno, o Poder Ejecutivo, asistido de dos consejeros (art. 1), nominados por las dos Cámaras del poder legislativo (art. 5), con límite para la reelección (art. 6). Se regularon, además, en detalle las funciones del Presidente (art. 8) y sus competencias (arts. 20–41), con facultad expresa de mandar a ejecutar las leyes (art. 9), con derecho a objetarlas y devolverlas si hallare graves inconvenientes (art. 11), salvo en diversos casos en los que se excluyó la posibilidad de objeción (art. 13). Al Presidente del Estado, además, se lo declaró Presidente "de la Legislatura" y Capitán General de toda su fuerza armada" (art. 22).

En el *Título V* sobre el *Poder Judicial*, se reguló en su sección primera al *Supremo Tribunal de Justicia*, donde residía Supremo Poder Judicial de la provincia (art. 2), integrado por 5 miembros designados por la Legislatura (arts. 3,4); definiéndose ampliamente al Poder Judicial como "la facultad de aplicar las leyes a los casos particulares, ya sea decidiendo las querellas y demandas que ocurran entre partes, dando a cada ciudadano lo que le pertenece, ya imponiendo a los delincuentes e infractores las penas que han establecido las mismas leyes, o administrando justicia civil y criminal en todo lo contencioso" (art. 1). Al Supremo Tribunal de Justicia se le atribuyó conocer de las segundas y terceras instancias, o en apelación y súplica, de todos los asuntos contenciosos, tanto civiles como criminales, que se susciten en el distrito de la provincia" (art. 12), no pudiendo conocer nunca de asuntos en primera instancia para evitar que los ciudadanos litiguen "lejos de sus casas (art. 13). En la *Sección Segunda*, se reguló una *Alta Corte de Justicia* para conocer de "los recursos extraordinarios" que antes se ejercían ante autoridades en España, que debía formar la Cámara de Representantes ante quien dichos recursos debían introducirse (art. 1). En la *sección tercera* Se reguló a los Jueces de primera instancia, atribuyéndose al primer consejero del poder Ejecutivo competencia para conocer en primera instancia "de todo lo contencioso en los ramos de Policía y Gobierno" (art. 1), así como "los asuntos contenciosos de Hacienda pública" (art. 2), con las apelaciones al Supremo Tribunal de Justicia." Se atribuyó a los tenientes, alcaldes, ordinarios, jueces pobladores, capitanes de guerra, alcaldes de la hermandad y jueces pedáneos, conocerán privativamente de todas las primeras instancias en los asuntos contenciosos entre partes, tanto civiles como criminales (art. 7); y a las justicias ordinarias conocer también de las primeras instancias en todos los juicios de comercio, con las apelaciones al Tribunal de Justicia (art. 8). Por último, en la *Sección Cuarta* sobre *prevenciones generales acerca del Poder Judicial,* se complementó la declaración de derechos, al prohibirse penas tormentosas e infamantes (art. 1) y las penas desiguales (art. 2), al regularse las formas de privación de la libertad en los procesos y sus límites (arts. 2–8). Se declaró, además, la inviolabilidad de la habitación de todo ciudadano, excepto por orden de un juez (art. 8). Por último, se declaró que:

"*10*. Habiendo manifestado la experiencia de muchos siglos en la Inglaterra, y últimamente en los Estados Unidos de Norteamérica, que el juicio por jurados iguales al reo, y de su misma profesión, o el tener jueces que decidan el hecho, y que otros distintos apliquen el derecho, es el antemural más fuerte contra la opresión y la tiranía, y que bajo de tales juicios el inocente no es oprimido con facilidad, ni el culpado evita el castigo: la Legislatura formará la opinión e ilustrará al pueblo sobre este punto de tanta importancia; y cuando se halle preparado suficientemente para recibirle bien, introducirá la expresada forma de juicios, aboliendo la actual que tiene tamaños defectos" (art. 10).

En el *Título* VI sobre los *Diputados para el Congreso general de las Provincias Unidas de la Nueva Granada* se dispuso la forma de elección de los dos diputados de la provincia, entre los naturales de la misma (art. 3).

En el *Título* VII, se reguló el régimen del *Tesoro Común,* previéndose la obligación de todo ciudadano de "contribuir para el Culto Divino y subsistencia de los ministros del Santuario, para los gastos del Estado, para la defensa y seguridad de la patria, para el decoro y permanencia de su gobierno y para la administración de justicia" (art. 1); y regulándose en detalle el funcionamiento de la tesorería general, el régimen de los gastos, y la rendición de cuentas.

El *Título* VIII se destinó a regular a la *Fuerza Armada*, cuyo objeto se declaró que era "defender el Estado de todo ataque e irrupción enemiga y evitar conmociones en lo interior, manteniendo el orden y asegurando la ejecución de las leyes" (art. 1), como institución "esencialmente obediente" y no deliberante (art. 2). Se reguló en servicio militar obligatorio (art. 3, 4), las tropas para policía y tranquilidad interior de la provincia (art. 5), y las milicias que debía haber en "todos y cada uno de los lugares de la provincia" (art. 6).

El *Título* IX se destinó a regular la *Instrucción Pública*, disponiéndose que debía haber "en todas las parroquias de la provincia escuelas de primeras letras, en que se enseñen gratuitamente a los niños de cualquiera clase y condición que sean, a leer, escribir, las primeras bases de la religión, los derechos del hombre y los deberes del ciudadano, con los principios de la aritmética y la geometría"(art. 1); y que debía haber "igualmente un Colegio y Universidad en que se enseñe a los jóvenes de toda la provincia la gramática, la filosofía en todos sus ramos, la religión, la moral, el derecho patrio con el público y político de las naciones" (art. 2). Además, se dispuso que los poderes Legislativo y Ejecutivo debían formar la erección de sociedades públicas y privadas, que promuevan la agricultura, la minería, las ciencias, el comercio y la industria, perfeccionando los inventos que se conozcan e introduciendo otros nuevos que puedan ser útiles al país" (art. 3).

Por último, en el *Título* X se incluyeron una *Disposiciones Generales*, regulándose el juramento que debían prestar los empleados y agentes públicos de la provincia (arts. 1–3). Se incluyeron además, normas especificas sobre responsabilidad derivada de la libertad de prensa (Art. 11), prohibiciones de escritos contrarios al Dogma o las buenas costumbres (art 12), o dirigidos a perturbar el orden y la tranquilidad común, "o en que se combatan las bases del Gobierno, adoptadas por la provincia, cuales son las soberanía del pueblo, y el derecho que tiene y ha tenido para darse la Constitución que más le convenga, y erigirse en un Estado libre, soberano e independiente"(art. 13). Se precisó, además, que "la liberad de la imprenta no se extiende a la edición de los libros sagrados (art. 15).

C. *La Constitución del Estado de Cartagena de Indias de 15 de junio de 1812*

Después de haberse declarado por la Junta del cabildo de Cartagena el 11 de noviembre de 1811 que la "Provincia de Cartagena de Indias es desde hoy de hecho y de derecho Estado libre, soberano e independiente" desasociado de la Corona y Gobierno de España, la Convención general de representantes de la provincia sancionó el 15 de junio de 1812 la Constitución del Estado de Cartagena de Indias,[566] formando un cuerpo político, libre e independiente, ratificándose expresamente aquella declaración de noviembre de 1811 (Título II, art. 1).

Dicha Constitución de 380 artículos, comenzó, al igual que las anteriores Constituciones provinciales con un *Título I* sobre los *derechos naturales y sociales del hombre y sus deberes*" pero de contenido mucho más declaratorio y principista sobre las razones por las que "los hombres se juntan en sociedad con el fin de facilitar, asegurar y perfeccionar el goce de sus derechos y facultades naturales" (art. 1), y "hacerse parte de un gran todo político" (art. 2), resultando obligado a preservarlo y a la vez con derechos a "ser respetado y protegido en el uso de sus facultades por la sociedad y por cada uno de sus Miembros" (art. 3); siendo los derechos del cuerpo político "la suma de los derechos individuales consagrados a la unión" (art. 4), y los derechos de los individuos ejercidos respetando los derechos de los demás (art. 5). Así, el hombre en sociedad, no pierde su libertad, sino que usa de ella, "contribuyendo con la expresión de su voluntad particular a la formación de las mismas leyes que arreglan su ejercicio" (art. 6), renunciando sólo al "derecho de hacer mal impunemente" (art. 7), conservando, asegurando y perfeccionando "sus derechos naturales, esenciales y por lo mismo no enajenables, entre los cuales se cuentan el de gozar y defender su vida y libertad, el de adquirir, poseer y proteger su propiedad, y el de procurarse y obtener seguridad y felicidad" (art. 8). La declaración reguló específicamente la igualdad (art. 8), sin perjuicio para el Gobierno de poder conceder "distinciones personales que honren, premien y recomienden a la imitación las grandes acciones" (art. 9); y el estatuto de las autoridades, como agentes responsables de los pueblos (art. 10); precisó el objeto del Gobierno "instituido para el bien común, protección, seguridad y felicidad de los pueblos" (art. 11), y las cualidades de los empleos públicos (art. 12), el principio de la alternabilidad republicana (art. 13), el régimen de las elecciones y el derecho de los ciudadanos a elegir y a ser elegidos (art. 14). Se dispuso el derecho de los individuos a ser protegido por la sociedad "en el goce de su vida, libertad y propiedad, conforme a las leyes existentes" (art. 15); el derecho de adquirir propiedades y disponer de ellas (art 16); el derecho al trabajo e industria (art. 17), y el derecho de acceder a la justicia (art. 19). Se dispuso que el pueblo del Estado sólo podía ser gobernado por leyes adoptadas por "su cuerpo constitucional representativo" (art. 18) que no podrían ser suspendidas sino por la Legislatura (art. 22); correspondiendo sólo a los representantes establecer contribuciones (art 21); garantizándose "la libertad del discurso, debate y deliberación en el cuerpo legislativo" (art. 22). Se garantizó el derecho a ser castigado sólo conforme a leyes preexistentes (art. 23), y que los civiles no podían ser juzgados conforme a leyes militares (art. 24).

Por otra parte, se declaró el principio de la separación de poderes, indicándose que:

"*Artículo 25*. Con el importante objeto de que el Gobierno del Estado sea, en cuanto pueda ser, un Gobierno de leyes y no de hombres, el departamento Le-

---

566 Véase el texto en Jorge Orlando Melo, *Documentos constitucionales colombianos, 1810-1815*, en http://www.jorgeorlandomelo.com/bajar/documentosconstitucionales1.pdf

gislativo jamás ejercerá los poderes ejecutivo ni judicial; ni el Ejecutivo los poderes legislativo ni judicial; ni el Judicial los poderes legislativo ni ejecutivo; excepto algún caso particular expresado en la Constitución."

En el Título, además, se declaró el derecho de reunión sin armas ni tumulto (art. 26), el derecho de petición (art. 27), la libertad de imprenta y de expresión (art. 28), el derecho a "tener y llevar armas para la defensa propia y del Estado, con igual sujeción a la ley" (art. 30). Se declaró también que "como en tiempo de paz los ejércitos son peligrosos a la libertad pública, no deberán subsistir en el Estado sin consentimiento de la Legislatura" (art. 31), disponiéndose que "el poder militar se tendrá siempre exactamente subordinado a la autoridad civil, y será dirigido por ésta" (art. 32). En materia de derechos al debido proceso, se estableció la presunción de inocencia (art. 32) y el principio *nullum crime sine legge* (art. 33); finalizando el Título regulando varios derechos ciudadanos (art 34–37).

En cuanto a los derechos, debe también mencionarse que en el Título II, se reconocieron "los derechos naturales del hombre y del ciudadano" y se garantizó "a todos los ciudadanos los sagrados derechos de la religión del Estado, propiedad y libertad individual, y la de la imprenta" (art. 12); precisándose sobre el último, que serían "los autores o editores los únicos responsables de sus producciones y no los impresores "(art 13); regulándose además, la edición de libros sagrados y sobre religión que quedaba "sujeta a la censura previa" (art. 14,II). Se granizó la inviolabilidad de la correspondencia (art. 15); y la libertad de industria (art. 16).

En el *Titulo II*, destinado a regular la *forma de gobierno y sus bases*, sobra la base de un régimen federalista, se declaró que

> "*Artículo 2*: Habiendo consentido esta Provincia en unirse en un cuerpo federativo con las demás de la Nueva Granada que ya han adoptado o en adelante adoptaren el mismo sistema, ha cedido y remitido a la totalidad de su Gobierno general los derechos y facultades propios y privativos de un solo cuerpo de nación, reservando para sí su libertad política, independencia y soberanía en lo que no es de interés común y mira a su propio gobierno, economía y administración interior, y en todo lo que especial ni generalmente no ha cedido a la Unión en el tratado federal, consentido y sancionado por la Convención general del Estado."

En la Constitución, sin embargo, se previó que si se producía la "verdadera y absoluta libertad del Rey Fernando" el Gobierno General de la Nueva Granada sería el llamado a decidir lo pertinente (art. 3); declarándose que "entretanto, el Estado de Cartagena será gobernado bajo la forma de una República representativa" (art. 4). En la Constitución, además, se declaró "la acta de federación, consentida y ratificada por la Convención general del Estado, hace y se declara parte de esta Constitución" (art. 18). También se definió en el texto constitucional los límites del territorio de la provincia (art. 5), siendo esta la primera Constitución en Colombia en regular límites territoriales.

Por otra parte, en la Constitución también se adoptó el principio de la separación de poderes conforme a estas normas:

> "*Artículo 6°* Los poderes de la administración pública formarán tres departamentos separados y cada uno de ellos será confiado a un cuerpo particular de

magistratura, a saber: el Poder Legislativo, a un cuerpo particular; el Ejecutivo, a otro segundo cuerpo, y el Judicial, a un tercero.

Ningún cuerpo o persona que pertenezca a uno de esos departamentos ejercerá la autoridad perteneciente a alguno de los otros dos, a menos que en algún caso se disponga lo contrario en la Constitución.

Artículo 7. Todo lo que se obrare en contravención al artículo que antecede será nulo, de ningún valor ni efecto, y el funcionario o funcionarios infractores serán castigados con la pena que asigne la ley a los perturbadores del orden y usurpadores de la autoridad.

Artículo 8. El Poder Legislativo reside en la Cámara de Representantes elegidos por el pueblo; el ejercicio del Poder Ejecutivo corresponde al Presidente Gobernador, asociado de dos consejeros; el Poder Judicial será ejercido por los tribunales del Estado.

Artículo 11. La reunión de los funcionarios de los tres poderes constituye la Convención general de poderes del Estado."

En el *Título,* igual que ocurrió en la Constitución de Cundinamarca, se estableció un "Senado conservador, compuesto de un presidente y cuatro senadores, cuyas atribuciones serán sostener la Constitución, reclamar sus infracciones, conocer de las acusaciones públicas contra los funcionarios de los tres poderes y juzgar en residencia a los que fueren sujetos a ella" (art. 9, 10); obligándose a los tres poderes a denunciar "al Senado conservador cualquiera transgresión que por alguno de los poderes o de sus funcionarios se hiciere o intentare hacer" de algún artículos de la Constitución (art. 17). Se declaró la fuerza y vigor de las leyes preconstitucionales," en cuanto no sean directa o indirectamente contrarias a esta Constitución" (art 19); y la obligación de los empleados públicos de prestar juramento de sostener la Constitución (art. 20).

El *Título III* se destinó a la *Religión,* reconociéndose la "Religión Católica, Apostólica, Romana, como la única verdadera y la Religión del Estado" (art 10), no permitiéndose "otro culto público ni privado," pero garantizándose que (art. 3), ningún extranjero podía ser molestado por el mero motivo de su creencia (art. 3). El Estado se comprometía a sostener la religión (art. 3), y a instruir a los diputados al Congreso de las Provincias Unidas de la Nueva Granada para la decisión a tomar respecto de concordatos (art. 4), regulándose sin embargo los límites de "las dos potestades, espiritual y temporal (art. 5), y de los tribunales eclesiásticos" (art 6, 7).

El *Título IV* se destinó a regular a *la Convención General de Poderes* compuesta por el Presidente Gobernador del Estado, que era su Presidente nato, y los dos consejeros del Poder Ejecutivo; el presidente del Senado conservador, que era su vicepresidente, y los cuatro senadores, de los miembros del Poder Legislativo y los que ejercían el Poder Judicial en el Supremo Tribunal de Justicia (art. 1). Su convocatoria correspondía al Poder Ejecutivo (art. 2, 5), quedando entonces la fuerza armada sometida exclusivamente a la Misma (art. 3). La Convención sin embargo, se debía abstener de "todo acto de jurisdicción" de manera que sus funciones eran protocolares (art. 4). Se regularon las condiciones para ser miembro de la Convención (art 5–9), y el régimen de sus deliberaciones (art. 9–13).

En el *Título V* se reguló *Poder Ejecutivo* a cargo de un Presidente Gobernador asociado de dos consejeros (art. 1), respecto de quienes se estableció el régimen de sus responsabilidades respectivas (art. 2–6), las condiciones de su elección y de elegibilidad (art. 26–29), y el régimen general de ejercicio de sus funciones (arts. 30–50). Se establecieron las competencias del Poder Ejecutivo respecto de las funciones relativas al Gobierno político, militar y económico del Estado (art. 7), quedando a su disposición la fuerza armada de mar y tierra, pero sin ejercer el "mando de las tropas mientras ejerciten el Poder Ejecutivo, sino que para ello nombrarán el Oficial u Oficiales de su satisfacción" (art. 11). Al Poder Ejecutivo también se le atribuyó la función de cuidar de la recaudación de los caudales públicos, su inversión y custodia (art. 15), con intervención del Cuerpo Legislativo (art. 16); la provisión de todos los empleos civiles, militares y económicos (art. 17); y la convocatoria al Cuerpo Legislativo en sesión extraordinaria (art. 20). En el Título se reguló, además, las potestades del Poder Ejecutivo para "indicar al Poder Legislativo las materias que en su concepto exigen resolución con fuerza de ley" (art. 22); y para tomar medidas extraordinarias en caso de conspiraciones (art. 24, pudiendo disponer la prisión o arresto, "pero dentro de cuarenta y ocho horas deberá poner al preso o arrestado a disposición del juez competente" (art. 25).

En el *Título VI* se destinó a regular el *Poder Legislativo*, el cual residía privativamente en la Cámara de Representantes, elegidos por el pueblo (art. 1), a razón de uno por cada 15.000 habitantes (art. 2), estableciéndose el régimen de su renovación (arts. 3,4), y el ejercicio de sus funciones. La Cámara estaba dividida en dos salas iguales, con objeto a la mejor discusión de materias y deliberación en la formación de las leyes (art. 5). Correspondía al Poder legislativo, en particular, el Tesoro público (art. 16), la facultad de asignar las contribuciones que el pueblo debe pagar (art. 17), y la asignación de sueldos de todos los empleos (art 19), así como diversas otras materias privativas (art. 21).

El *Título VII* se destinó especialmente a regular el procedimiento de *formación de las leyes y de su sanción,* regulándose la iniciativa legislativa (art. 1,2), y el régimen de las discusiones en las dos Salas (arts. 3–26), garantizándose la libertad de opinar de los representante (art. 12). Las leyes, por otra parte, debían ser revisadas por Presidente Gobernador con los dos Consejeros de Estado y dos Ministros del Supremo Tribunal de Justicia, que constituían el Consejo de Revisión, con poder para objetarlas (art. 27) y devolverla (art. 29–32). La objeción para devolverla al Poder Legislativo también podía estar basada en motivos de inconstitucionalidad (art. 33).

En el *Título VII* sobre el *Poder Judicial* se definió en qué consiste el Poder Judicial como la autoridad de oír, juzgar y fenecer las diferencias, demandas y querellas que se susciten entre los ciudadanos, pronunciando la determinación de la ley, y en la de aplicar la pena que ella impone al delincuente," correspondiendo a los Tribunales su ejercicio (art. 1). El orden y graduación de los Tribunales del Estado se estableció en la forma siguiente: el Senado conservador, el Supremo Tribunal de Apelaciones, los Jueces de primera instancia con sus municipalidades, y últimamente los pedáneos con los pequeños consejos que debe haber en toda parroquia, por pequeña que sea (art. 2), destinándose un gran número de normas a regular detalladamente dichas instancias en las diversas sesiones del Título. Entre las disposiciones de mayor interés, se destacan, las relativas al Senado Conservador, con el objeto principal de "mantener en su vigor y fuerza la Constitución, los derechos del pueblo y del ciudadano" (art. 1, 23), correspondiéndole además, el juicio de residencia de los individuos de la Convención de poderes (art. 12), siendo juez privativo de los miembros de la misma (art. 14). Entre las disposiciones relativas a las municipalidades y jueces subalternos, aparte las relativas a las funciones judiciales, debe destacarse la previsión conforme a la cual se reguló algo en relación con la organización territorial, al disponerse que:

"*Artículo 14*. Perteneciendo al Poder Legislativo la creación de ciudades y villas en el territorio del Estado, cuidará la Legislatura de erigir en villas aquellos lugares cabezas de partido que por su población, situación, progresos y riquezas merezcan esta representación, y cuya creación contribuya a la mejor organización del Estado, economía del Gobierno, orden, policía y adelantamiento de los pueblos."

Se destaca, por último, que en la sección IV del Título sobre el Poder Judicial, se regularon algunos derechos al debido proceso, entre ellos, el de la abolición total de la tortura, la prohibición de las penas crueles, de la confiscación general de bienes, las multas ruinosas (art. 2), y las infamantes (art. 5); la exigencia de la determinación de las penas por ley (art. 3); la garantía del *non bis in idem* (art. 6); la garantía de los civiles a no ser juzgados por jueces militares, y la garantía a ser detenido sólo por orden judicial (art. 7); la garantía de los detenidos a que no se confunda en la misma prisión a los acusados y los convictos (art. 8); las garantías respecto del sometimiento a prisión, en todo caso excluida de juicios civiles excepto en casos de sospecha de fuga (art. 10); la garantía del detenido de comparecer ante el juez en un lapso de 48 horas (art. 12); la inviolabilidad de la habitación de todo ciudadano salvo allanamiento por orden judicial en caso de auxilio, como en un incendio u otra calamidad, o por reclamación que provenga de la misma casa, o cuando lo exija algún motivo urgente y de estado, expreso en mandato judicial, formal y por escrito, con precisa limitación al objeto y fin que motiva la entrada o allanamiento (art. 14); la garantía contra registros y embargos arbitrarios (art 15); la garantía de que se administre justicia sólo en la sede del tribunal (art. 16); la garantía a ser oído (art. 18) y a no declarar contra sí mismo (art. 19); la garantía de control de la prueba (art. 20); la garantía a disponer de defensor (art. 21); el derecho a formular alegatos (art. 22); el derecho a recusar a los jueces (art. 23); y el derecho a la libertad en caso de absolución (art. 27).

El *Título IX* fue dedicado a regular las *Elecciones* declarándose el derecho de todo ciudadano al sufragio (art. 1), siempre que se tratase de "hombre libre, vecino, padre o cabeza de familia, o que tenga casa poblada y viva de sus rentas o trabajo, sin dependencia de otro" (art. 2) residente del departamento o del Estado, según los casos (art. 4). El régimen electoral fue establecido en forma indirecta, de manera que "las parroquias darán su poder a los departamentos capitulares, para que éstos lo den al Colegio Electoral" (art. 3), estableciéndose en la Constitución, al detalle, el procedimiento para la elección de los apoderados de las parroquias, a razón de uno por cada quinientos habitantes (arts. 5–7), y luego, por estos apoderados parroquiales reunidos en la cabeza del departamento, la elección de los apoderados del departamento para el Colegio Electoral, en razón de uno por cada cinco mil habitantes de todo su distrito (art. 8), y además la elección de los regidores (art. 9). Los apoderados departamentales para el Colegio Electoral luego debían elegir a los funcionarios en este orden: "la del Representante de la Provincia para el Congreso general, (a raíz de uno por cada 15.000 habitantes); la del Presidente de la Convención de Poderes, Gobernador del Estado; la del Vicepresidente de la Convención, Presidente del Senado Conservador; la de los consejeros, senadores, miembros de la Legislatura; y la de los Ministros del Supremo Tribunal de Justicia en sus casos" (art. 14–15). Se dispuso también, que "antes de disolverse el Colegio Electoral se reunirán los electores del Departamento de Cartagena para nombrar los regidores que anualmente deben renovarse en su ayuntamiento" (art. 17). El voto se dispuso que sería público y la pluralidad absoluta, esto es, "un voto más de la mitad de todos se necesita y basta para que haya y se entienda legítima elección" (art. 20).

El *Título X* se destinó a regular a la *Fuerza Armada*, que tenía por objeto "defender al Estado de todo el que ataque o amenace su existencia, independencia o tranquilidad" considerándose que por ser ello de interés general, "todo ciudadano es soldado nato de la patria mientras puede serlo" debiendo en caso de peligro "dejarlo todo para volar a su defensa" (art. 1). Se reguló además, la existencia en la provincia "para los comunes de todo tiempo, el orden y seguridad interior", de un número de tropas veteranas y de milicias para su esfuerzo (art. 3). En todo caso, se precisó que la profesión militar debía ser obediente, sin "derecho de deliberar para obedecer" (art. 6). Se garantizó que en tiempo de paz en ninguna casa podía acuartelarse tropa sin consentimiento de su dueño, aún cuando "en el de guerra, la autoridad civil destinará cuarteles en el modo y forma que lo ordene la Legislatura" (art. 10).

El *Título XI,* reguló lo relativo al *Tesoro Público*, comenzando con la obligación de todo ciudadano "a contribuir para la formación del Tesoro público destinado a los gastos del Estado" (art. 1), correspondiendo a la Legislatura asignar las contribuciones (art. 2–4), designar a los funcionarios el Tesoro (art. 5), y vigilar e inquirir sobre la conducta de todos los que cobran, manejan o tienen a su cargo rentas o caudales públicos (art. 7).

En el *Título XII* se reguló la *instrucción pública*, destacándose la importancia de "la difusión de las luces y de los conocimientos útiles por todas las clases del Estado" como uno de los primeros elementos de su consistencia y felicidad, siendo inseparables de la ilustración pública "el conocimiento y aprecio de los derechos del hombre, y el odio consiguiente de la opresión y de la tiranía"; y además, siendo dicha ilustración "la que perfecciona el gobierno y la legislación" y "el fiscal más temible de los depositarios de la autoridad" (art. 1). Se dispuso la ejecución de las disposiciones dadas por la antigua Junta para el establecimiento de escuelas de primeras letras en todo los poblados (art. 2), el estímulo al funcionamiento de la "Sociedad patriótica de amigos del país" (art. 3), la subsistencia de la escuela militar y náutica fundadas por el consulado de Cartagena (art. 5), y la protección del Gobierno al Seminario de la capital (art. 6). En fin, se declaró el derecho de cualquier ciudadano de abrir escuela de enseñanza pública, con permiso del Gobierno (art. 8); y se prohibió severamente, a los jóvenes sacrificar la instrucción por el ocio, la corrupción "y el aprendizaje de los vicios por la práctica de vagar por calles y plazas de la mañana a la noche" (art. 9).

El *Título XIII* se destinó a regular *Disposiciones Varias,* entre ellas, la prohibición de "toda importación de esclavos en el Estado como objeto de comercio" (art. 2), disponiéndose sin embargo, que "ninguna autoridad podrá emancipar esclavos sin consentimiento de sus amos o sin compensarles su valor" (art. 3); y regulándose un régimen de protección y defensa de los esclavos (arts. 4–6). También se dispuso de un régimen de atención a los "hombres destituidos, los verdaderos pobres cuya existencia depende de la compasión de sus conciudadanos" (art. 7). Se permitió el ingreso de extranjeros en la provincia que profesen algún género de industria útil al país (art. 9), se prohibió la formación de corporaciones o asociaciones de cualquier género sin noticia y autorización del Gobierno (art. 10), se prohibió a estas formular colectivamente solicitudes (art. 11), garantizándose sin embargo el derecho de petición de los ciudadanos (art. 12). Se precisó que los actos emanados de autoridades reunidas en Juntas no autorizadas en la Constitución serían nulas (art. 13), y que "la reunión de gentes, ya sean armadas o sin armas, si con tumulto o desorden amenazan a la seguridad pública, será dispensada primero por una orden verbal, y no bastando, por la fuerza" (art. 14).

En esta Constitución del Estado de Cartagena se incluyó un *Título XIV* sobre *Revisión de la Constitución y suspensión de su imperio*, disponiéndose que el acto de revisar la Constitución correspondía al Colegio Electoral (art. 1), pero que la revisión nunca tendría lugar "respecto de sus bases primarias" (art. 2), ni antes del 18 de diciembre de 1814 (art. 3). Cualquier revisión extraordinaria fue sometida a un detallado procedimiento con participación de los poderes del Estado (arts. 4–10). También se reguló en la Constitución la facultad excepcional de suspender por tiempo limitado (art. 14) imperio de la Constitución o de alguno de sus artículos "en un caso urgentísimo en que peligre la seguridad y quietud del Estado, bien sea por conspiraciones interiores o por peligros de ataques externos" (art. 11) para ello el Poder Ejecutivo debía someter el asunto a Legislatura, la cual debía decidir sujeta a la revisión del Senado (art. 12). Se declaró, sin embargo, que "será traición, tratada y castigada como tal, el proponer que se suspenda a la vez toda la Constitución" (art. 15).

Por último, en el *Título XV* se reguló lo relativo a la *representación del Estado en el Congreso de la Nueva Granada*, asignándose al Colegio Electoral la elección de dichos representantes (art. 1) y asignación de instrucciones (art. 5), cuyos poderes, sin embargo, podían ser libremente revocados por la Legislatura (art. 3).

VI. ALGO SOBRE EL MUNICIPALISMO Y LAS PRIMERAS CONSTITUCIONES PROVINCIALES HISPANOAMERICANAS

La independencia de América Hispana comenzó en 1810, mediante declaraciones adoptadas por los Cabildos Metropolitanos de las Provincias, en las cuales los mismos se transformaron en Juntas Supremas de gobierno provincial; y las primeras Constituciones que se sancionaron, que fueron las Constituciones provinciales, fueron adoptadas por los antiguos Cabildos transformados en Colegios Electorales o Legislaturas provinciales.

Por tanto, en el origen de la independencia y del proceso constituyente hispanoamericano, los antiguos Cabildos, como autoridad municipal, tanto en las antiguas provincias de la Capitanía General de Venezuela como del antiguo Virreinato de Nueva Granada, jugaron un papel fundamental, y a la vez, sufrieron una transformación importante.

1.   *Algo sobre el derecho indiano y el régimen municipal hispanoamericano*

Debe recordarse que en materia municipal, como en todo el orden jurídico y político del Estado, las instituciones españolas medioevales, particularmente las del Reino de Castilla que fueron las aplicables, no fueron trasladadas tal cual funcionaban en la Península, al Continente americano. Todas sufrieron de un proceso de adaptación que fue configurando el derecho indiano (el derecho español para las Indias), mediante aproximaciones sucesivas a través de las Instrucciones que se fueron dando a los Adelantados y Gobernadores con motivo de cada empresa de descubrimiento y población, y luego por reales Cédulas y Órdenes.

La primera manifestación global de este proceso particularmente en materia de poblamiento y organización de las ciudades, fueron las *Ordenanzas de Descubrimiento y Población dadas por Felipe II en el Bosque de Segovia,* el 13 de julio de 1573, donde se establecieron con precisión las reglas e instrucciones relativas al "orden que se ha de tener en descubrir y poblar," incluso en relación con la organización política de ciudades, villas y lugares. El contenido de dichas Ordenanzas, luego fue incorporado al texto de la *Recopilación de las Leyes de los Reynos de las Indias* (Libro IV, Títulos I–VII), mandada a imprimir y publicar por el Rey Carlos II en 1680, que rigió hasta después de la Independencia de los países americanos.[567]

En dichas Ordenanzas se dispuso, en cuanto a la organización política de las ciudades, que una vez fijados los lugares en que se habrían de fundar, el gobernador de la provincia que confinare con dicho territorio, era el que debía ocuparse de extender los títulos de ciudad, villa o lugar, según el caso; y además, debía designar el consejo, y los oficiales. En caso de tratarse de ciudad metropolitana, la ciudad debía de contar con un juez que ostentaría el nombre y título de adelantado, gobernador, alcalde mayor, corregidor o alcalde ordinario, con jurisdicción *in solidum.* Además, junto con el regimiento debían compartir la administración, tres oficiales de la hacienda real; doce regidores; dos fieles ejecutores; dos jurados de cada parroquia; un procurador general; un mayordomo; un escribano de consejo; dos escribanos públicos; uno de minas y registros; un pregonero mayor; un corregidor de lonja y dos porteros. Si en vez de ciudad metropolitana, se tratase de ciudad sufragánea o diocesana, entonces el gobierno se debía componer de ocho regidores y los demás oficiales perpetuos. En caso de tratarse de villa o lugar, la administración debía quedar a cargo de un alcalde ordinario; cuatro regidores; un alguacil; un escribano de consejo y público, y un mayordomo. (art. 43).

En toda esa organización, las figuras claves eran los vecinos y el Consejo o cabildo que era la instancia que detentaba el poder. Los vecinos era el poblador que debía inscribirse siempre en el libro correspondiente que existía en todos los concejos o ayuntamientos, y que le permitía ejercer los derechos vecinales, como elegir o ejercer cargo público municipal, y poder participar en los cabildos. Estos, por su parte, eran las instancias a través de las cuales el Gobernador llevaba la administración y gobierno de la provincia, además de la impartición de justicia. En esta organización municipal, en efecto, los Alcaldes ordinarios ejercían funciones judiciales, en primera instancia en cuanto a la jurisdicción ordinaria, tanto civil como criminal.

---

567   Véase sobre el contenido y significado de las Ordenanzas lo que hemos expuesto en Allan R. Brewer-Carías, *La Ciudad Ordenada (Estudio sobre "el orden que se ha de tener en descubrir y poblar" o sobre el trazado regular de la ciudad hispanoamericana) (Una historia del poblamiento de la América colonial a través de la fundación ordenada de ciudades),* Editorial Criteria, Caracas 2006; Segunda Edición, Editorial Thomson-Aranzadi, Madrid 2008.

Los Regidores, por su lado, eran más bien funcionarios administrativos, con atribuciones en materia de policía, al igual que los Alguaciles Mayores, que tenían las atribuciones de orden público.[568]

Para cuando se publicó la *Recopilación de las Leyes de los Reynos de Indias* en 1680, la estructura territorial para la ordenación política en América, se resumió en la siguiente forma:

> "Para mejor, y más fácil gobierno de las Indias Occidentales, están divididos aquellos Reynos y Señoríos en *Provincias* mayores y menores, señalando las mayores, que incluyan otras muchas por distritos a nuestras Audiencias Reales: proveyendo en las menores Gobernaciones particulares, que por estar más distantes de las Audiencias, las rijan y gobiernen en paz y justicia: y en otras partes, donde por la calidad de la tierra, y disposición de los lugares no ha parecido necesario, ni conveniente hacer Cabeza de Provincia, ni proveer en ella Gobernador, se han puesto Corregidores y Alcaldes mayores para el gobierno de las Ciudades y sus Partidos, y lo mismo se ha observado respecto de los pueblos principales de Indios, que son Cabeceras de otros".

La *Recopilación* consideraba, además, que "la distinción de los términos y territorios de las Provincias", era "uno de los medios con que más se facilita el buen gobierno". En esta forma, la organización política del Imperio español en el territorio americano que recogía la *Recopilación de leyes* en 1680, y que se había ido conformando durante casi dos siglos, estaba montada sobre una unidad territorial básica, que fue la *Provincia,* que era la circunscripción territorial donde ejercía su autoridad un Gobernador. Este ejercía el poder militar, por lo que lo era Capitán General y, además, tenía a su cargo las funciones administrativas, de gobierno y de administración de justicia.

Conforme el proceso de colonización fue avanzando, las Provincias se fueron clasificando según su importancia político–territorial, en dos categorías: las Provincias mayores, que eran aquellas en cuyos territorios se encontraban las sedes de las Audiencias, institución que presidía el respectivo Gobernador; las Provincias menores, las cuales se encontraban más alejadas de la sede de aquellas, pero cuyo gobierno también estaba a cargo de sus respectivos Gobernadores. Además, en otros casos, se establecieron Corregimientos y Alcaldías Mayores en territorios o ciudades, respectivamente, que también se encontraban alejados de las Provincias mayores, pero en los cuales no se consideraba necesario establecer una cabeza de Provincia ni un gobernador, sino un corregidor, generalmente para continuar la avanzada.

El Gobernador y Capitán General o el Gobernador, según el caso, tenía su sede en la ciudad cabeza de Provincia, la cual generalmente le daba el nombre a ésta, y que como núcleo urbano siempre jugó un papel protagónico. Las autoridades de las ciudades eran los Alcaldes (Alcaldes Mayores u Ordinario según la importancia de la villa, metropolitana o no) y los Regidores que se reunían en Ayuntamiento o Concejo, presidido por el Gobernador de Provincia y bajo su autoridad. En los casos de ciudades en las que por la disposición de los lugares o la calidad de la tierra, no re-

---

568   Véase Enrique Orduña, *Municipios y Provincias*, Instituto Nacional de Administración Pública, Madrid 2003, Capítulo 7 (El Municipio en América), pp. 199 ss.

sultaba conveniente establecer una Provincia, y en los casos de pueblos de indios, la autoridad sobre éstas se atribuía a un Corregidor o Alcalde Mayor.

En este esquema territorial, las Municipalidades se organizaron en torno al los Cabildo o Ayuntamiento que progresivamente se organizaron en las ciudades cabeza de Provincia, presididos por el Gobernador, los cuales por la lejanía adquirieron progresivamente un importante grado de autonomía, llegando incluso progresivamente a asumir el gobierno interino de las provincias ante la falta de los Gobernadores, con poder para designar a los gobernadores en forma interina. Ese privilegio, por ejemplo, lo reclamaron los cabildantes en Santa Ana de Coro, la primera ciudad fundada en la Provincia de Venezuela en 1528 a la muerte del Gobernador Ambrosio Alfinger en 1533, y fue ejercida sucesivamente por los Cabildos provinciales durante todo el período colonial, confirmada por Real Cédula 1560 y luego por otra Real Cédula de 1676.[569] Los Cabildos eran, además, sede de una importante fase del sistema judicial, al corresponder a los Alcaldes la administración de la justicia en el ámbito locaNo es de extrañar, entonces, porqué fueron los Cabildos coloniales los que hicieron la Independencia.

2. El régimen municipal al momento de la independencia

De manera que al momento en el cual se inicia el proceso constituyente en Hispanoamérica, el Municipio es una de las instituciones de gobierno y justicia con mayor arraigo, al punto de que, como se ha dicho, quien inicia la Revolución de Caracas fue el Ayuntamiento Capitalino que presidía el Gobernador y Capitán General, tal como lo hicieron posteriormente los Cabildos en el resto de las provincias de la antigua Capitanía General de la Venezuela y de la Nueva Granada.

Se trataba, en todo caso, de unos Cabildos o Ayuntamientos con ámbitos territoriales enormes, en muchos casos coincidentes con el de las mismas Provincias, por lo que la autonomía de la que gozaban en la Colonia, rápidamente pasó a ser una autonomía básicamente de las Provincias, lo que explica la adopción rápida del modelo federal, pero no por simple copia de la Constitución norteamericana, sino porque era el modelo que más se adaptaba a la realidad que provenía de la Colonia.[570]

Por ello, el Municipio colonial comenzó a ser cambiado, precisamente con motivo de la independencia, habiendo contribuido a ello las influencias recibidas de las reformas que ya se habían desarrollado tanto en Norteamérica como en Francia, con motivo de las Revoluciones. Las antiguas Provincias–Municipalidades, sus Gobernadores y Cabildos comenzaron a configurarse como parte de las nuevas autoridades provinciales, con sus Gobernadores y Legislaturas provinciales, con elementos del federalismo, ubicados en los mismos amplios ámbitos territoriales superiores de las provincias; y a la vez se comenzó en paralelo, en un proceso de aproximaciones sucesivas, a diseñar una organización territorial propia, de menor ámbito territorial

---

569 El privilegio sólo lo perdieron los Cabildos a partir de 1737. Véase Joaquín Gabaldón Márquez, *El Municipio...*, *cit.*, pp. 73-110; 125-169.

570 Véase Manuel Rachadell, "Influencia hispánica en la adopción del federalismo en Venezuela," en *Revista de Derecho Público*, N° 121, Editorial Jurídica venezolana, caracas 2010, pp. 7 ss.; José Luis Villegas Moreno, *Doscientos Años de Municipalismo*, Universidad Católica del Táchira, FUNEDA, Caracas 2010, pp. 28. ss.

para las ciudades, de orden administrativo, de la cual se fueron eliminando las antiguas funciones judiciales que pasaron a un Poder judicial independiente. Los Alcaldes, así pasaron de ser jueces, a ser administradores de las ciudades con poderes de
policía. En ese proceso, al inicio del proceso de independencia en las Provincias de
Venezuela, en 1811, fue evidente la influencia francesa de la reforma municipal
recién implementada por la Revolución, antes de que repercutiera también, luego, a
partir de en 1812 en España.

En efecto, como es sabido, el régimen político del Antiguo Régimen en Francia
y, en general en Europa, era altamente centralizado, en el cual no había efectivos
poderes locales, salvo los que fueran establecidos por fueros o privilegios territoriales. Los Intendentes eran la fuente única de poder en las Provincias de Francia, y las
autoridades locales que podía haber, eran delegados del Intendente, sometidos a su
control. No existía, por tanto, un poder municipal ni nada que se le pareciera.

En la Francia anterior a la Revolución, hubo intentos de transformar el régimen
municipal, pero sin mayores resultados. Primero, en 1775, había sido el Ministro
Turgot, con motivo de las propuestas de reforma impositiva, el que había planteado
la posibilidad de establecer Municipalidades en el territorio, pero sin lograrlo. Luego, a iniciativa de otros Ministros de Luis XVI, antes de 1787 se crearon las asambleas provinciales junto a los Intendentes, y además, en cada pueblo, se crearon
cuerpos municipales electivos destinados a sustituir a las antiguas asambleas parroquiales, y en la mayoría de los casos, al síndico. Contrario a las costumbres que
existían, todos los poderes que se pretendieron crear fueron colectivos, y el intendente fue disminuido en su poder. Todo ello condujo a la parálisis de la administración, y, como lo apuntó de *Tocqueville*, "Las asambleas, queriendo mejorarlo todo,
acabaron por enredarlo todo", produciéndose entonces "una de las mayores perturbaciones que haya registrado jamás la historia de un gran pueblo", en la cual "Cada
francés había experimentado una confusión particular. Nadie sabía ya ni a quien
obedecer, ni a quién dirigirse"; [571] y terminaba señalando de *Tocqueville*, que "Perdido el equilibrio de las partes que componían la Nación, un último golpe bastó para
hacerla oscilar y producir el más vasto trastorno y la más espantosa confusión que
hayan tenido lugar jamás".[572]

La Revolución quiso poner fin a esta situación, y en el mismo año de 1789, la
Asamblea Nacional Constituyente definió un nuevo orden municipal uniforme,
fragmentado, generalizado y de carácter electivo; el cual en definitiva, si bien complicó aún más la situación de la Administración, puso las bases para el régimen municipal del constitucionalismo moderno. La reforma comenzó el 4 de agosto de
1789, con un Decreto que declaró irrevocablemente abolidos "todos los privilegios
particulares de provincias, principados, cantones, ciudades y comunidades de habitantes, sean pecuniarios o de cualquier otra naturaleza,"[573] eliminándose así los antiguos reinos y las antiguas e históricas circunscripciones territoriales. A ello le si-

---

571 Alexis de Tocqueville, *El Antiguo Régimen y la Revolución*, Alianza Editorial, Tomo II, Madrid 1982,
     p. 197.

572 *Idem*, Tomo II, p. 197.

573 Luciano Vandelli, *El Poder Local. Su origen en la Francia revolucionaria y su futuro en la Europa de
     las regiones*, Ministerio para las Administraciones Públicas, Madrid 1992, p. 28, nota 10.

guieron, los Decretos de 14 y 22 de diciembre del mismo año 1789, mediante los cuales se estableció una uniformización territorial general que antes no existía, al dividir el país en Departamentos, éstos en Distritos, los Distritos en Cantones y éstos en Comunas, que fueron las municipalidades, creándose así el Poder Municipal. A tal fin, el primer Decreto dispuso la supresión y abolición que "las Municipalidades existentes en cada villa, burgo, parroquia o comunidad," con las denominaciones que tuvieren, y se agregó que serían sustituidas por "colectividades locales del reino" tanto en las ciudades como en el campo, con la misma naturaleza y situadas en el mismo plano constitucional, con el nombre común de municipalidad, que tendían en su cabeza al alcalde. En el segundo Decreto se dividió el territorio francés de manera uniforme en departamentos, distritos y cantones, suprimiéndose los intendentes, y además se dispuso que "en cada villa, burgo, parroquia y comunidad del campo habrá una municipalidad."[574] Este principio se consagró luego, expresamente, en la Constitución de 1791, al regular en su título "La división del Reino", que: "El Reino es uno e indivisible: su territorio se distribuye en 83 Departamentos, cada Departamento en Distritos, cada Distrito en Cantones". Fue esa creación de Municipios uniformes en todo el territorio de Francia, por tanto, lo que condujo a la sustitución definitiva de las cartas, fueros y privilegios locales, siendo las instituciones locales entonces, las mismas para todas las partes del territorio y para todos los ciudadanos.

De ello resultó que en 1791 en la Francia revolucionaria había 43.915 municipios, que comenzaron a llamarse comunas. Estas entidades municipales, además de las funciones propias de la Administración general que les podían ser delegadas, ejercían el "poder municipal", concepto que venía de los escritos de Benjamín Constant y de las propuestas de reforma del ministro *Turgot* (1775),[575] y que luego se arraigaría en el constitucionalismo iberoamericano, de manera que por ejemplo, aparece en Venezuela, a partir de la Constitución de 1857 (artículos 6 y 85).

Con esta división territorial, como lo percibió Edmund Burke en tiempos de la Revolución: "Es la primera vez que se ve a los hombres hacer pedazos su patria de una manera tan bárbara"; pero de *Tocqueville* acotaría años después, que en realidad, si bien "Parecía, en efecto que se desagarraban cuerpos vivos... lo único que se hacía era despedazar cuerpos muertos."[576] Sin embargo, lo cierto es que el sistema produjo la disolución del Estado al haber estallado Francia en cuarenta mil pedazos, cada uno con una especie de república soberana y anárquica que no tenían nexo alguno con el poder central en construcción.

Por ello, esta reforma sólo duró cinco años, porque al tratar la Revolución de desmontar un sistema tan centralizado como el de la Monarquía Absoluta, en un sistema de división territorial donde se crearon más de 40.000 comunas o municipios, con poderes locales propios, lo que hizo fue desquiciar el Estado, por lo que

---

574 Albert Soboul, *La révolution française*, Gallimard, París 1981, pp. 198 y ss.

575 Eduardo García de Enterría, *Revolución Francesa y Administración contemporánea*, Taurus Ediciones, Madrid 1981, pp. 72, 76, 135.

576 Alexis de Tocqueville, *El Antiguo Régimen... cit.* Tomo I, p. 107.

fue la propia Asamblea la que tuvo, luego, que retroceder en la creación del Poder Municipal.

De tal anarquía vinieron las reformas para tratar de controlar la acción municipal desde el poder central, como por ejemplo, al atribuírsele en la Constitución de 1791 poderes anulatorios al Rey, respecto de los actos municipales; al crearse en la Ley del 14 de frimario del año II (4 de diciembre de 1793) unos agentes nacionales directamente conectados al centro (Paris) para ejercer la vigilancia sobre los municipios; y además, al pretender reducir el número de comunas en la Constitución del año III (5 fructuoso, 22 de agosto de 1795), reagrupándoselas en entidades locales, y estableciendo la subordinación de las comunas a las Administraciones departamentales, y estas a los Ministros.

Pero el torbellino revolucionario que no había cesado, comenzó a producir su propia transformación con el golpe de Estado del 18 de brumario del año VIII (9 de noviembre de 1799), a raíz del cual Napoleón reimplantará la centralización que se había establecido en el Antiguo Régimen y que había quedado destrozada con la Revolución. Se estableció, así, un esquema de control centralizado sobre las más de 40.000 comunas que fueron restablecidas, creándose un sistema escalonado y jerarquizado de control sobre las mismas, donde serían esenciales las figuras del prefecto y subprefecto dependientes del poder central y controlando a los alcaldes, establecidos en la Ley de 28 pluvioso del año VIII (17 de febrero de 1800). [577]

La centralización administrativa por el establecimiento de esa rígida cadena institucional que unía: Ministro, Prefecto, Subprefecto y Alcalde, y que dio origen al llamado control de tutela, sin duda, fue uno de los aportes más importantes a la Administración municipal y local, y a la propia construcción del Estado centralizado. Como lo diría el Presidente François Mitterrand, casi doscientos años después, al proponer la reforma descentralizadora de 1981: "Francia tuvo que acudir a un poder fuerte y centralizado para hacerse. Hoy necesita un poder descentralizado para no deshacerse."[578] Esta, entre tantas, fue precisamente una de las motivaciones de la sanción de la conocida Ley francesa de Libertad de las Comunas de 1982. [579]

Tres principios configuraron el régimen municipal napoleónico: primero, el principio de la creación de un municipio por cada colectividad local –incluso de dimensiones mínimas– abarcando desde el pequeño pueblo rural hasta el gran centro urbano; segundo, el principio de la uniformidad e igualdad formal del régimen de los municipios a pesar de la diversidad territorial, geográfica y demográfica de los mismos a lo largo y ancho de los territorios estatales; y tercero, las reglas generales de funcionamiento de la tutela, como instrumento de control sobre las entidades loca-

---

577 Véase Luciano Vandelli, *El Poder Local...*, *cit.*, pp. 29 y ss.; Eduardo García de Enterría, *Revolución Francesa...*, *cit.*, pp. 107 y ss.; Sandra Morelli, *La Revolución Francesa y la Administración Territorial en Colombia, Perspectivas comparadas*, Universidad Externado de Colombia, 1991, pp. 31 y ss.

578 Citado por Jaime Castro, *La cuestión territorial*, Editorial Oveja Negra, Bogotá 2003, p. 26.

579 Sobre la aplicación de la Ley del 2 de marzo de 1982, véase en general, André Terrazzoni, *La décentralisation a l'épreive des faits*, LGDJ, Paris 1987.

les. Todo ello configuró un modelo de régimen municipal, sin duda que se extendió por toda Europa.[580]

Hacia América, sin embargo, con la excepción del proceso inicial en la provincia de Caracas en 1812, sólo hicieron la travesía del Atlántico a comienzos del siglo XIX algunos aspectos del régimen de municipalización uniforme, pero ni el primero ni el último de los principios, es decir, el de la generalización de colectividades locales en el territorio y el del control de tutela, llegaron a nuestras costas; y al contrario, desde el inicio del Siglo XIX, el municipio si bien se arraigó en las ciudades capitales, se siguió ubicando en niveles territoriales muy alejados de los pueblos, implantándose además el principio de la autonomía municipal, inexistente en el modelo europeo napoleónico.

En cuanto al primer aspecto que es el de la creación de un municipio por cada colectividad local que existiera en un territorio, con la consecuente fragmentación territorial, puede decirse, sin embargo, que el mismo efectivamente dejó su impronta en toda Europa, cuyos países se comenzaron a identificar después de los tiempos de la revolución, por haber tenido y tener muchos municipios.[581] En España, la influencia de los postulados de la Revolución francesa en este aspecto también fue decisiva, por lo que la Constitución de Cádiz de 1812, dispuso en su artículo 310 que:

"Se pondrá Ayuntamiento en los pueblos que no lo tengan, y en que convenga le haya, no pudiendo dejar de haberle en los que por sí o con su comarca lleguen a mil almas, y también se les señalará término correspondiente."

Los Ayuntamientos, sin embargo, debían desempeñar sus encargos bajo la inspección de las diputaciones provinciales (Art. 323).[582] El Municipio que derivó de la influencia francesa, sustituyó así lo que quedaba del municipio de arraigo medieval, con sus fueros, privilegios y cartas–pueblas, en muchos casos con raíces en el proceso de la Reconquista.[583] Esos fueron, a pesar de su progresivo control por la Corona a partir del Siglo XVI, por su arraigo en las ciudades, los que condujeron la guerra de Independencia contra la invasión napoleónica. El precio que pagaron por ello, en todo caso, en nombre de la igualdad, fue su uniformización y su multiplicación territorial.

Este principio de la fragmentación municipal, como se dijo, penetró excepcionalmente en América latina en 1812, en la Constitución de la provincia de caracas, que se analiza más adelante

---

580 Luciano Vandelli, *El Poder Local...*, cit., pp. 153 y ss.

581 En tiempos actuales, por ejemplo, hace pocos años todavía existían 2.539 Municipios en Bélgica, que en décadas pasadas han sido reducidos a 589 municipios; en Alemania Occidental existen 16.121 Municipios; en Italia hay 8.104 municipios y en Suiza hay 3.000 cantones. Véase Luciano Vandelli, *El Poder Local...*, cit., pp. 179; Allan R. Brewer-Carías, *Reflexiones sobre el constitucionalismo en América*, Editorial Jurídica Venezolana, Caracas 2001, pp. 139 y ss.

582 Ello explica que en los años cincuenta todavía España tenía 9.245 Municipios. Actualmente tiene 8.056 municipios. Véase Cirilo Martín Retortillo, *El Municipio Rural*, Bosch, casa Editorial, Barcelona 1950, p. 139.

583 Véase Enrique Orduña Rebollo, *Historia del Municipalismo Español*, Iustel, Madrid 2005, pp. 131 ss.

En cuanto al segundo aspecto, el del control de tutela, en América Latina no se implantó, adoptándose sin embargo el principio de autonomía, atenuado por la designación de un funcionario con funciones ejecutivas municipales, por los niveles superiores de gobierno, como fueron los llamados Corregidores.

3. *La trasformación del régimen municipal después de la independencia y las primeras manifestaciones constitucionales americanas*

El Hispanoamérica, el municipio colonial, como se dijo, también fue el factor fundamental del proceso de Independencia frente a España, de manera que sin lugar a dudas se puede afirmar que también, a comienzos del siglo XIX, la Independencia americana la hicieron los Cabildos de las Provincias, por lo que con razón se ha dicho que el Municipio, "fue la raíz de la República."[584]

Pero ese Municipio también fue transformado con el republicanismo constitucional, en forma paralela a la transformación que se estaba operando en la Península, al punto de que, por ejemplo, como hemos indicado, en la Constitución provincial "para el gobierno y administración de la Provincia de Caracas" de enero de 1812, se estableció la división del territorio de la Provincia, uniformemente, en Departamentos, Cantones y Distritos, debiendo tener estos últimos un territorio con aproximadamente 10.000 habitantes.[585]

Específicamente, en esta Constitución provincial, en el Capítulo Cuarto destinado a regular a las "Municipalidades," –lo que comentamos detalladamente más adelante– se estableció el carácter electivo en cada parroquia de los miembros y de los agentes municipales (art. 24, 59, 65, 67); siendo variable el número de los miembros de las Municipalidades: 24 en la Municipalidad de Caracas, dividida en dos cámaras de 12 cada una (art. 90); 16 miembros en las Municipalidades de Barquisimeto, San Carlos, La Victoria y San Sebastián (art. 92); y luego de 12, 8 y 6 miembros según la importancia y jerarquía de las ciudades (arts. 91 a 102).

Correspondía a las Municipalidades capitales de Distrito llevar el Registro Civil (art. 70) y se les atribuían todas las competencias propias de vida local en una enumeración que cualquier régimen municipal contemporáneo envidiaría (art. 76). La Municipalidad gozaba "de una autoridad puramente legislativa" (art. 77), y elegía los Alcaldes (art. 69) que seguían siendo las autoridades para la administración de justicia, y proponían al Poder Ejecutivo los empleos de Corregidores (arts. 69 y 217) que eran los órganos ejecutivos municipales. En ellas tenían asiento, voz y voto, los agentes municipales que debían ser electos en cada parroquia (arts. 65 y 103).[586]

Por su parte, en la Constitución Fundamental de la República de Barcelona Colombiana de 12 de enero de 1812, también se destinó un Título Undécimo a regular a las "Municipalidades," indicándose que debía haber habrá "un cuerpo municipal

---

584 Véase Joaquín Gabaldón Márquez, *El Municipio, raíz de la República*, Academia Nacional de la Historia, Caracas 1977.

585 Allan R. Brewer-Carías, "La formación del Estado venezolano," en *Revista Paramillo*, Nº 14, Universidad Católica del Táchira, San Cristóbal 1996, pp. 290 y ss.

586 Véase el texto de la Constitución provincial de la Provincia de Caracas, en *Las Constituciones Provinciales, cit.,* pp. 77 ss.

compuesto de dos corregidores de primera y segunda nominación y seis regidores" en cada una de las cuatro ciudades "actualmente existentes en el territorio de la República" que eran Barcelona, Aragua, Pao y San Diego de Cabrutica, así como "en todas las demás ciudades y villas que en adelante se erigieren." De acuerdo con esa Constitución de Barcelona Colombiana, según la votación que se obtuviese en su elección, el Regidor que hubiere obtenido mayor número de votos era considerado como Alguacil Mayor, el que más se le acercaba, como Fiel Ejecutor y el que menos votos obtuviera se consideraba el Síndico General. Correspondía a la Municipalidad, conforme a la Constitución, el Registro Civil y la Policía. Debe mencionarse, además, que la institución municipal fue objeto de regulación extensa en el Plan de Gobierno de la provincia de Barinas de 28 de marzo de 1811, donde se regló al Cabildo, sus funcionarios y competencias (arts. 4–9). En la Constitución de la provincia de Trujillo de 2 de septiembre de 1811, se reguló el gobierno de la provincia residiendo en dos cuerpos: "el Cuerpo Superior del Gobierno y el Municipal o de cabildo" (Título Tercero, cap. 2), éste último denominado Cuerpo Municipal, compuesto por 5 Alcaldes ordinarios; 2 Magistrado denominados Juez de Policía y Juez de Vigilancia Pública y un Síndico personero (Título Quinto, cap. 1°). Igualmente en la Constitución de la provincia de Mérida de 31 de julio de 1811 se regularon los Cabildos, con funciones de policía y judiciales a cargo de los Acaldes (Capítulo VII).

En todo caso, la uniformización territorial municipal que se vislumbra de en estas primeras Constituciones provinciales, en particular de la de la Provincia de Caracas, posteriormente se fue arraigando paulatinamente, pudiendo decirse que el municipio republicano derivó de la transformación del municipio provincial colonial conforme a las influencias del constitucionalismo moderno derivado de los principios de la revolución francesa, además de los que provinieron del gobierno local y del federalismo de norteamericana, particularmente en el fortalecimiento de los antiguos Cabildos provinciales en las Legislaturas de las nuevas provincias convertidas en Estados Soberanos.

En todo caso, con la revolución de independencia se comenzó a trasformar el Municipio colonial indiano, el cual por lo demás había desarrollado cierta autonomía por la derivada de la distancia, desarrollando el municipio republicano americano, características propias. Como dijimos, en nuestros países se adoptó el principio del uniformismo napoleónico en cuanto a la organización y funcionamiento de las corporaciones locales, pero sin embargo, los otros dos principios mencionados que derivaron de la Revolución francesa y sus correcciones napoleónicas, puede decirse que no se siguieron. Por una parte, en América no se arraigó la institución del control de tutela derivada de la centralización napoleónica, que se recogió incluso en la Constitución de Cádiz de 1812, y en cambio, sí germinaron los conceptos del "poder municipal" y de la "autonomía municipal," al punto de haber adquirido por ejemplo, rango constitucional a partir de 1857. En la Constitución de Venezuela de ese año, así, se dispuso en su artículo 6°, que "El Poder público se divide para su administración en Legislativo, Ejecutivo, Judicial y Municipal", dedicando entonces un Título a regular dicho "Poder Municipal" (arts. 85–87)[587] cuyo contenido relativo a los

---

587   Véase en Allan R. Brewer-Carías, *Las Constituciones de Venezuela, cit.,* Tomo I, p. 745.

asuntos propios de la vida local no era distinto al del Decreto de la Asamblea Constituyente en Francia, de diciembre de 1789.

El otro principio, el de la creación de un municipio por cada colectividad local, es decir, por cada caserío, por cada pueblo, por cada villa o ciudad, que se recogió en buena parte en la Constitución de la Provincia de Caracas de enero de 1812 y luego se recogió en la Constitución de Cádiz de marzo de 1812, sin embargo, no se siguió posteriormente en América, y de los viejos Municipios provinciales coloniales con territorios amplísimos, que se transformaron en las provincias y sus legislaturas, se pasó a los municipios republicanos, establecidos luego en ámbitos territoriales menores que las provincias, pero siempre alejados de los ciudadanos y de sus comunidades, con muy pocas excepciones.

En tal sentido, por ejemplo, la Constitución de la Provincia de Caracas de 1812, estableció la división territorial de la Provincia en una forma única, que no encuentra antecedente en ningún texto constitucional precedente, adoptando el uniformismo en la organización territorial derivado de la organización municipal adoptada en la Revolución Francesa, al cual antes nos hemos referido. En tal forma, en el artículo 17 de la Constitución se comenzó por disponer que, en forma uniforme, "el territorio de la Provincia de Caracas se dividía en Departamentos, estos en Cantones y estos en Distritos;" agregándose que "cada Departamento constará de uno o más Cantones según la proporción de las localidades con el objeto de esta división"(art. 13); que "cada Cantón comprenderá tres Distritos, y a veces uno más en razón de las circunstancias"(art. 19); y que "cada Distrito se compondrá de una porción de territorio que tenga en su recinto diez mil almas de población de todas clases, sexos y edades" (art. 20). Los cinco Departamentos que se establecieron en la Provincia, con sus respectivas capitales, fueron: el de Caracas, el de San Sebastián, el de los Valles de Aragua, con la ciudad de la Victoria por capital, el de Barquisimeto, y el de San Carlos. (art. 21).

SECCIÓN CUARTA:

LAS DECLARACIONES DE DERECHOS DEL PUEBLO Y DEL HOMBRE EN EL CONSTITUCIONALISMO HISTÓRICO DE VENEZUELA Y DE LA NUEVA GRANADA (1811-1812) (2012)

Esta Sección Cuarta es el texto del estudio sobre "Las declaraciones de derechos del pueblo y del hombre en el constitucionalismo histórico de Venezuela y de la Nueva Granada (1811-1812), en el libro Armin von Bogdandy, Juan Ignacio Ugartemendia, Alejandro Saiz Arnaiz, Mariela Morales (coord.), *La tutela jurisdiccional de los derechos. Del constitucionalismo histórico al constitucionalismo de la integración*, Instituto Vasco de Administración Pública, Max-Planck-Institut für ausländisches öffentliches Recht und Völkerrecht, Universitat Pompeu Fabra Oñati 2012, pp. 67-93.

En 1810, en lo que hasta ese día había sido la provincia de Caracas en la Capitanía General de Venezuela se produjo una ruptura del orden político gubernativo colonial que para esos momentos existía, materializándose en el hecho político de que el poder de gobernar lo asumió un órgano que se formó ex novo para tales efectos, y que no estaban previstos en el ordenamiento constitucional del Antiguo Régimen, que era el entonces aplicable. Técnicamente, en ese año y en es fin, se dio un golpe de Estado, que sería el inicio de un proceso constituyente que originaría la creación de un nuevo Estado, conforme a los principios del constitucionalismo moderno que provenían de las revoluciones norteamericana y francesa ocurridas décadas antes, y que allí encontraron su primer campo de experimentación en la historia.

El 19 de abril de 1810, en efecto, ante la noticia recibida el día anterior en el Ayuntamiento de Caracas sobre la material desaparición del Gobierno Supremo en España y el confinamiento del Consejo de Regencia en la ciudad de Cádiz, considerándose necesario constituir un gobierno que se hiciese cargo de la Provincia de Caracas para asegurarla contra los designios del Emperador de los franceses cuyos ejércitos tenían invadida la península, el Cabildo de Caracas se erigió en *Junta Suprema de Venezuela Conservadora de los Derechos de Fernando VII*, la cual, asumiendo el "mando supremo" o "suprema autoridad" de la Provincia, procedió a constituir "un nuevo gobierno" deponiendo al Gobernador y Capitán General del mando. La motivación inmediata de este hecho político había sido la "total orfandad" en la cual se consideró había quedado el pueblo por la disolución de la Junta Suprema Gubernativa de España, que suplía la ausencia del Monarca; y además, el desconocimiento por la nueva Junta Suprema e caracas de la autoridad del Consejo de Regencia, considerando que no había "*sido* constituido *por el voto de estos fieles habitantes*, cuando han sido ya declarados, no colonos, sino partes integrantes de la corona de España, y, como tales han sido llamados al ejercicio de la *soberanía* interna y a la reforma de la Constitución Nacional."

Con esos hechos, por tanto, en 1810 en la Hispanoamérica se dio inicio a un proceso constituyente que desembocó en la sanción de la "Constitución Federal para los Estados de Venezuela" en diciembre de 1811, unos meses antes de la sanción, en marzo de 1812. de la "Constitución de la Monarquía Española." Con esos textos constitucionales y esos procesos políticos fueron, se dio inicio a la transformación radical del orden político constitucional hasta entonces imperante del antiguo régimen.

Puede decirse entonces que Venezuela en la América Hispana, a comienzos del Siglo XIX, fue el primer país en recibir directamente las influencias del constitucionalismo moderno derivadas de las mencionadas Revoluciones del Siglo XVIII,[588] lo que ocurrió precisamente cuando los próceres del proceso de Independencia de Venezuela, iniciado a partir del 19 de abril de 1810 se encontraban en la tarea de elaborar las bases del sistema jurídico-estatal que habría de regir un nuevo Estado independiente, que era el segundo en su género en la historia política del mundo moderno después de los Estados Unidos de Norte América; proceso que se desarrolló en paralelo al que llevaban adelante los constituyentes de Cádiz, después del proceso de recomposición del régimen monárquico que se había iniciado con los sucesos de

---

588 Véase en general Allan R. Brewer-Carías, *Reflexiones sobre la Revolución Americana (1776) y la Revolución Francesa (1789) y sus aportes al constitucionalismo moderno,* Caracas, 1991. Una segunda edición ampliada de este libro se publicó como *Reflexiones sobre la Revolución Norteamericana (1776), la Revolución Francesa (1789) i la Revolución Hispanoamericana (1810-1830) y sus aportes al Constitucionalismo Moderno*, Serie Derecho Administrativo No. 2, Universidad Externado de Colombia, Editorial Jurídica Venezolana, Bogotá 2008.

Aranjuez y Bayona en 1808, y que culminó en la transformación de una Monarquía absoluta en una Monarquía parlamentaria constitucional, como antes había ocurrido precisamente en Francia, como consecuencia de la Revolución. El proceso constituyente en Venezuela, en todo caso, culminó antes de que se operaran los cambios constitucionales en España, sin que en el mismo se hubiese recibido influencia alguna del proceso constitucional de Cádiz, lo cual ciertamente, fue un hecho único en la América Hispana,[589] pues al contrario, en la mayoría de las antiguas Colonias americanas españolas que lograron su independencia después de 1811 y, sobre todo, entre 1820 y 1830, las mismas recibieron las influencias del naciente constitucionalismo español plasmado en la Constitución de Cádiz de 1812.[590]

Entre las fuentes de inspiración derivadas de las revoluciones norteamericana y francesa, y que tuvieron su primer campo de aplicación conjunta en la historia moderna, estaban por supuesto, las Declaraciones de derechos adoptadas en las Colonias independientes de Norteamérica en 1776 y la Declaración de los Derechos del Hombre y del Ciudadano proclamada por la Revolución francesa; a pesar de que dichos textos, en particular el último, había sido expresamente prohibido en la América Hispana, el mismo año de su adopción en 1789 por el Tribunal de la Inquisición de Cartagena de Indias.[591] Al año siguiente, además, en 1790, los Virreyes del Perú, de México y de Santa Fe, y el Presidente de la Audiencia de Quito se habían hecho eco de dicha prohibición, y el Capitán General de Venezuela, por ejemplo, con motivo de la penetración de las ideas revolucionarias en América, participaba a la Corona de Madrid "que en la cabeza de los americanos comenzaban a fermentar principios de libertad e independencia peligrosísimos a la soberanía de España."[592]

Y así fue, las ideas penetraron y con todo peligro para el régimen colonial, terminaron por adoptarse como base para la constitución de los nuevos Estados independientes que comenzaron a florecer a partir de 1810.

I.   LA PENETRACIÓN DE LOS TEXTOS DE LAS DECLARACIONES DE DERECHOS DE FRANCIA Y NORTEAMERICA AL COMIENZO DE LA INDEPENDENCIA DE LAS ANTIGUAS COLONIAS HISPANOAMERICIANAS

A ese proceso de penetración de ideas, a pesar de las prohibiciones, contribuyeron diversas traducciones de la Declaración francesa, entre las cuales debe destacar-

---

589   Véase Allan R. Brewer-Carías, *Los inicios del proceso constituyente hispano y americano. Caracas 1811 – Cádiz 1812*, Editorial bid & co. Editor, Colección Historia, Caracas 2012.

590   Véase por ejemplo, Jorge Mario García Laguardia, Carlos Meléndez Chaverri, Marina Volio, *La Constitución de Cádiz y su influencia en América (175 años 1812-1987)*, San José, 1987; Manuel Ferrer Muñoz, *La Constitución de Cádiz y su aplicación en la Nueva España*, UNAM México, 1993; Ernesto de la Torre Villas y Jorge Mario García Laguardia, *Desarrollo histórico del constitucionalismo hispanoamericano*, UNAM, México 1976.

591   Véase P. Grases, *La Conspiración de Gual y España y el Ideario de la Independencia*, Caracas, 1978, p. 13.

592   Véase en J. F. Blanco y R. Azpúrua, *Documentos para la historia de la vida pública del Libertador*, Ediciones de la Presidencia de la República, Caracas, 1983, Tomo I, p. 177.

se la realizada por Antonio Nariño en Santa Fe de Bogotá, en 1792. Se trataba de la traducción del texto de la Declaración que precedió a la Constitución de 1791, la cual circuló en la Nueva Granada en 1794[593], habiendo sido objeto de una famosísima causa contra Nariño de la cual fue condenado a diez años de prisión en África, a la confiscación de todos sus bienes y a extrañamiento perpetuo de la América, mandándose además a quemar por mano del verdugo el libro que contenía la traducción de los Derechos del Hombre[594].

Por esa misma época, el Secretario del Real y Supremo Consejo de Indias había dirigido el 7 de junio de 1793 al Capitán General de Venezuela, una nota llamando su atención sobre los designios del Gobierno de Francia y de algunos revolucionarios franceses de subvertir el orden en América, como también de otros promovedores de la subversión en dominios de España en el Nuevo Mundo, que -decía- "envían allí libros y papeles perjudiciales a la pureza de la religión, quietud pública y debida subordinación de las colonias"[595].

Así fue entonces que tres años después, en 1796, la Declaración francesa penetraría también en las provincias de Venezuela, pero esta vez de la mano de algunos conjurados de la denominada Conspiración de San Blas, que debía provocar un movimiento revolucionario en Madrid, el día 3 de febrero de 1796, para establecer la República en sustitución de la Monarquía. Después de haber sido detenidos, juzgados y condenados a muerte, a los conjurados, entre ellos el mallorquín Juan Bautista Mariano Picornell y Gomilla, se les conmutó la pena por prisión perpetua en las mazmorras de los Castillos Puerto Cabello, Portobelo y Panamá, en el Caribe.[596] Fue así que llegaron de paso al puerto de La Guaira y allí depositados en el Castillo del Puerto, de donde lograron escapar con la complicidad de Manuel Gual y José María España,[597] conspiradores locales que encabezarían la Conspiración denominada de Gual y España, considerada como "el intento de liberación más serio en Hispano América antes del de Miranda en 1806."[598]

Entre los papeles que quedaron de la misma y que habrían de tener la mayor influencia en el proceso constitucional de Hispanoamérica, estaba el texto de los *Derechos del Hombre y del Ciudadano*, que el 11 de diciembre de ese mismo año fue prohibido por la Real Audiencia de Caracas, por considerar que llevaba "toda su intención a corromper las costumbres y hacer odioso el real nombre de su majestad y su justo gobierno; que a fin de corromper las costumbres, siguen sus autores las reglas de ánimos cubiertos de una multitud de vicios, y desfigurados con varias apariencias de humanidad..."[599].

---

593   *Idem.,* Tomo I, p. 286.

594   Véase los textos en *idem.,* Tomo I, pp. 257-259.

595   *Idem.,* Tomo I, p. 247.

596   Véase P. Grases, *La Conspiración de Gual y España...op. cit.,* pp. 14, 16,20.

597   Véase en J.F. Blanco y R. Azpúrua, *Documentos para...,* *op. cit.,* Tomo I, p. 287; P. Grases, *La conspiración de Gual y España...,* *op. cit.,* p. 26.

598   P. Grases, *La Conspiración de Gual y España. op. cit.,* p. 27.

599   *Idem,* p. 30.

De la Conspiración, en todo caso, resultó un libro intitulado *Derechos del Hombre y del Ciudadano con varias máximas Republicanas y un Discurso Preliminar dirigido a los Americanos,* probablemente impreso en Guadalupe el mismo año 1797,[600] donde había dado a parar Picornell, el cual contenía la traducción esta vez de la Declaración francesa que procedió la Constitución de 1793,[601] de la época del Terror[602].

Ese libro, precisamente, fue la fuente de inspiración más importante de lo que sería la primera Declaración de Derechos que se adoptó en la América Hispana, que fue la "Declaración de los Derechos del Pueblo"[603] que sancionó la Sección Legislativa de la Provincia de Caracas del Congreso General de Venezuela el 1 de julio de 1811, antes incluso de la adopción de la Declaración de Independencia por el mismo Congreso General, el 5 de julio de 1811, siendo históricamente la tercera declaración de derechos de rango constitucional en la historia del constitucionalismo moderno.

II. LA PRIMERA DECLARACIÓN DE DERECHOS EN LA AMÉRICA HISPANA ADOPTADA POR EL CONGRESO GENERAL DE VENEZUELA EN 1811

Dos meses después de la instalación del nuevo gobierno en la Provincia de Caracas que sustituyó a las autoridades coloniales, en junio de ese mismo año de 1810, ya en el resto de las Provincias de lo que había sido la Capitanía General de Venezuela se comenzaba a hablar oficialmente de la "Confederación de Venezuela,"[604] por lo que para ese momento, la Junta Suprema de Caracas incluso estaba integrada con representantes de las Provincias de Cumaná, Barcelona y Margarita. Sin embargo, y a pesar de ello y de que venía actuando como Junta Suprema de todas las Provincias de la Capitanía, necesitaba de la representación oficial de las otras Provincias y, en definitiva, de la constitución de un "Poder Central bien constituido." Precisamente por considerar que había "llegado el momento de organizarlo," procedió a convocar "a todas las clases de hombres libres al primero de los goces del ciudadano, que es el de concurrir con su voto a la delegación de los derechos personales y reales que existieron originariamente en la masa común." Para tal fin, la Junta Suprema procedió a convocar la elección y reunión de los diputados que habrían de conformar "la Junta General

---

600 A pesar de que aparece con pie de imprenta en "Madrid, En la imprenta de la Verdad, año de 1797. Véase en Pedro Grases, "Estudio sobre los 'Derechos del Hombre y del Ciudadano'," en el libro *Derechos del Hombre y del Ciudadano* (Estudio Preliminar por Pablo Ruggeri Parra y Estudio histórico-crítico por Pedro Grases), Academia Nacional de la Historia, Caracas 1959, pp. 147, 335.

601 P. Grases, *La Conspiración de Gual y España. op. cit.,* pp. 37 ss.

602 *Idem.*

603 Véase Allan R. Brewer-Carías, *Las Constituciones de Venezuela,* Academia de Ciencias Políticas y Sociales, Caracas 2008, Tomo I, pp. 549-551.

604 Véase la "refutación a los delirios políticos del Cabildo de Coro, de orden de la Junta Suprema de Caracas" de 1 de junio de 1810, en *Textos Oficiales de la Primera República de Venezuela,* Biblioteca de la Academia Nacional de la Historia, Caracas 1959, Tomo I, p. 180.

de Diputación de las Provincias de Venezuela," a cuyo efecto, el 11 de junio de 1810, dictó el correspondiente Reglamento de Elecciones.[605]

En este reglamento, entre otras decisiones, se previó, además, que la Junta Suprema de caracas abdicaría sus poderes en la Junta General de todas las Provincias que se eligiera, quedando la Suprema sólo como Junta Provincial de Caracas (Capítulo III, Art. 4). Este Reglamento de Elecciones, sin duda, fue el primero de todos los dictados en materia electoral en el mundo hispanoamericano.

En los meses siguientes de 1810, por otra parte, las diversas provincias se fueron incorporando al movimiento revolucionario, de manera que el 16 de septiembre, el Cabildo de la ciudad de Mérida proclamó la Revolución del 19 de abril y se erigió en Junta Suprema de Gobierno, a la cual se adhirieron, el 11 de octubre, la ciudad de la Grita; el 14 de octubre, la Parroquia de Bailadores; el 21 de octubre, la parroquia de San Antonio del Táchira, y el 28 de octubre, la ciudad de San Cristóbal. Además, el 9 de octubre de 1810, el Ayuntamiento de Trujillo instaló la Junta Patriótica de Trujillo.[606]

Las elecciones al Congreso o Junta General, en las cuales sólo participaron siete de las nueve Provincias de la antigua Capitanía General,[607] se realizaron a finales de 1810, habiéndose elegido un total de 44 diputados distribuidos así: 24 por Caracas, 9 por Barinas, 4 por Cumaná, 3 por Barcelona, 2 por Mérida, uno por Trujillo y uno por Margarita.[608] Dicho Congreso o Junta General se instaló en 2 de marzo de 1811 adoptando expresamente el principio de la separación de poderes para organizar el nuevo gobierno, procediendo a designar mientras se sancionaba la Constitución del Estado, a un Poder Ejecutivo plural, y de una Alta Corte de Justicia.

Desde su instalación se comenzó a hablar en todas las Provincias de la necesidad de la constitución de una "Confederación de las Provincias de Venezuela," en la cual las provincias debían conservar sus peculiaridades políticas propias, a cuyo efecto, a finales del mismo mes de marzo de 1811, el Congreso procedió a nombrar una comisión para redactar la Constitución de la Provincia de Caracas, la cual debía servir de modelo para que las demás Provincias de la Confederación dictasen la suya, a cuyo efecto, al mes siguiente, en abril de 1811, procedió a exhortar a las diversas "Legislaturas provinciales" a que acelerasen la formación de las respectivas Constituciones Provinciales.[609]

---

605   Véase el texto en *Textos Oficiales..., op. cit.,* Tomo II, pp. 61-84; y en Allan R. Brewer-Carías, *Las Constituciones de Venezuela, cit.,* Tomo I, pp. 535-543.

606   Véase Tulio Febres Cordero (Compilador), *Actas de Independencia. Mérida, Trujillo, Táchira en 1810,* El Lápiz Ed., Mérida 2008.

607   Participaron las provincias de Caracas, Barinas, Cumaná, Barcelona, Mérida, Trujillo y Margarita; y se abstuvieron de participar, las provincias de Guayana y de Maracaibo.que permaneciueron fieles a la Monarquia. Véase José Gil Fortoul, *Historia Constitucional de Venezuela,* Tomo primero, Berlín 1908, p. 223; J. F. Blanco y R. Azpúrua, *Documentos para la historia de la vida pública del Libertador,* Ediciones de la Presidencia de la República, Caracas, 1983, Tomo II, pp. 413 y 489.

608   Véase C. Parra Pérez, *Historia de la Primera República de Venezuela,* Academia de la Historia, Caracas 1959, Tomo I, p. 477.

609   Véase *Libro de Actas del Supremo Congreso de Venezuela 1811-1812,* Biblioteca de la Academia Nacional de la Historia, Caracas, 1959, Tomo II, p. 401.

El 1° de julio de 1811, la sección del Congreso General por la Provincia de Caracas, procedió a proclamar una "Declaración de los Derechos del Pueblo,"[610] que fue la primera declaración de derechos fundamentales con rango constitucional que se adoptó en la historia constitucional luego de las dictadas después de la Revolución Francesa y de la Revolución Norteamericana. La redacción del texto estuvo a cargo de Juan Germán Roscio[611] (1763-1821), uno de los experimentado abogados ideólogos y próceres de la independencia.

A los pocos días, el 5 de julio de 1811, el Congreso General aprobó la "Declaración de Independencia de Venezuela," pasando a denominarse la nueva nación, como "Confederación Americana de Venezuela";[612] y el 21 de diciembre de 1811, procedió a sancionar la que sería la primera Constitución de Venezuela y de todos los países hispanoamericanos, la Constitución Federal de los Estados de Venezuela,[613] directamente inspirada en los principios del constitucionalismo revolucionario de Norteamérica y de Francia, a su vez redactada por Roscio junto con Gabriel de Ponte y Francisco Javier Ustáriz.

La declaración de "Derechos del Pueblo", considerada por Pedro Grases, como "la declaración filosófica de la Independencia," [614] fue un texto de 43 artículos dividido en cuatro secciones sobre: "Soberanía del pueblo", 'Derechos del Hombre en Sociedad", "Deberes del Hombre en Sociedad", y "Deberes del Cuerpo Social", que fueron precedidas de un *Preámbulo*. En Las diversas secciones se enumeraron los siguientes derechos:

Sección Primera: Soberanía del pueblo: La soberanía (arts. 1-3); usurpación de la soberanía (art. 4); temporalidad de los empleos públicos (art. 5); proscripción de la impunidad y castigo de los delitos de los representantes (art. 6); igualdad ante la ley (art. 7).

Sección Segunda: Derechos del Hombre en Sociedad: Fin de la sociedad y el gobierno (art. 1); derechos del hombre (art. 2); la ley como expresión de la voluntad general (art. 3); libertad de expresión del pensamiento (art. 4); objetivo de la ley (art.

---

610 Véase Allan R. Brewer-Carías, *Las Constituciones de Venezuela, op. cit.,* Tomo I, pp. 549-551.

611 Véase en Pedro Grases, "Estudio sobre los 'Derechos del Hombre y del Ciudadano'," en el libro *Derechos del Hombre y del Ciudadano* (Estudio Preliminar por Pablo Ruggeri Parra y Estudio histórico-crítico por Pedro Grases), Academia Nacional de la Historia, Caracas 1959, pp. 147, 335.

612 Véase el texto de las sesiones del 5 de julio de 1811 en *Libro de Actas... cit.,* pp. 171 a 202. Véase el texto Acta de la Declaración de la Independencia, cuya formación se encomendó a Juan Germán Roscio, en P. Ruggeri Parra, *Historia Política y Constitucional de Venezuela,* Tomo I, apéndice, Caracas, 1949, pp. 79 y ss. Asimismo en Francisco González Guinán, *Historia Contemporánea de Venezuela,* Caracas, 1954, Tomo I, pp. 26 y ss.; y el Allan R. Brewer-Carías, *Las Constituciones de Venezuela, cit.,* Tomo I, pp. 545-548.

613 Véase el texto de la Constitución de 1811, en *La Constitución Federal de Venezuela de 1811 y Documentos afines* (Estudio Preliminar de C. Parra Pérez), Caracas, 1959, pp. 151 y ss., y en Allan R. Brewer-Carías, *Las Constituciones de Venezuela, cit.,* Tomo I, pp. 553 ss.

614 Véase P. Grases, *La Conspiración de Gual y España..., cit,* p. 81. En otra obra dice Grases que la declaración "Constituye una verdadera declaración de independencia, anticipada al 5 de julio."Véase en en Pedro Grases, "Estudio sobre los 'Derechos del Hombre y del Ciudadano'," en el libro *Derechos del Hombre y del Ciudadano* (Estudio Preliminar por Pablo Ruggeri Parra y Estudio histórico-crítico por Pedro Grases), Academia Nacional de la Historia, Caracas 1959, p. 165.

5); obediencia de la ley (art. 6); derecho a la participación política (art. 7); derecho al sufragio (arts. 8-10); debido proceso (art. 11); proscripción de actos arbitrarios, responsabilidad funcionarial, y protección ciudadana (art. 12-14); presunción de inocencia (art. 15); derecho a ser oído, art. 16; proporcionalidad de las penas (art. 17); seguridad, art. 18; propiedad, art. 19; libertad de trabajo e industria (art. 20); garantía de la propiedad y contribuciones solo mediante representantes (art. 21); derecho de petición (art. 22); derecho a resistencia (art. 23); inviolabilidad del hogar (art. 24); derechos de los extranjeros (art. 25-27).

Sección Tercera: Deberes del Hombre en Sociedad: los límites a los derechos de otros (art. 1); deberes de los ciudadanos (art. 2); el enemigo de la sociedad (art. 3); el buen ciudadano (art. 4) el hombre de bien (art. 5).

Sección Cuarta: Deberes del Cuerpo Social: la garantía social (art. 1); límites de los poderes y responsabilidad funcionarial (art. 2); seguridad social y socorros públicos (art. 3); instrucción pública (art. 4).

Como se dijo, la fuente de inspiración de esta declaración fue sin duda, el texto de la *"Déclaration des Droits de l'Homme et du Citoyen"* que precedió la Constitución Francesa de 1793, a través del antes mencionado texto publicado en español como *Derechos del Hombre y del Ciudadano con varias máximas republicanas, y un discurso preliminar dirigido a los americanos* de 1797, vinculado a la Conspiración de Gual y España.[615]

Pero además, sin duda, otras influencias se reflejaron en este texto de Declaración de 1811, provenientes de la sección de los "Deberes del Hombre en Sociedad" de la *"Déclaration des Droits et Devoirs de l'Homme et du Citoyen"* que precede el texto de la Constitución francesa de 1795,[616] así como de las declaraciones de derechos que se incorporaron en las Constituciones de las antiguas Colonias británicas en Norte América, entre ellas de la *Declaration of Rights* de Virginia de 12 de junio de 1776, y de la *Constitution or form of Government, agreed to and resolved upon by the Delegates and Representatives of the several Counties and Corporation of Virginia* de 29 de junio de 1776.[617] Esos textos llegaron traducidos a Caracas en el libro de Manuel García de Sena, *La Independencia de Costa Firme justificada por Thomas Paine Treinta años ha de 1811.*[618]

615　Véase P. Grases, *La Conspiración de Gual y España...*, *cit.*, p. 147. En dicha obra puede consultarse el texto del Documento, comparándolo con el de la Declaración de 1811 y la Constitución de 1811. Igualmente en Pedro Grases, "Estudio sobre los 'Derechos del Hombre y del Ciudadano'," en el libro *Derechos del Hombre y del Ciudadano* (Estudio Preliminar por Pablo Ruggeri Parra y Estudio histórico-crítico por Pedro Grases), Academia Nacional de la Historia, Caracas 1959, pp. 168 ss

616　Véase los textos en J. M. Roberts y J. Hardman, *French Revolution Documents*, Oxford, 1973, 2 vols.

617　Véase Allan R. Brewer-Carías, *Las Declaraciones de Derechos del Pueblo y del Hombre de 1811 (Bicentenario de la Declaración de "Derechos del Pueblo" de 1° de julio de 1811 y de la "Declaración de Derechos del Hombre" contenida en la Constitución Federal de los Estados de Venezuela de 21 de diciembre de 1811)*, Prólogo De Román José Duque Corredor), Academia de Ciencias Políticas y Sociales, Caracas 2011.

618　Véase en Manuel García de Sena, *La Independencia de Costa Firme justificada por Thomas Paine treinta años ha*, Edición del Ministerio de Relaciones Exteriores, Caracas 1987, p. 90.

Por ello esta mezcla de fuentes, el orden dado a los artículos y la sistematización adoptada en la Declaración venezolana de 1811, fue distinta a la de los textos franceses, de manera que las cuatro secciones que los agrupan pueden considerarse originales del texto venezolano de 1811, con alguna inspiración adicional en los trabajos aparecidos con la firma de William Burke publicados en la *Gaceta de Caracas* entre 1810 y 1811, como por ejemplo, el título de la sección sobre "Derechos del hombre en Sociedad."[619]

La influencia norteamericana se evidencia, además, del hecho de que el propio *título* del documento no es sobre los "Derechos del Hombre y del Ciudadano," sino sobre los "Derechos del Pueblo," expresión que no se encuentra en los textos franceses, y que en realidad viene de la traducción del inglés (*people*) de los textos de las declaraciones norteamericanas, que se encuentran además, tanto en los textos firmados por William Burke, como en los trabajos de Thomas Paine traducidos por Manuel García de Sena, igualmente en 1811.

Específicamente, en los trabajos atribuidos a William Burke, y que luego se recogieron en el libro *Derechos de la América del Sur y México,* publicado en Caracas en 1811, se utilizó constantemente la expresión "derechos del pueblo,"[620] al argumentarse sobre los derechos declarados en las Constituciones norteamericanas, considerándose que "El pueblo es, en todos los tiempos, el verdadero y legítimo soberano. En él residen y de él traen su origen todos los elementos de supremacía."[621] Refiriéndose a las Constituciones de los Estados Unidos, en los textos de Burke incluso se indicó que "declaran positiva y particularmente, que la soberanía reside esencial y constantemente en el pueblo;" que "por medio del sistema de representación asegura el pueblo real y eficientemente su derecho de soberanía;... principio que forma la principal distinción entre los gobiernos autoritarios y libres, tanto que se puede decir que el pueblo goza de libertad a proporción del uso que hace de la representación."[622]

Por otra parte, en el libro de Paine *La Independencia de la Costa Firme justificada por Thomas Paine Treinta años ha,* traducido por García de Sena, la expresión "derechos del pueblo" también fue utilizada en su argumentación destinada a distinguir las dos formas de gobierno posibles: "el Gobierno por sucesión hereditaria" y "el Gobierno por elección y representación," y que optando por el representativo basado en la soberanía del pueblo, argumentó lo siguiente:

"Las Revoluciones que se van extendiendo ahora en el Mundo tienen su origen en el estado de este caso; la presente guerra es un conflicto entre el sistema

---

619   William Burke utilizó en uno de sus escritos en la *Gaceta de Caracas* en 1811, la expresión "Derechos del Hombre en Sociedad" que recogió la Declaración de 1811. Véase en William Burke, *Derechos de la América del Sur y México,* Academia Nacional de la Historia, Caracas 1959, Vol. I., p. 107.

620   Idem., Vol. I, pp. 118,123,127,141, 157,162,182, 202,205,241.

621   *Idem,* p. 113.

622   *Idem,* pp. 119, 120.

representativo fundado en los derechos del pueblo; y el hereditario, fundado en la usurpación."[623].

Seguía su argumentación Paine indicando que "El carácter pues de las Revoluciones del día se distingue muy definitivamente por fundarse en el sistema del Gobierno Representativo en oposición al hereditario. Ninguna otra distinción abraza más completamente sus principios;" y concluía señalando que: "El sistema Representativo es la invención del Mundo moderno."[624] Además, al referirse al gobierno representativo, Paine lo identificaba como aquél en el cual el poder soberano estaba en el Pueblo. Partía para ello de la consideración de que:

"Todo Gobierno (sea cual fuere su forma) contiene dentro de si mismo un principio común a todos, que es, el de un poder soberano, o un poder sobre el cual no hay autoridad alguna, y que gobierna a todos los otros... En las Monarquías despóticas [ese poder] está colocado en una sola persona, o Soberano; ... En las Repúblicas semejantes a la que se halla establecida en América, el poder soberano, o el poder sobre el cual no hay otra autoridad, y que gobierna a todos los demás, está donde la naturaleza lo ha colocado, en el Pueblo; porque el Pueblo en América es el origen del poder. Él está allí como un principio de derecho reconocido en las Constituciones del país, y el ejercicio de él es Constitucional, y legal. Esta Soberanía es ejercitada eligiendo y diputando un cierto número de personas para representar y obrar por él todo, las cuales no obrando con rectitud, pueden ser depuestas por el mismo poder que las colocó allí, y ser otras elegidas y disputadas en su lugar."[625]

De estos conceptos de Paine, que sin duda influyeron en la concepción de la declaración de los "Derechos del Pueblo" de 1811, se comprende porqué la misma se inicia en la Sección Primera con las previsiones sobre la soberanía como poder que radica en el pueblo - no en la Nación como en Francia - , el cual la ejerce mediante representantes, apartándose así del orden de las Declaraciones francesas donde los artículos sobre la soberanía no están al inicio de las mismas.

III. LA PRIMERA DECLARACIÓN DE DERECHOS EN LA AMÉRICA HISPANA INCORPORADA A UN TEXTO CONSTITUCIONAL A ESCALA NACIONAL: LA CONSTITUCIÓN FEDERAL DE LOS ESTADOS DE VENEZUELA DE 21 DE DICIEMBRE DE 1811

Después de adoptada la Declaración de Derechos del Pueblo, como se dijo, el 5 de julio de ese mismo año, el Congreso General de las Provincias de Venezuela aprobó la Declaración de Independencia pasando a denominarse la nueva nación,

---

623 Expresado por Paine en su "Disertación sobre los Primeros principios del Gobierno" que escribió en los tiempos de la Revolución Francesa. Véase en Manuel García de Sena, *La Independencia de Costa Firme justificada por Thomas Paine treinta años ha*, Edición del Ministerio de Relaciones Exteriores, Caracas 1987, p. 90. La expresión la utilizó también en otros Discursos, pp. 111, 112.

624 *Idem*, p. 90.

625 *Idem*, pp. 118, 119.

como Confederación Americana de Venezuela[626]; y en los meses siguientes, también bajo la inspiración de los principios del constitucionalismo moderno que habían sido moldeados en las Constituciones norteamericanas y francesas,[627] el 21 de diciembre de 1811 se sancionó la primera Constitución de Venezuela y la de todos los países latinoamericanos.[628] Se trató de un texto de 228 artículos, agrupados en 9 capítulos, destinados a regular el Poder Legislativo (Arts. 3 a 71), el Poder Ejecutivo (Arts. 72 a 109), el Poder Judicial (Arts. 110 a 118), y las Provincias (Arts. 119 a 134) concluyendo con el relativo a los "Derechos del Hombre que se respetarán en toda la extensión del Estado" (Arts. 141 a 199). Con dicho texto se conformó la Unión de las Provincias que venían siendo parte de la Confederación de Venezuela y que habían formado parte de la Capitanía General de Venezuela[629].

En particular, el Capítulo *VIII* sobre los "Derechos del Hombre que se reconocerán y respetarán en toda la extensión del Estado," el mismo se subdividió igualmente en cuatro secciones como la Declaración de 1811: *Soberanía del pueblo* (Arts. 141 a 159), *Derechos del hombre en sociedad* (Arts. 151 a 191), *Derechos del hombre en sociedad* (Arts. 192 a 196) y *Deberes del cuerpo social* (Arts. 197 a 199), complementándose además, con diversas previsiones incorporadas en el Capítulo IX sobre Disposiciones Generales. En este Capítulo VIII se recogieron, enriquecidos, los artículos de la Declaración de los Derechos del Pueblo de 1811, por lo que puede decirse que en su redacción se recibió la influencia directa del texto de las Declaraciones de las antiguas colonias norteamericanas, de las Enmiendas a la Constitución de los Estados Unidos de América y de la Declaración Francesa de los Derechos del Hombre y del Ciudadano, y en relación con esta última, de los documentos de la conspiración de Gual y España de 1797.[630] Las diversas secciones regularon los derechos así:

En la *Primera Sección* sobre "Soberanía del pueblo," se precisaron los conceptos básicos que en la época originaban una república, comenzando por el sentido del "pacto social" (artículos 141 y 142), continuando con el concepto de soberanía (art. 143) y de su ejercicio mediante representación (art. 144-146); el derecho al desempeño de empleos públicos en forma igualitaria (art. 147), con la proscripción de privilegios o títulos hereditarios (art. 148); la noción de la ley como expresión de la voluntad general (art. 149), y la nulidad de los actos dictados en usurpación de autoridad (art. 150).

---

626   Véase el texto Acta de la Declaración de la Independencia, cuya formación se encomendó a Juan Germán Roscio, en Francisco González Guinán, *Historia Contemporánea de Venezuela*, Caracas, 1954, Tomo I, pp. 26 y ss.; y el Allan R. Brewer-Carías, *Las Constituciones de Venezuela, cit.*, Tomo I, pp. 545-548.

627   *Cf.* José Gil Fortoul, *Historia Constitucional...*, op. cit., Tomo Primero, pp. 254 y 267.

628   Véase el texto de la Constitución de 1811, en *La Constitución Federal de Venezuela de 1811 y Documentos afines* (Estudio Preliminar de C. Parra Pérez), Caracas, 1959, pp. 151 y ss., y en Allan R. Brewer-Carías, *Las Constituciones de Venezuela, cit.*, Tomo I, pp. 555-579.

629   Véase Allan R. Brewer-Carías, *Evolución Histórica del Estado*, Tomo I, *Instituciones Políticas y Constitucionales*, Editorial Jurídica Venezolana, Caracas 1996, pp. 268 y ss.

630   Véase Allan R. Brewer-Carías, *Los Derechos Humanos en Venezuela: casi 200 años de Historia*, Academia de Ciencias Políticas y Sociales, Caracas 1990, pp. 101 y ss.

En la Segunda Sección sobre "Derechos del hombre en sociedad," al definirse la finalidad del gobierno republicano (art. 151), se enumeran como tales derechos a la libertad, la igualdad, la propiedad y la seguridad (art. 152), y a continuación se detalla el contenido de cada uno: se define la libertad y sus límites solo mediante ley (art. 153-156), la igualdad (art. 154), la propiedad (art. 155) y la seguridad (art. 156). Además, en esta sección se regulan los derechos al debido proceso: el derecho a ser procesado solo por causas establecidas en la ley (art. 158), el derecho a la presunción de inocencia (art. 159), el derecho a ser oído (art. 160), el derecho a juicio por jurados (art. 161). Además, se regula el derecho a no ser objeto de registro (art. 162), a la inviolabilidad del hogar (art. 163) y los límites de las visitas autorizadas (art. 165), el derecho a la seguridad personal y a ser protegido por la autoridad en su vida, libertad y propiedades (art. 165), el derecho a que los impuestos sólo se establezcan mediante ley dictada por los representantes (art. 166), el derecho al trabajo y a la industria (art. 167), el derecho de reclamo y petición (art. 168), el derecho a la igualdad respecto de los extranjeros (art. 168), la proscripción de la irretroactividad de la ley (art. 169), la limitación a las penas y castigos (art. 170) y la prohibición respecto de los tratos excesivo y la tortura (arts. 171-172), el derecho a la libertad bajo fianza (art. 174), la prohibición de penas infamantes (art. 175), la limitación del uso de la jurisdicción militar respecto de los civiles (art. 176), la limitación a las requisiciones militares (art. 177), el régimen de las milicias (art. 178), el derecho a portar armas (art. 179), la eliminación de fueros (180) y la libertad de expresión de pensamiento (art. 181). La Sección concluye con la enumeración del derecho de petición de las Legislaturas provinciales (art. 182) y el derecho de reunión y petición de los ciudadanos (art. 183-184), el poder exclusivo de las Legislaturas de suspender las leyes o detener su ejecución (art. 185), el poder de legislar atribuido al Poder Legislativo (art. 186), el derecho del pueblo a participar en la legislatura (art. 187), el principio de la alternabilidad republicana (art. 188), el principio de la separación de poderes entre el Legislativo, el Ejecutivo y el Judicial (art. 189), el derecho al libre tránsito entre las provincias (art. 190), el fin de los gobiernos y el derecho ciudadano de abolirlos y cambiarlos (art. 191).

En la *Sección Tercera* sobre "Deberes del hombre en sociedad," donde se establece la interrelación entre derechos y deberes (art. 192), la interrelación y limitación entre los derechos (art. 193), los deberes de respetar las leyes, mantener la igualdad, contribuir a los gastos públicos y servir a la patria (art. 194), con precisión de lo que significa ser buen ciudadano (art. 195), y de lo que significa violar las leyes (art. 196).

En la Sección Cuarta sobre "Deberes del Cuerpo Social," donde se precisa las relaciones y los deberes de solidaridad social (art. 197-198), y se establece en el artículo 199, la declaración general sobre la supremacía y constitucional y vigencia de estos derechos, y la nulidad de las leyes contrarias a los mismos.

IV. LAS PRIMERAS DECLARACIONES DE DERECHOS EN LA AMÉRICA HISPANA INCORPORADAS AL TEXTO DE CONSTITUCIONES PROVINCIALES DE VENEZUELA EN 1811 Y 1812

Pero el proceso constituyente que se desarrolló en las provincias independientes de Venezuela y de la Nueva Granada a partir de 1811, no sólo se reflejó en la adopción de la Constitución federal de los Estados de Venezuela de diciembre de 1811, y de un Acta de Confederación en las provincias de la Nueva Granada de noviembre de ese mismo año 1811, sino que dada la forma federal adoptada para la organización nacional, también se reflejó en las diversas Constituciones provinciales que se fueron sancionando en las antiguas provincias, tanto antes como después de que se sancionara la Constitución federal, habiéndose incorporado en todas ellas, igualmente, unas declaraciones de derechos.

En Venezuela, antes de que se sancionara la Constitución Federal de 21 de diciembre de 1811, en la provincia de Mérida se adoptó la *Constitución Provisional de la Provincia de Mérida* de 31 de julio de 1811, que fue sancionada por el Colegio Electoral formado con los representantes de los pueblos de los ocho partidos capitulares de la Provincia (Mérida, La Grita y San Cristóbal y de las Villas de San Antonio, Bailadores, Lovatera, Egido y Timotes)," que debía regir la Provincia, hasta que, con vista de la General de la Confederación, pudiera hacerse "una perpetua que asegure la felicidad de la provincia."[631]

En el texto de esta Constitución, de 148 artículos, se incorporó un *Capítulo Undécimo* destinado a regular "los derechos y obligaciones del Hombre en Sociedad", los cuales también se regularon en el *Capítulo Duodécimo y Último* que contenía unas "disposiciones generales". Esta declaración de derechos, dictada después que el 1º de julio del mismo año 1811 la Sección Legislativa del Congreso General para la Provincia de Caracas había emitido la *Declaración de Derechos del Pueblo*, siguió las mismas líneas de ésta.

Por otra parte, después de promulgada la Constitución Federal del 21 de diciembre de 1811, en la provincia de Barcelona, por la voz de sus Asambleas Primarias, por la de sus Colegios Electorales y por la de sus funcionarios soberanos, se proclamó la "Constitución fundamental de la República de Barcelona Colombiana,"[632] que fue el primer Código Constitucional provincial de Venezuela, de 19 títulos y 343 artículos. Este texto fue redactado por Francisco Espejo y Ramón García de Sena,[633] hermano de Manuel García de Sena el traductor en 1810 de las obras de Thomas Paine y de los textos constitucionales norteamericanos, y por ello tiene gran importancia histórica, pues fue a través de ella que esos textos fueron conocidos en América española y no sólo en Venezuela.

En el *Título Primero* de la Constitución precisamente se incorporaron los "Derechos de los habitantes de la República de Barcelona Colombiana" siendo sus 38 artículos, copia casi exacta de la declaración de los *Derechos del Hombre y del Ciudadano* de 1797, correspondiendo a Francisco Espejo la redacción de este Título.[634] Terminó dicho Título con la proclamación del principio de la separación de poderes

---

631 Véase Allan R. Brewer-Carías, *Los inicios del proceso constituyente hispano y americano. Caracas 1811 – Cádiz* 1812, Editorial bid & co. Editor, Colección Historia, Caracas 2012, pp. 107-110.

632 Véase en *Las Constituciones Provinciales*, Academia nacional de la Historia, Caracas 1959, pp. 151-249; y en Allan R. Brewer-Carías, *Los inicios del proceso constituyente hispano y americano. Caracas 1811 – Cádiz 1812*, cit, pp. 152-156.

633 Véase Ángel Francisco Brice, "Estudio Preliminar" al libro *Las Constituciones Provinciales*, op. cit., p. 39.

634 *Idem.*, p. 150, nota 1.

entre el Legislativo, Ejecutivo y Judicial, a la usanza de las Declaraciones de las colonias norteamericanas así:

38. Siendo la reunión de los poderes el germen de la tiranía, la República declara que la conservación de los derechos naturales y civiles del hombre de la libertad y tranquilidad general, depende esencialmente de que el Poder Legislativo jamás ejerza el Ejecutivo o Judicial, ni aún por vía de excepción. Que el ejecutivo en ningún caso ejerza el legislativo o Judicial y que el Judicial se abstenga de mezclarse en el Legislativo o Ejecutivo, conteniéndose cada uno dentro de los límites que les prescribe la Constitución, a fin de que se tenga el gobierno de las leyes y no el gobierno de los hombres.

Además de la Constitución de Barcelona, la otra Constitución provincial que se adoptó en Venezuela después de sancionada la Constitución federal fue la Constitución de la Provincia de Caracas de 31 de enero de 1812,[635] redactada por una comisión de diputados del Congreso General, como se dijo, para que sirviera de modelo a las demás de la Confederación. Contenía 328 artículos agrupados en catorce capítulos destinados, como lo indica su Preámbulo, a regular el gobierno y administración interior de la Provincia.

En este caso, a diferencia de la Constitución de la provincia de Barcelona, más que la Constitución de una "República" soberana, este texto se acomodó al de una Provincia "federada" en el marco de una Confederación. Por ello, en cuanto a los derechos, la Constitución provincial remitió a lo establecido en la Constitución nacional indicando en el *Capítulo Trece*, que "se acuerdan, declaran, establecen y se dan por insertos literalmente en esta Constitución los derechos del hombre que forman el Capítulo Octavo de la Federal, los cuales están obligados a observar, guardar y cumplir todos los ciudadanos de este Estado" (art. 296).

V.   LAS PRIMERAS DECLARACIONES DE DERECHOS EN LA AMÉRICA HISPANA INCORPORADAS AL TEXTO DE CONSTITUCIONES PROVINCIALES DE LA NUEVA GRANADA EN 1811 Y 1812

En el caso de las provincias del antiguo Virreinato de Nueva Granada, después de la declaración de independencia adoptada en la ciudad del Socorro el 11 de julio de 1810, el proceso constituyente puede decirse que se inició el 20 de julio de 1810, cuando se declaró la independencia de la Provincia de Santafé (Cundinamarca) por un Cabildo Extraordinario que designó una Junta a cargo del Supremo Gobierno.

La secuela más importante de este movimiento, fue igualmente la elaboración de un Reglamento de elecciones para convocar a todas las provincias del reino de Nueva Granada para elaborar una "Constitución de Gobierno sobre bases de libertad e independencia respectiva de ellas, ligadas únicamente por un sistema federativo." Como consecuencia, las elecciones para el Congreso se comenzaron a realizar en las diversas Provincias, en las cuales, además, en paralelo, se comenzaron a dictar Constituciones provinciales, de manera que antes de que se formara el Estado "Pro-

---

635   Véase Allan R. Brewer-Carías, *La Constitución de la Provincia de Caracas de 31 de enero de 1812. Homenaje al bicentenario*, Academia de Ciencias Políticas y Sociales, Colección Estudios No. 100, Caracas 2011.

vincias Unidas de la Nueva Granada" mediante Acta de la Federación de 27 de noviembre de 1811, ya se había dictado la Constitución provincial de Cundinamarca (1811), aún cuando de carácter Monárquico. Después del Acta de la Federación, se sancionaron las Constituciones de Tunja (1811), Antioquia (1812) Cartagena de Indias (1812), Popayán (1814), Pamplona (1815), Mariquita (1815) y Neiva (1815).[636] En todas se incorporaron importantes declaraciones de derechos, que tuvieron como fuente de inspiración, sin duda, la traducción de Nariño de la Declaración francesa de 1791.

Dejando aparte el Acta de la Constitución del Estado libre e independiente del Socorro de 15 de agosto de 1810, en efecto, la primera Constitución provincial propiamente dicha[637] que se dictó en el antiguo reino de Nueva Granada, fue la Constitución de Cundinamarca, sancionada por el "Colegio Constituyente y Electoral de la Provincia de Cundinamarca" el 30 de marzo de 1811,[638] la cual fue promulgada el 4 de abril de 1811. Esta Constitución, con 321 artículos, sin embargo, no fue una constitución republicana, sino más bien una Constitución Monárquica que no sólo fue adoptada en nombre de Fernando VII, sino que en ella se lo proclamó "Rey de los cundinamarqueses," recogiendo sin embargo, en paralelo, los principios fundamentales del constitucionalismo moderno, organizando así al Estado provincial como una Monarquía Constitucional.

En materia de derechos fundamentales, en el artículo 16 se garantizó "a todos sus ciudadanos los sagrados derechos de la Religión, propiedad y libertad individual, y la de la imprenta, siendo los autores los únicos responsables de sus producciones y no los impresores, siempre que se cubran con el manuscrito del autor bajo la firma de éste, y pongan en la obra el nombre del impresor, el lugar y el año de la impresión." Además, se garantizó la inviolabilidad de la correspondencia (art. 17), y la "libertad perfecta en su agricultura, industria y comercio" (art. 18).

Además, el *Título XII* de la Constitución se destinó a regular los *derechos del hombre y del ciudadano*, siguiendo el texto de la Declaración Francesa de 1789, y en el mismo se declaró que "los derechos del hombre en sociedad son la igualdad y libertad legales, la seguridad y la propiedad" (art. 1); regulándose la libertad y sus límites (arts. 2- 4) y el respeto a los demás (art. 7); el carácter de la ley como "la voluntad general explicada" por el pueblo mediante sus "representantes legítimamente constituidos"(art. 5); la igualdad (art. 6); la seguridad y el derecho a la protección (art. 8); el derecho de propiedad (art. 9) y el régimen de la expropiación sujeta a "una justa y precisa indemnización (art. 10); la libertad de manifestar opiniones "por medio de la imprenta, o de cualquiera otro modo que no le sea prohibido, en uso de su libertad y propiedad legal"(art. 11); el régimen de las contribuciones

---

636 Véase sobre este proceso constituyente en la Nueva Granada en Allan R. Brewer-Carías, *La Constitución de Cádiz y el constitucionalismo hispanoamericano*, Editorial Investigaciones Jurídicas C.A., San José, Costa Rica 2012, pp. 115 ss.

637 Carlos Restrepo Piedrahita no consideró el Acta de Constitución de la Provincia de Socorro de 1810 como un verdadero texto constitucional. Véase *Primeras Constituciones de Colombia y Venezuela 1811-1830*, Universidad Externado de Colombia, Bogotá 1996, pp. 26-27.

638 Véase el texto en Jorge Orlando Melo, *Documentos constitucionales colombianos, 1810-1815, en* http://www.jorgeorlandomelo.com/bajar/documentosconstitucionales1.pdf

(art. 12); el derecho al sufragio para elegir representantes (art. 13); los derechos al debido proceso (art. 13); el régimen de la soberanía que "reside esencialmente en la universalidad de los ciudadanos"(art. 15); y las limitaciones a la condición de ciudadanos (art. 16).

Luego de la sanción del Acta de la Confederación de las Provincias Unidas de Nueva Granada de noviembre de 1811, la primera constitución provincial que se dictó fue la de la Provincia de Tunja, donde precisamente estaba funcionando el Congreso de las Provincias Unidas. A tal efecto, el Colegio Electoral de la Provincia adoptó, el 9 de diciembre de 1811, la Constitución de la República de Tunja[639] que se ha considerado como "la primera constitución de fisonomía republicana" de Colombia.[640]

En dicho texto, con 235 artículos, se establecieron las bases de gobierno, dedicándose el *Título Preliminar sobre declaración de los derechos del hombre en sociedad*, a regular un completísimo elenco de derechos y deberes en dos Capítulos. En el Capítulo I, sobre los derechos, comenzó con la declaración general ius naturalista de que "Dios ha concedido igualmente a todos los hombres ciertos derechos naturales, esenciales e imprescriptibles, como son: defender y conservar su vida, adquirir, gozar y proteger sus propiedades, buscar y obtener su seguridad y felicidad. Estos derechos se reducen a cuatro principales, a saber: la libertad, la igualdad legal, la seguridad, y la propiedad" (art. 1). De allí, se definió la libertad (art. 2); la igualdad (art. 3) con la proscripción de privilegios (art. 4) y de cargas desiguales (art. 5); la seguridad (art. 6) y la protección de la libertad pública o individual contra la opresión de los que gobiernan (art. 7).Se regularon diversos derechos del debido proceso como el *nullum crimen sine lege* (art. 8), la presunción de inocencia y la prisión excepcional pendiente juicio (art. 9); el límite a las penas (art. 10); el derecho a ser oido, el delito en ley preexistente y la irretroactividad de la ley (art. 11). Además, el derecho de propiedad y la expropiación (art. 12), la libertad de trabajo e industria (art. 13); el régimen de las contribuciones fiscales (art. 15) establecidas por los representantes (art. 16) y derecho a la educación (art. 17). También se reguló el régimen de la soberanía residiendo en el pueblo, titular del Poder Soberano (arts. 18 y 19), su definición, conforme al principio de la separación de poderes (art. 20), y la precisión de que ninguna parcialidad puede ejercerla, y nadie puede ejercer autoridad sin la delegación de los ciudadanos (arts. 21 y 22). Se reguló el régimen de las elecciones libre, el derecho al sufragio (art. 23), el principio de la alternabilidad republicana (art. 24), la responsabilidad de los representantes (art 25), se definió la finalidad del gobierno para el bien común y se reguló el derecho el pueblo a decidir sobre su gobierno (art. 26). Se reguló la igualdad de todos los hombres (art. 27) y el derecho de petición (art. 28). Se proclamó el principio de la separación de tres poderes: legislativo, ejecutivo y judicial (art. 29) como garantía social (art. 30), y se indicaron los principios que deben guiar el ejercicio del sufragio (art. 31). En el capítulo II, se regularon los deberes del ciudadano, en su conducta hacia los demás (art. 1), las obligaciones con la sociedad y la observancia de las leyes (arts. 2, 3, 4), el deber

---

639   Véase el texto en Jorge Orlando Melo, *Documentos constitucionales colombianos, 1810-1815, en* http://www.jorgeorlandomelo.com/bajar/documentosconstitucionales1.pdf

640   Véase Carlos Restrepo Piedrahita, en *Primeras Constituciones...*, p. 98

de obediencia a la autoridad (art. 5), de respetar la propiedad ajena (art. 6), el respeto a los demás (art. 7), y el deber de servir a la patria (art, 8). El *Capítulo Tercero* se dedicó *a la Independencia* de la provincia de Tunja, en particular respecto de España sujetándose sin embargo "sobre este punto a lo que se determine por las dos terceras partes de las Provincias del Nuevo Reino de Granada" en su Congreso General del Nuevo Reino, o de sus Provincias Unidas" (art. 1), y al gobierno representativo de la misma (art. 2). El *Capitulo Cuarto* reguló la *forma de gobierno* de la provincia, como popular y representativo (art. 1), conforme al principio de la separación de poderes, con un Presidente Gobernador, un Senado, una Cámara de Representantes; un Tribunal de Apelaciones y otros tribunales; y los alcaldes ordinarios y pedáneos (art. 2).

Además, la *Sección Sexta* se destinó a regular a la *Educación Pública,* disponiéndose que "en todos los pueblos de la provincia habrá una escuela en que se enseñe a los niños a leer, escribir, contar, los primeros rudimentos de nuestra santa Religión, y los principales derechos y deberes del hombre en sociedad" (art. 1); previéndose que en la capital habría una Universidad (art. 2). Se dispuso en forma general, conforme al principio de la igualdad que "ni en las escuelas de los pueblos, ni en las de la capital habrá preferencias ni distinciones, entre blancos, indios, u otra clase de gente" de manera que lo que distinga "a los jóvenes, será su talento, y los progresos que hagan en su propia ilustración" (art. 3).

Posteriormente, el de 21 de marzo de 1812 se sancionó la Constitución del Estado de Antioquia en el Nuevo Reino de Ganada de 21 de marzo de 1812,[641] por los representantes de la Provincia, la cual fue aceptada por el pueblo el 3 de mayo de 1812. La misma, con 299 artículos, dispuso en el *Titulo I*, Preliminares sobre las *Bases de la Constitución*, a los efectos de garantizar "a todos los ciudadanos su Libertad, Igualdad, Seguridad y Propiedad," en virtud de que por la abdicación de la Corona ocurrida en 1808 y disuelto el Gobierno que la misma mantenía, se habían devuelto "a los españoles de ambos hemisferios las prerrogativas de su libre naturaleza, y a los pueblos las del Contrato Social, incluyendo a la Provincia de Antioquia, la cual había reasumido la soberanía, y recobrado sus derechos. Por ello, los representantes declararon que el pueblo de la Provincia de Antioquia reconocía y profesaba la Religión Católica, Apostólica, Romana como la única verdadera, siendo "la Religión del Estado", y además que había sido "el olvido de los sagrados e imprescriptibles derechos del hombre y de las obligaciones del ciudadano la causa primarla y el origen del despotismo, de la tiranía y de la corrupción de los gobiernos, y que por este mismo olvido e ignorancia los pueblos sufren por muchos siglos la esclavitud y las cadenas, o cometen mil excesos contrarios al orden y a la institución de las sociedades." Como consecuencia de ello, se declararon "derechos del hombre y los deberes del ciudadano."

A tal efecto, en la *Sección Segunda* del Título preliminar en sus 33 artículos se declararon *los derechos del hombre en sociedad,* como "derechos naturales, esenciales e imprescriptibles, como son defender y conservar su vida, adquirir, gozar y proteger sus propiedades, buscar y obtener su seguridad y felicidad," se declaró que se

---

641   Véase el texto en Jorge Orlando Melo, *Documentos constitucionales colombianos, 1810-1815, en* http://www.jorgeorlandomelo.com/bajar/documentosconstitucionales1.pdf

reducían "a cuatro principales, a saber: la libertad y la igualdad legal, la seguridad y la propiedad"(art 1), definiéndose la libertad (art. 2) con la regulación específica de la libertad de imprenta y de expresión (art. 2); la igualdad, con regulaciones detalladas sobre igualdad ante la ley (art. 4), la exclusión de privilegios (art. 5), y la igualdad en los tributos (art 6); la seguridad (art. 7), con la obligación de la ley de proteger la libertad pública e individual contra la opresión de los que gobiernan (art. 8). Se regularon, además, detalladamente diversos derechos del debido proceso como el principio *nullum crime sine legge* (art 9), la presunción de inocencia y las limitaciones a la detención de las personas (art 10), la prohibición de penas crueles (art. 11); el derecho a ser oído, a ser juzgado conforme a leyes preexistentes, prohibiéndose la retroactividad de la ley (art 12). Además, se reguló el derecho de propiedad (art. 13) como derecho inviolable, estableciéndose la expropiación (art. 15); la libertad de trabajo e industria (art. 14); el régimen de las contribuciones, establecidas por la representación del pueblo (art. 17), bajo el principio de la proporcionalidad (art. 16); y el derecho a la educación (art. 18). En esta Sección, además, se reguló lo relativo a la soberanía que "reside originarla y esencialmente en el pueblo" (art. 19), constituyendo "la universalidad de los ciudadanos" al Pueblo Soberano (art. 20), de manera que ningún grupo puede atribuirse la soberanía (art. 22), la cual sólo se puede ejercer mediante "delegación legítima de los ciudadanos" (art. 23); y se definió en qué consiste la misma como "facultad de dictar leyes, en la de hacerlas ejecutar, y aplicarlas a los casos particulares que ocurran entre los ciudadanos; o en los poderes Legislativo, Ejecutivo y Judicial" (art 21). Se reguló, el régimen de elección de representantes mediante elecciones libres, con el derecho igual de los ciudadanos de concurrir a las mismas (art. 24), estableciéndose el principio de la alternabilidad republicana (art. 25), la responsabilidad de los funcionarios y representantes (art. 26), y la misión del gobierno para el bien común, teniendo el pueblo el derecho de cambiarlo (art. 27, 28). Se garantizó el derecho de petición (art 29); y se consagró el principio rector de la separación de poderes mediante la declaración de que "La garantía social no puede existir, sino se halla establecida la división de los poderes; si sus límites no están fijados, y sí la responsabilidad de los funcionarios públicos no está asegurada" (art. 31), así:

> *30.* La separación de los tres poderes, Legislativo, Ejecutivo y Judicial, constituye esencialmente la libertad, y de su reunión en una sola persona, o en un solo cuerpo, resulta la tiranía. Por tanto el pueblo tiene derecho a que el Cuerpo Legislativo jamás ejerza las funciones del Ejecutivo, o Judicial, ni alguna de ellas; a que el Ejecutivo no ejercite las facultades legislativas, ni alguna de ellas; en fin, a que el Judicial tampoco tenga el Poder Ejecutivo o el Legislativo; para que manden las leyes, y no los hombres.

La declaración de los "derechos del hombre y del ciudadano" concluyó en el Título Preliminar, recordando al pueblo su atención al momento de elegir sus representantes (art. 32), proclamando que los mismos "son parte de la constitución, serán sagrados e inviolables, y no podrán alterarse por ninguno de los tres poderes, pues el pueblo los reserva en sí, y no están comprendidos en las altas facultades delegadas por la presente Constitución "(art. 33).

En la *Sección Tercera* del Título preliminar, además, se regularon los *deberes del ciudadano,* declarando que si buen "la declaración de los derechos del hombre contiene las obligaciones de los legisladores," por su parte "la conservación de la sociedad pide que los individuos que la componen, igualmente conozcan y llenen sus deberes" (art. 1). Así, se establecen los deberes de los hombres para con los demás (art. 2, 9), para con la sociedad (arts. 3, 6), declarándose que "ninguno es buen ciudadano, sino es buen padre, buen hijo, buen hermano, buen amigo y buen esposo" (art. 4), y que "ninguno es hombre de bien, sino es franco, y religiosamente observador de las leyes"(art. 5). Se reguló además, el deber de obediencia a la autoridad (art. 7), la obligación de respetar la propiedad ajena (art. 8), y el deber de servir a la patria (art. 10).

Por último, y para sólo referirnos a las Constituciones provinciales en la Nueva Granada sancionadas entre 1811 y 1812,[642] el 15 de junio de 1812 la Convención General de representantes de la Provincia de Cartagena dictó la Constitución del Estado de Cartagena, después que la Junta del Cabildo de la ciudad había declarado el 11 de noviembre de 1811, que la "Provincia de Cartagena de Indias es desde hoy de hecho y de derecho Estado libre, soberano e independiente" desasociado de la Corona y Gobierno de España.[643]

Dicha Constitución de 380 artículos, comenzó, al igual que las anteriores Constituciones provinciales de la Nueva Granada con un *Titulo I* sobre los *derechos naturales y sociales del hombre y sus deberes*" pero de contenido mucho más declaratorio y principista sobre las razones por las que "los hombres se juntan en sociedad con el fin de facilitar, asegurar y perfeccionar el goce de sus derechos y facultades naturales" (art. 1), y "hacerse parte de un gran todo político" (art. 2), resultando obligado a preservarlo y a la vez con derechos a "ser respetado y protegido en el uso de sus facultades por la sociedad y por cada uno de sus Miembros" (art. 3); siendo los derechos del cuerpo político "la suma de los derechos individuales consagrados a la unión" (art. 4), y los derechos de los individuos ejercidos respetando los derechos de los demás (art. 5). Así, el hombre en sociedad, no pierde su libertad, sino que usa de ella, "contribuyendo con la expresión de su voluntad particular a la formación de las mismas leyes que arreglan su ejercicio" (art. 6), renunciando sólo al "derecho de hacer mal impunemente" (art. 7), conservando, asegurando y perfeccionando "sus derechos naturales, esenciales y por lo mismo no enajenables, entre los cuales se cuentan el de gozar y defender su vida y libertad, el de adquirir, poseer y proteger su propiedad, y el de procurarse y obtener seguridad y felicidad" (art. 8). La declaración reguló específicamente la igualdad (art. 8), sin perjuicio para el Gobierno de poder conceder "distinciones personales que honren, premien y recomienden a la imitación las grandes acciones"(art. 9); y el estatuto de las autoridades, como agentes responsables de los pueblos (art. 10); precisó el objeto del Gobierno "instituido para el bien común, protección, seguridad y felicidad de los pueblos" (art. 11), y las cualidades de los empleos públicos (art. 12), el principio de la alternabilidad republicana (art. 13), el régimen de las elecciones y el derecho de los ciudadanos a elegir y a ser elegidos (art. 14). Se dispuso el derecho de los individuos a ser protegido por la sociedad "en el goce de su vida, libertad y propiedad, conforme a las leyes exis-

---

642 La misma orientación constitucional se siguió, posteriormente, en las Constituciones de Popayán (1814), de Pamplona (1815), de Mariquita (1815) y de Neiva (1815).

643 Véase el texto en Jorge Orlando Melo, *Documentos constitucionales colombianos, 1810-1815, en* http://www.jorgeorlandomelo.com/bajar/documentosconstitucionales1.pdf

tentes" (art. 15); el derecho de adquirir propiedades y disponer de ellas (art 16); el derecho al trabajo e industria (art. 17), y el derecho de acceder a la justicia (art. 19). Se dispuso que el pueblo del Estado sólo podía ser gobernado por leyes adoptadas por "su cuerpo constitucional representativo" (art. 18) que no podrían ser suspendidas sino por la Legislatura (art. 22); correspondiendo sólo a los representantes establecer contribuciones (art 21); garantizándose "la libertad del discurso, debate y deliberación en el cuerpo legislativo" (art. 22). Se garantizó el derecho a ser castigado sólo conforme a leyes preexistentes (art. 23), y que los civiles no podían ser juzgados conforme a leyes militares (art. 24).

Por otra parte, se declaró el principio de la separación de poderes, indicándose que:

> *Artículo 25.* Con el importante objeto de que el Gobierno del Estado sea, en cuanto pueda ser, un Gobierno de leyes y no de hombres, el departamento Legislativo jamás ejercerá los poderes ejecutivo ni judicial; ni el Ejecutivo los poderes legislativo ni judicial; ni el Judicial los poderes legislativo ni ejecutivo; excepto algún caso particular expresado en la Constitución.

En el Título, además, se declaró el derecho de reunión sin armas ni tumulto (art. 26), el derecho de petición (art. 27), la libertad de imprenta y de expresión (art. 28), el derecho a "tener y llevar armas para la defensa propia y del Estado, con igual sujeción a la ley" (art. 30). Se declaró también que "como en tiempo de paz los ejércitos son peligrosos a la libertad pública, no deberán subsistir en el Estado sin consentimiento de la Legislatura" (art. 31), disponiéndose que "el poder militar se tendrá siempre exactamente subordinado a la autoridad civil, y será dirigido por ésta" (art. 32). En materia de derechos al debido proceso, se estableció la presunción de inocencia (art. 32) y el principio *nullum crime sine legge* (art. 33); finalizando el Título regulando varios derechos ciudadanos (art 34-37).

En cuanto a los derechos, debe también mencionarse que en el Título II, se reconocieron "los derechos naturales del hombre y del ciudadano" y se garantizó "a todos los ciudadanos los sagrados derechos de la religión del Estado, propiedad y libertad individual, y la de la imprenta"(art 12); precisándose sobre el último, que serían "los autores o editores los únicos responsables de sus producciones y no los impresores "(art 13); regulándose además, la edición de libros sagrados y sobre religión que quedaba "sujeta a la censura previa"(art. 14,II). Se granizó la inviolabilidad de la correspondencia (art. 15); y la libertad de industria (art. 16).

REFLEXIÓN FINAL

Fue precisamente a este Estado de Cartagena de Indias, recién configurado en la dicha Constitución del 15 de junio de 1812, donde al mes siguiente de su sanción, el 30 de julio de 1812, el precursor Generalísimo Francisco de Miranda tenía planeado trasladarse, después de la suscripción del Armisticio y Capitulación con el Comandante del ejército español de invasión, Domingo Monteverde, para volver a recuperar los territorios invadidos. Sus planes, sin embargo, se vieron truncados la noche de ese mismo día, al ser apresado por sus subalternos, entre ellos por Simón Bolívar,[644] y entregado ignominiosamente a Monteverde, muriendo cuatro años después, en 1816, en la prisión del Arsenal de La Carraca, en Cádiz, luego de haber permanecido detenido sin juicio alguno en los Castillos de La Guaira, de Puerto Cabello y de Puerto Rico. En cambio, por esa acción, Bolívar obtendría un salvoconducto para abandonar Venezuela, que lo llevó igualmente al Estado de Cartagena, desde donde comenzó, en 1813, su Campaña Admirable igualmente para la liberación del territorio de Venezuela. La misma que Miranda había pensado.

Antes sin embargo, y quizás para minimizar su propia culpa en la caída de la República, al haberse perdido el Castillo de Puerto Cabello que estaba bajo su mando, arremetió abiertamente con toda la construcción constitucional de la República de 1811, en la cual, como sucedió en todas las provincias que la adoptaron, sin duda, la declaración de derechos del hombre había sido una pieza clave de la construcción de un nuevo Estado, junto con el diseño mismo de una Constitución, como norma suprema, montada sobre los principios de la separación de poderes y de la distribución territorial del poder en entidades políticas descentralizadas, como garantía de la libertad.

Lamentablemente a toda esa construcción constitucional incluyendo la declaración de derechos del pueblo, Simón Bolívar, desde Cartagena, en noviembre de 1812, la calificó como propia de una "República aérea," de donde derivó la otra denominación no menos peyorativa de la "patria boba" que se extendió en la Nueva Granada,[645] achacándole todos los males de la pérdida de la República a la propia construcción institucional de la misma como Estado independiente, así como a los próceres que la habían diseñado, sobre los cuales Bolívar dijo en noviembre de 1812, cuando buscaba quizás explicar su propia conducta, que:

> "los códigos que consultaban nuestros magistrados no eran los que podían enseñarles la ciencia práctica del Gobierno, sino los que han formado ciertos buenos visionarios que, imaginándose repúblicas aéreas, han procurado alcanzar la perfección política, presuponiendo la perfectibilidad del linaje humano. Por manera que tuvimos filósofos por Jefes, filantropía por legislación, dialéctica por táctica, y sofistas por soldados."[646]

Por ello concluía afirmando tajantemente que "entre las causas que han producido la caída de Venezuela, debe colocarse en primer lugar la naturaleza de su constitución que, repito, era tan contraria a sus intereses, como favorable a los de sus contrarios."[647]

---

644 Véase, Véase Giovanni Meza Dorta, *Miranda y Bolívar*, bid&co. Editor, Caracas 2007.

645 Véase, por ejemplo, por lo que se refiere a la Nueva Granada, el empleo del término en el libro *La Patria Boba*, que contiene los trabajos de J.A. Vargas Jurado (*Tiempos Coloniales*), José María Caballero (*Días de la Independencia)*, y J.A. de Torres y Peña (Santa Fé Cautiva), Bogotá 1902. El trabajo de Caballero fue publicado con los títulos *Diario de la Independencia*, Biblioteca de Historia Nacional, Bogotá 1946, y *Diario de la Patria Boba*, Ediciones Incunables, Bogotá 1986. Véase también, José María Espinosa, *Recuerdos de un Abanderado, Memorias de la Patria Boba 1810-1819*, Bogotá 1876.

646 Véase Simón Bolívar, "Manifiesto de Cartagena," en *Escritos Fundamentales*, Caracas, 1982 y en *Itinerario Documental de Simón Bolívar. Escritos selectos*, Ediciones de la Presidencia de la República, Caracas 1970, pp. 30 ss. y 115 ss.

647 *Idem*

Y como además en la idiosincrasia venezolana siempre parece que tiene que haber un culpable, en adición al desprecio por las instituciones adoptadas en 1811 que calificó como propias de una república "aérea," Bolívar fue también implacable con el más destacado hombre del momento, Francisco de Miranda, a quien acusó impunemente, y sin razón, de haber obrado "por una vergonzosa cobardía"[648] o movido por "una inaudita cobardía" y una "bajeza ignominiosa"[649] cuando negoció el Armisticio decidido por el gobierno. Con ello, lo único que demostró Bolívar fue quizás, lo poco que conocía a Miranda, tratando además de borrar lo que ya le había escrito, y que escrito había quedado, en carta del 12 de julio de ese mismo año, al referirse a la pérdida de la patria en sus manos por la pérdida del Castillo de Puerto Cabello, y preguntándole ¿con qué valor me atreveré a tomar la pluma para escribir a Ud. habiéndose perdido en mis manos la plaza de Puerto Cabello?"[650]

Seis meses después, sin embargo, tomó la pluma, pero para descargar en la República cuyo arsenal había perdido, y en Miranda, toda su ira y frustración, y de allí emprender la liberación del territorio venezolano invadido por su culpa, lo que lograría exitosamente unos años después

SECCIÓN QUINTA:

CRÓNICA DE UN DESENCUENTRO: LAS PROVINCIAS DE VENEZUELA Y LAS CORTES DE CÁDIZ (1810–1812) (2012)

Esta Sección Quinta es el texto del ensayo sobre *Crónica de un desencuentro: las Provincias de Venezuela y las Cortes de Cádiz (1810–1812)*, que fue el texto preparado para el Congreso sobre *La Constitución de 1812. La participación de los Diputados de América*, organizado por la Universidad Interamericana, Puerto Rico y el Consulado General de España en Puerto Rico, San Juan, 19 al 21 de octubre de 2011. Este trabajo fue publicado en la *Revista de Derecho Político*, Nº 84, Universidad Nacional de Educación a Distancia, Madrid, mayo– agosto 2012, pp. 195–230. Esta Ponencia se publicó en mi libro: *La Constitución de Cádiz y el constitucionalismo hispanoamericano*, Editorial Investigaciones Jurídicas C.A., San José, Costa Rica 2012, pp. 201–252.

Entre las Provincias coloniales del Imperio español que conformaban la Capitanía General de Venezuela en la parte septentrional de América del Sur, y las autoridades que funcionaban en la Metrópolis, luego del secuestro de Carlos IV y Fernando VII en 1808 por parte del Emperador de los franceses, Napoleón Bonaparte, y la invasión por sus tropas de la Península ibérica; puede decirse que se comenzó a

---

648 Véase "Manifiesto de Bolívar dado en Cartagena el 2 de noviembre de 1812 sobre la conducta del Gobierno de Monteverde después de la Capitulación de San Mateo," en el libro *Bolívar de Cartagena a Santa Marta*, con Introducción de Germán Arciniegas ("1812, Cartagena- 1830, Santa Marta"), Banco Tequendama, Bogotá 1980, p. 27.

649 Véase "Exposición dirigida al Congreso de la Nueva Granada por Simón Bolívar y Vicente Tejers, fechda en Cartagena el 27 de noviembre de 1812," en el libro *Bolívar de Cartagena a Santa Marta*, con Introducción de Germán Arciniegas ("1812, Cartagena- 1830, Santa Marta"), Banco Tequendama, Bogotá 1980, p. 30.

650 Véase èn Giovanni Meza Dorta, *Miranda y Bolívar*, bid&co. Editor, Caracas 2007.

gestar lo que sería un gran desencuentro entre las nuevas autoridades que en paralelo se conformaron en ambas partes del Atlántico.

Ello, además, se reflejó en los procesos constituyentes que se desarrollaron a partir de 1810 en Venezuela y en España. El tiempo hizo que en ambas partes coincidieran, por un lado, el inicio del proceso de independencia de las Provincias Americanas respecto del Imperio Español, lo que condujo a la lucha de las autoridades españolas contra las nuevas autoridades constituidas en América que proclamaban su independencia; y por el otro, la lucha que las precarias autoridades de la Península, sin Rey presente e invadida por los franceses, también llevaban a cabo para lograr su propia independencia del Imperio francés. Esos dos hechos produjeron al desarrollo de sendos procesos constituyentes, que en América desembocó en el establecimiento de nuevos Estados republicanos independientes, y en España, en el establecimiento de una Monarquía constitucional, aún cuando en ambos casos con vicisitudes y rupturas; habiendo reflejado sido el resultado del proceso constituyente, en ambos casos, la sanción de Constituciones en el sentido del constitucionalismo moderno.[651]

Ello produjo, al contrario de lo que sucedió en el resto de la América Hispana, que en el proceso constituyente inicial desarrollado en las antiguas Provincias de Venezuela se hubiese sancionado la Constitución Federal para los Estados de Venezuela de 21 de diciembre de 1811, así como de otras diversas Constituciones provinciales en dichas Provincias de Venezuela y en las de la Nueva Granada entre 1810–1812; y que en el proceso constituyente de Cádiz se hubiese sancionado la Constitución de la Monarquía Española de 19 de marzo de 1812, sin influencia alguna en la primera.

Estas notas están destinadas a ilustrar, brevemente, la crónica de ese desencuentro.

I.   UN PUNTO DE CONVERGENCIA EN EL ORIGEN DEL DESENCUENTRO: LA CRISIS DEL ANTIGUO RÉGIMEN ESPAÑOL

En 1808 y en 1810, tanto en España como en Caracas se produjo una ruptura del orden político gubernativo existente, lo que se materializó en el hecho político de que el poder de gobernar tanto el Reino de España como las provincias de la América meridional, lo asumieron órganos que se formaron *ex novo* para tales efectos, y que no estaban previstos en el ordenamiento constitucional del Antiguo Régimen ni del régimen colonial. Técnicamente, en esos años y en ambos confines de la península y americanos, se produjo un golpe de Estado, que sería el inicio de sendos procesos constituyentes.

En 25 de septiembre de 1808, en efecto, luego de los sucesos de Aranjuez y de las abdicaciones de Bayona, en Aranjuez se instaló una *Junta Suprema Central y Gubernativa del Reino*, también llamada Junta Suprema o Junta Central Suprema, que fue el órgano que asumió el poder del Estado en ausencia del Rey Fernando VII y durante la ocupación por los ejércitos napoleónicos de España lo que se había iniciado desde marzo de 1808. Su constitución se produjo tras la victoria lograda por

---

651   Véase en general Allan R. Brewer-Carías, *Los inicios del proceso constituyente Hispano y Americano: Caracas 1811-Cádiz 1812*, Ed. bid & co. Editor, Caracas 2011.

los ejércitos españoles en la batalla de Bailén en 19 de julio de 1808, en lo que sería la primera derrota en la historia que tuvo el ejército napoleónico, y después de que el Consejo de Castilla hubiese declarado nulas las abdicaciones a la Corona de España a favor de Napoleón que se habían efectuado en Bayona, en mayo de ese mismo año, tanto de parte del Rey Carlos IV como de su hijo el Rey Fernando VII. Esa Junta Central, formada inicialmente por representantes de las Juntas Provinciales, también constituidas durante la guerra de independencia, ejerció el poder político del reino hasta el 30 de enero de 1810, cuando la Junta Central al disolverse y convocar a la elección de las Cortes, decidió trasladarlo a un Consejo de Regencia.

Ante las noticias de los acontecimientos de Bayona, cuando unos meses después las mismas llegaron a Caracas, el Capitán General de Venezuela formuló una declaración solemne, el 18 de julio de 1808, expresando que en virtud de que "ningún gobierno intruso e ilegítimo puede aniquilar la potestad legítima y verdadera" por los hechos acaecidos en la Península "en nada se altera la forma de gobierno ni el Reinado del Señor Don Fernando VII en este Distrito."[652] A ello se sumó, el 27 de julio, el Ayuntamiento de Caracas, al expresar que "no reconocen ni reconocerán otra Soberanía que la suya (Fernando VII), y la de los legítimos sucesores de la Casa de Borbón."[653]

En esa misma fecha, incluso, el Capitán General se dirigió al Ayuntamiento exhortándolo a que se erigiese en esta Ciudad "una Junta a ejemplo de la de Sevilla,"[654] para cuyo efecto, el Ayuntamiento tomó conocimiento del acto del establecimiento de aquélla[655] y acordó estudiar un "Prospecto" cuya redacción encomendó a dos de sus miembros, el cual llegó a ser aprobado el 29 de julio de 1808, pasándolo para su aprobación al "Presidente, Gobernador y Capitán General."[656] Este, sin embargo, nunca llegó a considerar la propuesta, a pesar de la representación que el 22 de noviembre de 1808 le habían enviado las primeras notabilidades de Caracas designadas para tratar con él sobre "la formación y organización de la Junta Suprema."

---

652 Véase en José Félix Blanco y Ramón Azpúrua, *Documentos para la Historia de la Vida Pública del Libertador de Colombia, Perú y Bolivia. Puestos por orden cronológico y con adiciones y notas que la ilustran,* La Opinión Nacional, Vol. III, Caracas 1877, Edición facsimilar: Ediciones de la Presidencia de la República, Caracas 1977, 1983, Tomo II, p. 169.

653 *Idem.,* p. 169.

654 *Idem.,* pp. 170-174. Caracciolo Parra Pérez, *Historia de la Primera República de Venezuela,* Biblioteca de la Academia Nacional de la Historia, Caracas, 1959, Tomo I. pp. 311 y ss., y 318.

655 Véase el acta del Ayuntamiento del 28-7-1808 en J.F. Blanco y R. Azpúrua, *Documentos para la Historia....,* Tomo II, p. 171. Debe señalarse que en la misma línea de acción, Francisco de Miranda en carta enviada al Marqués del Toro el 20 de julio de 1808 expresaba la necesidad de que en Caracas, "reuniéndose en un cuerpo municipal representativo, tomen a su cargo el gobierno de esa provincia." Véase Giovanni Meza Dorta, Miranda y Bolívar, bid&co. Editor, Caracas 2007 p. 43

656 Véase el texto del prospecto y su aprobación de 29-7-1809, en .F. Blanco y R. Azpúrua, *Documentos para la Historia....,* Tomo II, pp. 172-174. Véase C. Parra Pérez, *Historia de la Primera República....,* p. 318.

En todo caso, y siempre en medio de la incertidumbre acrecentada por la distancia, el 12 de enero de 1809, el Ayuntamiento de Caracas reconoció en Venezuela a la Junta Central, como el gobierno supremo del Imperio.[657]

Días después, fue que la Junta Suprema Central de España por Real Orden de 22 de enero de 1809, dispondría que:

"Los vastos y preciosos dominios que la España posee en las Indias no son propiamente colonias o factorías, como los de otras naciones, sino una parte esencial e integrante de la monarquía española." [658]

Posteriormente, el 19 de abril de 1810, ante la noticia recibida el día anterior en el Ayuntamiento de Caracas sobre la material desaparición del Gobierno Supremo en España y el confinamiento en la ciudad de Cádiz, del para ese momento recién constituido Consejo de Regencia por la disolución de la Junta Central, por la invasión napoleónica; en Caracas se consideró necesario constituir un gobierno que se hiciese cargo de las Provincias de Venezuela para asegurarlas contra los designios del Emperador francés. Fue así que el propio Cabildo de Caracas, contra la voluntad del Gobernador, al fin se erigió en *Junta Suprema de Venezuela Conservadora de los Derechos de Fernando VII*, la cual, asumiendo el "mando supremo" o "suprema autoridad" de la Provincia, procedió a constituir "un nuevo gobierno," deponiendo al Gobernador y Capitán General del mando. La motivación inmediata de este hecho político había sido la "total orfandad" en la cual se consideró había quedado el pueblo después de la abdicación de los reyes y luego por la disolución de la Junta Suprema Gubernativa de España, que suplía la ausencia del Monarca, ya que la Junta Suprema que se había establecido en Caracas había desconocido la autoridad misma del Consejo de Regencia, considerando que el mismo no había "*sido constituido por el voto de estos fieles habitantes,* cuando han sido ya declarados, no colonos, sino partes integrantes de la corona de España, y, como tales han sido llamados al ejercicio de la *soberanía* interna y a la reforma de la Constitución Nacional."[659] Ello lo reiteraría la Junta Suprema el 5 de mayo de 1810 al dirigirse a la Regencia cuestionándole su autoridad y representatividad, así como la de los eventuales diputados que pudieran elegirse para las Cortes por los cabildos americanos, señalándole "en una palabra, desconocemos el nuevo Consejo de Regencia" [660]

Con esos hechos, por tanto, en 1808 y 1810, tanto en España como en Hispanoamérica, se dio inicio a sendos procesos constituyentes que como se dijo, desembo-

---

657   *Idem.,* Tomo II, p. 305.

658   Véase el texto en J.F. Blanco y R. Azpúrua, *Documentos para la Historia...,* Tomo II, pp. 230-231. Véase O. C. Stoetzer, *Las Raíces Escolásticas de la Emancipación de la América Española,* Madrid, 1982., p. 271. En esa disposición se encargaba a los Ayuntamientos a designar representantes ante la Junta central, y en Venezuela, el Ayuntamiento designó a Joaquín Mosquera y Figueroa, regente de la Audiencia de caracas; nombramiento que luego fue anulado por no ser nativo de la provincia e incompatibilidad de cargos. Véase Juan Garrido Rovira, *La Revolución de 1810,* Universidad Monteávila, Caracas 2009, p. 79.

659   Véase el texto del Acta del 19-04-1810 en Allan R. Brewer-Carías, *Las Constituciones de Venezuela,* Academia de Ciencias Políticas y Sociales, Caracas 2008, Tomo I, pp. 531-533.

660   Véase *Textos Oficiales de la primera República de Venezuela,* Biblioteca de la Academia de Ciencias Políticas y Sociales, Caracas 1982, Tomo I, p. 134.

caron en la sanción en Caracas, de la "Constitución Federal para los Estados de Venezuela" en 21 de diciembre de 1811, y unos meses después, el 19 de marzo de 1812 en la sanción en Cádiz, de la "Constitución de la Monarquía Española"; ambas producto de lo que puede denominarse como la Revolución Hispano–Americana, iniciada veintidós años después de la Revolución Francesa y treinta y cinco años después de la Revolución Norteamericana. Junto con estas, esa Revolución pasó a formar parte de los procesos políticos más importantes del mundo moderno en materia constitucional, con los cuales se inició la transformación radical del orden político constitucional que hasta entonces era el imperante en el Antiguo Régimen español y en las Colonias españolas de América.

Puede decirse entonces que Venezuela y España, a comienzos del Siglo XIX, fueron los primeros países en el mundo que recibieron directamente las influencias del constitucionalismo moderno derivadas de las mencionadas Revoluciones del Siglo XVIII,[661] lo que ocurrió en forma paralela, precisamente cuando los próceres del proceso de Independencia de Venezuela, después del 19 de abril de 1810 se encontraban en la tarea de elaborar las bases del sistema jurídico–estatal que habría de regir un nuevo Estado independiente, que era el segundo en su género en la historia política del mundo moderno después de los Estados Unidos de Norte América; y cuando los constituyentes de Cádiz, después del proceso de recomposición del régimen monárquico que se había iniciado con los sucesos de Aranjuez y Bayona en 1808, llevaban a cabo la tarea de transformar una Monarquía absoluta en una Monarquía constitucional, lo que antes había ocurrido precisamente en Francia, como consecuencia de la Revolución. Por ello fue que la Constitución de Cádiz de 1812, no tuvo influencia en el proceso constituyente venezolano y neogranadino; lo que ciertamente, fue un hecho único en la América Hispana, pues al contrario, en la mayoría de las otras antiguas Colonias americanas españolas que lograron su independencia particularmente después de 1820, las mismas recibieron las influencias del naciente constitucionalismo español plasmado en la Constitución de Cádiz de 1812, con motivo de su puesta en vigencia, de nuevo en 1820.[662]

Esos procesos constituyentes que originaron la sanción de las Constituciones de Venezuela y de Cádiz, en todo caso, estuvieron a cargo de Asambleas Constituyentes que se concibieron y constituyeron al efecto, como instituciones representativas de la soberanía nacional, la cual ya se consideraba había sido trasladada al pueblo, integradas por diputados electos en elecciones indirectas en las diversas demarcaciones territoriales de las provincias tanto del reino de España

---

661   Véase en general Allan R. Brewer-Carías, *Reflexiones sobre la Revolución Americana (1776) y la Revolución Francesa (1789) y sus aportes al constitucionalismo moderno*, Caracas, 1991. Una segunda edición ampliada de este libro se publicó como *Reflexiones sobre la Revolución Norteamericana (1776), la Revolución Francesa (1789) y la Revolución Hispanoamericana (1810-1830) y sus aportes al Constitucionalismo Moderno*, Serie Derecho Administrativo Nº 2, Universidad Externado de Colombia, Editorial Jurídica Venezolana, Bogotá 2008.

662   Véase por ejemplo, Jorge Mario García Laguardia, Carlos Meléndez Chaverri, Marina Volio, *La Constitución de Cádiz y su influencia en América (175 años 1812-1987)*, San José, 1987; Manuel Ferrer Muñoz, *La Constitución de Cádiz y su aplicación en la Nueva España*, UNAM México, 1993; Ernesto de la Torre Villas y Jorge Mario García Laguardia, *Desarrollo histórico del constitucionalismo hispanoamericano*, UNAM, México 1976.

como de la antigua Capitanía General de Venezuela. Esas fueron, por un lado, las Cortes de Cádiz en España, y por la otra, la Junta o Congreso General de Diputación de las Provincias en Venezuela.

Con ello, en ambos casos, se buscó salir de la crisis política en la cual se encontraban los países: en España, como hemos dicho, provocada, desde 1808, por el secuestro del Rey y la invasión de la Península Ibérica por las tropas de Napoleón, lo cual en medio de la dura guerra de independencia desarrollada por las diversas provincias, había originado la constitución de Juntas Supremas conservadoras de los derechos de Fernando VII en las Provincias más importantes, que luego formarían, entre ellas, la Junta Central de Gobierno para atender los asuntos del Reino. Fue esa Suprema Junta Central de España, precisamente, la que el 30 de enero de 1810 pondría término a su función, delegándola en un Consejo de Regencia nombrado por la misma, no sin antes disponer la convocatoria a Cortes para recomponer el Estado, estableciendo la forma de elección de los diputados.

En Caracas, como también se dijo, la crisis fue provocada igualmente desde 1808, por el sentimiento sostenido de orfandad política que acusaban las Provincias debido al secuestro del Monarca español en manos de un invasor extranjero que no era querido, y la constitución en 1810 de una Junta Suprema que había sustituido al cabildo de Caracas, convocando a su vez a elecciones de una Junta o Congreso General de diputados. Por ello, Roscio diría en alguna ocasión que "La abdicación fue el principio de nuestra independencia."[663]

En ese contexto, ambos procesos constituyentes tenían objetivos precisos: En España, se trataba de la reconstitución política de un Estado preexistente como era el Estado Monárquico, y lograr su transformación en un Estado Monárquico constitucional; y en Venezuela, se trataba de la constitución de un nuevo Estado sobre la que habían sido antiguas Colonias españolas americanas que se habían declarado independientes. En ambos caso, el proceso constituyente tuvo, como común denominador inicial, la adopción del principio de la soberanía popular y la necesidad de reconstituir o constituir los gobiernos de los Estado sobre la base de la representación de sus habitantes, a cuyo efecto, tanto en la Península como en las Provincias de Venezuela, se procedió a dictar en el mismo año 1810, sendos cuerpos normativos o reglamentos para convocar al pueblo para la elección de los diputados a Cortes, en España, y de los diputados a un Congreso o Junta General, en Venezuela.

II. LAS RUTAS DEMOCRÁTICO REPRESENTATIVAS QUE CONDUJERON AL DESENCUENTRO

Se dio inicio así, en cada extremo del Imperio Español, de uno y otro lado del Atlántico, a sendos procesos constituyentes que partieron de similares principios: primero, la ubicación de la soberanía en el pueblo, y segundo, el principio democrático representativo a los efectos de elegir un cuerpo político que redefiniera, o defi-

---

663 En la sesión del Congreso General del 25 de junio de 1811. Véase *Libro de Actas del Segundo Congreso de Venezuela 1811-1812*, Academia Nacional de la Historia, Caracas 1959, Tomo I, p. 82.

niera, el régimen político a raíz de la crisis política existente. Para ello, en ambos casos, el primer acto político que se adoptó para culminar esos procesos constituyentes fue la emisión de sendos cuerpos normativos destinados a establecer el sistema y procedimiento para la elección de los diputados, lo que en España hizo la Suprema Junta Gubernativa del Reino el 1º de enero de 1810, y en Venezuela, seis meses más tarde, la Junta Suprema Conservadora de los derechos de Fernando VII, el 11 de junio del mismo año 1810.

Ello condujo, en España, a la convocatoria a Cortes para darle legitimación a la representación nacional, lo que la Junta Central hizo por Decretos de 22 de mayo y 15 de junio de 1809, fijándose la reunión de las Cortes para el 1º de marzo de 1810, en la Isla de León.[664] A tal efecto, como se dijo, la Suprema Junta Gubernativa dictó, el 1º de enero de 1810 una Instrucción que deberá observarse para la elección de Diputados a Cortes,[665] en la cual se convocaba a la integración de las Cortes como cuerpo representativo del Reino, a los efectos de que fuera el órgano que tomase "las resoluciones y medidas para salvar la Patria, para restituir al Trono a nuestro deseado Monarca, y para restablecer y mejorar una Constitución que sea digna de la Nación española." Para ello se estableció un sistema electoral indirecto a ser desarrollado en las Provincias de la Península, sin que se previera nada sobre la posible elección de diputados por las Provincias americanas. Fue posteriormente, en la Instrucción del Consejo de Regencia de España e Indias de 14 de febrero de 1810, cuando se declaró que las mismas habrían dejado de ser Colonias y que "eran parte integrante y esencial de la Monarquía española." Con base en ello, el Consejo de Regencia en la misma fecha 14 de febrero de 1810, dirigió a los "españoles americanos" una "alocución" acompañada de un Real Decreto, disponiendo la concurrencia a las Cortes Extraordinarias, al mismo tiempo que de diputados de la Península, de diputados de los dominios españoles de América y de Asia.[666]

La implementación de ese Real Decreto de la misma Junta Suprema Central, sin embargo, sólo se logró de manera parcial e insuficiente y después de mucho debate, mediante el acuerdo del Consejo de Regencia adoptado sólo 15 días antes de la instalación de las Cortes, el día 8 de septiembre de 1810, en el cual se regularon unas normas para la designación de diputados "suplentes" tanto de las provincias peninsulares ocupadas por los franceses como de las provincias americanas, lo que, en estas últimas, provocó protestas, entre ellas, precisamente de Caracas.

En todo caso, conforme a la Instrucción, y a pesar del complejo proceso electoral que se preveía y de la situación política general del Reino, se eligieron los diputados a las Cortes y se designaron los 30 diputados suplentes americanos, con americanos residentes en Cádiz, así: 7 por el Virreinato de México, 2 por la Capitanía General de Guatemala, 1 por la Isla de Santo Domingo, 1 por la Isla de Cuba, 1 por la Isla de Puerto Rico, 2 por Filipinas, 5 por el Virreinato de Lima, 2 por la Capitanía General

---

664 Véase el texto en J.F. Blanco y R. Azpúrua, *Documentos para la Historia….*, Tomo II, pp. 234-235.

665 Véase además la "Comunicación que acompañó la Comisión de Cortes a la Instrucción que debía observarse para la elección de Diputados a Cortes al someterla a la aprobación de la Junta Central" de 08-09-1809, en Biblioteca Virtual Miguel de Cervantes, en http://www.cervantesvirtual.com/servlet/SirveObras/34695175432370 530854679/p0000001.htm.

666 Véase el texto en J. F. Blanco R. Azpúrua, *Documentos para la Historia…*, Tomo II, pp. 272-275.

de Chile, 3 por el Virreinato de Buenos Aires, 3 por el Virreinato de Santafé, y 2 por la Capitanía General de Caracas. [667]

Con posterioridad, en los días antes de la instalación de las Cortes, el 20 de septiembre de 1810, el Consejo de Regencia cambió las reglas históricas de su constitución, eliminando los "brazos de nobleza y clero," tal como las había convocado el Decreto inicial de la Junta Central. De ello resultó que el 24 de septiembre de 1811, las Cortes se instalaron en la Isla de León formando un solo cuerpo,[668] prescindiendo de la antigua división en estamentos, con 207 diputados. El primero de sus decretos (Decreto N° 1) fue para declarar "nula, de ningún valor ni efecto la cesión de la Corona que se dice hecha en favor de Napoleón," reconociendo a Fernando VII como Rey.[669] Además, "no conviniendo queden reunidos el Poder Legislativo, el Ejecutivo y el Judiciario," las Cortes Generales se reservaron el Poder Legislativo, y atribuyeron al Consejo de Regencia el ejercicio del Poder ejecutivo.[670]

Pero, como se dijo, la designación de "suplentes americanos" a las Cortes, al contrario de lo que ocurrió en muchas otras provincias americanas, no fue aceptada en las Provincias de Venezuela, las cuales ya se habían declarado independientes de España y desconocían la Regencia. Por ello, si bien en la sesión de instalación de las Cortes en la Isla de León el 24 de septiembre de 1810 concurrieron 207 diputados, entre ellos 62 americanos, y entre ellos, dos suplentes por la Provincia de Caracas, los señores Esteban Palacios y Fermín de Clemente que habían sido también reclutados en la Península,[671] lo cierto es que los mismos no habían sido designados por Venezuela, a pesar de que desde el 1° de agosto de 1810, el Consejo de Regencia ya había declarado en estado de riguroso bloqueo a la Provincia de Caracas, por haber sus habitantes "Cometido el desacato de declararse independientes de la metrópoli, y creando una junta de gobierno para ejercer la pretendida autoridad independiente."[672].

Por tanto, ya que ya en Venezuela se había declarado la independencia, los diputados pidieron instrucciones a la Junta Suprema de Caracas, siendo la respuesta de ésta, el 1° de febrero de 1811, que la reunión de las Cortes "tan ilegal como la formación del Consejo de Regencia" y, por tanto, que "los señores Palacios y Clemente carecían de mandato alguno para representar las Provincias de Venezuela," por lo que "sus actos como diputados eran y serían considerados nulos."[673] Ya el 23 de

---

667   Véase en Rafael M. de Labra y Martínez, *Los presidentes americanos de las Cortes de Cádiz*, Madrid 1912 (Reedición Congreso de Diputados), Madrid, pp. 30-33.

668   *Idem*, p. 31.

669   Véase J. F. Blanco y R. Azpúrua, *Documentos para la Historia ...*, op. cit., Tomo II, pp. 657.

670   Véase en Eduardo Roca Roca, *América en el Ordenamiento Jurídico de las Cortes de Cádiz*, Granada, 1986, p. 193.

671   Véase J. F. Blanco y R. Azpúrua, *Documentos para la Historia...* op. cit., Tomo II, pp. 656. Véase además, Eduardo Roca Roca, *América en el Ordenamiento Jurídico...*, op. cit., pp. 22 y 136.

672   Véase en J. F. Blanco y R. Azpúrua, op. cit., Tomo II, p. 571. El bloqueo lo ejecutó el Comisionado Regio Cortabarría desde Puerto Rico, a partir del 21 de enero de 1811, *Cfr.* en J. F. Blanco y R. Azpúrua, op. cit., Tomo III, p. 8; C. Parra Pérez, op. cit., Tomo I, p. 484.

673   Véase el texto en *Gaceta de Caracas*, martes 05-02-1811, Caracas, 1959, Tomo II, p. 17. Véase además, C. Parra Pérez, *Historia de la Primera República...*, op. cit., Tomo I, p. 484.

enero de 1811, además, la Junta Suprema se había dirigido a los ciudadanos de la Provincia rechazando el nombramiento de tales diputados suplentes, calificando a las Cortes como "las Cortes cómicas de España."[674]

Con posterioridad a esa fecha, sin embargo, con la excepción de las Provincias de la antigua Capitanía General de Venezuela y de las de la Nueva Granada, lo cierto fue que en el resto de las Provincias americanas fueron electos "diputados propietarios" a las Cortes. En ese proceso, sin embargo, en 1810 sólo habían sido electos tres diputados propietarios por las provincias americanas, por Tlaxcala, Puebla de los Ángeles y Puerto Rico. Además, por lo que respecta a las antiguas provincias de la Capitanía General de Venezuela, se destaca que el 5 de mayo de 1812 se llegó a elegir un diputado por la Provincia de Maracaibo, la cual había sido de las pocas que había permanecido leal al lado realista.[675]

Ahora bien, sólo cinco meses después de la convocatoria a las Cortes en España, el día 11 de junio de 1810, y apenas transcurridos dos meses desde que se constituyera en Caracas la Junta Suprema Conservadora de los derechos de Fernando VII (19 de abril de 1810), la misma, en virtud del carácter poco representativo que tenía en relación con las otras Provincias de la Capitanía General de Venezuela, también procedió a dictar un "Reglamento para elección y reunión de diputados que han de componer el Cuerpo Conservador de los Derechos del Sr. D. Fernando VII en las Provincias de Venezuela"[676] que se configuró como un Congreso General de diputados de las Provincias de Venezuela, para lo cual también se estableció un sistema de elección indirecta. Este reglamento, sin duda, debe haberse inspirado en la Instrucción para la elección de los diputados a las Cortes de 1810.[677]

Mediante este Reglamento se procedió a convocar al pueblo de todas las Provincias "para consultar su voto" y para que se escogiese "inmediatamente las personas que por su probidad, luces y patriotismo os parecieran dignas de vuestra confianza" para constituir un cuerpo representativo que "evitase los defectos inculpables del actual" y además evitase "la nulidad de carácter público de la Junta Central de España" que adolecía de la misma falta de representatividad. La convocatoria tenía entonces por objeto la necesidad de establecer "un poder Central bien constituido," considerándose que había llegado "el momento de organizarlo," formando "una confederación sólida," con "una repre-

---

674 "Nuestros antiguos tiranos tienden nuevos lazos para prendernos. Una misión vergonzosa y despreciable nos manda que ratifiquemos el nombramiento de los diputados suplentes que ellos aplicaron a Venezuela. Las Cortes cómicas de España siguen los mismos pasos que su madre la Regencia: ellas, más bien en estado de solicitar nuestro perdón por los innumerables ultrajes y vilipendios con que nos han perseguido, y reducidas a implorar nuestra protección generosa por la situación impotente y débil en que se encuentran, sostienen, por el contrario, las hostilidades contra la América y apuran, impía y bárbaramente, todos los medios para esclavizarnos." Véase *Textos oficiales de la Primera República de Venezuela*, Biblioteca de la Academia Nacional de la Historia, 1959, Tomo II, p. 17.

675 Véase en Rafael M de Labra y Martínez, *Los presidentes americanos de las Cortes de Cádiz, cit.*, p. 34.

676 Véase en *Textos Oficiales...*, tomo II, pp. 61 a 84; y en Allan R. Brewer-Carías, *Las Constituciones de Venezuela, cit.*, Tomo I, pp. 535-543.

677 Véase en igual sentido Juan Garrido Rovira, *La revolución de 1810*, Universidad Monteávila, Caracas 2009, p. 218-219.

sentación común." A tal efecto, la Junta llamó al "ejercicio más importante de los derechos del pueblo" que era "aquel en que los transmite a un corto número de individuos, haciéndolos árbitros de la suerte de todos," convocando a "todas las clases de hombres libres ... al primero de los goces de ciudadano, que es el concurrir con su voto a la delegación de los derechos personales y reales que existieron originariamente en la masa común y que la ha restituido el actual interregno de la monarquía."[678]

Esta convocatoria a elecciones en las Provincias de Venezuela, en ese momento, por supuesto se realizó contra de las autoridades que existían en España. Si bien, como se dijo, el 12 de enero de 1809, el Ayuntamiento de Caracas había reconocido a la Junta Central como el gobierno supremo del Imperio, ello cambió después de la Revolución de 19 de abril de 1810, de manera que establecida la Junta Suprema de Venezuela, al convocarse la elección de diputados al Congreso General de Diputados en junio de 1810, la misma ya declaraba que era "demasiado evidente que la Junta Central de España no representaba otra parte de la nación que el vecindario de las capitales en que se formaban las Juntas provinciales, que enviaron sus diputados a componerla," y además, que "la Junta Central no pudo transmitir al Consejo de Regencia un carácter de que ella misma carecía," resultando, lo que se denunciaba, como "la concentración del poder en menor número de individuos escogidos, no por el voto general de los españoles de uno y otro mundo, sino por los mismos que habían sido vocales de la Central."[679]

Conforme al mencionado Reglamento, en todo caso, se realizaron elecciones en siete de las nueve Provincias de la Capitanía General de Venezuela,[680] habiéndose elegido los 44 diputados en las Provincias que integraron el Congreso General por las provincias de Caracas, Barinas, Cumaná, Barcelona, Mérida, Trujillo, y Margarita.[681] Las provincias de Guayana y Maracaibo, sin embargo, no participaron en dicho proceso y permanecieron controladas por las autoridades coloniales, y más bien, como se dijo, en 1812, en la provincia de Maracaibo se llegó a elegir un diputado propietario pero para las Cortes de Cádiz.

A partir del 25 de junio de 1811, cuando comenzaron las sesiones del Congreso, quedó además claro que el objetivo del mismo era la redacción de una Constitución democrática, republicana y representativa, la cual en definitiva se sancionó el 21 de diciembre de 1811. La misma fue precedida, además, por la formal declaración de los Derechos del Pueblo el 1º de julio de 1811 y de la también formal declaración de la Independencia el 5 de julio de 1811.[682] Seguidamente, además, se sancionaron textos constitucionales en las diversas Provincias (Constituciones Provinciales), en algunos casos antes de la sanción de la Constitución Federal de diciembre de 1811,

---

680   Participaron las provincias de Caracas, Barinas, Cumaná, Barcelona, Mérida, Trujillo y Margarita. Véase José Gil Fortoul, *Historia Constitucional de Venezuela*, Tomo primero, Berlín 1908, p. 223. Véase J. F. Blanco y R. Azpúrua, J.F. Blanco y R. Azpúrua, *Documentos para la historia ...*, Tomo II, pp. 413 y 489.

681   Véase C. Parra Pérez, *Historia de la Primera República ...*, cit., Tomo I, p. 477.

682   Véase los textos en Allan R. Brewer-Carías, *Las Constituciones de Venezuela cit.*, Tomo I, pp. 545 ss.

como el Plan de Gobierno Provisional de la Provincia de Barinas de 26 de marzo de 1811, la Constitución Provisional de la Provincia de Mérida de 31 de julio de 1811 y el Plan de Constitución Provisional Gubernativo de la Provincia de Trujillo de 2 de septiembre de 1811; y en otros casos, después de sancionarse la Constitución Federal, como la Constitución Fundamental de la República de Barcelona Colombiana de 12 de enero de 1812 y la Constitución para el gobierno y administración interior de la Provincia de Caracas del 31 de enero de 1812.[683]

Todo lo anterior ocurría antes de que incluso se hubiese promulgado la Constitución de Cádiz el 19 de marzo de 1812, y en paralelo a las reuniones de las Cortes de Cádiz que como se dijo, se habían instalado el 24 de septiembre de 1810, y en las cuales también se había comenzado a delinear una Constitución Monárquica de democracia representativa.

III. LA CONSOLIDACIÓN DEL DESENCUENTRO: LA GUERRA DECRETADA POR LA REGENCIA Y CONTINUADA POR LAS CORTES DE CÁDIZ, CONTRA LAS PROVINCIAS DE VENEZUELA

Como se dijo, la Constitución Federal para los Estados de Venezuela se sancionó el 21 de diciembre 1811 con la cual se constituyó definitivamente en lo que fueron las Provincias de la Capitanía General de Venezuela, un Estado nuevo e independiente de España, donde se había desconocido a las propias Cortes de Cádiz muchos meses antes de la sanción de la Constitución gaditana de 1812. Con la nueva constitución del Estado, en todo caso, las antiguas formas institucionales de la Colonia comenzaron a ser sustituidas por las nuevas instituciones republicanas establecidas en cada una de las Provincias, que se fueron incluso regulando en las Constituciones Provinciales y, todas, bajo una organización nacional conforme a la Constitución Federal de diciembre de 1811.

Como se dijo, aún antes de sancionarse la Constitución Federal, ante la Orden de bloqueo de las costas de Venezuela decidido el 1 de agosto de 1810,[684] y la guerra declarada por España contra las Provincias, el Congreso General no sólo ya había denunciado al Consejo de Regencia, sino a las propias Cortes de Cádiz. Es decir, la ruptura constitucional derivada de la declaración de Independencia de las provincias de Venezuela no sólo se había operado de parte de la Junta Suprema de Caracas en relación con el Consejo de Regencia, sino que continuó con respecto de las Cortes de Cádiz, las cuales, integradas como ya estaban con diputados suplentes y luego principales americanos, además, se involucraron directamente en el conflicto contra Venezuela. Por ello, en Venezuela se las consideraron, como se dijo, como "ilegítimas y cómicas," rechazándose en ellas toda representación de las Provincias de Venezuela que se pudiera atribuir a cualquiera, comenzando por los dos "suplentes" que habían sido designados en Cádiz.

---

683 Véase los textos en *Las Constituciones Provinciales* ("Estudio Preliminar" por Ángel Bernardo Brices), Academia Nacional de la Historia, Caracas 1959, pp. 334 ss.

684 La Orden de Bloqueo de 1 de agosto de 1810 decía: "declarar como declara en estado de rigoroso bloqueo la provincia de caracas: mandando que ningún buque nacional ni extranjero pueda arribar a sus puertos, so pena de ser detenido por los cruceros y buques de S.M.". Véase en Garrido Rovira, *La Revolución de 1810*, Universidad Monteávila, Caracas 2009, p. 199-200.

El Congreso General, en efecto, dejó muy clara su posición en un excepcional documento titulado "Manifiesto que hizo al mundo la Confederación de Venezuela en la América Meridional" de fecha 30 de julio de 1811 (en lo adelante, el *Manifiesto que hizo al mundo* de 1811),[685] al expresar que irritaba "ver tanta liberalidad, tanto civismo y tanto desprendimiento en las Cortes con respecto a la España desorganizada, exhausta y casi conquistada; y tanta mezquindad, tanta suspicacia, tanta preocupación y tanto orgullo con América, pacífica, fiel, generosa, decidida a auxiliar a sus hermanos y la única que puede no dejar ilusorios, en lo esencial, los planes teóricos y brillantes que tanto valor dan el Congreso español;" denunciando que "a ninguna de las provincias rendidas o contentas con la dominación francesa se le ha tratado como a Venezuela;" "ninguna de ellas ha sido hasta ahora declarada traidora, rebelde y desnaturalizada como Venezuela, y para ninguna de ellas se ha creado una comisión pública de amotinadores diplomáticos para armar españoles contra españoles, encender la guerra civil e incendiar todo lo que no se puede poseer o dilapidar a nombre de Fernando VII."[686]

En el conflicto abierto, por ejemplo, las Cortes llegaron incluso a comienzos de 1812, "premiar" formalmente a las Provincias de la antigua Capitanía General de Venezuela que no se habían sumado al movimiento independentista (Maracaibo, Guayana y la ciudad de Coro), ni habían elegido diputados al Congreso General de Venezuela de 1811. Así fue que por ejemplo, las Cortes ya integradas incluso con "diputados principales" americanos, mediante el Decreto CXXXIII de 6 de febrero de 1812, concedieron a la ciudad de Guayana el adorno de su escudo de armas con trofeos de cañones, balas, fusiles, bandera y demás insignias militares, como premio por haber apresado a los rebeldes de Nueva Barcelona en la acción del 5 de septiembre de 1811 y por Decreto CCXII de 8 de diciembre de 1812, le concedieron el título de "muy noble y muy leal, con motivo de los sucesos de Venezuela ocurridos del 15 al 16 de marzo de 1812; mediante Decreto CCXXXVVII de 21 de marzo de 1813, distinguieron a la ciudad de Coro con el título de "muy noble y leal" y escudo alusivo, otorgándose la distinción de "Constancia de Coro" a favor de los Capitulares por el comportamiento de la ciudad en las turbulencias que habían "infligido a varias provincias de Venezuela" y su defensa frente a los insurgentes de Caracas en 28 de noviembre de 1812; y que mediante Decreto CCXXXVIII de 21 de marzo de 1813 la ciudad de Maracaibo recibiera el título de "muy noble y leal" por las mismas razones de Coro, otorgándose a los miembros del Ayuntamiento la "Constancia de Maracaibo."[687]

---

685 Publicado en 1812 en el libro (edición bilingüe), *Interesting Official Documents Relating to the United Provinces of Venezuela, W. Glidon,* Rupert-Street, Haymarket, para Longman and Co. Paternoster-Row; Durlau, Soho-Square; Hartding, St. Jame's Street; y W. Mason, Nº 6, Holywell Street, Strand, &c. &c, London 1812. Véase el texto en español, en el libro *La Constitución Federal de Venezuela de 1811 y Documentos Afines* ("Estudio Preliminar" por Caracciolo Parra-Pérez), Biblioteca de la Academia Nacional de la Historia, Sesquicentenario de la Independencia, Caracas 1952, pp. 105-148. Véase los comentarios al *Manifiesto que hizo al mundo* en Ángel Francisco Brice, *El Constituyente de Venezuela durante el año 1812,* Ediciones de la Presidencia, Caracas 1970, pp. 17-30.

686 Véase en *La Constitución Federal de Venezuela de 1811...*, cit., pp. 105-148.

687 Véase el texto de los Decretos en Eduardo Roca Roca, *América en el Ordenamiento Jurídico ...*, op. cit., pp. 79–80.

Sobre esas Cortes de Cádiz, el *Manifiesto que hizo al mundo* del Congreso General de 1811 explicó que luego de los "rápidos y raros gobiernos" que se habían sucedido en España desde la Junta de Sevilla, "se apeló a una aparente liberalidad," y "se aceleraron y congregaron tumultuariamente las Cortes que deseaba la nación, que resistía el gobierno comercial de Cádiz y que se creyeron al fin necesarias para contener el torrente de la libertad y la justicia, que rompía por todas partes los diques de la opresión y la iniquidad en el nuevo mundo."[688] Sin embargo, al analizar su composición, el Congreso General, en el *Manifiesto que hizo al mundo*, se preguntó incrédulo sobre "por qué especie de prestigio funesto para España se cree que la parte de la nación que pasa el océano o nace entre los trópicos adquiere una constitución para la servidumbre, incapaz de ceder a los conatos de la libertad;" afirmando como harto estaban demostrados en los papeles públicos de la Provincia de Venezuela, todos:

> "los vicios de que adolecen las Cortes con respecto a la América y el ilegítimo e insultante arbitrio adoptado por ellas para darnos una representación que resistiríamos, aunque fuésemos, como vociferó la Regencia, partes integrantes de la nación y no tuviésemos otra queja que alegar contra su gobierno sino la escandalosa usurpación que hace de nuestros derechos, cuando más necesita de nuestros auxilios".[689]

El Congreso General destacó en el *Manifiesto que hizo al mundo* que a las Cortes habría llegado la noticia de las razones que había dado la Junta de Caracas "a su pérfido enviado," [690] cuando "frustradas las misiones anteriores, inutilizadas las cuantiosas remesas de gacetas llenas de triunfos, reformas, heroicidades y lamentos, y conocida la ineficacia de los bloqueos, pacificadores, escuadras y expediciones," en la Península:

> "se creyó que era necesario deslumbrar el amor propio de los americanos, sentando bajo el solio de las Cortes a los que ellos no habían nombrado, ni podían nombrar los que crearon suplentes con los de las provincias ocupadas, sometidas y contentas con la dominación francesa."[691]

Así, denunció el *Manifiesto que hizo al mundo* del Congreso General de 1811, que:

> "se escribió el elocuente manifiesto que asestaron las Cortes en 9 de enero de este año [1811] a la América,[692] con una locución digna de mejor objeto; bajo

---

688 Véase en *La Constitución Federal de Venezuela de 1811...*, *cit.*, pp. 105-148.

689 *Idem*, pp. 105-148.

690 Se refirió al Congreso General en el *Manifiesto que hizo al mundo* a la "conducta execrable y notoria de Montenegro, desnaturalizado por el Gobierno Español." En *Idem*, pp. 105-148.

691 Véase en *La Constitución Federal de Venezuela de 1811...*, *cit.*, pp. 105-148.

692 Se refería al "Manifiesto de las Cortes generales y extraordinarias a la Nación" de 09-01-1811, donde se daban las razones para la independencia de España frente a las pretensiones de Napoleón. Véase el texto publicado en *El Mercurio Venezolano*, Vol. I, Caracas, febrero 1811. Véase el texto del periódico en versión facsimilar en http://cic1.ucab.edu.ve/hmdg/bases/hmdg/textos/Mercurio/Mer_Febrero1811.pdf. Debe destacarse que el redactor de *El Mercurio* en 1811 era precisamente Francisco Isnardy, Secretario del Congreso General, quien como tal firmó el *Manifiesto* del Congreso de 1811. En la nota que precede

la brillantez del discurso, se descubría el fondo de la perspectiva presentada para alucinarnos. Temiendo que nos anticipásemos a protestar todas estas nulidades, se empezó a calcular sobre lo que se sabía, para no aventurar lo que se ocultaba. Fernando, desgraciado, fue el pretexto que atrajo a sus pseudo–representantes los tesoros, la sumisión y la esclavitud de la América, después de la jornada de Bayona; y Fernando, seducido, engañado y prostituido a los designios del Emperador de los franceses, es ya lo último a que apelan para apagar la llama de la libertad que Venezuela ha prendido en el continente meridional." [693]

Pero a pesar de tal manifestación de las Cortes "destinada a conmover la América," el Congreso General indicó en el *Manifiesto que hizo al mundo* que era del convencimiento "que entre las cuatro paredes de las Cortes se desatienden de nuestra justicia, se eluden nuestros esfuerzos, se desprecian nuestras resoluciones, se sostienen a nuestros enemigos, se sofoca la voz de nuestros imaginarios representantes, se renueva para ellos la Inquisición,[694] al paso que se publica la libertad de imprenta y se controvierte si la Regencia pudo declararnos libres y parte integrante de la nación."[695]

El conflicto, en todo caso, fue mutuo, y era evidente que en el mismo, las autoridades españolas no renunciaron junto con los realistas locales, al control político de la antigua Capitanía General de Venezuela, por lo que como se dijo, para agosto de 1810, el Consejo de Regencia había decretado el bloqueo de las costas de Venezuela, y en enero de 1811, el mismo Consejo había designado a Antonio Ignacio de Cortavarría como Comisionado Real para "pacificar" a los venezolanos, estableciéndose en Puerto Rico, lo que la Junta Suprema denunciaba en una Proclama del 25 de enero de 1811, como un "Club de la tiranía y del despotismo." [696] Antes, incluso, la Suprema Junta de Caracas el 25 de diciembre de 1811, ya había contestado

---

el texto del Manifiesto de las Cortes generales, sin duda de la pluma de Isnardy, se redactó el siguiente texto parodiando lo que podría haber dicho Napoleón, y cuyo texto se recoge en el *Manifiesto* del Congreso General, al decirse que: "En uno de nuestros periódicos ("*Mercurio Venezolano*", de febrero de 1811), hemos descubierto el verdadero espíritu del Manifiesto en cuestión, reducido al siguiente raciocinio que puede mirarse como su exacto comentario "La América se ve amenazada de ser víctima de una nación extraña o de continuar esclava nuestra; para recobrar sus derechos y no depender de nadie, ha creído necesario no romper violentamente los vínculos que la ligaban a estos pueblos; Fernando ha sido la señal de reunión que ha adoptado el Nuevo Mundo, y hemos seguido nosotros; él está sospechado de connivencia con el Emperador de los franceses y si nos abandonamos ciegamente a reconocerlo demos un pretexto a los americanos que nos crean aún sus representantes para negarnos abiertamente esta representación; puesto que ya empiezan a traslucirse en algunos puntos de América estos designios, manifestemos de antemano nuestra intención de no reconocer a Fernando sino con ciertas condiciones; éstas no se verificarán jamás y mientras que Fernando, ni de hecho ni de derecho, es nuestro Rey, lo seremos nosotros de la América, y este país tan codiciado de nosotros y tan difícil de mantener en la esclavitud, no se nos irá tan pronto de las manos."

693   Véase en *La Constitución Federal de Venezuela de 1811...*, *cit.*, pp. 105-148.

694   En el *Manifiesto que hizo al mundo* se indicó que había "noticias positivas de que el Sr. Mejía, Suplente de Santa Fe, ha sido encerrado en la Inquisición por su liberalidad de ideas." *Idem.*

695   *Id*

696   Véase *Textos Oficiales de la primera República de Venezuela*, Biblioteca de la Academia de Ciencias Políticas y Sociales, Caracas 1982, Tomo II, p. 18.

al mismo Comisionado regio Cortavarría, la nota que este había enviado desde Puerto Arico el 7 de diciembre de 1810, cuestionando su misión de "pacificación de las provincias de Venezuela y restablecimiento del orden," indicándole que:

> "los mismos fundamentos que hemos tenido para desconocer a la Regencia de Cádiz como reina o emperatriz de estas provincias, nos obligan ahora a desconocer la comisión de V.S, sus cédulas, sus despachos, sus proclamas y demás papeles que está expidiendo en esa isla, como si fuese Fernando VII, pero contra la voluntad de este desgraciado Monarca,"[697]

La Junta denunciaba, además "el indigno tratamiento de insurgentes o rebeldes, la fuerza, las amenazas, el decreto de bloqueo" como respuesta a los partes oficiales dirigidos sobre las ocurrencias del 19 de abril; que "la Regencia, estimulada con los sucesos de Venezuela forma Cortes Extraordinarias en la Isla de león, semejantes a las de Bayona, nombra diputados a su arbitrio, escoge dos suplentes por estas provincias cuando ya tenía declarados a sus puertos en estado de bloqueo;" y que se pretendiera que las Provincias dependieran de Fernando Miyares "que se dice Capitán general de Venezuela" y cuyo nombramiento se denunciaba como nulo "hechura del favorito de Carlos IV." [698]

Sobre la persecución contra la Provincia que se desató "desde la isla de Puerto Rico" y que no cesó con la integración de las Cortes, en el *Manifiesto* que hizo al mundo del Congreso General de 1811 se dio cuenta de que "Meléndez, nombrado Rey de Puerto Rico por la Regencia," quedó:

> "por un decreto de las Cortes con la investidura equivalente de gobernador, nombres sinónimos en América, porque ya parecía demasiado monstruoso que hubiese dos reyes en una pequeña isla de las Antillas españolas. Cortabarria solo bastaba para eludir los efectos del decreto, dictado sólo por un involuntario sentimiento de decencia. Así fue que cuando se declaraba inicua, arbitraria y tiránica la investidura concedida por la Regencia a Meléndez y se ampliaba la revocación a todos los países de América que se hallasen en el mismo caso que Puerto Rico, nada se decía del plenipotenciario Cortabarria, autorizado por la misma Regencia contra Venezuela, con las facultades más raras y escandalosas de que hay memoria en los fastos del despotismo orgánico. [699]

Y precisamente, después del decreto de las Cortes, como se denunció en el Manifiesto que hizo al mundo del Congreso General de 1811, fue que se sintieron "más los efectos de la discordia, promovida, sostenida y calculada desde el fatal observatorio de Puerto Rico;" denunciándose que habían sido "asesinados inhumanamente los pescadores y costaneros en Ocumare por los piratas de Cortabarria"; que habían "sido bloqueadas, amenazadas e intimadas Cumaná y Barcelona"; que se habían "organizado y tramado una nueva y sanguinaria conjuración contra Venezuela, por el vil emisario introducido pérfidamente en el seno pacífico de su patria para devo-

697 *Id.* Tomo I, pp. 259-269.

698 Véase *Textos Oficiales de la primera República de Venezuela,* Biblioteca de la Academia de Ciencias Políticas y Sociales, Caracas 1982, Tomo I, pp. 259-269.

699 *Idem.*

rarla"; que se había "alucinado a la clase más sencilla y laboriosa de los alienígenas de Venezuela"; y que "por las sugestiones del pacificador de las Cortes, después del decreto de éstas," se había turbado e interrumpido "la unidad política de nuestra Constitución," promoviéndose la discordia entre las Provincias:

> "para que en un mismo día quedase sumergida Venezuela en la sangre, el llanto y la desolación, asaltada hostilmente por cuantos puntos han estado al alcance de los agitadores, que tiene esparcidos contra nosotros el mismo Gobierno que expidió el decreto a favor de Puerto Rico y de toda la América. El nombre de Fernando VII es el pretexto con que va a devorarse el Nuevo Mundo; si el ejemplo de Venezuela no hace que se distingan, de hoy más, las banderas de la libertad clara y decidida, de las de la fidelidad maliciosa y simulada." [700]

En todo caso, la invasión de Venezuela desde el Cuartel General colonial que se había instalado en Puerto Rico, se materializó en febrero de 1812, cuando dos meses después de sancionada la Constitución Federal de diciembre 1811, Domingo de Monteverde, designado Comandante General del Ejercito de Su Majestad Católica y quien luego asumiría de hecho el título de Capitán General de las Provincias de Venezuela, desembarcó en Coro e inició la campaña de recuperación realista de la República; desembarco que se produjo en las mismas costas donde seis años antes habría tocado tierra brevemente Francisco de Miranda (1806).

Con ello, todo el proceso de estructuración del nuevo orden constitucional republicano quedó a medio hacer, pues apenas se había instalado el nuevo gobierno de la Federación en la capital Valencia, el 1 de marzo de 1812, la reacción realista se comenzó a sentir con Monteverde a la cabeza, lo que fue facilitado por los efectos devastadores del terremoto que desoló a Caracas el 24 del mismo mes de marzo de 1812, que los Frailes y el Arzobispo de Caracas atribuyeron a un castigo de Dios por los hechos de la Revolución de Caracas.[701] En todo caso, lo cierto fue que a la devastación física y moral de las Provincias, con la invasión de las tropas españolas se le agregó la total devastación institucional de las mismas.

La amenaza de Monteverde y la necesidad de defender la República, en efecto, llevaron al Congreso el 4 de abril de 1812, a delegar en el Poder Ejecutivo todas las facultades necesarias,[702] y éste, el 23 de abril de 1812, nombró como Generalísimo a Francisco de Miranda, con poderes dictatoriales.

En esta forma, la guerra de independencia obligó, con razón, a dejar de un lado la Constitución, y fue el Secretario de Guerra José de Sata y Bussy, quien le comunicó al Teniente General Francisco de Miranda, en correspondencia dirigida ese mismo día 23 de abril de 1812, que:

> "Acaba de nombraros el Poder Ejecutivo de la Unión, General en Jefe de las armas de toda la Confederación Venezolana, con absolutas facultades para tomar cuantas providencias juzguéis necesarias a salvar nuestro territorio invadi-

---

700 *Idem.*

701 Véase J.F. Blanco y R. Azpúrua, *Documentos para la Historia....*, Tomo III, pp. 614 y ss.

702 Véase *Libro de Actas del Congreso de Venezuela 1811-1812,* Biblioteca de la Academia Nacional de la Historia, Tomo II, Caracas, 1959, pp. 397 a 399.

do por los enemigos de la libertad colombiana; y bajo este concepto, no os sujeta ley alguna ni reglamento de los que hasta ahora rigen estas Repúblicas, sino que al contrario, no consultaréis más que la Ley suprema de salvar la patria; y a este efecto os delega el Poder de la Unión sus facultades naturales y las extraordinarias que le confirió la representación nacional por decreto de 4 de este mes, bajo vuestra responsabilidad."[703]

En la sesión del Congreso del 4 de abril de 1812, se había acordado que "la medida y regla" de las facultades concedidas al Poder Ejecutivo fuera la salud de la Patria; y que siendo esa la suprema ley, "debe hacer callar las demás"[704]; pero a la vez, se acordó participar a las "Legislaturas Provinciales" la vigencia de la Constitución Federal sin perjuicio de las facultades extraordinarias al Poder Ejecutivo[705].

El Congreso, el mismo 4 de abril de 1812, además, había exhortado a las mismas "Legislaturas provinciales" que obligaran y apremiasen a los diputados de sus provincias a que sin excusa ni tardanza alguna se hallaren en la ciudad de Valencia para el 5 de julio de 1812, para determinar lo que fuera más conveniente a la causa pública[706]. Esta reunión nunca se pudo realizar.

En esta forma, a los pocos meses de sancionada la Constitución Federal de 1811, por la necesidad de salvar la República, se produjo la primera ruptura del hilo constitucional. La dictadura duró poco, pues el 25 de julio de 1812 se firmó la Capitulación de Miranda y la aceptación por parte del Gobierno y todos los poderes del Estado, mediante un Armisticio, de la ocupación del territorio de la provincia de Caracas por Monteverde.[707] El coronel Simón Bolívar, quien había tenido a su cargo la plaza militar de Puerto Cabello, la perdió y, a mediados de julio, antes de la Capitulación, comunicó los sucesos a Miranda. Entre las múltiples causas de la caída de la Primera República estuvo, sin duda, la pérdida de Puerto Cabello.

Monteverde, en todo caso, desconoció los términos del Armisticio, siendo una de las consecuencias de esto que Miranda hubiera sido detenido en La Guaira y entregado por sus subalternos, entre ellos Bolívar, la noche del 30 de julio de 1812, en la víspera de su salida de la Provincia, habiendo sido enviado a la prisión, primero en Puerto Rico y luego en La Carraca en San Fernando, Cádiz, donde moriría en 1816. Bolívar, por su parte, a fines de agosto, logró salir de La Guaira con un salvoconducto emitido por las nuevas autoridades, hacia Curazao y luego a Cartagena.[708]

---

703   Ver *Archivo del General Miranda*, Tomo XXIX, La Habana, 1950, pp. 396 y 397. Véase el texto en Allan R. Brewer-Carías, *Las Constituciones de Venezuela, cit.*, Tomo I, p. 581.

704   Véase *Libro de Actas del Congreso de Venezuela…, op. cit.*, p. 398.

705   *Idem*, p. 400.

706   *Ibídem*, pp. 398-399.

707   Véase los documentos en J.F. Blanco y R. Azpúrua, *Documentos para la Historia…*, pp. 679 y ss. Además, en José de Austria, *Bosquejo de la Historia Militar de Venezuela*, Biblioteca de la Academia Nacional de la Historia, Tomo I, Caracas 1960, pp. 340 y ss. (José de Austria fue contemporáneo del proceso de Independencia; había nacido en Caracas en 1791).

708   Véase Giovanni Meza Dorta, *Miranda y Bolívar. Dos visiones*, Ed. Bid & co. Editor, Caracas 2007, p. 152 ss.

514ALLAN R. BREWER-CARÍAS

La caída de la primera República de Venezuela se materializó, sin duda, con la Capitulación del General Francisco de Miranda el 25 de julio de 1812, con lo que el orden republicano que se había comenzado a construir fue totalmente demolido, abrogándose por supuesto la Constitución Federal de 1811, e ignorándose además incluso el texto de la misma Constitución de Cádiz que debía jurarse en las provincias ocupadas. Había recomenzado así, en la Provincia, trescientos años después del Descubrimiento, la aplicación de la "ley de la conquista," destruyéndose además, la memoria historia del país con el saqueo de los Archivos de la Provincia, y la destrucción y desaparición de los propios documentos de la independencia.

Una vez abrogada la Constitución de 1811 por la fuerza militar, las autoridades invasoras debían en cambio procurar que en Venezuela se publicase la recién sancionada Constitución de Cádiz, para lo cual el Capitán General Fernando Mijares, quién había sido recién nombrado Gobernador de la antigua Provincia de Venezuela, cargo que no llegó a ejercer efectiva y materialmente jamás, el 13 de agosto de 1812 le remitió a Monteverde desde Puerto Cabello, veinte ejemplares del texto constitucional monárquico, con las correspondientes órdenes y disposiciones que habían dado las Cortes para su publicación y observancia.[709] Monteverde diría a la Audiencia que si se había diferido la publicación de la Constitución ello no había sido por descuido, ni omisión ni capricho, sino por circunstancias muy graves, considerando que la Constitución de Cádiz era una "ley sabia, liberal" concebida para "lugares pacificados, súbditos leales, poblaciones quietas" siendo muy distinto el caso en el cual se hallaban las provincias de Venezuela: "humeando todavía el fuego de la rebelión más atroz y escandalosa", concluyendo:

> "Querer gobernar una sociedad de bandoleros, alevosos y traidores, por las reglas en que se manda una compuesta por fieles vasallos de honor y de bien es un error, es un delirio...Si publico la Constitución y le doy todo su cumplimiento no respondo por la seguridad y tranquilidad del país; y si lo hago y solo cumplo con aquellos capítulos que son adaptables a las circunstancias me expongo a que se levante por segunda vez el grito o que por lo menos difundan descontento con el dichete que tienen siempre en la boca que son unos déspotas los que gobiernan que cumplen lo que les tiene en cuenta y dejan sin observancia lo que les agrada."[710]

De manera que Monteverde solo publicó y juró la Constitución de Cádiz "a la manera militar" el 21 de noviembre de 1812, y luego, en Caracas, el 3 de diciembre de 1812, asumiendo sin embargo un poder omnímodo contrario al texto constitucional gaditano.[711] Sobre la Constitución de Cádiz, o más bien, sobre su no aplicación en Venezuela, el mismo Monteverde informaría con toda hostilidad al gobierno de la

709 Véase José de Austria, *Bosquejo de la Historia militar...*, *op. cit.*, Tomo I, p. 364.

710 Véase carta de Monteverde a la Audiencia de 29 de octubre de 1812. Citada en Alí Enrique López y Robinzon Meza, "Las Cortes españolas y la Constitución de Cádiz en la Independencia de Venezuela (1810-1823)," en José Antonio Escudero (Dir.), *Cortes y Constitución de Cádiz. 200 Años*, Espasa Libros, Madrid 2011, Tomo III, pp. 613, 623.

711 Véase Manuel Hernández González, "La Fiesta Patriótica. La Jura de la Constitución de Cádiz en los territorios no ocupados (Canarias y América) 1812-1814," en Alberto Ramos Santana y Alberto Romero Ferrer (eds.), *1808-1812: Los emblemas de la libertad*, Universidad de Cádiz, Cádiz 2009, pp. 104 ss.

Metrópoli, diciéndole que si había llegado a publicar la Constitución de Cádiz, ello había sido "por un efecto de respeto y obediencia, no porque consideré a la provincia de Venezuela merecedora todavía de que participase de los efectos de tan benigno código."[712]

Por ello, durante toda su campaña en Venezuela entre 1812 y 1813, Monteverde desconoció la exhortación de amnistía que habían hecho las propias Cortes de Cádiz en octubre de 1810; desconoció, como se dijo, los términos de la Capitulación que había firmado con Francisco de Miranda el 25 de julio de 1812; desconoció las previsiones de la propia Constitución de 1812; y desconoció las decisiones judiciales adoptadas por la Audiencia de Caracas con motivo de la persecución política que aquél desarrolló. Monteverde aplicó, en fin, "la ley de la conquista,"[713] y ello fue lo que en definitiva premiaron las Cortes de Cádiz al haberlo felicitado mediante Orden de 21 de octubre de 1812, a él y a las tropas bajo su mando, "por los importantes y distinguidos servicios prestados en la pacificación de la Provincia de Caracas."[714]

De estos acontecimientos, por lo demás, dio cuenta Simón Bolívar en su "Exposición sucinta de los hechos del Comandante español Monteverde, durante el año de su dominación en las Provincias de Venezuela" de fecha 20 de septiembre de 1813:

> "Pero hay un hecho, que comprueba mejor que ninguno la complicidad del Gobierno de Cádiz. Forman las Cortes la constitución del Reino, obra por cierto de la ilustración, conocimiento y experiencia de los que la compusieron. La tuvo guardada Monteverde como cosa que no importaba, o como opuesta a sus ideas y las de sus consejeros. Al fin resuelve publicarla en Caracas. La publica ¿y para qué? No sólo para burlarse de ella, sino para insultarla y contradecirla con hechos enteramente contrarios. Convida a todos, les anuncia tranquilidad, les indica que se ha presentado el arca de paz, concurren los inocentes vecinos, saliendo muchos de las cavernas en que se ocultaban, le creen de buena fe y, como el fin era sorprender a los que se le habían escapado, por una parte se publicaba la Constitución española, fundada en los santos derechos de libertad, propiedad y seguridad, y por otra, el mismo día, andaban partidas de españoles y canarios, prendiendo y conduciendo ignominiosamente a las bóvedas, a los incautos que habían concurrido a presenciar y celebrar la publicación.

Es esto un hecho tan notorio, como lo son todos los que se han indicado en este papel, y se explanarán en el manifiesto que se ofrece. En la provincia de Caracas, de nada vale la Constitución española; los mismos españoles se burlan de ella y la insultan. Después de ella, se hacen prisiones sin sumaria información; se ponen grillos y cadenas al arbitrio de los Comandantes y Jueces; se quita la vida sin formalidad, sin proceso..."[715]

En Venezuela, por tanto, la situación era de orden fáctico pues el derrumbamiento del gobierno constitucional fue seguido en paralelo, por el desmembramiento de

---

712   Véase José de Austria, *Bosquejo de la Historia militar...*, *op. cit.*, Tomo I, p. 370.

713   *Idem.*

714   Véase en Eduardo Roca Roca, *América en el Ordenamiento Jurídico...*, *op. cit.*, p. 81.

715   Véase José de Austria, *Bosquejo de la Historia militar...*, Tomo II, pp. 111 a 113.

las instituciones coloniales. Por ello, durante toda su campaña en Venezuela en 1812 y 1813, Monteverde desconoció la exhortación que habían hecho las Cortes de Cádiz, en octubre de 1810, sobre la necesidad de que en las provincias de Ultramar donde se hubiesen manifestado conmociones (sólo era el caso de Caracas), si se producía el "reconocimiento a la legítima autoridad soberana" establecida en España, debía haber "un general olvido de cuanto hubiese ocurrido indebidamente"[716]. La reacción de los patriotas contra la violación por Monteverde de la Capitulación de Miranda, llevó al mismo Monteverde a constatar, en representación dirigida a la Regencia el 17 de enero de 1813, que:

"desde que entré en esta Capital y me fui imponiendo del carácter de sus habitantes, conocí que la indulgencia era un delito y que la tolerancia y el disimulo hacían insolentes y audaces a los hombres criminales."[717]

Agregaba su apreciación sobre "la frialdad que advertí el día de publicación de la Constitución y la falta de concurrencia a actos públicos de alegría", lo que lo apartaron de sus intentos de gobernar con dulzura y afabilidad. Convocó a una Junta que, en consecuencia, ordenó "la prisión de los que se conocían adictos a la revolución de 1810," rebelándose contra la propia Real Audiencia que "había puesto en libertad algunos mal vistos del pueblo que irritaban demasiado mi fueros", ordenando a los Comandantes militares que no liberaran los reos a la justicia.[718]

Por ello, el 30 de diciembre de 1812, en oficio dirigido al Comandante Militar de Puerto Cabello, Monteverde, en desprecio del Tribunal, le ordenaba:

"Por ningún motivo pondrá usted en libertad hombre alguno de los que estén presos en esa plaza por resulta de la causa de infidencia, sin que preceda orden mía, aún cuando la Real Audiencia determine la soltura, en cuyo caso me lo participará Ud. para la resolución que corresponde."[719]

La Real Audiencia acusó a Monteverde de infractor de las leyes, por lo que decía en una representación, que "se me imputa que perturbo estos territorios, los inquieto y pongo en conmoción, violando las leyes que establecen su quietud."[720]

Monteverde concluyó su representación declarando su incapacidad de gobernar la Provincia, señalando que:

"así como Coro, Maracaibo y Guayana merecen estar bajo la protección de la Constitución de la Monarquía, Caracas y demás que componían su Capitanía General, no deben por ahora participar de su beneficio hasta dar pruebas de haber detestado su maldad, y bajo este concepto deben ser tratadas por la ley de

---

716   Véase el Decreto V, 15-10-10, en Eduardo Roca Roca, *América en el Ordenamiento Jurídico...*, p. 199.

717   Véase el texto en J.F. Blanco y R. Azpúrua, *Documentos para la Historia...*, Tomo IV, pp. 623-625.

718   *Idem.*

719   Véase el texto en José de Austria, *Documentos para la Historia...*, Tomo I, pp. 365 y 366.

720   Véase en J.F. Blanco y R. Azpúrua, *Documentos para la Historia...*, Tomo IV, pp. 623-625.

la conquista; es decir, por la dureza y obras según las circunstancias; pues de otro modo, todo lo adquirido se perderá."[721]

En Venezuela, por tanto, los años de 1813 y 1814, fueron de guerra total, de guerra a muerte, durante los cuales Monteverde comandó una dictadura militar[722] represiva y despiadada contra los que habían tomado partido por la Revolución de 1810. Eso explica las palabras de Bolívar, desde Mérida, el 8 de julio de 1813:

"Las víctimas serán vengadas: los verdugos exterminados. Nuestra bondad se agotó ya, y puesto que nuestros opresores nos fuerzan a una guerra mortal, ellos desaparecerán de América, y nuestra tierra será purgada de los monstruos que la infestan. Nuestro odio será implacable, y la guerra será a muerte."[723]

En las Provincias de Venezuela, en consecuencia, instalado Monteverde en el poder, dejó de aplicarse la Constitución Federal de 1811 ni no tuvo aplicación la Constitución de Cádiz; es decir, no había Constitución alguna que no fuera el mando militar de realistas y patriotas. Conforme la guerra corría por todo el territorio, Monteverde, Boves y sus seguidores gobernaron con la más brutal *ley de la conquista;* y Bolívar y los patriotas, por su parte, gobernaron con la ley dictatorial del "plan enérgico" del "poder soberano" de quien había sido proclamado Libertador, y que, como decía el propio Bolívar, "tan buenos sucesos me ha proporcionado."[724] Esta ausencia de régimen constitucional era así, a pesar de lo que decía el Arzobispo de Caracas, Narciso Colly y Prat en un Edicto Circular de 18 de diciembre de 1813, al recomendar la observancia de la *"ley de la Independencia"* adoptada el 5 de julio de 1811:

"Esta ley estuvo sin vigor, mientras las armas Españolas ocuparon estas mismas Provincias, más al momento que vencieron las de la República, y a su triunfo se unió la aquiescencia de los pueblos, ella recobró todo su imperio, y ella es la que hoy preside en el Estado venezolano."[725]

En medio del conflicto, en todo caso, las Cortes de Cádiz, habían felicitado mediante Orden de 21–10–12, a Domingo Monteverde y a las tropas bajo su mando, "por los importantes y distinguidos servicios prestados en la pacificación de la Provincia de Caracas"[726]. Meses después el 15 de diciembre del mismo año 1812, Bolívar dio al público su "Memoria dirigida a los ciudadanos de la Nueva Granada por un caraqueño" conocida como el "Manifiesto de Cartagena"[727], en la cual expuso las causas de la pérdida de Venezuela, entre ellas, la debilidad del régimen político adoptado en la Constitución de 1811.

---

721   *Idem.*

722   Véase J. Gil Fortoul, *Historia Constitucional...,* Tomo I, p. 214.

723   *Idem,* Tomo I, p. 216.

724   *Idem,* Tomo I, p. 221.

725   J.F. Blanco y R. Azpúrua, Tomo IV, p. 726.

726   Véase en Eduardo Roca Roca, *op. cit.,* p. 81.

727   Véase el texto en Simón Bolívar, *Escritos Fundamentales,* Monte Avila Editores, Caracas, 1982, pp. 57 y ss.; y en *Proclamas y Discursos del Libertador,* Caracas, 1939, pp. 11 y ss.

En 1813, Bolívar inició en Cartagena, con el apoyo del Congreso de Nueva Granada, la "Campaña Admirable"; en mayo ya estaba en Mérida; el Decreto de "Guerra a Muerte" lo dictó en Trujillo en julio[728] y entró a Caracas en agosto de 1813.

En su primera comunicación enviada al Congreso de la Nueva Granada el 8 de agosto de 1813 con el informe de la liberación de la capital de Venezuela, Simón Bolívar, General en Jefe del Ejército Libertador, señaló:

"Interin se organiza el Gobierno legal y permanente, me hallo ejerciendo la autoridad suprema, que depondré en manos de una Asamblea de notables de esta capital, que debe convocarse para erigir un gobierno conforme a la naturaleza de las circunstancias y de las instrucciones que he recibido de ese augusto Congreso."[729]

En el Manifiesto del día siguiente, 9 de agosto de 1813, que dirigió a sus conciudadanos, resumió los planes para la organización del Estado, insistiendo en la misma idea anterior de legitimar el poder:

"Una asamblea de notables, de hombres virtuosos y sabios, debe convocarse solemnemente para discutir y sancionar la naturaleza del gobierno, y los funcionarios que hayan de ejercerla en las críticas y extraordinarias circunstancias que rodean a la República. El Libertador de Venezuela renuncia para siempre, y protesta formalmente, no aceptar autoridad alguna que no sea la que conduzca a nuestros soldados a los peligros para la salvación de la Patria."[730]

Ello la reiteró en una nueva comunicación al Presidente del Congreso de Nueva Granada, el 14 de agosto de 1813; en la cual le indicó "la próxima convocatoria de una Asamblea popular, para determinar la naturaleza del gobierno y la Constitución del Estado", anunciándole la organización de los Departamentos Supremos de la Administración[731]. El Libertador tuvo, sin duda, en 1813, una obsesión por reorganizar el Estado y legitimar el poder supremo que había conquistado con las armas, a cuyo efecto pidió asesoramientos diversos sobre un Plan de Gobierno Provisorio[732].

La liberación de la Provincia de Caracas, sin embargo, no significó la liberación de Venezuela. En todo el país la guerra continuó, y la figura de Boves, caudillo al servicio de los realistas, está en el centro de la tragedia de Venezuela en 1814[733].

Coincidiendo con la brutal guerra que se sucedió en Venezuela, Fernando VII en cuyo nombre se había producido la independencia de Venezuela, el 4 de mayo de 1814 anuló la Constitución de Cádiz, y los demás actos constitucionales dictados a su amparo, declarándolos "nulos y de ningún valor ni efecto, ahora ni en tiempo alguno, como si no hubiesen pasado jamás".

---

728 Véase el texto en *Proclamas y Discursos del Libertador, cit.,* pp. 33 a 35.

729 Véase en *Escritos del Libertador,* Sociedad Bolivariana de Venezuela, Tomo V, Caracas, 1969, p. 5.

730 *Idem,* p. 10.

731 *Ibídem,* p. 30.

732 Véase los documentos más notables en este sentido en *Simón Bolívar y la Ordenación del Estado,* en 1813 (Estudios preliminares de Pedro Grases y Tomás Polanco), Caracas, 1979.

733 Véase Juan Uslar Pietri, *Historia de la Rebelión Popular del año 1814,* Caracas 1962.

En esta forma, puede decirse que por que las bases del constitucionalismo venezolano ya habían sido sentadas antes de la sanción de la Constitución de Cádiz, y porque esta no tuvo aplicación en Venezuela, la misma no tuvo influencia alguna en el constitucionalismo de Venezuela. Después de su anulación, en todo caso, siguió la guerra brutal de independencia de las Provincias de Venezuela, por lo que dicho texto no pudo haber tenido influencia alguna en el constitucionalismo posterior. Era demasiado español, y Venezuela había declarado la guerra a todo lo español; y por su parte, España le había declarado la guerra a los venezolanos, lo que se materializó en el hecho del envío en 1815, de la mayor expedición armada hacia América, compuesta por 15.000 hombres al mando del Mariscal de Campo Pablo Morillo, para pacificar a las Provincias de Venezuela; la cual llegó en abril de ese año 1815 a las costas orientales del país[734]

En todo caso, en las mismas filas patrióticas también se habían producido bandos, y el Libertador fue expulsado de Venezuela, en Oriente, en septiembre de 1814, luego de la emigración que dirigió de Caracas a Barcelona, con destino a Cartagena, donde llegó por segunda vez. El Congreso de la Nueva Granada lo nombró "Capitán General de los Ejércitos de la Confederación", pero los conflictos internos en Cartagena, lo obligaron a renunciar al mando, por lo cual, en mayo de 1815, salió para Jamaica.

El 6 de septiembre de 1815 escribió la célebre "Carta de Jamaica" (Contestación de un americano meridional a un caballero de esta isla)[735], donde entre otros aspectos, expuso sus ideas políticas sobre el gobierno que requería Venezuela. Pasó a Haití, en 1816, donde lo acogió el Presidente Alejandro Petión; y desde Haití, realizó la "Expedición de Los Cayos" con destino a Venezuela, llegando a Margarita donde proclamó, de nuevo, "el gobierno independiente de Venezuela"; ratificándole una Asamblea, al Libertador, la Jefatura Suprema del Estado y de los Ejércitos de Venezuela.

En una Proclama a los venezolanos el 8 de mayo de 1816, ya había afirmado:

"El Congreso de Venezuela será nuevamente instalado donde y cuando sea vuestra voluntad. Como los pueblos independientes me han hecho el honor de encargarme de la autoridad suprema, yo os autorizo para que nombréis vuestros diputados en Congreso, sin otra convocación que la presente; confiándoles las mismas facultades soberanas que en la primera época de la República."[736]

Como muestra de las continuas disensiones entre los jefes patriotas, el General Mariño, segundo jefe de la expedición de Los Cayos y del Ejército, ratificado en la Asamblea de Margarita, junto con otros jefes militares reunidos en San Felipe de Cariaco el 8 de mayo de 1817, desconocieron la autoridad de Bolívar, y estableciendo un gobierno federal, nombrándose un Ejecutivo plural[737].

---

734   Véase José Gil Fortoul, *op. cit.,* Tomo I, p. 237.

735   Véase en Simón Bolívar, *Escritos Fundamentales, cit.,* pp. 82 y ss.

736   Véase en *Proclamas y Decretos del Libertador, cit.,* p. 146. Véase los comentarios en José Gil Fortoul, *op. cit.,* Tomo I, p. 244.

737   Véase José Gil Fortoul, *op. cit.,* Tomo I, pp. 246-247.

Bolívar, quien de nuevo había ido a Haití en agosto de 1816, en 1817 regresó a Venezuela, conquistó la libertad de Guayana, y en operaciones sucesivas logró el reconocimiento de su jefatura suprema que había sido desconocida de nuevo en el mencionado Congreso de Cariaco que se había reunido en mayo de 1817.

A partir de octubre de 1817 se declaró a Angostura, como capital del Gobierno de Venezuela y residencia provisional de las autoridades, y entre las primeras decisiones del Libertador deben citarse las destinadas a establecer las bases del sistema provisional de Gobierno. Ello lo resume en el Discurso de instalación del Consejo de Estado en Angostura, el 1° de noviembre de 1817, en el cual, entre otros aspectos, señaló:

Cuando el pueblo de Venezuela rompió los lazos opresivos que lo unían a la nación española, fue su primer objeto establecer una Constitución sobre las bases de la política moderna, cuyos principios capitales son la división de poderes y el equilibrio de las autoridades. Entonces, proscribiendo la tiránica institución de la monarquía española, adoptó el sistema republicano más conforme a la justicia; y entre las formas republicanas escogió la más liberal de todas, la federal. Las vicisitudes de la guerra, que fueron tan contrarias a las armas venezolanas, hicieron desaparecer la República y con ella todas sus instituciones.

En dicho Discurso, el Libertador argumentó el porqué la guerra había impedido "dar al gobierno de la República la regularidad constitucional que las actas del Congreso habían decretado en la primera época", precisando, al referirse al tercer período de la República iniciado en Margarita, luego de la expedición de Los Cayos en 1816, lo siguiente:

"En la isla de Margarita volvió a tomar una forma regular la marcha de la República; pero siempre con el carácter militar desgraciadamente anexo al estado de guerra. El tercer período de Venezuela no había presentado hasta aquí, un momento favorable, en que se pudiese colocar al abrigo de las tempestades el arca de nuestra Constitución."

Reseñó el Libertador, en ese Discurso, que por la Asamblea de Margarita del 6 de mayo de 1816 se había creado y nombrado "un poder ejecutivo bajo el título de Jefe Supremo de Venezuela. Así, sólo faltaba la institución del cuerpo legislativo y del poder judicial", por lo que agregaba, que: "La creación del Consejo de Estado debía llenar las funciones del poder legislativo, correspondiendo a una Alta Corte de Justicia el tercer poder del cuerpo soberano"[738].

El Libertador además, en ese excepcional documento sobre organización constitucional, daba cuenta de la organización regular de las Provincias libres de Venezuela, mencionando a los diversos gobernadores civiles y militares de las mismas, y entre ellos al General Páez en las Provincias de Barinas y Casanare, y Monagas en la Provincia de Barcelona. Ambos ejercerían la Presidencia de la República décadas después.

---

738. *Proclamas y Decretos del Libertador, cit.,* pp. 173 y 174. Véase el Decreto de creación del Consejo de Estado y los otros actos constitucionales de esos años, en Allan R. Brewer-Carías, *Las Constituciones de Venezuela, cit.,* pp. 223 y ss.

Al año siguiente (1818) se realizó la campaña del Centro, enfrentándose los ejércitos Republicanos a los del General Morillo. El Libertador, en la sesión del Consejo de Estado del 1 de octubre de 1818, propuso la convocatoria del Congreso de Venezuela a fin de acelerar "la marcha de la restauración de nuestras instituciones republicanas", manifestando "la necesidad y la importancia de la creación de un cuerpo constituyente que dé al Gobierno una forma y un carácter de legalidad y permanencia"[739].

El Consejo de Estado aprobó un "Reglamento para la segunda convocación del Congreso de Venezuela" que debía instalarse en enero de 1819, y que entre otras tareas tendría la de "Tratar de Gobierno y Constitución"[740]. Realizadas las elecciones durante 1818, el Congreso de Angostura se instaló el 15 de febrero de 1819, y en esa oportunidad el Libertador leyó su hermoso Discurso de Angostura en el cual expuso sus ideas sobre el Estado y su organización, configurándose como la exposición de motivos del Proyecto de Constitución que sometió a la consideración de dicha Asamblea[741].

Se adoptó, así, la Constitución de Angostura de 1819, influida por los principios del constitucionalismo moderno que se habían incorporado en la Constitución de 1811 y las propias ideas del Libertador[742], en cuya elaboración como es fácil deducir, no hubo influencia alguna de la Constitución de Cádiz.

Coincidiendo con la brutal guerra que se sucedió en Venezuela en 1813 y 1814, Fernando VII en cuyo nombre se había adoptado la Constitución de Cádiz de 1812, una vez que el 22 de marzo de 1814 entró a España luego de la firma del Tratado de Valençay de 1813 mediante el cual Napoleón lo reconoció como Rey, por Real Decreto de 4 de mayo de 1814 expedido en Valencia, restauró la Monarquía Absoluta, negándose a jurar la Constitución de Cádiz que durante dos años le había mantenido su Monarquía, anulándola junto con los demás actos constitucionales que las Cortes habían dictado a su amparo, diciendo que quedaban "nulos y de ningún valor ni efecto, ahora ni en tiempo alguno, como si no hubiesen pasado jamás tales actos, y se quitasen de en medio del tiempo." Para hacer esto, Fernando VII reaccionó contra las propias Cortes, denunciando que se habían constituido "de un modo jamás usado en España aun en los tiempos más arduos" al no haber participado en la misma "los Estados de la Nobleza y Clero, aunque la Junta Central lo había mandado," y además, considerando que los diputados a las Cortes, desde el mismo día de su instalación, lo habían "despojado de su soberanía" al haberla atribuido "nominalmente

---

739. Véase Pedro Grases "Notas Editorial", en *El Libertador y la Constitución de Angostura de 1819*, Caracas, 1969, p. 7.

740. Véase el texto del Reglamento en Allan R. Brewer-Carías, *Las Constituciones de Venezuela, cit.*, pp. 229 y ss.

741. Véase Ángel Francisco Brice, Prólogo a las *Actas del Congreso de Angostura*, Instituto de Derecho Público, Caracas, 1969, pp. 9 y ss.

742. *El Libertador y la Constitución de Angostura de 1819*, (ed: Pedro Grases), Prólogo: Tomás Polanco, Caracas 1970. Véase en general, *Los Proyectos Constitucionales de Simón Bolívar, El Libertador 1813-1830*, Caracas 1999.

a la Nación, para apropiársela así ellos mismos, y dar a ésta después, sobre tal usurpación, las Leyes que quisieron."[743]

En esta forma, habiéndose sentado las bases del constitucionalismo venezolano antes de la sanción de la Constitución de Cádiz, la cual no tuvo efectiva aplicación en Venezuela, salvo formalmente por imposición en medio de la guerra, la misma no tuvo ni pudo tener influencia alguna, ni siquiera en constitucionalismo posterior. Era demasiado española, y Venezuela había declarado la guerra a todo lo español; y por su parte, España le había declarado la guerra a los venezolanos, comandada por la Regencia y las propias Cortes, guerra que, además, una vez reinstaurada la Monarquía, se materializó físicamente en 1815 con el envío de la mayor expedición armada jamás antes enviada a América desde España, la compuesta por más de 15.000 hombres al mando del Mariscal de Campo Pablo Morillo, precisamente para pacificar a las Provincias de Venezuela.[744]

IV. LA CONVERGENCIA CONSTITUCIONAL ENTRE CARACAS (1811) Y CÁDIZ (1812), A PESAR DEL DESENCUENTRO, POR LA RECEPCIÓN DE LOS MISMOS PRINCIPIOS DEL CONSTITUCIONALISMO MODERNO

A pesar de todo el desencuentro que acompañó el proceso constituyente venezolano y gaditano, sin embargo, lo cierto fue que estuvieron influidos por los mismos principios del constitucionalismo moderno que habían derivado de las Revoluciones francesa y americana, y fueron incorporados en la Constitución Federal de los Estados de Venezuela de 1811 y en la Constitución de Cádiz de 1812. Y ello, por supuesto, a pesar de que para cuando se iniciaron dichos procesos constituyentes en Cádiz y en Venezuela, a partir de 1810, ya la República francesa había dejado de existir, pues había sido suprimida en 1808; la Declaración de Derechos no tenía rango constitucional, que había perdido en 1799; y la propia Revolución había cesado en 1795. Del caos institucional que surgió de la misma, vino la dictadura napoleónica, primero a través del Consulado provisorio (1799) y vitalicio (1802), y luego como Emperador (1804); y posteriormente, cuando fue encarcelado, a partir de 1814, ocurrió la restauración de la Monarquía habiendo perdurado el régimen monárquico durante buena parte del siglo XIX.

Sin embargo, aquellos principios del constitucionalismo moderno que de ella derivaron, y que junto con los que aportó la Revolución Norteamericana entre 1810 y 1812 moldearon los procesos constituyentes de Venezuela y de España, en resumen, fueron los siguientes:[745]

En *primer lugar*, la idea de la existencia de una Constitución como carta política escrita, emanación de la soberanía popular, de carácter rígida, permanente, contenti-

---

743   Véase el texto en: http://www.historiasiglo20.org/HE/texto-decretovalenciafer-nandoVII.htm.

744   Véase José Gil Fortoul, *Historia Constitucional...*, Tomo I, p. 237.

745   Véase Allan R. Brewer-Carías, *Reflexiones sobre la Revolución Norteamericana (1776), la Revolución Francesa (1789) y la Revolución Hispanoamericana (1810-1830) y sus aportes al Constitucionalismo Moderno*, Serie Derecho Administrativo N° 2, Universidad Externado de Colombia, Editorial Jurídica Venezolana, Bogotá 2008.

va de normas de rango superior, inmutable en ciertos aspectos y que no sólo organiza al Estado, es decir, no sólo tiene una parte orgánica, sino que también tiene una parte dogmática, donde se declaran los valores fundamentales de la sociedad y los derechos y garantías de los ciudadanos. Hasta el tiempo de las Revoluciones, esta idea de Constitución no existía, y las Constituciones, a lo sumo, era cartas otorgadas por los Monarcas a sus súbditos. La primera Constitución del mundo moderno, por tanto, después de las que adoptaron las antiguas colonias norteamericanas en 1776 fue la de los Estados Unidos de América de 1787, seguida de la de Francia de 1791. La tercera Constitución moderna, republicana, fue la de Venezuela de 1811; y la cuarta, la de la Monarquía parlamentaria de Cádiz de 1812.

En *segundo lugar*, de esos dos acontecimientos surgió también la idea política derivada del nuevo papel que a partir de esos momentos históricos se confirió al pueblo, es decir, el papel protagónico del pueblo en la constitucionalización de la organización del Estado. Con esas Revoluciones la Constitución comenzó a ser producto del pueblo, dejando de ser una mera emanación de un Monarca. Por ello, en los Estados Unidos de América, las Asambleas coloniales asumieron la soberanía, y en Francia, la soberanía se trasladó del Monarca al pueblo y a la Nación; y a través de la idea de la soberanía del pueblo, surgieron todas las bases de la democracia y el republicanismo.

Por ello, en España, la Junta Central Gubernativa del Reino estableció un régimen de elecciones para la formación de las Cortes de Cádiz en 1810 las cuales sancionaron la Constitución de 18 de marzo de 1812; y en Venezuela, la Junta Suprema conservadora de los derechos de Fernando VII constituida en 1810, entre los primeros actos constitucionales que adoptó, también estuvo la convocatoria a elecciones de un Congreso General con representantes de las Provincias que conformaban la antigua Capitanía General de Venezuela, cuyos diputados (de siete de las nueve Provincias), en representación del pueblo, sancionaron la Constitución de 21 de diciembre de 1811, luego de haber declarado solemnemente la Independencia el 5 de Julio del mismo año.

En *tercer lugar*, de esos dos acontecimientos políticos resultó el reconocimiento y declaración formal de la existencia de derechos naturales del hombre y de los ciudadanos, con rango constitucional, y por tanto, que debían ser respetados por el Estado. La libertad se constituyó, con esos derechos como un freno al Estado y a sus poderes, produciéndose, así, el fin del Estado absoluto e irresponsable. En esta forma, a las Declaraciones de Derechos que precedieron a las Constituciones de las Colonias norteamericanas al independizarse en 1776, siguieron la Declaración de Derechos del Hombre y del Ciudadano de Francia de 1789, y las Enmiendas a la Constitución de los Estados Unidos del mismo año.

La tercera de las declaraciones de derechos fundamentales en la historia del constitucionalismo moderno, fue la Declaración de Derechos del Pueblo adoptada el 1° de julio de 1811 por la sección de Caracas del Congreso General de Venezuela, texto que meses después se recogió ampliado, en el Capítulo VII de la Constitución de diciembre de 1811.

En *cuarto lugar*, además, dentro de la misma línea de limitación al Poder Público para garantizar la libertad de los ciudadanos, las Revoluciones francesa y americana aportaron al constitucionalismo la idea fundamental de la separación de poderes. Esta se formuló, en primer lugar, en la Revolución americana, razón por la cual la estructura constitucional de los Estados Unidos se montó, en 1787 sobre la base de la separación orgánica de poderes. El principio, por supuesto, se recogió aún con mayor fuerza en el sistema constitucional que resultó del proceso revolucionario francés, donde se le agregaron como elementos adicionales, el principio de la supremacía del Legislador resultado de la consideración de la ley como expresión de voluntad general; y el de la prohibición a los jueces de interferir en cualquier forma en el ejercicio de las funciones legislativas y administrativas.

La Constitución venezolana de diciembre de 1811, en esta forma, fue el tercer texto constitucional del mundo moderno, en establecer expresa y precisamente el principio de la separación de poderes, aun cuando más dentro de la línea del balance norteamericano que de la concepción extrema francesa; siendo la Constitución de Cádiz de 1812, la cuarta Constitución que adoptó el principio de separación de poderes, siguiendo más el esquema francés de la Monarquía parlamentaria.

En *quinto lugar,* de esos dos acontecimientos políticos puede decirse que resultaron los sistemas de gobierno que han dominado en el mundo moderno: el presidencialismo, producto de la Revolución americana; y el parlamentarismo, como sistema de gobierno que dominó en Europa después de la Revolución francesa, aplicado en las Monarquías parlamentarias.

El presidencialismo se instaló en Venezuela a partir de 1811, inicialmente como un ejecutivo triunviral, y luego unipersonal a partir de 1819; y el parlamentarismo se instauró en España en 1812.

En *sexto lugar*, las Revoluciones americana y francesa trastocaron la idea misma de la función de impartir justicia, la cual dejaría de ser administrada por el Monarca y comenzaría a ser impartida en nombre de la Nación por funcionarios independientes. Además, con motivo de los aportes de la Revolución americana, los jueces asumieron la función fundamental en el constitucionalismo moderno, de controlar la constitucionalidad de las leyes; es decir, la idea de que la Constitución, como norma suprema, tenía que tener algún control, como garantía de su supremacía, y ese control se atribuyó al Poder Judicial. De allí, incluso, el papel político que en los Estados Unidos de Norteamérica, adquirió la Corte Suprema de Justicia. En Francia, sin embargo, dada la desconfianza revolucionaria respecto de los jueces, frente a la separación absoluta de poderes, sólo sería cien años después que se originaría la consolidación de la justicia administrativa, que aún cuando separada del Poder Judicial, controlaría a la Administración; y sería doscientos años después que se establecería un control de constitucionalidad de las leyes a cargo del Consejo Constitucional, creado también fuera del Poder Judicial. Tanto en la Constitución de Venezuela de 1811 como en la Constitución de Cádiz de 1812 se reguló un Poder Judicial autónomo e independiente, habiéndose desarrollado en Venezuela a partir de 1858 un control judicial de la constitucionalidad de las leyes que sólo se instauró en España, efectivamente, a partir de 1978.

En *séptimo lugar*, de esos dos acontecimientos revolucionarios surgió una nueva organización territorial del Estado, antes desconocida. En efecto, frente a las Monarquías absolutas organizadas conforme al principio del centralismo político y a la falta de uniformismo político y administrativo, esas Revoluciones dieron origen a nuevas formas de organización territorial del Estado, antes desconocidas, que originaron, por una parte, el federalismo, particularmente derivado de la Revolución americana con sus bases esenciales de gobierno local, y por la otra, el municipalismo, originado particularmente como consecuencia de la Revolución francesa.

Venezuela, así, fue el primer país del mundo, 1811, en seguir el esquema norteamericano y adoptar la forma federal en la organización del Estado, sobre la base de la división provincial colonial; y a la vez, fue el primer país del mundo, en 1812, en haber adoptado la organización territorial municipal que legó la Revolución francesa. En España, la división provincial siguió en parte la influencia de la división territorial departamental de la post Revolución francesa; y se adoptaron los principios del municipalismo que también derivaron de la Revolución francesa.

Estos siete principios o aportes que resultan de la Revolución americana y de la Revolución francesa significaron, por supuesto, un cambio radical en el constitucionalismo, producto de una transición que no fue lenta sino violenta, aún cuando desarrollada en circunstancias y situaciones distintas. De allí que, por supuesto, la contribución de la Revolución americana y de la Revolución francesa al derecho constitucional, aún en estas siete ideas comunes, hayan tenido raíces diferentes: en los Estados Unidos de Norte América se trataba de construir un Estado nuevo sobre la base de lo que eran antiguas Colonias inglesas, situadas muy lejos de la Metrópoli y de su Parlamento soberano, y que durante más de un siglo se habían desarrollado independientes entre sí, por sus propios medios y gozando de cierta autonomía. En el caso de Francia, en cambio, no se trataba de construir un nuevo Estado, sino dentro del mismo Estado unitario y centralizado, sustituir un sistema político constitucional monárquico, propio de una Monarquía absoluta, por un régimen totalmente distinto, de carácter constitucional y parlamentario, e incluso luego, republicano. Puede decirse que, *mutatis mutandi,* en Venezuela ocurrió un fenómeno político similar al de Norteamérica; y en España ocurrió también un fenómeno político similar al de Francia.

V. ALGUNAS SECUELAS CONSTITUCIONALES DEL DESENCUENTRO

Seis años después de la restauración de la Monarquía y de la anulación de la Constitución de Cádiz, es decir, a partir de 1820, puede decirse que fue cuando su texto efectivamente comenzaría a tener repercusión en el constitucionalismo moderno. Ello ocurrió como consecuencia de una Revolución de origen militar, y que esa ocasión impuso al rey Fernando VII el juramento de Constitución de Cádiz, la cual entonces volvió a entrar en vigencia, aún cuando por otro corto período de tres años y medio, desde el 10 de marzo de 1820 al primero de octubre de 1823.[746]

En efecto, el 1º de enero de 1820 estalló en el pueblo de Cabezas de San Juan, una rebelión militar del cuerpo de expedicionarios que se había conformado y que debía partir para América para sofocar las rebeliones que ya para esa fecha se habían generalizado en todo el Continente. La voz de la Revolución se expresó con el pronunciamiento de coronel Rafael del Riego, quien, como se ha dicho, consideró "más importante proclamar la Constitución de 1812 que conservar el imperio español."[747]

---

746   Véase José F. Merino Merchán, *Regímenes históricos españoles*, Tecnos, Madrid 1988, pp. 60 y 61.

747   Véase Juan Ferrando Badía, "Proyección exterior de la Constitución de Cádiz" en M. Artola (ed), *Las Cortes de Cádiz, Ayer, 1-1991*, Marcial Pons, Madrid 1991, p. 207.

Para ese momento en Europa, la Constitución de Cádiz era el símbolo de las ideas liberales, más que las que habían derivado de la Revolución Francesa cuyas secuelas habían sumido a toda Europa en unas guerras sucesivas de varias décadas.

Por tanto, entre embarcarse para América para luchar contra un proceso independentista ya bastante generalizado donde las nuevas naciones con sus ejércitos ya habían derrotado a las fuerzas españolas, tal y como por ejemplo, había ocurrido en Venezuela y Nueva Granada respecto de la expedición de Morillo de 1815; y realizar una sublevación militar en la propia España, el Ejercito, con la connivencia de sociedades secretas como la masonería, optó por lo segundo[748] e hizo la Revolución, imponiendo al Rey la Constitución de 1812, quien la juró el 2 de marzo de 1820.

En este nuevo período de vigencia, a partir de 1820, fue entonces que la influencia de la Constitución se manifestó incluso en América, en algunas provisiones de los textos Constitucionales de los países en los cuales, para esa fecha, aún no se había proclamado la independencia, que eran la mayoría.[749]

Sin embargo, la mayor repercusión de la Constitución española ocurrió en Europa, donde puede decirse que su influencia derivó, más que del texto estricto de las previsiones contenidas en la Constitución, del hecho de que en su nombre se había realizado una revolución que había impuso por la fuerza la Constitución al Monarca en 1820. Así, la decisión del Rey de jurar la Constitución como consecuencia de esa Revolución, fue realmente lo que consolidó al movimiento como la primera Revolución liberal europea. La consecuencia de ello fue, entonces, que los movimientos revolucionarios que en esas mismas fechas se iniciaron tanto en Portugal como en Nápoles y en el Piamonte italiano, vieron en la Revolución española el ejemplo a seguir, imponiendo también a los Monarcas su producto, que había sido, precisamente, la Constitución de Cádiz.

En los Estados de Venezuela, en cambio, el desencuentro continuó, y aún antes de haber concluido las guerras de independencia con la Batalla de Carabobo de 1821, y antes de que se hubiese vuelto a poner en vigencia la Constitución de Cádiz en 1820, luego de efectuadas las elecciones para la conformación del Congreso de Venezuela,[750] el 15 de agosto de 1819 se sancionó en Angostura, capital de la provincia de Guayana, la segunda Constitución política de Venezuela,[751] la cual por supuesto, tuvo como antecedente inmediato el texto de la Constitución Federal de los Estados de Venezuela de 1811, de la cual tomó muchas disposiciones, entre ellas, la declaración de derechos, los principios democráticos representativos y la separación de poderes. Esta Constitución tuvo, además, la influencia directa de las ideas de Simón Bolívar, para entonces jefe supremo de la República, quien las había

---

748   Véase F. Suárez, *La crisis política del Antiguo Régimen en España (1800-1840)*, Madrid, 1950, p. 38. Citado por Juan Ferrando Badía, *Idem*, p. 177.

749   Véase por ejemplo, Manuel Ferrer Muñoz, *La Constitución de Cádiz y su aplicación en la Nueva España*, UNAM, México 1993.

750   Véase el texto del Reglamento para elecciones de representantes al Congreso de Venezuela de 17-10-1818 aprobado por el Consejo de Estado constituido por el Libertador como jefe Supremo, en Allan R. Brewer-Carías, *Las Constituciones de Venezuela, cit.*, Tomo I, pp. 603-611. El Consejo de Estado lo había creado el Libertador el 5 de noviembre de 1817. Véase en *Idem*, p. 599.

751   *Idem*, Tomo I, p. 599.

expresado tanto en el Proyecto de texto constitucional que elaboró para el Congreso, como en su Discurso de presentación del mismo[752]; los cuales además, seguían la línea de pensamiento que había delineado en el Manifiesto de Cartagena (1812) y en la Carta de Jamaica (1815)[753]. La Constitución de 1819, sin embargo, tuvo una importante disidencia respecto del texto de la Constitución de 1811, al establecer, conforme a la orientación de Bolívar, un Estado unitario en contraste con la forma federal inicial.

Esta organización constitucional del Estado de Venezuela en la Constitución de Angostura, como la guerra de independencia no había concluido, y la mira del Libertador apuntaba además, hacia la Nueva Granada, a finales el 17 de diciembre de ese año 1819, el propio Congreso de Venezuela, en virtud de que a su autoridad habían querido sujetarse los pueblos de la nueva Granada recientemente liberados, sancionó la Ley Fundamental de la República de Colombia en 1819,[754] reuniendo "las Repúblicas de Venezuela y la Nueva Granada"... en una sola bajo el título glorioso de república de Colombia" (art. 1), cuyo territorio comprendía al antiguo reino de Quito (art. 2).[755] Por ello, a comienzos de 1820 Bolívar regresó a la Nueva Granada y luego de volver a Venezuela en marzo de ese año –cuando los rebeles militares en España imponían a Fernando VII la Constitución de Cádiz– , en la continuación de la guerra a la cual los militares españoles se habían negado participar, derrotando los ejércitos españoles los días 25 y 26 de noviembre de 1820, Bolívar y Morillo suscribieron un Armisticio y un Tratado de Regularización de la Guerra con Pablo Morillo, entrevistándose en Santa Ana, el 27 de noviembre de 1820. Todo esto, como se dijo, ocurría en las provincias americanas mientras en España se producía y se comenzaba a consolidar la revolución de Riego. Luego del armisticio, Morillo encargó del ejército español a Miguel de la Torre y se embarcó para España, pero al poco tiempo, el Armisticio se rompió por el pronunciamiento del gobierno de la Provincia de Maracaibo, que había permanecido leal a la Monarquía, a favor de una República democrática, incorporándose a Colombia. Finalmente el 24 de junio de 1821 se libró la Batalla de Carabobo, y con ello se selló definitivamente la independencia de Venezuela.

La independencia, constitucionalmente se materializó en la Constitución de la República de Colombia sancionada por el Congreso General de Colombia reunido en la Villa del Rosario de Cúcuta el 30 de agosto de 1821,[756] una vez que el mismo Congreso había sancionado la Ley Fundamental de la Unión de los Pueblos de Co-

---

752   Véase los textos en *El Libertador y la Constitución de Angostura*, (ed. Pedro Grases), Publicaciones del Congreso de la República, Caracas, 1969.

753   El Manifiesto de Cartagena (1812) y la Carta de Jamaica (1815) pueden consultarse, entre otros, en Simón Bolívar, *Escritos Fundamentales*, Caracas, 1982 y en *Itinerario Documental de Simón Bolívar. Escritos selectos*, Ediciones de la Presidencia de la República, Caracas 1970, pp. 30 y ss. y 115 y ss. Véase además, Simón Bolívar, *Carta de Jamaica*, Ediciones del Ministerio de Educación, Caracas 1965 y Ediciones de la Presidencia de la República, Caracas 1972.

754   Véase el texto en Allan R. Brewer-Carías, *Las Constituciones de Venezuela, cit.*, Tomo I, pp. 645-646; y en Pedro Grases (ed), *Actas del Congreso de Angostura, cit.*, pp. 356 y ss.

755   Véase la Ley Fundamental de la República de Colombia de 17-12-1819 en Allan R. Brewer-Carías, *Las Constituciones de Venezuela, cit.*, Tomo I, pp. 643-644.

756   *Idem,* Tomo I, pp. 647-665.

lombia del 15 de agosto de 1821,[757] estuvo signada igualmente por el centralismo de Estado que continuó y se acentuó, al integrarse en un solo Estado todas las provincias de Cundinamarca, Venezuela y Ecuador.

Esa República, obra de Bolívar, sin embargo, desapareció tres meses antes de su muerte, con el desmembramiento de la llamada Gran Colombia y por lo que respecta a Venezuela, con la sanción de la Constitución del 24 de septiembre de 1830 mediante la cual se restableció la República de Venezuela.[758] Su texto fue uno de los que más influencia tuvo en el proceso constitucional venezolano, dado los largos años de vigencia de los que gozó hasta 1857. Fue un texto que siguió la misma línea constitucional que se había iniciado en Venezuela con la Constitución Federal de 1811, de cuyo texto recibió la influencia fundamental, así como de las Constituciones de 1819 y 1821, aún cuando mitigando el centralismo que Bolívar le había propugnada en ellas.

Así, de la divergencia política inicial entre Caracas y Cádiz durante los cruciales años de 1810 a 1812, sin duda derivaron procesos constituyentes propios y distintos que se desarrollaron en paralelo en ambas partes del Atlántico, pero que, con todas sus vicisitudes políticas, encontraron puntos de convergencia por el hecho de haber recibido, en ambas partes del Atlántico, la influencia de los mismos principios del constitucionalismo moderno provenientes de las Revoluciones Francesa y Norteamericana del siglo XVIII.

SECCIÓN SEXTA:

LA CONSTITUCIÓN DE CÁDIZ DE 1812 Y LOS PRINCIPIOS DEL CONSTITUCIONALISMO MODERNO: SU VIGENCIA EN EUROPA Y EN AMÉRICA (2009)

Esta Sección Sexta es el estudio sobre *La constitución de Cádiz de 1812 y los principios del constitucionalismo moderno: su vigencia en Europa y en América*, que sirvió para la Conferencia Magistral dictada en el *IV Simposio Internacional sobre la Constitución de Cádiz de 1812: Fuente del derecho europeo y americano. Relectura de sus principios fundamentales*, organizada por la Unión latina y el Ayuntamiento de Cádiz, en Cádiz, los días 11 al 13 de junio de 2008. Este trabajo fue publicado en Asdrúbal Aguiar (Coordinador), *La Constitución de Cádiz de 1812, fuente del derecho Europeo y Americano. Relectura de sus principios fundamentales. Actas del IV Simposio Internacional Unión Latina*, Ayuntamiento de Cádiz, Cádiz 2010, pp. 35–55; y en el *Anuario Jurídico Villanueva*, III, Año 2009, Villanueva Centro Universitario, Universidad Complutense de Madrid, Madrid 2009, pp. 107–127. Este estudio se recogió también en nuestros libros: *Los inicios del proceso constituyente hispano y americano. Caracas 1811 – Cádiz 1812*, (Prólogo de Asdrúbal Aguiar), Editorial bid & co. Editor, Colección Historia, Caracas 2012, pp. 236–265; y *La Constitución de Cádiz y el consti-*

---

757   La cual se sancionó ratificando la Ley Fundamental de la República de Colombia de 17-12-1819. Véase en *Idem*, Tomo I, pp. 645-646.

758   *Idem*, Tomo I, pp. 707 ss.

tucionalismo hispanoamericano, **Editorial Investigaciones Jurídicas C.A., San José, Costa Rica 2012, pp. 17–55.**

Treinta y cinco (35) años después de que tuvo lugar la Revolución Americana de 1776 y veintidós (22) años después de que se produjera la Revolución Francesa de 1789, en España y en sus colonias americanas se comenzaron a producir los sucesos que, en conjunto, conformarían lo que se puede denominar la "Revolución Hispano Americana"[759], que se inició, constitucionalmente hablando, en paralelo, con la sanción de la "Constitución Federal para los Estados de Venezuela" de 21 de diciembre de 1811, y tres meses después con la sanción de la "Constitución de la Monarquía Española" de Cádiz, de 19 de marzo de 1812.

Las dos primeras Revoluciones transformaron radicalmente el orden político constitucional que existía a finales del siglo XVIII, que era el del Antiguo Régimen, habiendo sido sus principios constitucionales los que sirvieron de fuente de inspiración para las siguientes. De los mismos se nutrieron, entre 1808 y 1812, tanto los precursores y próceres de la Independencia de Venezuela en la tarea de elaborar las bases para la creación de un nuevo Estado independiente, que era el segundo en su género en la historia política del mundo moderno después de los Estados Unidos de Norte América; como los miembros del Consejo de Regencia que derivó de la guerra de independencia contra Francia que convocarían las Cortes de Cádiz para transformar una Monarquía absoluta en una Monarquía constitucional, lo que antes sólo había ocurrido en Francia como consecuencia de la Revolución Francesa.

La Constitución de Cádiz, sin duda, puede decirse que tuvo influencia en la gran mayoría de las antiguas Colonias españolas que lograron su independencia después de 1820[760]. Incluso, en algunos casos, la propia Constitución de Cádiz que ya en 1824 había cesado en su vigencia en España, llegó a ser aplicada provisionalmente en las nacientes Repúblicas, como por ejemplo ocurrió en México donde los Alcaldes juraron en 1824 "guardar la Constitución española, mientras se concluye la de la Nación mexicana".[761] Sin embargo, esa influencia no se produjo en los iniciales movimientos de independencia, y en particular, en los que tuvieron lugar en las antiguas Provincias de Venezuela[762], contra las cuales, desde el 1 de agosto de 1810, el

---

759 Véase Allan R. Brewer-Carías, *Reflexiones sobre la Revolución Americana (1776), la Revolución Francesa (1789) y la Revolución Hispanoamericana (1811-1830) y sus aportes al constitucionalismo moderno*, Universidad Externado de Colombia, Bogotá 2008.

760 Véase por ejemplo, Jorge Mario García Laguardia, Carlos Meléndez Chaverri, Marina Volio, *La Constitución de Cádiz y su influencia en América (175 años 1812-1987)*, San José, 1987; Manuel Ferrer Muñoz, *La Constitución de Cádiz y su aplicación en la Nueva España*, UNAM México, 1993; Ernesto de la Torre Villas y Jorge Mario García Laguardia, *Desarrollo histórico del constitucionalismo hispanoamericano*, UNAM, México 1976.

761 Véase Diario de sesiones del Congreso (México), 2 de mayo de 1824, p. 586. Citado por Demetrio Ramos, "Las Cortes de Cádiz y América" en *Revista de Estudios Políticos*, N° 126, Instituto de Estudios Políticos, Madrid 1962, nota 422, p. 631.

762 Véase Allan R. Brewer-Carías, "El paralelismo entre el constitucionalismo venezolano y el constitucionalismo de Cádiz (o de cómo el de Cádiz no influyó en el venezolano" en *Libro Homenaje a Tomás Polanco Alcántara*, Estudios de Derecho Público, Universidad Central de Venezuela, Caracas 2005, pp. 101-189.

Consejo de Regencia de España e Indias había decretado el total bloqueo de sus costas y territorios, a lo que siguió un estado de guerra y beligerancia que no cesó durante todo el período de funcionamiento de las Cortes y que éstas no se atrevieron a anular[763]. En aquellas colonias, en realidad, dicha Constitución de Cádiz, en lugar de ser un modelo a seguir, era el símbolo de la Monarquía contra la cual se luchaba.

Pero dejando aparte esta particular situación histórica constitucional de las antiguas Provincias de Venezuela, la Constitución de Cádiz fue un texto fundamental para el desarrollo de los principios del constitucionalismo moderno, habiendo servido, a pesar de su corta vigencia inicial (1812–1814), de modelo a muchos movimientos constitucionales en Europa y América.

Fue en dicho texto constitucional donde por primera vez en Europa se recogieron los principios del constitucionalismo moderno que habían legado las Revoluciones norteamericana y francesa, lo que implicó que con motivo de su nueva puesta en vigencia entre 1820 y 1824 a raíz del golpe de Estado que obligó al Rey a jurarla, la Constitución de Cádiz adquiriera una importante connotación, particularmente porque en ese momento, en el mundo latino no había otro modelo constitucional que pudiera servir de fuente de inspiración para las ideas democrático liberales. No debe olvidarse que en 1812 y luego, en 1820, las Constituciones francesas iniciales (1791, 1793) ya habían caído en un olvido histórico con el consiguiente desdibujamiento de su contenido, entre otros factores, por el régimen revolucionario del Terror y de su producto inmediato, el Directorio, que se había constituido de acuerdo a la Constitución de 1795 (Año III); por el golpe de Estado que ya Bonaparte había dado en 1799 que, entre otros aspectos, condujo a la eliminación de la misma Declaración de los Derechos del Hombre y el Ciudadano de 1789, símbolo fundamental de la Revolución, del contenido de la Constitución de 1799 (Año VIII); por la creación del Consulado vitalicio, a cargo de Napoleón, con la Constitución de 1802 (Año X); por la formación del Imperio y la consagración de Napoleón Bonaparte como Emperador vitalicio con la Constitución de 1804 (Año XII) y la posterior eliminación de la República (1808); y finalmente, por la restauración de la Monarquía a partir de 1814, con la coronación de Luís XVIII, luego de la derrota de Napoleón por los aliados europeos, que veían en la Revolución francesa la fuente de todos los males políticos del momento.

Ante el vacío conceptual revolucionario que había resultado de todos esos factores, puede decirse que fue entonces la Constitución de Cádiz de 1812 la que sustituyó a las francesas como fuente de inspiración para los movimientos liberales, al haber incorporado en su texto, desde 1812, los principios del constitucionalismo que se había iniciado tanto en Norteamérica como en Francia.

---

763   Véase Demetrio Ramos, "Las Cortes de Cádiz y América", en *Revista de Estudios Políticos*, N° 126, Instituto de Estudios Políticos, Madrid, 1962, p. 467.

I. LOS PRINCIPIOS DEL CONSTITUCIONALISMO MODERNO DERIVADOS DE LAS REVOLUCIONES DEL SIGLO XVIII Y SU INCORPORACIÓN EN LA CONSTITUCIÓN DE CÁDIZ DE 1812

Esos principios del constitucionalismo moderno son los que giran en torno a la idea de Constitución; de la soberanía nacional y del gobierno representativo; de la declaración de derechos del hombre y del ciudadano; de la separación de poderes y de las formas de gobierno; del rol del Poder Judicial, y de la nueva organización territorial del Estado, y que han sido los que han condicionado toda la historia constitucional del mundo moderno a partir del siglo XIX. Los mismos se comenzaron a arraigar en España precisamente a raíz de la convocatoria de las Cortes de Cádiz y desde su instalación, el 24 de septiembre de 1810, y fueron los que posteriormente se recogieron en el texto de la Constitución de la Monarquía Española de 19 de marzo de 1812[764].

Como todos sabemos, la Constitución sólo tuvo un corto período inicial de vigencia de dos años hasta su anulación el 4 de mayo de 1814[765], período en el cual, además, tuvo una dificultosa o casi nula aplicación, al menos en las Colonias Americanas. Sin embargo, su texto fue el vehículo para que todos esos principios adoptados en la misma, influyeran en el constitucionalismo de muchos países hispanoamericanos y europeos, contribuyendo a la quiebra del Antiguo Régimen en Europa.[766]

1. *La Constitución como ley suprema producto de la soberanía popular*

El primero de esos principios fue la noción misma de Constitución como carta política escrita, emanación de la soberanía popular, de carácter rígida y permanente, contentiva de normas de rango superior, inmutables en ciertos aspectos, y que no sólo organiza al Estado sino también una parte dogmática donde se declaran los valores fundamentales de la sociedad y los derechos y garantías de los ciudadanos.

Hasta el momento de producirse las Revoluciones norteamericana y francesa, esa idea de Constitución no existía, y las Constituciones, a lo sumo, era cartas otorgadas

---

764 El texto de la Constitución de 1812 y de los diversos Decretos de las Cortes de Cádiz los hemos consultado en *Constituciones Españolas y Extranjeras*, Tomo I, Ediciones de Jorge de Esteban, Taurus, Madrid 1977, pp. 73 y ss.; *Constitución Política de la Monarquía Española promulgada en Cádiz de 19 de marzo de 1812*, Prólogo de Eduardo García de Enterría, Civitas, Madrid, 1999.

765 En pleno proceso de configuración política de Venezuela y en plena guerra de independencia, el 11 de diciembre de 1813, España firmó el Tratado con Francia en el que se reconoció a Fernando VII como Rey, y éste, cinco meses después, el 4 de mayo de 1814 adoptó su célebre manifiesto sobre abrogación del Régimen Constitucional mediante el cual se restableció la autoridad absoluta del Monarca, declarando "nulos y de ningún valor ni efecto, ahora, ni en tiempo alguno, como si no hubiesen pasado jamás..., y se quitasen de en medio del tiempo" la Constitución y los actos y leyes dictados durante el período de gobierno constitucional. Véase en *Constituciones Españolas y Extranjeras, op. cit.*, pp. 125 y ss.

766 Véase en general, M. Artola (ed), *Las Cortes de Cádiz*, Madrid 1991; Rafael Jiménez Asensio, *Introducción a una historia del constitucionalismo español*, Valencia 1993; J.F. Merino Merchán, *Regímenes históricos españoles*, Tecnos, Madrid 1988; Jorge Mario García Laguardia "Las Cortes de Cádiz y la Constitución de 1812. Un aporte americano" en Jorge Mario García Laguardia, Carlos Meléndez Chaverri, Marina Volio, *La Constitución de Cádiz y su influencia...*, op. cit., pp. 13 y ss.

por los Monarcas a sus súbditos. Por tanto, la práctica de Constituciones escritas producto de la voluntad popular fue iniciada en las Colonias inglesas de Norteamérica cuando se convirtieron en Estados independientes en 1776, dando nacimiento al concepto racional–normativo de Constitución como un documento escrito y sistemático que emana de la soberanía popular, referido a la organización política de la sociedad, estableciendo los poderes de los diferentes cuerpos estatales y generalmente precedidos por una lista de derechos inherentes al hombre.

Después de las Constituciones que adoptaron las antiguas colonias norteamericanas en 1776, la primera Constitución nacional del mundo moderno fue la de los Estados Unidos de América de 1787, la cual, sin embargo, no contuvo una declaración de derechos, la cual sólo se incorporó a la misma en 1789, al sancionarse las primeras diez Enmiendas que entraron en vigencia en 1791.

La Constitución norteamericana fue seguida por la de Francia de ese mismo año de 1791, y luego, por el texto constitucional revolucionario de 1793, luego de que Luís XVI fuera condenado por la Convención y ejecutado, y finalmente por la Constitución de 1795 (Año III), que conformó el Directorio. Estos textos se configuraron no sólo como Constituciones orgánicas sino como Constituciones dogmáticas, precedidas, todas, de una Declaración de Derechos, la cual con rango constitucional puede considerarse como el gran aporte de la Revolución francesa a la idea de Constitución moderna, que luego desapareció de las Constituciones históricas francesas a partir de la Constitución de 1799 (Año VIII) producto del golpe de Estado de Napoleón.

La tercera Constitución moderna nacional, fue la republicana de Venezuela de 1811; y la cuarta, precisamente, la de la Monarquía Española adoptada por las Cortes de Cádiz en 1812, incluso en ausencia del Monarca Fernando VII que estaba confinado en Francia.

La Constitución de Cádiz estuvo imbuida de este principio de la Constitución como Ley superior a la cual deben someterse los órganos del Estado, concebida como texto escrito y rígido para limitar el poder, producto de la soberanía nacional, por lo que con ella, se inicio constitucionalismo moderno en España.

En particular, en cuanto a la rigidez de la Constitución, la misma resultó de los procedimientos dispuestos para su reforma (arts. 376 a 384), así como por el principio general de su inmodificabilidad por un período de 8 años, durante los cuales, se dispuso, no podía proponerse "alteración, adición ni reforma en ninguno de sus artículos" (art. 375).

Este carácter de la Constitución como norma suprema y de obligatorio cumplimiento se plasmó, además, en el Título X de la misma que estableció el régimen de "la observancia de la Constitución", en el cual se incorporaron normas como el derecho general de todos los españoles de peticionar ante las Cortes o ante el Rey, en una especie de acción popular, "para reclamar la observancia de la Constitución"(art. 373); y además, la obligación general de todas toda persona que fuera a ejercer cargos públicos, civiles, militares o eclesiásticos, de prestar juramento, al tomar posesión de su destino, de guardar la Constitución" (art. 374). Igual obligación se previó para los individuos integrantes de los ayuntamientos y de las diputaciones Provinciales (art. 337).

Además, la Constitución dispuso, en cuanto al plan general de enseñanza que el Estado debía concebir, que se debía establecer la obligación de que "la Constitución política de la Monarquía [se debía explicar] en todas las universidades y establecimientos literarios, donde se enseñen las ciencias eclesiásticas y políticas" (art. 368).

2. La soberanía y representación popular

El segundo de los principios del constitucionalismo moderno producto de los acontecimientos políticos de Norteamérica y Francia del siglo XVIII, fue la también nueva idea política del papel que a partir de esos momentos históricos se le confirió al pueblo en la constitucionalización del Estado, el cual se convirtió en soberano. Con esas Revoluciones, la Constitución comenzó a ser producto de la voluntad popular, dejando de ser una mera carta otorgada por un Monarca, trasladándose la soberanía al pueblo.

Por ello, en los Estados Unidos de América, las Asambleas coloniales asumieron la soberanía, y fueron los representantes de los nuevos Estados los que adoptaron la Constitución de 1787.[767] En Francia, en cambio, la soberanía se trasladó del Monarca al pueblo y a la Nación; y a través de la idea de la soberanía del pueblo, surgieron todas las bases de la democracia y el republicanismo. Por ello, todas las Constituciones revolucionarias francesas de 1791, 1793, 1795, 1799 e incluso, las reformas imperiales de 1802 y 1804, fueron todas sometidas a aprobación popular, hasta que con la Restauración de la Monarquía en 1814, la Constitución pasó a ser de nuevo una Carta otorgada por el Monarca, en ese caso por Luis XVIII.

La revolución francesa, por tanto, ante todo había despojado al Monarca de su soberanía; y como consecuencia de ello, el Rey dejó de ser Rey de Francia y otorgarle su Constitución; de manera que al serle trasladada la soberanía al pueblo, en 1791 había comenzado a ser sólo Rey de los franceses aún cuando efectivamente sólo por escasos meses, hasta que fue suspendido al año siguiente. El concepto Nación surgió así, entonces, para privar al Rey de su soberanía la cual como personificación del pueblo, comenzó a reemplazar al Rey en su ejercicio.

---

767 Deba destacarse que a partir de la Constitución de 1787, la representación nacional se concentró en el Senado y la Cámara de representantes, integrados por senadores electos en representación de los Estados, dado en régimen federal adoptado, y por representantes también electos, en un sistema electoral de dos grados. El bicameralismo, por tanto, se adoptó desde el inicio en Norteamérica, pero con representantes electos en ambas cámaras, a diferencia del sistema inglés, donde la nobleza siguió acaparando la Cámara de los Lores. Ese fue también el modelo que se siguió en Venezuela por la Junta Suprema conservadora de los derechos de Fernando VII que se constituyó en 1810, al prever entre los primeros actos constitucionales que adoptó como fue el Reglamento General de Elecciones del 11 de junio de 1810, para la conformación del Congreso General, que este sería un cuerpo unicameral con representantes de las Provincias que conformaban la antigua Capitanía General de Venezuela. Fueron los diputados de siete de las nueve Provincias, los que en representación del pueblo, sancionaron la Constitución de 21 de diciembre de 1811, luego de haber declarado solemnemente la Independencia el 5 de Julio del mismo año. Ese Congreso General, hasta 1999, fue el único órgano legislativo nacional de carácter unicameral en toda la historia constitucional de Venezuela, ya que en virtud del sistema federal que se adoptó desde 1811, la representación popular se atribuyó tanto a un Senado como a una Cámara de diputados, ambos cuerpos electos en un sistema electoral de dos grados conforme al modelo norteamericano. En la Constitución de 1999, sin embargo, se eliminó el Senado en Venezuela.

De allí el principio de la soberanía atribuida a la Nación y no al Rey o a los gobernantes, que surgió del texto de la Declaración de los Derecho del Hombre y del Ciudadano, según la cual "El principio de toda soberanía reside esencialmente en la Nación. Ningún cuerpo, ningún individuo puede ejercer autoridad alguna que no emane de ella expresamente" (Art. 3).[768]

De acuerdo con esos mismos principios, la soberanía nacional, como poder supremo de una comunidad, también pasó en España del Monarca, quién antes la ejercía por la gracia de Dios, a la Nación española, con lo que se puso fin al principio de la soberanía absoluta del Monarca que había sido lo característico del Antiguo Régimen.

Por ello, España entró en la corriente del constitucionalismo moderno, no con el Estatuto o Constitución de Bayona de 1808, la cual sólo había sido una Carta otorgada por Napoleón para ocupar los territorios de España, luego de haber supuestamente oído una Junta Nacional, sino con la Constitución de Cádiz que fue emanación de la soberanía nacional, expresada por los diputados de las Cortes que habían sido electos mediante sufragio a dos niveles. La Constitución de 1812 fue así decretada por "las Cortes generales y extraordinarias de la Nación española", es decir, por el cuerpo representativo de la Nación, declarándose expresamente en ella que "la soberanía reside esencialmente en la Nación" (art. 3). De ello derivó, entonces, que el Rey tuviera un poder delegado, por la nación conforme a la Constitución, habiendo dejado de ser sólo Rey "por la gracia de Dios", comenzando además a serlo por "la Constitución" (art. 173).

Este principio de la soberanía nacional, en todo caso, ya antes se había esbozado en el Decreto de las Cortes de Cádiz dictado el día de su constitución, el 24 de sep-

---

768   La Declaración de Derechos que precedió la Constitución de 1793, en igual sentido señaló que "La soberanía reside en el pueblo. Ella es una e indivisible, imprescindible e inalienable" (Art. 25). Para ese momento, además, ya la Convención que se había instalado en 1792, el 21 de enero de 1793 había condenado y ejecutado al Rey (Luís XVI), quien, por tanto, había dejado de ser representante de la Nación, quedando la conducción del Estado en manos de un gobierno revolucionario hasta que el poder ejecutivo fue delegado en el Directorio que se estableció en la Constitución de 1795. En ésta, en la Declaración que la precedió, también se indicó que "La soberanía reside esencialmente en la universalidad de los ciudadanos. Ningún individuo, ninguna reunión parcial de ciudadanos puede atribuirse la soberanía". Con la Revolución, una Asamblea Nacional unicameral asumió la representación popular, incluso como poder constituyente, por lo que en la Constitución que dictó, que fue la de 1791, también se dispuso que correspondía a la Asamblea Nacional, igualmente unicameral, ser el órgano de la representación popular. Con ello, se consolidó el principio del unicameralismo que fue considerado como el más democrático al excluir cualquier otro tipo de representación y en particular, la de las órdenes estamentales (nobleza y clero, por ejemplo), el cual sin embargo, sólo estaría vigente en Francia por pocos años, ya que en la Constitución de 1795 comenzó a ser cambiado por un régimen de Parlamento bicameral (Consejo de los Quinientos y Consejo de los Ancianos) el cual se consolidó a partir de la Constitución de 1799 (Senado y Asamblea Nacional), configurándose paulatinamente el Senado en un cuerpo no electo en el cual la nobleza comenzó a readquirir representación. En la Constitución de 1814, con la restauración de la Monarquía, por ello, el Senado fue configurado como un cuerpo no electo popularmente, integrado por miembros con cargos hereditarios. En España, al contrario de la evolución hacia el bicameralismo francés que se había establecido a partir de 1795, la Constitución de Cádiz de 1812, para asegurar la representación popular, siguió el esquema inicial francés y configuró a las Cortes conforme a la fórmula unicameral, lo cual ya se había dispuesto en el Reglamento de elecciones dictado por la Junta Central Gubernativa del Reino el 6 de octubre de 1809 para la elección misma de las Cortes, en las cuales la nobleza no encontró representación alguna.

tiembre de 1810, al disponer la atribución del Poder Ejecutivo al Consejo de Regencia, para lo cual se llamó a sus miembros a prestar el siguiente juramento ante las Cortes:

> ¿Reconocéis la soberanía de la nación representada por los diputados de estas Cortes generales y extraordinarias? ¿Juráis obedecer sus decretos, leyes y constitución que se establezca según los santos fines para que se han reunido, y mandar observarlos y hacerlos executar?[769]

Correspondiendo la soberanía a la Nación, la forma de ejercerla fue, por supuesto, mediante representantes electos, por lo que, los diputados electos popularmente a las Cortes fueron "representantes de toda la Nación, nombrados por los ciudadanos" (art. 27). Con ello se rompió la configuración estamental de la representación propia del Antiguo Régimen, conforme al cual se aseguraba la participación del clero, la nobleza y la burguesía, actuando cada estamento por separarlo, conforme a las instrucciones que recibían. El carácter unicameral de las Cortes eliminó toda posibilidad de representación de los estamentos en alguna otra cámara. La Constitución, sin embargo, incorporó la figura del Consejo de Estado que había sido creada por la Constitución francesa de 1795, en el cual, en cierta forma, quedó asegurada alguna representación a la nobleza.

En todo caso, como consecuencia del principio de la representación, la Constitución de Cádiz incorporó por primera vez en la historia constitucional de España un completo sistema de elecciones libres para la elección de los diputados a las Cortes, con una regulación detallada del sistema electoral. Se estableció, para ello, un procedimiento electoral indirecto, en cuatro fases de elección de compromisarios de parroquias, de partido y de provincia; conforme al cual estos últimos elegían los diputados a Cortes. El sufragio fue limitado, reservado a los hombres y censitario respecto de los elegidos.

3. *La declaración constitucional de derechos*

El tercer principio del constitucionalismo que derivó de las Revoluciones norteamericana y francesa fue el reconocimiento y declaración formal de la existencia de derechos naturales del hombre y de los ciudadanos, con rango constitucional que, por tanto, debían ser respetados por el Estado. La libertad se constituyó con esos derechos como un freno a los poderes del Estado, con lo que se ponía fin al Estado absoluto e irresponsable. En esta forma, a las Declaraciones de Derechos que precedieron a las Constituciones de las Colonias norteamericanas cuando se independizaron en 1776, les siguió la Declaración de Derechos del Hombre y del Ciudadano de Francia de 1789. En ese mismo año, la ausencia en la Constitución de los Estados Unidos de Norteamérica de 1787 de una declaración de derechos, se suplió con la sanción de diez Enmiendas, en las cuales se formuló el *Bill of Rights*.

En Francia, sin embrago, como antes advertimos, el texto de la Declaración de Derechos que había permanecido en los textos constitucionales de 1791, 1793 y

---

769   Rafael Flaquer Martequi, "El Ejecutivo en la revolución liberal", en M. Artola (ed), *Las Cortes de Cádiz, op. cit.*, p. 47.

1795, desapareció de las Constituciones a partir de la Constitución de 1799, que se dictó después del golpe de Estado de Bonaparte que originó el Consulado provisorio.

La tercera de las declaraciones de derechos fundamentales en la historia del constitucionalismo moderno, fue la Declaración de Derechos del Pueblo adoptada el 1° de julio de 1811 por la sección de Caracas del Congreso General de Venezuela, texto que meses después se recogió ampliado, en el Capítulo VII de la Constitución de diciembre de 1811.

En la Constitución de Cádiz, sin embargo, contrariamente a la fórmula de las Constituciones coloniales norteamericanas y de la Constituciones francesas, no se incorporó una declaración de derechos del hombre y el ciudadano pero se dispuso, sin embargo, como obligación general de la Nación, "conservar y proteger por leyes sabias y justas, la libertad civil, la propiedad y los demás derechos legítimos de todos los individuos que la componen" (art. 4).

En virtud de esta declaración general, y en ausencia de otra declaración enumerativa de derechos, la Constitución, a lo largo de su articulado específicamente reguló muchos derechos de las personas, entre ellos, el derecho la igualdad y prohibición de privilegios (art. 172.9); el derecho a la libertad personal (art. 172.11), de manera que solo podía decretarse la prisión por orden judicial luego de una información sumaria (art. 287), agregándose la exigencia de motivación de los autos de detención (art. 293), la limitación a la privación preventiva de libertad (art. 295), y la protección frente a detenciones arbitrarias (art. 299); el derecho de propiedad (art. 172.10); el derecho de las personas a terminar sus diferencias mediante árbitros elegidos por ambas partes (art. 280); el derecho a ser juzgado por los jueces naturales, es decir, "por ninguna comisión, sino por el tribunal competente determinado con anterioridad por la ley' (art. 247); con la garantía del derecho a ser oído (art. 290) mediante declaración sin juramento (art. 291), salvo en caso de haber sido arrestado in fraganti (art. 292), así como a ser informado de los cargos (art. 300, 301); el derecho a no ser sometido a tormento (art. 303); el derecho a no ser sancionado con pena de confiscación de bienes (art. 304); y el derecho a la inviolabilidad de la casa, la cual sólo podía ser allanada "en los casos que determine la ley para el buen orden y seguridad del Estado" (art. 306).

Además, la Constitución de 1812 estableció la libertad de todos los españoles "de escribir, imprimir y publicar sus ideas políticas sin necesidad de licencia, revisión o aprobación alguna anterior a la publicación, bajo las restricciones y responsabilidad que establezcan las leyes" (art. 371); en particular las derivadas de la declaración del artículo 12 en el sentido de que "la religión de la nación española es y será perpetuamente la Católica Apostólica Romana, y la nación la protege por leyes sabias y justas y prohíbe el ejercicio de cualquier otra".

Por otra parte, en materia de impuestos se estableció el principio de la reserva legal (art 172.8).

Por último, deben destacarse las previsiones de la Constitución en materia de derechos sociales, al disponer que "en todos los pueblos de la Monarquía se establecerán escuelas de primeras letras, en las que se enseñará a los niños a leer, escribir y contar, y el catecismo de la religión católica, que comprenderá también una breve exposición de las obligaciones civiles"(art. 366); y se "arreglará y creará el número competente de universidades y de otros establecimientos de instrucción, que se juzguen convenientes para la enseñanza de todas las ciencias, literatura y bellas artes" (art. 367).

4. *La separación de poderes*

El cuarto principio del constitucionalismo moderno, dentro de la misma línea de limitación al poder del Estado para garantizar la libertad de los ciudadanos, y que derivó de las Revoluciones francesa y americana fue la idea fundamental de la separación de poderes, la cual se formuló inicialmente en las Constituciones provinciales norteamericanas, como la de *Virginia* en 1776, en la cual se dispuso que:

> "Los Departamentos Legislativo, Ejecutivo y Judicial, deberán estar separados y distintos, de manera que ninguno ejerza los poderes pertenecientes a otro; ni persona alguna debe ejercer más de uno de esos poderes al mismo tiempo" (art. III).

Es cierto que en el articulado de la Constitución de los Estados Unidos de 1787 nada similar se estableció, sin embargo, ello no era necesario ya que su principal objetivo y contenido fue precisamente organizar la forma de gobierno dentro del principio de separación de poderes, pero permitiendo diversas interferencias entre ellos, en un sistema de frenos y contrapesos y, particularmente, regulando los poderes del Ejecutivo en el Presidente de la Unión, lo que dio origen a una nueva forma de gobierno, el presidencialismo, como opuesto al parlamentarismo, y a una configuración particular del Poder Judicial como instrumento de control y balance entre el Legislador y el Ejecutivo, nunca antes conocida en la práctica constitucional.

El principio, por supuesto, se recogió aún con mayor fuerza en el sistema constitucional que resultó del proceso revolucionario francés, donde se le agregaron, como elementos adicionales, el principio de la supremacía del Legislador resultado de la consideración de la ley como expresión de voluntad general; y el de la prohibición a los jueces de interferir en cualquier forma en el ejercicio de las funciones legislativas y administrativas. En cierta forma, incluso, puede decirse que el principio de la separación de poderes en Francia, fue materialmente el motivo fundamental de la Revolución, al punto de que en la Declaración de Derechos del Hombre y del Ciudadano en 1789 se incluyó, en el artículo XVI, la famosa proposición de que "Toda sociedad en la cual la garantía de los derechos no esté asegurada, ni la separación de poderes determinada, no tiene Constitución". La consecuencia de ello fue que en los artículos de la Constitución de 1791 que siguieron a la Declaración, como primer acto constitucional revolucionario, se establecieron expresamente las consecuencias del principio, al disponerse que "El Poder Legislativo reside en la Asamblea Nacional" (art. 8); que "El Poder Ejecutivo supremo reside exclusivamente en el Rey" (art. 16), no pudiendo este poder "hacer ninguna ley" (art. 17); y que "El Poder Judicial no podrá en ningún caso, ser ejercido por el Rey, ni por el cuerpo legislativo" (art. 17). Después de condenado y ejecutado el Rey en enero de 1793, la Constitución de ese año atribuyó el Poder Ejecutivo a un Consejo Ejecutivo que en la Constitución de 1795 se convirtió en un Directorio. En 1814, con la restauración de la Monarquía, el Poder Ejecutivo volvió al Rey, y sólo será en 1848 cuando aparece un gobierno de Asamblea, y que a partir de 1870 con la III República cuando se consolidó en Francia el sistema parlamentario.

El principio de la separación de poderes comenzó a tener aplicación en España, en el Decreto dictado por las Cortes de Cádiz el mismo día de su constitución, el 24 de septiembre de 1810, que partía del supuesto de que no convenía "queden reunidos el Poder Legislativo, el Ejecutivo y el Judiciario", declarando entonces que las propias Cortes, que venían de arrogarse la soberanía nacional, "se reservan el ejercicio del poder legislativo en toda su extensión". En cuanto al Poder Ejecutivo, el mismo, en ausencia del Rey, se delegó al Consejo de Regencia; y en cuanto al Poder Judicial, las Cortes declararon que confirmaban "por ahora a todos los tribunales y justicias establecidas en el reino, para que continúen administrando justicia según las leyes".

La secuela de ello fue que en la Constitución de Cádiz de 1812, también se adoptó el principio de separación de poderes, siguiendo más el esquema francés inicial, de la Monarquía constitucional, al atribuirle el Poder Ejecutivo al Monarca. Se trataba, por supuesto, de una Constitución de la Monarquía, para lo cual declaró que "el Gobierno de la Nación española es una Monarquía moderada hereditaria" (art. 14), posibilitando entonces la configuración del Estado conforme al principio de la separación de poderes y su limitación.

Conforme al mismo, las potestades estatales se distribuyeron así: la potestad de hacer las leyes se atribuyó a las Cortes con el Rey (art. 15); la potestad de hacer ejecutar las leyes, al Rey (art. 16); y la potestad de aplicar las leyes en las causas civiles y criminales, a los tribunales (art. 17). Esto último se ratificó en el artículo 242, al disponer que "La potestad de aplicar las leyes en las causas civiles y criminales pertenece exclusivamente a los tribunales."

En cuanto al Rey, como poder ejecutivo, la Constitución de Cádiz estableció el principio de la inviolabilidad del Rey disponiendo que 'no estaba sujeto a responsabilidad (art. 168). Ello motivó la regulación de los Secretarios de Estado y del despacho (art. 222), que debían firmar todas las órdenes del Rey (art. 225), de las cuales eran responsables ante las Cortes "sin que sirva de excusa hacerlo manado el Rey" (art. 226). Este "refrendo" de los Secretarios de Estado era condición de validez de las órdenes del Rey (art. 225)[770].

En cuanto a las Cortes, estas se configuraron como un parlamento unicameral, con independencia respecto de los otros poderes del Estado, cuyos diputados eran inviolables por sus opiniones (art. 128), sin que el Rey las pudiera disolver. Las Cortes, además, eran autónomas en cuanto a dictar sus propias normas y reglamentos internos (art. 127). Para asegurar la continuidad del trabajo legislativo, la Constitución creó la Diputación Permanente de Cortes que debía funcionar en el período entre las sesiones ordinarias de las Cortes (art. 159).

---

770 Debe mencionarse como antecedente de esta previsión en España, la disposición de la Constitución de Bayona (1808) respecto del Secretario de Estado, quien con la calidad de Ministro, debía refrendar todos los decretos (art. 28); siendo además, los Ministros, responsables de la ejecución de las leyes y ordenes del Rey (art. 31).

5. El rol de la justicia

El quinto principio del constitucionalismo que derivó de las Revoluciones americana y francesa se refirió al Poder Judicial y a la idea misma de la función de impartir justicia, la cual a partir de esos acontecimientos dejaría de ser administrada por el Monarca y comenzaría a ser impartida, en nombre de la Nación, por funcionarios con alguna independencia. Además, con motivo de los aportes de la Revolución americana, los jueces asumieron la función fundamental en el constitucionalismo moderno de controlar la constitucionalidad de las leyes; es decir, la idea de que la Constitución, como norma suprema, tenía que tener algún control, como garantía de su supremacía, y ese control se atribuyó al Poder Judicial. De allí, incluso, el rol político que en los Estados Unidos de Norteamérica adquirió la Corte Suprema de Justicia. En Francia, sin embargo, dada la desconfianza revolucionaria respecto de los jueces, frente a la separación absoluta de poderes, sólo sería cien años después que se originaría la consolidación de la justicia administrativa, la cual aún cuando separada del Poder Judicial, controlaría a la Administración; y sería doscientos años después cuando se establecería un control de constitucionalidad de las leyes a cargo del Consejo Constitucional, creado también fuera del Poder Judicial.

En cuanto al Poder Judicial, conforme al principio de la separación de poderes, la Constitución de Cádiz estableció específicamente su autonomía al garantizarse a los magistrados y jueces que "no podrán ser depuestos de sus destinos, sean temporales o perpetuos, sino por causa legalmente probada y sentenciada; ni suspendidos, sino por acusación legalmente intentada" (art. 252). Por otra parte, la Constitución dispuso que "ni las Cortes ni el Rey podrán ejercer en ningún caso las funciones judiciales, avocar causas pendientes, ni mandar abrir los juicios fenecidos" (art. 243); y los tribunales "no podrán ejercer otras funciones que las de juzgar y hacer que se ejecute lo juzgado (art. 245). Ello conllevaba la prohibición a los tribunales de "suspender la ejecución de las leyes, ni hacer reglamento alguno para la administración de justicia" (art. 246).

Por otra parte, en relación con las funciones del Tribunal Supremo de Justicia (art. 259) para garantizar la Constitución, solo se le atribuyó competencia en el artículo 261, para "oír las dudas de los demás tribunales sobre la inteligencia de alguna ley, y consultar sobre ellas al Rey con los fundamentos que hubiere, para que promueva la conveniente declaración en las Cortes".

6. La organización territorial del Estado

El sexto principio del constitucionalismo que derivó de los acontecimientos revolucionarios de Norteamérica y Francia se refirió a la configuración de una nueva organización territorial del Estado, antes desconocida, basada en principios de descentralización del poder.

Frente a las Monarquías absolutas organizadas conforme al principio del centralismo político y a la falta de uniformismo político y administrativo, esas Revoluciones dieron origen a nuevas formas de organización territorial del Estado que originaron, por una parte, el federalismo, particularmente derivado de la Revolución americana con sus bases esenciales de gobierno local; y por la otra, el municipalismo, originado particularmente como consecuencia de la Revolución francesa.[771] Esos principios de organización territorial también penetraron en España, tanto a nivel provincial como municipal.

En cuanto a la división provincial, la Constitución de Cádiz la enunció y posteriormente, en particular a partir de 1833, la organización de las provincias siguió en parte la influencia de la división territorial departamental de la post Revolución francesa. En cuanto al régimen municipal, desde 1812 se adoptaron los principios del municipalismo que derivaron de la Revolución francesa.

En efecto, en materia de organización territorial del poder, la Constitución de Cádiz reguló en cierta forma un Estado Unitario descentralizado[772], conforme a la cual la Constitución reguló el gobierno de las provincias y pueblos mediante la creación de Diputaciones Provinciales y Ayuntamientos.

En esta forma, cuando el artículo 16 enumeró los ámbitos territoriales que comprendían el territorio español tanto en la Península como en la América septentrional y meridional, estaba enumerando las "provincias" las cuales, en cuanto a su gobierno interior, se regularon en los artículos 324 y siguientes de la Constitución. Allí se estableció que si bien el gobierno político de las Provincias residía en un jefe superior nombrado por el Rey (art. 324); en cada una de ellas habría una Diputación llamada provincial para promover su prosperidad, presidida por el jefe superior (art. 325) pero integrada por siete individuos elegidos (art. 326) por los mismos electores de partido que debían nombrar los diputados de Cortes (art. 328). Esas provincias tenían amplísimas facultades atribuidas a las diputaciones en el artículo 335.[773]

---

771 Venezuela fue el primer país del mundo, 1811, en seguir el esquema norteamericano y adoptar la forma federal en la organización del Estado, sobre la base de la división provincial que había quedado como legado colonial; y a la vez, fue el primer país del mundo, en 1812, en haber adoptado la organización territorial municipal que había legado la Revolución francesa.

772 Véase Alfredo Gallego Anabitarte, "España 1812, Cádiz. Estado Unitario, en perspectiva histórica" en M. Artola (ed), *Las Cortes de Cádiz, op. cit.* p. 140 y ss.

773 Dicha norma enumera las siguientes: "1) Intervenir y aprobar el repartimiento hecho a los pueblos de las contribuciones que hubieren cabido a la provincia. 2) Velar sobre la buena inversión de los fondos públicos de los pueblos y examinar sus cuentas, para que con su visto bueno recaiga la aprobación superior, cuidando de que en todo se observen las leyes y reglamentos. 3) Cuidar de que se establezcan ayuntamientos donde corresponda los haya, conforme a lo prevenido en el artículo 310. 4) Si se ofrecieren obras nuevas de utilidad común de la provincia, o la reparación de las antiguas, proponer al Gobierno los arbitrios que crean más convenientes para su ejecución, a fin de obtener el correspondiente permiso de las Cortes. En Ultramar, si la urgencia de las obras públicas no permitiese esperar la solución de las Cortes, podrá la diputación con expreso asenso del jefe de la provincia usar desde luego de los arbitrios, dando inmediatamente cuenta al Gobierno para la aprobación de las Cortes. Para la recaudación de los arbitrios la diputación, bajo su responsabilidad, nombrará depositario, y las cuentas de la inversión, examinadas por la diputación, se remitirán al Gobierno para que las haga reconocer y glosar y, finalmente, las pase a las Cortes para su aprobación. 5) Promover la educación de la juventud conforme a los planes aprobados, y fomentar la agricultura, la industria y el comercio, protegiendo a los inventores de nuevos descubrimientos en cualquiera de estos ramos. 6) Dar parte al Gobierno de los abusos que noten en la administración de las rentas públicas. 7) Formar el censo y la estadística de las provincias. 8) Cuidar de que los establecimientos piadosos y de beneficencia llenen su respectivo objeto, proponiendo al Gobierno las reglas que estimen conducentes para la reforma de los abusos que observaren. 9) Dar parte a las Cortes de las infracciones de la Constitución que se noten en la provincia. 10) Las diputaciones de las provincias de Ultramar velarán sobre la economía, orden y progresos de las misiones para la conver-

En realidad, las Cortes, al regular las Diputaciones Provinciales lo que hicieron fue institucionalizar la figura de las Juntas Provinciales que habían surgido al calor de la guerra de independencia frente a Francia, transformándolas en tales Diputaciones a las cuales se atribuyó el rol de representar el vínculo de unión intermedio, entre los ayuntamientos y el gobierno central, asumiendo tales diputaciones el control de tutela de éstos (art. 323).

La división del territorio en estas Provincias, se comenzó a concretar en España mediante el Decreto de las Cortes de 23 de mayo de 1812, con el cual se restablecieron en diversas partes del territorio, Diputaciones Provinciales, mientras se llegaba "el caso de hacerse la conveniente división del territorio español"[774]. En esta forma, al regular las Diputaciones Provinciales, lo que habían hecho era conservar la figura de las Juntas Provinciales que habían surgido al calor de la guerra de independencia frente a Francia, transformándolas en tales Diputaciones a las cuales se atribuyó el rol de representar el vínculo de unión intermedio entre los ayuntamientos y el gobierno central, asumiendo tales Diputaciones el control de tutela de aquellos (art. 323).

El esquema territorial provincial de Cádiz, en todo caso, fue efímero y sólo fue por Decreto de 22 de enero de 1822 cuando se intentó dar a la Provincia una concreción territorial definida, estableciéndose lo que puede considerarse como la primera división regular del territorio español, en cierto número de provincias. Fue luego, por Real Decreto de 30 de noviembre de 1833, cuando se estableció en forma definitiva a la Provincia como circunscripción administrativa del Estado unitario español[775].

En cuanto al régimen local, la Constitución dispuso la existencia de Ayuntamientos en los pueblos, para su gobierno interior, compuestos por alcaldes, regidores y el procurador síndico (art. 309); todos electos (art. 312, 313, 314). A tal efecto, el artículo 310 dispuso que ""se pondrá ayuntamiento en los pueblos que no le tengan, y en que convenga le haya, no pudiendo dejar de haberle en los que por sí o con su comarca lleguen a mil almas, y también se les señalará término correspondiente". Se siguió en este aspecto la municipalización del territorio que había caracterizado al proceso francés después de la Revolución.[776]

---

sión de los indios infieles, cuyos encargados les darán razón de sus operaciones en este ramo, para que se eviten los abusos: todo lo que las diputaciones pondrán en noticia del Gobierno.

774   Véase A. Posada, *Escritos Municipalistas y de la Vida Local,* IEAL, Madrid, 1979, p. 180; y *Evolución Legislativa del Régimen Local en España 1812-1909,* Madrid 1982, p. 69.

775   Véase Antonio María Calero Amor, *La División Provincial de 1833. Bases y Antecedentes,* IEAL, Madrid 1987; Luis Morell Ocaño, "Raíces históricas de la concepción constitucional de las Provincias", *Revista Española de Derecho Administrativo,* Nº 42, Civitas, Madrid 1984, pp. 349 a 365.

776   En el artículo 321 se enumeraron ampliamente las competencias de los ayuntamiento así: 1) La policía de salubridad y comodidad. 2) Auxiliar al alcalde en todo lo que pertenezca a la seguridad de las personas y bienes de los vecinos, y a la conservación del orden público. 3) La administración e inversión de los caudales de propios y arbitrios conforme a las leyes y reglamentos, con el cargo de nombrar depositario bajo responsabilidad de los que le nombran. 4) Hacer el repartimiento y recaudación de las contribuciones, y remitirías a la tesorería respectiva. 5) Cuidar de todas las escuelas de primeras letras, y de los demás establecimientos que se paguen de los fondos del común. 6) Cuidar de los hospitales, hospicios, casas de expósitos y demás establecimientos de beneficencia, bajo las reglas que se prescriban. 7)

II. LA INFLUENCIA DE LA CONSTITUCIÓN DE CÁDIZ EN EUROPA E HISPANOAMÉRICA, PARTICULARMENTE COMO CONSECUENCIA DE LA REVOLUCIÓN ESPAÑOLA DE 1820

Los anteriores principios o aportes al constitucionalismo que resultaron de la Revolución americana y de la Revolución francesa y que recogió la Constitución de Cádiz significaron, por supuesto, un cambio radical en el constitucionalismo moderno, producto de una transición que no fue lenta sino violenta, desarrollada en circunstancias y situaciones distintas. No hay que olvidar que aún en las mencionadas ideas o principios comunes, la contribución de la Revolución americana y de la Revolución francesa al derecho constitucional tuvo raíces diferentes: en los Estados Unidos de Norte América se trataba de construir un Estado nuevo sobre la base de lo que eran antiguas Colonias inglesas, situadas muy lejos de la Metrópoli y de su Parlamento soberano, las cuales durante más de un siglo se habían desarrollado como entidades independientes entre sí, por sus propios medios y gozando de cierta autonomía. Esta fue la orientación que se siguió, luego, por ejemplo, en Venezuela en 1811 y luego en todo el continente americano.

En el caso de Francia, en cambio, no se trataba de construir un nuevo Estado, sino dentro del mismo Estado unitario y centralizado, sustituir un sistema político constitucional monárquico, propio de una Monarquía absoluta, por un régimen totalmente distinto, de carácter constitucional e, incluso luego, republicano. Esta fue, por tanto, la orientación que se siguió en España a partir del constitucionalismo de Cádiz.

Los procesos post revolucionarios norteamericano y francés, por otra parte, siguieron cursos diferentes, con influencias también diferentes en el mundo. Norteamérica siguió un proceso continuo de consolidación del nuevo Estado como Estado federal de régimen presidencial que sin solución de continuidad ha durado hasta nuestros días, y donde históricamente, en ausencia de un Monarca y con la elección de los gobernantes asegurada democráticamente una vez estabilizado el sistema presidencial de gobierno, la lucha por el poder fue más bien de carácter vertical (federal, estadual, local) que horizontal, hasta la consolidación del federalismo cooperativo.

En cambio, en el caso de Francia, la lucha por el poder en el Estado, una vez que se había consolidado el municipalismo, fue más bien de carácter horizontal (Ejecutivo/Legislativo) hasta que se consolidó el régimen parlamentario a finales del siglo XIX.

En todo caso, para 1810, cuando se inició el proceso constituyente en Cádiz, como antes recordamos, ya la República francesa no existía, pues había sido suprimida en 1808; ni la Declaración de Derechos tenía rango constitucional, que había perdido en 1799; y la propia Revolución había cesado en 1795. Del caos institucional que

---

Cuidar de la construcción y reparación de los caminos, calzadas, puentes y cárceles, de los montes y plantíos del común, y de todas las obras públicas de necesidad, utilidad y ornato. 8) Formar las ordenanzas municipales del pueblo, y presentarlas a las Cortes para su aprobación por medio de la diputación provincial, que las acompañará con su informe. 9) Promover la agricultura, la industria y el comercio según la localidad y circunstancias de los pueblos, y cuanto les sea útil y beneficioso.

surgió de la misma, vino la dictadura napoleónica, primero a través del Consulado provisorio (1799) y vitalicio (1802) y luego como Emperador (1804); y posteriormente a partir de 1814, ocurrió la restauración de la Monarquía habiendo perdurado el régimen monárquico durante buena parte del siglo XIX.

La Constitución de Cádiz, por su parte, sólo estuvo en vigencia en España y sus dominios durante dos escasos años, desde el 19 de marzo de 1812 hasta el 4 de mayo de 1814, cuando también fue anulada por el mismo Fernando VII, al restaurarse la Monarquía absoluta, iniciándose la persecución política contra todos aquellos que habían colaborado en su sanción y ejecución.

Sin embargo, sus principios iniciaron en España el tránsito hacia el constitucionalismo e influyeron en el diseño constitucional de buena parte de los países latinoamericanos que declararon su independencia con posterioridad.

En cuanto a Europa, durante ese breve tiempo de vigencia, en todo caso, la Constitución fue tácitamente aceptada en los otros Estados, como un código constitucional que había sido sancionado en un momento de aguda crisis política luego de la guerra de independencia contra Francia, y que si bien se había concebido sin la Monarquía, no la destruyó, sino más bien la constitucionalizó en un régimen democrático basado en la soberanía popular que representaban las Cortes y el Monarca. La Constitución fue, en particular, reconocida como legítima por algunas potencias como Rusia (1812) y Prusia (1814), aún cuando no dejó de ser vista con recelo por los teóricos constitucionales monárquicos europeos, por su carácter democrático y limitativo de las prerrogativas reales[777].

En cuanto a las provincias de Ultramar, durante sus cortos años de vigencia inicial, la repercusión de la Constitución de 1812 fue muy limitada. En aquellas provincias que para 1812 ya habían declarado su independencia e, incluso, ya habían sancionado mediante congreso de representantes una Constitución, como fue la Constitución Federal para los Estados de Venezuela de 1811, la vigencia e influencia de la Constitución de Cádiz fue completamente nula. Es más, los intentos de publicarla en plena guerra de independencia en las Provincias de Venezuela por Domingo Monteverde, no tuvieron repercusión alguna. Otro tanto debe decirse respecto de las provincias de Cundinamarca, donde el proceso independentista para esas fechas estaba también en marcha. No se olvide que durante el primer período de vigencia de la Constitución de Cádiz (1812–1814), en primer lugar, que desde 1810 ya se había declarado la independencia tanto en las Provincias de Venezuela[778], como en las Provincias de Nueva Granada[779]; en segundo lugar, que entre 1811 y 1812 ya se habían sancionado, en Venezuela, las Constituciones Provinciales de los Estados de Barinas (26–3–1811), Mérida (31–7–1811), Trujillo (2–9–1811),

---

777 Fue el caso por ejemplo de Carlos Luis de Haller, en *Sulla Costituzione* (1814-1820). Véase las referencias en Juan Ferrando Badía, "Proyección exterior de la Constitución de 1812", en M. Artola (ed), *Las Cortes de Cádiz, Ayer,* N° 1-1991, Marcial Pons, Madrid 1991, pp. 218-219.

778 Caracas, 19-04-1810; Cumaná, 27-04-1810; Barinas, 05-05-1810; Mérida 16-09-1810; Trujillo 09-10-1810; La Grita 11-10-1810; Barcelona 12-10-1810 y San Cristóbal 28-10-1810.

779 Cartagena, 22-5-1810; Cali, 3-7-1810; Pamplona, 4-7-1810; Socorro, 11-7-1810; Santafé, 20-7-1810.

Barcelona (2–1–1812) y Caracas (31–1–1812),[780] y que a partir de 1811, en Colombia se sancionaron las Constituciones Provinciales de Cundinamarca (4–4–1811);[781] Tunja (23–11–1811), Antioquia (24–3–1811), Cartagena de Indias (14–6–1812), Popayán (17–7–1814), Pamplona de Indias (17–5–1815), Mariquita (24–6–1815) y Neiva (31–8–1815) [782]; y en tercer lugar, que el 21 de diciembre de 1811 se había sancionado la Constitución Federal de los Estados de Venezuela,[783] y que el 27 de noviembre de 1811 se había constituido la Confederación de las Provincias Unidas de la Nueva Granada.

En las otras provincias de América, sin embargo, es cierto que la Constitución comenzó a ser publicada y jurada a partir de septiembre de 1812, como por ejemplo ocurrió en la Nueva España. Sin embargo, su texto en verdad influyó muy poco en la administración de las Colonias, y si bien en muchas de ellas se eligieron diputados para integrar las Cortes ordinarias de 1813, en las cuales efectivamente hubo representantes americanos, ese derecho duró pocos meses, al anularse la Constitución en 1814 y restaurarse la Monarquía, de manera que a partir de ese año, las colonias españolas en América siguieron gobernadas desde la Metrópolis a través de las autoridades coloniales como si la Constitución de Cádiz jamás se hubiese sancionado. Solo fue en la Constitución de Apatzingán, proclamada en octubre de 1814 por insurgentes de la Nueva España, donde puede encontrarse algún influjo del texto de la Constitución de Cádiz[784], la cual para esa fecha, sin embargo, ya no estaba en vigencia,

Fue en realidad seis años después de la anulación de la Constitución de Cádiz, en 1820, cuando su texto efectivamente comenzaría a tener repercusión como consecuencia de una revolución de origen militar que se desarrolló en España, y que impuso a Fernando VII el juramento de Constitución de Cádiz, la cual entonces volvió a entrar en vigencia, aún cuando por otro corto período de tres años y medio, desde el 10 de marzo de 1820 al primero de octubre de 1823[785].

Recordemos que fue el 1 de enero de 1820 cuando estalló en el pueblo de Cabezas de San Juan una rebelión militar del cuerpo de expedicionarios que se había conformado y que debía partir para América para sofocar las rebeliones que ya para esa fecha se habían generalizado en todo el Continente. La voz de la revolución se expresó con el pronunciamiento de coronel Rafael del Riego, quien, como dijo Juan Ferrando Badía, consideró "más importante proclamar la Constitución de 1812 que conservar el imperio español"[786].

---

780   Véase en el libro *Las Constituciones provinciales,* Biblioteca de la Academia Nacional de la Historial, Caracas 1959, pp. 151 y ss.

781   Aún cuando esta fuera inicialmente una Constitución Monárquica.

782   Véase Carlos Restrepo Piedrahita, *Primeras Constituciones de Colombia y Venezuela 1811-1830,* Universidad Externado de Colombia, Bogotá 1996.

783   Véase en Allan R. Brewer-Carías, *Las Constituciones de Venezuela, cit.,* pp. 285 y ss.

784   Véase Juan Ferrando Badía, "Proyección exterior de la Constitución de Cádiz" en M. Artola (ed), *Las Cortes de Cádiz, Ayer, 1-1991,* Marcial Pons, Madrid 1991, p. 185

785   Véase José F. Merino Merchán, *Regímenes históricos españoles,* Tecnos, Madrid 1988, pp. 60 y 61.

786   Véase Juan Ferrando Badía, "Proyección exterior de la Constitución de Cádiz" en M. Artola (ed), *Las Cortes de Cádiz, Ayer, 1-1991,* Marcial Pons, Madrid 1991, p. 207.

En efecto, entre, por una parte, embarcarse para América para luchar contra un proceso independentista cuyos ejércitos ya habían derrotado, por ejemplo, a la expedición de Morillo de 1815 la cual había sido las más grande fuerza militar enviada a las Colonias en toda su historia colonial; y por otra parte, la sublevación, el Ejercito con la connivencia de sociedades secretas como la masonería, optó por lo segundo[787] e hizo la revolución, imponiendo al Rey la Constitución de 1812, quien la juró el 2 de marzo de 1820.

En este nuevo período de vigencia, a partir de 1820, la influencia de la Constitución se manifestó en América, en algunas provisiones de los textos Constitucionales de los países en los cuales, para esa fecha, aún no se había proclamado la independencia, que eran la mayoría[788].

Sin embargo, la mayor repercusión de la Constitución española, ocurrió en Europa, donde puede decirse que su influencia tuvo su origen, más en la revolución que la había impuso al Monarca en 1820, que por su texto aislado. Fue por tanto la decisión del Rey de jurar la Constitución como consecuencia de la revolución, lo que consolidó a este movimiento como la primera revolución liberal europea.

La consecuencia de ello fue que los movimientos revolucionarios de Portugal y de Italia, en Nápoles y en el Piamonte, vieron en la Revolución española el ejemplo a seguir, imponiendo también a los Monarcas su producto, que había sido, precisamente, la Constitución de Cádiz.

Los cambios que se habían producido en el gobierno de España por la revolución, como era lo usual, también se comunicaron a las potencias europeas, pero en esta oportunidad, contrario a lo que había sucedido en 1812, los gobiernos no la aceptaron y más bien reaccionaron adversamente, porque de lo que se trataba, más que de reconocer una nueva Constitución, era de reconocer una revolución de origen militar y liberal, lo que luego de la Restauración era materialmente inaceptable para las Monarquías europeas.

Así, por ejemplo, Rusia pidió a los demás países que no reconocieran a Fernando VII como Rey constitucional de España, y condenasen la sedición militar que había originado el juramento que el Monarca había hecho de la Constitución[789].

Pero lo cierto es que la revolución española y la Constitución de Cádiz, las cuales se basaron en el principio de la soberanía nacional limitando las potestades del

---

787   Véase F. Suárez, *La crisis política del Antiguo Régimen en España (1800-1840)*, Madrid, 1950, p. 38. Citado por Juan Ferrando Badía, *Idem*, p. 177.

788   Véase por ejemplo, Manuel Ferrer Muñoz, *La Constitución de Cádiz y su aplicación en la Nueva España*, UNAM, México 1993. La excepción, como se dijo, la constituyeron las provincias de Venezuela y de Colombia, donde meses antes, en 1819, ya se había adoptado la Constitución política de Venezuela de Angostura, la cual rigió también en las antiguas provincias de Cundinamarca; y en el mismo se dictó, en 1821, la Ley constitucional de la Unión de los pueblos de Colombia, en la cual se dispuso que el Congreso de Colombia debía formar la constitución conforme a "los principios liberales que ha consagrado la sabia práctica de otras naciones"(art. 7); y como consecuencia, se sancionó la Constitución de Cúcuta de 1821 con la que se conformó la República de Colombia, comprendiendo las provincias de Venezuela, Cundinamarca y Ecuador.

789   Véase Juan Ferrando Badía, "Proyección exterior de la Constitución de Cádiz" en M. Artola (ed), *Las Cortes de Cádiz, Ayer, 1-1991*, Marcial Pons, Madrid 1991, p. 208.

Rey y del estamento aristocrático, en todo caso, se convirtieron en un mito político que movilizó a las élites europeas contra los Monarcas. Por ello, el hecho político de que mediante una revolución se hubiera impuesto a un Monarca una Constitución que limitaba sus poderes y prerrogativas, fue lo que provocó, en definitiva, la reacción de las potencias europeas contra España y la convocatoria de la Santa Alianza para condenar la revolución y buscar restablecer el orden institucional en la Península, todo lo cual se precipitó por la repercusiones que la revolución española tuvo a partir del mismo año 1820, en el inicio de los movimientos revolucionarios en Portugal e Italia, los cuales tomaron la Constitución de Cádiz como modelo para los mismos, en sustitución de la Constitución francesa de 1791.

La chispa se propagó por el trabajo de las sociedades secretas, específicamente la masonería, produciéndose pronunciamientos en diversos países. Por una parte, fue el caso de Portugal, donde seis meses después de los acontecimientos españoles, el 24 de agosto de 1820, y como consecuencia de una revolución militar iniciada en Oporto con apoyo de sociedades secretas, se constituyó una Junta de Gobierno que veinte días más tarde se juntaría con la Junta de Lisboa. De ello resultó la constitución, con apoyo español, de la Junta Provisional del Supremo Gobierno del Reyno, la cual convocó a elecciones de diputados a las Cortes Generales Extraordinarias y Constituyentes de la nación Portuguesa, precisamente conforme al modelo de la Constitución de Cádiz. De ello resultó la promulgación de una nueva Constitución de Portugal, dos años después, el 22 de septiembre de 1822, siguiendo la línea de la Constitución española, aún cuando más democratizadora[790]. Esa Constitución fue jurada el 1 de octubre de ese mismo año por el Rey Juan VI luego de que éste regresara desde el Brasil donde desde 1807 se había refugiado como consecuencia de la invasión napoleónica.[791]

Los gobiernos europeos, por supuesto, destacaron la influencia de España en la revolución de Portugal, y dada las presiones de la Santa Alianza, luego de que la Reina de Portugal se negara a jurar la Constitución y los movimientos contrarrevo-

---

790 *Idem*, p. 228. Véase además, Jorge Martíns Ribeiro, "La importancia de la ideología y de los artículos de la Constitución de Cádiz para la eclosión de la revolución de 1820 en Oporto y la Constitución Portuguesa de 1822", en Alberto Ramos Santana y Alberto Romero Ferrer (ed.), *Cambio Político y Cultural en la España de Entre siglos*, Universidad de Cádiz, Cádiz 2008, pp. 79 ss.

791 Antes de que llegaran las tropas francesas que desde noviembre de 1807 ya habían invadido España, a la frontera con Portugal, el Príncipe Juan de Braganza, quien era regente del reino de Portugal por enfermedad de su madre la Reina María, y su Corte, se refugiaron en Brasil, instalándose el gobierno real el Río de Janeiro en marzo de 1808. Ocho años después, en 1816, el príncipe Juan asumió la Corona del Reino Unido de Portugal, Brasil y Algaves (con capital en Río de Janeiro), como Juan VI. En la península, Portugal quedaba gobernado por una Junta de regencia que estaba dominada por el comandante de las fuerzas británicas. Una vez vencido Napoleón en Europa, Juan VI regresó a Portugal dejando como regente del Brasil a su hijo Pedro. A pesar de que las Cortes devolvieron al territorio del Brasil a su status anterior y requirieron el regreso a la Península al regente Pedro, este, en paralelo a las Cortes portuguesas, convocó también a una Asamblea Constituyente en Brasil, proclamando la independencia del Brasil en septiembre de 1822, donde el 12 de octubre de ese mismo año fue proclamado Emperador del Brasil (Pedro I de Braganza y Borbón). En 1824 se sancionó la Constitución Política Imperial del Brasil. Dos años después, en 1826, el Emperador brasileño regresaría a Portugal a raíz de la muerte de su padre Juan VI, para asumir el reino portugués como Pedro IV, aún cuando por corto tiempo. Véase, Félix A. Montilla Zavalía, "La experiencia monárquica americana: Brasil y México", en *Debates de Actualidad*, Asociación argentina de derecho constitucional, Año XXIII, N° 199, enero/abril 2008, pp. 52 ss.

lucionarios prevalecieran, el Rey Juan VI, el 4 de junio de 1824, derogaría la Constitución de 1822.

Para esa fecha, por otra parte, ya España había sido invadida de nuevo por los ejércitos franceses (los llamados Cien Mil Hijos de San Luís) pero esta vez por cuenta de la Santa Alianza, tal y como se había acordado en el Congreso de Verona (1823), ejército que amenazaba llegar a Portugal. El ensayo revolucionario fracasó y la nueva Constitución portuguesa sólo tendría dos años de vigencia, aun cuando luego, en 1836, entraría de nuevo en vigor.

En Italia, la revolución española y la Constitución de Cádiz también serían la bandera que adoptarían las sociedades secretas, La Carbonaria y los Federados, tanto en el sur como en el norte de la Península[792]. En el Reino de las dos Sicilias, los Carbonarios napolitanos no sólo tenían a la revolución de Riego, en España como el ejemplo a seguir, sino que consideraban a la Constitución de Cádiz como la más democrática de todos los Estados europeos, que mostraba un punto de equilibrio entre los derechos del pueblo y las prerrogativas de los Monarcas.

En esta forma, un mes antes que se hubieran desencadenado los acontecimientos revolucionarios de Portugal, en julio de 1820, en una alianza de Los Carbonarios con el Ejército y la burguesía, obligaron al Rey Fernando I a otorgar la Constitución de Cádiz, lo cual hizo por Edicto de 7 de julio de ese año, pasando a ser dicha Constitución, la del Reino de las Dos Sicilias "salvo las modificaciones que la representación nacional, constitucionalmente convocada, creará oportuno adoptar para adaptarla a las circunstancias particulares de los reales dominios"[793].

La reacción de la Santa Alianza, en este caso, tampoco se hizo esperar, y en el mismo año de 1820, en octubre, en el Congreso de Troppau las Potencias condenaron la revolución napolitana que amenazaba el principio monárquico, y además, en dicho Congreso, particularmente Austria, Rusia y Prusia también condenaron a la revolución portuguesa, y a la que había inspirado a todas, que no era otra que la revolución española.

Las potencias europeas decidieron reunirse nuevamente en enero de 1821 en el Congreso de Laybach, resolviendo esta vez anular el régimen constitucional napolitano, autorizando la invasión del Reino de las Dos Sicilias para la restauración del principio monárquico, quedando en este caso, Austria, encargada de ejecutar las resoluciones. Para abril de 1821, ya la Santa Alianza triunfaba en Italia.

Pero en esos mismos días, la Constitución de Cádiz también sería el estandarte que junto con los carbonarios, los revolucionarios piamonteses utilizarían en el Reino de Cerdeña para obligar por la fuerza el Príncipe Carlos Alberto a otorgar la Constitución de Cádiz, lo que ocurrió el 13 de marzo de 1821. Sin embargo, dos días después, el 15 de marzo el rey Víctor Manuel, quien había abdicado por la revolución, proclamó la anulación de lo actuado por la Regencia y apeló al auxilio de las potencias europeas que aún estaban reunidas en el Congreso de Laybach. El Congreso también envió en auxilio del Rey a las tropas austriacas, de manera que

---

792   Véase Juan Ferrando Badía, "Proyección exterior de la Constitución de Cádiz" en M. Artola (ed), *Las Cortes de Cádiz, Ayer, 1-1991*, Marcial Pons, Madrid 1991, p. 241.

793   *Idem*, p. 237.

para el 8 de abril, la rebelión había sido apaciguada y el ejército constitucional pia-montés había sido derrotado. La Constitución, en definitiva, sólo había tenido menos de un mes de vigencia[794].

Finalmente, como se dijo, la Santa Alianza se había vuelto a reunir en el Congre-so de Verona en octubre de 1822, agrupando a Austria, Prusia y Rusia, el reino de las dos Sicilias y de Modena y representantes de Francia e Inglaterra, en el cual, entre los asuntos fundamentales a considerar, estuvo no sólo la situación de Italia sino la de la revolución española.

Sobre lo primero se autorizó la permanencia de los ejércitos austriacos en Italia hasta 1823 y respecto de España, se condenó la imposición que mediante una revo-lución se había hecho a Fernando VII de la Constitución de 1812, solicitándole al gobierno español cambiar su régimen político y reponer al Fernando VII como Mo-narca absoluto, bajo amenaza de guerra.

Este Congreso de Verona concluyó sus sesiones el 4 de diciembre de 1822 con la resolución de la Santa Alianza de formularle a España un ultimátum, encargando a Francia el asegurar la restitución del régimen monárquico que se reclamaba; y así fue que en abril de 1823, como se dijo, el ejército francés de nuevo invadió a Espa-ña, esta vez con los Cien Mil Hijos de San Luís, acción que por supuesto fue recha-zada por las Cortes.

Ante la invasión, las Cortes, como había ocurrido diez años atrás, pero esta vez junto con el Rey, se retiraron a Andalucía, y luego, en junio de 1823, de nuevo, a Cádiz. Aquí sesionaron hasta agosto de ese año, de manera que la Constitución de Cádiz y sus Cortes, no sólo nacieron en esta ciudad suelo de hombres libres, sino que fue aquí que también cesaron.

Luego de la derrota del ejército constitucional en la batalla de Trocadero, cerca de Cádiz (agosto 1823), el Rey se plegó a las exigencias francesas, y el 1 de octubre de 1823, nuevamente, por segunda vez, anuló la Constitución de Cádiz, restaurando la Monarquía. Fue así como "los Congresos de Troppau, Laibach y Verona dieron muerte oficial a la Constitución de 1812 en España y en Italia"[795] y, además, en Por-tugal.

Quedó, en todo caso, como el primer texto constitucional latino europeo que a comienzos del siglo XIX había recogido los principios del constitucionalismo mo-derno que habían llegado las Revoluciones norteamericana y francesa del siglo XVIII, de lo que deriva su importancia singular, y la influencia directa que tuvo, tanto en los nuevos movimientos revolucionarios liberales europeos, como en la conformación de las Constituciones de muchas naciones latinoamericanas. Como tal, sin duda, sus principios tuvieron importante vigencia en Europa y en América, tanta que doscientos años después seguimos estudiándola.

---

794   *Idem*, p. 242.

795   Como lo destacó Juan Ferrando Badía, *Idem*, p. 247.

SECCIÓN SÉPTIMA:

LA INDEPENDENCIA DE VENEZUELA Y EL INICIO DEL CONSTITU-CIONALISMO HISPANO AMERICANO EN 1810–1811, COMO OBRA DE CIVILES, Y EL DESARROLLO DEL MILITARISMO A PARTIR DE 1812, EN AUSENCIA DE RÉGIMEN CONSTITUCIONAL (2012)[*]

Y el noveno capítulo es la Ponencia sobre *"La independencia de Venezuela y el inicio del constitucionalismo hispanoamericano en 1810–1811, como obra de civiles, y el desarrollo del militarismo a partir de 1812, en ausencia de régimen constitucional,"* presentada ante el *VI Simposio Internacional sobre la Constitución de Cádiz, "Los hombres de Cádiz y de las Américas. Bases de la identidad social y política hispanoamericana"*, Ayuntamiento de Cádiz, Cádiz 23 de noviembre de 2012. Para la redacción de esta Ponencia, partimos de nuestro estudio sobre "El secuestro y suplantación de los próceres," publicado como Epílogo al libro de Giovanni Meza Dorta, *El Olvido de los Próceres. La filosofía constitucional de la Independencia y su distorsión producto del militarismo*, Editorial Jurídica Venezolana, Caracas 2012, pp. 105–122.

I.   LA INDEPENDENCIA

La independencia de las Provincias que conformaban el territorio de lo que desde 1777 había sido la Capitanía General de Venezuela, y la estructuración en dicho territorio de un nuevo Estado con forma federal, se materializó entre 1810 y 1811, antes de que las Cortes de Cádiz sancionaran la Constitución de la Monarquía española de marzo de 1812.

Dicho nuevo Estado se organizó conforme a los principios del constitucionalismo moderno que a comienzos del siglo XIX se estaban consolidando, producto de las ideas que se habían venido expandiendo en el mundo occidental luego de las revoluciones Norte Americana y Francesa de finales del siglo XVIII.[796]

El inicio de todo ese proceso constituyente venezolano se sitúa en los sucesos del 19 de abril de 1810, cuando el Cabildo de Caracas, trasformado en "Junta Conservadora de los Derechos de Fernando VII," asumió el gobierno de la Provincia de Caracas, deponiendo del mando a las autoridades españolas; es decir, cuando en el

---

[*]   El historiador Guillermo Morón, Decano de la Academia Nacional de la Historia y de los historiadores del país, me ha honrado en haber leído esta Ponencia, formulándome el siguiente comentario: *"Pero lo que deseo dejar aquí como testimonio es el agrado, y admiración, con que releí anoche su Ponencia. Si ya algunos historiadores jóvenes comienzan a darse cuenta de su tesis central, la Independencia fue obra de héroes civiles, la República fue creada con constitución por civiles, no se había, que yo sepa, razonado, explicitado, aclarado, tan lúcida y documentalmente, como Usted lo hace. / Tengo sus libros, los he leído. Y agradecido su honestidad como historiador al citar las fuentes y a quienes le precedieron en algunos puntos cardinales de nuestro pasado. / No me sorprende la claridad de sus conclusiones, el conocimiento de lo ocurrido (19 de abril, 5 de julio, primera Constitución) y la filosofía de la Historia que caracterizan toda su obra."* (email de 1º de noviembre de 2012).

796   Véase Allan R. Brewer-Carías, *Reflexiones sobre la Revolución Norteamericana (1776), la Revolución Francesa (1789) y la Revolución Hispanoamericana (1810-1830) y sus aportes al constitucionalismo moderno*, 2ª Edición Ampliada, Universidad Externado de Colombia, Editorial Jurídica Venezolana, Bogotá 2008.

territorio de la Provincia se constituyó un nuevo gobierno independiente de la Corona Española que, además, desconoció, sucesivamente a la Junta Suprema de España, al Consejo de Regencia y a las propias Cortes que ya se habían instalado en Cádiz.[797] Dicho proceso constituyente culminó, luego de que se efectuaron elecciones para elegir los diputados de las diversas provincias conforme al reglamento adoptado en 1810, para constituir el Congreso General de las Provincias Unidas de Venezuela, el cual adoptó, el 1° de julio de 1811, la Declaración de Derechos del Pueblo; el 5 de julio de 1811, la declaración formal de Independencia, procediendo a la creación formal del nuevo Estado de Venezuela con la sanción el 21 de diciembre de 1811, de la Constitución Federal de los Estados de Venezuela. Dicho proceso constituyente, además, se completó después de la aprobación de varias Constituciones provinciales, con la sanción el 31 de enero de 1812 de la Constitución para el Gobierno y Administración de la Provincia de Caracas, que era la Provincia más importante del nuevo Estado federal.[798]

II. LOS HOMBRES DE AMÉRICA

Los hombres de América, próceres de la independencia venezolana, por tanto, no fueron otros que los que entre 1810 y 1811 tuvieron a su cargo la conducción del proceso constituyente del nuevo Estado independiente, es decir, los abogados y políticos que como hombres de ideas, la mayoría de ellos egresados del Colegio Santa Rosa, origen de la actual Universidad Central de Venezuela, participaron en todos los actos políticos que siguieron a la rebelión de Caracas y que concibieron y redactaron los actos y documentos constitutivos del nuevo Estado. Como ideólogos y, además, como hombres de acción, esos creadores estuvieron presentes y participaron en todos los acontecimientos políticos que ocurrieron en esas fechas, comprometiéndose personalmente con los mismos, habiendo suscrito todos los actos constituyentes subsiguientes. Fueron, en fin, los hombres que en Venezuela tuvieron un rol histórico equivalente al que en la historia de los Estados Unidos de América se conocen como los "padres fundadores" (G. Washington, J. Adams, T. Jefferson, J. Madison, B. Franklin, S. Adams, T. Paine, P. Henry, A. Hamilton, G. Morris, entre otros).[799]

En Venezuela, esos próceres o padres fundadores de la República, todos civiles ilustrados, fueron hombres de la talla de Juan Germán Roscio, Francisco Javier Ustáriz, Francisco Iznardi y Miguel José Sanz; y quienes junto con Lino de Clemente, Isidoro Antonio López Méndez, Martín Tovar y Ponce, invariablemente participaron en los más importantes actos de la independencia. La mayoría de ellos, en efecto, formaron parte de la Junta Conservadora de los Derechos de Fernando VII el 19 de abril de 1810, como funcionarios que eran del Cabildo o como diputados por

797 Véase Enrique Viloria V. y Allan R. Brewer-Carías, *La revolución de Caracas de 1810* (con prólogo de Guillermo Morón), Colección Salamanca, Historia, Educación y Geografía (Biblioteca Guillermo Morón) 44, Centro de Estudios Ibéricos y Americanos de Salamanca, Caracas 2011.

798 Véase Allan R. Brewer-Carías, *Los inicios del proceso constituyente hispano y americano. Caracas 1811 – Cádiz 1812*, bid & co. Editor, Caracas 2011, pp. 75 ss.

799 Véase Joseph J. Ellis, *Founding Brothers. The Revolutionary Generation*, Vintage Books, New York, 2000.

el pueblo que se incorporaron al mismo (Roscio); fueron miembros como Vocales de la Junta Suprema de gobierno que se organizó días después, por el Bando del 23 de abril de 1810, y en la misma Roscio fue quien redactó el Reglamento para la elección de los diputados al Congreso General; fueron electos como diputados al Congreso General, conforme al Reglamento de Elecciones dictado por la Junta Suprema el 11 de junio de 1810; participaron en el acto de instalación del Congreso General de diputados el día 3 de marzo de 1811; suscribieron la Ley sobre los Derechos del Pueblo sancionada por el Congreso General en la Sección Legislativa para la Provincia de Caracas el 1° de julio de 1811; suscribieron el Acta de la Independencia del 5 de julio de 1811; suscribieron la Constitución Federal de los Estados de Venezuela de 21 de diciembre de 1811; y suscribieron la Constitución de la Provincia de Caracas del 31 de enero de 1812.

Por haber sido parte de ese grupo de fundadores del Estado, buena parte de ellos pasaron a engrosar el grupo a quienes Domingo Monteverde, el jefe español invasor del territorio a comienzos de 1812, calificó como los "monstruos, origen y raíz primitiva de todos los males de América,"[800] grupo en el cual también estaban otros ilustres diputados que fueron apresados por Monteverde, entre quienes destacaron Juan Paz del Castillo y Díaz, Juan Pablo Ayala, José Cortés de Madariaga; José Mires, Manuel Ruiz y Antonio Barona.

III. LOS PRÓCERES CIVILES EN 1810–1811

Entre todos ellos, sin embargo, hay un pequeño grupo que deben recordarse específicamente, al cual correspondió el peso de concebir la República. Entre ellos destaca, ante todo, Juan Germán Roscio (1763–1821), experimentado abogado, conocido en la Provincia por haber protagonizado una importante batalla legal para su aceptación en el Colegio de Abogados de Caracas, luego de haber sido rechazado por su condición de *pardo*. Roscio, además, había sido Fiscal en la Administración colonial, y en tal carácter incluso, perseguidor judicial de los miembros de la expedición de Francisco de Miranda en 1806, que fueron infortunadamente apresados en el intento de desembarco en las costas de Ocumare.

Como abogado, sin embargo, Roscio fue uno de los que en abril de 1810 se rebeló contra la autoridad colonial, habiendo sido uno de los "representantes del pueblo" incorporados en la Junta Suprema el 19 de abril de 1810. En la Junta fue luego designado como Secretario de Relaciones Exteriores, por lo que se lo considera como el primer Ministro de Relaciones Exteriores del país. En la misma Junta, como secretario de Estado, Roscio fue quien el 14 de agosto de 1810 firmó la orden de la Junta Suprema de constitución de la "Sociedad Patriótica de Agricultura y Economía"[801] o la Junta patriótica de la cual Miranda llegó a ser su Presidente. Posterior-

---

800   *Idem*

801   Véase *Textos Oficiales de la Primera República de Venezuela,* Biblioteca de la Academia de Ciencias Políticas y Sociales, Caracas 1982, Tomo I, pp. 215-216.

mente, en momentos del funcionamiento del Congreso General, Roscio además, fue nombrado como Ministro de Gracia, Justicia y Hacienda.[802]

Roscio, por otra parte, fue el redactor del muy importante *Reglamento para la elección y reunión de diputados que han de componer el Cuerpo Conservador de los derechos del Sr. D. Fernando VII en las Provincias de Venezuela* de 11 de junio de 1810, considerado como el primer Código Electoral de América Latina,[803] y conforme al mismo, fue electo diputado al Congreso General por el partido de la Villa de Calabozo. Roscio, por tanto, fue redactor de la importante Alocución que presidió a dicho Reglamento, donde se sentaron las bases del sistema republicano representativo.[804]

Junto con Francisco Isnardi, Secretario del Congreso, Roscio fue figura clave en la redacción del *Acta de la Independencia* del 5 de julio de 1811; así como en la redacción del *Manifiesto que hace al mundo la Confederación de Venezuela en la América Meridional*, que se adoptó en el Congreso General el 30 de julio de 1811, explicando "las razones en que se ha fundado su absoluta independencia de España, y de cualquiera otra dominación extranjera, formado y mandado publicar por acuerdo del Congreso General de sus Provincias Unidas."[805]

Roscio fue también comisionado por el Congreso, junto con Gabriel de Ponte, Diputado de Caracas, y Francisco Javier Ustáriz, diputado por partido de San Sebastián, para colaborar en la redacción de la *Constitución Federal de las Provincias de Venezuela* de 21 de diciembre de 1811, y fue incluso miembro suplente del Ejecutivo Plural de la Confederación designado en 1812. Era fluente en inglés, e incluso fue el traductor de trabajos bajo el nombre de William Burke publicados en la *Gaceta de Caracas*, de la cual fue Redactor en sustitución de Andrés Bello. Roscio, además, fue uno de los pocos venezolanos que mantuvo a partir de 1810 directa correspondencia con Andrés Bello cuando ya este estaba en Londres, y con José M. Blanco White, el editor en Londres del periódico *El Español*.[806] En agosto de 1812, fue apresado por Domingo Monteverde, y fue finalmente enviado junto con Francis-

---

802 De ello se da cuenta en la sesión del Congreso del 17 de julio de 1811. Véase Ramón Díaz Sánchez, "Estudio Preliminar," *Libro de Actas del Segundo Congreso de Venezuela 1811-1812,* Academia nacional de la Historia, Caracas 1959, Tomo I, p. 220.

803 Véase sobre la primera manifestación de representatividad democrática en España e Hispanoamérica en 1810, es decir, la elección de diputados a las Cortes de Cádiz conforme a la *Instrucción* de la Junta Central Gubernativa del Reino de enero de 1810, y la elección de diputados al Congreso General de Venezuela conforme al *Reglamento* de la Junta Suprema de Venezuela de junio de 1810, en Allan R. Brewer-Carías, Los *inicios del proceso constituyente Hispano y Americano Caracas 1811- Cádiz 1812*, Bid & Co. Editores, Caracas 2011, pp. 9 ss.

804 Véase Ramón Díaz Sánchez, "Estudio Preliminar", *Libro de Actas del Segundo Congreso de Venezuela 1811-1812, op. cit,* Tomo I, p. 91.

805 Véase el texto en *Libro de Actas del Segundo Congreso de Venezuela 1811-1812*, Academia Nacional de la Historia, Caracas 1959, Tomo I, p. 82. Véanse los comentarios de Luis Ugalde s.j., *El pensamiento teológico-político de Juan Germán Roscio*, Universidad Católica Andrés Bello, bid & co. Editor, Caracas 2007, pp. 30, 39.

806 Andrés Bello y López Méndez entregaron a Blanco White la carta de Roscio de 28 de enero de 1811, la cual fue contestada por éste último el 11 de julio de 1811. Ambas cartas se publicaron en *El Español,* y reimpresas en José Félix Blanco and Ramón Azpúrua, *Documentos para la historia de la vida pública del Libertador,* Ediciones de la Presidencia de la República, Caracas 1978., Tomo III, pp. 14-19.

co de Miranda a la prisión de La Carraca, en Cádiz, como uno de los mencionados monstruos origen "de todos los males de América." Después de ser liberado en 1815, gracias a la intervención del gobierno británico, llegó a Filadelfia donde publicó en 1817 su conocido libro *El triunfo de la libertad sobre el despotismo, En la confesión de un pecador arrepentido de sus errores políticos, y dedicado a desagraviar en esta parte a la religión ofendida con el sistema de la tiranía,* en la Imprenta de Thomas H. Palmer.[807]

Por todo ello, a Juan Germán Roscio se ha considerado como "la figura más distinguida del movimiento de independencia desde 1810,"[808] y como "el más conspicuo de los ideólogos del movimiento" de independencia;[809] es decir, el más destacado de los próceres de la independencia, el cual como todos los otros fue olvidado como tal.

Otros de los destacados próceres civiles de la independencia, también olvidado, fue el mencionado Francisco Isnardi (1750–1814), de origen italiano (Turín), quien después de haber vivido en Trinidad, pasó a las provincias de Venezuela donde por sus amplios conocimientos de física, astronomía y medicina, por encargo del entonces Gobernador del golfo de Cumaná, Vicente de Emparan, elaboró el mapa de la costa de dicho golfo. Ello produjo sospechas y acusado de trabajar para los ingleses, fue perseguido por las autoridades coloniales de Venezuela, confiscándoseles sus bienes. Luego de ser absuelto en Madrid, regresó a Margarita en 1809, donde ejerció la medicina, pasando luego a Caracas donde entabló amistad con Andrés Bello. Para 1810 trabajaba como cirujano del cuerpo de artillería, y junto con Bello se encargó de la redacción de la *Gaceta de Caracas*. Participó activamente en los eventos que siguieron a la revolución del 19 de abril de 1810, habiendo sido, entre 1811 y 1812, el editor de los más importantes periódicos republicanos como *El Mercurio Venezolano,* la propia *Gaceta de Caracas* y *El Publicista de Venezuela.* Si bien no fue diputado, tuvo la importantísima posición de Secretario del Congreso General durante todo su funcionamiento, a quien el Congreso General encomendó, junto con Roscio, la redacción del *Acta de la Independencia* del 5 de julio de 1811.[810] Igualmente fue co–redactor de importante *Manifiesto* al Mundo del Congreso General. Isnardi fue también uno de los "ocho monstruos" patriotas encarcelados por Monteverde, habiendo sido también enviado a prisión a Cádiz, donde falleció en 1814.

Además, en ese proceso fundacional estuvo Francisco Javier Ustáriz, (1772–1814) también distinguido jurista, quien igualmente fue incorporado en 1810 a la *Junta Suprema* como "representante del pueblo." También fue electo diputado al Congreso General por el partido de San Sebastián, habiendo sido, junto con Roscio,

---

807   La segunda edición de 1821 fue hecha también en Filadelfia en la Imprenta de M. Carey e hijos.

808   Véase Ramón Díaz Sánchez, "Estudio Preliminar", *Libro de Actas del Segundo Congreso de Venezuela 1811-1812, op. cit.* Tomo I, p. 61.

809   Véase Manuel Pérez Vila, "Estudio Preliminar," *El Congreso Nacional de 1811 y el Acta de la Independencia,* Edición del Senado, Caracas 1990, p. 6.

810   Véase *Libro de Actas del Segundo Congreso de Venezuela 1811-1812, cit.,* Tomo I, p. 201; Luis Ugalde s.j., *El pensamiento teológico-político de Juan Germán Roscio,* bid & co. editor, Caracas 2007, p. 30.

uno de los principales redactores de la *Constitución Federal* de 1811, y de la Constitución de la Provincia de Caracas de enero de 1811.

El otro distinguido jurista prócer de la independencia fue Miguel José Sanz (1756–1814), quien también tuvo una destacada actuación en la Capitanía General durante el periodo colonial. Fue relator de la Audiencia de Caracas, decano del Colegio de Abogados de Caracas, y uno de los promotores de la Academia de Derecho Público y Español que se instaló en 1790. En 1793, fue uno de los miembros del Real Consulado de Caracas, y asesor jurídico del mismo; y entre 1800 y 1802 redactó las Ordenanzas para el gobierno y policía de Santiago de León de Caracas. Por diferencias con miembros del Cabildo fue expulsado en 1809 a Puerto Rico, regresando meses después de la rebelión civil de abril de 1810. Junto con José Domingo Díaz, fue redactor entre 1810 y 1811 del *Semanario de Caracas*. Amigo de Francisco de Miranda, Sanz ocupó brevemente la Secretaría del Congreso de 1811, cargó que abandonó para ocupar la Secretaría de Estado, Guerra y Marina. Como tal, firmó la orden del Ejecutivo para la publicación del *Acta de la Independencia*. También actuó como Presidente de la Sección Legislativa de la provincia de Caracas, y debió sin duda haber sido uno de los propulsores de la adopción de la *Declaración de Derechos del Pueblo* de 1811. Tras la Capitulación de 1812 fue encerrado en los calabozos de Puerto Cabello.

Todos estos juristas, además, se habían nutrido de las ideas que derivaban del proceso revolucionario e independentista de norteamérica, que como hemos dicho, a su vez habían penetrado a través del trabajo de traducción efectuado por varios venezolanos, como Joseph Manuel Villavicencio respecto de la Constitución de los Estrados Unidos de America;[811] y Manuel García de Sena, respecto de la traducción de las obras de Thomas Paine, el gran ideólogo de la revolución Norteamericana, y los textos constitucionales más importantea adoptados por las Colonias independientes (1776–1790).[812]

A todos estos políticos y juristas se une en su condición de prócer fundamental de la Independencia, Francisco de Miranda (1750–1816), el hombre más universal de su tiempo, y quien una vez que regresó a Caracas a finales de 1810, no sólo se incorporó al Congreso como diputado, sino que participó activamente en las discusiones de la Junta Patriótica, habiendo sido el más importante suministrador de ideas y escritos, que eran parte de su Archivo, para la configuración del nuevo Estado. Tuvo un rol protagónico en todos los sentidos, habiendo sido llamado a hacerse cargo de la República como Generalísimo, luego de la invasión del territorio de la provincia por los ejércitos españoles al mando de Monteverde. La pérdida del Castillo de Puerto Cabello comandado por Simón Bolívar, y con ello, el arsenal de la República, lo obligó a negociar un armisticio con Monteverde en julio de 1812. Después de haber sorteado durante varias décadas persecuciones, juicios y amenazas de prisión, ter-

---

811 *Constitución de los Estados Unidos de América*, editado en Filadelfia en la imprenta Smith & M'Kennie, 1810.

812 Una moderna edición de esta obra es *La Independencia de la Costa Firme, justificada por Thomas Paine treinta años ha*. Traducido del inglés al español por don Manuel García de Sena. Con prólogo de Pedro Grases, Comité de Orígenes de la Emancipación, núm. 5. Instituto Panamericano de Geografía e Historia, Caracas, 1949.

minó siendo vilmente apresado por sus subalternos y entregado a Monteverde a los pocos días de la firma de la capitulación de San Mateo, falleciendo prisionero en Cádiz en 1816.

Al grupo de los próceres se une también Andrés Bello, el más destacado humanista de América, quien al contrario de Miranda, más bien abandonó Caracas al formar parte de la misión de Comisionados enviados a Londres por la Junta Suprema de Caracas, como Secretario de la delegación, de donde nunca más volvió a Venezuela. Bello había ocupado en la administración colonial la importante posición de Oficial Mayor de la Capitanía General y redactor de la *Gaceta de Caracas*. Después de coincidir unos meses con Miranda en Londres en 1810, heredó toda la red de contactos que éste había tejido en Inglaterra en pro de la independencia americana.

IV. LAS FUENTES DE INSPIRACIÓN

Todos esos próceres de la independencia, en una forma u otra, se habían nutrido de las ideas que derivaron del proceso revolucionario francés y de la revolución de independencia de los Estados Unidos de Norteamérica, las cuales penetraron en la Capitanía General no sólo a partir de 1810 con los papeles del Archivo de Miranda, sino incluso con anterioridad por el trabajo que venían realizado varios venezolanos. Es así, por ejemplo, que ya en 1810, al comenzar la revolución en Venezuela, Joseph Manuel Villavicencio, natural de la Provincia de Caracas, publicó la primera traducción de la *Constitución de los Estrados Unidos de America*,[813] la cual circuló profusamente en América Hispana, a pesar de la prohibición que lá Inquisición había impuesto a ese tipo de publicaciones.

Además, las obras de Thomas Paine,[814] conocidas por la elite venezolana, también fueron traducidas y publicadas numerosas veces desde 1810 distribuyéndose copiosamente por Hispano América, destacándose la traducción realizada por Manuel García de Sena (hermano de Ramón García de Sena, de importante actuación en el proceso de independencia), quien desde 1803 había fijado su residencia en Filadelfia. Esa traducción de denominó como: *La Independencia de la Costa Firme justificada por Thomas Paine treinta años ha. Extracto de sus obras*,[815] y fue publicada en 1811 en la imprenta que T. y J. Palmer. Este libro contenía la primera traducción al castellano del famoso panfleto de Paine "*Common Sense*" (Philadelphia, 1776), de dos de sus principales disertaciones: "*Dissertations on the Principles of Government*," y además, de la Declaración de Independencia (4 de julio de 1776), de los artículos de la Confederación (1778), del texto de la Constitución de los Estados Unidos y Perpetua Unión (8 de julio de 1778) y de sus primeras Doce Enmiendas (1791, 1798, 1804); del texto de las Constituciones de Massachusetts (1780), de

---

813 *Constitución de los Estados Unidos de América*, editado en Filadelfia en la imprenta Smith & M'Kennie, 1810.

814 Veáse sobre el significado de la obra de Paine en la Independencia de los Estados Unidos, por ejemplo, Joseph Lewis, *Thomas Paine. Author of the declaration of Independence*, Freethouht Press, New York 1947.

815 Una reimpresión de esta obra se realizó por el Ministerio de Relaciones Exteriores de Venezuela en 1987, como Edición conmemorativa del Bicentenario de la Constitución de los Estados Unidos de América, Caracas 1987.

New Jersey (1776), de Virginia (1776), y de Pennsylvania (1790); así como la relación de la Constitución de Connecticut.[816]

Posteriormente, García de la Sena también publicó en 1812, en la misma casa de T. and J. Palmer en Filadelfia, la traducción al castellano de la tercera edición (1808) del libro de John M'Culloch, *Concise History of the United States, from the Discovery of America, till 1807*, con el título *Historia Concisa de los Estados Unidos desde el descubrimiento de la América hasta el año 1807*.

En 1811, por tanto, todos esos trabajos y documentos eran piezas esenciales para explicar en la América hispana el significado y alcance de la revolución norteamericana, proceso en el cual los trabajos de Paine tuvieron una importancia destacada, moldeando e influenciando en la redacción de los documentos constitucionales de la independencia. Por ello, entre los primeros actos del gobierno de Domingo Monteverde en 1812, fue la incautación de los ejemplares de la referida traducción de Manuel García de Sena.

Esta traducción de García de Sena, como él mismo lo expresó, tenían el propósito de "ilustrar principalmente a sus conciudadanos sobre la legitimidad de la Independencia y sobre el beneficio que de ella debe desprenderse, tomando como base la situación social, política y económica de los Estados Unidos." Sus obras, como se dijo, tuvieron una enorme repercusión en los tiempos de la Independencia Venezuela y en América Latina en general,[817] circulando de mano en mano. Incluso, en la *Gazeta de Caracas,* que se inició en 1808 con la introducción de la imprenta en la Provincia, en los números de los días 14 y 17 de enero de 1812 se publicó parte del libro de García de Sena contentivo de la traducción de la obra de Paine.[818]

En la *Gaceta de Caracas*, además, a partir de noviembre de 1810 comenzaron a aparecer una serie de editoriales bajo el nombre de William Burke, nombre que en definitiva resultó ser un pseudónimo utilizado fundamentalmente bajo la dirección de Francisco de Miranda para difundir algunos papeles y escritos que formaban parte de su Archivo personal, con escritos por ejemplo de James Mill que se referían a las ideas constitucionales de entonces, especialmente las originadas en el sistema norteamericano.[819] Todos esos editoriales, publicados entre noviembre de 1810 y marzo de 1812, fueron incluso recogidos en un libro en dos tomos con el título de

---

816 Una moderna edición de esta obra es *La Independencia de la Costa Firme, justificada por Thomas Paine treinta años ha.* Traducido del inglés al español por don Manuel García de Sena. Con prólogo de Pedro Grases, Comité de Orígenes de la Emancipación, núm. 5. Instituto Panamericano de Geografía e Historia, Caracas, 1949.

817 Véase en general, Pedro Grases, *Libros y Libertad,* Caracas 1974; y "Traducción de interés político cultural en la época de la Independencia de Venezuela," en *El Movimiento Emancipador de Hispano América, Actas y Ponencias,* Academia Nacional de la Historia, Caracas 1961, Tomo II, pp. 105 y ss.; Ernesto de la Torre Villas y Jorge Mario Laguardia, *Desarrollo Histórico del Constitucionalismo Hispanoamericano,* UNAM, México 1976, pp. 38–39.

818 Véase Pedro Grases "Manual García de Sena y la Independencia de Hispanoamérica" en la edición del libro de García de Sena que realizó el Ministerio de Relaciones Interiores, Caracas 1987, p. 39.

819 Véase los comentarios sobre los trabajos atribuidos a "William Burke," en Allan R. Brewer-Carías, "Introducción General" al libro *Documentos Constitucionales de la Independencia/ Constitucional Documents of the Independence 1811*, Colección Textos Legislativos N° 52, Editorial Jurídica Venezolana, Caracas 2012, pp. 59-299.

Derechos de la América del Sur y México,[820] publicados por la propia *Gaceta de Caracas* A finales de 1811.

En cuanto a la influencia francesa, debe recordarse que el texto traducido por Picornell y Gomilla de la Declaración de los Derechos del Hombre y del Ciudadano en la versión de la Constitución francesa de 1793, era el que había sido motor fundamental de la conspiración de Gual y España de 1797.[821]

Fue precisamente a través de todas esas traducciones de Picornell, de Villavicencio y de García de Sena, que los textos producto de las Revoluciones Americana y Francesa penetraron en Venezuela e influenciaron directamente en los redactores de las Constituciones Provinciales en Venezuela y la Constitución de 1811.

V. LOS DOCUMENTOS CONSTITUCIONALES

Con todo ese arsenal de ideas, los próceres fundadores de la República participaron en la rebelión independentista del 19 de abril de 1810; conformaron el nuevo gobierno de Caracas en sustitución de lo que había sido el gobierno de la Capitanía General y de la Provincia de Caracas; organizaron y participaron en la elección de los diputados al Congreso General de las provincias de dicha Capitanía a partir de junio de 1810; declararon solemnemente la Independencia el 5 de julio de 1811; redactaron la Constitución Federal de los Estados de Venezuela de 21 de diciembre de 1811[822] y la Constitución de la Provincia de Caracas de 31 de enero de 1812;[823] estos últimos textos, modelos acabados de lo que podían ser textos constitucionales de un nuevo Estado republicano de comienzos del siglo XIX, influidos por todos los principios del constitucionalismo moderno.

Esas Constituciones fueron sancionadas por el Congreso General de la Confederación de Venezuela, destacándose la *Constitución federal* de 21 de diciembre de 1811, con la cual se integró el nuevo Estado nacional con siete Estados provinciales (Caracas, Barcelona, Cumaná, Margarita, Barinas, Trujillo, Mérida) que habían resultado de la transformación de las antiguas Provincias que habían formado la antigua Capitanía General de Venezuela. A dicha Constitución le siguió la Constitución provincial de enero de 1812 sancionada por la "Sección Legislativa de la Provincia de Caracas del mismo Congreso General de Venezuela," es decir, por los diputados electos en la Provincia que integraban dicho Congreso General, en enero de 1812.

---

820 Véase en la edición de la Academia de la Historia, William Burke, *Derechos de la América del Sur y México*, 2 Vols., Caracas 1959. Quizás por ello, José M. Portillo Valdés, señaló que "William Burke" más bien habría sido, al menos por los escritos publicados en Caracas, una "pluma colectiva" usada por James Mill, Francisco de Miranda y Juan Germán Roscio. Véase José M. Portillo Valdés, *Crisis Atlántica: Autonomía e Independencia en la crisis de la Monarquía Española*, Marcial Pons 2006, p. 272, nota 60. En contra véase Karen Racine, *Francisco de Miranda: A Transatlantic Life in the Age of Revolution*, SRBooks, Wilmington, 2003, p. 318.

821. Véase las referencias en el libro de Pedro Grases, *La conspiración de Gual y España y el ideario de la Independencia*, Caracas 1978.

822 Véase en Allan R. Brewer-Carías, *Las Constituciones de Venezuela*, Academia de Ciencias Políticas y Sociales, Caracas 2008, Tomo I; *Historia Constitucional de Venezuela*, Editorial Alfa, Caracas 2008, Tomo I.

823 Véase sobre esta Constitución provincial, Allan R. Brewer-Carías, *La Constitución de la Provincia de Caracas de 31 de enero de 1812*, Academia de Ciencias Políticas y Sociales, Caracas 2012.

La elaboración de ambos textos constitucionales Federal y Provincial de Caracas, se realizó en paralelo en las sesiones del Congreso General, lo que se evidencia, por ejemplo, del encargo hecho en la sesión del 16 de marzo de 1811, recién instalado el propio Congreso, a los diputados Francisco Javier Uztáriz, Juan Germán Roscio y Gabriel de Ponte, Diputados los tres por la Provincia de Caracas por los partidos capitulares de San Sebastián de los Reyes, Calabozo y la ciudad de Caracas, como comisionados para redactar la Constitución Federal de Venezuela[824]; y del anuncio efectuado en la sesión del Congreso General diez días después, el 28 de marzo de 1811, cuando se informó además, que se había encomendado a los mismos mencionados diputados Francisco Javier Uztáriz y Juan Germán Roscio la elaboración de "la Constitución provincial de Caracas, con el objeto de que sirviese de modelo a las demás provincias del Estado y se administrasen los negocios uniformemente."[825].

Por ello, en la sesión del Congreso General del 19 de julio de 1811 se dejó constancia de que era un mismo grupo de diputados los "encargados de trabajar la Constitución Federal y la Constitución particular de la provincia de Caracas."[826] Además, en la sesión del Congreso General del 20 de julio de 1811, el mismo Ustáriz decía que el Congreso le había encomendado junto con Roscio y de Ponte, "para que formase la Constitución federal de los Estados Unidos de Venezuela."[827]

En cumplimiento de tales encargos, Ustáriz comenzó a presentar pliegos del proyecto de Constitución en la sesión del Congreso General del 21 de agosto de 1811,[828] dejándose constancia en la sesión del Congreso del 26 de julio de 1811, por ejemplo, de la presentación de un importante "Proyecto para la Confederación y Gobiernos provinciales de Venezuela,"[829] donde se formulaba un ensayo de distribución de las competencias que debían corresponder al nivel del Estado federal, y al nivel de los Gobiernos provinciales. [830]

Se trató, por tanto, de un proceso constituyente tanto nacional como provincial que se desarrolló en paralelo en el seno del mismo cuerpo de diputados, por una parte, para la conformación de un Estado federal en todo el ámbito territorial de lo que había sido la antigua Capitanía General de Venezuela, con la participación de todos los diputados del Congreso de todas las provincias; y por la otra, para la conformación del marco constitucional de gobierno para una de las provincias de dicha Federación, la de Caracas, incluso, como se dijo, para que el texto sirviera de modelo para la elaboración de las otras Constituciones provinciales.

---

824 En la despedida de la Sección Legislativa de la Provincia de Caracas al concluir sus sesiones y presentar la Constitución provincial 19 de febrero de 1812. Véase *Textos Oficiales de la Primera República de Venezuela,* Biblioteca de la Academia de Ciencias Políticas y Sociales, Caracas 1982, Tomo II, p. 216.

825 *Idem,* Tomo II, p. 216.

826 *Idem,* Tomo II, p. 109.

827 Véase Ramón Díaz Sánchez, "Estudio Preliminar", *Libro de Actas del Segundo Congreso de Venezuela 1811-1812,* Academia Nacional de la Historia, Caracas 1959, Tomo I, p. 230.

828 *Idem,* Tomo I, p. 317.

829 Véase el texto en *El pensamiento constitucional hispanoamericano hasta 1830,* Biblioteca de la Academia nacional de la Historia, Caracas 1961, Tomo V, pp. 41-44.

830 Véase *Textos Oficiales de la Primera República de Venezuela, cit.,* Tomo II, pp. 111-113.

Otro grupo de diputados que también debe mencionarse dentro de los próceres de la independencia, son aquellos que si bien no participaron en los hechos de la Revolución de 19 de abril de 1810, fundamentalmente porque no eran vecinos de Caracas, o como fue el caso de Francisco de Miranda, no estaban en ese entonces en Caracas, sin embargo sí estuvieron presentes en todos los hechos y actos políticos posteriores antes mencionados, como fueron además, los siguientes diputados, todos por otros partidos de la Provincia de Caracas: Felipe Fermín Paúl, por San Sebastián de los Reyes; Fernando de Peñalver, Luis José de Cazorla y Juan Rodríguez del Toro, por Valencia; Juan José de Maya, por San Felipe; Gabriel Pérez de Págola, por Ospino; José Ángel Álamo, por Barquisimeto; y José Vicente de Unda, por Guanare. Otros distinguidos civiles y abogados, además, tuvieron participación activa en el gobierno, particularmente en el Poder Ejecutivo plural, donde estuvieron Juan de Escalona, Cristóbal Mendoza y Baltasar Padrón, o como Secretarios de Estado, como fue el caso del mismo Miguel José Sanz.

A todos les correspondió desarrollar un intenso trabajo para el diseño y construcción constitucional del nuevo Estado, inspirado en las mejores ideas constitucionales de la época; proceso que como se dijo terminó en la elaboración de la primera Constitución republicana del mundo moderno después de la Constitución de los Estados Unidos de América de 1787, y a la Constitución de la Monarquía Francesa de 1791,[831] como fue la Constitución Federal para las Provincias de Venezuela de 21 de diciembre de 1811.

VI. LA GUERRA: LA LEY DE LA CONQUISTA Y LA LEY MARCIAL

Pero lamentablemente, todo ello fue destruido en pocos meses, por fuerza de la guerra y sobre todo, por fuerza de la incomprensión de los nuevos líderes producto de la misma, lo que produjo que Venezuela, muy pronto, entrara en un proceso histórico que fue marcado por el síndrome del "olvido de los próceres,"[832] producto de la fuerza bruta del militarismo que a partir de 1812 se apoderó del país y de su historia, arraigándose en el suelo de la República. El primer síntoma de ello fue la sustitución del régimen constitucional de 1811, sucesivamente, primero por la "ley de la conquista" impuesta por el invasor español Domingo Monteverde, y segundo por la "ley marcial" impuesta por Simón Bolívar; proceso que comenzó a manifestarse, precisamente, a partir del momento en el cual el país que encontraba pre-

---

831   El texto la declaración francesa de derechos del hombre y del ciudadano se conocía en Venezuela por la publicación que quedó de la Conspiración de Gual y España, *Derechos del Hombre y del Ciudadano con Varias Máximas Republicanas y un Discurso Preliminar dirigido a los Americanos*, con la traducción que Juan Bautista Picornell y Gomilla hizo de la declaración Francesa de 1793, texto que además, fue publicado de nuevo en Caracas en 1811, en la Imprenta de J. Baillio, libro considerado por Pedro Grases como "digno candidato a 'primer libro venezolano'." Véase en Pedro Grases, "Estudio sobre los 'Derechos del Hombre y del Ciudadano'," en el libro *Derechos del Hombre y del Ciudadano* (Estudio Preliminar por Pablo Ruggeri Parra y Estudio histórico-crítico por Pedro Grases), Academia Nacional de la Historia, Caracas 1959. Véase además, en Allan R. Brewer-Carías, *Las Declaraciones De Derechos Del Pueblo y del Hombre de 1811* (Bicentenario de la Declaración de "Derechos del Pueblo" de 1° de julio de 1811 y de la "Declaración de Derechos del Hombre" contenida en la Constitución Federal de los Estados de Venezuela de 21 de diciembre de 1811), con Prólogo de Román José Duque Corredor, Academia de Ciencias Políticas y Sociales, Caracas 2011.

832   Véase Giovanni Meza Dorta, *El olvido de los próceres*, Editorial Jurídica Venezolana, Caracas 2012.

parándose para celebrar el primer aniversario formal de la independencia, a comienzos de julio de 1812.

A partir de entonces, el país entró en una guerra que se prolongó por casi una década, en medio de la cual no sólo desapareció el constitucionalismo, recibiendo el país la mayor expedición militar jamás enviada antes por España a América (Morillo, 1814) sino que al final de la misma, en 1821, incluso el país mismo llegó a desaparecer como Estado, quedando el territorio de lo que había sido la federación de Venezuela como un "departamento" más de otro nuevo Estado creado contra toda lógica histórica por Simón Bolívar, como fue la República de Colombia, establecida con la Constitución de Cúcuta de ese año, luego de que Simón Bolívar hubiera propuesto al Congreso de Angostura la sanción de la Ley de Unión de los Pueblos de Colombia en 1819.[833]

Ese entierro de la obra de los próceres de la independencia que construyeron la República mediante sus ejecutorias civiles entre el 19 de abril de 1810 con la constitución de la Junta Suprema de Caracas y marzo de 1812 con la instalación del Congreso en la ciudad federal de Valencia, en todo caso, como siempre acaece en la historia, se produjo por la conjunción de varios hechos, en este caso, sin embargo, todos ellos de carácter estrictamente militar. Esos hechos fueron: *primero*, la invasión del territorio nacional en febrero de 1812 por una fuerza militar extranjera comandada por Domingo Monteverde, dirigida desde Puerto Rico, donde la Regencia de España y luego, las propias Cortes de Cádiz, había situado el cuartel general español para la pacificación de las provincias de Venezuela; *segundo*, el fracaso militar ocurrido en el novel ejército venezolano, específicamente, como consecuencia de la pérdida del arsenal de la República, al caer el Castillo de Puerto Cabello en manos realistas, en los primeros días del mes de julio de 1812, el cual estaba al mando del coronel Simón Bolívar, quien hubo de abandonar la plaza con los pocos oficiales que le quedaron leales; *tercero*, la consecuente Capitulación del ejército republicano que estaba comandado por Francisco de Miranda, a quien el Congreso le había otorgado plenos poderes para enfrentar la invasión militar de la provincia, y que se materializó el 25 de julio de 1812 en la firma de un Armisticio entre los enviados de Miranda y Monteverde, mediante el cual se le aseguró la ocupación militar española de las provincias; *cuatro*, la decisión militar, injustificada, inicua y desleal, adoptada en la noche del 30 de julio de 1812 por un grupo de oficiales del ejército republicano al mando del mismo Simón Bolívar, e inducidos por oficiales traidores que ya habían negociado con Monteverde, de apresar a su superior, el general Francisco de Miranda, acusándolo de traidor, y quien luego de salvarse de ser fusilado in situ como pretendía Bolívar, fuera entregado inmisericordemente a Monteverde, para no recobrar más nunca su libertad; *quinto*, la violación sistemática del tratado militar que se había suscrito, por parte de Monteverde, quien persiguió a todos los que habían participado en la creación de la República, estableciendo en la provincia una dictadura militar y sometiendo al país, no a la Constitución de Cádiz recién sancionada, sino a la "ley de la conquista," lo que se prolongó hasta 1814 en medio de la más espantosas represión militar; *sexto*, por la nueva invasión del territorio venezo-

---

833   Véase los textos en Allan R. Brewer-Carías, *Las Constituciones de Venezuela*, Academia de Ciencias Políticas y Sociales, Caracas 2008, Tomo I.

lano en 1814 por la que sería históricamente la mayor fuerza militar que hubiese enviado jamás la Corona española a América al mando del mariscal Morillo, con quien Bolívar llegaría a firmar un Armisticio para regularizar la guerra; *séptimo*, la también invasión militar del territorio de Venezuela desde la Nueva Granada en 1813, esta vez un ejército autorizado por el Congreso de Nueva Granada, al mando de Simón Bolívar, y los contundentes triunfos del ejército republicano de liberación que llevaron a proclamar a Bolívar como El Libertador, quien por la fuerza militar ocupó intermitentemente los territorios de las provincias de Venezuela hasta 1819; y *octavo*, la ausencia de régimen constitucional alguno en los territorios de Venezuela desde 1813 hasta 1819, por el sometimiento efectivo de los mismos por los ejércitos republicanos, no a la Constitución de 1811, la cual lamentablemente nunca más se puso en vigencia como tal, sino que más bien fue estigmatizada, imponiéndose en su lugar la "ley marcial," lo que se extendió hasta 1819 cuando Bolívar buscó, aún cuando efímeramente, reconstituir el Estado venezolano con una nueva Constitución (Angostura).

En particular, de todos esos hechos, deben destacarse los de orden "constitucional" que se produjeron, de entrada, como consecuencia de la ocupación militar de las Provincias por el ejército español, luego de la Capitulación de julio de 1812. Monteverde y sus nuevas autoridades, una vez que desconocieron la Constitución federal republicana de diciembre de 1811, de hecho obviaron poner en vigencia régimen constitucional alguno.

La pretendida publicación de la recién sancionada Constitución de Cádiz, que era a lo que debían proceder, en efecto, llevó al nuevo Capitán General de Venezuela, Fernando Mijares, quien recién había sido nombrado para un cargo que nunca llegó a ejercer efectivamente pues el mismo fue asumido y usurpado por Monteverde; a enviarle a éste, el 13 de agosto de 1812, unos días después de la detención de Miranda, unos ejemplares del texto constitucional monárquico con las correspondientes órdenes y disposiciones que habían dado las Cortes para su publicación y observancia.[834] Sin embargo, Monteverde retrasó de hecho la jura de la Constitución, aclarándole incluso posteriormente a la Audiencia que si se había diferido su publicación no había sido por descuido, ni omisión ni capricho, sino por "circunstancias muy graves," que impedían su aplicación en Provincias como las de Venezuela, "humeando todavía el fuego de la rebelión más atroz y escandalosa," considerando a quienes la habitaban como "una sociedad de bandoleros, alevosos y traidores," indicando que si publicaba la Constitución no respondería "por la seguridad y tranquilidad del país."[835]

Es decir, como Monteverde no estimaba a "la provincia de Venezuela merecedora todavía de que participase de los efectos de tan benigno código"[836] solo llegó a

---

834   Véase José de Austria, *Bosquejo de la Historia Militar de Venezuela*, Biblioteca de la Academia Nacional de la Historia, Tomo I, Caracas 1960, p. 364.

835   Véase carta de Monteverde a la Audiencia de 29 de octubre de 1812. Citada en Alí Enrique López y Robinzon Meza, "Las Cortes españolas y la Constitución de Cádiz en la Independencia de Venezuela (1810-1823)," en José Antonio Escudero (Dir.), *Cortes y Constitución de Cádiz. 200 Años*, Espasa Libros, Madrid 2011, Tomo III, pp. 613, 623.

836   Véase José de Austria, *Bosquejo de la Historia militar...*, *op. cit.*, Tomo I, p. 370.

publicar y jurar la Constitución de Cádiz "a la manera militar," el 21 de noviembre de 1812, y luego, en Caracas, el 3 de diciembre de 1812, asumiendo sin embargo un poder omnímodo contrario al texto constitucional gaditano mismo.[837] Monteverde además, desconoció la exhortación que habían hecho las propias Cortes de Cádiz, en octubre de 1810, sobre la necesidad de que en las provincias de Ultramar donde se hubiesen manifestado conmociones (sólo era el caso de Caracas), si se producía el "reconocimiento a la legítima autoridad soberana" establecida en España, debía haber "un general olvido de cuanto hubiese ocurrido indebidamente"[838]. Nada de ello ocurrió en las Provincias de Venezuela, donde la situación con posterioridad a la firma de la Capitulación de julio de 1812 fue de orden fáctico, pues el derrumbamiento del gobierno constitucional fue seguido en paralelo, por el desmembramiento de las antiguas instituciones coloniales, bajo la autoridad militar.

A esa inundación militar inicial de la República, invadida por los ejércitos españoles, siguió la también invasión militar republicana de los territorios de las Provincias, desde la Nueva Granada, la cual tampoco restableció el orden constitucional republicano.

En efecto, desde que Simón Bolívar llegó a Cartagena de Indias a finales de diciembre de 1812, gracias al salvoconducto que le había suministrado Monteverde, en retribución "a los servicios prestados" a la Corona, en su primera alocución pública que fue el llamado Manifiesto de Cartagena, calificó la construcción institucional de la República reflejada en la Constitución federal de diciembre de 1811, como propia de una "república aérea" atribuyéndole a dicha concepción y a sus autores la caída misma de la República, lo que, posteriormente originaría en la Nueva Granada el despectivo calificativo de la "patria boba" para referirse a ese período de nuestra historia.[839] Simón Bolívar, en efecto, diría a los seis meses de haber detenido y entregado a Miranda al invasor Monteverde, quizás cuando buscaba explicar su conducta, que:

"los códigos que consultaban nuestros magistrados no eran los que podían enseñarles la ciencia práctica del Gobierno, sino los que han formado ciertos buenos visionarios que, imaginándose *repúblicas aéreas*, han procurado alcanzar la perfección política, presuponiendo la perfectibilidad del linaje humano.

---

837   Véase Manuel Hernández González, "La Fiesta Patriótica. La Jura de la Constitución de Cádiz en los territorios no ocupados (Canarias y América) 1812-1814," en Alberto Ramos Santana y Alberto Romero Ferrer (eds), *1808-1812: Los emblemas de la libertad*, Universidad de Cádiz, Cádiz 2009, pp. 104 ss.

838   Véase el Decreto V, 15-10-10, en Eduardo Roca Roca, *América en el Ordenamiento Jurídico de las Cortes de Cádiz*, Granada 1986, p. 199.

839   Véase, por ejemplo, por lo que se refiere a la Nueva Granada, el empleo del término en el libro *La Patria Boba*, que contiene los trabajos de J.A. Vargas Jurado (*Tiempos Coloniales*), José María Caballero (*Días de la Independencia*), y J.A. de Torres y Peña (Santa Fé Cautiva), Bogotá 1902. El trabajo de Caballero fue publicado con los títulos *Diario de la Independencia*, Biblioteca de Historia Nacional, Bogotá 1946, y *Diario de la Patria Boba*, Ediciones Incunables, Bogotá 1986. Véase también, José María Espinosa, *Recuerdos de un Abanderado, Memorias de la Patria Boba 1810-1819*, Bogotá 1876.

Por manera que tuvimos filósofos por Jefes, filantropía por legislación, dialéctica por táctica, y sofistas por soldados."[840]

No es de extrañar con semejante apreciación, que Bolívar pensase que como las circunstancias de los tiempos y los hombres que rodeaban al gobierno en ese momento eran "calamitosos y turbulentos, [el gobierno] debe mostrarse terrible, y armarse de una firmeza igual a los peligros, sin atender a leyes, y constituciones, ínterin no se restablece la felicidad y la paz."[841] Por ello concluía afirmando tajantemente que "entre las causas que han producido la caída de Venezuela, debe colocarse en primer lugar la naturaleza de su constitución que, repito, era tan contraria a sus intereses, como favorable a los de sus contrarios."[842]

Debe mencionarse, sin embargo, que apenas iniciada su "Campaña Admirable" desde Nueva Granada para la recuperación del territorio de la República, una vez liberada la provincia de Mérida en mayo de 1813, Bolívar proclamó, desde allí, "el establecimiento de la Constitución venezolana, que regía los Estados antes de la irrupción de los bandidos que hemos expulsado;" y que al mes siguiente, desde Trujillo, al tomar conciencia del sesgo social de la guerra que se estaba ya librando, el 15 de junio de 1813, en su proclama de guerra a muerte, Bolívar también anunció que su misión era "restablecer los Gobiernos que formaban la Confederación de Venezuela" indicando que los Estados ya liberados (Mérida y Trujillo) se encontraban ya "regidos nuevamente por sus antiguas Constituciones y Magistrados."[843]

Sin embargo, esa intención duró poco, no sólo por el contenido del mismo decreto de Guerra a Muerte donde se ordenó pasar por las armas ("contad con la muerte") a todo aquél, español o americano que "aún siendo indiferente" no obrara "activamente en obsequio de la libertad de Venezuela,"[844] sino por su declaración y proclamación desde Caracas, al año siguiente, el 17 de junio de 1814, de la *ley marcial*, entendiendo por tal "la cesación de toda otra autoridad que no sea la militar," con orden de alistamiento general, anunciando para quienes contravinieran la orden que "serán juzgados y sentenciados como traidores a la patria, tres horas después de comprobarse el delito."

A partir de entonces, la ley militar rigió completamente en el bando republicano en los territorios de Venezuela, sumándose sí a la "ley de la conquista" que ya había impuesto Monteverde desde que había ocupado el territorio de la República, violado la Capitulación que había suscrito con Miranda, y había recibido a éste preso entregado por sus propios subalternos. Ello le permitió a Monteverde, en representación que dirigió a la Audiencia de Caracas el 30 de diciembre de 1812, a afirmar que si

---

840   Véase Simón Bolívar, "Manifiesto de Cartagena," en *Escritos Fundamentales*, Caracas, 1982 y en *Itinerario Documental de Simón Bolívar. Escritos selectos*, Ediciones de la Presidencia de la República, Caracas 1970, pp. 30 ss. y 115 ss.

841   *Idem.*

842   *Idem.*

843   "Discurso a la Municipalidad de Mérida, 31 de mayo de 1813, en Hermánn Petzold Pernía, *Bolívar y la ordenación de los Poderes Públicos en los Estados Emancipados*, Caracas 1986, p. 32.

844   "Decreto de guerra a muerte," de 13 de junio de 1813 (versión facsimilar) en Hermánn Petzold Pernía," *Bolívar y la ordenación de los Poderes Públicos en los Estados Emancipados*, Caracas 1986, p. 33.

bien Coro, Maracaibo y Guayana, que habían sido las provincias de la Capitanía que no habían participado en la conformación del Estado federal de 1811, "merecen estar bajo la protección de la Constitución de la Monarquía," es decir, de la de Cádiz que había pretendido jurar en Caracas bajo rito militar, en cambio afirmaba que "Caracas y demás que componían su Capitanía General, no deben por ahora participar de su beneficio hasta dar pruebas de haber detestado su maldad, y bajo este concepto deben ser tratadas por la ley de la conquista; es decir, por la dureza y obras según las circunstancias; pues de otro modo, todo lo adquirido se perderá."[845]

Así quedaron los territorios del Estado de Venezuela sumidos bajo la ley militar, la ley marcial o la ley de la conquista, barriéndose con todo lo que fuera civilidad, contribuyendo desde entonces, con el militarismo resultante, con el desplazamiento, secuestro y sustitución de los próceres de la independencia, quienes fueron apresados y entregados a los españoles, como Francisco de Miranda, o fueron perseguidos y detenidos por éstos (Roscio, Iznardi, Ustáriz) a raíz de los acontecimientos de la noche del 30 de julio de 1812,

Con el abandono del constitucionalismo inicial de la República, primero por el invasor español, y luego por los republicanos que salieron a su defensa, pero que lamentablemente lo despreciaron por provenir de "filósofos" y "sofistas," se inició el proceso que condujo a que los verdaderos próceres de la independencia fueran olvidados, pero no por ingratitud de los venezolanos, sino porque históricamente, en definitiva, fueron secuestrados por el militarismo que en desdeño al civilismo republicano culparon a los próceres de la independencia por el fracaso de la propia República de 1811–1812. De ello resultó que además, fueran posteriormente suplantados por los nuevos héroes militares, a quienes incluso la historia comenzó a atribuir la propia independencia de Venezuela, cuando lo que los militares hicieron, con Bolívar a la cabeza fue, mediante una extraordinaria campaña militar, liberar a un país que ya era independiente y que estaba ocupado militarmente por fuerzas enemigas.

Ese proceso de secuestro y suplantación de los próceres y de los hacedores de la institucionalidad republicana, y el olvido subsiguiente en el cual cayeron, en todo caso, fue inducido, no tanto por los militares que liberaron el territorio, sino por quienes escribieron la historia, que fueron los que hicieron pensar que los próceres habían sido los héroes militares libertadores, atribuyéndoles el rol de "próceres de la independencia" que no tuvieron. Y a los secuestrados por la historia les ocurrió lo que por ejemplo le pasa, a medida que transcurre el tiempo, inexorablemente, a toda persona privada de su libertad por secuestro o prisión, o que ha sido extrañada de su país, y es que en el mediano plazo y a la larga, inevitablemente cae en el olvido.

Solo ese efecto del tiempo, combinado con la suplantación histórica, explica, por ejemplo, que una vez que Francisco de Miranda fuera apresado por sus subalternos, y fuera entregado al invasor español, al desaparecer en vida de la escena por su prisión en La Guaira, Puerto Cabello, Puerto Rico y Cádiz hasta 1816 cuando murió, hubiera caído rápidamente en el olvido al ser enterrado en vida por el pensamiento,

845   "Representación dirigida a la Regencia el 17 de enero de 1813,", en J.F. Blanco y R. Azpúrua, *Documentos para la historia de la vida pública del Libertador,* Ediciones de la Presidencia de la República, Caracas 1978., Tomo IV, pp. 623–625.

la escritura y la acción de los héroes militares, incluyendo entre ellos a Bolívar quien pasó 16 años sin siquiera nombrarlo.[846] En ello, sin duda, jugaron papel preponderante los apologistas de los nuevos líderes que salieron de las cenizas de las guerras posteriores.

VII. LOS PRÓCERES OLVIDADOS

Pero nunca es tarde para volver la mirada hacia el pasado y hacia nuestros orígenes como país, y así tratar de identificar realmente quienes fueron los verdaderos próceres de la independencia de Venezuela, lo que nos permite no sólo buscar rescatarlos del olvido, poniendo en su respectivo lugar en la historia a aquellos a quienes se los puso a suplantarlos indebidamente; sino para entender el origen mismo de nuestras instituciones constitucionales.

Para ello lo que debe quedar en claro, en todo caso, es que en Venezuela, contrariamente a lo que se piensa y se celebra, la independencia fue un proceso político y civil, obra del antes mencionado grupo de destacadísimos pensadores e intelectuales que la concibieron, diseñaron y ejecutaron durante un período de menos de dos años que se desarrolló entre abril de 1810 y enero de 1812, logrando la configuración de un nuevo Estado Constitucional en lo que antes habían sido antiguas colonias españolas, inspirado en los principios fundamentales del constitucionalismo moderno que recién se habían derivado de las Revoluciones Americana y Francesa de finales del Siglo XVIII, y que entonces estaban en proceso de consolidación. La independencia, por tanto, no fue obra de militares, quienes a partir de 1813 libraron importantes batallas para buscar la liberación del territorio de la nueva y recién nacida República, después de que había sido invadido por el ejército español en febrero de 1812.

Por ello las importantes batallas militares desarrolladas a partir de 1813 al mando de Simón Bolívar, no fueron realmente batallas por la independencia del país que ya antes se había consolidado, sino por la liberación de su territorio invadido. La República nació a partir del 19 de abril de 1810, y se consolidó constitucionalmente con la declaración de Independencia del 5 de julio de 1811 y la sanción de la Constitución Federal para los Estados de Venezuela de 21 de diciembre de 1811. La República, en consecuencia no nació ni con la Constitución de Angostura de 1819, ni mucho menos con la Constitución de Cúcuta de 1821 con la cual, más bien, desapareció como Estado al integrarse su territorio a la naciente República Colombia. Tampoco nació la República con la Constitución de 1830, con la cual en realidad, lo que ocurrió fue la reconfiguración del Estado de Venezuela.

Entre todas esas Constituciones, sin duda, la Constitución Federal de los Estados de Venezuela de 21 de diciembre de 1811, en el marco de la cual se dictó la Constitución provincial de Caracas, obra ambos de aquellos destacados juristas próceres de la independencia, tuvo la importancia histórica de que fue la tercera Constitución de ámbito nacional que se sancionó en el mundo moderno.

---

846 Después de 1812, en sus escritos, Bolívar solo llegó a mencionar a Miranda, incidentalmente, en una nota de respuesta a una carta de presentación de Leandro Miranda que en 1828 le había enviado Pedro Antonio Leleux, Secretario que había sido de Miranda.

La Constitución de la Provincia de Caracas de 31 de enero de 1812, tiene también la importancia de ser parte del segundo grupo de Constituciones provinciales que se sancionaban en la historia del constitucionalismo moderno, después de las que se habían adoptado a partir de 1776 en las trece antiguas Colonias inglesas en Norteamérica y que luego formaron los Estados Unidos de América, y que fueron las Constituciones o Formas de Gobierno de New Hampshire, Virginia, South Carolina, New Jersey Rhode Island, Connecticut, Maryland, Virginia, Delaware, New York y Massachusetts.[847] Venezuela fue, así, el segundo país en la historia del constitucionalismo moderno en haber adoptado la forma federal de gobierno a los efectos de unir como un nuevo Estado, lo que antes habían sido antiguas Provincias coloniales, y adoptar también Constituciones provinciales.

Esos textos como se dijo, fueron producto de la imbricación de Legislaturas en un mismo Cuerpo de representantes, la del Congreso General y la de la Sección Legislativa de la Provincia de Caracas, lo que explica que en la sesión del Congreso General del 31 de enero 1812 se diera cuenta formalmente de que la Constitución provincial de Caracas iba a firmarse ese mismo día;[848] hecho del cual además se dio anuncio en la sesión del mismo Congreso General del día siguiente, del 1 de febrero de 1812.[849]

La concepción y conducción del proceso constituyente venezolano, que en ese momento era a la vez el inicio del proceso constituyente de toda la América hispana fue, por tanto, insistimos, obra, no de militares, sino de esos destacados e ilustrados diputados y funcionarios, juristas y políticos que lo integraban,[850] casi todos formados a finales del siglo XVIII en la Universidad de Caracas, y muchos de ellos con experiencia en funciones de gobierno, antes de la Revolución de abril de 1810, en

---

847 El texto de casi todas estas Constituciones se conocía en Caracas a partir de 1810 por la traducción que hizo Manuel García de Sena, en la obra *La Independencia de la Costa Firme, justificada por Thomas Paine treinta años ha*, editada en Filadelfia en 1810. Véase la edición, con prólogo de Pedro Grases, del Comité de Orígenes de la Emancipación, núm. 5. Instituto Panamericano de Geografía e Historia, Caracas, 1949. El texto de la Constitución de los Estados Unidos de América también se conocía por la traducción contenida en dicho libro, y por la que hizo en Joseph Manuel Villavicencio, *Constitución de los Estados Unidos de América*, editado en Filadelfia en la imprenta Smith & M'Kennie, 1810. Además, amplios estudios sobre el sistema norteamericano americano, su constitución y la federación salieron publicados entre 1810 y 1811 bajo el nombre de William Burke en la *Gaceta de Caracas*, y recogidos todos y publicados en 1811, por la misma imprenta como William Burke, *Derechos de la América del Sur y México*, 2 vols., Caracas 1811.

848 Véase *Libro de Actas del Segundo Congreso de Venezuela 1811-1812*, Academia Nacional de la Historia, Caracas 1959, Tomo II, p. 307.

849 Véase *Libro de Actas del Segundo Congreso de Venezuela 1811-1812, cit.*, Tomo II, p. 309. Como se dijo, con posterioridad, el 19 de febrero de 1812 luego de haberse promulgado la Constitución de la Provincia de Caracas, la Sección Legislativa para la Provincia del Congreso General dirigió una "despedida a los habitantes de Caracas al terminar sus sesiones y presentar la Constitución," (firmada por los diputados Felipe Fermín Paúl, Martín Tovar, Lino de Clemente, Francisco Xavier Ustáriz, José Ángel Alamo, Nicolás de Castro, Juan Toro, Tomás Millano." Véase en *Textos Oficiales de la Primera República de Venezuela, cit.*, Tomo II, p. 216.

850 Véase la lista y nombres de todos los diputados en Manuel Pérez Vila "Estudio Preliminar," *El Congreso Nacional de 1811 y el Acta de la Independencia*, Edición del Senado, Caracas 1990, pp. 7-8; Juan Garrido, *El Congreso Constituyente de Venezuela*, Universidad Monteávila, Caracas 2010, pp. 76-79.

las instancias de administración y gobierno coloniales de la Capitanía General de Venezuela.

Es lamentable, por ello, que todos esos próceres de nuestra independencia hayan caído en el olvido, lo que se debió, sin embargo, lamentablemente a la necesidad de buscar un culpable en los acontecimientos políticos, tan arraigado en la idiosincrasia venezolana.

Para ello, aquellos próceres, fueron estigmatizados de todos los males por ser los culpable o responsables de la caída de la primera República, por haber diseñado una "República aérea," cuando dicha caída sólo se debió a una conjunción de factores devastadores, entre otros, la invasión del territorio por Monteverde en febrero de 1812; los efectos del terremoto del 23 de marzo de 1812 que destruyó físicamente la provincia de Caracas hasta los Andes; las deserciones políticas y militares que afectaron las filas republicana tempranamente, y la pérdida del Castillo de Puerto cabello, donde estaba el arsenal de la nueva República, a manos de Simón Bolívar.

Además, al ser dichos próceres, los "responsables" de todos los males de la naciente República, ello fue así tanto para los mismos republicanos según lo comenzó a difundir Simón Bolívar a fines del mismo año 1812, como para los españoles, para quienes además fueron "los monstruos, origen y raíz primitiva de todos los males de América." De todo ello, era obvio que terminarían rápidamente secuestrados por quienes desde las trincheras militares hicieron la guerra para la recuperación del territorio de la República, y por quienes desde ese ángulo contaron la historia.

Por eso, incluso, la celebración del día de la independencia en Venezuela aún en nuestros días no es un acto que sea puramente civil, como en cambio lo fue la sanción misma y firma del Acta en el seno del Congreso General el 5 de julio de 1811; sino que es un acto esencialmente militar; y la independencia en si misma, lejos de identificarse con los actos civiles desarrollados en los orígenes de la república entre 1810 y 1812, se confunde con las guerras de liberación del territorio, ya independiente, de la ocupación española que culminaron con la batalla de Carabobo en 1821, que se engloban bajo la denominación de las guerras de independencia.

Ciertamente, en esos años se libraron verdaderas "guerras de independencia" incluso por el mismo Ejército y bajo el mismo liderazgo de Bolívar, pero ello fue en la Nueva Granada, en Ecuador, en el Perú y en Bolivia. No en Venezuela, que era territorio independiente desde 1810–1811, donde las guerras que a partir de 1813 lideró Bolívar fueron guerras de liberación de un Estado ya independiente, invadido por los españoles. Estado independiente en el cual, precisamente se inició el constitucionalismo moderno o liberal de la América Hispana en 1810–1811.

CUARTA PARTE

LAS DECLARACIONES DE DERECHOS EN EL INICIO DEL CONSTITUCIONALISMO HISPANOAMERICANO (2011)

Esta Cuarta Parte es el texto del libro sobre *Las Declaraciones de Derechos del Pueblo y del Hombre de 1811* (Bicentenario de la Declaración de "Derechos del Pueblo" de 1° de julio de 1811 y de la "Declaración de Derechos del Hombre" contenida en la Constitución Federal de los Estados de Venezuela de 21 de diciembre de 1811), publicado con Prólogo de Román José Duque Corredor, por la Academia de Ciencias Políticas y Sociales, Caracas 2011, 228 pp.

INTRODUCCIÓN

En 1811 se sancionaron en Venezuela dos declaraciones de derechos: la "Declaración de Derechos del Pueblo" adoptada por el Supremo Congreso de Venezuela el 1° de julio de 1811, cuatro días antes de la declaración de Independencia; y la "Declaración de Derechos del Hombre" en el Capítulo VIII de la Constitución Federal de los Estados de Venezuela de 21 de diciembre de 1811 adoptada por el mismo Congreso, que reprodujo la anterior, ampliada y enriquecida.[1]

Se trató, en global, de la tercera Declaración de Derechos de rango constitucional en la historia del constitucionalismo moderno, adoptada después de las Declaraciones que fueron producto de la Revolución Norteamericana contenidas en las Constituciones de los nuevos Estados que surgieron de las antiguas Colonias inglesas dictadas al declarar su independencia en 1776, y en las primeras diez Enmiendas (1789) a la Constitución norteamericana de 1787; y después de las Declaraciones adoptadas con motivo de la Revolución Francesa, contenidas en particular, en la Declaración de los Derechos del Hombre y del Ciudadano sancionada por la Asamblea Nacional en 1789, y en las Declaraciones que precedieron las Constituciones revolucionarias de 1791, 1793 y 1795.

---

1   Véanse estos textos y los de todas las Constituciones en Allan R. Brewer-Carías, *Las Constituciones de Venezuela*, Academia de Ciencias Políticas y Sociales, 2 Vols., Caracas 2008.

Esas dos Revoluciones sin duda, al trastocar el constitucionalismo de la época, repercutieron en la Revolución Hispano Americana[2] iniciada precisamente 21 años después de la Declaración Francesa, habiendo sido en Venezuela donde a comienzos del Siglo XIX, por primera vez se recibió su influjo y, particularmente, sus consecuencias constitucionales, precisamente cuando los próceres de la Independencia venezolana se encontraban en la tarea de elaborar las bases de un nuevo sistema jurídico-estatal para un nuevo Estado independiente, segundo en su género en la historia política del mundo moderno, después de los Estados Unidos de Norte América.

Iniciada la revolución de independencia en Venezuela a partir de la constitución de la Junta Conservadora de los Derechos de Fernando VII el 19 de abril de 1810,[3] allí fue, por tanto, donde rindieron fruto los aportes al constitucionalismo que habían dado al mundo las dos grandes Revoluciones antes mencionadas, y entre ellos, los siguientes: *Primero,* la idea misma de la organización de los Estados mediante una Constitución concebida, no como una carta otorgada por un Monarca, sino como una carta política escrita que emana de la soberanía popular, de carácter rígida, permanente, contentiva de normas de rango superior, inmutable en ciertos aspectos y que no sólo organiza al Estado, sino que también contiene una parte dogmática, donde se declaran los valores fundamentales de la sociedad y los derechos y garantías de los ciudadanos; *Segundo,* la idea de que la soberanía, como poder supremo en un Estado, no estaba más en manos de un Monarca, que había dejado de ser soberano, sino del pueblo, el cual la ejercía mediante representantes electos, a quienes correspondía adoptar la Constitución; *Tercero,* como se dijo, el reconocimiento y declaración formal en las Constituciones de un conjunto de derechos naturales del hombre y de los ciudadanos, que quedaban fuera del alcance del Poder Legislativo y que debían ser respetados y garantizados por el Estado; *Cuarto,* la idea fundamental de la separación de poderes, como fórmula de organización del Estado para asegurar el control del poder y asegurar el respeto de los derechos de los ciudadanos, dando origen a la configuración de tres poderes del Estado, el legislativo que emanaba la ley como expresión de la voluntad general, el ejecutivo, subordinada a la misma llamado a su ejecución, y el judicial destinado a controlar y asegurar la vigencia de los derechos; *Quinto,* los principios de la organización de los sistemas de gobierno, particularmente el presidencialismo, producto de las Revolución Americana, y el parlamentarismo, como sistema de gobierno producto de la Revolución Francesa que comenzó a ser aplicado en las Monarquías parlamentarias; *Sexto,* el nuevo rol que se comenzaba a atribuir al Poder Judicial, como garante de la separación de poderes y del respeto de los derechos humanos, e incluso de la propia supremacía constitucional; y *Séptimo,* la idea de la descentralización político territorial del poder

---

2   Véase en general Allan R. Brewer-Carías, *Reflexiones sobre la Revolución Americana (1776), la Revolución Francesa (1789) y la Revolución Hispanoamericana (1811-1830) y sus aportes al constitucionalismo moderno,* Universidad Externado de Colombia, Bogotá 2008. Una primera edición de este libro se publicó como: *Reflexiones sobre la revolución americana (1776) y la revolución francesa (1789) y sus aportes al constitucionalismo moderno,* Cuadernos de la Cátedra Allan R. Brewer-Carías de Derecho Administrativo, Universidad Católica Andrés Bello, N° 1, Editorial Jurídica Venezolana, Caracas 1992.

3   Véase sobre la Revolución de Caracas lo expuesto en Allan R. Brewer-Carías, *Historia Constitucional de Venezuela,* Editorial Alfa, Tomo I, Caracas 2008, pp. 214 ss.

como respuesta al centralismo y al uniformismo político y administrativo de las monarquías, mediante el desarrollo del municipalismo y en el caso de Norteamérica, además, mediante la adopción de la fórmula federal para la unión de los nuevos Estados que surgieron de las antiguas Colonias.

Estos *siete principios* o aportes que resultan de la Revolución Americana y de la Revolución Francesa y que significaron un cambio radical en el constitucionalismo, tuvieron precisamente en Venezuela su primer campo de experimentación, en la tarea que asumieron las élites ilustradas de las antiguas Provincias coloniales al declarar su Independencia, de construir nuevos Estados, como sucedió precisamente a partir de 1811 en las Provincias que habían formado parte de la Capitanía General de Venezuela establecida en 1777.

En 2011, por tanto, se cumple el Bicentenario de la Independencia de Venezuela y del inicio de la constitución del Estado independiente y, en particular, de la sanción de las primeras Declaraciones de Derechos, adoptadas por un cuerpo representativo del pueblo; ocasión propicia para recordarlas y destacar cómo ocurrió su adopción, cuáles fueron sus antecedentes y cuáles fueron las fuentes directas de inspiración que tuvieron sus redactores.

A ello, exclusivamente, es que están destinadas estas notas, teniendo en cuenta que los textos adoptados en 1811 repercutieron posteriormente en toda la historia del constitucionalismo venezolano.[4]

SECCIÓN PRIMERA:

ALGUNOS ANTECEDENTES INGLESES DE LAS DECLARACIONES DE DERECHOS

La primera Declaración de derechos del mundo moderno se adoptó en Norteamérica, por la Asamblea Legislativa de antiguas Colonia de Virginia, entre el 12 y el 29 de junio de 1776, cuando la misma sancionó no sólo un *Bill of Rights* sino la *Constitution or Form of Government of Virginia,* actos con los cuales puede decirse que se inició la revolución de Independencia Norteamericana y el propio constitucionalismo moderno. Días después de la declaración de Virginia, se adoptaría la Declaración de Independencia respecto de la Metrópoli inglesa del 4 de julio de 1776, sancionada ésta por el segundo Congreso Continental que se había celebrado entre los representantes de las Colonias Inglesas en Norteamérica. El proceso independentista había sido producto de una exhortación que el propio Congreso de las Colonias había hecho a todas ellas en 1775 para que formaran sus propios gobiernos separados, como consecuencia de la *Proclamación de Rebelión* que el Rey Jorge III había emitido el 23 de agosto de 1775, en relación a las Colonias norteamericanas.[5]

---

4   Véase en particular sobre las declaraciones de derechos en la historia constitucional venezolana, Allan R. Brewer-Carías, *Los derechos humanos en Venezuela: casi 200 años de historia*, Biblioteca de la Academia de Ciencias Políticas y Sociales, Serie Estudios, N° 38, Caracas 1990.

5   En esta parte, sobre la Revolución de Independencia Norteamericana, y los antecedentes británicos de las declaraciones de derecho, seguimos lo expuesto en Allan R. Brewer-Carías, *Reflexiones sobre la Revolución Americana (1776), la Revolución Francesa (1789) y la Revolución Hispanoamericana (1811-1830) y sus aportes al constitucionalismo moderno*, Universidad Externado de Colombia, Bogotá 2008.

Esa Revolución de independencia en Norteamérica, por tanto, fue una revolución contra el Parlamento inglés, que en la organización política de la Corona británica de la época tenía un rol importante producto de los conflictos políticos que habían sacudido a la Corona británica un siglo antes, a partir de la guerra civil de 1642, y que después de la Revolución de 1688-89 habían originado un sistema de Absolutismo moderado, en el cual el poder político se encontraba compartido entre el Monarca y un Parlamento el cual también se había convertido en soberano. Ese régimen de absolutismo moderado, había tenido sus raíces cinco siglos antes, en la Edad Media, y como consecuencia de las limitaciones sucesivas que fueron impuestas al poder real, y cuya manifestación más antigua y destacada fue la *Carta Magna* otorgada por el Rey Juan en 1215.

I. LA CARTA MAGNA DE 1215 Y LAS LIMITACIONES AL PODER REAL POR LOS BARONES

Durante el siglo XIII, las Cruzadas, en las que participaron todos los reinos y príncipes cristianos de toda Europa, por la ausencia de éstos de sus respectivos dominios, produjeron consecuencias desestabilizadoras generales, incluso en Inglaterra, cuyos dominios, además de extenderse a las islas británicas, incluían buena parte del territorio continental, desde el Canal de la Mancha hasta los Pirineos.

En esa época, Enrique II (1154-1189) gobernaba estos reinos. Este no participó en las Cruzadas, pero tuvo que enfrentar guerras con los reinos vecinos, particularmente con Francia. Fue sucesivamente traicionado por sus hijos, particularmente por los dos últimos, Ricardo y Juan, quienes incluso llegaron a formular alianzas secretas con el Rey de Francia, Felipe Augusto (Felipe II), contra su padre. Enrique II murió en 1189, y fue sucedido por Ricardo, llamado *Coeur de Lion* (1189-1199), verdadero caballero andante medieval, quien si tomó parte activa y despiadada en la Tercera Cruzada, al lado de Felipe Augusto de Francia, quien luego le haría la guerra.

A su regreso de la Tercera Cruzada, en 1192, Ricardo Corazón de León fue hecho prisionero por el Emperador Enrique IV de Alemania, quien pidió rescate por su liberación. Los asuntos del reino habían quedado a cargo de cuatro Ministros, entre ellos William de Brewer, quienes además, procuraron el rescate, imponiendo una carga a todas las clases de la sociedad. Los Ministros del Rey, además, debieron enfrentar los esfuerzos del hermano de Ricardo, Juan (1167-1216) quien por la ausencia del Rey, pretendía apoderarse del poder. Sin embargo, Juan fue vencido por el Arzobispo de Canterbury, Hubert Gaultier, otro de los Ministros del Reino.

Pagado como fue un tercio del monto del rescate exigido por el Emperador alemán (100.000 marcos), Ricardo fue liberado; y de regreso en Inglaterra, en 1194, a los pocos meses, tuvo que ausentarse de nuevo, y enfrentar la guerra contra Felipe Augusto, quien había invadido Normandía. Luego de 5 años de esfuerzos por recu-

Véase además, en general, W. Holdsworth, *A History of English Law*, Fourth Ed., London 1936, Reprinted 1971; A. V. Dicey, *An Introduction to the Study of the Law of the Constitution* (Introduction by E.C.S. Wade), 10th Ed. 1973; Ch. H. McIlwain, *The High Court of Parliament and its Supremacy*, Yale 1910; F W. Maitland, *The Constitutional History of England*, Cambridge 1968; J. A. Hawgood, *Modern Constitutions since 1787*, London 1939.

perar los territorios que había perdido durante su ausencia y cautiverio, fue herido en el sitio de *Chalous-Chabrot,* cerca de *Limoges,* y murió el 6 de abril de 1199.

Lo sucedió entonces su hermano Juan, el Rey Juan sin tierra (1199-1216) quien además de tener que enfrentar, también, al Rey de Francia, quien había sucesivamente despojado a Inglaterra de casi todos sus dominios en el Continente, tuvo conflictos internos sucesivos con la Iglesia y con los señores feudales de su reino, los barones.

El conflicto con la Iglesia derivó de las pretensiones del Rey de nombrar el Arzobispo de *Canterbury,* que en el esquema feudal ejercía la función de Ministro; pretensión que también tenían tanto los Obispos del Reino, como los propios monjes de Canterbury. A las demandas de los tres partidos, el Papa Inocencio III impuso a todos su propio candidato (Esteban de *Langton),* cuyo nombramiento fue desconocido por el Rey Juan, quien además, confiscó los bienes del Arzobispado. Como consecuencia, el reino fue objeto de sanciones pontificias, y durante seis años, como lo afirmó Richard Thomson, "Inglaterra parecía una gran ciudad donde los muertos no recibían sepultura, la Religión no tenía Ministros (del culto) y el pueblo no tenía Dios."[6]

Un año después, Juan fue excomulgado y destronado por el Papa, quien autorizó a Felipe Augusto a conducir una cruzada contra Inglaterra. Si bien posteriormente el Rey Juan cedió ante la Iglesia, recibiendo al Arzobispo y jurando ante él fidelidad a Roma, la prohibición que oscurecía el reino, sin embargo, no fue inmediatamente levantada, y la guerra con Francia que contaba con el apoyo de la Iglesia, no había cesado.

En 1213, Felipe Augusto preparaba una gran expedición naval para invadir los dominios del Rey Juan. La flota, sin embargo, fue casi destruida por uno de los barones del Reino, por lo que el Rey Juan apeló a los demás barones para invadir Francia. Los barones ingleses se rehusaron, alegando que el Rey era un hombre excomulgado y su reino estaba bajo las prohibiciones del Papa, además de alegar pobreza.

La conspiración de los Barones contra el Rey, en todo caso, estaba en marcha, dirigida por el Arzobispo *Langton,* quien en 1213 los reunió secretamente para leerles la vieja *Carta de Enrique I,* que había caído en el olvido y que garantizaba los derechos y privilegios de los súbditos. En tal ocasión, los Barones juraron sobre las reliquias de San Juan que no concederían la paz al Rey hasta que no jurara obedecer dicha Carta.

El Rey Juan, en su guerra contra Francia, fue vencido en la batalla de *Bouvines,* en 1214, donde triunfaron los Capetos, quienes luego unirían a Francia. La derrota terminó de destruir el prestigio de Juan, a pesar de que en el mismo año serían levantadas las sanciones pontificias contra el Reino (29-junio).

Los barones no cesaron en su presión ante el Rey y procuraron su adhesión a otra vieja *Carta,* la del Rey Eduardo el Confesor, y en 1215 se reunieron en una Asamblea General de Nobles y Eclesiásticos en la Iglesia de *Saint Paul,* en Londres, bajo

---

6   Véase Richard Thomson, *Historical Essay on the Magna Charta of King John,* London 1824.

la convocatoria del Arzobispo *Langton*. Dirigieron un ultimátum al Rey enviándose una *diffidatio,* que era la manifestación de desconfianza que todo vasallo debía significar a un soberano indigno antes de declararle la guerra. La guerra interna y el desafío al Rey era un hecho, habiendo estado acompañados los sucesos, de apoyo popular. Tomada la ciudad de Londres por los rebeldes, el Rey terminó aceptando encontrarse con los barones en la pradera de *Runnymede,* entre *Stainers* y *Windsor,* y allí firmó la *Magna Charter,* en 1215.[7]

Este importante documento, y ello resulta de la breve referencia histórica de los hechos que la precedieron, fue el resultado de un proceso de lucha por la limitación de la autoridad del Rey por sus barones, razón por la cual, con razón, se la considera como el origen y fuente del constitucionalismo inglés.[8]

La Carta Magna, en efecto, a pesar de que haya sido considerada con frecuencia, como la primera declaración de derechos en la historia, en realidad no fue sino un documento de formalización de privilegios de las clases dominantes en el régimen feudal. En esa época, por supuesto, las modernas ideas de "libertad" no existían; por lo que en el lenguaje político medieval, "libertades" no eran más que los privilegios que habían sido otorgados por el Rey a los señores feudales. Por ello, la Carta Magna no fue sino un cuerpo de privilegios que el Rey tuvo que garantizar al clero y a los Barones, producto de la lucha entre las fuerzas feudales centrípetas y centrífugas, es decir, por una parte, entre la Corona y las instituciones centrales que administraban el *common law; y* por la otra, la fuerza de los Barones (señores feudales) del reino, que buscaban poder e independencia, a riesgo, incluso, de la desintegración del mismo, y con ellos, la fuerza de los terratenientes, el clero y los comerciantes.[9]

Como resultado de esta lucha, la Carta Magna, fue una carta formal en el sentido feudal, es decir, un conjunto de declaraciones mediante las cuales el Rey reconocía y respetaba antiguos privilegios, y que le habían sido impuestas por el conjunto de los señores feudales y el clero.[10] Por eso es que este documento puede decirse que abrió un nuevo capítulo en la historia inglesa,[11] y así fue, particularmente, más por la forma de expresión del contenido de la Carta, que por los privilegios que reconocía, lo que ha permitido su supervivencia en la historia política. Como ejemplo, basta citar declaraciones como ésta, que:

> "Existen leyes del Estado, derechos que pertenecen a la comunidad. El Rey debe respetarlos. Si los viola, la lealtad hacia él cesa de ser un deber, y sus súbditos tienen derecho a sublevarse".

La Carta Magna, en todo caso, fue uno de los muchos ejemplos de expresión formal de estipulaciones entre el Rey y los señores feudales, como también lo fue la

---

7   *Idem.*

8   Véase W. Holdsworth, *A History of English Law*, Vol. II, London 1971, p. 209.

9   Véase W. Holdsworth, *A History of English Law*, Vol. II, London 1971, p. 207-208; F. W. Maitland, *The Constitutional History of England*, Cambridge 1968, p. 67

10   Véase F. W. Maitland, *op. cit.*, p. 67; I. Jennings, *Magna Carta*, London 1965, p. 9.

11   Véase W. Holdsworth, *op. cit.*, Vol. II, p. 209.

Charta Foresta de 1217 sobre derechos de caza.[12] Así, la Magna Carta debe considerarse como un *stabilimentum* o acto formulado por el Rey, el clero, la nobleza, los terratenientes (Barones) y los comerciantes, en conjunto, en lo que podría considerarse como un naciente poder legislativo, y que se expresó formalmente en un documento probatorio que se denominaba *Cartam,* siendo su nombre original *Cartam Libertatis* o *Carta Baronum.*

Sus cláusulas establecieron derechos heterogéneos, todos referentes a las diferentes clases de la sociedad estratificada que existía y que habían participado en su adopción, previendo privilegios, separadamente, para la nobleza, el clero, los terratenientes o señores feudales y los comerciantes. Por ello, sus cláusulas se clasificaron en cinco grupos: las que otorgaban la libertad de la iglesia; las relativas a las exigencias feudales; las relativas al comercio; las relativas al gobierno central, y las que establecían limitaciones al poder arbitrario. [13]

La Carta Magna, por tanto, no contenía nada que pudiese parecerse a una declaración de derechos fundamentales del pueblo inglés. Los *"liberi homines"* a los que el documento se refería, no eran los ingleses en general, sino sólo una fracción de ellos, particularmente los barones; y si bien es cierto que en algunas de las cláusulas del documento se menciona a los *"liberi homines"* en un sentido que podría incluir a los *"villan"* (villanos), como lo destacó William Holdsworth, es:

> "claro que éstos estaban protegidos, no porque había intención alguna de conferirles derechos, sino porque eran propiedad de sus señores, y una excesiva exclusión podría disminuir su valor".[14]

En consecuencia, si bien es cierto que la Carta Magna garantizó a los "hombres libres" ciertos derechos de protección contra el abuso del poder real, ello es algo totalmente diferente a una moderna declaración de derechos del hombre y del ciudadano.

En esos tiempos (Siglo XIII), se insiste, sólo los Barones eran *liberi homines;* sólo ellos eran *liberi* y sólo ellos eran considerados *homines.* Entonces, históricamente hablando, la Carta Magna fue un acuerdo entre la aristocracia feudal y su Rey, a quien renovaron su homenaje y sumisión, a cambio de la garantía de derechos y privilegios. En ese contexto, en los 63 capítulos del documento, se expresaron por ejemplo, limitaciones a los poderes judiciales del Rey, afirmando que ningún hombre libre podía ser encarcelado, desterrado o castigado de ningún modo, si no es por el juicio legal de sus iguales y conforme a la ley del país *(law of the land);* limitaciones al poder tributario; y sobre todo, se estableció un Comité de Resistencia compuesto por 24 Barones y el Alcalde de Londres, para juzgar las quejas contra la Corona, en el caso de fallar en el mantenimiento de sus prescripciones.

No hay, por tanto, en la Carta Magna, referencia alguna al pueblo en general, y no podía haber sido de otro modo, ya que esa realidad no había aparecido en la historia política. Todo ello, sin embargo, no afecta la importancia crucial que ese do-

---

12   *Idem*, Vol. II, 1971, p. 207, 219.

13   *Idem, op. cit.*, Vol. II, p. 212.

14   *Idem, op. cit*, Vol. II, p. 212.

cumento tuvo en la historia constitucional británica, que cierra el período anglonormando de la Monarquía absoluta, y en el cual debe verse el primer intento, en la
historia política, de expresión legal de algunos de los principios y límites de un gobierno constitucional en Inglaterra. La Carta, por ello, hasta el siglo XV, tuvo que
ser jurada una y otra vez por los Reyes, hasta que en la época de los Tudor (1485),
fue olvidada. De allí, en todo caso, que su interpretación por historiadores, politólogos y juristas, y por los tribunales ingleses, haya conducido a considerarla como un
documento que tendría por objeto la salvaguarda de los derechos fundamentales.

En todo caso, la historia inglesa a partir del siglo XIII que resulta de la expresión
de la Carta Magna, va a ser una historia signada por la lucha entre los reyes y los
terratenientes (Barones) feudales, en la cual no siempre aquellos ganaron; e incluso,
cuando los señores feudales desaparecieron, ya existía un Parlamento lo suficientemente poderoso como para limitar la autoridad real, para quitarle parte del poder al
Rey, para discutir los límites del mismo, e incluso, en algunos casos, para destruir al
propio Rey cuando sus ideas y acciones traspasaran los límites considerados como
razonables por el Parlamento.

II. EL *COMMON LAW* Y LOS ANTECEDENTES BRITÁNICOS DE LA IDEA DE SUPREMACÍA CONSTITUCIONAL

Por otra parte, debe recordarse que el sistema jurídico inglés, antes del Siglo
XVII, se montó sobre la idea de la *common law,* como ley fundamental en el sentido
de que en su carácter de derecho no legislado, prevalecía sobre los estatutos dictados
por el Parlamento, los cuales eran considerados como normas singulares y excepcionales en relación al previamente establecido *common law*.[15] Esta técnica del predominio de la *common law* sobre los estatutos, como lo expresó el Juez *Edward
Coke* en 1610, respondía "a la tradicional supremacía de la *common law* sobre la
autoridad del Parlamento,"[16] lo que condujo en la historia judicial inglesa al famoso
caso *Bonham* decidido en 1610, en el cual el Juez *Coke* estableció que:

> "Aparece en nuestros libros, que en muchos casos, la *common law* controla
> los actos del Parlamento, y que algunas veces los considera como absolutamen-
> te nulos: ya que cuando un acto del Parlamento es contrario al derecho y razón
> común, o repugnante, o imposible de ser cumplido, la *common law* lo controla
> y lo juzga como nulo".[17]

El *"common right and reason"*, indudablemente, se consideraba algo fundamental, permanente, como una ley superior, que obligaba tanto al Parlamento como a las
cortes ordinarias. Una de estas leyes fundamentales, de acuerdo a *Coke,* era precisamente, la Carta Magna, respecto de la cual señaló que se llamaba:

---

15   Véase Mauro Cappelletti, *Judicial Review in the Contemporary World,* Indianapolis 1971, p. 36-37.

16   Citado por E. S. Corwin, *The 'Higher Law' Background of American Constitutional Law*, NY 1955;
     Reprinted from *Harvard Law Review*, Vol. XLII, 1928-1929, p. 38. Sobre las apreciaciones de Coke,
     véase W. Holdsworth, *A History of English Law*, Vol. V, London 1966, p. 475.

17   Citado por Ch. H. McIlwain, *The High Court of Parliament and its   Supremacy*, Yale 1910, p. 286-
     301. Sobre los conceptos de Coke, véase L.B. Boudin, *Government by Judiciary*, NY 1932, Vol. I, p.
     485-517.

"Magna Carta, no por su extensión y amplitud, sino por su gran peso, por la grandeza de las materias que regulaba, en pocas palabras, por ser la fuente de todas las leyes fundamentales del reino".[18]

La Magna Carta, en consecuencia, se consideró como una de las leyes fundamentales del reino, por lo que en tal sentido es que debe considerársela como un antecedente remoto de las Constituciones modernas.

Pero en relación al concepto de "ley superior" que obligaba al Parlamento, en otra decisión judicial inglesa de 1614, en el caso *Day* v. *Savadge,* el Juez *Hobart,* aún cuando sin referirse directamente al caso *Bonham,* señaló:

"Incluso un Acto del Parlamento, hecho contra la natural equity, que convierta a una persona en juez en su propia causa, es nulo en sí mismo; pues *jum naturae sunt inmutabilia* y son *leges legum*".[19]

La tradición inglesa de la existencia de una Ley superior, ley de leyes, inmutable, es decir, *lex legum, lex aeterna* o *lex immutabile*, encontró momentáneamente reflejo formal en el *Instrument of Government* de 1653, y luego se concretó precisamente en las Cartas o Pactos de las Colonias Americanas. Esa concepción fue la que se formalizó posteriormente, como ley fundamental en 1776, en un documento solemne, que comenzó a denominarse como *Constitución* a raíz de la Revolución Americana.

Por ello, aún cuando a partir de la gloriosa Revolución inglesa de 1688-1689, en el Reino Unido se erigió como principio constitucional fundamental el de la soberanía del Parlamento, quedando en cierto sentido relegado, como principio, el que pudiera existir alguna "ley superior" que obligara al propio Parlamento, aquél principio de la ley superior pasó a las Colonias Americanas, para, precisamente, engrosar el arsenal de armas acumuladas para reaccionar contra la soberanía que el Parlamento pretendía ejercer en América.

III. LAS DECLARACIONES DE DERECHOS FUNDAMENTALES: EL *HABEAS CORPUS ACT* DE 1679 Y EL *BILL OF RIGHTS* DE 1689

El concepto moderno de derechos fundamentales, relacionado originalmente con la idea de derechos naturales, puede decirse que aparece en los tiempos modernos al finalizar la Edad Media y en el curso del Siglo XVI, cuando la idea de deber de los súbditos se comenzó a transformar en la idea de derecho, conectada con la situación natural del hombre.

Como hemos señalado, la Carta Magna de 1215, en realidad, no había declarado derechos de las personas, sino sólo privilegios de los Barones, del clero y de los comerciantes. Sin embargo, había sido interpretada como una ley fundamental del reino, siendo aplicada por los tribunales como medio para la protección de derechos naturales de las personas.

---

18   Véase E. S. Corwin, *op. cit.*, pp. 54-55.

19   *Idem*, p. 52.

En ese contexto, la primera exposición formal de este nuevo concepto puede encontrarse en el mandamiento de *habeas corpus* desarrollado por las Cortes Inglesas, precisamente por la influencia e interpretación que se había dado a la Carta Magna, como lo ha destacado Sir *William Holdsworth:*

"Independientemente de que la intención de la famosa cláusula de la Magna Carta, que establece que "ningún hombre libre puede ser hecho preso o exilado o en forma alguna destruido excepto mediante un juicio legal adoptado por sus iguales y conforme a la ley del país", haya sido o no el salvaguardar el principio de que ningún hombre puede ser hecho preso sin un debido proceso legal, pronto comenzó a ser interpretada para salvaguardar ese derecho. Fue porque se interpretó así, que dicha cláusula ejerció una enorme influencia, tanto respecto de la manera cómo los jueces aplicaron los mandamientos que podían usarse para salvaguardar esa libertad, como respecto de la manera conforme a la cual el legislador asistió dicho desarrollo".[20]

Precisamente por ello, el *Habeas Corpus Act* de 1679 es quizás, la primera Ley formal en el mundo moderno relativa a los derechos fundamentales, en particular, a la libertad personal, aun cuando se aplicó sólo respecto de la detención por "causas criminales."[21] Fue adoptada al instalarse el Parlamento de 1679, en cuya elección puede decirse que participaron por primera vez los partidos políticos que habían surgido de las pasiones de la guerra civil: unos, amigos del Rey (los *tories)* aliados a la propiedad territorial y a la Iglesia anglicana; otros, los enemigos del Rey *(los whigs),* compuestos por disidentes y los comerciantes de Londres. En las elecciones habían triunfado *los whigs,* quienes configuraron un Consejo de gobierno, intermediario entre el Rey y el Parlamento, siendo su producto legal más conocido este *Habeas Corpus Act,* con el cual se buscó, como se dijo, asegurar a las personas detenidas por causas criminales que fueran llevadas rápidamente a juicio, para garantizar que no se abusara del poder para detener a las personas por causas criminales.

Pero la primera ley formal, como Acto del Parlamento, que se refiere a las libertades fundamentales en sentido amplio en los tiempos modernos, sin duda fue el *Bill of Rights* de 1689, adoptado al final de la Revolución de 1688-1689, que marcó precisamente, el triunfo final del Parlamento en su lucha contra el Rey.

En efecto, Carlos II había disuelto el Parlamento en 1681, pues no necesitaba de su ayuda para obtener ingresos, dado los que recibía del Rey de Francia (Luis XIV). Una nueva elección parlamentaria, que esta vez dio el triunfo a los *tories,* produjo la persecución generalizada de los *whigs.* Como lo observó François Mauriac, en su *Historia de Inglaterra:*

"Los ingleses no habían aprendido aún ese juego parlamentario cuyas reglas, aceptadas por todos, permiten a los adversarios políticos alternar en el poder sin que el primer efecto de la victoria sea el aniquilamiento de los vencidos."

---

20   Véase W. Holdsworth, *op. cit.,* Vol. IX, London 1966, p. 104

21   Véase E.C.S Wade y G. Godfrey Phillips, *Constitutional and Administrative Law*, ninth edition by A.W. Bradley, London 1980, p. 456.

A la muerte de Carlos II, lo sucedió su hermano Jaime II (1685-1689); y con el triunfo de los tories y el apoyo de la Iglesia a la Corona, el reino estaba dominado por la Corona. Pero Jaime II era católico, y pronto tuvo que enfrentarse a la propia Iglesia anglicana que se había constituido un siglo y medio antes por Enrique VIII en 1533 cuando fue excomulgado. La revuelta con base religiosa entre católicos y protestantes, hizo aparecer la figura de la Revolución, por lo que Jaime II, ante la incertidumbre de su sucesión, casado con católica y con hijos católicos, a la puerta de conflictos generales y abandonado por todos, partió para Francia (1688).

La cuestión de la sucesión hubo de resolverse, optando los dirigentes políticos por la hermana del Rey, María, buena protestante, casada con *Guillermo de Orange,* quien no quiso reinar sin su esposo ni convertir a éste en príncipe consorte. Por ello, tuvo que renunciar al principio del derecho divino de los reyes y llamar al trono, por libre elección, a su esposo Guillermo de Orange, quien reinó entonces como Guillermo III (1689-1702).

Esta revolución conservadora que se había realizado en Inglaterra sin guerra civil, se formalizó en una *Declaration of Rights* que fue presentada por una Convención parlamentaria en febrero de 1689 a los entonces todavía Príncipes Guillermo y María de Orange, al ofrecérseles la Corona Inglesa, y que contenía todas las principales resoluciones de la Convención. Esta *Declaration,* luego, tuvo confirmación legal por el Parlamento electo como consecuencia de la Convención Parlamentaria, precisamente en el *Bill of Rights* del mismo año (1689), por cuyo contenido, más que una declaración simple de derechos, debe ser considerada como un documento político contentivo de los "derechos de la nación"[22] establecidos previamente por el legislador.[23]

Sin embargo, en lo que concierne a los derechos fundamentales, el *Bill of Rights* dio efectos legales a los mencionados en la Declaración, al señalar que:

> "Todos y cada uno de los derechos y libertades indicados y reclamados en la dicha Declaración, son verdaderos, antiguos e indubitables derechos y libertades del pueblo de este Reino, y así deberán ser estimados, permitidos, juzgados, solicitados y así deberán ser."[24]

Pero de hecho, la *Declaration of Rights* no puede ser considerada sólo como un documento tendiente a restaurar viejos y conocidos derechos de los ingleses que habían sido violados repetidamente por el Rey Jaime II; debe además, ser analizada como el *Bill of Rigths,* en el sentido de ser un documento radical y reformador que resolvió una larga y antigua disputa, en favor tanto del Parlamento como de los individuos, conforme a los principios de libertad que envolvieron a la Revolución.

En tal sentido, la Declaración y el *Bill of Rights,* contienen disposiciones referidas a las prerrogativas reales relacionadas con el poder soberano, así como a los

---

22   Véase L. S. Schwoerer, *The Declaration of Rights, 1689,* 1981, p. 19, 291

23   Por ello, W. Holdsworth consideró que en el Bill of Rights no había declaración alguna de principios constitucionales, *op. cit.*, Vol. VI, London 1971, p. 241.

24   Citado por P. Allot, "The Courts and Parliament: Who Whom?", *The Cambridge Law Journal*, 38 (1), 1979, p. 98.

poderes reales respecto de la Ley, la autoridad militar y el poder de imposición. También contienen normas para regular el papel del Parlamento, estableciendo el derecho a elecciones libres, la libertad de expresión del pensamiento, la libertad de debate, y el derecho de reunión. Estos documentos también garantizaron los derechos individuales, tales como el derecho de petición al Rey sin temor a represalia, el derecho a portar armas bajo ciertas restricciones; y el derecho a protección contra ciertos procedimientos judiciales (caución y penas excesivas, castigos crueles e inusuales).[25]

En esta forma, estos documentos deben considerarse como el producto fundamental de la Revolución de 1688-1689, que la hace una verdadera revolución y no un simple golpe de Estado, pues con ella no sólo se destruyeron los elementos esenciales del Antiguo Régimen, sino que se restablecieron ciertos derechos que habían sido conculcados por los Estuardo, y se resolvieron controversias de larga data, creándose un nuevo Reinado. En consecuencia, en el nuevo sistema político que nació, sufrieron cambios radicales tanto el principio del derecho divino del Monarca, como la idea de la sucesión hereditaria directa, las prerrogativas del Rey bajo la Ley, el Ejército, la imposición y los procedimientos judiciales que podían afectar a los individuos. Con ella, el Parlamento definitivamente ganó su larga lucha contra el Monarca.

Esta Revolución, por ello, puede considerarse como la más efectiva de las revoluciones ocurridas al comienzo del mundo moderno europeo, pues con ella se efectuó el mayor cambio político en la historia de Inglaterra, que abrió paso a la Monarquía constitucional y a la soberanía del Parlamento. Su legado jurídico fundamental, fue lo ocurrido, casi un siglo después, a fines del Siglo XVIII, en las Colonias Americanas.[26]

En todo caso, la importancia e influencia del *Bill of Rights* de 1689 radica en dos aspectos principales: primero, en que abrió la vía para la transición entre el antiguo sistema estratificado de clases y privilegios hacia un moderno sistema de derechos del individuo, en el sentido de que el *Bill of Rights* declaró derechos individuales del pueblo inglés en general y no privilegios de clase; y segundo, en su influencia directa en las primeras declaraciones de derechos fundamentales de las colonias inglesas en Norte América.

Esa Gloriosa Revolución de 1688-1689, lo cierto es que trastocó definitivamente en la historia de Gran Bretaña, la relación entre los poderes del Rey y su Parlamento, convirtiéndose este último en soberano. Nada tuvo de común esta Revolución, con la que un siglo después ocurriría en Francia (1789) y donde el conflicto se planteó entre las diversas clases sociales del reino. En Inglaterra, el conflicto fue otro y doble: fue un conflicto religioso, en el sentido de determinar qué Iglesia dominaría la sociedad, la romana o la anglicana; y un conflicto político y social, en el sentido de determinar si el poder soberano estaba en el Rey o en el Parlamento.

La revolución dio el triunfo al Parlamento, convirtiéndose éste, desde entonces, en soberano. El principio de la soberanía parlamentaria, se convirtió así, en la piedra

---

25   Véase L.G. Schwoerer, *op. cit.*, p. 283.

26   *Idem*, p. 291.

angular del constitucionalismo del Reino Unido, pudiendo caracterizarse por los siguientes elementos:

En *primer lugar*, por la ausencia de distinción formal entre leyes ordinarias y leyes constitucionales, lo que implica la ausencia de constituciones escritas. En consecuencia, el Parlamento, en cualquier momento, puede adoptar mediante el método ordinario de formación de las leyes, reformas de naturaleza constitucional. De allí que la autoridad del Parlamento de cambiar las leyes sea ilimitada, no pudiendo un Parlamento, limitar en forma alguna los poderes a otro Parlamento que se elija posteriormente.[27]

En *segundo lugar*, el principio de la soberanía parlamentaria se caracteriza por la ausencia de posibilidad alguna de control respecto de la actividad parlamentaria. Ello implica que no existe Corte o Tribunal alguno con competencia para decidir sobre la "inconstitucionalidad" de las leyes o actos del Parlamento; y al contrario, éstos, cualquiera que sea su contenido, deben ser aplicados por los Tribunales, no pudiendo éstos desaplicarlos en forma alguna. Como lo señaló *A.V. Dicey*:

> "El principio de la soberanía del Parlamento significa, ni más ni menos, que en la Constitución inglesa el Parlamento tiene el derecho de hacer y deshacer cualquier ley; y además, que a ninguna persona o cuerpo le es reconocido por la Ley de Inglaterra derecho alguno para anular y dejar de lado la Legislación del Parlamento".[28]

En *tercer lugar*, otro elemento que resulta del principio de la soberanía parlamentaria, es que la Ley creada por el Parlamento, esto es, los estatutos, tienen primacía respecto del *common law* y sobre cualquier otra fuente del derecho. Con ello, a partir de la Gloriosa Revolución, la idea de la Ley superior integrada al *common law* que limitaba al Parlamento, propia de la tradición inglesa, quedó relegada. Sin embargo, debe destacarse que dicha tradición era tan importante que doce años después de la Revolución, el Juez *Holt* comentó el antes mencionado caso *Bonham*, en el caso *City of London v. Wood*, en 1701, señalando:

> "Lo que mi *Lord Coke* dijo en el caso *Dr. Bonham* está lejos de toda extravagancia, porque es muy razonable y cierto el decir que si un Acto del Parlamento ordenase que una misma persona sea parte y juez, o lo que es lo mismo, sea juez en su propia causa, sería un acto del Parlamento nulo, ya que es imposible que uno pueda ser juez y parte, pues corresponde al juez determinar entre parte y parte".[29]

Debe mencionarse, por último, que fue precisamente al finalizar la "Gloriosa Revolución" inglesa de 1688 que concluyó con el triunfo del Parlamento frente al Rey, que John Locke (1632-1704) publicó su *Two Treatises of Government* (1690), que

---

27   Véase T.R.S. Allan, "Legislative Supremacy and the Rule of Law: Democracy and Constitutionalism", *Cambridge Law Journal*, 44, 1, 1985, p. 122.

28   Véase A.V. Dicey, *An Introduction to the Study of the Law of the Constitution*, (Introduction by E.C.S. Wade), 10th Ed. 1973, p. 39-40.

29   Véase C.P. Patterson, "The Development and Evaluation of Judicial Review", *Washington Law Review*, 13, 1938, p. 75, 171, 353; E.S. Corwin, *op cit*, p. 52..

tanta influencia tuvo no sólo en el constitucionalismo norteamericano sino de todo el mundo moderno. En dicha obra, para su concepción del Estado, Locke partió de la idea, origen de la concepción liberal, del estado natural del hombre y de que la sociedad y el Estado tiene su origen en un contrato social, que se formula entre los diferentes estamentos de la sociedad, para preservar la *property,* expresión que abarcaba no sólo la propiedad, sino el conjunto de los derechos fundamentales de la persona: la vida, la libertad, la posesión, la religión;[30] y que venían de ser proclamados en el *Bill of Rights* (1689) que precisamente marca el último triunfo del Parlamento sobre el Monarca.

Siendo ese el origen del Estado, un contrato para preservar la *property,* no podía concebirse que dicho contrato pudiera conducir a que los ciudadanos tuvieran una condición peor a la que tenían en su estado natural. De allí surge, incluso, la teoría posterior del derecho a la rebelión frente a los gobiernos despóticos.[31]

Esta concepción liberal está acompañada, en *Locke,* por la formulación de consideraciones tendientes a la racionalización del Poder del Monarca, derivadas del proceso desarrollado en Inglaterra al término de la Gloriosa Revolución, donde triunfa el Parlamento sobre el Monarca. De allí saca *Locke* su idea de la distribución de las funciones del Estado distinguiendo cuatro funciones: la de legislar, la de juzgar, la de poner orden en el interior de los países, y la de poner orden en las relaciones exteriores;[32] que es el origen del principio de la separación de poderes en el constitucionalismo moderno.

No había allí, sin embargo, nada que pudiese originar el rol del poder judicial en controlar la sumisión a alguna ley superior de los actos del parlamento, ni nada que pudiera significar el abandono del principio de la soberanía del parlamento. Sin embargo, lo cierto es que paradójicamente, el principio de soberanía del Parlamento tuvo efectos directos en el desarrollo posterior del control judicial de constitucionalidad en Norteamérica, en el sentido de que antes de la Declaración de Independencia, las leyes adoptadas por las Legislaturas coloniales fueron en muchos casos declaradas inválidas por los tribunales precisamente por ser contrarias a las leyes de Inglaterra o a las Cartas coloniales.[33]

Por ello, aún cuando la Gloriosa Revolución de 1688-89, como se dijo, marcó el triunfo del Parlamento inglés, convirtiéndolo en soberano, las Colonias Americanas, sin embargo, heredaron las ideas del juez *Coke* en relación a la subordinación del Monarca y del Parlamento a una ley superior y a un poder judicial acostumbrado a interpretar y, algunas veces, a ignorar los actos legislativos que violasen principios superiores. Por ello, paradójicamente, la Gloriosa Revolución no sólo no frenó sino que incluso auspició el desarrollo de la doctrina norteamericana del control judicial de constitucionalidad.

---

30 Véase J. Locke, *Two Treatises of Government* (ed. Peter Laslett), Cambridge 1967, parágrafo 57, p. 324.

31 *Idem,* p. 211.

32 *Idem,* p. 371.

33 Véase C.P. Patterson, "The Development and Evaluation of Judicial Review", *Washington Law Review,* 13, 1938, p. 75, 171, 353.

SECCIÓN SEGUNDA:

LOS ANTECEDENTES NORTEAMERICANOS DE LAS DECLARACIONES CONSTITUCIONALES DE DERECHOS DEL HOMBRE

I.   LA REBELIÓN DE LAS COLONIAS INGLESAS DE NORTEAMÉRICA CONTRA EL PARLAMENTO INGLÉS

Como se dijo, la revolución de independencia de Norteamérica[34] se inició como una rebelión de las Colonias inglesas contra el Parlamento, lo que tuvo su origen inmediato en la propuesta que le hizo el Canciller del *Exchequer* de Jorge III para la adopción de diversos impuestos destinados a gravar productos coloniales, entre ellos el azúcar *(Sugar act),* acompañada de la propuesta de que una tercera parte de la suma necesaria para sostener el pequeño ejército colonial, se recaudara en las propias colonias, por medio de un impuesto de timbre. Se adoptó, así, el *Stamp Act* el 22 de marzo de 1765, legislación que estableció impuestos de estampillas en todos los documentos legales, periódicos, publicaciones, grados académicos, almanaques, licencias de licores y cartas de juego, lo cual provocó una enorme y generalizada hostilidad en las Colonias.

Aparte de las causas económicas y sociales de este rechazo, la reacción política se basó en el principio y derecho tradicional de todo súbdito británico de no estar sujeto a impuestos o tasas sino con previo consentimiento, de cuyo enunciado, incluso en la Edad Media, había surgido la propia institución parlamentaria: "Ningún impuesto sin representación" o lo que es lo mismo, que "no podía haber imposición sin representación". En todo caso, la reacción colonial fue relativamente organizada y definitivamente generalizada, resultando en la multiplicación de los convenios inter-coloniales destinados a establecer *boycots* económicos para resistir las pretensiones impositivas de la Corona.

En este contexto, la primera reunión conjunta de significado constitucional entre las Colonias fue el Congreso de Nueva York de 1765, que se reunió para demostrar el rechazo de las Colonias al *Stamp Act,* habiendo dicha reunión adoptado las *Resolutions of the Stamp Act Congress* de 19 de octubre de 1765, en cuyas resoluciones Nos. 3, 4 y 5 se estableció:

"3°   Que es inseparablemente esencial a la libertad de un pueblo, y un indudable derecho de los ingleses, que no se les deben imponer impuestos sino con su propio consentimiento, dado personalmente o mediante sus representantes;

4°   Que el pueblo de estas Colonias no está, y desde el punto de vista de sus circunstancias locales, no puede estar representado en la Cámara de los Comunes de Gran Bretaña;

---

34   Véase en general, sobre la revolución norteamericana C. M. Mc Ilwain, *Constitutionalism and the Changing World*, Cambridge 1939; A.C. McLaughlin, *A Constitutional History of the United States*, ˉ lew York 1936; Robert Middlekauff, The Glorious Cause. *The American Revolution, 1763-1789*, Oxˉord University Press, New York 1982; James Ferguson, *The American Revolution: A General History, 763-1790*, The Dorsey Press, Homewood, Illinois 1979.

5°   Que sólo los representantes del pueblo de estas Colonias, son las personas
escogidas por ellas mismas; y que nunca impuesto alguno ha sido establecido, ni podría ser impuesto al pueblo, sino por las respectivas legislaturas."[35]

En este Congreso, a pesar de que se declaró "la debida subordinación a ese cuerpo augusto, el Parlamento de Gran Bretaña", su carácter representativo fue cuestionado, partiendo del supuesto de que los impuestos establecidos en la *Stamp Act* no
habían sido aprobados por las Asambleas Coloniales. Las resoluciones del Congreso
tenían por objeto implorar justicia al Monarca, pues era el Parlamento el que aparecía como "violando los derechos de súplica". Por ello estuvieron acompañadas de una
vigorosa Resolución prohibiendo la entrada a las colonias de mercancías de procedencia inglesa, mientras la *Stamp Act* no fuera derogada.

Benjamín Franklin, incluso, fue llamado a testificar en la Cámara de los Comunes, y en 1766 el Parlamento inglés, como consecuencia, anuló la *Stamp Act,* pero
impuso una serie de derechos aduaneros a los productos coloniales; inicialmente en
relación al vidrio, al plomo, los colores, el papel y el té, creándose a tal efecto, un
cuerpo de Comisarios de Aduanas con amplios poderes de investigación.

La reacción colonial, de nuevo, fue generalizada y terminante, negándose las colonias a comerciar con productos ingleses, y para 1769, las importaciones de Inglaterra ya habían descendido notablemente. La presión de la *City* sobre el Parlamento
condujo, a propuesta del ministro *North,* a la derogación de las leyes impositivas,
pero el Parlamento, para salvaguardar su prerrogativa, decidió mantener un impuesto bajísimo sólo sobre el té. En julio de 1770, los comerciantes americanos decidieron importar nuevamente mercancías inglesas, salvo el té.

En 1773, la *East India Company* contaba con una enorme existencia de té en
Londres, que no podía exportar a las Colonias, lo que la colocaba en grave situación
económica. Obtuvo una exención del impuesto de aduanas y decidió vender el té
directamente en Boston, sin acudir a los comerciantes, única forma de competir
efectivamente contra el té holandés. El hecho indignó a los comerciantes de Boston
que tenían grandes existencias de té. El *Dartmouth,* apenas anclado en el muelle de
Boston, fue abordado por falsos indios, y el té fue a dar al mar.

En abril de 1774, el Parlamento votó cinco leyes, calificadas en las colonias como intolerables, en las cuales se cerró el puerto de Boston hasta el reembolso del
valor del té; se revocó la Carta de *Massachusetts,* prohibiendo las *town meetings,*
atribuyendo al Rey el derecho de nombrar los funcionarios; se acordó la transferencia a Inglaterra de los procesos criminales en relación a estas leyes; se resolvió el
alojamiento de tropas en *Massachusetts,* y se acordó la libertad religiosa a los católicos de Canadá (Acta de *Quebec).*

---

35   Véase en R.L. Perry (ed.), *Sources of our Liberties. Documentary Origin of Individual Liberties in the
United States Constitution and Rights*, 1952, p. 270.

II. LA SOLIDARIDAD COLONIAL Y LA INDEPENDENCIA

Frente a estas medidas de la Metrópoli, la solidaridad colonial fue inmediata, y todas las colonias acudieron a ayudar a Boston. Con motivo de las leyes votadas por el Parlamento, resultaba claro que los problemas individuales de las Colonias, en realidad, eran problemas de todas ellas, y ello trajo como consecuencia la necesidad de una acción común, con el resultado de la propuesta de *Virginia* de la realización de un Congreso anual para discutir los intereses comunes de América. Como consecuencia, en 1774, se reunió en Filadelfia, el Primer Congreso Continental con representantes de todas las Colonias, excepto *Georgia*.

El principal elemento político que se discutió en el Congreso, de nuevo, fue la autoridad que las Colonias deberían conceder al Parlamento, y sobre qué bases, sea que fueran las leyes de la naturaleza, la Constitución británica o las *"Charters"* americanas.[36] Se decidió que las leyes de la naturaleza *(law of nature)* y no sólo el *common law,* eran las que debían ser reconocidas como uno de los fundamentos de los derechos de las Colonias. En consecuencia, el Congreso declaró, como un derecho de los habitantes de las Colonias inglesas en Norte América, en el mismo sentido que las Resoluciones del *Stamp Act Congress:*

> "Que el fundamento de la libertad inglesa y de todo gobierno libre, es el derecho del pueblo a participar en sus Consejos Legislativos; y en virtud de que los colonos ingleses no están representados, y desde el punto de vista local y de otras circunstancias, no pueden estar propiamente representados en el Parlamento Británico, ellos tienen el derecho a un poder libre y exclusivo de legislación en sus diversas legislaturas provinciales, donde sólo sus derechos de representación pueden ser preservados en todos los casos de imposición y política interna, sujetos sólo a la negativa de su Soberano, en la forma y manera como hasta ahora ha sido usado y acostumbrado."[37]

Por otra parte, debe recordarse que una causa importante de esta rebelión colonial, se puede situar en el espíritu asambleísta e independentista que se había desarrollado en las Asambleas coloniales, donde se tradicionalmente se resolvían muchos de los problemas coloniales de carácter local.[38] Por ello, la *Declaration and Resolves of the First Continental Congress* del 14 de octubre de 1774, teniendo en cuenta que contrariamente a los derechos del pueblo, las Asambleas habían sido frecuentemente disueltas, cuando habían intentado deliberar sobre quejas, resolvió que "los habitantes de las Colonias inglesas en Norte América, por las inmutables leyes de la naturaleza, los principios de la Constitución inglesa, y varias Cartas y Manifiestos", tenían sus propios derechos entre los cuales estaba:

---

36 Véase Ch. F. Adams (ed.) *The Works of John Adams*, Boston 1850, II, p. 374 citado por R.L. Perry, *op. cit.*, p. 275.

37 Véase R.L. Perry, (ed.), *Sources of our Liberties. Documentary Origin of Individual Liberties in the United States Constitution and Rights*, 1952, p. 287.

38 *Idem*, p. 261

"El derecho a reunirse pacíficamente para considerar sus quejas y peticiones al Rey; y que todas las persecuciones y proclamaciones prohibitivas, y compromisos en tal sentido, son ilegales."[39]

En estas Resoluciones, en todo caso, aun cuando la lealtad al Rey se mantuvo, al Parlamento británico se le negó competencia para establecer impuestos en las Colonias. Como consecuencia de este Congreso, la guerra económica fue declarada, junto con la suspensión de las exportaciones e importaciones, hacia y desde Inglaterra.

La guerra económica rápidamente se convirtió en una de orden militar, y el Congreso se reunió de nuevo en mayo de 1775 (segundo Congreso). Inglaterra envió tropas a las Colonias; éstas se comenzaron a defender y hubo batallas entre ambos bandos. El Congreso de Filadelfia nombró a *Jorge Washington* Comandante en Jefe del Ejército Colonial, adoptó la *"Declaration of the causes and necessity of taking up arms"* de 6 de julio de 1775, como una reacción contra el "enorme" e "ilimitado poder" del Parlamento de Gran Bretaña. En respuesta, el Rey Jorge I, en su Discurso del Trono en octubre de 1775, declaró que Inglaterra jamás renunciaría a sus colonias, anunciando una política de fuerza, cuando ésta no existía, por lo cual la Corona tuvo que contratar mercenarios alemanes. La guerra continuó y unos meses más tarde, el segundo Congreso Continental, en su sesión del 2 de julio de 1776, adoptó una proposición conforme a la cual las Colonias se declararon a sí mismas libres e independientes, así:

"Que las Colonias unidas son, y por derecho, deben ser, Estados libres e independientes; que ellas están absueltas de toda obediencia a la Corona Británica, por lo que toda conexión política entre ellas y el Estado de Gran Bretaña, es y tiene que ser, totalmente disuelto."[40]

El Congreso convino, además, en preparar una Declaración que redactó *Jefferson,* proclamando al mundo las razones de la separación de la Metrópoli, y el 4 de julio de 1776, la *Declaration of Independence* fue adoptada, en formal ratificación del acto ya ejecutado.

Este documento, por supuesto, es de interés histórico universal, pues a través del mismo apareció abiertamente en la historia constitucional, la legitimidad jurídico-política-racionalista del auto-gobierno. Para ello, en él ya no se recurre al *common law,* ni a los derechos de los ingleses, sino exclusivamente a las *leyes de la naturaleza y a Dios;* en él ya no se recurre al *Bill of Rights,* sino a verdades evidentes en sí mismas, que son derechos naturales, como:

"Que todos los hombres son creados iguales; que son dotados por su Creador de ciertos derechos inalienables; que entre éstos están la vida, la libertad y la búsqueda de la felicidad. Que para garantizar estos derechos se instituyen entre los hombres los gobiernos, que derivan sus poderes legítimos del consentimiento de los gobernados; que cuando quiera que una forma de gobierno se haga destructora de estos principios, el pueblo tiene el derecho a reformarla o abolir-

---

39   *Idem*, p. 287, 288.
40   *Idem*, p. 317.

ía e instituir un nuevo gobierno que se funde en dichos principios, y a organizar sus poderes en la forma que a su juicio ofrece las mayores probabilidades de alcanzar su seguridad y felicidad."[41]

Como consecuencia, todo lo que no estaba adaptado racionalmente a los objetivos establecidos derivados de los derechos inalienables del hombre, era injustificable e ilegítimo, debiendo estar organizado el Estado en la forma más adecuada para alcanzar dichos objetivos.

Aparte de la importancia de este documento para los Estados Unidos de Norteamérica, es indudable su significación universal: su premisa básica, como un silogismo, está constituida por todos aquellos actos de la Corona que, de acuerdo a *Loche,* definían la tiranía, siendo obvia la conclusión del silogismo: al violar el pacto que lo unía a sus súbditos americanos, el Rey había perdido toda posibilidad de reclamar su lealtad, y consecuentemente, las Colonias se convirtieron en Estados independientes.

III. EL PROCESO DE CONSTITUCIONALIZACIÓN DE LAS COLONIAS Y DE LA UNIÓN AMERICANA Y EL INICIO DE LAS DECLARACIONES DE DERECHOS

Ahora bien, una vez que las Colonias adquirieron su independencia, debieron regular su propia organización política. Aún más, después de la Proclamación de Rebelión que el Rey formuló en relación a las Colonias el 23 de agosto de 1775, el Congreso, justo antes de la Declaración de Independencia, requirió de las Colonias que formaran gobiernos separados para el ejercicio de toda autoridad. El Congreso así, resolvió:

"Que se recomienda a las respectivas Asambleas y Convenciones de las Colonias Unidas, donde aún no se hubiere establecido un gobierno suficiente a las exigencias de sus asuntos, el adoptar tal gobierno en forma tal, que en opinión de los representantes del pueblo, pueda conducir mejor a la felicidad y seguridad, en particular de sus ciudadanos y en general de América."[42]

De esta recomendación derivaron las Declaraciones de Derecho y las Constituciones adoptadas por las Asambleas Legislativas de las Colonias, y entre ellas el *Bill of Rights* y la *Constitution or Form of Government of Virginia* adoptados, respectivamente, el 12 y el 29 de junio de 1776. En particular, la Declaración de Derechos de Virginia es de singular importancia, pues se trató de la primera en su tipo del constitucionalismo moderno. En ella, al igual que ocurrió en las Declaraciones de las otras Colonias Americanas, puede apreciare la disidencia respecto de los precedentes ingleses (*Magna Carta,* 1215; *Habeos Corpus Act,* 1679; *Bill of Rights,* 1689), en el sentido de declaran y establecen los derechos, no en referencia a ellos como basados en el *common law* o la tradición, sino en el sentido de ser derechos derivados de la naturaleza humana y de la razón *(ratio).* Por ello, los derechos decla-

---

41   *Idem*, p. 319.

42   *Idem*, p. 318; A.C. McLaughlin, *A Constitutional History of the United States*, New York 1936, pp. 107-108.

rados en la Declaración de Derechos hecha por los "representantes del buen pueblo de Virginia" de 1776, eran derechos naturales que "pertenecen a ellos y a su posteridad, como la base y fundamento del Gobierno".

Por otra parte, en el breve Preámbulo de la Declaración, la relación entre los derechos naturales y el gobierno se estableció claramente, debido, sin duda, a la influencia directa de las teorías de *J. Locke,* en el sentido de que la sociedad política se forma basándose sobre esos derechos naturales, como el fundamento del Gobierno. Debe recordarse que las doctrinas políticas imperantes en la época de *J. Locke, Montesquieu y J. Rousseau,* se basaban en el análisis de la situación natural del hombre y el logro del pacto o contrato social para establecer una soberanía como mecanismo para la protección de la libertad. Esta fue la base para la subsecuente exaltación del individualismo y de la consagración política de derechos, incluso, no sólo de los ciudadanos de un Estado, sino además del Hombre, con la consecuente construcción del liberalismo político y económico. Ello, además, deriva claramente de las tres primeras secciones de la Declaración. Adicionalmente, la Sección 4 estableció la prohibición de los privilegios, y la Sección 5 prescribió la separación de poderes y la condición temporal de los cargos públicos. De este texto, resulta clara tanto la teoría del contrato o pacto social, basado en la existencia de derechos inherentes al hombre e inalienables, así como la base democrática del gobierno, como la mejor y más justa forma del mismo, lo que conlleva a la representación democrática mediante elecciones libres (Sección 7ª) y al derecho de resistencia, producto, asimismo del pacto social. Las otras once secciones se dedican a regular algunos derechos fundamentales, entre los cuales se destacan, el derecho a juicios rápidos, con las debidas garantías; el derecho a no ser condenado a penas excesivas o crueles o a castigos inusuales; y la libertad de prensa.

El texto de dicha Declaración de Derechos de *Virginia* es el siguiente:

"Declaración de derechos hecha por los representantes del buen pueblo de Virginia, reunidos en asamblea plenaria libre; derechos que pertenecen a ellos y a su posterioridad, como la base y fundamento del gobierno.

Sección 1. Que todos los hombres son por naturaleza igualmente libres e independientes y tienen ciertos derechos innatos, de los cuales, cuando entran en estado de sociedad, no pueden, por ningún pacto privar o desposeer a su posterioridad; a saber, el goce de la vida y de la libertad, con los medios para adquirir y poseer la propiedad, y buscar y conseguir la felicidad y la seguridad.

Sección 2. Que todo poder está investido en el pueblo y consecuentemente deriva de él, que los magistrados son sus mandatarios y servidores y en todo momento responsables ante él.

Sección 3. Que el gobierno se instituye, o debería serlo, para el provecho, protección, y seguridad comunes del pueblo, nación, o comunidad; que de todos los varios modos o formas de gobierno, es el mejor aquél que es capaz de producir el mayor grado de felicidad y de seguridad y está más eficazmente asegurado contra el peligro de mala administración; y que, cuando un gobierno resulta inadecuado o contrario a estos principios, una mayoría de la comunidad tiene el derecho indiscutible, inalienable e irrevocable de reformarlo, modificarlo o abolirlo, en la forma que se juzgue más conveniente al bienestar público.

Sección 4. Que ningún hombre, o grupo de hombres, tiene derecho a percibir de la comunidad emolumentos o privilegios exclusivos o especiales, a no ser en consideración al desempeño de servicios públicos; y no siendo éstos transmisibles (por herencia) tampoco deben ser hereditarios los oficios de magistrado, legislador, o juez.

Sección 5. Que los poderes legislativos y ejecutivo del Estado deben estar separados y ser distintos del judicial; y que los miembros de los dos primeros, (porque) deben ser alejados (de la tentación) de la opresión, sintiendo las cargas del pueblo y participando de ellas, deberán, en períodos-prefijados, ser reducidos a la condición privada y retornar al cuerpo social, del que procedían originariamente, y las vacantes deberán ser cubiertas por elecciones frecuentes, ciertas y regulares, en las que todos, o una parte, de los antiguos miembros podrán ser de nuevo elegibles, o inelegibles, según lo dispongan las leyes.

Sección 6. Que las elecciones de miembros para servir como representantes del pueblo, en asamblea, deben ser libres; y que todos los hombres que hayan probado suficientemente un interés común permanente con la comunidad, y su adhesión a ella, tengan el derecho de sufragio y no puedan ser gravados con impuestos ni privados de su propiedad para uso público sin su propio consentimiento, o el de sus representantes así elegidos, ni obligados por ley alguna a la que, del mismo modo, no hayan consentido para el bien público.

Sección 7. Que todo poder de suspender las leyes, o de ejecución de las leyes, por una autoridad, sin consentimiento de los representantes del pueblo, es perjudicial para sus derechos y no debe ejercerse.

Sección 8. Que en todos los procesos criminales o de pena capital un hombre tiene derecho a conocer la causa y naturaleza de su acusación, a ser confrontado con los acusadores y testigos, y aducir pruebas en su favor y a un juicio rápido por un jurado imparcial de doce hombres de su vecindad, sin cuyo unánime consentimiento no podrá ser considerado culpable; y nadie podrá ser obligado a dar testimonio contra sí mismo; que ningún hombre podrá ser privado de su libertad, salvo por la ley del territorio o el juicio de sus iguales.

Sección 9. Que no deberá ser exigida fianza excesiva, ni se impondrán multas excesivas, ni se infligirán castigos crueles o inusitados. [43]

Las Declaraciones de Derechos como la de *Virginia,* entonces, pueden considerarse como el producto más inmediato de la Revolución Norteamericana, que se desarrolló en dos vertientes: un proceso hacia la independencia de cada una de las Colonias, a través de sus respectivos gobiernos representativos; y un proceso hacia la unión de las Colonias, a través de "Congresos Continentales"; de manera que, como lo señaló *John Adams,* uno de los principales protagonistas de dicho proceso: "La Revolución y la Unión se desarrollaron gradualmente desde 1770 hasta 1776."[44]

---

43   Una versión del texto de la Declaración de Virginia en español puede verse en Pablo Ruggeri Parra, "Estudio Preliminar," al libro *Derechos del Hombre y del Ciudadano* (Estudio Preliminar por Pablo Ruggeri Parra y Estudio histórico-crítico por Pedro Grases), Academia Nacional de la Historia, Caracas 1959, pp. 23-26.

44   Citado por Manuel García-Pelayo, *Derecho constitucional comparado*, Madrid 1957, p. 325.

Los mismos principios fundamentales de carácter liberal de la Declaración de *Virginia*, pueden también encontrarse en la Declaración de Independencia de los Estados Unidos de América aprobada el 4 de julio de 1776, menos de un mes después de la adopción de la Declaración de Virginia. Ello provocó que paralelamente al proceso de independencia de las Colonias Americanas y a su configuración como Estados libres, cada una con su Constitución, comenzara de inmediato a surgir la idea de una Confederación o Unión de dichas Colonias, para satisfacer la necesidad de la unión política a los efectos de la conducción de la guerra contra Inglaterra. De allí la adopción por el Congreso, el 15 de noviembre de 1777, de los *"Artículos de la Confederación"* considerados como la primera Constitución Americana,[45] en la cual se creó una confederación y unión perpetua entre Estados, cuyo objetivo era "la defensa común, la seguridad de sus libertades y el mutuo y general bienestar", en un sistema conforme al cual cada Estado permanecía con "su soberanía, libertad e independencia,"[46] y titular de cualquier poder, jurisdicción y derecho no delegado expresamente a los Estados Unidos en Congreso.

El resultado fue que el único cuerpo de la Confederación era el Congreso, en el cual cada Estado tenía un voto. Consecuentemente, la Confederación carecía de poder impositivo directo, dependiendo por ello, desde el punto de vista económico, exclusivamente de las contribuciones de los Estados; carecía de un cuerpo ejecutivo y sólo tenía una forma de organización judicial embrionaria. A pesar de dichas debilidades, sin embargo, la Confederación tuvo éxito en conducir la guerra durante 7 años, hasta finalmente triunfar.

En este proceso, muchos factores contribuyeron con la causa colonial, y entre ellos, como se dijo, hay que mencionar el apoyo de la Monarquía francesa, la cual encontró en la guerra de independencia de las Colonias, una ocasión única para vengarse del Tratado de París de 1763 y de la pérdida frente Inglaterra, como consecuencia, de sus posesiones coloniales en Canadá. La colaboración económica de Francia a esta guerra, sin embargo, no sólo provocó luego la quiebra del Tesoro real sino, además, por las ideas de libertad republicana que América exportaba, la caída de la propia Monarquía, unos años después.

IV. LA CONSTITUCIÓN DE 1789 Y LAS DIEZ PRIMERAS ENMIENDAS (*BILL OF RIGHTS*)

En todo caso, luego de la victoria y la firma del Tratado de Paz de 1783, la precaria estructura de la Confederación provocó la necesidad de establecer un poder central que lograra la integración nacional, a cuyo efecto fue convocada una Convención Federal, "con el único y expreso objetivo de revisar los artículos de la Confederación."[47]

---

45   Véase R.B. Morris, "Creating and Ratifying the Constitution", *National Forum. Towards the Bicentennial of the Constitution*, fall 1984, p. 9.

46   Véase A.C. McLaughlin, *A Constitutional History...*, p. 137; R. L. Perry (ed.), *Sources of our Liberties...*, p. 399.

47   Véase R.L. Perry (ed.), *op. cit.* p. 401.

Esto condujo, en 1787, a la sanción por el Congreso, de la Constitución de los Estados Unidos, como resultado de una serie de compromisos entre los componentes políticos y sociales de las Colonias independientes: entre federalistas y antifederalistas; entre los grandes y los pequeños Estados; entre los Estados del Norte y los Estados del Sur; entre esclavistas y antiesclavistas, y entre la democracia y los intereses de las clases dominantes; lo cual condujo finalmente al establecimiento de un sistema de separación de poderes, balanceados y controlados entre sí *(check and balance system)*.[48]

Esta Constitución introdujo en el derecho constitucional moderno, dos elementos esenciales que constituyen la mayor contribución al constitucionalismo: en primer lugar, la idea de una Constitución en sí misma, en el sentido de un texto supremo escrito, estableciendo una forma de gobierno; y en segundo lugar, la idea del republicanismo, basada en la representación como ideología del pueblo contra la idea de la Monarquía y de las autocracias hereditarias.

La Constitución de los Estados Unidos de América, del 17 de septiembre de 1787, sin embargo, a pesar de todas las Declaraciones de los Estados adoptadas desde 1776, no contuvo una declaración de derechos fundamentales, habiendo sido concebida, básicamente, como un documento *orgánico* regulando la forma de gobierno, es decir, la separación de poderes entre los órganos del nuevo Estado: horizontalmente, entre los Poderes Legislativo, Ejecutivo y Judicial, y verticalmente, como Estados Unidos, en un sistema federal. Incluso *Alexander Hamilton* justificando la ausencia de un *Bill of Rigths* en la Constitución, dijo:

"Esa declaración de derechos, en el sentido y en la extensión para la cual ellos están afirmados, no sólo es innecesaria en el propósito de la Constitución, sino que incluso sería peligrosa".

"Ellos contendrían varias excepciones respecto de poderes no concedidos; y, en esta misma cuenta, proporcionarían un pretexto plausible para reclamar más de lo que estaba concedido".

Terminó sus argumentos, preguntándose: ¿por qué declarar que ciertas cosas no deben ser hechas cuando no hay poder para hacerlas?[49]

En todo caso, la protesta de los oponentes al nuevo sistema federal que establecía la Constitución, llevó a los antifederalistas, durante el proceso de ratificación de la Constitución que duró hasta 1789 (pues al menos nueve Estados debían ratificar la Constitución en sus respectivas Asambleas Legislativas), a proponer la adopción de las primeras *Diez Enmiendas* a la Constitución, añadiendo el concepto de derechos, como derechos naturales del hombre establecidos en la Declaración de Independencia de 1776. Así fue que el 25 de septiembre de 1789, sólo un mes después de sancionada la Declaración de los Derechos del Hombre y del Ciudadano por la Asamblea Nacional francesa, el primer Congreso de los Estados Unidos propuso a las Asambleas Legislativas de los diversos Estados, dichas primeras Diez Enmiendas al

---

48 Véase Manuel García-Pelayo, *Derecho Constitucional Comparado, op. cit.*, p. 336-337; y A.C. McLaughlin, *op. cit.*, pp. 163, 179.

49 Véase A. Hamilton, en *The Federalist* (ed. B.F. Wright), Cambridge, Mass 1961, n° 84, p. 535.

texto constitucional, llamada "Declaración de Derechos" (*Bill of Rights*), las cuales fueron ratificadas por las Asambleas Legislativas de los Estados de Nueva Jersey, Maryland, y de los Estados de Carolina del Norte, el mismo año 1789; (de Carolina del Sur, Nueva Hampshire, Delaware, Pensilvania, Nueva York, Rhode Island, el año 1790; y de Vermont y Virginia, el año 1791. Las diez primera Enmiendas, por tanto, comenzaron a regir en 1791, el mismo año que se promulgó la primera Constitución francesa. El texto de esta Declaración de Derechos que forman estas Diez Enmiendas es el siguiente:

Artículo Uno: El Congreso no hará ley alguna por la que adopte una religión como oficial del Estado o se prohíba practicarla libremente, o que coarte la libertad de palabra o de imprenta, o el derecho del pueblo para reunirse pacíficamente y para pedir al gobierno reparación de agravios.

Artículo Dos: Siendo necesaria una milicia bien ordenada para la seguridad de un Estado Libre, no se violará el derecho del pueblo a poseer y portar armas.

Artículo Tres: En tiempo de paz a ningún militar se le alojará en casa alguna sin el consentimiento del propietario; ni en tiempo de guerra, como no sea en la forma que prescriba la Ley.

Artículo Cuatro: El derecho de los habitantes de que sus personas, domicilios, papeles y efectos se hallen a salvo de pesquisas y aprehensiones arbitrarias, será inviolable, y no se expedirán al efecto mandamientos que no se apoyen en un motivo verosímil, estén corroborados mediante juramento o protesta y describan con particularidad el lugar que deba ser registrado y las personas o cosas que han de ser detenidas o embargadas.

Artículo Cinco: Nadie estará obligado a responder de un delito castigado con la pena capital o con otra infamante si un gran jurado no lo denuncia o acusa, a excepción de los casos que se presenten en las fuerzas de mar o tierra o en la milicia nacional cuando se encuentre en servicio efectivo en tiempo de guerra o peligro público; tampoco se pondrá a persona alguna dos veces en peligro de perder la vida o algún miembro con motivo del mismo delito; ni se le compelerá a declarar contra sí misma en ningún juicio criminal; ni se le privará de la vida, la libertad o la propiedad sin el debido proceso legal; ni se ocupará la propiedad privada para uso público sin una justa indemnización.

Artículo Seis: En toda causa criminal, el acusado gozará del derecho de ser juzgado rápidamente y en público por un jurado imparcial del Distrito y Estado en que el delito se haya cometido, Distrito que deberá haber sido determinado previamente por la ley; así como de que se le haga saber la naturaleza y causa de la acusación, de que se le caree con los testigos que depongan en su contra, de que se obligue al comparecer a los testigos que la favorezcan y de contar con la ayuda de un abogado que le defienda.

Artículo Siete: El derecho a que se ventilen ante un jurado los juicios de *common law* en que el valor que se discuta exceda de veinte dólares, será garantizado, y ningún hecho de que haya conocido un jurado será objeto de nuevo examen en tribunal alguno de los Estados Unidos, como no sea con arreglo a las normas del *common law*.

Artículo Ocho: No se exigirán fianzas excesivas, ni se impondrán multas excesivas, ni se infligirán penas crueles y desusadas.

Articulo Nueve: No por el hecho de que la Constitución enumera ciertos derechos ha de entenderse que niega o menosprecia otros que retiene el pueblo.

Artículo Diez: Los poderes que la Constitución no delega a los Estados Unidos ni prohíbe a los Estados, quedan reservados a los Estados respectivamente o al pueblo.

Tanto las Declaraciones de derechos de las antiguas Colonias como el texto de las Enmiendas, puede decirse que influenciaron sobre todas las declaraciones formales y escritas de derechos humanos que fueron adoptadas más tarde, particularmente la Declaración de Derechos del Hombre y del Ciudadano de Francia (1789), y a través de esta última, las declaraciones en Hispano América, y en primer lugar, en el texto de la Declaración de derechos del hombre contenida en la Constitución de Venezuela el 21 de diciembre de 1811.

No en vano, el texto de la Constitución de los Estados Unidos de América con el de las primeras Enmiendas, había sido traducido del inglés al español por Joseph Manuel Villavicencio, natural de la Provincia de Caracas, y una vez editado en Filadelfia en la imprenta Smith & M'Kennie, en 1810, como *Constitución de los Estados Unidos de América*,[50] circuló inmediatamente en Venezuela, a pesar de la prohibición que la Inquisición había impuesto a ese tipo de publicaciones, sirviendo de inspiración a los redactores de la declaración de derechos de la Constitución Federal de los Estados de Venezuela de 1811.

Además, las obras de Thomas Paine,[51] también fueron del conocimiento de la elite venezolana, pues habían sido traducidas y publicadas numerosas veces desde 1810 distribuyéndose copiosamente por los restantes países de Hispano América. Una de las más importantes obras de Paine fue la que tradujo el venezolano Manuel García de Sena (hermano de Ramón García de Sena, de importante actuación en el proceso de independencia), quien desde 1803 había fijado su residencia en Filadelfia, titulada: *La Independencia de la Costa Firme justificada por Thomas Paine treinta años ha. Extracto de sus obras,*[52] publicada en 1811 en la imprenta que T. y J. Palmer. Este libro, de 288 páginas, contenía la traducción al castellano del famoso panfleto de Paine: "*Common Sense*" (Philadelphia, 1776), de dos de sus principales disertaciones: "*Dissertations on the Principles of Government,*" y además, de la Declaración de Independencia (4 de julio de 1776), de los artículos de la Confederación (1778), del texto de la Constitución de los Estados Unidos y Perpetua Unión (8 de julio de 1778) y de sus primeras Doce Enmiendas (1791, 1798, 1804); del texto

---

50   La traducción se refirió a la Constitución de 1787 y a las Enmiendas de 1789. Véase *Constitución de los Estados Unidos de América*, editado en Filadelfia en la imprenta Smith & M'Kennie, 1810.

51   Véase sobre el significado de la obra de Paine en la Independencia de los Estados Unidos, por ejemplo, Joseph Lewis, *Thomas Paine. Author of the declaration of Independence,* Freethouht Press, New York 1947.

52   Una reimpresión de esta obra se realizó por el Ministerio de Relaciones Exteriores de Venezuela en 1987, como Edición conmemorativa del Bicentenario de la Constitución de los Estados Unidos de América, Caracas 1987.

de las Constituciones de Massachusetts (1780), de New Jersey (1776), de Virginia (1776), y de Pensilvania (1790); así como la relación de la Constitución de Connecticut.[53]

Como Antonio García de Sena lo expresó, su publicación tenía el propósito de "ilustrar principalmente a sus conciudadanos sobre la legitimidad de la Independencia y sobre el beneficio que de ella debe desprenderse, tomando como base la situación social, política y económica de los Estados Unidos."[54] Por ello, en la *Gazeta de Caracas,* que se inició en 1808 con la introducción de la imprenta en la Provincia, en los números de los días 14 y 17 de enero de 1812, se publicó parte del libro de García de Serna contentivo de la traducción de la obra de Paine.[55]

En 1811, por tanto, los trabajos de Paine y los documentos publicados en el libro de García de Sena fueron de la mayor importancia para explicar a los suramericanos el significado y alcance de la Revolución Norteamericana, habiendo moldeado e influenciado en la redacción de los varios documentos publicados.

Igual ocurrió en 1811 con la publicación de una serie de enjundiosos estudios, editoriales y artículos varios que con el título de "Derechos de la América del Sur y México," y que bajo la firma de William Burke, salieron publicados en la misma *Gazeta de Caracas,* entre noviembre de 1810 y marzo de 1812. Setenta de esos escritos fueron luego recopilados en un libro publicado en Caracas en 1811, con el mismo título *Derechos de la América del Sur y México, por William Burke, autor de "La Independencia del Sur de América, la gloria e interés de Inglaterra," Caracas, en la imprenta de Gallager y Lamb, impresores del Supremo Gobierno, 1811.*[56] En

---

53　Una moderna edición de esta obra es *La Independencia de la Costa Firme, justificada por Thomas Paine treinta años ha.* Traducido del inglés al español por don Manuel García de Sena. Con prólogo de Pedro Grases, Comité de Orígenes de la Emancipación, núm. 5. Instituto Panamericano de Geografía e Historia, Caracas, 1949.

54　*Ibídem,* en el prólogo de Grases, p. 10. Grases subraya con mucha precisión el fenómeno de difusión de las nuevas ideas hechas desde Venezuela. Cuando se realice una investigación tan acuciosa en otros países, podrá comprenderse mejor el fenómeno. No hay duda, como lo hemos asentado en otras páginas, que las Gacetas hispanoamericanas, principalmente la de Caracas, esparcieron por toda América buena parte de los modernos principios. De otra obra de Paine existe una traducción hecho por Santiago Felipe Puglia, a quien tanto se debe en la difusión de obras de carácter político; ésta es la siguiente: Thomas Paine. *El derecho del hombre para el uso y provecho del género humano.* Traducido del inglés por Santiago Felipe Puglia. Imprenta de H.C. Carey e Hijos, Filadelfia, 1822. En ella Paine hace una glosa de varios de los principios constitucionales norteamericanos y de su teoría política y filosófica. Numerosas ideas que después van a encontrarse expresadas en la Constitución de 1814 aparecen señaladas en este estudio.

55　Véase Pedro Grases "Manual García de Sena y la Independencia de Hispanoamérica" en la edición del libro de García de Sena que realizó el Ministerio de Relaciones Interiores, Caracas 1987, p. 39.

56　Véase en la edición de la Academia de la Historia, William Burke, *Derechos de la América del Sur y México,* 2 vols., Caracas 1959. José M. Portillo Valdés, ha señalado que "William Burke" más bien habría sido, al menos por los escritos publicados en Caracas, una "pluma colectiva" usada por James Mill, Francisco de Miranda y Juan Germán Roscio. Véase José M. Portillo Valdés, *Crisis Atlántica: Autonomía e Independencia en la crisis de la Monarquía Española,* Marcial Pons 2006, p 272, nota 60. En contra véase Karen Racine, *Francisco de Miranda: A Transatlantic Life in the Age of Revolution,* SRBooks, Wilmington, 2003, p. 318. Véase en general sobre la vinculación de Burke y Miranda, lo expuesto en Mario Rodríguez, *"William Burke" and Francisco de Miranda. The Word and the Deed in Spanish America's Emancipation,* University Press of America, Lanham, New York, London, 1994.

estos trabajos firmados por Burke, en particular, se expusieron en detalle las bases, alcance y sentido de los derechos del pueblo y de los hombres conforme a la tradición del derecho ingles y la práctica de su implementación en Norteamérica, y en varios de ellos, incluso se hace un resumen sobre los "imprescindibles y eternos derechos del hombre y desplegando los grandes principios de libertad civil, según se practican en estos Estados [Estados Unidos] y en Inglaterra," como por ejemplo el siguiente:

> "Cada Constitución está precedida o seguida de *una Declaración de Derechos*, que asegura la igualdad civil de todos los ciudadanos; sus naturales e imprescriptibles derechos a la vida, libertad, seguridad personal y propiedad; la soberanía del pueblo; su derecho de formar, alterar o reformar el Gobierno, según la forma determinada por la constitución; el derecho de sufragio; la protección debida por el Gobierno a cada individuo del pueblo, y la obligación de éstos de contribuir en retorno, proporcionalmente a los gastos de aquella protección, y de prestar sus servicios personales cuando sean necesarios; la tolerancia religiosa; libertad de elecciones y de prensa; los juicios por medio de *Jury*; la subordinación de los militares al poder civil; el derecho de los criminales para ser oídos en su defensa; el derecho del pueblo a reunirse pacíficamente y discutir sobre lo que le concierne a la nación y para pedir la reparación de agravios; llevar armas, y emigrar del Estado. Se prohíben los arrestos ilegales, capturas y registros ilícitos; cauciones excesivas; prisión de deudores, a menos que esté contra ellos la presunción de fraudes; el acto de obligar a nadie a que declare, o dar testimonio contra sí mismo; la suspensión del auto de habeas Corpus, a menos que sea en su caso rebelión o invasión; las leyes ex post facto; las convicciones o pruebas de los delitos por la legislatura; la imposición de contribuciones sin representación; los ejércitos permanentes; las distinciones hereditarias y títulos de nobleza; y, últimamente, vinculación de heredades o posesiones."[57]

A lo largo de los escritos y editoriales aparecidos con la firma de Burke en Caracas en 1811 se hizo un análisis detallado de todos y cada uno de estos derechos, habiendo tenido también, sin duda, influencia decisiva en la redacción de las Declaraciones de derechos en 1811. Téngase presente que los mismos circularon en la *Gaceta* en los mismos meses en los cuales se redactaban los textos de las Declaraciones.

SECCIÓN TERCERA:

LOS ANTECEDENTES FRANCESES DE LAS DECLARACIONES CONSTITUCIONALES DE DERECHOS DEL HOMBRE

La Revolución Francesa estalló, definitivamente, en 1789, trece años después de la Revolución Americana, con la asunción del poder por parte de una Asamblea Nacional que se enfrentó al Rey Luis XVI, adoptó la Declaración de Derechos del Hombre y del Ciudadano, y asumió el papel de reorganizador del Estado. Al contra-

---

57   Véase en William Burke, *Derechos de la América del Sur y México*, Vol. I, *cit.* pp. 100-101.

rio de la Revolución Americana, que tuvo por resultado un proceso de construcción de un nuevo Estado que surgía de entre un conjunto de Colonias que habían tenido su desarrollo político lejos de la Metrópoli inglesa, en el caso de Francia, el cambio brusco que se operó tenía por marco político constitucional el de la Monarquía absoluta, y se produjo dentro de la estructura estatal propia del absolutismo, con el objeto de sustituir, dentro del mismo Estado, un sistema de gobierno por otro distinto, trasladando la soberanía del Monarca al pueblo.[58]

I. ALGUNOS PRINCIPIOS CONSTITUCIONALES DE LA MONARQUÍA ABSOLUTA

Durante siglos, Antiguo Régimen, por supuesto, encuadran perfectamente con su base o conformación política, que es la del Estado Absoluto o de la Monarquía Absoluta,

Desde los tiempos del Rey Felipe Augusto, en medio de sus guerras contra Inglaterra, comenzó en Francia el proceso que luego originaría el establecimiento de la Monarquía Absoluta, conforme al cual, todo el Poder y todos los poderes, en forma ilimitada, estaban en manos de un Monarca, que llegaba al trono por sucesión hereditaria. En el sistema, que se desarrolló durante siglos, el Rey tenía el poder tanto de administrar justicia, como de legislar, de gobernar, de administrar la hacienda, de declarar la guerra y de establecer la paz. Todos los poderes del Monarca, además, nadie en la tierra se los otorgaba; los tenía simple y llanamente, por la "Gracia de Dios"; por lo que era este poder divino, el que le permitía al Monarca ejercer ilimitadamente todo el Poder. Por ello, entre otros aspectos, uno de los principios de las Leyes del Reino, era el de la inviolabilidad del Monarca porque su poder provenía de Dios, consagrado usual y formalmente este poder, por el representante de Dios en la tierra, el Papa.

En esta forma, el Rey era fuente de toda justicia, fuente de toda legislación, y fuente de todo gobierno. Por supuesto, en el proceso político constitucional de la Monarquía, por la complejidad del reino, se comenzaron a desarrollar instituciones a través de las cuales, por delegación, el Rey administraba justicia sin tener que hacerlo personalmente. Ello se hacía a través de los Intendentes, es decir, los gobernadores de las 32 regiones en la que estaba dividida Francia, además de a través de otras instituciones constituidas como altas Cortes, como fue la *Curia Regia* que luego se

---

58   En esta parte, sobre la evolución de la Monarquía, la Revolución Francesa, y los antecedentes franceses de las declaraciones de derecho, seguimos lo expuesto en Allan R. Brewer-Carías, *Reflexiones sobre la Revolución Americana (1776), la Revolución Francesa (1789) y la Revolución Hispanoamericana (1811-1830) y sus aportes al constitucionalismo moderno*, Universidad Externado de Colombia, Bogotá 2008. Una primera edición de este libro se publicó como: *Reflexiones sobre la revolución americana (1776) y la revolución francesa (1789) y sus aportes al constitucionalismo moderno*, Cuadernos de la Cátedra Allan R. Brewer-Carías de Derecho Administrativo, Universidad Católica Andrés Bello, N° 1, Editorial Jurídica Venezolana, Caracas 1992. Véase además, sobre la historia del proceso revolucionario en Francia, las obras de De Tocqueville: por una parte, *L'Ancien Régime et la Révolution (1854-1856)*, para lo cual utilicé la edición *El Antiguo Régimen y la Revolución*, Alianza Editorial, Madrid 1982; y por la otra, la compilación de *Fragments et notes inédites sur la Révolution*, respecto de la hemos utilizado la edición *Inéditos sobre la Revolución*, Alianza Editorial, Madrid 1989. Véase además, Ives Guchet, *Histoire constitutionnelle française (1789-1958)*, Éditions Européennes Erasme, La garenne-Colombes, 1990; A. Soboul, *La Révolution Française*, Paris, 1982

dividió y especializó en un gran Consejo y en los *Parlements,* como Tribunales permanentes de apelación, siendo el de París el más importante de todo el reino. Al final del Antiguo Régimen, precisamente serán los *Parlements* los que van a jugar un papel fundamental en la Revolución.

Pero además de ser fuente de toda justicia, el Rey era fuente de toda legislación. *Lex Rex,* era una expresión que se utilizaba para expresar que el Rey era la ley; que era la ley viva, en sí misma, por lo que no estaba ligado por leyes dictadas por sus antecesores. Sólo él tenía el poder y el derecho de hacer las leyes, por lo que en el sistema de la Monarquía Absoluta era inconcebible la existencia de una Constitución rígida. Sin embargo, también en la Monarquía Absoluta había unas reglas constitucionales inmutables, que como principios de Constitución no escrita (costumbres constitucionales) debían ser respetados por el Monarca. Estas reglas derivaban, en definitiva, de la misma proveniencia de su poder, de Dios, lo que obligaba al Rey a respetar la Ley Divina y la moral natural y, además, todas aquellas que conformaban "las leyes fundamentales del reino", que como en todo sistema donde no hay Constitución escrita y rígida, estaban conformadas por costumbres constitucionales establecidas desde tiempos inveterados y derivadas del funcionamiento de los diversos regímenes y sucesiones reales.

Por tanto, en el Antiguo Régimen puede decirse que había una "Constitución Monárquica" no escrita, conformada por costumbres constitucionales, denominadas "Leyes Fundamentales del Reino" y que concernían, casi todas, al funcionamiento de la Monarquía, y de la realeza. Por ejemplo, las leyes de la transmisión de la Corona, (la ley de transmisión hereditaria, la ley de primogenitura, la ley de indivisibilidad de la Corona y la ley de masculinidad o ley sálica); la ley de la continuidad de la función real, resumida en la conocida expresión "El Rey ha muerto, viva el Rey", lo que implicaba que no había ruptura ni solución de continuidad por el fallecimiento del Rey, aún cuando la minoridad o incapacidad del sucesor originara la necesidad de las regencias. También estaba la ley de la inviolabilidad del territorio, y la ley de independencia de la Corona. El Rey era considerado como el Emperador en su reino y, por tanto, no compartía su poder con ninguna otra entidad, persona u órgano, y sólo decidía soberanamente. Además, se destacaban otra serie de leyes relativas a la propia figura del Monarca: la ley de catolicidad, la ley de inviolabilidad de la persona del Monarca, y la ley de la nacionalidad. Todas esas leyes conformaban las denominadas "leyes fundamentales del Reino", derivadas de costumbres desarrolladas durante el transcurso de siglos, que la Corona debía respetar.

Pero además de ser fuente de toda justicia y de toda legislación, el Rey en el Estado Absoluto del Antiguo Régimen era también fuente de toda autoridad y gobierno, particularmente a raíz del reinado de Enrique IV (1533-1610) a quien correspondió restablecer la unidad de Francia, luego de las guerras de religión que desencadenó la Reforma. Se trataba de un Rey protestante de un país católico, quien para consolidar su poder tuvo que convertirse al catolicismo en 1593. Sólo fue por ello, que al año siguiente entró en París, dirigiéndose a *Notre Dame*, pues como él mismo diría, "París bien vale una misa".

En todo caso, la Nación confió en él, pacificó Francia y comenzó a sentar las verdaderas bases del Estado centralizado. A su muerte lo sucedió su hijo, Luis XIII, pero por su minoridad el reino estuvo manejado por María de Médicis, su madre, como Regente, condición que fue reconocida por el *Parlement* de París, es decir, la Alta Corte de Justicia que funcionaba en la capital.

Durante su reinado y bajo la regencia, se reunirían en 1614, por última vez hasta la Revolución (1789), los *États Généraux,* asamblea convocada por el Monarca que reunía a los tres estamentos de la sociedad, es decir, a los tres órdenes o estamentos, denominados "estados" *(états)*: la nobleza, el clero y la tercera clase, no privilegiada, o *tiers état,* conformada por el resto de la población que era, en definitiva, la mayoría de la Nación. El denominador común de esta tercera clase era que estaba compuesta por quienes ni pertenecían al clero ni a la nobleza, es decir, por todos los no privilegiados: el pueblo, en general y, básicamente, desde el punto de vista político, por la burguesía, es decir, por todo el conjunto de personas dedicadas a la actividad comercial, industrial, bancaria, profesional o artesanal. El "tercer estado", por tanto, lo formaban las clases populares del campo y la ciudad; la pequeña y mediana burguesía (artesanos, comerciantes); los profesionales liberales; y la alta burguesía formada en las finanzas, el gran comercio y los armadores, que por lo demás, buscaban ennoblecerse.

En aquella última reunión de los Estados Generales había destacado como diputado del clero el joven Obispo de *Luçon, Richelieu,* a quien la Regente designó Ministro. La mayoridad de Luis XIII, lo hizo reaccionar contra su madre, a quien desterró con sus favoritos, e hizo matar. Años después, *Richelieu,* ya Cardenal, sería llamado de nuevo al Consejo (1624), y gobernó, junto con el Rey como Primer Ministro hasta su muerte en 1643, y ambos consolidaron la Monarquía Absoluta. A Luis XIII lo sucedió Luis XIV, pero al inicio de su reinado (1643) también por su minoridad, el reino estuvo manejado por su madre, Ana de Austria. Una vez que ésta obtuvo del *Parlement* de París el derecho, como Regente, de formar Consejo, anulándose el testamento del difunto Rey, designó como Primer Ministro a otro hombre hechura de *Richelieu, Giulio Mazarini,* llamado *Mazarin.* A su muerte, en 1661, dejó en manos de Luis XIV un reino más poderoso que nunca, pues el Rey había aprendido a gobernar por sí mismo. A partir de 1661, por tanto, el Rey decidió ser su propio Primer Ministro, presidía el Consejo y se obligaba a firmar las ordenanzas por todos los gastos del Estado. La Corte fue trasladada de París a Versalles lo que por la lejanía de la ciudad, reforzó el despotismo del Monarca, instalándose allí su residencia principal en 1682 y el centro de la Corte.

Bajo el reinado de Luis XIV, los Estados Generales no volvieron a ser reunidos; los Ministros se convirtieron en grandes funcionarios, y los *Parlements* volvieron a su estrecho rol de tribunales de justicia. El Rey era la única fuente de autoridad y gobierno (*"El Estado soy yo"*). Por tanto, en el Antiguo Régimen, el establecimiento de impuestos, la declaración de guerra, el establecimiento de la paz, la administración total del reino, en un sistema absoluto y altamente centralizado, se resolvía y se decidía en Versalles, donde el Rey había fijado su residencia.

El manejo del Gobierno y administración real se hacía por medio de Consejos, y el Rey disponía de cuatro Secretarios de Estado (guerra, marina, asuntos exteriores y de la Casa del Rey, cuyos Departamentos eran canales intermediarios entre el Rey y las provincias y ciudades) y, además, de un Interventor General de Finanzas, que era un verdadero Primer Ministro, pues era el funcionario que conducía la administración del Reino.

La importancia de los Interventores Generales de Finanzas, por tanto, era notoria en la conducción del gobierno real, por lo que su papel, sobre todo al final del Antiguo Régimen, de *Necker* por ejemplo, va a ser fundamental en el proceso previo a la Revolución, por los intentos fallidos que asumieron para solucionar la crisis fiscal del reino. En todo caso, este alto funcionario tenía a su cargo la administración interior del país, de la agricultura, de la industria, del comercio, de los puentes y caminos, siendo sin duda, como se dijo, el funcionario más importante del reino.

Además, en cuanto a la administración territorial, la misma era conducida básicamente, por los Intendentes, que sustituyeron a los viejos Gobernadores que existieron hasta el Siglo XVII, quienes eran los brazos territoriales de la administración real, respondía a características distintas. Al contrario de los Gobernadores, los Intendentes estuvieron residenciados en el interior del reino, lejos de la Corte, por lo que era difícil que pudieran ser escogidos entre el clero y la nobleza, comenzando a ser designados por el Rey, para tales cargos, los miembros de su Consejo Privado, llamados *Maître de Requêtes,* que eran los altos funcionarios que provenían de la alta burguesía, por lo que eran detestados por la nobleza. En el momento de la Revolución existían treinta y dos Intendentes, que administraban territorialmente el reino, siendo, sin duda, los agentes más activos y temidos, como agentes directos del Rey y sus representantes en las provincias, encargados de dirigir la administración local. Se trataba, en todo caso, de funcionarios poderosísimos, por lo que *Alexis de Tocqueville,* el autor que más pronto comprendió, desde el punto de vista constitucional, lo que había ocurrido en la Revolución Americana, en su libro *La Democracia en América,* y que también puede considerarse como el autor contemporáneo más importante de la Revolución Francesa, en su libro *El Antiguo Régimen y la Revolución,* resumió el poder de dichos Intendentes señalando que: "Francia es un reino gobernado por treinta Intendentes".

II. EL ROL DE LOS ÓRGANOS DIFERENCIADOS DE LA MONARQUÍA: LOS ESTADOS GENERALES Y LOS *PARLEMENTS*

Entre todas estas instituciones de la Monarquía absoluta, entre los siglos XIV y XVII tomaron cuerpo dos de ellas, que significaron el establecimiento de cierta limitación al poder real, por lo que jugaron un papel protagónico en la Revolución Francesa, hasta el punto de que no se puede entender como ocurrió la Revolución sin saber qué eran y cómo funcionaban. Se trata de los *États Généraux,* y de los *Parlements.* Los primeros habían jugado un papel protagónico en el período inicial de la Monarquía, desde 1302 cuando se instalaron hasta 1614, imponiéndose a los Reyes en períodos de crisis financieras, particularmente. Sus poderes se fueron desarrollando progresivamente, primero, como consejeros del Rey, cuando éste les sometía ciertos asuntos a consulta para oír la opinión de la Nación. Posteriormente, por delegación y consentimiento del Rey, comenzaron a adquirir poder para examinar y votar subsidios y nuevos impuestos, siendo este último el poder fundamental que luego va a repercutir en la Revolución. Además, los *États Généraux* adquirirían ciertos poderes constitucionales en situaciones excepcionales: era necesaria su autorización al Rey para la cesión de parte del territorio del reino a una potencia extranjera; y le correspondía además, escoger al nuevo Rey, en el caso de la extinción de la línea hereditaria. Sin embargo, consolidada la Monarquía y el poder absoluto del Rey, a partir de 1614, estas asambleas dejaron de reunirse por un período de 175 años, hasta 1788, precisamente para provocar la Revolución. Sin ser abolidas ni cambiadas, durante ese período el Rey no las convocó más, como signo del absolutismo. Por tanto, la convocatoria de dicha asamblea por Luis XVI (1754-1793), en 1788, un año antes de la Revolución, significó la resurrección de una institución desaparecida y olvidada, y fue esa convocatoria, precisamente, el arma mortal más peligrosa contra la Monarquía. El origen institucional de la Revolución Francesa, por tanto, puede situarse un año antes de 1789, en 1788, con la convocatoria de los *États Généraux* después de 175 años de inactividad, en cuyo seno, el Tercer Estado, convertido en Asamblea, hizo la Revolución.

La otra institución de la Monarquía a la cual correspondería jugar un papel fundamental en la Revolución, fueron los llamados *Parlements* que se convirtieron incluso, antes que los *États Généraux,* en la amenaza más peligrosa al poder del Rey. En efecto, en el Antiguo Régimen, como hemos indicado, el Rey era fuente de toda justicia, pero podía delegarla, y así como los Intendentes realizaban funciones judiciales, el Consejo Privado del Rey también ejercía funciones judiciales, y lo mismo sucedía con doce instituciones judiciales provinciales, que se denominaban los *Parlements,* diseminados en todo el territorio del reino y que se autocalificaban como guardianes de las "leyes fundamentales del reino". Ello sucedió así, sin duda, con la tolerancia real, conforme a las ideas de *Montesquieu* (1689-1755) (quien había sido Presidente del *Parlement* de Burdeos) sobre la separación de poderes y el contrapeso de los mismos.

Estas instituciones, doce en total, configuradas como Cortes Superiores para administrar justicia en última instancia en nombre del Rey, jugaron un papel político fundamental en el proceso revolucionario, y particularmente el *Parlement* de París, con el ejercicio de sus derechos de inscripción y rechazo de los edictos reales. Cuando en 1614 los *États Généraux* dejan de ser convocados, puede decirse que también por razones circunstanciales, con motivo del asesinato de Enrique IV (1533-1610), los *Parlement* comenzaron a adquirir fuentes de poder. En efecto, al morir Enrique IV (1610), su esposa María de Médicis, en virtud de que el hijo de ambos, heredero del reino, Luis XIII, tenía 9 años, solicitó al *Parlement* que aprobase y reconociese su calidad de Regente de la Corona. Tal calidad la tenía por las leyes fundamentales del Reino, pero para asegurar su poder, le pidió al *Parlement* que le reconociera tal carácter, lo que significó el otorgamiento de un poder implícito al *Parlement,* en el futuro, para designar los regentes; con ello empezaron a adquirir poder político concreto. De nuevo, en 1643, se produjo un nuevo acontecimiento que reforzaría el poder de los *Parlement*. A la muerte de Luis XIII (1601-1643) cuyo Primer Ministro había sido el Cardenal *Richelieu* (1585-1642), la esposa del Rey, Ana de Austria, pidió al *Parlement* de París la nulidad del testamento del fallecido Rey, que había dejado un Consejo de Regencia para su hijo Luis XIV (1638-1715), quien era menor de edad (tenía 5 años). Este Consejo estaba formado por hombres que había elegido *Richelieu* y que durante la minoría del niño-rey debía vigilar a Ana de Austria, la Regente. Esta se consideró con derecho a ser Regente y a nombrar el Consejo, razón por la cual llevó al niño-rey al *Parlement* de París y le pidió al cuerpo declararse la nulidad del testamento de manera que la regencia se ejerciera sin condiciones. El *Parlement* consideró que el testamento era contrario a los principios de la Monarquía, y lo anuló, declarando a Ana de Austria, Regente, posición que ejerció entre 1643 y 1661, con el Cardenal *Mazarin* de Primer Ministro. Con este hecho, de nuevo, se le dio más poder al *Parlement,* adquiriendo conciencia política en los siglos sucesivos, sobre todo a través del ejercicio de dos funciones que se desarrollaron progresivamente: el llamado derecho de registro y el derecho de rechazo de los edictos reales.

A través del derecho de registro, las leyes o edictos que dictaba el Monarca, debían ser enviados a los *Parlements,* antes de que pudieran entrar en ejecución. Tal derecho lo tenían en realidad todos los *Parlements,* y los edictos debían ir a los doce *Parlements* de Francia, pero el de París era, por supuesto, el que primero los recibía, y no entraban en vigencia allí hasta que el *Parlement* no los registrara. En el *Parlement* y la ley era verificada y discutida, habiendo estas organizaciones asumido un derecho histórico, a pesar de que el Rey lo consideraba como una concesión real, de poder rechazar el registro de los edictos y, por tanto, de poder rechazar la legislación que emanaba del Rey. En todo caso, el conflicto, en caso de rechazo, en definitiva, podía resolverse con la imposición real en una sesión solemne del *Parlement,* donde el Rey en persona acudía y discutía con los Magistrados, en lo que se llamaba *lit de justice,* en la cual el Rey les imponía su voluntad.

Este derecho de registro y de rechazo que habían asumido progresivamente los *Parlements,* va a ser el arma más importante de la aristocracia contra la Monarquía. Por ello, la reacción del *Parlement* de París, en 1787, contra los edictos reales de naturaleza impositiva, conformará una verdadera revolución aristocrática, preludio de la Revolución Francesa.

En 1787, por tanto, los mismos principios de intervención de los *Parlements,* continuaban en aplicación, pero con un cambio en cuanto al tema del debate y a la naturaleza de los argumentos: el *Parlement* de París comenzó a pedir piezas justificativas en apoyo de los edictos que proponían reformas impositivas, particularmente, las cuentas de la hacienda, a lo que el Rey se negó, lo que significó una negativa a compartir con los tribunales de justicia el Poder Legislativo. La respuesta del *Parlement* fue que "sólo la nación tenía derecho a conocer nuevos impuestos y pidió que fuera reunida", mediante la convocatoria de los *États Généraux.*

En esta forma, así como los *États Généraux* fueron el instrumento del Tercer Estado contra la Monarquía, los *Parlements* fueron el arma de la aristocracia contra la propia Monarquía, ubicándose, en ambos procesos, el origen de la propia Revolución. En los últimos, además, se había ubicado una clase nueva y distinta, situada entre la nobleza y la burguesía y formada por estos altos funcionarios, muchos provenientes de la alta burguesía, independientes y con pretensiones de pertenecer a una nobleza transmisible, nombrados por sí mismos, independiente del Monarca y en ejercicio de una de las funciones reales más importantes: administrar justicia. Por eso, en el Siglo XVIII actuarán contra la Monarquía, considerándose independientes. No es descartable que en el desarrollo de esa actividad, hayan influido, como se dijo, las propias ideas de un miembro de la Aristocracia, *Charles de Secondat, barón de la Brède,* y *De Montesquieu,* quien además fue Presidente del *Parlement* de Burdeos, sobre la independencia del Poder Judicial y la separación de poderes.

En todo caso, el prefacio de la Revolución Francesa debe situarse en esta revuelta aristocrática, comandada por los *Parlements* en 1787 y 1788, en medio de la grave crisis política de la Monarquía, provocada por la impotencia de resolver sus problemas financieros y por la incapacidad de reformarse. En todo caso, en esos años, cada vez que un Ministro reformador quería modernizar el Estado, la Aristocracia a través de los *Parlements* defendía su privilegio. Por ello, la revuelta de la aristocracia precedió a la Revolución, contribuyendo a destruir la propia Monarquía.

Pero no debe perderse de vista que la reacción de los *Parlements* contra la Monarquía, si bien provocó la Revolución, también significará la muerte de estas instituciones, que acabaron por ser impopulares. De allí que en los *cahiers des dolences* con que se instalan los *États Généraux* en 1788, se hubiera pedido invariablemente la abolición de los *Parlements*.

III. EL ARSENAL DE IDEAS POLÍTICAS: MONTESQUIEU Y ROUSSEAU

Durante el Antiguo Régimen los mismos teóricos del Absolutismo en sus escritos producidos durante los Siglos XVII y XVIII, serán los que originarán los principios tendientes a la limitación y separación del poder, del contrato social y de las libertades naturales, que serán las que suministrarían la base política del *Tiers État* y a los revolucionarios para trastocar todas las instituciones del mismo. Estas teorías la van a suministrar, básicamente tres grandes figuras del Siglo XVII y XVIII que son *John Locke,* el más grande teórico del absolutismo inglés al cual ya nos hemos referido, y luego, en Francia, *Montesquieu y J. J. Rousseau.*

Montesquieu (1689-1755) interpretó, a su manera, sesenta años después, la Constitución inglesa, lo expuesto sobre ella por Locke, y lo que había ocurrido en Inglaterra, y en su famoso libro *De l'Esprit des lois* (1748), formuló sus propias concepciones, erigiendo como principio, la concepción de que la libertad política sólo existía en Estados donde hubiera una separación de los Poderes, lo que *Locke* ciertamente no había formulado. Así, la libertad política según *Montesquieu* existía sólo en aquellos Estados donde el Poder del Estado no residía, con todas sus funciones, en la misma persona o en el mismo cuerpo de magistrados.[59] Por ello, en su *De l'Esprit des lois*, insistió en que:

> "Es una experiencia eterna que todo hombre que tiene poder es llevado a abusar de él; y llega hasta encontrar límites... Para que no se pueda abusar del Poder es necesario, que por la disposición de las cosas, el Poder detenga el Poder."[60]

En esta forma, del estudio comparado que realizó sobre el objeto de los diversos Estados de la época, *Montesquieu* llegó a la conclusión de que Inglaterra era el único Estado que tenía por objeto directo la libertad política, por lo que en el famoso Capítulo VI del Libro XI de su obra, se propuso estudiar la "Constitución" de Inglaterra, y de ese estudio dedujo su teoría de la división del Poder en tres:

> "[El] Poder Legislativo, el Poder Ejecutivo de las cosas que dependen del derecho de gentes, y el Poder Ejecutivo de aquellos que dependen del derecho civil. Mediante la primera, el Príncipe o Magistrado hace las leyes por un tiempo o para siempre. Mediante la segunda hace la paz y la guerra, envía y recibe embajadores, establece la seguridad, previene las invasiones. Mediante la tercera, castiga los crímenes, o juzga los diferendos de los particulares. A este tercer

---

59   Véase A. Passerin d'Entrèves, *The Notion of the State. An introduction to Political Theory*, Oxford 1967, p. 120.

60   Véase Montesquieu, *De l'Esprit des Lois* (ed. G. Truc), Paris 1949, Vol. I, Book XI, Chap. IV, p. 162-163.

poder se lo llama el poder de juzgar y al otro, simplemente, el poder ejecutivo del Estado."[61]

En realidad, antes que una división del Poder, *Montesquieu* definió, siguiendo a *Locke,* diversas funciones o potestades del Estado: la potestad de hacr las leyes, la potestad de juzgar, y la potestad ejecutiva, englobando en esta última, las que *Locke* calificó como poder ejecutivo y poder federativo. Lo novedoso de la división del Poder de *Montesquieu,* y lo que lo distinguió de la concepción de *Locke,* es, por una parte, la proposición de que para garantizar la libertad los tres poderes no deben estar en las mismas manos, y por la otra, que los mismos, en la división del poder, están en plano de igualdad; de lo contrario, el poder no podría frenar el poder. No es descartable, por ello, que estas ideas formuladas y escritas por el Presidente de uno de los *Parlements* de Francia hayan influido en el papel de estos órganos como poder judicial, frente al Monarca. En efecto, en el mismo Capítulo VI del Libro XI del Espíritu de las leyes, *Montesquieu* precisó su concepción así:

"Cuando en una misma persona o en el mismo cuerpo de Magistrados, el poder legislativo está reunido al poder ejecutivo, no hay libertad alguna... De nuevo no hay libertad alguna si el poder de juzgar no está separado del poder legislativo y del poder ejecutivo... Todo estaría perdido si el mismo hombre, o el mismo cuerpo de príncipes o de nobles, o del pueblo ejercieran estos tres poderes: el de hacer las leyes, el de ejecutar las resoluciones públicas, y el de juzgar los deseos o diferencias entre particulares."[62]

Como consecuencia, agregaba, y sacrificando la libertad:

"Los príncipes que han querido tornarse en despóticos han siempre comenzado por reunir en su persona todas las magistraturas."[63]

Debe destacarse, como se dijo, que en la concepción de *Montesquieu* no hay proposición alguna que otorgase superioridad a uno de los poderes públicos sobre los otros. Es claro que al definir el poder legislativo como "la voluntad general del Estado" y el poder ejecutivo como "la ejecución de esa voluntad general", podría deducirse que *Montesquieu* presuponía que el segundo debía sujetarse en su ejecución, a lo dispuesto en el primero, pero no en el sentido de subordinación política, como en cambio si ocurría en Inglaterra después de la Gloriosa Revolución y la consolidación de la soberanía del Parlamento. Al contrario, en la concepción de *Montesquieu,* tan iguales concebía a los tres poderes que así era como podían frenarse mutuamente, como única forma de cooperación en beneficio del mantenimiento de la libertad política. De allí que concluyera señalando que:

"[E]sos tres poderes deberían formar un reposo o una inacción. Pero como por el movimiento necesario de las cosas, ellas están obligadas a andar, ellas estarán forzadas de andar en concierto."[64]

---

61   *Idem*, Vol. I, Book XI, Chap. IV, p. 162-164.

62   *Idem*, Vol. I, p. 164. Véase igualmente, Ch.H. McIlwain, *The High Court of Parliament and its Supremacy,* Yale 1910, pp. 322-323.

63   Véase Montesquieu, *op cit.* Vol. I, p. 165.

Es claro, en todo caso, que al igual que *Locke,* la concepción de *Montesquieu* fue una concepción formulada para el absolutismo. Ambos fueron teóricos del absolutismo; por ello, la división del poder soberano fue más una doctrina legal que un postulado político, y sólo fue por la fuerza de la Revolución que se convirtió en el principal principio político de la organización del Estado liberal moderno.[65]

Pero además de los aportes de *Montesquieu* en la teoría política francesa, que va a permitir la reacción, en la práctica, contra el Estado Absoluto, tiene un puesto de gran importancia la concepción de *J. J. Rousseau* (1712-1778) sobre la ley, lo cual va a provocar, posteriormente, el sometimiento del Estado a la Ley que él mismo produce, es decir, va a originar el principio de la legalidad y la consolidación del mismo Estado de Derecho. En efecto, y tal como *Rousseau* lo planteó en su *Discours sur l'origine et le fondement de l'inegálité parmi les hommes* y en su *Du Contrat Social,* el pacto o contrato social fue la solución dada al problema de encontrar una forma de asociación que además de asegurar "el paso del estado natural al estado civil", sirviera para:

> "Defender y proteger contra toda la fuerza común a la persona y los bienes de cada asociado, y por el cual cada uno, uniéndose a todos, no obedezca en consecuencia sino a sí mismo y permanezca así tan libre como antes."[66]

Agregaba *Rousseau:*

> "Por el pacto social hemos dado existencia y vida al cuerpo político; se trata ahora de darle movimiento y voluntad, mediante la legislación."[67]

En esta forma, y he allí la novedad del planteamiento de *Rousseau,* la ley como forma de manifestación del soberano, son las que dan movimiento y voluntad al Estado, producto del pacto social, en tanto en cuanto se trata de "actos de la voluntad general que estatuyen sobre una materia general". *Rousseau* entonces, no sólo construyó la teoría de la ley como "actos de la voluntad general" a cuyas disposiciones debían someterse todas las actuaciones del propio Estado y de los particulares, sino que estableció el principio de la generalidad de la ley, lo cual permitió la posterior reacción revolucionaria contra los privilegios.[68]

Por otra parte, en el campo de las funciones estadales, en la concepción de *Rousseau,* éstas se reducían a dos: hacer las leyes y ejecutarlas, a las cuales calificó, siguiendo la terminología de *Montesquieu,* como poder legislativo y poder ejecutivo. Tampoco aquí se trataba de una doctrina de la separación de poderes, sino conforme a la orientación de *Loche* y de *Montesquieu,* de una doctrina de la división del poder, que era uno sólo: el del soberano, que resultaba del pacto social o de la integración de la voluntad general. Según *Rousseau,* las dos funciones del poder: la expresión de la voluntad general mediante leyes y la ejecución de ésta, no era bueno que

---

64   *Idem,* Vol. I, p. 172.

65   Véase A. Passerin d'Entrèves, *op. cit,* p. 121.

66   Véase J.J. Rousseau, *Du Contract Social* (ed. Ronald Grimsley), Oxford 1972, Book I, Chap. IV, p. 114.

67   *Idem,* Libro II, Chap V, p. 134.

68   *Idem,* Libro II, Chap, V, p. 136.

estuvieran en las mismas manos, por lo que siguiendo la orientación de *Montes-quieu,* propugnó su ejercicio por órganos distintos, aun cuando contrariamente a la tesis de éste, propugnase la necesaria subordinación que debía tener quien ejecuta la ley en relación a quien la hiciera, con lo cual, en la orientación de *Locke,* se asegu-raba la supremacía del legislador y de la ley. Va a ser esta supremacía, piedra angu-lar del Derecho Público, la que permitirá el desarrollo del principio de la legalidad y la configuración del Estado de Derecho.

Puede decirse en términos generales, que con los escritos de *Locke, Montesquieu y Rousseau,* se conforma todo el arsenal teórico político que será necesario para la reacción revolucionaria contra el Estado Absoluto y su sustitución por el Estado de Derecho, como garantía de libertad.

IV. LA REVOLUCIÓN ARISTOCRÁTICA A TRAVÉS DE LOS *PARLEMENTS*

Ante la crisis económica de la Monarquía, en 1787 el Interventor General de Fi-nanzas, *de Brienne* formuló la propuesta de establecer un impuesto territorial pro-porcional al ingreso, sin excepciones y otros impuestos, encontrando los edictos respectivos la resistencia del *Parlement* de París, que se negó a registrarlos. Pero lo más grave de la actitud del *Parlement,* -y ello va a ser otro de los tantos detonantes de la Revolución-, es que la razón que adujo para no poder registrar esos edictos estableciendo nuevos impuestos, fue que "sólo la Nación tenía derecho a conocer nuevos impuestos y pidió que fuera reunida,"[69] de manera que supuestamente la única institución que en Francia podía consentir esas medidas eran los *États Généraux,* que, como se dijo, habían desaparecido de la historia desde comienzos del Siglo XVII, es decir, hacía 175 años. La negativa del *Parlement,* por tanto, de registrar las leyes impositivas, se acompañó con el reclamo de que el Rey convocara los *Etat Généraux* para que fueran éstos los que aprobaran las reformas.

No por azar *Condorcet* escribía, en 1789, en su libro *Contribución de la Revolu-ción de Norteamérica al desarrollo político de Europa,* que uno de los derechos del hombre era, precisamente, "el derecho a contribuir, sea inmediatamente, sea por representación, a sancionar estas leyes y a todos los actos consumados en nombre de la sociedad."[70]

En todo caso, la confrontación entre el Rey y el *Parlement,* particularmente por el rechazo de las medidas relativas a los impuestos y empréstitos, amenazaban con paralizar la Administración del Reino. Francia, como se dijo, entre otros aspectos, había quedado endeudada por el financiamiento que había prestado a la Revolución Americana, y la Administración requería de mayores ingresos. La situación, en todo caso, se agravó, pues en los doce *Parlements,* en 1787, actuaron al unísono, negán-dose a registrar los nuevos impuestos que se consideraban atentatorios al derecho de propiedad, y pidieron la convocatoria de los *États Généraux.* Por ello *de Tocqueville* afirmó que "la unión de los *Parlements* no sólo era el arma de la Revolución, sino su

---

69   Véase Alexis De Tocqueville, *Inéditos sobre la Revolución,* (trad. de *Notes et Fragments inedites sur la Revolution*), Madrid, 1989, p. 53.

70   Condorcet, *Influencia de la Revolución de América sobre Europa,* Buenos Aires, 1945, p. 27.

señal,"[71] calificando la situación como la de una "sedición judicial, más peligrosa para el gobierno que para cualquier otro."[72]

En todo caso, la reacción real no se hizo esperar, y el 6 de agosto de 1787, el Rey Luis XVI compareció ante el *Parlement* y conforme al poder que en definitiva tenía de imponer su voluntad, en *lit de justice* hizo que el *Parlement* de París registrase los edictos reales estableciendo nuevos impuestos. Al día siguiente, sin embargo, el *Parlement* anuló su registro por ilegal. Nunca antes se había discutido el poder real en esta forma, por lo que la reacción real fue inmediata: como no podía destituir a los magistrados del *Parlement* pues, como se dijo, eran independientes, el Rey lo que hizo, como se hacía en la época, fue exiliar a los magistrados, sacarlos fuera de París, y enviarlos a las provincias. Esto provocó -no se olvide que era necesario registrar los edictos en todos los doce *Parlements* de Francia- una agitación en todos los otros *Parlements* de las Provincias, y una reacción y resistencia general de la aristocracia frente al Rey. El Interventor General de Finanzas, *de Brienne,* tuvo que capitular en sus pretensiones, retirando los edictos. Así, se restablecieron los impuestos anteriores (4 de septiembre de 1787) y se eliminó el registro que se había hecho bajo la presión del Rey. Retornaron los magistrados del exilio, habiendo fracasado la reforma fiscal impositiva por la reacción de la aristocracia, representada precisamente en estos magistrados.

Frente a este fracaso se imponían nuevas medidas para resolver la crisis fiscal, y *de Brienne* propuso una nueva reforma, basada en la obtención de nuevos empréstitos, (aumentar la deuda externa) que también debía ser sometida al *Parlement.* La reacción del *Parlement,* de nuevo, fue de rechazo a registrar los edictos con nuevos empréstitos, planteando la necesidad de que se convocaran los *États Généraux.* Incluso el planteamiento de los magistrados fue una especie de chantaje al Rey: el registro de los edictos sólo se produciría si se convocaban a los *États Généraux.* En todo caso, ante el rechazo, el Rey asistió a la sesión solemne del *Parlement,* en *lit de justice,* e impuso el registro de los edictos el 19 de noviembre de 1787.

La querella entre el Rey y el *Parlement* se eternizó. El *Parlement* llegó a publicar, incluso, el 3 de mayo de 1788, una declaración sobre las "Leyes Fundamentales del Reino" de las cuales, por razones históricas, se decía guardián, siendo dicha declaración del *Parlement* la negación más absoluta del poder real, al proclamar particularmente, y en forma general, que el voto de los impuestos pertenecía a los *États Généraux,* es decir, a la Nación, además de formular otras declaraciones condenando los arrestos arbitrarios y defendiendo la inamovilidad de los magistrados. La reacción de la Monarquía fue la formulación de propuestas para reformar la función judicial y frenar a los *Parlements,* lo que originó la resistencia abierta de éstos.

La reacción de Luis XVI frente a esa actitud de los *Parlements y* particularmente, del de París, fue la orden de arresto contra dos magistrados del *Parlement (Duval d'Epremesnil y Goislard de Montsabert),* quienes se habían refugiado en el propio

---

71   Véase Alexis de Tocqueville, *Inéditos sobre....op. cit.,* p. 66.

72   *Idem,* p. 66. Véase además, Alexis de Tocqueville, *L'Ancien Régime et la Révolution (1854-1856),* edición *El Antiguo Régimen y la Revolución,* Alianza Editorial, Madrid 1982. Véase igualmente la compilación de *Fragments et notes inédites sur la Révolution,* en la edición *Inéditos sobre la Revolución,* Alianza Editorial, Madrid 1989. Las citas sucesivas sobre de Tocqueville se refieren a estas obras.

edificio del *Parlement* de París, los días 5 y 6 de mayo de 1788, donde buscaron la protección de la ley. La reacción del Rey fue la emisión de edictos, el 8 de mayo, quitándole todos los privilegios políticos a los magistrados, para quebrar su resistencia. Sin embargo, estos edictos contra la aristocracia Parlamentaria también debían registrarse por el propio *Parlement,* lo que produjo una verdadera insurrección de los *Parlements* en toda Francia.

Así, fue la magistratura judicial la que reaccionó contra la Monarquía, muchas veces con el apoyo popular. En muchas Provincias se produjeron incidentes *(Dijon, Toulouse, Pau)* siendo el más importante el del *Dauphine,* donde ocurrió una verdadera revuelta popular, prefacio asimismo de la Revolución. El *Parlement* de esta Provincia había rehusado registrar los edictos del 8 de mayo de 1788, lo que condujo a la orden de cesación del *Parlement.* Los magistrados, sin embargo, se reunieron y fueron exilados. El día fijado para la partida, el pueblo de *Grenoble* se sublevó, instigado, sin duda, por los auxiliares de justicia, lo que provocó la reinstalación del *Parlement (Journée des Tuilles).*

En *Grenoble* también se produjo un hecho que precipitó la crisis: se reunieron espontáneamente nobles, eclesiásticos y burgueses, convocando unos *Estados Provinciales* en el Delfinado a reunirse en el Castillo de *Vizille* para "dar al desorden un tono regular,"[73] pidiendo, la reinstalación del *Parlement.* Según *de Tocqueville,* esta "Asamblea de *Vizille"* en la cual el *Tiers* tuvo un número de representantes igual al de las otras dos órdenes, "fue la última vez que un hecho ocurrido fuera de París ejerciera marcada influencia sobre el destino general del país."[74] En esta Asamblea se pidió la convocatoria de los *États Généraux,* institución que se reconoció como la que debía acordar nuevos impuestos. La Asamblea, en definitiva, fue una alianza entre el *Tiers* y los estamentos privilegiados, en la cual se desafió el Poder real.

En todo caso, el Gobierno temió que el hecho fuese imitado en todas partes, por lo que Luis XVI despidió a sus Ministros, abolió o suspendió los edictos, y convocó de nuevo a los *Parlements.* Estos, reasumieron sus funciones, castigaron a quienes habían osado reemplazarlos y persiguieron a quienes habían obedecido a éstos. Los *Parlements,* sin embargo, "cuando se creían los dueños, descubrieron de pronto que ya no eran nada"[75]; como lo afirmó *de Tocqueville* "su popularidad no tardó más tiempo en esfumarse de lo que se empleaba, en 1788, para llegar cómodamente desde las costas de Bretaña a París." [76] Particularmente, la caída fue súbita y terrible para el *Parlement* de París, institución de la cual se vengó, desdeñosamente el Poder real.

Pero en definitiva, la unión de los *Parlements* en el conflicto entre la Monarquía y el *Parlement,* condujo en definitiva, a una capitulación de la Monarquía frente a estos organismos judiciales. El Interventor General de Finanzas, *de Brienne,* como lo habían reclamado los *Parlements,* el 5 de julio de 1788 prometió reunir los *États*

---

73   *Idem.,* p. 73.

74   *Idem.,* p. 73.

75   *Idem.,* p. 77.

76   *Idem.,* p. 80.

Généraux y fijó de una vez, para el 1° de mayo de 1789, la apertura de esta gran Asamblea.

V. LA ABDICACIÓN REAL AL PODER ABSOLUTO Y LA CONVOCATO-RIA DE LOS *ÉTAT GÉNÉRAUX*

Con la convocatoria de los *États Généraux* puede decirse que se inició la revolución política de Francia, pues en definitiva, se puso fin, por la propia Monarquía, al gobierno absoluto, al aceptar el Rey compartir el gobierno y el poder con un cuerpo de diputados electos que asumirían el Poder Legislativo, que hasta ese momento era ejercido por el propio Monarca. Por tanto, realmente, el 5 de julio de 1788, al convocarse y al fijarse la fecha de los *États Généraux*, el Rey dictó la sentencia de muerte del Antiguo Régimen, de la Monarquía Absoluta, y de su propia vida. Por otra parte, *Necker* fue llamado de nuevo en sustitución *de Brienne* para asumir la Inspección General de Finanzas, y a él correspondió terminar la capitulación de la Monarquía, revocando la reforma judicial y restableciendo plenamente los *Parlements*.

Ahora bien, aceptadas y acordadas por el Rey la convocatoria de *États Généraux*, la agitación política se volcó respecto a otro aspecto que era muy importante: la forma de la convocatoria y la forma de funcionamiento de dicha Asamblea. Como se ha indicado, históricamente, los *États Généraux*, hasta 1614, constituían una Asamblea de las tres órdenes de la sociedad: la nobleza, el clero y el resto o *Tiers;* tres órdenes que tenían, cada una, un voto. Por tanto, los asuntos recibían tres votos y cada orden votaba por separado, con lo cual las clases privilegiadas: la nobleza y el clero, siempre dominaban y se imponían, porque tenían dos votos frente al *Tiers État.* Por tanto, la discusión política, a partir de septiembre de 1788, fue sobre la forma del voto en el sentido de si debía ser o no separado, y la forma en que debían reunirse las órdenes, en cuanto al número de sus representantes. El *Parlement* de París, incluso, que era el principal instrumento de la aristocracia, dictó una declaración el 21 de septiembre de 1788 indicando la forma elegida: cada orden tendría igual representación y voto separado. Con ello, sin duda, la aristocracia había triunfado, pero también había iniciado la verdadera revolución.

En realidad, el Rey había convocado los Estados Generales, pero nadie sabía, después de 175 años de inactividad de estas Asambleas, cómo era que funcionaban, en el sentido de determinar la forma de elección de los representantes y la forma de voto. Sólo el Rey podía decirlo, y no lo dijo. La imprecisión, incluso, había llevado a un hecho curioso antes de la declaración del *Parlement,* y fue la aceptación por parte del Monarca, de la propuesta *de Brienne* de convocar a un "concurso académico" invitando "a todos los sabios y demás personas instruidas del Reino, y en particular, a quienes componen la Academia de Bellas Letras, a dirigir a su Señoría, el Ministro de Gracia y Justicia, toda clase de informes y memorias sobre esta cuestión."[77]

De Tocqueville señaló sarcásticamente, que "Ni más ni menos era como tratar la Constitución del país como una cuestión académica y sacarla a concurso."[78]. Y así

---

77   *Idem.,* p. 86.

78   *Idem.,* p. 86.

fue. En el país más literario de Europa, por supuesto, una petición de ese tipo, en un momento de efervescencia política, provocó una inundación de escritos y de papeles. Todos deliberaron, todos reclamaron y pensaron en sus intereses y trataron de encontrar en las ruinas de los antiguos *États Généraux,* la forma más apropiada para garantizarlos. Este movimiento de ideas originó la lucha de clases, y propició la subversión total de la sociedad. Por supuesto, los antiguos *États Généraux* muchas veces, fueron olvidados, y la discusión se tornó hacia otras metas y en particular, a identificar el Poder Legislativo, a la separación de Poderes, a nuevas formas de gobierno, y a las libertades individuales. La inundación de escritos provocó una subversión total de las ideas, y en ese proceso, los escritos de *Montesquieu y Rousseau* fueron fundamentales.

Como se dijo el propio *Parlement* también expresó su forma propia de pensar respecto a la forma de reunión de los *États Généraux,* en el sentido que debían reunirse igual que en 1614, es decir, cada orden un voto y votos separados, con lo cual siempre las clases privilegiadas iban a mantener el control de la Asamblea. Con ello, el *Parlement* perdió definitivamente su pretensión de ser portavoz de libertades. *De Brienne* había cesado y ya *Necker,* de nuevo, estaba al frente de la Intervención General de Finanzas. Frente a la declaración del *Parlement,* hubo múltiples reacciones panfletarias, signadas por la reacción del *Tiers,* y según lo señala *de Tocqueville,* el Rey le respondió:

> "Nada tengo que responder a mi *Parlement* sobre sus súplicas. Es con la Nación reunida con quien concertaré las disposiciones apropiadas para consolidar para siempre el orden jurídico y la propiedad del Estado." [79]

En esta forma, Luis XVI expresaba que era con la Nación con quien iba a consultar, y la Nación estaba representada, precisamente, en los *États Généraux.* Con ello, el Rey, materialmente, consumó la Revolución, al renunciar al Gobierno Absoluto y aceptar compartirlo con los *États Généraux.* Con ello, el Rey había firmado su condena y la del Antiguo Régimen.

En cuanto a los *Parlements, de Tocqueville* resume su suerte así:

> "Una vez vencido definitivamente el poder absoluto y cuando la Nación no necesitó ya un campeón para defender sus derechos, el *Parlement* volvió de pronto a ser lo que antes era: una vieja institución deformada y desacreditada, legado de la Edad Media; y al momento volvió a ocupar su antiguo sitio en los odios públicos. Para destruirlo, al Rey le había bastado con dejarle triunfar." [80]

Los estamentos u órdenes habían estado juntos en el proceso antes descrito, pero vencido el Rey y convocados los *Estados Generales,* la lucha por el dominio de los mismos entre las clases comenzó, y con ello empezó a surgir la verdadera figura de la Revolución. Así, la discusión que se centró sobre los *Estados Generales* fue respecto de quién debía dominar esta Asamblea, y frente al esquema tradicional defendido por el *Parlement* y la aristocracia de que cada orden tenía un voto y las tres

---

79   *Idem.,* p. 81.

80   *Idem.,* p. 83.

órdenes votaban por separado, con lo cual las clases privilegiadas tenían dos votos sobre uno, el punto esencial de la propaganda política general que fue defendido por la burguesía, planteaba que debía haber un doblamiento de los miembros del *Tiers Etat* en relación a los otros dos estamentos, y que el voto debía ser por cabeza de diputado y no por orden.

Ese fue el motivo central del debate público del Partido Patriótico y de toda la literatura escrita: el *Tiers Etat* debía tener, entonces, el doble de los diputados que a los otros, es decir, igual a los de la nobleza y el clero sumados, y el voto debía ser por cabeza de diputado y no por orden por separado, con lo cual había posibilidad de tener un voto igual entre nobleza y clero y el *Tercer Estado,* dejando de dominar la Asamblea los dos primeros.

El 5 de diciembre de 1788, el Consejo Real decidió que el *Tercer Estado* tuviera un número igual a la suma de los otros dos estamentos, con lo que los duplicó. El Consejo Real, sin embargo, no se pronunció, por la forma del voto, si era por cabeza de diputado o por orden y por separado. Era evidente que aun cuando se doblara el número de los diputados del *Tiers Etat,* si el voto seguía siendo por orden, por separado, seguiría triunfando la aristocracia que tendría dos votos sobre uno de las clases no privilegiadas. Esto era, sin duda, primordial.

Por ello, el proceso político pre-revolucionario estuvo signado entonces por una revolución aristocrática que luego se volcó contra sí misma: la aristocracia, para defender sus privilegios frente al Rey, provocó por medio de los *Parlements* la convocatoria de los *États Généraux,* y por tanto, la disminución del poder absoluto de la Monarquía. Para ello, incluso, se alió a la burguesía. Sin embargo, al defender posteriormente la integración tradicional de los *États Généraux,* que favorecía sus intereses y aseguraba sus privilegios, provocó la ruptura de su alianza con el *Tiers,* Por ello, el triunfo del *Tiers* en los *États Généraux* significó el fin de la aristocracia, que fue, en definitiva, la primera víctima de la Revolución que ella misma había comenzado desde 1787.

Ahora bien, aún sin resolverse el problema del voto, en enero de 1789 se publicó el Reglamento de Elecciones de los diputados, que estableció un sistema de elección indirecta, de dos grados en el campo y de tres grados en la ciudad. Las elecciones se realizaron en más de 40.000 circunscripciones o asambleas electorales en todo el país, que despertaron políticamente a Francia, produciéndose una movilización completa de la población y despertando emociones populares. En todas las Asambleas locales se formularon los tradicionales cuadernos de reivindicaciones y peticiones *(cahiers des doléances).* En esa forma, todos los diputados, de todo el país, llegaron a *Versalles* en abril de 1789, cargados de peticiones y requerimientos de la nobleza, del clero y el pueblo, signadas por reacciones contra el absolutismo que buscaban limitar los poderes del Rey; por el deseo de una representación nacional a la que le correspondiera votar las leyes impositivas y en general, hacer las leyes; y por el deseo general de igualdad. Toda la efervescencia política, sin duda, se concretó en estos cuadernos de reivindicaciones, que a la usanza de los tradicionales *États Généraux,* los diputados debían entregar al Rey el día de su instalación.

Como previsto, el 5 de mayo de 1789 fueron inaugurados oficialmente por el Rey los *États Généraux* y la discusión inicial se concretó respecto de cómo se iban a instalar, pues ello no había sido resuelto en la convocatoria real: si en una asamblea las tres órdenes juntas o si en tres asambleas separadas. La burguesía urbana y profesional había acaparado la mayoría de los escaños entre los diputados del *Tercer Estado,* por lo que dominó las discusiones y las votaciones en las Asambleas, lo que reforzó por la división imperante en los otros dos estamentos. En el mismo mes de mayo de 1789, el *Tercer Estado* insistió en la celebración conjunta de sesiones para considerar la validez de los mandatos de los diputados, negándose a la verificación en forma separada. La nobleza adoptó una posición diametralmente opuesta, considerando la votación separada como un principio de la constitución monárquica. El clero, dividido, si bien no aceptó celebrar sesiones conjuntas con el *Tiers,* se abstuvo de declararse como Cámara aparte.

VI. LA ASAMBLEA NACIONAL, LA REVOLUCIÓN Y LA DECLARACIÓN DE DERECHOS DEL HOMBRE Y DEL CIUDADANO

Un mes después, el 6 de junio de 1789, el *Tiers état se* reveló, se instaló, e incitó y convocó a las otras dos órdenes a una sesión conjunta, advirtiéndoles que si no asistían, actuaría solo, aún cuando el número de votos por *cabeza* de diputados fuera igual. En este proceso tuvo un papel importante el clero, que si bien era una de las clases privilegiadas de la sociedad estamental, no tenía una composición uniforme: había un alto clero, que formaba parte de la nobleza y había un bajo clero, más cerca de las clases populares y de la burguesía. Por ello, cuando se produjo la convocatoria por parte del *Tiers* a una asamblea general, primero fueron tres, después siete y al final dieciséis diputados del clero que se sumaron al *Tiers état,* en lo cual, sin duda, *Sieyès* jugó un papel fundamental.

Este último elemento provocó que la asamblea se constituyera, siendo ello un triunfo del *Tiers,* arrogándose a sí misma el título de Asamblea. *Sieyès,* diputado por el clero, incluso propuso que el título fuera "Asamblea de representantes conocidos y verificados de la Nación Francesa". En todo caso, no había pasado mes y medio desde la instalación de los *États Généraux,* cuando el 17 de junio de 1789, el *Tiers,* con algunos diputados de las otras órdenes, adoptó la *Declaración de constitución de la Asamblea.* Los diputados del *Tiers état,* dominados por la burguesía, por tanto, que además eran parte de los *États Généraux,* se erigieron en Asamblea Nacional y se atribuyeron a sí mismos, el poder de legislar y, por tanto, de consentir o no los impuestos. Este fue, sin duda, el primer acto revolucionario del *Tiers,* y de inicio, en 1789, de la Revolución Francesa. Por eso, primero los *Parlements* y luego, los *États Généraux,* son los que hicieron la Revolución.

En junio de 1789, por tanto, Francia vio surgir una Asamblea en la cual la mayoría todopoderosa e incontenible que se atribuía la representación nacional, amenazaba y disminuía el poder real, ya desarmado. Por ello *de Tocqueville* observó que en esa situación "El *Tiers Etat,* dominando la única Asamblea, no podía dejar de hacer, no una reforma, sino una revolución," [81] y eso fue lo que hizo. De allí la propia afirmación que deriva del título de la famosa obra de Sieyès *Qu'est-ce que le tiers état?* (¿Qué es el Tercer Estado?): El *Tercer Estado* constituye la Nación completa, negando que las otras órdenes tuvieran algún valor.[82]

---

81   *Idem.,* p. 92.

82   Sièyes, *Qu–est–ce que le tiers état,* (publicada en enero de 1789), ed. R. Zappeti, Génova, 1970.

La Asamblea dictó decretos, incluso sobre la forma de su propia disolución, quitándole poder al Rey sobre ello. Sin embargo, los decretos fueron derogados por el Rey, ordenando que se constituyeran los *États Généraux,* por separado, intimidando con la fuerza al *Tercer Estado.* Así apareció, por primera vez en la Revolución, el elemento popular. En efecto, el hambre, el aumento del precio del pan por la escasez de cereales, particularmente ese año por razones climáticas; en fin, la pobreza, fue el combustible para la agitación y rebelión del pueblo, estimulado por los diputados del *Tiers état,* para lograr su supervivencia política frente al Rey. Así, la Asamblea, con el apoyo popular, impidió su propia disolución y se impuso al Rey. La turba parisina inclusive, fue en protesta a Versalles y en el Palacio, llegó a la antesala del Rey. Esto provocó que el Rey ordenase a los otros dos estamentos (nobleza y clero) a sumarse a la Asamblea, por lo que a partir de 27 de junio de 1789, por decisión real, se cambió radicalmente la estructura político-constitucional de Francia y de la Monarquía Absoluta.

En todo caso, tan rápido y violento había sido el proceso de rebelión política y popular, que el Rey había llamado al Ejército para someter la Asamblea que desobedecía sus órdenes. La Asamblea Nacional, el 9 de julio de 1789 se había constituido en *Asamblea Nacional Constituyente* desafiando nuevamente el poder real. La presencia y acción represiva del Ejército en París produjo la exacerbación popular; el pueblo, bajo la arenga política, buscó armas para defenderse. Las obtuvo el 14 de julio en el asalto a la caserna militar de los Inválidos, donde la turba se apertrechó (4 cañones y 34.000 fusiles) y en ese proceso de búsqueda de armas, se produjo, ese mismo día, la toma de la Bastilla, prisión del Estado, símbolo de la arbitrariedad real. Allí, sin embargo, además de que no había sino siete detenidos, no había armas.

La revuelta, en todo caso, salvó a la Asamblea Nacional, la cual, reconocida por el Rey e instalada definitivamente después de la toma de la Bastilla, a partir de agosto de 1789, comenzó a cambiar la faz constitucional francesa. El espíritu subversivo se esparció por todas las Provincias, en las cuales los campesinos y los pueblos en armas se sublevaron contra los antiguos señores. La Asamblea Nacional tuvo que prestar atención inmediata al problema del privilegio fiscal, lo que llevó, el 5 de agosto, a que los diputados nobles y del clero renunciaran a sus derechos feudales y a sus inmunidades fiscales.

La Asamblea había recibido el 11 de julio un primer texto de una "Declaración de Derechos del Hombre y del Ciudadano", presentado por *Lafayette,* destacado noble francés que había participado en la guerra de independencia de Norteamérica, la cual fue sancionada el 26-27 de agosto de 1789, y con ella, la Asamblea aprobó los artículos de una Constitución -19 artículos que precedieron a la Declaración-, con lo cual se produjo la primera manifestación constitucional de la Asamblea. En esos artículos de Constitución, se recogieron los principios básicos de la organización del Estado: se proclamó que los poderes emanaban esencialmente de la Nación (art. 1°); que el Gobierno francés era monárquico, pero que no había autoridad superior a la de la Ley, a través de la cual reinaba el Rey, en virtud de la cual podía exigir obediencia (art. 2°); se proclamó que el Poder Legislativo residía en la Asamblea Nacional (art. 2°) compuesta por representantes de la Nación libre y legalmente electos (art. 9°), en una sola Cámara (art. 5°) y de carácter permanente (art. 4°); se dispuso que el Poder Ejecutivo residiría exclusivamente en las manos del Rey (art. 16), pero que no podía hacer Ley alguna (art. 17); y se estableció que el Poder Judicial no podía ser ejercido en ningún caso, por el Rey ni por el Cuerpo Legislativo, por lo que la justicia sólo sería administrada en nombre del Rey por los tribunales establecidos por la Ley, conforme a los principios de la Constitución y según las formas determinadas por la Ley (art. 19).

En cuanto a la Declaración de 1789, su texto fue el siguiente:

"Los representantes del pueblo francés, constituidos en Asamblea Nacional, considerando que la ignorancia, el olvido o el desprecio de los derechos del hombre son las únicas causas de las desgracias públicas y de la corrupción de los Gobiernos, han resuelto exponer en una declaración solemne los Derechos naturales, inalienables y sagrados del hombre, a fin de que esta declaración, presente constantemente a todos los miembros del cuerpo social, les recuerde sin cesar sus derechos y sus deberes; a fin de que los actos del Poder Legislativo y del Poder Ejecutivo, pudiendo ser en cada instante comparados con la finalidad de toda institución política, sean más respetados; a fin de que las reclamaciones de los ciudadanos, fundadas en adelante en principios simples e indiscutibles, contribuyan siempre al mantenimiento de la Constitución y a la felicidad de todos.

En consecuencia, la Asamblea Nacional reconoce y declara, en presencia y bajo los auspicios del Ser Supremo, los siguientes derechos del Hombre y del Ciudadano.

Artículo 1. Los hombres nacen y permanecen libres e iguales en derechos. Las distinciones sociales no pueden fundarse más que en la utilidad común.

Artículo 2. La finalidad de toda asociación política es la conservación de los derechos naturales e imprescindibles del hombre. Estos Derechos son la libertad, la propiedad, la seguridad y la resistencia a la opresión.

Artículo 3. El principio de toda soberanía reside esencialmente en la Nación. Ningún cuerpo, ningún individuo puede ejercer una autoridad que no emane de ella expresamente.

Artículo 4. La libertad consiste en poder hacer todo lo que no perjudica a otro; así, el ejercicio de los derechos naturales de cada hombre no tiene otros límites que los que garantizan a los demás miembros de la sociedad el goce de esos mismos derechos. Estos límites sólo pueden ser determinados por la Ley.

Artículo 5. La Ley no tiene derecho a prohibir sino las acciones perjudiciales para la sociedad. No puede impedirse nada que no esté prohibido por la Ley, y nadie puede ser obligado a hacer lo que ella no ordena.

Artículo 6. La Ley es la expresión de la voluntad general. Todos los ciudadanos tienen derecho a participar personalmente, o a través de sus representantes, en su formación. Debe ser la misma para todos, así cuando protege, como cuando castiga. Todos los ciudadanos, siendo iguales a sus ojos, son igualmente admisibles a todas las dignidades, puestos y empleos públicos, según su capacidad, y sin otra distinción que la de sus virtudes y sus talentos.

Artículo 7. Ningún hombre puede ser acusado, encarcelado ni detenido sino en los casos determinados por la Ley, y según las formas por ella prescritas. Los que solicitan, dictan, ejecutan o hacen ejecutar órdenes arbitrarias, deben ser castigados; pero todo ciudadano llamado o detenido en virtud de la Ley debe obedecer al instante: se hace culpable por la resistencia.

Artículo 8. La Ley no debe establecer más que penas estricta y evidentemente necesarias y nadie puede ser castigado sino en virtud de una ley establecida y promulgada anteriormente al delito, y legalmente aplicada.

Artículo 9. Todo hombre se presume inocente mientras no haya sido declarado culpable; por ello, si se juzga indispensable detenerlo, todo rigor que no fuera necesario para asegurar su persona debe ser severamente reprimido por la Ley.

Artículo 10. Nadie debe ser inquietado por sus opiniones, incluso religiosas, siempre que su manifestación no altere el orden público establecido por la Ley.

Artículo 11. La libre comunicación de los pensamientos y de las opiniones es uno de los derechos más preciosos del hombre; todo ciudadano puede pues hablar, escribir, imprimir libremente, a reserva de responder del abuso de esta libertad, en los casos determinados por la Ley.

Artículo 12. La garantía de los derechos del Hombre y del Ciudadano hace necesaria una fuerza pública; esta fuerza se instituye pues en beneficio de todos, y no para la utilidad particular de aquellos a quienes les es confiada.

Artículo 13. Para el mantenimiento de la fuerza pública, y para los gastos de la administración, es indispensable una contribución común; ésta debe ser repartida por igual entre todos los ciudadanos, en razón de sus posibilidades.

Artículo 14. Los ciudadanos tienen derecho a comprobar, por sí mismos o por sus representantes, la necesidad de la contribución pública, a consentir en ella libremente, a vigilar su empleo, y a determinar su cuota, su base, su recaudación y su duración.

Artículo 15. La sociedad tiene el deber de pedir cuentas de su administración a todo funcionario público.

Artículo 16. Toda sociedad en la que no está asegurada la garantía de los derechos, ni determinada la separación de los poderes no tiene Constitución.

Artículo 17. Siendo la propiedad un derecho inviolable y sagrado, nadie puede ser privado de ella, salvo cuando lo exija evidentemente la necesidad pública, legalmente comprobada, y a condición de una indemnización justa y previa."[83]

La Declaración, sin duda, marcó el hito de la transformación constitucional de Francia en los años subsiguientes, y así, fue recogida en el texto de la Constitución del 13 de septiembre de 1791; en el de la Constitución de 1793; y en la Constitución del año III (promulgada el 1er *Vendémiaire* del año IV, es decir, el 23 de septiembre de 1795).

En la redacción de esta Declaración, a pesar de la multiplicidad de fuentes que la originaron, puede decirse que tuvieron gran influencia los *Bill of Rights* de las Colo-

---

83 Véase el texto en J. M. Roberts, *French Revolution Documents,* (ed. J. M: Robert and R. C. Cobb), Oxford, 1966, pp. 173 y 174.

nias americanas, particularmente en cuanto al principio mismo de la necesidad de una formal declaración de derechos. Una larga polémica se ha originado en cuanto a esa influencia americana desde comienzos de Siglo, la cual puede decirse que incluso, fue mutua entre los pensadores europeos y americanos. Los filósofos franceses, comenzando por *Montesquieu* y *Rousseau,* eran estudiados en Norteamérica; la participación de Francia en la Guerra de Independencia norteamericana fue importantísima; *Lafayette* fue miembro de la Comisión redactora de la Asamblea Nacional que produjo la Declaración de 1789, y sometió a consideración su propio proyecto basado en la Declaración de Independencia Americana y en la Declaración de Derechos de Virginia; el *rapporteur* de la Comisión Constitucional de la Asamblea propuso "trasplantar a Francia la noble idea concebida en Norte América"; y *Jefferson* estaba presente en París en 1789, habiendo sucedido a *Benjamín Franklin* como Ministro Americano en Francia. En todo caso, el objetivo central de ambas declaraciones fue el mismo: proteger a los ciudadanos contra el poder arbitrario y establecer el principio de la primacía de la Ley.

Por supuesto, la Declaración de 1789 fue influenciada directamente por el pensamiento de *Rousseau y Montesquieu:* sus redactores tomaron de *Rousseau* los principios que consideraban el rol de la sociedad como vinculado a la libertad natural del hombre, y la idea de que la Ley, como expresión de la voluntad general adoptada por los representantes de la Nación, no podría ser instrumento de opresión. *De Montesquieu* deriva su desconfianza fundamental respecto del poder y consecuencialmente, el principio de la separación de poderes.

Por supuesto, los derechos proclamados en la Declaración eran los derechos naturales del hombre, en consecuencia inalienables y universales. No se trataba de derechos que la sociedad política otorgaba, sino derechos que pertenecían a la naturaleza inherente del ser humano. La Declaración, por tanto, se configura como una formal adhesión a los principios de la Ley natural y a los derechos naturales con los que nace el hombre, por lo que la ley sólo los reconoce y declara, pero en realidad no los establece. Por ello, la Declaración tiene un carácter universal. No fue una declaración de los derechos de los franceses, sino el reconocimiento por la Asamblea Nacional, de la existencia de derechos fundamentales del hombre, para todos los tiempos y para todos los Estados. Por ello, *de Tocqueville* comparó la revolución política de 1789 con una revolución religiosa, señalando que a la manera de las grandes religiones, la Revolución estableció principios y reglas generales, y adoptó un mensaje que se propagó más allá de las fronteras de Francia. Ello derivó del hecho de que los derechos declarados eran "derechos naturales" del hombre.

Esta concepción es clara en el texto de la Declaración adoptada por los representantes del pueblo francés, constituidos en Asamblea Nacional,

> "Considerando que la ignorancia, el olvido o el desprecio de los derechos del hombre son las únicas causas de las desgracias públicas y de la corrupción de los gobiernos".

La Declaración fue, entonces, un recuerdo perpetuo de los "derechos naturales, inalienables y sagrados del hombre" (Preámbulo).

Así, la Declaración de los Derechos del Hombre y del Ciudadano comienza por proclamar que "El fin de toda asociación política es la conservación de los derechos naturales e imprescriptibles del hombre", que se enumeraron como "la libertad, la propiedad, la seguridad y la resistencia a la opresión" (art. 2). Además, la Declaración postuló como derecho fundamental, la igualdad, al inscribir en su primer artículo que "los hombres nacen y permanecen libres e iguales en sus derechos" y proclamar en su artículo 6 la igualdad ante la Ley, así:

"Ella debe ser la misma para todos, sea que proteja o que castigue. Todos los ciudadanos siendo iguales ante sus ojos, son igualmente admisibles a todas las dignidades, cargos y empleos públicos, según su capacidad, y sin otra distinción que la de sus virtudes y talentos".

Esta Declaración de 1789, además de referir a los derechos naturales de todos los hombres, puede caracterizarse por otros aspectos: Primero, sin duda, por la influencia de *Rousseau:* se basa en la concepción de la bondad natural del hombre, lo que implícitamente es un rechazo a la idea del pecado original; por ello se señala que ha sido "la ignorancia, el olvido o el desprecio de los derechos del hombre las únicas causas de las desgracias públicas y de la corrupción de los gobiernos".

En segundo lugar, y esto es fundamental, desde el punto de vista legal y político, los poderes del Estado son limitados hasta el punto de que sólo puede actuar dentro de los límites impuestos por los derechos declarados y consecuencialmente, sometido a la soberanía de la Ley, principio recogido en la Constitución de 1791.

Debe recordarse que la Declaración de Derechos del Hombre y del Ciudadano sancionada por la Asamblea, sin embargo, fue rechazada por el Rey. Una nueva revuelta popular provocó el traslado de la Asamblea a París, y obligó a la sanción real de la Declaración, el 2 de octubre. La Asamblea conminó al Rey a regresar a París el 5-6 de octubre, y el 2 de noviembre decretó la confiscación de los bienes de la Iglesia y del clero, que se declararon bienes nacionales. La Asamblea, en pocos meses, hizo la Revolución jurídica, cambió todos los instrumentos que regían la Monarquía y, a partir de finales de 1789, comenzó a configurarse un nuevo Estado, por la voluntad de una Asamblea Legislativa que, el 22 de diciembre, creó los Departamentos como demarcación territorial uniforme del nuevo Estado. Asimismo, antes, por Decreto de 14 de diciembre de 1789 había organizado las municipalidades e institucionalizado el "poder municipal".

El proceso posterior a 1789 es historia conocida: la Revolución originó las guerras de las Monarquías europeas contra Francia, que se encontró amenazada en todas sus fronteras. La Revolución, por tanto, además de consolidarse internamente tuvo que protegerse externamente. En junio de 1791, el Rey negoció con las potencias extranjeras e intentó huir; detenido, fue obligado a aceptar la Constitución del 13 de septiembre de 1791, que fue la primera Constitución europea moderna, configuradora, sin embargo, de un Estado monárquico, signado por la separación de poderes: el Rey conservaba el Poder Ejecutivo, el Poder Legislativo lo asumía la Asamblea, y el Poder Judicial, los Tribunales. Los *Parlements* por supuesto, habían sido eliminados por la Revolución. Así, quienes hicieron la Revolución desaparecieron inmediatamente: los *États Généraux* y los *Parlement.*

Luis XVI, en virtud de la Constitución, dejó de ser "Rey de Francia" y pasó a ser "Rey de los Franceses". Como soberano constitucional se esforzó en frenar la Revolución aplicando el veto suspensivo a la legislación, pero lo que logró fue aumentar el descontento político y popular contra él. Fue hecho prisionero por la Comuna insurrecta de París el 10 de agosto de 1792, encarcelado en la prisión del *Temple,* acusado de traición, juzgado por la Convención recién electa el 2 de septiembre de 1792, condenado a muerte, y ejecutado el 21 de enero de 1793. A partir de la prisión del Rey, el 22 de septiembre de 1792 se había proclamado la República. El 24 de junio de 1793, entró en vigencia la primera Constitución Republicana, ratificada por referéndum (Constitución del año I), que también estaba precedida de la Declaración de Derechos. El terror político y revolucionario se apoderó de Francia y el caos se generalizó, sobre todo por la coalición extranjera que se formó contra la Revolución (marzo 1793).

En 1795 (22 de agosto) se sancionó una nueva Constitución, (Constitución del año III), también precedida de una Declaración de Derechos, concluyendo la Convención, el 26 de octubre de 1795. El 2 de noviembre del mismo año se instaló el Directorio. Bonaparte, quien en octubre de 1795 develó una revuelta de los realistas (13 *Vendémiaire),* fue nombrado Jefe de la armada en Italia. Triunfante en 1795, el Directorio lo nombró Comandante de la expedición en Egipto (1798), retornando a Francia en octubre de 1799, donde los moderados le confiaron la labor de eliminar el Directorio. Mediante un golpe de Estado, el 9-10 de noviembre de 1799, *(Brumaire,* año VIII) impuso al país una Constitución autoritaria y se inició el Consulado. Terminó así la Revolución Francesa, cuyo proceso había durado sólo 10 años.

En 1802, Bonaparte, luego de reorganizar centralizadamente la justicia, la administración (con la creación de los Prefectos) y la economía, se hizo designar Cónsul Vitalicio (1802) y luego, *Emperador de los Franceses* (1804), "por la gracia de Dios y la voluntad nacional". En todo caso, como Napoleón I, estableció una monarquía hereditaria con nobleza de Imperio, y continuó la reorganización y centralización de la Francia revolucionaria, adoptándose incluso, el Código Civil. La guerra, sin embargo, acaparó buena parte de su gobierno. Después de la retirada de Rusia (1812), vencido en *Leipzig* (1813) e invadida Francia por las potencias europeas, abdicó en 1814, siendo confinado a la isla de Elba. De allí se escapó de la vigilancia inglesa, regresó a Francia en marzo 1815 (los Cien días), y luego de ser vencido en *Waterloo* (18 de junio), el 22 de junio de 1815 abdicó por segunda vez, entregándose a los ingleses, quienes lo exilaron a la isla de Santa Helena, donde murió en 1821. Desde 1815, se reinstaló en Francia la Monarquía, con Luis XVIII (1755-1824).

El Republicanismo en Francia había durado 12 años (1792-1804), de manera que la Declaración de Derechos, a partir de 1804 sólo podía considerarse como un texto histórico, sin consecuencias jurídicas precisas, al punto de que en Francia, sólo re-adquirió valor de derecho positivo, a nivel constitucional, en virtud del Preámbulo de la Constitución de 1958, habiendo el Consejo Constitucional, en 1973, considerado expresamente como formando parte del bloque de la constitucionalidad, a la Declaración de Derechos del Hombre y del Ciudadano de 1789.

Sin embargo, apenas fue sancionada, su texto se convirtió en la bandera más importante del liberalismo, habiendo tenido repercusión décadas dos después en Venezuela, donde la Sección Legislativa de la Provincia de Venezuela del Congreso General, el 1° de julio de 1811, adoptó la *"Declaración de Derechos del Pueblo",* incluso, antes de la firma del Acta de la Independencia el 5 de julio de 1811. Se trató, como hemos dicho, de la primera declaración de derechos fundamentales con rango constitucional, adoptada luego de la Declaración francesa en la historia del constitucionalismo moderno, con lo cual se inició una tradición constitucional que ha permanecido invariable en Venezuela.

El texto de la Declaración francesa, en todo caso, debe decirse que penetró en Venezuela tres lustros antes en 1797, a través de la traducción del texto de la Declaración de Derechos del Hombre y del Ciudadano que precedió la Constitución francesa de 1793, en uno de los panfletos más importantes de la llamada Conspiración de Gual y España, Dicha traducción se atribuyó a José María Picornell y Gomilla, uno de los conjurados en la llamada "Conspiración de San Blas", de Madrid de 1794, quien, una vez ésta descubierta, fue deportado a las mazmorras españolas en el Caribe. En el Puerto de La Guaira, en 1797, Picornell entró en contacto con los criollos Gual y España, y en la conspiración que llevaba el nombre de ambos, de ese año, también debelada, circuló su traducción de los derechos del hombre.[84] Ese texto fue el que, catorce años después, sirvió para la Declaración de Derechos del Pueblo de 1811 y luego para el capítulo respectivo de la Constitución Federal de 1811.

SECCIÓN CUARTA:

LA DECLARACIÓN DE "DERECHOS DEL PUEBLO" DE 1° DE JULIO DE 1811

Treinta y cinco años después de que tuvo lugar la Revolución Americana de 1776 y veintidós años después de que se produjera la Revolución Francesa de 1789, en Venezuela se comenzaron a producir los sucesos que están en el origen de la "Revolución Hispano y Americana" que, constitucionalmente hablando, se inició en paralelo, con la sanción de la "Constitución Federal para los Estados de Venezuela" de 21 de diciembre de 1811, y tres meses después con la sanción de la "Constitución de la Monarquía Española" de Cádiz, de 19 de marzo de 1812.

Las dos primeras Revoluciones transformaron radicalmente el orden político constitucional que existía a finales del siglo XVIII, que era el del Antiguo Régimen, habiendo sido sus principios constitucionales los que sirvieron de fuente de inspiración para las siguientes. De los mismos se nutrieron, entre 1808 y 1812, tanto los precursores y próceres de la Independencia de Venezuela en la tarea de elaborar las bases para la creación de un nuevo Estado independiente, que era el segundo en su género en la historia política del mundo moderno después de los Estados Unidos de Norte América; como los miembros del Consejo de Regencia que derivó de la guerra de independencia contra Francia y que convocaría las Cortes de Cádiz para transformar una Monarquía absoluta en una Monarquía constitucional, lo que antes sólo había ocurrido en Francia como consecuencia de la Revolución Francesa.

Para esos años, la Constitución de los Estados Unidos de América y sus Enmiendas estaban en plena aplicación, e incluso pocos años antes la Corte Suprema ya había creado el sistema de control de constitucionalidad de las leyes con el caso *Malbury vs. Madison* (1803); en cambio, las Constituciones francesas iniciales (1791, 1793, 1975) y la Declaración de Derechos ya habían caído en un olvido histórico con el consiguiente desdibujamiento de su contenido, entre otros factores, por el régimen revolucionario del Terror (1791) y de su producto inmediato, el Di-

---

84   Véase en general la obra de Pedro Grases, *La Conspiración de Gual y España y el Ideario de la Independencia*, Caracas, 1978.

rectorio, que se había constituido de acuerdo a la Constitución de 1795 (Año III); por el golpe de Estado que ya Bonaparte había dado en 1799 conduciendo, entre otros aspectos, a la eliminación del contenido de la Constitución de 1799 (Año VIII) de la misma Declaración de los Derechos del Hombre y el Ciudadano de 1789, símbolo fundamental de la Revolución; por la creación del Consulado vitalicio, a cargo de Napoleón, con la Constitución de 1802 (Año X); por la formación del Imperio y la consagración de Napoleón Bonaparte como Emperador vitalicio con la Constitución de 1804 (Año XII) y la posterior eliminación de la República (1808). Todo ello condujo a la restauración de la Monarquía a partir de 1814, con la coronación de Luís XVIII, luego de la derrota de Napoleón por los aliados europeos, que veían en la Revolución francesa la fuente de todos los males políticos del momento.

I.   LA INFLUENCIA DE LOS PRINCIPIOS REVOLUCIONARIOS FRANCESES Y LA CONSPIRACIÓN DE GUAL Y ESPAÑA DE 1797

Pero a pesar de ello, como se dijo, tanto las ideas constitucionales de la Revolución Norteamericana como de la revolución Francesa penetraron en las Provincias Americanas, e inspiraron el proceso de constitucionalización del movimiento de Independencia que se inició en Caracas, el 19 de abril de 1810, cuando el Ayuntamiento de la capital de la Provincia de Venezuela había dado un golpe de Estado, desconociendo la legitimidad del Consejo de Regencia y a las propias Cortes de Cádiz porque en ella se habían formado sin el voto y representación de las provincias americanas o en las mismas estas no tenían representación legítima. Ese proceso de constitucionalización concluyó con la sanción de la Constitución Federal para los Estados de Venezuela del 21 de diciembre de 1811, dictada incluso antes de la sanción de la Constitución de Cádiz el 18 de marzo de 1812.

En ese proceso, sin duda, la difusión de la Declaración de los Derechos del Hombre y del Ciudadano proclamada por la Revolución francesa, que había sido prohibida en América por el Tribunal de la Inquisición de Cartagena de Indias en 1789,[85] tuvo un gran impacto. Debe recordarse que apenas adoptada por la Asamblea Nacional, al año siguiente, en 1790, ya los Virreyes del Perú, México y Santa Fe, así como el Presidente de la Audiencia de Quito, alguna vez, y varias veces el Capitán General de Venezuela, habían participado a la Corona de Madrid:

> "Que en la cabeza de los americanos comenzaban a fermentar principios de libertad e independencia peligrosísimos a la soberanía de España"[86].

Y fue precisamente en la última década del siglo XVIII cuando comenzó a desparramarse por los ilustrados criollos el fermento revolucionario e independentista, a lo cual contribuyeron diversas traducciones de la prohibida Declaración de los Derechos del Hombre y del Ciudadano, entre las cuales debe destacarse la realizada por Antonio Nariño en Santa Fe de Bogotá, en 1792, que circuló en 1794[87], y que fue

---

85   Véase P. Grases, *La Conspiración de Gual y España y el Ideario de la Independencia,* Caracas, 1978, p. 13.

86.   Véase en J. F. Blanco y R. Azpúrua, *Documentos para la historia de la vida pública del Libertador,* Ediciones de la Presidencia de la República, Caracas, 1983, Tomo I, p. 177.

87.   *Idem.,* p. 286.

objeto de una famosísima causa en la cual fue condenado a diez años de presidio en África, a la confiscación de todos sus bienes y a extrañamiento perpetuo de la América, mandándose quemar por mano del verdugo el libro de donde había sacado los Derechos del Hombre[88].

Por esa misma época, el Secretario del Real y Supremo Consejo de Indias había dirigido una nota de fecha 7 de junio de 1793 al Capitán General de Venezuela, llamando su atención sobre los designios del Gobierno de Francia y de algunos revolucionarios franceses, como también de otros promovedores de la subversión en dominios de España en el Nuevo Mundo, que -decía- "Envían allí libros y papeles perjudiciales a la pureza de la religión, quietud pública y debida subordinación de las colonias"[89].

Pero fue un hecho acaecido en España en 1796 el que iba a tener una especial significación en todo este proceso. El 3 de febrero de 1796, en efecto, día de San Blas, debía estallar en Madrid una conspiración planeada para establecer la República en sustitución de la Monarquía, al estilo de lo que había acontecido años antes en Francia. Los conjurados, capitaneados por Juan Bautista Mariano Picornell y Gomilla, mallorquín de Palma, fueron sin embargo apresados en la víspera de la Revolución. Conmutada la pena de muerte que había recaído sobre ellos por intervención del Agente francés, se les condenó a reclusión perpetua en los Castillos de Puerto Cabello, Portobelo y Panamá, en tierras americanas[90]. La fortuna revolucionaria llevó a que de paso a sus destinos finales en esos "lugares malsanos de América"[91], los condenados fueran depositados en las mazmorras del Puerto de La Guaira, donde en 1797 se encontrarían de nuevos reunidos. Allí, los conjurados de San Blas, quienes se fugarían ese mismo año de 1797[92], entraron en contacto con los americanos de La Guaira, provocando la conspiración encabezada por Manuel Gual y José María España, de ese mismo año, considerada como "el intento de liberación más serio en Hispano América antes del de Miranda en 1806."[93]

La Conspiración, como se dió cuenta en el largo "Resumen" que sobre la misma se presentó al Gabinete de Madrid, se descubrió al llegar a las autoridades coloniales la noticia de que alguien había dicho: "Ya somos todos iguales,"[94] habiendo quedado de la misma, sin embargo, un conjunto de papeles que habrían de tener la mayor influencia en el proceso constitucional de Hispanoamérica, entre los que se destacaba una obra sobre los *Derechos del Hombre y del Ciudadano*, prohibida por la Real Audiencia de Caracas el 11 de diciembre de ese mismo año 1797, la cual la consideró que llevaba:

---

88. Véase los textos en *idem.*, pp. 257-259.

89. *Idem.*, p. 247.

90. Véase P. Grases, *La Conspiración de Gual y España...op. cit.*, p. 20.

91. *Idem*, pp. 14 y 17.

92. Véase en J.F. Blanco y R. Azpúrua, *Documentos para...*, *op. cit.*, Tomo I, p. 287; P. Grases, *op. cit.*, p. 26.

93. P. Grases, *La Conspiración de Gual y España. op. cit.*, p. 27.

94 Véase en J. F. Blanco y R. Azpúrua, *Documentos para ...*, *op. cit.*, Tomo I, p. 332.

"toda su intención a corromper las costumbres y hacer odioso el real nombre de su majestad y su justo gobierno; que a fin de corromper las costumbres, siguen sus autores las reglas de ánimos cubiertos de una multitud de vicios, y desfigurados con varias apariencias de humanidad...[95].

El libro, con el título *Derechos del Hombre y del Ciudadano con varias máximas Republicanas y un Discurso Preliminar dirigido a los Americanos,* probablemente impreso en Guadalupe, en 1797,[96] en realidad contenía una traducción de la Declaración francesa que procedió la Constitución de 1793.[97] Por tanto, no era una traducción de la Declaración de los Derechos del Hombre y del Ciudadano de 1789, incorporada a la Constitución Francesa de 1791, que era la que había sido la traducida por Nariño en Bogotá; sino de la Declaración del texto constitucional de 1793, mucho más amplio y violento pues correspondió a la época del Terror, constituyendo una invitación a la revolución activa[98].

Pero después de la conspiración de Gual y España, y declarada la guerra entre Inglaterra y España (1804), otro acontecimiento importante influiría también en la independencia de Venezuela, y fueron los desembarcos y proclamas de Francisco de Miranda en las costas de Venezuela (Puerto Cabello y Coro) en 1806, los que se han considerado como los más importantes acontecimientos relativos a la emancipación de América Latina antes de la abdicación de Carlos IV y los posteriores sucesos de Bayona[99]. Miranda, por ello, ha sido considerado como el Precursor de la Independencia del continente Américo-colombiano, a cuyos pueblos dirigió sus proclamas independentistas basadas en la formación de una federación de Cabildos libres,[100] imbuidos de ideas que provenían tanto de la Revolución Norteamericana como de la Revolución francesa en cuyas acciones y guerras había participado directamente.

II.   LA INDEPENDENCIA DE VENEZUELA Y LAS IDEAS DE SOBERANÍA DEL PUEBLO Y DE LA REPRESENTACIÓN

Como se dijo, el proceso de independencia se inicia en Venezuela cuando el Ayuntamiento de Caracas en su sesión del 19 de abril de 1810, que se realizó al día siguiente de conocerse la situación política de la Península, depuso a la autoridad constituida y se erigió, a sí mismo, en Junta Suprema de Venezuela Conservadora de los Derechos de Fernando VII,[101] deponiendo al Gobernador Emparan del mando de

---

95.   P. Grases, *La Conspiración de Gual y España, op. cit.,* p. 30.

96.   A pesar de que aparece con pie de imprenta en "Madrid, En la imprenta de la Verdad, año de 1797. Véase en Pedro Grases, "Estudio sobre los 'Derechos del Hombre y del Ciudadano'," en el libro *Derechos del Hombre y del Ciudadano* (Estudio Preliminar por Pablo Ruggeri Parra y Estudio histórico-crítico por Pedro Grases), Academia Nacional de la Historia, Caracas 1959, pp. 147, 335.

97.   *Idem.,* pp. 37 ss.

98.   *Idem.*

99.   Véase O.C. Stoetzer, *Las Raíces Escolásticas de la Emancipación de la América Española,* Madrid, 1982, p. 252.

100. Véase Francisco de Miranda, *Textos sobre la Independencia,* Biblioteca de la Academia Nacional de la Historia, Caracas, 1959, pp.95 ss., y 115 ss.

101   Véase el libro *El 19 de abril de 1810,* Instituto Panamericano de Geografía e Historia, Caracas 1957.

la Provincia de Venezuela, con lo que asumió el "mando supremo" o "suprema autoridad" de la Provincia,[102] "por consentimiento del mismo pueblo."[103] La motivación
de esta Revolución se expuso en el texto del Acta, en la cual se consideró que por la
disolución de la Junta Suprema Gubernativa de España, que suplía la ausencia del
Monarca, el pueblo había quedado en "total orfandad", razón por la cual se estimó
que:

> "El derecho natural y todos los demás dictan la necesidad de procurar los me-
> dios de conservación y defensa y de erigir en el seno mismo de estos países un
> sistema de gobierno que supla las enunciadas faltas, ejerciendo los derechos de
> la soberanía, que por el mismo hecho ha recaído en el pueblo".

Desde el inicio, por tanto, la idea de la soberanía cuyo titular era el pueblo fue un
motor fundamental de la Revolución, siguiendo el enunciado francés, al punto de
que al desconocer el Consejo de Regencia que la Junta Suprema Gubernativa de
España había nombrado, el Ayuntamiento argumentó que:

> "No puede ejercer ningún mando ni jurisdicción sobre estos países, porque *ni
> ha sido* constituido *por el voto de estos fieles habitantes*, cuando han sido ya
> declarados, no colonos, sino partes integrantes de la corona de España, y, como
> tales han sido llamados al ejercicio de la *soberanía* interna y a la reforma de la
> Constitución Nacional."[104]

Soberanía del pueblo y ausencia de representación fueron por tanto parte de los
motivos de la Revolución, como se expresó en comunicación del 3 de mayo de
1810, que la Junta Suprema de Caracas dirigió a la Junta Suprema de Cádiz y a la
Regencia, cuestionando la asunción por esas corporaciones:

> "que sustituyéndose indefinidamente unas a otras, sólo se asemejan en atri-
> buirse todas una delegación de la soberanía que, no habiendo sido hecha ni por
> el Monarca reconocido, ni por la gran comunidad de españoles de ambos
> hemisferios, no puede menos de ser absolutamente nula, ilegítima, y contraria a
> los principios sancionados por nuestra legislación."[105]

La Junta de Caracas en dicha comunicación agregaba que:

> "De poco se necesitará para demostrar que la Junta Central carecía de una
> verdadera representación nacional; porque su autoridad no emanaba origina-
> riamente de otra cosa que de la aclamación tumultuaria de algunas capitales de

---

102 Véase el texto del Acta del Ayuntamiento de Caracas de 19 de Abril de 1810 en Allan R. Brewer-Carías,
     Las Constituciones de Venezuela, op. cit., p. 157.

103 Así se establece en la "Circular" enviada por el Ayuntamiento el 19 de abril de 1810 a las autoridades y
     corporaciones de Venezuela. Véase J. F. Blanco y R. Azpúrua, *Documentos para...*, *op. cit.*, Tomo II,
     pp. 401-402. Véase también en *Textos oficiales de la Primera República de Venezuela*, Biblioteca de la
     Academia Nacional de la Historia, 1959, Tomo I, p. 105.

104 Lo que afirma de nuevo, en comunicación enviada al propio Consejo de Regencia de España explicando
     los hechos, razones y fundamentos del establecimiento del nuevo gobierno. Véase J. F. Blanco y R.
     Azpúrua, *op. cit.*, Tomo II, p. 408; y *Textos oficiales*, *op. cit.*, Tomo I, pp. 130 y ss.

105 Véase *Textos oficiales*, *op. cit.*, p. 130.

provincias, y porque jamás han tenido en ellas los habitantes del nuevo hemisferio la parte representativa que legítimamente les corresponde. En otras palabras, desconocemos al nuevo Consejo de Regencia." [106]

Ello precisamente es lo que había provocado en Caracas, como se expresó en el Acta de otra sesión del Ayuntamiento del mismo día 19 de abril de 1810, el "establecimiento del nuevo gobierno"[107] a cargo de "una Junta Gubernativa de estas Provincias, compuesta del Ayuntamiento de esta Capital y de los vocales nombrados por el voto del pueblo,"[108] como manifestación tanto de "la revolución de Caracas" como de "la independencia política de Caracas," a las que aludía un Manifiesto de la Junta Gubernativa en el cual prometió:

"Dar al nuevo gobierno la forma provisional que debe tener, mientras una Constitución aprobada por la *representación nacional legítimamente constituida,* sanciona, consolida y presenta con dignidad política a la faz del universo la provincia de Venezuela organizada, y gobernada de un modo que haga felices a sus habitantes, que pueda servir de ejemplo útil y decoroso a la América"[109].

La Junta Suprema de Venezuela comenzó por asumir en forma provisional, las funciones legislativas y ejecutivas, definiendo en el Bando del 25-04-1810, los siguientes órganos del Poder Judicial: "El Tribunal Superior de apelaciones, alzadas y recursos de agravios se establecerá en las casas que antes tenía la audiencia"; y el Tribunal de Policía "encargado del fluido vacuno y la administración de justicia en todas las causas civiles y criminales estará a cargo de los corregidores"[110].

Este movimiento revolucionario iniciado en Caracas en abril de 1810, indudablemente que siguió los mismos moldes de la Revolución francesa y tuvo además la inspiración de la Revolución norteamericana,[111] de manera que rápidamente, ya para junio de 1810, se comenzó a hablar oficialmente de la "Confederación de Venezuela,"[112] aún cuando la Junta de Caracas contara sólo con representantes de Cumaná, Barcelona y Margarita, sin tener representación de las otras Provincias de la Capitanía General. De allí la necesidad que había de formar un "Poder Central bien constituido" es decir, un gobierno que uniera las Provincias, por lo que la Junta Suprema estimó que había "llegado el momento de organizarlo" a cuyo efecto, convocó:

---

106 *Idem.*, p. 134.

107 Véase el texto en J.F. Blanco y R. Azpúrua, *Documentos para...*, *op. cit.*, Tomo I, p. 393.

108 Así se denomina en el manifiesto del 1° de mayo de 1810. Véase en *Textos oficiales...*, *cit.*, Tomo I. p. 121.

109 Véase el texto en J. F. Blanco y R. Azpúrua, *Documentos para...*, *op. cit.*, Tomo II, p. 406, y en *Textos oficiales...*, *cit.*, Tomo I, p. 129.

110 *Textos oficiales de la Primera República de Venezuela*, Tomo I, pp. 115-116.

111 Véase José Gil Fortoul, *Historia Constitucional de Venezuela*, Tomo primero, *Obras Completas*, Vol. I, Caracas, 1953, pp. 200, 209; Pablo Ruggeri Parra, *Historia Política y Constitucional de Venezuela*, Tomo I, Caracas, 1949, p. 31.

112 Véase la "refutación a los delirios políticos del Cabildo de Coro, de orden de la Junta Suprema de Caracas" de 1-6-1810 en *Textos Oficiales...*, *op. cit.*, Tomo I, p. 180.

"A todas las clases de hombres libres al primero de los goces del ciudadano, que es el de concurrir con su voto a la delegación de los derechos personales y reales que existieron originariamente en la masa común".

En esta forma, la Junta llamó a elegir y reunir a los diputados que habían de formar "la Junta General de Diputación de las Provincias de Venezuela", para lo cual dictó, el 11 de junio de 1810, el Reglamento de Elecciones de dicho cuerpo[113], en el cual se previó, además, la abdicación de los poderes de la Junta Suprema en el nuevo congreso (Junta General), quedando sólo como Junta Provincial de Caracas (Capítulo III, Art. 4). Este Reglamento de Elecciones, sin duda, fue el primero de todos los dictados en materia electoral en el mundo hispanoamericano, siguiendo la orientación filosófica del igualitarismo de la Revolución francesa, consagrándose el sufragio universal para todos los hombres libres.[114]

En medio de la situación de ruptura total entre las Provincias de Venezuela y la Metrópolis, en las mismas se realizaron las elecciones para la Junta o Congreso General, en las cuales participaron siete de las nueve Provincias que para finales de 1810 existían en el territorio de la Capitanía General de Venezuela[115], habiéndose elegido 44 diputados por las Provincias de Caracas (24), Barinas (9), Cumaná (4), Barcelona (3), Mérida (2), Trujillo (1) y Margarita (1).[116] La elección fue indirecta y en dos grados, de manera que los diputados electos en segundo grado formaron la "Junta General de Diputados de las Provincias de Venezuela"[117] la cual declinó sus poderes en un Congreso Nacional en el cual se constituyeron los representantes electos.

Desde la instalación del Congreso General se comenzó a hablar en todas las Provincias con más fuerza de la "Confederación de las Provincias de Venezuela," las cuales conservaron sus peculiaridades políticas propias, a tal punto que al mes siguiente, en la sesión del 6 de abril de 1812, el Congreso General resolvió exhortar a las "Legislaturas provinciales" que acelerasen la formación de sus respectivas Constituciones.[118] Por su parte, el Congreso que había sustituido a la Junta Suprema,

---

113   Véase el texto en *Textos Oficiales..., op. cit.,* Tomo II, pp. 61-84; y en Allan R. Brewer-Carías, *Las Constituciones de Venezuela, op. cit.,* pp. 161 a 169.

114   Véase el texto en Allan R. Brewer-Carías, *Las Constituciones de Venezuela, op. cit.,* p. 166. Sólo se excluyeron del derecho al sufragio: "Las mujeres, los menores de 25 años, a menos que estuviesen casados y velados, los dementes los sordomudos, los que tuviesen una causa criminal abierta, los fallidos, los deudores a caudales públicos, los extranjeros, los transeúntes, los vagos públicos y notorios, los que hubiesen sufrido pena corporal aflictiva o infamatoria y todos los que tuviesen casa abierta o poblada, esto es, que viviesen en la de otro vecino particular a su salario y expensas o en actual servicio suyo, a menos que según la opinión común del vecindario fuesen propietarios por lo menos de dos mil pesos en bienes, muebles o raíces libres."

115   Participaron las provincias de Caracas, Barinas, Cumaná, Barcelona, Mérida, Trujillo y Margarita, *Cf.* José Gil Fortoul, *Historia Constitucional..., op. cit.,* Tomo primero, p. 223. *Cf.* J. F. Blanco y R. Azpúrua, *Documentos para..., op. cit.,* Tomo II, pp. 413 y 489.

116   Véase C. Parra Pérez, *Historia de la Primera República de Venezuela,* Academia de la Historia, Caracas 1959, Tomo I, p. 477.

117   Véase Gil Fortoul, *Historia Constitucional..., op. cit.,* Tomo primero, p. 224.

118   Véase *Libro de Actas del Supremo Congreso de Venezuela 1811-1812,* Biblioteca de la Academia Nacional de la Historia, Caracas, 1959, Tomo II, p. 401.

adoptó el principio de la separación de poderes para organizar el nuevo gobierno, designando, el 5 de marzo de 1811, a tres ciudadanos para ejercer el Poder Ejecutivo Nacional, turnándose en la presidencia por períodos semanales, y constituyendo, además, una Alta Corte de Justicia.

III. EL CONGRESO GENERAL DE LAS PROVINCIAS DE VENEZUELA Y LA DECLARACIÓN DE DERECHOS DEL PUEBLO DE 1° DE JULIO DE 1811

El 28 de marzo de 1811, el Congreso nombró una comisión para redactar la Constitución de la Provincia de Caracas, la cual debía servir de modelo a las demás Provincias de la Confederación. Esta comisión tardó mucho en preparar el proyecto, por lo que algunas Provincias, procedieron a dictar las suyas para organizarse políticamente. El 5 de julio de 1811, el Congreso declaró formalmente la Independencia de Venezuela, después de haberse adoptado el 1° de julio de 1811 una declaración que se denominó como "Declaración de los Derechos del Pueblo",[119] la cual como se ha dicho, fue la tercera declaración de derechos de rango constitucional en el constitucionalismo moderno.

Su redacción estuvo a cargo de Juan Germán Roscio[120] (1763-1821), experimentado abogado, conocido además por haber protagonizado una importante batalla legal para su aceptación en el Colegio de Abogados de Caracas luego de su rechazo por su condición de *pardo*. Roscio había sido uno de los "representantes del pueblo" que habían sido incorporados en la *Junta Suprema* en 1810, habiendo sido nombrado por la misma como Secretario de Relaciones Exteriores, por lo que se lo considera el primer Ministro de Relaciones Exteriores del país. Roscio fue además, el redactor del muy importante *Reglamento para la elección y reunión de diputados que han de componer el Cuerpo Conservador de los derechos del Sr. D. Fernando CVII en las Provincias de Venezuela* de 11 de junio de 1810, que se puede considerar como el primer Código Electoral de América Latina, y conforme al mismo, fue electo diputado al Congreso General por el partido de la Villa de Calabozo. En tal condición, fue una de las figuras claves, junto con Francisco Isnardy, en la redacción del *Acta de la Independencia* del 5 de julio de 1811; así como en la redacción del *Manifiesto que hace al mundo la Confederación de Venezuela en la América Meridional*, explicando "las razones en que se ha fundado su absoluta independencia de España, y de cualquiera otra dominación extranjera, formado y mandado publicar por acuerdo del Congreso General de sus Provincias Unidas."[121] Roscio fue también comisionado por el Congreso junto con Gabriel de Ponte, Diputado de Caracas, y Francisco Javier Ustáriz, diputado por partido de San Sebastián, para colaborar en la redacción de la Constitución de 1811, y fue incluso miembro suplente del Ejecutivo Plural de la Confederación designado en 1812. Era fluente en inglés, e incluso fue el traductor

---

119 Véase Allan R. Brewer-Carías, *Las Constituciones de Venezuela, op. cit.,* pp. 175 a 177.

120 Véase en Pedro Grases, "Estudio sobre los 'Derechos del Hombre y del Ciudadano'," en el libro *Derechos del Hombre y del Ciudadano* (Estudio Preliminar por Pablo Ruggeri Parra y Estudio histórico-crítico por Pedro Grases), Academia Nacional de la Historia, Caracas 1959, pp. 147, 335.

121 Véase Luis Ugalde s.j., *El pensamiento teológico-político de Juan Germán Roscio,* Universidad Católica Andrés Bello, bid & co. Editor, Caracas 2007, p. 39.

de trabajos publicados bajo el nombre de William Burke en Caracas. Roscio, por otra parte, fue uno de los pocos venezolanos que mantuvo directa correspondencia tanto con Andrés Bello cuando ya este estaba en Londres, y con José M. Blanco White, el editor del periódico *El Español*, en Londres.[122] En agosto de 1812, apresado por Monteverde al caer la Primera República, Roscio fue enviado junto con Miranda a prisión in Cádiz, como uno de los monstruos origen "de todos los males de América." Después de ser liberado en 1815, gracias a la intervención del gobierno británico, llegó a Filadelfia donde publicó en 1817 su conocido libro *El triunfo de la libertad sobre el despotismo, En la confesión de un pecador arrepentido de sus errores políticos, y dedicado a desagraviar en esta parte a la religión ofendida con el sistema de la tiranía,* en la Imprenta de Thomas H. Palmer.[123]

Ese fue entonces el Roscio a quien también se debe la redacción de la "*Declaración de Derechas del Pueblo,*"[124] adoptada por la llamada "Sección Legislativa de la Provincia de Caracas" del Congreso General de las Provincias de Venezuela, "Sección" que se instaló por acuerdo de dicho Congreso General, el 1° de junio de 1811. Para ese momento, todas las Provincias que formaban la Capitanía General de Venezuela tenían sus propias Legislaturas, menos la Provincia de Caracas, por residir en su capital el Congreso General. Este cuerpo, sin embargo, dada la necesidad de que la Provincia tuviera su Asamblea Legislativa para que, entre otros aspectos se "declararán los derechos del ciudadano", decretó que se formara una "Sección Legislativa" del Congreso para la Provincia, compuesta de los diputados de la Provincia que se hallaban en el Congreso. [125]

Instalada esta Sección Legislativa, materialmente, el primer acto que adoptó fue la declaración de "Derechos del Pueblo,"[126] el 1° de julio de 1811, considerada por Pedro Grases, como "la declaración filosófica de la Independencia." [127]

El texto de los "Derechos del Pueblo" contiene 43 artículos divididos en cuatro secciones: "Soberanía del pueblo", 'Derechos del Hombre en Sociedad", "Deberes

---

122 Andrés Bello y López Méndez entregaron a Blanco White la carta de Roscio de 28 de enero de 1811, la cual fue contestada por éste último el 11 de julio de 1811. Ambas cartas se publicaron en *El Español*, y reimpresas en José Félix Blanco y Ramón Azpúrua, *Documentos para ...*, *op. cit.*, Tomo III, pp. 14-19.

123 La segunda edición de 1821 fue hecha también en Filadelfia en la Imprenta de M. Carey e hijos.

124 El texto que seguramente usó Roscio fue básicamente, la edición del libro de Picornell, que apareció publicado de nuevo en Caracas en 1811, en la Imprenta de J. Baillio. Pedro Grases catalogó este libro como "digno candidato a 'primer libro venezolano'." Véase en Pedro Grases, "Estudio sobre los 'Derechos del Hombre y del Ciudadano'," en el libro *Derechos del Hombre y del Ciudadano* (Estudio Preliminar por Pablo Ruggeri Parra y Estudio histórico-crítico por Pedro Grases), Academia Nacional de la Historia, Caracas 1959, p. 162.

125 Véase P. Grases, *La Conspiración de Gual y España y el Ideario de la Independencia*, Caracas, 1978, p. 81, nota 3.

126 Véase el texto en Allan R. Brewer-Carías, *Las Constituciones de Venezuela*, Madrid, 1985, pp. 175 a 177. En las páginas siguientes de este libro, en cursivas y negritas, puede leerse el texto íntegro de la Declaración.

127 Véase P. Grases, *La Conspiración de Gual y España...*, *cit*, p. 81. En otra obra dice Grases que la declaración "Constituye una verdadera declaración de independencia, anticipada al 5 de julio."Véase en en Pedro Grases, "Estudio sobre los 'Derechos del Hombre y del Ciudadano'," en el libro *Derechos del Hombre y del Ciudadano* (Estudio Preliminar por Pablo Ruggeri Parra y Estudio histórico-crítico por Pedro Grases), Academia Nacional de la Historia, Caracas 1959, p. 165.

del Hombre en Sociedad", y "Deberes del Cuerpo Social", precedidos de un *Preámbulo*. En términos generales los derechos declarados en el documento fueron los siguientes:

Sección Primera: Soberanía del pueblo: La soberanía (arts. 1-3); usurpación de la soberanía (art. 4); temporalidad de los empleos públicos (art. 5); proscripción de la impunidad y castigo de los delitos de los representantes (art. 6); igualdad ante la ley (art. 7).

Sección Segunda: Derechos del Hombre en Sociedad: Fin de la sociedad y el gobierno (art. 1); derechos del hombre (art. 2); la ley como expresión de la voluntad general (art. 3); libertad de expresión del pensamiento (art. 4); objetivo de la ley (art. 5); obediencia de la ley (art. 6); derecho a la participación política (art. 7); derecho al sufragio (arts. 8-10); debido proceso (art. 11); proscripción de actos arbitrarios, responsabilidad funcionarial, y protección ciudadana (art. 12-14); presunción de inocencia (art. 15); derecho a ser oído, art. 16; proporcionalidad de las penas (art. 17); seguridad, art. 18; propiedad, art. 19; libertad de trabajo e industria (art. 20); garantía de la propiedad y contribuciones solo mediante representantes (art. 21); derecho de petición (art. 22); derecho a resistencia (art. 23); inviolabilidad del hogar (art. 24); derechos de los extranjeros (art. 25-27).

Sección Tercera: Deberes del Hombre en Sociedad: los límites a los derechos de otros (art. 1); deberes de los ciudadanos (art. 2); el enemigo de la sociedad (art. 3); el buen ciudadano (art. 4) el hombre de bien (art. 5).

Sección Cuarta: Deberes del Cuerpo Social: la garantía social (art. 1); límites de los poderes y responsabilidad funcionarial (art. 2); seguridad social y socorros públicos (art. 3); instrucción pública (art. 4).

Este texto, sin duda, está básica y directamente inspirado en los textos franceses comenzando con la *"Déclaration des Droits de l'Homme et du Citoyen"* votada por la Asamblea Nacional Francesa los días 20-26 de agosto de 1789, la cual se incorporó íntegramente al Título Preliminar de la Constitución francesa de 1791, la primera de las Constituciones europeas en la historia del Constitucionalismo, con el agregado de varias garantías constitucionales. Sin embargo, en cuanto a redacción, la mayor influencia para su redacción se recibió del texto de la *"Déclaration des Droits de l'Homme et du Citoyen"* que precede la Constitución Francesa de 1793 en el texto publicado en español como *Derechos del Hombre y del Ciudadano con varias máximas republicanas, y un discurso preliminar dirigido a los americanos* de 1797, vinculado a la Conspiración de Gual y España.128 En adición, sin embargo, también se pueden encontrar la influencia directa del texto de la *"Déclaration des Droits et Devoirs de l'Homme et du Citoyen"* que precede el texto de la Constitu-

---

128 Véase P. Grases, *La Conspiración...*, *cit.*, p. 147. En dicha obra puede consultarse el texto del Documento, comparándolo con el de la Declaración de 1811 y la Constitución de 1811. Igualmente en Pedro Grases, "Estudio sobre los 'Derechos del Hombre y del Ciudadano'," en el libro *Derechos del Hombre y del Ciudadano* (Estudio Preliminar por Pablo Ruggeri Parra y Estudio histórico-crítico por Pedro Grases), Academia Nacional de la Historia, Caracas 1959, pp. 168 ss.

ción de 1795,[129] particularmente en la sección de los Deberes del Hombre en Sociedad.

Por otra parte, el orden dado a los artículos y la sistematización de la Declaración de 1811, es distinta a los textos franceses; siendo la subdivisión de su articulado en 4 secciones original del texto venezolano de 1811, en algún caso inspirada en los trabajos de William Burke, como por ejemplo el título de la sección sobre "Derechos del hombre en Sociedad."[130] En todo caso, las Declaraciones francesa de 1789 y de 1793 no tenían subdivisiones, y sólo fue en la Declaración de 1795 en la cual se incluyó una subdivisión en sólo dos secciones: Deberes y Derechos.

Una observación adicional debe formularse y es que si bien la influencia fundamental en la redacción de la Declaración de 1 de julio de 1811 provino de texto de las Declaraciones francesas, ello no ocurrió con el propio *título* del documento que no se refiere a los "Derechos del Hombre y del Ciudadano," sino a los "Derechos del Pueblo," expresión que no se encuentra en los textos franceses. Esta expresión en realidad, puede decirse que proviene de los textos firmados por William Burke publicados en la *Gaceta de Caracas* en 1811 y de Thomas Paine traducidos en el libro de Manuel García de Sena, igualmente en 1811.

En los trabajos firmados por William Burke, recogidos luego en el libro *Derechos de la América del Sur y México,* al argumentarse sobre los derechos del hombre en la Constitución norteamericana también se utilizó constantemente la expresión "derechos del pueblo,"[131] refiriendo que "El pueblo es, en todos los tiempos, el verdadero y legítimo soberano. En él residen y de él traen su origen todos los elementos de supremacía."[132] Refiriéndose a las constituciones de los Estados Unidos, indicó que "declaran positiva y particularmente, que la soberanía reside esencial y constantemente en el pueblo;" que "por medio del sistema de *representación* asegura el pueblo real y eficientemente su derecho de soberanía;... principio que forma la principal distinción entre los gobiernos autoritarios y libres, tanto que se puede decir que el pueblo goza de libertad a proporción del uso que hace de la representación."[133]

Por otra parte, en el libro de Paine *La Independencia de la Costa Firme justificada por Thomas Paine Treinta años ha,* traducido por García de Sena, por su parte, la expresión "derechos del pueblo" también fue utilizada en su argumentación destinada a distinguir las dos formas de gobierno posibles: "el Gobierno por sucesión hereditaria" y "el Gobierno por elección y representación," y que optando por el representativo basado en la soberanía del pueblo, argumentó lo siguiente:

---

129   Véase los textos en J. M. Roberts y J. Hardman, *French Revolution Documents,* Oxford, 1973, 2 vols.

130   William Burke utilizó en uno de sus escritos en la *Gaceta de Caracas* en 1811, la expresión "Derechos del Hombre en Sociedad" que recogió la Declaración de 1811. Véase en *Derechos de la América del Sur y México,* Academia Nacional de la Historia, Caracas 1959, Vol. I., p. 107.

131   Véase, William Burke, *Derechos de la América del Sur y México,* Academia Nacional de la Historia, Caracas 1959, Vol. I, pp. 118,123,127,141, 157,162,182, 202,205,241.

132   *Idem*, p. 113.

133   *Idem*, pp. 119, 120.

"Las Revoluciones que se van extendiendo ahora en el Mundo tienen su origen en el estado de este caso; la presente guerra es un conflicto entre el sistema representativo fundado en los derechos del pueblo; y el hereditario, fundado en la usurpación."[134].

Seguía su argumentación Paine indicando que "El carácter pues de las Revoluciones del día se distingue muy definitivamente por fundarse en el sistema del Gobierno Representativo en oposición al hereditario. Ninguna otra distinción abraza más completamente sus principios;" y concluía señalando que: "El sistema Representativo es la invención del Mundo moderno."[135] Además, al referirse al gobierno representativo, Paine lo identificaba como aquél en el cual el poder soberano estaba en el Pueblo. Partía para ello de la consideración de que:

"Todo Gobierno (sea cual fuere su forma) contiene dentro de si mismo un principio común a todos, que es, el de un poder soberano, o un poder sobre el cual no hay autoridad alguna, y que gobierna a todos los otros... En las Monarquías despóticas [ese poder] está colocado en una sola persona, o Soberano; ... En las Repúblicas semejantes a la que se halla establecida en América, el poder soberano, o el poder sobre el cual no hay otra autoridad, y que gobierna a todos los demás, está donde la naturaleza lo ha colocado, en el Pueblo; porque el Pueblo en América es el origen del poder. Él está allí como un principio de derecho reconocido en las Constituciones del país, y el ejercicio de él es Constitucional, y legal. Esta Soberanía es ejercitada eligiendo y diputando un cierto número de personas para representar y obrar por él todo, las cuales no obrando con rectitud, pueden ser depuestas por el mismo poder que las colocó allí, y ser otras elegidas y diputadas en su lugar."[136]

De estos conceptos de Paine, que sin duda influyeron en la concepción de la declaración de los "Derechos del Pueblo" de 1811, se comprende porque la misma se inicia en la Sección Primera con las previsiones sobre la soberanía como poder que radica en el pueblo, el cual la ejerce mediante representantes, apartándose así del orden de las Declaraciones francesas donde los artículos sobre la soberanía no están al inicio de las mismas.

IV. TEXTO Y FUENTES DE INSPIRACIÓN DE LA DECLARACIÓN DE LOS DERECHOS DEL PUEBLO DE 1° DE JULIO DE 1811

En todo caso, apartando el orden de los artículos y la sistemática de su división en Secciones, el contenido del articulado de la Declaración de Derechos del Pueblo, tuvo inspiración básica en los textos franceses, como explicamos a continuación, transcribiendo después de cada artículo de la Declaración los textos originales que los inspiraron:

---

134 Expresado por Paine en su "Disertación sobre los Primeros principios del Gobierno" que escribió en los tiempos de la Revolución Francesa. Véase en Manuel García de Sena, *La Independencia de Costa Firme justificada por Thomas Paine treinta años ha*, Edición del Ministerio de Relaciones Exteriores, Caracas 1987, p. 90. La expresión la utilizó también en otros Discursos, pp. 111, 112.

135 *Idem*, p. 90.

136 *Idem*, pp. 118, 119.

PREÁMBULO

La Declaración de los Derechos del Pueblo fue precedida de un Preámbulo, siguiendo la orientación de las Declaraciones Francesas, en el cual la representación popular después de atribuir al olvido y desprecio de los derechos del hombre, denominados en la misma como "Derechos del Pueblo" las causas de la opresión durante los tres siglos de la colonia, resolvió declararlos formalmente como derechos inalienables a fin de que los ciudadanos, confrontándola con los mismos, pudiesen juzgar la conducta de los gobernantes; y que estos no confundieran su misión. El texto del Preámbulo de la Declaración de 1811 fue el siguiente:

El Supremo Congreso de Venezuela en su sección legislativa, establecida para la Provincia de Caracas, ha creído que el olvido y desprecio de los Derechos del Pueblo, ha sido hasta ahora la causa de los males que ha sufrido por tres siglos: y queriendo empezar a precaverlos radicalmente, ha resuelto, conformándose con la voluntad general, declarar, como declara solemnemente ante el universo, todos estos mismos Derechos inenajenables, a fin de que todos los ciudadanos puedan comparar continuamente los actos del Gobierno con los fines de la institución social: que el magistrado no pierda jamás de vista la norma de su conducta y el legislador no confunda, en ningún caso, el objeto de su misión.

Como se dijo, este Preámbulo de la Declaración de 1811 estuvo directamente inspirado en el Preámbulo que precedió la Declaración francesa de 1793, texto que, sin embargo, no fue incluido en la traducción incorporada en el libro de Picornell de 1797, y que fue el siguiente tenor:

Le peuple français, convaincu que l'oubli, le mépris des droits naturels de l'homme, sont les seules causes des malheurs du monde, a résolu d'exposer dans une déclaration s'solennelle ces droits sacrés et inaliénables, afin que tous les citoyens, pouvant comparer sans cesse les actes du gouvernement avec le but de toute institution sociale, ne se laissent jamais opprimer et avilir par la tyrannie; afin que le peuple ait toujours devant les yeux les bases de sa liberté et de son bonheur; le magistrat, la règle de ses devoirs; le législateur, l'objet de sa mission. En conséquence, il proclame, en présence de l'Être Suprême, la déclaration suivante des droits de l'homme et du citoyen.

Este texto de 1793, a su vez, se había inspirado en el Preámbulo de la Declaración francesa de 1789:

Les représentants du peuple français, constitués en Assemblée nationale, considérant que l'ignorance, l'oubli ou le mépris des droits de l'homme sont les seules causes des malheurs public et de la corruption des gouvernements ont résolu d'exposer dans une déclaration solennelle les droits naturels, inaliénables et sacrés de l'homme, afin que cette déclaration, constamment présente á tous les membres du corps social, leur rappelle s'ans cesse leurs droits et leurs devoirs; afin que les actes du pouvoir législatif et ceux du pouvoir exécutif, pouvant être à chaque instant comparés avec le but de toute institution politique, en soient plus respectés; afin que les réclamations des citoyens, fondées désormais sur des principes simples et incontestables, tournent toujours au maintien de la Constitution et au bonheur de tous.

SECCIÓN PRIMERA:

LA SOBERANIA DEL PUEBLO

La Sección Primera de la Declaración de 1811 está destinada a regular en 7 artículos, la soberanía y las condiciones para su ejercicio mediante representantes (arts. 1-3); la proscripción de la usurpación de la soberanía (art. 4); la temporalidad de los empleos públicos (art. 5); la proscripción de la impunidad y castigo de los delitos de los representantes (art. 6); y el principio de igualdad ante la ley (art. 7)

1. *La soberanía y la representación*

La soberanía se concibió en la Declaración de 1811 como un poder imprescriptible, inalienable e indivisible que sólo residía en el pueblo, y que éste sólo podía ejercer mediante representantes, prohibiéndose, por tanto, que cualquier parcela del pueblo, cualquiera que ella fuese, se pudiera arrogar el ejercicio de la misma.

Se trató por tanto, de una declaración del derecho a la democracia representativa, asegurándole a todos el derecho a expresar su voluntad con entera libertad, principio que se declaraba como el único "que hace legítima y legal la constitución" del Gobierno. El derecho ciudadano a ejercer su soberanía, consistía, por tanto, en el derecho de concurrir con su voto a la escogencia de sus representantes para formar el Cuerpo representativo.

Estos principios se expresaron en los siguientes tres artículos de la Sección Primera (I):

Artículo 1. La soberanía reside en el pueblo; y, el ejercicio de ella en los Ciudadanos con derecho a sufragio, por medio de sus apoderados legalmente constituidos.

Artículo 2. La Soberanía es, por su naturaleza y esencia, imprescriptible, inenajenable e indivisible.

Artículo 3. Una parte de los ciudadanos con derecho a sufragio, no podrá ejercer la soberanía. Todos deben concurrir con su voto a la formación del Cuerpo que la ha de representar, porque todos tienen derecho a expresar su voluntad con entera libertad, único principio que hace legítima y legal la constitución de su Gobierno.

La redacción de estos tres artículos está inspirada en el texto de la Declaración francesa de 1793, aún cuando expresados, los conceptos, con mucha mayor precisión y amplitud, sin duda, también por la influencia del libro de Thomas Paine traducido por García de Sena, y de los escritos de William Burke.

Los artículos pertinentes de la Declaración francesa de 1793, fueron los siguientes:

Article 25. La souveraineté réside dans le peuple. Elle est une et indivisible, imprescriptible et inaliénable.

Article 26. Aucune portion du peuple ne peut exercer la puissance du peuple entier; mais chaque section du souverain assemblée doit jouir du droit d'exprimer sa volonté avec une entière liberté.

La traducción contenida en el libro de Picornell de 1797, fue la siguiente:

XXV. La soberanía reside en el pueblo; es una e indivisible, imprescriptible e inalienable.

XXVI. Ninguna porción del pueblo puede ejercer el poder del pueblo entero; pero cada parte de la soberanía en junta, debe gozar del derecho de manifestar su voluntad, con una libertad entera.

Y por supuesto, el origen de todos estos principios estaba en el artículo III de la Declaración francesa de 1789, en el cual se declaró:

III. Le principe de toute souveraineté réside essentiellement dans la nation. Nul corps, nul individu ne peut exercer d'autorité qui n'en émane expressément.

Estas disposiciones constituyen el origen remoto del artículo 5 de la Constitución de 1999.

2.   *La usurpación de la soberanía como delito*

La consecuencia de establecer la soberanía como derecho del pueblo y proscribir que cualquier grupo de ciudadanos pudiera arrogarse su ejercicio, fue la tipificación del delito de "lesa Nación" para quienes usurparan la soberanía.

En tal sentido en el artículo (I) 4 de la Declaración de 1811, se dispuso que:

Artículo. 4. Todo individuo, corporación o ciudad que usurpe la soberanía, incurrirá en el delito de lesa Nación.

Este artículo, se inspiró en parte el texto de la Declaración francesa de 1793 en el sentido de sancionar la usurpación de la soberanía, pero con la gran diferencia de que en aquella, la usurpación de la soberanía se sancionaba directamente declarando que todo hombre libre podía matar al instante al usurpador. En cambio en la Declaración de 1811 la usurpación de la soberanía se la consideraba como un delito grave, de "lesa Nación" el cual, por tanto, debía ser juzgado. El artículo 27 de la Declaración francesa de 1793, de la época del Terror, que no tenía antecedentes en la Declaración francesa de 1789, establecía en efecto:

27. Que tout individu qui usurperait la souveraineté soit á l'instant mis à mort par les hommes libres.

La traducción de este texto contenida en el libro de Picornell de 1797, fue la siguiente:

XXVII. Todo individuo que usurpe la soberanía, sea al instante muerto por los hombres libres.

Estas disposiciones constituyen el origen remoto del artículo 138 de la Constitución de 1999.

3.   *La temporalidad de los empleos públicos*

Habiendo sido establecido el principio de la democracia representativa y del ejercicio de la soberanía mediante representantes, en la Declaración de 1811 se precisó que los empleos públicos, incluyendo los de los re-presentantes, eran esencialmente temporales, de manera que nadie podía considerar que tenía derecho a ejercer permanentemente dichos cargos, como distinción o re-compensa personal. Al contrario los empleados públicos no podían tener otra consideración que no fuera la que adquieran en el concepto de sus conciudadanos por el desempeño de sus cargos al servicio de la República.

El artículo (I) 5 de la Declaración de 1811 estableció, en efecto:

Artículo 5. Los empleados públicos serán por tiempo determinado; no deben tener otra consideración que la que adquieran en el concepto de sus conciudadanos por las virtudes que ejercieren en el tiempo que estuvieren ocupados por la República.

Este artículo estuvo inspirado en el texto del artículo 30 de la Declaración francesa de 1793, el cual por lo demás, no tuvo antecedentes en el de la Declaración de 1789, en el cual se dispuso que:

Article 30. Les fonctions publiques sont essentiellement temporaires; elles ne peuvent être considérées comme des distinctions ni comme des récompenses, mais comme des devoirs.

La traducción de este texto contenida en el libro de Picornell de 1797, fue la siguiente:

XXX. Los empleos públicos son esencialmente temporales, nunca deben ser considerados como distinciones, ni como recompensas, sino como obligaciones.

4.   *La proscripción de la impunidad en el ejercicio de la función pública*

La Declaración de 1811 consagró, además, el principio general de que los representantes del pueblo electos en ejercicio de la soberanía y, en general, todos los funcionarios públicos, eran responsables de sus acciones, precisando que los delitos que pudieran cometer nunca podían quedar impunes.

A tal efecto, el artículo (I) 6 de la Declaración de 1811 dispuso así:

Artículo 6. Los delitos de los representantes y agentes de la República no deben quedar nunca impunes, pues ninguno tiene derecho a hacerse más inviolable que otro.

Este artículo fue inspirado en el texto del artículo 31 de la Declaración francesa de 1793, sin antecedentes en la Declaración de 1789, que estableció:

Art. 31. Les délits des mandataires du peuple et de ses agents ne doivent jamais être impunis. Nul n'a le droit de se prétendre plus inviolable que les autres citoyens.

La traducción de este texto contenida en el libro de Picornell de 1797, fue la siguiente:

XXXI. Los delitos de los diputados del pueblo y de sus agentes jamás deben quedar sin castigo; ninguno tiene el derecho de pretender ser más impune que los demás individuos.

5. *La igualdad ante la ley*

La Declaración de 1811 también consagró el principio general de igualdad ante la ley, sin discriminación por razón de nacimiento o de herencia, de manera que la ley fuera igual para todos, "castigando los vicios y premiando las virtudes."

A tal efecto, el artículo (I) 7 de la Declaración de 1811 establece:

Artículo 7. La Ley debe ser igual para todos, castigando los vicios y premiando las virtudes, sin admitir distinción de nacimiento ni poder hereditario.

Este artículo se inspiró en el texto de la Declaración francesa de 1795, cuyo artículo 3° de la Sección "Derechos," estableció el sentido de la igualdad, así:

Art. 3. L'égalité consiste en ce que la loi est la même pour tous soit qu'elle protège, soit qu'elle punisse. L'égalité n'admet aucune distinction de naissance, aucune hérédité de pouvoirs.

La Declaración de 1811, en este punto, sin embargo, no llegó a declarar la proscripción de la esclavitud conforme al principio que ya se había expresado en la Declaración francesa de 1793, y que estaba en la traducción del libro de Picornell de 1797, en la cual se estableció que:

Art. 18. Tout homme peut engager ses services, son temps, mais il ne peut se vendre ni être vendu. Sa personne n'est pas une propriété aliénable. La loi ne reconnaît point de domesti-cité; il ne peut exister qu'un engagement de soins et de recon-naissance entre l'homme qui travaille et celui qui l'emploie.

Estas disposiciones constituyen el origen remoto del artículo 21 de la Constitución de 1999.

SECCIÓN SEGUNDA:

DERECHOS DEL HOMBRE EN SOCIEDAD

En la Sección Segunda sobre "Derechos del Hombre en Sociedad," la Declaración de 1811, en los 27 artículos que contiene, como se dijo, se regularon los siguientes principios y derechos: el fin de la sociedad y el gobierno (art. 1); derechos del hombre (art. 2); la ley como expresión de la voluntad general (art. 3); libertad de expresión del pensamiento (art. 4); objetivo de la ley (art. 5); obediencia de la ley (art. 6); derecho a la participación política (art. 7) ; derecho al sufragio (arts. 8-10); debido proceso, art. 11; proscripción de actos arbitrarios, responsabilidad funcionarial, y protección ciudadana (art. 12-14); presunción de inocencia (art. 15); derecho a ser oído (art. 16); proporcionalidad de las penas (art. 17); seguridad (art. 18); propiedad (art. 19); libertad de trabajo e industria (art. 20); garantía de la propiedad y de contribuciones solo establecidas mediante representantes (art. 21); derecho de petición (art. 22); derecho a resistencia (art. 23); inviolabilidad del hogar (art. 24); y derechos de los extranjeros (art. 25-27).

1. *El fin de la Sociedad y de los Gobiernos: asegurar el goce de los derechos*

En los artículos (II) 1 y (II) 2 de la Declaración de 1811, se establecieron los principios fundamentales sobre el fin de la Sociedad y de los Gobiernos, esencialmente vinculados a la garantía de los derechos, así:

Artículo 1. El fin de la sociedad es la felicidad común, y el Gobierno se instituye al asegurarla.

Artículo 2. Consiste esta felicidad en el goce de la libertad, de la seguridad, de la propiedad y de la igualdad de derechos ante la Ley.

Estos artículos se inspiraron en el texto de la Declaración francesa de 1793, que comenzaba precisamente con los artículos Primero y 2 donde se estableció:

Art. 1er. Le but de la société est le bonheur commun. Le gouvernement est institué pour garantir á l'homme la jouissance de ses droits naturels et imprescriptibles.

Art. 2. Ces droits sont l'égalité, la liberté, la sûreté, la propriété.

La traducción de estos textos contenida en el libro de Picornell de 1797, fue la siguiente:

Artículo Primero. El objeto de la sociedad, es el bien común: todo gobierno es instituido para asegurar al hombre el goce de sus derechos naturales e imprescriptibles.

Artículo II. Estos derechos son, la igualdad, la libertad, la seguridad y la propiedad.

2. *La ley como expresión de la voluntad general*

El artículo 3 de la Declaración de 1811, Sección "Derechos del Hombre en Sociedad," estableció sobre la ley lo siguiente:

Artículo 3. La ley se forma por la expresión libre y solemne de la voluntad general, y ésta se expresa por los apoderados que el pueblo elige para que representen sus derechos.

Esta norma se inspiró en el texto del artículo 4 de la Declaración de 1793, pero con un contenido más desarrollado. Estas normas decían:

Art. 4. La loi est l'expression libre est solennelle de la volonté générale; elle est la même pour tous, soit qu'elle protège, soit qu'elle punisse: elle ne peut ordonner que ce qui est juste et utile á la société: elle ne peut défendre que ce qui lui est nuisible.

La traducción de estas normas en el libro de Picornell de 1797, artículo IV fue la siguiente:

IV. La ley, es la declaración libre y solemne de la voluntad general: ella es igual para todos, ya sea que proteja, ya que castigue; no puede ordenar sino aquello que es justo y útil a la sociedad, ni prohibir sino lo que es perjudicial.

En este contexto de la ley, en relación con su objeto, además, el artículo 5 de la misma esta Sección estableció:

Art. 5. El objeto de la ley es arreglar el modo con que los ciudadanos deben obrar en las ocasiones en que la razón exige que ellos se conduzcan no por su opinión o su voluntad, sino por una regla común.

Una definición similar no se encuentra ni en las Declaraciones francesas ni en las Declaraciones norteamericanas.

3. *La obligatoriedad de la ley*

El artículo 6 de la Sección sobre "Derechos del Hombre en Sociedad," adicionalmente definió el sentido del carácter obligatorio de la ley, así:

Art. 6. Cuando un ciudadano somete sus acciones a una ley, que no aprueba, no compromete su razón; pero la obedece porque su razón particular no debe guiarle, sino la razón común, a quien debe someterse, y así la ley no exige un sacrificio de la razón y de la libertad de los que no la aprueban, porque ella nunca atenta contra la libertad, sino cuando se aparta de la naturaleza y de los objetos, que deben estar sujetos a una regla común.

No hemos encontrado ninguna previsión similar a esta ni en las Declaraciones francesas ni en las Declaraciones norteamericanas.

4. *La libertad de expresión del pensamiento*

La libertad de expresión del pensamiento, y las responsabilidades derivadas de su ejercicio se establecieron en el artículo 4 de la Declaración de 1811, Sección "Derechos del Hombre en Sociedad", así:

Artículo 4. El derecho de manifestar sus pensamientos y opiniones por voz de la imprenta debe ser libre, haciéndose responsable a la ley si en ellos se trata de perturbar la tranquilidad pública o el dogma, la propiedad y honor del ciudadano.

Solo la primera parte de este texto encuentra su antecedente en el artículo 7 de la Declaración de 1793, donde además de la libertad de expresión del pensamiento, se consagró la libertad de reunión y el derecho al libre ejercicio de cultos que no podían ser prohibidos, aspectos que no se incorporaron en la Declaración de 1811. Dicho artículo 7 de la Declaración de 1793, en efecto, estaba redactado así:

Article 7. Le droit de manifester sa pensée et ses opinions, soit par la voie de la presse, soit de toute autre manière, le droit de s'assembler paisiblement, le libre exercice des cultes ne peuvent être interdits. La nécessité d'énoncer ces droits suppose ou la présence ou le souvenir récent du despotisme.

El texto, por tanto, es su previsión de dejar a la ley el establecimiento de las responsabilidades en los casos de expresiones que pudieren perturbar la tranquilidad pública o el dogma, la propiedad y honor del ciudadano, no tiene antecedentes en las declaraciones francesas. Más bien, puede considerarse que influyó en su concepción las apreciaciones de William Burke en la *Gaceta de Caracas* en el sentido de que la libertad de prensa solo debía estar "cuidadosamente restringida por distintas y adecuadas leyes para que no degenere en licencia," de manera que "todo hombre es libre de publicar lo que quiera; pero queda personalmente responsable de todo lo que haya publicado."[137]

Estas disposiciones constituyen el origen remoto del artículo 57 de la Constitución de 1999.

5. *La participación en el proceso de formación de la ley y en el nombramiento de representantes*

En la Declaración de 1811 se estableció el derecho de los ciudanos a participar en el proceso de formación de las leyes y a nombrar para tales efectos a sus representantes, con la previsión expresa que este derecho sólo correspondía a los que fueran ciudadanos con residencia permanente, excluidos los transeúntes o quienes no tuviesen la propiedad exigida en la Constitución; previsiones que sin embargo no se encuentran en las declaraciones francesas. En efecto, en los artículos 7 a 10 de la Sección "Derechos del Hombre en Sociedad" se estableció lo siguiente:

> **Artículo 7. Todos los ciudadanos no pueden tener igual parte en la formación de la ley, porque todos no contribuyen igualmente a la conservación del Estado, seguridad y tranquilidad de la sociedad.**

> **Artículo 8. Los ciudadanos se dividirán en dos clases: unos con derecho a sufragio, otros sin él.**

> **Artículo 9. Los sufragantes son los que están establecidos en Venezuela, sean de la nación que fueren: éstos solos forman el soberano.**

> **Artículo 10. Los que no tienen derecho a sufragio son los transeúntes, los que no tengan la propiedad que establece la Constitución; y éstos gozarán de los beneficios de la ley, sin tomar parte en su institución.**

En esta materia, el texto de la Declaración de 1793 se limitaba a disponer que:

> *Art. 29. Chaque citoyen a un droit égal de concourir á la formation de la loi et á la nomination de s»es mandataires ou de ses agent.*

En la Declaración de 1811, en cambio, se precisó que entre los ciudadanos, sólo los residenciados o "establecidos" en el país tenían el derecho al sufragio independientemente de la nacionalidad, "sean de la nación que fueses," excluyéndose entonces del sufragio a los transeúntes. Con ello, la declaración de derechos del pueblo de 1811 estaba imbuida del ejemplo Norteamericano, expresado por Burke en la *Gaceta de Caracas*, como aliciente a la inmigración, conforme al cual al declarar "que todo hombre libre de la edad de 21 años y que pague tributos gozará del derecho al sufragio," se estaba "facilitando el ingreso y establecimiento de extranjeros útiles... que posean capitales, espíritu de empresa, industria y conocimientos útiles que "vengan a establecerse en el país."[138]

---

137 Véase William Burke, *Derechos de la América...*, *op. cit.*, Tomo I, p. 192.

138 Véase William Burke, *Derechos de la América...*, *op. cit.*, Tomo I, p. 133, 145, 146.

Estas disposiciones constituyen el origen remoto del artículo 63 de la Constitución de 1999.

6. *La garantía de la libertad personal*

La garantía de la libertad personal se estableció en el artículo 11 de la Declaración de 1811, al exigirse que la privación de la misma sólo pudiera hacerse en los casos determinados por la ley. Además, se enunció un aspecto del debido proceso al exigirse también que la acusación contra una persona también se hiciese sólo en los casos determinados por la ley. El texto fue el siguiente:

Artículo 11. Ninguno debe ser acusado, preso, ni detenido, sino en los casos determinados por la ley.

Aún con enunciados similares pero más amplios en la Declaración de 1793 (art. 10) y en la declaración de 1789 (art. VII), el texto de la Declaración de 1811 proviene del texto del artículo 8 de la declaración de la Constitución francesa de 1795, que dispuso:

Article 8. Nul ne peut étre appelé en justice, accusé arrété ni détenu que dans les cas déterminés par la loi, et selon les formes qu'elle a prescrites.

Estas disposiciones constituyen el origen remoto del artículo 44 de la Constitución de 1999.

7. *La proscripción de actos arbitrarios*

En la Declaración de 1811, Sección "Derechos del Hombre en Sociedad", artículos 12 y 13 se establecieron los siguientes principios sobre los actos arbitrarios:

Art. 12. Todo acto ejercido contra un ciudadano sin las formalidades de la ley, es arbitrario y tiránico.

Art. 13. El magistrado que decrete y haga ejecutar actos arbitrarios será castigado con la severidad de la ley.

Estos textos tienen su origen en los artículos 11 y 12 de la Declaración francesa de 1793 en la cual se indicó lo siguiente:

Art. 11. Tout acte exercé contre un homme hors des cas et sans les formes que la loi détermine est arbitraire et tyrannique; celui contre lequel on voudrait l'exécuter par la violence a le droit de le repousser par la forcé.

Art. 12. Ceux qui solliciteraient, expédieraient, signeraient, exécuteraient ou feraient exécuter des actes arbitraires sont coupables et doivent être punis.

La traducción de estos artículos en el libro de Picornell de 1797, era la siguiente:

Art. XI. Todo acto ejecutado contra un hombre fuera de los casos y sin las fórmulas que la ley determina, es arbitrario y tiránico; aquel contra quien se quiera ejecutar, tiene derecho para resistirse.

Art. XII. Aquellos que solicitasen, expidiesen, firmasen, ejecutasen, o hiciesen ejecutar actos arbitrarios, son culpables y deben ser castigados.

8. La protección frente a la opresión

En la Declaración de 1811, Sección "Derechos del Hombre en Sociedad", se estableció el principio de la protección de la libertad contra la opresión, lo que correspondía a la Ley.

En tal sentido, el artículo 14 de la Sección "De los Derechos del Pueblo" estableció:

Art. 14. Esta [la ley] debe proteger la libertad pública e individual contra la opresión y tiranía.

La norma proviene del artículo 9 de la Declaración de 1793 que dispuso:

Art. 9. La loi doit protéger la liberté publique et individuelle contre l'oppression de ceux qui gouvernent.

El texto fue traducido en el libro de Picornell de 1797, en la forma siguiente:

Art. IX. La Ley debe proteger, así la libertad pública como la de cada individuo en particular, contra la opresión de los que gobiernan.

9. La presunción de inocencia

El principio de la presunción de inocencia como pieza fundamental de del debido proceso, fue establecido en el artículo 15 de la Declaración de 1811, Sección "Derechos del Hombre en Sociedad", en la siguiente forma:

Art. 15. Todo ciudadano deberá ser tenido por inocente mientras no se le declare culpable. Si se cree indispensable asegurar su persona, todo rigor que no sea necesario para ello debe ser reprimido por la ley.

La norma proviene del artículo 13 de la Declaración de 1793 que dispuso:

Art. 13. Tout homme étant présumé innocent jusqu'á ce qu'il ait été déclaré coupable, s'il est jugé indispensable de l'arrêter, toute rigueur qui ne serait pas nécessaire pour s'assurer de sa personne doit être sévèrement réprimée par la loi.

El texto fue traducido en el libro de Picornell de 1797, en la forma siguiente:

Art. XIII. Todo hombre debe ser tenido por inocente, hasta tanto que haya sido declarado culpable: si se juzga indispensable su prisión, todo rigor que no sea necesario para asegurarse de su persona, debe prohibirse severamente por ley.

Estas disposiciones constituyen el origen remoto del artículo 49.2 de la Constitución de 1999.

10. El principio nulla pena sine legge, el derecho a ser oído y el principio de la irretroactividad de la ley

Como parte esencial del debido proceso, en el artículo 16 de la Declaración de 1811, Sección "Derechos del Hombre en Sociedad", se regula el principio de que sólo se puede ser juzgado y castigado en virtud de previsión legislativa preexistente, y además, el derecho a ser oído y la prohibición de leyes retroactivas (leyes *ex post facto*), en la siguiente forma:

Art. 16. Ninguno debe ser juzgado ni castigado, sino después de haber sido oído legalmente, y en virtud de una ley promulgada anterior al delito. La ley que castigue delitos cometidos antes que ella exista será tiránica. El efecto retroactivo dado a la ley es un crimen.

La norma proviene del artículo 14 de la Declaración de 1793 que dispuso:

Art. 14. Nul ne doit être jugé et puni qu'après avoir être entendu ou légalement appelé et qu'en vertu d'une loi promulguée antérieurement au délit; la loi qui punirait des délits commis avant qu'elle existât serait une tyrannie; l'effet rétroactif donné á la loi serait un crime.

El texto fue traducido en el libro de Picornell de 1797, en la forma siguiente:

Art. XIV. Ninguno debe ser juzgado ni castigado antes de haber sido oído, o llamado legalmente, y en virtud de una ley promulgada antes de haber cometido el delito. La ley que castiga delitos cometidos antes de su publicación, es tiránica: el efecto retroactivo dado a la ley es un crimen.

Estas disposiciones constituyen el origen remoto de loa artículos 24 y 49.6 de la Constitución de 1999.

11. *El principio de la necesidad y proporcionalidad de las penas*

El artículo 17, Sección "Derechos del Hombre en Sociedad" de la Declaración de 1811, estableció en materia de sanciones penales el principio de la proporcionalidad y necesidad, así:

Art. 17. La Ley no debe decretar sino penas muy necesarias, y éstas deben ser proporcionadas al delito y útiles a la sociedad.

La norma proviene del artículo 15 de la Declaración de 1793 que dispuso:

Art. 15. La loi ne doit décerner que des peines strictement et nécessaires; les peines doivent être proportionnées au délit et utiles á la société.

El texto fue traducido en el libro de Picornell de 1797, en la forma siguiente:

Art. XV. La Ley no debe imponer sino penas absoluta y evidentemente necesarias: las penas deben ser proporcionadas al delito, y útiles a la sociedad.

Estas disposiciones constituyen el origen remoto del artículo 44.3 de la Constitución de 1999.

12. *La seguridad*

La seguridad fue definida en el artículo 18, Sección "Derechos del Hombre en Sociedad" de la Declaración de 1811, así:

Art. 18. La seguridad consiste en la protección que da la sociedad a cada uno de sus miembros para la conservación de su persona, de sus derechos y de sus propiedades.

La norma proviene del artículo 8 de la Declaración de 1793 que dispuso:

Art. 8. La sûreté consiste dans la protection accordée par la société á chacun de ses membres pour la conservation de sa personne, de ses droits et de ses propriétés.

Este texto fue traducido en el libro de Picornell de 1797, en la forma siguiente:

Art. VIII. La seguridad consiste en la protección acordada por la sociedad a cada uno de sus miembros, para la conservación de su persona, de sus derechos y de sus propiedades.

Estas disposiciones constituyen el origen remoto del artículo 55 de la Constitución de 1999.

13. *El derecho de propiedad*

Sobre la propiedad privada, el artículo 19 de la Sección "Derechos del Hombre en Sociedad" de la Declaración de 1811 estableció el siguiente principio:

Art. 19. Todo ciudadano tiene derecho a adquirir propiedades y a disponer de ellas a su arbitrio, si no contraría el pacto o la ley.

La fuente de inspiración de esta norma fue el artículo 16 de la Declaración francesa de 1793, aún cuando esta era más descriptiva en relación con los bienes sobre los cuales se podía ejercer la propiedad, en la siguiente forma:

Art. 16. Le droit de propriété est celui qui appartient á tout citoyen de jouir et de disposer á son gré de ses biens, de ses revenus, du fruit de son travail e de son industrie.

El texto de esta norma fue traducido en el libro de Picornell de 1797, en la forma siguiente:

Art. XVI. El derecho de propiedad, es aquel que pertenece a todo ciudadano de gozar y de disponer a su gusto, de sus bienes, de sus adquisiciones, del fruto de su trabajo, y de su industria.

Fue sólo la Declaración de 1789 la que inicialmente declaró la propiedad en su artículo XVII como un "derecho inviolable y sagrado."

Estas disposiciones constituyen el origen remoto del artículo 115 de la Constitución de 1999.

14. *La libertad de trabajo e industria y la intervención estatal*

El artículo 20 de la Sección "Derechos del Hombre en Sociedad" de la Declaración de 1811 estableció además la libertad de trabajo e industria, con limitaciones en relación con la posibilidad de intervención del Estado, en la siguiente forma:

Art. 20. Ningún género de trabajo, de cultura, ni industria o comercio puede ser prohibido a los ciudadanos, excepto aquellos que forman o pueden servir a la subsistencia del Estado.

La fuente de inspiración de esta norma fue el artículo 17 de la Declaración francesa de 1793, en la cual sin embargo, nada se establecía sobre la potestad del Estado de limitarla, así:

> Art. 17. Nul genre de travail, de culture, de commerce, ne peut être interdit á l'industrie des citoyens.

El texto de esta norma fue traducido en el libro de Picornell de 1797, en la forma siguiente:

> Art. XVII. Ningún género de trabajo, de cultura, ni de comercio, se puede prohibir a los ciudadanos.

Estas disposiciones constituyen el origen remoto del artículo 87 de la Constitución de 1999.

15. *La garantía del derecho de propiedad y el establecimiento de las contribuciones mediante representantes*

El artículo 21 de la Sección "Derechos del Hombre en Sociedad" de la Declaración de 1811 estableció dos principios fundamentales: por una parte, la garantía de la propiedad privada que no podía ser expropiada sino por causa de "necesidad pública" y mediante "justa compensación"; y por la otra, el principio de que las contribuciones sólo podían ser adoptadas por la representación popular y para fines de "utilidad general," así:

> **Art. 21. Ninguno puede ser privado de la menor porción de su propiedad sin su consentimiento, sino cuando la necesidad pública lo exige y bajo una justa compensación. Ninguna contribución puede ser establecida sino para la utilidad general. Todos los ciudadanos sufragantes tienen derecho de concurrir, por medio de sus representantes al establecimiento de las contribuciones, de vigilar sobre su inversión y de hacerse dar cuenta.**

La norma proviene de los artículos 19 y 20 de la Declaración de 1793 que dispuso:

> Art. 19. Nul ne peut être prive de la moindre portion de sa propriété sans son consentement, si ce n'est lorsque la nécessité publique légale ment constatée l'exige, et sous condition d'une juste et préalable indemnité.

> Art. 20. Nulle contribution ne peut être établie que pour l'utilité générale. Tous les citoyens ont droit de concourir á l'établissement des contributions, d'en surveiller l'emploi et de s'en faire rendre compte.

El texto de estas normas fue traducido en el libro de Picornell de 1797, en la forma siguiente:

> Art. XIX. Ninguno puede ser privado de la menor porción de su propiedad sin su consentimiento, si no es en el caso de que una necesidad pública legalmente probada lo exija, y bajo la condición de una justa y anticipada indemnización.

Art. XX. Ninguna contribución puede ser impuesta con otro fin que el de la utilidad general: todos los ciudadanos tienen derecho de concurrir a su establecimiento, de vigilar sobre su empleo, y de hacerse dar cuenta.

Estas disposiciones constituyen el origen remoto del artículo 115 de la Constitución de 1999.

16. *El derecho de petición*

El derecho de petición fue declarado en el artículo 22 de la Sección "Derechos del Hombre en Sociedad" de la Declaración de 1811 en la siguiente forma:

Art. 22. La libertad de reclamar sus derechos ante los depositarios de la pública autoridad, en ningún caso puede ser impedida ni limitada a ningún ciudadano.

La norma proviene del artículo 32 de la Declaración de 1793 que dispuso:

Art. 32. Le droit de présenter des pétitions aux dépositaires de l'autorité publique ne peut en aucun cas être interdit, suspendu ni limité.

El texto de esta norma fue traducido en el libro de Picornell de 1797, en la forma siguiente:

Art. XXXII. El derecho de presentar peticiones a los depositarios de la autoridad pública, no puede en ningún caso ser prohibido, suspendido, ni limitado.

Estas disposiciones constituyen el origen remoto del artículo 51 de la Constitución de 1999.

17. *El derecho ciudadano a reclamar contra la opresión*

El artículo 23 de la Sección "Derechos del Hombre en Sociedad" de la Declaración de 1811 estableció el derecho ciudadano a reclamar contra la opresión, definiéndola, en la siguiente forma:

Art. 23. Hay opresión individual cuando un solo miembro de la sociedad está oprimido y hay opresión contra cada miembro cuando el Cuerpo social está oprimido. En estos casos las leyes son vulneradas y los ciudadanos tienen derecho a pedir su observancia.

La fuente de inspiración de esta norma fueron los artículos 33 a 35 de la Declaración francesa de 1793, en los cuales, sin embargo, se estableció el derecho de los ciudadanos a la resistencia contra la opresión y a la insurrección en los casos en los cuales el gobierno viola los derechos del pueblo, aspectos que no se recogieron en la Declaración de 1811. El texto de las normas francesas era el siguiente:

Art. 33. La résistance á l'oppression est la conséquence des autres droits de l'homme.

Art. 34. Il y a oppression contre le corps social, lorsqu'un seul de ses membres est opprimé. II y a oppression contre chaque membre, lorsque le corps social est opprimé.

Art. 35. Quand le gouvernement viole les droits du peuple, l'insurrection est pour le peuple et pour chaque portion du peuple le plus sacré des droits et le plus indispensable des devoirs.

Estos artículos fueron traducidos en el libro de Picornell de 1797, en la forma siguiente:

Art. XXXIII. La resistencia a la opresión, es la consecuencia de los otros derechos del hombre.

Art. XXXIV. Hay opresión contra el cuerpo social, al punto que uno solo de sus miembros es oprimido, y hay opresión contra cada miembro en particular, a la hora que la sociedad es oprimida.

Art. XXXV. Cuando el gobierno viola los derechos del Pueblo, la *insurrección* es para éste, y para cada uno de sus individuos, el más sagrado e indispensable de sus deberes.

Estas disposiciones constituyen el origen remoto del artículo 350 de la Constitución de 1999.

18. *La inviolabilidad del hogar doméstico*

La inviolabilidad del hogar doméstico se estableció en el 24 de la Declaración de 1811, Sección "Derechos del Hombre en Sociedad", en la siguiente forma:

Art. 24. La casa de todo ciudadano es un asilo inviolable. Ninguno tiene derecho de entrar en ella, sino en los casos de incendio, inundación o reclamación, que provenga de la misma casa o para los objetos de procedimiento criminal en los casos, y con los requisitos determinados por la ley, y bajo la responsabilidad de las autoridades constituidas que hubieren expedido el decreto. Las visitas domiciliarias, exenciones civiles, sólo podrán hacerse durante el día, en virtud de la ley y con respecto a la persona y objeto expresamente indicados en el acto que ordena la visita y ejecución

Esta previsión, con un detalle destacadamente garantista, no tiene equivalente en las Declaraciones francesas de 1793, 1795 y 1789, ni en la Constitución de 1791; y tampoco está, por supuesto, en el libro de Picornell de 1797.

La redacción de la norma debe haber estado influida por los escritos firmados por William Burke en la Gaceta de Caracas en 1811, donde expresó lo siguiente:

"Es una máxima en las leyes inglesas y americanas "que la casa de cada hombre es su fortaleza." No se puede entrar en ella y ser registrada; ni se pueden tomar los papeles ni ninguna otra cosa que su dueño tenga en ella, sino por un procedimiento legal (by legal process) en virtud de una orden o decreto firmado por un magistrado y ejecutada por el correspondiente oficial y durante el día, desde el amanecer hasta ponerse el sol.[139]

Su texto de la misma, por tanto, estuvo inspirado en las disposiciones de las Declaraciones de derechos de las Colonias independientes de Norteamérica, y en la

---

139 Véase William Burke, *Derechos de la América...*, *op. cit.*, tomo I, p. 151.

tradición del derecho inglés que había expuesto Edward Coke en el Semayne's case, en 1604, al decir que "La casa de cada quien es para él como su castillo y fortaleza, así como para su defensa contra ataques y violencia, así como para su descanso" considerando que el Rey no tenía autoridad para introducirse en la casa de sus súbditos, reconociendo, sin embargo, que los agentes del gobierno estaban permitidos realizar visitas y allanamientos bajo ciertas circunstancias cuando el propósito fuese legal y una orden judicial hubiera sido emitida" (Coke's Rep. 91a, 77 Eng. Rep. 194 (K.B. 1604)).

Esta doctrina, por otra parte, estaba a la base de la IV Enmienda a la Constitución de los Estados Unidos de América, que a su vez había tenido como antecedente las previsiones iniciales de las Constituciones de las antiguas Colonias, y que estuvieron a la mano de los redactores de la Declaración de 1811, a través de la traducción de la Constitución de los Estados Unidos de Norteamérica realizada por Joseph Villavicencio, así como de la con-tenida en el libro de Manuel García de Sena, La independencia de Costa Firme justificada por Tomás Paine Treinta años ha, ambos publicados en 1811. Así, la IV Enmienda de la Constitución de 1789, dispone:

> IV. The right of the people to be secure in their persons, houses, papers, and effects, against unreasonable searches and seizures, shall not be violated, and no Warrants shall issue, but upon probable cause, supported by Oath or affirmation, and particularly describing the place to be searched, and the persons or things to be seized.

La traducción de García de Sena de esta norma era como sigue:

> IV. El derecho del pueblo para ser asegurado en sus personas, casas, papeles y efectos, libre de pesquisas y sorpresas, no podrá ser violado; y ninguna orden de arresto se expedirá, sino con causa probable y apoyada por juramento o afirmación describiendo particularmente el lugar que ha de ser pesquisado y las personas que se han de sorprender.

Esta disposición, a su vez, estuvo inspirada en las previsiones de las Constituciones coloniales, como por ejemplo, la de Massachusetts de 1779, contenida igualmente en el libro de García de Sena, que disponía:

> Article XIV. Every subject has a right to be secure from all unreasonable searches, and seizures, of his person, his houses, his papers, and all his possessions. All warrants, therefore, are contrary to this right, if the cause or foundation of them be not previously supported by oath or affirmation; and if the order in the warrant to a civil officer, to make search in suspected places, or to arrest one or more suspected persons, or to seize their property, be not accompanied with a special designation of the persons or objects of search, arrest, or seizure: and no warrant ought to be issued but in cases, and with the formalities prescribed by the laws.

La traducción de esta previsión en el libro de García de Sena[140] es como sigue:

XIV: Toda persona tiene derecho para estar segura de pesquisas injustas, y de violencias en su persona, sus casas, sus papeles, y todas sus posesiones. Por tanto toda orden de arresto es contraria a este derecho, si la causa o fundamento de ella no está apoyada previamente por juramento o afirmación; y si la orden, comunicada a un Oficial Civil, para hacer pesquisa en algún lugar sospechoso, o arrestar a una o más personas sospechosas, o embargar sus propiedades, no embargar sus propiedades, no está acompañada con una especial designación de las personas, u objetos de pesquisas, arresto, o captura. Y ninguna orden de arresto debe ser expedid, sino en los casos y con las formalidades que prescriben las leyes.

Estas disposiciones constituyen el origen remoto del artículo 47 de la Constitución de 1999.

19. *Derechos de los extranjeros*

En los artículos 25 a 27 de la Sección "Derechos del Hombre en Sociedad" de la Declaración de 1811, se establecieron previsiones relativas a asegurar el estatus de los extranjeros, y establecer, además, el principio general de la igualdad entre extranjeros y venezolanos, en la siguiente forma:

Art. 25. Todos los extranjeros de cualquiera nación serán recibidos en la "Provincia de Caracas.

Art. 26. Las personas y las propiedades de los extranjeros gozarán de la misma seguridad que las de los demás ciudadanos, con tal que reconozcan la soberanía e independencia y respeten la Religión Católica, única en el país.

Art. 27. Los extranjeros que residan en la Provincia de Caracas, habiéndose naturalizado y siendo propietarios, gozaran de todos los derechos de ciudadanos.

Estas normas no tienen antecedentes ni en las Declaraciones francesas, ni en el libro de Picornell de 1797, ni en el libro de García de Sena y los textos constitucionales de la independencia Norteamericana en él publicados. El punto de inspiración de las normas debió haber estado en los escritos firmados por William Burke que fueron publicados en la Gaceta de Caracas en 1811, como se ha comentado antes, al hablar del derecho al sufragio. Burke le atribuyó especial importancia a abrir las puertas a la inmigración que consideraba lo más beneficioso para el desarrollo del país, lo cual se arraigó, por lo demás, en la tradición de Venezuela habiendo marcado el desarrollo del país en los siglos sucesivos. Debe mencionarse, incluso, que en el libro oficial *Interesting Official Documents Relating to the United Provinces of Venezuela,* publicado en 1812 contentivo de los documentos oficiales de la Primera

---

140   Véase Pedro Grases, "Estudio sobre los 'Derechos del Hombre y del Ciudadano'," en el libro *Derechos del Hombre y del Ciudadano* (Estudio Preliminar por Pablo Ruggeri Parra y Estudio histórico-crítico por Pedro Grases), Academia Nacional de la Historia, Caracas 1959, p. 237

república, los artículos que se reproducen de la declaración de derechos del pueblo fueron solo los relativos precisamente a los extranjeros y la inmigración.

Estas disposiciones constituyen el origen remoto del artículo 39 de la Constitución de 1999.

SECCIÓN TERCERA:

LOS DEBERES DEL HOMBRE EN SOCIEDAD

La Sección Tercera de la Declaración de 1811, relativa a los "Deberes del Hombre en Sociedad," contiene las declaraciones sobre el límite de los derechos (art. 1); los deberes de los ciudadanos (art. 2); sobre el enemigo de la sociedad (art. 3); sobre el buen ciudadano (art. 4) y sobre el hombre de bien (art. 5). En esta Sección se aprecia más la influencia del texto de la Declaración francesa de 1795.

1.   *El límite de los derechos*

En el artículo 1º de la Sección "Deberes del Hombre en Sociedad" de la Declaración de 1811 se establece el límite esencial de los mismos en los derechos de los demás, en la siguiente forma:

> **Art. 1º Los derechos de los otros son el límite moral y el principio de los derechos, cuyo cumplimiento resulta del respeto debido a estos mismos derechos. Ellos reposan sobre esta máxima: haz siempre a los otros el bien que querrías recibir de ellos, no hagas a otro lo que no quieras que te hagan a ti.**

Este texto tiene su origen tanto en los textos respectivos de la Declaración francesa de 1793 como en la de 1795. En efecto, el texto del artículo 6 de la Declaración de 1793 establece:

> *Art. 6. La liberté est le pouvoir qui appartient á l'homme de faire ce qui ne nuit pas aux droits d'autrui: elle a pour principe la nature; pour règle la justice; pour sauvegarde, la loi: sa limite morale est dans cette maxime:* Ne fais pas a un autre ce que tu ne veux pas qu'il te soit fait.

La traducción de este texto que circuló en el libro de Picornell de 1793 fue la siguiente:

> Art. VI. La libertad consiste en poder hacer todo lo que no perjudica a los derechos de otro; tiene por principio la naturaleza, por regla la justicia, y por salvaguarda la ley: sus límites morales se contienen en esta máxima: *no hagas a otro lo que no quieres que te se haga a ti.*

Sin embargo, en el texto de la Declaración de 1811, además de la máxima indicada, se incluyó otra que pro-viene de la Declaración francesa de 1795, en cuyo artículo 2 de la Sección "Deberes" se dispuso:

> *Art. 2. Tous les devoirs de l'homme et du citoyen dérivent de ces deux principes, gravés par la nature dans tous les cœurs: Ne faites pas a autrui ce que vous ne voudriez pas qu'on vous fît. Faites constamment aux autres le bien que vous voudriez en recevoir.*

Estas disposiciones constituyen el origen remoto del artículo 20 de la Constitución de 1999.

2. *Los deberes de los ciudadanos*

En cuanto a los deberes de los ciudadanos, el artículo 2 de la Sección "Deberes del Hombre en Sociedad" de la Declaración de 1811 establece:

Art. 2. Los deberes de cada ciudadano para con la sociedad son: vivir con absoluta sumisión a las leyes; obedecer y respetar a las autoridades constituidas; mantener la libertad y la igualdad; contribuir a los gastos públicos; servir a la Patria cuando ella lo exige y hacerle, si es necesario, el sacrificio de los bienes y de la vida; y en el ejercicio de estas virtudes consiste el verdadero patriotismo.

Los antecedentes de este artículo pueden ubicarse en el texto de los artículos 3 y 9 de la Sección de "Deberes" de la Declaración de 1795, en los cuales se dispuso:

Art. 3. Les obligations de chacun envers la société consistent á la défendre, á la servir, á vivre soumis aux lois, et á respecter ceux qui en sont les organes.

Art. 9. Tout citoyen doit ses services á la patrie et au maintien de la liberté, de l'égalité et de la propriété, toutes les fois que la loi 1'appelle á les défendre

Estas disposiciones constituyen el origen remoto de los artículos 130 a 135 de la Constitución de 1999.

3. *Sobre los enemigos de la sociedad*

Conforme al artículo 3 de la Sección "Deberes del Hombre en Sociedad" de la Declaración de 1811,

Art. 3. El que viola abiertamente las leyes, el que procura eludirlas, se declara enemigo de la sociedad.

El antecedente de esta norma se encuentra en el texto de los artículos 6 y 7 de la Sección "Deberes" de la Declaración de 1795, que establecieron:

Art. 6. Celui qui viole ouvertement les lois se déclare en état de guerre avec la société.

Art. 7. Celui qui, sans enfreindre ouvertement les lois, les élude par ruse ou par adresse, blesse les intérêts de tous; il se rend indigne de leur bienveillance et de leur estime.

4. *Sobre el buen ciudadano*

El artículo 4 de la Sección "Deberes del Hombre en Sociedad" de la Declaración de 1811, definía al buen ciudadano así:

Art. 4. Ninguno será buen ciudadano si no es buen padre, buen hijo, buen hermano, buen amigo y buen esposo.

El antecedente de esta norma está en el artículo 4 de la Sección de "Deberes" de la Declaración de 1795, que estableció:

> *Art. 4. Nul n'est bon citoyen s'il n'est bon fils, bon père, bon frère, bon ami, bon époux.*

5.   Sobre el hombre de bien

Sobre el hombre de bien, se definía en el artículo 5 de la Sección "Deberes del Hombre en Sociedad" de la Declaración de 1811, así:

> **Art. 5. Ninguno es hombre de bien si no es franco, fiel y religioso observador de las leyes. La práctica de las virtudes privadas y domésticas es la base de las virtudes públicas.**

Esta norma tiene su antecedente en el artículo 5 de la Sección de "Deberes" de la Declaración de 1795, que estableció:

> *Art. 5. Nul n'est homme de bien s'il n'est franchement et religieusement observateur des lois.*

SECCIÓN CUARTA:

LOS DEBERES DEL CUERPO SOCIAL

1.   La garantía social

El artículo 1 de la Sección de "Deberes del Cuerpo Social" de la Declaración de 1811 establece el deber general de solidaridad y garantía social, al disponer:

> **Art. 1. El deber de la sociedad para con los individuos que la componen es la garantía social. Esta consiste en la acción de todos para asegurar a cada uno el goce y la conservación de sus derechos, y ella descansa sobre la soberanía nacional.**

Esta norma proviene del 23 de la Declaración de 1793 que estableció:

> *Art. 23. La garantie sociale consiste dans l'action de tous pour assurer á chacun la jouissance et la conservation de ses droits; cette garantie repose sur la souveraineté nationale.*

La traducción de esta norma en el libro de Picornell de 1797, fue la siguiente:

> Art. XXIII. La seguridad consiste en la unión de todos, para asegurar a cada uno el goce, y la conservación de sus derechos. Esta seguridad está fundada sobre la soberanía del Pueblo.

2.   La responsabilidad de los funcionarios y la limitación de los poderes

El artículo 2 de la Sección "Deberes del Cuerpo Social" de la Declaración de 1811 estableció lo siguiente en cuanto a la separación de poderes y la responsabilidad de los funcionarios:

> **Art. 2. La garantía social no puede existir sin que la ley determine claramente los límites de los poderes, ni cuando no se ha establecido la responsabilidad de los públicos funcionarios.**

Esta norma proviene del texto del artículo 24 de la Declaración de 1793 que estableció:

> *Art. 24. Elle ne peut exister si les limites des fonctions publiques ne sont pas clairement déterminées par la loi, et si la responsabilité de tous les fonctionnaires n'est pas assurée.*

La traducción de esta norma en el libro de Picornell fue la siguiente:

> Art. XXIV. Ella [la garantía social] no puede subsistir, si los límites de las funciones públicas no están claramente determinados por la ley, y si la responsabilidad de todos los funcionarios no está asegurada.

Debe destacarse que en la Declaración de 1795, la norma equivalente (art. 22) agregaba la referencia a la división de poderes así:

> *Art. 22. La garantie sociale ne peut exister si la division des pouvoirs n'est pas établie, si leurs limites ne sont par fixées, et si la responsabilité des fonctionnaires publics n'est pas assurée.*

En el artículo XVI de la Declaración de 1789, por lo demás, el principio de la separación de poderes se establecía con toda claridad así:

> *XVI. Toute société dans laquelle la garantie des droits n'est pas assurée, ni la séparation des pouvoirs déterminée, n'a point de Constitution.*

Estas disposiciones constituyen el origen remoto de los artículos 137 y 140 de la Constitución de 1999.

3. *Los socorros públicos*

El artículo 3 de la Sección de "Deberes del Cuerpo Social" de la Declaración de 1811 estableció el principio de la solidaridad social y los socorros públicos así:

> **Art. 3. Los socorros públicos son una deuda sagrada a la sociedad: ella debe proveer a la subsistencia de los ciudadanos desgraciados, ya asegurándoles trabajo a los que puedan hacerlo, ya proporcionando medios de existir a los que no están en este caso.**

El antecedente de esta norma está en el artículo 21 de la Declaración de 1793, que estableció:

> *Art. 21. Les secours publics sont une dette sacrée. La société doit la subsistance aux citoyens malheureux, soit en leur procurant du travail, soit en assurant les moyens d'exister á ceux qui sont hors d'état de travailler.*

La traducción de esta norma en el libro de Picornell, fue como sigue:

> Art. XXI. Los socorros públicos son una obligación sagrada: la sociedad debe mantener a los ciudadanos desgraciados, ya sea procurándoles ocupación, ya asegurando modos de existir a aquellos que no están en estado de trabajar.

Estas disposiciones constituyen el origen remoto del artículo 87 de la Constitución de 1999.

4. *La instrucción publica*

En el artículo 4 de la Sección de "Deberes del Cuerpo Social" de la Declaración de 1811 se estableció sobre la instrucción pública, lo siguiente:

Art. 4. La instrucción es necesaria a todos. La sociedad debe favorecer con todo su poder los progresos de la razón pública y poner la instrucción al alcance de todos.

El texto, sin duda, proviene del artículo 22 de la Declaración de 1793 que dispuso:

Art. 22. L'instruction est le besoin de tous. La société doit favoriser de tout son pouvoir les progrès de la raison publique, et mettre l'instruction á la portée de tous les citoyens.

La traducción de la norma, en el libro de Picornell de 1793 fue la siguiente:

Art. XXII. La instrucción es necesaria a todos: la sociedad debe proteger con todas sus fuerzas los progresos del entendimiento humano, y proporcionar la educación conveniente a todos sus individuos.

Estas disposiciones constituyen el origen remoto del artículo 102 de la Constitución de 1999.

SECCIÓN QUINTA:

LA DECLARACIÓN DE LOS "DERECHOS DEL HOMBRE" EN LA CONSTITUCIÓN FEDERAL DE LOS ESTADOS DE VENEZUELA DE 1811

I.   LA DECLARACÓN DE INDEPENDENCIA DE 5 DE JULIO DE 1811 Y LA CONSTITUCIÓN DE 21 DE DICIEMBRE DE 1811

Cuatro días después de haberse adoptado la declaración de Derechos del Pueblo del 1 de julio de 1811, el 5 de julio de ese mismo año, el Congreso General de las Provincias de Venezuela integrado por los representantes electos de las Provincias de Margarita, Mérida, Cumaná, Barinas, Barcelona, Trujillo y Caracas, aprobó la Declaración de Independencia de las provincias de Venezuela, pasando a denominarse la nueva nación, como Confederación Americana de Venezuela[141]; y en los meses siguientes, bajo la inspiración de los principios básicos del constitucionalismo moderno que habían sido moldeados en la Constitución norteamericana y las Declaraciones francesas de los Derechos del Hombre y del Ciudadano,[142] el 21 de diciem-

---

141   Véase el texto Acta de la Declaración de la Independencia, cuya formación se encomendó a Juan Germán Roscio, en Francisco González Guinán, *Historia Contemporánea de Venezuela,* Caracas, 1954, Tomo I, pp. 26 y ss.; y el Allan R. Brewer-Carías, *Las Constituciones de Venezuela, cit.*, pp. 171 y ss.

142   *Cf.* José Gil Fortoul, *Historia Constitucional..., op. cit.,* Tomo Primero, pp. 254 y 267.

bre de 1811 sancionó la primera Constitución de Venezuela y la de todos los países latinoamericanos.[143]

Esta Constitución fue el resultado de un proceso de discusión efectuada por el Congreso General, que culminó en un texto de 228 artículos, agrupados en 9 capítulos, destinados a regular el Poder Legislativo (Arts. 3 a 71), el Poder Ejecutivo (Arts. 72 a 109), el Poder Judicial (Arts. 110 a 118), y las Provincias (Arts. 119 a 134) concluyendo con el relativo a los "Derechos del Hombre que se respetarán en toda la extensión del Estado" (Arts. 141 a 199). Con dicho texto se conformó la Unión de las Provincias que venían siendo parte de la Confederación de Venezuela y que habían formado parte de la Capitanía General de Venezuela[144].

Con este texto puede decirse entonces que culminó el proceso constituyente en el país que se había iniciado el 19 de abril de 1810, organizándose el Estado conforme a los principios básicos del constitucionalismo moderno derivado de las Revoluciones norteamericana y francesa. De ella, dijo Pablo Ruggeri Parra: "Su parte orgánica es hecha a imitación de la Constitución de Filadelfia; su parte dogmática viene de la Francia de la Revolución, aunque ésta a su vez viene del mundo inglés."[145] En la misma, en cambio, habiéndose sancionado en diciembre de 1811, al contrario de lo que sucedió en muchas Constituciones latinoamericanas, particularmente posteriores a 1820, no pueden encontrar influencias del constitucionalismo de Cádiz derivados de la Constitución de la Monarquía Española de marzo de 1812.[146]

II. LA INFLUENCIA FRANCESA Y NORTEAMERICANA EN LA CONSTITUCIÓN DE 1811

En cuanto a las fuentes de influyeron en su redacción, la Constitución de 1811 recibió de la Constitución americana la forma federal del Estado, del presidencialismo como sistema de gobierno dentro del esquema de la separación de poderes, y el principio de la garantía objetiva de la Constitución. Pero en cuanto a la redacción del texto constitucional de 1811, la influencia directa de la Constitución francesa es evidente, particularmente en la regulación detallada de la forma de elección indirecta de los representantes, en el reforzamiento de la separación de poderes, y en la extensa Declaración de Derechos fundamentales que contiene.[147]

---

143   Véase el texto de la Constitución de 1811, en *La Constitución Federal de Venezuela de 1811 y Documentos afines* (Estudio Preliminar de C. Parra Pérez), Caracas, 1959, pp. 151 y ss., y en Allan R. Brewer-Carías, *Las Constituciones de Venezuela, cit.*, pp. 179 y ss.

144   Véase Allan R. Brewer-Carías, *Evolución Histórica del Estado,* Tomo I, *Instituciones Políticas y Constitucionales,* Caracas 1996, pp. 268 y ss.

145   Véase Pablo Ruggeri Parra. "Estudio Preliminar", al libro *Derechos del Hombre y del Ciudadano* (Estudio Preliminar por Pablo Ruggeri Para y Estudio histórico-crítico por Pedro Grases), Academia Nacional de la Historia, Caracas 1959, p. 27.

146   Véase Allan R. Brewer-Carías, "El paralelismo entre el constitucionalismo venezolano y el constitucionalismo de Cádiz (o de cómo el de Cádiz no influyó en el venezolano)" en *Libro Homenaje a Tomás Polanco Alcántara*, Estudios de Derecho Público, Universidad Central de Venezuela, Caracas 2005, pp. 101-189

147   Véase en general Allan R. Brewer-Carías, *Reflexiones sobre la Revolución Americana (1776) y la Revolución Francesa (1789) y sus aportes al constitucionalismo moderno*, Caracas 1991. Las consideraciones que se hacen en las páginas siguientes siguen lo expuesto en dicho libro. *Cf.* Allan R. Brewer-

Pero de ambos procesos revolucionarios, el francés y el norteamericano, la Constitución de 1811 fue el producto del principio básico del constitucionalismo moderno que los mismos aportaron, que el de la democracia y el republicanismo basado en el concepto de soberanía del pueblo. Con la Revolución norteamericana, el principio tradicional de la legitimidad monárquica del Estado fue sustituido definitivamente. La soberanía no correspondió más a un Monarca, sino al pueblo y, por ende, con la Revolución americana, puede decirse que la práctica del gobierno democrático fue iniciada en el mundo moderno. El mismo principio fue luego recogido por la Revolución francesa, pero duró en la práctica constitucional muy poco, debido a la restauración de la Monarquía a partir de 1815.

Estos principios, recogidos como hemos visto en los dos primeros artículos de la Sección "Soberanía del Pueblo," de la Declaración de Derechos del Pueblo de 1811, se recogieron con la misma orientación en la Constitución de 1811, precisándose sin embargo, más ampliamente que "Una sociedad de hombres reunidos bajo unas mismas leyes, costumbres y gobiernos forma una soberanía" (Art. 143); siendo "La soberanía de un país o supremo poder de reglar o dirigir equitativamente los intereses de la comunidad, reside, pues esencial y originalmente en la masa general de sus habitantes y se ejercita por medio de apoderados o representantes de estos, nombrados y establecidos conforme a la Constitución" (Art. 144).

Había sido sin duda, conforme a la orientación del contenido de estas normas, que en las antiguas Provincias coloniales de España que formaron Venezuela, la soberanía del Monarca español había cesado. Incluso, desde el 19 de abril de 1810, la soberanía había comenzado a ejercerse por el pueblo, que se dio a sí mismo una Constitución a través de sus representantes electos. Por ello, la Constitución de 1811, comenzó señalando:

"En nombre de Dios Todopoderoso, Nosotros, el pueblo de los Estados de Venezuela, usando de nuestra soberanía…hemos resuelto confederarnos solemnemente para formar y establecer la siguiente Constitución, por la cual se han de gobernar y administrar estos Estados".

La idea del pueblo soberano, por tanto, que no sólo provino de la Revolución francesa sino, antes, de la Revolución americana, y se arraigó en el constitucionalismo venezolano desde 1811, en contra precisamente de la idea de la soberanía monárquica que aún imperaba en España en ese momento. La idea de representatividad republicana, por supuesto, también se recogió en la Constitución venezolana de 1811, en la cual, se estableció que la soberanía se ejercitaba sólo "por medio de apoderados o representantes de éstos, nombrados y establecidos conforme a la Constitución" (Art. 144); lo que conllevó a la previsión de que "Ningún individuo, ninguna familia, ninguna porción o reunión de ciudadanos, ninguna corporación particular, ningún pueblo, ciudad o partido, puede atribuirse la soberanía de la sociedad que es imprescindible, inajenable e indivisible, en su esencia y origen, ni persona alguna podrá ejercer cualquier función pública del gobierno si no la ha obtenido por la constitución" (Art. 146).

Carías, *La formación del Estado venezolano,* separata del libro Paramillo, UCAT, San Cristóbal 1996, pp. 201 a 359.

En definitiva, siendo el sistema de gobierno netamente republicano y representativo, conforme a la más exacta expresión francesa de la Declaración de 1789 (Art. 6), la Constitución de 1811 estableció que: "La Ley es la expresión libre de la voluntad general de la mayoría de los ciudadanos, indicada por el órgano de sus representantes legalmente constituidos" (Art. 149).

En todo caso, la democracia como sistema político buscada, lograda o mantenida, es una tendencia en el constitucionalismo moderno y contemporáneo, inspirada por el proceso constitucional norteamericano y el proceso de la Revolución francesa. Todas las constituciones en el mundo la establecieron como un componente básico de sus sistemas políticos, y es el símbolo de nuestro tiempo, aún cuando su mantenimiento no ha sido siempre asegurado. Por supuesto, este dogma de la soberanía del pueblo y de la democracia republicana fue recogido de inmediato en América Latina, a raíz de la Independencia, y basta para darse cuenta, leer los motivos de la Junta Suprema de Venezuela en 1810 para convocar a elecciones, al adoptar el Reglamento de las mismas, constatando la falta de representatividad de las Provincias en el gobierno de Caracas, lo que debía remediarse constituyéndose un poder central[148]. La Junta, así, al dirigirse a los habitantes de Venezuela señaló: "Sin una representación común, vuestra concordia es precaria, y vuestra salud peligra. Contribuid a ella como debéis y como desea el gobierno actual. El ejercicio más importante de los derechos del pueblo es aquel en que los transmite a un corto número de individuos, haciéndolos árbitros de la suerte de todos." De allí, el llamamiento de la Junta a todas las clases de hombres libres al primero de los goces de ciudadano, "que es el concurrir con su voto a la delegación de los derechos personales y reales que existieron originariamente en la masa común y que le ha restituido el actual interregno de la Monarquía."

El Congreso formado por los diputados electos, e instalado a comienzos de 1811, entonces, como se dijo, no sólo declaró los Derechos del Pueblo (1° de julio) y la Independencia (5 julio), sino que sancionó la Constitución que a la usanza del texto de la Constitución norteamericana de 1787, está precedida por la siguiente declaración:

> **"Nosotros, el pueblo de los Estados Unidos de Venezuela, usando de nuestra soberanía y deseando establecer entre nosotros la mejor administración de justicia, procurar el bien general, asegurar la tranquilidad interior, proveer en común la defensa exterior, sostener nuestra libertad e independencia política, conservar pura e ilesa la sagrada religión de nuestros mayores, asegurar perpetuamente a nuestra posteridad el goce de estos bienes y estrechados mutuamente con la más inalterable unión y sincera amistad, hemos resuelto confederarnos solemnemente para formar y establecer la siguiente Constitución, por la cual se han de gobernar y administrar estos estados..."**

El republicanismo y asambleísmo, en todo caso, fue una constante en toda la evolución constitucional de la naciente República, por lo que desde las campañas por la independencia de Simón Bolívar, el empeño por legitimar el poder por el

---

148   Véase el texto en J.F. Blanco y R. Azpúrua, *Documentos para ..., op. cit.,* Tomo II, pp. 504 y ss.

pueblo reunido o a través de elecciones, fue permanente en nuestra historia política[149].

El otro principio fundamental que se acogió en el texto de la Constitución de 1811, fue el que se había consagrado en la Constitución de los Estados Unidos de 1787, y previamente, en las distintas Constituciones de las antiguas colonias, que fue el de la separación orgánica de poderes, el cual fue expresado formalmente por primera vez dentro de la más ortodoxa doctrina de la época, en la Constitución de *Virginia* en 1776 (Art. III).

La separación de poderes y el sistema presidencialista de gobierno, en todo caso, fue seguido posteriormente en todas las Repúblicas latinoamericanas, después de la Independencia o después de la experiencia de gobiernos monárquicos, como los que hubo en algunos países; y en todo caso, fue bajo la inspiración de estos principios que se redactó la Constitución de 1811, en la cual se consagró expresamente la división del Poder Supremo en tres: Legislativo, Ejecutivo y Judicial "confiado a distintos cuerpos independientes entre sí y en sus respectivas facultades" (Preámbulo), configurándose un sistema de gobierno presidencial. De allí la siguiente expresión del Preliminar de la Constitución de 1811:

> **El ejercicio de la autoridad confiada a la Confederación no podrá jamás hallarse reunido en sus diversas funciones. El Poder Supremo debe estar dividido en Legislativo, Ejecutivo y Judicial, y confiado a distintos Cuerpos independientes entre sí y en sus respectivas facultades. Los individuos que fueren llamados a ejercerlas se sujetarán inviablemente al modo y reglas que en esta Constitución se les rescriben para el cumplimiento y desempeño de sus destinos.**

A tal efecto, toda la estructura de la Constitución está montada sobre el principio, el cual se repite en el artículo 189, como se indica más adelante.

Por otra parte, como se ha dicho, entre las contribuciones más importante del constitucionalismo norteamericano al derecho constitucional moderno, fue la práctica de establecer declaraciones formales y escritas de derechos y libertades fundamentales del hombre, habiendo sido las primeras declaraciones modernas de este tipo, las dictadas en las Colonias norteamericanas el mismo año de la Declaración de la Independencia, siendo en ese sentido famosa, la Declaración de Derechos de *Virginia* de 1776; y que fueron seguidas por la Declaración de Derechos del Hombre y del Ciudadano de Francia (1789).

En Venezuela, precisamente, luego de la adopción el 1º de julio de 1811, de la *"Declaración de Derechos del Pueblo, "*que antes hemos comentado, su texto fue luego recogido y ampliado en el Capítulo *VIII* sobre los "Derechos del Hombre que se reconocerán y respetarán en toda la extensión del Estado", que se subdividió también en las mismos cuatro secciones de la Declaración de 1811: *Soberanía del pueblo* (Arts. 141 a 159), *Derechos del hombre en sociedad* (Arts. 151 a 191), *Dere-*

---

149 Véase Allan R. Brewer-Carías, "Ideas centrales sobre la organización del Estado en la obra del Libertador y sus proyecciones contemporáneas", *Boletín de la Academia de Ciencias Políticas y Sociales,* Caracas 1984, Nº 95-96, pp. 137 y ss.

chos del hombre en sociedad (Arts. 192 a 196) y *Deberes del cuerpo social* (Arts. 197 a 199). Dichos derechos, se complementan, por otra parte, con diversas previsiones incorporadas en el Capítulo IX sobre Disposiciones Generales.

En este Capítulo VIII se recogieron, enriquecidos, los artículos de la Declaración de los Derechos del Pueblo de 1811, y en su redacción se recibió la influencia directa del texto de las Declaraciones de las antiguas colonias norteamericanas, de las Enmiendas a la Constitución de los Estados Unidos de América y de la Declaración Francesa de los Derechos del Hombre y del Ciudadano, y en relación con esta última, de los documentos de la conspiración de Gual y España de 1797.[150]

En la Primera Sección sobre "Soberanía del pueblo," se precisan los conceptos básicos que en la época originaban una república, comenzando por el sentido del "pacto social" (artículos 141 y 142)

La Sección continúa con el concepto de soberanía (art. 143) y de de su ejercicio mediante representación (art. 144-146), el derecho al desempeño de empleos públicos en forma igualitaria (art. 147), con la proscripción de privilegios o títulos hereditarios (art. 148), la noción de la ley como expresión de la voluntad general (art. 149) y la nulidad de los actos dictados en usurpación de autoridad (art. 150).

En la Segunda Sección sobre "Derechos del hombre en sociedad," al definirse la finalidad del gobierno republicano (art. 151), se enumeran como tales derechos a la libertad, la igualdad, la propiedad y la seguridad (art. 152), y a continuación se detalla el contenido de cada uno: se define la libertad y sus límites solo mediante ley (art. 153-156), la igualdad (art. 154), la propiedad (art. 155) y la seguridad (art. 156). Además, en esta sección se regulan los derechos al debido proceso: el derecho a ser procesado solo por causas establecidas en la ley (art. 158), el derecho a la presunción de inocencia (art. 159), el derecho a ser oído (art. 160), el derecho a juicio por jurados (art. 161). Además, se regula el derecho a no ser objeto de registro (art. 162), a la inviolabilidad del hogar (art. 163) y los límites de las visitas autorizadas (art. 165), el derecho a la seguridad personal y a ser protegido por la autoridad en su vida, libertad y propiedades (art. 165), el derecho a que los impuestos sólo se establezcan mediante ley dictada por los representantes (art. 166), el derecho al trabajo y a la industria (art. 167), el derecho de reclamo y petición (art. 168), el derecho a la igualdad respecto de los extranjeros (art. 168), la proscripción de la irretroactividad de la ley (art. 169), la limitación a las penas y castigos (art. 170) y la prohibición respecto de los tratos excesivo y la tortura (arts. 171-172), el derecho a la libertad bajo fianza (art. 174), la prohibición de penas infamantes (art. 175), la limitación del uso de la jurisdicción militar respecto de los civiles (art. 176), la limitación a las requisiciones militares (art. 177), el régimen de las milicias (art. 178), el derecho a portar armas (art. 179), la eliminación de fueros (180) y la libertad de expresión de pensamiento (art. 181).

La Sección concluye con la enumeración del derecho de petición de las Legislaturas provinciales (art. 182) y el derecho de reunión y petición de los ciudadanos (art. 183-184), el poder exclusivo de las Legislaturas de suspender las leyes o dete-

---

150   Véase Allan R. Brewer-Carías, *Los Derechos Humanos en Venezuela: casi 200 años de Historia*, Caracas 1990, pp. 101 y ss.

ner su ejecución (art. 185), el poder de legislar atribuido al Poder Legislativo (art. 186), el derecho del pueblo a participar en la legislatura (art. 187), el principio de la alternabilidad republicana (art. 188), el principio de la separación de poderes entre el Legislativo, el Ejecutivo y el Judicial (art. 189), el derecho al libre tránsito entre las provincias (art. 190), el fin de los gobiernos y el derecho ciudadano de abolirlos y cambiarlos (art. 191).

En la Sección Tercera sobre "Deberes del hombre en sociedad," donde se establece la interrelación entre derechos y deberes (art. 192), la interrelación y limitación entre los derechos (art. 193), los deberes de respetar las leyes, mantener la igualdad, contribuir a los gastos públicos y servir a la patria (art. 194), con precisión de lo que significa ser buen ciudadano (art. 195), y de lo que significa violar las leyes (art. 196).

En la Sección Cuarta sobre "Deberes del Cuerpo Social," donde se precisa las relaciones y los deberes de solidaridad social (art. 197-198), y se establece en el artículo 199, la declaración general sobre la supremacía y constitucional y vigencia de estos derechos, y la nulidad de las leyes contrarias a los mismos.

Como se dijo, en la redacción de este articulado tuvo, sin duda, influencia, el texto de la Declaración de Derechos del Pueblo de 1° de julio de 1811, pero también la tuvieron directamente, el texto del la traducción de la declaración francesa contenida en el libro de Picornell de 1797 de la Conspiración de Gual y España, *Derechos del Hombre y del Ciudadano con varias máximas republicanas y un discurso preliminar dirigido a los americanos*, así como los textos de las Declaraciones francesas de 1789, 1791, 1793 y 1795. En el texto de la Constitución de 1811, además, se encuentra la influencia del texto de la Constitución de los Estados Unidos de América de 1787, de sus Enmiendas de 1789 y de varias de las Constituciones de las antiguas Colonias, como la de Massachusetts de 1776 que llegaron traducidas a Caracas en los libros de Joseph Villavicencio, *La Constitución de los Estados Unidos de América de 1811* y de Manuel García de Sena, *La Independencia de Costa Firme justificada por Thomas Paine Treinta años ha de 1811*. Sin duda, a través de esos documentos, también se recibió en Caracas *la influencia de la Constitution or form of Government, agreed to and resolved upon by the Delegates and Representatives of the several Counties and Corporation of Virginia* de 29 de junio de 1776; y del texto de la *Declaration of Rights* de Virginia de 12 de junio de 1776.

III. TEXTO Y FUENTES DE INSPIRACIÓN DE LA DECLARACIÓN DE LOS "DERECHOS DEL HOMBRE" EN LA CONSTITUCIÓN DE 1811

Analizaremos a continuación el contenido de los capítulos VIII y IX de la Constitución de 1811, siguiendo en líneas generales la subdivisión del Capítulo VIII en las mismas Secciones que se habían establecido en el texto de la Declaración de Derechos del Pueblo de 1811, en la cual se inspiró, además de en los textos franceses y norteamericanos, como explicamos a continuación, transcribiendo después de cada artículo de la Declaración los textos originales que los inspiraron

SECCIÓN SEXTA:

LA SOBERANIA DEL PUEBLO

La primera sección del capítulo constitucional de los derechos del hombre, contiene una serie de declaraciones fundamentales, que recogen la esencia de la teoría política prevalente de la época, fundada particularmente, entre otros, en los escritos de Tomás Hobbes, John Locke, Bodino, Montesquieu.

1.   *La constitución de la sociedad civil*

El artículo 141 de la Constitución de 1811 establece:

141.   Después de constituidos los hombres en sociedad han renunciado a aquella libertad ilimitada y licenciosa a que fácilmente los conducían sus pasiones, propia sólo del estado salvaje. El establecimiento de la sociedad presupone la renuncia de estos derechos funestos, la adquisición de otros más dulces y pacíficos y la sujeción a ciertos deberes mutuos.

Se trata, sin duda, de la expresión, en una norma constitucional, de los principios explicativos del surgimiento de la sociedad civil y política (Estado), producto del pacto social, y la sustitución del estado natural del hombre, tomados, principalmente, de los escritos de Tomas Hobbes. La sociedad organizada así, implica la renuncia a ciertas libertades y el goce de otras más acordes con el respeto mutuo.

2.   *El pacto social*

La Constitución de 1811, en su artículo 142, estableció:

142.   El pacto social asegura a cada individuo el goce y posesión de sus bienes, sin lesión del derecho que los demás tengan a los suyos.

La idea del pacto o contrato social que dio origen al Estado, se formuló inicialmente por John Locke (1690) partiendo de la consideración de la condición natural del hombre. Para Locke, la razón por la cual los hombres entran en un contrato social es para preservar sus vidas, libertades y posesiones, a lo cual denominó en general, *property*[151]. De allí la idea del artículo 142 de la Constitución de 1811, en el sentido de que es el Pacto Social el que "asegura a cada individuo el goce y posesión de sus bienes".

3.   *La Soberanía*

En relación a la soberanía, la Constitución de 1811 contiene tres normas (art. 143 a 145):

A.   *Definición de la soberanía*

El artículo 143 establece:

143.   Una sociedad de hombres reunidos bajo unas mismas leyes, costumbres y Gobiernos forma una soberanía.

---

151   Véase J. Locke, *Two Treatises of Government,* ed. P. Laslett, Cambridge, 1962, Parágrafo 57, p. 324.

La idea de la soberanía referida a gobierno mediante leyes proviene de Montesquieu[152]; pero el antecedente remoto de esta noción está en la clásica definición de J. Bodino:

A commonwealth may be defined as the rightly ordered government of a number of families, and of those things which are their common concern, by a sovereign power.[153]

B. La soberanía del pueblo

El artículo 144 establece:

144. La soberanía de un país, o supremo poder de reglar o dirigir equitativamente los intereses de la comunidad, reside, pues, esencial y originalmente en la masa general de sus habitantes y se ejercita por medio de apoderados o representantes de éstos, nombrados y establecidos conforme a la Constitución.

La definición de la soberanía, como "supremo poder de reglar o dirigir equitativamente los intereses de la comunidad" que contiene esta norma, nos recuerda la clásica definición de J. Bodino:

Sovereignty is that absolute and perpetual power vested in a commonwealth which in Latin is termed *majestas*[154].

La concepción de que la soberanía se ejerce por representantes proviene del artículo 1 de la declaración de derechos de 1811, y de que la misma reside en la masa general de los habitantes proviene del texto del artículo 17 de la Declaración francesa de 1795 que dispuso:

17. La souveraineté réside essentiellement dans l'universalité des citoyens.

Estas disposiciones constituyen el origen remoto del artículo 5 de la Constitución de 1999.

C. La titularidad de la soberanía

El artículo 145 de la Constitución de 1811 estableció sobre el ejercicio de la soberanía el principio de que:

145. Ningún individuo, ninguna familia, ninguna porción o reunión de ciudadanos, ninguna corporación particular, ningún pueblo, ciudad o partido puede atribuirse la soberanía de la sociedad, que es imprescindible, inenajenable e indivisible en su esencia y origen, ni persona alguna podrá

---

152   Véase Montesquieu, *De l'esprit du lois.* Véase los comentarios de J. J. Chevalier, *Los grandes textos políticos..., op. cit., p. 195.*

153   Véase J. Bodin, *The Six Book of a Commonwealth,* ed. K. D. Mc Rae, Cambridge, 1962, Book I, chap. I y VIII.

154   *Idem*

ejercer cualquier función pública del Gobierno si no la ha obtenido por la Constitución.

El texto de este artículo 145, proviene de la fusión en un solo texto, del texto del artículo 2, Sección "Soberanía del Pueblo" de la Declaración de 1811 (carácter imprescriptible, inenajenable e indivisible, por naturaleza y esencia de la soberanía), de sus antecedentes indicados, y de texto de los artículos 18 y 19 de la Declaración francesa de 1795, que establecieron:

> *18. Nul individu, nulle réunion partielle de citoyens ne peut s'attribuer la souveraineté.*
>
> *19. Nul ne peut, sans une délégation légale, exercer aucune autorité ni remplir aucune fonction publique.*

Como complemento de esta previsión, en el artículo 215 de las Disposiciones Generales se estableció la prohibición a los individuos o grupos de arrogarse la representación del pueblo, así:

> **215. Ningún individuo, ó asociación particular podrá hacer peticiones à las autoridades constituidas en el nombre del Pueblo, ni menos abrogarse la calificación de Pueblo Soberano; y el ciudadano, ciudadanos que contravinieren à este parágrafo, hollando el respeto y veneración debidas à la representación y voz del Pueblo, que solo se expresa por la voluntad general, ó por órgano de sus Representantes legítimos en las Legislaturas, serán perseguidos, presos, y juzgados con arreglo a las leyes.**

4. *El régimen del derecho al sufragio: el derecho a elegir y a ser electo*

  A. *Los derechos políticos: El derecho a elegir y a ser electo*

De acuerdo con el artículo 215 de la Constitución, contenido en las Disposiciones generales (Capítulo IX), el principio general sobre los derechos políticos que se estableció fue que:

> **214. Los Ciudadanos solo podrán ejercer sus derechos políticos en las Congregaciones parroquiales y electorales, y en los casos y formas prescriptas por la Constitución.**

En particular, sobre el derecho al sufragio activo y pasivo como medio para la participación ciudadana en los cuerpos legislativos se estableció en la Sección Segunda: Derechos del hombre en sociedad" del Capítulo VIII de la Constitución en el artículo 187 de la Constitución de 1811, así:

> **187. El derecho del pueblo para participar en la legislatura es la mejor seguridad y el más firme fundamento de un Gobierno libre; por tanto, es preciso que las elecciones sean libres y frecuentes y que los ciudadanos en quienes concurren las calificaciones de moderadas propiedades y demás que procuran un mayor interés a la comunidad tengan derecho para sufragar y elegir los miembros de la legislatura a épocas señaladas y poco distantes, como previene la Constitución.**

Un antecedente parcial de esta norma puede encontrarse en el artículo 7 de la Declaración de 1811 y en sus antecedentes franceses, así como en el artículo IX de la Declaración de derechos de la Constitución de Massachusetts cuyo texto circuló en la obra de García de Sena, al prever lo siguiente:

IX. Todas las elecciones deben ser libres; y todos los habitantes de esta república, teniendo aquéllas cualidades que se establecieron en la forma de Gobierno, tienen un derecho igual para elegir los Oficiales y ser elegidos en los empleos públicos.

Estas disposiciones constituyen el origen remoto del artículo 63 de la Constitución de 1999.

B. *El carácter de los representantes del pueblo*

El artículo 146 de la Constitución de 1811, establece:

146. Los Magistrados y Oficiales del Gobierno, investidos de cualquier especie de autoridad, sea en el Departamento Legislativo, en el Ejecutivo o en el Judicial, son, por consiguiente, meros agentes y representantes del pueblo en las funciones que ejercen y en todo tiempo responsables a los hombres o habitantes de su conducta pública por vías legítimas y constitucionales.

El antecedente inmediato de esta norma puede encontrarse en el principio establecido en la Declaración de Derechos de Virginia (1776) cuya Sección 2ª establece lo siguiente:

Section 2. That all power is vested in, and consequently derived from, the people; that magistrates are their trustees and servants and at all times amenable to them.

También puede considerarse como antecedente de esta norma, el artículo 2 de la Sección de "Deberes del Cuerpo Social" de la Declaración de 1811 y sus antecedentes franceses, a través del artículo XXIV del Documento de 1797.

C. *El derecho de acceso a las funciones públicas*

El artículo 147 de la Constitución de 1811, establece:

147. Todos los ciudadanos tienen derecho indistintamente a los empleos públicos del modo, en las formas y con las condiciones prescritas por la ley, no siendo aquéllos la propiedad exclusiva de alguna clase de hombres en particular, y ningún hombre, Corporación o Asociación de hombres tendrá otro título para obtener ventajas y consideraciones particulares distintas de las de los otros en la opción a los empleos que forman una carrera pública, sino el que proviene de los servicios hechos al Estado.

Esta norma tiene su origen en el texto del artículo de la Declaración de 1811 (temporalidad de los empleos públicos) y del artículo V de la Declaración francesa de 1793 contenida en el libro de Picornell de 1797 (igualdad de derecho a obtener empleos públicos) y sus antecedentes franceses.

D. *La proscripción del carácter hereditario de los empleos públicos*

El artículo 148 de la Constitución de 1811, establece:

148. No siendo estos títulos ni servicios en manera alguna hereditarios por la naturaleza, ni transmisibles a los hijos, descendientes u otras relaciones de sangre, la idea de un hombre nacido magistrado, legislador, juez, militar o empleado de cualquier suerte es absurda y contraria a la naturaleza.

Este artículo tiene su antecedente en el artículo V del documento de 1797 y sus antecedentes franceses.

E. *El principio de la revocación de los mandatos (Art. 209 y 210)*

En el Capítulo IX sobre Disposiciones Generales de la Constitución de 1811 se establecieron dos normas que consagraban el principio de la revocación de mandatos de los representantes, así:

Art. 209. El Pueblo de cada Provincia tendrá facultad para revocar la nominación de sus delegados en el Congreso o alguno de ellos en cualquier tiempo del año y para enviar otros en lugar de los primeros, por el que a éstos el tiempo de la revocación.

Art. 210. El medio de inquirir y saber la voluntad general de los Pueblos, sobre estas revocaciones, será el resorte exclusivo y peculiar de las Legislaturas provinciales, según lo que para ello establecieren sus respectivas Constituciones.

Sobre estas normas, no hemos encontrado antecedentes ni en las Declaraciones francesas ni norteamericanas.

Estas disposiciones constituyen el origen remoto del artículo 70 de la Constitución de 1999.

5. *El régimen del Gobierno*

A. *El principio de la separación de poderes.*

Como se indicó anteriormente, además de en el Preliminar, en el texto de la Constitución de 1811, en su artículo 189 ubicado en 1 Sección Segunda Derechos del Pueblo en Sociedad del Capítulo VIII, se expresó nuevamente el principio del Gobierno basado en la separación de poderes así:

Art. 189: Los tres Departamentos esenciales del Gobierno, á saber: el Legislativo, el Ejecutivo y el Judicial, es preciso que se conserven tan separados e independientes el uno del otro cuanto lo exija la naturaleza de un gobierno libre lo que es conveniente con la cadena de conexión que liga toda fábrica de la Constitución en un modo indisoluble de Amistad y Unión.

Este principio así recogido solo se había enunciado escuetamente en la Declaración francesa de 1789, al prescribir que cuando en una sociedad no se determina "la separación de poderes" no hay Constitución (artículo XVI). En la Declaración de derechos de 1811, por otra parte, sólo se prescribió que para que existiera la garantía social era necesario que se determinasen claramente los "límites de los poderes" (art. 2, Sección "Deberes del Cuerpo Social").

Ante estos enunciados escuetos y genéricos, la Constitución de 1811 se pronuncia expresamente por el principio de la separación de poderes en tres Departamentos: Legislativo, Ejecutivo y Judicial, en la concepción de Montesquieu; y ello, como se dijo, no sólo en el artículo 189, sino en el "Preliminar" del texto que contiene las "Bases del Pacto Federativo que ha de constituir la autoridad general de la Confederación".

Enunciados como el contenido en el artículo 189 de la Constitución de 1811, sin duda, tienen sus antecedentes en los textos norteamericanos. Así, la Constitución de Virginia de 29 de junio de 1776, establece en su artículo III:

> *III. The Legislative, Executive, and Judiciary departments, shall be separate and distinct, so that neither exercise the powers properly belonging to the other; nor shall any per son exercise the powers of more than one of them at the same time, except that the Justices of the county courts shall be eligible to either House of Assembly.*

En el mismo sentido, la Declaración de Derechos de Virginia de 12-6-1776, establece como uno de esos derechos, al inicio de la Sección 5- lo siguiente:

> *Section 5. That the legislative and executive powers of the state should be separate and distinct from the judiciary...*

Estas disposiciones constituyen el origen remoto del artículo 136 de la Constitución de 1999.

B. *Principios relativos al objeto del Gobierno.*

El artículo 191 de la Constitución de 1811, estableció sobre los Gobiernos, los siguientes principios:

Art. 191. Los Gobiernos se han constituido para la felicidad común, para la protección y seguridad de los pueblos que los componen, y no para benéfico honor o privado interés de algún hombre, de alguna familia o de alguna clase de hombres en particular que sólo son una parte de la comunidad. El mejor de todos los Gobiernos será el que fuere más propio para producir la mayor suma de bien y de felicidad y estuviere más a cubierto del peligro de una mala administración, y cuantas veces se reconociere que un Gobierno es incapaz de llenar estos objetos o que fuere contrario a ellos, la mayoría de la nación tienen indubitablemente el derecho inenajenable e imprescriptible de abolido, cambiarlo o reformarlo del modo que juzgue más propio para procurar el bien público. Para obtener esta indispensable mayoría, sin daño de la justicia ni de la libertad general, la Constitución presenta y ordena los medios más razonables, justos y regulares en el capítulo de la revisión, y las provincias adoptarán otros semejantes o equivalentes en sus respectivas Constituciones.

El antecedente directo de esta norma está en la Sección 3 de la Declaración de Derechos de Virginia de 12 de septiembre de 1776, que estableció:

Section 3. That government is, or ought to be, instituted for the common benefit, protection, and security of the people, nation or community; of all the various modes and forms of government, that is best which is capable of producing the greatest degree of happiness and safety and is most effectually secured against the danger of maladministration; and that, when any government shall be found inadequate or contrary to these purposes, a majority of the community hath an indubitable, inalienable, and indefeasible right to reform, alter, or abolish it, in such manner as shall be judged most conducive to the public weal.

C. *Principios relativos al Poder Legislativo.*

En la Constitución de 1811, en la Sección sobre Derechos del Hombre en Sociedad, se incorporó el texto del artículo 186, en el cual se establece el principio de la jerarquía de las normas, al atribuirse al Legislativo el poder de desarrollar las previsiones constitucionales, al establece que:

186.   El Poder Legislativo suplirá provisionalmente a todos los casos en que la Constitución respectiva estuviere muda y proveerá con oportunidad arreglándose a la misma Constitución la adición o reforma que pareciere necesario hacer en ella.

No se encuentran antecedentes de esta norma ni en los textos franceses ni en los americanos.

D. *Principios sobre la ley y sobre su vigencia.*

El artículo 149 de la Constitución de 1811, estableció el principio de considerar a la ley como expresión de la voluntad general, en la forma siguiente:

149.   La Ley es la expresión libre de la voluntad general o de la mayoría de los ciudadanos, indicada por el órgano de sus representantes legalmente constituidos. Ella se funda sobre la justicia y la utilidad común y ha de proteger la libertad pública e individual contra toda opresión o violencia.

El antecedente directo de esta norma es el texto del artículo 3 de la Sección "Derechos del Hombre en Sociedad" de la Declaración de 1811, y sus antecedentes franceses, a través del texto del artículo IV de la Declaración francesa de 1793 traducido en el libro de Picornell de 1797.

Por otra parte, el artículo 185 d la Constitución de 1811, ubicado en la "Sección Segunda: Los Derechos Del Hombre En Sociedad" del Capítulo VIII estableció además, el principio sobre la vigencia de las leyes de manera que sólo el órgano legislativo podía suspender la misma, en la siguiente forma:

185.   El poder de suspender las leyes o de detener su ejecución nunca deberá ejercitarse, sino por las legislaturas respectivas o por autoridad dimanada de ellas para sólo aquellos casos particulares que hubieren expresamente provisto fuera de los que expresa la Constitución; y toda suspensión o detención que se haga en virtud de cualquier autoridad sin el consentimiento de los representantes del pueblo, se rechazará como un atentado a sus derechos.

El antecedente parcial de esta norma está en el artículo XX de la de la Declaración de Derechos de la Constitución de Massachusetts de 1776, cuya traducción circuló en la obra de García de Sena, que consagró el siguiente:

> *XX. El Poder de suspender las leyes o la ejecución de ellas, nunca debe ser ejercido sino por la Legislatura, o por la autoridad derivada de ella, para ejercerse en aquellos casos particulares solamente, que la Legislatura proveyere expresamente.*

E.   *Principios sobre los cargos ejecutivos y la alternabilidad republicana*

El artículo 188 de la Constitución de 1811, estableció por primera vez en el constitucionalismo venezolano el principio de la alternabilidad republicana, al disponer lo siguiente:

> **188.   Una dilatada continuación en los principales funcionarios del Poder Ejecutivo es peligrosa a la libertad, y esta circunstancia reclama poderosamente una rotación periódica entre los miembros del referido Departamento para asegurarla.**

No encontramos antecedentes de esta norma, salvo en la disposición general relativa a la temporalidad de los empleos públicos, contenida en la Declaración de 1811, y sus antecedentes franceses a través del Documento de 1797.

Estas disposiciones constituyen el origen remoto del artículo 6 de la Constitución de 1999.

6.   *La usurpación de autoridad y los actos arbitrarios*

El artículo 150 de la Constitución de 1811, establece:

> **150. Los actos ejercidos contra cualquier persona fuera de los casos y contra las formas que la ley determina son inicuos, y si por ellos se usurpa la autoridad constitucional o la libertad del pueblo, serán tiránicos.**

El texto de esta norma proviene del texto del artículo 12 de la Declaración de 1811 y sus antecedentes franceses, a través del artículo XI del Documento de 1797.

Estas disposiciones constituyen el origen remoto del artículo 138 de la Constitución de 1999.

SECCIÓN SÉPTIMA:

LOS DERECHOS DEL HOMBRE EN SOCIEDAD

1.   *El objeto de la sociedad y los derechos*

Los artículos 151 y 152 de la Constitución de 1811, establecen:

> **151. El objeto de la sociedad es la felicidad común, y los Gobiernos han sido instituidos para asegurar al hombre en ella, protegiendo la mejora y perfección de sus facultades físicas y morales, aumentando la esfera de sus goces y procurándole el más justo y honesto ejercicio de sus derechos.**

152. Estos derechos son la libertad, la igualdad, la propiedad y la seguridad.

Los antecedentes de estas normas están en el texto de los artículos 1 y 2 del texto del libro de Picornell de 1797; mezclado con conceptos de los artículos 1 y 2 de la Declaración de 1811, y sus antecedentes franceses.

2. *La libertad*

El artículo 153 de la Constitución de 1811, establece:

153. La libertad es la facultad de hacer todo lo que no daña a los derechos de otros individuos, ni al cuerpo de la sociedad, cuyos límites sólo pueden determinarse por la ley, porque de otra suerte serían arbitrarios y ruinosos a la misma libertad.

El antecedente de esta norma está en el artículo V de la Sección "Deberes del Hombre en Sociedad" y todos sus antecedentes franceses. Estas normas se encuentran también reflejadas en el artículo 193 de la Constitución de 1811.

En la Constitución de 1811, además se agregó sobre la libertad el artículo 157, en el cual se estableció:

157. No se puede impedir lo que no está prohibido por la ley y ninguno podrá ser obligado a hacer lo que ella no prescribe.

El antecedente directo de esta norma está en el artículo 7 de la Sección "Derechos" de la Declaración de 1795, donde se disponía:

Art. 7. Ce qui n'est pas défendu par la loi ne peut être empêché. Nul ne peut être contraint á faire ce qu'elle n'ordonne pas.

Estas disposiciones constituyen el origen remoto del artículo 20 de la Constitución de 1999.

3. *La igualdad ante la ley*

Como se dijo, entre los derechos del hombre en sociedad, estaba la igualdad (Arts. 151), sobre la cual el artículo 154 de la Constitución de 1811, estableció:

154. La igualdad consiste en que la ley sea una misma para todos los ciudadanos, sea que castigue o que proteja. Ella no reconoce distinción de nacimiento ni herencia de poderes.

El antecedente directo de esta norma es el artículo 7 de la Declaración de 1811 y el artículo 3 de la Declaración de 1795, en la cual se estableció:

Art. 3. L'égalité consiste en ce que la loi est la meme pour tous soit qu'elle protège, soit qu'elle punisse. L'égalité n'admet aucune distinction de naissance, aucune hérédité de pouvoirs

Esta norma se complementa con otras, como la establecida en el artículo 180 de la misma Constitución que proscribe los fueros judiciales así:

180. No habrá fuero alguno personal: sólo la naturaleza de las materias determinará los magistrados a que pertenezca su conocimiento, y los em-

pleados de cualquier ramo, en los casos que ocurran sobre asuntos que no fueren propios de su profesión y carrera, se sujetarán al juicio de los magistrados y Tribunales ordinarios, como los demás ciudadanos.

Esta norma no tiene antecedentes con esta redacción ni en las Declaraciones francesas ni en los textos americanos.

Por otra parte, el régimen de la igualdad en la Constitución se complementa con previsiones contenidas en el Capítulo IX "Dispositivos Generales", y que reafirman la igualdad, originales del texto constitucional. En primer lugar, el artículo 226 que contiene la siguiente fórmula que aún perdura en Venezuela:

Art. 226. Nadie tendrá en la Confederación de Venezuela otro título ni tratamiento público que el de ciudadano, única denominación de todos los hombres libres que componen la Nación, pero a las Cámaras representativas, al Poder Ejecutivo y a la Suprema Corte de Justicia se dará por todos los ciudadanos el mismo tratamiento con la adición de honorable para las primeras, respetable para el segundo y recto para la tercera.

Estas disposiciones constituyen el origen remoto del artículo 21 de la Constitución de 1999.

En segundo lugar, los artículos 200 y 201 que establecen el principio de la igualdad relativo a los indios, así:

Art. 200. Como la parte de ciudadanos que hasta hoy se ha denominado indios no ha conseguido el fruto apreciable de algunas leyes que la monarquía española dictó a favor, porque los encargados del Gobierno en estos países tenían olvidada su ejecución, y como las bases del sistema de Gobierno que en esta Constitución ha adoptado Venezuela no son otras que las de la justicia y la igualdad, encarga muy particularmente a los Gobiernos provinciales que así como han de aplicar sus fatigas y cuidados para conseguir la ilustración de todos los habitantes del Estado, proporcionarles escuelas, academias y colegios en donde aprendan todos los que quieran los principios de religión, de la sana moral, de la política, de las ciencias y artes útiles y necesarias para el sostenimiento y prosperidad de los pueblos, procuren por todos los medios posibles atraer a los referidos ciudadanos naturales a estas casas de ilustración y enseñanza, hacerles comprender la íntima unión que tienen con todos los demás ciudadanos, las consideraciones que como aquéllos merecen del Gobierno y los derechos de que gozan por sólo el hecho de ser hombres iguales a todos los de su especie, a fin de conseguir por este medio sacarlos del abatimiento y rusticidad en que los ha mantenido el antiguo estado de las cosas y que no permanezcan por más tiempo aislados y aun temerosos de tratar a los demás hombres, prohibiendo desde ahora que puedan aplicarse involuntariamente a prestar sus servicios a los Tenientes o Curas de sus parroquias, ni a otra persona alguna, y permitiéndoles el reparto en propiedad de las tierras que les estaban concedidas y de que están en posesión para que a proporción entre los padres de familia de cada pueblo las dividan y dispongan de ellas como verdaderos señores, según los términos y reglamentos que formen los gobiernos provinciales.

Art. 201. Se revocan, por consiguiente, y quedan sin valor alguno las le-yes que en el anterior Gobierno concedieron ciertos Tribunales, protecto-res y privilegios de menor edad a dichos naturales, las cuales, dirigiéndose al parecer a protegerlos, les han perjudicado sobremanera, según ha acre-ditado la experiencia.

Estas disposiciones constituyen el origen remoto de los artículos 119 a 126 de la Constitución de 1999.

En tercer lugar, y si bien no se establece en 1811 la abolición de la esclavitud, si se proscribe el comercio de negros, en esta forma:

202. El comercio inicuo de negros, prohibido por decreto de la Junta Su-prema de Caracas en 14 de agosto de 1810, queda solemne y constitucio-nalmente abolido en todo el territorio de la Unión, sin que puedan de modo alguno introducirse esclavos de ninguna especie por vía de especulación mercantil.

En cuarto lugar, el artículo 203 de la Constitución, establece la igualdad de los pardos, así:

203. Del mismo modo quedan revocadas y anuladas en todas sus partes las leyes antiguas que imponían degradación civil a una parte de la pobla-ción libre de Venezuela conocida hasta ahora bajo la denominación de pardos; éstos quedan en posesión de su estimación natural y civil y resti-tuidos a los imprescriptibles derechos que les corresponden como a los de-más ciudadanos.

Por último, el artículo 204 de la Constitución de 1811 extinguió los títulos y pri-vilegios, en esta forma:

204. Quedan extinguidos todos los títulos concedidos por el anterior Go-bierno y ni el Congreso, ni las Legislaturas provinciales podrán conceder otro alguno de nobleza, honores o distinciones hereditarias, ni crear em-pleos u oficio alguno cuyos sueldos o emolumentos puedan durar más tiempo que el de la buena conducta de los que los sirvan.

De todas estas normas derivó, en cuanto a la igualación social, la eliminación de los "títulos" (Arts. 204, 236) y la restitución de los derechos "naturales y civiles" a los pardos (Art. 203), y con ello, el elemento que iba a permitir a éstos incorporarse a las luchas contra la oligarquía criolla. Se debe destacar, por otra parte, que a pesar de que el texto constitucional declaró abolido el comercio de esclavos (Art. 202), la esclavitud como tal no fue abolida y se mantuvo hasta 1854; a pesar de las exigen-cias del Libertador en 1819.[155]

---

155 *Cfr.* Parra Pérez; "Estudio Preliminar", *loc. cit.,* p. 32. En su discurso de Angostura de 1819, Simón Bolívar imploraba al Congreso "la confirmación de la libertad absoluta de los esclavos, como imploraría por mi vida y la vida de la República", considerando a la esclavitud como "la hija de las tinieblas". Véa-se el Discurso de Angostura en J. Gil Fortoul, *Historia Constitucional..., op. cit.,* Apéndice, Tomo Se-gundo, pp. 491 y 512.

4. *El derecho de propiedad y su garantía*

El artículo 155 de la Constitución de 1811, establece:

155. La propiedad es el derecho que cada uno tiene de gozar y disponer de los bienes que haya adquirido con su trabajo e industria.

El antecedente directo de esta norma está en el artículo XVI del documento de 1797 y su antecedente en el artículo 5° de la Sección "Derechos" de la Declaración de 1795, que estableció:

Art. 5. La propriété est le droit de jouir et de disposer de ses biens, de ses revenus, du fruit de son travail et de son industrie.

Por otra parte, en la Constitución de 1811 se estableció expresamente la garantía del derecho de propiedad en el artículo 165, que establece:

165. Todo individuo de la sociedad, teniendo derecho a ser protegido por ella en el goce de su vida, de su libertad y de sus propiedades con arreglo a las leyes está obligado, por consiguiente, a contribuir por su parte para las expensas de esta protección y a prestar sus servicios personales o un equivalente de ellos cuando sea necesario, pero ninguno podrá ser privado de la menor porción de su propiedad ni ésta podrá aplicarse a usos públicos sin su propio consentimiento o el de los Cuerpos Legislativos representantes del pueblo, y cuando alguna pública necesidad legalmente comprobada exigiere que la propiedad de algún ciudadano se aplique a usos semejantes, deberá recibir por ella una justa indemnización.

Esta norma, entre otras puede decirse que tiene su antecedente en el texto del artículo X de la Declaración de derechos de la Constitución de Massachusetts de 1776, que estaba traducida en la obra de García de Sena, con el siguiente texto:

X. Todos los individuos de la Sociedad tienen un derecho para ser protegidos por ella en el goce de su vida, libertad y propiedad, conforme a las leyes establecidas. Por consiguiente cada uno está obligado a contribuir su porción para los gastos de esta protección; a dar su servicio personal, o un equivalente cuando sea necesario. Pero ninguna arte de la propiedad de cualquiera individuo puede justamente quitársele, o aplicarse a los usos públicos sin su mismo consentimiento, o el del Cuerpo de representantes del pueblo. En fin, el Pueblo de esta República no será gobernado por otras leyes que aquellas a que su Cuerpo Representantes por Constitución ha dado su consentimiento. Y siempre que las exigencias públicas requieran que la propiedad de algún individuo se aplique a usos públicos, él recibirá una razonable compensación por ella.

Estas disposiciones constituyen el origen remoto del artículo 115 de la Constitución de 1999.

5. *La seguridad*

El artículo 156 de la Constitución de 1811, establece:

156. La seguridad existe en la garantía y protección que da la sociedad a cada uno de sus miembros sobre la conservación de su persona, de sus derechos y de sus propiedades.

El antecedente de esta norma está en el artículo 18 de la Declaración de 1811 y sus antecedentes franceses.

Estas disposiciones constituyen el origen remoto del artículo 55 de la Constitución de 1999.

6. *El principio nullum crimen sine legge y el debido proceso*

El artículo 158 de la Constitución de 1811, establece:

158. Tampoco podrán los ciudadanos ser reconvenidos en juicio, acusados, presos ni detenidos sino en los casos y en las formas determinadas por la ley, y el que provocare, solicitare, expidiere, suscribiere, ejecutare o hiciere ejecutar órdenes y actos arbitrarios deberá ser castigado, pero todo ciudadano que fuese llamado o aprehendido en virtud de la ley debe obedecer al instante, pues se hace culpable por la resistencia.

Los antecedentes directos de esta norma están en los artículos X y XII de la declaración contenida en el libro de Picornell de 1797 y sus antecedentes franceses.

Estas disposiciones constituyen el origen remoto del artículo 49.6 de la Constitución de 1999.

7. *La presunción de inocencia*

El artículo 159 de la Constitución de 1811, establece:

159. Todo hombre debe presumirse inocente hasta que no haya sido declarado culpable con arreglo a las leyes, y si entre tanto se juzga indispensable asegurar su persona, cualquier rigor que no sea para esto sumamente necesario debe ser reprimido.

El antecedente directo de esta norma está en el artículo 15 de la Sección "Derechos del Hombre en Sociedad" de la Declaración de 1811, y en el artículo XIII de la declaración francesa (1793) traducida en el libro de Picornell de 1797 y en sus antecedentes franceses.

Estas disposiciones constituyen el origen remoto del artículo 49.2 de la Constitución de 1999.

8. *El derecho a ser oído y el debido proceso*

Estos derechos están establecidos en dos artículos de la Constitución de 1811, el 160 y 161, en los cuales se dispone:

160. Ninguno podrá ser juzgado ni condenado al sufrimiento de alguna pena en materias criminales sino después que haya sido oído legalmente. Toda persona en semejantes casos tendrá derecho para pedir el motivo de la acusación intentada contra ella y conocer de su naturaleza para ser confrontada con sus acusadores y testigos contrarios para producir otros en su favor y cuantas pruebas puedan serle favorables dentro de términos regu-

lares por sí, por su poder o por defensor de su elección, y ninguna será compelida, ni forzada en ninguna causa a dar testimonio contra sí misma, como tampoco los ascendientes y descendientes, ni los colaterales, hasta el cuarto grado de consanguinidad y segundo de afinidad.

161. El Congreso, con la brevedad posible, establecerá por una ley detalladamente el juicio por jurados para los casos criminales y civiles a que comúnmente se aplica en otras naciones con todas las formas propias de este procedimiento, y hará entonces las declaraciones que aquí correspondan en favor de la libertad y seguridad personal para que sean parte de ésta y se observen en todo el Estado.

El texto de esta norma tiene sus antecedentes parcialmente, en primer lugar, en el artículo 16 de la Declaración de 1811 y en sus antecedentes franceses; y en segundo lugar, en textos norteamericanos. En particular, en el libro de García de Sena que circulaba cuando la Constitución estaba redactándose, la traducción del artículo XII de la Declaración de derechos de la Constitución de Massachusetts de 1776, era la siguiente:

XII. Nadie será arrestado para responder por algún crimen, u ofensa hasta que el crimen pueda aplicársele plena, clara, substancial, y formalmente, ni será alguno compelido, a acusarse a sí mismo, o a dar pruebas contra él. Y todos los individuos tendrán un derecho para producir todas las pruebas, que puedan serle favorables; para carear, los testigos; y ser oídos plenamente en su defensa por si mismos, o por un Abogado que ellos escojan. Y ninguno será arrestado, aprisionado, o despojado, o privado de su propiedad, inmunidades o privilegios, excluido de la protección de la ley, desterrado, o privado de su vida, libertad, o bienes, sino por el juicio de sus Pares, o las leyes del país.

Por otra parte, en la Sección 8 de la Declaración de Derechos de Virginia (1776) que establecía en términos similares a los del artículo 160 de la Constitución, como uno de los derechos:

Section 8. That in all capital or criminal prosecutions a man hath a right to demand the cause and nature of his accusation, to be confronted with the accusers and witnesses, to call for evidence in his favor, and to a speedy trial by an impartial jury of twelve men of his vicinage, without whose unanimous consent he cannot be found Guilty; nor can he be compelled to give evidence against himself; that no man be deprived of his liberty, except by the law of the land or the judgment of his peers.

Estos principios fueron recogidos además, en el texto de las Enmiendas V y VI a la Constitución de los Estados Unidos de Norteamérica (1787), sancionados el 25 de septiembre de 1789, y cuyo contenido circuló en Caracas en 1811 en las traducciones contenidas en los libros de García de Sena y Villavicencio.

Estas disposiciones constituyen el origen remoto del artículo 49 de la Constitución de 1999.

10. *El derecho a la seguridad personal (proscripción de allanamientos y pesquisas)*

El artículo 162 de la Constitución de 1811, establece:

162. Toda persona tiene derecho a estar segura de que no sufrirá pesquisa alguna, registro, averiguación, capturas o embargos irregulares e indebidos de su persona, su casa y sus bienes, y cualquier orden de los Magistrados para registrar lugares sospechosos sin probabilidad de algún hecho grave que lo exija, ni expresa designación de los referidos lugares, o para apoderarse de alguna o algunas personas y de sus propiedades, sin nombrarlas ni indicar los motivos del procedimiento, ni que haya precedido testimonio o deposición jurada de personas creíbles, será contraria a aquel derecho, peligrosa a la libertad y no deberá expedirse.

El antecedente inmediato de esta norma está en la Enmienda N° IV de la Constitución de los Estados Unidos de Norte América, al igual que en el artículo XIV de la Declaración de la Constitución de Massachusetts, traducidas ambas en el libro de García de Sena sobre la obra de Tomás Paine, como antes se ha indicado, al indicar los antecedentes del artículo 24 de la Declaración de 1811.

Estas disposiciones constituyen el origen remoto del artículo 47 de la Constitución de 1999.

11. *La inviolabilidad del hogar domestico*

El artículo 163 de la Constitución de 1811, establece:

163. La casa de todo ciudadano es un asilo inviolable. Ninguno tiene derecho a entrar en ella sino en los casos de incendio, inundación o reclamación que provenga del interior de la misma casa, o cuando lo exija algún Procedimiento criminal conforme a las leyes bajo la responsabilidad de las autoridades constituidas que expidieron los decretos; las visitas domiciliarias y ejecuciones civiles sólo podrán hacerse de día, en virtud de la ley, y con respecto a la persona y objetos expresamente indicados en el acta que ordenare la visita o la sujeción.

El antecedente directo de esta norma está en el artículo 24 de la Sección "Derechos del Hombre en Sociedad", de la Declaración de 1811, la cual tiene antecedentes en la concepción inglesa de la casa como el castillo de cada ciudadano, antes comentada.

Estas disposiciones constituyen el origen remoto del artículo 47 de la Constitución de 1999.

12. *La inviolabilidad de la correspondencia*

Pero además, en el artículo 164 de la Constitución de 1811, se incorporó una norma específica sobre la inviolabilidad de la correspondencia, con el siguiente texto:

164. Cuando se acordaren por la pública autoridad semejantes actos, se limitarán éstos a la persona y objetos expresamente indicados en el decreto en que se ordena la visita y ejecución, el cual no podrá extenderse al registro y examen de los papeles particulares, pues éstos deben mirarse como inviolables; igualmente que las correspondencias epistolares de todos los ciudadanos que no podrán ser interceptadas por ninguna autoridad ni tales documentos probarán nada en juicio, sino es que se exhiban por la per-

sona a quien se hubiesen dirigido por su autor y nunca por otra tercera, ni por el reprobado medio de la interceptación. Se exceptúan los delitos de alta traición contra el Estado, el de falsedad y demás que se cometan y ejecutan precisamente por la escritura, en cuyos casos se procederá al registro, examen y aprehensión de tales documentos con arreglo a lo dispuesto por las leyes.

Una norma de este tipo, con este detalle sobre la correspondencia, no tiene antecedentes ni en los textos franceses ni en los norteamericanos.

Estas disposiciones constituyen el origen remoto del artículo 48 de la Constitución de 1999.

13. *La garantía del establecimiento de contribuciones publicas solo mediante los representantes*

El artículo 166 de la Constitución de 1811, establece el principio de que no puede haber contribución sin representación, expresado así:

166. Ningún subsidio, carga, impuesto, tasa o contribución podrá establecerse ni cobrarse, bajo cualquier pretexto que sea, sin el consentimiento del pueblo, expresado por el órgano de sus representantes. Todas las contribuciones tienen por objeto la utilidad general y los ciudadanos el derecho de vigilar sobre su inversión y de hacerse dar cuenta de ellas por el referido conducto.

Esta norma tiene sus antecedentes inmediatos en los artículos 21 y 22 de la Declaración de 1811 y en el texto sus antecedentes franceses.

Estas disposiciones constituyen el origen remoto del artículo 317 de la Constitución de 1999.

14. *La libertad de trabajo e industria*

El artículo 167 de la Constitución de 1811 establece:

167. Ningún género de trabajo, de cultura, de industria o de comercio serán prohibidos a los ciudadanos, excepto aquellos que ahora forman la subsistencia del Estado, que después oportunamente se libertarán cuando el Congreso lo juzgue útil y conveniente a la causa pública.

El antecedente de esta norma está en el artículo 20 de la Sección "Derechos del Hombre en Sociedad" de la Declaración de 1811 y sus antecedentes franceses.

Estas disposiciones constituyen el origen remoto de los artículos 87 y112 de la Constitución de 1999.

15. *El derecho de petición*

El artículo 168 de la Constitución de 1811 establece:

168. La libertad de reclamar cada ciudadano sus derechos ante los depositarios de la autoridad pública, con la moderación y respeto debidos, en ningún caso podrá impedirse ni limitarse. Todos, por el contrario, deberán hallar un remedio pronto y seguro, con arreglo a las leyes, de las injurias y daños que sufrieren en sus personas, en sus propiedades, en su honor y estimación.

Esta norma tiene sus antecedentes en el artículo 22 de la Sección "Derechos del Hombre en Sociedad" de la Declaración de 1811 y sus antecedentes franceses a través del artículo XXXII del Documento de 1797.

Estas disposiciones constituyen el origen remoto del artículo 51 de la Constitución de 1999.

16. *Los derechos de los extranjeros*

El artículo 169 de la Constitución de 1811 establece:

169. Todos los extranjeros, de cualquier nación que sean, se recibirán en el Estado. Sus personas y propiedades gozarán de la misma seguridad que las de los demás ciudadanos, siempre que respeten la Religión Católica, única del país, y que reconozcan la independencia de estos pueblos, su soberanía y las autoridades constituidas por la voluntad general de sus habitantes.

Esta norma tiene sus antecedentes en los artículos 25 a 27 de la Declaración de 1811, y en las enseñanzas de Paine a través del libro de García de Sena que hemos indicado.

17. *El principio de la irretroactividad de la ley*

El artículo 170 de la Constitución de 1811 establece:

170. Ninguna ley criminal ni civil podrá tener efecto retroactivo, y cualquiera que se haga para juzgar o castigar acciones cometidas antes que ella exista será tenida por injusta, opresiva e inconforme con los principios fundamentales de un Gobierno libre.

El antecedente de esta norma está en el artículo 16 de la Declaración de 1811 y sus antecedentes franceses a través del artículo XIV del Documento de 1797.

Estas disposiciones constituyen el origen remoto del artículo 24 de la Constitución de 1999.

18. *El régimen de las sanciones y penas*

A. *La proporcionalidad de las penas*

El artículo 171 de la Constitución de 1811 establece:

171. Nunca se exigirán cauciones excesivas, ni se impondrán penas pecuniarias desproporcionadas con los delitos, ni se condenarán a los hombres a castigos crueles, ridículos, y desusados. Las leyes sanguinarias deben disminuirse, como que su frecuente aplicación es inconducente a la salud

del Estado y no menos injusta que impolítica, siendo el verdadero designio de los castigos corregir y no exterminar el género humano.

Esta norma tiene su antecedente, por una parte, en el artículo 17 de la Sección "Derechos del Hombre en Sociedad" de la Declaración de 1811 y en sus antecedentes franceses a través del artículo XV de la Declaración francesa de 1793 traducida en el libro de Picornell; y por la otra, en el artículo XXVI de la declaración de derechos de la Constitución de Massachusetts, que circuló con el libro de García de Sena, cuyo texto traducido era:

XVII. Ningún Magistrado o Corte de ley exigirá cauciones, o seguridades excesivas, ni impondrá multas extraordinarias, ni castigará con penas crueles, e inusitadas.

Igualmente en la Sección 9 de la Declaración de Derechos de Virginia, que establecía como derecho,

Section 9. That excessive bail ought not to be required, nor excessive fines imposed, not cruel and unusual punishments inflicted.

En igual sentido, la Enmienda VIII a la Constitución de los Estados Unidos de América, conforme a la traducción contenida en el libro de García de Sena, establecía:

VIII. No se exigirán cauciones ni multas excesivas; ni menos se impondrán crueles penas, e inusitadas.

Estas disposiciones constituyen el origen remoto del artículo 44.3 de la Constitución de 1999.

B.   *La prohibición de agravación de las penas*

El artículo 172 de la Constitución de 1811, establece:

172. Todo tratamiento que agrave la pena determinada por la ley es un delito.

El antecedente directo de esta norma, es el artículo 13 de la Declaración de 1795, del cual es traducción literal, y que estableció:

Art. 13. Tout traitement qui aggrave la peine déterminée par la loi est un crime.

C.   *La proscripción de la tortura*

El artículo 173 de la Constitución de 1811 establece:

173.   El uso de la tortura queda abolido perpetuamente.

No hemos encontrado equivalente a una declaración terminante como la de esta norma, ni en las Declaraciones francesas ni en los textos norteamericanos.

Estas disposiciones constituyen el origen remoto del artículo 46.1 de la Constitución de 1999.

D. *La libertad bajo fianza*

El artículo 174 de la Constitución de 1811 establece:

174. Toda persona que fuere legalmente detenida o presa deberá ponerse en libertad luego que dé caución o fianza suficiente, excepto en los casos en que haya pruebas evidentes o grande presunción de delitos capitales. Si la prisión proviene de deudas y no hubiere evidencia o vehemente presunción de fraude, tampoco deberá permanecer en ella, luego que sus bienes se hayan puesto a la disposición de sus respectivos acreedores conforme a las leyes.

No se encuentran antecedentes de esta norma ni en las Declaraciones francesas ni en los textos norteamericanos.

Estas disposiciones constituyen el origen remoto del artículo 44.1 de la Constitución de 1999.

E. *La proscripción de penas infamantes*

El artículo 175 de la Constitución de 1811 establece:

175. Ninguna sentencia pronunciada por traición contra el Estado o cualquier otro delito arrastrará infamia a los hijos y descendientes del reo.

No hemos encontrado antecedentes de esta norma ni en las Declaraciones francesas ni en los textos norteamericanos.

Estas disposiciones constituyen el origen remoto del artículo 44.3 de la Constitución de 1999.

19. *El derecho a ser juzgado por los jueces naturales*

El artículo 176 de la Constitución de 1811 establece:

176. Ningún ciudadano de las provincias del Estado, excepto los que estuvieren empleados en el Ejército, en la Marina o en las Milicias, que se hallaron en actual servicio deberá sujetarse a las leyes militares ni sufrir castigos provenidos de ellas.

El antecedente de esta norma está en el artículo XXVIII de la Declaración de derechos de la Constitución de Massachusetts, que circuló en el libro de García de Sena, con la siguiente traducción:

XXVIII. Nadie puede en caso alguno estar sujeto a las leyes militares, o a alguna multa o pena en virtud de ellas (excepto los que están empleados en el Ejército o Armada, y la Milicia en actual servicio) sino por la autoridad de la Legislatura.

Estas disposiciones constituyen el origen remoto del artículo 49.4 de la Constitución de 1999.

20. *El régimen de la milicia*

A. *El régimen de las requisiciones militares*

El artículo 177 de la Constitución de 1811 establece:

177. Los militares en tiempo de paz no podrán acuartelarse ni tomar alojamiento en las casas de los demás ciudadanos particulares sin el consentimiento de sus dueños, ni en tiempo de guerra, sino por orden de los magistrados civiles conforme a las leyes.

Esta norma encuentra su antecedente en el artículo XXVII de la Declaración de derechos de la Constitución de Massachusetts, que circuló en el libro de García de Sena, con la siguiente traducción:

XXVII. En tiempo de paz ningún soldado debe ser acuartelado en casa alguna sin el consentimiento de su dueño; y en tiempo de guerra semejantes acuartelamientos no deben hechos sino por el magistrado Civil en la manera ordenada por la legislación.

En principio también se recogió en la Enmienda III de la Constitución de los Estados Unidos de Norteamérica de 1787, también traducida en el libro de García de Sena, así:

III. Ningún soldado en tiempo de paz será acuartelado en ninguna casa sin consentimiento de su dueño; ni en tiempo de Guerra, sino en la manera que se prescribiere por ley.

B. *El fomento de las milicias*

El artículo 178 de la Constitución de 1811 establece:

Art. 178. Una milicia bien reglada e instruida, compuesta de los ciudadanos, es la defensa natural más conveniente y más segura a un Estado libre. No deberá haber, por tanto, tropas veteranas en tiempo de paz, sino las rigurosamente precisas para la seguridad del país, con el consentimiento del Congreso.

Esta norma tiene su antecedente en el texto de la Sección 13 de la Declaración de Derechos de Virginia que establecía:

Section 13. That a well-regulated militia, composed of the body of the people, trained to arms, is the proper, natural, and safe defense of a free state; that standing armies, in time of peace, should be avoided as dangerous to liberty; and that in all cases the military should be under strict subordination to, and governed by, the civil power.

21. *El derecho de portar armas y la subordinación militar a la autoridad civil*

El artículo 179 de la Constitución de 1811, establece:

179. Tampoco se impedirá a los ciudadanos el derecho de tener y llevar armas lícitas y permitidas para su defensa, y el poder militar, en todos los

casos, se conservará en una exacta subordinación a la autoridad civil y será dirigido por ella.

Esta norma tiene su antecedente en el artículo XVII de la declaración de derechos de la Constitución de Massachusetts, que circuló traducida en el libro de García de Sena[156], con el siguiente texto:

XVII. El Pueblo tiene derecho para tener y llevar armas para la defensa común. Y como que es peligroso a la libertad tener tropas sobre las armas en tiempos de paz, no deben mantenerse sin el consentimiento de la Legislatura; y el poder militar estará siempre subordinado a la autoridad civil, y gobernado por ella.

En cuanto a la milicia y al derecho a portar armas, de también mencionarse la norma de la Enmienda II a la Constitución de los Estados Unidos de América de 1789, en la cual se estableció:

II. Siendo necesaria a la seguridad de un Estado libre una milicia bien organizada, no podrá violarse el derecho del pueblo para guardar y llevar armas.

22. *La libertad de expresión del pensamiento*

El artículo 181 de la Constitución de 1811 establece:

181. Será libre el derecho de manifestar los pensamientos por medio de la imprenta; pero cualquiera que lo ejerza se hará responsable a las leyes si ataca y perturba con sus opiniones la tranquilidad pública, el dogma, la moral cristiana, la propiedad, honor y estimación de algún ciudadano.

El antecedente de esta norma está en el artículo 4 de la Declaración de 1811 y sus antecedentes en los textos franceses.

Esta disposición constituye el origen remoto del artículo 57 de la Constitución de 1999.

23. *El derecho de reunión y de petición de las Juntas Parroquiales ante las Legislaturas Provinciales y de estas ante el Congreso*

En los artículos 182, 183 y 184 de la Constitución de 1811 estableció expresamente el derecho de petición que podían ejercer las Asambleas Legislativas de las Provincias, como cuerpos representativos, ante el Congreso; y el que podían ejercer las Juntas parroquiales de electores ante las legislaturas provinciales o ante el Congreso, prescribiéndose el modo de proceder y el carácter no vinculante de las peticiones. Las normas establecían:

182. Las legislaturas provinciales tendrán el derecho de petición al Congreso y no se impedirá a los habitantes el de reunirse ordenada y pacífica-

---

156 Véase en Manuel García de Sena, *La Independencia de Costa Firme justificada por Thomas Paine treinta años ha*, p. 222; y Pedro Grases, "Estudio sobre los 'Derechos del Hombre y del Ciudadano'", en el libro *Derechos del Hombre y del Ciudadano* (Estudio Preliminar por Pablo Ruggeri Parra y Estudio histórico-crítico por Pedro Grases), Academia Nacional de la Historia, Caracas 1959, p. 239.

mente en sus respectivas parroquias para consultarse y tratar sobre sus intereses, dar instrucciones al uno o al otro Cuerpo Legislativo sobre reparación de agravios o males que sufran en sus propios negocios.

183. Para todos estos casos, deberá preceder necesariamente solicitud expresa por escrito de los padres de familia y hombres buenos de la parroquia, cuando menos en número de seis, pidiendo la reunión a la respectiva Municipalidad, y ésta determinará el día y comisionará algún magistrado o persona respetable del partido para que presida la Junta y, después de concluida y extendida el acta, la remita a la Municipalidad, que le dará la dirección conveniente.

184. A estas Juntas sólo podrán concurrir los ciudadanos sufragantes, o lectores, y las legislaturas no están absolutamente obligadas a conceder las peticiones, sino a tomarlas en consideración para proceder en sus funciones del modo que pareciera más conforme al bien general.

En cuanto a las peticiones para solicitar la "reforma de abusos" o "la reparación de agravios", podría ubicarse en la última parte de la Enmienda I a la Constitución de los Estados Unidos algún antecedente a este régimen de petición colectiva. De resto, no se encuentran en los textos franceses ni norteamericanos antecedentes de estas normas.

24. *Los límites al derecho de reunión de electores*

En la Constitución se establecieron diversos límites al ejercicio del derecho de reunión, contenidas en diversas normas ubicadas en el Capítulo de las Disposiciones Generales, como las siguientes contenidas en los artículos 211 y 216:

Art. 211. Se prohíbe á todos los Ciudadanos asistir con armas á las Congregaciones parroquiales y electorales que prescribe la Constitución, y à las reuniones pacíficas que habla el parágrafo 182 y siguiente, bajo la pena de perder por diez años el derecho de votar, y concurrir a ellas.

216. Toda reunión de gente armada, bajo cualquier pretexto que se forme, si no emana de ordenes de las autoridades constituidas, es un atentado contra la seguridad pública, y debe dispersarse inmediatamente por la fuerza; y toda reunión de gente sin armas que no tenga el mismo origen legítimo, se disolverá primero por órdenes verbales; y siendo necesario, se destruirá por las armas en caso de resistencia, ó de tenaz obstinación.

Estas disposiciones constituyen el origen remoto del artículo 53 de la Constitución de 1999.

25. *La libertad de tránsito interprovincial*

La Constitución de 1811 establece en su artículo 190, lo siguiente:

Art. 190. La emigración de unas provincias a otras será enteramente libre.

Esta norma, sin antecedentes en los textos franceses o norteamericanos, puede considerarse como un derivado del derecho al libre tránsito que sólo aparece consagrado en el Título Primero de la Constitución de 1791, al garantizar como un derecho natural y civil:

> *La liberté á tout homme d'aller, de rester, de partir, sans pouvoir être arrêté, ni détenu, que selon les formes déterminées par la Constitution.*

Estas disposiciones constituyen el origen remoto del artículo 50 de la Constitución de 1999.

SECCION OCTAVA:

LOS DEBERES DEL HOMBRE EN LA SOCIEDAD

1. *La correlación derechos/deberes*

El artículo 192 de la Constitución de 1811, estableció:

> **192. La declaración de los derechos contiene las obligaciones de los legisladores, pero la conservación de la sociedad pide que los que la componen conozcan y llenen igualmente las suyas.**

Esta norma de la Constitución tiene su antecedente directo en el artículo V de la Sección "Deberes" de la Declaración de 1795, de la cual es traducción literal, y que estableció:

> *Article 1. La Déclaration des droits contient les obligations des législateurs: le maintien de la société demande que ceux qui la composent connaissent et remplissent également leurs devoirs*

2. *El límite a la libertad*

El artículo 193 de la Constitución de 1811, estableció:

> **193. Los derechos de los otros son el límite moral de los nuestros y el principio de nuestros deberes relativamente a los demás individuos del Cuerpo social. Ellos reposan sobre dos principios que la naturaleza ha grabado en todos los corazones, a saber: "Haz siempre a los otros todo el bien que quisieras recibir de ellos". "No hagas a otro lo que no quisieras que se te hiciese".**

Este texto es exacto al artículo 1° de la Sección "Deberes del Hombre en Sociedad" de la Declaración de 1811, y que proviene de los textos de las Declaraciones francesas.

Estas disposiciones constituyen el origen remoto del artículo 20 de la Constitución de 1999.

3. *Los deberes de los ciudadanos*

El artículo 194 de la Constitución de 1811, estableció:

194. Son deberes de cada individuo para con la sociedad vivir sometido a las leyes, obedecer y respetar a los Magistrados y Autoridades constituidas, que son sus órganos, mantener la libertad y la igualdad de derechos; contribuir a los gastos públicos y servir a la Patria cuando ella lo exija, haciéndole el sacrificio de sus bienes y de su vida, si es necesario.

El antecedente de esta norma está en el texto del artículo 2 de la Sección "Deberes del Hombre en Sociedad" de la Declaración de 1811, que proviene del artículo 3 de la Sección "Deberes" de la Declaración de 1795, que estableció:

Article 3. Les obligations de chacun envers la société consistent à la défendre, à la servir, à vivre soumis aux lois, et à respecter ceux qui en sont les organes.

Además, en el artículo 165 de la Constitución de 1811, que establece la garantía del derecho de propiedad, como antes se ha mencionado, se dispuso el principio del deber de contribuir con los gastos públicos, al disponer que **"todo individuo de la sociedad, teniendo derecho a ser protegido por ella en el goce de su vida, de su libertad y de sus propiedades con arreglo a las leyes está obligado, por consiguiente, a contribuir por su parte para las expensas de esta protección y a prestar sus servicios personales o un equivalente de ellos cuando sea necesario..."**

Estas disposiciones constituyen el origen remoto de los artículos 130 a 135 de la Constitución de 1999.

4.   *El buen ciudadano y hombre de bien*

El artículo 195 de la Constitución de 1811, estableció:

195. Ninguno es hombre de bien ni buen ciudadano si no observa las leyes fiel y religiosamente, si no es buen hijo, buen hermano, buen amigo, buen esposo y buen padre de familia.

Esta norma tiene sus antecedentes en el texto de los artículos 4 y 5 de la Declaración de 1811, cuya redacción proviene, además, como se dijo de los artículos 4 y 5 de la Sección "Deberes" de la Declaración de 1795.

5.   *Los enemigos de la sociedad*

El artículo 196 de la Constitución de 1811, estableció:

196. Cualquier que traspasa las leyes abiertamente o que, sin violarlas a las claras, las elude con astucia, o con rodeos artificiosos y culpables, es enemigo de la sociedad, ofende los intereses de todos y se hace indigno de la benevolencia y estimación públicas.

El antecedente de esta norma, está en el texto del artículo 3° de la Sección "Deberes del Hombre en Sociedad" de la Declaración de 1811, el cual aún cuando redactado en forma más amplia, proviene del texto del artículo 6° de la Sección "Deberes" de la Declaración de 1795, que estableció:

Article 6. Celui qui viole ouvertement les lois se déclare en état de guerre avec la société.

SECCIÓN NOVENA:

DEBERES DEL CUERPO SOCIAL

1. *La garantía social*

El artículo 197 de la Constitución de 1811, establece:

197. La Sociedad afianza a los individuos que la componen el goce de su vida, de su libertad, de sus propiedades y demás derechos naturales; en esto consiste la garantía social que resulta de la acción reunida de los miembros del Cuerpo y depositada en la soberanía nacional.

El antecedente de esta norma, cuyo texto sin embargo, está más elaborado, es el texto del artículo 1 de la Sección "Deberes del Cuerpo Social" de la Declaración de 1811 y a través de La Declaración francesa de 1793 a través del libro de Picornell de 1797 (art. XXIII), el Texto del artículo 23 de la Declaración de 1793.

2. *Los socorros públicos y la instrucción*

El artículo 198 de la Constitución de 1811, estableció:

198.   Siendo instituidos los gobiernos para el bien y felicidad común de los hombres, la sociedad debe proporcionar auxilios a los indigentes y desgraciados y la instrucción a todos los ciudadanos.

Esta norma refunde en una el texto de los artículos 3 y 4 de la Sección "Deberes del Cuerpo Social" de la Declaración de 1811, la cual proviene del artículo 21 de la Declaración de 1793 a través del artículo XXI de la traducción contenida en el libro de Picornell de 1797.

REFLEXIÓN FINAL:

SUPREMACÍA CONSTITUCIONAL, GARANTÍA OBJETIVA Y CONTROL JUDICIAL

La Constitución Federal de 21 de diciembre de 1811, al incorporar en su texto formalmente la Declaración de los Derechos del Hombre, siguiendo la orientación de la Declaración de Derechos del Pueblo que se había sancionado seis meses antes, el 1 de julio de 1811, por el mismo Congreso General, días antes de la solemne Declaración de Independencia (5 de julio de 1811), no sólo enumeró con rango constitucional tales derechos, sino que aseguró su supremacía en los artículos 199 y 227 al establecer la garantía objetiva de la Constitución.

Estas disposiciones constituyen el origen remoto de los artículos 7 y 334 de la Constitución de 1999.

En efecto, en cuanto al principio de la supremacía constitucional extensivo a los derechos declarados en el texto, el mismo se ratificó en forma general en la cláusula contenida en el Capítulo IX de las Disposiciones Generales, en la cual se declaró que:

Art. 227. La presente Constitución, las leyes que en consecuencia se expidan para ejecutarla y todos los tratados que se concluyan bajo la autori-

dad del gobierno de la Unión serán la Ley Suprema del Estado en toda la extensión de la Confederación, y las autoridades y habitantes de las Provincias estarán obligados a obedecerlas religiosamente sin excusa ni pretexto alguno; pero las leyes que se expiden contra el tenor de ella no tendrán ningún valor sino cuando hubieren llenado las condiciones requeridas para una justa y legítima revisión y sanción".

Esta previsión, sin duda, particularmente en su primera parte, tiene su antecedente en la cláusula de supremacía contenida en la Constitución norteamericana, en cuyo artículo VI.2 se estableció, como resulta de la traducción efectuada por García de Sena, que:

VI.2. Esta Constitución y las leyes de los Estados Unidos que se hicieren en consecuencia de ella, y los tratados hechos o que se hiciesen bajo la autoridad de los Estados Unidos, serán la ley suprema de la tierra, y los Jueces de cada Estado serán obligados por ella, no obstante cualquiera cosa en la Constitución o leyes de cualquier Estado para lo contrario.

Esta cláusula de supremacía tal como se concibió en la Convención Constitucional norteamericana de 1787, es cierto, tenía como propósito específico asegurar la supremacía de la Constitución en el sistema federal en relación con la legislación de los Estados; en el sentido de que la Constitución federal, como ley suprema del país, debía ser aplicada por los jueces a pesar de cualquier disposición contraria que pudieran contener las Constituciones o Leyes de los Estados de la Unión. Abría, por tanto, la posibilidad expresa del control judicial de la constitucionalidad de las leyes estatales, no siendo su propósito el asegurar el poder de los jueces para preferir la Constitución en relación a las leyes federales (de los Estados Unidos).

Debe señalarse, sin embargo, que en su artículo I.9, la Constitución norteamericana impuso algunas limitaciones al Congreso,[157] habiéndose concebido, además, en 1789, tanto la primera Enmienda a la Constitución como las otras nueve dirigidas a configurar una Declaración de derechos y garantías individuales *(Bill of rights),* como una limitación constitucional impuesta sobre el Poder Legislativo, al estipular, según se desprendía de la traducción contenida en el libro de García de Sena, que (Primera Enmienda):

"El Congreso no hará ley alguna relativa a algún establecimiento de religión, o prohibiendo el libre ejercicio de ella; ni pondrá límites a la libertad de discurrir, a la libertad de la prensa; ni al derecho que tienen los pueblos de juntarse pacíficamente y representar al Gobierno por la reforma de abusos."

Fueron en todo caso, la "Cláusula de supremacía," las limitaciones constitucionales impuestas al Congreso por la Constitución y sus Enmiendas, y además, la autoridad concedida a la Corte Suprema para "resolver cualquier causa, en derecho y equidad, derivada de esta Constitución" (artículo III, sección 2), junto con los antecedentes británicos de la noción de "ley suprema," las que llevaron progresivamente

---

157 Por ejemplo: "El privilegio del auto de *Habeas Corpus* no se suspenderá, salvo cuando así lo requiera la seguridad pública en los casos de rebelión o invasión". No se dictará Ley alguna de efectos individuales o *expost facto*" (numerales 2 y 3).

a la adopción formal de la doctrina de la supremacía constitucional y, en consecuencia, del control judicial de la constitucionalidad de las leyes federales,[158] lo que para el momento en el cual se redactó la Constitución venezolana de 1811 ya se decidido en el caso *Marbury vs. Madison* de 1803.

Debe recordarse, en todo caso, sobre este tema de la supremacía constitucional y el control de constitucionalidad de las leyes, que, el mismo se planteó por primera vez en 1788, aún antes de sancionada la Constitución norteamericana, por Alexander Hamilton en *The Federalist,* cuando al referirse al papel de los Jueces como intérpretes de la ley afirmó:

> "Una Constitución es, de hecho, y así debe ser considerada por los jueces, como una ley fundamental. Por tanto, les corresponde establecer su significado así como el de cualquier acto proveniente del cuerpo legislativo. Si se produce una situación irreconciliable entre ambos, por supuesto, la preferencia debe darse a la que tiene la mayor obligatoriedad y validez, o, en otras palabras, la Constitución debe prevalecer sobre las Leyes, así como la intención del pueblo debe prevalecer sobre la intención de sus representantes".

Incluso, en respuesta a la apreciación según la cual "los poderes de los tribunales para declarar nulos actos legislativos contrarios a la Constitución" podría implicar "una superioridad del Poder Judicial sobre el Poder Legislativo", Hamilton expresó:

> "La afirmación –según la cual los Tribunales deben preferir la Constitución a las leyes– no implica de ninguna manera una superioridad del Poder Judicial sobre el cuerpo legislativo. Sólo supone que el poder del pueblo está por encima de ambos; y que cuando la voluntad de la legislatura declarada en sus Leyes, esté en oposición con la del pueblo declarada en la Constitución, los jueces deben regirse por la última más que por la primera. Ellos deben basar sus decisiones en las leyes fundamentales, antes que en aquellas que no son fundamentales".

Su conclusión fue pues, la siguiente:

> "Por consiguiente, ningún acto legislativo contrario a la Constitución, puede ser válido. Negar esto significaría afirmar que el adjunto es más importante que su principal; que el sirviente está por encima de su patrón; que los representantes del pueblo son superiores al pueblo mismo; que los hombres que actúan en virtud de poderes, puedan hacer no sólo lo que sus poderes no les autorizan sino también lo que les prohíben."

En esta forma, en *The Federalist,* Hamilton no solamente desarrolló la doctrina de la supremacía de la Constitución, sino también, aun más importante, la doctrina de "los jueces como guardianes de la Constitución," como lo expresó el título de la Carta N° 78 en la que al referirse a la Constitución como limitación de los poderes del Estado y, en particular, de la autoridad legislativa, afirmó que:

---

158   Véase Sylvia Snowiss, *Judicial review and the Law of the Constitution*, Yale University Press, New Haven and London 1990, pp. 90 y ss.

"Limitaciones de este tipo sólo pueden ser preservadas, en la práctica, mediante los Tribunales de justicia, cuyo deber tiene que ser el de declarar nulos todos los actos contrarios al tenor manifiesto de la Constitución. De lo contrario, todas las reservas de derechos o privilegios particulares, equivaldrían a nada"[159].

Posteriormente, la posibilidad de que los Tribunales pudieran invalidar leyes, en especial de los Estados, "incompatibles con la Constitución, los Tratados o normas de los Estados Unidos," conforme a lo dispuesto en la Cláusula de Supremacía, fue contemplada por el Primer Congreso, en la primera Ley judicial de 1789, habiendo sido dicha Ley la que llevó a los tribunales federales de Circuito, en 1795, en el caso *Vanhorne's Lessee vs. Dorrance* y en 1800, en el caso *Cooper vs. Telfair,* a declarar nulas leyes estadales que se consideraron incompatibles tanto con la Constitución Federal como con la de los Estados.[160]

En efecto, puede decirse que el principio de la supremacía de la Constitución en relación con la legislación de los Estados, se plasmó en particular, en el caso *Vanhorne's Lessee vs. Dorrance*, 2. Dallas 304 (1795), resuelto por un Tribunal Federal de Circuito en el que el juez Williams Paterson declaró inválida por inconstitucional una Ley del Estado de Pensilvania. En sus instrucciones al Jurado, comparando los sistemas de Inglaterra y de Norteamérica, expresó:

"Algunos de los jueces en Inglaterra, han tenido la audacia de declarar que un Acto del Parlamento que vaya en contra de la natural equity, es nulo; sin embargo, tal opinión contraría la posición general según la cual, la validez de un Acto del Parlamento no puede ser cuestionada por el Poder Judicial; no se puede discutir y debe obedecerse. El poder del Parlamento es absoluto y supremo; el Parlamento es omnipotente en la jerarquía política. Además, en Inglaterra, no existe Constitución escrita, ninguna ley fundamental, nada visible, nada real, nada cierto mediante el cual pueda cuestionarse una Ley. En América, las cosas son muy diferentes: cada Estado de la Unión tiene su Constitución escrita con exactitud y precisión".

Luego, se planteó el interrogante de "¿Que es una Constitución?," respondiendo que:

"Es la forma de gobierno, delineada por la mano todo poderosa del pueblo, en la cual se establecen algunos principios primarios de leyes fundamentales. La Constitución es cierta y permanente; contiene la voluntad permanente del pueblo y es la ley suprema de la Nación; es soberana con relación al poder legislativo y sólo puede ser revocada o modificada por la autoridad que la hizo".

En el mismo orden de ideas, se refirió a la Asambleas legislativas de los Estados, preguntándose "¿Que son las legislaturas?," respondiendo:

"Criaturas de la Constitución; le deben a ella su existencia; derivan sus poderes de la Constitución; son sus mandatarias, y por lo tanto, todos sus Actos de-

---

159 Véase *The Federalist* (ed. B.F. Wright), Cambridge, Mass. 1961, pp. 491–493.

160 Véase en W. J. Wagner, *The Federal States and their Judiciary*, The Hague, 1959, pp. 90–91.

ben conformarse a ella, so pena de ser nulos. La Constitución es la obra o la voluntad del pueblo mismo, en su capacidad original, soberana e ilimitada. La ley es obra o voluntad de la legislatura en su capacidad derivada y subordinada. Una es obra del creador y la otra de la criatura. La Constitución fija limitaciones al ejercicio de la autoridad legislativa y prescribe la órbita en la cual ésta se debe mover".

En sus afirmaciones de 1795, además, el juez Paterson señaló al Jurado:

"En pocas palabras, señores, la Constitución es la cúspide del sistema político, alrededor de la cual se mueven los cuerpos legislativos, ejecutivo y judicial. Cualquiera que sea la situación en otros países, en este no cabe la menor duda de que cualquier acto legislativo incompatible con la Constitución, resulta absolutamente nulo..."[161]

Ahora bien, de acuerdo con estas orientaciones, e independientemente de la intención que pudieron tener los redactores de la Constitución en relación con el control judicial de la constitucionalidad como uno de los principios fundamentales del sistema constitucional norteamericano, ese control se estableció por primera vez respecto de las leyes federales en el famoso caso *Marbury vs. Madison*, 5. U.S. (1 Cranch), 137; 2 L. Ed 60 (1803),[162] en el cual el principio de la supremacía de la Constitución fue el argumento principal para el ejercicio de tal poder de control judicial de la constitucionalidad de las leyes por parte de la Corte Suprema.

En efecto, el *Chief Justice* Marshall, buscando determinar si de conformidad con la Constitución, la Corte Suprema podía ejercer la autoridad que le había sido conferida por la Ley Judicial de 1789, de dictar *writs of mandamus* a los empleados públicos, y considerando que ello "no estaba previsto en la Constitución", decidió "investigar la posibilidad de que una jurisdicción así conferida pudiera ejercerse"; para lo cual desarrolló la doctrina de la supremacía de la Constitución esta vez en relación con las leyes federales, basándose en la pregunta de si "un acto incompatible con la Constitución podía o no llegar a convertirse en ley de la Nación?".

Con miras a responder esta interrogante el Juez Marshall siguió un razonamiento lógico, estableciendo, en primer lugar, el principio de la supremacía de la Constitución, aceptando la idea de la existencia de un "derecho original" del pueblo a fijar los principios que han de regir "su futuro gobierno", como "la base sobre la cual se ha erigido todo el sistema norteamericano". En su opinión, este derecho original de

---

161   Véase en W. J. Wagner, *The Federal States and their Judiciary*, The Hague, 1959, pp. 90–91.

162   Con relación a este caso véase en general E. S. Corwin, *The Doctrine of judicial review. Its legal and historical basis and other Essays*, Princeton, 1914, pp. 1 y 78. El caso que provocó la decisión puede resumirse así: El Presidente John Adams, justo antes de finalizar su período, había nombrado a William Marbury como Juez de Paz. El nuevo Presidente, Thomas Jefferson, no quería a Marbury en el ejercicio del cargo, y ordenó al Secretario de Estado, James Madison, que no le diera el nombramiento. Marbury pidió a la Corte Suprema una orden o mandamiento judicial requiriendo del Secretario de Estado le otorgara el nombramiento. En la decisión, y aun cuando el *Chief Justice* John Marshall considerara que se había tratado injustamente a Marbury, desechó el caso al considerar que la Corte Suprema no tenía competencia para ordenar actuaciones a un órgano del Poder Ejecutivo, a pesar de que la Ley Judicial la autorizaba para ello, considerando que al así hacerlo la ley estaba en contradicción con la Constitución.

adoptar tales principios "fundamentales" y "permanentes" representaba una tarea considerable, de tal manera que no debía "repetirse frecuentemente."

Esta "voluntad original y suprema", decía, "organiza el gobierno..., confiere a diferentes departamentos sus poderes respectivos... [y] fija ciertas limitaciones que dichos departamentos no pueden sobrepasar". Consideró que el Gobierno de los Estados Unidos era del tipo en el cual "los poderes de la Legislatura están definidos y limitados" y fue precisamente, para que "estas limitaciones no puedan ser mal interpretadas u olvidadas", por lo que se adoptó una Constitución escrita con aquellos principios fundamentales y permanentes.

Luego, el juez Marshall se preguntó: "¿Para qué fin están limitados los poderes, y para qué fin tal limitación se pone por escrito si dichos límites pudieran ser transgredidos, en cualquier momento, por aquellos a quienes se busca restringir?," respondiendo que:

"La distinción entre un gobierno con poderes limitados y otro con poderes ilimitados desaparece, si esos límites no obligan a los individuos sobre quienes se imponen, y si los actos prohibidos y aquellos permitidos tienen la misma obligatoriedad".

La alternativa, según él, como proposición demasiado evidente para ser cuestionada, era la siguiente, o:

"que la Constitución controla cualquier acto legislativo incompatible con ella; o que el poder legislativo puede modificar la Constitución mediante un acto ordinario";

en relación a lo cual explicaba que "En esta alternativa no hay término medio":

"O la Constitución es una ley suprema soberana, que no puede ser modificada por medios ordinarios, o está en el mismo nivel que los actos legislativos ordinarios y, al igual que éstos, puede ser modificada cuando le plazca a la legislatura.

Si la primera parte de la alternativa es cierta, entonces un acto legislativo contrario a la Constitución no es una ley; si la última parte es cierta, entonces las constituciones escritas no son sino intentos absurdos por parte del pueblo de limitar un poder por naturaleza ilimitable".

Por supuesto, su conclusión fue que la Constitución era "la ley suprema y soberana de la Nación", principio que consideraba "como uno de los principios fundamentales de nuestra sociedad". En consecuencia, aceptó el postulado según el cual "un acto de la legislatura incompatible con la Constitución es nulo", considerando como "la esencia misma del deber judicial", el determinar las normas que rigen el caso, cuando una ley está en oposición a la Constitución. En estos casos, concluyó, "la Constitución es superior a cualquier acto ordinario de la legislatura; la Constitución, y no tales actos ordinarios, deben regir el caso al que ambos se aplican". Lo contrario, significaría otorgar "a la legislatura una omnipotencia real y práctica...; significaría lo mismo que prescribir limitaciones y declarar que estas pueden ser transgredidas a voluntad... lo que, en conjunto, socavaría el fundamento mismo de todas las Constituciones escritas".

Después de este caso, el principio de supremacía de la Constitución, en el sentido de que prevalece sobre cualquier otra ley incompatible con ella, y de que los actos contrarios a la Constitución "son nulos," se convirtió en una de las principales características del constitucionalismo moderno y, por supuesto, de la posibilidad misma del control judicial de la constitucionalidad de las leyes.

En ese estadio de la concepción del control judicial en Norteamérica fue precisamente que se formuló la cláusula de supremacía en la Constitución de 1811, en la cual, a diferencia del texto de la Constitución norteamericana, se incorporó en su texto la consecuencia que se había elaborado por la jurisprudencia, agregándose entonces al texto que provenía del artículo 6.2 de la Constitución norteamericana, las consecuencias de la violación de la supremacía, indicándose expresamente al final del artículo 227, que *"las leyes que se expiden contra el tenor de ella no tendrán ningún valor sino cuando hubieren llenado las condiciones requeridas para una justa y legítima revisión y sanción,"* lo que significaba declarar la nulidad de las leyes contrarias a la Constitución, salvo que al sancionarse se hubiese reformado la propia Constitución, para despejar cualquier vicio.

Pero no quedó allí el avance del constituyente venezolano de 1811 en materia de supremacía constitucional y de previsión expresa de la "garantía objetiva" de la Constitución que luego, cien años después Hans Kelsen concebiría,[163] sino que reafirmó en el último artículo del Capítulo VIII de la misma Constitución, en particular en relación con los derechos declarados en la Constitución que:

Artículo 199. Para precaver toda transgresión de los altos poderes que nos han sido confiados, declaramos: Que todas y cada una de las cosas constituidas en la anterior declaración de derechos están exentas y fuera del alcance del Poder General ordinario del gobierno y que conteniendo o apoyándose sobre los indestructibles y sagrados principios de la naturaleza, toda ley contraria a ellos que será absolutamente nula y de ningún valor.

Esta, sin duda, fue una previsión novedosa que no encuentra antecedentes ni en los textos constitucionales norteamericanos ni franceses, pero que, sin duda, como "garantía objetiva" de los derechos declarados en la Constitución, al declarar en su propio texto como "nulas y de ningún valor" las leyes que contrariaran la declaración de derechos, siguió la línea de argumentación de la jurisprudencia norteamericana sobre la supremacía constitucional y el control judicial ya establecidos a partir de la sentencia *Marbury contra Madison*, de 1803, de la Corte Suprema de los Estados Unidos.

En este contexto de la supremacía constitucional, por otra parte, es que había que leer los principios relativos a la ley que se incorporaron en la Constitución, en el sentido de considerarla como "la expresión libre de la voluntad general o de la mayoría de los ciudadanos, indicadas por el órgano de sus represantes legalmente constituidos," la cual se "funda sobre la justicia y la utilidad común y ha de proteger la libertad pública e individual contra toda opresión o violencia" (Art. 149). La supre-

163 H. Kelsen, "La garantie juridictionnelle de la Constitution (La justice constitutionnelle"), en *Revue du Droit Public et de la Science Politique en France et a l'Etranger,* Paris, 1928, pp. 197-257.

macía constitucional, por ello, es la que originó que se declarasen como "absolutamente nulas y sin ningún valor" las leyes contrarias a los derechos fundamentales (Art. 199); y en general, al considerar sin "ningún valor" las leyes contrarias a la Constitución, la cual se declaró como la "Ley Suprema del Estado" (Art. 227).

En esta forma, en realidad, el principio de la supremacía de la Constitución y la consecuencia de su vulneración, la nulidad absoluta, no fueron en el texto de 1811, elementos para la deducción jurídica según la lógica del caso *Marbury vs. Madison,* sino que fueron producto de declaraciones expresas en la misma Constitución, expresando que todo acto estatal que violase los derechos del hombre que se declaraban, debía considerarse nulo.

Las bases del sistema de control de la constitucionalidad de las leyes, por tanto, se sentaron en forma expresa en Venezuela desde el texto de 1ª Constitución de 1811, siguiéndose en todas las Constituciones posteriores, lo que sin duda permitía a los jueces, desde el inicio, ejercer el control difuso de la constitucionalidad de las leyes, el cual se complementó décadas después, en 1858, con la previsión expresa en la Constitución un control concentrado de la constitucionalidad de los actos estatales, en particular, en su inicio, también, de los actos de los Estados.[164] Ello fue explicado por la antigua Corte Suprema de Justicia en 1962, cuando decidió una acción popular interpuesta contra la Ley aprobatoria del Tratado internacional, de la manera siguiente:

> "La existencia de un control judicial de la constitucionalidad de los actos del Poder Público por parte del más alto Tribunal de la República, es tradición en Venezuela, y resulta indispensable en todo régimen que pretenda subsistir como Estado de derecho.
>
> Porque lo inconstitucional es siempre antijurídico y contrario al principio que ordena al Poder Público en todas sus ramas, sujetarse a las normas constitucionales y legales que definen sus atribuciones. Lo inconstitucional es un atropello a los derechos ciudadanos y al orden jurídico en general, que tiene su garantía suprema en la Ley Fundamental del Estado. En los países libremente regidos, toda actividad individual o gubernativa ha de mantenerse necesariamente circunscrita a los limites que le señala la Carta Fundamental, cuyas prescripciones, como expresión solemne de la voluntad popular en la esfera del Derecho Público, son normas de ineludible observancia para gobernantes y gobernados, desde el más humilde de los ciudadanos hasta los más altos Poderes del Estado.
>
> De los principios consignados en la Constitución, de las normas por ella trazadas, así en su parte dogmática como en su parte orgánica, deben ser simple desarrollo las leyes y disposiciones que con posterioridad a la misma se dicten; y tan inconstitucionales, y por consiguiente, abusivas serían éstas si de tal misión excedieran, como inconstitucionales y también abusivos lo serían cualquie-

---

164 Véanse los comentarios acerca de control judicial de la constitucionalidad como consecuencia de la supremacía de la Constitución, en Pablo Ruggeri Parra, *La supremacía de la Constitución y su defensa,* Caracas 1941; José Guillermo Andueza, *La Jurisdicción Constitucional en el derecho venezolano,* Caracas 1955; Allan R. Brewer-Carías, *Estado de derecho y control judicial...*, *cit.* pp. 19 y ss.

ra otros actos de los Poderes Públicos que abierta mente contravinieran lo estatuido en la Ley Fundamental."[165]

En consecuencia, desde el siglo XIX se desarrolló en Venezuela un sistema mixto de control de la constitucionalidad de las leyes que mezcla el control difuso con el control concentrado, que ha perdurado hasta el presente;[166] y respecto del cual, la antigua Corte Suprema de Justicia en Sala Político Administrativa, en sentencia N° 1212 de 30 de mayo de 2000 (Caso: *Carlos P. García P. vs. República (Ministerio de Justicia. Cuerpo Técnico de Policía Judicial*), sostuvo:

"La Constitución de la República Bolivariana de Venezuela, concretamente, el artículo 334 establece como obligación para todos los Jueces de la República la de asegurar la integridad de la Constitución, en el ámbito de sus competencias y conforme a lo previsto en su texto y en las leyes, para que de este modo, la justicia constitucional sea ejercida por todos los Tribunales, consagrándose el control difuso de la constitucionalidad. De este modo, se establece para todos los Jueces, de cualquier nivel, el poder–deber para controlar la constitucionalidad de los actos normativos del poder Público y ofrecer a todas las personas la tutela efectiva en el ejercicio de sus derechos e intereses legítimos, al no aplicar a los casos concretos que deban decidir, las normas que estimen inconstitucionales. Por tanto, si bien en nuestro país se puede afirmar que existe una "jurisdicción constitucional", concentrada en la Sala Constitucional del Tribunal Supremo de Justicia, no es menos cierto que por mandato expreso de la propia Constitución de 1999, se encuentra previsto el control difuso de la misma como obligación para todos los Jueces de la República."[167]

---

165   Véase sentencia de la antigua Corte Suprema de Justicia en Pleno, 15–3–62. Véase *Gaceta Oficial* N° 760, Extra., 22–36–2, pp. 3–7.

166   Véase en general, Allan R. Brewer-Carías, *El control de la constitucionalidad de los actos estatales*, Caracas, 1977; *Estado de derecho y Control Judicial, cit.*, pp. 19 y ss.; *Judicial Review in Comparative Law*, Cambridge University Press, Cambridge 1989; y La Justicia Constitucional en Venezuela, Ed. Porrúa, Universidad nacional Autónoma de México, México 2007.

167   Véase en *Revista de Derecho Público*, N° 82, EJV, Caracas 2000, p. 446

QUINTA PARTE

LA CONSTITUCIÓN DE LA PROVINCIA DE CARACAS DE 31 DE ENERO DE 1812 COMO MODELO DE CONSTITUCIÓN PROVINCIAL (2011)

Esta Quinta Parte es el texto del estudio preliminar al libro: *La Constitución de la Provincia de Caracas de 31 de enero de 1812. Homenaje al bicentenario*, que se publicó con Prólogo de Alfredo Arismendi, por la Academia de Ciencias Políticas y Sociales, Colección Estudios Nº 100, Caracas 2011 (232 pp.)

Dicho libro estuvo precedido de la siguiente "NOTA EXPLICATIVA":

Este libro sobre la *Constitución de la Provincia de Caracas de 31 de enero de 1812* que la Academia de Ciencias Políticas y Sociales ha decidido publicar en su *Colección Estudios* es, fundamentalmente, un homenaje que la propia Academia, mi persona y el maestro Carlos Cruz Diez, extraordinario amigo también natural de Caracas y quien nos ha regalado a todos con la bellísima portada que adorna esta edición, rendimos a nuestro país, con ocasión del Bicentenario de dicha Constitución provincial. Homenaje al cual asocio a Beatriz, mi esposa, con todo mi agradecimiento, por ser ella testigo de excepción en el proceso de concepción de esta y de tantas otras obras.

Venezuela, como país independiente, nació en Caracas a raíz de la Revolución del 19 de abril de 1810 que se produjo en el Cabildo de la capital, y del proceso constituyente que se desarrolló a partir de esa fecha, culminando con la sanción de la Constitución Federal de los Estados de Venezuela de diciembre de 1811, y de esta Constitución de la Provincia de Caracas de enero de 1812; obra, ambas, del mismo Congreso General de Venezuela y de los mismos ilustrados diputados que le integraron y que funcionó entre 1811 y 1812.

En el texto de esas Constituciones se pone en evidencia la extraordinaria calidad de los juristas hacedores del Estado venezolano que actuaron durante todo ese período –y entre ellos, fundamentalmente, Juan Germán Roscio, Francisco Javier Ustáriz y Francisco Iznardi– y a cuya preparación y pluma se debieron estos textos. Su lectura, hoy, no producen sino admiración, sobre todo cuando se comparan las construcciones constitucionales y políticas de las que fuimos capaces de conformar como Nación, a principios del siglo XIX, con la barbarie a-jurídica a la cual ha sido sometida el país en estos primeros años del siglo XXI, después de que el Estado fue asaltado a mansalva, por un grupo de ignorantes de la historia y del derecho como nunca antes ocurrió en nuestra historia constitucional, y que han pretendido gobernar, destruyendo.

Para las generaciones a las cuales pronto e ineludiblemente le corresponderá acometer la reconstrucción institucional del país, porque la barbarie sin duda será sometida, textos como el de esta Constitución, estoy seguro les servirá de fuente de inspiración cuando haya que volver a desarrollar un proceso constituyente conducido por civiles.

Pero en relación con esta edición, además de mi renovado agradecimiento a Carlos Cruz Diez por su regalo, su afecto y amistad, quiero especialmente agradecer al actual Presidente de la Academia, mi apreciado amigo de tantos años Enrique Lagrange, y en particular, en la Directora Ejecutiva de la Corporación, mi querida amiga y colaboradora también durante tantos años, Irene Valera, por toda la labor que vienen realizando desde la Academia en defensa de la institucionalidad democrática del país, fomentando ediciones e investigaciones de este tipo. Mi agradecimiento, además, a mi compañero de estudios y, desde 1960, en el Instituto de derecho Público de la Universidad Central de Venezuela, quien ahora lo dirige profesor Alfredo Arismendi, por su generoso y afectuoso Prólogo. Nadie mejor que él, por su conocimiento de la historia y bibliografía del derecho constitucional en el país, para apreciar el valor jurídico de un texto constitucional como el que aquí se publica, que como obra de civiles, fue luego inmisericordemente destruido por los militares realistas que ocuparon la Provincia en 1812, y posteriormente, lamentablemente despreciado, por los militares patriotas que libraron las guerras de la Independencia, de lo que resultó el desgraciado arraigo del militarismo en Venezuela, que tanto contrasta con textos como el que aquí se publica, y del cual no hemos logrado deshacernos. Mi agradecimiento, finalmente, a mi colaboradora de tantos años, Francis Gil, por su ayuda, tan eficiente como siempre, en la preparación de la edición. New York, octubre de 2011.

La Constitución de la Provincia de Caracas de 31 de enero de 1812[1] puede considerarse, sin duda, como el modelo más acabado de lo que era una Constitución provincial a comienzos del siglo XIX, influida de todos los principios del constitucionalismo moderno que se habían venido expandiendo en el mundo occidental luego de las revoluciones Norte Americana y Francesa de finales del siglo XVIII.

La misma fue sancionada por el Congreso General de la Confederación de Venezuela que se había instalado en 1811, en la "Sección Legislativa de la Provincia de Caracas del Congreso General de Venezuela," es decir, por los diputados electos en la Provincia que integraban dicho Congreso General; con el propósito de regular constitucionalmente el funcionamiento de dicha Provincia en el marco de la Federación que venía de establecerse formalmente el mes anterior, al sancionarse, el 21 de

---

1   Véase el texto en el libro *Las Constituciones Provinciales* (Estudio Preliminar de Ángel Francisco Brice), Academia Nacional de la Historia, Caracas 1959, pp. 61-146. El texto que se publica al final de este libro ha sido tomado de dicha publicación de la Academia.

diciembre de 1811, por el mismo Congreso General, la Constitución Federal de los Estados de Venezuela.[2]

Esta Constitución integraba en un nuevo Estado nacional, con forma federal, a siete Estados provinciales (Caracas, Barcelona, Cumaná, Margarita, Barinas, Trujillo, Mérida) que habían resultado de la transformación de las antiguas Provincias que habían formado la antigua Capitanía General de Venezuela creada en 1777.

La elaboración de ambos proyectos de Constituciones, de la Federal y de la Provincial de Caracas, se realizó, en paralelo, en las sesiones del Congreso General, lo que se capta del encargo hecho en la sesión del 16 de marzo de 1811 a los diputados Francisco Uztáriz, Juan Germán Roscio y Gabriel de Ponte, Diputados los tres por la Provincia de Caracas por los partidos capitulares de San Sebastián de los Reyes, Calabozo y la ciudad de Caracas, recién instalado el propio Congreso, como comisionados para redactar la Constitución Federal de Venezuela[3]; y del anuncio efectuado en la sesión del Congreso General del 28 de marzo de 1811, donde se informó que se había encomendado a los mismos mencionados diputados Ustáriz y Roscio, la elaboración de "la Constitución provincial de Caracas, con el objeto de que sirviese de modelo a las demás provincias del Estado y se administrasen los negocios uniformemente."[4]

Por ello, en la sesión del Congreso General del 19 de julio de 1811 se dejó constancia de que era un mismo grupo de diputados los "encargados de trabajar la Constitución Federal y la Constitución particular de la provincia de Caracas";[5] y además, en la sesión del Congreso General del 20 de julio de 1811, el mismo Ustáriz decía que el Congreso le había encomendado junto con Roscio y de Ponte, "para que formase la Constitución federal de los Estados Unidos de Venezuela."[6]

Fue a tales efectos, que Ustáriz comenzó a presentar pliegos de la Constitución en la sesión del Congreso General del 21 de agosto de 1811,[7] dejándose constancia en la sesión del Congreso del 26 de julio de 1811, por ejemplo, de la presentación de un importante "Proyecto para la Confederación y Gobiernos provinciales de Venezuela,"[8] donde se formulaba un ensayo de distribución de las competencias que debían corresponder al nivel del Estado federal, y al nivel de los Gobiernos provinciales.[9]

---

2   Véase el texto en Allan R. Brewer-Carías, *Las Constituciones de Venezuela*, Academia de Ciencias Políticas y Sociales, Tomo I, Caracas 2008, pp. 553 ss.

3   En la despedida de la sección legislativa de la provincia de caracas al concluir sus sesiones y presentar la Constitución provincial 19 de febrero de 1812 Véase *Textos Oficiales de la primera República de Venezuela*, Biblioteca de la Academia de Ciencias Políticas y Sociales, Caracas 1982, Tomo II, p. 216.

4   *Id.*, Tomo II, p. 216

5   *Id.*, Tomo II, p. 109

6   Véase Ramón Díaz Sánchez, "Estudio Preliminar", *Libro de Actas del Segundo Congreso de Venezuela 1811-1812*, Academia Nacional de la Historia, Caracas 1959, Tomo I, p. 230.

7   *Id.*, Tomo I, p. 317.

8   Véase el texto en *El pensamiento constitucional hispanoamericano hasta 1830*, Biblioteca de la Academia nacional de la Historia, Caracas 1961, Tomo V, pp. 41-44.

9   Véase *Textos Oficiales de la Primera República de Venezuela, cit.*, Tomo II, pp. 111-113

Se trató, por tanto, de un proceso constituyente tanto nacional como provincial que se desarrolló en paralelo en el seno del mismo cuerpo de diputados, por una parte, para la conformación de un Estado federal en todo el ámbito territorial de lo que había sido la antigua Capitanía General de Venezuela, con la participación de todos los diputados del Congreso de todas las provincias; y por la otra, para la conformación del marco constitucional de gobierno para una de las provincias de dicha Federación, la de Caracas, incluso, como se dijo, para que el texto sirviera de modelo para la elaboración de las otras Constituciones provinciales.

Esa imbricación de Legislaturas en el mismo Cuerpo de representantes, la del Congreso General y la de la Sección Legislativa de la Provincia de Caracas, explica que en la sesión del Congreso General del 31 de enero 1812 se diera cuenta formalmente de que la Constitución provincial de Caracas iba a firmarse ese mismo día;[10] hecho del cual además, se dio anuncio en la sesión del mismo Congreso General del día siguiente, del 1 de febrero de 1812.[11]

La concepción y conducción del proceso constituyente venezolano, que en ese momento era a la vez el inicio del proceso constituyente de toda la América hispana fue, por tanto, obra de los destacados e ilustrados diputados y funcionarios, juristas y políticos que lo integraban,[12] y no de militares, casi todos formados en la Universidad de Caracas a finales del siglo XVIII, y muchos de ellos, antes de la Revolución de abril de 1810, con experiencia en funciones de gobierno en las instancias coloniales de la Capitanía General de Venezuela.

Entre ellos, en todo caso, hay un grupo de juristas e ideólogos de la Revolución, todos de Caracas, quienes acompañaron invariablemente el proceso constituyente desde su propio inicio el 19 de abril de 1810 hasta el 30 de julio de 1812, cuando se firmó la Capitulación entre el General Francisco de Miranda por la República y el Capitán Domingo de Monteverde de las fuerzas militares españolas de ocupación, a quienes hay que recordar, pues ellos fueron los hacedores de aquella magnífica República, nada "boba" por cierto, como el militarismo que la sucedió posteriormente la quiso desdibujar.[13]

---

10   Véase *Libro de Actas del Segundo Congreso de Venezuela 1811-1812, cit.*, Tomo II, p. 307.

11   Véase *Libro de Actas del Segundo Congreso de Venezuela 1811-1812, cit.*, Tomo II, p. 309. Como se dijo, con posterioridad, el 19 de febrero de 1812 luego de haberse promulgado la Constitución de la Provincia de Caracas, la Sección Legislativa para la Provincia del Congreso General dirigió una "despedida a los habitantes de Caracas al terminar sus sesiones y presentar la Constitución," (firmada por los diputados Felipe Fermín Paúl, Martín Tovar, Lino de Clemente, Francisco Xavier Ustáriz, José Ángel Alamo, Nicolás de Castro, Juan Toro, Tomás Millano." Véase en *Textos Oficiales de la Primera República de Venezuela, cit.*, Tomo II, p. 216.

12   Véase la lista y nombres de todos los diputados en Manuel Pérez Vila "Estudio Preliminar," *El Congreso Nacional de 1811 y el Acta de la Independencia*, Edición del Senado, caracas 1990, pp. 7-8; Juan Garrido, *El Congreso Constituyente de Venezuela*, Universidad Monteávila, caracas 2010, pp. 76-79.

13   Véase, por ejemplo, por lo que se refiere a la Nueva Granada, el empleo del término en el libro *La Patria Boba*, que contiene los trabajos de J.A. Vargas Jurado (*Tiempos Coloniales*), José María Caballero (*Días de la Independencia*), y J.A. de Torres y Peña (*Santa Fé Cautiva*), Bogotá 1902. El trabajo de Caballero fue publicado con los títulos *Diario de la Independencia*, Biblioteca de Historia Nacional, Bogotá 1946, y *Diario de la Patria Boba*, Ediciones Incunables, Bogotá 1986. Véase también, José María Espinosa, *Recuerdos de un Abanderado, Memorias de la Patria Boba 1810-1819*, Bogotá 1876.

Entre ellos hay que destacar particularmente aquellos abogados y políticos que estuvieron presentes *en todos* los acontecimientos y que además, se comprometieron suscribiendo *todos* los actos políticos subsiguientes, y a quienes, sin duda, hay que atribuir la conducción y continuidad de todo aquél extraordinario proceso constituyente.

Al analizarse todos esos documentos, en efecto, se constata que solamente los diputados Lino de Clemente, Isidoro Antonio López Méndez, Martín Tovar y Ponce, Francisco Javier Ustáriz, y Juan Germán Roscio, fueron quienes a la vez: (i) formaron parte de la Junta Conservadora de los Derechos de Fernando VII el 19 de abril de 1810, como funcionarios que eran del Cabildo o como diputados por el pueblo que se incorporaron al mismo; (ii) fueron integrados como Vocales a la Junta Suprema de gobierno que se organizó por el Bando del 23 de abril de 1810; (iii) fueron electos como diputados al Congreso General, conforme al Reglamento de Elecciones dictado por la Junta Suprema el 11 de junio de 1810; (iv) participaron en el acto de instalación del Congreso General de diputados el día 3 de marzo de 1811; (v) suscribieron la Ley sobre los Derechos del Pueblo sancionada por el Congreso General en la Sección Legislativa para la Provincia de Caracas el 1 de julio de 1811; (vi) suscribieron el acta de la Independencia del 5 de julio de 1811; (vii) suscribieron la Constitución Federal de los Estados de Venezuela de 21 de diciembre de 1811; y (viii) suscribieron la Constitución de la Provincia de Caracas del 31 de enero de 1812.

Todos los diputados, sin duda, jugaron papeles y roles importantes en ese proceso constituyente, pero sólo los antes mencionados estuvieron presentes en forma activa en todo el iter constituyente.

Otros grupos de diputados que también debe mencionarse son aquellos que si bien no participaron en los hechos de la Revolución de 19 de abril de 1810, fundamentalmente porque no eran vecinos de Caracas, sin embargo sí estuvieron presentes en todos los hechos y actos políticos posteriores antes mencionados, como fueron los siguientes diputados, todos por otros partidos de la Provincia de Caracas: Felipe Fermín Paúl, por San Sebastián de los Reyes; Fernando de Peñalver, Luis José de Cazorla y Juan Rodríguez del Toro, por Valencia; Juan José de Maya, por San Felipe; Gabriel Pérez de Págola, por Ospino; José Ángel Álamo, por Barquisimeto; y José Vicente de Unda, por Guanare. Otros distinguidos abogados, además, tuvieron participación activa en el gobierno, particularmente en el Poder Ejecutivo plural, donde estuvieron Juan de Escalona, Cristóbal Mendoza y Baltazar Padrón, o como Secretarios de Estado como fue el caso de Miguel José Sanz.

En cuanto a Roscio y Ustáriz, como se dijo, debe decirse que además, fueron los redactores efectivos tanto de la Constitución Federal como de la Constitución Provincial de Caracas; y junto con ellos debe mencionarse a Francisco Iznardi, que si bien no era diputado, fue el importantísimo Secretario del Congreso General durante todo su funcionamiento, y a quien el Congreso General encomendó, junto con Roscio, la redacción del Acta de la Independencia del 5 de julio de 1811.[14] Roscio

---

14   Véase *Libro de Actas del Segundo Congreso de Venezuela 1811-1812, cit.,* Tomo I, p. 201; Luis Ugalde s.j., *El pensamiento teológico-político de Juan Germán Roscio,* bid & co. editor, caracas 2007, p. 30.

además, fue el redactor del Reglamento de Elecciones para los Diputados dictado por la Junta Suprema de 11 de junio de 1810, siendo de su pluma la importante Alocución que lo precede, donde se sientan las bases del sistema republicano representativo;[15] y el importante "Manifiesto al Mundo" que dirigió el Congreso General explicando las razones de la Independencia de fecha de 30 de julio de 1811.[16] Además, con anterioridad a la instalación del Congreso General, durante el funcionamiento de la Junta Suprema, Roscio había sido Secretario de Relaciones Exteriores, y como secretario de Estado fue quien firmó la orden de 14 de agosto de 1810 de la Junta Suprema, de constitución de la Junta Patriótica como "Sociedad Patriótica de Agricultura y Economía."[17] Luego en momentos del funcionamiento del Congreso General, Roscio además, fue nombrado como Ministro de Gracia, Justicia y Hacienda.[18]

Con razón, por tanto, a Juan Germán Roscio se lo debe considerar como "la figura más distinguida del movimiento de independencia desde 1810,"[19] o, como "el más conspicuo de los ideólogos del movimiento" de independencia.[20]

La Constitución Federal de los Estados de Venezuela de 21 de diciembre de 1811, en el marco de la cual se dictó la Constitución provincial de Caracas, obra ambos de aquellos destacados juristas, en todo caso, tiene la importancia histórica que venía de ser la tercera Constitución del mundo moderno de ámbito nacional que se había sancionado conforme a los principios del constitucionalismo que recién se habían derivado de las Revoluciones Americana y Francesa de finales del Siglo XVIII, luego de haberse adoptado, primero, la Constitución de Estados Unidos de América de 1787, y luego, la Constitución de la Monarquía Francesa de 1791.[21]

La Constitución de la Provincia de Caracas de 31 de enero de 1812, por su parte, tiene también la importancia de que venía a formar parte del segundo grupo de Constituciones provinciales que se sancionaban en la historia del constitucionalismo moderno, después de las que se habían adoptado en 1776 en las trece antiguas Colonias inglesas en Norteamérica y que luego formaron los Estados Unidos de América, y que fueron las Constituciones o Formas de Gobierno de New Hampshire, Virginia, South Carolina, New Jersey Rhode Island, Connecticut, Maryland, Virginia, Dela-

---

15 Véase Ramón Díaz Sánchez, "Estudio Preliminar", *Libro de Actas del Segundo Congreso de Venezuela 1811-1812*, Academia Nacional de la Historia, Caracas 1959, Tomo I, p. 91.

16 *Id.* Tomo I., p. 82.; *El pensamiento teológico-político de Juan Germán Roscio, cit.*, p. 30.

17 Véase *Textos Oficiales de la primera República de Venezuela, cit.*, Tomo I, 215-216.

18 De ello se da cuenta en la sesión del Congreso del 17 de julio de 1811. Véase Ramón Díaz Sánchez, "Estudio Preliminar," *Libro de Actas del Segundo Congreso de Venezuela 1811-1812, cit.*, Tomo I, p. 220.

19 *Id.*, Tomo I, p. 61.

20 Véase Manuel Pérez Vila, "Estudio Preliminar," *El Congreso Nacional de 1811 y el Acta de la Independencia, cit.*, p. 6.

21 Véase en general, Allan R. Brewer-Carías, *Reflexiones sobre la Revolución Americana (1776) y la Revolución Francesa (1789) y sus aportes al constitucionalismo moderno*, Editorial Jurídica Venezolana, Caracas 1992. Una segunda edición ampliada de este estudio se publicó como *Reflexiones sobre la Revolución Norteamericana (1776), la Revolución Francesa (1789) y la Revolución Hispanoamericana (1810-1830) y sus aportes al constitucionalismo moderno*, 2ª Edición Ampliada, Universidad Externado de Colombia, Bogotá 2008.

ware, New York y Massachusetts.[22] Venezuela fue, así, el segundo país en la historia del constitucionalismo moderno en haber adoptado la forma federal de gobierno a los efectos de unir como un nuevo Estado, lo que antes habían sido antiguas Provincias coloniales.

Fue así, por tanto, al igual que había ocurrido en Norte América, que la Constitución Federal de los Estados de Venezuela de diciembre de 1811 fue precedida por la sanción de otras Constituciones provinciales o formas de Gobierno y que habían sido dictadas en 1811 en las provincias de Barinas, Mérida y Trujillo. La Constitución Federal, además, fue seguida de otra Constitución provincial, dictada incluso antes que la de Caracas, que fue la Constitución fundamental de la Provincia de Barcelona Colombiana de 12 de enero de 1812.[23]

Igualmente debe mencionarse, que coincidiendo con la sanción de las Constituciones provinciales en Venezuela, en las antiguas provincias de la Nueva Granada y en el marco, también, del inicio de la organización de un Estado federal, se dictaron diversas Constituciones provinciales en 1811, la de Cundinamarca, aún cuando de carácter Monárquica, y la de Tunja; y en 1812, las de Antioquia y Cartagena de Indias.[24] En la Nueva Granada, sin embargo, no se llegó a dictar una Constitución nacional moderna como la Constitución Federal venezolana de 1811, suscribiéndose sólo en cambio el 27 de noviembre de 1811, por los representantes de cinco de las provincias de Nueva Granada (Antioquia, Cartagena, Neiva, Pamplona, Tunja), reunidos en Convención en Santa Fe, un Acta de Confederación de las Provincias Unidas de Nueva Granada, mediante la cual se constituyó un Estado con esa denominación de "Provincias Unidas de Nueva Granada."[25]

Nuestra intención en este Estudio preliminar al texto de la Constitución de la Provincia de Caracas de 31 de enero de 1812, es analizar el significado, contexto y contenido de esta Constitución provincial, ubicándola en su momento histórico, como "modelo" de Constitución Provincial, para lo cual estudiaremos en una *primera parte*, Caracas y el Proceso de la Independencia en 1810-1812; en una *segunda parte*, las Constituciones Provinciales de Venezuela en 1811-1812; en una *tercera parte*, La conformación territorial de la Provincia de Caracas; en *cuarta lugar*, El

---

22 El texto de casi todas estas Constituciones se conocía en Caracas a partir de 1810 por la traducción que hizo Manuel García de Sena, en la obra *La Independencia de la Costa Firme, justificada por Thomas Paine treinta años ha*, editada en Filadelfia en 1810. Véase la edición, con prólogo de Pedro Grases, del Comité de Orígenes de la Emancipación, núm. 5. Instituto Panamericano de Geografía e Historia, Caracas, 1949. El texto de la Constitución de los Estados Unidos de América también se conocía por la traducción contenida en dicho libro, y por la que hizo en Joseph Manuel Villavicencio, *Constitución de los Estados Unidos de América*, editado en Filadelfia en la imprenta Smith & M'Kennie, 1810.

23 Véase el texto de todas las Constituciones provinciales en el libro *Las Constituciones Provinciales* (Estudio Preliminar de Ángel Francisco Brice), Academia Nacional de la Historia, Caracas 1959. En particular, sobre las Constituciones de Mérida, véase Tulio Febres Cordero (Compilador), *Actas de Independencia. Mérida, Trujillo, Táchira en 1810*, El Lápiz Ed., Mérida 2008.

24 Antes se había organizado un gobierno en la Provincia del Socorro (1810); y posteriormente se dictaron otras Constituciones Provinciales en 1814 (Popayán) y en 1815 (Pamplona, Mariquita y Neiva). Véase en general Carlos Restrepo Piedrahita, *Primeras Constituciones de Colombia y Venezuela 1811–1830*, Universidad Externado de Colombia, Bogotá 1996, pp. 37 y ss.

25 *Idem.*

proceso constituyente en la Provincia de Caracas en 1810-1812; y en una *quinta parte,* la organización territorial de la Provincia de Caracas.

SECCIÓN PRIMERA:

CARACAS Y EL PROCESO DE INDEPENDENCIA *EN 1810-1813*

En Caracas, el 19 de abril de 1810, se inició el proceso de independencia, al deponerse las autoridades coloniales, y haber asumido el gobierno provincial una Junta Suprema que, si bien se denominó como "Conservadora de los Derechos de Fernando VII," pronto mostró su verdadera faz de gobierno autónomo e independiente frente a la Metrópoli, que invadida por Napoleón, y con un Monarca secuestrado por el mismo, se la consideraba incapaz de gobernarse a sí misma y de gobernar la América.

Se había producido, sin duda, un golpe de Estado, y con ello, el inicio de la revolución de independencia.[26] Por ello, a los pocos días, en un Manifiesto, la Junta Suprema de Caracas, ya hablaba del gobierno de la Península confinado en Cádiz como "incapaz de salvarse a sí mismo," y de "la Revolución de Caracas", donde se había formado un "nuevo gobierno," cesándose "el antiguo;" así como de la "independencia política de Caracas", declarándose que iba:

"a darse al nuevo Gobierno la forma provisional que debe tener, mientras una constitución, aprobada por la representación nacional legítimamente constituida, sanciona, consolida y presenta con dignidad política a la faz del universo la provincia de Venezuela organizada y gobernada."[27]

De esos hechos, ya el 4 de julio de 1810, daba cuenta el Intendente del Ejército y Real Hacienda del gobierno español en Cádiz, informando al Supremo Ministerio de Hacienda del Consejo de Regencia, entre otras apreciaciones que:

"lo más escandaloso fue que en las canciones alegóricas que compusieron e imprimieron de su independencia, convidaban a toda la América Española para hacer causa común, y que tomasen a los Caraqueños por modelo para dirigir revoluciones."[28]

Y en efecto, el Himno Nacional de Venezuela "Gloria al Bravo Pueblo," comienza así su primera estrofa:

"Gloria al bravo pueblo que el yugo lanzó

la ley respetando la virtud y honor"

Y termina la tercera estrofa, así:

---

26   Véase Juan Garrido Rovira, *La Revolución de 1810, Bicentenario del 19 de abril de 1810*, Universidad Monteávila, Caracas 2009; y Enrique Viloria Vera y Allan R. Brewer-Carías, *La Revolución de Caracas 1810*, Colección Salamanca Historia, Educación y Geografía (Biblioteca Guillermo Morón) N° 44 Centro de Estudios Ibéricos y Americanos de Salamanca, Federico de Oníz-Miguel Torga, Caracas 2011.

27   Véase *Textos Oficiales de la Primera República de Venezuela, cit.,* Tomo I, 127-129.

28   Véase en http://www.noticierodigital.com/forum/viewtopic.php?t=752108

"Unida con lazos que el cielo formó,

la América toda existe en Nación.

Y si el despotismo levanta la voz,

seguid el ejemplo que Caracas dio".

Estas frases, sin duda, estaban destinadas a rendir homenaje a la ciudad capital de la Capitanía General de Venezuela, Caracas, donde se fraguó el movimiento revolucionario de independencia que se inició el 19 de abril de 1810, y desde donde comenzó a expandirse en toda la América Española.

I. LA REVOLUCIÓN DE CARACAS DEL 19 DE ABRIL DE 1810 Y LA ASUNCIÓN DEL MANDO SUPREMO DE LA PROVINCIA DE CARACAS POR UNA JUNTA SUPREMA

En efecto, cinco meses antes de que se instalaran las Cortes de Cádiz, lo que ocurrió el 24 de septiembre de 1810, en Caracas, el 19 de abril de 1810, el Ayuntamiento de la capital de la Provincia de Venezuela, como se dijo, había dado un golpe de Estado, iniciando la independencia de Venezuela, mediante un proceso constituyente que concluyó con la sanción de la Constitución Federal para los Estados de Venezuela del 21 de diciembre de 1811, dictada también, tres meses antes de la sanción de la Constitución de Cádiz el 18 de marzo de 1812.

Así, el constitucionalismo moderno puede decirse que se inició en América Latina, en las Provincias más relegadas del Imperio Español, aquellas que sólo en 1777, habían sido agrupadas en la Capitanía General de Venezuela. Esas fueron las provincias de Venezuela o Caracas, Nueva Andalucía, Margarita, Maracaibo (que comprendía Mérida y La Grita), y Guayana. Hasta ese entonces habían sido Provincias coloniales aisladas, algunas de ellas como Mérida, La Grita, Maracaybo y Guayana sometidas a la Audiencia de Santafé en el Nuevo Reyno de Granada, y otras (Margarita, Venezuela o Caracas, Nueva Andalucía) a la Audiencia de Santo Domingo, en la Isla *La Hispagniola*.

La revolución contra la monarquía española en la América Hispana, por tanto, no se inició en las capitales virreinales ni en las Provincias ilustradas del Nuevo Mundo, sino en una de las más pobres del Continente Americano, la Provincia de Caracas o Venezuela; lo que ocurrió en el Ayuntamiento de Caracas, en su sesión del 19 de abril de 1810, al día siguiente de conocerse la situación política de la Península donde, por la abdicación de los Monarcas españoles a su Corona a favor de Napoleón y la invasión por el ejército francés a la península, el gobierno de la Monarquía, es decir, la Junta de Regencia recién constituida, había quedado reducido a la Isla de León, en Cádiz. Como consecuencia de ello, el Cabildo depuso a la autoridad constituida y que estaba representada por el Gobernador y Capitán General Vicente de Emparan, y se erigió, a sí mismo, en Junta Suprema de Venezuela Conservadora de los Derechos de Fernando VII.[29] Como consecuencia, dicha Junta asumió el "mando

---

29   Véase el libro *El 19 de abril de 1810,* Instituto Panamericano de Geografía e Historia, Caracas 1957.

supremo" o "suprema autoridad" de la Provincia,[30] "por consentimiento del mismo pueblo,"[31] en lo que fue el primer acto constitucional de la constitución de un nuevo gobierno, para la conformación jurídica de un nuevo Estado.[32] A dicho nuevo gobierno quedaron subordinados "todos los empleados del ramo militar, político y demás"[33] de la provincia, para lo cual se procedió a destituir las antiguas autoridades del país (como se dijo, al Presidente de la Audiencia, Gobernador de la Provincia y Capitán General, a su Teniente de Gobernador, al Auditor de Guerra; al Intendente de Ejército y Real Hacienda, y a los miembros de Real Audiencia de Caracas)[34]; y a proveer a la seguridad pública y conservación de los derechos del Monarca cautivo. Todo ello lo hizo el Ayuntamiento "reasumiendo en sí el poder soberano."[35]

La motivación de esta Revolución se expuso en el texto del Acta de la dicha sesión del Ayuntamiento del 19 de abril, en la cual se consideró que por la disolución de la Junta Suprema Gubernativa de España, que suplía la ausencia del Monarca, y a pesar de que la misma había delegado sus poderes en un Consejo de Regencia, el mismo se desconoció considerándose que el pueblo había quedado en "total orfandad," razón por la cual se estimó que:

"El derecho natural y todos los demás dictan la necesidad de procurar los medios de conservación y defensa y de erigir en el seno mismo de estos países un sistema de gobierno que supla las enunciadas faltas, ejerciendo los derechos de la soberanía, que por el mismo hecho ha recaído en el pueblo".

Para adoptar esa decisión, por supuesto, como se dijo, el Ayuntamiento tuvo que desconocer la autoridad del Consejo de Regencia,[36] considerando que:

---

30 Véase el texto del Acta del Ayuntamiento de Caracas de 19 de Abril de 1810 en Allan R. Brewer-Carías, *Las Constituciones de Venezuela*, Academia de Ciencias Políticas y Sociales, Caracas 2008, Tomo I, pp. 531-533.

31 Así se establece en la "Circular" enviada por el Ayuntamiento el 19 de abril de 1810 a las autoridades y corporaciones de Venezuela. Véase J. F. Blanco y R. Azpúrua, *Documentos para la historia de la vida pública del Libertador*, Ediciones de la Presidencia de la República, Caracas, 1983, Tomo II, pp. 401-402. Véase también en *Textos oficiales de la Primera República de Venezuela*, Tomo I, p. 105.

32 Véase en general T. Polanco, "Interpretación jurídica de la Independencia" en *El Movimiento Emancipador de Hispanoamérica, Actas y Ponencias*, Caracas, 1961, Tomo IV, pp. 323 y ss.

33 *Id.*.

34 Véase Juan Garrido Rovira, *La Revolución de 1810, cit.* p. 25

35 Así se indica en el oficio de la Junta Suprema al Inspector General Fernando Toro el 20 de abril de 1810. Véase en J.F. Blanco y R. Azpúrua, *Documentos para la historia de la vida pública del Libertador, cit.*, Tomo II, p. 403 y Tomo I, p. 106, respectivamente.

36 Lo que afirma de nuevo, en comunicación enviada al propio Consejo de Regencia de España explicando los hechos, razones y fundamentos del establecimiento del nuevo gobierno. Véase J. F. Blanco y R. Azpúrua, *Documentos para la historia de la vida pública del Libertador cit.*, Tomo II, p. 408; y *Textos Oficiales de la Primera República, cit.*, Tomo I, pp. 130 y ss. En particular, en comunicación del 3 de mayo de 1810, la Junta Suprema de Caracas se dirigió a la Junta Suprema de Cádiz y a la Regencia, cuestionando la asunción por esas corporaciones "que sustituyéndose indefinidamente unas a otras, sólo se asemejan en atribuirse todas una delegación de la soberanía que, no habiendo sido hecha ni por el Monarca reconocido, ni por la gran comunidad de españoles de ambos hemisferios, no puede menos de ser absolutamente nula, ilegítima, y contraria a los principios sancionados por nuestra legislación" (*Id.*, p. 130); agregando que "De poco se necesitará para demostrar que la Junta Central carecía de una verdadera representación nacional; porque su autoridad no emanaba originariamente de otra cosa que de la

"No puede ejercer ningún mando ni jurisdicción sobre estos países, porque ni ha sido constituido por el voto de estos fieles habitantes, cuando han sido ya declarados, no colonos, sino partes integrantes de la corona de España, y, como tales han sido llamados al ejercicio de la soberanía interna y a la reforma de la Constitución Nacional".

En todo caso, el Ayuntamiento estimó que aun cuando pudiera prescindirse de lo anterior, dicho Consejo de Regencia, por las circunstancias de la guerra y de la conquista y usurpación de las armas francesas en la Península, era impotente y sus miembros no podían valerse a sí mismos. De allí que en el Cabildo Extraordinario, al ser forzado el Presidente, Gobernador y Capitán General a renunciar, el mando quedó depositado en el Ayuntamiento con motivo del "establecimiento del nuevo gobierno" disponiéndose que los nuevos empleados debían prestar juramento ante el cuerpo, prometiendo:

"Guardar, cumplir y ejecutar, y hacer que se guarden, cumplan y ejecuten todas y cualesquiera ordenes que se den por esta Suprema Autoridad soberana de estas Provincias, a nombre de nuestro rey y señor don Fernando VII"[37].

Se estableció, así, en Caracas, "una Junta Gubernativa de estas Provincias, compuesta del Ayuntamiento de esta Capital y de los vocales nombrados por el voto del pueblo,"[38] y en un Manifiesto donde se hablaba de "la revolución de Caracas" y se refería a "la independencia política de Caracas", la Junta Gubernativa prometió:

"Dar al nuevo gobierno la forma provisional que debe tener, mientras una Constitución aprobada por la representación nacional legítimamente constituida, sanciona, consolida y presenta con dignidad política a la faz del universo la provincia de Venezuela organizada, y gobernada de un modo que haga felices a sus habitantes, que pueda servir de ejemplo útil y decoroso a la América"[39].

Además, el 19 de mayo de 1810 en la comunicación dirigida a las autoridades constituidas de todos los pueblos de Venezuela, la Junta se refiere al "gobierno provisorio, establecido en ella mientras se reúne la legítima representación nacional," y reitera la referencia a la "gloriosa revolución de Caracas"[40]

La Junta Suprema de Venezuela, al asumir el gobierno, adoptó formalmente el principio de la separación de poderes, asumiendo en forma provisional las funciones legislativas y ejecutivas, y definiendo en el Bando del 25 de abril de 1810, los siguientes órganos del Poder Judicial: "El Tribunal Superior de apelaciones, alzadas y

---

aclamación tumultuaria de algunas capitales de provincias, y porque jamás han tenido en ellas los habitantes del nuevo hemisferio la parte representativa que legítimamente les corresponde. En otras palabras, desconocemos al nuevo Consejo de Regencia" (*Id.*, p. 134).

37   Véase el texto en J.F. Blanco y R. Azpúrua, *Documentos para la historia de la vida pública del Libertador, cit.*, Tomo I, p. 393.

38   Así se denomina en el manifiesto del 1° de mayo de 1810. Véase en *Textos Oficiales de la Primera República de Venezuela., cit.*, Tomo I. p. 121.

39   Véase el texto en J. F. Blanco y R. Azpúrua, *Documentos para la historia de la vida pública del Libertador, cit.*, Tomo II, p. 406, y en *Textos Oficiales de la Primera República, cit.*, Tomo I, p. 129.

40   Véase *Textos Oficiales de la Primera República de Venezuela, cit.*, Tomo I, p. 150.

recursos de agravios se establecerá en las casas que antes tenía la audiencia"; y el Tribunal de Policía "encargado del fluido vacuno y la administración de justicia en todas las causas civiles y criminales estará a cargo de los corregidores."[41]

II.   EL EJEMPLO DE CARACAS Y SU REPERCUSIÓN EN LAS PROVIN-CIAS DE LA CAPITANÍA GENERAL DE VENEZUELA

Como consecuencia de esta Revolución de Caracas, la Junta Suprema de Venezuela envió emisarios a todas las principales ciudades de las otras Provincias que conformaban la Capitanía General de Venezuela, para invitarlas a adherirse al movimiento de Caracas, es decir, para seguir "el ejemplo que Caracas dio." A tal efecto, en comunicación dirigida a los Cabildos de las capitales de América de 27 abril 1810, la Junta decía:

> "Caracas debe encontrar imitadores en todos los habitantes de la América, en quienes el largo hábito de la esclavitud no haya relajado todos los muelles morales" "Una es nuestra causa, una debe ser nuestra divisa; fidelidad a nuestro desgraciado Monarca; guerra a tu tirano opresor; fraternidad y constancia[42]

Enviados los emisarios a las Provincias de la Capitanía General, la respuesta fue inmediata: el mismo día 27 de abril de 1810, en Cumaná, el Ayuntamiento asumió la representación de Fernando VII, y "su legítima sucesión," constituyéndose en una Junta Suprema, como la de Caracas, y deponiendo al Gobernador.

En Barcelona (que era junto con Cumaná, parte de la provincia de Nueva Andalucía), el enviado Francisco Policarpo Ortíz quien fue luego diputado al Congreso general, logró se constituyera una primera Junta el mismo día 27 de abril de 1811, pero erigieron a Barcelona como provincia autónoma. Después de conflictos políticos que llevaron a la adhesión de Barcelona a la regencia y luego al rechazo de su autoridad en los territorios americanos, el 12 de octubre de 1811, en la Sala Consistorial de la Nueva Barcelona se reunieron "las personas visibles y honradas del pueblo de Barcelona" y resolvieron declarar la independencia con España de la Provincia y unirse con Caracas y Cumaná, creándose al día siguiente, una Junta Provincial para que representara los derechos del pueblo.[43]

En Margarita el 4 de mayo de 1810, se constituye una Junta, llevando la noticia de Caracas Manuel Placido Maneiro, luego también diputado al Congreso General.

En Barinas, el 5 de mayo de 1810, en un Cabildo Abierto, el Ayuntamiento de Barinas decidió proceder a formar "una Junta Superior que recibiese la autoridad de este pueblo que la constituye mediante ser una provincia separada," como Junta Provincial de Gobierno y Conservación, con Cristóbal de Mendoza como secretario, y quien luego sería Presidente del nuevo Estado federal.

En Angostura, en la provincia de Guayana, el 11 de mayo de 1810 se nombró una Junta, pero fue rápidamente depuesta por los realistas y misioneros capuchinos,

---

41   Véase en *Textos Oficiales de la Primera República de Venezuela, cit.,* Tomo I, pp. 114-116

42   Véase *Textos Oficiales de la Primera República de Venezuela, cit.,* Tomo I, p. 119.

43   Véase las Actas de la Independencia de las diversas ciudades de la Capitanía General de Venezuela en *Las Constituciones Provinciales, cit.* pp. 339 y ss.

reconociendo a la Regencia. Los enviados de la Junta Suprema a Coro, fueron apresados y enviados a Maracaibo, permaneciendo las dos ciudades, junto con Guayana, fieles a la Regencia.[44]

En Mérida, los emisarios lograron promover la separación de los territorios de los Andes de la provincia de Maracaibo de la cual formaban parte, y el 16 de septiembre de 1811 el Ayuntamiento de Mérida decidió "en representación del pueblo", adherirse a la causa común que defendían las Juntas Supremas y Superiores que ya se habían constituido en Santa Fé, Caracas, Barinas, Pamplona y Socorro, y resolvió, con representación del pueblo, se erigiese una Junta "que asumiese la autoridad soberana." Al movimiento de Mérida se sumaron las ciudades de La Grita el 11 de octubre de 1810 y San Cristóbal el 18 de octubre de 1810.

El Ayuntamiento de Trujillo, por su parte, el 9 de octubre de 1810 convino en instalar "una Junta Superior conservadora de nuestra Santa Religión, de los derechos de nuestro amadísimo, legítimo, soberano Don Fernando VII y su Dinastía y de los derechos de la Patria."[45]

III. LA ELECCIÓN DE REPRESENTANTES DE LAS PROVINCIAS DE VENEZUELA PARA LA CONSTITUCIÓN DE UN GOBIERNO CENTRAL

El 11 de junio de 1810, apenas transcurridos dos meses desde la constitución en Caracas la Junta Suprema Conservadora de los derechos de Fernando VII, la misma, en virtud del carácter poco representativo que tenía en relación con las otras Provincias de la Capitanía General de Venezuela ya que se trataba de la Junta Suprema de la Provincia de Caracas, procedió a dictar un "Reglamento para elección y reunión de diputados que han de componer el Cuerpo Conservador de los Derechos del Sr. D. Fernando VII en las Provincias de Venezuela,"[46] el cual al constituirse se transformó en el Congreso General de diputados de las Provincias de Venezuela, pero desde el cual, además, se siguió gobernando a la Provincia de Caracas. En esta, en efecto, no se constituyó un nuevo gobierno, pues el gobierno provisional designado por el Congreso siguió gobernando la provincia, ni se configuró una Legislatura provincial aparte, pues la misma fue la Sección Legislativa de la Provincia de Caracas del Congreso General, integrada por los diputados de la Provincia.

Mediante el Reglamento que establecía un sistema electoral indirecto, se procedió a convocar al pueblo de todas las Provincias "para consultar su voto" y para que se escogiese "inmediatamente las personas que por su probidad, luces y patriotismo os parecieran dignas de vuestra confianza" para constituir un cuerpo representativo que "evitase los defectos inculpables del actual" y

---

44   Véase las comunicaciones de la Junta Suprema respecto de la actitud del Cabildo de Coro y del Gobernador de Maracaibo, en *Textos Oficiales de la Primera República de Venezuela, cit.,* Tomo I, pp. 157 a 191. Véase además los textos que publican J. F. Blanco y R. Azpúrua, *Documentos para la historia de la vida pública del Libertador, cit.,* Tomo II, p. 248 a 442, y 474 a 483.

45   Véase Juan Garrido Rovira, *La Revolución de 1810, cit.,* p. 132-133

46   Véase en *Textos Oficiales de la Primera República de Venezuela,* Tomo II, pp. 61 a 84; y en Allan R. Brewer-Carías, *Las Constituciones de Venezuela, cit.,* Tomo I, pp. 535-543.

además, evitase "la nulidad de carácter público de la Junta Central de España" que adolecía de la misma falta de representatividad.

La convocatoria tenía entonces por objeto la necesidad de establecer "un poder Central bien constituido," considerándose que había llegado "el momento de organizarlo," formando "una confederación sólida," con "una representación común." A tal efecto, la Junta llamó al "ejercicio más importante de los derechos del pueblo" que era "aquel en que los transmite a un corto número de individuos, haciéndolos árbitros de la suerte de todos," convocando a "todas las clases de hombres libres ... al primero de los goces de ciudadano, que es el concurrir con su voto a la delegación de los derechos personales y reales que existieron originariamente en la masa común y que la ha restituido el actual interregno de la monarquía."[47]

Esta convocatoria a elecciones en las Provincias de Venezuela, en ese momento, por supuesto, se realizó contra de las autoridades que existían en España, de manera que el reconocimiento que se había hecho el 12 de enero de 1809 por el Ayuntamiento de Caracas de la autoridad de la Junta Central en España como el gobierno supremo del Imperio, cambió radicalmente después de la Revolución de abril de 1810, de manera que en la convocatoria a la elección de diputados al Congreso General de Diputados, en texto redactado por Roscio, ya se declaraba que era "demasiado evidente que la Junta Central de España no representaba otra parte de la nación que el vecindario de las capitales en que se formaban las Juntas provinciales, que enviaron sus diputados a componerla," y además, que "la Junta Central no pudo transmitir al Consejo de Regencia un carácter de que ella misma carecía," resultando, lo que se denunciaba, como "la concentración del poder en menor número de individuos escogidos, no por el voto general de los españoles de uno y otro mundo, sino por los mismos que habían sido vocales de la Central."[48]

Conforme al Reglamento de elecciones, en todo caso, se realizaron las siete de las nueve Provincias de la Capitanía General de Venezuela,[49] que para ese momento existía y que eran: Caracas, Barcelona, Cumaná, Margarita, Barinas, Trujillo y Mérida (no se realizaron elecciones ni en la provincia de Maracaibo ni en la de Guayana). El número de diputados que se eligieron en las provincias fue de 44, distribuidos así, según la población: 24 por la provincia de Caracas, lo que en número representaba más de la mitad de todos los diputados (y que conformaron la Sección Legislativa de la Provincia de Caracas en el Congreso General), evidenciando la importancia territorial y política que Caracas tenía; 9 por la provincia de Barinas; 4 por la provincia de Cumaná; 3 por la provincia de Barcelona; 2 por la provincia de Mérida; uno (1) por la provincia de Trujillo; y (1) por la provincia de Margarita.[50]

---

47   *Id.*

48   *Id.*

49   Participaron las provincias de Caracas, Barinas, Cumaná, Barcelona, Mérida, Trujillo y Margarita. Véase José Gil Fortoul, *Historia Constitucional de Venezuela*, Tomo primero, Berlín 1908, p. 223. Véase J. F. Blanco y R. Azpúrua, J.F. Blanco y R. Azpúrua, *Documentos para la historia de la vida pública del Libertador, cit.*, Tomo II, pp. 413 y 489.

50   Véase C. Parra Pérez, *Historia de la Primera República de Venezuela, cit.*, Tomo I, p. 477.

Como se dijo, las provincias de Guayana y Maracaibo, no participaron en dicho proceso electoral y permanecieron controladas por las autoridades coloniales, y más bien, en 1812, en la provincia de Maracaibo se llegó a elegir un diputado propietario, pero para las Cortes de Cádiz.

Los diputados se eligieron en cada Provincia, en segundo grado, procediendo la votación de los electores en primer grado, en cada parroquia elegir los "electores distritales;" y luego, estos reunidos en la capital de cada distrito, en la ciudad cabeza capitular donde existía como autoridad territorial un Ayuntamiento, los electores procedían a elegir a los diputados.

En líneas generales, la división de las Provincias, por tanto, era en Distritos o Partidos Capitulares, es decir, en Municipalidades donde existía un Ayuntamiento, y estos eran los siguientes en cada una de ellas:

En la Provincia de Caracas, existían los siguientes Partidos Capitulares o Ayuntamientos: donde se eligieron los 24 diputados de la Provincia: de Caracas (6), de San Sebastián de los Reyes (3), de Valencia (3), de Calabozo (2), de San Carlos (1), de San Felipe (1), de Ospino (1), de Nirgua (1), de Tocuyo (1), de Barquisimeto (3), de Guanare (1) y de Araure (1).

En la Provincia de Barinas, existían los siguientes Partidos Capitulares o Ayuntamientos, donde se eligieron los 9 diputados de la Provincia: de Barinas (1), de Pedraza (1), de San Fernando de Apure (1), de Villa de Nutrias (1), de Villa de Ospino (1), de Achaguas (1), de Guanarito (1), de Guasdualito (1), de Mijagual (1)

En la Provincia de Cumaná, existían los siguientes Partidos Capitulares o Ayuntamientos, donde se eligieron los 4 diputados de la Provincia: de Cumaná (2), de Cumanacoa (1), de Paria (1).

En la Provincia de Barcelona, existían los siguientes Partidos Capitulares o Ayuntamientos, donde se eligieron los 3 diputados de la Provincia: de San Diego de Cabrutica (1), de Aragua de Barcelona (1), de El Pao (1).

En la Provincia de Mérida, existían los siguientes Partidos Capitulares o Ayuntamientos, donde se eligieron los 2 diputados de la Provincia: de Mérida (1), de La Grita (1).

En la Provincia de Trujillo existía un Partido Capitular o Ayuntamiento, donde se eligió el (1) diputado de la Provincia.

En la Provincia de Margarita existía un Partido Capitular o Ayuntamiento, donde se eligió el (1) diputado de la Provincia.

En todo caso, aquellos 44 diputados electos en las provincias independientes fueron los que conformaron la Junta o Congreso General que se instaló el 2 de marzo de 1811, momento a partir del cual la Junta Suprema de Caracas cesó en sus funciones, como se había anunciado en el reglamento de elecciones de 11 de junio de 1810.

El Congreso también adoptó el principio de la separación de poderes para organizar el nuevo gobierno, reservándose el Poder Legislativo nacional, designando el 5 de marzo de 1811, a tres ciudadanos para ejercer el Poder Ejecutivo Nacional, turnándose en la presidencia por períodos semanales, y constituyendo, además, una Alta Corte de Justicia. Como se dijo, esas autoridades designadas por el Congreso General, lo fueron no sólo de las Provincias Unidas, sino básicamente de la Provincia de Caracas, donde funcionaba, territorio en el cual el Poder Ejecutivo designado era el de la Provincia, además del nuevo Estado en proceso de constitución; y la Sección Legislativa del Congreso General era la autoridad legislativa de la provincia. Tal y como se explicó en la despedida que hizo la Sección legislativa de la Provincia de Caracas al cesar en sus funciones: como se vio que con la elección del Congreso General que "la Provincia iba a quedar por mucho tiempo sin autoridad legislativa, el Congreso el 5 de junio de 1811 deliberó formar una Sección Legislativa provisoria para Caracas, compuesta con separación de sus diputados particulares," de manera que así, "el Congreso comenzó en agosto de 1811 a examinar la Constitución Federal y la Legislatura de Caracas hizo lo mismo con la particular de su Provincia."[51]

En todo caso, a partir del 25 de junio de 1811, cuando comenzaron las sesiones del Congreso, había quedado claro que el objetivo del mismo era precisamente la redacción de una Constitución democrática, republicana y representativa, la cual en definitiva fue la que se sancionó el 21 de diciembre de 1811, estableciendo una federación de nuevos Estados que eran las provincias. Por ello, en el curso de sus sesiones entre marzo de 1811 y mayo de 1812, este Congreso General se denominó a sí mismo, en diversas formas, entre ellas: "Diputación General de los Estados Unidos de Venezuela,"[52] "Congreso General de los Estados Unidos de Venezuela,"[53] Congreso de los Estados Unidos de Venezuela,"[54] "Supremo Congreso de Venezuela," y "Congreso Constituyente de Venezuela,"[55] "Congreso General Constituyente de Venezuela," [56] "Supremo Congreso de Representantes de las Provincias y Pueblo de Venezuela,"[57] "representantes de las Provincias Unidas de Venezuela," [58] "Congreso General de las Provincias Unidas de Venezuela[59] y "Congreso Federal de Venezuela."[60].

El producto fundamental constituyente del Congreso general fue, sin duda, la Constitución Federal de los Estados de Venezuela de 21 de diciembre de 1811, la cual, sin embargo, fue precedida por dos documentos constitucionales de la primera importancia: uno sancionado por el Congreso General en su Sección Legislativa

---

51   En la despedida de la sección legislativa de la provincia de caracas al concluir sus sesiones y presentar la Constitución provincial 19 de febrero de 1812 Véase *Textos Oficiales de la primera República de Venezuela de Venezuela, cit.*, Tomo II, p. 220

52   En la sesión del Congreso del 9 diciembre 1811. Véase *Libro de Actas del Segundo Congreso de Venezuela 1811-1812, cit.* Tomo II, p. 257.

53   En la sesión del Congreso de 27 diciembre 1811, *Id.*, Tomo II, p. 294.

54   Al aprobarse el Decreto penal sobre deserciones el 16 de abril de 1812. Véase *Textos Oficiales de la Primera República de Venezuela de Venezuela, cit.*, Tomo II, p. 51

55   Al aprobarse la declaración de Derechos del Pueblo por la Sección Legislativa de la Provincia de Caracas el 1 de julio de 1811, *Id.*, Tomo II, p. 91

56   Al sancionarse la Ley sobre Libertad de Imprenta, *Id.*, Tomo II, p. 121

57   En Bando del 16 de julio de 1811, *Id.*, Tomo II, p. 27

58   En el documento de presentación de la Declaración de Independencia que una Comisión del Congreso hizo al Poder Ejecutivo, *Id.*, Tomo II, p. 114

59   En el Decreto para el Juramento de la Independencia del 12 de julio de 1811, *Id.*, Tomo II, p. 103

60   En la alocución al presentar a los pueblos la Constitución Federal de 1811, *Id.*, Tomo II, p. 140.

para la Provincia de Caracas que como hemos dicho formaban los diputados de la misma al Congreso General, y que fue la formal declaración de los "Derechos del Pueblo" del 1° de julio de 1811; y otro, también sancionado por el Congreso General, y que fue la formal declaración de la Independencia el 5 de julio de 1811.[61]

IV. LA CONSTITUCIÓN FEDERAL DE LOS ESTADOS DE VENEZUELA DE 21 DE DICIEMBRE DE 1811

La Constitución Federal para los Estados de Venezuela de 21 de diciembre de 1811[62] "fue la primera Constitución *nacional* en el continente americano,"[63] y aún cuando no tuvo vigencia real superior a un año debido al inicio de las guerras de independencia, condicionó la evolución de las instituciones políticas y constitucionales venezolanas hasta nuestros días; habiendo recogido en su texto todos los principios del constitucionalismo moderno derivado de las revoluciones norteamericana y francesa. En sus 228 artículos se reguló, entonces, el Poder Legislativo (arts. 3 a 71), el Poder Ejecutivo (arts. 72 a 109), el Poder Judicial (arts. 110 a 118), las Provincias (arts. 119 a 134) y los Derechos del Hombre a ser respetados en toda la extensión del Estado (arts. 141 a 199). En el Capítulo I, además, se reguló la Religión, proclamándose a la Religión Católica, Apostólica y Romana como la religión del Estado y la única y exclusiva de los habitantes de Venezuela (art. 1).

En esta Constitución se destaca, ante todo, la consagración de su supremacía, fuera del alcance del legislador ordinario, lo que se plasmó expresamente en su artículo 227 al indicar que:

> "Las leyes que se expidan contra el tenor de ella no tendrán ningún valor sino cuando hubieren llenado las condiciones requeridas para una justa y legítima revisión y sanción."

En el mismo sentido, luego de la enumeración de los derechos del hombre, el artículo 199 de la Constitución de 1811 precisó que dichos derechos:

> "Están exentos y fuera del alcance del poder general ordinario del gobierno y que, conteniendo o apoyándose sobre los indestructibles y sagrados principios de la naturaleza, toda ley contraria a ellos que se expida por la legislatura federal o por las provincias será absolutamente nula y de ningún valor."

La Constitución por otra parte, conforme al concepto moderno, fue producto de la soberanía del pueblo, expresada a través de la representación nacional, indicando en su propio texto la definición de la propia soberanía popular, así:

---

61   Véase los textos en Allan R. Brewer-Carías, *Las Constituciones de Venezuela cit.*, Tomo I, pp. 545 ss.

62   Véase el texto en Allan R. Brewer–Carías *Las Constituciones de Venezuela, cit.,* Tomo I, pp. 553-581. Además, en *La Constitución Federal de Venezuela de 1811 y documentos afines,* Biblioteca de la Academia Nacional de la Historia, Caracas 1959, pp --. Véase además, Juan Garrido Rovira, "La legitimación de Venezuela (El Congreso Constituyente de 1811)", en Elena Plaza y Ricardo Combellas (Coordinadores), *Procesos Constituyentes y Reformas Constitucionales en la Historia de Venezuela: 1811–1999,* Universidad Central de Venezuela, Caracas 2005, tomo I, pp. 13–74; e Irene Loreto González, *Algunos Aspectos de la Historia Constitucional Venezolana,* Academia de Ciencias Políticas y Sociales, caracas 2010, pp. 79 ss.

63   Véase Carlos Restrepo Piedrahita, *Primeras Constituciones de Venezuela y Colombia, cit.,* p. 21.

"*Artículo 143*. Una sociedad de hombres reunidos bajo unas mismas leyes, costumbres y gobiernos forma una soberanía".

"*Artículo 144*. La soberanía de un país, o supremo poder de reglar o dirigir equitativamente los intereses de la comunidad, reside, pues esencial y originalmente en la masa general de sus habitantes y se ejercita por medio de apoderados o representantes de éstos, nombrados y establecidos conforme a la Constitución".

Por ello, agregó la Constitución de 1811 que:

"*Artículo 146*. Ningún individuo, ninguna familia, ninguna porción o reunión de ciudadanos, ninguna corporación particular, ningún pueblo, ciudad o partido, puede atribuirse la soberanía de la sociedad que es imprescindible, inajenable e indivisible, en su esencia y origen, ni persona alguna podrá ejercer cualquier función pública del gobierno si no la ha obtenido por la Constitución" (art. 146).

En definitiva, siendo el sistema de gobierno netamente republicano y representativo, la Constitución de 1811 estableció que:

"*Artículo 149*. La Ley es la expresión libre de la voluntad general de la mayoría de los ciudadanos, indicada por el órgano de sus representantes legalmente constituidos."

Para la conformación de dicho gobierno, la Constitución se redactó sobre la base del principio de la separación de poderes disponiendo en el Preámbulo que:

"El ejercicio de la autoridad confiada a la Confederación no podrá jamás hallarse reunido en sus diversas funciones. El Poder Supremo debe estar dividido en Legislativo, Ejecutivo y Judicial, y confiado a distintos cuerpos independientes entre sí y en sus respectivas facultades".

Además, el artículo 189 insistía en que:

"Los tres Departamentos esenciales del Gobierno, á saber: el Legislativo, el Ejecutivo y el Judicial, es preciso que se conserven tan separados e independientes el uno del otro cuanto lo exija la naturaleza de un gobierno libre lo que es conveniente con la cadena de conexión que liga toda fábrica de la Constitución en un modo indisoluble de Amistad y Unión".

Así, en cuanto al Poder Legislativo, en el Capítulo II se lo reguló, atribuyéndoselo al Congreso General de Venezuela, dividido en dos Cámaras, la de Representantes y el Senado (Art. 3); con normas destinadas a regular el proceso de formación de las leyes (Arts. 4 a 13); la forma de elección de los miembros de la Cámara de Representantes y del Senado (Art. 14 a 51) con una regulación detallada del proceso de elección de manera indirecta en congregaciones parroquiales (Art. 26) y en congregaciones electorales (Art. 28); sus funciones y facultades (Art. 52 a 66); el régimen de las sesiones de las Cámaras (Art. 67 a 70); y sus atribuciones especiales (Art. 71).

En particular, en cuanto al órgano legislativo, se le asignó la función de elaborar las leyes, conforme al principio ya recogido en la Declaración de Derechos del Pueblo de 1811, al establecer en su Sección Tercera que:

"*Artículo 3*. La ley se forma por la expresión libre y solemne de la voluntad general, y ésta se expresa por los apoderados que el pueblo elige para que representen sus derechos."

En esta misma orientación, en el artículo 149 de la Constitución de 1811 se estableció:

"*Artículo 149*. La ley es la expresión libre de la voluntad general o de la mayoría de los ciudadanos, indicadas por el órgano de sus representantes legalmente constituidos. Ella se funda sobre la justicia y la utilidad común y ha de proteger la libertad pública e individual contra toda opresión o violencia".

En el Capítulo III se reguló al Poder Ejecutivo en forma plural, el cual se dispuso que residiría en la ciudad federal, estando "depositado en tres individuos elegidos popularmente" (Art. 72) por las Congregaciones Electorales (Art. 76) por listas abiertas (Art. 77). En el Capítulo no sólo se reguló la forma de elección del triunvirato (Arts. 76 a 85), sino que se definieron las atribuciones del Poder Ejecutivo (Arts. 86 a 99) y sus deberes (Arts. 100 a 107). De acuerdo a la forma federal de la Confederación, se reguló la relación entre los Poderes Ejecutivos Provinciales y el Gobierno Federal, indicándose que aquéllos eran, en cada Provincia, "los agentes naturales e inmediatos del Poder Ejecutivo Federal para todo aquello que por el Congreso General no estuviere cometido a empleados particulares en los ramos de Marina, Ejército y Hacienda Nacional" (Art. 108).

Por último, en cuanto al Poder Judicial, el Capítulo IV se destinó a regularlo, depositándolo en una Corte Suprema de Justicia (Arts. 110 a 114) con competencia originaria entre otros, en los asuntos en los cuales las Provincias fueren parte interesada y competencia en apelación en asuntos civiles o criminales contenciosos (Art. 116).

Por otra parte, en la Constitución federal se incorporó un *Capítulo VIII* dedicado a los "Derechos del Hombre que se reconocerán y respetarán en toda la extensión del Estado," distribuidos en cuatro secciones: Soberanía del pueblo (Arts. 141 a 159), Derechos del hombre en sociedad (Arts. 151 a 191), Deberes del hombre en sociedad (Arts. 192 a 196) y Deberes del cuerpo social (Arts. 197 a 199). Dichos derechos, se complementaron, por otra parte, con diversas previsiones incorporadas en el Capítulo IX sobre Disposiciones Generales.

En la *Primera Sección* sobre "Soberanía del pueblo," se precisan los conceptos básicos que en la época originaban una república, comenzando por el sentido del "pacto social" (artículos 141 y 142). La Sección continúa con el concepto de soberanía (art. 143) y de su ejercicio mediante representación (art. 144-146), el derecho al desempeño de empleos públicos en forma igualitaria (art. 147), con la proscripción de privilegios o títulos hereditarios (art. 148), la noción de la ley como expresión de la voluntad general (art. 149) y la nulidad de los actos dictados en usurpación de autoridad (art. 150).

En la *Segunda Sección* sobre "Derechos del hombre en sociedad," al definirse la finalidad del gobierno republicano (art. 151), se enumeran como tales derechos a la libertad, la igualdad, la propiedad y la seguridad (art. 152), y a continuación se detalla el contenido de cada uno: se define la libertad y sus límites solo mediante ley (art. 153-156), la igualdad (art. 154), la propiedad (art. 155) y la seguridad (art. 156).

Además, en esta sección se regulan los derechos al debido proceso: el derecho a ser procesado solo por causas establecidas en la ley (art. 158), el derecho a la presunción de inocencia (art. 159), el derecho a ser oído (art. 160), el derecho a juicio por jurados (art. 161). Además, se regula el derecho a no ser objeto de registro (art. 162), a la inviolabilidad del hogar (art. 163) y los límites de las visitas autorizadas (art. 165), el derecho a la seguridad personal y a ser protegido por la autoridad en su vida, libertad y propiedades (art. 165), el derecho a que los impuestos sólo se establezcan mediante ley dictada por los representantes (art. 166), el derecho al trabajo y a la industria (art. 167), el derecho de reclamo y petición (art. 168), el derecho a la igualdad respecto de los extranjeros (art. 168), la proscripción de la irretroactividad de la ley (art. 169), la limitación a las penas y castigos (art. 170) y la prohibición respecto de los tratos excesivo y la tortura (arts. 171-172), el derecho a la libertad bajo fianza (art. 174), la prohibición de penas infamantes (art. 175), la limitación del uso de la jurisdicción militar respecto de los civiles (art. 176), la limitación a las requisiciones militares (art. 177), el régimen de las milicias (art. 178), el derecho a portar armas (art. 179), la eliminación de fueros (180) y la libertad de expresión de pensamiento (art. 181). La Sección concluye con la enumeración del derecho de petición de las Legislaturas provinciales (art. 182) y el derecho de reunión y petición de los ciudadanos (art. 183-184), el poder exclusivo de las Legislaturas de suspender las leyes o detener su ejecución (art. 185), el poder de legislar atribuido al Poder Legislativo (art. 186), el derecho del pueblo a participar en la legislatura (art. 187), el principio de la alternabilidad republicana (art. 188), el principio de la separación de poderes entre el Legislativo, el Ejecutivo y el Judicial (art. 189), el derecho al libre tránsito entre las provincias (art. 190), el fin de los gobiernos y el derecho ciudadano de abolirlos y cambiarlos (art. 191).

En la *Sección Tercera* sobre "Deberes del hombre en sociedad," donde se establece la interrelación entre derechos y deberes (art. 192), la interrelación y limitación entre los derechos (art. 193), los deberes de respetar las leyes, mantener la igualdad, contribuir a los gastos públicos y servir a la patria (art. 194), con precisión de lo que significa ser buen ciudadano (art. 195), y de lo que significa violar las leyes (art. 196).

En la *Sección Cuarta* sobre "Deberes del Cuerpo Social," donde se precisa las relaciones y los deberes de solidaridad social (art. 197-198), y se establece en el artículo 199, la declaración general sobre la supremacía y constitucional y vigencia de estos derechos, y la nulidad de las leyes contrarias a los mismos.

Por último, en cuanto a la organización constitucional del Estado, en la Constitución de 1811, como resulta de su propia denominación, se adoptó la forma federal que se había concebido con motivo de la Revolución Norteamericana, como fórmula para unir las diversas provincias. Se estableció, así, una Federación de Provincias, regulándoselas someramente, pues las Legislaturas Provinciales debían dictar las propias Constituciones Provinciales. Para ello, en el "Preliminar" de la Constitución se regularon las "Bases del Pacto Federativo que ha de constituir la autoridad general de la Confederación", donde se precisó la distribución de poderes y facultades entre la Confederación y los Estados confederados (las Provincias). Se estableció, en esta forma, por primera vez en el constitucionalismo moderno, después de su creación en la Constitución de los Estados Unidos de Norteamérica, una forma federal para un nuevo Estado, conforme al siguiente esquema:

"En todo lo que por el Pacto Federal no estuviere expresamente delegado a la Autoridad general de la Confederación, conservará cada una de las Provincias que la componen su Soberanía, Libertad e Independencia; en uso de ellas tendrán el derecho exclusivo de arreglar su Gobierno y Administración territorial bajo las leyes que crean convenientes, con tal que no sean de las comprendidas en esta Constitución ni se opongan o perjudiquen a los Pactos Federativos que por ella se establecen".

En cuanto a las competencias de la Confederación "en quien reside exclusivamente la representación Nacional", se dispuso que estaba encargada de:

"Las relaciones extranjeras, de la defensa común y general de los Estados Confederados, de conservar la paz pública contra las conmociones internas o los ataques exteriores, de arreglar el comercio exterior y el de los Estados entre sí, de levantar y mantener ejércitos, cuando sean necesarios para mantener la libertad, integridad e independencia de la Nación, de construir y equipar bajeles de guerra, de celebrar y concluir tratados y alianzas con las demás naciones, de declararles la guerra y hacer la paz, de imponer las contribuciones indispensables para estos fines u otros convenientes a la seguridad, tranquilidad y felicidad común, con plena y absoluta autoridad para establecer las leyes generales de la Unión y juzgar y hacer ejecutar cuanto por ellas quede resuelto y determinado".

En todo lo no atribuido a la Confederación, la competencia entonces correspondía a las Provincias se concibieron como "Estados Soberanos," correspondiéndole a ellos, en sus respectivas Constituciones, disponer sus poderes y en particular la organización territorial interna de las mismas.

SECCIÓN SEGUNDA:

LAS CONSTITUCIONES PROVINCIALES DE VENEZUELA EN 1811-1812

Paralelamente al proceso de elaboración y sanción de la Constitución de 1811, en las diversas Provincias que habían participado en la elección de representantes al Congreso general, también se había venido desarrollando un proceso constituyente provincial, de manera que antes y después de sancionarse la Constitución federal de 1811, se dictaron Constituciones Provinciales. Tema que como antes se dijo, se había incluso discutido en el Congreso General, al expresar la Sección Legislativa de la Provincia de Caracas en la Despedida al concluir sus sesiones y presentar la Constitución Provincial el 19 de febrero de 1812, que "se presentó primero la Constitución Federal y luego se organizó equitativamente la distribución del territorio, las Municipalidades y la representación del pueblo en la legislatura provincial."[64]

El proceso de sanción de las Constituciones provinciales, en todo caso, comenzó en Venezuela el 26 de marzo de 1811 al dictarse el Plan de Gobierno Provisional de la Provincia de Barinas; lo que se siguió el 31 de julio de 1811, al sancionarse la

---

64   Véase *Textos Oficiales de la Primera República de Venezuela, cit.*, Tomo II, p. 220.

Constitución Provisional de la Provincia de Mérida; y el 2 de septiembre de 1811, al dictarse el Plan de Constitución Provisional Gubernativo de la Provincia de Trujillo.

Sobre este proceso constituyente en las provincias, además, la Constitución de 21 de diciembre de 1811, al regular el Pacto Federativo, dejó claramente expresado que las mismas conservaban su Soberanía, Libertad e Independencia, y que:

> "en uso de ellas tendrán el derecho exclusivo de arreglar su gobierno y administración territorial bajo las leyes que crean convenientes, con tal que no sean de las comprendidas en esta Constitución ni se opongan o perjudiquen a los Pactos Federativos que por ella se establecen".

Con base en ello, una vez sancionada la Constitución federal de diciembre de 1811, el 12 de enero de 1812 se sancionó la Constitución Fundamental de la República de Barcelona Colombiana; y el 31 de enero del mismo año 1812, la Constitución para el gobierno y administración interior de la Provincia de Caracas del 31 de enero de 1812. De acuerdo con la voluntad del Congreso general, ésta última, pensaban, debía servir de "Constitución modelo" para la elaboración de las Constituciones provinciales.[65] Finalmente, en la sesión del 6 de abril de 1812, y ante las amenazas que ya tenía la República, el Congreso general acordó que se le expusiera a las Legislaturas provinciales, que acelerasen la formación de sus respectivas Constituciones.[66]

I.   EL PLAN DE GOBIERNO PROVISIONAL DE LA PROVINCIA DE BARINAS DE 26 DE MARZO DE 1811

Algo mas de tres semanas después de la instalación del Congreso o Junta General de Venezuela, la Asamblea Provincial de Barinas adoptó, el 26 de marzo de 1811, un "Plan de Gobierno"[67] de 17 artículos, conforme al cual se constituyó una Junta Provincial o Gobierno Superior compuesto de 5 miembros a cargo de toda la autoridad en la Provincia, hasta que el Congreso de todas las Provincias venezolanas dictase la Constitución Nacional (art. 17).

En este Plan de Gobierno, sin embargo, no se estableció una adecuada separación de poderes en cuanto al poder judicial, que se continuó atribuyendo al Cabildo al cual se confió, además, la atención de los asuntos municipales (art. 4). En el Plan, se regularon las competencias del Cabildo en materia judicial, como tribunal de alzada respecto de las decisiones de los Juzgados subalternos (art. 6). Las decisiones del Cuerpo Municipal podían ser llevadas a la Junta Provincial por vía de súplica (art. 8).

---

65   Véase los textos en *Las Constituciones Provinciales* ("Estudio Preliminar" por Ángel Bernardo Brices), *cit.*, pp. 334 ss.

66   Véase *Libro de Actas del Segundo Congreso de Venezuela 1811-1812, cit.*, Tomo II, p. 401.

67   Véase *Las Constituciones Provinciales, cit.*, pp. 334 y ss.

II. LA CONSTITUCIÓN PROVISIONAL DE LA PROVINCIA DE MÉRIDA DE 31 DE JULIO DE 1811

En Mérida, el Colegio Electoral formado con los representantes de los pueblos de los ocho partidos capitulares de la Provincia (Mérida, La Grita y San Cristóbal y de las Villas de San Antonio, Bailadores, Lovatera, Egido y Timotes), adoptó una "Constitución Provisional que debe regir esta Provincia, hasta que, con vista de la General de la Confederación, pueda hacerse una perpetua que asegure la felicidad de la provincia."[68]

El texto de esta Constitución, con 148 artículos, se dividió en doce capítulos, en los cuales se reguló lo siguiente:

En el *Primer Capítulo*, se dispuso la forma de "gobierno federativo por el que se han decidido todas las provincias de Venezuela" (art. 1), atribuyéndose la legítima representación provincial al Colegio Electoral, representante de los pueblos de la Provincia (art. 2). Para la organización del gobierno éste se dividió en tres poderes: Legislativo, Ejecutivo y Judicial, correspondiendo el primero al Colegio Electoral; el segundo a un cuerpo de 5 individuos encargados de las funciones ejecutivas; y el tercero a los Tribunales de Justicia de la Provincia (art. 3). La Constitución declaró, además, que "Reservándose esta Provincia la plenitud del Poder Provincial para todo lo que toca a su gobierno, régimen y administración interior, deja en favor del Congreso General de Venezuela aquellas prerrogativas y derechos que versan sobre la totalidad de las provincias confederadas, conforme al plan que adopte el mismo Congreso en su Constitución General" (art. 6).

En el *Segundo Capítulo* se reguló la Religión Católica, Apostólica y Romana como Religión de la Provincia (art. 1), prohibiéndose otro culto público o privado (art. 2). Se precisó, en todo caso, que "la potestad temporal no conocerá en las materias del culto y puramente eclesiásticas, ni la potestad espiritual en las puramente civiles sino que cada una se contendrá dentro de sus límites" (art. 4).

En el *Tercer Capítulo* se reguló el Colegio Electoral, como "legítima representación Provincial" con poderes constituyentes y legislativos provinciales (arts. 1, 2 y 35); su composición por ocho electores (art. 3) y la forma de la elección de los mismos, por sistema indirecto (arts. 3 a 31), señalándose que se debía exigir a los que fueran a votar, que "depongan toda pasión e interés, amistad, etc., y escojan sujetos de probidad, de la posible instrucción y buena opinión pública" (art. 10). Entre las funciones del Colegio Electoral estaba el "residenciar a todos los funcionarios públicos luego que terminen en el ejercicio de su autoridad" (art. 36).

En el *Cuarto Capítulo* se reguló al Poder Ejecutivo, compuesto por cinco individuos (art. 1), en lo posible escogidos de vecinos de todas las poblaciones de la provincia y no sólo de la capital (art. 2); con término de un año (art. 3); sin reelección (art. 4); hasta un año (art. 5). En este capítulo se regularon las competencias del Poder Ejecutivo (arts. 14 a 16) y se prohibió que "tomara parte ni se introduciera en las funciones de la Administración de Justicia" (art. 20). Se precisó, además, que la Fuerza Armada estaría "a disposición del Poder Ejecutivo" (art. 23), correspondién-

---

68   *Id.*, pp. 253-294.

dole además "la General Intendencia de los ramos Militar, Político y de Hacienda" (art. 24).

El *Capítulo Quinto* de la Constitución Provisional de la Provincia de Mérida, dedicado al Poder Judicial, comenzó señalando que "No es otra cosa el Poder Judicial que la autoridad de examinar las disputas que se ofrecen entre los ciudadanos, aclarar sus derechos, oír sus quejas y aplicar las leyes a los casos ocurrentes" (art. 1); atribuyéndose el mismo a todos los jueces superiores e inferiores de la Provincia, y particularmente al Supremo Tribunal de apelaciones de la misma (art. 2), compuesto por tres individuos, abogados recibidos (art. 3). En el capítulo se regularon, además, algunos principios de procedimiento y las competencias de los diversos tribunales (arts. 4 a 14).

En el *Capítulo Sexto* se reguló el "Jefe de las Armas" atribuyéndose a un gobernador militar y comandante general de las armas sujeto inmediatamente al Poder Ejecutivo, pero nombrado por el Colegio Electoral (art. 1) y a quien correspondía "la defensa de la Provincia" (art. 4). Se regularon, además, los empleos de Gobernador Político e Intendente, reunidos en el gobernador militar para evitar sueldos (art. 6), con funciones jurisdiccionales (arts. 7 a 10), teniendo el Gobernador Político el carácter de Presidente de los Cabildos (art. 11) y de Juez de Paz (art. 12).

El *Capítulo Séptimo* se destinó a regular "los Cabildos y Jueces inferiores"; se atribuyó a los Cabildos, la "policía" (art. 2); y se definieron las competencias municipales, englobadas en el concepto de policía (art. 3). Se reguló la Administración de Justicia a cargo de los Alcaldes de las ciudades y villas (art. 4), con apelación ante el Tribunal Superior de Apelaciones (art. 5).

En el *Capítulo Octavo* se reguló la figura del "Juez Consular", nombrado por los comerciantes y hacendados (art. 1), con la competencia de conocer los asuntos de comercio y sus anexos con arreglo a las Ordenanzas del consulado de Caracas (art. 3) y apelación ante el Tribunal Superior de Apelación (art. 4).

En el *Capítulo Noveno* se reguló la "Milicia," estableciéndose la obligación de toda persona de defender a la Patria cuando ésta sea atacada, aunque no se le pague sueldo (art. 2).

El *Capítulo Décimo* reguló el "Erario Público", como "el fondo formado por las contribuciones de los ciudadanos destinado para la defensa y seguridad de la Patria, para la sustentación de los ministros y del culto divino y de los empleados de la administración de Justicia, y en la colectación y custodia de las mismas contribuciones y para las obras de utilidad común (art. 1). Se estableció también el principio de legalidad tributaria al señalarse que "toda contribución debe ser por utilidad común y sólo el Colegio Electoral las puede poner" (art. 3), y la obligación de contribuir al indicarse que "ningún ciudadano puede negarse a satisfacer las contribuciones impuestas por el Gobierno" (art. 4).

El *Capítulo Undécimo* está destinado a regular "los derechos y obligaciones del Hombre en Sociedad", los cuales también se regulan en el *Capítulo Duodécimo y Último* que contiene "disposiciones generales". Esta declaración de derechos, dictada después que el 1° de julio del mismo año 1811 la Sección Legislativa del Congreso General para la Provincia de Caracas había emitido la *Declaración de Derechos del Pueblo,* sigue las mismas líneas de ésta, conforme al libro *"Derechos del Hombre y del Ciudadano con varias máximas republicanas y un discurso preliminar dirigido a los americanos"* atribuido a Picornel, y que circuló en la Provincia con motivo de la Conspiración de Gual y España de 1797.[69]

III. EL PLAN DE CONSTITUCIÓN PROVISIONAL GUBERNATIVO DE LA PROVINCIA DE TRUJILLO DE 2 DE SEPTIEMBRE DE 1811

Los representantes diputados de los distintos pueblos, villas y parroquias de la Provincia de Trujillo, reunidos en la Sala Constitucional aprobaron un "Plan de Constitución Provincial Gubernativo"[70] el 2 de septiembre de 1811, constante de 9 títulos, y 63 artículos, en la siguiente forma:

El *Primer Título* está dedicado a la Religión Católica, como Religión de la Provincia, destacándose, sin embargo, la separación entre el poder temporal y el poder eclesiástico.

El *Título Segundo* reguló el "Poder Provincial", representado por el Colegio de Electores, electos por los pueblos. Este Colegio Electoral se reguló como Poder Constituyente y a él corresponderá residenciar a todos los miembros del Cuerpo Superior del Gobierno.

El *Título Tercero* reguló la "forma de gobierno", estableciéndose que la representación legítima de toda la Provincia residía en el prenombrado Colegio Electoral, y que el Gobierno particular de la misma residía en dos cuerpos: el Cuerpo Superior de Gobierno y el Municipal o Cabildo.

El *Título Cuarto* reguló, en particular, el "Cuerpo Superior de Gobierno", integrado por cinco (5) vecinos, al cual se atribuyeron funciones ejecutivas de gobierno y administración.

El *Título Quinto*, reguló el "Cuerpo Municipal o de Cabildo" como cuerpo subalterno, integrado por cinco (5) individuos: dos alcaldes ordinarios, dos Magistrados (uno de ellos Juez de Policía y otro como Juez de Vigilancia Pública), y un Síndico personero.

El *Título Sexto*, relativo al "Tribunal de Apelaciones", atribuyó al Cuerpo Superior de Gobierno el carácter de Tribunal de Alzada.

El *Título Séptimo* reguló las "Milicias", a cargo de un Gobernador y Comandante General de las Armas de la Provincia, nombrado por el Colegio Electoral, pero sujeto inmediatamente al Cuerpo Superior de Gobierno.

El *Título Octavo*, reguló el Juramento que deben prestar los diversos funcionarios; y el *Título Noveno*, relativo a los "Establecimientos Generales", reguló algunos de los derechos de los ciudadanos.

---

69   Véase la comparación en Pedro Grases, *La Constitución de Gual y España y el Ideario de la Independencia*, Caracas, 1978, pp. 71 y ss.

70   Véase *Las Constituciones Provinciales*, *cit.*, pp. 297-320.

IV. LA CONSTITUCIÓN FUNDAMENTAL DE LA REPÚBLICA DE BARCE-LONA COLOMBIANA DE 12 DE ENERO DE 1812

Como se dijo, a los pocos días de promulgada la Constitución Federal del 21 de diciembre de 1811, el pueblo barcelonés, por la voz de sus Asambleas Primarias, por la de sus Colegios Electorales y por la de sus funcionarios soberanos, proclamó la "Constitución fundamental de la República de Barcelona Colombiana,"[71] que fue un verdadero Código Constitucional de 19 títulos y 343 artículos. Este texto fue redac-tado por Francisco Espejo y Ramón García de Sena,[72] hermano de Manuel García de Sena el traductor en 1810 de las obras de Thomas Paine y de los textos constitucio-nales norteamericanos, y por ello tiene gran importancia histórica, pues fue a través de ella que esos textos fueron conocidos en América española y no sólo en Vene-zuela.

El *Título Primero* de la Constitución contiene los "Derechos de los habitantes de la República de Barcelona Colombiana" y sus 38 artículos son copia casi exacta de los *Derechos del Hombre y del Ciudadano* de 1797, correspondiendo a Francisco Espejo la redacción de este Título.[73] Termina dicho Título con la proclamación del principio de la separación de poderes entre el Legislativo, Ejecutivo y Judicial, a la usanza de las Declaraciones de las colonias norteamericanas así:

> "38. Siendo la reunión de los poderes el germen de la tiranía, la República declara que la conservación de los derechos naturales y civiles del hombre de la libertad y tranquilidad general, depende esencialmente de que el Poder Legisla-tivo jamás ejerza el Ejecutivo o Judicial, ni aún por vía de excepción. Que el ejecutivo en ningún caso ejerza el legislativo o Judicial y que el Judicial se abs-tenga de mezclarse en el Legislativo o Ejecutivo, conteniéndose cada uno de-ntro de los límites que les prescribe la Constitución, a fin de que se tenga el go-bierno de las leyes y no el gobierno de los hombres".

El *Titulo Segundo* estaba destinado a regular la organización territorial de la "República de Barcelona", como única e indivisible (art. 1), pero dividida en cuatro Departamentos (art. 2), los cuales comprendían un número considerable de pueblos, en los cuales debía haber una magistratura ordinaria y una parroquia para el régi-men civil y espiritual de los ciudadanos (art. 3).

El *Título Tercero* reguló a los "ciudadanos," con una clasificación detallada res-pecto de la nacionalidad, siendo los Patricios, los ciudadanos barceloneses, es decir: "los naturales y domiciliados en cualesquiera de los Departamentos del Estado, bien procedan de padres originarios de la República o de extranjeros". Se reguló detalla-damente el *status* de los extranjeros.

El *Título Cuarto*, se refiere a la soberanía con normas como las siguientes: "la soberanía es la voluntad general unida al poder de ejecutarla"; "ella reside en el pueblo; es una, indivisible, inalienable e imprescriptible; pertenece a la comunidad del Estado; ninguna sección del pueblo; ni individuo alguno de éste puede ejercer-

---

71   Véase en *Las Constituciones Provinciales*, *cit.*, pp. 151-249.

72   Véase Ángel Francisco Brice, "Estudio Preliminar" al libro *Las Constituciones Provinciales*, *cit.*, p. 39.

73   *Id.*, p. 150, nota 1.

la". "La Constitución barcelonesa es representativa. Los representantes son las Asambleas Primarias: los Colegios Electorales y los Poderes Supremos, Legislativo, Ejecutivo y Judicial". "El gobierno que establece es puramente popular y democrático en la rigurosa significación de esta palabra." Como consecuencia del carácter representativo del nuevo Estado, el *Título Quinto* reguló en detalle las Asambleas Primarias y sus facultades, y las condiciones para ser elector y el acto de votación. Estas Asambleas Primarias debían ser convocadas por las Municipalidades, y su objeto era "constituir y nombrar entre los parroquianos un determinado grupo de electores que concurran a los Colegios Electorales a desempeñar sus funciones." Y el *Título Sexto*, por su parte, reguló a los "Colegios Electorales y sus facultades". Correspondía a los Colegios Electorales la elección de los funcionarios de la Sala de Representantes y de los Senadores de la Legislatura Provincial; la elección del Presidente y Vicepresidente del Estado; los miembros de la Municipalidad en cada Departamento; y las Justicias Mayores y Jueces de Paz.

El *Título Séptimo* se refiere al Poder Legislativo, el cual "se deposita en una Corte General nombrada de Barcelona, compuesta de dos Cámaras, una de Representantes, y la otra de Senadores". En este Título se reguló extensamente el régimen de elección de los miembros de dichas Cámaras, su funcionamiento, facultades comunes y privativas, régimen parlamentario y el procedimiento de formación de las leyes. Entre las funciones que se asignaban a esta Corte General, además de dictar leyes, se precisó que bajo este nombre general de ley se comprendían los actos concernientes a "la formación de un Código Civil, Criminal y Judicial, en cuya ampliación ocupará principalmente sus atenciones." Llama la atención la utilización en este texto, de la palabra "Corte" para denominar el Cuerpo legislativo de la Provincia.

El *Título Octavo* reguló el Poder Ejecutivo, a cargo del Presidente de la República de Barcelona, sus condiciones, atribuciones y poderes; y el *Título Noveno* reguló todo lo concerniente al Vicepresidente, como suplente del Presidente.

El *Título Décimo* se refiere al "Poder Judicial". Allí se reguló el Poder Judicial Supremo confiado a un Tribunal de Justicia, con sus competencias en única instancia y en apelación, y sus poderes de censura de la conducta y operaciones de los Jueces ordinarios. El *Título Duodécimo* reguló a los "Justicias Mayores", que a la vez que jueces de policía en las ciudades, villas y pueblos, eran los residentes natos de la Municipalidad y Jueces Ordinarios de Primera instancia en las controversias civiles y criminales. Y el *Título Decimotercero* reguló a los "Jueces de Paz" con competencia para "trazar y componer las controversias civiles de los ciudadanos antes que las deduzcan en juicio, procurándoles cuantos medios sean posibles de acomodamiento entre sí".

El *Título Undécimo*, reguló a las "Municipalidades", con la precisión de que:

> "En cada una de las cuatro ciudades actualmente existentes en el territorio de la República (Barcelona, Aragua, Pao y San Diego de Cabrutica) y en todas las demás ciudades y villas que en adelante se erigieren, habrá un cuerpo municipal compuesto de dos corregidores de primera y segunda nominación y seis regidores".

Según la votación obtenida en su elección, el Regidor que hubiere obtenido mayor número de votos era considerado como Alguacil Mayor, el que más se le acercaba, como Fiel Ejecutor y el que menos votos obtuviera se consideraba el Síndico General. Correspondía a la Municipalidad el Registro Civil y la Policía.

El *Título Decimocuarto* está destinado a regular el "culto", estableciéndose a la Religión Católica y Apostólica como "la única que se venera y profesa públicamente en el territorio de la República, y la que ésta protege por sus principios constitucionales". El Obispo, conforme a este Título se elegía en la misma forma que se elegía al Presidente del Estado, con la única diferencia de que en los Colegios Electorales tendrían voto los eclesiásticos.

El *Título Decimoquinto* reguló la "Fuerza Pública"; el *Título Decimosexto* reguló la "Hacienda"; el *Título Decimoséptimo* reguló la "sanción del Código Constitucional"; el *Título Decimoctavo*, estableció el régimen de "Revisión del Código Constitucional"; y el *Título Decimonoveno*, el régimen del "juramento constitucional."

V. LA CONSTITUCIÓN PARA EL GOBIERNO Y ADMINISTRACIÓN INTERIOR DE LA PROVINCIA DE CARACAS DE 31 DE ENERO DE 1812

Al mes siguiente de sancionarse la Constitución Federal para los Estados de Venezuela, la Sección Legislativa para la Provincia de Caracas del mismo Congreso General, sancionó el 31 de enero de 1812 la *Constitución para el gobierno y administración interior de la Provincia de Caracas que se había venido elaborando en paralelo a la Constitución Federal; y que por ello, respondía a un texto de un estado miembro de una federación, en el marco de esta.*

SECCIÓN TERCERA:

LA CONFORMACIÓN TERRITORIAL DE LA PROVINCIA DE VENEZUELA O CARACAS

Aparte de la Constitución de Barcelona, la otra Constitución provincial que se dictó en 1812, con posterioridad a la sanción de la Constitución Federal de diciembre de 1811, fue la "Constitución para el gobierno y administración interior de la Provincia de Caracas" del 31 de enero de 1812, la cual también se configuró como un verdadero Código Constitucional.

Antes de referirnos a ella específicamente, sin embargo, estimamos necesario situar histórica y geográficamente la Provincia de Venezuela o Caracas en el ámbito de lo que era la Capitanía General de Venezuela, desde que se inició su configuración en 1528 con la capitulación dada a los Welseres, a los efectos de entender el ámbito geográfico de la misma, que en 1812 comprendía el territorio de lo que en la actualidad es el Distrito Capital y los Estados Miranda, Vargas, Aragua, Carabobo, Guárico, Yaracuy, Falcón, Lara, Portuguesa, Cojedes y Trujillo.

I. LOS ORÍGENES Y CONFIGURACIÓN DE LA PROVINCIA DE VENEZUELA MEDIANTE EL POBLAMIENTO

La Provincia de Venezuela se estableció por la Capitulación firmada el 27 de marzo de 1528 entre el Emperador Carlos V y Enrique Ehinger y Gerónimo Sailer, alemanes y vasallos del Emperador, mediante las cuales les otorgó a dichos vasallos o en su defecto, a Ambrosio de Alfinger y Jorge Ehinger, el privilegio de descubrir, conquistar, pacificar y poblar a su "costo e misión", las tierras adentro de las costas situadas al oriente de Santa Marta, "que es el Cabo de la Vela y Golfo de Venezuela y el Cabo de San Román y otras tierras hasta el Cabo de Maracapaná." Se trató de la única Capitulación otorgada a alemanes, con la cual se les confirió la condición de Gobernador y Capitán General de las tierras que descubrieran y poblaren. Con esta Capitulación, Carlos V pagaba a los Welsares o Bélzares, que eran ricos comerciantes de Hamburgo, los suplementos financieros que éstos habían suministrado al Tesoro Real para sus empresas, otorgándoles un verdadero feudo en lo que sería la Provincia de Venezuela, el cual duraría hasta 1546. Esta modalidad de conquistar, única en América, contribuyó también a marcar el carácter *sui generis* del proceso de formación de Venezuela.

La Provincia de Venezuela o Caracas estuvo sometida en lo judicial a la Real Audiencia de Santo Domingo hasta 1717, cuando pasó a formar parte del Virreinato de Nueva Granada y de la Real Audiencia de Santa Fe. A pesar de la disolución del Virreinato en 1723, permaneció sometida a la Audiencia de Santa Fe hasta 1731, cuando de nuevo pasó a la jurisdicción de la Audiencia de Santo Domingo. Esta situación duró sólo ocho años pues al reorganizarse el Virreinato de Santa Fe (1739) se le agregó de nuevo la Provincia de Venezuela, la cual volvió a quedar sometida a la jurisdicción de la Audiencia de Santa Fe. En 1742, por Real Cédula de 12 de febrero se decidió "relevar y eximir al Gobierno y Capitanía General de la Provincia de Venezuela", de toda dependencia del Virreinato de Nueva Granada, con lo cual se ordenó y mandó "que la anunciada Provincia de Venezuela quede desde ahora en adelante con total independencia de ese Virreinato". Esta Real Cédula atribuyó, además, a los Gobernadores de la Provincia de Venezuela "el velar sobre el cumplimiento de la obligación de las de Maracaibo, Cumaná, Margarita, La Trinidad y la Guayana en lo respectivo al ilícito comercio". Mediante esta Real Cédula se ordenó pasar de nuevo a la Provincia de Venezuela a la jurisdicción de la Real Audiencia de Santo Domingo, a la que quedó vinculada hasta 1786, cuando se creó la Real Audiencia de Caracas. A partir de entonces, el Gobernador de la Provincia de Venezuela y Capitán General de todas las demás Provincias de Venezuela, se convirtió además en Presidente de la Real Audiencia de Caracas. En ese mismo año de 1786 se separó del Gobierno de Caracas, la ciudad de Trujillo, y se la agregó a la Provincia de Maracaibo.

La Provincia de Venezuela, como todas las provincias coloniales españolas, se conformó territorialmente conforme se fue poblando el territorio.[74] Todas las Capitulaciones otorgadas para descubrimiento y colonización en el siglo XVI, particularmente en Tierra Firme siempre se dieron indicándose solamente la línea de la costa en el Mar del Norte (Caribe), que era lo único que se conocía, de modo que hacia tierra adentro la jurisdicción llegaba no hasta donde llegare el Adelantado y su hueste, sino hasta donde la poblare. Así sucedió, por ejemplo, con las Capitulaciones dadas para descubrir y poblar los territorios de lo que fue la Provincia de Venezuela en 1528, que sólo indicaban sitios en la costa del Mar Caribe, desde Maraca-

---

74 Véase sobre el proceso de poblamiento de la Provincia de Venezuela lo que hemos expuesto en Allan R. Brewer-Carías, *La Ciudad Ordenada*, (Estudio sobre "el orden que se ha de tener en descubrir y poblar" o sobre el trazado regular de la ciudad hispanoamericana) (Una historia del poblamiento de la América colonial a través de la fundación ordenada de ciudades), Editorial Criteria, Caracas 2006.

pana al Cabo de La Vela, pero que hacia el sur, indicaban que se extendían "de la una a la otra mar". Esta "otra mar" era el Mar del Sur, que tres lustros antes ya se había descubierto (1513) y que con la expedición de Magallanes (1520) se había identificado como el Océano Pacífico.

Por tanto, la sola penetración en el territorio no bastaba para asegurar el ámbito de la Gobernación y de la Provincia, sino que aquella se determinaba con el acto de poblar, es decir, de fundar pueblos, lo cual, como se ha dicho, no se limitaba al simple hecho de establecer un campamento o una ranchería

1. *El precario poblamiento de la Provincia de Venezuela bajo los Welser (1528-1546)*

En 1511, Juan de Ampíes había sido nombrado Factor Real de la isla Española y demás islas y la Tierra Firme, con la misión de velar por la soberanía real en las Indias. Su misión era recibir las mercancías que enviaba la Casa de Contratación y venderlas; remitir las necesarias a la Península; velar por los bienes de la Corona, y tener en depósito los indios del Rey. Había tomado afición por ellos, y logró de los frailes Gerónimos quienes gobernaban en ese momento en Santo Domingo, la prohibición de que se capturasen los indios de las islas de los Gigantes (Curaçao, Aruba y Bonaire), por ser estos pacíficos. En 1520 se le concedió la protección de indios para llevarlos a las islas de los Gigantes y poblarlas, y el 11 de diciembre de 1526, obtuvo Capitulación para ir a poblar y pacificar dichas islas. Hizo petición para continuar su labor pacificadora en Tierra Firme, y envió allí a su hijo y dos caciques, para fundar un pueblo, de lo cual, en 1527, surgió Santa Ana de Coro, donde Ampíes se instalaría en 1528.

Pero ese mismo año, sin embargo, se otorgaría la Capitulación antes mencionada a los alemanes Enrique Ehinger y Gerónimo Sailer para descubrir, conquistar y pacificar las tierras del Cabo de la Vela y Golfo de Venezuela; como lo decía la Capitulación:

> "descubrir y conquistar y poblar las dichas tierras y provincias que ay enla dicha costa que comienza desde el Cabo de la Bela o del fín de los limítes y términos de la dicha gobernación de Santa Marta hasta Marcapairo, l'este-oeste, norte y sur de la una a la otra mar con todas las yslas questan en la dicha costa, exceptuales las que están encomendadas y tiene a su cargo el factor Joán de Ampíes"

La Capitulación de 27 de marzo de 1528 autorizó a Enrique Ehinger y Gerónimo Sayler, por sí mismos, "o en su defecto, quien quiera que fuese de ellos, Ambrosio de Alfinger y Jorge Eynguer, hermanos de Enrique para descubrir, conquistar y poblar" las tierras de lo que luego sería la Provincia de Venezuela. El nombre era el mismo Ehinger, Eynguer, El Einger o El Ynger, Talfinger, Dalfinger, De Alfinger o en fin, Alfinger; y eran tres hermanos: Enrique, Ambrosio y Jorge.

Enrique Ehinger y Gerónimo Sailer eran Factores de los Welser o "Belsares" en Santo Domingo, y antes habían obtenido una Capitulación (12-2-1528) para importar esclavos negros en dicha Isla. Por ello se ha discutido si la Capitulación de 27 de marzo de 1528 de la Gobernación de Venezuela se hizo por sí o desde el principio por cuenta de los Welser. Estos eran, como se ha dicho, junto con los Fugger, grandes banqueros y comerciantes alemanes, financistas de Carlos V.

Los beneficiarios de la Capitulación delegaron en Ambrosio Ehinger o Alfinger el título de Gobernador de la Provincia, para lo cual fue nombrado oficialmente el 23 de octubre de 1529. El 3 de diciembre de 1529, cuando ya había tomado posesión del gobierno de la Provincia, la Regenta Doña Juana le recomendó anunciar su nombramiento a Ampíes, quien acababa de ser designado Adelantado del pueblo de Santa Ana de Coro. Con el nombramiento de Alfinger, así, Ampíes fue desalojado de la Provincia, por lo que en 1529, cuando Ambrosio Alfinger desembarcó en la costa, Ampíes le entregó la población.

En esta forma, Ambrosio Alfinger inicialmente fue representante de Enrique, su hermano, y de Gerónimo Sayler, quienes en 1530 solicitaron a Carlos V la cesión de sus derechos derivados de la Capitulación, a Antonio y Bartolomé Welser, lo que se materializó por Ordenanza de 15 de febrero de 1531.

La Capitulación había sido otorgada para "descubrir y conquistar y poblar las dichas tierras" (del Cabo de la Vela y Venezuela),

> "y hacer en las dichas tierras dos pueblos o más los que a vosotros pareciere y en los lugares que bieredes que conbiene y que para una de las dichas poblaciones lleveis a lo menos trescientos hombres, y hagais en la dicha tierra tres fortalezas."

La obligación era "hacer los dichos dos pueblos dentro de dos años después de llegados". Esta obligación, en todo caso, era única pues en las Capitulaciones anteriores a otros Adelantados, no se estableció nada similar en magnitud.

Como se dijo, Alfinger, al llegar a su Gobernación, arribó a un sitio con una población ya existente, establecida desde tiempo atrás en esas tierras y fundada, aún cuando en forma precaria y con indígenas asentados, cuyo cacique era Manaure. Coro fue, así, un pueblo que al recibir al Gobernador, se convirtió en el asiento permanente de la Gobernación, correspondiendo al Gobernador disponer su trazado regular y su edificación, dotarla de Cabildo, repartir los solares y emprender la construcción de la iglesia, la cárcel y la horca.

La ciudad de Coro, como primer asiento urbano de la Provincia, fungió como su capital durante casi 15 años, período durante el cual Alfinger realizó expediciones hacia el occidente, donde estableció una ranchería en Maracaibo. Esta fue despoblada por Nicolás Federman en 1535, de paso por Maracaibo, trasladando el vecindario al Cabo de la Vela, que era el límite de la Gobernación, donde estableció otra ranchería, habiendo sido el primero en probar fortuna en ese sitio con la pesca de perlas. Fundaría allí el 5 de agosto de 1536, a la población de Nuestra Señora de las Nieves, la cual en 1538, a pesar de lo inhóspito del lugar se consolidaría como pueblo con los vecinos emigrados de Cubagua, con el nombre de Nuestra Señora de los Remedios. La ciudad del Cabo de la Vela sucedió así, a Cubagua, en la pesquería de perlas y en la continuidad de la ciudad, la cual materialmente se trasladó allí con sus autoridades. El pueblo fue cambiado luego de sitio, hacia occidente, llamándose entonces Río del Hacha. En esa forma, dicha población pasó de la jurisdicción de Cubagua en Venezuela a la de la Provincia de Santa Marta.

Los Welser habían enviado a Nicolás Federman a Tierra firme aún antes de recibir la cesión de la Gobernación, para que sustituyera a Bartolomé Sayler como lugarteniente de Alfinger. Federman, así, ya estaba en Coro al regreso de Ambrosio

Alfinger de su primera expedición al oeste, quien enfermo, se embarcaría para la Española.

Al quedar Federman al frente de la Gobernación de la Provincia, pronto salió hacia el sur, en expedición en busca del Mar del Sur, donde esperaba encontrar grandes riquezas (oro) y un camino corto hacia la Isla de las Especerías. Recorrería entre 1530 y 1531 lo que hoy es el centro occidente de Venezuela, en torno a los sitios de Acarigua y Barquisimeto, franqueando por primera vez la cadena montañosa que separa la costa del Mar Caribe de los llanos venezolanos.

A comienzos de 1531, una vez curado y confirmados sus títulos de Gobernador de Venezuela por la Corona, Alfinger regresó a Tierra Firme, haciendo preso a Federman, quien se vería obligado a partir hacia Europa, vía Santo Domingo, el 9 de diciembre de 1531, llegando a Hamburgo, el 31 de agosto de 1532. Allí escribió su *Bella y agradable narración del primer viaje de Nicolás Federman el joven, de Ulm, a las Indias de la Mar Océana y de todo lo que le ocurrió en ese viaje hasta su regreso a España, escrita en forma breve y divertida de leer*, publicada inicialmente en alemán, en 1577, por su hermano. En ella relató su primera expedición en las tierras de la Provincia de Venezuela entre 1532 y 1533.

En ese mismo año de 1532, Alfinger comenzó su segunda expedición hacia el oeste, pasó por el sitio de la ranchería de Maracaibo y recorrió lo que hoy es la frontera entre Venezuela y Colombia, por el Valle de Upar hacia el sur. Murió en 1532 o 1533, en el lugar que se conoce como Miser Ambrosio situado entre las ciudades de Pamplona y Cúcuta, cerca de Chinácota, herido por una flecha envenenada, luego de haber realizado durante esa expedición todos los desmanes imaginables contra los indios. El resto de la expedición llegaría por el río Catatumbo al Lago de Maracaibo y, después de dos años regresaría a Coro en noviembre de 1533.

Durante los primeros cinco años de la Gobernación de Venezuela, por tanto, con expediciones descubridoras hacia el oeste y el sur de Coro, ninguna población fue establecida por los conquistadores. Por ello, en esos primeros años se perdería para la Provincia de Venezuela, buena parte de lo que luego sería el territorio del Nuevo Reyno de Granada.

2.   *Las desventuras de los Welser y la ciudad de El Tocuyo*

Para 1534, había sido designado como primer obispo de la Provincia, Rodrigo de Bastidas, quien era el segundo obispo designado en Tierra Firme, hijo del conquistador Rodrigo de Bastidas, quien había sido gobernador de la Provincia de Santa Marta conforme a la Capitulación que se le había otorgado el 6 de noviembre de 1524.

En 1534, el obispo Bastidas ya había sido designado gobernador interino; y en 1540, luego de la muerte de Spira por fiebre palúdica y antes de que Navarro fuese obligado a abandonar la Provincia por orden del Cabildo de Coro, Bastidas asumió de nuevo, interinamente, la Gobernación de la Provincia. Como tal, abogó por el nombramiento como Gobernador del que había sido lugarteniente de Spira, Felipe de Hutten; a quien se designó en 1541, nombrándosele como lugarteniente, a Bartolomé Welser.

En 1541, los recién nombrados emprendieron expedición hacia el sur, también en búsqueda del Mar del Sur que era el límite meridional de la Provincia. En esta expedición, la cual se prolongó por un larguísimo período de más de cinco años, Hutten bordeó las Sierras Nevadas por los llanos, llegando a la selva amazónica y al propio río Marañón, en territorio de los Omaguas, que era la puerta de entrada al Imperio Inca y al futuro Virreinato del Perú.

En 1544, en Coro se había reabierto el juicio de residencia iniciado por Navarro y esta vez, el Juez Frías, en 1545, terminó condenando a los Welser *in contumaciam*, sin que nadie se hubiese presentado al proceso. Por ello, la Audiencia de Santo Domingo nombraría como administrador interino, hasta el regreso de Von Hutten, a Juan de Carvajal.

El poblamiento español durante la gobernación de los Welsar había sido totalmente precario, por lo que hasta que ese momento sólo se habían establecido algunos núcleos de población, la gran mayoría de pueblos de indios Caquetillos, como Puerto de la Vela (1528), la actual Vela de Coro; Miraca (1529); Guacurebo (1530); Moruy (1539); Santa Ana (1539) y Acurigua. En muchos de esos pueblos se siguió el modelo de Coro y Margarita, de construir la iglesia en forma aislada, como en Pueblo Cumarebo (1539).

En el mismo año 1544, Juan de Carvajal armaría expedición hacia Maracaibo y luego hacia el sur llegando al río Tocuyo. Luego de 17 años de haber sido otorgada la Capitulación de la Provincia de Venezuela en 1528, Carvajal procedería a la fundación formal de la segunda ciudad de la provincia después de Coro, hecho que ocurrió el 7 de diciembre de 1545 con la fundación de Nuestra Señora de la Pura y Limpia Concepción de El Tocuyo. Con ello se iniciaba realmente el poblamiento español tierra adentro en la Provincia. A ese sitio, al año siguiente se trasladaría la capital de la Provincia, constituyéndose así en el centro político y económico de la misma, hasta 1577, cuando la capital se trasladó a Caracas. La ciudad tenía una forma casi reticular e, igualmente, con la iglesia ubicada en la plaza, aislada. Como se dijo, fue la primera ciudad hecha por españoles en el suelo venezolano, la cual sin embrago, sería destruida casi totalmente por un terremoto en 1950. Desde ella partirían todas las empresas posteriores pobladoras hacia la costa, como la de Borburata; hacia el occidente, como las de Trujillo y Maracaibo; y hacia el centro, como las de Barquisimeto, Carora, Valencia y Caracas.

Como se dijo, Juan de Carvajal había sido nombrado el año 1545 como Gobernador y Capitán General de la Provincia de Venezuela, y con tal título fue que fundó la ciudad de El Tocuyo. Enfrentó a los Welser y decapitó a Hutten y a Bartolomé Welser en 1545, cuando regresaban de su larga y desventurada expedición. Carvajal los habría hecho prisioneros, los obligaría a reconocerlo como Gobernador de la Provincia, y luego los asesinaría a traición.

En ese mismo año, Juan Pérez de Tolosa sería entonces designado como Gobernador y Capitán General de la Provincia, con el encargo de castigar al asesino. Arrestó a Carvajal en 1546, quien luego de haber sido atado a la cola de un caballo y arrastrado por el polvo, fue colgado en la rama de un árbol el 17 de septiembre de 1546. En la hueste de Pérez de Tolosa ya estaba Diego de Losada, el futuro fundador de Caracas.

Pérez de Tolosa, en todo caso, siguió la obra de Carvajal y ratificó las encomiendas y repartimientos de El Tocuyo, nombrando como Teniente General a Juan de Villegas. Despachó a su hermano Alonso Pérez de Tolosa y a Diego de Losada, a descubrir hacia las Sierras Nevadas, quienes fueron por los llanos hasta el río Apure, río que remontaron. Sucesivamente remontaron también los ríos Uribante y Torbes, hasta llegar al valle que denominaron de las Auyamas, donde años más tarde Juan de Maldonado, desde la Provincia de Pamplona, fundaría la villa de San Cristóbal (1561). De allí siguieron por las Lomas del Viento, el pueblo de los indios Capachos y fueron a dar al valle de Cúcuta. Desde allí marcharon al río Zulia, el cual recorrieron aguas arriba y de regreso, aguas abajo, llegaron a la Culata del Llago de Maracaibo por donde regresaron a El Tocuyo.

Diego de Losada seguiría recorriendo las tierras de Venezuela antes de que fundara Caracas en 1567. Así, en 1543, ya que conocía las costas de Oriente pues había sido parte de la hueste de Sedeño, acompañó al Teniente de Gobernador Juan de Villegas en la expedición hacia las costas de Maracapaná y Cumaná a fin de deslindar, con las autoridades de Nueva Cádiz de Cubagua, los límites de las gobernaciones. Llegaron hasta el río Neverí, regresando a Coro luego de haber firmado el deslinde.

Después de la fundación de la ciudad de El Tocuyo, además, en lo que es el Estado Falcón, se establecieron los pueblos de indios de Capatárida (1552); Tocuyo de la Costa (1571); San Miguel (1598); Zazárida (1598); Capadare (1623); Mitare (1623); Taratara (1644); Borojó (1660); Jacura (1660); Agua Clara (1685); Pedregal (1685); La Pastora (1693); y Tupure (1699). En la más amplia jurisdicción de la ciudad de Tocuyo, se fundaron los pueblos de indios de San Antonio de Padua de Humocaro Alto (1596), Nuestra Señora del Rosario de Humocaro Bajo (1620), San Felipe de los Barbacoas (1610), Señora Santa Ana de Sanare, Santa Cruz de Guarico (1609), San Miguel de Cubiro (1609) y Nuestra Señora de Altagracia de Quibor (1620). También en lo que es el actual Estado Lara, se fundaron los pueblos de indios y de misiones de Río Claro (1615); Siquisique (1617); San Miguel (1617); Río Tocuyo (1617); Areque (1617); San Francisco (1619); Curarigua (1619); San Juan Bautista de Duaca (1621); Yay (1625) y Nuestra Señora de Guadalupe de Bobare (1672).

En 1547, Juan de Villegas descubriría la Laguna de Tacarigua o Lago de Valencia y en la costa del mar Caribe daría inicio a la fundación de Nuestra Señora de la Concepción del Puerto de Borburata Allí se enteraría de la muerte del Gobernador Pérez de Tolosa y de su designación por aquél, para sucederle en el mando, lo que el mismo año sería confirmado a instancias de los Welser, por la Audiencia de Santo Domingo.

Para concluir con el poblamiento del Puerto de Borburata, el 19 de noviembre de 1549, Juan de Villegas daría Instrucciones a Pedro Álvarez (Perálvarez) "para la fundación de Borburata", las que han sido consideradas como las Instrucciones de poblamiento más antiguas que se conocen dadas en la Provincia de Venezuela. En las mismas se le instruía, entre otros aspectos, sobre cómo poblar la ciudad, indicándosele:

"Item. Luego, como llegares a la Laguna de Tacarigua, recogereis todos los mantenimientos de maíz y cazabe que pudieres haber a contento de los naturales y hecho esto iréis a la costa de la mar, al dicho Puerto de Borburata, donde yo tomé posesión y señalé la dicha ciudad y dejando donde la ciudad se ha de situar, en la parte que mejor os pareciere, haréis asiento y casas, hasta tanto que yo vaya, Dios mediante, *a hacer trazar la dicha ciudad y calles, donde se dará a cada uno de sus solares y asiento, por la orden que Su Majestad tiene mandado por sus Reales Provisiones".*

Por tanto, es evidente que ya para esa fecha eran conocidas las Instrucciones Reales de poblamiento, particularmente la Instrucción General de 1521.

La población actual de Borburata, en todo caso, nada tiene que ver con la población original, la cual estaba ubicada cerca de la actual ciudad de Puerto Cabello, el cual funcionaría como puerto desde 1560 en una rada natural.

3. *El poblamiento en tierras de los Jirajaras*

Villegas siguió su afán poblador como instrumento para la toma de posesión de la tierra para la gobernación que comandaba como sucesor de Pérez de Tolosa. Por ello envió al Capitán Damián de Barrio hacia las tierras al oriente de El Tocuyo, quien en 1551 descubriría las primeras minas que se encontraron en esa parte del Nuevo Mundo: La Mina Real de San Felipe de Buria, cerca de la cual fundaría la Villa Rica o el Real de Minas, la cual luego de varios traslados daría origen a la ciudad de Nueva Jerez a orillas del río del Nirgua, y la cual, finalmente en 1628, originaría la ciudad de Nuestra Señora del Prado de Talavera, la actual Nirgua, con una traza urbana casi cuadricular.

Al año siguiente del descubrimiento de las Minas, en 1552, Villegas fundaría en el valle del río Buria la ciudad de Nueva Segovia de Buria, la cual en 1563 se trasladaría al valle de Barquisimeto cerca de la ribera del río Turbio, adquiriendo, además del nombre de la ciudad natal del fundador, el de Barquisimeto. En esa fundación había estado con Villegas, Diego de Losada, quien sería designado Alcalde de la nueva ciudad y luego sería el fundador de Caracas. Allí también estaba como fundador, Diego García de Paredes, quien luego fundaría en 1558, la ciudad de Trujillo. Allí también estaba Alonso Andrea de Ledesma, quien después participaría en la fundación de Trujillo y de Caracas, y de muchos pueblos en los alrededores de esta última ciudad. El mismo año 1552, en la zona se fundarían los pueblos de Boruare y San Pedro.

En Barquisimeto murió el tirano Lope de Aguirre en 1561, vencido por Diego García de Paredes, Maestre de Campo del Ejército Real; y en su jurisdicción se establecieron tres misiones capuchinas que fueron Nuestra Señora de Guadalupe de Bobare (1731), San Felipe de Buria (1722) y Santa Inés de Cerro Negro (1757).

En 1556, y durante el gobierno de Arias de Villasinda, sería cuando el Consejo de Indias declararía a los Welser privados de sus derechos sobre Venezuela, e hizo reingresar a la Provincia bajo la autoridad directa de la Corona. En todo caso, en algo menos de 10 años, los confines de la zona centro occidental de la Provincia ya se habían definido por diversas fundaciones de ciudades a través de las cuales se comenzó a formar territorialmente, no sin dificultades, como la derivada de la oposición de los indios Jirajara. Recuérdese, por otra parte, que la primera rebelión de esclavos en Venezuela ocurrió precisamente en las Minas de Buria, para cuya explotación se habían importado 100 esclavos negros conforme lo autorizaban las Leyes Nuevas, dada la prohibición de utilizar a los indios en esos trabajos.

En efecto, en 1553, los esclavos, ayudados precisamente por los indios, se alzaron bajo la jefatura de un esclavo de nombre Miguel, originario de Puerto Rico, quienes arrasaron con la guarnición y el asentamiento, y huyeron a los cercos cercanos donde se dice que establecieron un "reino", con el Negro Miguel como Rey, su mujer Quiemar como Reina y el hijo de ambos como heredero. Dicho reino, incluso, declaró la guerra a Barquisimeto. Quien logró aplastar la rebelión fue Diego de Losada, el futuro fundador de Caracas, dispersando a los negros hacia las cabeceras de los ríos Aroa y Yaracuy, originando las cimarroneras que tanto marcaron la historia de Venezuela en los siglos posteriores.

El asentamiento poblacional de esas tierras, en todo caso, a partir del siglo XVII se hizo a la sombra del cacao, que fue el primer fruto americano que se cultivó en la Provincia fomentado, particularmente, por los mercaderes holandeses establecidos en Curazao. Este producto llegaba a la Península de sus manos, así como de traficantes de otras naciones europeas. Los españoles de la Provincia estaban muy ocupados en la búsqueda de oro, y los de la Península en el comercio de oro y plata con las colonias ricas en las que existía. Las Provincias de Venezuela no eran, precisamente, de esas; al contrario eran paupérrimas y no figuraban para nada en el sistema mercantil del Nuevo Mundo. A pesar de ello, sin embargo, las autoridades españolas mantenían el monopolio del comercio de las Provincias con la metrópolis y la prohibición del comercio extranjero e interprovincial, orden que como era costumbre se acataba pero no necesariamente se cumplía, pues el contrabando hacia su parte.

El cacao así, circuló por dos vías: hacia Veracruz por armadores criollos, desde donde en parte se enviaba a la Península; y hacia Europa, de contrabando, que de esa zona partía de Tucacas. Era la respuesta obligada de los productores a las limitaciones al comercio, lo que originó un claro rechazo a la autoridad colonial de parte de los habitantes de esas provincias, muchas veces con el apoyo de los propios Cabildos.

En el Valle de las Damas, como se conocía la zona del Yaracuy, el cacao también sería el producto de mayor importancia, que se cultivaba particularmente en los sitios de Buraure; la Vega del Yaracuy; Yuribí; San José de Chivacoa; San Jerónimo de Cocorote y Los Cerritos de Cocorote. Fue en este último sitio de hacienda, en las inmediaciones del pueblo de doctrina llamado San Jerónimo de Cocorote, donde desde 1690 se había ido formando un núcleo de habitantes, asentamiento al cual se oponía tenazmente el Cabildo de Barquisimeto. Le cercenaba jurisdicción, por lo que el Cabildo barquisimetano emitió órdenes de destrucción del poblado, con respuestas sucesivas de reconstrucción por parte de sus vecinos. La tenacidad de los cerritenses pudo más que la oposición del Cabildo de Barquisimeto hasta lograr, el 7 de marzo de 1725, la fundación de un pueblo, el cual fue elevado a la condición de ciudad por Real Cédula de Felipe V de 6 de noviembre de 1729. El Ayuntamiento de la ciudad fue el que adoptó para su denominación el nombre de San Felipe el 1° de mayo de 1731, en reconocimiento del Monarca y del Santo de la fecha, agregándole el calificativo de El Fuerte.

Sin embargo, en lo que es el actual Estado Yaracuy y con anterioridad a la fundación de San Felipe se habían fundado los pueblos de indios de Aroa (1579); Cuora (1619); San Jerónimo de Cocorote (1620); Urariche (1620); Yaritagua (1663); y Chivacoa (1687), todos los cuales presentan una traza regular, casi cuadricular, en su centro histórico.

Con anterioridad, bajo el mandato de Diego de Montes, Teniente General del Gobernador Diego de Mazariego, Juan de Salamanca había fundado el 19 de junio de 1572, la ciudad del San Juan Bautista de Portillo de Carora ubicada entre Coro y

El Tocuyo. El primer asiento de la ciudad con el nombre de Nuestra Señora de la Madre de Dios, había sido establecido por Juan del Thejo en 1569, a la muerte del Gobernador Ponce de León, durante la gobernación interina de Francisco Hernández de Chávez, pero fue mudada en 1571 por Pedro de Maldonado al sitio que hoy ocupa, siendo Gobernador de la provincia Diego de Mazariego, quien como se dijo, antes había sido el conquistador de Chiapas. Luego, como también se dijo, la ciudad fue repoblada por Juan de Salamanca en 1572 junto al río Morere. La traza de la ciudad de Carora es reticular, con la iglesia catedral que se edificó conforme al modelo de la de Coro, situada al este de la plaza mayor.

En la jurisdicción de la ciudad de Carora, además, se establecieron como pueblos de indios los de Siquisique, San Miguel, Areque y Río del Tocuyo.

4. *El poblamiento en la zona de la Laguna de Tacarigua y los Valles de Aragua*

Al fallecer Juan de Villegas en 1553, lo sucedió en la Gobernación de la Provincia Alonso Arias de Villasinda, quien en 1555 mandó a fundar una ciudad inmediata a la Laguna de Tacarigua, actual Lago de Valencia donde estaba el hato de Vicente Díaz, fundándose la Nueva Valencia del Rey, a orillas del río Cabriales. La ciudad fue saqueada en 1561 por el Tirano Aguirre y en 1676 por corsarios franceses.

Cerca de Valencia se fundaron los pueblos de indios de San Agustín de Guacara, Mariara, San Diego (1657) y los Guayos la ciudad. Antes, además, se habían fundado los pueblos de Chirgua (1549) y Naguanagua (1551). Posteriormente, se fundaron los pueblos de Goaigoaza (1635); El Cambur (1680) y Morón (1687).

Por otra parte, el puerto más importante que se estableció en la costa fue Puerto Cabello en 1589, cuando también se consolidaría el puerto de La Guaira. La plaza del Puerto Cabello, que tiene como traza urbana una retícula, en todo caso, está abierta al mar, con la Catedral situada al este.

Desde los valles de Aragua fue que Diego de Losada penetró hacia el valle de los Caracas, después de pasar por el sitio de Maracay, donde desde 1697 ya se había establecido un poblado por Andrés Pérez de Almarza, pero donde solo sería en 1814, que se establecería la ciudad de Maracay, nombre que era el del cacique de los indios Aragua de esa zona. Su consolidación urbana posterior definió una forma reticular, con la plaza en el centro del poblado, y la iglesia al este.

En los Valles de Aragua también se fundaron diversos pueblos de indios y de doctrina. El primero fue en el valle donde entre otros era encomendero Bernabé Loreto de Silva, el 18 de noviembre de 1620, donde el padre Gabriel de Mendoza escogió el sitio para una iglesia, lo que constituyó el inicio del pueblo de doctrina de Nuestra Señora de Guadalupe de La Victoria. Esta ciudad tiene una traza reticular y presenta una plaza singular respecto de las otras de los pueblos de Venezuela, en cuanto a la convergencia de dos calles que dan al centro de la misma por los costados norte y sur. Cerca de la Victoria se estableció el pueblo de Nuestra Señora del Buen Consejo del Mamón (1772).

De la Victoria, el padre Mendoza pasó al valle de Turmero en el sitio de la encomienda de Juan Martínez de Videla, donde estableció a orillas del río Turmero, el 27 de noviembre de 1620, el pueblo de doctrina de Nuestra Señora de la Consolación o Candelaria de Turmero, en el sitio donde Pedro Villacastin había establecido un poblado en 1603. Con posterioridad Francisco de la Hoz y Berrío y Gonzalo de

Angulo establecieron el pueblo de San Joseph de Cagua el 29 de noviembre de 1620, en el sitio de la encomienda de Garci-González de Silva, el cual seis años después se mudaría a orillas del río Aragua. El 30 de noviembre, el mismo padre Mendoza estableció el pueblo de doctrina de San Mateo, en el sitio de la encomienda de Tomás de Aguirre. Todos estos pueblos de los valles de Aragua conservan en su centro la forma urbana cuadricular.

Además, en el actual Estado Aragua se fundaron diversos pueblos de indios y de misión en los Llanos, entre los que se destacan San Francisco de Cara o Guanayén (1696), la Purísima Concepción de Camatagua (1693), y la Inmaculada Concepción de Nuestra Señora de Barbacoas. En el siglo XVIII además, Juan de Bolívar y Villegas fundaría el pueblo de Villa de Cura (1717), a la entrada de los llanos.

En la costa, luego dedicados a la explotación del cacao, se fundaron diversos pueblos de doctrina, como San Francisco de Paula de Choroní (1622) y los pueblos de Pura y Limpia Concepción de Cuyagua (1713), San Francisco del Valle de Cata (1672), Patanemo, Turiamo, San Esteban y Chuao (1671). También debe mencionarse a Ocumare de la Costa (1721) que tambi';en presenta un trazado regular en su centro urbano.

5. *El poblamiento hacia los Andes*

Diego García de Paredes era oriundo de la ciudad extremeña de Trujillo situada cerca de la Sierra de Guadalupe, donde también habían nacido Francisco Pizarro, fundador de la Ciudad de los Reyes, la actual Lima (1535); sus hermanos Gonzalo, Hernando y Juan, quienes también participaron en la conquista del Perú; y Francisco de Orellana, descubridor del Amazonas (1542) desde el Ecuador, y cuyo curso siguió hasta llegar al Océano Atlántico.

García de Paredes, quién también había participado en la conquista del Perú, habiendo presenciado el martirio de Atahualpa en Cajamarca, luego de pasar a la provincia de Venezuela cuando se produjeron las disensiones entre Almagro y Pizarro, fue nombrado para someter a los indios Cuicas. Salió de El Tocuyo en 1557, y al año siguiente, en abril de 1558 fundaría la ciudad de Nueva Trujillo de Tierrafirme, en el sitio de Escuque en la margen del río Boconó. Doce años después de varios traslados, en 1570 la ciudad encontraría asiento definitivo en el Valle de los Cedros, en una meseta elevada e inclinada bordeada por el río Castán y la quebrada los Cedros, con el nombre de Nuestra Señora de la Paz de Trujillo.

En todo caso, en lo que es hoy el Estado Trujillo, antes de 1573, además de la ciudad de Trujillo, se fundarían los pueblos de indios de Burbusay (1549); Boconó (1551), por Damián del Barrio; Dulce Nombre de Jesús de Escuque (1557); San José de Tostós (1558); Valera (1560); San Roque de La Quebrada (1560); San Juan de Carache (1561) y Pampán (1566). Con posterioridad a las Ordenanzas de Poblamiento de 1573, además, se fundarían los pueblos de indios de Mirabel (1581); San Bernabé de Niquitao (1584); San Miguel (1597); Monay (1609); Apóstol San Pedro de Jajó (1611); Agua de Obispos (1619); La Puerta (1620); Campo Elías (1654); San Juan Bautista de Betijoque (1662); Bolivia (1669); Siquisay (1682); Santiago de Trujillo (1685) y La Mesa (1687). Fue Francisco de Hoz y Berrío, hermano del Gobernador de Guayana, Fernando de Berrío, Gobernador y Capitán General de la Provincia de Venezuela entre 1616 y 1622, quien fundaría muchos de dichos pueblos de indios, reorganizando los asentamientos de la Provincia. Dictó las Ordenanzas en favor de los indios naturales de la región de Trujillo en 1621, en las cuales exhortaba a los naturales a congregarse y formar pueblos para mejor vivir.

6. *El poblamiento de las tierras de los Caracas y las zonas circundantes*

Luego de haber ejercido desde 1551 como Gobernador y Capitán General de la Isla de Margarita, en 1558 el Mariscal Gutiérrez de la Peña Langayo fue designado Gobernador y Capitán General interino de la Provincia de Venezuela. Fue dicho Gobernador quien nombró a Francisco Fajardo, mestizo natural de Margarita, como primer conquistador y poblador de los indios Caracas, para gobernar y poblar desde Borburata hasta Maracapaná. Al Mariscal lo sucedió, en 1559, Pablo Collado como Gobernador y Capitán General de la Provincia, quien ratificó a Francisco Fajardo como Teniente General para llevar a cabo el proyecto de conquista de los indios Caracas.

Ya para 1558, en el litoral central, Fajardo había fundado la Villa de Catia, la cual sería abandonada, y en 1560, la Villa de Collado, esta última en honor del Gobernador, y que luego fue refundada en 1567 por Diego de Losada como Nuestra Señora de Carballeda, en honor a la Virgen de Carballeda, patrona de su familia en Galicia. Fajardo fue designado Alcalde Mayor de la Villa del Collado y Juan Rodríguez Suárez, el mismo fundador de Mérida (1558), sería designado Teniente de la provincia, quien en 1561 fundaría en el Hato San Francisco, de Fajardo, en el Valle de Caracas, la Villa de San Francisco. Este pueblo fue, entonces, el primero que se estableció en el valle de Caracas, pero fue abandonado por Fajardo luego de la muerte de Rodríguez Suárez, en 1562, retirándose al Collado, el cual luego también sería abandonado por la presión de los indios. El mismo año de 1561 también se había fundado el pueblo de Valle de la Pascua (El Valle), en el suroeste del valle de los Caracas.

En 1566, Felipe II había nombrado como Gobernador y Capitán General de la Provincia a Pedro Ponce de León, a quien correspondió terminar con la conquista de los Caracas, con la ratificación del nombramiento de Diego de Losada para ello, efectuado por su antecesor, Alonso Bernáldez. Losada, quien era el hombre de mayor prestigio militar de la Provincia, salió de El Tocuyo a comienzos de 1567 con los 3 hijos del Gobernador; pasó por Villa Rica, hoy Nirgua, por Valencia y por los valles de Aragua. Lo acompañaba, entre otros, Gabriel de Ávila, cuyo nombre selló el gigantesco cerro *Guaraira-repano* que esta al norte de Caracas; Alonso Andrea de Ledesma, quien había participado en la fundación de El Tocuyo y Trujillo; Sebastián Díaz Alfaro, luego fundador de San Sebastián de los Reyes; Juan Fernández de León, fundador de Guanare; Francisco de Vides, después Gobernador y Capitán General de Nueva Andalucía; Cristóbal Gómez y Esteban Martín, de los fundadores de Nueva Segovia de Barquisimeto; y Juan Cataño, Andrés Hernández y Andrés de San Juan, de los fundadores de El Tocuyo, Borburata y Trujillo.

Desde los valles de Aragua, Losada llegó al Valle del Miedo, donde comienza la serranía de Los Teques, país de Guaicaipuro y donde mucho después, en 1777 el Obispo Martí, a orillas del río San Pedro, asentaría la población de Los Teques. Después de duros combates, entraría al valle de San Jorge (Las Adjuntas), pasó por el Valle de la Pascua (El Valle) y entraría al valle de San Francisco, donde el 27 de julio de 1567 fundaría la ciudad de Santiago de León de Caracas, en honor al Santo Patrón de España y del Gobernador Ponce de León.

En ese mismo año, la capital de la Provincia se trasladaría de Coro a Caracas; y en 1786, allí se establecería la última de las Audiencias creadas en América.

En 1569, a la muerte de Ponce de León, sería nombrado como Gobernador y Capitán General de la Provincia, Diego de Mazariegos, quien había fundado la ciudad de Chiapas y había sido Gobernador y Capitán General de Guatemala. A la muerte de Mazariegos, en 1576, sería designado como Gobernador y Capitán General de la Provincia, Juan de Pimentel, quien en 1578, levantó el muy conocido croquis de la planta de Caracas, reducido al cuadrado que limitan los ángulos de las esquinas hoy llamadas como de Cuartel Viejo, Abanico, Doctor Díaz y Gorda, dividido en 25 manzanas dispuestas por la trama de cuatro calles dispuestas en paralelo de Norte a Sur que partiendo de las esquinas hoy denominadas de Altagracia, Mijares, Jesuitas y Maturín, llegaban hasta las hoy esquinas llamadas Mercaderes, Pajaritos, Camejo y Colón; y de otras cuatro calles dispuestas en paralelo de Este a Oeste, que partiendo de las esquinas hoy denominadas La Pelota, Marrón, Doctor Paúl y Chorro, llegaban a las hoy esquinas de Llaguno, Piñango, Muñoz y Pedrera. La plaza mayor se situó en el centro de la trama urbana, con la Catedral, edificada a comienzos del Siglo XVII, ubicada al este de la plaza. Caracas es quizás la única de las ciudades latinoamericanas en la cual todas las esquinas de su vieja cuadrícula tienen nombre propio.

En el propio gran valle de Caracas, con posterioridad, hacia el sur, se consolidaría el pueblo de El Valle; en el extremo este del valle se fundarían muchos pueblos, como San José de Chacao en 1597; y por orden del Gobernador de la Provincia Francisco de la Hoz y Berrío se establecieron pueblos que tuvieron su origen en encomiendas, como el pueblo de El Buen Jesús de Petare establecido el 17 de febrero de 1621 en el sitio de la Quebrada de la Vieja, donde ya había asentamientos desde 1567; y posteriormente y hacia el sureste, también como pueblos de encomienda, los pueblos de Baruta (1591), establecido por Alonso Andrea de Ledesma, y Turgua (1621). En cuanto al pueblo de Baruta, en 19 de agosto de 1620 se lo fundaría como pueblo de indios, con el nombre de San Francisco de Paula. Más hacia el este, en 1784, se establecería el pueblo de El Hatillo, al erigirse la Parroquia de Santa Rosalía de Palermo, en tierras que fueron donadas por Baltasar de León.

En el propio valle de Caracas y hacia su parte suroeste también se fundarían otros pueblos de encomiendas por el Gobernador De la Hoz y Berrío como La Vega (1621), Antímano (1621) y posteriormente, el pueblo de Macarao (1649). Cerca del valle de Caracas, pero hacia la costa central de la provincia, cerca de donde Fajardo había fundado el pueblo de Carballeda, con posterioridad el Gobernador Osorio fundaría el puerto de La Guaira (1587), el cual desde entonces se convertiría en el puerto de la capital, y los pueblos de indios de Tarma (1591); Maiquetía (1614); Carayaca (1622); y San Francisco de Asís de Naiguatá (1622).

Para 1589, cuando el pueblo de Carballeda ya se había despoblado, el gobernador Diego de Osorio impulsó los esfuerzos por consolidar un pueblo en el puerto de la Guaira, en un lugar que ofrecía mejores condiciones de defensa y que ya servía de puerto para Caracas. Fue atacado por piratas y filibusteros, lo que provocó la construcción de múltiples defensas, entre las cuales se destacan el Castillo de San Carlos en la altura de Las Tunas, el cual se terminó en 1769; los Fuertes del Príncipe o del Zamuro (El Vigía) y del Carmen o del Gavilán de fines del Siglo XVII, y numerosos Baluartes y Baterías diseminados en los alrededores de la ciudad.

En cuanto a las fundaciones hacia las depresiones ubicadas al este del valle de Caracas, en lo que es el actual Estado Miranda, se establecieron los pueblos de Nuestra Señora de Copacabana de Guarenas (1578), Santa Cruz de Pacairigua de Guatire, Araguita (1585), Nuestra Señora de Altagracia y del Señor San José de Curiepe (1698), Anunciación de Nuestra Señora del Valle de Santa Cruz de Caucagua y Chupaquire (1699); y hacia los valles del río Tuy, el 23 de enero de 1612, el pueblo de Señora Santa Lucía de Pariaguán, como pueblo de encomienda, en las cabeceras del río Prepo, donde había asentamientos desde 1607 y que en 1700 sería trasladado a orillas del río Guaire; y los pueblos de Santa Rosa de Lima de Charallave (1619); Capaya (1687); Nuestra Señora del Rosario de Marín o Cúa (1690), fundada por el indio Cúe; y San Diego de Alcalá de la Sabana de Ocumare (del Tuy) (1693). En las zonas altas al sur de Caracas, se fundarían además, los pueblos de San Diego de los Altos (1620) formado por el traslado de indios desde Santa Lucía por el cura doctrinero Tomás de León; y de Casupo (1621); Paracotos (1673) y San Antonio de los Altos (1683).

7.   El poblamiento hacia los Llanos

En la fundación de Caracas, con Diego de Losada había participado Sebastián Díaz Alfaro. El Gobernador Luis de Rojas, quien antes había sido Gobernador de la provincia de Yucatán, le encomendó la conquista y poblamiento de los Quiriquires y los Tomuzas. Fundó dos ciudades en sus tierras: San Juan de la Paz y San Sebastián de los Reyes, la primera situada a orillas del río Tuy, aguas abajo de la confluencia con el río Guaire; y la segunda el 6 de enero de 1585, a la entrada de los Llanos, en una meseta entre los ríos Guárico y Caramacate. La primera desapareció y la segunda cambió de sitio en muchas ocasiones, encontrando la ubicación actual casi 100 años después, en 1676. Sebastián Díaz de Alfaro había sido Alcalde de Caracas en 1591 y 1594.

En la jurisdicción de San Sebastián de los Reyes se establecieron las siguientes misiones capuchinas, de cuyo asentamiento resultaron diversos pueblos: San Fernando de Cachicamo (1753), Nuestra Señora de Altagracia de Iguana (1734), Nuestra Señora del Rosario de Altamira (1744), Purísima Concepción de Camatagua (1749) y Santo Tomás de Tucupido (1760). Más tardíamente, en 1730 Juan de Bolívar y Villegas fundaría el pueblo de Villa de San Luis de Cura, precisamente en la entrada de los llanos.

Entre los fundadores de San Sebastián estaba el Capitán Juan García Carrasco, fundador, en 1599, hacia el este, del pueblo de San Juan de la Laguna de Urariche o de Uchire, en la desembocadura del río Unare.

Con posterioridad, hacia el sur, hacia los llanos, en lo que es el actual Estado Guárico, se fundaron los pueblos de indios y de misiones de Nuestra Señora de Altagracia de Orituco (1585); San Juan de los Morros (1590); Parapara (1595); Valle de la Pascua (1621), fundada por Juan González Padrón; San Francisco de Assís de Tiznados (1624); Mamonal (1628); Manapire (1632); San Lorenzo de Chaguaramas (1653); Ortiz (1687); Lezania (1688) ; Santa Bárbara de Guarda Tinajas (1768), Humildad y Paciencia de Nuestro Señor Jesucristo de Camaguán (1689); El Sombrero; San Juan de Tiznados (1693); San Rafael de Orituco (1694), Santísima Trinidad (1723) y Nuestra Señora de los Ángeles (1695); estas dos últimas en jurisdicción de la villa de Todos los Santos de Calabozo, fundada en 1657 por los capuchinos. Más al sur, en la ribera del río Orinoco se fundaría en 1647, el pueblo de Triunfo de la Cruz de la Nueva Cantabria o Cabruta. Todos estos pueblos tienen una traza urbana reticular.

Hacia el oeste, además, en lo que es el actual Estado Cojedes, se fundaron, la mayoría por los misioneros capuchinos, los pueblos de Nuestro Señor Padre Santo San Francisco de Cojedes (1617); Choro (1617), Tirgua (1661); Tucuragua (1661); San Juan Bautista del Pao (1661); San Carlos de Austria (1677); Las Vegas (1678); Mapuey (1679); Tinaquillo (1680); El Baúl (1692) conocido también como San Miguel de la Voca de Tinaco con misión establecida en 1744, Santa Clara de Caramacate (1750), la Divina Pastora de Joval (1751) y Santa Cruz del Nogal (1764). Todos estos pueblos también tienen una traza urbana regular, siendo un ejemplo de traza cuadricular la del pueblo de Tinaco.

Por otra parte, en 1589, Diego de Osorio sería nombrado Gobernador y Capitán General de la Provincia de Venezuela, y fue quien dotó de ejidos a la ciudad de Caracas. Durante su gobierno encomendó a Juan Fernández de León la misión de poblar la Provincia de Guanaguanare, de lo que resultó la fundación de la Ciudad del Espíritu Santo del Valle de San Juan de Guanaguanare, hoy Guanare, el 3 de noviembre de 1591. Cerca de la ciudad, el 8 de septiembre de 1652, la Virgen de Coromoto se le aparecería a un indio cospe, ubicándose allí el Santuario de la que se declaró, en 1942, la patrona de Venezuela. La ciudad tiene una forma ortogonal casi perfecta, con la iglesia situada al este de la plaza.

Posteriormente, en lo que es el actual Estado Portuguesa, se fundarían los pueblos de Paraíso de Chabasquen (1620); Pueblo Viejo (1647); Tucupido (1652); San José de Guanare (1664) y Maraca (1680). La villa de Nuestra Señora del Pilar de Zaragoza y Araure fue fundada por los misioneros capuchinos en 1692, en cuya jurisdicción estaban los pueblos de indios de Arcángel San Miguel de Acarigua (1615) (de los indios Hacarygua, donde había llegado Federman), La Aparición de la Corteza, San Antonio de Turén o Yugure (1724), Santa Bárbara de Agua Blanca (1725) y San Rafael de Onoto (1726). La villa de San Fernando de Ospino, además, se fundaría por vecinos de Guanare en el sitio donde se habían asentado misioneros capuchinos. Además, formaba parte de la jurisdicción de la ciudad, el valle de Boconó, donde se establecería en 1763, la misión capuchina de San Genaro de Boconó. Las otras misiones capuchinas que se establecieron en la jurisdicción de Guanare fueron San Pedro de Alcántara de María (1763) y Guanarito (1768).

Por último, hacia el sur, en los llanos, se fundaron los pueblos de indios y de misiones de San José de Leonisa de Cunaviche, Purísima Concepción de María Santísima Nuestra Señora de Payara, Santa Bárbara de Achaguas, San Francisco de Assís de Capanaparo y San Serafín de Monte Granario de Atamaica. En la ribera del río Apure, en la desembocadura del río Portuguesa, se proyectó establecer una villa y además, aguas abajo en el mismo río Apure, en 1788 se establecería el pueblo de San Fernando de Apure.

8.   *El poblamiento en la cuenca del Lago de Maracaibo*

En el plano que elaboró Juan de la Cosa en 1500, que es el primero conocido del Nuevo Mundo, en el trazado de la costa en la boca de lo que es el Lago de Maracaibo, aparece escrito el nombre de "Venezuela", el que además ha sido desde siempre el nombre del golfo que está a la entrada del mismo. Venezuela, además, fue la denominación dada a la Provincia concedida a los Welser. Las penetraciones de los Adelantados hacia la cuenca del Lago se efectuaron, por tanto, desde el inicio, aunque no sucedió lo mismo con el poblamiento.

Como se dijo, Ambrosio Alfinger había llegado a Coro el 26 de febrero de 1529, haciéndose cargo del Gobierno de la Provincia, y al poco tiempo salía a descubrir tierras rumbo a occidente. Llegó a la laguna de Maracaibo, pasó a la otra banda, ubicando en el sitio que le pareció más conveniente una ranchería, llamada Maracaibo. En 1535, como también se dijo, Nicolás Federman, Teniente de Gobernador de Jorge Spira, habría trasladado el vecindario de dicha ranchería al Cabo de La Vela, que era el límite de la provincia por la costa de mar, donde fundaría un pueblo que luego sería Nuestra Señora de los Remedios, quedando así despoblada la ranchería de Maracaibo.

Fue en 1568, cuando el Gobernador de Venezuela Pedro Ponce de León, además de haber emprendido la conquista de Caracas, advertiría sobre la necesidad de conquistar también las zonas de la cuenca del Lago de Maracaibo, encargando de ello al Teniente de Gobernador de la recién fundada ciudad de Trujillo, Capitán Alonso Pacheco Maldonado. La expedición entró al Lago desde Trujillo por el río Motatán, fundándose el 20 de enero del año 1569, una ciudad con el nombre de Nueva Ciudad Rodrigo de Maracaibo, la cual sin embargo, luego sería abandonada.

Con posterioridad, el Gobernador Mazariegos obtendría permiso del Rey para continuar la conquista de las zonas del Lago, encargando a Pedro Maldonado para que prosiguiera la empresa que había sido iniciada por Pacheco Maldonado, y en 1574 refundaría la ciudad, cambiándole el nombre de Ciudad Rodrigo por el de Nueva Zamora de Maracaibo, llevando nueva gente para poblarla. La ciudad se diseñó con una planta reticular, con la iglesia catedral al este de la plaza que se situó cerca de la ribera del Lago. Fue atacada y asaltada por piratas, entre ellos, Jean de Granmont en 1678, quien incluso invadió el puerto de San Antonio de Gibraltar situado en el sur del Lago, llegando hasta la ciudad de Trujillo. Maracaibo comenzó entonces a ser protegida, construyéndose a partir de 1679 varias fortificaciones en las tres barras del Lago.

En el actual Estado Zulia, cuyo territorio circunda el Lago de Maracaibo y que hasta 1676 formó parte de la Provincia de Venezuela, con posterioridad se fundaron los pueblos de Nuestra Señora de Altagracia (1574); Sinamaica (1591); San Antonio de Gibraltar (1591); Tomaporo de Agua (1641) y San Timoteo (1662). Asimismo, en la segunda mitad del Siglo XVII se establecieron muchos pueblos de indios por las misiones de los capuchinos, particularmente en la región de Perijá, como Nuestra Señora del Rosario de Perijá y al sur del Lago, como Santa Bárbara del Zulia y San Carlos del Zulia, a orillas del río Escalante.

II. EL RESULTADO DEL POBLAMIENTO: LA PROVINCIA DE VENEZUELA CONFORME A LA RECOPILACIÓN DE LAS LEYES DE LOS REYNOS DE INDIAS DE 1680 Y LA CAPITANÍA GENERAL DE VENEZUELA DE 1777

Para 1680, concluido ya el proceso de poblamiento básico de las provincias de Tierra Firme, cuando se manda a publicar la *Recopilación de Leyes de los Reynos de Indias*, los territorios que formaron luego a Venezuela estaban divididos en las siguientes cinco provincias: Margarita (1525), Venezuela o Caracas (1528), Nueva

Andalucía o Cumaná (1568); Guayana (1568), y Maracaibo (1676) que comprendía la antigua Gobernación de Mérida y La Grita (1622);[75] estando cada una de dichas provincias a cargo de un Gobernador y Capitán General, con sede en la ciudad Cabeza de Provincia, respectivamente, en La Asunción, Caracas, Cumaná, Santo Tomé y Maracaibo. Los gobernadores de cada Provincia gozaban de autonomía y se entendían directamente con la Real Audiencia o el Monarca. En el caso de Venezuela, al crearse la Capitanía General de Venezuela en 1777, los gobernadores de las distintas provincias conservaron su autonomía excepto para asuntos militares que pasaron a estar bajo el Gobernador y Capitán General de la Provincia de Venezuela.

Como hemos visto, la ciudad de Coro, que había sido fundada un año antes (1527) de otorgada la capitulación a los Welsers, fue el centro del proceso de penetración al interior y el foco expansivo del doblamiento.[76] Por ello, fue cabeza de Provincia hasta 1576, cuando la capital se trasladó a Caracas, que había sido fundada años antes (1567). La ciudad de Maracaibo que por el poblamiento formó parte de la Provincia de Venezuela, en 1676 se separó de la misma, cuando se creó la Provincia de Maracaibo que abarcó el Corregimiento de Mérida y La Grita.

Las Provincias que formaban el territorio de Venezuela, en 1680, y conforme a la *Recopilación de Leyes*, la Provincia de Mérida y La Grita, y la Provincia de Guayana, incluida Trinidad, formaban parte del distrito de la Real Audiencia de Santa Fe; y las provincias de Venezuela, de Cumaná y de Margarita, formaban parte del distrito de la Real Audiencia de Santo Domingo de la Isla Española.[77] De estas Provincias, aquellas que estaban en la jurisdicción de la Real Audiencia de Santa Fe (Mérida y La Grita y Guayana) estaban bajo la jurisdicción del Virreinato del Perú; y aquellas que estaban en la jurisdicción de la Real Audiencia de Santo Domingo de la Isla Española (Venezuela, Cumaná y Margarita) estaban bajo la jurisdicción del Virreinato de Nueva España. Posteriormente, a partir de la creación del Virreinato de Nueva Granada (1718), las Provincias sometidas a la jurisdicción de la Real Audiencia de Santa Fe comenzaron a estar bajo la jurisdicción de dicho Virreinato.

Las Provincias de Venezuela, por tanto, no tuvieron una integración definida sino hasta 1777, cuando se creó la Capitanía General de Venezuela y luego, en 1786, cuando se erigió la Real Audiencia de Caracas. A partir de esas fechas[78] las Provincias de Venezuela quedaron integradas en una sola jurisdicción militar y de administración de justicia. El Gobernador de la Provincia de Venezuela, comenzó a ser, además, Capitán General de las demás provincias e islas anexas y agregadas a ellas.

---

75   En el territorio de Venezuela, en 1680, no existían ni Corregimientos ni Alcaldías Mayores, como unidades territoriales separadas de las *Provincias*. Un Corregimiento existió en lo que es hoy los Estados Táchira y Mérida, el Corregimiento de Mérida y La Grita que comprendía las ciudades de Mérida, San Cristóbal y San Antonio, territorio elevado a provincia en 1622. Véase Guillermo Morón, *Historia de Venezuela*, Caracas, 1971, tomo III, p. 400.

76   Véase S. Bernabeu y otros, *Historia Urbana de Iberoamérica*, tomo I, La ciudad Iberoamericana hasta 1573, Consejo Superior de los Colegios de Arquitectos de España, Madrid, 1987, p. 246;

77   Véase en la *Recopilación de Leyes de los Reynos de Indias*, tomo II, Libro V, Titulo II, pp. 113, 114 y 115

78   A las que hay que agregar la de 1776 cuando se crea la Intendencia del Ejército y Real Hacienda; y la de 1793, cuando se crea el Real Consulado de Caracas.

En particular, en cuanto a la Provincia de Venezuela o Caracas, la misma, debe recordarse que con anterioridad a 1777, estuvo sometida en lo judicial a la Real Audiencia de Santo Domingo hasta 1717, cuando pasó a formar parte del Virreinato de Nueva Granada y de la Real Audiencia de Santa Fe. A pesar de la disolución del Virreinato en 1723, permaneció sometida a la Audiencia de Santa Fe hasta 1731, cuando de nuevo pasó a la jurisdicción de la Audiencia de Santo Domingo. Esta situación duró sólo ocho años pues al reorganizarse el Virreinato de Santa Fe (1739) se le agregó de nuevo la Provincia de Venezuela, la cual volvió a quedar sometida a la jurisdicción de la Audiencia de Santa Fe.

En 1742, por Real Cédula de 12 de febrero se decidió "revelar y eximir al Gobierno y Capitanía General de la Provincia de Venezuela", de toda dependencia del Virreinato de Nueva Granada, con lo cual se ordenó y mandó "que la anunciada Provincia de Venezuela quede desde ahora en adelante con total independencia de ese Virreinato". La Real Cédula atribuyó, además, a los Gobernadores de la Provincia de Venezuela "el velar sobre el cumplimiento de la obligación de las de Maracaibo, Cumaná, Margarita, La Trinidad y la Guayana en lo respectivo al ilícito comercio."[79] Mediante esta Real Cédula se ordenó pasar de nuevo a la Provincia de Venezuela a la jurisdicción de la Real Audiencia de Santo Domingo, a la que quedó vinculada hasta 1786, cuando se creó la Real Audiencia de Caracas. A partir de entonces, el Gobernador de la Provincia de Venezuela y Capitán General de todas las demás provincias de Venezuela, se convirtió además en Presidente de la Real Audiencia de Caracas. En ese mismo año de 1786, se separó del gobierno de Caracas, la ciudad de Trujillo, y se la agregó a la Provincia de Maracaibo.

Ahora bien, como se ha señalado, por Real Cédula de 8 de septiembre de 1777, dada en San Ildefonso[80] y en virtud de las representaciones formuladas a la Corona por el Virrey del Nuevo Reyno de Granada y por los Gobernadores de las Provincias de Guayana y Maracaibo, acerca de los inconvenientes que producía a dichas Provincias así como a las de Cumaná, Margarita y Trinidad el seguir unidas al Virreinato del Nuevo Reino de Granada por la distancia en que se hallaban de su capital Santa Fe, lo que provocaba el retardo en las providencias, con graves perjuicios para el Real servicio; para evitar estos males y otros mayores que podrían ocasionarse "en el caso de una invasión", se resolvió "la absoluta separación de las mencionadas Provincias de Cumaná, Guayana y Maracaibo e Islas de Trinidad y Margarita del Virreinato y Capitanía General del Nuevo Reyno de Granada y agregarlas en lo gubernativo y militar a la Capitanía General de Venezuela, del mismo modo que lo están, en lo respectivo al manejo de mi Real Audiencia, a la nueva Intendencia erigida en dicha Provincia, y ciudad de Caracas, su capital."[81]

En efecto, con motivo de las reformas adoptadas por el rey Carlos III desde 1749, mediante la creación de las Intendencias en la Península, se había querido

---

79   Véase el texto en J.F. Blanco y R. Azpúrua, *Documentos para la historia de la vida pública del Libertador, cit.,* tomo I, pp. 55-57.

80   *Id.,* Tomo II, pp. 129-130.

81   *Id.,* Tomo II, p. 129.

ordenar la administración territorial, que estaba subdividida, hasta entonces, en infinidad de derechos históricos.

Así, las Intendencias originaron una nueva distribución territorial, en la que quedaban enclavados varios corregimientos y alcaldías mayores, y el Intendente intervenía en los asuntos de hacienda, guerra, policía y justicia.[82]

Pues bien, el esquema de las Intendencias se aplicó también a los territorios de América, y por ello se creó en 1776, la Intendencia del Ejército y Real Hacienda de las Provincias de Venezuela, Cumaná, Guayana, Maracaibo, Margarita y Trinidad, encargada de administrar las rentas.[83]

Son esas mismas Provincias las que al año siguiente se integraron a la Capitanía General de Venezuela, por la Real Cédula de 1777, que dispuso además, "separar en lo jurídico de la Audiencia de Santa Fe, y agregar a la primitiva de Santo Domingo, las dos expresadas Provincias de Maracaibo y Guayana, como lo está la de Cumaná y las Islas de Margarita y Trinidad para que hallándose estos territorios bajo una misma Audiencia, un Capitán General y un Intendente inmediato, sean mejor regidos y gobernados con mayor utilidad de mi Real Servicio."[84]

La consecuencia de la creación de la Capitanía General de Venezuela se estableció claramente en la Real Cédula, al ordenar al Virrey y Audiencia de Santa Fe, el que se inhibieran y abstuvieran "del conocimiento de los respectivos asuntos que les tocaba antes de la separación" y a "los Gobernadores de las Provincias de Cumaná, Guayana y Maracaibo, é Islas de Margarita y Trinidad, que obedezcan, como a su Capitán General, al que hoy es y en adelante lo fuere de la Provincia de Venezuela, y cumplan las órdenes que en asuntos de mi Real Servicio les comunicare en todo lo gubernativo y militar; y que así mismo den cumplimiento los Gobernadores de las Provincias de Maracaibo y Guayana á las Provisiones que en lo sucesivo despachare mi Real Audiencia de Santo Domingo, admitiendo para ante ella, las apelaciones que se interpusieren según y en la forma que lo han hecho, o debido hacer para ante la de Santa Fe."[85]

Posteriormente, por Real Cédula de 13 de junio de 1786, se ratificó el reacomodo provincial que se había dispuesto en las Reales Cédulas de 1676 y de febrero de 1786 sobre la creación de las Provincias de Maracaibo y Barinas, ordenándose que la Provincia de Maracaibo continuase unida a la Capitanía General e Intendencia de Caracas, y además se dispuso crear la Real Audiencia de Caracas, "para evitar los perjuicios que originan a los habitantes de dichas Provincias de Maracaibo, la de Cumaná, Guayana, e Islas de Margarita y Trinidad, comprendidas en la misma Capi-

---

82   Véase los comentarios a la Ordenanza de Intendentes y Corregidores de 1749, en V. Rodríguez Casado, "Las reformas provinciales en la España de Carlos III," *Crónicas del VI Congreso Historia Municipal Interamericano*, IEAL, Madrid, 1959, pp. 205-211.

83   Real Instrucción de 8-12-77. Véase en Gisela Morazzani de Pérez Enciso, *La Intendencia en España y en América*, Caracas, 1960, pp. 318 a 409. *Cfr.* Eduardo Arcila Farías, *Economía Colonial de Venezuela*, Caracas, 1973, tomo II, pp. 1 a 30.

84   Véase el texto en J. F. Blanco y R. Azpúrua, *Documentos para la historia de la vida pública del Libertador, cit.,* tomo I, p. 129.

85   *Id.,* p. 130.

tanía General de recurrir por apelación de sus negocios a la Audiencia Pretorial de Santo Domingo." [86]

Finalmente, por Real Cédula de 3 de julio de 1793, se erigió el Real Consulado de Caracas, con su Tribunal y jurisdicción en toda la Capitanía General de Venezuela, en los asuntos mercantiles. [87]

En todo caso, para el momento en que se manda a publicar la *Recopilación de Leyes* (1680), la *Provincia de Caracas o Venezuela* comprendía aproximadamente los territorios de los actuales Estados Falcón, Trujillo, Lara, Portuguesa, Yaracuy, Cojedes, Carabobo, Aragua, Guárico, Miranda, Vargas y Distrito Capital, lo que permanece igual hasta 1810, cuando se declara la Independencia. Posteriormente, en 1811, Coro quedó separada de la Provincia.

El territorio de las otras provincias, entonces, antes del inicio de la independencia en 1810, aproximadamente comprendía los siguientes territorios: la *Provincia de Margarita*, a la Isla de Margarita; *la Provincia de Cumaná o Nueva Andalucía*, los territorios de los Estados Anzoátegui, Sucre, Monagas y parte del territorio del Estado Delta Amacuro; la *Provincia de Guayana*, los territorios de los Estados Bolívar, Amazonas y parte del Delta Amacuro; la *Provincia de Maracaibo*, los territorios de los Estados Zulia, Mérida, Táchira y Trujillo; y la *Provincia de Barinas*, los territorios de los Estados Barinas y Apure.

A raíz de la Constitución de la Junta Conservadora de los Derechos de Fernando VII, en Caracas, el 19 de Abril de 1810, y del inicio del proceso de Independencia de Venezuela, en los meses subsiguientes se establecieron tres nuevas provincias: el 27 de abril, se constituyó una Junta Provincial en Barcelona, dando origen a la Provincia de Barcelona, con parte del territorio de la que era la Provincia de Nueva Andalucía o Cumaná;[88] el 16 de septiembre de 1810, en la ciudad de Mérida se constituyó una Junta que asumió la autoridad soberana, constituyéndose la Provincia de Mérida con parte del territorio de la Provincia de Maracaibo, a la que se sumaron las ciudades de La Grita (11-10-1810) y San Cristóbal (28-10-1810); y el 9 de octubre de 1810, al constituirse una Junta se estableció la Provincia de Trujillo, con parte también del territorio que correspondía a la Provincia de Maracaibo. [89]

En consecuencia, para finales de 1810, el territorio de Venezuela estaba integrado por las siguientes nueve (9) Provincias: Margarita, Caracas, Cumaná, Guayana, Maracaibo, Barinas, Barcelona, Mérida y Trujillo; siendo la base de su integración política en la Capitanía General de Venezuela, los siguientes actos de gobierno: la creación, en 1776, de la Intendencia del Ejército y Real Hacienda; el establecimien-

---

86   *Id.,* p. 214.

87   *Id.,* pp. 248 a 256. Véase en general, M. M. Álvarez F., *El Tribunal del Real Consulado de Caracas,* 2 tomos, Caracas, 1967.

88   Véase en J. F. Blanco y R. Azpúrua, *Documentos para la historia de la vida pública del Libertador, cit.,* Tomo II, p. 411.

89   Véase los textos en el libro *Las Constituciones Provinciales,* Biblioteca de la Academia Nacional de la Historia, Caracas 1959, pp. 341 a 350.

to, en 1777, de la Capitanía General de Venezuela; la creación, en 1786, de la Real Audiencia de Caracas; y la creación, en 1793, del Real Consulado de Caracas. [90]

El Congreso que declaró solemnemente la Independencia el 5 de julio de 1811, como hemos dicho anteriormente, estaba integrado por representantes de las Provincias de Caracas, Cumaná, Barinas, Margarita, Barcelona, Mérida y Trujillo, habiendo sido los representantes de esas mismas siete (7) Provincias, los que sancionaron la Constitución Federal para los Estados de Venezuela del 21 de diciembre de 1811. No participaron en esos actos políticos, representantes de las Provincias de Guayana y Maracaibo, así como tampoco de Coro, que si bien pertenecían a la Provincia de Caracas, no se sumaron a la declaración de independencia y quedaron sometidas a la Corona.

Por ello, el artículo 128 de la Constitución, estableció que "luego que libres de la opresión que sufren las provincias de Coro, Maracaibo y Guayana puedan y quieran unirse a la Confederación, serán admitidas a ella, sin que la violenta separación en que a su pesar y el nuestro han permanecido, pueda alterar para con ellas los principios de igualdad, justicia, fraternidad de que gozarán, desde luego, como todas las demás provincias de la Unión."

SECCIÓN CUARTA:

EL PROCESO CONSTITUYENTE EN LA PROVINCIA DE CARACAS 1810 – 1812

I. LOS DIPUTADOS DE LA PROVINCIA DE CARACAS AL CONGRESO GENERAL Y LA SECCIÓN LEGISLATIVA PARA LA PROVINCIA DE CARACAS EN EL CONGRESO GENERAL

Las elecciones de diputados al Congreso general por la Provincia de Caracas se efectuaron a partir del 1° de noviembre de 1810, en la forma prescrita en el antes mencionado Reglamento para la elección y reunión de diputados al cuerpo conservador de los derechos de Fernando VII en las Provincias de Venezuela de 11 de junio de 1810,[91] habiéndose elegido los siguientes 24 diputados:

Por el Partido Capitular de Caracas, cuyo territorio comprendía aproximadamente lo que hoy es el Distrito Capital y los Estados Vargas y Miranda, se eligieron los siguientes 6 diputados: 1. *Lino de Clemente*, quien había sido fue Síndico Procurador General en el Cabildo Metropolitano antes del 19 de abril de 1811, incorporándose en esa fecha a la Junta Suprema y siendo luego nombrado en el Bando del 25 de abril de 1811, como Secretario de Marina y Guerra de la Junta Suprema de Caracas; 2. *Fernando Rodríguez del Toro*, hermano del marqués del Toro, Inspector general en el 19 de abril de 1811, a cuyo cargo había quedado el Gobierno Militar en el Bando de la Junta Suprema del 25 de abril de 1811, formando parte de la Junta de Guerra y Defensa de la provincia; 3. *Nicolás de Castro*, quien había sido incorpora-

---

90   Véase. Tulio Chiossone, *Formación Jurídica de Venezuela en la Colonia y la República*, Caracas, 1980, p. 89; G. Morón, "El proceso de Integración", *El Nacional*, Caracas 26-8-76, p. A-4.

91   Véase *Textos Oficiales de la Primera República de Venezuela, cit.*, Tomo II, pp. 63-84

do como Vocal de Junta Suprema en el Bando del 25 de abril de 1811; 4. *José Luis de Rivas y Tovar*; 5. *Gabriel de Ponte*; y 6. *Isidro Antonio López Méndez*, quien también formó parte de la Junta Suprema el 19 de abril de 1811, y aparece igualmente incorporado como Vocal de Junta Suprema en el Bando del 25 de abril de 1811. Estos seis diputados por Caracas participaron en la sesión inaugural del Congreso General el 3 de marzo de 1811, la cual presidió el diputado Lino de Clemente.

Por el Partido Capitular de San Sebastián de los Reyes se eligieron los siguientes 3 diputados: 1. *Felipe Fermín Paúl*, quien había sido designado como Ministro del Tribunal Superior de Apelaciones nombrado en el Bando de la Junta Suprema del 25 de abril de 1811; *Martín Tovar y Ponte*, quien formó parte de la Junta Suprema el 19 de abril de 1811, asumiendo la co-Presidencia de la misma, y aparece igualmente incorporado como Vocal de Junta Suprema en el Bando del 25 de abril de 1811; y 3. *Francisco Javier Ustáriz*, quien se había incorporado a la Junta Suprema el 19 de abril de 1810, y siendo luego nombrado Vocal de la misma en el Bando del 25 de abril de 1811. Estos seis diputados por San Sebastián de los Reyes participaron en la sesión inaugural del Congreso General el 3 de marzo de 1811.

Por el Partido Capitular de la Villa de Calabozo se eligió un (1) diputado que fue *Juan Germán Roscio*, quien había sido incorporado en la Junta Suprema del 19 de abril como Diputado por el Pueblo, y había sido designado como Vocal de la Junta Suprema en el Bando del 25 de abril de 1811, donde además se lo designó Secretario de Relaciones Exteriores de dicha Junta Suprema. Roscio participó en la sesión inaugural del Congreso General el 3 de marzo de 1811.

Por el Partido Capitular de Villa de de Cura, se eligió un (1) diputado que fue *Juan de Escalona*, militar, quien fue designado miembro del Poder Ejecutivo plural por el Congreso General el 5 de marzo de 1811; por ello fue sustituido como Diputado por *Juan Antonio Argote*, sacerdote, quien se incorporó luego de la sesión inaugural al Congreso General .

Por el Partido Capitular de Valencia se eligieron los siguientes 3 diputados: 1. *Fernando Peñalver,* hacendado; 2. *Luis José de Cazorla*, sacerdote; y 3. *Manuel Moreno de Mendoza*, quien pasó al Poder Ejecutivo, siendo sustituido por *Juan Rodríguez del Toro*, hacendado. Los dos primeros participaron en la sesión inaugural del Congreso General el 3 de marzo de 1811.

Por el Partido Capitular de San Carlos se eligió un (1) diputado que fue *Francisco Ramón Hernández*, abogado, quien estuvo presente en la sesión inaugural al Congreso General.

Por el Partido Capitular de San Felipe se eligió un (1) diputado que fue *Juan José de Maya*, abogado, quien estuvo presente en la sesión inaugural al Congreso General

Por el Partido Capitular de Ospino se eligió un (1) diputado que fue *Gabriel Pérez de Págola*, quien estuvo presente en la sesión inaugural al Congreso General

Por el Partido Capitular de Nirgua se eligió un (1) diputado que fue *Salvador Delgado*, sacerdote, quien estuvo presente en la sesión inaugural al Congreso General

Por el Partido Capitular del Tocuyo se eligió un (1) diputado que fue *Francisco Rodríguez del Toro*, militar, hermano también del Marqués del Toro. No estuvo presente en la sesión inaugural al Congreso General

Por el Partido Capitular de Barquisimeto se eligieron los siguientes 2 diputados: 1. *José Ángel Álamo,* médico; 2. Domingo Alvarado. Ambos participaron en la sesión inaugural del Congreso General el 3 de marzo de 1811.

Por el Partido Capitular de Guanare se eligió un (1) diputado que fue *José Vicente de Unda,* sacerdote, quien estuvo presente en la sesión inaugural al Congreso General

Por el Partido Capitular de Araure se eligió un (1) diputado que fue *Francisco Javier Yánez,* abogado. No estuvo presente en la sesión inaugural al Congreso General

Estos eran, por tanto, al momento de su instalación, los diputados de la provincia de Caracas al Congreso General. Para ese momento, todas las Provincias que formaban la Capitanía General de Venezuela tenían sus propias Legislaturas, menos la Provincia de Caracas, por haber desaparecido la Junta Suprema y transferida su autoridad al Congreso General, que además funcionaba en la capital. Este cuerpo, sin embargo, dada la necesidad de que la Provincia tuviera su Asamblea Legislativa para que, entre otros aspectos se "declararán los derechos del ciudadano," decretó que se formara una "Sección Legislativa" del Congreso para la Provincia, compuesta de los diputados de la Provincia que se hallaban en el Congreso,[92] la cual se instaló el 1° de junio de 1811.

Instalada esta Sección Legislativa, materialmente, el primer acto que el Congreso adoptó "en su Sección Legislativa para la Provincia de Caracas" fue la declaración de "Derechos del Pueblo,"[93] el 1° de julio de 1811, considerada por Pedro Grases, como "la declaración filosófica de la Independencia,"[94] que se comenta más adelante.

Otra importante Ley que se sancionó por Sección Legislativa de Caracas fue la Ley sobre Libertad de Imprenta 1811, encabezada su emisión por Congreso General Constituyente de Venezuela.[95] Con posterioridad, en la sesión del 5 de agosto de 1811 se planteó que el Congreso sancionase "la libertad de imprenta decretada por la Sección Legislativa de Caracas."[96]

En el mismo año 1811 se dictó, además las llamadas Ordenanzas de Llanos de la Provincia de Caracas, hechas de orden y por comisión de su Sección Legislativa del Congreso, en lo que quizás fue ley más importante de gobierno y policía dictada por

---

92 Véase Pedro Grases, *La Conspiración de Gual y España y el Ideario de la Independencia,* Caracas, 1978, p. 81, nota 3.

93 Véase el texto en Allan R. Brewer-Carías, *Las Constituciones de Venezuela, cit,* Tomo I, pp. 549-551.

94 Véase P. Grases, *La Conspiración de Gual y España..., cit,* p. 81. En otra obra dice Grases que la declaración "Constituye una verdadera declaración de independencia, anticipada al 5 de julio."Véase en en Pedro Grases, "Estudio sobre los 'Derechos del Hombre y del Ciudadano'," en el libro *Derechos del Hombre y del Ciudadano* (Estudio Preliminar por Pablo Ruggeri Parra y Estudio histórico-crítico por Pedro Grases), Academia Nacional de la Historia, Caracas 1959, p. 165.

95 Véase *Textos Oficiales de la Primera República de Venezuela,* Biblioteca de la Academia de Ciencias Políticas y Sociales, Caracas 1982, Tomo II, p. 121-128.

96 Véase Ramón Díaz Sánchez, "Estudio Preliminar", *Libro de Actas del Segundo Congreso de Venezuela 1811-1812,* Academia Nacional de la Historia, Caracas 1959, Tomo I, p. 26882.

el Congreso. Las firmaron los diputados Francisco Hernández, Gabriel Pérez Pagola; Juan Ascanio y Domingo Gutiérrez de la Torre.[97]

A pesar de esta actividad importante, debe recordarse que la provincia de Caracas, como tal y como se ha dicho anteriormente, no tenía autoridades políticas propias: su Poder ejecutivo era el Ejecutivo plural designado por el Congreso al instalarse; y su órgano legislativo era la sección legislativa del Congreso General. Ello dio origen a diversas discusiones sobre el tema. Por ejemplo, en la sesión del Congreso General de 17 de octubre 1811 se resolvió "que la Sección Legislativa de Caracas debe continuar gobernando la Provincia, con autoridad absoluta e independiente del Congreso General, cuando éste suspenda sus sesiones después de concluida la Constitución."[98]

Por su parte, en la sesión del 7 de diciembre 1811 se discutió en el Congreso General "sobre la necesidad de que se establezca en Caracas un Gobierno provisional legítimo," tema que fue diferido;[99] y se volvió a plantar al recibirse en la sesión del Congreso del 9 de diciembre un oficio del Poder Ejecutivo, el que se acordó pasa a la Sección Legislativa de la Provincia para que resolviera.[100] En la sesión del Congreso del 14 de diciembre de 1811, fue la Municipalidad de la capital la cual planteó el tema sobre el Gobierno Provincial, lo que consta se pasó a la legislatura.[101]

Con posterioridad a la sanción de la Constitución federal de 21 de diciembre de 1811, en la cual se estableció que la capital federal, del nuevo Estado, debía ubicarse en Valencia; y a la sanción de la Constitución de la provincia de caracas de 31 de enero de 1812, en la sesión del 6 de febrero de 1812, se discutió la consulta formulada por el Poder Ejecutivo de que no debía continuar como federal después de instalado el Provincial de Caracas, discusión que fue diferida.[102] En la sesión del 7 de febrero de 1812 "se acordó declarar que el actual Poder Ejecutivo debe continuar en todas sus atribuciones federales hasta el término preciso que prescribe el Reglamento provisorio con que fue erigido, debiendo trasladarse a la ciudad federal y comunicarse a la Sección Legislativa" para su conocimiento.[103]

En la sesión del 10 de febrero 1811, de nuevo, se dio cuenta del oficio del Poder Ejecutivo "en que se denegaba a trasladarse a la ciudad federal, a pretexto de no haber ejercido en ningún tiempo atribuciones federales y sí únicamente las de la provincia de Caracas," planteamiento que se discutió y votó, no habiéndose admitido la renuncia.[104] De nuevo se discutió el tema en la sesión del 15 de febrero de 1811, ante la negativa del poder Ejecutivo de trasladarse de Caracas a la capital fe-

---

97   Véase *Textos Oficiales de la Primera República de Venezuela, cit.*, Tomo II, p. 103.

98   Véase *Libro de Actas del Segundo Congreso de Venezuela 1811-1812, cit.*, Tomo II, p. 103.

99   *Id.*, Tomo II, p. 196.

100   *Id.*, Tomo II, p. 197.

101   *Id.*, Tomo II, p. 207.

102   *Id.*, Tomo II, p. 317.

103   *Id.*, Tomo II, p. 318.

104   *Id.*, Tomo II, p. 323.

deral en Valencia, resultando la negativa a aceptar tal planteamiento por el Congreso. De ello, se acordó aprobar un decreto[105] en el cual se resolvió lo siguiente:

"Considerando el Congreso la urgentísima necesidad de que al separarse del actual Poder Ejecutivo las atribuciones provinciales y federales que en parte han ejercido, no quede la Confederación sin jefe Supremo que desempeñe las funciones de alto gobierno, interín se instala el Poder Ejecutivo provisional, en quien han de recaer hasta la sanción de la Constitución, ha decretado, en sesión de este día, se restituya íntegra y plenamente el actual Poder Ejecutivo sus funciones federales que le corresponden por el reglamento provisorio con que fue elegido, mediante a que por la próxima instalación del provisional de Caracas, queda salvado uno de los principales inconvenientes que tuvieron las provincias para reconocerlo por la confederación; y que por consecuencia de las facultades que se le restituyen, debe trasladarse en su oportunidad a la ciudad federal."[106]

En la sesión extraordinaria del mismo 15 de diciembre de 1811 el Poder Ejecutivo envió oficio allanándose a trasladarse a la ciudad federal[107]

El resultado de estos incidentes fue que el 6 de marzo de 1812 el Congreso se reunió en Valencia como Capital Federal,[108] tratándose entonces en la sesión del 10 de marzo de 1812, el tema de la elección del Poder Ejecutivo Federal,[109] discutiéndose de nuevo en la sesión del 17 de marzo d 1811, el tema de obligar al Poder Ejecutivo a trasladarse a Valencia.[110] Finalmente en las sesiones de 21 de marzo de 1812 se eligió al Poder Ejecutivo federal conforme a la nueva Constitución federal de 1811.[111]

II. LA DECLARACIÓN DE DERECHOS DEL PUEBLO

En el proceso constituyente venezolano, quizás el acto de mayor trascendencia que adoptó el Congreso a través de la Sección Legislativa de la Provincia de Caracas, incluso antes de que el Congreso General adoptara la declaración formal de la independencia el 5 de julio de 1811, fue la sanción el 1° de julio de 1811 de una Ley sobre Declaración de Derechos del Pueblo[112] que, en definitiva, fue la primera declaración de derechos fundamentales con rango constitucional que se adoptó en la historia del constitucionalismo moderno después de las Declaraciones de las Constituciones de las Colonias norteamericanas de 1776 y de la Declaración de los Dere-

---

105   *Id.,* Tomo II, p. 341.

106   *Id.,* Tomo II, pp. 331-344.

107   *Id.,* Tomo II, p. 345.

108   *Id.,* Tomo II, p. 350.

109   *Id.,* Tomo II, p. 353.

110   *Id.,* Tomo II, p. 356.

111   *Id.,* Tomo II, p. 370.

112   Véase Allan R. Brewer-Carías, *Las Constituciones de Venezuela, cit.,* Tomo I, pp. 549-551; *Las declaraciones de Derechos del Pueblo y del Hombre de 1812,* Biblioteca de la Academia de Ciencias Políticas y Sociales, Caracas 2011.

chos del Hombre y del Ciudadano adoptada por la Asamblea nacional francesa en 1789.

La Declaración de Derechos del Hombre y del Ciudadano de 1789, a pesar de su desaparición a los pocos años del constitucionalismo francés, apenas fue sancionada se convirtió en la bandera más importante del liberalismo, habiendo tenido repercusión importante en la formación del constitucionalismo moderno. Su primera repercusión, en todo caso, ocurrió precisamente en la América Hispana, donde dos décadas después se reflejaría en el texto que adoptó la Sección Legislativa de la Provincia de Caracas del Congreso General sobre Declaración de Derechos del Pueblo.

Debe recordarse que el texto de la Declaración francesa, apenas sancionado, había sido prohibido en América por el Tribunal de la Inquisición de Cartagena de Indias,[113] y en 1790, ya los Virreyes del Perú, México y Santa Fe, así como el Presidente de la Audiencia de Quito, alguna vez, y varias veces el Capitán General de Venezuela, habían participado a la Corona de Madrid:

> "Que en la cabeza de los americanos comenzaban a fermentar principios de libertad e independencia peligrosísimos a la soberanía de España."[114]

Ello, sin duda, había comenzado a ocurrir en la última década del siglo XVIII cuando en paralelo en los ilustrados criollos, había comenzad el fermento revolucionario e independentista, a lo cual contribuyeron precisamente diversas traducciones de la prohibida Declaración de los Derechos del Hombre y del Ciudadano, entre las cuales debe destacarse la realizada por Antonio Nariño en Santa Fe de Bogotá, en 1792, que circuló en 1794,[115] y que fue objeto de una famosísima causa en la cual fue condenado a diez años de presidio en África, a la confiscación de todos sus bienes y a extrañamiento perpetuo de la América, mandándose quemar por mano del verdugo el libro de donde había sacado los Derechos del Hombre.[116]

Por esa misma época, el Secretario del Real y Supremo Consejo de Indias había dirigido una nota de fecha 7 de junio de 1793 al Capitán General de Venezuela, llamando su atención sobre los designios del Gobierno de Francia y de algunos revolucionarios franceses, como también de otros promovedores de la subversión en dominios de España en el Nuevo Mundo, que -decía- "Envían allí libros y papeles perjudiciales a la pureza de la religión, quietud pública y debida subordinación de las colonias"[117].

Pero fue un hecho acaecido en España en 1796 el que iba a tener una especial significación en todo este proceso, particularmente en las Provincias de Venezuela. El 3 de febrero de 1796, en efecto, día de San Blas, debía estallar en Madrid una conspiración planeada para establecer la República en sustitución de la Monarquía, al estilo de lo que había acontecido años antes en Francia. Los conjurados, capita-

---

113   Véase P. Grases, *La Conspiración de Gual y España y el Ideario de la Independencia, cit.*, p. 13.

114. Véase en J. F. Blanco y R. Azpúrua, *Documentos para la historia de la vida pública del Libertador, cit.*, Tomo I, p. 177.

115. *Id.*, Tomo I p. 286.

116. *Id.*, Tomo I, pp. 257-259.

117. *Id.*, Tomo I, p. 247.

neados por Juan Bautista Mariano Picornell y Gomilla, mallorquín de Palma, fueron sin embargo apresados en la víspera de la Revolución. Conmutada la pena de muerte que había recaído sobre ellos por intervención del Agente francés, se les condenó a reclusión perpetua en los Castillos de Puerto Cabello, Portobelo y Panamá, en tierras americanas.[118] La fortuna revolucionaria llevó a que de paso a sus destinos finales en esos "lugares malsanos de América"[119], los condenados fueran depositados en las mazmorras del Puerto de La Guaira, donde en 1797 se encontrarían de nuevos reunidos. Allí, los conjurados de San Blas, quienes se fugarían ese mismo año de 1797,[120] entraron en contacto con los americanos de La Guaira, provocando la conspiración encabezada por Manuel Gual y José María España, de ese mismo año, considerada como "el intento de liberación más serio en Hispano América antes del de Miranda en 1806."[121]

La Conspiración, como se dio cuenta en el largo "Resumen" que sobre la misma se presentó al Gabinete de Madrid, se descubrió al llegar a las autoridades coloniales la noticia de que alguien había dicho: "Ya somos todos iguales,"[122] habiendo quedado de la misma, sin embargo, un conjunto de papeles que habrían de tener la mayor influencia en el proceso constitucional de Hispanoamérica, entre los que se destacaba una obra sobre los *Derechos del Hombre y del Ciudadano*, prohibida por la Real Audiencia de Caracas el 11 de diciembre de ese mismo año 1797, la cual la consideró que llevaba:

> "toda su intención a corromper las costumbres y hacer odioso el real nombre de su majestad y su justo gobierno; que a fin de corromper las costumbres, siguen sus autores las reglas de ánimos cubiertos de una multitud de vicios, y desfigurados con varias apariencias de humanidad...[123].

El libro, con el título *Derechos del Hombre y del Ciudadano con varias máximas Republicanas y un Discurso Preliminar dirigido a los Americanos*, probablemente impreso en Guadalupe, en 1797,[124] en realidad contenía una traducción de la Declaración francesa que procedió la Constitución de 1793.[125] Por tanto, no era una traducción de la Declaración de los Derechos del Hombre y del Ciudadano de 1789, incorporada a la Constitución Francesa de 1791, que era la que había sido la traducida por Nariño en Bogotá; sino de la Declaración del texto constitucional de 1793,

---

118. Véase P. Grases, *La Conspiración de Gual y España. cit,* p. 20

119. *Id.,* pp. 14 y 17.

120. Véase en J.F. Blanco y R. Azpúrua, *Documentos para la historia de la vida pública del Libertador. cit.,* Tomo I, p. 287; P. Grases, *La Conspiración de Gual y España... cit.,* p. 26.

121. P. Grases, *La Conspiración de Gual y España. op. cit.,* p. 27.

122. Véase en J. F. Blanco y R. Azpúrua, *Documentos para la historia de la vida pública del Libertador. cit.,* Tomo I, p. 332.

123. P. Grases, *La Conspiración de Gual y España..., cit.,* p. 30.

124. A pesar de que aparece con pie de imprenta en "Madrid, En la imprenta de la Verdad, año de 1797. Véase en Pedro Grases, "Estudio sobre los 'Derechos del Hombre y del Ciudadano'," en el libro *Derechos del Hombre y del Ciudadano* (Estudio Preliminar por Pablo Ruggeri Parra y Estudio histórico-crítico por Pedro Grases), Academia Nacional de la Historia, Caracas 1959, pp. 147, 335.

125. *Id.,* pp. 37 ss.

mucho más amplio y violento pues correspondió a la época del Terror, constituyen-do una invitación a la revolución activa.[126]

Pero después de la conspiración de Gual y España, a pesar de su fracaso y de la feroz persecución que se desató contra sus cabecillas, quienes murieron decapitados o en el exilio, y una vez ya declarada la guerra entre Inglaterra y España (1804), otro acontecimiento importante influiría también en la independencia de Venezuela, y fueron los desembarcos y proclamas de Francisco de Miranda en las costas de Vene-zuela (Puerto Cabello y Coro) en 1806, los que se han considerado como los más importantes acontecimientos relativos a la emancipación de América Latina antes de la abdicación de Carlos IV y los posteriores sucesos de Bayona[127]. Miranda, por ello, ha sido considerado como el Precursor de la Independencia del continente Américo-colombiano, a cuyos pueblos dirigió sus proclamas independentistas basa-das en la formación de una federación de Cabildos libres,[128] imbuidos de ideas que provenían tanto de la Revolución Norteamericana como de la Revolución francesa en cuyas acciones y guerras había participado directamente.

En todo caso, en la Sección Legislativa de la Provincia de Caracas, la redacción de la Declaración de los Derechos del Pueblo, estuvo a cargo de Juan Germán Ros-cio.[129] Como hemos dicho, era un experimentado abogado, conocido en su tiempo además por haber protagonizado una importante batalla legal para su aceptación en el Colegio de Abogados de Caracas, luego de su rechazo por su condición de *pardo*. Por ello, no es de extrañar que Roscio haya sido uno de los "representantes del pue-blo" que habían sido incorporados en la *Junta Suprema* en 1810, habiendo sido nombrado por la misma como Secretario de Relaciones Exteriores. Roscio, además, como hemos dicho, fue el redactor del importante Reglamento para la elección y reunión de diputados que han de componer el Cuerpo Conservador de los derechos del Sr. D. Fernando CVII en las Provincias de Venezuela de 11 de junio de 1810, conforme al cual, incluso fue electo diputado al Congreso General por el partido de la Villa de Calabozo.

En tal condición, fue una de las figuras claves, junto con Francisco Isnardy, en la redacción del *Acta de la Independencia* del 5 de julio de 1811; así como en la redac-ción del *Manifiesto que hace al mundo la Confederación de Venezuela en la Améri-ca Meridional*, explicando "las razones en que se ha fundado su absoluta indepen-dencia de España, y de cualquiera otra dominación extranjera, formado y mandado publicar por acuerdo del Congreso General de sus Provincias Unidas."[130] Roscio fue también comisionado por el Congreso junto con Gabriel de Ponte, Diputado de Ca-

126. *Id.*

127. Véase O.C. Stoetzer, *Las Raíces Escolásticas de la Emancipación de la América Española,* Madrid, 1982, p. 252.

128. Véase Francisco de Miranda, *Textos sobre la Independencia,* Biblioteca de la Academia Nacional de la Historia, Caracas, 1959, pp. 95 ss., y 115 ss.

129. Véase en Pedro Grases, "Estudio sobre los 'Derechos del Hombre y del Ciudadano,'" en el libro *Dere-chos del Hombre y del Ciudadano* (Estudio Preliminar por Pablo Ruggeri Parra y Estudio histórico-crítico por Pedro Grases), *cit.,* pp. 147, 335.

130. Véase Luis Ugalde s.j., *El pensamiento teológico-político de Juan Germán Roscio,* Universidad Católi-ca Andrés Bello, bid & co. Editor, Caracas 2007, p. 39.

racas, y Francisco Javier Ustáriz, diputado por partido de San Sebastián, para colaborar en la redacción de la Constitución Federal de 1811, y fue incluso miembro
suplente del Ejecutivo Plural de la Confederación designado en 1812. Era fluente en
inglés, e incluso fue el traductor de trabajos publicados bajo el nombre de William
Burke en Caracas. Roscio, por otra parte, fue uno de los pocos venezolanos que
mantuvo directa correspondencia tanto con Andrés Bello cuando ya este estaba en
Londres, y con José M. Blanco White, el editor del periódico *El Español*, en Londres.[131] En agosto de 1812, apresado por Monteverde al caer la Primera República,
Roscio fue enviado junto con Miranda a prisión in Cádiz, como uno de los monstruos origen "de todos los males de América." Después de ser liberado en 1815,
gracias a la intervención del gobierno británico, llegó a Filadelfia donde publicó en
1817 su conocido libro *El triunfo de la libertad sobre el despotismo, En la confesión
de un pecador arrepentido de sus errores políticos, y dedicado a desagraviar en
esta parte a la religión ofendida con el sistema de la tiranía,* en la Imprenta de
Thomas H. Palmer.[132]

Ese fue entonces el Roscio a quien también se debe la redacción de la "*Declaración de Derechos del Pueblo,*"[133] en un texto de 43 artículos, agrupados en cuatro
secciones: "Soberanía del pueblo", 'Derechos del Hombre en Sociedad", "Deberes
del Hombre en Sociedad", y "Deberes del Cuerpo Social", precedidos de un *Preámbulo.* En términos generales los derechos declarados en el documento fueron los
siguientes:

Sección Primera: Soberanía del pueblo: La soberanía (arts. 1-3); usurpación de
la soberanía (art. 4); temporalidad de los empleos públicos (art. 5); proscripción de
la impunidad y castigo de los delitos de los representantes (art. 6); igualdad ante la
ley (art. 7).

Sección Segunda: Derechos del Hombre en Sociedad: Fin de la sociedad y el
gobierno (art. 1); derechos del hombre (art. 2); la ley como expresión de la voluntad
general (art. 3); libertad de expresión del pensamiento (art. 4); objetivo de la ley (art.
5); obediencia de la ley (art. 6); derecho a la participación política (art. 7); derecho
al sufragio (arts. 8-10); debido proceso (art. 11); proscripción de actos arbitrarios,
responsabilidad funcionarial, y protección ciudadana (art. 12-14); presunción de
inocencia (art. 15); derecho a ser oído, art. 16; proporcionalidad de las penas (art.
17); seguridad, art. 18; propiedad, art. 19; libertad de trabajo e industria (art. 20);
garantía de la propiedad y contribuciones solo mediante representantes (art. 21);
derecho de petición (art. 22); derecho a resistencia (art. 23); inviolabilidad del hogar
(art. 24); derechos de los extranjeros (art. 25-27).

---

131   Andrés Bello y López Méndez entregaron a Blanco White la carta de Roscio de 28 de enero de 1811, la
      cual fue contestada por éste último el 11 de julio de 1811. Ambas cartas se publicaron en *El Español*, y
      reimpresas en José Félix Blanco y Ramón Azpúrua, *Documentos para la historia de la vida pública del
      Libertador, cit.*, Tomo III, pp. 14-19.

132   La segunda edición de 1821 fue hecha también en Filadelfia en la Imprenta de M. Carey e hijos.

133   El texto que seguramente usó Roscio fue básicamente, la edición del libro de Picornell, que apareció
      publicado de nuevo en Caracas en 1811, en la Imprenta de J. Baillio. Pedro Grases catalogó este libro
      como "digno candidato a 'primer libro venezolano'." Véase en Pedro Grases, "Estudio sobre los 'Dere-
      chos del Hombre y del Ciudadano'," en el libro *Derechos del Hombre y del Ciudadano* (Estudio Preli-
      minar por Pablo Ruggeri Parra y Estudio histórico-crítico por Pedro Grases), *cit.*, p. 162.

Sección Tercera: Deberes del Hombre en Sociedad: los límites a los derechos de otros (art. 1); deberes de los ciudadanos (art. 2); el enemigo de la sociedad (art. 3); el buen ciudadano (art. 4) el hombre de bien (art. 5).

Sección Cuarta: Deberes del Cuerpo Social: la garantía social (art. 1); límites de los poderes y responsabilidad funcionarial (art. 2); seguridad social y socorros públicos (art. 3); instrucción pública (art. 4).

Este texto, sin duda, está básica y directamente inspirado en los textos franceses comenzando con la *"Déclaration des Droits de l'Homme et du Citoyen"* votada por la Asamblea Nacional Francesa los días 20-26 de agosto de 1789, la cual se incorporó íntegramente al Título Preliminar de la Constitución francesa de 1791, la primera de las Constituciones europeas en la historia del Constitucionalismo, con el agregado de varias garantías constitucionales. Sin embargo, en cuanto a redacción, la mayor influencia para su redacción se recibió del texto de la *Déclaration des Droits de l'Homme et du Citoyen"* que precede la Constitución Francesa de 1793 en el texto publicado en español como *Derechos del Hombre y del Ciudadano con varias máximas republicanas, y un discurso preliminar dirigido a los americanos* de 1797, vinculado a la Conspiración de Gual y España.[134] En adición, sin embargo, también se pueden encontrar la influencia directa del texto de la *Déclaration des Droits et Devoirs de l'Homme et du Citoyen"* que precede el texto de la Constitución de 1795,[135] particularmente en la sección de los Deberes del Hombre en Sociedad.

Por otra parte, el orden dado a los artículos y la sistematización de la Declaración de 1811, es distinta a los textos franceses; siendo la subdivisión de su articulado en 4 secciones original del texto venezolano de 1811, en algún caso inspirada en los trabajos de William Burke, como por ejemplo el título de la sección sobre "Derechos del hombre en Sociedad."[136] En todo caso, las Declaraciones francesa de 1789 y de 1793 no tenían subdivisiones, y sólo fue en la Declaración de 1795 en la cual se incluyó una subdivisión en sólo dos secciones: Deberes y Derechos.

Una observación adicional debe formularse y es que si bien la influencia fundamental en la redacción de la Declaración de 1 de julio de 1811 provino de texto de las Declaraciones francesas, ello no ocurrió con el propio *título* del documento que no se refiere a los "Derechos del Hombre y del Ciudadano," sino a los "Derechos del Pueblo," expresión que no se encuentra en los textos franceses. Esta expresión en realidad, puede decirse que proviene de los textos firmados por William Burke publicados en la *Gaceta de Caracas* en 1811 y de Thomas Paine traducidos en el libro de Manuel García de Sena, igualmente en 1811.

---

134   Véase P. Grases, *La Conspiración de Gual y España...*, *cit.*, p. 147. En dicha obra puede consultarse el texto del Documento, comparándolo con el de la Declaración de 1811 y la Constitución de 1811. Igualmente en Pedro Grases, "Estudio sobre los 'Derechos del Hombre y del Ciudadano'," en el libro *Derechos del Hombre y del Ciudadano* (Estudio Preliminar por Pablo Ruggeri Para y Estudio histórico-crítico por Pedro Grases), *cit.*, pp. 168 ss.

135   Véase los textos en J. M. Roberts y J. Hardman, *French Revolution Documents*, Oxford, 1973, 2 vols.

136   William Burke utilizó en uno de sus escritos en la *Gaceta de Caracas* en 1811, la expresión "Derechos del Hombre en Sociedad" que recogió la Declaración de 1811. Véase en *Derechos de la América del Sur y México*, Academia Nacional de la Historia, Caracas 1959, Tomo I, p. 107.

En los trabajos firmados por William Burke, recogidos luego en el libro *Derechos de la América del Sur y México,* al argumentarse sobre los derechos del hombre en la Constitución norteamericana también se utilizó constantemente la expresión "derechos del pueblo,"[137] refiriendo que "El pueblo es, en todos los tiempos, el verdadero y legítimo soberano. En él residen y de él traen su origen todos los elementos de supremacía."[138] Refiriéndose a las constituciones de los Estados Unidos, indicó que "declaran positiva y particularmente, que la soberanía reside esencial y constantemente en el pueblo;" que "por medio del sistema de *representación* asegura el pueblo real y eficientemente su derecho de soberanía;... principio que forma la principal distinción entre los gobiernos autoritarios y libres, tanto que se puede decir que el pueblo goza de libertad a proporción del uso que hace de la representación."[139]

Por otra parte, en el libro de Paine *La Independencia de la Costa Firme justificada por Thomas Paine Treinta años ha,* traducido por García de Sena, la expresión "derechos del pueblo" también fue utilizada en su argumentación destinada a distinguir las dos formas de gobierno posibles: "el Gobierno por sucesión hereditaria" y "el Gobierno por elección y representación," y que optando por el representativo basado en la soberanía del pueblo, argumentó lo siguiente:

"Las Revoluciones que se van extendiendo ahora en el Mundo tienen su origen en el estado de este caso; la presente guerra es un conflicto entre el sistema representativo fundado en los derechos del pueblo; y el hereditario, fundado en la usurpación."[140]

Seguía su argumentación Paine indicando que "El carácter pues de las Revoluciones del día se distingue muy definitivamente por fundarse en el sistema del Gobierno Representativo en oposición al hereditario. Ninguna otra distinción abraza más completamente sus principios;" y concluía señalando que: "El sistema Representativo es la invención del Mundo moderno."[141] Además, al referirse al gobierno representativo, Paine lo identificaba como aquél en el cual el poder soberano estaba en el Pueblo. Partía para ello de la consideración de que:

"Todo Gobierno (sea cual fuere su forma) contiene dentro de si mismo un principio común a todos, que es, el de un poder soberano, o un poder sobre el cual no hay autoridad alguna, y que gobierna a todos los otros... En las Monarquías despóticas [ese poder] está colocado en una sola persona, o Soberano;... En las Repúblicas semejantes a la que se halla establecida en América, el poder soberano, o el poder sobre el cual no hay otra autoridad, y que gobierna a todos

---

137   Véase, William Burke, *Derechos de la América del Sur y México, cit.,* Tomo I, pp. 118, 123,127,141, 157,162,182, 202,205,241

138   *Id.,* Tomo I, p. 113,

139   *Id.,* pp. 119, 120

140   Expresado por Paine en su "Disertación sobre los Primeros principios del Gobierno" que escribió en los tiempos de la Revolución Francesa. Véase en Manuel García de Sena, *La Independencia de Costa Firme justificada por Thomas Paine treinta años ha,* Edición del Ministerio de Relaciones Exteriores, Caracas 1987, p. 90. La expresión la utilizó también en otros Discursos, pp. 111, 112.

141   *Id.,* p. 90

los demás, está donde la naturaleza lo ha colocado, en el Pueblo; porque el Pueblo en América es el origen del poder. Él está allí como un principio de derecho reconocido en las Constituciones del país, y el ejercicio de él es Constitucional, y legal. Esta Soberanía es ejercitada eligiendo y diputando un cierto número de personas para representar y obrar por él todo, las cuales no obrando con rectitud, pueden ser depuestas por el mismo poder que las colocó allí, y ser otras elegidas y disputadas en su lugar."[142]

De estos conceptos de Paine, que sin duda influyeron en la concepción de la declaración de los "Derechos del Pueblo" de 1811, se comprende porqué la misma se inicia en la Sección Primera con las previsiones sobre la soberanía como poder que radica en el pueblo, el cual la ejerce mediante representantes, apartándose así del orden de las Declaraciones francesas donde los artículos sobre la soberanía no están al inicio de las mismas.

La Ley sobre la declaración de derechos del Pueblo, en todo caso, fue firmada por los siguientes Diputados de la Provincia del Congreso, en la Sección presidida por Francisco Javier Yanes, y con el mismo Secretario del Congreso Francisco Iznardi: Juan [Rodríguez del] Toro, Valencia; Martín Tovar Ponte, San Sebastián; Juan Ángel Álamo, Barquisimeto; Lino de Clemente, Caracas; Juan José Maya, San Felipe; Gabriel de Ponte, Caracas; Fernando [Rodríguez del] Toro, Caracas, Juan Antonio Díaz Argote, Villa de Cura; Isidoro Antonio López Méndez, Caracas; Gabriel Pérez de Págola, Ospino; Francisco Hernández, San Carlos; Felipe Fermín Paúl, San Sebastián de los Reyes; Fernando de Peñalver, Valencia; José Vicente Unda, Guanare; Juan Germán Roscio, Calabozo; Luis José de Cazorla, Valencia; y Nicolás de Castro, Caracas. Y fue refrendada por el Poder Ejecutivo, el presidente de turbo, Juan Escalona, y Cristóbal Mendoza y Baltazar Padrón.[143] [144]

Como se trataba formalmente de un Ley de la Provincia de Caracas, al haber sido sancionada por la Sección Legislativa de la misma en el Congreso General, estando todavía en discusión el texto de lo que luego sería la Constitución Federal de diciembre de 1811, te planteó a discusión el tema de si la regulación de los derechos era de la competencia federal o provincial. Así, en la sesión del 31 de julio de 1811, al mes de haberse dictado la ley sobre declaración de derechos, se discutió el tema a propósito de la igualdad de los pardos, y sobre si la regulación respectiva correspondía a la Confederación o a las provincias. Se dio cuenta en la sesión, precisamente, de que ya la Provincia de Caracas había resuelto el tema en su declaración de derechos. Se argumentó, sin embargo que "Caracas no puede por si sola tomar rotundamente semejante deliberación."[145] El diputado Francisco Javier Yanes, argumentó que "todo lo que constituye una ley fundamental del Estado de Venezuela deben ser discutidos por el Congreso y sancionados por la pluralidad de los pueblos" entre otros asuntos, "la forma de gobierno, la división del Estado, los derechos y

---

142 *Id.,* pp. 118, 119.

143 Véase *Textos Oficiales de la Primera República de Venezuela, cit.,* Tomo II, p. 101-102.

144 *Id.,* Tomo II, p. 91.

145 Véase Ramón Díaz Sánchez, "Estudio Preliminar", *Libro de Actas del Segundo Congreso de Venezuela 1811-1812, cit.,* Tomo I, p. 255.

deberes de los ciudadanos, etc. Son leyes de aquella especie y, por lo tanto, del resorte del Congreso." [146]

Fue por ello, precisamente, que en la Constitución Federal de 21 de diciembre de 1811, se incorporó un extenso capítulo sobre la declaración de los derechos del Hombre, en el cual se recogió, ampliándolo, el texto de la declaración de los derechos del pueblo de la Provincia de Caracas.

III. LA CONSTITUCIÓN PARA EL GOBIERNO Y ADMINISTRACIÓN INTERIOR DE LA PROVINCIA DE CARACAS DEL 31 DE ENERO DE 1812

1. *Contenido general*

A pesar de que el Congreso General, apenas instalado, el 28 de marzo de 1811 había nombrado una comisión para redactar la Constitución de la Provincia de Caracas, la cual debía servir de modelo a las demás Provincias de la Confederación, esa Comisión tardó mucho en preparar el proyecto, por lo que algunas Provincias, como Barcelona procedió a dictar la suya para organizarse políticamente.

En el caso de la Provincia de Caracas, también, solo fue después de sancionada la Constitución Federal, que la misma Sección Legislativa para la Provincia del mismo Congreso General, el 31 de enero de 1812 sancionó un texto de 328 artículos agrupados en catorce capítulos la Constitución de la Provincia de Caracas, destinada, como lo indica su Preámbulo, a regular el gobierno y administración interior de la Provincia.

Más que la Constitución de una "República" soberana, como había sido el caso de la Constitución Provincial de Barcelona, este texto se acomodó más al de una Provincia federada en el marco de una Confederación. Por ello, la Constitución Provincial de Caracas hace especial énfasis en la necesidad de "organizar equitativamente la distribución y la representación del pueblo en la legislatura provincial."[147]

El *Capítulo Primero* se refiere a la "Religión" declarándose que "la Religión Católica, Apostólica y Romana que es la de los habitantes de Venezuela hace el espacio de tres siglos, será la única y exclusiva de la Provincia de Caracas, cuyo gobierno la protegerá". (art. 1).

El *Capítulo Segundo* reguló detalladamente "la división del territorio". Allí se precisó que "el territorio de la Provincia de Caracas se dividirá en Departamentos, Cantones y Distritos" (arts. 2 a 4). Los Distritos debían ser un territorio con más o menos 10.000 habitantes y los Cantones, con más o menos 30.000 habitantes (art. 5). Los Departamentos de la Provincia eran los siguientes: Caracas, San Sebastián, los Valles de Aragua, (capital La Victoria), Barquisimeto y San Carlos (art. 6), y en la Constitución se precisó al detalle cada uno de los Cantones que conforman cada Departamento, y sus capitales (arts. 7 a 11); así como cada uno de los Distritos que conforman cada Cantón, con los pueblos y villas que abarcaban (arts. 12 a 23). En la Quinta Parte de este estudio se destaca con precisión esta división territorial.

---

146 *Id.*, Tomo I, p. 256.

147 Véase en *Las Constituciones Provinciales, cit.*, pp. 63-146.

El *Capítulo Tercero* está destinado a regular "los sufragios parroquiales y congregaciones electorales", es decir, el sistema electoral indirecto en todo detalle, en relación a la forma de las elecciones y a la condición del elector, (arts. 24 a 30). Por cada mil almas de población en cada parroquia debía haber un elector (art. 31). Los Electores, electos en los sufragios parroquiales, formaban en cada Distrito, Congregaciones Electorales (art. 32). También debían elegirse electores para la escogencia en cada parroquia de los agentes municipales (art. 24). Estas congregaciones electorales eran las que elegían los Representantes de la Provincia para la Cámara del gobierno federal; a los tres miembros del Poder Ejecutivo de la Unión; al Senador o Senadores por el Distrito, para la Asamblea General de la Provincia; al representante por el Distrito, para la Cámara del Gobierno Provincial; y al elector para la nominación del Poder Ejecutivo de la provincia (art. 33). Los Electores electos en cada Distrito, para la elección del Poder Ejecutivo, formaban las Juntas Electorales que reunidas en las capitales de Departamentos, debían proceder a la nominación (art. 49).

El *Capítulo Cuarto* está destinado a regular a las "Municipalidades". Sus miembros y los agentes municipales, se elegían por los electores escogidos para tal fin en cada parroquia (art. 24 y 59). La Constitución, en efecto, estableció que en cada parroquia debía elegirse un agente municipal (art. 65) y que los miembros de las municipalidades también debían elegirse (art. 67). El número de miembros de las Municipalidades variaba, de 24 en la de Caracas, dividida en dos cámaras de 12 cada una (art. 90); 16 miembros en las de Barquisimeto, San Carlos, La Victoria y San Sebastián (art. 92); y luego de 12, 8 y 6 miembros según la importancia y jerarquía de las ciudades (arts. 91 a 102). Las Municipalidades capitales de Distrito debían llevar el Registro Civil (art. 70) y se les atribuían todas las competencias propias de vida local en una enumeración que cualquier régimen municipal contemporánea envidiaría (art. 76). La Municipalidad gozaba "de una autoridad puramente legislativa" (art. 77) y elegía los Alcaldes (art. 69) que eran las autoridades para la administración de justicia, y proponían al Poder Ejecutivo los empleos de Corregidores (arts. 69 y 217) que eran los órganos ejecutivos municipales. En ellas tenían asiento, voz y voto, los agentes municipales que debían ser electos en cada parroquia (arts. 65 y 103).

El *Capítulo Quinto* reguló al "Poder Legislativo" de la Provincia que residía en una Asamblea General compuesta por un Senado y una Cámara de Representantes (art. 130). En detalle, el texto reguló su composición, funcionamiento, poderes y atribuciones y el sistema de elección de sus miembros (arts. 230 a 194).

El *Capítulo Sexto* reguló el "Poder Ejecutivo" de la Provincia, que residía en 3 individuos electos por los Electores de cada Distrito (arts. 195 y 196). Se reguló la forma de elección y las condiciones de elegibilidad de los miembros del Poder Ejecutivo (arts. 196 a 207) así como sus atribuciones (arts. 308 a 233).

El *Capítulo Séptimo* está destinado al "Poder Judicial", en el cual se dispuso que se conservaba provisionalmente la organización que del mismo existía (art. 234), y que a nivel inferior era administrado, además de por Jueces de Primera Instancia, por los Alcaldes y Corregidores con apelación ante las Municipalidades (arts. 240 a 250). En las materias civiles y criminales, sin embargo, se estableció que la justicia sería administrada por dos Cortes Supremas de Justicia (art. 259) y por los Magistrados inferiores de primera instancia antes indicados (art. 235). En cada Departamento se establecieron Tribunales Superiores (art. 251) y en general se establecieron normas de procedimiento judicial relativas al juicio verbal, que se estableció como norma general (art. 240).

Los *Capítulos Octavo y Noveno* se refieren a la "elección de los Senadores para el Congreso General y su remoción", así como de los Representantes (arts. 275 a 280).

El *Capítulo Diez* se refiere al "Fomento de la literatura" donde se reguló al Colegio y Universidad de Caracas (art. 281) y el fomento de la cultura (art. 282).

Los *Capítulos Once y Doce* están destinados a regular la revisión y reforma de la Constitución (arts. 283 a 291) y su sanción o ratificación (art. 292 a 259).

El *Capítulo Trece*, indica que "se acuerdan, declaran, establecen y se dan por insertos literalmente en esta Constitución los derechos del hombre que forman el Capítulo Octavo de la Federal, los cuales están obligados a observar, guardar y cumplir todos los ciudadanos de este Estado" (art. 296).

El *Capítulo Catorce* contiene una serie de "Disposiciones Generales, donde se regulan, en general, otros derechos de los ciudadanos así como deberes (arts. 297 a 234), concluyéndose con la formulación expresa de la garantía objetiva de la Constitución, en el sentido de que "las leyes que se expidieren contra el tenor de ella no tendrán valor alguno sino cuando hubieren llenado las condiciones requeridas para una justa y legítima revisión y sanción (de la Constitución)" (art. 325).

Este texto constitucional concluye con una "Despedida" de la "Sección Legislativa de Caracas, dirigida a los habitantes de la Provincia", al terminar sus sesiones y presentar la Constitución Provincial en la cual se hace un recuento del proceso de conformación institucional de la Confederación y del Gobierno Federal hasta ese momento, justificándose la propuesta de formar una "sección legislativa provisoria para Caracas" del Congreso General, compuesta con la separación de sus diputados al mencionado Congreso General, la cual tuvo a su cargo la elaboración del texto constitucional provincial[148].

Este texto constitucional fue firmado en "el Palacio de la Legislatura de Caracas," por los siguientes diputados: Por el Partido Capitular de San Sebastián, Felipe Fermín Paúl, *Presidente; por el Partido Capitular de San Sebastián*, Martín Tovar, *Vice-Presidente; por el Partido Capitular de San Sebastián:* Francisco Javier Uztáriz; p*or el Partido Capitular de Nirgua:* Salvador Delgado; p*or el Partido Capitular de Caracas*, Isidoro Antonio López Méndez; p*or el Partido Capitular de San Felipe*, Juan José de Maya; p*or el Partido Capitular de Guanare*, José Vicente Unda; p*or el Partido Capitular de Caracas*, Bartolomé Blandín; p*or el Partido Capitular de Valencia*, Fernando de Peñalver; p*or el Partido Capitular de Caracas*, Lino de Clemente; p*or el Partido Capitular de Barquisimeto*, José Ángel de Álamo; por *el Partido Capitular de la Villa de Calabozo*, Juan Germán Roscio; p*or el Partido Capitular de la ciudad de Ospino*, Gabriel Pérez Págola; p*or el Partido Capitular de Barquisimeto*, Tomás Millano; y p*or el Partido Capitular de Valencia*, Juan [Rodríguez del] Toro.

---

148   Véase en *Las Constituciones Provinciales, op. cit.*, pp. 137 y ss.

2. Sobre el Poder Legislativo

Como se señaló, en la Constitución provincial se asignó el Poder Legislativo de la Provincia a Asamblea General compuesta por un Senado y una Cámara de Representantes (art. 130), regulándose detalladamente su composición, funcionamiento, poderes y atribuciones, así como el sistema de elección de sus miembros (arts. 230 a 194).

Las Cámaras que componían el Poder legislativo tenían la competencia general, es decir, "pleno poder y facultad para hacer ordenar y establecer todas las leyes, ordenanzas, estatutos, órdenes y resoluciones, con penas o sin ellas," que juzgasen necesarias "para el bien y felicidad de la Provincia," con la aclaratoria de que las mismas, sin embargo, no debían "ser repugnantes ni contrarias a esta Constitución" (art. 186)

La iniciativa de las leyes se atribuyó tanto al Senado como a la Cámara de Representantes. Teniendo además, cada una de ellas la facultad de proponer a la otra reparos, alteraciones o adiciones, o de rehusar su consentimiento a la ley propuesta por una absoluta negativa (art. 131). Sin embargo, en cuanto a las leyes sobre contribuciones, las mismas se dispuso que tendrían principio solamente en la Cámara de Representantes, quedando siempre al Senado la facultad de adicionarlas, alterarlas o rehusarlas (art. 132).

Todos los proyectos o proposiciones que fuesen aceptadas, "según las leyes de debates," debían sufrir tres discusiones en sesiones distintas, con el intervalo de un día cuando menos, entre unas y otras, sin cuya circunstancia no se podía pasar a la otra Cámara (art. 133). Estas leyes de debate, sin embargo, no se aplicaban respecto de las proposiciones urgentes, en cuyo caso cada Cámara debía preceder a la declaratoria de urgencia (art. 134). Las proposiciones que fuesen rechazadas por una de las Cámaras, no podían repetirse hasta después de un año sin el consentimiento de las dos terceras partes de cada una de las Cámaras; pero podían hacerse otras nuevas que contuvieran parte, artículos o ideas de las rechazadas (art. 135). Ninguna ley, ordenanza o resolución podía contener otras materias que las que expresase su título, y debían todas estar firmadas por el Presidente del Senado y de la Cámara (art. 136).

Para que los proyecto de la ley que fuese propuestos, aceptados, discutidos y deliberados en ambas Cámaras se convirtieran en ley, con fuerza de tal, debían previamente ser presentados al Poder Ejecutivo de la Provincia para su revisión. Si el Poder Ejecutivo, después de examinar el proyecto lo aprobare, lo debía firmar en señal de su aprobación (137); y en todo caso, si el Poder Ejecutivo no devolvía el proyecto a la Cámara de su origen dentro de cinco días contados desde su recibo con exclusión de los feriados, se tendía por ley, y debía ser promulgada como tal (art. 138).

Sin embargo, el Poder Ejecutivo podía objetar el proyecto, en cuyo caso debía devolverlo, con sus reparos y objeciones, a la Cámara que hubiese tenido la iniciativa, la cual debía copiar íntegramente las objeciones en su registro y pasarlas de nuevo a examen y consideración. En caso de que resulte aprobado por segunda vez por las dos terceras partes de la Cámara, se debía pasar el proyecto con las objeciones a la otra Cámara, donde también debía considerarse. Si en esta Cámara se aprobase igualmente por las dos terceras partes de sus miembros presentes, entonces se consideraba que el proyecto tenía fuerza de ley, y el Poder Ejecutivo debía publicarla (art. 137).

La formalidades establecidas en el proceso de formación de las leyes, decretos, actos o resoluciones de las Cámaras fue muy detallada, al punto de disponerse que debían pasar de una Cámara a otra y al Poder Ejecutivo con un preámbulo que contuviera "primero, la fecha de las sesiones de cada Cámara en que se haya examinado la materia; segundo, las de las respectivas resoluciones, con inclusión de la de urgencia, cuando la haya; y, tercero, la exposición de las razones v fundamentos que han motivado la decisión." Si se omitía alguno de estos requisitos, se debían devolver los proyectos a la Cámara que hubiera cometido la falta, o la de la iniciativa, si la hubiesen cometido las dos (art. 142).

Se establecieron, además, normas de redacción legislativa para que su redacción fuera uniforme, clara y sencilla, exigiéndose la indicación de un membrete que explicase "compendiosamente su contenido, con las voces de ley, acto, resolución, u orden, sobre o para tal cosa, etc., y a la fórmula de estilo siguiente: La Asamblea general de la provincia de Caracas, decreta, o ha decretado que, etc. Estas palabras precederán a la parte dispositiva de las leyes, actos u órdenes de la Legislatura" (art. 143).

Pero además del ejercicio de la función legislativa, se atribuyó al Poder legislativo, como de su exclusiva competencia, el control e inspección sobre el Poder Ejecutivo, asignándosele "la pesquisa y averiguación de las faltas de todos los empleados del Estado en el desempeño de sus deberes." Correspondía además al Senado "recibir las correspondientes acusaciones en todos los casos de traición, colusión o malversación," correspondiendo a dicha Cámara oír, examinar y juzgar dichos hechos. Se precisó, además, que todo ciudadano quedaba "con plena libertad de acusar los delitos de esta clase, bajo la responsabilidad y cauciones prevenidas por las leyes" (art. 145). La Constitución dispuso, además, que "de ninguna manera se limiten estas facultades pesquisitorias de la Cámara sobre todos los empleados del Estado" (art. 155).

Las Cámaras del Poder Legislativo, además, tenían entre sus atribuciones, "proteger la cultura de los habitantes del país, promoviendo por leyes particulares el establecimiento de escuelas de primeras letras en todas las poblaciones y auxiliando los esfuerzos que ellas mismas hicieren por el conducto de sus respectivas Municipalidades, para lograr tan grande objeto" (art. 187).

En materia impositiva, además, se dispuso entre las funciones de las Cámaras la realización de un "censo exacto de las propiedades o bienes raíces que posean los particulares en toda la extensión de la Provincia" a los efectos de "facilitar el establecimiento de un sistema de imposición y recaudación de contribuciones más ventajoso a las rentas del Estado, menos dispendioso y molesto a los pueblos, y que no embarace el giro interno de las producciones, de la agricultura y de la industria; censo que debía servir para cuando "se crea útil y oportuno," para alterar "el método actual de los impuestos calculado sobre los frutos y producciones, y le sustituya otro que se refiera al valor de los mismos bienes raíces, moderado, equitativo, y proporcionado a las exigencias del Gobierno." (art. 189).

La Constitución atribuyó además competencia al Poder legislativo para procurar disponer "con toda la brevedad posible una razón circunstanciada de las tierras que haya vacantes sin legítimo dueño conocido en los distritos de las Municipalidades, bien por conducto de éstas o como lo juzgue más oportuno," pudiendo "disponer de ellas en beneficio del Estado, de sus rentas y de su agricultura, vendiéndolas o arrendándolas, o en favor de los mismos pueblos y distritos, cuyas Municipalidades, con estos recursos a su disposición, podrán hacer efectivos los proyectos de educación y de beneficencia que conciban para sus respectivos habitantes, con menos gravamen de éstos y mayor beneficio de los pobres"(art. 191).

Por último, correspondía también al Poder Legislativo, la competencia para "constituir Tribunales de justicia en lo interior de la Provincia según lo creyere conveniente para su mejor y más pronta administración," con posibilidad de facultarlos "para oír, juzgar y determinar toda suerte de causas civiles y criminales en el grado y forma que tuviese a bien establecer" (art. 192).

3. Sobre el Poder Ejecutivo

El Poder Ejecutivo de la Provincia se reguló en la Constitución como un Ejecutivo plural integrado por 3 individuos electos en segundo grado, por los Electores de cada Distrito, correspondiéndole, en general, el cuidar y velará sobre la exacta y fiel ejecución de las leyes del Estado y de la Unión en todo lo que estuviere al alcance de sus facultades en el territorio de la Provincia" (art. 233).

Al Ejecutivo se lo facultó, cuando lo exigiera el bien y prosperidad de la Provincia, para convocar extraordinariamente a la Asamblea general o a alguna de sus Cámaras (232).

La Constitución dispuso que el Ejecutivo debía dar cuenta a la Asamblea general del estado de la República, presentar en particular a cada Cámara el estado de las rentas Provinciales, indicando los abusos que hubiere, y recomendando las medidas que juzgase convenientes sin presentarles proyectos de ley ya formados (art. 230). Además, se dispuso que el Ejecutivo debía dar en todo tiempo, a cualquiera de las Cámaras, las cuentas, informes e ilustraciones que le pidieran, "a excepción de aquellas cuya publicación no conviniere por entonces" (art. 231).

4. Sobre el Poder Judicial

En cuanto al Poder judicial, la Constitución estableció en general, que las materias civiles y criminales ordinarias el Poder Judicial se debía administrar por dos Cortes supremas de Justicia, y por los Magistrados inferiores de primera instancia que residen en las ciudades, villas y pueblos de la Provincia, "bajo la misma forma y con las mismas facultades que han tenido hasta ahora" (art. 235).

Se estableció, por otra parte, que el Supremo Poder Judicial de la Provincia de Caracas residiría en dos Cortes Supremas de Justicia, una de las cuales se debía establecer en esta capital, Caracas, y la otra, en la ciudad de Barquisimeto (art. 259). La primera debía extender su jurisdicción a los departamentos de Caracas, de Aragua y de San Sebastián, y se denominaba: Corte Suprema de Justicia de los Departamentos Orientales; la segunda, debía ejercer la jurisdicción en los departamentos de Barquisimeto y de San Carlos, y se denominaba: Corte Suprema de Justicia de los Departamentos Occidentales (art. 260). Cada Corte, en su respectivo territorio, debía conocer por apelación de los negocios civiles y criminales sentenciados por los Corregidores, Alcaldes ordinarios, Municipalidades y Tribunales Superiores de departamento, y originalmente podía conocer de aquellos en que conocía la antigua Audiencia con el nombre de casos de Corte (art. 261).

La Constitución, por otra parte, fue muy precisa en prever, en general, la posibilidad de acudir a medios alternativos de administración de justicia. Así, el artículo 236 dispuso que los Jueces debían procurar "componer amigablemente todas las demandas antes que se enjuicien, y a nadie se le rehusará el derecho de hacer juzgar sus diferencias por árbitros" (art. 236). De las decisiones de estos árbitros, que debían nombrar las mismas partes, no se admitirían apelaciones ni recursos de nulidad, o de una nueva revisión, a menos que se hubieran reservado expresamente (art. 237).

Se dispuso además en la Constitución, que un "aquellos negocios de que no pueden conocer los Jueces ordinarios, se llevarán a ellos para que si es posible se concilien las partes antes de establecerse la demanda; mas si el Juez no pudiere conciliarlas, seguirán los asuntos a los Tribunales correspondientes" (art. 238).

5. *Sobre el fomento "de la literatura"*

La Constitución, como se ha dicho, incluyó un capítulo sobre el "fomento de la literatura", en el cual se dispuso que "el Colegio y la Universidad que se hayan establecido en esta capital conservarán los bienes y rentas de que hasta aquí han gozado bajo la especial protección y dirección del Gobierno," correspondiéndole a la Legislatura promover y auxiliar cuanto sea posible "el adelantamiento y progresos de estas corporaciones literarias, cuyo objeto y destinos son tan interesantes y útiles al bien de la comunidad" (art. 282).

A tal efecto, en el artículo 283 de la Constitución se definió "la cultura del espíritu" como:

> "el medio único y seguro de distinguir las verdaderas y sublimes virtudes que hacen honor a la especie humana, y de conocer en toda su fuerza los vicios horrendos que la degradan y se perpetúan impunemente entre las naciones salvajes y bárbaras. Ella es también el órgano más oportuno para hacer conocer al pueblo sus imprescriptibles derechos, y los medios capaces de conservarle en la posesión de aquella arreglada y justa libertad que ha dispensado a todos la sabia naturaleza. Es igualmente el camino más pronto y seguro que hay de procurarle el acrecentamiento de sus comodidades físicas, dirigiendo con acierto su actividad y sus talentos al ejercicio de la agricultura, del comercio, de las artes y de la industria que aumentan la esfera de sus goces y le constituyen dueño de innumerables producciones destinadas a su servicio para una alta y generosa beneficencia."

En consecuencia, la propia Constitución reconoció que "un Gobierno sabio e ilustrado no puede desentenderse de procurar la cultura de la razón y de que se propague y generalice cuanto fuere posible entre todos los ciudadanos," disponiendo entonces que era un

> "deber de las Legislaturas, de las Municipalidades y de los Magistrados del Estado procurar el fomento y propagación de la literatura y de las ciencias, protegiendo particularmente el establecimiento de Seminarios para su enseñanza, y las de las lenguas cultas, sabias o extranjeras, y el de sociedades privadas e instituciones públicas que se dirijan al mismo objeto, o a promover el mejoramien-

to de la agricultura, de las artes, oficios, manufacturas y comercio, sin comprometer la verdadera libertad y tranquilidad de los pueblos"(art. 282).

6.   *Sobre la revisión y reforma constitucional*

La Constitución de la Provincia, como era lo propio de toda Constitución moderna, estableció los mecanismos para su revisión y reforma, de manera que "cuando la experiencia manifestare la necesidad o conveniencia de corregir o añadir alguna cosa" a la Constitución, la misma se debía sujetar a las siguientes formas prescriptas en el texto, "sin cuya circunstancia no tendrán valor ni efecto las correcciones y adiciones" (art. 283). El procedimiento se estableció en la forma siguiente:

1. Las proposiciones podían tener principio en cualquiera de las Cámaras de la Legislatura, y en cada una de ellas se debían leer y discutir públicamente por tres veces en distintos días interrumpidos, del mismo modo que las leyes ordinarias (art. 284).

2. Si en ambas Cámaras las propuestas hubiesen obtenido la aprobación de las dos terceras partes de sus miembros constitucionales, debían entonces pasarse al Poder Ejecutivo obtener su aprobación. De no recibir las propuestas los votos referidos, se debían tener por rechazadas y no podían repetirse hasta después de un año cuando menos en otra sesión de la Legislatura (art. 285).

3. Si el Poder Ejecutivo aprobaba las proposiciones, se debía producir entonces una resolución de la Asamblea general sobre el objeto a que se dirigían las propuestas; pero si el Ejecutivo no las aprobaba, debía devolverlas a la Asamblea general dentro del término de diez días con los reparos correspondientes (art. 286).

4. Las proposiciones devueltas por el Ejecutivo, sin embargo, se debían calificar como "Resolución de la Asamblea" en caso de que una vez examinadas de nuevo en las Cámaras, "fuesen sostenidas por las tres cuartas partes de sus miembros constitucionales." También se considerarían con el mismo carácter "cuando no fuesen devueltas dentro de los diez días. (art. 287).

Las resoluciones sobre revisión de la Constitución, sin embargo, no entraban en vigencia con la aprobación de los órganos del Estado, sino que debían someterse a consulta popular y a la aprobación por los representantes. A tal efecto, se estableció el siguiente procedimiento:

1. Las resoluciones sobre revisión y reforma constitucional, en efecto, se debían comunicar a las Municipalidades y estas las debían insertar en los papeles públicos, "cuando menos tres meses antes de las próximas elecciones de noviembre," para que, impuestos los sufragantes y electores de las reformas o adiciones que se proponían, pudieran, si quisiesen, "dar sus instrucciones sobre el particular a los nuevos miembros que elijan para la Legislatura" (art. 288).

2. Lo mismo debía realizarse a los dos años siguientes antes de las referidas elecciones; y cuando por este medio se hubiese renovado toda o la mayor parte de la Cámara de los Representantes, la Asamblea general, en su inmediata sesión, es cuando entonces debía proceder "a examinar las proposiciones sujetándose a las formas prescritas" antes indicadas para la Legislatura en que se hizo la iniciativa (art. 289).

3. Si las proposiciones fuesen aceptadas finalmente por las dos terceras partes de la nueva Asamblea general con la aprobación del Poder Ejecutivo, o sin ésta por las tres cuartas partes de la misma, entonces es que debían insertarse en la Constitución en la forma correspondiente (art. 290)

4. En todo caso, los artículos de la Constitución que fuesen sometidos a examen para ampliarse, corregirse o suprimirse, debían permanecer íntegramente en su fuerza y vigor hasta que las alteraciones propuestas fueran aprobadas, publicadas y mandadas tener por parte de la Constitución (art. 291).

7.   *Sobre la sanción y ratificación de la Constitución*

Por otra parte, en cuanto a la sanción o ratificación de la propia Constitución de enero de 1812, en el propio texto constitucional se estableció la necesaria participación popular, así:

1. El pueblo de la Provincia de Caracas, por medio de convenciones particulares reunidas expresamente para el caso, o por el órgano de sus Electores capitulares autorizados determinadamente al intento, o por la voz de los sufragantes Parroquiales, debía expresar solemnemente su voluntad libre y espontánea, de aceptar, rechazar o modificar, en todo o en parte, la Constitución (art. 292).

2. La elección de cualquiera de los medios antes propuestos se dejó "al arbitrio y prudencia de la próxima venidera Legislatura Provincial," lo cual lamentablemente nunca ocurrió, con la exigencia de que debía adoptar "uno mismo para la sanción y ratificación de esta Constitución que para la de la Federal;" de manera que una y otra debían ejecutarse "en un mismo tiempo, tanto por la mayor comodidad y alivio que de ello resulta a los pueblos, como por la mayor instrucción y conocimiento que les proporciona el tener a la vista simultáneamente ambas constituciones, así para exponer su voluntad como para expedir con mayor acierto y felicidad de la causa común las funciones que ellas prescriben"(art.. 293).

3. Leída la Constitución a las corporaciones que hubiere hecho formar la Legislatura, y verificada su aprobación con las modificaciones o alteraciones que ocurrieren por pluralidad, se debía entonces jurar solemnemente su observancia, y se debía proceder, dentro del tercero día, "a nombrar los funcionarios de los Poderes que forman la representación Provincial, o a convocar las Congregaciones electorales con el mismo objeto" (art. 294). Se aclaró, finalmente que no habría "embarazo alguno" para que en esas elecciones se nombrasen para Legisladores o para miembros del Poder Ejecutivo, tanto en el Gobierno federal como en el de la Provincia, "a los que han servido los mismos destinos en ambos departamentos durante el año de mil ochocientos once, y a los que los sirvieren en el presente de mil ochocientos doce" (art. 295)

Es sabido, sin embargo, que nada de esto se pudo hacer pues unos meses después, desde diciembre de 1812 la ocupación del territorio de la provincia por las fuerzas españolas al mando de Monteverde, arrasaron con toda la civilidad que se establecía en este excepcionalísimo texto que fue la Constitución provincial de Caracas de 1812.

8. *Sobre las declaraciones políticas generales y el desarrollo del principio de igualdad*

La Constitución provincial de Caracas de 1812, como ocurrió con todas las Constituciones posteriores, incorporó en unas disposiciones generales, una serie de declaraciones generales de política pública, y aparte de todos los derechos de los ciudadanos que se declararon incorporados en el texto constitucional, contenidos en la declaración de Derechos del Pueblo sancionada el 1 de julio de 1811 (art. 296), se incluyeron otras disposiciones de gran importancia en materia de igualdad y no discriminación. Las más importantes fueron las siguientes:

A. *Sobre el régimen de los indios*

En primer lugar, en el texto mismo de la Constitución se dispuso que respeto de la "clase de ciudadanos que hasta ahora se ha denominado de indios," reconociéndose que no se había conseguido "el fruto apreciable de algunas leyes que la Monarquía española dictó a su favor, porque los encargados del Gobierno de estos países tenían olvidada su ejecución," en virtud de que "las bases del sistema de Gobierno que en esta Constitución ha adoptado Caracas no son otras que las de la justicia y la igualdad," entonces se dispuso que se encargaba "muy particularmente a la Asamblea general," que así como debía "aplicar sus fatigas y cuidados para conseguir la ilustración de todos los habitantes de la Provincia, proporcionándoles escuelas, academias y colegios en donde aprendan todos los que quieran los principios de Religión, de la sana moral, de la política, de las ciencias y artes útiles y necesarias para el sostenimiento y prosperidad de los pueblos," que igualmente debía procurar

"por todos los medios posibles atraer a los referidos ciudadanos naturales a estas casas de ilustración y enseñanza, hacerles comprender la íntima unión que tienen con todos los demás ciudadanos, las consideraciones que como aquéllos merecen del Gobierno, y los derechos de que gozan por sólo el hecho de ser hombres iguales a todos los de su especie, a fin de conseguir por este medio sacarlos del abatimiento y rusticidad en que los ha mantenido el antiguo estado de cosas, y que no permanezcan por más tiempo aislados, y aún temerosos de tratar a los demás hombres" (art. 297).

A tal efecto, la Constitución prohibió que los indios pudieran "aplicarse involuntariamente a prestar sus servicios a los Tenientes, o Curas de sus Parroquias, ni a otra persona alguna," y además, les permitió

"el reparto, en propiedad, de las tierras que les estaban concedidas y de que están en posesión, para que a proporción entre los padres de familia de cada pueblo las dividan y dispongan de ellas como verdaderos señores, según los términos y reglamentos que formare para este efecto"(art. 297).

La consecuencia de estas previsiones, fue que en el texto de la Constitución se revocaron y dejaron "sin valor alguno, las leyes que en el anterior Gobierno concedieron ciertos Tribunales, protectores y privilegios de menor edad a dichos naturales, las cuales, dirigiéndose al parecer a protegerlos, les han perjudicado sobremanera según ha acreditado la experiencia"(art. 298).

B. *Sobre la prohibición de la esclavitud*

La Constitución, por otra parte, recordando que el comercio inicuo de negros había sido prohibido por Decreto de la Junta Suprema de Caracas en 14 de agosto de 1810, declaró que dicho comercio quedaba "solemne y constitucionalmente abolido en todo el territorio de la Provincia, sin que puedan de modo alguno introducirse esclavos de ninguna especie por vía de especulación mercantil" (art. 299).

C. *Sobre la situación de los pardos*

La Constitución, además, dispuso en su artículo 300 que quedaban "revocadas y anuladas en todas sus partes las leyes antiguas que imponían degradación civil a una parte de la población libre de Venezuela, conocida hasta ahora *bajo la denominación* de pardos y morenos." En consecuencia, se declaró que éstos quedaban "en posesión de su estimación natural y civil, y restituidos a los imprescriptibles derechos que les corresponden como a los demás ciudadanos" (art. 300).

D. *Sobre la abolición de los títulos nobiliarios y las relaciones personales con la Monarquía*

En la Constitución, además, se declararon extinguidos "todos los títulos concedidos por el anterior Gobierno," prohibiéndose a la Legislatura Provincial "conceder otro alguno de nobleza, honores o distinciones hereditarias, ni crear empleo u oficio alguno, cuyos sueldos o emolumentos puedan durar más tiempo que el de la buena conducta de los que los sirvan "(art. 301). Además, se dispuso que las persona que ejercieran algún "empleo de confianza u honor bajo la autoridad del Estado," no podían aceptar "regalo, título o emolumento de algún Rey, Príncipe o Estado extranjero, sin el consentimiento del Congreso" (art. 302).

La consecuencia de ello, fue la previsión en el artículo 324, en el sentido de que nadie podía "tener en la Provincia de Caracas otro título ni tratamiento público que el de ciudadano, única denominación de todos los hombres libres que componen la nación."

E. *Sobre el ejercicio de los derechos políticos*

La Constitución fue determinante, al mecanismos de participación popular y un sistema de democracia representativa, en establecer en general, que los ciudadanos sólo podían "ejercer sus derechos políticos en las Congregaciones parroquiales y electorales, y en los casos y formas prescritas por la Constitución" (art. 313); de manera que ningún individuo o asociación particular podía

> "hacer peticiones a las autoridades constituidas en nombre del pueblo, ni menos abrogarse la calificación de pueblo soberano, y el ciudadano o ciudadanos que contravinieren a este parágrafo, hollando el respeto y veneración debidas a la presentación y voz del pueblo, que sólo se expresa por la voluntad general, o por el órgano de sus representantes legítimos en las Legislaturas, serán perseguidos, presos y juzgados con arreglo a las leyes" (art. 314)

Además, se declaró que toda reunión de gente armada, bajo cualquiera pretexto que se formase, si no emanaba de órdenes de las autoridades constituidas, se consideraba como "un atentado contra la seguridad pública," y debía "dispersarse inmediatamente por la fuerza." Además, se declaró también, que "toda reunión de gente sin armas" que no tuviese el mismo origen legítimo se debía disolver "primero por órdenes verbales, y siendo necesario, se destruirá por la fuerza en caso de resistencia o de tenaz obstinación" (art. 315).

F. *Sobre la supremacía constitucional y la continuidad del orden jurídico sub-constitucional anterior*

El artículo 325 de la Constitución, declaró expresamente el principio de la supremacía constitucional y graduación del orden jurídico al disponer que las leyes que se expidieran para ejecutarla, la Constitución del Gobierno de la Unión, y todas las leyes y tratados que se concluyeran bajo su autoridad, "serán la ley suprema de la Provincia de Caracas en toda la extensión de su territorio; y las autoridades y habitantes de ella estarán obligados a obedecerlas y observarlas religiosamente, sin excusa ni pretexto alguno."

Se precisó, sin embargo, como garantía objetiva de la Constitución, que "las leyes que se expidieren contra el tenor de ella no tendrán valor alguno sino cuando hubieren llenado las condiciones requeridas para una justa y legítima revisión y sanción" (art. 325).

En lo que se refiere al orden jurídico precedente de orden sub-constitucional, el artículo 326 de la Constitución estableció que entre tanto que se verificaba "la composición de un Código Civil y criminal, acordado por el Supremo Congreso el ocho de marzo último [1811], adaptable a la forma de Gobierno establecido en Venezuela," se declaraba en su fuerza y vigor el Código que hasta aquí nos ha regido en todas las materias v puntos (lo que era una clara referencia a la *Recopilación de las Leyes de los Reynos de Indias*) que directa o indirectamente no se opongan a lo establecido en esta Constitución."

G. *Sobre la difusión y conocimiento de la Constitución y de los derechos de los ciudadanos*

Finalmente, en la Constitución misma se previó la necesidad de difundir su conocimiento, a cuyo efecto, se encargó y recomendó eficazmente

> "a todos los venerables Curas de los pueblos de esta Provincia, que los domingos y demás días festivos del año la lean públicamente en las iglesias a sus feligreses, como también la Constitución federal formada por el Congreso general de Venezuela, y con especialidad el capítulo octavo de ella, que tiene por título derechos del hombre, que se reconocerán y respetarán en toda la extensión del Estado, encareciéndoles la importancia, necesidad y obligación en que se hallan todos los ciudadanos de instruirse de estos derechos y de observarlos y cumplirlos exactamente, haciéndoles cuando lo juzguen conveniente las aplicaciones, ilustraciones y advertencias conducentes a facilitarles su inteligencia. (art. 327)

Igualmente, se encargó y recomendó a todos los maestros de primeras letras que pusieran en manos de sus discípulos, en la forma y modo que hallasen más adaptables, el texto de la Constitución, y también la Federal, "procurando que las posean y manejen como otro cualquiera libro o lectura de las que se usan comúnmente en las escuelas, haciéndolas leer y estudiar constantemente, y en especialidad el capítulo octavo de la Constitución federal que trata de los derechos del hombre, por ser una de las instrucciones en que deben estar radicados a fondo, y un objeto esencialísimo de la educación que debe recibir la juventud de Venezuela" (art. 328).

SECCIÓN QUINTA:

LA DIVISIÓN TERRITORIAL DE LA PROVINCIA DE CARACAS EN 1811

I.   LA DISCUSIÓN SOBRE EL TERRITORIO DE LA PROVINCIA DE CA-RACAS Y SU DIVISIÓN

Como hemos señalado, de todas las provincias que conformaban la capitanía General de Venezuela, y luego de la sanción de la Constitución federal de diciembre de 1811, la provincia de Venezuela era la más extensa territorialmente, comprendiendo lo que en la actualidad sería el territorio de los Estados Miranda, Vargas, Aragua, Carabobo, Guárico, Yaracuy, Falcón, Lara, Portuguesa, Cojedes y Trujillo; y que en la época estaba dividida en los Partidos capitulares o Municipalidades de Caracas, San Sebastián, Villa de Cura, Valencia, San Carlos, San Felipe, Barquisimeto, Guanare, Calabozo, Carora, Araure, Ospino, Tocuyo y Nirgua.

Esta extensión y la importancia de Caracas respecto de todas las provincias, llevó a que se discutiera repetidamente sobre la división territorial de la Provincia, lo que ocurrió desde la sesión del 25 de junio de 1811 donde se propuso dividir la Provincia en dos; pero acordándose, primero pasar a constituir la Confederación, y después, que se procediera a dividir la Provincia de Caracas.[149]

El tema se volvió a tratar en la sesión del 27 de junio de 1811, donde se discutió ampliamente las razones a favor y en contra de la división,[150] particularmente conforme a lo expresado en la *Memoria* que presentó al Congreso sobre la necesidad de dividir la Provincia de Caracas y multiplicar los gobiernos territoriales que presentó el Diputado por el distrito de Valencia, Fernando de Peñalver.[151] Se consideró, contra la extensión de la Provincia y la importancia de Caracas capital, que "ningún beneficio gozan los pueblos distantes de Caracas y es nula la libertad que han adquirido, mientras tengan que venir aquí a mendigar las luces y la justicia."[152] De ello, salió la propuesta de dividir la provincia en cuatro provincias, es decir, tres nuevas mas a la capital, así: una, comprendiendo a Barquisimeto, Tocuyo, Carora y San Felipe; otra, comprendiendo a San Carlos, Araure, Ospino y Guanare; y la otra comprendiendo a Valencia, Nirgua, Puerto Cabello y los valles de Aragua. La de Cara-

---

149   Véase *Libro de Actas del Segundo Congreso de Venezuela 1811-1812, cit.,* Tomo I, p. 112, 117.

150   *Id.,* Tomo I, p. 119.

151   Véase el texto en *El pensamiento constitucional hispanoamericano hasta 1830*, Biblioteca de la Academia nacional de la Historia, Caracas 1961, Tomo V, pp. 3925-

152   Véase *Libro de Actas del Segundo Congreso de Venezuela 1811-1812, cit.,* Tomo I, p. 122.

cas, por su parte, quedaba con la capital y Calabozo, Villa de Cura, San Sebastián y el Puerto de La Guaira.[153]

Posteriormente, en la sesión del 2 de septiembre de 1811, se volvió a discutir el tema de la división de la Provincia de Caracas, y llegó a acordarse "en el día por el Congreso, que se divida en dos la Provincia de Caracas, quedando ésta compuesta de los Departamentos de la capital, Valencia, San Sebastián, Puerto Cabello, Calabozo, Villa de Cura, Nirgua y San Felipe; y la otra Provincia se compondrá de San Carlos, Barquisimeto, Carora, Tocuyo, Ospino, Araure y Guanare, con la cual división, quedan a esa nueva provincia interior 150.245 almas, y la de Caracas 262.612." Se acordó dicha división, pero con la advertencia de que "no puede ni debe llevare a efecto esta medida por ahora y hasta que la Diputación General de Caracas, en quien reside la Legislatura de la Provincia, estipule, convenga y presente al Congreso para su sanción los límites y capital, que ha de tener la nueva Provincia."[154]

Luego, en la sesión del 15 de octubre de 1811 se trató de nuevo el tema de la división de las Provincias y sobre Caracas se acordó que "Las provincias convienen en confederarse sin nueva división de la de Caracas, con la precisa calidad de que ésta se dividirá cuando el Congreso de Venezuela lo juzgue oportuno y conveniente."[155]

En todo caso, en la Constitución de la Provincia de 1812, el territorio de la misma no sólo permaneció el mismo que tenía, sino que fue objeto de una regulación específica y particularizada en forma tal que no se encuentra parangón en Constitución alguna de la época

II. LA DIVISIÓN TERRITORIAL UNIFORME DE LA PROVINCIA EN DEPARTAMENTOS, CANTONES Y DISTRITOS

La Constitución de la Provincia de Caracas de 1812, en efecto, estableció la división territorial de la Provincia en una forma única, que no encuentra antecedente en ningún texto constitucional precedente, adoptando el uniformismo en la organización territorial derivado de la organización municipal adoptada en la Revolución Francesa.

En tal forma, en el artículo 17 de la Constitución se comenzó por disponer que, en forma uniforme, "el territorio de la Provincia de Caracas se dividía en Departamentos, estos en Cantones y estos en Distritos;" agregándose que "cada Departamento constará de uno o más Cantones según la proporción de las localidades con el objeto de esta división"(art. 13); que "cada Cantón comprenderá tres Distritos, y a veces uno más en razón de las circunstancias"(art. 19); y que "cada Distrito se compondrá de una porción de territorio que tenga en su recinto diez mil almas de población de todas clases, sexos y edades" (art. 20).

Se establecieron, así, en la Constitución, los siguientes cinco (5) Departamentos en la Provincia, con sus respectivas capitales, el de Caracas, el de San Sebastián, el

---

153   *Id.,* Tomo I, pp. 126-127.
154   *Id.,* Tomo II, pp. 11-14.
155   *Id.,* Tomo II, p. 99.

de los Valles de Aragua, con la ciudad de la Victoria por capital, el de Barquisimeto, y el de San Carlos. (art. 21).

1. *La organización territorial del departamento de Caracas*

El Departamento de Caracas comprendía tres cantones, que fueron: el cantón del Tuy, cuya capital se fijó en la ciudad de la Sabana de Ocumare; el cantón de los Altos, cuya capital se fijó en la ciudad de Petare; y el Cantón de Caracas y sus costas vecinas, cuya capital se fijó en la misma ciudad capital. (art. 22).

A. *El cantón del Tuy*

El cantón del Tuy, conforme al artículo 27 comprendía tres (3) distritos que eran:

a. El *distrito inferior del Tuy*, que comprendía los pueblos y valles de Cupira, Guapo, Río Chico, Mamporal, Tacarigua, Curiepe, Marasma, Panaquire, Tapipa, Caucagua, Macaira y Aragüita, siendo su capital Caucagua;

b. El *distrito medio del Tuy*, que comprendía los pueblos de Santa Lucía, Santa Teresa, San Francisco de Yare, y la Sabana de Ocumare, que era su capital; y

c. El *distrito superior del Tuy*, que comprendía los pueblos de Charallave, Tácata, Cúa y Paracotos, siendo este último su capital (art. 27).

B. *El cantón de los Altos*

El cantón de los Altos, conforme al artículo 28, comprendía igualmente tres (3) distritos, que eran:

a. El *distrito de Guarenas* que comprendía los pueblos de Guatire, Guarenas y Petare, que era su capital.

b. El *distrito de Guaire*, que comprendía los pueblos de Chacao, Hatillo, Baruta, Valle, Vega y Antímano, cuya capital era el Valle, y

c. El *distrito de Los Teques*, que comprendía los pueblos de Macarao, San Pedro, Los Teques, San Antonio y San Diego, cuya capital era el pueblo de Los Teques.

C. *El cantón de Caracas*

El cantón de Caracas, conforme al artículo 29, así como sus costas vecinas en su departamento, comprendía cuatro distritos, que eran:

a. *El distrito de La Guaira* con los pueblos y valles de Caruao, Chuspa, Naiguatá, Caravalleda, Cojo, Macuto. La Guaira, Maiquetía, Tarmas y Carallaca, cuya capital era La Guaira; y

b. *Tres distritos de Caracas* que (el segundo, tercero y cuarto) que comprendían el recinto de la ciudad de Caracas, hasta donde se extendían sus parroquias.

2. *La organización territorial del departamento de San Sebastián*

El Departamento de San Sebastián comprendía dos cantones, que fueron: el cantón del Norte o de San Sebastián, con su capital en la misma ciudad de San Sebastián; y el cantón del Sur o de Calabozo, que tenía por capital a la misma ciudad de Calabozo (art. 23).

A.   *El cantón de San Sebastián*

El cantón del norte, o de San Sebastián, conforme al artículo 30, comprendía tres (3) distritos, que eran:

a.   El *distrito de San Sebastián*, que comprendía los pueblos de San Juan de los Morros, San Sebastián, San Casimiro de Güiripa, San Francisco de Cara, Camatagua, y Cura, con San Sebastián por capital.

b.   El *distrito de Orituco*, que comprendía los pueblos de Taguay, San Rafael de Orituco, Altagracia de Orituco, Lezama y Chaguaramos, con Lezama por capital; y

c.   El *distrito del valle de la Pascua*, que comprendía al mismo valle de la Pascua, Tucupido, Chaguaramal, Santa María de Ypire, San Juan de Espino, Yguana, Altamira, San Fernando de Cachicamo, Santa Rita, y Cabruta, con el valle de la Pascua por capital.

B.   *El cantón de Calabozo*

El cantón del sur, o de Calabozo, conforme al artículo 31, constaba de tres distritos, que eran:

a.   El *distrito de Ortiz*, que comprendía los pueblos de Parapara, Ortiz, San Francisco de Tiznados, y San José de Tiznados, con Ortiz por capital.

b.   El *distrito del Sombrero*, que comprendía los pueblos del Sombrero, Barbacoas, y el Calvario, con el del Sombrero por capital; y

c.   El *distrito de Calabozo*, que comprendía la misma ciudad de Calabozo y los pueblos de Ángeles, Trinidad, el Rastro, Guardatinajas, Camaguán, y Guayabal, con Calabozo por capital.

3.   *La organización territorial del departamento de los valles de Aragua*

El Departamento de los Valles de Aragua comprendía también de dos cantones: el cantón Oriental o de la Victoria, con su capital en la misma ciudad de la Victoria; y el cantón Occidental o de Guacara, que tenía por capital la misma ciudad de Guacara (art. 24).

A.   *El cantón de la Victoria*

El cantón oriental de la Victoria, conforme al artículo 32, comprendía comprenderá cuatro distritos, que eran:

a.   El *distrito de la Victoria*, que comprendía los pueblos del Buen Consejo, San Mateo, y la Victoria, que era su capital.

b.   El *distrito de Turmero*, que comprendía los pueblos de Cagua, Santa Cruz, y Turmero, que era su también su capital.

c.   El *distrito de Maracay*, que comprendía toda su jurisdicción y los pueblos de Chuao, Choroní, y Cuyagra, con Maracay por capital; y

d.   El *distrito de la ciudad de Cura*, que comprendía el pueblo de Magdaleno, y la misma ciudad de Cura, que era su capital.

B. *El cantón de Guacara*

El cantón occidental de Guacara, conforme al artículo 33, comprendía tres distritos, que eran:(3), que eran:

a. El *distrito de Guacara*, que comprendía los pueblos de Mariara, Cata, Ocumare, Turiamo y Guacara de capital.

b. El *distrito de los Guayos*, que comprendía los pueblos de los Guayos, Güigüe, y San Diego, con los Guayos de capital; y

c. El *distrito de Puerto Cabello*, que comprendía al mismo Puerto Cabello y a los pueblos y valles de Patanemo, Borburata, Guayguasa, Agua Caliente, Morón, y Alpargatón, con Puerto Cabello por capital.

4. *La organización territorial del departamento de Barquisimeto*

El Departamento de Barquisimeto comprendía tres cantones, que fueron: el cantón de San Felipe, con su capital en la misma ciudad de San Felipe; el cantón de Barquisimeto, con su capital en la ciudad de Barquisimeto, y el cantón de Tocuyo, con su capital en el Tocuyo (art. 25).

A. *El cantón de San Felipe*

El cantón de San Felipe, conforme al artículo 34, comprendía cinco (5) distritos, que eran:

a. El *distrito de Nirgua*, compuesto de esta ciudad, que era la capital y los pueblos de Temerla, Cabria, Taria, Montalbán, Canoabo, y Urama.

b. Dos *distritos en San Felipe*, en lo que era en ese momento el Partido capitular de San Felipe, formando un distrito doble bajo de una misma capital, que lo era la ciudad de San Felipe, y comprendiendo a los pueblos de Cocorote, Guama, San Francisco Javier de Agua Culebras, Cañizos, Tinajas, San Nicolás y Aroa;

c. Dos *distritos de Carora*, en el Partido capitular de Carora, del cual esta ciudad era su capital, extendiéndose a los pueblos de Aregue, Arenales, Burerito, Siquisique, Río del Tocuyo, Moroturo y Ayamanes.

B. *El cantón de Barquisimeto*

El cantón de Barquisimeto, que conforme al artículo 35 de la Constitución constaba de tres (3) distritos, que eran:

a. Dos *distritos de Barquisimeto* en la misma ciudad de Barquisimeto, con los pueblos de Santa Rosa, Buria, Altar, Bovare, y Sarare, del cual Barquisimeto era capital.

b. El *distrito de Yaritagua*, que abracaba los pueblos de Urachiche, Cuara, Chivacoa, Duaca, y Yaritagua, que era su capital.

C. *El cantón del Tocuyo*

El cantón del Tocuyo, que conforme al artículo 36 tenía tres (3) distritos, que eran:

a. El *distrito de Tocuyo*, que se extendía hasta donde alcanzaba la Parroquia de la ciudad, que era su capital.

b. *El distrito de Quíbor*, que comprendía a los pueblos de Barbacoas, Curarigua de Leal, Cubiro, y Quíbor, que era la capital; y

c. *El distrito de Humocaro*, que comprendía a los pueblos de Chabasquén, Humocaro Alto, Humocaro Bajo, que será la capital, Guárico, y Santa Ana de Sanare.

5. *La organización territorial del departamento de San Carlos*

El Departamento de San Carlos comprendía dos cantones: el cantón de San Carlos y el cantón de Guanare.

A. *El cantón de San Carlos*

El cantón de San Carlos, conforme al artículo 37 de la Constitución, comprendía cuatro (4) distritos, que eran:

a. El *distrito de San Carlos*, que se extendía a la misma ciudad de San Carlos y a los pueblos de San José, y Caramacate, quedando San Carlos por capital.

b. El *distrito del Pao*, que comprendía los pueblos del Pao, Tinaco y Tinaquillo, con el Pao por capital.

c. El *distrito de de Lagunillas*, que comprendía los pueblos de Agua Blanca, San Rafael de Onoto, Cojedes, San Miguel del Baúl, y Lagunitas, que era su capital.

d. El *distrito de de Araure*, que comprendía la misma ciudad de Araure, que era su capital, con los pueblos de Acarigua, la Aparición de la Corteza, San Antonio de Turén y las Sabanetas de Jujure.

B. *El cantón de Guanare*

El cantón de Guanare, conforme al artículo 38 de la Constitución, tenía tres (3) distritos, que eran:

a. El *distrito de Ospino*, abarcaba a la misma ciudad de Ospino, que era la capital, y a San Rafael de las Guasguas.

b. El *distrito de Guanare* comprendía a la ciudad de Guanare y a los pueblos de María y de Maraca, quedando Guanare por capital; y

c. El *distrito de Tucupido* comprendía los pueblos de Tucupido, Boconó y Papelón, con Tucupido por capital.

III. EL RÉGIMEN MUNICIPAL EN LA PROVINCIA DE CARACAS

La Constitución Provincial de Caracas de 1812, por otra parte, es un ejemplo único en su tiempo, en cuanto a la regulación general del régimen municipal en todo el territorio de una provincia, estableciendo un régimen municipal general, con Municipalidades de diversa categoría, lo que dependía del número de miembros que integraban el cuerpo municipal, según la importancia y extensión del territorio que se les asignó. Como se verá a continuación, el detalle de regulación constitucional en la materia implica la realización de un estudio territorial extraordinario, que según se lee en las actas de las sesiones del Congreso General, fue encomendado al diputado Francisco Javier Ustáriz, junto con los diputados José Vicente Unda y Juan José de Maya, en su sesión del 5 de marzo de 1811, para "examinar el estado que tenían las Municipalidades de la Provincia de Caracas."[156]

1. *Algo sobre las competencias municipales*

Estas Municipalidades configuran una pieza central del gobierno de la provincia, disponiéndose se existencia en materialmente todas las ciudades, villas y pueblos que se enumeran en la división territorial antes mencionada, organizadas en concejos según la importancia de las mismas.

De acuerdo con el artículo 76 de la Constitución provincial, las dichas Municipalidades tenían las siguientes facultades peculiares, que eran las materias propias de la vida local:

"la conservación de las propiedades públicas que hubiere en el distrito; todo lo concerniente a las fuentes y aguas públicas de las poblaciones; el aseo y buen orden de sus calles y plazas; la limpieza de los desaguaderos; el alumbrado, rondas y patrullas de las noches para quietud y seguridad del vecindario; la construcción y reparo de puentes y obras públicas necesarias o útiles, el establecimiento y superintendencia de las escuelas de primeras letras y otras de literatura que puedan procurarse; el alivio de los pobres, la salubridad pública, precaviendo los estragos dañosos a la salud de los ciudadanos; la seguridad y sanidad de las cárceles y prisiones, con cuyo objeto elegirán uno o dos individuos de su seno que visiten las casas de prisión y cuiden que los presos no sufran los rigores y malos tratamientos que la ley no ha prescrito; la conservación de los pesos y medidas que fije la Legislatura para las ventas; la regulación del peso y calidad del pan y de otras cosas que son de la primera necesidad para el abasto y subsistencia del pueblo; las licencias para los pulperos y revendedores, cuyo importe no podrá ceder en beneficio de ningún particular, sino de los fondos de la Municipalidad; la abolición y persecución de los juegos prohibidos que disipan el tiempo y arruinan la fortuna de los ciudadanos; la licencia, restricción, regulación y orden de los espectáculos y diversiones públicas, y de los trucos, billares y otros lugares de pasatiempo; la apertura, conservación, reparo y mejora de los caminos públicos; la navegación de los ríos; la subsistencia del flúido vacuno, y todo lo demás que fuese necesario para llevar a efecto estos objetos: bien que la Legislatura podrá ampliar y restringir por leyes particulares la jurisdicción de las Municipalidades, según lo juzgare conveniente".

El órgano de representación y gobierno de las Municipalidades era precisamente una Cámara o concejo colegiado que conforme al artículo 77 de la Constitución era "una autoridad puramente legislativa" con competencia en las materias municipales

---

156   En la despedida de la Sección Legislativa de la Provincia de Caracas al concluir sus sesiones y presentar la Constitución provincial 19 de febrero de 1812. Véase *Textos Oficiales de la primera República de Venezuela, cit.,* Tomo II, p. 216. Ustáriz volvió a explicar su concepción para la organización territorial del Estado en 1812 en el "Plan de Gobierno Provisorio para Venezuela" que presentó a Simón Bolívar en 1813. Véase en *El pensamiento constitucional hispanoamericano hasta 1830, cit.,* Tomo V, pp. 129-130.

(art 76), para lo cual tenía "facultad para expedir los reglamentos y ordenanzas que fueren necesarias para el desempeño de sus deberes; para imponer penas ligeras que no sean injuriosas ni infamatorias y para ordenar otras contribuciones suaves y moderadas sobre los carruajes y bestias de servicio que transitan por los caminos y los arruinan y deterioran, o sobre las personas sin propiedad, que nada contribuyen para las cargas del Estado y gozan de todas las ventajas del orden social."

Debe mencionarse, además, que en la Constitución, las Municipalidades, los Corregidores y Alcaldes conservaban funciones judiciales en primera instancia (arts. 240 ss.).

2. Las Municipalidades de la Provincia según el número de miembros del órgano colegiado municipal

Conforme a este esquema, en la Constitución se regularon las Municipalidades integradas en forma variable por 24, 16, 12, 8 y 6 miembros; y además, se reguló la existencia de Agentes Municipales en las parroquias. Todas estas autoridades eran electas mediante sufragio por los electores.

A. La Municipalidad de Caracas capital con 24 miembros y dos Cámaras

De acuerdo con el artículo 90 de la Constitución, la Municipalidad de la capital de Caracas se componía de 24 miembros o Corregidores, estando la Corporación dividida en dos Cámaras de doce personas cada una (art. 91).

B. Las Municipalidades con 16 miembros y dos Cámaras

El artículo 95 de la Constitución organizó seis (6) Municipalidades con 16 miembros cada una y dos Cámaras en las ciudades de *Barquisimeto, San Carlos, la Victoria, San Sebastián, Tocuyo y Guanare.*

En estas se sometió la eficacia de las resoluciones de las Municipalidades, en los recesos de la Legislatura, al sometimiento del asunto a Poder Ejecutivo de la Provincia (art. 95)

De acuerdo con lo previsto en el artículo 92 de la Constitución, se dispuso que habría Municipalidades con 16 miembros cada una en las ciudades de *Barquisimeto, San Carlos, la Victoria y la de San Sebastián*, quedando divididas en dos Cámaras de ocho miembros cada una, y con dos Alcaldes ordinarios que debían presidirlas.

En cuanto a las Municipalidad de Barquisimeto debía comprender al pueblo de Bobare; la Municipalidad de San Carlos se debía extender a los de San José y Caramacate; la Municipalidad de San Sebastián se debía extender a los de San Juan de los Morros, San Casimiro de Güiripa y San Francisco de Cara; y la Municipalidad de la Victoria, comprendía su sola Parroquia (art. 93)

El artículo 94 de la Constitución también dispuso que las Municipalidades del *Tocuyo* y *Guanare* se comprendían también de 16 miembros. La primera extendía sus límites a su Parroquia; y la segunda, a los pueblos de María y de Maraca.

C. Las Municipalidades con 12 miembros

El artículo 96 de la Constitución reguló la existencia de Municipalidades constituidas con 12 miembros cada una, y una sola Cámara o corporación que debían presidir dos Alcaldes Ordinarios, en las ciudades "de *San Felipe*, capital del cantón de este nombre, en el departamento de Barquisimeto; en la de *Maracay*, capital del tercer distrito del cantón oriental de la Victoria; en la de *Puerto Cabello*, capital del tercer distrito del cantón occidental de Guacara; en la de *Carora*, capital del cuarto y quinto distritos del cantón de San Felipe; en la del Pao, capital del segundo distrito del cantón de San Carlos; en la de *Ospino*, capital del primer distrito del cantón de Guanare; y en la de *Quíbor*, capital del segundo distrito del cantón del Tocuyo."

Conforme al artículo 97 de la Constitución, la jurisdicción de la Municipalidad de *San Felipe* se extendía a los pueblos de Agua Culebras, Cañizos, San Nicolás, Aroa y Cocorote; las de *Puerto Cabello* y *Quíbor*, se extendían a los pueblos de su distrito; la de *Carora*, a los pueblos de Arenales, Burerito, Aregue y Santiago del Río del Tocuyo; la de *Maracay*, a los pueblos de Chuaco, Choroní y Cuyagua; y las del *Pao* y *Ospino* a sus respectivas Parroquias.

D. *Las Municipalidades con 8 miembros*

El artículo 98 de la Constitución dispuso que había Municipalidades de ocho (8) miembros y un Alcalde, "a menos que estén en posesión de nombrar dos y quieran continuar en el mismo uso," en las ciudades de la *Sabana de Ocumare*, de *Petare*, de *Guacara*, de *Calabozo*, de *Cura*, de *Nirgua* y de *Araure*, y en las villas de *La Guaira, Siquisique*, de *Cagua, Turmero, Sombrero, Santa Rosa, San Rafael de las Guasguas* y *Tucupido* (art. 98).

La jurisdicción de la ciudad de Sabana de Ocumare, se debía extender al pueblo de San Francisco de Yare; la de Calabozo a los de Angeles, Trinidad, Rastro, Camaguán y Guayabal; la de Cura al pueblo de Magdaleno; la de Nirgua a Temerla, Cabria y Taria; la de Araure a Acarigua; la de La Guaira a su distrito; la de Siquisique a Ayamanes y Moroturo; la de Tucupido al de Boconó y las demás debían quedar reducidas a la extensión de sus Parroquias (art. 99).

E. *Las Municipalidades con 6 miembros*

El artículo 100 de la Constitución reguló los lugares donde debía haber "pequeñas" Municipalidades compuestas de seis (6) miembros y un Alcalde, "a los que se reunirán en algunas los Agentes particulares de aquellas Parroquias comprendidas en su demarcación que se designaren expresamente en la Constitución." Estos lugares fueron los siguientes a los que se asignó en el artículo 101 de la misma Constitución, la denominación de *villas*: los pueblos de los Teques, el Valle, Barata, Hatillo, Chacao, Guarenas, Curiepe, Guapo, Cancaina, Santa Lucía y Paracotos, comprendidos en el departamento de Caracas; en los de San Mateo, Buenconsejo, Santa Cruz del Escobar, Mariara, los Guayos y Güigüe, en el departamento de Aragua; en los de Camatagua, Taguay y Lezama, Altagracia de Orituco, Chaguaramas, Tucupido del Llano arriba, Valle de la Pascua, Chaguaramal, Santa María de Ipire, Ortiz, San José de Tiznados, Barbacoas y Guardatinajas, en el departamento de San Sebastián; en los de Montalbán, Guama, Sanare, Yaritagua, Urachiche, Sarare, Humocaro Bajo, en el departamento de Barquisimeto; en los del Tinaco, San Miguel del Baúl, Lagunitas, la Sabaneta de Jujure, la Aparición de la Corteza y Papelón, en el departamento de San Carlos.

Dispuso el artículo 102 de la Constitución, que la jurisdicción de la Municipalidad de los Teques, se extenderá a los pueblos de San Diego, San Antonio, San Pedro y Macarao; la del Valle, a los de la Vega y Antímano; la de Guarenas a Guatire; la de Curiepe a Mamporal, Tacarigua y Marasma; la del Guapo a Río Chico y Cupira; la de Caucagua a Aragüita, Macaira, Tapipa y Panaquire; la de Santa Luisa a Santa Teresa; la de Paracotos a Charallave, Cúa y Tácata; la de Mariara a Ocumare de la costa, Cata y Turiamo; la de los Guayos a San Diego; la de Altagracia de Orituco a San Rafael de Orituco; la de Santa María de Ipire a San Fernando, Iguana, Altamira, Espino, Santa Rita y Cabruta; la de Ortiz al pueblo de Parapara; la de San José de Tiznados al de San Francisco de Tiznados; la de Barbacoas al del Calvario; la de Montalbán al de Canoabo y Urama; la de Sanare al de Buría y el Altar; la de Urachiche al de Cuara, Chivacoa y Duaca; la de Sarare al de Guarico; la de Humocaro Bajo, al de Humocaro Alto y Chabasquén; la del Tinaco al del Tinaquillo; la de Lagunitas al de Agua Blanca, San Rafael de Onoto y Cojede; y la de la Sabaneta de Jujure al de Turen; y las demás quedarán reducidas a su Parroquia.

3. *Las Parroquias y los Agentes Municipales*

En cada Parroquia, que era una división de los cantones, además, debía haber un Agente Municipal. Estos Agentes Municipales, y en su defecto los respectivos sustitutos, tenían asiento, voz y voto en las Municipalidades a que pertenecieran sus Parroquias, para acordar y representar por ellas todo lo que estuviese al alcance de sus facultades (art. 103).

En particular, los artículos 104 a 107 de la Constitución precisaron en qué pueblos y lugares debía designarse Agentes Municipales, así:

a. El pueblo de San José, comprendido en la jurisdicción de la Municipalidad de San Carlos, nombrará un Agente y su sustituto para la segunda Cámara de dicha Municipalidad. Los de María y de Maraca, comprendidos en la de Guanare, tendrán también en la segunda Cámara un agente municipal o sus sustitutos; y los de San Juan de los Morros, San Casimiro de Güiripa y San Francisco de Cara, tendrán, del mismo modo, un Agente cada uno en la segunda Cámara de la Municipalidad de San Sebastián, a quien pertenecen (art. 104).

b. Los pueblos de Cañizos y de Aroa, sujetos a la Municipalidad de San Felipe, nombrarán un Agente cada uno con sus respectivos sustitutos; el de Cocorote, dos para la misma Municipalidad de San Felipe; los de Arenales y Santiago del Río del Tocuyo, cada uno el suyo para la Municipalidad de Carora (art. 105).

c. El pueblo de Macuto dará un Agente municipal y el de Maiquetía dos para la corporación de La Guaira; el de Magdaleno dará uno para la de Cura; el de Acarigua dará dos para la de Araure; y los de Trinidad, Rastro, Camaguán Guayabal, darán el suyo cada uno para la de Calabozo (art. 106).

d. Los pueblos de San Diego, San Antonio, San Pedro y Maracao nombrarán un Agente cada uno para la Municipalidad de los Teques, a quien pertenecen; la Vega y Antímano nombrarán también el suyo para la del Valle; Guatire dará otro para la de Guarenas; Marasma otro para la de Curiepe: Río Chico y Cúpira, darán un Agente cada uno para la del Guapo; Tapipa y Panaquire, darán también los suyos para la de Caucagua; Santa Teresa dará otro para Santa Lucía; Charallave dos; Cúa dos y Tacata uno para la de Paracotos; Choroní dará uno para Maracay; Ocumare de la Costa, otro para la de Mariara; San Diego, otro para la de los Guayos; San Rafael de Orituco, dos para la de Altagracia de Orituco; Parapara, dos para la de Ortiz; San

Francisco de Tiznados, otros dos para la de San José de Tiznados; el Calvario uno para la de Barbacoas; el Guárico, otros dos para la de Sanare; Humocaro Alto y Chabasquén, otros dos cada uno para la de Humocaro Bajo; y el Tinaquillo, otros dos para la del Tinaco; y San Rafael de Onoto uno, y Cojede dos para la de Lagunitas (art. 107).

4. *Los Alcaldes en los sitios distantes de poblado*

En la Constitución también se reguló la situación de de casos donde haya "muchos Partidos en la Provincia donde se han reunido varios habitantes en sus casas v labores," respecto de los cuales la experiencia había acreditado que no era suficiente para el gobierno local la designación de "un simple Cabo o Comisionado de justicia para mantener el orden y procurar la seguridad que exigen unos lugares semejantes que son más expuestos que cualquiera otros a la voracidad de los vagos y ociosos, por su mucha distancia de los poblados y por la falta de una administración vigorosa que corrija los vicios y desórdenes"; previendo entonces el artículo 128 que se debían remediar "estos abusos tan perjudiciales" del modo siguiente:

"Además de los Corregidores y Alcaldes que actualmente existen, o que aumente la constitución con jurisdicción ordinaria, las Municipalidades elegirán cada dos años un Alcalde, en quien se confíe la inmediata administración de justicia de los referidos lugares, al tiempo mismo que se nombren los de los pueblos; pero ellas deberán informar previamente a la Legislatura de los sitios que haya en sus jurisdicciones, donde convenga, o se necesite alguno de estos Alcaldes, para obtener su consentimiento y aprobación" (art. 129).

IV. EL RÉGIMEN DE ELECCIÓN DE CARGOS REPRESENTATIVOS EN LA PROVINCIA Y EN PARTICULAR, EN EL ÁMBITO MUNICIPAL

Todos los altos cargos públicos en la provincia de Caracas, como correspondía a un Estado democrático, eran ocupados mediante elección popular, correspondiendo el derecho primario al sufragio (en las Asambleas primarias) conforme al artículo 27 de la Constitución, "a todo hombre libre que, siendo ciudadano de los Estados Unidos de Venezuela, con tres años de vecindad en la Provincia y uno en la Parroquia o lugar donde sufraga, fuese mayor de veintiún años, en caso de ser soltero, o menor, siendo casado y velado; y si poseyere un caudal libre del valor de seiscientos pesos en la capital de la Provincia, siendo soltero, y de cuatrocientos siendo casado, aunque pertenezcan a la mujer, o de cuatrocientos si vive en las demás ciudades, villas, pueblos o campos de lo interior en el primer caso, y de doscientos en el segundo o, no teniendo propiedad alguna, que ejerza una profesión mecánica, útil, en calidad de maestro u oficial examinado y aprobado o tenga grado o aprobación pública en una ciencia o arte liberal, o que sea arrendador de tierras para sementeras o ganado, con tal que sus productos equivalgan a las cantidades arriba mencionadas, en los respectivos casos de soltero o casado."

La votación de los sufragantes en las parroquias se estableció en forma indirecta, en general de dos grados, en el sentido de que los sufragantes elegían en cada parroquia a los "electores parroquiales" que debían formar la Congregación electoral, en un número equivalente, en general, de uno en cada parroquia por cada mil almas de población. Sin embargo, se dispuso que "la que no tuviere mil, dará uno; y la que excediere de uno o más millares, dará otro, siempre que el exceso pase de quinientas almas" (art. 31).

Los electores parroquiales agrupados en las Congregaciones electorales, debían reunirse en las capitales del distrito cada dos años (art. 32); y era a ellos a quienes correspondía realizar la elección del Representante o Representantes de la Provincia para la Cámara del Gobierno federal; de los tres individuos que habrían de componer el Poder Ejecutivo de la Unión, que era plural; de un Senador o dos cuando lo prescribiera la Constitución para la Asamblea general de la Provincia, por el cantón a que pertenece el distrito; de un Representante para la Cámara del Gobierno provincial, por el mismo distrito; y a la de un elector para la nominación del Poder Ejecutivo de la Provincia (art. 33). En este último caso, la elección era indirecta en tres grados, pues se trataba de que cada Congregación electoral nominaba un Elector para integrar una Junta electoral que era la que debía elegir el Poder Ejecutivo Provincial (art. 49). Conforme al artículo 49 de la Constitución, estas Jutas electorales se debían reunir en las capitales de los departamentos, en acto presidido por el Corregidor de la capital del departamento (art. 51).

En materia de cargos municipales, se estableció un sistema electoral de dos grados para la elección de los miembros de las Municipalidades, y un sistema de elección directa para la elección de los Agentes Municipales. Estos últimos, en efecto, se elegían directamente por los electores sufragantes en la elección en cada parroquia donde correspondiera (arts. 24, 64).

En cuanto a la elección de los miembros de las Municipalidades, la misma era indirecta, pues en este caso, los sufragantes en las parroquias debían elegir los miembros de las Juntas Electorales (art. 59), que eran los llamados a elegir a los miembros de las Municipalidades.

De acuerdo con el artículo 110 de la Constitución, para ser miembros de las Municipalidades o Agente municipal, "era preciso poseer en los pueblos del partido una propiedad territorial o una casa propia o un establecimiento de comercio o de pastorería, o que tenga arrendadas y cultivadas cuatro fanegadas de tierra, suponiendo siempre que debe ser mayor de veinticinco años."

Por otra parte, también se regularon los cargos municipales no electivos, como los Alcaldes, que se elegían por cada Municipalidad, y los Corregidores que debían proponerse por esta al Poder Ejecutivo Provincial (art. 69). Estos eran considerados "particularmente como jurisdiccionarios del Poder Ejecutivo Provincial," y también lo debían ser de las Municipalidades "en la ejecución de sus leyes" (art. 83). Se reguló también al "Corregidor Juez de Policía" como funcionario dependiente del Poder Ejecutivo, y que no tenía ni voz ni asiento en la Municipalidad, siendo sólo ejecutor de sus resoluciones (art. 118).

Las sesiones de la Municipalidad sólo podían ser presididas por sus Alcaldes "o, en defecto de éstos, por los miembros que se eligieren al efecto" (art. 83).

SEXTA PARTE

OTROS ESTUDIOS SOBRE LOS INICIOS DEL CONSTITUCIONALISMO EN HISPANOAMERICA

SECCIÓN PRIMERA:

ESPAÑA Y EL CONSTITUCIONALISMO HISPANOAMERICANO (1986)

Esta Sección es el texto del Discurso pronunciado en el acto de Investidura de Doctor Honoris Causa de la Universidad de Granada, el 9 de diciembre de 1986, que versó sobre el tema: "España y el constitucionalismo hispanoamericano" publicado en el libro: *Discursos pronunciados en el acto de Investidura Doctor Honoris Causa de los Profesores Allan R. Brewer-Carías, J.E. Keller y Ludwing Demling*, Universidad de Granada, Granada 1986, pp. 27-41; y en el libro: *Reflexiones en España*, Caracas 1987, pp. 11-31.

Este último libro estuvo precedido de la siguiente Nota: *Un Regalo-Homenaje*: Este pequeño libro está concebido como un Regalo-Homenaje a mis padres, Charles A. Brewer y Margarita Carias de Brewer con ocasión de cumplir sus bodas de oro matrimoniales, el 20 de diciembre de 1987. ¡Qué otro regalo podría hacerles quien durante los últimos 25 años no ha hecho otra cosa que dar clases y conferencias, investigar, escribir y publicar!

Recojo aquí dos discursos y una conferencia, leídos en Segovia y Granada en los últimos años, y que han permanecido inéditos. El discurso con ocasión de recibir el Doctorado Honoris Causa de la Universidad de Granada (diciembre, 1986), es una pieza meditada y querida, particularmente por el significado de la investidura recibida, que me convirtió en el primer miembro latinoamericano del Claustro de una de las Universidades más antiguas de España. También se publica, además, y por supuesto, el discurso de presentación de mi candidatura a dicho Doctorado, leído por el Profesor Eduardo Roca Roca, a quien una vez más agradezco sus generosas palabras e iniciativa. El discurso en la Academia de Historia y Arte de San Quirce, en Segovia, (mayo, 1986), fue leído con ocasión de la clausura del Segundo Congreso Iberoamericano de Profesores de Derecho Administrativo que, con el esfuerzo del Profesor Luciano

Parejo Alfonso, continuó el proceso de acercamiento entre los profesores de esta disciplina de España y América Latina, a cuyo desarrollo he puesto tanto empeño en los últimos 20 años. En la conferencia leída en Granada con ocasión del II Congreso Extraordinario de la Organización Iberoamericana de Cooperación Intermunicipal (abril, 1985), toqué un tema a cuyo estudio y análisis he dedicado muchas horas durante los últimos diez años: el del municipalismo y su crisis.

Es cierto, como lo dijo Jean Paul Sartre, que al hombre no lo hacen, él se hace a sí mismo, y es y será lo que él se haga. Conforme a esta disciplina de la vida, el hombre es el único responsable de sí mismo, con el añadido de que cuando se proyecta y se escoge, no escoge sólo su individualidad, sino que escogiéndose a sí mismo, escoge a todos los hombres. Sin embargo, en ese proceso de escogerse, de hacerse y de existir, el entorno social juega un papel fundamental, y dentro de él, la familia.

En nuestro caso, sin la menor duda, la familia, nuestra familia, ha jugado un papel fundamental. Crecimos y nos desarrollamos en una familia muy unida y solidaria, en la cual siempre hemos encontrado el apoyo necesario. Y hablo aquí no sólo en nombre propio, sino en el de mis hermanos.

Y los artífices de ella, por supuesto, han sido nuestros padres, quienes llegan a sus cincuenta años de vida matrimonial, gracias a Dios, encontrándonos a todos cerca, al lado, como un todo monolítico.

Es una celebración, por supuesto, no sólo para rememorar el tiempo pasado, sino para pensar en el futuro, pues la vida sigue y el futuro siempre está por delante, pero sin olvidar, por supuesto, que el pasado es el que nos permite entrar seguros en él. Como lo decía José Ortega y Gasset en su discurso con motivo de la conmemoración de los 400 años de la Universidad de Granada, en 1932:

"La vida es una faena que se hace hacia adelante. Nuestro espíritu está siempre en el futuro, preocupado por lo que vamos a hacer, lo que nos va a pasar en el momento que llega. Sólo en vista de ese futuro, para prevenirlo y entrar en él bien pertrechado, se nos ocurre pensar en lo que hemos sido hasta aquí".

En cuanto a nosotros concierne, no nos queda más que decirles a papá y mamá: gracias por los pertrechos suministrados que nos han facilitado ser y que nos permiten seguir.

Pero además de la familia, hemos tenido el privilegio de crecer, vivir y hacernos en Caracas, donde nació mamá y donde joven llegó a estudiar papá, nacido en La Guaira. Caracas, así, ha sido la sede de la familia Brewer desde principios de siglo, y de los Carías desde el siglo pasado. Mathías Brewer, el abuelo, recién llegado muy joven a Venezuela, a principios de siglo, se encontró en una barca llevando mensajes en pleno bloqueo de las Armadas europeas que con su "planta insolente" pretendieron acorralar al paupérrimo país que éramos. Fue un hombre de Puerto, con funciones consulares, y de la burocracia privada portuaria.

Rafael Carías, el abuelo, fue un hombre citadino y de letras, y por muchísimos años funcionario gubernamental: todavía tengo grabada su firma en el Código Penal por el que estudié, estampada como Secretario de la Cámara de Diputados. Ambos nos legaron un nombre y un ejemplo de vida invalorable.

De esa simbiosis de nombres y familias, tan común en nuestra Venezuela contemporánea, al abrigo del Ávila, asumimos el espíritu del caraqueño, que en una forma u otra, todos los que crecimos en este valle, llevamos. No se me olvida, por ello, el juicio que el historiador peninsular Torrente hizo a finales del siglo pasado, sobre los nativos de Caracas, que siempre tenemos que tener presente, precisamente para asumir el futuro:

"La capital de las provincias de Venezuela ha sido la fragua principal de la insurrección americana. Su clima vivificador ha producido los hombres más políticos y osados, los más emprendedores y esforzados, los más viciosos e intrigantes y los más distinguidos por el precoz desarrollo de sus facultades intelectuales. La viveza de estos naturales compite con su voluptuosidad, el genio con la travesura, el disimulo con la astucia, el vigor de su pluma con la precisión de sus conceptos, los estímulos de gloria con la ambición de mando y la sagacidad con la malicia. Con tales elementos no es de extrañar que este país haya sido el más marcado en los anales de la revolución moderna".

Y yo agregaría, entre todas las virtudes, una fundamental que nos ha dado la historia y la naturaleza: el optimismo que nos lleva a buscar soluciones a todos los problemas, incluso en medio de las grandes o pequeñas adversidades, aun cuando en algunos casos, alguien —persona, naturaleza o adversidad— pretende habernos vencido.

No ceso de tener presente lo que dijo Joaquín V. González, fundador de la Universidad de La Plata, en 1918:

"Ya veis que no soy un pesimista ni un desencantado, ni un vencido, ni un amargado por derrota ninguna: a mí no me ha derrotado nadie; y aunque así hubiera sido, la derrota sólo habría conseguido hacerme más fuerte, más optimista, más idealista; porque los únicos derrotados en este mundo son los que no creen en nada, los que no conciben un ideal, los que no ven más camino que el de su casa o su negocio, y se desesperan y reniegan de sí mismos, de su patria y de su Dios, si lo tienen, cada vez que les sale mal algún cálculo financiero o político de la matemática de su egoísmo. Trabajo va a tener el Enemigo para desalojarme a mí del campo de batalla! El territorio de mi estrategia es infinito, y puedo fatigar, desconcertar, desarmar y aniquilar al adversario, obligándolo a recorrer distancias inmensurables, a combatir sin comer, ni beber, ni tomar aliento, la vida entera, y cuando se acabe la tierra, a cabalgar por los aires sobre corceles alados, si quiere perseguirme por los campos de la imaginación y del ensueño. Y después el Enemigo no puede renovar su gente, por la fuerza o por el interés, que no resisten mucho tiempo; y entonces, o se queda solo, o se pasa al Amor, y es mi conquista, y se rinde con armas y bagajes a mi ejército invisible e invencible".

Esta lección de optimismo y de lucha, tenemos la obligación de transmitirla. Esa es la vida, y de ella tienen que aprender nuestros hijos y los hijos de ellos.

Tratándose, éste, de un regalo-homenaje, con el permiso de mis padres, quiero convertirlo, además, en un presente para Beatriz y nuestros hijos y para nuestros hermanos y sus hijos; para nuestros tíos y nuestros primos y sus hijos, y para nues-

tros amigos y los amigos de todos. Es una forma personal de agradecerle a la vida,
todo. Navidad, 1987

Yo vengo de lo que una vez fue la Provincia más pobre y aislada del Nuevo Reino de Granada, la prolongación histórica más importante en el Nuevo Mundo, del
reino que tuvo su centro en esta magnífica ciudad, donde concluyó el proceso de la
Reconquista de España, y se inició la tarea del descubrimiento y luego de la conquista de América.

Comprenderán ustedes, entonces, cuán grande es la satisfacción y legítimo orgullo que siente un venezolano, al recibir el Doctorado Honoris Cama de esta Universidad, de Granada, ciudad con la cual Hispanoamérica tiene todos los vínculos históricos imaginables; y cuánto es, por tanto, mi agradecimiento al claustro de esta Universidad y a mis amigos españoles que le propusieron mi nombre para recibir este
gran honor, agradecimiento que quiero testimoniarles de la manera más emotiva,
como tiene que ser.

Granada fue descrita magistralmente por Federico García Lorca, en su aspecto
estético y arquitectónico, como una ciudad que no puede salir de su casa"; y decía:
Granada.

> "No es como las otras ciudades que están a la orilla del mar o de los grandes
> ríos, que viajan y vuelven enriquecidas con lo que han visto: Granada, solitaria
> y pura; se achica, ciñe su alma extraordinaria y no tiene más salida que su alto
> puesto natural de estrellas".

Ello es así, arquitectónicamente, al punto de que la Alhambra es quizás la única
edificación morisca de la Península, enteramente islámica. Allí no hay ni siquiera
manifestaciones ibéricas: lo clásico, lo romano, lo gótico y lo latino fueron eclipsa-
dos para dar lugar a algo enteramente exótico y musulmán, un edificio fantástico
abandonado en la Europa Occidental para dar testimonio de la tenacidad y singulari-
dad del carácter del Islam. Por ello, con razón, en el Romance de Abenámar, del
siglo XV, en el diálogo del Rey don Juan con el moro, aquél decía:

> *Si tú quisieras, Granada contigo me casaría...*

Y qué más se le podría proponer a esta ciudad que, como decía Federico García
Lorca, estando cerca de las estrellas, "no tiene sed de aventuras". Granada, decía,
aún parece que "no se ha enterado de que en ella se levantan el palacio de Carlos v y
la dibujada catedral", y por ello agregaba: "las horas son allí más largas y sabrosas
que en ninguna otra ciudad de España".

Pero al referirse al granadino, García Lorca lo dibujaba diciendo que:

> "Le asustan los elementos y desprecia el vulgo voceador, que no es de ningu-
> na parte. Como es hombre de fantasía, no es, naturalmente, hombre de valor.
> Prefiere el aire suave y frío de su nieve al viento terrible y áspero que se oye en
> Ronda, por ejemplo, y está dispuesto a poner su alma en diminutivo y traer al
> mundo dentro de su cuarto. Sabiamente se da cuenta de que así puede com-
> prender mejor. Renuncia a la aventura, a los viajes, a las curiosidades exterio-
> res; las más veces renuncia al lujo, a los vestidos, a la urbe.

> Desprecia todo esto y engalana su jardín. Se retira consigo mismo. Es hombre
> de pocos amigos".

Sin embargo, debo confesar que al leer esta descripción, me resultó un cuadro extremadamente contrastante con los granadinos de hace cuatro siglos, que formando parte de los ejércitos de conquistadores españoles, buena parte de ellos andaluces y extremeños, hicieron la guerra de la conquista del Nuevo Mundo. SÍ aún hoy día es difícil imaginarse un viaje a pie o a caballo desde Cartagena a Bogotá o desde Caracas a Bogotá, por llanuras, selvas y montañas, atravesando ríos de los más caudalosos del mundo y enfrentando aborígenes no siempre amigos, tenemos que sobrecogernos frente a la tarea de aquellos desventurados conquistadores que penetraron nuestros desconocidos territorios en la conquista.

No hay que olvidarlo: eran hombres que tenían siete siglos de tradición de guerras entre moros y cristianos, y sólo ello, más que el afán de riqueza, de fama o de cruzada cristiana, puede explicar el proceso de la conquista, particularmente de la Provincia de Venezuela y de buena parte del Nuevo Reino de Granada.

A nosotros no nos conquistaron puritanos ingleses, quienes sólo tuvieron que enfrentarse a la gran tarea de poblamiento como sucedió en América del Norte; no, a nosotros nos conquistaron, básicamente, andaluces y extremeños, producto de la postguerra, por supuesto, de la postguerra de la Reconquista que se selló precisamente, aquí, en Granada, en 1492, cuando cae el último baluarte de la soberanía musulmana en la Península, que desde el siglo XIII había quedado limitado al reino de Granada.

Estos conquistadores habían sido el producto de esos largos siglos de luchas de reconquista, que si bien concluyeron en el mismo año en que Colón llegó a nuestras costas americanas, su efecto no podía borrarse por la sola caída de Granada en poder de los Reyes Católicos. Como ni siquiera se borró en los años posteriores, pues aquí habrían de continuar por varias décadas, las luchas entre la cruz y la media luna, y de ello son testigos, tanto esta ciudad como el Albaicín, la Alpujarra y Ronda. Así lo cuenta el granadino Diego Hurtado de Mendoza, en su Guerra de Granada, en la cual participaría, como Arzobispo de Toledo, Gonzalo Ximénez de Cisneros.

Después de la toma de Granada, por supuesto, no todos los moros habían huido de la Península, por lo que Granada continuaba siendo la ciudad de alma mora. Por ello, como lo dicho Luys Santa Marina en su obra sobre Cisneros:

> "Había que separar para siempre los moros de aquende y los de allende; gente de la misma raza, de iguales gustos y pasiones, sólo la religión podía dividirlos: convenía, pues, cristianizar, y de prisa, sin tantos escrúpulos y lenidades".

A eso vino Cisneros a Granada, por lo que al partir, Hernando de Talavera, Arzobispo de Granada, habría de decirle:

> "A la verdad, señor: que fizo vuesa señoría más servicio a Dios en Granada que los reyes nuestros señores, pues ellos conquistaron las piedras, y vuesa señoría, las ánimas".

En todo caso, a comienzos del siglo XVI, cuando se inicia la conquista del Nuevo Mundo, en España existía una tradición de veinte generaciones de españoles que habían nacido y muerto bajo el signo de una nación en guerra. Por ello, concluyendo las luchas entre motos y cristianos, el Nuevo Mundo fue una oportunidad única para hombres que habían sido, sin quererlo, el producto de valores invertidos por aquella tradición bélica, que si no se hubiera dado quizás hubiera llenado de desadaptados a la Península.

Conforme a esa tradición, lo que las armas daban era de mayor valor que lo que daban las letras. Así lo constató Cervantes, por boca de Don Quijote, al decir, que por el ejercicio de las armas se alcanzaban, "si no más riquezas, a lo menos más honras que por las letras" y concluía diciendo:

"... que puesto que han fundado más mayorazgo las letras que las armas, todavía llevan un no sé qué los de las armas a los de las letras, con un sí sé qué de esplendor que se halle en ellos, que los aventaja a todos".

Por tanto, puede decirse que Boabdíl, al entregar Granada en enero de 1492, no sólo se había llevado consigo al mundo musulmán, sino que con él se iba una forma de vivir. Como lo ha dicho el venezolano Francisco Herrera Luque.

"La capitulación tuvo toda la fuerza de un desempleo permanente. Granada fue para el guerrero 10 que las revoluciones son para la aristocracia, o la máquina para el obrero: lo dejó de pronto no sólo sin sentido, lo dejó sin oficio.

Le arrebató el privilegio y comenzó de pronto a llamarlo vago, criminal e inepto. La ducción del reino pasó bruscamente del yelmo a la toga, del capitán al letrado, de los señores feudales al tribunal del Santo Oficio. Comenzaba una nueva vida para España, donde los héroes estaban de más".

Pero allí estaba, coincidencialmente a partir del mismo año uno de los jueces que formaron el Tribunal para conocer y sus descendientes, en memoria de una señalada victoria que en Santa Fe, por los años 1500 a 1510, y estudió Derecho en el centro de estudios que fue el antecedente inmediato de esta Universidad, donde se graduó de Licenciado. Partió al Nuevo Mundo como auditor en 1535, y al año siguiente fue nombrado jefe de la expedición que debía partir, tierra adentro, desde las cabeceras del Río Magdalena, expedición casi toda integrada por andaluces y extremeños. Dos años más tarde, en 1538, fundó en un lugar llamado por los nativos, Bogotá, la ciudad de Santa Fe, adoptando el mismo nombre de la que hicieron poblar los Reyes Católicos aquí, en la vega de Granada, precisamente donde el 17 de abril de 1492 se firmaron las condiciones y pactos de Fernando e Isabel con Cristóbal Colón para emprender el Descubrimiento del Nuevo Mundo.

La tierra descubierta por Jiménez de Quesada se denominó Nuevo Reino de Granada, en la cual Carlos v estableció, en 1549, una Real Audiencia, y que configuró después, a partir de 1718, el Virreinato del Nuevo Reino de Granada con territorios hoy formados por las Repúblicas de Ecuador, Colombia y Venezuela.

Las provincias que integraban el actual territorio de Venezuela, sin embargo, a pesar de formar parte en lo civil y militar del Nuevo Reino, en lo judicial estaban sometidas a la Real Audiencia de Santo Domingo, en la Isla La Española, la primera de las Reales Audiencias creadas en el Nuevo Mundo, a imitación de las que existían en la Península y, particularmente, de la Real Audiencia de Granada. Quizás por ello no haya sido producto de la sola casualidad el que el Emperador Carlos v la haya mandado a crear, precisamente aquí, en Granada, el 14 de septiembre de 1526. Aquellas Provincias que formaron Venezuela, en todo caso, fueron parcialmente separadas del Virreinato de la Nueva Granada en 1742, y luego, en forma absoluta, por Real Cédula de 8 de septiembre de 1777.

Así, a partir de esa fecha se formó la Capitanía General de Venezuela, con Intendencia en Caracas, sometida en lo jurídico, hasta 1786, cuando se crea la Real Audiencia de Caracas, a la Audiencia de Santo Domingo, con lo cual aquellas aisladas provincias del Nuevo Reino adquirieron su conformación territorial propia de lo que es hoy mi país, Venezuela, el cual, en una forma u otra, continuó históricamente vinculado a esta ciudad de Granada. Cabe recordar que uno de los Gobernadores y Capitanes Generales de Venezuela, entre 1566 y 1569, fue Don Pedro Ponce de León, nacido en Jerez de la Frontera, descendiente directo del Ponce de León cuyo retrato permaneció muchos años en el Generalife como actor que fue del romántico drama de la conquista de Granada. A aquel caballero, que había desempeñado aquí varios puestos de importancia en la milicia, Felipe II lo nombró Gobernador y Capitán General de la Provincia de Venezuela, con una muy especial comisión: la de llevar a término la conquista de los indios Caracas que moraban en el valle de mi ciudad natal: Caracas. Así, con la participación de los tres hijos de Ponce de León, Don Diego de Losada fundó nuestra capital Santiago de León de Caracas en 1567.

Pero esta ciudad, que desde 1577 casi siempre fue la capital, como dije, de lo que era hasta 1777 la parte más aislada y 20 pobre del Nuevo Reino de Granada, tenía reservada un papel fundamental en la historia de las Repúblicas Hispanoamericanas: allí se inició el proceso independentista y consecuencialmente, el desarrollo de un proceso constitucional de nuestros países, radicalmente distinto al monárquico que después Cádiz caracterizó a España, y al cual sólo ahora España se acerca, a partir de la Constitución de 1978.

Por supuesto, en la iniciación de este proceso muchos factores habrían de confluir y, entre ellos, la Revolución Americana de 1776, la Revolución Francesa de 1789, el interés de Inglaterra en minar las bases del Imperio Español, y la invasión napoleónica a España. Demás está decir que en 1783, el mismo año en que nació Bolívar, el Libertador, el Conde de Aranda, Ministro de Carlos ni y Plenipotenciario para los ajustes entre España, Francia e Inglaterra, firmaba un tratado que obligaba a Inglaterra a reconocer la Independencia de sus colonias en Norteamérica. Con tal motivo, se dirigió al Rey, diciéndole que la firma de dicho tratado había dejado en su alma "una impresión dolorosa" que se veía obligado a manifestársela, pues consideraba que el reconocimiento de la independencia de las Colonias Inglesas eta "un motivo de temor y de pesar"; y agregaba

"Esta República Federal ha nacido pigmea, por decirlo así y ha necesitado el apoyo de la fuerza de dos Estados tan poderosos como la España y la Francia para lograr su independencia. Tiempo vendrá en que llegará a ser gigante, y aun coloso muy temible en aquellas vastas regiones. Entonces ella olvidará los beneficios que recibió de ambas potencias y no pensará sino en engrandecerse. Su primee paso será apoderarse de las Floridas para dominar el Golfo de México. Estos temores son, Señor, demasiado fundados y habrán de realizarse dentro de pocos años si aún no ocurriesen otros más funestos en nuestras Américas".

Estos hechos "más funestos" sucedieron a los pocos años, y a ello contribuyeron, entre otros factores, los propios republicanos españoles que influyeron directamente en nuestro país.

En efecto, la Declaración de los Derechos del Hombre y del Ciudadano, proclamada por la Revolución Francesa, había sido prohibida en América por el Tribunal de la Inquisición de Cartagena de Indias en 1789, y antes de que conociera divulgación alguna en el Nuevo Mundo, en 1790, los Virreyes del Perú, Méjico y Santa Fe, así como el Presidente de Quito, alguna vez, y varias el Capitán General de Venezuela, habían participado a la Corona de Madrid

"que en la cabeza de los americanos comenzaban a fermentar principios de libertad e independencia peligrosísimos a la soberanía de España".

Y fue precisamente en la última década del siglo XVIII cuando comienza a desparramarse por los ilustrados criollos famosísima causa en la cual fue condenado a diez años de presidio en África, a confiscación de todos sus bienes y a extrañamiento perpetuo de la América, mandándose quemar por mano del verdugo el libro de donde había sacado los Derechos del Hombre, Por esa misma época, el Secretario del Real y Supremo Consejo de Indias había dirigido una nota de fecha 7 de junio de 1793 al Capitán General de Venezuela, llamando su atención sobre los designios del Gobierno de Francia y de algunos revolucionarios franceses, como también de otros promovedores de la subversión en dominios de España en el Nuevo Mundo. Decía:

"que envían allí libros y papeles perjudiciales a la pureza de la religión, quietud pública y debida subordinación de las colonias".

Pero un hecho acaecido en España va a tener una especial significación en todo este proceso: el 3 de febrero de 1796, día de San Blas, debía estallar en Madrid una conspiración planeada para establecer la República en sustitución de la Monarquía, al estilo de lo acontecido años antes en Francia. Los conjurados, capitaneados por Juan Bautista Mariano Picornell y Gomila, mallorquín de Palma, fueron apresados la víspera de la Revolución. Conmutada la pena de muerte sobre ellos recaída por intervención del Agente francés, se les condenó a reclusión perpetua en los Castillos de Puerto Cabello, Portobelo y Panamá, en tierras americanas. La fortuna revolucionaria llevó a que de paso a sus destinos en esos "lugares malsanos de América", los condenados fueran depositados en las mazmorras del Puerto de La Guaira, en donde en 1797 se encontrarían de nuevo reunidos. Allí, los conjurados de San Blas, quienes se fugarían ese mismo año de 1797, entrarían en contacto con los americanos de La Guaira, provocando la conspiración encabezada por Manuel Gual y José María España, de ese mismo año, considerada como "el intento de liberación más serio en Hispanoamérica antes del de Miranda en 1806". Insólito, pero cierto, como se da cuenta en el largo "Resumen" que sobre esa conspiración se presentó al Gabinete de Madrid:

"Se descubrió esta conspiración por un mulato, oficial de barbero, el cual se presentó al provisor, éste al teniente del rei, y ambos al gobernador con la noticia de haber oído este mulato al comerciante de aquella ciudad don Manuel Montesinos, las palabras siguientes: Ya somos todos iguales".

La revolución, por supuesto, como todas, se creía estaba lista, y había adoptado entre sus señas un soneto que decía:

"En Santa Fe se cree ya todo listo,
en España no se duda,
y los anuncios previstos,
no dejan la menor duda".

Sin embargo, ello no fue así. La Revolución fracasó, y habría de pasar otra década para que se iniciase la Revolución Hispanoamericana. Pero el legado de esa conspiración fue un conjunto de papeles que habrían de tener la mayor influencia en el proceso constitucional de Hispanoamérica, entre los que se destaca una obra sobre los *Derechos del Hombre y del Ciudadano*, prohibida por la Real Audiencia de Caracas 11 de diciembre de ese mismo año 1797, la cual la consideró como una obra que llevaba

"... toda su intención a corromper las costumbres y hacer odioso el real nombre de su majestad y su justo gobierno; que á fin de corromper las costumbres, siguen sus autores las reglas de ánimos cubiertos de una multitud de vicios, y desfigurados con varias apariencias de humanidad..."

El libro, con el título Derechos del Hombre y del Ciudadano con varias Máximas Republicanas y un Discurso Preliminar dirigido a los Americanos, probablemente impreso en Guadalupe, en 1797, en realidad contenía una traducción de la Declaración Francesa que precedió al Acta constitucional de 1793. Por tanto, no era una traducción de la Declaración de los Derechos del Hombre y del Ciudadano de 1789, incorporada a la Constitución Francesa de 1791, laque había traducido Nariño en Bogotá, sino la Declaración del texto constitucional de 1793, mucho más amplio y violento, pues correspondió a la época del Terror, constituyendo una invitación a la revolución activa.

Pues bien, este texto tiene para el constitucionalismo del mundo moderno una importancia capital, pues influyó directamente en la ordenación jurídica de la primera República Hispanoamericana independiente, mi país, Venezuela, cuyo Congreso General, después de declarada la Independencia en 1810, aprobó solemnemente la Declaración de Derechos del Pueblo, el 1*? de julio de 1811, la cual, después de las declaraciones norteamericana y de la francesa, puede considerarse como la Tercera de las Declaraciones de Derechos fundamentales en la historia del constitucionalismo moderno, recogida, notablemente ampliada, en la primera de las Constituciones de las Repúblicas Hispanoamericanas, la de Venezuela, del 21 de diciembre del mismo año 1811, la cual, a su vez —y dejando aparte la de Haití—, es la cuarta de las Constituciones escritas de la historia constitucional moderna, luego de la norteamericana de 1787, de la francesa de 1791 y de la polaca de ese mismo año. Esas Declaraciones de Derechos, que influyeron todo el proceso constitucional posterior, sin duda, como lo ha demostrado el Profesor Pedro Grases, tuvieron su principal base de redacción en el documento traducción de Picornell, vinculado a la conspiración de Gual y España, principal promotor de la conspiración de San Blas.

En 1811, por tanto, hace 175 años, se inicia el constitucionalismo hispanoamericano, lo cual sucede antes de que se aprobara la propia Constitución de Cádiz de 1812, y con independencia de ella, montado sobre las bases del constitucionalismo americano, que luego descubriría para Europa y para muchos otros países de Hispanoamérica, Alexis de Tocqueville en su famoso libro La Democracia en América, editado hace 150 años. Esos principios, adoptados desde siempre por las repúblicas hispanoamericanas son, entre otros, la concepción de la Constitución, como norma superior escrita e inviolable; el texto fundamental como producto de la soberanía del pueblo, y no de un órgano del Estado, como el Parlamento y menos un monarca; la consagración constitucional de derechos fundamentales en normas directamente aplicables a los ciudadanos, con la previsión en el texto de la nulidad de los actos violatorios de dichos derechos; el establecimiento del principio de la división del Poder Estatal, como garantía de la libertad; el monopolio del Poder legislativo para la limitación de esos derechos; la distribución vertical del Poder, y el principio del federalismo como forma política para ordenar la descentralización territorial, producto de la administración colonial; el sistema presidencial de gobierno y el sistema de contrapesos; y el poder atribuido a los jueces, particularmente a una Suprema Corte de Justicia, de velar por la vigencia de la Constitución, base del control de la constitucionalidad de las leyes. Esos principios, a pesar de los vaivenes de la democracia en nuestros países, han acompañado nuestros 175 años de vida independiente, y han conformado las bases fundamentales del derecho público de Hispanoamérica.

Precisamente de allí surge el contraste fundamental entre el constitucionalismo hispanoamericano y el español. La Constitución de Cádiz de 1812, como lo ha demostrado Manuel Ballbé, a pesar del movimiento liberal que la precedió, no contuvo una amplia declaración de derechos y, al contrario, no se pudo despojar del militarismo que apuntaló a la Monarquéa Absoluta. Ese militarismo y la ausencia de derechos puede decirse que configuró la España constitucional desde 1812 hasta 1978, cuando con la aprobación de la Constitución vigente, España entra en las corrientes del constitucionalismo moderno. Ciertamente, como lo ha señalado Eduardo García de Enterría,

"resulta sorprendente que el constitucionalismo europeo (y entre ellos el español) quedase totalmente al margen de (la)... formidable construcción del constitucionalismo americano, lo cual solamente puede explicarse por la degradación de la idea constitucional que supuso la prevalencia del principio monárquico como fuente formal de la Constitución., que implica reducir a ésta a un simple Código formal de articulación de los poderes del Estado, sin otra trascendencia general".

Esta concepción se comienza a cambiar en Europa en las Constituciones de la postguerra, particularmente la alemana y la italiana, donde se abandona la tesis de la Constitución como carta otorgada por un órgano estatal; se abandona el principio de la soberanía del Parlamento, y se introduce el control de la constitucionalidad de las leyes. En España, luego del intento de la República, en 1931, estos principios se adoptan sólo a partir de 1978, cuando se descubre que la Constitución es una norma jurídica producto de una decisión del pueblo, con valor normativo propio y directamente aplicable a los ciudadanos; principios que, en contraste, han sido y son de la esencia del constitucionalismo hispanoamericano, increíblemente ignorado por la doctrina española, la cual, para entenderlo y explicarlo, sólo acude a las fuentes norteamericana y alemana, como puede constatarse en los escritos más importantes sobre el tema.

Esto, sin duda, es una muestra de que si bien España nos legó una cultura, una lengua, y una religión, que nosotros luego moldeamos con el mestizaje, la ruptura política con las colonias hispanoamericanas, producto del proceso independentista, fue, sin duda, absoluta, particularmente desde el punto de vista de la concepción del Estado y de la estructuración del orden jurídico público. Nuestros países, sin el peso de la Monarquía y con la soberanía trasladada al pueblo desde 1810, aun siendo éste ignorante y no estando debidamente organizado, siguieron un camino totalmente diferente, que España, históricamente, siempre ignoró. Por ello se explica esa ausencia de referencias al constitucionalismo hispanoamericano que se nota en los escritos de derecho público editados aquí, en los últimos diez años, precisamente cuando después del nacimiento —más que resurrección— del derecho constitucional español y del enterramiento progresivo del derecho político, España se ha incorporado a las corrientes del constitucionalismo moderno, en las cuales nosotros, desde México a la Argentina, hemos navegado desde hace 175 años, por supuesto, con todos los tropiezos y variables inimaginables.

Este acto, por tanto, para mí, tiene una muy especial significación. Más que como venezolano, estoy aquí como hispanoamericano, que se siente de regreso a España después de tantos años de aislamiento. Provengo de una Universidad de Hispanoamérica, la Universidad Central de Venezuela o Universidad de Caracas, precisamente por lo pobre de la Provincia, de fundación tardía en nuestro Continente, en 1721, pues hade tenerse en cuenta que ya desde el siglo XVI había Universidades fundadas en las Colonias, por supuesto, en los que fueron los grandes y ricos virreinatos: México, Lima y Nueva Granada. A pesar de la conseja histórica que atribuye a Carlos IV la negativa de erigir en Mérida, Venezuela, una Universidad, pues -según se dice- afirmó, "no convenía que se hiciese general la ilustración en América", España fue una nación generosa en la formación cultural de sus colonias, y precisamente por ello, fueron los americanos ilustrados los que hicieron la revolución. De lo contrario no tendría explicación el contenido de una carta del General Morillo, Jefe Supremo del Ejército expedicionario español en Venezuela, dirigida al General Cerruti, Gobernador de Guayana, en 1817, en plena guerra de Independencia, en la cual le decía:

"Haga Ud. en ésa lo que yo he hecho en Nueva Granada: cortar la cabeza a todo el que sepa leer i escribir i así se logrará la pacificación de América".

Por ello, cuando España había comprendido que estaba a un paso de perder sus territorios americanos, trató de halagar a los criollos insurrectos, ofreciéndoles becas y pensiones en las Universidades de la Península, y hasta pensó crear en estas tierras, un Colegio de Nobles Americanos en Granada con el objeto de "reeducar a los americanos en los usos y bondades del régimen monárquico".

Con un propósito diferente, sin embargo, heme aquí, a casi doscientos años después de aquella idea, como el primer miembro americano designado por causa honorífica de este Claustro de Granada, pero a los efectos contrarios; por una parte, de testimoniarles algo sobre los usos y bondades del régimen constitucional de Hispanoamérica; y por la otra, y más importante, de rendir tributo a la monumental obra jurídica que España ha realizado y que desde siempre ha penetrado nuestros países. Bastan sólo dos ejemplos: la Recopilación de Leyes de los Reynos de las Indias, mandada a publicar por Carlos ni en 1781 y que resume la conformación del régimen colonial, sólo es comparable en la historia del Derecho, a las Codificaciones romanas; y en la historia más reciente, particularmente del derecho público, la obra doctrinal realizada por los juristas españoles contemporáneos, puede decirse que no tiene parangón. Por lo que respecta a nosotros, la doctrina jus-publicista española, tanto de derecho administrativo como de derecho constitucional, ténganlo seguro, ha sido y continuará siendo sin duda, la fuente segura de orientación para el perfeccionamiento, y aún mejor, para el conocimiento de nuestras propias instituciones. Quiero, por tanto, hoy, en nombre de mis colegas hispanoamericanos, rendirle el reconocimiento debido a los juristas españoles, por los aportes realizados al progreso de las ciencias jurídicas, y que tanta influencia han tenido entre nosotros.

Pero por sobre todo, heme aquí para reiterarles mí profundo agradecimiento por el honor que me han conferido, que me permito recibir en nombre de todos los académicos del Nuevo Mundo.

SECCIÓN SEGUNDA:

LAS CAUSAS DE LA INDEPENDENCIA DE VENEZUELA EXPLICADAS EN LONDRES EN 1812, CUANDO LA CONSTITUCIÓN DE CÁDIZ CO-MENZABA A CONOCERSE Y LA REPUBLICA COMENZABA A DE-RRUMBARSE (2012)

El octavo capítulo es el estudio sobre *Las causas de la independencia de Venezuela explicadas en Inglaterra, en 1812, cuando la Constitución de Cádiz comenzaba a conocerse y la Republica comenzaba a derrumbarse*, presentado en el *V Simposio Internacional: Cádiz, hacia el Bicentenario. El pensamiento político y las ideas en Hispanoamérica antes y durante las Cortes de 1812*, organizado por la Unión Latina y el Ayuntamiento de Cádiz, en Cádiz, entre el 24 y el 27 de noviembre de 2010. El texto de esta Ponencia se recogió en nuestro libro: *Los inicios del proceso constituyente hispano y americano. Caracas 1811 – Cádiz 1812*, (Prólogo de Asdrúbal Aguiar), Editorial bid & co. Editor, Colección Historia, Caracas 2012, pp. 267–376, y sirvió de base para la redacción de la "Introducción General sobre el significado y la importancia del libro: *Documentos oficiales interesantes relativos a las Provincias Unidas de Venezuela / Interesting oficial Documents Relating to the United Provinces of Venezuela*, publicada en el libro: *Documentos Constitucionales de la Independencia*, Editorial Jurídica Venezolana, Caracas 2012, pp. 59–299.

INTRODUCCIÓN

En 1812, durante los mismos meses en los cuales las Cortes Generales del Reino de España se reunían en Cádiz y las autoridades españolas estaban en el proceso de dar a conocer la Constitución de la Monarquía Española de 18 de marzo de 1812, en Londres salía publicado un libro intitulado *Interesting Official Documents Relating to the United Provinces of Venezuela, W. Glidon,* Rupert–Street, Haymarket, para Longman and Co. Paternoster–Row; Durlau, Soho–Square; Hartding, St. Jame's Street; y W. Mason, N° 6, Holywell Street, Strand, &c. &c, London 1812.[1]

---

1   Véase la edición facsimilar que hemos hecho de esta obra en 2012 en Allan R. Brewer-Carías, *Documentos Constitucionales de la Independencia/ Constitutional Documents of The Independence 1811*, Colección Textos Legislativos N° 52, Editorial Jurídica Venezolana, Caracas 2012, 644 pp. En las páginas 301 a 644 es reproduce el libro: "*Interesting Documents relating to Caracas/ Documentos Interesantes relativos a Caracas; Interesting Official Documents relating to the United Provinces of Caracas, viz. Preliminary Remarks, The Act of Independence. Proclamation, Manifesto to the World of the Causes which have compelled the said provinces to separate from the Mother Country; together with the Constitution framed for the Administration of their Government. In Spanish and English,*" con una Introducción General del autor sobre el significado y la importancia de dicho libro. Se trató de una obra con doble texto, en castellano y en ingles, que se siguen paralelamente a lo largo de sus páginas, con el texto en español en las páginas pares, y el inglés en las impares. Su presentación editorial la describió exactamente Carlos Pi Sunyer señalando que: "Forma la anteportada un grabado de T. Wogeman; una

En esta obra se recopilaron, precedidos de unas *Observaciones Preliminares*, los más importantes *documentos oficiales* que habían sido adoptados y sancionados durante el año precedente (1811) por el Congreso General de la Confederación de Venezuela. Se trató de la primera Asamblea constituyente integrada por diputados electos, representantes de las primeras siete provincias que en la América Hispana se habían declarado independientes de España, desconociendo expresamente no sólo a la Regencia de la Monarquía española sino a las propias Cortes Generales de Cádiz.[2] La misma, como dice Juan Garrido Rovira,

> "asumió el reto de los tiempos y marcó los ideales político–culturales de los siglos, entre otros: Independencia política; especial consagración de la libertad de pensamiento; separación de poderes; sufragio, representación y participación de los ciudadanos en el gobierno; equidad social; consagración y respeto de los derechos y deberes del hombre; limitación y control del poder; igualdad política y civil de los hombres libres; reconocimiento y protección de los derechos de los pueblos indígenas; prohibición del tráfico de esclavos; gobierno popular, responsable y alternativo; autonomía del poder judicial sobre bases morales; la nación por encima de las facciones."[3]

Se trataba, por tanto de los documentos más importantes que podían contribuir, en 1812, a explicar la situación de Venezuela en la lucha por su independencia ya declarada respecto de España. Allí estaban incluidas, no sólo el *Acta de Independencia* de 5 de julio de 1811, es decir de "la declaración solemne que hizo el Congreso General de Venezuela de la independencia absoluta de esta parte de la América Meridional;" sino el texto de la *Constitución de la Confederación de los Estados de Venezuela* de 21 de diciembre de 1811; algunos artículos de la *Declaración de los Derechos del Pueblo* adoptada por la Sección Legislativa de la provincia de Caracas del Congreso General de 1° de julio de 1811;[4] y el "*Manifiesto* que hizo al mundo la Confederación de Venezuela en la América Meridional" de fecha 30 de julio de 1811, "formado y mandado publicar por acuerdo del Congreso General de sus Provincias Unidas," y firmado en el "Palacio Federal de Caracas," en el cual se explicaron "las razones en que se ha fundado su absoluta independencia de España, y de cualquiera otra dominación extranjera." El libro, en edición bilingüe, además, como se dijo, estaba precedido de un texto "oficial" (sin firma) del nuevo Estado, como *Observaciones Preliminares*, en el cual se resumían y sintetizaban las men-

---

alegoría al gusto de la época, con una figura femenina que representa América, otra que simboliza la república, y lleva una tablilla en la que está escrita la palabra "Colombia", y un querubín con un rollo de pergamino con el título "Constitución de Venezuela." En la portada figura el título completo de la obra, en inglés, con numerosas viñetas de buen gusto. Una obra de agradable presentación e interesante contenido." Véase Carlos Pi Sunyer. *Patriotas Americanos en Londres (Miranda, Bello y otras figuras),* (Ed. y prólogo de Pedro Grases), Monteávila Editores, Caracas 1978, p. 211.

2   Sobre los aspectos constitucionales del proceso de independencia de Venezuela a partir de 1810, véase Allan R. Brewer-Carías, *Historia Constitucional de Venezuela*, Tomo I, Editorial Alfa, Caracas 2008, pp. 195-278.

3   Véase Juan Garrido Rovira, *El Congreso Constituyente de Venezuela*, Bicentenario del 5 de julio de 1811, Universidad Monteávila, Caracas 2010, p. 12.

4   Véase el texto de estos documentos en Allan R. Brewer-Carías, *Las Constituciones de Venezuela*, Academia de Ciencias Políticas y Sociales, Caracas 2008, Tomo I, pp. 545-579.

cionadas razones, ampliándoselas. Con todos estos documentos, como lo decía en el *Manifiesto*, se buscaba que los "¡Hombres libres, compañeros de nuestra suerte!" dieran una "mirada imparcial y desinteresada" sobre lo que estaba ocurriendo en Venezuela.[5]

Con dicha publicación, dada la ausencia de textos en inglés que ofrecieran datos sobre el proceso de independencia que se había iniciado formalmente en Hispano América con los sucesos de Caracas, se pretendía, como se afirmó en las *Observaciones Preliminares*, ilustrar sobre la situación de Venezuela, que había sido la primera provincia:

> "en romper las cadenas que la ligaban á la Madre Patria, al cabo de dos años empleados en vanos esfuerzos para obtener reformas y desagravios, después de haber sufrido quantos oprobios é indignidades pudieron acumularse sobre ella, ha proclamado por fin aquel sagrado é incontestable derecho que tiene todo pueblo para adoptar las medidas mas conducentes á su bienestar interno, y mas eficaces para repeler los ataques del enemigo exterior."

A tal efecto, se informaba que "la urgencia de las causas qua la han compelido a esta medida extrema aparece en el *Manifiesto* que dirige al mundo imparcial; y la justicia, de las miras de sus representantes, dirigidas a la salud de sus constituyentes, se echa también de ver en la Constitución formada para la formación y administración de las leyes, como en el resultado de sus declaraciones solemnes," textos conforme a los cuales "los habitantes de Venezuela han visto por la primera vez definidos sus derechos y aseguradas sus libertades."

En fin, se afirmaba en las *Observaciones Preliminares,* además, que "en los documentos que componen este volumen, no se hallarán ni principios menos grandes, ni consecuencias menos justas, que en las mas celebres medidas de las Cortes, cuya liberalidad y filantropía es harto inferior á la de los Americanos;" y se indicaba que "el ejemplo que da Venezuela al resto de la América Española" era "como la Aurora de un día sereno," exclamándose que "¡Ojala que ninguna ocurrencia siniestra retarde ó impida los progresos" de dicha causa americana.

Las ironías políticas del destino de los pueblos quisieron, sin embargo, que esas "siniestras ocurrencias" acaecieran, y que para el momento en el cual el libro que explicaba la independencia de unas provincias americanas comenzó efectivamente a circular en Inglaterra, momento coincidente con la época en la cual la propia Constitución de Cádiz comenzaba a conocerse tanto en la Península como América, aquel gobierno de la Venezuela independiente, producto del primigenio proceso político de emancipación Hispanoamericana cuyas causas eran precisamente las que en el libro se buscaba explicar al mundo, ya fuera cosa del pasado.

La caída de la primera República de Venezuela se había materializado con la Capitulación del General Francisco de Miranda el 25 de julio de 1812, para cuando el libro estaba saliendo de la imprenta, lo que había provocado la ocupación militar

---

5   En las citas que se hacemos de los documentos, se utilizan las siguientes abreviaturas: **OP**: *Observaciones Preliminares*; **AI**: *Acta de la Independencia* de 5 de julio de 1811; **M**: *Manifiesto que hace al mundo la Confederación de Venezuela en la América Meridional*, de 30 de julio de 1811.

de la Provincia de Caracas por parte de Comandante General del Ejército de S.M. Católica, Domingo de Monteverde, quien había sido destinado por las Cortes de Cádiz para la pacificación de Venezuela.

Este había llegado a las costas de Venezuela por Coro en febrero de ese mismo año 1812 desde Puerto Rico,[6] por las mismas costas en la cuales seis años antes también había desembarcado Francisco de Miranda en una fallida expedición independentista desde Nueva York. Con Monteverde en Venezuela, a partir del mes siguiente, luego del terrible terremoto de Caracas 23 de marzo de 1812 que devastó física y moralmente a la Provincia, se produjo la total devastación institucional de la misma.[7] El orden republicano que se había comenzado a construir fue totalmente demolido, abrogándose por supuesto la Constitución Federal de 1811, e ignorándose además el texto de la misma Constitución de Cádiz que debía jurarse en las provincias ocupadas, recomenzando así en la Provincia, trescientos años después del Descubrimiento, la aplicación de la "ley de la conquista;" y además, buscándose la destrucción de la memoria historia con el saqueo de los Archivos de la Provincia, y la destrucción y desaparición de los propios documentos de la independencia.

Abrogada la Constitución de 1811 por la fuerza militar, las autoridades invasoras debían procurar la publicación en Venezuela de la Constitución de Cádiz, recién sancionada cuando estos acontecimientos ocurrían, para lo cual el Capitán General Fernando Mijares recién nombrado Gobernador de la antigua Provincia de Venezuela, cargo que materialmente no llegó a ejercer efectivamente jamás, el 13 de agosto de 1812 le remitió a Monteverde, desde Puerto Cabello, veinte ejemplares del texto constitucional monárquico, con las correspondientes órdenes y disposiciones que habían dado las Cortes para su publicación y observancia[8]. Y así lo hizo Montever-

---

6   Véase los documentos en *Archivo del General Miranda*, La Habana, 1950, tomo XXIV, pp. 509 a 530. Además, en José Félix Blanco y Ramón Azpúrua, *Documentos para la Historia de la Vida Pública del Libertador de Colombia, Perú y Bolivia. Puestos por orden cronológico y con adiciones y notas que la ilustran*, La Opinión Nacional, Vol. III, Caracas 1877, Edición facsimilar: Ediciones de la Presidencia de la República, Caracas 1977, 1983, pp. 679 y ss. Además, en José de Austria, *Bosquejo de la Historia Militar de Venezuela*, Biblioteca de la Academia Nacional de la Historia, Tomo I, Caracas 1960, pp. 340 y ss. (José de Austria fue contemporáneo del proceso de Independencia; había nacido en Caracas en 1791).

7   El arte final del libro, sin duda, se terminó de componer después de la fecha de la sanción de la Constitución de Cádiz (18 de marzo de 1812), lo que se evidencia de la nota que se colocó al pie de página del texto en inglés al artículo 67 de la Constitución de 1811 (que establecía que el día 15 de febrero de cada año el Congreso se debía instalar en la ciudad Federal, que era Caracas), en la cual se expresó que "con motivo del último terremoto de Caracas" (que había sido el 23 de marzo de 1811, y cuya noticia sólo habría llegado a Inglaterra varias semanas después), "mediante una reciente ley del Congreso, Valencia ha sido hecha capital Federal, donde se reunieron los diputados". Por la misma razón, en cambio, es de suponer que la composición final del libro tuvo lugar antes de que se conocieran en Londres las noticias de la Capitulación de Francisco de Miranda (que fue el 25 de julio de 1811), pues de lo contrario alguna nota también se hubiese agregado al texto, salvo que deliberadamente no se hubiese hecho para no desmoronar el proyecto editorial. En tal sentido, Carlos Pi Sunyer presumiendo que el libro debió salir de la imprenta hacia finales de 1812, expresó que: "Es probable que en el momento de aparecer, Bello ya conociese los acontecimientos que motivaron la caída de la primera República de Venezuela; ya que, el 12 de octubre, López Méndez dirige una comunicación a Lord Castlereagh, refiriéndose a los mismos, escrita en letra de Bello, fecha en que es de creer que aún no hubiese salido en libro, o acababa de salir." Véase Carlos Pi Sunyer. *Patriotas Americanos en Londres... op. cit.*, p. 222.

8   Véase José de Austria, *Bosquejo de la Historia militar...*, *op. cit.*, Tomo I, p. 364.

de, pero "a la manera militar" el 21 de noviembre de 1812, asumiendo sin embargo un poder omnímodo contrario al texto constitucional gaditano.[9] .Sobre la Constitución de Cádiz, o más bien, sobre su no aplicación en Venezuela, el mismo Monteverde informaría al gobierno de la Metrópoli con toda hostilidad diciéndole que si había llegado a publicar la Constitución de Cádiz, había sido "por un efecto de respeto y obediencia, no porque consideré a la provincia de Venezuela merecedora todavía de que participase de los efectos de tan benigno código."[10] Durante toda su campaña en Venezuela entre 1812 y 1813, desconoció la exhortación de amnistía que habían hecho las propias Cortes de Cádiz en octubre de 1810, desconoció los términos de la Capitulación que había firmado con Francisco de Miranda el 25 de julio de 1812, desconoció las previsiones de la propia Constitución de 1812 y desconoció las decisiones judiciales adoptadas por la Audiencia con motivo de la persecución política que desarrolló. Aplicó, en fin "la ley de la conquista,"[11] y ello fue lo que en definitiva premiaron las Cortes de Cádiz al haber felicitado mediante Orden de 21 de octubre de 1812, a Domingo Monteverde y a las tropas bajo su mando, "por los importantes y distinguidos servicios prestados en la pacificación de la Provincia de Caracas."[12]

Todo esto ocurría en Venezuela, mientras en Londres comenzaba a circular en 1812, el libro *Interesting Official Documents Relating to the United Provinces of Venezuela*, que daba de una realidad distinta, cuya implementación había sido forzosamente pospuesta.

I. ALGO SOBRE EL LIBRO EN INGLÉS DE 1812 Y LAS RAZONES DE SU PUBLICACIÓN EN LONDRES

Este libro, por lo antes dicho, en realidad resultó ser una especie de publicación oficial "post mortem" que, "en vida," había mandado a editar la República a través del Gobierno del entonces recién creado Estado de Venezuela, el cual costeó la edición. La misma, además, fue coordinada por la recién designada Delegación Oficial de la Venezuela republicana ante el Gobierno británico que para ese momento estaba instalada en Londres, precisamente en la casa de Francisco de Miranda, una de las más destacadas víctimas de traición de sus subalternos[13] y, por ello, de la ley de la conquista de Monteverde, quien murió precisamente en Cádiz, en la prisión de la carraca en 1816. La intención del libro era, en todo caso, explicar a los ingleses las razones y las causas de las decisiones políticas que entre 1808 y 1811 se habían adoptado antes del movimiento de Cádiz, en las antiguas colonias españolas ubicadas en la parte meridional del Continente Americano, las Provincias que conforma-

---

9   Véase Manuel Hernández González, "La Fiesta Patriótica. La Jura de la Constitución de Cádiz en los territorios no ocupados (Canarias y América) 1812-1814," en Alberto Ramos Santana y Alberto Romero Ferrer (eds), *1808-1812: Los emblemas de la libertad*, Universidad de Cádiz, Cádiz 2009, pp. 104 ss.

10   Véase José de Austria, *Bosquejo de la Historia militar...*, op. cit., Tomo I, p. 370.

11   *Idem.*

12   Véase en Eduardo Roca Roca, *América en el Ordenamiento Jurídico...*, op. cit., p. 81.

13   Véase Giovanni Meza Dorta, *Miranda y Bolívar. Dos visiones*, Ed. Bid & co. Editor, Caracas 2007, p. 152 ss.

ban la antigua capitanía General de Venezuela y que habían conducido al inicio del proceso de independencia de la América Española.

La importancia del libro, a pesar de haber aparecido en medio de una situación de guerra, era, por tanto, bastante singular, a lo que se suma su extraordinario valor documental, incluso en tiempos actuales. Como se dijo, para el momento de su publicación, muchos de los originales de los documentos en él publicados, incluyendo el *Acta de la Independencia* de 5 de julio de 1811, habían desaparecido en el saqueo de Caracas durante la ocupación realista, de lo que resultó que el único texto "auténtico y oficial" de tan preciado documento era precisamente el que se había publicado en el libro de Londres en 1812. Por ello, noventa años después de la publicación del libro, en 1903, la Academia Venezolana de la Historia consideró y declaró formalmente que la versión del *Acta de la Independencia* publicada en dicho libro londinense de 1812, era la única considerada como auténtica; criterio que fue incluso adoptado oficialmente por el Gobierno de Venezuela, al ordenar el Presidente Cipriano Castro en 1903, la publicación en español[14] de aquellos *Interesting Official Documents*.[15]

En todo caso, los documentos publicados en el libro de Londres eran, para ese momento, los más importantes documentos publicados en ingles en relación con el proceso de la revolución de independencia de Hispano América que había comenzado precisamente con la independencia de las provincias de Venezuela en 1810,[16] en el cual por primera vez tuvieron aplicación práctica, de campo y en conjunto, todos los principios del constitucionalismo moderno que solo unas décadas antes se habían materializado en los documentos de la Revolución Norteamericana (1776) y de la Revolución Francesa (1789).[17]

---

14   En el Decreto publicado en *Gaceta Oficial* N° 8.863 de 28 de mayo de 1903, declaró que en virtud de que el libro estaba agotado, existiendo en Venezuela solo una copia que había sido adquirida por la Academia Nacional de la Historia, se ordenaba la publicación de la edición original con sólo la versión en castellano de los documentos, había sido también publicada en Londres en 1812, manteniendo el orden y la ortografía de dicha primera edición.

15   Véase en *Prólogo a los Anales de Venezuela*, Academia Nacional de la Historia, Caracas, 1903. La versión en castellano de las *Observaciones Preliminares* que preceden los diversos documentos del libro, se publicó en J.F. Blanco y R. Azpúrua, *Documentos para la Historia de la Vida Pública del Libertador...*, *op. cit.*, Tomo III, pp. 391-395. El texto completo de la versión en español de los documentos se publicaron en 1959 por la Academia Nacional de la Historia, en el libro intitulado: *La Constitución Federal de Venezuela de 1811 y Documentos Afines* ("Estudio Preliminar" por Caracciolo Parra-Pérez), Biblioteca de la Academia Nacional de la Historia, Sesquicentenario de la Independencia, Caracas 1952, 238 pp.; reeditado por Fundación Polar, Caracas 2009.

16   Debe recordarse que unos meses antes, el 10 de agosto de 1809, en Quito tuvo lugar una insurrección en la cual un grupo de criollos bajo el mando de Juan Pío Montúfar, Marqués de Selva Alegre, depusieron las autoridades coloniales y establecieron una *Junta Suprema* jurando lealtad a Fernando VII, en lo que se ha considerado como el primer grito de independencia en las colonias hispanoamericanas. Sin embargo, el movimiento no llegó a cristalizar, y tres meses después las tropas del Virrey del Perú y habían ocupado la capital y restablecido el gobierno español. Véase los documentos de Montúfar y de Rodríguez de Quiroga, Secretario de Gracia y Justicia de la *Junta Suprema* de Quito, en José Luis Romero y Luis Alberto Romero (Coordinadores), *Pensamiento Político de la Emancipación*, Biblioteca Ayacucho, Tomo I, Caracas 1985, pp. 47–50.

17   Véase Allan R. Brewer-Carías, *Reflexiones sobre la Revolución Norteamericana (1776), la Revolución Francesa (1789) y la Revolución Hispanoamericana (1810-1830) y sus aportes al Constitucionalismo*

Como es sabido, ese proceso se encendió cuando en Caracas se supieron las noticias sobre la ocupación del territorio español por los ejércitos de Napoleón y sobre la adopción de la Constitución de Bayona el 6 de julio de 1808 que había sido otorgada por el Emperador al tener secuestrados en la misma ciudad, al rey Carlos IV y a su hijo Fernando VII; hechos que fueron considerados formalmente en la sesión del Cabildo de Caracas del 15 de agosto de 1808. En dicha sesión, incluso, se llegó a formular por algunos de sus miembros la propuesta de establecer en Caracas una Junta conservadora de los derechos de Fernando VII, como las que se habían venido estableciendo en las diferentes ciudades españolas de la Península para sostener los derechos del Rey depuesto, y quien ya para esa fecha había sido sustituido por Napoleón, quien había nombrado a su hermano José Bonaparte, Rey de España. La propuesta, sin embargo, fue firmemente objetada por el entonces Gobernador Juan de Casas, quien como Teniente Rey y Auditor de Guerra durante el gobierno del Capital General Manuel de Guevara y Vasconcelos (1799–1807) había asumido en año anterior (1807) como Capitán General. Había sido precisamente durante el Gobierno de Guevara y Vasconcelos y de este su Teniente Rey, Casas, cuando, por ejemplo, José María España, uno de los cabecillas de la llamada Conspiración de Gual y España (1797),[18] la primera de las víctimas de la idea republicana en Venezuela, había sido ahorcado con gran despliegue de terror en la Plaza Mayor de Caracas (1799); y cuando Francisco de Miranda desembarcaría en la Vela de Coro en 1806 con su pequeña expedición independentista, permaneciendo en Coro por sólo cinco días.

Si bien los agitadores criollos no lograron hacer que el Cabildo se constituyese en Junta Suprema conservadora de los derechos de Fernando VII, en sus sesiones si se impuso la solemne proclamación del heredero de Carlos IV como Rey de las Españas, a partir de lo cual nada pudo detener el desarrollo de la revolución en medio de la agitación general de la provincia, particularmente por las noticias que seguían llegando, aún cuando tardíamente durante el año siguiente (1809), sobre la invasión general de España por los ejércitos franceses. Dicha invasión había llegado a abarcar casi todo el territorio peninsular, habiendo quedado reducido el funcionamiento del gobierno provisional de la *Junta Central*, a la Isla de León en Cádiz.

Todos estos hechos continuaron alarmando a las colonias españolas y a sus Cabildos, llegando a provocar en Caracas, el 19 de abril de 1810, la expulsión del nuevo Gobernador y Capitán General, Mariscal de Campo Vicente de Emparan y Orbe, quien había tomado posesión del cargo el año anterior, en mayo de 1809. Emparan era conocido en las provincias de Venezuela, pues había servido como Gobernador General de Cumaná, entre 1792 y 1804, con ideas liberales, al punto de que se le atribuye haber ayudado a embarcar clandestinamente a Manuel Gual, el otro responsable de la Conspiración de 1797, para Trinidad. Lo cierto fue que no pudo detener la conspiración, de manera que en aquél 19 de abril, luego de rechazar la propuesta

---

Moderno, 2ª Edición Ampliada Universidad Externado de Colombia, Editorial Jurídica Venezolana, Bogotá 2008.

18 Véase Pedro Grases, *La Conspiración de Gual y España y el Ideario de la Independencia*, Caracas 1978; Allan R. Brewer-Carías, *Los Derechos Humanos en Venezuela: Casi 200 años de Historia*, Academia de Ciencias Políticas y Sociales, Caracas 1990, pp. 53 ss.

de constituir una Junta y dar por terminada la sesión del Cabildo, al salir para asistir a los oficios propios del jueves santo en la Catedral de Caracas, fue obligado por la muchedumbre a volver al mismo ("A Cabildo, señor, el pueblo os llama a cabildo para manifestar su deseo"),[19] en cuya sesión se resolvió sustituir al propio Cabildo por un nuevo gobierno provincial y local que se creó el mismo 19 de abril de 1810, a cargo de una *Junta Suprema Conservadora de los Derechos de Fernando VII*.

Los efectos de estos hechos, con los que inició el propio proceso de independencia de Hispanoamérica, se extendieron rápidamente, y siguiendo "el ejemplo que Caracas dio," durante el mismo año de 1810, en siete de las nueve provincias que formaban la Capitanía General de Venezuela, se produjeron similares movimientos,[20] al igual que los que ocurrieron, por ejemplo, en otras jurisdicciones, como en Buenos Aires, el 25 de mayo de 1810, y en Bogotá, en la Nueva Granada el 20 de julio de 1810.

Expulsado el Capitán General Emparan, y después de la consolidación del nuevo gobierno en la Provincia de Caracas, la *Junta Suprema* de Caracas decidió convocar, en enero de 1811 y conforme al Reglamento de elecciones y reunión de diputados que había sido adoptado el 11 de junio de 1810,[21] a la elección de los diputados representantes de todas las Provincias que integraban la antigua Capitanía General de Venezuela para formar un Congreso General con el objeto establecer instrumentos comunes de defensa y de gobierno. Una vez electos los diputados, e instalado el Congreso General en marzo de 1811, sus deliberaciones condujeron a la adopción, entre otros documentos, de la primera declaración formal de derechos humanos en Hispano América (1° de julio de 1811), la tercera del mundo moderno,[22] algunos de cuyos artículos se publicaron en el libro; de la primera Declaración formal de Independencia política de una antigua colonia española (5 de julio de 1811);[23] y de la primera de las Constituciones de un país independiente producto de la revolución Hispanoamericana, la Constitución federal de los Estados de Venezuela (21 de diciembre de 1811), que fue la tercera Constitución republicana del mundo moderno,[24] luego de la Norteamericana (1787) y de la Francesa (1791), en la cual, además, después de la Constitución Norteamericana, por primera vez en el constitucionalismo moderno se adoptó la forma federal de gobierno. Todos estos eventos tuvieron lugar durante tres largos años (1808–1811), incorporando a Venezuela en las corrientes del constitucionalismo moderno, incluso antes que en España, proceso que allí se inició con la Constitución de la Monarquía Española de Cádiz de 1812.[25]

---

19   Véase sobre estos sucesos, Juan Garrido Rovira, *La Revolución de 1810*, Universidad Monteávila, Caracas 2009, pp. 97 ss.

20   Véase por ejemplo, *Actas de Independencia. Mérida, Trujillo y Táchira en 1810*, Halladas y publicadas por Tulio Febres Cordero, 450 Años de la Fundación de Mérida, 1558-2008, Mérida 2007.

21   Véase en Allan R. Brewer-Carías, *Las Constituciones de Venezuela*, Academia de Ciencias Políticas y Sociales, Tomo I, Caracas 2008, pp. 535-543.

22   *Idem*, pp. 549-551 ss.

23   *Idem*, pp. 545-548.

24   *Idem*, pp. 555-579.

25   Véase Allan R. Brewer-Carías, "La Constitución de Cádiz de 1812 y los principios del constitucionalismo moderno: su vigencia en Europa y en América," en *Anuario Jurídico Villanueva*, III, Año 2009,

Todos estos actos estatales sancionados en 1811 en las provincias de Venezuela, fueron precisamente los que traducidos al inglés, formaron el cuerpo documental más significativo del libro *Interesting Official Documents* publicado al año siguiente en Londres, lo que sin duda fue posible debido a las importantes relaciones que a comienzos del siglo XIX ya estaban establecidas entre muchos destacados hispanoamericanos y el mundo político e intelectual inglés. La presencia en Londres de Francisco de Miranda, quien era el más destacado exilado venezolano de entonces y quizás el más perseguido y buscado de todos los americanos por la Corona, y uno de los más importantes promotores y precursores del movimiento independentista de América Hispana, fue sin duda fundamental en el establecimiento de esas relaciones. Tenía allí su residencia desde 1799, después de haber servido en los Ejércitos napoleónicos y haber viajado extensamente por toda Europa e incluso a los Estados Unidos, desde donde lideró, en 1806, una importante expedición con propósitos independentistas hasta a las costas de Venezuela, donde llegó a desembarcar proclamando ideas libertarias y de independencia. Sobre Miranda, con razón, William Spence Robertson, dijo que había sido "Precursor, Caballero Errante y Promotor de la libertad hispanoamericana. Fue el primer sudamericano ilustrado que realizó un viaje por los Estados Unidos y por Europa. Su vida ofrece un interés incomparable, porque fue el único personaje de su tiempo que participó en la lucha por la independencia de las Trece Colonias, la Revolución Francesa y la guerra de liberación de la América hispana."[26]

El libro *Interesting Official Documents*, por tanto, puede decirse que fue la última manifestación respecto de Venezuela, aunque indirecta, de las empresas editoriales que desde 1799 Francisco de Miranda había iniciado en Londres a favor de la independencia hispanoamericana, y que comenzaron con la publicación de la *Carta a los Españoles Americanos* del ex–jesuita Juan Pablo Viscardo y Guzmán, notable precursor intelectual de la independencia hispanoamericana. Este, al fallecer en Londres en 1798, unas semanas antes del regreso de Miranda a esa ciudad luego de terminar su periplo en la Francia revolucionaria, había legado sus papeles al Ministro norteamericano en Londres, Rufus King, quien para preservar las ideas del destacado peruano entregó algunos de los manuscritos a Miranda, amigo de ambos.[27] Entre esos papeles estaba la famosa *Carta* que había escrito unos años antes en París, en 1791, y que apareció publicada en Londres en 1799, por iniciativa de Miranda y King, como libro sin nombre de autor en la portada y con pie de imprenta en

Villanueva Centro Universitario, Universidad Complutense de Madrid, Madrid 2009, pp. 107-127; "El paralelismo entre el constitucionalismo venezolano y el constitucionalismo de Cádiz (o de cómo el de Cádiz no influyó en el venezolano)," en *Libro Homenaje a Tomás Polanco Alcántara*, Estudios de Derecho Público, Universidad Central de Venezuela, Caracas 2005, pp. 101-189, y en *La Constitución de Cádiz. Hacia los orígenes del Constitucionalismo Iberoamericano y Latino*, Unión Latina-UCAB, Caracas 2004, pp. 223-331.

26   Véase Robertson, William Spence (1929), *The Life of Miranda*. The University of North Carolina Press, Chapel Hill 1929, Vol. 1.

27   Miranda habría utilizado sólo algunos de los papeles, pues la casi totalidad de los mismos que nunca estuvieron en los Archivos de Miranda, se encontraron en los archivos del mismo destacado político norteamericano quien los había recibido originalmente, Rufus King. Véase Merle E. Simmons, *Los escritos de Juan Pablo Viscardo y Guzmán. Precursor de la Independencia Hispanoamericana*, Universidad Católica Andrés Bello, Caracas, pp. 15-19.

Filadelfia, con el título *Lettre aux espagnols américaines par un de leurs compatriotes*," Philadelphie, MDCCXCXIX, indicándose sin embargo en la "Advertisment" que su autor había sido Viscardo y Guzmán. Dos años después en 1801, Miranda hizo traducir la carta al castellano y de nuevo la publicó, esta vez con pie de imprenta en Londres, como *Carta dirigida a los españoles americanos por uno de sus compatriotas*, P. Boyle, London 1801. La Carta, gracias a la difusión que le dio Miranda tendrá una enorme influencia en el movimiento independentista de América Hispana, reflejándose su contenido, por ejemplo, en el Acta de Independencia y la Constitución de Venezuela de 1811, y en la Carta de Jamaica del Libertador Simón Bolívar de 1815. [28]

Después de estas primeras traducciones y ediciones, durante la primera década del Siglo XIX, Miranda, sin duda, fue el punto de atracción y de atención en Londres sobre todo lo que tuviera que ver con los asuntos relativos a la independencia hispanoamericana. A él acudían todos los que de Hispanoamérica llegaban o pasaban por Londres, y él a su vez mantenía contacto con prominentes personas del gobierno británico, principalmente con quien había sido destacado primer Ministro, William Pitt, buscando el apoyo británico para el proceso hispanoamericano. En las labores editoriales en favor de la difusión de las ideas independentistas, en las cuales contó con financiamientos importantes de hispanoamericanos exiliados,[29] desarrolló una estrecha amistad con el destacado escritor y editorialista escocés James Mill,[30] quien entre el universo de temas de su atención se interesó por los asuntos hispa-

---

28   Véase Georges L. Bastin, "Francisco de Miranda, "precursor" de traducciones," en *Boletín de la Academia Nacional de Historia de Venezuela*, N° 354, Caracas 2006, pp. 167-197, y también en http://www.histal.umontreal.ca/pdfs/FranciscoMirandaPrecur-sorDeTraducciones.pdf

29   Se destaca, por ejemplo, las contribuciones a las actividades editoriales de Miranda de la prominente familia Fagoaga, de México, desde la llegada a Londres en 1809 del segundo marqués del Apartado, José Francisco Fagoaga y Villaurrutia, su hermano Francisco y su primo Wenceslao de Villaurrutia, luego del movimiento autonomista que encabezó el Ayuntamiento de Ciudad de México en 1808. Entre los amigos comunes de los Fagoaga y Miranda se encontraba José María Antepara, quien se asoció a los proyectos editoriales de Miranda, en libros, como la republicación de la carta de Viscado y Guzmán, y en el periódico *El Colombiano*, que apareció en Londres cada quince días, entre marzo y mayo de 1810. En la concepción y publicación del mismo, con el financiamiento de los Fagoaga, colaboraron Manuel Cortés Campomanes, Gould Francis Leckie, James Mill y José Blanco White antes de fundar su propio periódico *El Español*. Véase Salvador Méndez Reyes, "La familia Fagoaga y la Independencia," Ponencia al 49 Congreso Internacional de Americanistas, Quito 1997, publicado en http://www.naya.org.ar/congre-sos/contenido/49CAI/Reyes.htmen

30   James Mill, destacado filósofo e historiador escocés (1773-1836), padre a su vez de John Stuart Mill, fue un escritor prolífico, siendo sus obras más conocidas: *History of Bristish India* (1818), *Elements of Political Economy* (1821), *Essay on Government* (1828) y *Analysis of the Phenomena of the Human Mind* (1829). Como editorialista, antes de la publicación de esas obras, tocó todos los temas imaginables, y en muchas ocasiones se refirió a temas relativos a la independencia hispanoamericana, citando por ejemplo, documentos de Juan Pablo Viscardo y Guzmán. El estudio "Pensamientos de un inglés sobre el estado y crisis presente de los asuntos en Sudamérica, publicado en 1810 en *El Colombiano*, que fue el periódico que editó Miranda en Londres ese año, debió ser de Mill, lo que se evidencia de las referencias que en él se hacen a trabajos suyos sobre Hispanoamérica publicados años antes en la *Edimburgh Review* (enero y julio de 1809). Dicho trabajo fue además reproducido en la *Gazeta de Caracas* del 25 de enero de 1811, llevado a Venezuela, junto con tantos otros papeles por Miranda, en diciembre de 1810. Véase Mario Rodríguez, *"William Burke" and Francisco de Miranda. The Word and the Deed in Spanish America's Emancipation*, University Press of America, Lanham, New York, London 1994, pp. 267-268.

noamericanos. Esa alianza entre Miranda y Mill quizás es la clave para identificar al "escritor," o más bien, al seudónimo "William Burke" cuya obra tendría una especial importancia en la promoción del proceso de independencia de Hispanoamérica y de la figura de Miranda personalmente.

La primera obra publicada con la autoría atribuida a William Burke en Inglaterra fue el libro *History of the Campaign of 1805 in Germany, Italy, Tyrol, by William Burke, Late Army Surgon, London, Printed for James Ridgway, Nº 170, Opposite Bond Street, Picadilly, 1806,*[31] relativo a las guerras que desarrollaron las potencias aliadas europeas contra Francia después de que Napoleón había ocupado casi toda Europa y amenazaba con invadir a Inglaterra.[32] Se trata de una detallada crónica política militar de las guerras napoleónicas de ese año y de las reacción de las grandes potencias Europeas contra Francia, con referencia particular a la Batalla de Trafalgar de octubre de 1805 entre la Flota combinada de Francia y España y la Armada británica, que podría fin a los intentos napoleónicos de invadir Inglaterra. En el Apéndice del libro se incluyen importantes documentos y tratados entre las potencias aliadas, así como diversas proclamas de Napoleón. En la portada del libro se identificaba a Burke como "Late Army Surgeon."

Seguidamente también apareció publicada en Londres bajo la autoría del mismo William Burke, otra obra completamente distinta y sobre un tema que no tenía relación alguna con la anterior, titulada *South American Independence: or the Emancipation of South America, the Glory and Interest of England, by William Burke, the author of the Campaign of 1805,* F. Ridgway, London 1806. Lo cierto sin embargo, es que en la propia portada del libro se evidencia la intención de vincular al autor de este libro con la obra anterior, al indicarse que es el mismo autor del libro sobre la *Campaign of 1805,* es decir, el mismo "antiguo cirujano militar." Con ello, sin duda, se buscaba consolidar la construcción de un nombre en el mundo editorial, con una continuidad publicista, pero que en realidad no correspondía a persona alguna conocida en el Reino Unido en esa época.[33] La continuidad de la autoría atribuida a Bur-

---

31   Véase las referencias en Joseph Sabin, *Bibliotheca Americana. A Dictionary of Books relating to America, from its Discovery to the Present Time* (continued by Wilberforce Eames, and completed by Robert William Glenroie Vail, New York, 1868-1976.

32   En este libro se identifica a Burke como antiguo médico militar. Véase la referencia en *Annual Review and History of Literature for 1086*, Arthur Aikin, Ed., Longman etc, Ridgway, London 1807, p. 162

33   Sobre el William Burke que supuestamente escribió entre 1805 y 1810 no hay referencias biográficas algunas en el Reino Unido; por lo que puede decirse que no existió como persona, salvo en las carátulas de los libros que llevan el nombre. El William Burke conocido décadas anteriores (1729-1797) fue el autor, junto con su primo Edmund Burke (quien a su vez fue el autor del conocido libro *Reflections on the Revolution in France. And on the Proceeding in Certain Societies in London Relative to That Event in a Letter Intended to Have Been Sent to a Gentleman in Paris*, 1790) del libro: *An Account of the European Settlements in America, in six Parts*, Rand J. Dodsey, London 1760. Años después a los de la publicación de los libros del supuesto William Burke de comienzos del siglo XIX, el otro William Burke conocido fue un célebre criminal (1792-1829) quien junto con William Hare, ambos irlandeses, se dedicó a saquear tumbas y comerciar con cadáveres, por lo que fue juzgado y ahorcado en 1829. Su cadáver fue disecado ante 2000 estudiantes de medicina en la Universidad de Edimburgo, y su esqueleto puede aún verse en el Edinburgh University Museum. Véase la referencia en R Richardson, *Death, Dissection and the Destitute*, Routledge & Kegan Paul, London 1987, y en http://www.sciencemuseum.org.uk/broughttolife/peo-ple/burkehare.aspx

ke se seguirá consolidando en obras posteriores hasta 1812, en ninguna de las cuales, sin embargo, se lo identifica como médico militar o ni como veterinario. En esta obra de 1806 sobre Sur América, que aparece en Londres mientras Miranda está comandando la expedición para invadir a Venezuela, sin embargo, se aprecia la clara intervención del mismo, sin duda conforme a los papeles que seguramente habría dejado listos antes de su viaje, concluyendo el libro con una solicitud de ayuda monetaria al gobierno británico "con cifras precisas que correspondían a los proyectos de Miranda."[34]

Después de la edición de este libro sobre la independencia hispanoamericana, ocurrieron dos acontecimientos importantes en las relaciones de Inglaterra con Hispanoamérica: en primer lugar, la expedición, desembarco y retirada del General Francisco de Miranda en 1806 en las costas de Coro en la provincia de Venezuela; y la expedición, desembarco y rendición del general John Whitelock, Comandante en Jefe de las fuerzas británicas en el Río de la Plata, en Buenos Aires en 1807. Al análisis de estos dos importantes acontecimientos se dedicó otra obra, como complemento de la anterior, publicada también bajo el nombre del mismo William Burke, titulada: *Additional Reasons for our Immediately Emancipating Spanish America: deducted from the New and Extraordinary Circumstances of the Present Crisis: and containing valuable information respecting the Important Events, both at Buenos Ayres and Caraccas: as well as with respect to the Present Disposition and Views of the Spanish Americans: being intended to Supplement to "South American Independence," by William Burke, Author of that work,* F. Ridgway, London 1807.[35] Se destaca, de Nuevo, en esta obra, el lazo de unión que se continúa haciendo en cadena, entre el autor de esta obra y la anterior de 1806.

La primera parte de esta obra se destinó a analizar y criticar el último de los acontecimientos mencionados, es decir, la fracasada invasión británica a la ciudad de Buenos Aires en junio de 1807, con un ejército de cerca de 10.000 hombres, después de haber ocupado a Montevideo en abril de ese año. La resistencia de los bonaerenses fue definitiva, batiendo a las fuerzas británicas, de lo que resultó la capitulación en condiciones humillante para Whitelocke, ratificada en julio 1807, quedando obligado a evacuar en 48 horas la frontera meridional del río de la Plata, y a liberar la ciudad de Montevideo en los 2 meses subsiguientes, lo que efectivamente ocurrió el 1 de septiembre cuando Whitelocke abandonó el estuario junto con todo su ejército. Al llegar a Inglaterra en enero de 1808 a Inglaterra, fue sometido a un consejo de guerra que lo encontró culpable de todos los cargos que se le formularon, dándolo de baja y declarándolo "inepto e indigno de servir a S.M. en ninguna clase

---

34   Véase Georges L. Bastin, "Francisco de Miranda, "precursor" de traducciones," en *Boletín de la Academia Nacional de Historia de Venezuela,* N° 354, Caracas 2006, pp. 167-197, y también en http://www.histal.umontreal.ca/pdfs/FranciscoMiranda PrecursorDeTraducciones.pdf

35   En la "Second Edition Enlarged, Ridoway, London 1808," se le agregó al libro la "Letter to the Spanish Americans" de Juan Pablo Viscardo y Guzmán, que Miranda había publicado en Londres en francés, en 1799, y en español, en 1801, pp. 95-124.

militar." Con esos hechos, como se dice en el libro, los Generales y Almirantes británicos quedaron convencidos que Sur América nunca sería británica."[36]

La segunda parte de la obra se destinó a analizar la expedición de Miranda el año anterior de 1806, quien con el conocimiento de las autoridades británicas y de los Estados Unidos, aún cuando sin su apoyo oficial, zarpó el 3 de febrero con uno grupo de hombres desde Nueva York, para invadir la provincia de Venezuela. Luego de tocar puerto en Haití, el 17 de febrero, donde el Emperador Jean Jacques Dessalines había sido recién asesinado y el líder Petion estaba en proceso de consolidar su poder, llegó a las islas de Curacao, Aruba y Bonaire, desde donde desembarcó en Puerto Cabello el 25 de abril, fracasando en su empresa invasora. Luego de tocar puerto en Grenada el 27 de mayo, donde se entrevistó con el Almirante Alexander Cochrane, comandante de la flota británica en el Caribe, obteniendo su ayuda con barcos y suministros, llegó a Trinidad el 2 de junio, desde donde el 23 de julio zarpó hacia la Vela de Coro, donde desembarcó Miranda a comienzos de Agosto de 1806. La expedición tenía propósitos independentistas, pero no encontró eco en la población ya advertida por las autoridades coloniales, quedando los resultados de la expedición en las Proclamas escritas por Miranda en Trinidad y en Coro, en su carácter de "Comandante General del Ejército Colombiano, a los pueblos habitantes del Continente Américo–Colombiano."[37] Por el fracaso de la expedición, Miranda sacó sus tropas el 14 de agosto hacia Aruba. De esa empresa, además del relato del libro de Burke, se publicó en Nueva York un libro crítico: *The History of Don Francisco de Miranda's Attempt to Effect a revolution in South America in a Series of Letters*, Boston 1808, London 1809, probablemente escrito por uno de los norteamericanos participantes en la empresa.[38] De Aruba Miranda pasó a Trinidad en noviembre de 1806, y luego a Barbados donde se reunió con el Almirante Cochrane y el Coronel Gabriel de Rouvray, quien viajó a Londres como su representante personal, con toda la documentación de la expedición para buscar el apoyo británico para una nueva invasión, donde llegó en diciembre de 1806. El Conde de Rouvray, sin duda, antes de que llegara Miranda a Londres, entró en contacto con James Mill, y fue cuando William Burke pudo producir este libro *Additional Reasons*. Miranda permaneció en Barbados hasta comienzos de 1808, cuando regresó a Londres, no sin antes haberse reunido en Barbados con Rouvray, quedando en Londres James Mill como su representante.[39]

Se argüía finalmente en el libro *Additional Reasons* de Burke de 1807, que si Gran Bretaña le hubiese dado efectivo apoyo, la expedición de Miranda no hubiese

---

36   Véase William Burke, *Additional Reasons for our Immediately Emancipating Spanish America: deducted from the New and Extraordinary Circumstances of the Present Crisis: and containing valuable information respecting the Important Events, both at Buenos Ayres and Caraccas: as well as with respect to the Present Disposition and Views of the Spanish Americans: being intended to Supplement to "South American Independence,"* By William Burke, Author of that work, F. Ridgway, London 1808, p. 407.

37   Véase Francisco de Miranda, *Textos sobre la Independencia,* Academia Nacional de la Historia, Caracas 1959, pp. 93-99.

38   Véase Mario Rodríguez, *"William Burke" and Francisco de Miranda. The Word and the Deed in Spanish America's Emancipation,* University Press of America, Lanham, New York, London 1994, p. 108.

39   *Idem,* p. 153.

fracasado, destinándose entonces la segunda mitad del texto a promocionar al General Miranda como la persona más indicada para llevar la tarea de independizar Hispanoamérica con el apoyo inglés. Para ello, se incluyó en el libro una sucinta biografía de Miranda, sin duda escrita por él mismo o bajo su inmediata dirección, donde se resume su vida desde su nacimiento en Caracas en 1754 (1750), y que completándose con datos adicionales, permite describirla desde su viaje a España a los 17 años "rechazando el fanatismo y opresiones" que privaban en la Provincia; su incorporación a un Regimiento militar de la Corona española en Cádiz, época en la cual conoció a John Turnbull (1776), quien luego sería uno de sus importantes apoyos financieros futuros; sus actuaciones militares en el Norte de África y en Norte América, en la toma de Pensacola y las Bahamas (1781); su decisión de viajar y acrecentar conocimientos, lo que lo llevó a Norte América (1783–1784) donde se relacionó con los líderes de la Revolución Norteamericana (Washington, Hamilton, entre otros) con quienes discutió ya sus planes de liberación de "Colombia;" y a Londres (1785), donde conoció al Coronel William Steuben Smith, quien había sido Ayuda de Campo de George Washington, y con quien inició su viaje de observación militar hacia Prusia (1785). Publicaciones en Londres sobre Miranda, alertaron a las autoridades españolas de su presencia en Europa, lo que le impidió regresar a Londres de inmediato, recibiendo noticias del peligro de ser secuestrado. Viajó entonces Miranda a Sajonia, Austria, Italia, Egipto, Trieste, Constantinopla, el Mar Negro y Crimea (1786), donde, después de conocer al Príncipe Gregory Potemkin de Rusia, viajó con él a Kiev como huésped del gobierno ruso, donde fue recibido por la Emperatriz Caterina de Rusia, de quien recibió apoyo efectivo a sus proyectos. Con pasaporte Ruso, Petersburgo fue a Suecia, Noruega y Dinamarca, donde de nuevo supo de las intenciones del gobierno español de detenerlo en Estocolmo. Pasó luego a los Países Bajos y Suiza desde donde vía Paris y Marsella, donde llegó usando otro nombre (M. de Meroff), regresó a Inglaterra en la víspera de la Revolución, en junio de 1789, esperando encontrar apoyo a sus proyectos de independizar Hispanoamérica. Allí se entrevistó con el primer Ministro William Pitt (1790), no encontrando los apoyos que esperaba. Ello lo llevó a viajar a Paris, con las mismas ideas, con la intención de ir a Rusia (1792). En París la Revolución ya se había instalado, de manera que la invasión de la Champaña por las fuerzas prusianas, lo llevaron a aceptar un puesto de comando militar en las fuerzas francesas bajo las órdenes del General Charles Dumouriez, con el rango de Mariscal de Campo (1792). Por sus ejecutorias militares fue nombrado Comandante en Jefe del Ejército del Norte. El desastre militar de Neerwinden, que obligó al ejército francés a evacuar los Países Bajos, resultando en acusaciones contra Dumouriez de querer reinstaurar la Monarquía, originó un proceso contra éste, quien quiso involucrar a Miranda en sus actuaciones. Este, a pesar de que pudo salir inocente del proceso que se desarrolló en su contra ante el Tribunal Revolucionario de Paris, regresó a Londres donde el entonces Primer Ministro William Pitt (1798), comenzó a atender sus planes sobre la independencia de Hispanoamérica.

Hasta aquí llegan las referencias a la corta biografía de Miranda contenida en el libro,[40] a las que habría que agregar su retorno a Francia entre 1800 y 1801, donde de nuevo estuvo preso, y su regreso a Londres donde se encerró a estudiar los Clásicos y a concebir su expedición libertaria hacia Venezuela, con el apoyo inglés, pero comandada por americanos y no por los británicos, con lo que Estados Unidos estaba de acuerdo. De allí si viaje a Nueva York en noviembre de 1805, donde su amigo William Steuben Smith lo ayudó a montar la expedición, y donde el Presidente Thomas Jefferson y el secretario de Estado James Madison fueron debidamente informados.

En el libro *Additional Reasons,* luego de la breve biografía de Miranda, se pasa de seguidas a formular una defensa del Precursor ante las calumnias que se habían difundido contra él respecto de sus intenciones en la expedición a Venezuela, calificándose a Miranda como el "Washington de Sur América," para luego formular la propuesta de que el General Miranda fuera inmediatamente ayudado por una fuerza militar de seis a ocho mil hombres para lograr la independencia de su propio país, Caracas, y desde allí del resto de Hispanoamérica. Miranda, se argumentaba, podía lograr en esa forma lo que ningún ejército británico podría pretender directamente, pues sería rechazado tal como había precisamente ocurrido en Buenos Aires. La empresa de la independencia de Hispanoamérica, en la forma que se planteaba, se decía en el libro, no debía demorarse ni un día más.

La concepción de estos libros de Burke sobre la independencia de Hispanoamérica y la promoción que en ellos se hacía del General Miranda, e incluso, tomando en cuenta el relativo a las guerras napoleónicas de 1805 donde se identifica a su autor como un antiguo médico militar que habría participado en las mismas, dada la ausencia, como hemos dicho, de toda referencia sobre una persona alguna con ese nombre en la Inglaterra de comienzos del Siglo XIX, permiten pensar que los mismos fueron libros de "orden colaborativo,"[41] publicados en realidad con la participación de Francisco de Miranda y de sus amigos londinenses, entre ellos, por supuesto, James Mill, la principal pluma detrás del mismo, para promover el proceso de independencia de Hispanoamérica y exigir una acción rápida de parte de Inglaterra.[42]

---

40   Véase William Burke, *Additional Reasons for our Immediately Emancipating Spanish America:..., cit.,* pp. 64-74.

41   Véase Eugenia Roldán Vera, *The British Book Trade and Spanish American Independence. Education and Knowledge Transmission in Transcontinental Perspective,* Ashgate Publishing, London 2003, p. 47.

42   Por ejemplo, Georges Bastin, en su trabajo "Francisco de Miranda, 'precursor' de traducciones," explica que es muy clara la intervención de Miranda en la publicación del libro de Burke: *South American Independence: or the Emancipation of South America, the Glory and Interest of England,* de 1807, diciendo además de que –como antes indicamos– en este documento "en su última parte solicita al gobierno una ayuda monetaria con cifras precisas que correspondían a los proyectos de Miranda," que "En 1808, Miranda de nuevo prepara buena parte del otro libro de Burke titulado *Additional Reasons for our immediately emancipating Spanish America...* del que se hacen dos ediciones en Londres. En la segunda edición ampliada, como se dijo, Miranda incluye su traducción al inglés de la *Lettre aux Espagnols Américains* de Viscardo y Guzmán así como cinco documentos bajo el título "Cartas y Proclamas del General Miranda". Luego, colaborando Miranda y Mill, siguieron como William Burke, escribiendo artículos en el *Annual Register* y en *The Edinburgh Review.*" En particular, en enero de 1809, James Mill con la colaboración de Miranda publica un artículo sobre la "Emancipation of Spanish America," en *Edinburgh Review,* 1809, N° 13, pp. 277-311. Véase Georges Bastin, "Francisco de Miranda, 'pre-

Ello es lo que ha llevado a confirmar, como hemos dicho, que "William Burke" solo fuera un seudónimo utilizado para publicar en Londres trabajos relativos a la independencia Hispanoamericana,[43] seudónimo que "viajaría" igualmente a Caracas en las valijas de Miranda para seguir siendo usado para publicar trabajos de Mill sobre las bondades de la experiencia del gobierno y Constitución de los Estados Unidos, así como trabajos de Miranda y de Juan Germán Roscio.[44]

Lo cierto, en todo caso, es que bajo el nombre de William Burke, sobre todo después que Miranda viajó a Caracas, se comenzaron a publicar en la *Gazeta de Caracas,* entre noviembre de 1810 y marzo de 1812, editoriales y artículos varios con el título de "Derechos de la América del Sur y México," algunos de los cuales, incluso, originaron importantes polémicas como por ejemplo sobre la tolerancia religiosa en España,[45] y que fueron traducidos al castellano algunos y otros más bien escritos por Miranda, por James Mill y por Juan Germán Roscio. Setenta de esos escritos fueron recopilados en un libro publicado en Caracas en 1812, con el mismo título *Derechos de la América del Sur y México, por William Burke, autor de "La Independencia del Sur de América, la gloria e interés de Inglaterra," Caracas, en la imprenta de Gallager y Lamb, impresores del Supremo Gobierno, 1811.*[46]

En este último libro, donde se encuentra la misma vinculación del autor con el del libro anterior, en todo caso, se pueden encontrar las mismas raíces del movimiento editorial iniciado en 1799 en Londres con la participación de Miranda, y de los escritos de James Mill, enriquecidos, al pasar el Atlántico, con las ideas y pro-

---

cursor' de traducciones," en *Boletín de la Academia Nacional de Historia de Venezuela,* Nº 354, Caracas 2006, pp. 167-197; y también en http://www.histal.umontreal.ca/pdfs/FranciscoMirandaPrecursorDeTraducciones.pdf

43   Mario Rodríguez es quien ha estudiado más precisa y exhaustivamente a "William Burke" como el seudónimo bajo el cual James Mill habría escrito varios artículos sobre Hispanoamérica. Véase Mario Rodríguez, *"William Burke" and Francisco de Miranda: The World and Deed in Spanish America's Emancipation*, University Press of America, Lanham, New York, London 1994, pp. 123 ss.; 510 ss.. Véase igualmente Ivan Jasksic, *Andrés Bello. La pasión por el orden*, Editorial Universitaria, Imagen de Chile, Santiago de Chile 2001, p. 96, p. 133.

44   No es de extrañar que Augusto Mijares diga que las recomendaciones de Burke "recuerdan inmediatamente algunos de los proyectos de Miranda, cuya terminología sigue a veces Burke." Véase Augusto Mijares, "Estudio Preliminar," William Burke, *Derechos de la América del Sur y México,* Vol. 1, Academia de la Historia, Caracas 1959, p. 21. Por otra parte, en la carta de Roscio a Bello de 9 de junio de 1811, se acusa a Miranda de haber disculpado Burke ante el Arzobispo, en la polémica sobre el trema religioso, afirmando que el escrito en concreto que la había originado, había sido de la autoría de "Ustáriz, Tovar y Roscio," *Idem*, p. 26.

45   Véase el texto del escrito de Burke en la *Gaceta de Caracas* Nº 20, de 19 de febrero de 1811, en Pedro Graces (Compilador), *Pensamiento Político de la Emancipación Venezolana*, Biblioteca Ayacucho, Caracas 1988, pp. 90 ss. Debe mencionarse, por otra parte, que John Mill se había ocupado específicamente del tema de la tolerancia religiosa entre 1807 y 1809, en colaboración con Jeremy Bentham.

46   Véase en la edición de la Academia de la Historia, William Burke, *Derechos de la América del Sur y México,* 2 vols., Caracas 1959. Quizás por ello, José M. Portillo Valdés, señaló que "William Burke" más bien habría sido, al menos por los escritos publicados en Caracas, una "pluma colectiva" usada por James Mill, Francisco de Miranda y Juan Germán Roscio. Véase José M. Portillo Valdés, *Crisis Atlántica: Autonomía e Independencia en la crisis de la Monarquía Española*, Marcial Pons 2006, p 272, nota 60. En contra véase Karen Racine, *Francisco de Miranda: A Transatlantic Life in the Age of Revolution*, SRBooks, Wilmington, 2003, p. 318.

puestas de los ideólogos venezolanos de la independencia, en particular de Juan Germán Roscio. En algunas de las entregas de Burke en la *Gaceta de Caracas* que se publican en esta obra, incluso se disiente de las opiniones del mismo Miranda. Sólo la leyenda histórica cuenta que supuestamente Burke, "publicista irlandés," "amigo" de Miranda, habría viajado de Londres a Nueva York y luego a Caracas a finales de 1810, "posiblemente animado por patriotas residentes en Londres;"[47] que durante su estadía en Caracas habría participado como uno de los "agitadores importantes del momento"[48] junto con los otros patriotas, en el proceso de independencia; y que incluso, por haber disentido con Miranda, este "le impidió salir del país, aunque al parecer llevaba pliegos del Gobierno para los Estados Unidos del Norte."[49] Debe señalarse, en todo caso, que los datos sobre el "choque entre Miranda y Burke" donde fueron detallados contemporáneamente fue en la carta que el 9 de junio de 1811, Juan Germán Roscio dirigió a Andrés Bello quien estaba en Londres, donde expuso toda su inquina contra el Precursor. Sin duda, si en ese año crucial Roscio estaba en contra de las posiciones de Miranda, también tenía que estar "Burke," pues era el nombre con el cual Roscio, como Editor de la *Gaceta de Caracas*, también escribía en la misma, a veces traduciendo los trabajos de Mill, a veces directamente. La leyenda histórica cuenta, en todo caso, que al final de la República, Burke habría supuestamente escapado hacia Curazao en julio de 1812, y que habría fallecido a fines de ese mismo año en Jamaica.

Pero antes de que William Burke hiciera acto de presencia en Caracas de la mano de Miranda donde este llegó el 10 de diciembre de 1810, con todos los antecedentes editoriales que tenía en Londres, fue él quien recibió en Londres cinco meses antes, en Julio de ese mismo año a los miembros de la Delegación Oficial que había sido enviada por el nuevo Gobierno de la Provincia de Venezuela que conformaba la Junta Conservadora de los Derechos de Fernando VII formada el 19 de abril del mismo año 1810, introduciéndolos en su importante circulo de influencias inglesas, españolas e hispanoamericanas. La Delegación tenía la delicada misión de buscar la intervención del gobierno británico a los efectos de procurar evitar la ruptura total del gobierno español con las provincias venezolanas que el proceso de independencia estaba a punto de provocar, y a la vez, a los efectos de buscar protección de las provincias frente a Francia.

Los Miembros de tal Delegación eran nada menos que Simón Bolívar, quien luego sería a partir de 1813 el líder indiscutido de la independencia y liberación de Hispano América; Luis López Méndez, destacado patriota venezolano, y Andrés Bello, quien fungía como secretario de la Delegación, y quien años después sería el más destacado intelectual de Hispano América o como lo llamo Pedro Grases, "el

---

47   Véase la "Nota de la Comisión Editora," William Burke, *Derechos de la América del Sur y México,* Vol. 1, Academia de la Historia, Caracas 1959, p. xi.

48   Véase Elías Pino Iturrieta, *Simón Bolívar,* Colección Biografías de El Nacional N° 100, Editora El Nacional, Caracas, 2009, p. 34.

49   Véase las referencias en Augusto Mijares, "Estudio Preliminar," William Burke, *Derechos de la América del Sur y México,* Vol. 1, Academia de la Historia, Caracas 1959, pp. 25, 3.

primer humanista de América."[50] Miranda los introdujo ante las autoridades británicas y fue el vehículo para ponerlos en contacto con la comunidad de intelectuales y políticos británicos, entre ellos James Mill y Jeremy Bertham, y los Hispanos y Americanos que desde Gran Bretaña disentían del proceso de Cádiz, y apoyaban la revolución Hispanoamericana, como José María Blanco y Crespo, mejor conocido como Blanco–White, y habían conformado un importante círculo editorial para difundir sus ideas.

En esos mismos días en los que los visitantes venezolanos estaban aclimatándose a la vida londinense, en septiembre de 1810, incluso, en la misma línea de los libros de William Burke, aparecería publicado otro importante libro, esta vez con el apoyo financiero de la familia Fagoaga de México, y editado por José María Antepara, titulado *South American Emancipation. Documents, Historical and Explanatory Showing the Designs which have been in Progress and the Exertions made by General Miranda for the South American Emancipation, during the last twenty five years*, R. Juigné, London 1810.[51] El libro es una recopilación de documentos, la mayoría de Miranda o sobre Miranda y todos provenientes del Archivo del Miranda, incluyendo la *Carta* de Viscardo y Guzmán, y el artículo de James Mill sobre la "Emancipación de Sur América"[52] que era un comentario y glosa sobre dicha *Carta*. Todos los documentos fueron suministrados, sin duda, por el mismo Miranda para su edición, en la cual debió colaborar el mismo Mill, con un prólogo de Jesús María Antepara fechado el 1° de septiembre de 1810. Se trató, por tanto, de la última actividad editorial londinense de Miranda, cuyo producto, incluso, es posible que nunca hubiera llegado a tener en sus manos al salir de la imprenta, pues al mes siguiente, en octubre de 1810, viajaría hacia Venezuela.

El objetivo de esta obra, de nuevo, era tratar de presionar al Gobierno británico, persuadiendo a la opinión pública sobre la necesidad de apoyar a Francisco de Miranda en el proceso de liberación de Hispanoamérica, y sobre el gran potencial que ello significaba para la prosperidad inglesa a largo plazo. Posiblemente Miranda, para esta empresa editorial, habría obtenido financiamiento importante de los Fagoaga, consintiendo que apareciera el nombre de José María Antepara como editor, y que éste hiciese el prólogo al libro.[53]

Fue, por tanto, en ese efervescente entorno hispanoamericano británico en el cual se movió la delegación venezolana en Londres, donde Bolívar sólo permaneció unos meses, regresando a Venezuela en diciembre del mismo año 1810. Miranda, por su

---

50   Véase Pedro Grases, *Andrés Bello: El primer Humanista de América*, Ediciones El Tridente, Buenos Aires 1946; *Escritos Selectos*, Biblioteca Ayacucho, Caracas 1988, p. 119.

51   Véase la primera edición en español en el libro: José María Antepara, *Miranda y la emancipación suramericana, Documentos, históricos y explicativos, que muestran los proyectos que están en curso y los esfuerzos hechos por el general Miranda durante los últimos veinticinco años para la consecución de este objetivo* (Carmen Bohórquez, Prólogo; Amelia Hernández y Andrés Cardinale, Traducción y Notas), Biblioteca Ayacucho, Caracas 2009.

52   Véase James Mill, "Emancipation of Spanish America," en *Edinburgh Review*, 1809, N° 13, pp. 277-311.

53   Véase Salvador Méndez Reyes, "La familia Fagoaga y la Independencia," Ponencia al 49 Congreso Internacional de Americanistas, Quito 1997, publicado en http://www.naya.org.ar/congresos/contenido/49CAI/Reyes.htmen.

parte, también salió de Londres en octubre de 1810 llegando a Caracas, igualmente, en diciembre del mismo año, después de haber permanecido treinta años fuera de Venezuela. Una vez en Caracas, Miranda participó activamente en el proceso de independencia, como miembro de la Junta Patriótica y diputado por el Pao al Congreso General de 1811.

La vuelta de los viajeros a Caracas, en todo caso, coincidió con un momento crucial en la historia de Hispanoamérica, cuando la rebelión de Caracas ya estaba siendo fuertemente repelida por las autoridades españolas, por más precarias que estas fueran, dada la situación de desbandada provocada por la invasión napoleónica. Debe recordarse que entando Bolívar, López Méndez y Bello ya en Londres, en agosto de 1810, el Consejo de Regencia, que había sido recién creado por la Junta Central al convocar las Cortes Generales, había decretado el bloqueo de las costas de Venezuela. En enero de 1811, al mes de regresar Bolívar y Miranda a Caracas, el mismo Consejo de Regencia había designado a Antonio Ignacio de Cortavarría como Comisionado Real para "pacificar" a los venezolanos, quien tuvo a su cargo la organización de la invasión de Venezuela desde el cuartel general colonial que se había ubicado en la isla de Puerto Rico. Conforme a ello, como se dijo, al año siguiente, en febrero de 1812, el designado Comandante General de los Ejércitos de la Corona, Domingo de Monteverde, desembarcaría en Coro, en las mismas costas donde seis años antes habría desembarcado brevemente Francisco de Miranda (1806).

Con Caracas devastada por el terremoto de 24 de marzo de 1812, Monteverde venció al ejército republicano comandado por Francisco de Miranda, a quien el Congreso General había delegado en abril de 1812 la totalidad de los poderes del Estado. Miranda sin duda era un militar experimentado, quien como se dijo había sido Comandante en Jefe del Ejército del Norte de la República Francesa, participando en las guerras napoleónicas (1792–1799). También había participado, al servicio de la Armada española, en el sitio de Pensacola, en América del Norte, en 1781, y en 1782, en la expedición naval que intentó conquistar las Bahamas británica, lo que provocó su ascenso a Teniente Coronel y Ayudante de Campo de Juan Manuel Cajigal, nombrado también Gobernador de Cuba y quien había sido Coronel en el regimiento de Cádiz donde Miranda inició su vida militar. Ambos fueron acusados por participar en alguna conspiración relativa a intereses de Jamaica, y aunque fueron exonerados en 1977, pues Cajigal había ido a pelear su caso en España, Miranda había optado por escapar de Cuba hacia los Estados Unidos donde permaneció entre 1783 y 1784. Sin duda, Miranda, formado militarmente en Europa, creía en el honor del Código militar, de manera que confiando en el mismo, vencidos los ejércitos republicanos, el 25 de julio de 1812 firmó el Armisticio con Monteverde. Desafortunadamente para la libertad, para su vida, y la historia de la independencia de Hispanoamérica, Monteverde ignoró y violó el Armisticio, y asumiendo, como se ha dicho, la "ley de la conquista" como la única ley a ser aplicada, encarceló y envió a prisión a Cádiz a muchos de los líderes de la república, incluyendo Miranda, quien falleció años después en la prisión de La Carraca. Monteverde los consideró a todos ellos como los "monstruos" "origen y raíz primitiva de todos los males de América." De la persecución, Bolívar logró escapar a Cartagena, en la Nueva Granada desde donde escribió en 1813, como antes se dijo, su famoso Manifiesto de Cartagena, organizando un Ejército con el cual invadió Venezuela, iniciando la más sangrienta de las guerras de independencia de toda América Hispana, las cuales concluyeron con la restauración de la República en diciembre de 1819, y la definitiva derrota de los ejércitos realista en la Batalla de Carabobo en 1821.

Por consiguiente, como antes se dijo, para el momento en el cual comenzaron a circular las copias del libro *Interesting Official Documents*, el gobierno de la Confederación de las Provincias Unidas de Venezuela había desaparecido, sus dependencias y archivos habían sido saqueados, sus territorios habían sido ocupados por los ejércitos españoles, y sus líderes habían sido encarcelados o exilados, iniciándose un largo período de guerra que duró una larga década. De todo ello, sin embargo, quedaba el libro, como publicación oficial que había sido ordenada por aquél gobierno a los efectos de explicar en inglés y en Europa, las causas de la independencia. Por ello, las *Observaciones Preliminares* que lo preceden aparecieron sin indicación de su autor. En todo caso, a pesar de que el proceso de independencia que el libro explicaba y justificaba hubiese sido interrumpido por la guerra, su importancia fue sin duda singular, al punto de que su contenido de inmediato fue objeto de citas y comentarios.[54]

Sobre el proceso de edición de la obra, sin duda, hay que pensar que Andrés Bello habría tenido el papel principal, pues para cuando esos documentos llegan a Londres a comienzos de 1812 (donde estaba el texto de la Constitución de 21 de diciembre de 1811), Miranda ya tenía dos años en Caracas. Recuérdese por otra parte, que Bello había sido redactor de la *Gaceta de Caracas* desde 1808 a 1810, habiendo sido la primera publicación periódica a raíz de la introducción de la imprenta en Venezuela en 1808, en forma por demás, más que tardía.[55] Bello, por otra parte, había sido Oficial Mayor de la Capitanía General de Venezuela, y en los meses antes de su viaje a Londres, había sido colaborador de la Secretaria de Relaciones Exteriores de la *Junta Suprema* que estaba a cargo de Juan Germán Roscio. Además, antes de su viaje a Londres, ya Bello contaba con una obra publicada en Caracas, en el mismo año 1808, que fue su conocido *Resumen de la Historia de Venezuela*.

Bello tenía, por tanto, la formación necesaria para ocuparse de la edición de tan importante testimonio. A la partida de Miranda y Bolívar, Bello se había quedado instalado en Londres en la propia casa de Miranda, en su condición de Secretario de

---

54   Véase por ejemplo, la cita al "Manifiesto de Venezuela" en José Guerra (seudónimo de Fray Servando Teresa de Mier), *Historia de la revolución de Nueva España o antiguamente Anahuac o Verdadero origen y causas con la relación de sus progresos hasta el presenta año 1813*, Guillermo Glindon, Londres 1813, Vol. II, p. 241, nota. Véase la cita en Carlos Pi Sunyer. *Patriotas Americanos en Londres (Miranda, Bello y otras figuras)*, (Ed. y prólogo de Pedro Grases), Monteávila Editores, Caracas 1978, p. 218.

55   En el Taller de Mateo Gallagher y Jaime Lamb, habiendo sido la primera publicación, la *Gaceta de Caracas* el 24 de octubre de 1808. La imprenta la había llevado a América Francisco de Miranda en su expedición de 1806, habiéndola dejado en Trinidad cuando decidió retirarse de las costas de Venezuela. La imprenta la compró Mateo Gallagher, quien era el editor del *Trinidad Weekly Courant*, y con su socio Jaime Lamb, ambos ingleses, la llevaron a Caracas en 1808, junto con Francisco González de Linares, por encargo del Capitán General Juan de Casas. La Real Hacienda concedió un préstamo con hipoteca para el funcionamiento de la imprenta, siendo la Gobernación su principal cliente. En ella, como se dijo, se editó la *Gaceta de Caracas*, cuyo redactor era Andrés bello, funcionario de la Gobernación y Capitanía General. Véase "Introducción de la imprenta en Venezuela," en Pedro Grases, *Escritos Selectos*, Biblioteca Ayacucho, Caracas 1988, pp. 97 ss.

la Delegación venezolana ante el gobierno británico, posición que le permitió entrar en contacto y establecer relaciones con la comunidad de habla hispana londinense. Sin duda, por todo ello, fue el relevo de Miranda en las empresas editoriales en Londres, habiendo revisado la edición y quizás corregido la traducción al inglés de los documentos del libro, a pesar de que su segunda lengua, al llegar a Londres en julio de 1810, era el francés. Entre los miembros prominentes de la comunidad hispana y americana en Londres estaba, por ejemplo, José María Blanco–White, distinguido exilado español disidente del proceso de Cádiz, editor del periódico *El Español,* que publicaba el Librero francés Durlau.[56] Se trataba de uno de los primeros europeos en haber defendido el proceso de independencia de Hispanoamérica,[57] por lo que estando vinculado al mundo editorial londinense, sin duda, fue el vehículo a través del cual Bello, quien había permanecido en estrecho contacto epistolar con Roscio, tuviera a su cargo el cuidado de la edición del libro,[58] por el mismo librero francés Durlau, con sede en Soho Square de Londres.

El libro londinense, como se ha dicho, contenía todos los documentos que fundamentaron el primer movimiento independentista de América Hispana desarrollado en las Provincias de Venezuela en los mismos meses y años en los que se desarrolló el proceso constituyente de Cádiz, en los que se explicaban las razones de la independencia, las cuales se pueden agrupar conforme a las siguientes líneas de argumentación:

Primero, mediante la explicación de la situación general de América en relación con España, "condenada por más de tres siglos a no tener otra existencia que la de servir a aumentar la preponderancia política de España" (M);

Segundo, con la precisión de cómo, entre las causas que en forma inmediata originaron la independencia de Venezuela, estuvo la crisis política de la Corona española desde los hechos de El Escorial en 1807, con la traición de Fernando a su padre Carlos IV, materializada en los sucesos de Aranjuez de 1808, hasta los de Bayona en 1811, con la abdicación de la Corona española en el Emperador de los franceses, y el traslado de la misma a su hermano, como rey de España y las Américas;

Tercero, con la explicación de cómo el proceso de independencia se gestó durante tres años, desde 1808, cuando en la Provincia de Venezuela, al conocerse las noticias de los sucesos de Aranjuez y de Bayona, se quiso establecer una Junta Suprema para la conservación de los derechos de Fernando VII, a la usanza de las que proliferaron en la Península, lo cual fue rechazado por las autoridades coloniales, hasta que se declaró la independencia en 1811;

Cuarto, mediante la explicación de la miopía de la Regencia, primero en la reacción tardía y mal concebida respecto del reconocimiento de la existencia política de América en el marco de la Monarquía española, y luego, en declararle la guerra a la

---

56   Véase *The Life of the Reverend Joseph Blanco White, written by himself with portions of his correspondence,* John Hamilton Thom, London 1845 (Sevilla 1988), p. 228.

57   El Acta de la Independencia fue publicada en *El Español,* Nº XVI, Londres 30 de octubre de 1811, p. 44. Por ello, entre otras razones, el Consejo de Regencia prohibió su circulación en América.

58   Esta es la misma apreciación de Carlos Pi Sunyer, *Patriotas Americanos en Londres. Miranda, Bello y otras figuras,* Monteavila Editores, Caracas 1978, pp. 217-218.

Provincia de Venezuela, lo cual fue secundado por las Cortes de Cádiz y ejecutado a través de autoridades para la "pacificación" establecidas en Puerto Rico;

Quinto, con la explicación, igualmente, de la miopía de las Cortes de Cádiz en haber continuado con el estado de guerra y el bloqueo contra las Provincias de Venezuela, lo que originó una situación particular en Venezuela, que disiente del resto de los países de América Latina, y que fue que al haber concebido ya su propia Constitución en 1811 conforme a todos los principios liberales imaginados y siguiendo los moldes del constitucionalismo norteamericano y francés del siglo XVIII, la reacción de las provincias fue contra las propias Cortes de Cádiz y la Constitución de 1812, que se quiso imponer militarmente, pero para no cumplirse;

Sexto, con la explicación de la justificación que existía y que podían haberse esgrimido para desconocer el Juramento que se había prestado el 19 de abril de 1810 para la conservación de los derechos de Fernando VI, considerado "Rey presuntivo, inhábil para reinar" (M), cuando debió declararse la independencia.

Séptimo, con el cuestionamiento de raíz de la supuesta pertenencia de América al territorio español.

Y finalmente *octavo,* mediante la explicación del significado del derecho de insurrección de los pueblos ante gobiernos tiránicos como base del proceso de independencia de Venezuela.

Estas páginas están destinadas a comentar, con base a lo expresado en los documentos contenidos en el libro *Interesting Official Documents Relating to the United Provinces of Venezuela,* sobre estos aspectos.

II. LAS REFERENCIAS A LA SITUACIÓN GENERAL DE HISPANO AMÉRICA EN RELACIÓN CON ESPAÑA Y LA AUSENCIA DE REFORMAS

En el *Acta de la Independencia* se aclaró expresamente que sus redactores no querían empezar "alegando los derechos que tiene todo país conquistado, para recuperar su estado de propiedad e independencia, y procedieron a olvidar "la larga serie de males, agravios y privaciones que el derecho funesto de conquista" había causado "indistintamente a todos los descendientes de los descubridores, conquistadores y pobladores de estos países," por lo que "corriendo un velo sobre los trescientos años de dominación española en América," procedieron a presentar los hechos "auténticos y notorios que han debido desprender y han desprendido de derecho a un mundo de otro, en el trastorno, desorden y conquista que tiene ya disuelta la nación española" (AI).

Fue el *Manifiesto* de 1811, por tanto, el que sí se refirió abundantemente a esa situación general de América en relación con España, comenzando por destacar que había sido el "instinto de la propia seguridad" el que al fin había dictado a los americanos "que había llegado el momento de obrar, para coger el fruto de trescientos años de inacción y de paciencia;" considerando que si bien "el descubrimiento del Nuevo Mundo" había sido "uno de los acontecimientos más interesantes a la especie humana," no iba a ser "menos la regeneración de este mismo mundo degradado desde entonces por la opresión y la servidumbre," de manera que "levantándose del polvo y las cadenas," la revolución de América iba a ser la "más útil al género humano"…"cuando, constituida y gobernada por sí misma, abra los brazos para recibir a los pueblos de Europa,"…"como amigos, y no como tiranos: como menesterosos, y no como señores; no para destruir, sino para edificar; no como tigres, sino como hombres." (M).

"Escrito estaba," se explicó en el *Manifiesto*, "que no debía gemir la mitad de la especie humana bajo la tiranía de la otra mitad," constatándose sin embargo que lo que había ocurrido en Europa y en América durante esos trescientos años, mostraba que "todo, todo aceleraba los progresos del mal en un mundo, y los progresos del bien en el otro." Se destacó, por ejemplo, "la injusticia" de la "dependencia y degradación" de América "cuando todas las naciones han mirado como un insulto a la equidad política, el que la España despoblada, corrompida y sumergida en la inacción y la pereza por un gobierno despótico, tuviese usurpados exclusivamente a la industria y actividad del continente los preciosos e incalculables recursos de un mundo constituido en el feudo y monopolio de una pequeña porción del otro" (M). América, por ello, era una alternativa para la España agobiada por el desgobierno, y era una "ventajosa alternativa que la América esclava presentaba a través del océano a su señora la España, cuando agobiada por el peso de todos los males y minada por todos los principios destructores de las sociedades, le pedía que la quitase las cadenas para poder volar a su socorro." No fueron sin embargo atendidos los clamores de la América, y en particular de Venezuela, como se afirmó en el *Manifiesto*, habiendo sido Venezuela "la primera" que había jurado "a la España los auxilios generosos que ella creía homenaje necesario;" "que había conocido "los desórdenes que amenazaban la destrucción de la España;" que había proveído "a su propia conservación, sin romper los vínculos que la ligaban con ella; "que sintió los efectos de su ambiciosa ingratitud;" y que había sido "hostilizada por sus hermanos." De allí se concluyó en el *Manifiesto* que Venezuela entonces iba "a ser la primera" que iba a recobrar "su independencia y dignidad civil en el Nuevo Mundo" (M).

"Para justificar esta medida de necesidad y de justicia," fue precisamente que se elaboró el *Manifiesto* para "presentar al Universo las razones" de la independencia, y llamar la atención de que "los intereses de Europa no pueden estar en contraposición con la libertad de la cuarta parte del mundo que se descubre ahora a la felicidad de las otras tres;" y de que "sólo una Península Meridional puede oponer los intereses de su gobierno a los de su nación para amotinar el antiguo hemisferio contra el nuevo, ya que se ve en la impotencia de oprimirlo por más tiempo." La conducta represiva de España frente a Venezuela, se consideraba en el *Manifiesto* suficiente para justificar "no sólo nuestra independencia, sino hasta la declaración de una enemistad irreconciliable con los que, directa o indirectamente, hubiesen contribuido al desnaturalizado sistema adoptado contra nosotros;" conscientes sus redactores de que "no podemos salir de la condición de siervos, sin pasar por la calumniosa nota de ingratos, rebeldes y desagradecidos" (M).

III. LA CRISIS POLÍTICA DE LA CORONA ESPAÑOLA A PARTIR DE 1808 Y LA REVOLUCIÓN DE CARACAS

La razón principal que como detonante originó el proceso de independencia en las provincias de Venezuela fue, sin duda, la crisis política de la Corona Española, tal como se da cuenta explicativa en los documentos publicados en el libro londinense de 1812. Así, por ejemplo, en el *Acta de la Independencia* se declara, que ella fue producto de la "plena y absoluta posesión" de los derechos de "las provincias unidas de Caracas, Cumaná, Barinas, Margarita, Barcelona, Mérida y Trujillo, que forman la Confederación Americana de Venezuela en el Continente Meridional, reunidos en Congreso," que recobraron:

> "justa y legítimamente desde el 19 de abril de 1810, en consecuencia de la jornada de Bayona y la ocupación del Trono español por la conquista y sucesión de otra nueva dinastía constituida sin nuestro consentimiento."

Y en la misma *Acta de la Independencia* se afirmó que:

> "Las cesiones y abdicaciones de Bayona; las jornadas de El Escorial y de Aranjuez, y las órdenes del lugarteniente Duque de Berg, a la América, debieron poner en uso los derechos que hasta entonces habían sacrificado los americanos a la unidad e integridad de la nación española."

Por tanto, la historia política de Venezuela como nación independiente,[59] al igual que en general, la historia política de la América Hispana independiente efectivamente comenzó hace doscientos años, el 19 de abril de 1810, cuando el Cabildo de Caracas se transformó en la *Suprema Junta Conservadora de los Derechos de Fernando VII en las Provincias de Venezuela*, desconociendo la autoridad del Consejo de Regencia, aun cuando reconociendo la autoridad del Rey entonces depuesto, y en todo caso asumiendo el gobierno de la Provincia.[60] Esto ocurría sólo seis meses después de que se hubiera dictado el reglamento para la elección de los constituyentes de las Cortes de Cádiz (6 de octubre de 1809) pero cinco meses antes de la instalación de las mismas el 24 de septiembre de 1810. Con el golpe de Estado que se había dado, se inició un proceso constituyente que concluyó con la sanción de la Constitución Federal para los Estados de Venezuela del 21 de diciembre de 1811, dictada también, tres meses antes de la sanción de la Constitución de Cádiz el 18 de marzo de 1812.

Lo que aparentemente era el inicio de una reacción local de una entidad municipal de una de las provincias españolas en América, contra la invasión napoleónica en la península ibérica, rápidamente se transformó en la primera expresión exitosa de independencia respecto de España, lo cual días después (27 de abril de 1810) se ordenaría fuese informado a todos los Ayuntamientos de América, invitándolos a participar en "el gran trabajo de la Confederación Hispanoamericana."[61]

En ese proceso, sin duda, la situación política de la Corona Española a comienzos del siglo XIX, así como la lucha por la independencia desarrollada en la propia Península española contra los franceses, fueron determinantes. Como se dijo en las *Observaciones Preliminares* del libro londinense, no se necesitaban pruebas

---

59 Véase en general sobre la historia política de Venezuela, véase, Rafael Arráiz Lucca, *Venezuela: 1830 a nuestros días. Breve historia Política*, Editorial Alfa, Caracas 2007; y Allan R. Brewer-Carías, *Historia Constitucional de Venezuela*, 2 Tomos, Editorial Alfa, Caracas 2008; *Pensamiento Político Venezolano del Siglo XIX* (Colección dirigida por Ramón J. Velásquez), 12 tomos, Presidencia de la República, Caracas, 1961.

60 Véase el Acta del Cabildo de Caracas del 19 de abril de 1810 en *El 19 de Abril de 1810*, Instituto Panamericano de Geografía e Historia, Caracas, 1957, pp. 11 y ss.; y Allan R. Brewer-Carías, *Las Constituciones de Venezuela*, *op. cit.*, Tomo I, pp. 531-533.

61 Véase la relación detallada de los acontecimientos y los escritos de Rafael Seijas, Arístides Rojas, L. Vallenilla Lanz, Cristóbal L. Mendoza y otros, en *El 19 de abril de 1810*, *op. cit.*, pp. 63 ss.

"para conocer con evidencia, que las ideas que se esparcieron en las colonias sobre la desesperada situación de la España a la entrada de los franceses en la Andalucía, y el temor de ser arrastrados a caer en manos de los usurpadores, fueron las causas principales de la resolución tomada por los Americanos de no confiar más tiempo su seguridad á la administración de los Europeos, y de poner sus negocios al cuidado de Juntas ó Asambleas Provinciales, formadas al ejemplo y por los mismos medios que las de España."

Debe recordarse, en efecto, que a comienzos del Siglo XIX, en Francia, la Revolución ya había concluido después del Terror, y la República había sido eclipsada y secuestrada por un régimen autoritario que en 1802 había hecho de Napoleón Cónsul vitalicio, en 1804 lo había proclamado Emperador, por supuesto, también vitalicio conforme al principio hereditario, y que en 1808 había suprimido a la propia República. Toda Europa estaba amenazada y buena parte de ella había sido ocupada o sometida por el Emperador, quien conducía un Estado en guerra. España, fronteriza, no escapó a las garras de Napoleón y al juego de su diplomacia continental[62]. En esta forma, como consecuencia del Tratado de *Fontainebleau* del 27 de octubre de 1807 suscrito entre representantes de la Corona española y del Imperio napoleónico, ambos Estados se habían acordado el reparto de Portugal, cuyos príncipes habían huido a América, previéndose incluso el otorgamiento a título hereditario del territorio del Algarve a Manuel Godoy, Ministro favorito de Carlos IV. En una cláusula secreta del Tratado se disponía la invasión de Portugal por las tropas napoleónicas a través de España.

Pero la verdad es que las tropas napoleónicas ya se encontraban en España y habían atravesado la frontera portuguesa diez días antes de la firma del Tratado, lo que implicó que para marzo de 1808, más de 100.000 hombres de los ejércitos napoleónicos ya se encontraban en España. El Rey Carlos IV habría conocido de la conjura de su hijo para arrebatarle el Trono y apresar a Godoy, y supuestamente lo habría perdonado. Por otra parte, desde febrero de 1808 ya había un regente en Portugal (*Junot*), que actuaba en nombre del Embajador, con lo que el Tratado de *Fontainebleau* y el reparto de Portugal había quedado invalidado. Napoleón, primero apostó a que la familia real española hubiera podido seguir el ejemplo de la de Portugal[63] y

---

62   Véase Joseph Fontana, *La crisis del antiguo Régimen 1808–1833*, Barcelona 1992.

63   Antes de que llegaran las tropas francesas que desde noviembre de 1807 ya habían invadido España, a la frontera con Portugal, el Príncipe Juan de Braganza, quien era regente del reino de Portugal por enfermedad de su madre la Reina María, y su Corte, se refugiaron en Brasil, instalándose el gobierno real el Río de Janeiro en marzo de 1808. Ocho años después, en 1816, el príncipe Juan asumió la Corona del Reino Unido de Portugal, Brasil y Algaves (con capital en Río de Janeiro), como Juan VI. En la península, Portugal quedaba gobernado por una Junta de regencia que estaba dominada por el comandante de las fuerzas británicas. Una vez vencido Napoleón en Europa, Juan VI regresó a Portugal dejando como regente del Brasil a su hijo Pedro. A pesar de que las Cortes devolvieron al territorio del Brasil a su status anterior y requirieron el regreso a la Península al regente Pedro, este, en paralelo a las Cortes portuguesas, convocó también a una Asamblea Constituyente en Brasil, proclamando la independencia del Brasil en septiembre de 1822, donde el 12 de octubre de ese mismo año fue proclamado Emperador del Brasil (Pedro I de Braganza y Borbón). En 1824 se sancionó la Constitución Política Imperial del Brasil. Dos años después, en 1826, el Emperador brasileño regresaría a Portugal a raíz de la muerte de su padre Juan VI, para asumir el reino portugués como Pedro IV, aún cuando por corto tiempo. Véase, Félix A.

huyera a Cádiz y de allí a América; pero luego cambió de parecer, e impuso como condición para el reparto del centro del Reino portugués a España, la entrega a Francia de todo el territorio de España al norte del Ebro, incluyendo los Pirineos.

La presencia de las tropas francesas en España y la concentración de las españolas en Aranjuez, originaron toda suerte de rumores, incluso, la posible huída del Monarca hacia Andalucía y América, lo que se había descartado. Sin embargo, tales rumores tuvieron que ser aclarados por el Monarca manifestando en proclama a los españoles, que la concentración de tropas en Aranjuez no tenía que defender a su persona ni acompañarle a un viaje "que la malicia os ha hecho suponer como preciso". La concentración de tropas en Aranjuez, sin embargo, lo cierto es que era parte de una conspiración en marcha contra el gobierno de Godoy, que tenía como protagonistas, entre otros, al mismo Príncipe de Asturias, Fernando (futuro Fernando VII), quien buscaba también la abdicación de su padre Carlos IV, con la complacencia de los agentes franceses y la ayuda del odio popular que se había generado contra Godoy, por la ocupación francesa del reino.

En la noche del 18 de marzo de 1808 estalló el motín de Aranjuez[64], revuelta popular que condujo a la aprehensión de Godoy y el destrozo de sus dependencias por la turba y en fin, a la abdicación de Carlos IV en su hijo Fernando tal y como fue anunciada el 19 de marzo de 1808, como parte de las intrigas de este. En la misma noche, Carlos IV ya hablaba con sus criados de que no había abdicado, y a los dos días, el 21 de marzo de 1808 se arrepintió de su abdicación, aclarando en un manifiesto lo siguiente:

"Protesto y declaro que todo lo manifestado en mi decreto del 19 de marzo abdicando la Corona en mi hijo, fue forzado, por precaverse mayores males, y la efusión de sangre de mis queridos vasallos, y por tanto, de ningún valor".

También escribió a Napoleón, aclarándole la situación, diciéndole:

"Yo no cedí a favor de mi hijo. Lo hice por la fuerza de las circunstancias, cuando el estruendo de las armas y los clamores de la guarnición sublevada me hacían reconocer la necesidad de escoger la vida o la muerte, pues esta última habría sido seguida por la de la reina"

A pesar de estas manifestaciones, Carlos IV no solo jamás recuperaría la Corona, sino que los tres días Fernando VII entraría triunfante en Madrid, iniciando un corto reinado de días, en el cual, mediante uno de sus primeros decretos, ordenaba la requisa de los bienes de Godoy contra los cuales se volcó la saña popular en todo el territorio del Reino. Pero a las pocas horas de la entrada del nuevo Rey, en Madrid también había llegado a la ciudad, 23 de marzo de 1808, el general Joaquín Murat, Capitán general de las tropas francesas en España, quien ordenó salvar a Godoy de un seguro linchamiento al que se lo pretendía dejar someter. Murat, además, mate-

Montilla Zavalía, "La experiencia monárquica americana: Brasil y México", en *Debates de Actualidad*, Asociación argentina de derecho constitucional, Año XXIII, N° 199, enero/abril 2008, pp. 52 ss.

64   Véase un recuento de los sucesos de marzo en Madrid y Aranjuez y todos los documentos concernientes a la abdicación de Carlos IV en J.F. Blanco y R. Azpúrua, *Documentos para la Historia de la Vida Pública del Libertador...*, op. cit., Tomo II, pp. 91 a 153.

rialmente desconoció la presencia misma del nuevo Rey en la ciudad que ya estaba ocupada por los franceses.

Por orden de Murat, además, el anterior monarca Carlos IV y su familia, el 9 de abril de 1808 fueron trasladados a El Escorial para luego ir a Bayona el 30 de abril de 1808 donde los esperaba Napoleón. A Bayona ya había llegado Fernando VII el 20 de abril, y el mismo Godoy lo hizo el 26 de abril de 1808. Todos habían recurrido al Emperador en busca de apoyo y reconocimiento, con lo cual éste había quedado convertido en el árbitro de la crisis política de la Monarquía española.

Estando el reino en sus manos, decidió apropiárselo: primero el 5 de mayo de 1808 obtuvo una nueva abdicación de Carlos IV, esta vez, en el mismo Napoleón; segundo, al día siguiente, el 6 de mayo de 1808, hizo que Fernando VII abdicara de la Corona en su padre Carlos IV,[65] sin informarle lo que ya este había hecho; y tercero, unos días después, el 10 de mayo de 1808, la firma de los Tratados de Bayona mediante los cuales Carlos IV y Fernando VII cedieron solemnemente todos sus derechos al Trono de España e Indias al Emperador Napoleón[66] "como el único que, en el Estado a que han llegado las cosas, puede restablecer el orden" a cambio de asilo, pensiones y propiedades en territorio francés[67]. Desde el 25 de mayo de 1808, además, Napoleón también había nombrado a Joachim Murat, Gran Duque de Berg y de Cléves, como Lugar–teniente general del Reyno,[68] y manifestaba a los españoles:

> "Vuestra Monarquía es vieja: mi misión se dirige a renovarla: mejorará vuestras instituciones; y os haré gozar de los beneficios de una reforma, sin que experimentéis quebrantos, desórdenes ni convulsiones". Prometía, además, "una Constitución que concilie la santa y saludable autoridad del soberano con las libertades y el privilegio del Pueblo"[69].

El hermano del Emperador, José Bonaparte, a su vez, fue instalado en Madrid como Rey de España, guardándose las formas políticas mediante el otorgamiento de un Estatuto constitucional, conocido como la Constitución de Bayona de julio 1808, la cual sin embargo, no dio estabilidad institucional alguna al Reino, pues antes de su otorgamiento, en el mes de mayo de 1808, ya España había iniciado su guerra de Independencia contra Francia, en la cual los Ayuntamientos tuvieron un papel protagónico al asumir la representación popular por fuerza de las iniciativas populares[70]. El fáctico secuestro de los Monarcas españoles en territorio francés, en efecto había provocado una rebelión popular que estalló en Madrid el 2 de mayo de 1808, que originaron sangrientos hechos por la represión desatada por la guarnición francesa.[71] El Emperador juró vengar a los muertos franceses, y sin duda, el apodera-

---

65   *Idem*, Tomo II, p. 133.

66   *Idem*, Tomo II, p. 142.

67   *Idem*, Tomo II, pp. 142 a 148.

68   *Idem*, Tomo II, p. 153.

69   *Idem*, Tomo II, p. 154.

70   Véase A. Sacristán y Martínez, *Municipalidades de Castilla y León,* Madrid, 1981, p. 490.

71   Véase F. Blanco y R. Azpúrua, *Documentos para la Historia de la Vida Pública del Libertador...*, *op. cit.,* Tomo II, p. 153.

miento del reino de España fue parte de esa venganza; pero los muertos españoles por los trágicos fusilamientos del 3 de mayo, fue el pueblo español el que los vengó, al propagarse la rebelión por toda España, con el común denominador de la reacción contra las tropas francesas. Por ello, a medida que se generalizó el alzamiento, en las villas y ciudades, se fueron constituyendo Juntas de Armamento y Defensa, que asumieron el poder popular, integradas por los notables de cada lugar, y encargadas de la suprema dirección de los asuntos locales y de sostener y organizar la resistencia frente a los franceses, iniciándose la guerra de independencia.

Esas Juntas, aun cuando constituidas por individuos nombrados por aclamación popular, tuvieron como programa común la defensa de la Monarquía simbolizada en la persona de Fernando VII, por lo que siempre obraron en nombre del Rey. Sin embargo, con ello puede decirse que se produjo una revolución política, al sustituirse el sistema absolutista de gobierno por un sistema municipal, popular y democrático, completamente autónomo[72]. La organización de tal gobierno provocó la estructuración de Juntas Municipales las cuales a la vez concurrieron, mediante delegados, a la formación de las Juntas Provinciales, las cuales representaron a los Municipios agrupados en un determinado territorio.

De todo lo antes dicho, por tanto, era claro que la crisis política de España, que precedió el proceso de independencia, había sido, sin duda, una de las causas principales de la misma. Ello se afirmó y argumentó extensamente en el *Manifiesto* de 1811, al señalar que cuando "Caracas supo las escandalosas escenas de El Escorial y Aranjuez," ya "presentía cuáles eran sus derechos y el estado en que los ponían aquellos grandes sucesos;" y que si bien "todos conocen el suceso del Escorial en 1807," sin embargo, "quizá habrá quien ignore los efectos naturales de semejante suceso." Por ello, en el *Manifiesto* se hizo el siguiente resumen de los aspectos más relevantes del mismo, con la debida aclaratoria, sin embargo, de que no era el ánimo del Congreso "entrar a averiguar el origen de la discordia introducida en la casa y familia de Carlos IV;" que se atribuían "recíprocamente la Inglaterra y la Francia, y ambos gobiernos tienen acusadores y defensores." Incluso, en el *Manifiesto* se hacía referencia a que tampoco era el propósito hacer referencia al "casamiento ajustado entre Fernando y la entenada de Bonaparte, la paz de Tilsit, las conferencias de Erfuhrt, el tratado secreto de S. Cloud y la emigración de la casa de Braganza al Brasil" (M).

En cambio, lo que se consideró "cierto y lo propio" de los venezolanos, fue que "por la jornada del Escorial quedó Fernando VII declarado traidor contra su padre Carlos IV." Sobre ello, se afirmó:

"Cien plumas y cien prensas publicaron a un tiempo por ambos mundos su perfidia y el perdón que a sus ruegos le concedió su padre; pero este perdón como atributo de la soberanía y de la autoridad paterna relevó al hijo únicamente de la pena corporal; el Rey, su padre, no tuvo facultad para dispensarle la infamia y la inhabilidad que las leyes constitucionales de España imponen al traidor, no sólo para obtener la dignidad real, pero ni aun el último de los cargos y

---

72   Véase O. C. Stoetzer, *Las Raíces Escolásticas de la Emancipación de la América Española,* Madrid, 1982, p. 270.

empleos civiles. Fernando no pudo ser jamás Rey de España ni de las Indias" (M). El recuento de los sucesos posteriores se hizo de la siguiente manera:

"A esta condición quedó reducido el heredero de la Corona, hasta el mes de marzo de 1808 que, hallándose la Corte en Aranjuez, se redujo por los parciales de Fernando a insurrección y motín el proyecto frustrado en El Escorial. La exasperación pública contra el ministerio de Godoy sirvió de pretexto a la facción de Femando para convertir indirectamente en provecho de la nación lo que se calculó, tal vez, bajo otros designios. El haber usado de la fuerza contra su padre, el no haberse valido de la súplica y el convencimiento, el haber amotinado el pueblo, el haberlo reunido al frente del palacio para sorprenderlo, arrastrar al ministro y forzar al Rey a abdicar la Corona, lejos de darle derecho a ella, no hizo más que aumentar su crimen, agravar su traición y consumar su inhabilidad para subir a un trono desocupado por la violencia, la perfidia y las facciones. Carlos IV, ultrajado, desobedecido y amenazado con la fuerza, no tuvo otro partido favorable a su decoro y su venganza que emigrar a Francia para implorar la protección de Bonaparte a favor de su dignidad real ofendida. Bajo la nulidad de la renuncia de Aranjuez, se juntan en Bayona todos los Borbones, atraídos contra la voluntad de los pueblos a cuya salud prefirieron sus resentimientos particulares; aprovechóse de ellos el Emperador de los franceses, y cuando tuvo bajo sus armas y su influjo a toda la familia de Femando, con varios próceres españoles y suplentes por diputados en Cortes, hizo que aquél restituyese la Corona a su padre y que éste la renunciase en el Emperador, para trasladarla en seguida a su hermano José Bonaparte" (M).

Todo esto –se afirma en el *Manifiesto* de 1811– se ignoraba o se sabía "muy por encima" en Venezuela, "cuando llegaron a Caracas los emisarios del nuevo Rey," sosteniendo que "la inocencia de Fernando, en contraposición de la insolencia y despotismo del favorito Godoy," había sido "el móvil de su conducta, y la norma de las autoridades vacilantes el 15 de julio de 1808;" de manera que ante "la alternativa de entregarse a una potencia extraña o de ser fiel a un Rey que aparecía desgraciado y perseguido," el Congreso General afirmó que:

"triunfó la ignorancia de los sucesos del verdadero interés de la Patria y fue reconocido Fernando, creyendo que mantenida por este medio la unidad de la nación, se salvaría de la opresión que la amenazaba y se rescataría un Rey de cuyas virtudes, sabiduría y derechos estábamos falsamente preocupados" (M).

El resultado fue que:

"Fernando, inhábil para obtener la corona, imposibilitado de ceñirla, anunciado ya sin derechos a la sucesión por los próceres de España, incapaz de gobernar la América y bajo las cadenas y el influjo de una potencia enemiga, se volvió desde entonces, por una ilusión, un príncipe legítimo, pero desgraciado, se fingió un deber el reconocerlo, se volvieron sus herederos y apoderados cuantos tuvieron audacia para decirlo, y aprovechando la innata fidelidad de los españoles de ambos mundos empezaron a tiranizarlos nuevamente los intrusos gobiernos que se apropiaron la soberanía del pueblo a nombre de un Rey quimérico, y hasta la junta Mercantil de Cádiz quiso ejercer dominio sobre la América" (M).

El tema también fue objeto de consideraciones en el Acta de Independencia, donde se observó que:

> "Cuantos Borbones concurrieron a las inválidas estipulaciones de Bayona, abandonando el territorio español, contra la voluntad de los pueblos, faltaron, despreciaron y hollaron el deber sagrado que contrajeron con los españoles de ambos mundos, cuando, con su sangre y sus tesoros, los colocaron en el Trono a despecho de la casa de Austria; por esta conducta quedaron inhábiles e incapaces de gobernar a un pueblo libre, a quien entregaron como un rebaño de esclavos.

Los intrusos gobiernos que se abrogaron la representación nacional aprovecharon pérfidamente las disposiciones que la buena fe, la distancia, la opresión y la ignorancia daban a los americanos contra la nueva dinastía que se introdujo en España por la fuerza; y contra sus mismos principios, sostuvieron entre nosotros la ilusión a favor de Fernando, para devorarnos y vejarnos impunemente cuando más nos prometían la libertad, la igualdad y la fraternidad, en discursos pomposos y frases estudiadas, para encubrir el lazo de una representación amañada, inútil y degradante.

Luego que se disolvieron, sustituyeron y destruyeron entre sí las varias formas de gobierno de España, y que la ley imperiosa de la necesidad dictó a Venezuela el conservarse a sí misma para ventilar y conservar los derechos de su Rey y ofrecer un asilo a sus hermanos de Europa contra los males que les amenazaban, se desconoció toda su anterior conducta, se variaron los principios, y se llamó insurrección, perfidia e ingratitud, a lo mismo que sirvió de norma a los gobiernos de España, porque ya se les cerraba la puerta al monopolio de administración que querían perpetuara nombré de un Rey imaginario."

Estas ideas se retomaron en las *Observaciones Preliminares* al libro londinense, aún con otro lenguaje, insistiendo en que "reforma ha sido el grito general," considerando que en Europa, se habían "visto naciones enteras combatir animosamente por extirpación de abusos envejecidos" de manera que "aquellos mismos que más acostumbrados estaban á arrastrar las cadenas del despotismo, se han acordado de sus derechos largo tiempo olvidados, y se han reconocido todavía hombres;" de manera que no podía esperarse que la América Española,

> "cuyos habitantes habían sido tanto tiempo hollados y esclavizados, y donde mas que en otra parte alguna era indispensable una reforma, fuese la única que permaneciese tranquila, la única que resignada con su triste destino viese indolentemente, que quando los Gobiernos de la Península se ocupaban en mejorar la condición del Español Europeo, á ella sola se cerraba toda perspectiva de mejor suerte" (OP)

Al contrario, la América española también había sentido el "choque eléctrico" de los contrastes de manera que "penetrados los Americanos de la justicia de sus demandas," comenzaron a reclamarlas, particularmente frente a la "doble opresión de la Corona y del monopolio" y las "gravosas é irracionales restricciones que agobiaban a todas las clases, y sofocaban en ellas toda especie de actividad y de industria," con "leyes, extraviadas de su benéfico objeto, que no servían ya para el castigo del culpable, ni para la protección del inocente." En esa situación, se argumentaba en dichas *Observaciones Preliminares*, lo que se veían a cada paso eran "actos de la mas bárbara arbitrariedad" careciendo los "nativos de una equitativa participación en los empleos de confianza ó de lucro," prevaleciendo un sistema de gobierno ignominioso "contrario á los mas esenciales derechos del género humano, y opuesto á los dictados de la justicia y de la razón." En una palabra, concluía las *Observaciones Preliminares*, la condición de los americanos no podía considerarse sino como la de un "oscuro" "vasallaje feudal de la España." En las Provincias, por otra parte, existían "vacíos inmensos en todos los ramos de industria, ocasionados "por la grosera ignorancia de los mas comunes inventos," sometidas como estaban a "un sistema de monopolio, dictado por el injusto principio de preferencia á los pocos, y tan hostil á la fecundidad de las artes," denunciándose en particular que en la Provincia de Caracas no se permitió "ensenar matemáticas, tener imprenta, escuela de pilotaje, ni clase de derecho público, ni se toleró que hubiese Universidad en Mérida;" (OP) todo lo cual no podía "contradecirse por los mal descarados panegiristas del poder arbitrario, ni paliarse por las especiosas producciones de las prensas de Cádiz, empeñadas en probar las ventajas de la dependencia y del monopolio."

En fin, se argumentó en las *Observaciones Preliminares* que no se podía pretender que sólo a las provincias de las Américas se les negasen sus derechos, y el poder "velar sobre su integridad," se les exigiera "que para la distribución de justicia" tuvieran que "atravesar un océano de dos mil leguas," y que en "momentos tan críticos como el actual, subsistan desnudos de todas las atribuciones de los seres políticos, y dependan de otra nación, que un enemigo poderoso amenaza aniquilar;" y que quedasen "como una nave sin timón," expuestos "a los rudos embates dé la mas furiosa tempestad política, y prontas a ser la presa de la primera nación ambiciosa que tenga bastante fuerza para apoderarse de ellas."

IV. EL PROCESO DE INDEPENDENCIA GESTADO DURANTE LOS AÑOS 1808 A 1811, PRODUCTO DE LA INCOMPRENSIÓN DE LA REGENCIA Y SUS AGENTES LOCALES

Después de los sucesos de El Escorial, Aranjuez y Bayona, el proceso de la independencia de Venezuela se enmarcó en el curso de tres épocas, como se dijo en el *Manifiesto*, cuando "desde el 15 de julio de 1808" se arrancaron a los venezolanos "las resoluciones del 19 de abril de 1810 y 5 de julio de 1811," cuyas tres épocas –se afirmó– "formarán el primer período de los fastos de Venezuela regenerada, cuando el buril imparcial de la historia trace las primeras líneas de la existencia política de la América del Sur." Ese tiempo de "tres años" que transcurrieron "desde que debimos ser libres e independientes y hasta que resolvimos serlo" y, en particular, "desde el 19 de abril de 1810 hasta el 5 de julio de 1811," si bien estuvo signado por "una amarga y penosa alternativa de ingratitudes, insultos y hostilidades por parte de España," se consideró en el *Manifiesto* como la época "más interesante de la historia de nuestra revolución" (M).

Sobre ello, en el *Manifiesto* se comienza por dar cuenta de que cómo en Caracas las autoridades locales aceptaron "los despachos del lugarteniente Reino, Murat," y "apoyando" sus órdenes exigían a los venezolanos "el reconocimiento del nuevo Rey" (M). Ello, hizo estallar la revolución.

En efecto, la primera de las fechas que se menciona en el *Manifiesto*, como el inicio del proceso de independencia, es la del 15 de julio de 1808, que fue precisamente cuando formalmente llegaron al Cabildo de Caracas las noticias sobre la asunción de la Corona por Fernando VII el 20 de marzo de 1808, después de los sucesos de Aranjuez. Tales hechos se participaron a la Capitán General de Venezuela mediante Reales Cédulas, entre las cuales estaba la de 20 de abril de 1808 (Real Cédula de proclamación de Fernando VII),[73] la cual fue precisamente la que fue abierta por el Ayuntamiento de Caracas el 15 de julio de 1808,[74] cuatro meses después de haber sido expedida.

Por supuesto, para ese momento, dos meses antes, en mayo de 1808 también habían ocurrido otros gravísimos hechos, ya mencionados, como fueron la renuncia de la Corona, por parte de Fernando VII en su padre y de la cesión de la Corona por parte de Carlos IV a Napoleón; hechos que hacían totalmente inútil la noticia inicial, pues además, una semana antes de recibirla, como se dijo, ya José Napoleón, proclamándose "Rey de las Españas y de las Indias", había decretado la Constitución de Bayona, el 6 de julio de 1808. No es de extrañar, por tanto, los devastadores efectos políticos que tuvieron en Venezuela las tardías noticias sobre las disputas políticas reales entre padre a hijo; sobre la abdicación forzosa del Trono provocada por la violencia de Napoleón, y sobre la ocupación del territorio español por los ejércitos del Emperador; y peor aún, cuando el correo utilizado para el conocimiento tardío de estas noticias había correspondido a sendos emisarios franceses que habían llegado a Caracas, lo que contribuyó a agravar la incertidumbre.

Ante las noticias recibidas, el Capitán General de Venezuela Juan de Casas formuló la declaración solemne del 18 de julio de 1808, expresando que en virtud de que "ningún gobierno intruso e ilegítimo puede aniquilar la potestad legítima y verdadera... en nada se altera la forma de gobierno ni el Reinado del Señor Don Fernando VII en este Distrito."[75] A ello se sumó, el 27 de julio, el Ayuntamiento de Caracas al expresar que "no reconocen ni reconocerán otra Soberanía que la suya (Fernando VII), y la de los legítimos sucesores de la Casa de Borbón."[76]

En esa misma fecha, el Capitán General Casas se dirigió al Ayuntamiento de Caracas exhortándolo a que se erigiese en esta Ciudad "una Junta a ejemplo de la de Sevilla,"[77] para cuyo efecto, el Ayuntamiento tomó conocimiento del acto del esta-

---

73 Véase en J. F. Blanco y R. Azpúrua, *Documentos para la Historia de la Vida Pública del Libertador...*, *op. cit.*, Tomo II, pp. 126, 127.

74 *Idem*, Tomo II, pp. 127 y 160.

75 *Idem*, Tomo II, p. 169.

76 *Idem.*, Tomo II, p. 169.

77 El 17 de junio de 1808, por ejemplo, la Junta Suprema de Sevilla explicaba a los dominios españoles en América los "principales hechos que han motivado la creación de la Junta Suprema de Sevilla que en nombre de Fernando VII gobierna los reinos de Sevilla, Córdoba, Granada, Jaén, provincias de Extremadura, Castilla la Nueva y las demás que vayan sacudiendo el yugo del Emperador de los franceses". Véase el texto de la manifestación "de los principales hechos que han motivado la creación de la Junta Suprema de Sevilla que en nombre de Fernando VII gobierna los reinos de Sevilla, Córdoba, Granada, Jaén, provincias de Extremadura, Castilla la Nueva y las demás que vayan sacudiendo el yuyo del Emperador de los franceses" del 17 de junio de 1808 en J. F. Blanco y R. Azpúrua, *Documentos para la Historia de la Vida Pública del Libertador...*, *op. cit.*, Tomo II, pp. 154–157, y 170-174. Véase C. Parra Pérez, *Historia de la Primera República de Venezuela*, Biblioteca de la Academia Nacional de la Historia, Caracas, 1959, Tomo I. pp. 311 y ss., y 318

blecimiento de aquélla[78] y acordó estudiar un "Prospecto" cuya redacción encomendó a dos de sus miembros, y que fue aprobado el 29 de julio de 1808, pasándolo
para su aprobación al "Presidente, Gobernador y Capitán General."[79]

Este, sin embargo, nunca llegó a considerar la propuesta, incluso a pesar de la
representación que el 22 de noviembre de 1808 le habían enviado las primeras notabilidades de Caracas designadas para tratar con él sobre "la formación y organización de la Junta Suprema".

Sobre este proyecto de 1808 de crear una Junta Suprema de Gobierno, en el *Manifiesto* de 1811 se indicó sobre la reacción del Capitán General Emparan ante la
Audiencia, declarando "que no había en Caracas otra ley ni otra voluntad que la
suya," haciéndose recuento de "su capricho y arbitrariedad" y de los varios excesos
y violencias cometidos, entre los que se destacó el haber arrojado fuera de las Provincias "al Capitán D. Francisco Rodríguez y al Asesor del Consulado D. Miguel
José Sanz," quienes fueron "confinados a Cádiz y Puerto Rico;" el encadenamiento
y condena al trabajo de obras públicas, sin forma ni figura de juicio, "a una muchedumbre de hombres buenos arrancados de sus hogares con el pretexto de vagos;"
todo ello, para "después de sostener a todo trance su ignorancia y su orgullo; después de mil disputas escandalosas con la Audiencia y el Ayuntamiento; después de
reconciliarse, al fin, con estos déspotas todos los togados para hacerse más impunes
e inexpugnables contra nosotros," convenir "en organizar y llevar a cabo el proyecto, a la sombra de la falacia, del espionaje y la ambigüedad"[80] (M). En el *Manifiesto*
de 1811, por ello, se hizo específica referencia a órdenes como la expedida el 30 de
abril de 1810, para que, "so color de no atender sino a la guerra, se embruteciesen
más España y América, se cerrasen las escuelas, no se hablase de derechos ni premios, ni se hiciese más que enviar a España dinero, hombres americanos, víveres,
frutos preciosos, sumisión y obediencia." Además, se daba cuenta de que "bajo las
más severas conminaciones se restablecía la Inquisición política con todos sus
horrores, contra los que leyesen, tuviesen o recibiesen otros papeles, no sólo extranjeros, sino aun españoles, que no fuesen de la fábrica de la Regencia." Incluso se
denunció en el *Manifiesto* que se habían mandado "abrir sin excepción alguna todas
las correspondencias de estos países, atentado desconocido hasta en el despotismo
de Godoy, y adoptado sólo para hacer más tiránico el espionaje contra la América"
(M).

En todo caso, luego de los hechos de 1808, se había comenzado a afianzar el
sentimiento popular de que el gobierno de la Provincia era pro–bonapartidista lo
cual se achacó también al Mariscal de Campo, Vicente de Emparan y Orbe, quien
había sido nombrado por la Junta Suprema Gubernativa como Gobernador de la
Provincia de Venezuela, en marzo de 1809[81]. Esta Junta Suprema Central y Guber-

---

78   Véase el acta del Ayuntamiento del 28 de julio de 1808 en J.F. Blanco y R. Azpúrua, *Documentos para
      la Historia de la Vida Pública del Libertador...*, *op. cit.*, Tomo II, p. 171.

79   Véase el texto del prospecto y su aprobación de 29 de julio de 1809, *Idem.*, pp. 172–174; y C. Parra
      Pérez, *Historia de la Primera República...*, *op. cit.*, p. 318.

80   En el *Manifiesto* se indica que lo expuesto resulta de testimonios auténticos que reposaban en los archi-
      vos "a pesar de la vigilancia con que se saquearon" por las autoridades españolas.

81   Véase en L. A. Sucre, *Gobernadores y Capitanes Generales...*, *op. cit.*, p. 314.

nativa del Reyno se había constituido en Aranjuez el 25 de septiembre de 1808, y se había trasladado luego a Sevilla el 27 de diciembre de 1809, integrada por mandatarios de las diversas provincias del Reino, la cual tomó la dirección de los asuntos nacionales[82]. Fue por ello que el 12 de enero de 1809, el Ayuntamiento de Caracas reconoció en Venezuela a dicha Junta Central, como gobierno supremo del imperio[83].

Días después, la Junta Suprema Central dispondría por Real Orden de 22 de enero de 1809, que las Provincias americanas habían cesado de ser "colonias o factorías," formando "parte esencial e integrante de la monarquía española,[84] disponiendo entonces que las mismas debían tener representación y constituir parte de la Junta Suprema Central, previéndose sin embargo una exigua representación si se la comparaba con la que tenían los representantes peninsulares.[85]

En todo caso, para comienzos de 1809, ya habían aparecido en la Península manifestaciones adversas a la Junta Suprema Central y Gubernativa, a la cual se había acusado de usurpadora de autoridad. Ello condujo, en definitiva, a la convocatoria a Cortes para darle legitimación a la representación nacional, lo que la Junta hizo por Decretos de 22 de mayo y 15 de junio de 1809, fijándose la reunión de las Cortes para el 1° de marzo de 1810, en la Isla de León[86]. En dichas Cortes, en todo caso, debían estar representadas las Juntas Provinciales del Reino y representantes de las Provincias de Indias, que debían ser electos conforme al reglamento dictado el 6 de octubre de 1809. En cuanto a los representantes de América, después de interminables discusiones sobre su número y la forma de elección al final efectivamente fueron designados, pero en forma supletoria por americanos residentes en Cádiz, por una Junta regulada por Decreto del 1° de enero de 1810.[87] Sobre la representación que se ofreció a los americanos, la misma se resintió en el *Manifiesto* de 1811, en el cual se destacó al contrario, la falta de representación que se pretendió dar a las provincias americanas en las Cortes, al punto de afirmar que

> "si los trescientos años de nuestra anterior servidumbre no hubieran bastado para autorizar nuestra emancipación, habría sobrada causa en la conducta de los gobiernos que se arrogaron la soberanía de una nación conquistada, que jamás pudo tener la menor propiedad en América, declarada parte integrante de ella; cuando se quiso envolverla en la conquista."

---

82   Véase el texto en J. F. Blanco y R. Azpúrua, *Documentos para la Historia de la Vida Pública del Libertador...*, *op. cit.*, Tomo II, pp. 174 y 179.

83   Véase Parra Pérez, *Historia de la Primera República ...*, *op. cit.*, Tomo II, p. 305.

84   Véase el texto en J.F. Blanco y R. Azpúrua, *Documentos para la Historia de la Vida Pública del Libertador...*, *op. cit.*, Tomo II, pp. 230–231; O. C. Stoetzer, *Las Raíces Escolásticas de la Emancipación...*, *op. cit.*, p. 271.

85   Sobre ello véase el "Memorial de Agravios" de C. Torres de 20 de noviembre de 1809 en J. F. Blanco y R. Azpúrua, *Documentos para la Historia de la Vida Pública del Libertador...*, *op. cit.*, Tomo II, pp. 243–246; y O.C. Stoetzer, *Las Raíces Escolásticas de la Emancipación...*, *op. cit.*, p. 272.

86   Véase el texto en J.F. Blanco y R. Azpúrua, *Documentos para la Historia de la Vida Pública del Libertador...*, *op. cit.*, Tomo II, pp. 234–235.

87   Véase E. Roca Roca, *América en el Ordenamiento Jurídico...*, *op. cit.*, p. 21; J. F. Blanco y R. Azpúrua, *Documentos para la Historia de la Vida Pública del Libertador...*, *op. cit.*, Tomo II, pp. 267–268.

Se agregó en el *Manifiesto* que "si los gobernantes de España hubiesen estado pagados por sus enemigos no habrían podido hacer más contra la felicidad de la nación vinculada en su estrecha unión y buena correspondencia con la América," destacándose cómo "con el mayor desprecio a nuestra importancia y a la justicia de nuestros reclamos, cuando no pudieron negarnos una apariencia de representación, la sujetaron a la influencia despótica de sus agentes sobre los Ayuntamientos a quienes se sometió la elección." Y peor aún, cuando los americanos comparaban la situación de la representación en España, donde "se concedía hasta a las provincias ocupadas por los franceses y a las Islas Canarias y Baleares un representante a cada 50.000 almas, elegido libremente por el pueblo," pero en América "apenas bastaba un millón para tener derecho a un representante, nombrado por el Virrey o Capitán General bajo la firma del Ayuntamiento."

Ahora bien, en mayo de 1809, como se dijo, ya había llegado a Caracas el nuevo Presidente, Gobernador y Capitán General de Venezuela, Vicente Emparan y Orbe; y en ese mismo mes, la Junta Suprema Gubernativa advertía a las Provincias de América sobre los peligros de la extensión de las maquinaciones del Emperador a las Américas.[88] Como se indicó en las *Observaciones Preliminares* del libro londinense, que "había motivo para desconfiar de los Virreyes y Capitanes Generales" se comprobó por los sucesos posteriores, pues los mismos no tuvieron "reparo en proclamar la doctrina de que la América debe correr igual suerte que la Península, y que si la una es conquistada, debe someterse la otra al mismo señor. Los jefes coloniales estaban preparados para esta ocurrencia, y habiendo sido escogidos por el Príncipe de Paz, nada era mas natural que el que volviesen á sus antiguas miras."

Ese temor que surgió en Caracas respecto del subyugamiento completo de la Península, sin duda, fue el que provocó que comenzara la conspiración por la independencia de la Provincia de Venezuela de lo cual, incluso, estaba en conocimiento Emparan antes de que llegara a Caracas[89]. Su acción de gobierno, por otra parte lo llevó a enemistarse incluso con el clero y con el Ayuntamiento, lo que contribuyó a acelerar la reacción criolla. Así, ya para fines de 1809 en la Provincia había un plan para derribar el gobierno en el cual participaban los más destacados jóvenes caraqueños, entre ellos, Simón Bolívar, quien había regresado de España en 1807, todos amigos del Capitán General[90]. Este adoptó diversas providencias al descubrir el plan, pero fueron débiles, provocando protestas del Ayuntamiento[91].

En la Península, el 29 de enero de 1810, después de haber convocado la elección de los diputados a Cortes, la Junta Central Gubernativa del Reino resolvió reconcentrar la autoridad del mismo, cesando en sus funciones y nombrando un Consejo de Regencia al cual asignó el poder supremo. Pero en las Provincias de América se carecía de noticias sobre los sucesos de España, cuyo territorio, con excepción de Cádiz y la Isla de León, estaba en poder de los franceses. Estas noticias y la de la

---

88   Véase el texto en J.F. Blanco y R. Azpúrua, *Documentos para la Historia de la Vida Pública del Libertador...*, *op. cit.*, Tomo II, pp. 250–254.

89   Véase G. Morón, *Historia de Venezuela*, Caracas, 1971, Tomo III, p. 205.

90   C. Parra Pérez, *Historia de la Primera República ...*, *op. cit.*, Tomo I, pp. 368–371.

91   *Idem.*, p. 371.

disolución de la Junta Suprema Central y Gubernativa por la constitución del Consejo de Regencia, sólo se llegaron a confirmar en Caracas el 18 de abril de 1810,[92] y fueron esas noticias el último detonante del inicio de la revolución de independencia de América. Fue así como el Ayuntamiento de Caracas, en su sesión del 19 de abril de 1810, al día siguiente de conocerse la situación política de la Península, depuso a la autoridad constituida y se erigió, a sí mismo, en Junta Suprema de Venezuela Conservadora de los Derechos de Fernando VII[93]. Con este acto, sin duda, se dió un golpe de Estado en la Provincia, habiendo recogido el Acta de la sesión del Ayuntamiento de Caracas, el primer acto constitucional de un nuevo gobierno y el inicio de la conformación jurídica de un nuevo Estado,[94] y además, la deposición del Gobernador Emparan del mando de la Provincia de Venezuela. El Cabildo, así, asumió el "mando supremo" o "suprema autoridad" de la Provincia,[95] respaldado "por consentimiento del mismo pueblo"[96].

Se estableció, así, un "nuevo gobierno" a cargo de "una Junta Gubernativa de estas Provincias, compuesta del Ayuntamiento de esta Capital y de los vocales nombrados por el voto del pueblo,"[97] al cual quedaron subordinados "todos los empleados del ramo militar, político y demás"[98]. El Ayuntamiento, además, procedió a destituir las antiguas autoridades del país y a proveer a la seguridad pública y conservación de los derechos del Monarca cautivo, y ello lo hizo "reasumiendo en sí el poder soberano,"[99] desconociendo la autoridad del Consejo de Regencia.

Sobre estos hechos del día jueves Santo 19 de abril de 1811, se expresó en el *Manifiesto* de 1811, que en el mismo "se desplomó en Venezuela el coloso del despotismo, se proclamó el imperio de las leyes y se expulsaron los tiranos con toda la felicidad, moderación y tranquilidad que ellos mismos han confesado y ha llenado de admiración y afecto hacia nosotros a todo el mundo imparcial." Ese día, cuando la independencia debió declararse, Venezuela, con "una mano firme y generosa" depuso "a los agentes de su miseria y su esclavitud," y colocando

> "el nombre de Fernando VII a la frente de su nuevo gobierno, juraba conservar sus derechos, prometía reconocer la unidad e integridad política de la na-

---

92   Véase *Idem*, Tomo II, pp. 380 y 383.

93   Véase el libro *El 19 de abril de 1810, op. cit.*, Caracas 1957.

94   Véase en general T. Polanco, "Interpretación jurídica de la Independencia" en *El Movimiento Emancipador de Hispanoamérica, Actas y Ponencias*, Caracas, 1961, Tomo IV, pp. 323 y ss.

95   Véase el texto del Acta del Ayuntamiento de Caracas de 19 de Abril de 1810 en Allan R. Brewer-Carías, *Las Constituciones de Venezuela, op. cit.*, pp. 531-533.

96   Así se establece en la "Circular" enviada por el Ayuntamiento el 19 de abril de 1810 a las autoridades y corporaciones de Venezuela. Véase J. F. Blanco y R. Azpúrua, *Documentos para la Historia de la Vida Pública del Libertador...*, *op. cit.*, Tomo II, pp. 401–402. Véase también en *Textos Oficiales de la Primera República de Venezuela*, Biblioteca de la Academia Nacional de la Historia, 1959, Tomo I, p. 105.

97   Así se denomina en el Manifiesto del 1° de mayo de 1810. Véase en *Textos Oficiales..., cit.*, Tomo I. p. 121.

98   *Idem.*

99   Así se indica en el oficio de la Junta Suprema al Inspector General Fernando Toro el 20 de abril de 1810. Véase en J.F. Blanco y R. Azpúrua, *Documentos para la Historia de la Vida Pública del Libertador...*, *op. cit.*, Tomo II, p. 403 y Tomo I, p. 106, respectivamente.

ción española, abrazaba a sus hermanos de Europa, les ofrecía un asilo en sus infortunios y calamidades, detestaba a los enemigos del nombre español, procuraba la alianza generosa de la nación inglesa y se prestaba a tomar parte en la felicidad y en la desgracia de la nación de quien pudo y debió separarse para siempre" (M).

Los venezolanos, se dijo en el *Manifiesto*, reconocieron "los *imaginarios derechos* del hijo de María Luisa," y respetando la desgracia de la nación, dieron dando parte de la "resolución a la misma *Regencia que desconocíamos*, le ofrecimos no separarnos de la España siempre que hubiese en ella un *gobierno legal*, establecido por *la voluntad de la nación* y en el cual tuviese la *América la parte* que le da la justicia, la necesidad y la importancia política de su territorio" (M).

En todo caso, la Junta Suprema de Venezuela comenzó por asumir en forma provisional, las funciones legislativas y ejecutivas, definiendo en el Bando del 25 de abril de 1810, los siguientes órganos del Poder Judicial: "El Tribunal Superior de apelaciones, alzadas y recursos de agravios se establecerá en las casas que antes tenía la audiencia"; y el Tribunal de Policía "encargado del fluido vacuno y la administración de justicia en todas las causas civiles y criminales estará a cargo de los corregidores"[100].

En todo caso, este movimiento revolucionario iniciado en Caracas en abril de 1810, meses antes de la instalación de las Cortes de Cádiz, indudablemente que siguió los mismos moldes de la Revolución francesa y tuvo además la inspiración de la Revolución norteamericana[101], de manera que incluso, puede considerarse que fue una Revolución de la burguesía, de la nobleza u oligarquía criolla, la cual, al igual que el tercer estado en Francia, constituía la única fuerza activa nacional[102]. Inicialmente entonces, la revolución de independencia en Venezuela fue el instrumento de la aristocracia colonial, es decir, de los blancos o mantuanos, para reaccionar contra la autoridad colonial y asumir el gobierno de las tierras que habían sido descubiertas, conquistadas, colonizadas y cultivadas por sus antepasados.[103] No se trató, por tanto, inicialmente, de una revolución popular, pues los pardos, a pesar de constituir la mayoría de la población, apenas comenzaban a ser admitidos en los niveles civiles y sociales como consecuencia de la Cédula de "Gracias, al Sacar", vigente a partir

---

100   *Textos oficiales...*, *op. cit.*, Tomo I, pp. 115–116.

101   Véase José Gil Fortoul, *Historia Constitucional de Venezuela*, Tomo primero, *Obras Completas*, Vol. I, Caracas, 1953, p. 209.

102   Véase José Gil Fortoul, *Historia Constitucional de Venezuela*, *op. cit.*, Tomo primero, p. 200; Pablo Ruggeri Parra, *Historia Política y Constitucional de Venezuela*, Tomo I, Caracas, 1949, p. 31.

103   En este sentido, por ejemplo, L. Vallenilla Lanz es categórico, al considerar que "en todo proceso justificativo de la Revolución (de independencia) no debe verse sino la pugna de los nobles contra las autoridades españolas, la lucha de los propietarios territoriales contra el monopolio comercial, la brega por la denominación absoluta entablada de mucho tiempo atrás por aquella clase social poderosa y absorbente, que con razón se creía dueña exclusiva de esta tierra descubierta, conquistada, colonizada y cultivada por sus antepasados. En todas estas causas se fundaba no sólo el predominio y la influencia de que gozaba la nobleza criolla, sino el legítimo derecho al gobierno propio, sin la necesidad de apelar a principios exóticos tan en pugna con sus exclusividades y prejuicios de casta". Véase Laureano Vallenilla Lanz, *Cesarismo Democrático*. Estudio sobre las bases sociológicas de la Constitución efectiva en Venezuela, Caracas 1952, pp. 54 y 55.

de 1795 y que, con toda la protesta de los blancos, les permitía a aquellos adquirir mediante el pago de una cantidad de dinero, los derechos reservados hasta entonces a los blancos notables.[104] Por ello, teniendo en cuenta la situación social preindependentista, sin duda que puede calificarse de "insólito" el hecho de que en el Ayuntamiento de Caracas, transformado en Junta Suprema, se le hubiera dado representación no sólo a estratos sociales extraños al Cabildo, como los representantes del clero y los denominados del pueblo, sino a un representante de los pardos.[105] Estos actos políticos fueron criticados públicamente en *Manifiesto* publicado en Filadelfia por el antiguo Capitán General Emparan el 6 de julio de 1810,[106] los cuales fueron refutados en la "Refutación á la Proclama del Excapitán General Emparan," la cual como "contestación del Gobierno de Venezuela" se mandó a publicar y la cual fue redactada por Ramón García de Sena[107] (hermano de Manuel García de Sena, el traductor de las obras de Paine), quien fue redactor de *El Publicista Venezolano* (órgano del Congreso General de 1811), y después sería destacado oficial del Ejercito de Venezuela, Secretario de Guerra y marina en 1812 y, además, aparece firmando la extensísima "Constitución de la República de Barcelona Colombiana," de 12 de enero de 1812. [108]

Luego de la Revolución de Caracas del 19 de abril de 1811, la Junta Suprema de Venezuela se dirigió con fecha 3 de mayo de 1810 a la Junta de Regencia de España, en respuesta a los papeles que se habían recibido de la Junta Suprema de Cádiz y del Consejo de Regencia requiriendo el "reconocimiento" de la última como "legí-

---

104　Véase sobre la Real Cédula de 10–2–1795 sobre gracias al sacar en J. F. Blanco y R. Azpúrua, *Documentos para la Historia de la Vida Pública del Libertador...*, *op. cit.*, Tomo I, pp. 263 a 275. *Cf.* Federico Brito Figueroa, *Historia Económica y Social de Venezuela. Una estructura para su estudio*, Tomo I, Caracas, 1966, p. 167; y L. Vallenilla Lanz, *Cesarismo Democrático*, *op. cit.*, pp. 13 y ss. En este sentido, debe destacarse que en la situación social pre-independentista había manifestaciones de luchas de clase entre los blancos o mantuanos que constituían el 20 por 100 de la población y los pardos y negros 61 por 100, que luego van a aflorar en la rebelión de 1814. *Cf.* F. Brito Figueroa, *op. cit.*, tomo I, pp. 160 y 173. *Cf.* Ramón Díaz Sánchez, "Evolución social de Venezuela (hasta 1960)", en M. Picón Salas y otros, *Venezuela Independiente 1810–1960*, Caracas, 1962, p. 193.

105　Véase Gil Fortoul, *Historia Constitucional de Venezuela*, *op. cit.*, Tomo primero, pp. 203, 208 y 254. Es de tener en cuenta, como señala A. Grisanti, que "El Cabildo estaba representado por las oligarquías provincianas extremadamente celosas de sus prerrogativas políticas, administrativas y sociales, y que detentaban el Poder por el predominio de contadas familias nobles o ennoblecidas, acaparadoras de los cargos edilicios...". Véase Angel Grisanti, Prólogo al libro *Toma de Razón, 1810 a 1812*, Caracas, 1955. El cambio de actitud del Cabildo caraqueño, por tanto, indudablemente que se debe a la influencia que sus miembros ilustrados recibían del igualitarismo de la Revolución Francesa: *Cf.* L. Vallenilla Lanz, *Cesarismo Democrático*, *op. cit.*, p. 36. Este autor insiste en relación a esto de la manera siguiente: "Es en nombre de la Enciclopedia, en nombre de la filosofía racionalista, en nombre del optimismo humanitario de Condorcet y de Rousseau como los revolucionarios de 1810 y los constituyentes de 1811, surgidos en su totalidad de las altas clases sociales, decretan la igualdad política y civil de todos los hombres libres", *op. cit.*, p. 75.

106　En el Nº I de *El Mercurio Venezolano*, de enero de 1811, se glosó el dicho Manifiesto de Emparan, y se prometía sería respondido en el número siguiente del periódico. Véase la edición facsimilar en http://cic1.ucab.edu.ve/hmdg/bases/hmdg/textos/Mer-curio/Mer_Enero1811.pdf.

107　Véase el texto en *El Mercurio Venezolano*, Nº II, Febrero 1811, pp. 1-21, edición facsimilar publicada en http://cic1.ucab.edu.ve/hmdg/bases/hmdg/textos/Mer-curio/Mer_Febrero1811.pdf.

108　Véase *Las Constituciones Provinciales* (Estudio Preliminar por Ángel Francisco Brice), Biblioteca de la Academia Nacional de la Historia, Caracas 1959, p. 249.

tima depositaria de la soberanía española," no solo informándole sobre los acontecimientos y decisiones del nuevo gobierno de Caracas, sino a los efectos de comuni-
carle formalmente que el gobierno de Venezuela "desconocía" a tal Regencia como
gobierno de España.[109] Sobre la Regencia, cuyo gobierno se calificó en el *Manifiesto* como "intruso e ilegítimo," se indicaba que a la vez que declaraba libres a los
americanos "en la teoría de sus planes," los "sujetaba en la práctica a una *representación diminuta e insignificante,* creyendo que a quien nada se le debía, estaba en el
caso de contentarse con lo que le diesen sus señores." Pretendía la Regencia mantener la ilusión de los americanos quienes ya conocían "lo poco que debíamos esperar
de la política de los *intrusos apoderados de Fernando*: no ignorábamos que si no
debíamos depender de los virreyes, ministros y gobernadores, con mayor razón no
podíamos estar sujetos a un *Rey cautivo y sin derechos ni autoridad, ni a un gobierno nulo e ilegítimo*, ni a una nación incapaz de tener derecho sobre otra, ni a un
ángulo peninsular de la Europa, *ocupado casi todo* por una fuerza extraña" (M).

Por otra parte, la Junta Suprema de Caracas, envió emisarios a las principales
ciudades de las otras Provincias que conformaban la Capitanía General de Venezuela para invitarlas a adherirse al movimiento de Caracas. En todas esas Provincias
con excepción de Coro y Maracaibo,[110] y ante la creencia de que la Metrópoli estaba
gobernada por Napoleón y había sido disuelto el Gobierno Supremo, se desarrolló
un proceso revolucionario provincial con manifiestas tendencias autonomistas, en
muchos casos mediante la creación de Juntas Supremas provinciales.[111] En consecuencia, el 27 de abril de 1810, en Cumaná, el Ayuntamiento asumió la representación de Fernando VII, y "su legítima sucesión". El 5 de julio de 1810, el Ayuntamiento de Barinas decidió proceder a formar "una Junta Superior que recibiese la
autoridad de este pueblo que la constituye mediante ser una provincia separada". El
16 de septiembre de 1810, el Ayuntamiento de Mérida decidió "en representación
del pueblo", adherirse a la causa común que defendían las Juntas Supremas y Superiores que ya se habían constituido en Santa Fé, Caracas, Barinas, Pamplona y Socorro, y resolvió, con representación del pueblo, se erigiese una Junta "que asumiese la
autoridad soberana". El Ayuntamiento de Trujillo convino en instalar "una Junta
Superior conservadora de nuestra Santa Religión, de los derechos de nuestro amadísimo, legítimo, soberano Don Fernando VII y su Dinastía y de las derechos de la
Patria". El 12 de octubre de 1811, en la Sala Consistorial de la Nueva Barcelona se
reunieron "las personas visibles y honradas del pueblo de Barcelona" y resolvieron
declarar la independencia con España de la Provincia y unirse con Caracas y Cu-

---

109 Véase el texto, redactado por José de Las LLamosas y Martín Tovar Ponte, quien luego fue Diputado de
San Sebastián en el Congreso general, en *El Mercurio Venezolano*, N° I, Enero de 1811, pp. 7-14, edición   facsimilar   publicada   en
http://cic1.ucab.edu.ve/hmdg/bases/hmdg/textos/Mercurio/Mer_Enero1811.pdf

110 Véase las comunicaciones de la Junta Suprema respecto de la actitud del Cabildo de Coro y del Gobernador de Maracaibo, en *Textos Oficiales...*, *cit.*, Tomo I, pp. 157 a 191. Véase además los textos que publican J. F. Blanco y R. Azpúrua, *Documentos para la Historia de la Vida Pública del Libertador...*,
op. cit., Tomo II, p. 248 a 442, y 474 a 483.

111 Véase en *Las Constituciones Provinciales*, *op. cit.*, pp. 339 y ss.

maná, creándose al día siguiente, una Junta Provincial para que representara los derechos del pueblo[112].

La secuela del rápido y expansivo proceso revolucionario de las Provincias de Venezuela, fue que para junio de 1810 ya se había comenzado a hablar oficialmente de la "Confederación de Venezuela"[113], y la Junta de Caracas con representantes de Cumaná, Barcelona y Margarita, ya venía actuando como Junta Suprema pero, por supuesto, sin ejercer plenamente el gobierno en toda la extensión territorial de la Capitanía General. De allí la necesidad que había de formar un "Poder Central bien constituido" es decir, un gobierno que uniera las Provincias, por lo que la Junta Suprema estimó que había "llegado el momento de organizarlo" convocando a elecciones de diputados para conformar el Congreso General de las Provincias.

A tal efecto, se en junio de 1810 la Junta aprobó el Reglamento de Elecciones de dicho cuerpo[114], y envió a Londres, continuando la política exterior iniciada al instalarse, a los comisionados Simón Bolívar y Luis López Méndez, con Andrés Bello de Secretario, para estrechar las relaciones con Inglaterra, y solicitar auxilios inmediatos para resistir la amenaza de Francia. Los comisionados lograron, básicamente, esto último; concretizado en el compromiso de Inglaterra de defender al gobierno de Caracas "contra los ataques o intrigas del tirano de Francia"[115]. Los comisionados venezolanos, como lo señaló Francisco de Miranda con quien se relacionaron en Londres, habían continuado lo que el Precursor había iniciado "desde veinte años a esta parte... en favor de nuestra emancipación o independencia"[116]. En todo caso, Bolívar y Miranda regresaron a Caracas en diciembre de 1810, y habiendo sido electo Francisco de Miranda como diputado por el Pao para formar el "Congreso General de Venezuela", el cual se instaló el 2 de marzo de 1811.[117]

El 1º de julio de 1811, el Congreso ya había proclamado los *Derechos del Pueblo*[118], declaración que puede considerarse como la tercera declaración de derechos de rango constitucional en el constitucionalismo moderno.

---

112   Véase las Actas de la Independencia de las diversas ciudades de la Capitanía General de Venezuela en *Las Constituciones Provinciales,* Academia Nacional de la Historia, 1959, pp. 339 y ss.

113   Véase la "refutación a los delirios políticos del Cabildo de Coro, de orden de la Junta Suprema de Caracas" de 1º de junio de 1810 en *Textos Oficiales..., op. cit.,* Tomo I, p. 180.

114   Véase el texto en *Textos Oficiales..., op. cit.,* Tomo II, pp. 61–84; y en Allan R. Brewer–Carías, *Las Constituciones de Venezuela, op. cit.,* Tomo I, pp. 535-543.

115   Véase la circular dirigida el 7 de diciembre de 1810 por el Ministro Colonial de la Gran Bretaña a los jefes de las Antillas Inglesas, en J. F. Blanco y R. Azpúrua, *Documentos para la Historia de la Vida Pública del Libertador..., op. cit.* Tomo II, p. 519. Asimismo, la nota publicada en la *Gaceta de Caracas* del viernes 26 de octubre de 1810 sobre las negociaciones de los comisionados. Véase en J. F. Blanco y R. Azpúrua, *Documentos para la Historia de la Vida Pública del Libertador..., op. cit.,* Tomo II, p. 514.

116   Véase la Carta de Miranda a la Junta Suprema de 3 de agosto de 1810 en J. F. Blanco y R. Azpúrua, *Documentos para la Historia de la Vida Pública del Libertador..., op. cit.,* Tomo II, p. 580.

117   Véase C. Parra Pérez, *Historia de la Primera República..., op. cit.,* Tomo I, Caracas 1959, pp. 15 y 18.

118   Véase Allan R. Brewer–Carías, *Las Constituciones de Venezuela, op. cit.,* pp. 549-551. Véase las referencias en el libro de Pedro Grases, *La conspiración de Gual y España y el ideario de la Independencia,* Caracas 1978.

El 5 de julio de 1811, el Congreso integrado por los representantes de las provincias de Margarita, de Mérida, de Cumaná, de Barinas, de Barcelona, de Trujillo y de Caracas, aprobó la Declaración de Independencia, pasando a denominarse la nueva nación, como Confederación Americana de Venezuela[119]; y en los meses siguientes, bajo la inspiración de la Constitución norteamericana y la Declaración francesa de los Derechos del Hombre[120], redactó la primera Constitución Federal para los Estados de Venezuela y la de todos los países latinoamericanos, la cual fue sancionada el 21 de diciembre de 1811,[121] con clara inspiración en los aportes revolucionarios de Norteamérica y Francia. En ella, se consagró expresamente la división del Poder Supremo en tres categorías: Legislativo, Ejecutivo y Judicial,[122] con un sistema de gobierno presidencial; estableciéndose la supremacía de la Ley como "la expresión libre de la voluntad general,"[123], y la soberanía que residiendo en los habitantes del país, se ejercía por los representantes.[124] Sus 228 Artículos estuvieron destinados a regular el Poder Legislativo (arts. 3 a 71), el Poder Ejecutivo (arts. 72 a 109), el Poder Judicial (arts. 110 a 118), las Provincias (arts. 119 a 134) y los Derechos del Hombre a ser respetados en toda la extensión del Estado (arts. 141 a 199).

---

119 Véase el texto de las sesiones del 5 de julio de 1811 en *Libro de Actas... cit.,* pp. 171 a 202. Véase el texto Acta de la Declaración de la Independencia, en Allan R. Brewer–Carías, *Las Constituciones de Venezuela, cit.,* pp. 545-548.

120 Véase José Gil Fortoul, *Historia Constitucional de Venezuela, op. cit.,* Tomo Primero, pp. 254 y 267.

121 Véase *Libro de Actas del Supremo Congreso de Venezuela 1811–1812,* (Estudio Preliminar: Ramón Díaz Sánchez), Biblioteca de la Academia Nacional de la Historia, 2 vols. Caracas 1959. Véase el texto en Allan R. Brewer–Carías *Las Constituciones de Venezuela, op. cit.,* pp. 555-579. Además, en *La Constitución Federal de Venezuela de 1811 y documentos afines,* Biblioteca de la Academia Nacional de la Historia, Caracas 1959, pp. Véase además, Juan Garrido Rovira, "La legitimación de Venezuela (El Congreso Constituyente de 1811)", en Elena Plaza y Ricardo Combellas (Coordinadores), *Procesos Constituyentes y Reformas Constitucionales en la Historia de Venezuela: 1811–1999,* Universidad Central de Venezuela, Caracas 2005, tomo I, pp. 13–74.

122 En el *Preliminar* de la Constitución se señala expresamente, que "El ejercicio de esta autoridad confiada a la Confederación no podrá jamás hallarse reunido en sus diversas funciones. El Poder Supremo debe estar dividido en Legislativo, Ejecutivo y Judicial, y confiado a distintos Cuerpos independientes entre sí, y en sus respectivas facultades...". Además, el artículo 189 insistía en que "los tres Departamentos esenciales del Gobierno, a saber: el Legislativo, el Ejecutivo y el Judicial, es preciso que se conserven tan separados e independientes el uno del otro cuanto lo exija la naturaleza de un gobierno libre lo que es conveniente con la cadena de conexión que liga toda fábrica de la Constitución en un modo indisoluble de Amistad y Unión".

123 "La Ley es la expresión libre de la voluntad general o de la mayoría de los ciudadanos, indicada por el órgano de sus representantes legalmente constituidos. Ella se funda sobre la justicia y la utilidad común, y ha de proteger la libertad pública e individualidad contra toda opresión o violencia". "Los actos ejercidos contra cualquier persona fuera de los casos y contra las formas que la Ley determina son inicuos, y si por ellos se usurpa la autoridad constitucional o la libertad del pueblo serán tiránicos" (Arts. 149 y 150).

124 "Una sociedad de hombres reunidos bajo unas mismas Leyes, costumbres y Gobierno forma una soberanía". La soberanía de un país, o supremo poder de reglar o dirigir equitativamente los intereses de la comunidad reside pues, esencial y originalmente, en la masa general de sus habitantes y se ejercita por medio de apoderados o representantes de éstos, nombrados y establecidos conforme a la Constitución". "Ningún individuo, ninguna familia particular, ningún pueblo, ciudad o partido puede atribuirse la soberanía de la sociedad, que es imprescindible, inalienable e indivisible en su esencia y origen, ni persona alguna podrá ejercer cualquier función pública del Gobierno, si no lo ha obtenido por la Constitución" (Art. 143, 144 y 145).

Dicha Constitución, que fue promulgada antes de que se hubiese promulgado la de Cádiz el 19 de marzo de 1812 y, en paralelo, a las reuniones de las Cortes de Cádiz que se habían instalado el 24 de septiembre de 1810, y en las cuales también se había comenzado a delinear una Constitución Monárquica de democracia representativa; aún cuando no tuvo vigencia real superior a un año debido a las guerras de independencia, indudablemente que condicionó la evolución de las instituciones políticas y constitucionales venezolanas hasta nuestros días. En el momento, sin embargo, la labor de construcción del Estado independiente quedó a medio hacer, pues apenas se instaló el gobierno republicano en la capital Valencia, el 1 de marzo de 1812, la reacción realista se comenzó a sentir con el Capitán de fragata Domingo de Monteverde a la cabeza, lo que fue facilitado, como se dijo, por los efectos devastadores del terremoto que desoló a Caracas el 24 del mismo mes de marzo de 1812, que los Frailes y el Arzobispo de Caracas atribuyeron a un castigo de Dios por la revolución de Caracas[125].

La amenaza de Monteverde y la necesidad de defender la República llevaron al Congreso, el 4 de Abril de 1812, a delegar en el Poder Ejecutivo todas las facultades necesarias[126], y éste, el 23 de abril de 1812, nombró Generalísimo a Francisco de Miranda, con poderes dictatoriales. En esta forma, la guerra de independencia, obligó, con razón, a dejar de un lado la Constitución. Como el Secretario de Guerra, José de Sata y Bussy (quien había sido Diputado de San Fernando de Apure en el Congreso General) le comunico en correspondencia dirigida al Teniente General Francisco de Miranda ese mismo día 23 de abril de 1812:

> "Acaba de nombraros el Poder Ejecutivo de la Unión, General en Jefe de las armas de toda la Confederación Venezolana con absolutas facultades para tomar cuantas providencias juzguéis necesarias a salvar nuestro territorio invadido por los enemigos de la libertad Colombiana; y bajo este concepto no os sujeta ley alguna ni reglamento de los que hasta ahora rigen estas Repúblicas, sino que al contrario no consultareis mas que la Ley suprema de salvar la patria; y a este efecto os delega el Poder de la Unión sus facultades naturales y las extraordinarias que le confirió la representación nacional por decreto de 4 de este mes, bajo vuestra responsabilidad"[127].

En la sesión del 4 de abril de 1812, se había acordado que "la medida y regla" de las facultades concedidas al Poder Ejecutivo fuera la salud de la Patria; y que siendo esa la suprema ley, "debe hacer callar las demás"[128]; pero a la vez, se acordó participar a las "Legislaturas Provinciales" la vigencia de la Constitución Federal sin perjuicio de las facultades extraordinarias al Poder Ejecutivo.[129]

---

125   Véase J.F. Blanco y R. Azpúrua, *Documentos para la Historia de la Vida Pública del Libertador...*, *op. cit.*, Tomo III, pp. 614 y ss.

126   Véase *Libro de Actas del Congreso de Venezuela 1811–1812*, Biblioteca de la Academia Nacional de la Historia, tomo II, Caracas, 1959, pp. 397 a 399.

127   Véase *Archivo del General Miranda, op. cit.*, Tomo XXIX, pp. 396 y 397.

128   Véase *Libro de Actas del Congreso de Venezuela...*, *op. cit.*, p. 398.

129   *Idem*, p. 400.

El Congreso, el 4 de abril de 1812, además, había exhortado a las mismas "Legislaturas provinciales" que obligaran y apremiasen a los diputados de sus provincias a que sin excusa ni tardanza alguna se hallaren en la ciudad de Valencia para el 5 de julio de 1812, para determinar lo que fuera más conveniente a la causa pública[130]. Esta reunión nunca se pudo realizar.

En esta forma, en la historia constitucional venezolana, a los pocos meses de sancionada la Constitución de 1811 se produjo, por la necesidad de salvar la República, la primera ruptura del hilo constitucional. La dictadura sin embargo, duró poco, pues el 25 de julio de 1812 se produjo la Capitulación de Miranda y la aceptación de la ocupación del territorio de la provincia de Caracas por Monteverde.[131] El coronel Simón Bolívar (1783–1830), quien tenía a su cargo la plaza militar de Puerto Cabello, la perdió y a mediados de Julio, antes de la Capitulación, comunicó los sucesos a Miranda.[132] Entre las múltiples causas de la caída de la Primera República está, sin duda la pérdida de Puerto Cabello. Monteverde desconoció los términos del Armisticio, Miranda fue detenido a comienzos de agosto, y Bolívar logró salir de La Guaira a fines de agosto hacia Curazao y luego a Cartagena.

Fue entonces el 3 de diciembre de 1812 cuando se publicó en Caracas la Constitución de Cádiz, la cual sin embargo tampoco tuvo aplicación alguna. La misma, como es sabido, incluso en la Península había tenido aplicación limitada pues el país seguía en gran parte ocupado por los franceses y el Rey permanecía ausente; y cuando regresó, en 1814, fue para desconocer la soberanía de las Cortes de Cádiz y terminar derogando el texto constitucional.

En todo caso, toda esta evolución institucional en Venezuela había ocurrido en el corto período de tres años entre 1808 y 1811, desde cuando en la Provincia de Venezuela se recibieron las noticias de los sucesos de Aranjuez y de Bayona, y se quiso establecer en vano una Junta Suprema para la conservación de los derechos de Fernando VII, a la usanza de las que proliferaron en la Península. El *Manifiesto* de 1811 publicado en el libro londinense, expresó, por tanto, que había sido en vano el hecho de que se hubiese declarado y publicado en España que ésta "había empezado a existir de nuevo desde el abandono de sus autoridades, desde las cesiones de los Borbones e introducción de otra dinastía," y que recobrando "su absoluta independencia y libertad," "daban este ejemplo a las Américas para que ellas recuperasen los mismos derechos que allí se proclamaban.[133] (M). Se consideró así, que la Junta Central aún cuando variando el lenguaje de la liberalidad y la franqueza, "adoptó la perfidia el talismán de Fernando, inventado por la buena fe;" sofocando, "aunque con maña y suavidad, el proyecto sencillo y legal de Caracas, para imitar la conducta representativa de los gobiernos de España," haciendo referencia al "Proyecto del

---

130   *Ibídem*, pp. 398–399.

131   Véase los documentos en *Archivo del General Miranda*, tomo XXIV, *op, cit.*, pp. 509 a 530. Además, en J.F. Blanco y R. Azpúrua, *Documentos para la Historia de la Vida Pública del Libertador...*, *op. cit.*, pp. 679 y ss.

132   *Idem*. pp. 415 a 430.

133   En el Manifiesto se citan en apoyo, "Varios impresos que salieron en el primer ímpetu de la revolución de España. El Conde de Floridablanca, contestando por la Junta Central al Consejo de Castilla. Manifiesto de la misma junta. Y la Universidad de Sevilla, respondiendo la consulta de ésta".

año de 1808, para hacer una Junta de Gobierno y conservación como las de España," con lo que se entabló "un nuevo género de despotismo, bajo el nombre facticio de un Rey reconocido por generosidad y destinado a nuestro mal y desastre, por los que usurpaban la soberanía" (M).

El *Manifiesto* dio entonces cuenta de cómo durante esos años "se ocultaban las derrotas y desgracias de las armas en España; se forjaban y divulgaban triunfos pomposos e imaginarios contra los franceses en la Península y en el Danubio;" y a la vez "se figuraban conspiraciones, se inventaban partidos y facciones, se calumniaba a todo el que no se prestaba a iniciarse en los misterios de la perfidia, se inventaban escuadras y emisarios franceses en nuestros mares y nuestro seno, se limitaban y constreñían nuestras relaciones con las Colonias vecinas, se ponían trabas a nuestro comercio; todo con el fin de tenernos en una continua agitación, para que no fijásemos la atención en nuestros verdaderos intereses." Sin embargo, a pesar de ello, los venezolanos empezaron "a desconfiar de los Gobiernos de España y sus agentes;" y comenzaron a descubrir "todo el horroroso porvenir" que los amenazaba, tomando conocimiento de "la verdadera suerte de la Península, el desorden de su Gobierno, la energía de sus habitantes, el formidable poder de sus enemigos y la ninguna esperanza de su salvación" (M). Los venezolanos, decía el *Manifiesto* "encerrados en nuestras casas, rodeados de espías, amenazados de infamia y deportación, apenas podíamos lamentar nuestra situación, ni hacer otra cosa que murmurar en secreto contra nuestros vigilantes y astutos enemigos." Sin embargo, "exhalados en la amargura y la opresión," "encerrados en las cuatro paredes de su casa e incomunicados entre sí," se afirma que "apenas hubo un ciudadano de Caracas que no pensase que había llegado el momento de ser libre para siempre, o de sancionar irrevocablemente una nueva y horrorosa servidumbre" (M).

Y así fueron comenzando todos a:

> "descubrir la nulidad de los actos de Bayona, la invalidación de los derechos de Fernando y de todos los Borbones que concurrieron a aquellas ilegítimas estipulaciones: la ignominia con que habían entregado como esclavos a los que los habían colocado en el trono contra las pretensiones de la Casa de Austria; la connivencia de los intrusos mandatarios de España a los planes de la nueva dinastía; la suerte que estos planes preparaban a la América, y la necesidad de tomar un partido que pusiese a cubierto al Nuevo Mundo de los males que le acarreaba el estado de sus relaciones con el antiguo" (M).

Y en España, se dijo en el mismo *Manifiesto*, "nada veían más que desorden, corrupción, facciones, derrotas, infortunios, traiciones, ejércitos dispersos, provincias ocupadas, falanges enemigas y un gobierno imbécil y tumultuario, formado de tan raros elementos." Y así decía:

> "Tal era la impresión uniforme y general que advertían en el rostro de todos los venezolanos los agentes de la opresión, destacados a sostener a toda costa la infame causa de sus constituyentes: cada palabra producía una proscripción; cada discurso costaba una deportación a su autor, y cada esfuerzo o tentativa para hacer, en América lo mismo que en España, si no hacía derramar la sangre

de los americanos era, sin duda, una causa suficiente para la ruina, infamia y desolación de muchas familias."[134]

Hubo en España, como lo dice el *Manifiesto*, un "errado cálculo:" al momento en el cual, "menesterosa y desolada, pendiente su suerte de la generosidad americana, y casi en el momento de ser borrada del catálogo de las naciones," sin embargo, "parecía que, trasladada al siglo XVI y XVII, empezaba a conquistar de nuevo a la América con armas más terribles que el hierro y el plomo." Y los americanos, por su parte, cada día captaban nuevas pruebas de la suerte que los amenazaba, "colocados en la horrorosa disyuntiva de ser vendidos a una nación extraña o tener que gemir para siempre en una nueva e irrevocable servidumbre."

Había resonado en los oídos de Caracas, en todo caso, el ruido de "la irrupción de los franceses en las Andalucías, la disolución de la Junta Central, a impulsos de la execración pública y la abortiva institución de otro nuevo proteo gubernativo, bajo el nombre de Regencia." Esta, se dijo, anunciaba "con ideas más liberales," que "cualquiera otra época hubiera ésta deslumbrado a los americanos," procurando reforzar la ilusión en los americanos "con promesas brillantes, teorías estériles y reformas y anuncios" de que su suerte no estaba "en las manos de los virreyes, de los ministros, ni de los gobernadores." Pero al mismo tiempo, sus agentes "recibían las más estrechas órdenes para velar sobre nuestra conducta, sobre nuestras opiniones y no permitir que éstas saliesen de la esfera trazada por la elocuencia que doraba los hierros preparados en la capciosa y amañada carta de emancipación."

En fin, durante ese tiempo, se dijo en el *Manifiesto*,

"antes de las resultas de nuestra transformación política, llegaban cada día a nuestras manos nuevos motivos para hacer, por cada uno de ellos, lo que hicimos después de tres siglos de miseria y degradación. En todos los buques que llegaban de España venían nuevos agentes a reforzar con nuevas instrucciones a los que sostenían la causa de la ambición y la perfidia, con el mismo objeto se negaba el permiso de regreso a España a los militares y demás empleados europeos, aunque lo pidiesen para hacer la guerra contra los franceses" (M).

V. LA GUERRA Y EL BLOQUEO ORDENADO POR LA REGENCIA CONTRA VENEZUELA A PARTIR DE 1810, Y LA NUEVA CONQUISTA

Durante esos mismos años 1808 a 1811, cuando en las antiguas colonias americanas de Venezuela se desarrollaba un proceso de construcción institucional de un Estado independiente, en España la situación institucional también era precaria. Luego de los alzamientos generalizados contra la invasión francesa a partir de mayo de 1808, y la sucesiva y espontánea constitución de Juntas Provisionales en los pueblos y ciudades para la defensa de la nación, para septiembre de 1808, la necesidad de conformar una unidad de dirección a la guerra y a la política era imperiosa, lo que condujo a la formación de una Junta Central integrada por personalidades ilustradas, algunas de las cuales, incluso, habían formado parte del gobierno de Carlos IV.

---

134   En el *Manifiesto* se cita la "Deportación de varios oficiales de concepto y ciudadanos de rango y probidad, decretada en 20 de marzo de 1810 por Emparan."

La opción entre constituir una Regencia o una Junta Central que se ocupara de la conducción de los asuntos del Reino en ausencia de Fernando VII, terminó imponiendo la necesidad de la convocatoria a las Cortes generales, lo que se consultó al país en 1809. La Junta Central que funcionaba en Sevilla, ante el avance de las tropas francesas, tuvo que retirarse hacia la Isla de León (San Fernando), donde terminó por designar una Junta de Regencia el 29 de enero de 1810, poniendo fin a sus funciones y convocando paralelamente a la Nación a Cortes Generales, mediante elección de representantes conforme al Reglamento que luego dictaría el Consejo de Regencia el 6 de octubre de 1810, que incluía también a representantes de los territorios de las colonias americanas, a las cuales se las quería integrar al Reino.

Antes, sin embargo, el 1° de agosto de 1810, el Consejo de Regencia había declarado en estado de riguroso bloqueo a la Provincia de Caracas, por haber sus habitantes "cometido el desacato de declararse *independientes* de la metrópoli, y creando una junta de gobierno para ejercer la pretendida *autoridad independiente.*"[135] Sin duda, los acontecimientos de Caracas habían sido los de una auténtica revolución política, con un golpe de Estado dado contra las autoridades españolas por el Cabildo Metropolitano, el cual había asumido el poder supremo de la Provincia, desconociendo toda autoridad en la Península, incluyendo el Consejo de Regencia.

Esta situación de confrontación entre España y Venezuela, quedó destacada con gran profusión en el *Manifiesto* de 1811, con el cual el Congreso General de Venezuela explicó al mundo las razones de la Independencia. En el mismo, en efecto, se denunció que no sólo habían sido "los mandones de nuestro territorio los que estaban autorizados para sostener la horrorosa trama de sus constituyentes" sino que "desde los funestos y ominosos reinados de las juntas de Sevilla, Central y Regencia y con un sistema de francmasonería política bajo un pacto maquiavélico, estaban todos de acuerdo en sustituirse, reemplazarse y auxiliarse mutuamente en los planes combinados contra la felicidad y existencia política del Nuevo Mundo."

En el *Manifiesto* se denunció la conducta de los dirigentes de la Península con respecto a la América, considerándose que había sido "mucho más dura e insultante" "comparada con la que aparece respecto de la Francia;" y los "gobiernos intrusos, ilegítimos, imbéciles y tumultuarios" que en la Península se habían llamado hasta ese momento "apoderados del Rey o representantes de la nación." En fin, se denunció que la "América sola es la que está condenada a sufrir la inaudita condición de ser hostilizada, destruida y esclavizada," pues "parece que la independencia de América causa más furor a España que la opresión extranjera que la amenaza, al ver que contra ella se emplean con preferencia recursos que no han merecido aún las provincias que han aclamado al nuevo Rey."

Los mismos sentimientos se expresaron en el *Acta de Independencia* en la cual se explicó que a pesar de la moderación y generosidad mostrada por las Provincias hacia España, "se nos declara en estado de rebelión, se nos bloquea, se nos hostiliza,

---

135 Véase en J. F. Blanco y R. Azpúrua, *Documentos para la Historia de la Vida Pública del Libertador... op. cit.,* Tomo II, p. 571. El bloqueo lo ejecutó el Comisionado Regio Cortabarria desde Puerto Rico, a partir del 21 de enero de 1811. Véase en J. F. Blanco y R. Azpúrua, *Documentos para la Historia de la Vida Pública del Libertador...,* op. cit., Tomo III, p. 8; C. Parra Pérez, *Historia de la Primera República...,* op. cit., Tomo I, p. 484.

se nos envían agentes a amotinarnos unos contra otros, y se procura desacreditarnos entre las naciones de Europa implorando sus auxilios para oprimirnos;" "se nos condena a una dolorosa incomunicación con nuestros hermanos; y para añadir el desprecio a la calumnia se nos nombran apoderados, contra nuestra expresa voluntad, para que en sus Cortes dispongan arbitrariamente de nuestros intereses bajo el influjo y la fuerza de nuestros enemigos" y finalmente se dijo que

> "para sofocar y anonadar los efectos de nuestra representación, cuando se vieron obligados a concedérnosla, nos sometieron a una tarifa mezquina y diminuta y sujetaron a la voz pasiva de los Ayuntamientos, degradados por el despotismo de los gobernadores, la forma de la elección: lo que era un insulto a nuestra sencillez y buena fe, más bien que una consideración a nuestra incontestable importancia política."

Y se agregó en el Acta de la Independencia que sordos siempre a los gritos de justicia que se expresaban desde América, los gobiernos de España lo que procuraron fue "desacreditar todos nuestros esfuerzos declarando criminales y sellando con la infamia, el cadalso y la confiscación," todas las tentativas que, en diversas épocas, habían hecho algunos americanos para la felicidad de su país."

Según el *Manifiesto*, la reacción del Consejo de Indias contra Venezuela equivalía a pretender "conquistar de nuevo a Venezuela con las armas de los Alfíngers y Weslers,"[136] los factores alemanes a quienes Carlos V había "arrendado estos países," a los efectos de continuar el sistema de dominación española en América," con lo que en definitiva se afirmaba que "el nombre de Fernando" había perdido "toda consideración entre nosotros y debe ser abandonado para siempre."

Debe observarse que el centro de operaciones para la lucha contra Venezuela lo ubicó la Regencia en la isla de Puerto Rico, que constituyó, como se dijo en el *Manifiesto*,

> "la guarida de todos los agentes de la Regencia, el astillero de todas las expediciones, el cuartel general de todas las fuerzas antiamericanas, el taller de todas las imposturas, calumnias, triunfos y amenazas de los Regentes; el refugio de todos los malvados y el surgidero de una nueva compañía de filibusteros, para que no faltase ninguna de las calamidades del siglo XVI a la nueva conquista de la América en el XIX."

A cargo de las operaciones contra la Provincia estaría el Gobernador de Puerto Rico, Salvador Meléndez y Bruna, calificado en el *Manifiesto* como el "Bajá Meléndez" o "el tirano de Borriquen" a quien se le acusó de declarar la guerra a las Provincias, constituyéndose además, en "carcelero gratuito de los emisarios de paz y confederación," y de haber robado "con la última impudencia más de 100.000 pesos de los caudales públicos de Caracas, que se habían embarcado en la fragata Fernando VII para comprar armamento y ropa militar en Londres."

---

136 Se refirió el *Manifiesto* a los "Primeros tiranos de Venezuela, autorizados por Carlos V y promovedores de la guerra civil entre sus primitivos habitantes".

En la Provincia, en cambio, "aun a pesar de tanto insulto, de tanto robo y de tanta ingratitud," los asuntos de gobierno continuaban sin variar conforme al juramento de la conservación de los derechos de Fernando VII, de manera que "el acto sublime de su representación nacional, se publicó a nombre de Fernando VII"; bajo su "autoridad fantástica" se sostuvieron "todos los actos de nuestro gobierno y administración, que ninguna necesidad tenía ya de otro origen que el del pueblo que la había constituido;" y conforme a "las leyes y los códigos de España," se juzgó una "horrible y sanguinaria conspiración de los europeos" e incluso las mismas se infringieron "para perdonarles la vida," y no manchar con la sangre la memoria de nuestra revolución;" e incluso, "bajo el nombre de Fernando" se buscó unir a la Confederación a las provincias de Coro y Maracaibo que y se anunciaba en el *Manifiesto* "reconquistaremos a Guayana, arrancada dos veces de nuestra confederación, como lo está Maracaibo, contra el voto general de sus vecinos."

De todos estos acontecimientos, parecía "que ya no quedaba nada que hacer para la reconciliación de España o para la entera y absoluta separación de la América" y a pesar de que "Venezuela quiso agotar todos los medios que estuviesen a su alcance, para que la justicia y la necesidad no le dejasen otro partido de salud que el de la independencia que debió declarar desde el 19 de abril de 1810," dada la repercusión que los principios de la revolución habían tenido en toda América, y en particular "desde el Orinoco hasta el Magdalena y desde el Cabo Codera hasta los Andes," tuvo "que endurar nuevos insultos antes que tomar el partido doloroso de romper para siempre con sus hermanos." Así, se expresó en el *Manifiesto* de 1811 que:

> "sin haber hecho Caracas otra cosa que imitar a muchas provincias de España y usar de los mismos derechos que había declarado en favor de ella y de toda la América, el Consejo de Regencia; sin haber tenido en esta conducta otros designios que los que le inspiraba la suprema ley de la necesidad para no ser envueltos en una suerte desconocida y relevar a los Regentes del trabajo de atender al gobierno de países tan extensos como remotos, cuando ellos protestaban no atender sino a la guerra; sin haber roto la unidad e integridad política con la España; sin haber desconocido como podía y debía, los caducos derechos de Fernando; lejos de aplaudir por conveniencia, ya que no por generosidad, tan justa, necesaria y modesta resolución, y sin dignarse contestar siquiera o someter al juicio de la nación nuestras quejas y reclamaciones, se la declara en estado de guerra, se anuncia a sus habitantes como rebeldes y desnaturalizados; se corta toda comunicación con sus hermanos; se priva de nuestro comercio a la Inglaterra; se aprueban los excesos de Meléndez, y se le autoriza para cometer cuanto le sugiriese la malignidad de corazón, por más opuesto que fuese a la razón y justicia, como lo demuestra la orden de 4 de septiembre de 1810, desconocida por su monstruosidad aun entre los déspotas de Constantinopla y del Indostán; y por no faltar un ápice a los trámites de la conquista, se envía bajo el nombre de pacificador un nuevo Encomendero, que con muchas más prerrogativas que los conquistadores y pobladores se apostase en Puerto Rico para amenazar, robar, piratear, alucinar y amotinar a unos contra otros, a nombre de Fernando VII" (M).

Se refería el *Manifiesto* a la decisión de la Regencia de nombrar a Antonio Ignacio de Cortavarría o Cortabarría como Comisionado Regio a cargo de la pacificación de las Provincias de Venezuela, con sede en Puerto Rico. Hasta entonces, como se observó en el *Manifiesto*, a pesar de las ordenes que se habían dado al gobernador Meléndez de Puerto Rico, "los progresos del sistema de subversión, anarquía y depredación que se propuso la Regencia luego que supo los movimientos de Caracas," habían sido lentos; pero "trasladado ya el foco principal de la guerra civil" más cerca de las Provincias, adquirieron más intensidad capitaneados por "los caudillos asalariados por Cortabarría y Meléndez," con la "discordia soplada de nuevo por Mijares, hinchado y ensoberbecido con la imaginaria Capitanía General de Venezuela."[137] De ello resultó, no sólo el derramamiento de sangre americana en las costas de Coro, sino "los robos y asesinatos" cometidos en dichas costas "por los piratas de la Regencia;" "el miserable bloqueo destinado a seducir y conmover nuestras poblaciones litorales;" "los insultos hechos al pabellón inglés;" "la decadencia de nuestro comercio;" "la horrorosa perfidia de Guayana y la deportación insultante de sus próceres a las mazmorras de Puerto Rico;" y "los generosos e imparciales oficios de reconciliación, interpuestos sinceramente por un representante del Gobierno británico en las Antillas[138] y despreciados por el pseudo pacificador." De todo ello, se denunció en el *Manifiesto*, derivaban

> "todos los males, todas las atrocidades y todos los crímenes que son y serán eternamente inseparables de los nombres de Cortabarría y Meléndez en Venezuela y que han impelido a su gobierno a ir más allá de lo que se propuso al tomar a su cargo la suerte de los que lo honraron con su confianza."

El *Manifiesto* denunció con énfasis lo que llamó "la misión de Cortabarría en el siglo XIX, comparado el estado de la España que la decretó y el de la América a quien se dirigía," lo cual demostró "hasta qué punto ciega el prestigio de la ambición a los que fundan en el embrutecimiento de los pueblos todo el origen de su autoridad." Con el sólo hecho del nombramiento del mencionado pacificador Cortabarría, –se dijo en el *Manifiesto*–, "habría bastante para autorizar nuestra conducta" reproduciéndose con ello involuntariamente en la imaginación de los redactores del *Manifiesto*, "el espíritu de Carlos V, la memoria de Cortés y Pizarro y los males de Moctezuma y Atahualpa" "al ver renovados los adelantados, pesquisidores y encomenderos" pero después de "trescientos años de sumisión y sacrificios." Sobre la misión de Cortabarría, se concluía señalando que

> "La plenipotencia escandalosa de un hombre autorizado por un gobierno intruso e ilegítimo, para que con el nombre insultante de pacificador despotizase, amotinase, robase y (para colmo del ultraje) perdonase a un pueblo noble, inocente, pacífico, generoso y dueño de sus derechos solo puede creerse en el delirio impotente de un gobierno que tiraniza a una nación desorganizada y aturdida con la horrorosa tempestad que descarga sobre ella" (M).

---

137 Se refería el documento a Fernando Mijares designado Capitán General de Venezuela en sustitución de Emparan, pero quien nunca llegó a ejercer el cargo en la capital.

138 El *Manifiesto* se refería al Oficio del Excmo. Sr. Almirante Cochrane, en la Secretaría de Estado.

VI. LA CONTINUACIÓN DE LA GUERRA CONTRA VENEZUELA POR LAS CORTES DE CÁDIZ, Y SU FALTA DE REPRESENTACIÓN RESPECTO DE AMÉRICA

Las Cortes de Cádiz una vez instaladas, nada variaron respecto de la guerra declarada contra las provincias de Venezuela por la Regencia. Las mismas, convocadas por el Consejo de Regencia, se conformaron con representantes electos y con muchos suplentes designados en la propia Isla de León, de americanos residentes en la Península. Se reunieron el 24 de septiembre de 1810 y cinco meses después, se trasladaron a Cádiz, reuniéndose en el oratorio de San Felipe Neri, donde se desarrollaron sus sesiones.

El trabajo constituyente de las Cortes de Cádiz concluyó con la sanción de la Constitución de la Monarquía española de 18 de marzo de 1812, cuyo texto revolucionó a España, sentando las bases para el derrumbamiento del Antiguo Régimen y para el inicio del constitucionalismo moderno en España, plasmado en los principios de soberanía nacional, división de poderes, libertad de imprenta y en la abolición de los privilegios y de la inquisición. Pero al igual que la Constitución de Venezuela de 1811 que tuvo corta vida, la Constitución de Cádiz también tuvo corta vigencia. No debe olvidarse que luego de celebrado en Valençay un Tratado secreto entre Napoleón y Fernando VII el 8 de diciembre de 1813, el primero renunció al trono de España, con lo cual Fernando VII pudo entrar a España el 29 de marzo de 1814 con el propósito de jurar la Constitución que le había impuesto el Consejo de Regencia. Había pasado 6 años en el exilio, y regresó, lamentablemente, no para seguir la obra de los constituyentes de Cádiz, sino para acabar con ella. El 4 de mayo de 1814 derogó las Cortes de Cádiz y anuló la Constitución de 1812, reinstaurando el absolutismo, y declarando reos de muerte a todos los que defendieran la Constitución anulada. El 1° de octubre de 1814 Carlos IV de nuevo, abdicaría por segunda vez en su hijo los derechos al Trono de España y al Imperio de las Indias.

Sin embargo, las bases del constitucionalismo habían quedado sentadas. Debe recordarse que una vez instaladas las Cortes en 1810, el primero de sus decretos (Decreto N° 1) fue para declarar "nula, de ningún valor ni efecto la cesión de la Corona que se dice hecha en favor de Napoleón" reconociendo a Fernando VII como Rey.[139] Además, "no conviniendo queden reunidos el Poder Legislativo, el Ejecutivo y el Judiciario", se reservaron las Cortes Generales el Poder Legislativo y atribuyeron al Consejo de Regencia el ejercicio del Poder ejecutivo[140]. En esa sesión de instalación de las Cortes en la Isla de León concurrieron 207 diputados, entre ellos 62 americanos, suplentes, y entre ellos, supuestamente dos por la Provincia de Caracas, los señores Esteban Palacios y Fermín de Clemente, quienes también habían sido designados como suplentes, reclutados en la Península[141]. Debe recordarse que sólo

---

139 Véase J. F. Blanco y R. Azpúrua, *Documentos para la Historia de la Vida Pública del Libertador...*, *op. cit.*, Tomo II, pp. 657.

140 Véase en E. Roca Roca, *América en el Ordenamiento Jurídico...*, *op. cit.*, p. 193.

141 Véase J. F. Blanco y R. Azpúrua, *Documentos para la Historia de la Vida Pública del Libertador...*, *op. cit.*, Tomo II, pp. 656. Véase además, Eduardo Roca Roca, *América en el Ordenamiento Jurídico...*, *op. cit.*, pp. 22 y 136.

15 días antes, el 8 de septiembre de 1810, el Consejo de Regencia había dictado normas para la elección de dichos diputados suplentes.

Es cierto que los diputados suplentes que habían sido designados por Venezuela pidieron instrucciones a la Junta Suprema de Caracas, la cual sin embargo respondió, el 1º de febrero de 1811, que consideraba la reunión de las Cortes "tan ilegal como la formación del Consejo de Regencia" y, por tanto, que "los señores Palacios y Clemente carecían de mandato alguno para representar las Provincias de Venezuela", por lo que "sus actos como diputados eran y serían considerados nulos."[142] Ya el 23 de enero de 1811, la Junta Suprema se había dirigido a los ciudadanos rechazando el nombramiento de tales diputados suplentes, calificando a las Cortes como "las Cortes cómicas de España."[143]

Por ello, la ruptura constitucional derivada de la Independencia de Venezuela no sólo se había operado de parte de la Junta Suprema de Caracas en relación con la Regencia sino que continuó con respecto de las Cortes, las cuales además, se involucraron directamente en el conflicto. Por ello, en Venezuela se las consideraron como "ilegítimas y cómicas," rechazándose en ellas toda representación de las Provincias de Venezuela, que se pudiera atribuir a cualquiera.

Se afirmó entonces en el *Manifiesto* incluido en el libro londinense, que irritaba "ver tanta liberalidad, tanto civismo y tanto desprendimiento en las Cortes con respecto a la España desorganizada, exhausta y casi conquistada; y tanta mezquindad, tanta suspicacia, tanta preocupación y tanto orgullo con América, pacífica, fiel, generosa, decidida a auxiliar a sus hermanos y la única que puede no dejar ilusorios, en lo esencial, los planes teóricos y brillantes que tanto valor dan el Congreso español;" denunciándose que "a ninguna de las provincias rendidas o contentas con la dominación francesa se le ha tratado como a Venezuela;" "ninguna de ellas ha sido hasta ahora declarada traidora, rebelde y desnaturalizada como Venezuela, y para ninguna de ellas se ha creado una comisión pública de amotinadores diplomáticos para armar españoles contra españoles, encender la guerra civil e incendiar todo lo que no se puede poseer o dilapidar a nombre de Fernando VII" (M).

En el conflicto abierto, por ejemplo, las Cortes llegaron incluso a "premiar" formalmente a comienzos de 1812 a las Provincias de la antigua Capitanía General de Venezuela que no se habían sumado al movimiento independentista (Maracaibo, Coro, Guayana), ni habían elegido diputados al Congreso General que en 1811.[144]

---

142   Véase el texto en *Gaceta de Caracas,* martes 5 de febrero de 1811, Caracas, 1959, Tomo II, p. 17. Véase además, C. Parra Pérez, *Historia de la Primera República..., op. cit.,* Tomo I, p. 484.

143   "Nuestros antiguos tiranos tienden nuevos lazos para prendernos. Una misión vergonzosa y despreciable nos manda que ratifiquemos el nombramiento de los diputados suplentes que ellos aplicaron a Venezuela. Las Cortes cómicas de España siguen los mismos pasos que su madre la Regencia: ellas, más bien en estado de solicitar nuestro perdón por los innumerables ultrajes y vilipendios con que nos han perseguido, y reducidas a implorar nuestra protección generosa por la situación impotente y débil en que se encuentran, sostienen, por el contrario, las hostilidades contra la América y apuran, impía y bárbaramente, todos los medios para esclavizarnos." Véase *Textos Oficiales..., op. cit.,* Tomo II, p. 17.

144   Véase el texto de los Decretos en Eduardo Roca Roca, *América en el Ordenamiento Jurídico..., op. cit.,* pp. 79–80.

Sobre las Cortes, el *Manifiesto* de 1811 explicó que luego de los "rápidos y raros gobiernos" que se habían sucedido en España desde la Junta de Sevilla, "se apeló a una aparente liberalidad," y "se aceleraron y congregaron tumultuariamente las Cortes que deseaba la nación, que resistía el gobierno comercial de Cádiz y que se creyeron al fin necesarias para contener el torrente de la libertad y la justicia, que rompía por todas partes los diques de la opresión y la iniquidad en el nuevo mundo." Sin embargo, al analizar su composición, el Congreso General en el *Manifiesto*, se preguntó incrédulo sobre "por qué especie de prestigio funesto para España se cree que la parte de la nación que pasa el océano o nace entre los trópicos adquiere una constitución para la servidumbre, incapaz de ceder a los conatos de la libertad;" afirmando como harto estaban demostrados en los papeles públicos de la Provincia de Venezuela, todos:

> "los vicios de que adolecen las Cortes con respecto a la América y el ilegítimo e insultante arbitrio adoptado por ellas para darnos una representación que resistiríamos, aunque fuésemos, como vociferó la Regencia, partes integrantes de la nación y no tuviésemos otra queja que alegar contra su gobierno sino la escandalosa usurpación que hace de nuestros derechos, cuando más necesita de nuestros auxilios."

El Congreso General destacó en el *Manifiesto* que estaba efuso de que a las Cortes habría llegado la noticia de las razones que había dado la Junta de Caracas "a su pérfido enviado,"[145] cuando "frustradas las misiones anteriores, inutilizadas las cuantiosas remesas de gacetas llenas de triunfos, reformas, heroicidades y lamentos, y conocida la ineficacia de los bloqueos, pacificadores, escuadras y expediciones," en la Península:

> "se creyó que era necesario deslumbrar el amor propio de los americanos, sentando bajo el solio de las Cortes a los que ellos no habían nombrado, ni podían nombrar los que crearon suplentes con los de las provincias ocupadas, sometidas y contentas con la dominación francesa."

Así, denunció el *Manifiesto* del Congreso General de 1811, que

> "se escribió el elocuente manifiesto que asestaron las Cortes en 9 de enero de este año [1811] a la América,[146] con una locución digna de mejor objeto; bajo la

---

145   Se refirió al Congreso General a la "conducta execrable y notoria de Montenegro, desnaturalizado por el Gobierno Español."

146   Se refería al "Manifiesto de las Cortes generales y extraordinarias a la Nación" de 9 de enero de 1811, donde se daban las razones para la independencia de España frente a las pretensiones de Napoleón. Véase el texto publicado en *El Mercurio Venezolano*, Vol. I, Caracas, febrero 1811. Véase el texto del periódico en versión facsimilar en http://cic1.ucab.edu.ve/hmdg/bases/hmdg/textos/Mercurio/Mer_Febrero 1811.pdf. Debe destacarse que el redactor de *El Mercurio* en 1811 era precisamente Francisco Isnardy, Secretario del Congreso General, quien como tal firmó el *Manifiesto* del Congreso de 1811. En la nota que precede el texto del Manifiesto de las Cortes generales, sin duda de la pluma de Isnardy, se redactó el siguiente texto parodiando lo que podría haber dicho Napoleón, y cuyo texto se recoge en el *Manifiesto* del Congreso General, al decirse que: "En uno de nuestros periódicos ("*Mercurio Venezolano*", de febrero de 1811), hemos descubierto el verdadero espíritu del manifiesto en cuestión, reducido al siguiente raciocinio que puede mirarse como su exacto comentario "La América se ve amenazada de ser víctima de una nación extraña o de continuar esclava nuestra; para recobrar sus derechos y no depender de na-

brillantez del discurso, se descubría el fondo de la perspectiva presentada para alucinarnos. Temiendo que nos anticipásemos a protestar todas estas nulidades, se empezó a calcular sobre lo que se sabía, para no aventurar lo que se ocultaba. Fernando, desgraciado, fue el pretexto que atrajo a sus pseudo representantes los tesoros, la sumisión y la esclavitud de la América, después de la jornada de Bayona; y Fernando, seducido, engañado y prostituido a los designios del Emperador de los franceses, es ya lo último a que apelan para apagar la llama de la libertad que Venezuela ha prendido en el continente meridional."

Pero a pesar de tal manifestación de las Cortes "destinada a conmover la América," el Congreso General indicó en el *Manifiesto* que era del convencimiento "que entre las cuatro paredes de las Cortes se desatienden de nuestra justicia, se eluden nuestros esfuerzos, se desprecian nuestras resoluciones, se sostienen a nuestros enemigos, se sofoca la voz de nuestros imaginarios representantes, se renueva para ellos la Inquisición,[147] al paso que se publica la libertad de imprenta y se controvierte si la Regencia pudo declararnos libres y parte integrante de la nación."

Por otra parte, la persecución contra la Provincia "desde la isla de Puerto Rico" no cesó con la integración de las Cortes, por lo que en el *Manifiesto* del Congreso General se dio cuenta de que:

"Meléndez, nombrado Rey de Puerto Rico por la Regencia," quedó "por un decreto de las Cortes con la investidura equivalente de gobernador, nombres sinónimos en América, porque ya parecía demasiado monstruoso que hubiese dos reyes en una pequeña isla de las Antillas españolas. Cortabarria solo bastaba para eludir los efectos del decreto, dictado sólo por un involuntario sentimiento de decencia. Así fue que cuando se declaraba inicua, arbitraria y tiránica la investidura concedida por la Regencia a Meléndez y se ampliaba la revocación a todos los países de América que se hallasen en el mismo caso que Puerto Rico, nada se decía del plenipotenciario Cortabarria, autorizado por la misma Regencia contra Venezuela, con las facultades más raras y escandalosas de que hay memoria en los fastos del despotismo orgánico."

Y precisamente, después del decreto de las Cortes, se denunció en el *Manifiesto* del Congreso General de 1811, fue que se habían sentido "más los efectos de la discordia, promovida, sostenida y calculada desde el fatal observatorio de Puerto Rico;" que se habían "asesinados inhumanamente los pescadores y costaneros en Ocumare por los piratas de Cortabarria;" que habían "sido bloqueadas, amenazadas

---

die, ha creído necesario no romper violentamente los vínculos que la ligaban a estos pueblos; Fernando ha sido la señal de reunión que ha adoptado el Nuevo Mundo, y hemos seguido nosotros; él está sospechado de connivencia con el Emperador de los franceses y si nos abandonamos ciegamente a reconocerlo demos un pretexto a los americanos que nos crean aún sus representantes para negarnos abiertamente esta representación; puesto que ya empiezan a traslucirse en algunos puntos de América estos designios, manifestemos de antemano nuestra intención de no reconocer a Fernando sino con ciertas condiciones; éstas no se verificarán jamás y mientras que Fernando, ni de hecho ni de derecho, es nuestro Rey, lo seremos nosotros de la América, y este país tan codiciado de nosotros y tan difícil de mantener en la esclavitud, no se nos irá tan pronto de las manos."

147   En el *Manifiesto* se indicó que había "noticias positivas de que el Sr. Mejía, Suplente de Santa Fe, ha sido encerrado en la Inquisición por su liberalidad de ideas."

e intimadas Cumaná y Barcelona;" que se habían "organizado y tramado una nueva y sanguinaria conjuración contra Venezuela, por el vil emisario introducido pérfidamente en el seno pacífico de su patria para devorarla; que se había "alucinado a la clase más sencilla y laboriosa de los alienígenas de Venezuela; y que "por las sugestiones del pacificador de las Cortes, después del decreto de éstas," se había turbado e interrumpido "la unidad política de nuestra Constitución," promoviéndose la discordia entre las Provincias:

> "para que en un mismo día quedase sumergida Venezuela en la sangre, el llanto y la desolación, asaltada hostilmente por cuantos puntos han estado al alcance de los agitadores, que tiene esparcidos contra nosotros el mismo Gobierno que expidió el decreto a favor de Puerto Rico y de toda la América. El nombre de Fernando Vil es el pretexto con que va a devorarse el Nuevo Mundo; si el ejemplo de Venezuela no hace que se distingan, de hoy más, las banderas de la libertad clara y decidida, de las de la fidelidad maliciosa y simulada" (M).

VII. LA JUSTIFICACIÓN DEL DESCONOCIMIENTO DEL JURAMENTO DADO EN 1811 POR LA PROVINCIA DE CARACAS PARA LA CONSERVACIÓN DE LOS DERECHOS DE FERNANDO VII

Como la revolución de Caracas iniciada el 19 de abril de 1810 se había realizado mediante la deposición de las autoridades coloniales españolas, nombrándose en su lugar una Junta Suprema Conservadora de los Derechos de Fernando VII, a la usanza de las Juntas peninsulares, la misma que el Gobernador se había negado a aceptar en 1808, en los documentos que se publicaron en el libro londinense, muchos párrafos se destinaron a justificar y explicar las razones de la ruptura del juramento prestado.

Así, en el *Manifiesto* de 1811, en efecto, se expresó que aún cuando todos "los males de este desorden y los abusos de aquella usurpación podrían creerse no imputables a Fernando," quien había sido "reconocido ya en Venezuela cuando estaba impedido de remediar tanto insulto, tanto atentado y tanta violencia cometida en su nombre," se consideró:

> "necesario remontar al origen de sus derechos para descender a la nulidad e invalidación del generoso juramento con que los hemos reconocido condicionalmente, aunque tengamos que violar, a nuestro pesar, el espontáneo silencio que nos hemos impuesto, sobre todo lo que sea anterior a las jornadas del Escorial y de Aranjuez."

El tema era considerado como de orden moral y jurídico, por lo que en el *Manifiesto* se consideró necesario no "dejar nada al escrúpulo de las conciencias, a los prestigios de la ignorancia y a la malicia de la ambición resentida," afrontando el tema explicando las razones de Venezuela para haberse desprendido del "juramento condicional con que reconoció a Femando VII," en abril de 1810, al haber "declarado su independencia de toda soberanía extraña" en julio de 1811. A tal efecto se explicó, que dicho "juramento promisorio" no había sido "otra cosa que un vínculo accesorio que supone siempre la validación y legitimidad del contrato que por él se rectifica," por lo que de no haber habido "vicio que lo haga nulo o ilegítimo," "la obligación de cumplirlas está fundada sobre una máxima evidente de la ley natural." Y en cuanto al "Juramento" ante Dios, se afirmó que "jamás podrá Dios ser garante de nada que no sea obligatorio en el orden natural, ni puede suponerse que acepte contrato alguno que se oponga a las leyes que él mismo ha establecido para la felicidad del género humano."

En todo caso, se argumentó que "aun cuando el juramento añadiese nueva obligación a la del contrato solemnizado por él, siempre sería la nulidad del uno inseparable de la nulidad del otro," de manera que "si el que viola un contrato jurado es criminal y digno de castigo, es porque ha quebrantado la buena fe, único lazo de la sociedad, sin que el perjurio haga otra cosa que aumentar el delito y agravar la pena." Se agregó que "la ley natural que nos obliga a cumplir nuestras promesas y la divina que nos prohíbe invocar el nombre de Dios en vano, no alteran en nada la naturaleza de las obligaciones contraídas bajo los efectos simultáneos e inseparables de ambas leyes, de modo que la infracción de la una supone siempre la infracción de la otra."

Bajo estos principios, sin duda expuestos de la mano de los juristas que integraban el Congreso General, en el *Manifiesto* se procedió a analizar "el juramento incondicional con que el Congreso de Venezuela ha prometido conservar los derechos que legítimamente tuviese Fernando VII, sin atribuirle ninguno que, siendo contrario a la libertad de sus pueblos, invalidase por lo mismo el contrato y anulase el juramento," para lo cual se comenzó por constatar que, al fin, "a impulsos de la conducta de los gobiernos de España han llegado los venezolanos a conocer la nulidad en que cayeron los tolerados derechos de Fernando por las jornadas del Escorial y Aranjuez, y los de toda su casa por las cesiones y abdicaciones de Bayona;" concluyéndose que

"de la demostración de esta verdad nace como un corolario la nulidad de un juramento que, además de condicional, no pudo jamás subsistir más allá del contrato a que fue añadido como vinculo accesorio. Conservar los derechos de Fernando, fue lo único que prometió Caracas el 19 de abril, cuando ignoraba aún si los había perdido; y cuando aunque los conservase con respecto a la España, quedaba todavía por demostrar si podía ceder por ellos la América a otra dinastía, sin su consentimiento."

En todo caso, fueron "las noticias que a pesar de la opresión y suspicacia de los intrusos gobiernos de España" se llegaron a saber en Venezuela sobre "la conducta de los Borbones y los efectos funestos que iba a tener en América esta conducta," lo que permitió que se formaran

"un cuerpo de pruebas irrefragables de que no teniendo Fernando ningún derecho, debió caducar, y caducó, la conservaduría que le prometió Venezuela y el juramento que solemnizó esta promesa (Jurabis in veritate, et in judicio, et in justitia, Jerem. Cap. 4). De la primera parte del aserto es consecuencia legítima la nulidad de la segunda."

Pero el *Manifiesto* de 1811 fue más allá afirmándose en él que "Ni el Escorial, ni Aranjuez, ni Bayona fueron los primeros teatros de las transacciones que despojaron a los Borbones de sus derechos sobre la América. Ya se habían quebrantado en Basilea[148] y en la Corte de España las leyes fundamentales de la dominación española en estos países," habiendo Carlos IV cedido "contra una de ellas[149] la isla de Santo Domingo a Francia" y enajenado "la Luisiana en obsequio de esta nación extranjera."

Por ello, se afirmó en el *Manifiesto*, que

"estas inauditas y escandalosas infracciones autorizaron a los americanos contra quienes se cometieron y a toda la posteridad del pueblo colombiano, para separarse de la obediencia y juramento que tenía prestado a la Corona de Castilla, como tuvo derecho para protestar contra el peligro inminente que amenazaba a la integridad de la monarquía en ambos mundos, la introducción de las tropas francesas en España antes de la jornada de Bayona, llamadas sin duda por alguna de las facciones borbónicas para usurpar la soberanía nacional a favor de un intruso, de un extranjero, o de un traidor."

Volviendo a las acciones en Venezuela que se produjeron desde el 15 de julio de 1808 hasta el 5 de julio de 1811, y ante las pretensiones de que se pudiera oponer a los venezolanos el juramento dado para la conservación de los derechos de Fernando VII "para perpetuar los males que la costosa experiencia de tres años nos ha demostrado como inseparables de tan funesto y ruinoso compromiso," el Congreso General indicó en el *Manifiesto* que ya era tiempo de abandonar dicho "talismán que, inventado por la ignorancia y adoptado por la fidelidad, está desde entonces amontonando sobre nosotros todos los males de la ambigüedad, la suspicacia y la discordia," considerando que "Fernando VII es la contraseña universal de la tiranía en España y en América."

El desconocimiento de Fernando VII, como supuesto rey, y por tanto, del juramento que se había dado en 1810 para conservar sus derechos, eran pues evidentes en la mente del Congreso General de Venezuela en 1811, cuyos miembros, en el *Manifiesto*, oponiendo "tres siglos de agravios contra ella, por tres años de esfuerzos lícitos," además protestaron, de pasada, que si "la hiel y el veneno" hubiesen sido los agentes de la "solemne, veraz y sencilla manifestación," de protesta ante el Juramento de conservar los derechos de Fernando VII, hubieran:

"empezado a destruir los derechos de Fernando por la ilegitimidad de su origen, declarada en Bayona por su madre y publicada en los periódicos franceses y españoles; haríamos valer los defectos personales de Fernando, su ineptitud para reinar, su débil y degradada conducta en las Cortes de Bayona, su nula e insignificante educación y las ningunas señales que dio para fundar las gigantescas esperanzas de los gobiernos de España, que no tuvieron otro origen que la ilusión de la América ni otro apoyo que el interés político de Inglaterra, muy distante de los derechos de los Borbones."[150]

---

148   Se cita el *Tratado de Basilea* de 15 de julio de 1795.

149   Se cita *Ley 1, tít. 1 de la Recopil. de Indias.*

150   Se acotó en el *Manifiesto* que "la opinión pública de España y la experiencia de la revolución del Reino, nos suministrarían bastantes pruebas de la conducta de la madre y de las cualidades del hijo, sin recurrir

Pero, se proclamó en el *Manifiesto*, que como "la decencia es la norma de nuestra conducta," sus redactores estaban "prontos a sacrificar" las "mejores razones," particularmente considerando que hartas eran "las alegadas para demostrar la justicia, necesidad y utilidad de nuestra resolución, a cuyo apoyo sólo faltan los ejemplos con que vamos a sellar el juicio de nuestra independencia." De manera que se declaraba en el *Manifiesto* que "aun cuando hubiesen sido incontestables los derechos de los Borbones e indestructible el juramento que hemos desvanecido, bastaría solo la injusticia, la fuerza y el engaño con que se nos arrancó para que fuese nulo e inválido, desde que empezó a conocerse que era opuesto a nuestra libertad, gravoso a nuestros derechos, perjudicial a nuestros intereses y funesto a nuestra tranquilidad."

En fin, el en el *Manifiesto* se afirmó en general que:

"Tres distintas oligarquías nos han declarado la guerra, han despreciado nuestros reclamos, han amotinado a nuestros hermanos, han sembrado la desconfianza y el rencor entre nuestra gran familia, han tramado tres horribles conjuraciones contra nuestra libertad, han interrumpido nuestro comercio, han desalentado nuestra agricultura, han denigrado nuestra conducta y han concitado contra nosotros las fuerzas de la Europa, implorando, en vano, su auxilio para oprimirnos. Una misma bandera, una misma lengua, una misma religión y unas mismas leyes han confundido, hasta ahora, el partido de la libertad con el de la tiranía. Fernando VII libertador ha peleado contra Fernando VII opresor, y si no hubiésemos resuelto abandonar un nombre sinónimo del crimen y la virtud, sería al fin esclavizada la América con lo mismo que sirve a la independencia de la España."

Los mismos sentimientos se expresaron en el *Acta de la Independencia*, indicando que cuando los venezolanos "fieles a nuestras promesas, sacrificábamos nuestra seguridad y dignidad civil por no abandonar los derechos que generosamente conservamos a Fernando de Borbón, hemos visto que a las relaciones de la fuerza que le ligaban con el emperador de los franceses ha añadido los vínculos de sangre y amistad, por los que hasta los gobiernos de España han declarado ya su resolución de no reconocerle sino condicionalmente." Se declaró entonces en el *Acta* que en "esta dolorosa alternativa" habían "permanecido tres años en una indecisión y ambigüedad política, tan funesta y peligrosa," "hasta que la necesidad nos ha obligado a ir más allá de lo que nos propusimos, impelidos por la conducta hostil y desnaturalizada de los gobiernos de España, que nos ha relevado del juramento condicional con que hemos sido llamados a la augusta representación que ejercemos."

VIII. EL CUESTIONAMIENTO DE LA PERTENENCIA DE LOS TERRITORIOS DE LA AMÉRICA HISPANA A LA CORONA ESPAÑOLA

En otro aspecto sobre las causas de la independencia, en el *Manifiesto*, se entró a considerar y cuestionar los títulos que pudo haber tenido España sobre las Américas, y a afirmar los derechos que sobre esas tierras más bien tenían los Americanos descendientes de los conquistadores.

---

al manifiesto del ministro Azanza (Publicado después de la jornada de Bayona y circulado en esta Capital, a pesar de la anterior opresión), y a las memorias secretas de María Luisa".

A tal efecto, se partió del principio constante "que América no pertenece, ni puede pertenecer al territorio español;" y que si bien

"los derechos que justa o injustamente tenían a ella los Borbones, aunque fuesen hereditarios, no podían ser enajenados sin el consentimiento de los pueblos y particularmente de los de América, que al elegir entre la dinastía francesa y austríaca pudieron hacer en el siglo XVII lo que han hecho en el XIX."

En cuanto a "la Bula de Alejandro VI y los justos títulos que alegó la Casa de Austria en el Código Americano, – se dijo en el *Manifiesto*– no tuvieron otro origen que el derecho de conquista, cedido parcialmente a los conquistadores y pobladores por la ayuda que prestaban a la Corona para extender su dominación en América."

En todo caso, parecía:

"que, acabado el furor de conquista, satisfecha la sed de oro, declarado el equilibrio continental a favor de la España con la ventajosa adquisición de la América, destruido y aniquilado el Gobierno feudal desde el reinado de los Borbones en España y sofocado todo derecho que no tuviese origen en las concesiones o rescriptos del Príncipe, quedaron suspensos de los suyos los conquistadores y pobladores."

Por lo que en estricta lógica jurídica, "demostrada que sea la caducidad e invalidación de los que se arrogaron los Borbones," entonces debían

"revivir los títulos con que poseyeron estos países los americanos descendientes de los conquistadores, no es perjuicio de los naturales y primitivos propietarios, sino para igualarlos en el goce de la libertad, propiedad e independencia que han adquirido, con más derecho que los Borbones y cualquier otro a quien ellos hayan cedido la América sin consentimiento de los americanos, señores naturales de ella."

En el *Manifiesto* se insistió en esto, además, señalando considerar "que la América no pertenece al territorio español es un principio de derecho natural y una ley del derecho positivo," pues "ninguno de los títulos, justos o injustos, que existen de su servidumbre, puede aplicarse a los españoles de Europa;" de manera que "toda la liberalidad de Alejandro VI, no pudo hacer otra cosa, que declarar a los reyes austríacos promovedores de la fe, para hallar un derecho preternatural con que hacerlos señores de la América." Pero:

"Ni el título de Metrópoli, ni la prerrogativa de Madre Patria pudo ser jamás un origen de señorío para la península de España: el primero lo perdió desde que salió de ella y renunció sus derechos el monarca tolerado por los americanos, y la segunda fue siempre un abuso escandaloso de voces, como el de llamar felicidad a nuestra esclavitud, protectores de indios a los fiscales e hijos a los americanos sin derecho ni dignidad civil."

El *Manifiesto*, constataba además, que "por el sólo hecho de pasar los hombres de un país a otro para poblarlo, no adquieren propiedad los que no abandonan sus hogares ni se exponen a las fatigas inseparables de la emigración;" en cambio,

"los que conquistan y adquieren la posesión del país con su trabajo, industria, cultivo y enlace con los naturales de él, son los que tienen un derecho preferente a conservarlo y transmitirlo a su posteridad nacida en aquel territorio, y si el suelo donde nace el hombre fuese un origen de la soberanía o un título de adquisición, seria la voluntad general de los pueblos y la suerte del género humano, una cosa apegada a la tierra como los árboles, montes, ríos y lagos."

Y con cierta ironía, para reforzar el aserto, se afirmó en el *Manifiesto* que: "jamás pudo ser tampoco un título de propiedad para el resto de un pueblo el haber pasado a otro una parte de él para probarlo;" ya que

"por este derecho pertenecería la España a los fenicios o sus descendientes, y a los cartagineses donde quiera que se hallasen; y todas las naciones de Europa tendrían que mudar de domicilio para restablecer el raro derecho territorial, tan precario como las necesidades y el capricho de los hombres."

En fin, de todo ello, resultaba, como se afirmó en el Acta de Independencia, que "es contrario al orden, imposible al Gobierno de España, y funesto a la América, el que, teniendo ésta un territorio infinitamente más extenso, y una población incomparablemente más numerosa, dependa y esté sujeta aun ángulo peninsular del continente europeo."

IX. SOBRE EL DERECHO A LA REBELIÓN DE LOS PUEBLOS Y EL CARÁCTER REPRESENTATIVO DE LOS GOBIERNOS

En atención a todas las "sólidas, públicas e incontestables razones de política" para justificar las causas de la independencia, a las cuales por lo demás se destinan todos los documentos publicados en el libro londinense, y que se expresaron sumariamente en el *Acta de Independencia*, la conclusión fue que los venezolanos "en uso de los imprescriptibles derechos que tienen los pueblos para destruir todo pacto convenio o asociación que no llena los fines para que fueron instituidos los gobiernos, creemos que no podemos ni debemos conservar los lazos que nos ligaban al gobierno de España, y que, como todos los pueblos del mundo, estamos libres y autorizados, para no depender de otra autoridad que la nuestra." Ello fue precisamente lo que llevó a que, cumpliendo a la vez el "indispensable deber" de "proveer a nuestra conservación, seguridad y felicidad, variando esencialmente todas las formas de nuestra anterior constitución" hubiesen declarado:

"solemnemente al mundo que sus Provincias unidas son, y deben ser desde hoy, de hecho y de derecho, Estados libres, soberanos e independientes y que están absueltos de toda sumisión y dependencia de la corona de España o de los que se dicen o dijeren sus apoderados o representantes, y que como tal Estado libre e independiente tiene un pleno poder para darse la forma de gobierno que sea conforme a la voluntad general de sus pueblos" (AI).

Se trataba, sin duda a la manifestación más clara del ejercicio del derecho de rebelión o de insurrección, como un "indispensable deber proveer a nuestra conservación, seguridad y felicidad, variando esencialmente todas las formas de nuestra anterior constitución" (AI), el cual se expresó con más detalle en los otros documentos publicados en el libro londinense.

En efecto, en el *Manifiesto* de 1811, entre las justificaciones de la independencia de Venezuela, se recurrió al "derecho de insurrección de los pueblos" frente a los gobiernos despóticos. A tal efecto, se partió de la afirmación de que "los gobiernos no tienen, no han tenido, ni pueden tener otra duración que la utilidad y felicidad del género humano;" y "que los reyes no son de una naturaleza privilegiada, ni de un orden superior a los demás hombres; que su autoridad emana de la voluntad de los pueblos." De manera que luego largas y razonadas citas sobre la rebelión de los pueblos de Israel en la Historia antigua, que no un habrían sido "protestados por Dios," se concluyó en el *Manifiesto* con la pregunta de si acaso debía ser "peor condición el pueblo cristiano de Venezuela para que, declarado libre por el Gobierno de España, después de trescientos años de cautiverio, pechos, vejaciones e injusticias, no pueda hacer lo mismo que el Dios de Israel que adora, permitió en otro tiempo a su pueblo, sin indignarse ni argüido en su furor."

La respuesta en el *Manifiesto* no fue otra que "Su dedo divino es el norte de nuestra conducta y a sus eternos juicios quedará sometida nuestra resolución," afirmándose que "si la independencia del pueblo hebreo no fue un pecado contra la ley escrita, no podrá serlo la del pueblo cristiano contra la ley de gracia," argumentándose que "jamás ha excomulgado la Silla Apostólica a ninguna nación que se ha levantado contra la tiranía de los reyes o los gobiernos que violaban el pacto social," de manera que:

> "Los suizos, los holandeses, los franceses y los americanos del Norte proclamaron su independencia, trastornaron su constitución y variaron la forma de su gobierno, sin haber incurrido en otras censuras que las que pudo haber fulminado la Iglesia por los atentados contra el dogma, la disciplina o la piedad y sin que éstas trascendiesen a la política ni al orden civil de los pueblos."

En las *Observaciones Preliminares* al libro también se insistió sobre el tema del derecho de los pueblos a la rebelión y a la representación, partiéndose del "principio invariable, que las sociedades deben gobernarse por si mismas." A tal efecto, en las *Observaciones Preliminares* se hizo referencia a la obra de John Locke para quien, se dijo,

> "todo gobierno legitimo se deriva del consentimiento del pueblo, porque siendo los hombres naturalmente iguales, no tiene ninguno de ellos derecho de injuriar á los otros en la vida, salud, libertad ó propiedades, y ninguno de quantos componen la sociedad civil está obligado ó sujeto al capricho de otros, sino solamente á leyes fixas y conocidas hechas para el beneficio de todos: no deben establecerse impuestos, sin el consentimiento de la mayoridad, expresado por él; pueblo mismo ó por sus apoderados: los Reyes y Príncipes, los Magistrados y Funcionarios de todas clases, no exercen otra autoridad legítima, que la que les ha sido delegada por la nación; y por tanto, cuando esta autoridad no emplea en el pro comunal, tiene el pueblo el derecho de reasumirla, sean cuales fueres las manos en que estuviere colocada."

Concluyéndose en las *Observaciones Preliminares* que precisamente "estos inenagenables derechos" fueron los que ejerció Venezuela, cuando "sus habitantes han tomado la resolución de administrar por si mismos sus intereses, y no depender mas tiempo de gobernantes, que contaban con entregarlos á la Francia;[151] estando seguros de que

> "las páginas de la historia no podrán menos de recordar con aprobación, el uso que en tales circunstancias ha hecho aquel pueblo de sus derechos: derechos, cuya existencia ha sido reconocida por los Españoles más ilustrados, y entre otros por Don Gaspar Jovellanos, quien en el famoso dictamen presentado á la Junta Central el 7 de Octubre de 1808, dice expresamente: "que quando un pueblo descubre la sociedad de que es miembro en inminente peligro, y conoce que los administradores de aquella autoridad que debe gobernarle y defenderle están sobornados y esclavizados, entra naturalmente en la necesidad de defenderse á si mismo, y de consiguiente adquiere un legitimo aunque extraordinario derecho de insurrección." ¿Se dirá pues que tales máximas, solo son fundadas para los Españoles Europeos, y no para los Americanos?".

En las *Observaciones Preliminares* se recurrió por una segunda vez al pensamiento de John Locke,[152] refiriéndolo como "nuestro inimitable Locke,"[153] indicando que el mismo observaba justamente "que las revoluciones no son nunca ocasionadas por pequeños vicios en el manejo de los negocios públicos." Al contrario,

> "Grandes desaciertos en los que administran, muchas leyes injustas y perniciosas, y todos los deslices de la fragilidad humana son todavía poca parte para que el pueblo se amotine ó murmure; pero si una larga serie de abusos, prevaricaciones y artificios, que todos llevan un mismo camino, hacen visible al pueblo un designio, de manera que todos resientan el peso que los oprime, y vean el término, á que son conducidos, no será de extrañar que se levanten y depositen el poder en manos que les aseguren los objetos para que fué instituido el Gobierno."

Por último, en las *Observaciones Preliminares* también se recurrió a Montesquieu a quien se atribuyó la una "máxima" o "ley inmutable," de que "las naciones solo pueden salvarse por la restauración de sus principios perdidos," concluyéndose entonces que:

> "El único modo de efectuarlo que quedaba á los Americanos, era el de tener gobernantes de su propia elección, y responsables á ellos por su conducta: con tales condiciones hubieran accedido gustosos á formar una parte igual y constitutiva de la nación Española. Solo, pues, el importante fin de su seguridad, y el de libertarse de los males de una orfandad política, induxeron el pueblo de Venezuela á colocar su confianza en un cuerpo de Representantes de su propia elección. El suceso feliz de sus trabajos aparece en las declaraciones del pueblo, mismo, y en el contraste del que era el país; y de lo que ya comienza á ser".

---

151 Se hizo referencia a "las ordenes de Joseph Napoleón a los diferentes gobiernos de América".

152 Se hizo referencia a *Tratado sobre el Gobierno civil*, Lib. 3 § 225.

153 Carlos Pi Sunyer expresó que esta frase podría abonar la tesis de que las *Observaciones Preliminares* pudieran haber sido escritas por un inglés, lo cual sin embargo descartó, atribuyendo el uso de la misma más al hecho de que el texto estaba dirigido al público inglés. Carlos Pi Sunyer. *Patriotas Americanos en Londres..., op. cit.,* p. 216.

A MANERA DE CONCLUSIÓN

Como se puede apreciar de lo anterior, el libro *Interesting Official Documents Relating to the United Provinces of Venezuela* contenía todos los documentos fundamentales que sostenían y justificaban el proceso de independencia de Venezuela desarrollado en aquéllos tres fundamentales años entre 1808 y 1811, constituyendo un conjunto documental de primera importancia política y constitucional, que reflejan todas las circunstancias y vicisitudes de lo que fue el primer movimiento independentista de América Hispana desarrollado en siete provincias de la antigua Capitanía General de Venezuela, y que dio origen a la revolución Hispanoamericana.

El movimiento, en todo caso, siguió algunos de los actos y pasos que se habían dado treinta años antes en los Estados Unidos y veinte años antes en Francia. Los documentos del libro también reflejaron los detalles del primer proceso constituyente que se desarrolló en Hispanoamérica después que la independencia fue declarada formalmente, evidenciando el tremendo esfuerzo constitucional desarrollado, entre otros, por destacados juristas que participaron en su redacción a los efectos de edificar un nuevo Estado federal y republicano independiente en territorios de antiguas colonias españolas, desligado del poder monárquico. Esas provincias se habían declarado Estados soberanos adoptando cada una de ellas su propia Constitución o forma de gobierno (Constituciones Provinciales), siguiendo los principios del constitucionalismo moderno, solo unas décadas después que habían emergido de las revoluciones norteamericana y francesa. [154]

El libro, en su conjunto, tenía por objeto explicar al mundo, documentalmente, las razones que tuvieron esas antiguas provincias para declararse independientes; y en particular como se dijo, estaban destinados a Inglaterra, donde según se indicó en las *Observaciones Preliminares*, hasta entonces, las "prensas Británicas no han hecho 'hasta ahora' otra cosa, que estampar sobre las revoluciones Americanas una señal de reprobación, presentándonos solamente miras superficiales y hechos alterados, y esto casi siempre con el colorido de la preocupación ó de la malignidad: de modo que aun las causas y la tendencia de las revoluciones han sido groseramente desconocidas ó desfiguradas" (OP). En las *Observaciones Preliminares*, por ello, se manifestó que Venezuela, con "la resolución de hacerse independiente," sabía que provoca-ría "toda la cólera de sus enemigos," por lo que con la publicación de los documentos del libro, se esperaba "de la ilustración y liberalidad" de Inglaterra, "que tan mezquinos sentimientos no tendrán cabida en sus habitantes, y que no faltan entre ellos hombres que miren con el placer más vivo y puro los progresos de la libertad general, y la extensión de la felicidad del género humano."

Por ello, incluso, en la propia *Acta de Independencia*, sus redactores declararon que "antes de usar de los derechos de que nos tuvo privados la fuerza, por más de tres siglos, y nos ha restituido el orden político de los acontecimientos humanos," procedieron a "patentizar al Universo las razones que han emanado de estos mismos acontecimientos y autorizan el libre uso que vamos a hacer de nuestra Soberanía."

---

154 Véase *Las Constituciones Provinciales* (Estudio Preliminar por Ángel Francisco Bice), Biblioteca de la Academia Nacional de la Historia, Caracas 1959; Allan R. Brewer-Carías, *Historia Constitucional de Venezuela*, Tomo I, Editorial Alfa, Caracas 2008, pp. 239 ss.

Todos los documentos contenidos en el libro, por otra parte, fueron producto de la pluma de un formidable equipo de juristas venezolanos que participó desde el inicio en el proceso de independencia. A ellos también, sin duda, se debe su participación en la concepción y confección del libro. Por ejemplo, en cuanto a las *Observaciones Preliminares* que lo preceden, aún cuando su autoría se ha atribuido a Andrés Bello, entre otros factores, por una referencia que sobre ello hizo contemporáneamente Fray Servando Maria de Mier, en el sentido de que el texto sobre "la insurrección de Venezuela" habría sido "un sólido y elocuente opúsculo del Secretario de la Legación,"[155] de su lectura estimamos que sin descartar la presencia de la pluma de Bello, lo más probable es que su texto haya sido obra, al igual que todos los documentos que contiene el libro, de un colectivo donde tomaron parte en aproximaciones sucesivas los más destacados juristas que en Caracas habían participado en el Congreso General, y en el gobierno republicano. Ellos habían sido quienes entre 1810 y 1812 fueron confeccionando y participando directamente en la redacción de los textos de los *Interesting Officials Documents* mismos, y en particular del *Manifiesto* que se incluye en el libro. Es decir, tratándose de un libro publicado por iniciativa del Gobierno, expresando la posición oficial del mismo sobre el proceso de independencia, es imposible pensar que no hubieran participado en alguna forma en la redacción de las *Observaciones Preliminares* los mismos autores de los documentos, en las que se resumían sus propios puntos de vista.[156] Ellos fueron, como se analiza en el Capíulo siguiente, fundamentalmente: Juan Gerán Roscio, Francisco Isnardy, Francisco Javier Ustáriz, Miguel José Sanz y Francisco de Miranda.

SECCIÓN TERCERA:

LA CONCEPCIÓN DEL ESTADO EN LA OBRA DE ANDRÉS BELLO (1983)

Esta Sección es el texto del libro sobre La concepción del Estado en la obra de Andrés Bello, publicado con Prólogo de Pedro Grases, por el Instituto de Estudios de Administración Local, Madrid 1983, 130 pp. El libro estuvo precedido de la siguiente "Nota Explicativa": Con ocasión de la celebración, a finales de 1981, del bicentenario del nacimiento de Andrés Bello se organizó en Caracas, su ciudad natal, un gran Congreso conmemorativo, culminación de varios otros celebrados en Londres y Santiago de Chile, en los cuales se estudiaron y analizaron, materialmente, todos los aspectos de la vastísima obra del pensador.

---

155 Es el criterio del mismo Carlos Pi Sunyer, *Patriotas Americanos en Londres...*, *op. cit.*, pp. 211-223. Véase el comentario en Ivan Jasksic, *Andrés Bello. La pasión por el orden*, Editorial Universitaria, Imagen de Chile, Santiago de Chile 2001.

156 Incluso, de la lectura las *Observaciones Preliminares* y del *Manifiesto*, se evidencia la presencia de la misma pluma que participó en la redacción de algunos escritos de William Burke, por ejemplo, en las consideraciones en torno al significado del Juramento a Fernando VII o de la expresión "Madre Patria" en relación a España. Véase William Burke, *Derechos de la América del Sur y México*, Vol. 1, Academia de la Historia, Caracas 1959, pp. 239 y 243.

Los organizadores de los actos centrales del bicentenario, nada menos que mis compatriotas profesores Rafael Caldera y Pedro Grases, me pidieron que colaborara en los actos con la elaboración de un trabajo sobre el pensamiento jurídico-público de Andrés Bello. La tarea no fue fácil, pues había, al menos, dos inconvenientes. El primero, derivado del hecho de que el conocimiento que para ese momento tenía de la obra de Bello era indirecto; y el segundo, resultado de que al analizar lo escrito sobre Bello constaté que había enfoques y estudios materialmente sobre todos los campos del conocimiento, pero a la vez muy pocos sobre su pensamiento político y jurídico-público.

Ante esa situación opté por estudiar directamente la obra de Bello, para lo cual fue necesario efectuar la lectura, análisis y fichaje de las Obras Completas del pensador. En este trabajo fue invalorable la colaboración que recibí, durante varios meses, de la licenciada Eloísa Avellaneda Sisto, cuyo interés y dedicación hizo posible que, luego, pudiera redactar este estudio, La concepción del Estado en la obra de Andrés Bello; por tanto, es un estudio que surge del análisis directo de sus Obras Completas, como se podrá comprobar por las referencias. Este fue el método que deliberadamente elegí, renunciando a basarme en apreciaciones o referencias indirectas o en interpretaciones que se han hecho sobre su obra.

Después de concluir el estudio, debo reconocer que se me abrió un campo nuevo, pero a la vez, si se sigue la biografía de Bello, un campo que era absolutamente lógico. Hemos dicho que más que hombre de Estado, Bello fue un hombre del Estado, pues dedicó casi toda su vida al servicio del sector público, tanto en el campo del Poder Ejecutivo como del Poder Legislativo. En esta labor pública, por supuesto, tenía su propia concepción del Estado, y ésa es la que hemos querido descubrir, utilizando, por supuesto, las categorías del derecho público moderno.

No puedo concluir esta nota sin agradecer el empeño que mi querido amigo el profesor Pedro Grases puso en que elaborara el trabajo. Sin duda, su insistencia hizo posible que dentro del cúmulo de mis actividades académicas y públicas me apartara, incluso, de mis estudios de derecho público contemporáneo y me adentrara en un trabajo de esta naturaleza. Por la responsabilidad que le corresponde por su empeño, le he pedido que elaborara el prólogo a este libro, lo cual me honra.

Por último, quiero agradecer a mi querido amigo el profesor Luciano Parejo Alfonso, director del Instituto de Estudios de Administración Local, la amabilidad que ha tenido al haber resuelto publicar este trabajo bajo el patrocinio del Instituto, iniciando con él la nueva colección sobre autores de derecho público iberoamericano, que acertadamente ha decidido acometer. Es una apertura hacia América Latina que los estudiosos del derecho público de nuestros países tenemos que reconocer y apreciar. Madrid, mayo de 1983.

I. INTRODUCCIÓN

Andrés Bello, durante toda su vida, fue un hombre del Estado, es decir, un hombre que estuvo al servicio de instituciones públicas. No gobernó ni fue estadista, pero sí administró y movió, desde la burocracia, el aparato estatal. Arístides Rojas dijo que como oficial primero de la Capitanía General de Venezuela, entre 1802 y

1809, Bello había sido «el alma de la Capitanía General»[157]. La verdad es que por su extraordinaria capacidad de trabajo, confiabilidad e inteligencia, Bello fue el alma de todas las instituciones públicas a las cuales sirvió: en Venezuela, en la Capitanía General y en la Junta Conservadora de los Derechos de Fernando VII hasta 1810; en las Legaciones de Chile y Colombia, en Londres, hasta 1829; y luego, en Chile como oficial mayor del Ministerio de Hacienda entre 1829 y 1833, y del Ministerio de Relaciones Exteriores entre 1833 y 1852; como senador durante veintisiete años, entre 1837 y 1864, y como rector de la Universidad de Chile desde su creación, en 1842, hasta su muerte, en 1865. Fue un conocedor, por dentro, de la Administración del Estado, y como muestra sólo debemos recordar que redactó durante veintinueve años (1831 a 1860) los Mensajes Presidenciales al Congreso chileno, y que durante dieciocho años (1834 a 1852) fue redactor de las Memorias del Ministerio de Relaciones Exteriores al Congreso. Como senador, además, fue redactor de las Leyes más importantes de Chile y como ciudadano influyente intelectualmente, participó en todas las empresas institucionales chilenas en el segundo cuarto del siglo pasado. Por supuesto, su obra monumental y particularmente sus trabajos conexos con el Estado y la Administración Pública, los realiza en Chile, y debe recordarse que llega a ese país en 1829, a la edad de cuarenta y siete años. Una fecunda experiencia vivida, y un profundo conocimiento de los hombres y de las cosas, le permite así comenzar a realizar su producción intelectual sin desatender sus tareas públicas, a la edad en la cual, lamentablemente en nuestro mundo contemporáneo, muchos comienzan a pensar en el retiro.

Hemos dicho que Bello fue más bien un hombre del Estado que un hombre de Estado[158]. Como tal hombre de la burocracia, desarrolló ideas y concepciones sobre la organización política y administrativa de la sociedad, que fueron utilizadas por sus contemporáneos gobernantes. «... Bello era la cabeza mejor dotada para las tareas propias del gabinete», afirma Lira Urquieta[159], y durante su larga vida en Chile, interviene en todos los aspectos centrales del funcionamiento de las instituciones públicas. Sin embargo, no siempre tomando parte activa, sino en general, en la sombra, asesorando, ayudando, preparando proyectos, evacuando consultas, como fue su manera habitual de proceder[160]. Por tanto, puede decirse que con su permanente asesoría y labor intelectual, conformó el Estado chileno. Sin embargo, no ha sido tema frecuente de investigación y estudio este de la concepción del Estado y la Administración Pública en la obra de Andrés Bello.

El estudio y análisis de la obra de Bello nos ha permitido, sin embargo, identificar una clara concepción del Estado y de la Administración Pública, lo cual intenta-

---

157 Véase la referencia en RAFAEL CALDERA, *Andrés Bello*, Editorial Monte Avila, Caracas, 1978, pág. 34.

158 Escribe GUILLERMO FELIÚ CRUZ que Bello fue, con razón, el «orientador y creador de la Administración Pública chilena. Dice: «La sirvió como internacionalista. La estructuró como legislador. La ordenó como jurista. En estas tareas, Bello se condujo como un hombre de Estado». Luego afirma que Bello «aplicó siempre un criterio institucional a todos los organismos del Estado». *Obras Completas de Andrés Bello*, volumen *XIX Textos y mensajes de Gobierno*. Prólogo de GUILLERMO FELIÚ CRUZ: «Andrés Bello y la Administración Pública de Chile» (marzo, 1959), pág. LXVII.

159 Véase PEDRO LIRA URGUIETA: *Don Andrés Bello y la Constitución de 1833* (apartado del «Boletín de la Academia Chilena» de 1833), Santiago de Chile, 1950, pág. 8.

160 *Idem*, pág. 8.

remos exponer analizando separadamente, en primer lugar, su idea del Estado, jurídica y políticamente hablando; en segundo lugar, su concepción respecto a cómo debía funcionar el Estado en relación a su Constitución, el sistema de gobierno, la forma política del mismo y los derechos y garantías de los ciudadanos; y en tercer lugar, su tesis sobre los diversos poderes del Estado y su papel; el Legislativo, el Ejecutivo y el Judicial.

Antes, sin embargo, resulta conveniente ubicar a Andrés Bello en el proceso histórico-político que le tocó presenciar. Bello puede decirse que fue conservador, en cuanto a que rechazó siempre toda forma revolucionaria que aniquilara las instituciones políticas precedentes, y las suplantara por nuevas, pero matizando su conservadurismo con unas ansias constantes de progreso y de reforma que resultan de su actividad intelectual y pública. En su concepción política del Estado siempre abogó por mantener la continuidad histórica de las instituciones; o, como dijo Mariano Picón Salas, prefirió «la tranquila marcha de los tiempos» antes que los cambios radicales[161]. Por ejemplo, al comentar las restricciones al sufragio en la Constitución de 1833, al justificar por qué no se había pasado a un sistema diverso que «era una innovación de mucha trascendencia, una verdadera revolución», se preguntaba «¿no es más prudente que esa revolución fuese gradual e insensible?»[162]. De allí que afirmara también, por ejemplo, que «el mejor remedio que puede aplicarse a los inconvenientes de una constitución que vacila, porque no ha tenido tiempo de consolidarse, es mantenerla a toda costa, mejorándola progresivamente y, sobre todo, acomodando a ella las demás partes de nuestra organización política»[163].

Estas palabras recuerdan, sin duda, las exigencias de continuidad institucional de nuestra democracia contemporánea, la cual por más que tenga defectos y que a veces vacile, requiere a toda costa su mantenimiento y perfeccionamiento.

Esta idea, muy manejada por Bello de la continuidad histórica de; las instituciones, como dijo Ricardo Donoso, lo llevó a ser «... uno de los pocos que no condenó con rudo apasionamiento el legado espiritual de la Colonia, y comprendió... la nece-

---

161 MARIANO PICÓN SALAS: «Bello y la Historia», prólogo al volumen XIX de las *Obras Completas de Andrés Bello. Temas de Historia y Geografía*, Caracas, 1957, págs. XLII y XLIII.

162 Véase la referencia en RICARDO DONOSO, prólogo al volumen XVII de las *Obras Completas de Andrés Bello, Labor en el Senado de Chile*, Caracas, 1958, págs. LXXI y LXXII. Por eso, afirma en 1852 que «no se asalta una organización social sólida, que dé su parte debida a la libertad y a la autoridad; se conquista poco a poco. Así han marchado todos los países y no es la América la que mejor preparada pudiera creerse para no estar sujeta a esa ley general». Véase en *Obras Completas de Andrés Bello*, volumen XVI, *Textos y mensajes de Gobierno* (Memorias que el ministro de Estado en el Departamento de Relaciones Exteriores presenta al Congreso Nacional en 1852), Caracas, 1964, página 658.

163 Véase en «Publicidad de los juicios» (El Araucano, año 1830) publicado en A. Bello, *Escritos Jurídicos, políticos y universitarios*, Ed. Edeval, Valparaíso, 1979, pág. 94. Así, en 1864, consideraba como «el primero de todos los objetos la permanencia de las instituciones que nos rigen». Véase en *Obras Completas de Andrés Bello* volumen XVI, *Textos y mensajes de Gobierno*, Caracas, 1964, pág. 175. Por otra parte, desde el punto de vista jurídico formal, en Bello está presente la idea de que el Estado debe subsistir siempre, cualquiera que sea la forma que adopte. Al referirse a la continuidad institucional comenta: «...una nación, cualesquiera alteraciones que experimente en la organización de sus poderes supremos y en la sucesión de sus principios, permanece siempre una misma persona moral; no pierde ninguno de sus derechos... El cuerpo político subsiste el mismo que era, aunque se presente bajo otra forma...» *Obras Completas de Andrés Bello*, volumen X, Derecho Internacional, tomo I, Caracas, 1954, pág. 46.

sidad de abrir camino a las reformas que reclamaban las mutaciones de los tiempos»[164].

Reconocía, sin embargo, que desde el punto de vista institucional, político-representativo, poco nos había dejado la colonia, por lo que tuvimos que materialmente crearlo todo. En esta innovación estuvo uno de los males de la constitución de los nacientes Estados suramericanos. En 1830, por ejemplo, comparaba la tarea de los americanos del Norte con los del Sur para constituirse en nación. Constataba cómo las colonias norteamericanas no tuvieron que proclamar principios nuevos, desconocidos por la Metrópoli, y citaba al Gobierno representativo, la libertad de imprenta, los juicios por jurados, la exención de toda carga no consentida. En contraste, «nosotros —afirmaba— nos vimos en la triste necesidad de obrar de otro modo. En los materiales que el régimen colonial de España había dejado a nuestra disposición, había poco o nada de que pudiésemos aprovecharnos para formar constituciones populares y libres. Ningún vestigio de representación nacional, ningún principio de vida interior; una fuerza extraña dirigía sin la menor intervención nuestra los movimientos del cuerpo social, y los dirigía siempre en oposición a nuestros intereses, sacrificando aun los suyos propios al vano objeto de retardar nuestra emancipación. Era necesario crearlo todo»[165].

Pero si bien constataba esa necesidad de hacer todo lo que tuvimos en la independencia, lo hacía lamentándose como de un mal necesario. En todo caso, su criterio de la necesidad de la continuidad histórica de las instituciones lo llevó a condenar, en 1851, las Doctrinas que a mitades del siglo pasado proponían cambios radicales en el sistema político-social[166]. El Estado debía así evolucionar, sí, pero mediante reformas, realizadas conforme al sistema político-social existente e imperante[167].

---

164 Ricardo Donoso, *loc. cit.,* pág. XI.

165 Véase en «Publicidad de los juicios», en Andrés Bello, *Escritos Jurídicos, Políticos y Universitarios,* Ed. Edeval, Valparaíso, 1979, pág. 94. Por eso afirma en el discurso del presidente de la República, Manuel Montt, en la apertura del Congreso Nacional de 1858 que el Estado chileno se había improvisado «de fragmentos de colonia sin vida propia». Véase *Obras Completas de Andrés Bello,* volumen XVI, *Textos y mensajes de Gobierno,* Caracas, 1964, pág. 415.

166 En el discurso del presidente de la República, Manuel Bulnes, en la apertura de las Cámaras Legislativas de 1851, señalaba: «Un espíritu de subversión trabaja a las naciones de Europa: quiméricos e irrealizables sistemas las perturban. Las doctrinas desorganizadoras que minan aquellas sociedades (europeas) han empezado a introducirse entre nosotros... Fijad vuestra atención en este mal, ocupaos con tiempo de los medios de evitarlo.» Hizo hincapié además en la «importancia de robustecer la autoridad, de armarla contra esas doctrinas disolventes de toda sociedad..., y que son el mal que aflige... a los pueblos civilizados». Véase en *Obras Completas de Andrés Bello,* volumen XVI, *Textos y mensajes de Gobierno,* Caracas, 1964, página 242.

167 Así, en un artículo publicado en *El Araucano,* en 1843, «La realidad y la administración» expresaba «... en las obras de adelantamiento y reforma no es dado al Gobierno hacer uso de otros elementos que los que existen y cuando decimos el Gobierno, *comprendemos* también a la Legislatura; porque en las medidas que ésta tome de su propio motivo, o que adopte por recomendación del Gobierno, tampoco le es dado valerse de otros. Para toda reforma, para toda mejora que se intente sobre un plan vasto y comprensivo, es preciso luchar contra los obstáculos que presenta ya la falta de agentes idóneos, ya lo raro y disperso de la población, en muchas partes del territorio de Chile; ya lo imperfecto y escaso de los medios materiales de comunicación, sin los cuales no puede menos de encontrar tropiezos y experimentar demoras desde el centro hasta los últimos ángulos de la República; sin hablar ahora de las resistencias

Bello fue así conservador, evolucionista y reformista. «Ni todo ha de dejarse por antiguo —afirmaba—, ni todo ha de despreciarse por nuevo, y es preciso dar lugar a la razón para que determine las cosas, a fin de que se admita siempre lo más conveniente y útil, lo más equitativo y justo, sin pararse en la recomendación de lo viejo, ni en la aparente brillantez de lo moderno»[168]. Por tanto, propugnó siempre la transformación de las instituciones, pero tomando en cuenta la realidad en un impulso permanente de perfección[169], donde «...cada trabajo, cada mejora, no es sino un escalón para nuevo trabajos y para emprender otras mejoras en una escala cada vez más extensa»[170]. El cuerpo social —afirmaba— en esta forma «tomará gradual..., insensiblemente, las formas que correspondan a las circunstancias y al desenvolvimiento progresivo de su vida interior, sin soluciones violentas de continuidad que desarmen la máquina y hagan cada vez más difícil y precaria su reconstrucción»[171].

Por tanto, si bien Bello se opuso a los cambios violentos, no por ello dejó de ser un creyente en la evolución política de nuestros pueblos y en la necesidad de introducir reformas en la realidad jurídico-política, propugnando la necesidad de vencer la resistencia al cambio. Así, en 1855 con motivo de la reforma de la legislación civil chilena, afirmaba: «Casi no hay proyecto útil que como demande alguna contracción y trabajo no se impugne al instante con la antigua cantinela de país naciente, teorías impracticables. No tenemos hombres, etc., objeción que si en algunas materias vale algo, en las más es bosteza de pereza, que injuria a Chile y daña a sus intereses vitales... ¿Quién nos condena, sino nuestra desidia, a movernos lentamente en larga y tortuosa órbita que han descrito otros pueblos para llegar a su estado presente? ¿No podremos adoptar sus mejoras sociales, sino cuando hayamos completado ese largo ciclo da centenares de años, que ha tardado en desenvolverse el espíritu

---

que nacen de hábitos inveterados, que han convertido, por decirlo así, en derecho el abuso y en privilegio de los particulares el daño público; sin hablar de las preocupaciones rutinarias que claman contra las innovaciones o que las minan sordamente; y sin tomar en cuenta la todavía poco esforzada cooperación del espíritu público, que en otras partes ejecuta, o contribuye poderosamente a ejecutar, lo que entre nosotros se quiere que sea la obra exclusiva del Gobierno». Véase en *Obras Completas de Andrés Bello,* volumen XV, *Temas jurídicos* (en prensa).

168 Véase en «Administración de Justicia», publicado en *El Araucano,* 1836, en *Obras Completas de Andrés Bello,* volumen XV, *Temas jurídicos* (en prensa).

169 En el discurso del presidente de la República Manuel Montt en la apertura del Congreso Nacional de 1860 afirmaba: «En la reseña que acabo de haceros de los trabajos de la Administración notaréis que se ha ocupado con preferencia en restablecer la confianza pública y asegurar la tranquilidad interior, pero no por eso ha dejado de llevar adelante la obra de mejora y progreso prudente que el país reclama. En esta parte he huido de las exageradas ideas de los que se imaginan que puede con fruto impulsarse el adelantamiento de un pueblo, sin tomar en cuenta su estado y los elementos que lo constituyen, así como de las de aquellos que, desconociendo el movimiento de progreso a que todos los pueblos obedecen, sólo ven los peligros de las innovaciones, y sin buscar los medios de hacerlas efectivas, dejan con indolente inercia que el curso del tiempo obre por cambios violentos lo que debió ser resultado natural de ese impulso de perfección dirigido con prudencia.» Véase en *Obras Completas de Andrés Bello*, volumen XVI, Textos y mensajes de Gobierno, Caracas, 1964, págs. 448-449.

170 Véase en la «Exposición que el general don Manuel Bulnes dirige a la nación chilena» (1851), en *Obras Completas de Andrés Bello,* volumen XVI, *cit.*, pág. 270.

171 Véase en «Exposición que el presidente de la República Joaquín Prieto dirige a la nación chilena el 18 de septiembre de 1841», en *Obras Completas de Andrés Bello,* volumen XVI, *cit.,* página 125.

'humano en las otras regiones de la tierra? ¿Estaremos destinados a marchar eternamente tres o cuatro siglos detrás de los pueblos que nos han precedido?»[172].

Con estas ideas analizó, en 1842, las instituciones políticas venezolanas y chilenas de la época y escribió que estos dos países lograron establecer «... un sistema regular político y económico, que lleva a todas las apariencias de estabilidad y todos los gérmenes de adelantamientos». Venezuela y Chile, dice, disfrutaban «... de todos los bienes de la paz pública y del orden legal, a cuya sombra benéfica se desarrollan entre ellos sus instituciones, y crecen cada día en moralidad pública y prosperidad material»[173].

En esta forma puede decirse que un criterio que expone insistentemente fue el de la necesaria correspondencia entre las instituciones estatales y la realidad de la sociedad. Por ello afirma que «el mayor mal de que pueden adolecer los Gobiernos nuevos, y que en las circunstancias en que se hallaba la América era imposible evitar, consiste en su novedad misma, en la falta de armonía entre las instituciones recientes y los establecimientos antiguos»[174]. Por ello, al hblar del valor de las Constituciones afirmaba en forma categórica que no podía esperarse que ellas subsistieran ni que pudieran producir buenos efectos, si sólo eran elaboradas en base a principios teóricos, sin conexión con la realidad[175].

En todo caso, todo cambio violento, en las instituciones, de por sí, lo estimaba perjudicial. Por eso afirmaba que «...todo trastorno empeorará nuestra situación por el mero hecho de sustituir un sistema por otro»[176]. La revolución debía ser así una evolución[177] conforme a la realidad[178], pues de lo contrarío, la transformación radical de las instituciones, por esta falta de correspondencia y por el derrumbamiento sin piedad de tantos establecimientos antiguos, conduce al despotismo. Y éste se encuentra, afirmaba en 1830, recién llegado a Chile, «... donde las leyes no son re-

---

172 *Obras Completas de Andrés Bello, volumen XIII,* Código Civil de Chile, *tomo I, Caracas, 1954, págs.* 25-26.

173 Véase en «Aniversario de la victoria de Chacabuco» en las *Obras Completas de Andrés Bello,* volumen XIX, Temas de Historia y Geografía, Caracas, 1957, pág. 119.

174 Véase en «Publicidad de los juicios» en Andrés Bello, en Escritos Jurídicos, Políticos y Universitarios, *cit.,* pág. 94.

175 Señalaba así, en 1830, lo siguiente: «Si hay algo completamente demostrado por la experiencia del género humano y especialmente por la de los últimos cuarenta años, es que no debe esperarse subsistencia ni buenos efectos de ninguna constitución modelada por principios teóricos, sin afinidad con aquéllos que por una larga práctica han adherido íntimamente al cuerpo social, y han penetrado sus más ocultos muelles, o trasplantada de un suelo en que ha sido producción indígena a otros en que le falta la influencia de aquel espíritu nacional, de aquellas leyes y costumbres, que se han desarrollado junto con ella y crecido a la par, fortaleciéndose y modificándose mutuamente». Véase en «Publicidad de los juicios» en Andrés Bello, Escritos Jurídicos, Políticos y Universitarios, *cit.,* pág. 92.

176 *Idem,* pág. 94.

177 Señalaba, en este sentido, que «revoluciones que hayan mejorado verdaderamente la suerte de los pueblos no han sido por lo regular, sino aquellas en que se han aplicado remedios, por decirlo así, caseros a males generalmente sentidos». *Idem,* página 92.

178 La adopción de instituciones políticas nuevas, sin correspondencia con la realidad la estimaba, siempre perjudicial. Afirmaba: «... no se pone en planta para la consecución de estos objetos una máquina enteramente nueva, cuya acción es imposible dirigir y calcular, si no se emplean instrumentos conocidos, en manos acostumbradas a usarlos». *Idem,* pág. 93.

glas ciertas, fijas, inmutables; donde hay arbitrariedad, cualquiera que sea el sentido en que se manifiesta; donde una lenidad indiscreta hace impotentes y despreciables las leyes, no menos que donde una magistratura servil o prostituida las hace instrumentos de la tiranía o de la codicia» —allí, concluía— «existe de hecho el despotismo, y derrama su pestífera influencia sobre la virtud y la felicidad del pueblo»[179].

II.   LA IDEA DEL ESTADO

En la obra de Bello puede identificarse, sin duda, una perfecta idea del Estado, como sociedad de hombres, situada en un territorio, gobernada por sí misma (sometida a un conjunto de leyes, y cuyo fin esencial es el logro del bienestar general de sus asociados.

Algunas ideas claves desarrolla Bello que pueden permitimos descubrir su idea del Estado, y éstas se refieren a sus elementos, a la idea de soberanía, al Estado y el orden jurídico, donde la observancia de la ley es el pilar fundamental de su existencia, y a la tarea del Estado en la sociedad.

Veamos cómo Bello desarrolla estos conceptos propios del Derecho Público moderno.

1.   *Elementos del Estado*

En su obra Derecho Internacional se identifican, con precisión, los diversos elementos del Estado, Afirma así que «Nación o Estado es una sociedad de hombres que tiene por objeto la conservación y felicidad de los asociados; que se gobierna por las leyes positivas emanadas de ella misma y es dueña de una porción de su territorio»[180], En esta definición de Bello hay cinco elementos integrantes de la noción de Estado: una población; un territorio; un Gobierno propio; un conjunto de leyes que rigen para esa población y dentro de su territorio, y unos fines que cumplir, entre los cuales el más importante es el bienestar general.

Un Estado independiente y soberano es «toda nación que se gobierna a sí misma, bajo cualquiera forma que sea y tiene la facultad de comunicar directamente con las otras...»[181]. Por tanto, «la cualidad especial que hace a la nación un verdadero cuerpo político... es la facultad de gobernarse a sí misma, que la constituye independiente y soberana»[182].

2.   *La idea de la soberanía*

Particular atención dedica Bello a la idea de soberanía, como elemento esencial del Estado, que permite el gobierno propio de la nación y la primacía del cuerpo representativo de la misma sobre los otros poderes del Estado.

---

179   *Idem*, pág. 95.

180   Véase en *Obras Completas de Andrés Bello*, volumen X, Derecho Internacional, tomo I, Caracas, 1954, pág. 31.

181   *Idem*, pág. 35.

182   *Idem*, pág. 35.

La soberanía de una nación, afirma, consiste «en la existencia de una autoridad suprema que la dirige y representa»[183]. Pero esta autoridad o cuerpo, realmente, es quien representa a la nación, con capacidad de dictar leyes que rigen a todos los ciudadanos. Por ello completa su concepción señalando que «El poder y autoridad de la soberanía se derivan de la nación, si no por una institución positiva, a lo menos por su tácito reconocimiento y su obediencia. La nación puede transferirla de una mano a otra, alterar su forma, constituirla a su arbitrio. Ella es, pues, originariamente el soberano. Pero lo más común es dar este nombre al jefe o cuerpo que, independiente de cualquiera otra persona o corporación, si no es de la comunidad entera, regula el ejercicio de todas las autoridades constituidas y da leyes a todos los ciudadanos, esto es, a todos los miembros de la asociación. De aquí se sigue que el poder legislativo es actual y esencialmente el soberano»[184]. Así pues, la soberanía reside en et conjunto de individuos que forman la nación y ella la transfiere al Cuerpo Legislativo que pasa a ser el soberano.

De la soberanía del Estado resulta su independencia, en el sentido de que ninguna nación puede intervenir en los asuntos de otra, no puede dictar la forma de gobierno o de la administración que deban adoptar otros países, ni las leyes que han de regirla. Por ello afirma que «La independencia de la nación consiste en no recibir leyes de otra»[185]. Esto reafirma su concepción de que la posibilidad de gobernarse a sí mismo por las leyes que ha dictado, es uno de los elementos que distinguen al Estado.

3. *El Estado y el Orden Jurídico*

Dentro de los elementos del Estado en la noción de Bello está la posibilidad de dictar sus propias leyes, que rijan en su territorio y regulen la conducta de sus ciudadanos. Por tanto, el Estado que trate de imponer a otro sus leyes estará violando la independencia del mismo y cometiendo una agresión que el otro Estado tendrá derecho a repeler.

Bello continuamente se refiere al derecho de los pueblos a dictar sus propias normas jurídicas de acuerdo con sus necesidades y aspiraciones y a organizar sus instituciones del modo que consideren más conveniente. Todos los Estados deben respetar ese derecho y ser fieles al principio de no intervención en los asuntos de los otros, ya que esto es lo que permitirá que cada uno sea independiente.

Pero si hay una idea constante en todos los escritos de Bello es la relativa al papel del derecho en el Estado y en la vida social.

El derecho, en efecto, lo concibe como «una colección, sistema o cuerpo de leyes»[186], y a la vez como uno de los elementos integrantes del Estado: la existencia de un cuerpo de leyes positivas que dicta para organizar sus poderes y regular la conducta de sus ciudadanos. Existe, por tanto, una estrecha relación entre el Estado y el Derecho: «El Derecho y el Estado —dice— son dos fenómenos que encontra-

---

183   *Idem*, pág. 32.
184   *Idem*, págs.. 32-33.
185   *Idem*, pág. 32.
186   *Idem*, pág. 17.

mos en toda asociación de hombres, y, aunque el establecimiento de diversos Estados y diversos derechos, considerado históricamente, tiene mucho de accidental y arbitrario, la idea del derecho en general, es lo que ha servido de base a esta diversidad de formas. El íntimo enlace del derecho con el Estado —continúa— proviene de que la idea del derecho no puede entrar en la vida humana, sino por medio del Estado, esto es, de una reunión de hombres sometidos a un poder común, visible y generalmente reconocido; porque es de la esencia del derecho el que la universalidad de los que componen el Estado lo reconozca, y que en consecuencia el poder público, órgano de esta universalidad, vigile y procure su observancia»[187].

4.   La observancia de la ley y el principio de la legalidad

Pero si es de la esencia del Estado la existencia del Derecho, la condición para la supervivencia del Estado es el asegurar la observancia de la ley. Por ello Bello, con razón, afirmaba que «...la observancia de las leyes es tan necesaria que sin ella no puede subsistir la sociedad», por lo que «el imperio de la ley» resulta esencial para la propia existencia del Estado[188].

Pero esta necesaria observancia de la Ley no es sólo una obligación de los individuos «de cumplir con lo que respectivamente le corresponde», sino también un deber de las autoridades públicas de cualquier nivel[189]. La concepción del principio de la legalidad propio del derecho público contemporáneo, según la cual todas las actuaciones del Estado deben ajustarse a las prescripciones del ordenamiento jurídico, estaba ya en las ideas de Bello. El Estado de Derecho exige así que (todos los Poderes del Estado estén sometidos a las leyes y esto lo afirmaba Bello en 1836 en la siguiente forma: «Los mismos encargados de dar las leyes, el Gobierno supremo a

---

187   Véase en *Obras Completas de Andrés Bello*, volumen XIV Derecho Romano, Caracas, 1959, pág. 295.

188   En un artículo sobre «Observancia de la ley», publicado en El Araucano, en 1856, Bello señalaba: «Si la observancia de las leyes tan necesaria que sin ella no puede subsistir la sociedad, ésta impone una obligación estrecha a cada uno de sus individuos de cumplir con lo que respectivamente le corresponde, y no hay títulos, no hay consideraciones bastantes que los releven de esta obligación, desde la primera autoridad hasta el encargado más subalterno, ya se considere la administración general de una república, ya el poder de administrar justicia, desde el dueño de la mayor fortuna hasta el más destituido de facultades. Desde el que se halla en el colmo de los honores y distinciones hasta el más oscuro habitante comprende el imperio de la ley. Véase en Andrés Bello, Escritos Jurídicos, políticos y Universitarios, *cit.*, pág. 73. Por ello, en 1841 en la Exposición del presidente de la República, Joaquín Pietro, que dirigió a la nación chilena el 18 de septiembre de 1841 hablaba de «el religioso respecto a la ley» como una de las excelencias de las instituciones republicanas. Véase en *Obras Completas de Andrés Bello*, volumen XVI, Textos y mensajes de Gobierno, Caracas, 1964, págs. 121-122.

189   Véase en «Observancia de la ley», en Andrés Bello, Escritos Jurídicos, Políticos y Universitarios, cit, pág. 73. Al comentar la institución del indulto, por ejemplo, insistía en esta idea: «No se da a ninguna autoridad pública el derecho de indultar a los reos, o de conmutarles la pena, para que lo ejerzan arbitraria y caprichosamente. Semejante-conducta no tendría nada de extraño en los Gobiernos donde todo pende de la voluntad de un déspota. Pero donde mandan las leyes, todo debe estar sujeto a reglas; y el indulto de un reo no es un acto individual de clemencia, sino una excepción que, por el mismo hecho, se concede a todos los reos que se hallen en circunstancias análogas. Si el Congreso, pues, obra racionalmente, y no por mero humor o capricho y si indulta de la pena capital a un monstruo.,., es menester que extienda la misma gracia a todos los delincuentes de igual gravedad que imploren su clemencia.» Véase en «Indultos» (El Araucano 1832) en *Obras Completas de Andrés Bello*, volumen XV, Temas Jurídicos (en prensa).

quien corresponde sancionarías, están ligados en el ejercicio de sus altas funciones a leyes que no pueden traspasar; porque, si bien una disposición legal puede derogarse, mientras ella subsiste, por ninguno debe respetarse tanto, cuanto por aquellos que, infringiendo las leyes, no harían otra cosa que minar las mismas bases sobre que su autoridad descansa»[190].

Al insistir en la sujeción del Estado al derecho, aún en Gobiernos autocráticos, Bello comentaba la frase de «un emperador romano que se juzgaba superior a las leyes» en la cual decía, «aunque no estemos ligados a las leyes, vivimos con ellas», y afirmaba que se trataba de una «sentencia digna de tenerse siempre presente, y que demuestra la necesidad en que se hallan aún los encargados de Gobiernos despóticos, de tener leyes de respetarlas y cumplirlas, porque en esto se interesa nada menos que su existencia política. ¿Cuánto mayor será esta necesidad en Gobiernos regulares, de donde debe estar muy distante todo lo que sea proceder por arbitrio propio?»[191].

Pero, por supuesto, no basta que se dicten leyes que regulen los individuos para que la noción de Estado se actualice según la concepción de Bello; sino que es esencial que esas leyes se cumplan y se respeten, pues de otra forma carecen de valor. De allí el énfasis que surge de diversos escritos de Bello sobre la observancia de la ley a lo que dedicó un importante artículo de El Araucano, en 1836. «No son las leyes solas las que forman la felicidad de los pueblos, sin el amor, sin el respeto, sin las consideraciones todas que deben profesarles los individuos de una nación»[192], decía, y agregaba que «sin la acción firme y severa de los magistrados destinados para hacerlas cumplir, las leyes son sólo un vano simulacro, y lejos de proporcionar utilidad alguna sería mejor que no existiesen, porque su desprecio a medida que crece y se generaliza, destruye todo principio de moralidad y aleja las últimas esperanzas de mejora, no pudiendo asegurarse, que otras leyes dictadas para hacer observar las desatendidas tengan mejor suerte que las que tuvieron éstas. La obra, pues, del arreglo de la sociedad y de los bienes todos que en ella buscamos debe hacerse con el concurso simultáneo de las leyes, de los magistrados y de los individuos todos de la sociedad misma: quien cumple con los preceptos de la Ley hace todo cuanto debe hacer por el servicio de su patria; el que los desatiende hace de su parte cuanto puede por la ruina de esa patria que tal vez cree amar, no observen las leyes, infrínjalas cada uno según voluntad, sea la de cada individuo de la sociedad la única regla de las acciones, y en ese mismo punto la sociedad desaparece, un caos insondable de desorden se presenta, y la seguridad y la propiedad y el honor pierden todo su apoyo; y es destruido todo cuanto hay necesario y amable sobre la tierra»[193].

Estas palabras parecerían dichas en la actualidad, cuando por razones políticas vemos con tanta frecuencia la violación de leyes y no precisamente por el Estado, sino por variados grupos de intereses. Pero Bello, como si fuera hoy mismo contin-

---

190 Véase en «Observancia de la ley», en Andrés Bello, *Escritos Jurídicos, Políticos y Universitarios, cit.*, pág. 73-74.

191 *Idem*, pág. 74.

192 *Idem*, pág. 74.

193 Véase en «Observancia de las leyes», en *Obras Completas de Andrés Bello*, volumen XV, *cit.* (en prensa).

úa: «Si la ley y la sujeción a ésta son tan necesarias, puede decirse... que ellas son la verdadera patria del hombre y todos cuantos bienes puede esperar para ser feliz. No es ciertamente patria por sí solo el suelo en que nacimos, o el que hemos elegido para pasar nuestra vida, ni somos nosotros mismos porque nos bastamos a todas nuestras necesidades, ni los hombres que viven con nosotros considerados sin ley, porque ellos serían nuestros mayores enemigos: es, pues, nuestra patria esa regla de conducta que señala los derechos, las obligaciones, los oficios que tenemos y no debemos mutuamente: en esa regla que establece el orden público y privado; que estrecha, afianza y da todo su vigor a las relaciones que nos unen, y forma ese cuerpo de asociación de seres nacionales en que encontramos los únicos bienes, las únicas dulzuras de la patria: es, pues, esa regla la patria verdadera y esta regla es la ley sin la cual todo desaparece. Después de esto, ¿puede fingirse siquiera el amor a la patria sin amor a las leyes? Discúrrase como se quiera; fórmense grandes proyectos de establecimientos útiles, haya valor para pelear contra los enemigos del Estado, y resolución para acometer arriesgadas empresas; si falta el amor a las leyes, todo es nada: se minan los cimientos del edificio que se quiere elevar; porque sin la observancia de las leyes, todas las ventajas son puras quimeras»[194].

No podríamos encontrar mejor canto al derecho y a las leyes, ni frases más exactas sobre el valor del orden institucional y su observancia, en una República. Y no olvidemos la enseñanza: por mejores que sean las intenciones de los gobernantes, por excelentes que sean los Planes de la nación, por más suficientes que sean los recursos con los cuales contemos, no podremos avanzar en las sendas del desarrollo, sin un orden institucional jurídico-político establecido para ello. De resto, no sólo seguirá habiendo fracaso y frustración, sino que como Bello decía, no tendremos patria.

5. El papel del Estado

En su concepción del Estado, resulta esencial su idea acerca del papel o tarea fundamental de la institución pública: «la conservación y felicidad» de los ciudadanos, la idea del bienestar o «interés general de la comunidad»[195]. De allí su afirmación absoluta de la primacía del interés general sobre el particular: «todo lo que sin causar un gravamen notable a persona alguna cede en beneficio general de la espe-

---

194 *Idem.* Sobre este punto, además, Bello comenta las condiciones que debe reunir la observancia de la Ley para cumplir su cometido: «Si es tal la observancia de las leyes que en ella sola estriba la felicidad de los Estados, en esta observancia debe fijarse toda la consideración del Gobierno y de los ciudadanos; pero ella debe ser general, estricta y cuidadosa: sin estas calidades no hay que pensar en su subsistencia. Debe ser general la observancia de las leyes, y esta generalidad ha de entenderse bajo dos aspectos verdaderamente importantes: el uno que mira a las personas, que deben observar, el otro que se dirige a las cosas respecto de las cuales se prescribe la observancia; porque si hay personas que se sustraigan del cumplimiento de las leyes y esto se autoriza, o cosas respecto de las cuales se cometen infracciones y éstas se disimulan el espíritu de la observancia decae, los escándalos se multiplican, se familiariza el pueblo con la desobediencia, y el desprecio de la ley llega a mirarse a veces con frialdad y en ocasiones con gusto.»

195 Véase en «Discusión sobre el efecto retroactivo de la ley con ocasión de la reforma del reglamento de elecciones», en *Obras Completas de Andrés Bello*, volumen XV (en prensa).

cie humana, es favorable, y lo contrarío es odioso; todo lo que tiende a la utilidad común y a la igualdad de las partes, -es favorable y lo contrario es odioso...»[196].

Pero, por supuesto, su concepción sobre el papel del Estado en la sociedad y la economía, se sitúa dentro de la corriente liberal imperante en la primera mitad del siglo pasado. Por ello, el papel fundamental del Estado en la conservación del orden, y su carácter relativamente abstencionista en el campo de las relaciones económicas, que propugnaba. En el campo social, sin embargo, daba una importancia preponderante a la instrucción que debía ser fomentada por el Estado.

A. *La conservación del orden*

En cuanto al orden institucional, vinculado a la continuidad histórica del proceso político y al respeto de la legalidad, Bello trató el tema en varios escritos. «Un Gobierno legalmente constituido por la nación para regir sus destinos» —decía— marca «la senda del orden constitucional»[197] y «el orden asociado con la libertad» conduce a «la perfección del sistema social»[198]. Por ello, decía, la desorganización política de la sociedad, cuando facciones se disputan y ocupan alternativamente la autoridad suprema, produce la pérdida de «toda idea de legalidad y de respeto al poder y se hace imposible caracterizar los actos ni las personas que se suceden. En este peligroso juego en que se 'trata de usurpar un poder que la nación no ha acordado a nadie, los vencidos cambian de puesto con frecuencia con los vencedores, sin que sea posible considerar a los unos más culpables o más inocentes que a los otros: despreciadas las leyes, trastornada la autoridad legal, no hay medio de juzgar a nadie»[199].

Estos peligros de desorden, por supuesto, los observaba Bello en los «Estados nuevos en que el orden —decía— no reposa todavía en bases bastantes sólidas, en que el respeto de la ley y a la autoridad no han logrado el afianzamiento que trae el curso del tiempo» y, por ello, «son con alguna frecuencia, presas de discordias civiles»[200].

En todo caso, esta idea del orden es tan importante para Bello, porque sin él «la libertad es licencia, el Gobierno anarquía y el Estado presa de facciones que lo desgarran y se disputan sus ensangrentados fragmentos»[201]. Para preservar el orden y proveer a su conservación, Bello sostenía que «cada nación tiene derecho» a adoptar «medidas de seguridad contra cualquier peligro»[202] (46). Sin 'embargo, consideraba

---

196 *Obras Completas de Andrés Bello,* volumen X, Derecho Internacional, tomo I, Caracas, 1954, págs. 180-181

197 Véase lo escrito en 1851 en *Obras Completas de Andrés Bello*, volumen XXII, *Derecho Internacional,* tomo IV, Caracas, 1969, pág. 351.

198 Véase lo escrito en 1830 al comentar la «Revolución de julio de 1830, en París», en *Obras Completas de Andrés Bello*, volumen XIX, *Temas de Historia y Geografía,* Caracas, 1957, página 99.

199 Véase lo escrito en 1851 en *Obras Completas de Andrés Bello*, volumen XXII, *cit.,* pág. 350..

200 Véase lo escrito en 1852 en *Obras Completas de Andrés Bello*, volumen XXII, *cit,,* pág. 458

201 Véase en «Don Mariano Egaña», en *Obras Completas de Andrés Bello*, volumen XIX, cit,, págs. 383-384.

202 Véase en Obras Completas de Andrés Bello, volumen X, cit., pág. 39.

que debía actuarse con gran «circunspección» cuando se trataba de sujetar los derechos y libertades públicas a «providencias excepcionales»[203].

En todo caso, en relación a la importancia del orden señalaba que «la confianza pública en la tranquilidad, en la estabilidad del orden interior, es de tanta importancia, es de tan poderosa influencia en la prosperidad del país, en sus adelantos en todos los ramos, e impone su conservación tan inmensa responsabilidad para con la patria, que la mesura y circunspección en medidas que pudieran debilitarla, son exigidas no sólo por la conveniencia pública, sino por un deber, y ante un deber, necesario es que cedan los sentimientos de benevolencia»[204]. De esto resulta que, en su criterio, toda política que pudiera disminuir el orden interno o la seguridad del país debía ser eliminada, por más buenos resultados que proporcionara en otro sentido y, además, los Gobiernos debían tener la posibilidad de recurrir a medidas o poderes extraordinarios para resguardar a la nación de un poder anárquico o de un período de crisis. En momentos de emergencia decía, es preciso que el Estado cuente con una autoridad «robustecida en sus medios de acción»[205]. Entre las instituciones más importantes para garantizar el orden y la seguridad interior se encuentran, según Bello, el Ejército y la Guardia Nacional o Cívica. Del primero, Bello afirma que siempre se comporta como un «celoso defensor» del orden público y de las instituciones republicanas salvo casos excepcionales en los cuales algunas guarniciones han traicionado este deber dando el escándalo de un motín militar, como ocurrió en Chile en varias oportunidades[206] En cuanto a la Guardia Cívica afirma que es «una poderosa garantía de libertad y paz interior»[207].

En definitiva, estimaba que «el orden público, la seguridad interior y exterior... (son)... el amparo de todas las propiedades y el aliciente de todas las industrias»[208].

B. *La acción estatal en la economía*

Pero, señalábamos, el papel del Estado, aún en sistemas liberales, no se reduce a la sola conservación del orden, sino que en una forma u otra, interviene en el campo económico y social.

Bello respondía, en materia económica, al pensamiento liberal —revolucionario en la época—, en el cual se reducía al mínimo la intervención del Estado, pero en el campo social le daba un papel preponderante, en especial, en materia de educación,

---

203   Véase en Obras Completas de Andrés Bello, vol. XXII, cit., pág. 329.

204   Véase el «Discurso del Presidente de la República (Manuel Montt), en la apertura del Congreso nacional de 1854», en *Obras Completas de Andrés Bello*, volumen XVI, Textos y mensajes de Gobierno, Caracas, 1964, pág. 314.

205   Véase el «Discurso del presidente de la República (Manuel Montt) en la apertura del Congreso nacional de 1859», en *Obras Completas de Andrés Bello*, volumen XVI, *cit.*, pág. 420.

206   Véase el «Discurso del presidente de la República (Manuel Bulnes) en la apertura de las Cámaras Legislativas de 1851», en *Obras Completas de Andrés Bello* volumen XVI, *cit.*, páginas 237-238.

207   *Idem*, pág. 239.

208   «1844-1854, privilegios e hipotecas. Relación de créditos», en *Obras Completas de Andrés Bello*, volumen XVII, Labor en el Senado de Chile, Caracas, 1958, pág. 288.

pues consideraba que el Estado estaba en el deber de sostenerla como uno de sus principales deberes[209].

En materia económica, Bello consideraba que el Estado debía intervenir para establecer las reglas para garantizar a todos el ejercicio de la libertad económica y fomentar ciertas actividades económicas, pero sin perturbar el libre juego de la oferta y la demanda. Así, en la Exposición del Presidente de la República a la nación chilena, en 1841, afirmaba: algunos dirán que la prosperidad «...se debe a la espontánea evolución de elementos que no han sido creados por el Gobierno, y yo les responderé que la primera y casi la única gloria de los Gobiernos es remover los estorbos a esa evolución espontánea; y que la remoción de esos estorbos no puede obtenerse sin atinadas providencias, sin combinaciones difíciles, cuyos autores tienen que combatir a menudo con preocupaciones envejecidas, con exageradas teorías, y con ráfagas de impopularidad, en que no pocas veces zozobran»[210].

Por otra parte, estimaba que el Gobierno debía estimula la creación de industrias, y entre los mecanismos para lograr esto, Bello planteaba que se podrían «conceder auxilios», pero advertía: «Muy parco debe ser el Gobierno en conceder auxilios para introducir industrias. Su acción en estos casos puede perturbar las especulaciones privadas, lo que es un grave inconveniente. Sin embargo, en ocasiones, auxilios concedidos con discreción producen resultados ventajosos»[211].

En el campo del comercio señalaba que «... el elemento esencial protector del comercio es la seguridad, el establecimiento de reglas fijas para el cobro de los dere-

---

209   En tal sentido GUILLERMO FELIÚ CRUZ, en el Prólogo al volumen XVI de las Obras Completas señala «en Bello el concepto de la administración pública sufrió transformaciones. Durante los diecinueve años de permanencia en Londres la observancia de las intenciones inglesas modificó algunos de sus puntos de vista acerca de lo que podría llamarse su filosofía política administrativa. La modificación más fundamental de todas fue la que incidía en la restricción, por ejemplo, no alcanzaba a la educación. Bello le concedía la obligación ineludible de sostenerla, como uno de sus principales deberes... La educación era uno de los actos del Estado en que Bello no aceptaba ninguna limitación. Tampoco en la administración de justicia. 'Durante los diecinueve años que estudió y se familiarizó en la capital londinense con las instituciones inglesas, en el cerebro de Bello surgieran reflexiones sobre las responsabilidades sociales del Estado, de acuerdo con la psicología individualista de ese pueblo.

Continúa FELIÚ CRUZ señalando que para Bello el Estado tenía «deberes fraternales y filantrópicos que cumplir» en las sociedades americanas.

En los nuevos Estados americanos era preciso «que la ley tuviera un sentido impersonal; que la función pública fuera ejercida como un honor; que la sociedad se estructurara civilmente; que la Administración Pública fuera adaptada a las nuevas instituciones. Pero sobre las antiguas, sin despreciarlas, por el solo hecho de ser del viejo régimen, debían levantarse las nuevas. Bello comprendió lo difícil de la empresa que había que realizar. Sus concepciones doctrinales individualistas sobre los límites de la acción del Estado, ¿podían ser aplicadas a los nuevos Estados? Las realidades que ellos señalaban... que tantos males sólo podía corregirlos la intervención del Estado... Bello se decidió por darle al Estado el influjo que le correspondía en una sociedad anarquizada. Su política fue ecléctica cada vez que debió encarar una reforma. Siempre se condujo como un liberal conservador», en *Obras Completas de Andrés Bello*, volumen XVI, *cit.*, págs. LXXVII, LXXVIII.

210   Véase la «Exposición que el presidente de la República (Joaquín Prieto) dirige a la nación chilena el 18 de septiembre de 1841», en *Obras Completas de Andrés Bello*, volumen XVI, *cit.*, pág. 141.

211   Véase el «Discurso del presidente de Ja República (Manuel Montt) en la apertura del Congreso nacional de 1857», en *Obras Completas de Andrés Bello*, volumen XVI, *cit.*, pág. 390.

chos que lo graven»[212]; y en este campo hacía hincapié en la necesidad de establecer un régimen de aduanas donde se eliminasen o moderasen los impuestos contrarios «al desarrollo de la industria nacional y del comercio en general» y se simplificasen los trámites, concediendo «todo género de franquicias sin perjuicio de las rentas»[213], es decir, los impuestos aduaneros debían tener por finalidad proporcionar ingresos al Estado, proteger el comercio y también impulsar el desarrollo de la industria del país.

C. *La instrucción*

La obra de Bello nos muestra una insistencia en la importancia de la instrucción y educación del pueblo. Ella, en las propias palabras de Bello «... prepara a los hombres para desempeñar en el gran teatro del mundo el papel que la suerte les ha destinado, es la que enseña los deberes que tenemos para con la sociedad como miembros de ella, y los que tenemos para con nosotros mismos, si queremos llegar al mayor grado de bienestar de que nuestra condición es susceptible»[214]. Vemos, pues, que la educación es el medio para lograr el progreso de cada uno y de la sociedad en general.

Bello, además, asociaba el poder de los países con su adelantamiento científico y tecnológico y, por tanto, la debilidad, con la ignorancia y el atraso, de allí su frase: «conocimiento es poder»[215]. Por ello era partidario de una educación completa: de la instrucción religiosa y moral y de la «educación intelectual», como la llama Rafael Caldera[216].

La instrucción religiosa y moral ocupaba un papel principal en el concepto de Bello: «La moral —decía— es la vida misma da la sociedad»[217]. En la educación que debía darse al pueblo Bello consideraba que los principios de la religión eran lo primero que tenía que enseñarse, ya que «... sin ellos no podríamos tener una norma que arreglase nuestras acciones, y que, dando a los extraviados impulsos del corazón el freno de la moral, nos pusiese en aptitud de llenar nuestros deberes para con Dios, para con los hombres y para con nosotros mismos»[218]. De esto se desprende que haya dicho: «... no hay materia alguna que tenga tanto derecho a la consideración del Gobierno y de las Cámaras, como la instrucción religiosa y moral del pueblo»[219].

---

212 Véase la «Memoria que el ministro del Estado en el Departamento de Relaciones Exteriores (Manuel Camilo Vial) presenta al Congreso nacional» de 1848 en *Obras Completas de Andrés Bello* volumen XVI, *cit.*, pág. 598.

213 Véase el «Discurso del presidente de la República (Manuel Bulnes) en la apertura de las Cámaras Legislativas de 1851», en *Obras Completas de Andrés Bello*, volumen XVI, *cit.*, pág. 240.

214 Véase «Educación» en Andrés Bello, Escritos Jurídicos, Políticos y Universitarios, *cit.*, pág. 189.

215 Véase en *Obras Completas de Andrés Bello*, volumen XII, Código Civil de la República de Chile, tomo I, Caracas, 1954, página 26.

216 CALDERA, RAFAEL; Andrés Bello, *cit*, págs. 168-169.

217 Véase el «Discurso pronunciado en la instalación de la Universidad de Chile el 17 de septiembre de 1843», en Andrés Bello, *Escritos Jurídicos, Políticos y Universitarios*, *cit.*, página 202.

218 Véase «Educación» en Andrés Bello, *Escritos jurídicos, Políticos y Universitarios*, *cit.*, pág, 196.

219 Véase el «Discurso que el presidente de la República (Manuel Bulnes) dirige al Congreso nacional (año de 1844)», en *Obras Completas de Andrés Bello*, volumen XVI, *cit.*, pág. 158.

En cuanto a la «educación intelectual» lo fundamental para Bello era que se desarrollasen las facultades intelectuales del hombre, que se desarrollase su capacidad de observación para que pudiera asimilar los conocimientos necesarios para investigar «la verdad» en la ciencia y en los negocios de la vida»[220].

Por otra parte, Bello dedica gran parte de su obra a elogiar los beneficios que proporciona la enseñanza primaria como mecanismo para promover el progreso y la felicidad humana; a menudo se leen en sus escritos textos como el siguiente; «A medida que el país progresa, que los intereses materiales se desarrollan, la necesidad de proveer al fomento y difusión de la instrucción primaria de una manera eficaz, es más apremiante. Ese progreso, ese desarrollo no se obran por sí; son el resultado de la acción combinada de varias causas, y una de las más poderosas es la acción, la participación de los habitantes. Mientras la ignorancia domine en gran parte de éstos, mientras una enseñanza que los eleve y moralice no los haga más aptos, no despierte más su actividad, no les aliente, el adelantamiento del país sufrirá...»[221].

La instrucción primaria debía contar con una organización y una renta permanente para llevarla a todas las zonas del Estado y darle el impulso requerido. Así lo manifestaba el propio Bello cuando dice: es una «... necesidad... que déis a la instrucción primaria una organización fija y permanente, y... que arbitréis los medios de proporcionar los fondos que, para difundirla y generalizarla conforme a las necesidades del Estado, son necesarios, Este es quizá el mejor medio de poner a cubierto la sociedad de los peligros de la época, y de asegurar a la República un brillante porvenir»[222]. Además afirmaba: «Menester es... la creación de una renta especialmente destinada a la instrucción primaria, para darle el impulso que merece. No es ésta una de aquellas necesidades cuya satisfacción puede postergarse sin grave perjuicio del Estado»[223].

Pero así como se requería de una organización fija que poseyera los fondos suficientes para atender el derecho de educarse que tenían los habitantes también era indispensable, según Bello, que hubiera colaboración por parte de las diversas entidades públicas y privadas en la realización de esta empresa, pues sin ella sería imposible el éxito: «La instrucción primaria no puede estar convenientemente difundida y sistemada mientras la Ley no haga concurrir a esta obra al Estado con su inspección superior, a las Municipalidades con su dirección inmediata y a los particulares con la parte que en ella deben tomar, y a todos respectivamente con la erogación de fondos que le constituyan una renta especial y permanente»[224]. En opinión de Bello la enseñanza primaria era una necesidad para todos los ciudadanos, era la mínima educación requerida para alcanzar su felicidad, cualquiera que fuera su condición social,

---

220 Caldera, Rafael: Andrés Bello, *cit.*, págs, 168-169,

221 Véase el «Discurso del presidente de la República (Manuel Montt) en la apertura del Congreso nacional de 1854», en *Obras Completas de Andrés Bello*, volumen XVI, *cit.*, páginas 323-324.

222 Véase el «Discurso del presidente de la República (Manuel Montt) en la apertura del Congreso nacional de 1S52», en *Obras Completas de Andrés Bello*, volumen XVI, *cit.*, páginas 282-283.

223 Véase el «Discurso del presidente de la República (Manuel Montt) en la apertura del Congreso nacional de 1853», en *Obras Completas de Andrés Bello*, volumen XVI, *cit*, pág. 301.

224 Véase el «Discurso del presidente de la República (Manuel Montt) en la apertura del Congreso nacional de 1859» en *Obras Completas de Andrés Bello*, volumen XVI, *cit.*, pág. 426.

pero, sobre todo, era esencial para que la clase trabajadora tuviera un nivel de vida aceptable y conociera sus derechos. Para Bello el círculo de conocimiento de esta clase no debía tener más extensión que las que exigieran sus necesidades, ya que lo demás sería perjudicial, porque —decía— «... además de no proporcionarse ideas que fuesen de un provecho conocido en el curso de la vida, se alejaría a la juventud demasiado de los trabajos productivos»[225].

Las personas de mayores recursos poseían otros medios para obtener una educación más amplia, pues su forma de vida les exigía una mayor instrucción para poder satisfacer sus necesidades. Estos individuos con una enseñanza superior estarían preparados para desempeñar los cargos en la administración del Estado y para impulsar los adelantamientos científicos, tecnológicos, artísticos, literarios, etc. Bello expresaba «... si la instrucción primaria es necesaria a la generalidad de los ciudadanos, la instrucción de otro orden no es menos esencial para los individuos que pueden consagrar más tiempo al cultivo de la inteligencia, y que quieran habilitarse para variadas ocupaciones y profesiones. Además, la organización y servicio de la administración de un Estado en los presentes tiempos por reducidos que sean, exige un gran número de individuos preparados por estudios anteriores. Sea en provecho de una porción considerable de ciudadanos, sea en provecho del buen servicio público, un Estado debe prestar fomento amplio a esa enseñanza elevada...»[226].

Aquí Bello nos recuerda uno de los requisitos que exigen las administraciones modernas: contar con un personal altamente calificado y preparado para llevar a cabo con eficiencia las tareas que tienen encomendadas.

En este campo, por supuesto, Bello hacía especial referencia al papel de la Universidad de Chile, de la cual fue rector desde el momento de su creación, en 1842, hasta su muerte. De ella nos dice; «... inspecciona la enseñanza en todos sus ramos, discute los reglamentos, promueve, examina y califica los textos, representa a la autoridad las necesidades, sugiere reformas y adelantamientos»[227]; es decir, Bello atribuía a las Universidades el papel de entes rectores de los distintos ramos de la educación y de propagador de todos los conocimientos.

6. El territorio y los bienes del Estado

Como hemos señalado, uno de los elementos esenciales de la noción del Estado en Bello, y en el derecho público moderno, es el territorio, pues todo Estado debe poseer una porción de superficie terrestre en la cual el conjunto de hombres que lo forman, su población, puede alcanzar los fines que se ha trazado y lograr el bienestar general. En -esta forma Bello señalaba que, «el territorio de una nación es toda aquella parte de la superficie del globo de que ella es dueño, y a que se extiende su soberanía»[228].

---

225 Véase «Educación» en Andrés Bello, *Escritos Jurídicos, Políticos y Universitarios, cit.*, pág. 195.

226 Véase el «Discurso del presidente de la República (Manuel Montt) en la apertura del Congreso nacional de 1853», en *Obras Completas de Andrés Bello*, volumen XVI, *cit.*, páginas 301-302.

227 Véase la «Exposición que el general don Manuel Bulnes dirige a la nación chilena» (1851), *en Obras Completas de Andrés Bello*, volumen XVI, *cit.*, pág. 258.

228 *Obras Completas de Andrés Bello*, volumen X, Derecho Internacional, tomo I, Caracas, 1954, pág. 66.

Como autor de derecho internacional, Bello desarrolla el ámbito del territorio del Estado señalando que «comprende, en primer lugar, el suelo que la nación habita, y de que dispone a su arbitrio para el uso de sus individuos y del Estado. En segundo lugar, los ríos, lagos y mares interiores...; en tercer lugar, los ríos, lagos y mares contiguos hasta cierta distancia...»[229]; «en cuarto lugar, las islas circundadas por sus aguas...»[230] y «en quinto lugar, los buques nacionales mercantes, no sólo mientras flotan sobre las aguas de la nación, sino en alta mar; y los bajeles de guerra pertenecientes al Estado, aun cuando navegan o están surtos en las aguas de una potencia extranjera»[231] y agrega que «últimamente, se reputan partes del territorio de un Estado las casas de habitación de sus agentes diplomáticos residentes en un país extranjero»[232].

Bello expone además las reglas que deben tenerse presente para determinar cuál es la distancia hasta donde se extiende el territorio de cada Estado en lo referente a los ríos y lagos contiguos, y en cuanto al mar, señala la «regla que está generalmente admitida: cada nación tiene derecho para considerar como perteneciente a su territorio y sujeto a su jurisdicción el mar que baña sus costas, hasta cierta distancia, que se estima por el alcance del tiro de cañón, o una legua marina»[233].

Pero aparte del elemento del Estado, configurado en su territorio, Bello en el Código Civil de la República de Chile de 1855, definió y clasificó los bienes del Estado y de la colectividad de la siguiente forma: «Se llaman bienes nacionales aquellos cuyo dominio pertenece a la nación toda. Si además su uso pertenece a todos los habitantes de la nación, como el de calles, plazas, puentes y caminos, el mar adyacente y sus playas, se llaman bienes nacionales de uso público o bienes públicos. Los bienes nacionales cuyo uso pertenece generalmente a los habitantes, se llaman bienes del Estado o bienes fiscales»[234].

También escribió: «los bienes de la nación son de varias especies. Los unos pertenecen a individuos o a comunidades particulares —como a ciudades, monasterios, gremios— y se llaman bienes particulares; los otros a la comunidad entera y se llaman públicos. Divídanse estos últimos en bienes comunes de la nación, cuyo uso es indistintamente de «todos los individuos de ella, como son las calles, plazas, ríos, lagos, canales; y bienes de la corona o de la república, los cuales, o están destinados a diferentes objetos de servicio público, verbigracia, las fortificaciones y arsenales, o pueden consistir, como los bienes de los particulares en tierras, casas, haciendas, bosques, minas, que se administran por cuenta del Estado; en muebles, en derechos y acciones»[235].

229 *Idem*, pág. 66.
230 *Idem*, pág. 70.
231 *Idem*, pág. 71.
232 *Idem*, pág. 71.
233 *Idem*, pág. 68.
234 Véase el artículo 589 del Código Civil de la República de Chile, de 1855, en *Obras Completas de Andrés Bello*, volumen XII, *cit.*, pág. 415.
235 *Obras Completas de Andrés Bello*, volumen X, cit., página 50.

Pero, además, señala Bello que existen una serie de bienes que son comunes a la Humanidad y, por tanto, las naciones deben crear normas jurídicas que regulen su uso, pero ninguna puede apropiarse de ellos: «las cosas que la Naturaleza ha hecho comunes a todos los hombres, como la alta mar, no son susceptibles de dominio, y ninguna nación, corporación o individuo tiene derecho de apropiárselas. Su uso y goce son determinados entre individuos de una nación por las leyes de ésta, y entre distintas naciones por el Derecho Internacional»[236].

III. EL FUNCIONAMIENTO DEL ESTADO

Pero la idea del Estado en Bello no queda, en sus escritos, con la formulación teórica de la institución, sino que también podemos percibir toda una concepción sobre el funcionamiento del aparato estatal: desde su ordenación general mediante la Constitución, la estructuración de la separación de los poderes del Estado, el sistema republicano de gobierno, el sistema de libertades públicas, hasta la forma del Estado y el régimen municipal.

1. *La Constitución*

Andrés Bello, ciertamente, no fue el redactor de la Constitución chilena de 1833, sin embargo, tuvo un papel principalísimo, indirecto, en la elaboración de ese texto, pues sus conocimientos fueron utilizados por sus redactores[237]. Ello le permitió, desde su llegada a Chile, escribir y estudiar sobre las Constituciones como pacto político de las sociedades y ordenamiento central del funcionamiento del Estado, al cual debían sujetarse no sólo los particulares, sino todos los poderes de aquél.

La idea de la supremacía constitucional fue así expuesta por Bello y por ello afirmaba: «La constitución es una traba puesta a las funciones legislativas, tanto como a las administrativas y judiciales» [238]. Todo estaba sometido al texto fundamental.

En todo caso, las Constituciones, en la concepción de Bello, no pueden ser textos inadaptados a la realidad política y social de los pueblos que pretenden ordenar,

Al contrario, pensaba, que las Constituciones debían estar conformes a los sentimientos, a las creencias, a los intereses de los pueblos, y debían ser dictadas por un cuerpo legislativo que representara la voluntad de toda la sociedad y no de un grupo o facción dominante. «Las constituciones escritas —decía— tienen su causa, como todos los hechos. Esta causa puede estar en el espíritu mismo de la sociedad; y la Constitución será entonces la expresión, la encarnación de ese espíritu, y puede estar en las ideas, en las pasiones, en los intereses de un partido, de una fracción social, y entonces la Constitución escrita no representará otra cosa que las ideas, las pasiones, los intereses de un cierto número de hombres que han emprendido organizar el po-

---

236 Véase el artículo 585 del Código Civil de la República de Chile, de 1855, en *Obras Completas de Andrés Bello*, volumen XII, *cit*, pág. 410.

237 Véase el trabajo de PEDRO LIRA URQUIETA, *Don Andrés Bello y la Constitución de 1833*, apartado del «Boletín de la Academia Chilena de la Historia», Santiago de Chile, 1950

238 Véase en «La detención de los extranjeros», en *Obras Completas de Andrés Bello*, volumen X, Derecho Internacional, tomo 1, Caracas, 1954, pág. 482.

der público según sus propias aspiraciones»[239]. Por ello Bello estimaba que si una Constitución es elaborada por un hombre o un partido, consultando los intereses de la comunidad, ella puede influir sobre el pueblo, modificar sus costumbres y sus sentimientos, llegando al fin a representarlo [240].

Lo ideal para Bello es, por tanto, que la Constitución surja del seno del cuerpo social, sea su reflejo y su representación, pero señalaba que «...no son a menudo verdaderas emanaciones del corazón de la sociedad, porque suele dictarlas una parcialidad dominante, o engendrarlas en la soledad del gabinete un hombre que ni aún representa un partido; un cerebro excepcional, que encama en su obra sus nociones políticas, sus especulaciones filosóficas, sus preocupaciones, sus utopías»[241]. Pero, por supuesto, no siempre las Constituciones resultan elaboradas así. Por ello, Bello se preguntaba: «¿Hemos afirmado acaso que nunca salgan de las costumbres, ideas, creencias generalmente dominantes?», y se respondía a sí mismo: «Ni aún nos hemos avanzado a indicar que en la mayor parte de los casos no tengan semejante origen; lo que dijimos y lo decimos es que a menudo no lo tienen»[242].

Por otra parte, Bello señala que aun cuando pueda ocurrir que una Constitución sea obra de un pequeño grupo o de un solo individuo que se proponen organizar el Estado de acuerdo a sus intereses y aspiraciones; esa Constitución, al entrar en relación con la realidad social, sufrirá alteraciones y a su vez influirá sobre esa realidad, transformándose mutuamente, llegando a una consonancia, a un amoldamiento entre una y otra, hasta que finalmente la Constitución representará el carácter nacional, «Sucederá en ciertos casos —decía— que la fracción dominante, o los pocos hombres que dominan esa fracción, o en último resultado un individuo solo..., arrostran la empresa de constituir el poder público del modo que les parece más a propósito para hacer triunfar una causa, que puede ser conforme a los votos de la sociedad entera o no serlo. Nos ponemos en el primer caso, que ha sido el de las repúblicas americanas. No es lo mismo el fin que los medios: la causa estará en el corazón de la sociedad; los medios entre los cuales es uno de los principales la Constitución escrita, habían salido de unas pocas cabezas, de una sola acaso. Pueden estos medios probar bien o mal; pueden hacer triunfar una causa o destruirla; puede ser necesario alterarlos...; y de estas sucesivas correcciones, mediante la acción recíproca de las leyes sobre el estado social y del estado social sobre las leyes, puede al cabo resultar entre uno u otro la consonancia que al principio no había, y encontrarse en las instituciones políticas la expresión, la imagen de las costumbres, del carácter nacional. Este amoldamiento de las constituciones es un hecho histórico que no pretendemos negar; pero él es la obra del tiempo, y no pocas veces se verifica insensiblemente, sin que el texto constitucional se altere»[243]. Sobre este mismo punto también escri-

---

239　«Constituciones» en *Obras Completas de Andrés Bello*, volumen XIX, Temas de Historia y Geografía, Caracas, 1957, página 258.

240　*Idem*, págs. 256-257.

241　Véase el comentario de Bello sobre el artículo de José Victorino Lastarria titulado «Bosquejo histórico de la Constitución del Gobierno de Chile durante el primer período de la Revolución», en *Obras Completas de Andrés Bello*, volumen XIX, *cit.*, pág. 226.

242　«Constituciones», en *Obras Completas de Andrés Bello*, volumen XIX, *cit.*, pág. 255.

243　*Idem*, págs. 258-259.

bió: «Las constituciones son a menudo la obra de unos pocos artífices, que unas veces aciertan y otras no; no precisamente porque la obra no haya salido del fondo social, sino porque carece de las calidades necesarias para influir poco a poco en la sociedad y para recibir sus influencias, de manera que esta acción recíproca modificando a las dos, las aproxime y armonice.»[244]

Para Bello, en todo caso, las constituciones deben ser producto de las condiciones sociales, políticas y económicas del país y, por tanto, la Constitución tendrá la orientación del régimen imperante: en un Estado democrático será normal que la constitución sea obra de un Cuerpo Legislativo representativo de toda la sociedad y que fundamentalmente se respeten las garantías individuales y la libertad «... las constituciones —decía— son siempre una consecuencia lógica de las circunstancias..., lógico es, y muy lógico, que un déspota, en la constitución que otorga, sacrifique los intereses de la libertad a su engrandecimiento personal..., lógico es que donde es corto el número de los hombres que piensan, el pensamiento que dirige y organiza esté reducido a una esfera estrechísima. Y lógico es también que los que ejercen el pensamiento organizador lo hagan del modo que pueden y con nociones verdaderas o erróneas, propias o ajenas. Sí, señor, ajenas; venidas de afuera»[245]. Bello hace referencia en este punto al problema del traslado de teorías y de modelos elaborados para otras realidades sociales de acuerdo a sus características propias y para solucionar sus problemas; traslado que puede ser sumamente perjudicial para el país que copia, sin tratar, por lo menos, de adaptar esos esquemas a sus condiciones locales. Esto parecería que todavía es necesario recordárselo a los legisladores de nuestros países que en numerosas ocasiones han experimentado el fracaso que resulta de copiar, para legislar, modelos de desarrollo seguido por otros países, que no pueden servir para realidades sociales diferentes si antes no se someten a revisiones y adaptaciones para rescatar sólo lo que es aplicable.

De allí la diferencia que surge entre lo que Bello llama la Constitución escrita y la Constitución real. La primera es aquella que «...pudo haberse formulado de mil modos», mientras que la segunda es producto de las costumbres, de los sentimientos, del «... fondo de la sociedad» y ejercer «... una acción irresistible sobre los hombres y las cosas, y con respecto a los cuales el texto constitucional puede o no ser más que una hoja ligera que nada a flor de agua sobre el torrente revolucionario, y al fin se hunde en 61»[246].

2.   *La separación de poderes*

La Constitución, como norma suprema del Estado y la Sociedad en la concepción de Bello debía regular básicamente la organización de los poderes del Estado, para asegurar su funcionamiento, el sistema de gobierno y las relaciones entre los poderes y el sistema de libertades públicas.

Dada la influencia del principio de la separación de poderes impuesto por la Revolución francesa, para Bello también, la separación de poderes era un principio

---

244   *Idem*, pág. 260.

245   *Idem*, págs. 259-260.

246   *Idem*, págs. 260-261.

fundamental que permitía la conservación de los derechos civiles de los ciudadanos y, por tanto, garantizaba el bienestar de la Sociedad. Por ello afirmaba: «El ensanche de la libertad civil en todos los pueblos civilizados de la tierra es debido casi exclusivamente a la observancia que tiene en ellos el principio de feliz invención que determina y separa los poderes constitucionales...» y agregaba: «Cualquiera que sea la forma de gobierno, la observancia de este principio será la columna de los derechos civiles; y faltando él, no se podrá contar con ninguno de los bienes que deben asegurar al individuo las leyes de una Sociedad organizada»[247]. Así pues, la separación de poderes entre Legislativo, Ejecutivo y Judicial, cada tino con sus atribuciones propias e independientes de los otros, pero ayudándose mutuamente en la tarea de organizar el Estado, para Bello, conforme al pensamiento de la época, a la vez era un freno a los abusos y arbitrariedades que en el ejercicio de sus funciones pudiera cometer alguno de ellos en cualquier momento; abusos que irían en detrimento de las garantías individuales.

Su concepción de la separación de poderes, por tanto, llevaba implícita la idea de cooperación entre los poderes y de control. Sobre la cooperación entre los poderes del Estado, argumentaba en el Mensaje del Presidente Manuel Bulnes al Congreso en 1842, que la Constitución había repartido entre el Congreso «...y el Gobierno el arduo deber de completar la organización del Estado. Los vacíos que se notan en ella, las reformas necesarias para la marcha expedita de las instituciones que hemos adoptado, demandan de vuestra parte una laboriosa cooperación para llevar adelante hasta su final complemento el grande edificio levantado por nuestros predecesores»[248].

Pero a la vez, en la contestación al discurso del Presidente, en 1849, Bello hacía referencia al mecanismo de contrapresos y balance entre los poderes, como sistema de control, y afirmaba: «Supóngase que llegase la época en que alguna de las Cámaras estuviese descontenta con la Administración; podía la Cámara decir: el Gobierno no procede con arreglo a la exigencias públicas»[249].

3. *El sistema republicano de gobierno*

Pero en la concepción de Bello sobre el Estado, puede decirse que está permanentemente presente su devoción por el sistema republicano de gobierno. Bello, aun cuando conservador, no fue monárquico, sino, al contrario, fue sirviente partidario de la forma republicana de gobierno, y para él, una de las metas principales de todo Estado debía ser el establecimiento y consolidación de instituciones republicanas, que garantizaran el orden interior y el respeto de la libertad y de la igualdad de todos los ciudadanos. De allí su tajante afirmación: «El principio fundamental de la forma

---

247 Véase en «Independencia del Poder Judicial», en Andrés Bello, Escritos Jurídicos, Políticos y Universitarios, *cit.*, páginas 85-86.

248 Véase el «Discurso del presidente de la República (Manuel Bulnes) en la apertura de las Cámaras Legislativas de 1842», en *Obras Completas de Andrés Bello*, volumen XVI, Textos y mensajes de Gobierno, Caracas, 1964, pág. 146.

249 Véase en «1848-1849 La contestación del discurso del presidente», en *Obras Completas de Andrés Bello*, volumen XVII, Labor en el Senado de Chile, Caracas, 1958, pág, 545.

republicana es la igualdad de todos los ciudadanos ante la Ley»[250], siendo, pues: «Los gobiernos republicanos...» a la vez «... representantes y agentes de la voluntad nacional»[251].

Ciertamente, durante su permanencia en Londres había sido admirador de la Monarquía como forma de gobierno, bajo cuya conducción habían florecido los imperios europeos. En el ambiente europeo de la época, la Monarquía era el sistema ideal de gobierno. Desde lejos, y recibiendo el espectáculo de nuestras guerras civiles y de independencia, escribía en 1821: «...la Monarquía (limitada, por supuesto) es el Gobierno único que nos conviene, y que miro como particularmente desgraciados aquellos países que sus circunstancias no permiten pensar en esta especie de gobierno. ¡Qué desgracia que Colombia, después de una lucha tan gloriosa, qué desgracia, digo, que por falta de un gobierno regular (porque el republicano jamás lo será entre nosotros) siga siendo el teatro de la guerra civil aún después de que no tengamos que temer de los españoles»[252].

Sin embargo, posteriormente, en contacto con América, todos sus escritos en Chile demuestran su creencia de que para las naciones americanas, la monarquía no era el sistema ideal, e insistió repetidas veces en la necesidad de que se establecieran en ellas instituciones republicanas.

Por ejemplo, en 1835 escribía en «El Araucano»: «... juzgamos del mérito de una constitución por los bienes efectivos y prácticos de que goza el pueblo bajo su tutela y no creemos que la forma monárquica, considerada en sí misma, y haciendo abstracción de las circunstancias locales, es incompatible con la existencia de garantías sociales que protejan a los individuos contra los atentados del poder. Pero la monarquía es un gobierno de prestigio; la antigüedad, la transmisión de un derecho hereditario reconocido por una larga serie de generaciones, son sus elementos indispensables, y desnuda de ellos, es a la vista de los pueblos una creación efímera, que puede derribarse con la misma facilidad que se ha erigido, y está a la merced de todos los caprichos populares. Pasó el tiempo de las monarquías en América»[253].

También expuso en su tratado de Derecho Internacional: «La monarquía en esta parte del mundo (América), no podría ser sino un gobierno de conquista, una dominación de extranjeros, costosa a sus autores, odiosa a los pueblos, ruinosa a todos los intereses...»[254].

En base a estas ideas sobre el sistema republicano de gobierno, Bello argumenta sobre sus tres características básicas: representatividad, responsabilidad y alternabilidad.

---

250 Véase en «1849. Jubilación Civil. Supresión de fueros», en *Obras Completas de Andrés Bello*, volumen XVII, cit, página 693.

251 Véase en «Educación en Andrés Bello, Escritos Jurídicos, Políticos y Universitarios, Editorial Edeval, Valparaíso, Chile, 1979, pág. 190.

252 Véase la Carta a Fray Servando Teresa de Mié en *Obras Completas de Andrés Bello*, volumen XVII, *cit.* Prólogo de Ricardo Donoso, pág. XXII.

253 *Idem*, pág. LXII.

254 *Obras Completas de Andrés Bello*, volumen XI, *Derecho Internacional*, tomo II, Caracas, 1959, *pág. 410.*

En cuanto a la representatividad, Bello generalizaba y afirmaba que casi todos los habitantes de los Estados Americanos tienen preferencia por un «gobierno representativo bajo la forma republicana» y, por tanto, asentaba que sea cual fuere el partido político que estuviese en el poder, debía tomar en cuenta este deseo de los pueblos y ponerlo en práctica[255]. En los gobiernos representativas, explicaba Bello, debían estar representados en cuanto sea posible todos los intereses de las clases existentes en la sociedad: «Es de la naturaleza del Gobierno representativo el dar cabida en cuanto es posible a todos los intereses de clase...»[256].

La soberanía, en su concepción reside en la nación, es decir, en el pueblo y en el ejercicio inmediato de la misma mediante el sufragio, el pueblo elige sus representantes para que se encarguen de las tareas de legislar, de administrar y de juzgar, es decir, de la conducción del Estado que él directamente no puede realizar. Por lo tanto, como «la soberanía del pueblo no existe sino en el derecho de sufragio» [257] —afirmaba—, era muy importante que las restricciones a ese derecho no fueran tan grandes que llevaran a que sólo una pequeña fracción, nombre los delegados, porque en ese caso, la representación descansaría en «una base electoral limitada y mezquina». Este señalaba, sería el «vicio más grave de que puede adolecer un sistema de gobierno», y «llamar popular» a un gobierno así «es trastornar la significación de las palabras». Por ello, expresaba la «más importante entre las seguridades de la libertad, porque es la raíz y fundamento de las otras, es una representación nacional, que merezca ese nombre»[258], es decir, que descanse sobre una base electoral que incluya a la mayoría de la población[259].

Además de la representatividad, otra de las características del sistema republicano es la responsabilidad de los servicios públicos. Así afirmaba, «...la responsabilidad, la cuenta estricta de todo ejercicio del poder que la asociación ha delegado a sus mandatarios, es un deber indispensable[260].

Los servidores del Estado en esta forma, deben responder por todos los actos que efectúen en el ejercicio de sus atribuciones, y ésta es la «esencia» del sistema republicano: «En la responsabilidad de los depositarios de todo poder —decía— consiste la esencia de las instituciones republicanas...»[261], por lo que «ninguna institución

255 *Idem*, pág. 408.

256 «1843-1846. Terrenos abandonados por el mar», en *Obras Completas de Andrés Bello*, volumen XVII, cit,, pág. 164.

257 «Discusión sobre el efecto irretroactivo de la ley con ocasión de la reforma del reglamento de elecciones», en *Obras Completas de Andrés Bello*, volumen XV, *Temas Jurídicos* (en prensa).

258 *Idem* (en prensa).

259 Para Bello la restricción del derecho de sufragio constituye un mal grave y propio de los Estados nuevos donde las instituciones no se han afianzado lo suficiente, por cuanto más se consolidan las formas gubernativas cuanto más progresos hace la cultura intelectual y moral, en una palabra, la civilización, vemos que se extiende más y más el derecho del sufragio en todas las naciones libres». Véase en *Idem* (en prensa).

260 Véase en «Necesidad de fundar las sentencias» en Andrés Bello, *Escritos Jurídicos Políticos y Universitarios*, cit., página 112,

261 Véase en «Sobre el modo de fundar las sentencias», en *Obras Completas de Andrés Bello*, volumen XV, *cit.* (en prensa).

más provechosa para las sociedades que la responsabilidad de los funcionarios encargados de la ejecución y de la aplicación de las leyes. Sin ella, los abusos del poder en cualquier ramo de la administración no tendrían freno, y cuando esta absoluta arbitrariedad no destruyese la existencia misma de la nación, minaría los principios más importantes de su vitalidad, que consisten en la libertad y en la seguridad de los individuos»[262].

Por supuesto, para que la responsabilidad fuera efectiva, requería de mecanismos de control y para ello Bello proclamó como tal la publicidad de los actos de los órganos del Estado. Sólo si éstos eran públicos y se conocían podían controlarse. Por ello afirmaba «una de las bases que constituyen el sistema representativo y que lo hacen más permanente y duradero, es la publicidad de los actos de los tres poderes en que se divide»[263]. Al exigir esta publicidad, se preguntaba «¿Quién ignora que sin ella todas las garantías constitucionales están expuestas a degenerar en formas vanas? ¿Que ella sola puede contener a los funcionarios públicos en los límites de sus deberes? ¿Que de todos los medios imaginables de resistir a las tentaciones qué rodean al poder ninguno hay más eficaz que la observación del público, tribunal incorruptible, que sólo puede errar cuando se le niegan los medios de instruirse? ¿Quién ignora que la publicidad sólo asegura a los Congresos, a los jueces, a las autoridades ejecutivas, la confianza de la nación?»[264]. He aquí, pues, el mejor medio de control sobre los poderes para impedir que se extralimiten en las facultades que la Constitución y las leyes les han asignado.

Por eso Bello es reiterativo: «Si nada congenia más con el despotismo que el misterio, la publicidad de todas las operaciones de los mandatarios del **pueblo** es el carácter propio de los gobiernos populares y libres»[265].

Pero además de la representatividad y de la responsabilidad, Bello también identificó como característica del sistema republicano de gobierno, la alternabilidad. Así, afirmaba que: «Entre las leyes fundamentales de los Estados, pocas hay de más importancia que las que fijan las reglas de la transmisión del poder político de unas manos a otras»[266].

4.   *Las libertades públicas*

La exigencia de una Constitución que sirva de fundamento al Estado, en el cual se estructure un sistema de separación de poderes y de gobierno republicano, presu-

---

262   Véase en «Responsabilidad de los jueces en primera instancia», en *Obras Completas de Andrés Bello*, volumen XV, *cit* (en prensa).

263   Véase la «Memoria en que el Gobierno del Estado Libre de México da cuenta de los ramos de su administración al Congreso del mismo Estado, a consecuencia de su decreto de 16 de diciembre de 1825». Imprenta de Orden del Congreso, México, 1826, en *Obras Completas de Andrés Bello*, volumen XIX, *cit.*, pág. 513. En la cual Bello cita a don Melchor Muzquiz, gobernador del Estado de México

264   *Obras Completas de Andrés Bello*, volumen XIX, *cit.*, página 513.

265   Véase en «Publicidad de los juicios, en Andrés Bello, *Escritos Jurídicos, Políticos y Universitarios, cit.*, pág. 96.

266   Véase en «Sucesión a la Corona de España», en *Obras Completas de Andrés Bello*, volumen XIX, *cit.*, pág. 105.

ponen el establecimiento de un conjunto de libertades públicas que, precisamente, son las que justifican el Estado mismo.

La consagración de la libertad y de la seguridad de los individuos, proclama Bello, debe convertirse, con preferencia, en el objeto de «atención de los gobiernos representativos, cualesquiera que sean las diferencias de su Constitución»[267]; y esta atención es de tal significación que, por ejemplo, al interpretarse la Constitución, decía, debía darse a sus normas «el sentido más favorable a las garantías individuales»[268].

La libertad, por tanto, en la concepción de Bello, es uno de los principios fundamentales del sistema republicano, ya que sin ella no es posible alcanzar el bienestar de la sociedad. Bello la define como «... el estímulo que da un vigor sano y una actividad fecunda a las instituciones sociales»[269], y agrega que la libertad es «la más activa y creadora de todas las influencias políticas[270], siendo una de las fuerzas sociales que ayuda al desarrollo industrial y social de los pueblos. Ella «se alía con todos los caracteres nacionales, y los mejora sin desnaturalizarlos; con todas las predisposiciones del entendimiento, y les da vigor y osadía; da alas al espíritu industrial, donde lo encuentra; vivifica sus gérmenes, donde no existe»[271].

En fin, la libertad y la seguridad de los individuos constituyen, en opinión de don Andrés Bello, uno de los principios más importantes de la vitalidad de la nación, y constituyen «preciosas garantías que necesitan una salvaguardia»[272].

A la base de todas las libertades públicas, por supuesto, Bello otorga la mayor importancia a la igualdad, que constituye también un pilar fundamental para el sostenimiento de las Instituciones republicanas, y de aquí que le otorgue tanta importancia a la conservación de estas libertades. Ello lo lleva a hacer hincapié en cada momento de su actuación como senador y funcionario al servicio de la Administración Pública, sobre la necesidad de crear instrumentos para su conservación y para la limitación de los privilegios que causarán una desigualdad ante la Ley. Para Andrés Bello la igualdad tiene un lugar tan preponderante que incluso llegó a manifestar que ella es la base de un «Estado libre»: «Lo que constituye esencialmente un estado libre es, como todos saben, la igualdad de los ciudadanos ante la ley»[273], igualdad que implica que ninguno puede tener más privilegios que otro frente a la Ley, Por ello, su oposición a los fueros que con sus palabras son un «... premio que

---

267 Véase en «Responsabilidad de los jueces en primera instancia», en *Obras Completas de Andrés Bello*, volumen XV, *cit.* (en prensa).

268 *Obras Completas de Andrés Bello*, volumen XXII, *Derecho Internacional*, tomo IV, Caracas, 1969, pág. 329.

269 Véase el discurso pronunciado en la instalación de la Universidad de Chile, el día 17 de septiembre de 1843, en Andrés Bello, Escritos Jurídicos, Políticos y Universitarios, *cit.*, página 202.

270 Véase en «El Gobierno y la Sociedad», en *Obras Completas de Andrés Bello*, volumen XV, *cit.* (en prensa).

271 *Idem,* (en prensa)

272 Véase en «Responsabilidad de los jueces en primera instancia», en *Obras Completas de Andrés Bello*, volumen XV, *cit.*, pág. 583.

273 Véase en «Los extranjeros y la milicia», en *Obras Completas de Andrés Bello*, volumen X, *cit.*, pág. 583'.

no puede dar la nación a ninguna clase de ciudadanos, porque es un premio que pugna con el espíritu de la Constitución, y de nuestras instituciones»[274].

Lo principal es, pues, que los miembros de la sociedad sean iguales ante la Ley, «... porque la regla de justicia y equidad que mide a todos es una misma sin que pueda admitir variaciones esenciales, por más que sea distinta la condición de las personas»[275]. Ello lo llevó a afirmar en 1836 que por mucho que se exagerase la oposición del sistema político-social de Chile con el de otros pueblos libres, como el de los Estados Unidos de América, la esclavitud lo ensombrecía. Y se preguntaba: «¿se podrá nunca imaginar un fenómeno más raro que el que ofrecen los mismos Estados Unidos en la vasta libertad que constituye el fundamento de su sistema político y en la esclavitud en que gimen casi dos millones de negros bajo azote de crueles propietarios?»[276].

Pero Bello diferenciaba al hablar de las libertades, entre la libertad civil y las libertades políticas y asignaba a cada una un valor preciso, dando preponderancia a la libertad civil.

Pensaba, en efecto, que para los hombres era más necesario el ejercicio de sus derechos civiles que el de sus derechos políticos, y ello porque los primeros eran los fueros que aseguraban su persona y sus bienes, mientras los segundos eran los que «los habilitan para tomar parte en los negocios públicos»[277]. El hombre, decía prefiere defender primero su vida y propiedad y después participar de la organización del Estado.

Afirmaba así: «Hemos sido hombres, aunque no hubiésemos sido ciudadanos; hemos tenido vidas que defender y propiedades que guardar, aunque hayamos carecido del derecho de elegir nuestros representantes. Cualquier obstáculo, pues, que impide el ejercicio libre de nuestra libertad civil, cualquiera ultraje a ella, nos son infinitamente menos llevaderos que las trabas con que se encadena nuestra libertad política; y las leyes protectoras de aquélla producen un bien a que damos mil veces más valor que al que resulta de las que protegen la segunda»[278]. También expresaba: «El expedito ejercicio de los derechos políticos no satisface, sino necesidades muy secundarias, que podemos considerar nulas o muy poco urgentes si el interés individual, que es el resorte más poderoso del corazón humano, no nos mueve a contribuir eficazmente a la observancia de nuestras instituciones fundamentales. El bien de la nación jamás podrá ser buscado, mientras el bienestar individual no se asegure; y este precioso beneficio de la civilización no puede conseguirse sin el goce completo de la libertad civil. Esta libertad es debida exclusivamente a las leyes que arreglan la

---

274   Véase en «1849. Jubilación Civil. Supresión de fueros4, en *Obras Completas de Andrés Bello*, volumen XVII, *cit.*, página 696.

275   Véase en «Observancia de la ley», en Andrés Bello, *Escritos Jurídicos, Políticos y Universitarios*, cü,, pág. 73.

276   Véase en «Las repúblicas hispanoamericanas», en *Obras Completas de Andrés Bello*, volumen X, *cit.*, pág. 424.

277   Véase en «Responsabilidad de los jueces en primera instancia», en *Obras Completas de Andrés Bello*, volumen XV, *cit.* (en prensa).

278   *Idem.*

administración de justicia...»[279]. Por lo tanto, para Bello lo más importante para cada hombre es el disfrute de la libertad civil que le permite disponer de su vida y sus propiedades y dedicarse a las actividades de su preferencia.

Gracias a la libertad política los individuos pueden tomar parte en los negocios públicos, participar en la organización del Estado y elegir libremente a nuestros representantes, pero ella carece de importancia sin el goce completo de la libertad civil.

Pero Bello no concebía la libertad como una garantía sin ninguna clase de freno, sino que, por el contrario, esa libertad debía estar regulada y sometida a las leyes. Sólo las leyes podían crear los derechos y sólo ellas podían prever su expiración[280]. El derecho, por tanto, de nuevo se erige en la concepción de Bello, en la regla de juego fundamental de la sociedad, de manera que la libertad no se convierta en licencia. Por ello afirmaba: «el mejor medio de hacer respetar los derechos propios es cuidar religiosamente del respeto de los ajenos»[281]. De lo contrario no habría libertad, sino licencia y ésta sería —decía— el mayor mal «contrario a la libertad nacional: ésta es, propiamente, la facultad de poner en ejercicio todas las acciones justas y honestas, de usar lícitamente de nuestros bienes, de comunicar nuestros sentimientos sin ofensa moral y, en suma, de vivir de tal modo que conservando el libre uso de todas nuestras facultades no perturbemos a otros en el ejercicio de las suyas. Si así no fuese, la libertad no podría absolutamente subsistir: tengan unos licencia para hacer cuanto quieran y, por consiguiente, necesario de esta licencia absoluta, no tendrán oíros facultad para hacer lo que pueden. Si el asesino que acomete al ciudadano pacífico tiene libertad para matarle, éste no tiene la seguridad de su vida, y pensando del mismo modo nos convencemos fácilmente que tomándonos la licencia para lo ilícito, atacamos directamente la libertad de otros, y propendemos nada menos que a destruir los fundamentos del orden social. De lo dicho resulta una consecuencia precisa: tal es la necesidad que tenemos de la ley que modere las acciones, que señale los límites hasta dónde puede llegar la libertad, y que conteniendo los insultos que a ésta puedan hacerse por el abuso de ella misma, permita gozarla a los individuos que con este principal fin están reunidos en sociedad. Si queremos libertad tal cual puede darse sobre la tierra —concluía— es preciso que amemos la sujeción a las leyes: si despreciamos éstas es preciso que seamos enemigos de la libertad...»[282].

En relación a las libertades públicas, particular importancia atribuyó Bello a la libertad de expresión, a la que consideraba «...primera garantía de las instituciones libres» por lo que sin ella «... todas las otras son vanas»[283]. Consideraba, por tanto, que este derecho tenía una importancia fundamental para la buena marcha de la na-

279 Véase en «Reforma Judicial», en *Obras Completas de Andrés Bello*, volumen XV, *cit.* (en prensa).

280 Véase en «Discusión sobre el efecto retroactivo de la ley con ocasión de la reforma del reglamento de elección», en *Obras Completas de Andrés Bello*, volumen XV, *cit.* (en prensa).

281 Véase a «Observancia de la ley», en *Obras Completas de Andrés Bello*, volumen XV, *cit.* (en prensa).

282 *Idem*.

283 Véase el «Mensaje del vice presidente de la República, don Femando Errázuriz, al Congreso nacional (1831)», en *Obras Completas de Andrés Bello*, volumen XVI, *cit.*, pág. 4.

ción, cuando se cumplía sin abusos y sin extralimitarse. Por eso recomendaba que cada país debía dejar «... a la prensa en el goce de la mayor libertad posible...», de manera que las trabas sólo se establecieran «... cuando sea necesario poner coto a abusos graves y de verdaderas consecuencias perjudiciales al interés común de las naciones»[284].

Por la importancia de la libertad de expresión y de prensa, Bello planteaba la necesidad de leyes que establecieran mecanismos para evitar los abusos que pudieran derivarse de ella. Así señalaba: «La imprenta es un poder inmenso y por desgracia la tendencia de la unanimidad es abusar de todo poder; por más que sea una garantía necesaria la libertad de imprenta, es incontestable que se abusa enormemente de ella»[285]; por tanto —agregaba— «... es un deber de la legislatura aplicar el remedio que esté a su alcance, conciliando las garantías de la libertad de imprenta con las otras garantías no menos preciosas que la Constitución concede a los individuos»[286].

Particular atención otorgó Bello a los excesos en la libertad de expresión cuando pudieran configurarse en ataques injustos contra los funcionarios públicos. En relación a ello, afirmaba: «Lo que legitima la persecución y castigo de los abusos de la imprenta-es el mal que de ellos se sigue, y patente y manifiesto es éste en las injurias que se dirigen al hombre público en el país en que funciona. El funcionario, para cumplir bien sus deberes, necesita del apoyo de la opinión, de la confianza de sus conciudadanos, no sólo en cuanto hombre particular, sino como hombre público; y la prensa injuriándolo, atacando injustamente sus actos administrativos, o de magistrado, le arrebata ese apoyo, subleva en su contra la opinión, y si no le hace imposible el cumplimiento de sus deberes, se lo ¡hace más difícil. Los intereses individuales o de partido que se verá forzado a herir para cumplir con su conciencia, no sólo provocarán frecuentemente esos ataques infundados, sino que le harán el blanco de calumnias y les darán acogida y fomento... Dar protección en este caso al funcionario público, presentarle medios, no sólo de vindicarse, sino de alcanzar el castigo del delito del abuso que se comete por aquellos que intentan robarle su honra, arrancarle la estimación y confianza de sus conciudadanos, era debido y justo y de gran conveniencia pública»[287].

Por su dilatada obra en materia de derecho internacional público, uno de los derechos más comentados y defendidos por Andrés Bello fue el Derecho de Asilo, al cual definió como «la acogida o refugio que se concede a los reos, acompañado de la denegación de sus personas a la justicia que los persigue»[288]. A partir de esta definición Bello explicaba que el origen del Asilo era la lástima que inspiraba a los países los individuos que cometían una falta que por no provenir de una depravación de sentimientos, no daba motivos para considerarlos como enemigos de la Humani-

---

284   *Obras Completas de Andrés Bello*, volumen XXII, *cit.*, página 426.

285   Véase «1846. Abusos de la libertad de imprenta», en *Obras Completas de Andrés Bello*, volumen XVII, *cit.*, pág. 422.

286   *Idem*, pág. 423.

287   *Obras Completas de Andrés Bello*, volumen XXII, *cit.* página 421.

288   *Obras Completas de Andrés Bello*, volumen XXI, *Derecho Internacional* tomo III, Caracas, *1969*, pág. 242.

dad,..»[289]; pero según Bello, para que pudiera darse el asilo era necesario «... que el refugiado sea amenazado con alguna pena por su perseguidor»[290].

Bello, además especificaba algunos casos en que se concedía el asilo: «Se concede generalmente asilo en los delitos políticos o de lesa majestad; regla que parece tener su fundamento en la naturaleza de los actos que se califican con este título, los cuales no son muchas veces delitos, sino a los ojos de los usurpadores y tiranos; otras veces nacen de sentimientos puros y nobles en sí mismo, aunque mal dirigidos; de nociones exageradas o erróneas; o de las circunstancias peligrosas de un tiempo de revolución y trastorno, en que lo difícil no es cumplir nuestras obligaciones, sino conocerlas»[291].

Toda esta enumeración de Bello tenía fundamental importancia en aquella época de continuas revueltas donde a cada momento se presentaban reos a los distintos Gobiernos solicitando asilo, lo que daba origen a reclamaciones por parte del país perseguidor y a frecuentes discusiones a nivel de cancillerías para determinar si el asilo era procedente o no.

Bello era ferviente defensor del derecho de asilo para aquellos hombres que no hubieran cometido «crímenes atroces», ya que el solo hecho de dejar su patria constituía un castigo con el cual pagarían su pena. Así señalaba: «Nada más justo y humano que el que las naciones concedan el amparo de sus leyes a los que no siendo reos de crímenes atroces, buscan un refugio en su seno dejando satisfecha, hasta cierto punto, la justicia del país en que han delinquido, por el solo hecho de abandonar su suelo y sus hogares»[292].

Sin embargo, el derecho de asilo no podía ser demasiado extenso en el sentido de que se abusare de él, sino que era necesario que existieran mecanismos para mantener dentro de ciertos límites a los individuos favorecidos con el asilo: «Sin perjuicio de los socorros que sólo la barbarie puede negar a la desgracia... —decía—, se ha empleado y se emplea la necesaria vigilancia para que no se abuse de esta hospitalidad organizando medios de ofensa contra los Gobiernos vecinos»[293].

5. *La forma del Estado*

En la obra de Bello puede deducirse también algunos criterios sobre la forma del Estado. Era partidario, en general, de un Estado centralizado, pero a la vez concebía a las municipalidades como expresión de representación popular y de gobierno local. Sus análisis sobre la forma del Estado puede decirse que parten del estudio del régimen colonial que, como se sabe, era un régimen descentralizado y disgregado políticamente hablando. En él —decía— existían una «multiplicidad de resortes» donde cada autoridad tenía sus trabas, cada poder tenía alrededor poderes rivales

---

289   *Idem*, pág. 242.

290   *Idem*, pág, 242.

291   *Obras Completas de Andrés Bello*, volumen X, *cit.*, página 119.

292   *Obras Completas de Andrés Bello*, volumen XXII, *cit.*, página 346.

293   Véase la Memoria que el ministro de Estado en el Departamento de Relaciones Exteriores (Ramón Rengifo) presenta al Congreso nacional, año de 1842, en *Obras Completas de Andrés Bello*, volumen XVI, *cit.*, pág. 522.

que continuamente se moderaban y reprimían en forma recíproca. Así constaba que: «En ninguna parte, y en las capitanías generales mucho menos que en los virreinatos, tenía el jefe superior atribuciones omnímodas como delegado de un monarca absoluto. Ninguna autoridad americana representaba completamente al soberano. La esfera en que obraba cada una estaba demarcada cuidadosamente por las leyes. Así la administración colonial, calcada sobre el modelo de la metrópoli, era muy diferente en su espíritu. En la Península, el monarca, desplegando una acción inmediata, se hacía sentir a cada instante, y absorbía los poderes todos, armonizándolos, dirigiéndolos y coartándolos, al paso que en las colonias los jefes de los diversos ramos administrativos, independientes entre sí y a menudo opuestos podían obrar con tanta más libertad, cuanto era mayor la distancia de la fuente común»[294].

Al concluir la independencia de los pueblos hispanoamericanos y empezar la instauración de instituciones republicanas, al contrario de la disgregación colonial, Bello fue partidario de que se organizara un régimen con un poder central fuerte capaz de unificar y dar coherencia al país, pero a la vez estuvo consciente de la necesidad de que existiera una administración en cada una de las demarcaciones político-territoriales en que se dividía el país.

En Chile se refirió a las Administraciones provinciales y departamentales y a las municipalidades, y a la necesidad de que en cada una de ellas hubiera una autoridad superior con el carácter de jefe político y de «funcionario administrativo» que diera movimiento a su aparato administrativo, que promoviera e impulsara progresos para sus regiones y que inspeccionara y vigilara todos los ramos del servicio público que estaban obligados a prestar a sus comunidades[295]. Sostuvo Bello la importancia de colocar a las autoridades provinciales y departamentales (intendentes y gobernadores) y a las municipalidades, en una posición favorable otorgándoles cierto grado de autonomía y poder para que pudieran llenar sus numerosos y variados deberes. Además, debía existir una estrecha relación y dependencia entre el Gobierno supremo y las Administraciones ejecutivas de las provincias y departamentos, ya que los intendentes —decía— «son los agentes naturales e inmediatos» del Presidente de la

---

294 *Obras Completas de Andrés Bello*, volumen XIX, *cit.*, página 329. Véanse el artículo que escribió Bello sobre la Memoria histórico-crítica del Derecho Público chileno desde 1810 hasta 1833 de don Ramón Briseño.

Sobre el mismo punto, al comentar la Memoria sobre el primer Gobierno nacional presentada a la Universidad de Chile en 1847 por don Manuel Antonio Toconial, Bello afirmaba que «el régimen colonial de las Américas consistía en un artificioso antagonismo de poderes independientes unos de otros», entre los cuales estallaban continuos conflictos, y da varios ejemplos de esos conflictos: los virreyes o capitanes generales tenían poder sobre las Audiencias. La dirección de rentas, generalmente se confiaba a los intendentes generales, que eran independientes, a los jefes militares y a las audiencias. La Iglesia era prácticamente un Estado aparte. «Las municipalidades mismas tenían una sombra de representación popular que trababa de cuando en cuando la marcha de los altos poderes.» Véase en *Obras Completas de Andrés Bello* volumen XIX, *cit.*, pág. 203, el artículo publicado por Bello de la Memoria sobre el Primer Gobierno nacional de don Manuel Antonio Tocomal

295 Véase el «Discurso del presidente de la República (Manuel Montt) en la apertura del Congreso nacional de 1856» en *Obras Completas de Andrés Bello*, volumen XVI, *cit.*, pág. 352.

República y están obligados a cumplir sus órdenes e instrucciones, y por su parte, los gobernadores eran los agentes inmediatos de los intendentes[296].

También propugnaba una conexión entre el Gobierno central y las municipalidades, toda vez que aquél podía revisar los actos emanados de éstas dentro de ciertos límites que debían ser fijados por la ley para no entorpecer la acción municipal[297].

En particular, en cuanto a las municipalidades, para Bello tuvieron, desde su creación en América, el carácter de cuerpos representativos del pueblo, encargados de defender los intereses de las comunidades, y ello explica que al llegar el momento de la independencia de nuestras naciones, ellas desempeñaran un papel fundamental. En 1848, Bello publicó en «El Araucano» un comentario a la Memoria sobre el presbítero José Hipólito Salas en la Universidad de Chile, en el cual expuso: «...en la constitución de las municipalidades americanas, en la especie de representación que se atribuían, y que las leyes mismas reconocían hasta cierto punto en ellas, aún en medio de las trabas que casi paralizaban su acción, y de la suspicacia con que se invigilaban sus actos, había ya una semilla de espíritu popular y republicano, que favorecida por las circunstancias, había de desenvolverse y lozanear. Así es que en las primeras revoluciones de los pueblos hispanoamericanos hicieron siempre un papel principal las municipalidades...»[298].

También escribió, en 1850, al comentar la Memoria Histórico-Crítica del Derecho Público chileno desde 1810 hasta 1833 presentada por don Ramón Briseño, que: «de todas las instituciones coloniales la que presenta un fenómeno singular es la municipalidad, ayuntamiento o cabildo» y señala que la «desconfianza metropolitana» trató de despojar a estos cuerpos de todo su poder y su importancia efectiva, pero a pesar de esto, ellos «...no abdicaron jamás el carácter de representantes del pueblo y se les vio defender con denuedo en repetidas ocasiones los intereses de las comunidades. Así el primer grito de independencia y libertad resonó en el seno de estas envilecidas municipalidades»[299].

Reconocía, por tanto, un papel político importante a las Municipalidades, a quienes debían estar encomendadas una serie de funciones que les permitieran ejercer una benéfica influencia sobre las comunidades. Para poder llevarlas a cabo, Bello explicaba que era necesario que se dictasen leyes que determinasen su acción y que las investiera «...respecto del (territorio en que funcionan, de aquella extensión de

---

296   Véase en «Sobre las Intendencias y Gobernaciones», en *Obras Completas de Andrés Bello*, volumen XV, *cit.* (en prensa).

297   Véase el «Discurso del presidente de la República (Manuel Montt) en la apertura del Congreso nacional de 1858», en *Obras Completas de Andrés Bello*, volumen XVI, *cit.*, pág. 400.

298   Véase el comentario de Bello de la «Memoria sobre el servicio personal de los indígenas y su abolición» realizados por el presbítero don José Hipólito Salas, en *Obras Completas de Andrés Bello*, volumen XIX, *cit.*, pág. 311. También señalaba que en el siglo de la conquista las municipalidades americanas desplegaban todavía no poca actividad y celo en la defensa de los derechos del pueblo, y si en ocasiones ordinarias se plegaban con docilidad a las órdenes e insinuaciones de la Corte, osaban a veces alzar el grito y aún apelar a las armas contra las demasías». Véase este comentario en la pág. 312.

299   Véase el comentario de Bello sobre la «Memoria histórico-crítica del Derecho Público chilena desde 1810 hasta 1833», de don Ramón Briseño, en *Obras Completas de Andrés Bello*, volumen XIX, cit,, pág. 331.

facultades que están llamadas a ejercer»[300]. Reconocía así lo importante que era «Dar impulso a esta autoridad local y señalarle detenidamente su esfera de acción» como «único medio de hacer provechosos los servicios de estos cuerpos que al presente sólo en pocas partes llenan su objeto»[301].

No era fácil, en todo caso, la estructuración de Municipalidades en las naciones repúblicas, y las quejas que Bello formulaba en un mensaje que escribió al presidente de la República de Chile para ser presentado al Congreso en 1856, parecerían escritas en la actualidad: «El régimen municipal se resiente del poco tiempo que tiene de ejecución la ley que lo organiza y sistema. No es raro que las Municipalidades sigan las prácticas a que estaban acostumbrados y no el procedimiento fijado por la ley. Aún no se penetran bien estos cuerpos de la verdadera extensión y alcance de sus atribuciones, y de que el honor o responsabilidad de la Administración Local a ellos corresponda»[302]. Pero sin recursos propios las Municipalidades difícilmente podían y pueden cumplir el papel que tienen asignadas. El requerimiento de Bello en 1843 permanece vigente: «importa sobremanera aumentar las rentas de las Municipalidades para dar a sus operaciones la necesaria actividad y eficacia en beneficio de los pueblos y del orden público»[303].

Pero dotar de recursos a las Municipalidades le planteaba a Bello los mismos problemas del municipalismo contemporáneo: el de su autonomía y sus límites. «... Parece necesario —decía— que la distribución general de los fondos esté sometida a una autoridad cualquiera; porque es una cosa indudable que las Municipalidades deben atender a varios objetos, y si fueran enteramente libres para la distribución de sus entradas, podría suceder que quedasen absolutamente sin fondos con que atender a otros objetos importantes; sería, pues, preciso establecer una armonía entre dos atribuciones, del presidente de la República y de las Municipalidades. Para la dirección de las obras de comodidad, salubridad y ornato las Municipalidades obran con absoluta independencia del Gobierno; pero siempre es necesario que autorice éste

---

300 Véase el «Discurso del presidente de la República (Manuel Montt) en la apertura del Congreso nacional de 1854» en *Obras Completas de Andrés Bello*, volumen XVI, *cit.*, pág. 314.

301 Véase el «'Discurso de] presidente de la República (Manuel Bulnes) en la apertura de las Cámaras Legislativas de 1851», en *Obras Completas de Andrés Bello*, volumen XVI, *cit.*, pág. 233.

302 Véase el «Discurso del presidente de la República (Manuel Montt) en la apertura del Congreso nacional de 1856», en *Obras Completas de Andrés Bello*, volumen XVI, *cit.*, pág. 353.

303 Véase el «Discurso del presidente de la República (Manuel Bulnes) en la apertura de las Cámaras Legislativas de 1843, en *Obras Completas de Andrés Bello*, volumen XVI, *cit.*, pág. 149. Unos años más tarde Bello afirmaba: «Los recursos de las municipalidades prosperan, pero siento decir que todavía distan mucho de nivelarse con las más urgentes exigencias de las comunidades; lo que no puede menos de limitar la benéfica influencia de estas corporaciones. A ellas mismas toca proponer nuevos arbitrios, adecuados a las circunstancias locales... Tan mezquinos son los ingresos de la mayor parte de las municipalidades, que no pocas veces se hace indispensable auxiliarlas con erogaciones del erario... Si es tal la pobreza, la indigencia de un gran número de municipalidades para subvenir a los importantes objetos de diaria atención que nuestra ley fundamental encarga a su cuidado, fácil es colegir lo poco que puede esperarse de ellas para el alivio de calamidades extraordinarias, que las abruman con exigencias imprevistas al mismo tiempo que menoscaban sus escasas entradas.» Véase el «Discurso del presidente de la República (Manuel Bulnes) en la apertura de las Cámaras Legislativas de 1847», en *Obras Completas de Andrés Bello*, volumen XVI, *cit.*, págs. 180-181.

ese gasto»[304]. De ello no debía interpretarse que Bello fuera opuesto a la autonomía municipal. «Pudiera parecer —decía— que yo deseo someter las Municipalidades al Ejecutivo, cuando mí modo de pensar es todo lo contrario. Yo quisiera que las Municipalidades pudieran obrar con mucha más independencia que la Constitución permite, que pudieran disponer más libremente de sus fondos, y aún estuvieran autorizadas para imponer de vez en cuando contribuciones dentro de ciertos límites»[305].

Pero en todo caso hacía énfasis en estos límites, pues —decía— «... no se puede concebir que la Municipalidad bajo el pretexto de hacer obras públicas tenga facultad para gravar indefinidamente a los vecinos...»[306], por lo que consideraba que para imponer multas y contribuciones estuvieran «... autorizadas expresamente por la Legislatura, que dentro de ciertos límites les concediera esta facultad, fijándoles desde tal cantidad a tal otra»[307].

Además de la administración y de la determinación de contribuciones locales, la autonomía municipal se manifiesta en la capacidad de las Municipalidades de dictar su propio ordenamiento a través de ordenanzas. Sobre ello y sus límites también se ocupó Bello. Ante todo planteaba que las Ordenanzas Municipales tuvieran un contenido general; «...no ha podido ocurrirme la idea de que las ordenanzas municipales se dicten para una obra especial»[308], por lo que su contenido debía concernir a los asuntos propios de la vida local: policía, ornato y salubridad de las poblaciones, régimen de abastos, en fin todo lo que fuera necesario para el «...arreglo más conveniente del servicio municipal...»[309]. Pero esta facultad, sostenía, no debía ser ilimitada, sino que por el contrario, el poder nacional debía tener derecho de revisar los actos de las Municipalidades, sobre todo cuando en ellos se notase «...un espíritu demasiado restrictivo de la libertad individual y de la industria...»[310].

Esta posibilidad de intervención del poder central en relación a las Municipalidades que, además, previo la ley chilena de 1850 sobre Organización de las Municipalidades, sin embargo, afirma Bello, fue un derecho limitado: «La ley sólo ha dado intervención a la autoridad general en medidas de orden que no coartan la acción municipal... o cuando los actos municipales son de tal carácter que comprometen el porvenir de la localidad o hieren o afectan las libertades del ciudadano. Fuera de este terreno la acción tiene en la misma municipalidad su impulso y su complemento»[311].

304 Véase «1850. Organización de municipalidades», en *Obras Completas de Andrés Bello*, volumen XVII, cit, págs. 766.767.
305 *Idem*, pág. 767.
306 *Idem*, pág. 770.
307 *Idem*, pág. 769.
308 FALTO LA NOTA
309 Véase el «Discurso del presidente de la República (Manuel Montt) en la apertura del Congreso nacional de 1858», en *Obras Completas de Andrés Bello*, volumen XVI, *cit.*, páginas 400-401.
310 *Idem*, pág. 401.
311 Véase el «Discurso del presidente de la República (Manuel Montt) en la apertura del Congreso nacional de 1856», en *Obras Completas de Andrés Bello*, volumen XVI, *cit.*, pág. 353.

IV. LOS PODERES DEL ESTADO

Hemos señalado que en la concepción de Bello el principio de la separación de poderes es la esencia del funcionamiento del Estado, además de su garantía de la libertad. A lo largo de su obra, por tanto, dedicó cientos de páginas a tratar aspectos específicos de cada uno de estos poderes, el Legislativo, el Ejecutivo y el Judicial, cuyo análisis permite completar el cuadro de su concepción del Estado.

1. *El Poder Legislativo*

Dentro de la concepción de Bello, como se ha dicho al comentar su idea de la soberanía y de la separación de poderes, el Poder Legislativo tiene una primacía evidente, desde el punto de vista político, en relación a los otros poderes, ya que, compuesto por representantes del pueblo, es depositario de la soberanía. Como tal, por excelencia, es el productor de leyes que conforman el funcionamiento general del Estado y de la sociedad.

Pero en relación al Poder Legislativo conviene destacar las ideas de Bello sobre su carácter de órgano representativo, sus atribuciones y las características más destacadas del producto de su actividad: las leyes.

A. *La representatividad*

La idea de la representatividad del Poder Legislativo es constante en la obra de Bello e insiste en señalar que las Cámaras Legislativas deben ser el escenario donde estén representados todos los intereses de las diferentes clases sociales y donde esos intereses se enfrentan y luchan para dar como resultado la creación de las leyes, «...en los cuerpos legislativos —decía— es esencial que concurran los intereses de las diversas clases de la sociedad...»; en ellos, «... se quiere que entren en lucha todos los intereses sociales para que venza la opinión de la mayoría: si hay un interés dominante, sin duda este interés triunfará. No hay remedio, así es, y así es necesario que sea, si no se quiere contravenir a la naturaleza misma de los cuerpos legislativos[312], y agregaríamos nosotros de la democracia. Esta expresión de Bello de que la mayoría es la que debe prevalecer y la que debe tomarse, como base, para decidir en cada materia, esencia de la democracia, parecería que debemos repetirla permanentemente aún en la actualidad.

Pero Bello insiste en el carácter representativo del Cuerpo Legislativo, el cual, por su constitución, afirmaba, «...es necesario que represente todos los intereses sociales y cada interés social es naturalmente representado por los individuos que tienen parte en él como hacendados, militares...»[313]. Así, pues, mientras los jueces deben ser totalmente imparciales, no deben tener el menor interés en la causa que se ventila, los senadores y diputados deben representar los intereses de la clase a la cual pertenecen. «Pedir —decía— a los representantes de los intereses sociales la imparcialidad de los jueces, ...es desnaturalizar de todo punto los cuerpos legislativos, a cuyos miembros no sólo no se pide imparcialidad, sino que, por el contrario, se exi-

---

312 «1843-1846. Terrenos abandonados por el mar» en *Obras Completas de Andrés Bello*, volumen XVII, Labor en el Senado de Chile, Caracas, 1958, pág 245.

313 *Idem*, pág. 181.

ge como requisito esencial que tengan intereses que los afecten, con tal que no sean intereses personales y directos, sino intereses de clase»[314].

En todo caso, conforme al pensamiento de Bello, precisamente, de la lucha de los intereses sociales surge la ley[315]. De esta manera, la función primordial de las Cámaras Legislativas es dictar leyes, y éstas deben ser producto de transacciones entre los diversos intereses sociales, de lo cual se desprende que el Congreso tiene necesariamente que estar constituido por individuos representantes de intereses de clase, ya que si está integrado de hombres imparciales no habría representación de intereses y, por tanto, se perdería la esencia del cuerpo legislativo: dejaría de representar a la sociedad y dictaría leyes sin conexión con la realidad.

La constitución de un cuerpo legislativo representativo, en todo caso, exige un modo específico de constitución que asegure tal representatividad; y este problema también se lo planteó Andrés Bello.

Decía así en su obra de Derecho Internacional *El Poder Legislativo*: «El poder que ejerce actualmente la soberanía suele estar constituido de varios modos: en una persona, como en las monarquías absolutas; en un Senado de nobles o de propietarios, como en las aristocracias; en una o más cámaras, de las cuales una a lo menos es de diputados del pueblo, como en las democracias puras o mixtas; en una asamblea compuesta de todos los ciudadanos que tienen derecho de sufragio, como en las repúblicas antiguas; en el príncipe o en una o más cámaras, como en las monarquías constitucionales...»[316]. Ante estas diversas formas, hemos dicho, era partidario de la constitución del Poder Legislativo por representantes electos por la vía del sufragio.

B. *Atribuciones del Poder Legislativo*

El Cuerpo Legislativo, como depositario de la soberanía, tenía como atribución fundamental dictar leyes que garanticen la libertad y el orden, que contribuyan a mejorar la calidad de la vida de los ciudadanos y la situación económica y social del país.

Esos fines de la sociedad y particularmente «libertad y orden», se lograban «por medio de leyes equitativas que mejoren la educación y las costumbres, que protejan eficazmente a las personas y propiedades, que vivifiquen el espíritu público y apresuren el desarrollo, demasiado lento aún, de nuestros intereses materiales»[317].

Pero además de dictar leyes con tales fines, Bello concebía amplias e imprecisas funciones del órgano legislativo: «... todas aquellas que son propias de un cuerpo

---

314 *Idem*, pág. 222.

315 *Idem*, pág. 181.

316 Véase en *Obras Completas de Andrés Bello*, volumen X, *Derecho Internacional*, tomo I, Caracas, 1954, pág. 33.

317 Véase el «Discurso del presidente de la República (Manuel Bulnes) en la apertura de las Cámaras Legislativas de 1847», en *Obras Completas de Andrés Bello*, volumen XVI, *Textos y mensajes de Gobierno*, Caracas, 1964, pág. 188.

colectivo. Necesariamente tienen facultad de hacer todo aquello que crean útil para promover el buen servicio...»[318].

C.   *Principios sobre las leyes*

a.   *Las leyes y la realidad social*

Para Bello, como señalamos, las leyes son producto del conflicto, del enfrentamiento de los diversos intereses sociales representados en el Cuerpo Legislativo: «... de la lucha de estos intereses —decía— es de lo que debe resultar la ley, que es una especie de transacción entre todos ellos»[319]. A partir de este concepto de la ley, es lógico pensar que para Bello existe una estrecha relación entre las normas jurídicas y el movimiento social: ellas deben emanar de ese movimiento y deben representarlo, por lo que cuando las leyes no surgen de la voluntad de la mayoría, sino de la voluntad caprichosa de una sola persona o de un grupo minoritario, no pueden mirarse como emanadas del cuerpo social.

Por otra parte, Bello establece que entre las leyes y las costumbres «...ha habido y habrá siempre una acción recíproca; que las costumbres influyen en las leyes y las leyes en las costumbres»[320]. Además señala: «Es cierto que las leyes modificando las costumbres y asimilándolas a sí son a la larga su expresión y su fórmula; pero esa fórmula precede entonces a la asimilación en vez de ser producida por ella»[321].

b.   *La obligatoriedad de la ley*

Pero la ley, además de responder a la realidad social y ser producto de la mayoría, debe ser obligatoria y ser susceptible de aplicación efectiva. Por ello Bello se preguntaba: «¿de qué servirá la bondad intrínseca de las leyes, mientras no se observen?»[322], por lo que consideraba que toda ley implicaba una sanción, un castigo a los infractores y es esta reprimenda el mejor mecanismo para garantizar el cumplimiento de las reglas jurídicas.

«Una regla sin sanción —decía— es un puro consejo que sería las más veces infructuoso»[323], decía Bello, y, por tanto, toda ley, para que no valga solamente como un consejo, es necesario que posea «una fuerza imperativa» que asegure su obser-

---

318   Véase en «1846. Homenaje a don Mariano de Egaña», en *Obras Completas de Andrés Bello*, volumen XVII, cit., páginas 385-386.

319   Véase en «1843-1846, Terrenos abandonados por el mar», en *Obras Completas de Andrés Bello*, volumen XVII, *cit.*, página 222

320   Véase el estudio de Bello sobre la Memoria presentada a la Universidad de Chile en 1844 por don JOSÉ VICTORINO LASTARRIA titulada «Investigaciones sobre la influencia de la con quista y del sistema colonial de los españoles en Chile», en *Obras Completas de Andrés Bello*, volumen XIX, *Temas de Historia y Geografía*, Caracas, pág. 166.

321   *Idem*, pág. 167.

322   «Publicidad de los juicios», en Andrés Bello, *Escritos jurídicos, políticos y universitarios*, Editorial Edeva], Valparaíso, 1979, pág. 95.

323   Véase la «Memoria que el ministro de Estado en el Departamento de Relaciones Exteriores (Manuel Camilo Vial) presenta al Congreso nacional (año de 1847)», en *Obras Completas de Andrés Bello*, volumen XVI, cit., pág. 575.

vancia. Ello implica una sanción y un poder judicial que juzgue y castigue a todos aquellos que violen los preceptos jurídicos.

Bello insistía en estos conceptos: «Toda ley —decía— supone una autoridad de que emana... y una sanción, esto es, una pena que recae sobre los infractores, y mediante la cual el bien común de que la pena es una garantía, se hace condición precisa del bien individual»[324].

Las sanciones legales, por supuesto, varían, y conforme a lo previsto en el Derecho natural, señala que son «... tantas sanciones diferentes, cuantas son las especies de males que pueden sobrevenirnos a consecuencia de un acto voluntario, y que no se compensen por bienes emanados de ese mismo acto»[325]. Además, las enumera en sanción física, sanción simpática y sanción de la vindicta humana o sanción social y observa que esta última, en la sociedad civil, es la que se aplica por las leyes y la administración de justicia[326].

Terminemos la idea de Bello sobre la aplicación y obligatoriedad de la ley con sus propias palabras; «nada influye tanto en el orden público, y en la seguridad de los bienes, del honor y la vida de los ciudadanos, como la aplicación de las penas establecidas por las leyes contra los que atacando los más sagrados derechos del hombre en sociedad, se hacen justamente reos de delitos, que, si quedan impunes se multiplicarán cada día, causando los males que son consiguientes. Por esto, las leyes no han dejado al arbitrio del juez la imposición de las penas y las han detallado para que una vez esclarecidos los hechos se siga necesariamente su aplicación, en que no es dado dispensar al oficio del juez, que si tuviese esta facultad se constituiría en árbitro y podría agravar muchas veces las desgracias de los mismos culpados» [327].

c.   *El ámbito temporal y territorial de las leyes*

Pero esta aplicabilidad y obligatoriedad de las leyes, cuya emanación es una de las manifestaciones de la soberanía del Estado, está circunscrita en cuanto al ámbito de aplicación, al tiempo y al espacio. Bello formuló así los principios básicos de irretroactividad y territorialidad de la ley.

En efecto, en 1847 al discutirse en el Senado un proyecto de ley sobre el efecto retroactivo de las leyes, Bello se adhirió al principio de la irretroactividad de las leyes, es decir, de que las normas jurídicas se aplican sólo a casos futuros y, por tanto, no. obran hacia el pasado.

Para defender esta posición, Bello afirmaba: «Yo entiendo por un principio recibido que las leyes no obran sino para el porvenir, que no imponen obligación sino para lo futuro, y cuando el legislador en caso extraordinario quiere que tengan un

---

324   Véase en *Obras Completas de Andrés Bello*, volumen X, *cit.*, págs. 13-14

325   *Idem*, pág. 14.

326   *Idem*, pág. 14.

327   «Indultos», en *Obras Completas de Andrés Bello*, volumen XV, *Temas jurídicos* (en prensa).

efecto retroactivo, es necesario que lo exprese terminantemente; porque según la regla las leyes no tienen ese efecto»[328].

En esta misma discusión sobre el efecto retroactivo de las leyes Bello analizó también el problema de si las leyes posteriores modificaban los derechos adquiridos por particulares en virtud de leyes anteriores. Basándose en el mismo principio de que las normas jurídicas no tienen efecto retroactivo, salvo disposición expresa del legislador, Bello expresaba terminantemente su criterio de que una «ley posterior no destruye los derechos adquiridos por la ley anterior, a no ser que positivamente lo diga»[329].

Pero además de la irretroactividad de la Ley, como límite temporal de su aplicación, Bello también insistió en definir el ámbito territorial de la Ley, en el sentido de que las leyes rigen para el territorio del Estado que las ha dictado, y esto es así, decía, porque «la soberanía e independencia da los Estados no permiten que rijan en un país las leyes que otro dicta. Las leyes de un Estado sólo tienen fuerza en el territorio del otro, en cuanto éste ha querido concederla»[330]. En este mismo orden de ideas Bello formula los principios del derecho internacional privado relativo a la aplicabilidad de las leyes, según el lugar de los actas o las personas que lo realizan, «... las leyes de cada Estado —decía— son completamente obligatorias respecto de todos los bienes raíces o muebles que se encuentran en su territorio y respecto de todas las personas que lo habitan, aunque no hayan nacido en él y, asimismo, respecto de todos los contratos y demás actos jurídicos celebrados en ese mismo territorio»[331].

Pero, sin embargo, Bello constataba que había otras leyes que no sólo tenían aplicación dentro del territorio de la República, sino que seguían con el ciudadano a cualquier parte que se dirigiera: «Hay leyes meramente locales —señalaba— que sólo obligan al ciudadano mientras se halla dentro de los límites del territorio. Hay otras de cuya observancia no podemos eximimos dondequiera que estemos, como son aquellas que nos imponen obligaciones particulares para con el Estado o para con los otros miembros de la asociación civil a que pertenecemos»[332].

d. *La interpretación de las leyes*

Por último, en su doctrina sobre la ley destaca la necesidad de que el legislador regule en las normas escritas todos los aspectos posibles, de manera de estrechar el margen de casos dudosos y de interpretación: «Que sea necesario interpretar las leyes para su aplicación a los casos que ocurren, y que en esta interpretación varíen a menudo las opiniones —decía— es una cosa a que debemos resignarnos como

---

328 Véase en «1847. Efectos retroactivos de]as leyes», en *Obras Completas de Andrés Bello*, volumen XVII, *cit.*, pág. 506.

329 «Discusión sobre el efecto retroactivo de la ley con ocasión de la reforma del reglamento de elecciones», en *Obras Completas de Andrés Bello*, volumen XV, *cit.* (en prensa).

330 Véase en *Obras Completas de Andrés Bello*, volumen XXII, *Derecho Internacional*, tomo IV, Caracas, 1969, pág. 500.

331 Véase en *Obras Completas de Andrés Bello*, volumen X, *cit.*, pág. 87.

332 *Idem*, pág. 93.

inevitable en todo sistema legal, por acabado y perfecto que se le suponga. Pero los trabajos de la legislatura pueden estrechar cada día este campo de incertidumbre y disputas, decidiendo los puntos dudosos; y ella puede hacerlo tanto más ventajoso y fácilmente, cuando más Ubre-se halla no sólo para aclarar lo oscuro y dirimir lo disputable, sino para innovar en las disposiciones existentes, corrigiendo los defectos que la experiencia haya descubierto en ellas»[333].

Pero como el legislador no puede regularlo todo, siempre será necesario interpretar los preceptos de las normas jurídicas. Con este fin, Bello afirma que la mejor forma de hacerlo para evitar arbitrariedades y abusos en su aplicación, es atenerse a la letra exacta de la ley, sin agregarle ni quitarle nada. Decía: «Creemos que lo más seguro es atenerse a la letra; que no debemos ampliarla o restringirla, sino cuando de ella resultan evidentes absurdos o contradicciones, y que todo otro sistema de interpretación abre ancha puerta a la arbitrariedad y destruye el imperio de la ley. ¡Cuándo reconoceremos —concluía— que todo lo que no está en las leyes no es ley!»[334].

En base a este pensamiento señalaba que los únicos casos en que el juez puede recurrir, a lo que se llama en derecho «interpretación extensiva o restrictiva», es cuando «el texto es oscuro, o donde de entenderlo a la letra se siga un evidente absurdo»[335]. Por lo tanto, siempre debe hacerse una «interpretación literal» que es aquella que se «deduce de la ley misma por medio de conversiones regulares y precisas», y es precisamente por estas conversiones que se transforman «los términos de la ley en los términos de la interpretación literal»[336].

También, comenta Bello, hay ocasiones en que se requiere recurrir a la costumbre para interpretar la ley: «...la costumbre —decía— debe interpretar la ley cuando apareciere duda sobre ella, y ansí como acostumbraron los otros de la entender, ansí debe ser entendida e guardada»[337].

2. El Poder Ejecutivo

A pesar de que como dijimos al inicio, Andrés Bello fue un hombre del Estado y de la burocracia, a cuyo servicio dedicó materialmente toda su vida, sin embargo, no encontramos en la obra de Bello, con claridad, ningún análisis específico sobre la organización, competencias o funciones del Poder Ejecutivo, contrariamente a sus largos estudios sobre el Poder Legislativo y el Poder Judicial.

En todo caso, de notas aisladas se pueden distinguir concepciones sobre dos aspectos clásicos relativos al Poder Ejecutivo —la Administración Pública y el Gobierno—, pues lo concebía como formado por los entes encargados de ejecutar las

---

333 Véase en «Legislación», en *Obras Completas de Andrés Bello*, volumen XV, *cit.* (en prensa).

334 «Discusión sobre el efecto retroactivo de la ley con ocasión de la reforma del reglamento de elecciones, en *Obras Completas de Andrés Bello*, volumen XV, *cit.* (en prensa).

335 *Idem* (en prensa).

336 *Idem* (en prensa).

337 «1840. Suspensión del fiscal de la Corte de Apelaciones de Santiago». Véase la Exposición presentada por los señores Tcornal y Bello de las razones que a juicio del Gobierno justifican la suspensión del fiscal de la Corte de Apelaciones (26 de mayo de 1840), en *Obras Completas de Andrés Bello*, *cit.*, página 59.

leyes dentro del territorio del Estado y de tomar todas las medidas y providencias necesarias para que esas normas jurídicas no fueran eludidas.

A. La *Administración Pública*

En cuanto a la Administración Pública, ante todo la concibe como una organización destinada a servir de instrumento del Estado. Como tal, su organización y estructura dependía, como continúa dependiendo en la actualidad, de los fines que tenía que cumplir el Estado en un momento determinado. La Administración Pública, en esta forma, nunca ha sido una estructura estática, sino al contrario, esencialmente combatiente.

Por eso Bello señalaba que «Al lado de aquellos caracteres generales de la revolución chilena, era natural que cada una de sus administraciones sucesivas presentase un genio y tendencia particular, según las exigencias a que debía su origen, y las circunstancias de que estaba rodeada. Cada cual tuvo su misión que desempeñar y objetos peculiares a que proveer; progresivas a veces, y a veces reaccionarias...»[338]. Sin embargo, este carácter cambiante no impide constatar, como lo decía Bello, que «La administración tiene su marcha peculiar, sus reglas fijas que le sirven de norma en la dirección política del país...»[339].

Pero además de ser una organización condicionada por unos fines públicos, la Administración Pública, siempre ha sido considerada, también, como un proceso, precisamente, de conversión de recursos, generalmente escasos, en objetivos, específicos. Administrar, aún en el campo público, por tanto, origina siempre esta relación de medios y fines: los primeros, generalmente escasos y los segundos, generalmente diversos y crecientes.

Esta idea tan común en nuestros días, se la planteó Andrés Bello, en 1844, cuando constataba, refiriéndose a la Administración chilena: «Grandes son los vacíos que tenemos delante; numerosas las necesidades a que debemos hacer frente: si las comparáis con los recursos de que nos es dado echar mano, y con los obstáculos que nos es preciso superar, haréis justicia al celo del Gobierno»[340].

Pero administrar, antes y ahora, como proceso de conversión de recursos y medios escasos en fines múltiples, implica información. Sin un conocimiento exacto de la realidad, no se conocen los recursos disponibles ni los objetivos a lograr, ni mucho menos los obstáculos a vencer, en fin, no se puede administrar. De allí la importancia que tiene en nuestros días la información como técnica sin la cual no es posible administrar.

Bello se planteaba el mismo problema en 1853. Afirmaba: «Mientras mejor conozca el país, los recursos de cada localidad para promover el bien común (y) la

---

338   Véase la «Exposición que el presidente de la República Joaquín Prieto dirige a la nación chilena el 18 de septiembre de 1841», en *Obras Completas de Andrés Bello*, volumen XVI, Textos mensajes de Gobierno, Caracas, 1964, pág. 123

339   Véase «1849, Periódicos oficiales y ministeriales», en *Obras Completas de Andrés Bello*, volumen XVII, Labor en el Senado de Chile, Caracas, 1958, pág. 747.

340   Véase el «Discurso que el presidente de la República (Manuel Bulnes) dirige al Congreso nacional» (año de 1844), en *Obras Completas de Andrés Bello*, volumen XVI, *cit.*, pág. 160.

cooperación que los vecinos de cada pueblo pueden prestar, mejor llenará el Gobierno sus numerosos deberes, mejor desempeñará sus funciones de inteligente y
celoso administrador de los intereses públicos. Sin esos conocimientos, ni es dable
apreciar debidamente muchas medidas, ni es posible evitar errores o desaciertos, ni
ponerse a cubierto de las vacilaciones y dudas que frecuentemente detienen en la
adopción de providencias de conveniencia pública. Además —agregaba— cada
provincia, cada localidad tiene sus necesidades peculiares que conviene conocer
inmediatamente, ver de cerca, estimar, oyendo a los mismos que las experimentan
para atenderlas según importancia y en la esfera en que sea posible»[341].

B. La organización del Gobierno

El Poder Ejecutivo estuvo integrado en Chile por el presidente de la República,
el Consejo de Estado y los ministros. Las competencias de cada uno de estos entes
eran conferidas por la Constitución, y así al comentar la Constitución chilena de
1833 en cuanto a las atribuciones del presidente de la República, Bello señalaba que
constituían «... un dique contra el torrente de las conmociones de partido» [342](186).
A la vez decía, con la creación del Consejo de Estado, organismo encargado de ase-
sorar al presidente y de velar por la conservación y respeto de los derechos individuales, «...me ha levantado un vasto templo a la libertad interior»[343].

En cuanto a los ministros, Bello los define como órganos de los Gobiernos, que
manifiestan las ideas y pensamientos del mismo, y que se encargan de satisfacer
necesidades de servicio; estando definidas en la Constitución las leyes y sus atribuciones y su esfera de actuación[344].

Bello menciona otra clase de ministros, los de la Tesorería, que de acuerdo a la
Constitución chilena eran independientes del Poder Ejecutivo: «los ministros de la
Tesorería... han recibido de la ley encargos, funciones y responsabilidades en gran
manera independientes del Ejecutivo»[345]. Se trataba de órganos hasta cierto punto
independientes del Gobierno e, incluso, autorizados por la ley para resistir al Gobierno, en materia de actos de Tesorería.

Pero el Gobierno de Chile no sólo estaba organizado a nivel nacional; también
había una administración ejecutiva en cada provincia, integradas por un intendente
que era la máxima autoridad en las provincias y un gobernador en los departamentos. «A cargo de esos jefes —dice Bello— está la ejecución de las leyes y una parte
esencial de la administración de justicia; a cargo de ellos está la seguridad de las
ciudades y campos, la comodidad, aseo y salubridad de las poblaciones, la conserva-

---

341 Véase el «Discurso del presidente de la República (Manuel Montt) en la apertura del Congreso nacional
de 1853», en *Obras Completas de Andrés Bello*, volumen XVI, cit., pág. 308.

342 Véase la referencia en Ricardo Donoso, prólogo al volumen XVII de las *Obras Completas de Andrés
Bello*, cit., página LVIII.

343 *Idem*, pág. LVIII.

344 Véase en *Obras Completas de Andrés Bello*, volumen XXII, *Derecho Internacional*, tomo IV, Caracas,
1969, pág. 460.

345 Véase en *Obras Completas de Andrés Bello*, volumen XXII, *cit.*, pág. 216.

ción de los caminos, el buen orden de los mercados y, por decirlo de una vez, casi todos los objetos de interés universal en todos los momentos de la vida»[346].

Estas administraciones de las provincias y departamentos en todo caso, por el marcado centralismo del Estado tenían una marcada dependencia respecto del Poder Ejecutivo Central. «...La Constitución misma ha querido —decía Bello— que existiese la más estrecha dependencia entre el Gobierno supremo y las administraciones ejecutivas de las provincias y departamentos. Los intendentes son obligados a cumplir las órdenes e instrucciones del presidente de la República, de quienes... son los agentes naturales e inmediatos, como los gobernadores lo son respecto de los intendentes;...»[347].

El centralismo exigía una comunicación efectiva entre el Poder Central y la periferia para que, con palabras de Bello, «el impulso dado por la fuerza motriz se propague con prontitud y vigor a todas las ramificaciones»[348]. Este es, según las palabras de Bello, «el ideal de toda buena administración: el punto de perfección a que debe aspirar, a que aspira efectivamente y a que más o menos se aproxima en todos los Gobiernos ilustrados»[349]. Al contrario, cuando el centralismo no está acompañado ni de información, ni de comunicación, las administraciones provinciales medran en la inutilidad, y el país se ahoga por dentro. Basta con analizar cualquiera de nuestros Estados latinoamericanos centralistas para constatar cuán necesarias son aquellas viejas ideas de Bello.

C.   *Los funcionarios públicos*

Por supuesto, para que todo Gobierno y administración funcione se requiere de recursos humanos, de hombres que administren los negocios de la nación. Conforme a las ideas de Bello, las personas que debían desempeñar los cargos del Estado debían ser respetables, capaces y dedicadas enteramente al servicio público; en otras palabras, estimaba que la administración debía estar dotada de individuos con vocación de servicio público y con una serie de conocimientos relacionados con el destino que iban a desempeñar. Por ello consideraba Bello que «El buen orden no tanto depende de la bondad abstracta de las reglas legales, como de la actividad, inteligencia y cordura con que se ejecutan; condiciones con que no puede contarse cumplidamente, mientras no haya una administración ejecutiva suficientemente dotada»[350].

Esa necesidad de personas bien capacitadas para servicio del Estado que planteaba Bello hace siglo y medio es hoy día un requisito fundamental de toda Administración Pública: contar con funcionarios altamente calificados y especializados en las tareas que se van a realizar, y para esto, tanto en aquella época como ahora, es indispensable que el Estado brinde a sus ciudadanos educación a todos los niveles.

---

346   «Sobre las intendencias y gobernaciones», en *Obras Completas de Andrés Bello*, volumen XV, *Temas jurídicos* (en prensa)

347   *Idem* (en prensa).

348   *Idem* (en prensa).

349   *Idem* (en prensa).

350   *Idem* (en prensa).

Pero para Bello la preparación de los funcionarios públicos no debía reducirse a su campo de actuación, sino que ellos debían tener ciertos conocimientos sobre la historia, la geografía del país y su evolución política: conocimiento de la Constitución para estar al tanto de la organización del cuerpo político, en fin, debía poseer una cultura general[351].

Por otra parte, Bello estimaba que para atraer a las personas respetables y preparadas a la Administración era necesario darle algunos incentivos como una buena remuneración acorde con la responsabilidad y exigencias del caigo, la posibilidad de tener ascensos, y en este aspecto prácticamente propugnaba el derecho a hacer una carrera dentro de la organización del Estado[352]. También hacía referencia al derecho a la jubilación que tendría un funcionario inhabilitado física y moralmente, pues estimaba que era justo que se les recompensara por la gran responsabilidad que se les exigía[353].

Otro aspecto que Bello comentaba con respecto a los funcionarios encargados de gobernar y de juzgar, era la necesidad de que los mismos estuviesen rodeados de cierto prestigio que los hiciera aparecer a los ojos de la comunidad como superiores: «Es preciso no olvidar —decía— que si es absolutamente indispensable el que seamos gobernados y juzgados por hombres como nosotros, lo es también el que la ley establezca ciertas distinciones entre los que mandan y los que obedecen, formando de este modo y conservando cierto prestigio, en que consiste mucha parte del respeto que les es debido, y sin el cual pierde mucho el importante ejercicio de sus funciones. Desde el momento en que todos los del pueblo se miren iguales con el magistrado, sus preceptos no pueden contar con el acatamiento que corresponde; porque, sea cual fuere la sociedad, siempre son menos los que reflexionan de un modo debido sobre la importancia de los actos gubernativos o judiciales, y los acatan porque los consideran necesarios a la conservación del Estado; la mayor parte es dirigida por el habitual respeto a la magistratura, y este respeto es siempre a medida de las consideraciones que las leyes le dispensan»[354].

D. *Los logros del Gobierno y su crítica*

En la organización del Estado, sin duda, al Gobierno corresponde la conducción política de la sociedad. Ciertamente, los poderes legislativos y judicial tienen tareas importantes que cumplir, pero es al Gobierno a quien, en definitiva, se reclaman los fracasos o se conceden los logros de la gestión pública. Esto es así en la actualidad y era así en la primera mitad del siglo pasado.

---

351 Véase «Educación» en Andrés Bello, *Escritos jurídicos, políticos y universitarios, cit.*, págs. 196 y ss.

352 Ver «Carrera administrativa», en *Obras Completas de Andrés Bello*, volumen XV, *cit.* (en prensa). Sobre el mismo punto véase en el volumen XVII de las *Obras Completas de Andrés Bello, cit.*, la discusión sobre la ley, 1847. «Estadística y Archivo Nacional», página 478.

353 Sobre este punto ver la discusión que se produjo en el Senado de Chile con motivo de la aprobación de la ley de «1849. Jubilación civil. Supresión de fueros» en *Obras Completas de Andrés Bello*, volumen XVII, *cit.*, pág. 687.

354 Véase «Administración de justicia», en *Obras Completas de Andrés Bello*, volumen XV, *cit.* (en prensa).

Como funcionario a la vez del Poder Ejecutivo y del órgano legislativo —Bello redactó durante dos décadas las memorias de dos Ministerios y los mensajes del presidente de la República al Congreso, y como senador, desde el Congreso, analizó la obra de Gobierno— Andrés Bello captó el principal problema político que debía afrontar el Gobierno, y que consiste en ser culpado de todo lo malo que acaece y de todo lo bueno que no se logra.

Por ello Bello comenta en un artículo titulado *El Gobierno y la Sociedad,* publicado en *El Araucano,* en 1843, que «nada más fácil que censurar a un Gobierno imputándole como culpa, no sólo todo el mal que existe, sino todo el bien que no existe...»[355]; pues hacer esto demuestra desconocer que para que el país avance hacia el bienestar material y espiritual hacen falta medidas gubernativas, pero, sobre todo, que existan una serie de elementos, de caracteres nacionales como son recursos naturales y económicos, el apoyo y ayuda de la colectividad, antecedentes morales y políticos, etc. [356].

Por tanto, en cualquier país no todo lo puede lograr el Estado ni su Gobierno. Como lo decía Bello, la naturaleza y el tiempo son elementos esenciales de toda obra humana que deben tenerse en cuenta. «Las medidas administrativas pueden indudablemente ya retardar el movimiento, ya acelerarlo. Pero —agregaba— es menester que no nos exageremos su poder. Hay obstáculos morales que no debe arrastrar de frente. Hay accidentes naturales que le es imposible alterar. Los que la acusan de inerte o tímida, harán un gran bien al público señalándole el derrotero que debe seguir en su marcha. Sobre todo no olviden que bajo el imperio de las instituciones populares es donde menos puede hacerse abstracción de las costumbres, y que, medidas abstractamente útiles, civilizadoras, progresivas, adaptadas sin consideración a las circunstancias, podrían ser perniciosísimas y envolvernos en males y calamidades sin términos»[357].

Por lo tanto, para salir del estancamiento es necesario no sólo que el Gobierno adopte medidas, pues «el Gobierno no puede obrar sin el concurso de la representación nacional», sino que, «la reunión... de todos los poderes políticos»[358] establezca una política lógica, coherente de acuerdo con las características del país, que le permita influir en ellas y modificarlas, para lo cual hay que contar con dos factores: «la naturaleza y el tiempo» sin los cuales todo es inútil. Además, sostuvo Bello que hay que tener el apoyo de la colectividad, porque la prosperidad de una nación no es «la obra exclusiva del Gobierno. Ella ha sido en todas partes la obra colectiva de la sociedad; y si no se puede culpar a ésta de lo que no hace, sin tomar en cuenta sus elementos materiales, menos se puede culpar al Gobierno sin tomar al mismo tiempo en cuenta la materia y el espíritu, las costumbres, las leyes, las preocupaciones, los

---

355   Véase «El Gobierno y Ja sociedad», en *Obras Completas de Andrés Bello*, volumen XV, *cit*, (en prensa).

356   *Idem* (en prensa).

357   Véase «El Gobierno y la sociedad», en *Obras Completas de Andrés Bello*, volumen XV, *cit*. (en prensa).

358   *Idem* (en prensa).

antecedentes morales y políticos. Proceder de otro modo —concluye— es una manifiesta injusticia»[359].

Bello, por tanto, se oponía a la crítica al Gobierno que no estuviese acompañada
de propuestas concretas para mejorar la realidad política, pues era partidario de una
«... oposición saludable, que es... la señal y la garantía de las instituciones liberales»[360].

Decía así, con precisión, «Dígase en buena hora lo que nos falta; nunca estará de
más repetirlo; pero explórense las causas de esa falta; indíquense los medios de re-
mediarla, y la reseña de los prodigios sociales de otros pueblos será instructiva, será
fecunda de resultados prácticos»[361].

«Pero se necesitan consejos claros, definidos, no especulaciones aéreas. Los sue-
ños dorados y las perspectivas teatrales desaparecen ante las severas, las inflexibles
leyes de la materia y del espíritu; leyes que dejan límites harto estrechos a la esfera
de acción de los legisladores humanos»[362].

3.   *El Poder Judicial*

En la concepción del Estado en la obra de Andrés Bello el Poder Judicial y el
papel de la justicia juegan un papel fundamental, y a su estudio y análisis dedicó
múltiples trabajos.

Bello, en efecto, estimaba que para el bienestar de la sociedad era indispensable
contar con una buena administración de justicia, pues a través de ella es que se puede velar por el cumplimiento de las leyes y el respeto de los derechos y garantías
individuales. La importancia de la administración de justicia para un país las resume
Bello en estas líneas: «La seguridad, la propiedad, el honor, todo, en fin, cuanto el
hombre busca y encuentra en la sociedad estriba precisamente en la recta administración de justicia. Son sin ella las leyes un vano simulacro; porque nada importa
que existan y sean las mejores, si su mala aplicación o inobservancia las anula, o si
para conseguir su efecto se han de experimentar mayores males que los que obligaron a reclamar su cumplimiento»[363].

En su obra Bello analiza, por tanto, el Poder Judicial, en la estructura del Estado,
y lo más importante y actual, la administración de justicia. Veamos separadamente
estos dos aspectos.

---

359   *Idem* (en prensa).

360   Véase el «Discurso del presidente de la República (Joaquín Prieto) a las Cámaras Legislativas en la
      apertura del Congreso nacional de 1834», en *Obras Completas de Andrés Bello*, volumen XVI, *cit.*, pág.
      48.

361   Véase «El Gobierno y la sociedad», en *Obras Completas de Andrés Bello*, volumen XV, *cit.* (en prensa).

362   *Idem* (en prensa).

363   «Administración de justicia», en *Obras Completas de Andrés Bello*, volumen XV, *Temas jurídicos* (en
      prensa).

A. Características del Poder Judicial

Al referirse al Poder Judicial dentro de los poderes del Estado, las ideas de Bello giran en torno a cuatro premisas siempre actuales; independencia, imparcialidad, sumisión a la ley y responsabilidad de los jueces.

a. La independencia del Poder Judicial

En numerosos escritos de Bello encontramos expresada su opinión sobre la separación que debe existir entre el poder de juzgar, el de hacer las leyes y el de ejecutarlas; y es esta independencia lo más importante del principio que separa los poderes constitucionales, en cuanto se refiere a la seguridad y bienestar de los ciudadanos; es ella —decía— la «... que pone a cubierto la libertad individual de los embates a que se hallaría expuesta, si las facultades del juez confundidas con la vasta autoridad del legislador diesen lugar a la arbitrariedad o fueran el azote terrible de la opresión ligadas con el Poder Ejecutivo[364].

Por eso afirmaba tajantemente: «El poder de juzgar es independiente, es decir, no hay autoridad que encadene la libertad del magistrado para conocer, con arreglo a las leyes, en el negocio que se somete a su examen, ni para pronunciar la sentencia que fije los derechos controvertidos»[365] (209). En esta forma, el Poder Judicial es y tiene que ser independiente, en sus funciones, del Legislativo y del Ejecutivo, por lo que no puede haber injerencia de ninguno de éstos en la Administración de justicia. Textualmente Bello decía: «El Poder Judicial es en Chile, como en todo país organizado, un poder independiente que aplica la ley sin que pueda mirársele como parte. A él se someten las cuestiones en que es parte el Estado sea en pleitos con nacionales o extranjeros» [366].

«El Poder Judicial es independiente, procede por sí y bajo su responsabilidad...»[367].

Por tanto, añadía, «... el Gobierno en virtud de sus atribuciones constitucionales no puede prescribir a los Tribunales y Juzgados la conducta que hayan de observar en causa alguna en que se invoque su autoridad, porque la ley fundamental del Estado los ha colocado bajo este respecto en una completa independencia del Ejecutivo»[368].

---

364 «Independencia del Poder Judicial», en Andrés Bello, *Escritos jurídicos, políticos y universitarios, cit.*, pág. 85,

365 *Idem*, pág. 86.

366 *Obras Completas de Andrés Bello*, volumen XXII, Derecho Internacional, tomo IV, Caracas, 1969, pág. 434.

367 *Idem*, pág. 467. Además, señaló que: «el Poder Judicial es independiente y el Ejecutivo no puede sustraer al individuo que conforme a la Ley se hallare sometido a su jurisdicción», continúa afirmando que tal actuación sería «un atentado contra la Constitución» y que «sobre toda consideración estaría el deber imperioso de respetar la Constitución, de hacer respetar las leyes, deber que si a primera vista parece sólo en provecho de los nacionales, lo es también en provecho de los extranjeros que, como habitantes del país, están interesados en que las garantías aseguradas por la ley, sean respetadas por el Gobierno, así como por las demás autoridades del Estado». Idem, págs. 471-472.

368 *Obras Completas de Andrés Bello*, volumen XXII, *Derecho Internacional*, tomo IV, Caracas, 1969, pág. 137.

Bello así hace hincapié en la imposibilidad del Poder Ejecutivo de intervenir en los asuntos judiciales, es decir, de «... tener inherencia alguna en la administración de justicia» [369].

Sin embargo, conforme a la más adecuada doctrina iuspublicista, Bello entendía que tanto la justicia como la administración, cada una en su campo, eran actividades ejecutivas, en el sentido de ejecución de la ley. Por ello decía, el poder de juzgar es «... una emanación del Poder Ejecutivo. Aplicar una ley es el primer paso que se da en su ejecución, y por consiguiente un ramo de la ejecución, dependiente, en mucha parte, de la potestad que tiene a su cargo este último ramo de la administración pública» [370].

Sin embargo, a pesar de ser «ejecución» de la ley lo que caracteriza la actuación de la justicia, afirmaba, «El juez tiene toda la independencia imaginable para examinar por sí los hechos que se someten al poder de los Tribunales, y para aplicarle la ley, sin atender más que a los preceptos de ella y a los dictados de la conciencia propia. Pero, como en estas funciones, el juez no hace más que preparar la ejecución de las leyes, el que ejerza este ramo de los poderes constitucionales debe examinar cuidadosamente la marcha que siguen los funcionarios que las aplican, no para destruir la independencia de los juicios, remediando los abusos que se cometan en cada caso determinado, sino para precaver los que en lo sucesivo puedan cometerse, para hacer responsable al que los cometa, para velar con fruto sobre la inviolabilidad de las leyes, cuya observancia está confiada a su cuidado» [371].

b.   *La imparcialidad del Poder Judicial*

La segunda idea fundamental de Bello en cuanto al Poder Judicial era la imparcialidad que debía caracterizar el papel de los jueces para mantener la libertad individual, la justicia y en fin todos los beneficios civiles que se deben a la sociedad. Esta imparcialidad, en efecto, sólo se logra cuando no existe ningún interés por parte de los jueces en la causa que se ventila. Bello, en este sentido afirmaba: «En un Tribunal considero que la mayor perfección estriba en que cada uno de sus miembros esté desnudo hasta de la más remota sombra de interés en la causa que se ventile en él; es necesario que ésta no le toque ni directa ni indirectamente, ni como personas individuales, ni bajo otro aspecto alguno, y si fuese posible, que vinieran de otro planeta los jueces destinados a pronunciar su fallo en una corte de justicia, con el solo conocimiento ds las leyes preexistentes, ésta sería la mayor perfección posible a que pudiera llegarse en las deliberaciones judiciales» [372]; y reafirmaba: «En un Tri-

---

369   *Idem*, pág. 309. Por ello afirmaba «si el ejecutivo quiere no diremos dictar una decisión judicial, pero siquiera inclinar a un lado o a otro la opinión de los jueces en una causa, el Ejecutivo cometerá una culpable usurpación de autoridad, violando la independencia de los Tribunales», en «Independencia del Poder Judicial», en Andrés Bello, Escritos jurídicos, políticos y universitarios, *cit.*, pág. 88.

370   *Idem*, pág. 86.

371   *Idem*, pág. 87.

372   «1843-1846, terrenos abandonados por el mar», en *Obras Completas de Andrés Bello*, volumen XVII, *Labor en el Senado de Chile*, Caracas, 1958, pág. 222.

bunal de justicia sería de desear que no hubiese el más pequeño interés relativo a la materia que se ha de resolver,..»[373].

c.   *La sumisión a la ley*

El tercer aspecto que de acuerdo a Bello caracteriza al Poder Judicial, también en relación con la imparcialidad de los jueces, es la obligación que tienen de sujetarse exactamente a las leyes, es decir, su completa sumisión a las normas jurídicas. Para Bello la observancia de las leyes es fundamental, pues sin ellas la sociedad no podría subsistir. Por tanto, todas las personas y principalmente los que se encargan de darlas, sancionarlas y ejecutarlas, deben guiar su comportamiento y actuación por lo que las reglas jurídicas indican; pero señala que «es todavía, si cabe, mucho más fuerte la sujeción a las leyes en los encargados de administrar justicia. Los individuos en quienes está depositada esta gran confianza de los pueblos, no pueden en su desempeño separarse de las leyes; y por muy poderosas que sean las razones privadas que les asistan para apartarse de su tenor o declinar un tanto de él todas deben callar, no debiendo oírse en el santuario de la justicia otras voces que aquellas que, pronunciadas por la razón antes de los casos, dieron a los jueces las reglas seguras de su conducta, que de ningún modo podían consignarse a la elección de una voluntad sujeta a variaciones y extravíos. Puede muchas veces parecer al juez una ley injusta; puede creerla temeraria; puede encontrar su opinión apoyada en doctrinas que le parezcan respetables, y puede ser que no se equivoque en su concepto; pero, con todo, ni puede obrar contra esa ley, ni puede desentenderse de ella, porque, si en los jueces hubiera tal facultad, no ya por las leyes se reglarían las decisiones, sino por las particulares opiniones de los magistrados»[374].

Por supuesto, la sumisión a la ley implica que los jueces, al aplicar los preceptos jurídicos deben prescindir de personas y deben rechazar todas las diligencias extraordinarias que intenten los litigantes, fuera del juicio con la finalidad de ponerlos a su favor (Bello cita como ejemplos los obsequios, visitas privadas a los jueces, etcétera), y que pueden desviarlos en un momento dado de las leyes y obstaculizar la administración de justicia. En relación a esto Bello señalaba: «Inútil parece decir que, estando el juez de tal modo ligado a la ley, que no puede separarse de ella por más convincentes y justas que parezcan las razones en contrario, esa misma atadura debe hacerle que prescinda enteramente de personas, cuando se trata de aplicar las leyes»[375]. «Si es el juez, esclavo de la ley, si sobre ella no tiene arbitrio, si nada es tan opuesto a su oficio como la aceptación de personas, se sigue que nada puede ser tan reprobado como querer inclinar el ánimo de los jueces por otras vías que no son aquellas establecidas y justificadas por el derecho»[376].

Bello así insistía en reprobar el tráfico de influencias en el Poder Judicial. Sus palabras tendríamos que seguirlas repitiendo en la actualidad: «Todas las veces —

---

373   *Idem*, pág. 181.

374   Véase «Observancia de la ley» en Andrés Bello, *Escritos jurídicos, políticos y universitarios, cit*, págs. 74.75.

375   *Idem*, pág. 75.

376   *Idem*, págs. 75.76.

decía— que la influencia de una persona se interpone para lograr a favor de otra el buen éxito de un negocio judicial, debe considerarse, sean cuales fueren las circunstancias de aquélla, si puede tener algún título racional para tomar a su cargo el desempeño de este oficio. ¿Qué es lo que va a pedir al juez? Si gracia, ella no está en la esfera de sus atribuciones; si justicia, para esto no es parte, ni pide del modo que debe pedirse, ni el juez puede oírle, sino en el orden establecido por las leyes»[377].

d. La responsabilidad de los jueces

La cuarta idea fundamental de Bello en cuanto al Poder Judicial es la responsabilidad que deben tener los jueces en la administración de justicia. Este principio consiste en dar «...cuenta estricta de todo ejercicio del poder que la asociación ha delegado a sus mandatarios...»[378] y es bajo el imperio de las instituciones republicanas un deber impostergable. Así, pues, la responsabilidad de los gobernantes es una garantía a los derechos individuales, pero si es importante que cada funcionario sea responsable de sus actos en el ejercicio de sus funciones, cuando se trata de los funcionarios del Poder Judicial, destacaba que la responsabilidad debía ser mayor, ya que es una de las bases de una correcta administración de justicia[379]. Decía así «... ninguna de ellas más conservadora de nuestras garantías civiles, que la responsabilidad de los individuos del Poder Judicial»[380].

B. Exigencias de la administración de justicia

Pero Bello no sólo insistía en las características del Poder Judicial, como uno de los tres clásicos poderes del Estado, sino que desarrolló extensamente las exigencias de una correcta administración de la justicia por los jueces. Ello lo llevó a analizar no sólo las atribuciones del Poder Judicial, sino la forma cómo debían los jueces ejercer su mandato: con rectitud, celeridad y economía; además insistió en la necesidad ineludible de que los jueces fundamentaran sus decisiones y de que existiera publicidad de las mismas.

a. Atribuciones de los jueces

En cuanto a las atribuciones del Poder Judicial puntualizaba Bello que a los Tribunales de justicia les «... corresponde tomar conocimiento de todos los actos que están sometidos a la influencia de sus leyes, y prestar la fuerza de la autoridad pública a la defensa y vindicación de todos los derechos creados por ellas»[381], en otras palabras, son encargado de administrar justicia para lo cual es indispensable contar con un buen sistema de juicios que respete las garantías previstas en la Constitución.

---

377 *Idem*, págs. 76.77.

378 Véase «Necesidad de fundar las sentencias» en Andrés Bello, *Escritos jurídicos, político y universitarios, cit.*, pág. 112.

379 Véase «Administración de justicia» y «Responsabilidad de los jueces de Primera Instancia» en *Obras Completas de Andrés Bello*, volumen XV, *cit.* (en prensa).

380 Véase «Responsabilidad de los jueces de Primera Instancia», que apareció publicado en «El Araucano», en 1836, en *Obras Completas de Andrés Bello*, volumen XV, *cit.* (en prensa).

381 Obras Completas de Andrés Bello, volumen X, cit., página 98.

«... Sin un buen sistema de juicios —decía— la seguridad que recompensa el trabajo, el crédito que multiplica los capitales, la sociedad civil, cuyo sagrado vínculo son las leyes, la libertad que consiste en obedecer a ellas solas, la moral pública cuya verdadera y eficaz censura no puede existir sino en los Tribunales, son palabras sin sentido, y que, sin el goce de estos inapreciables bienes, nuestra independencia, cuando pudiésemos lisonjearnos de conservarla, no valdría una sola gota de la sangre heroica que ha corrido en tantos... combates»[382].

b. La rectitud de las decisiones

Pero para Bello, además, una buena administración de justicia debía reunir tres elementos fundamentales: «rectitud en las decisiones, celeridad, economía», y añade que estos elementos son tan esenciales «que la falta de uno de ellos reduce a nada los otros dos»[383].

Para conseguir la rectitud en las decisiones de los jueces, Bello sostenía que era indispensable por parte de los mismos «el conocimiento de la ley, conocimiento del hecho a que se aplica, integridad e imparcialidad»[384].

Pero para conocer la ley era y es necesario que su texto sea lo más claro posible, preciso y accesible. Por ello decía que la simplicidad de la ley era muy importante para su conocimiento, pero también se requería que el magistrado la estudiara. Además, el juez para aplicar una sentencia con rectitud debe tener un gran conocimiento del hecho sobre el cual ha surgido la disputa y sobre el cual debe decidir. Por último, se exige integridad e imparcialidad por parte de los magistrados, es decir, no deben tener el menor interés en la causa que se ventile, ya que de lo contrario no podrán ser completamente imparciales[385].

c. La celeridad judicial

En cuanto al segundo elemento para una buena administración de justicia: la celeridad, Bello señalaba que «nada interesa más a la mejor administración de justicia que la brevedad en el despacho -de los negocios; y nunca serán éstos más brevemente conducidos que cuando, después de allanados por las leyes en lo posible los estorbos que opone a la celeridad del despacho el recargo de inoficiosos trámites, de términos indebidos y fórmulas inútiles, su número es menor, y la atención de los jueces se reparte menos»[386].

---

382 Véase el «Mensaje del vicepresidente de la República, don Fernando Errázuriz al Congreso nacional (1831), en *Obras Completas de Andrés Bello*, volumen XVI, *Textos y mensajes de Gobierno*, Caracas, 1964, pág. 13.

383 Véase «Administración de justicia» en *Obras Completas de Andrés Bello*, volumen XV, *cit.* (en prensa).

384 *Idem* (en prensa).

385 *Idem* (en prensa).

386 *Idem* (en prensa).

d.   *La fundamentación de las sentencias*

Un aspecto de la administración de justicia en el cual Bello insistió mucho, y que constituye en la actualidad y siempre la base de una recta administración de justicia es la necesidad de que las decisiones judiciales fueran fundamentadas.

En cuanto a esta obligación de los jueces de fundar las sentencias Bello señalaba que como garantía para una «regular administración de justicia» no era un hallazgo del siglo XIX, sino que «había sido consagrado mucho antes en los Gobiernos populares»[387], y citaba como ejemplo a Francia que «... apenas libre, se apresuró a naturalizarlo»[388]. Para Bello la fundamentación de las sentencias por parte de los jueces, esto es, la obligación de exponer cuál es el fundamento que lo lleva a sentenciar en determinada forma, inspirado en la ley, era una necesidad para proteger el derecho de los ciudadanos y «... a que los Juzgados y Tribunales que fallan sobre su vida, honor y hacienda... apoyen sus decisiones en las leyes»[389].

El tema de la fundamentación necesaria de las sentencias, no sólo era esencial en la concepción de Bello, sino que es un tema siempre actual, base del derecho procesal contemporáneo, y único remedio contra la arbitrariedad de los jueces. Todavía en nuestra democracia del último cuarto del siglo XX debemos repetir a nuestros jueces lo que decía Bello hace bastante más de un siglo:

> «... siempre será necesario que el magistrado haya tenido algún fundamento para declarar, a nombre de la ley (porque no puede hacerlo de otro modo), que tal contrato es inválido, que tal acto es criminal y debe castigarse con esta o aquella pena, que tal demanda es justa, que tal excepción es legítima. No forma él estos juicios por una secreta inspiración. No hay un poder sobrenatural que mueva sus labios, sin el previo trabajo de sentar premisas y deducir consecuencias. ¿Es su sentencia la aplicación de una ley a un caso especial? Cite la ley. ¿Su texto es oscuro y se presta a diversas interpretaciones? Funde la suya. ¿Tiene algún vicio el título que rechaza? Manifiéstelo. ¿Se le presentan disposiciones al parecer contradictorias? Concílielas o expongan las razones que le inducen a preferir una de ellas. ¿La ley calla? Habrá a lo menos un principio general, una regla de equidad que haya determinado su juicio. De algunos antecedentes ha tenido por fuerza que deducirlo... ¿No deberá ser el público si un poder que pesa sobre todos los hombres se administra con inteligencia y pureza? ¿Y no es la exposición de los fundamentos de las sentencias el único medio de impartir este conocimiento?»[390].

Y agregaba Bello, en forma terminante: «A la verdad, si la sentencia no es otra cosa que la decisión de una contienda sostenida con razones por una y otra parte, esa decisión debe ser también racional, y no puede serlo sin tener fundamentos en que

---

387   Véase «Necesidad de fundar las sentencias» en Andrés Bello, *Escritos jurídicos, políticos y universitarios, cit.*, pág. 111.

388   *Idem*, pág. 111.

389   *Idem*, pág. 111.

390   *Idem*, pág. 113.

apoyarse; si los tiene, ellos deben aparecer, así como aparecen los que las partes han aducido en el juicio, que, siendo público, nada debe tener de reservado...

«Si el juez no puede proceder por su arbitrio, si en el ejercicio de sus funciones debe estar ligado a la decisión de las leyes, si éstas son las que conceden o niegan lo que se pretende en el juicio, y el juez sólo tiene en este acto el destino de aplicarlas; si su aplicación debe ser conforme a los hechos; si todo esto es cierto, decimos, nada es tan natural como que el juez, al tiempo de pronunciar su fallo; designe la ley que aplica, manifestando el hecho tal cual resulta de autos y cual lo exige la aplicación que ha hecho de la decisión o decisiones legales...

«Admitir sentencias no fundadas equivale, en nuestro concepto, a privar a los litigantes de la más preciosa garantía que pueden tener para sujetarse a las decisiones judiciales. ¿Son acaso infalibles los jueces? ¿No suelen equivocarse muchas veces en sus conceptos sobre la justicia o injusticia de los negocios?...»[391].

e. La publicidad de los juicios

Pero Bello, además, insistía en que también debía ser garantía de una sana y recta administración de justicia la publicidad de los juicios, fórmula básica para preservar la arbitrariedad y las prevaricaciones de los jueces.

Decía así, «la publicidad de los juicios, bajo cualquier aspecto que se mire, es, de todas las instituciones políticas, la más fecunda de buenos efectos. Ella es el único preservativo seguro de la arbitrariedad y de las prevaricaciones. Ella pone de bulto la fealdad de los delitos y vigoriza las leyes, amedrentando a sus infractores con la infamia, que no puede menos de acompañar a la convicción»[392]. Por ello concluía señalando que «las garantías que no se apoyen en una buena administración de justicia son fórmulas sin sustancia, y faltando la publicidad de los juicios, la administración de justicia es peor todavía en los estados populares que en los despóticos»[393].

SECCIÓN CUARTA:

LA CONCEPCIÓN DEL ESTADO EN LA OBRA DE SIMÓN BOLÍVAR (1984)

Esta Sección es el texto del estudio sobre "Ideas centrales sobre la organización el Estado en la Obra del Libertador y sus Proyecciones Contemporáneas", redactado para la conferencia leída en la Biblioteca de la ciudad de Mérida, el día 11 de octubre de 1983, con motivo de la conmemoración del día de la fundación de la ciudad. Fue publicado en el Boletín de la Academia de Ciencias Políticas y Sociales, N° 95-96, enero-junio 1984, pp. 137-151.

---

391 Véase «Administración de justicia», en *Obras Completas de Andrés Bello*, volumen XV, *cit.*

392 Véase «Publicidad de los juicios», en Andrés Bello, *Escritos jurídicos, políticos y universitarios*, *cit.*, pág. 96.

393 *Idem*, pág. 98.

I. INTRODUCCIÓN

Simón Bolívar fue, sin duda, un hombre del Poder. Lo ejerció militarmente, lo condujo civilmente, y además, lo concibió institucionalmente.

Su labor política no se redujo a comandar las guerras de independencia, y ejercer la conducción política de nuestros países en momentos de total desorganización, sino que lo llevó a la tarea de formular una concepción del Estado, adaptada a las convulsas sociedades que quedaron en estas tierras después de la Independencia. Ese Estado, de acuerdo a las modernas corrientes del constitucionalismo que comenzaban a formularse en esa época, debía conciliar el Poder con las libertades, de manera que el Estado fuera, como debe ser, la organización política de la sociedad para garantizar la libertad.

A la base de esa concepción estaba, por supuesto, el principio de la distribución del Poder. En efecto, rodos Los Estados Nacionales, y el liberalismo que les dio nacimiento, han partido del principio, siempre vigente, de que la concentración del poder es un atentado a la libertad; y al contrario, de que la mejor forma de garantizar la libertad en una Nación, es mediante un sistema de distribución del poder, en la organización del Estado.

Histórica y actualmente, este principio de la distribución del poder ha tenido dos vertientes: la distribución horizontal y la distribución vertical del poder. La primera ha configurado, tradicionalmente, a los sistemas de gobierno, dentro de la concepción de la separación de poderes; y la segunda, ha dado origen a la forma de los Estados, unitarios o federales, es decir, más o menos descentralizados. Ambos principios, aun cuando formulados en épocas distintas, coincidieron en su aplicación, con la aparición de los Estados liberales después de la Revolución Francesa y entre ellos de los Estados latinoamericanos. La separación de poderes es el producto de los teóricos del absolutismo; la descentralización política, es el producto de la práctica de la libertad y de la democracia, luego del surgimiento del Estado de derecho. Ambos marcaron el proceso de organización del Estado de derecho liberal, tanto europeos como latinoamericanos, y ambos aparecen en la concepción del Estado en la obra del Libertador.

Pero la organización del Poder del Estado, en esta concepción liberal, tenía que tener un sustento popular y democrático, y no podía resultar de la imposición de una persona. De allí el carácter republicano y no monárquico de nuestro régimen político desde la misma Independencia. Por ello, el establecimiento de un orden constitucional con base en la soberanía popular, legitimado a través de una Asamblea o Congreso, fue una constante en el pensamiento y acción del Libertador. No sólo así lo expresó en sus magistrales documentos políticos: el Manifiesto de Cartagena (1812), la Carta de Jamaica (1815) y el Discurso de Angostura (1819), sino que lo planteó repetidamente a lo largo de su vida: en 1813, en su comunicación al Congreso de Bogotá al conquistar Caracas, luego de la Campaña Admirable;[394] en 1814, en su Discurso en la Asamblea de 2 de enero en la Iglesia de San Francisco, en Caracas[395] en 1816, en su Proclama al desembarcar en Margarita e iniciar la Campaña de

---

394   Véase *Escritos del Libertador*, Caracas 1969, Tomo V, pág. 5.

395   Véase *Proclamas y discursos del Libertador*, Caracas 1939, pág. 83.

Oriente y Guayana[396]; en 1817 al instalar el Consejo de Estado en Angostura[397]; en 1818 en su Discurso en la sesión, del Consejo de Estado el 1 de octubre y en su Proclama a los Venezolanos el 22 de octubre[398]; en 1819 en su Proclama a los Granadinos el 8 de septiembre, luego de la Batalla de Boyacá al plantear la unión de la Nueva Granada y Venezuela[399] en 1824 en su proclama a los Peruanos el 25 de diciembre de 1824, con motivo de la Batalla de Ayacucho;[400] en 1825 en su alocución al Congreso constituyente del Perú, en Lima, el 10 de febrero;[401] en 1826, en su Discurso ante el Congreso constituyente de Bolivia el 25 de mayo[402] al presentar el Proyecto de Constitución para Bolivia,[403] y en su Proclama a los Venezolanos, en Maracaibo el 16 de diciembre de 1826, en la cual les exigía frente a las tendencias separatistas, no matar la Patria, y prometía "llamar al pueblo para que delibere" en una Gran Convención Nacional donde "el pueblo ejercerá libremente la omnipotencia, allí decretará sus leyes fundamentales" y concluía: "Nadie, sino la mayoría, es soberana"[404]; en 1828, en su Mensaje a la Convención de Ocaña el 29 de febrero de 1828[405] y en su Discurso ante el Consejo de Gobierno en Bogotá, después de la disolución de aquella Convención[406]; en 1829, en la convocatoria que hizo a los pueblos de Colombia para que manifestaran su opinión sobre el gobierno y la Constitución[407]; y en fin, 1830, en su Mensaje al Congreso Constituyente de la República de Colombia el 20 de enero de 1830[408] y en su Proclama a los Colombianos al dejar el mando, el 24 de enero de 1830.[409] En todos estos escritos, el Libertador planteó, siempre la necesidad de que la organización del Estado, y su constitución y gobierno, fueran una manifestación de la soberanía popular, y no el producto de la voluntad de un Jefe Supremo. Por ello, en todos los casos en que le correspondió asumir el Poder Público en su totalidad, siempre buscó su legitimación a través de la consulta a los pueblos y de la reunión de un Congreso o Asamblea.

Ahora bien, en la concepción de la organización constitucional del Estado con base en la soberanía popular, los dos sistemas mencionados de la distribución horizontal y vertical del Poder, se encuentran desarrollados y cuestionados en la obra del Libertador.

---

396   *Ibidem*, p. 146

397   *Ibidem*, p. 171 y 172

398   *Ibidem*, p. 193

399   *Ibidem*, p. 240

400   *Ibidem*, p. 298 y 299

401   *Ibidem*, p. 300 y 303

402   *Ibidem*, p. 322 y ss

403   Ver Simón Bolívar, *Proyecto de Constitución para la República Bolivariana*, Lima 1826 con notas de Antonio José de Sucre, Caracas 1978.

404   *Proclamas y Discursos del Libertador*, cit., p. 344

405   *Idem*, pág. 370

406   *Ibidem*, pág. 240

407   Véase en José Gil Fortoul, *Historia Constitucional de Venezuela*, Berlín 1904, Tomo I, pp. 468.

408   Véase *Proclamas y Discursos del Libertador*, cit. pp. 391 y sigts.

409   *Idem*, p. 399

II.   LA DISTRIBUCIÓN HORIZONTAL DEL PODER: LA SEPARACIÓN DE PODERES Y EL EJECUTIVO FUERTE

El principio de la separación de poderes, como distribución horizontal del poder político, es un producto de los ideólogos del absolutismo, al propugnar la limitación del poder político ilimitado del Monarca Absoluto, y entre ellos, un producto del pensamiento de Locke, de Montesquieu y de Rousseau.[410]

A la base de su concepción estaba la consideración del estado natural del hombre y del contrato original de la sociedad, origen del Estado, para la preservación de sus vidas, libertades y posesiones. El Estado surgió entonces para proteger los derechos "naturales" que no desaparecieron con el contrato social.

Bajo esta premisa se formuló un esquema de racionalización y sistematización de las funciones de todo Estado soberano, que podían "balancearse" sí se los situaba en distintas manos. Posteriormente, este ensayo de sistematización se convierte en la teoría de la división del poder que tanta influencia ha tenido en el constitucionalismo moderno, sobre todo por su conversión en "separación de los poderes" con motivo de la Revolución Francesa y de la Constitución norteamericana.

La libertad política, según Montesquieu, existía sólo en aquellas personas o en el mismo cuerpo de magistrados. Por tanto, formuló su proposición de que para garantizar la libertad las tres potestades no debían estar en las mismas manos, y que separadas, debían estar en plano de igualdad; de lo contrario, el poder no podría frenar el poder. Recordemos sus palabras "Todo estaría perdido si el mismo hombre, o el mismo cuerpo de notables, o de nobles, o del pueblo, ejercieran estos tres poderes: el de hacer las leyes, el de ejecutar las resoluciones públicas, y el de juzgar las exigencias o las diferencias de los particulares". Por ello, agregaba, "los príncipes que han querido convertirse en despóticos han comenzado siempre por reunir en su persona todas las magistraturas. "Estas tres potestades deberían —además— formar un reposo o una inacción. Pero como, por el movimiento necesario de las cosas, ellas deben andar, ellas estarían forzadas de andar concertadamente"[411].

A esta concepción de la división del poder se va a agregar, posteriormente, el postulado de Rousseau sobre la Ley como expresión de la voluntad general, y la exigencia del sometimiento del Estado a la Ley que él mismo produce. De allí surgió el principio de la supremacía del Poder Legislativo sobre los otros poderes, como piedra angular del Derecho Público, y sus secuelas contemporáneas, el principio de la legalidad y el Estado de derecho.

Los escritos de Locke, Montesquieu y Rousseau, conforman todo el arsenal histórico político que permitió la reacción contra el Estado absoluto y su sustitución por el Estado de derecho, como garantía de !a libertad, lo cual se concretó en la Revolución Francesa, en base a la exaltación del individualismo y la libertad. Como consecuencia de ella, el principio de la separación de poderes encontró consagración

---

410   Véase lo que hemos expuesto en Allan R. Brewer-Carías, *Cambio Político y Reforma del Estado en Venezuela*, Madrid, 1975.

411   Montesquieu *De l'Esprit des Lois* (ed. G. Trad), Paris 1949, Vol. I, Libro XI, Capitulo IV, pág. 165. *Cfr.* La referencia en Allan R. Brewer-Carías, *Cambio Político y Reforma del Estado en Venezuela*, cit. págs. 96 y 97.

expresa en la Declaración Universal de los Derechos del Hombre y del Ciudadano de 1789, conforme a la cual "cualquier sociedad en la cual las libertades no estuvieran debidamente garantizadas y no estuviese determinada la separación de poderes, no hay Constitución". La distribución horizontal del poder se convirtió así, en uno de los pilares básicos del constitucionalismo moderno.

Bajo la inspiración de estos principios se redactó la primera Constitución de Venezuela y de todos los países latinoamericanos, sancionada el 21 de diciembre de 1811, en la cual se estableció la igualdad como uno de los "derechos del hombre en sociedad" (estos eran conforme al artículo 151, la libertad, la igualdad, la propiedad y la seguridad) derivados del "pacto social". Esta concepción pactista encuentra su expresión en el propio texto constitucional, al expresar, sus artículos 141 y 142, lo siguiente: "Después de constituidos los hombres en sociedad han renunciado a aquella libertad ilimitada y licenciosa a que fácilmente los conducían sus pasiones, propias sólo del estado salvaje. El establecimiento de la sociedad presupone la renuncia de esos derechos funestos, la adquisición de otros más dulces y pacíficos, y la sujeción a ciertos deberes mutuos". "El pacto social asegura a cada individuo el goce y posesión de sus bienes, sin lesión del derecho que los demás tengan a los suyos".

En el orden jurídico-político, la Constitución de 1811 además, consagró expresamente la división del Poder Supremo en tres: Legislativo, Ejecutivo y Judicial, conforme a la más pura fórmula revolucionaria francesa, señalando expresamente que: "El ejercicio de esta autoridad confiada a la Confederación no podrá jamás hallarse reunida en sus diversas funciones", siendo preciso que se conserven "tan separados e independientes el uno del otro cuanto lo exija la naturaleza de un gobierno libre".

La separación de poderes era, así, la garantía esencial de la libertad. Ello llevó a Andrés Bello a considerar que el ensanche de la libertad civil en todos los pueblos civilizados de la tierra, "era debido casi exclusivamente a la observancia que tiene en ellos el principio de feliz invención que determina y separa los poderes constitucionales..." agregaba: "Cualquiera que sea la forma de gobierno, la observancia de este principio será la columna de los derechos civiles; y faltando él, no se podrá contar con ninguno de los bienes que deben asegurar al individuo las leyes de una sociedad organizada".[412]

Ahora bien, todo este mecanismo de separación de poderes v de hegemonía del Poder Legislativo, configuró en los primeros años de la vida republicana de Venezuela, todo un sistema de contrapeso de poderes para evitar la formación de un poder fuerte, que no sólo originó la caída de la primera República, sino que condicionó la vida republicana en las décadas posteriores. Contra esta debilidad del Poder Ejecutivo constitucionalmente consagrada, el cual además era tripartito, el primero que reaccionó fue el Libertador Simón Bolívar en su Manifiesto de Cartagena en 1812 y luego en su Discurso de Angostura en 1819, en el cual propondría al Congreso la adopción de una fórmula de gobierno con un Ejecutivo fuerte, lo cual, sin embargo, no fue acogido por la Constitución de 1819.

---

412 Véase la referencia en Allan R. Brewer Carías, *La concepción del Estado en la obra de Andrés Bello*, Madrid 1983.

Decía en su Discurso de Angostura: "Aquí el Congreso ha ligado las manos y hasta la cabeza a los Magistrados. Este cuerpo deliberante ha asumido una parte de las funciones ejecutivas, contra la máxima de Montesquieu, que dice que un Congreso representativo no debe tomar ninguna resolución activa: debe hacer leyes, y ver si se ejecutan las que hace. Nada es tan contrario a la armonía de los Poderes, como su mezcla. Nada es tan peligroso con respecto al pueblo, como la debilidad del Ejecutivo". Y agregaba: "En las Repúblicas el Ejecutivo debe ser el más fuerte porque rodo conspira contra él; en tanto que en las monarquías el más fuerte debe ser el Legislativo, porque todo conspira en favor del monarca..." y concluía diciendo "Por lo mismo que ninguna forma de Gobierno es tan débil como la Democrática, su estructura debe ser de la mayor solidez; y sus instituciones consultarse para la estabilidad. SÍ no es así, contemos con que se establece un ensayo de Gobierno, y no un sistema permanente: contemos con una sociedad díscola, tumultuaria y anárquica, y no con un establecimiento social, donde tengan su imperio la felicidad, la paz y la justicia."[413]

Insistía además, en su Discurso de Angostura "Cuando deseo atribuir al Ejecutivo una suma de facultades superiores a la que antes gozaba, no he deseado autorizar a un déspota para que tiranice la República, sino impedir que el despotismo deliberante sea la causa inmediata de un círculo de vicisitudes despóticas en que alternativamente la anarquía sea reemplazada por la oligarquía, y por la monocracia".[414]

Como se puede observar, el principio de la separación de poderes estuvo a la base del nacimiento de nuestras Repúblicas latinoamericanas, y en nuestros países, al igual que en todos los Estados del mundo moderno, ha condicionado la organización de los sistemas de gobierno, habiendo producido los dos clásicos: los parlamentarios o los presidenciales.

Sin embargo, como principio, progresivamente se ha visto modificado en su concepción.

Lo que propugnaba el Libertador en el inicio de nuestra vida republicana, la necesidad de estructurar un Ejecutivo fuerte, ha sido quizás, el signo más característico de la evolución de las democracias occidentales, que ha provocado que se haya pasado de la primacía original del legislador —propia del liberalismo clásico y su secuela, el parlamentarismo— a la primacía del Ejecutivo, en un sistema que sigue siendo de contrapeso entre los poderes.

La conclusión ha sido que el Parlamento no puede gobernar, y que el parlamentarismo, en el sentido de que la omnipresencia de los Parlamentos ha conducido a la impotencia de los gobiernos, debe dar paso a un Ejecutivo que aun sometido a controles, pueda efectivamente gobernar.

Ello, sin embargo, no se va logrado en el mundo moderno. La libertad misma se encuentra amenazada de no poderse ejercer, si no se resuelven agudos problemas económicos y sociales, que sólo el gobierno puede asumir. La garantía de la libertad entonces, ahora está más en poder estructurar un gobierno fuerte y estable, que go-

---

413   Véase el texto en Simón Bolívar, *Escritos Fundamentales*, Caracas 1982, pág. 132 y sigts.

414   *Idem*, p. 139

bierne efectivamente, que en someter la conducción de la vida política de los Estados, al lento trabajo parlamentario, signado por la ineficacia.

En nuestro país, progresivamente hemos venido penetrando en este túnel de la ineficacia política por el debilitamiento del Ejecutivo; y la tendencia del Parlamento a querer co-administrar, está llevando al propio Estado a una crisis de efectividad que conspira contra la propia democracia. Parece mentira, pero frente a esta tendencia a configurar un "despotismo deliberante" del que hablaba el Libertador en 1819, resulta necesario recordar de nuevo su exhortación al Congreso de Angostura: "que el Poder Legislativo se desprenda de las atribuciones que corresponden al Ejecutivo; y adquiera no obstante nueva consistencia, nueva influencia en el equilibrio de las autoridades"[415].

En todo caso, lo que hoy debemos tener más claro que nunca en la organización política del mundo contemporáneo, es que el principio liberal clásico de limitación y debilitamiento del Ejecutivo que criticaba Bolívar, debe ser superado, pues está provocando la crisis de la propia democracia, por ineficiente. Un gobierno débil, definitivamente, es incapaz de asumir las crisis económicas, sociales y políticas actuales y por venir; por lo que resulta necesario, urgentemente, impedir que las Cámaras Legislativas, a fuerza de querer co-gobernar y co-administrar, transfieran su impotencia e ineficacia al gobierno. Este tiene que estar en manos de un Ejecutivo fuerte, capaz de gobernar.

He ahí el reto del futuro: hacer un sistema político que permita efectivamente al Gobierno gobernar, sometido sin embargo a los controles parlamentarios o judiciales necesarios, como garantía de libertad. A tiempo estamos, sin duda, de recoger los frutos de las enseñanzas del Libertador.

III. LA DISTRIBUCIÓN VERTICAL DEL PODER: LA CENTRALIZACIÓN POLÍTICA Y LA REACCIÓN CONTRA EL FEDERALISMO

Pero la estructuración del Estado, como organización política de la sociedad para garantizar la libertad, no sólo se ha fundamentado en un sistema de distribución horizontal del poder, sino también en un sistema de distribución vertical del poder en el territorio.

Sin embargo, la distribución vertical efectiva no fue un principio que acompañó al nacimiento del Estado liberal de derecho, como sucedió con el principio de la separación de poderes. Al contrario, puede decirse, que el Estado que emerge de la Revolución Francesa fue un Estado tan centralizado como el del antiguo régimen, y paradójicamente constituyó el instrumento de la Revolución para la implantación de sus postulados: la eliminación de los privilegios y prerrogativas en manos de particulares mediante su transferencia al Estado, única forma de garantizar la igualdad propugnada por los postulados constitucionales.

Como consecuencia, el Estado liberal, con su separación horizontal de poderes, surgió como un Estado centralizado, con una Administración Centralizada, que concentraba el poder en el nivel nacional. Por ello, Alexis de Tocqueville, al analizar el sistema político federal de los Estados Unidos, consideraba como el "más funesto de

---

415   *Ibidem*, p. 135

todos los vicios", como inherente al sistema federal mismo, ..."la debilidad relativa del gobierno de la unión", pues estimaba que "una soberanía fraccionada será siempre más débil que una soberanía completa".[416] Por ello también, la rotunda afirmación de Bolívar en la comunicación que dirigió el 12 de agosto de 1813 al Gobernador de Barinas en la cual expone sus ideas fundamentales para la organización y buena marcha del Estado: "Jamás la división del poder ha establecido y perpetuado gobiernos, sólo su concentración ha infundido respeto para una nación".[417]

Puede decirse, por tanto, que el modelo de Estado que surgió de la Revolución Francesa y que influenció a las nacientes Repúblicas latinoamericanas, fue el Estado nacional centralizado. Liberalismo y centralismo burocrático fueron, así, los cimientos sobre los cuales el Estado nacional se conformó durante todo el siglo pasado, y ello permitió, sin duda, el desarrollo de las sociedades industriales contemporáneas. Este esquema, además, fue el que permitió el afianzamiento del intervencionismo y el desarrollo del dirigismo como filosofías de acción política contemporáneas.

Sin embargo, en esa configuración del Estado a comienzos del siglo pasado, la organización política de los Estados Unidos había sido una disidencia importante, pues por la extensión de su territorio y por el desarrollo de la democracia, se montó sobre un principio contrario a la concentración y centralización del poder, es decir, sobre una distribución vertical del poder, que originó la forma federal del Estado. A pesar de ser una fórmula política de organización de la sociedad específica para el sistema de vida norteamericano, tuvo una gran influencia en la organización de otros Estados, y en particular, de las nacientes Repúblicas latinoamericanas.

En efecto, al momento de la Independencia, el sistema español había dejado en el territorio de las nuevas Repúblicas un sistema de poderes autónomos provinciales y citadinos, hasta el punto de que la Declaración de Independencia la realizan los cabildos en las respectivas provincias, iniciándose el proceso en el Cabildo de Caracas el 19 de abril de 1810. Se trataba, por tanto, de construir Estados, en territorios disgregados en autonomías territoriales descentralizadas en manos de Cabildos o Ayuntamientos coloniales. La Federación, así, fue hasta cierto punto, la fórmula sacada de la Constitución norteamericana, para integrar pueblos habituados a un sistema de poderes descentralizados, y ella fue adoptada en nuestra República. En esta forma, la Constitución venezolana de 1811, recibió la influencia directa de la Constitución norteamericana en la configuración del Estado, como un Estado federal, y a partir de ese momento, el fantasma de la idea federal nos va a acompañar durante toda nuestra historia política y condicionar nuestras instituciones desde su mismo nacimiento.

El Libertador fue un crítico feroz de la forma federal, y por tanto, de todo esquema de distribución vertical del poder en nuestras nacientes Repúblicas, y a todo lo largo de su vida política no cesó de condenar el federalismo y alabar el centralismo como la forma de Estado adecuada a nuestras necesidades.

Así, en el Manifiesto de Cartagena en 1812, al año siguiente de la sanción de la Constitución y caída la Primera República, escribía:

---

416   Véase Alexis de Tocqueville, *La democracia en América*, México, 1973, pág. 159 y sigts.

417   Véase el texto en *Escritos del Libertador*, Tomo V, *cit.*, pág. 24.

"... lo que debilitó más el Gobierno de Venezuela fue la forma federal que adoptó, siguiendo las máximas exageradas de los derechos del hombre, que autorizándolo para que se rija por sí mismo, rompe los pactos sociales, y constituye a las naciones en anarquía. Tal era el verdadero estado de la Confederación. Cada Provincia se gobernaba independientemente; y a ejemplo de éstas, cada ciudad pretendía iguales facultades alegando la práctica de aquéllas, y la teoría de que todos los hombres y todos los pueblos gozan de la prerrogativa de instituir a su antojo el gobierno que les acomode". "El sistema federal, bien que sea el más perfecto y más capaz de proporcionar la felicidad humana en sociedad, es, no obstante, el más opuesto a los intereses de nuestros nacientes Estados".[418]

Coincidía el Libertador con Alexis de Tocquevüile, quien afirmaba respecto de la Constitución de los Estados Unidos, que "se parece a esas bellas creaciones de la industria humana que colman de gloria y de bienes a aquellos que las inventan; pero permanecen estériles en otras manos".[419]

Ahora bien, frente al esquema federal, el Libertador propugnaba una forma de Estado centralizada. Por ello afirmaba, en el mismo Manifiesto de Cartagena: "Yo soy de sentir que mientras no centralicemos nuestros gobiernos americanos, los enemigos obtendrán las más completas ventajas; seremos indefectiblemente envueltos en los horrores de las disensiones civiles, y conquistados vilipendiosamente por ese puñado de bandidos que infestan nuestras comarcas".[420] Esto mismo lo repetía al año siguiente, en la comunicación que dirigió en 1813 al Gobernador de Barinas en la cual expuso ideas fundamentales para la organización y buena marcha del Estado, en la cual afirmaba: "...no son naciones poderosas y respetadas sino las que tienen un gobierno central y enérgico"[421].

Posteriormente en 1815 en su famosa Carta de Jamaica, insistió el Libertador en sus críticas al sistema federal al constatar que: "...así como Venezuela ha sido la república americana que más se ha adelantado en sus instituciones políticas, también ha sido el más claro ejemplo de la ineficacia de la forma democrática y federal para nuestros nacientes estados"[422]; y posteriormente en 1819, expresaba en su Discurso de Angostura: "Cuanto más admiro la excelencia de la Constitución Federal de Venezuela, tanto más me persuado de la imposibilidad de su aplicación a nuestro estado".[423]

"El magnífico sistema federativo", decía "no era dado a los venezolanos ganarlo repentinamente al salir de las cadenas. No estábamos preparados para tanto bien; el bien como el mal, da la muerte cuando es súbito y excesivo". Y agregaba "Horrorizado de la divergencia que ha reinado y debe reinar entre nosotros por el espíritu sutil que caracteriza al gobierno federativo, he sido arrastrado a rogaros para que

---

418   Véase el texto en Simón Bolívar, *Escritos Fundamentales, cit.*, pp. 61 y 62.

419   Véase en Alexis de Tocqueville, *op. cit.* p. 159

420   Véase en Simón Bolívar, *Escritos Fundamentales, cit.*, pág. 63

421   Véase Simón Bolívar, *Escritos Fundamentales, cit.*, p. 63.

422   *Ídem*, pág. 97

423   *Ibídem*, pág. 120

adoptéis el centralismo y la reunión de todos los Estados de Venezuela en una República sola, e indivisible..."[424].

Este criterio político del Libertador a favor del centralismo lo va a acompañar hasta el fin de sus días. Así lo vemos expuesto en 1829 en una carta que envía desde Guayaquil a su antiguo edecán general Daniel Florencio O'Leary, al calificar al sistema federal, como: "...una anarquía regularizada, o más bien es la Ley que prescribe implícitamente la obligación de disociarse y arruinar el Estado con todos sus individuos", lo que lo llevó a afirmar rotundamente: "Yo pienso que mejor sería para la América adoptar el Corán que el gobierno de los Estados Unidos, aunque es el mejor del mundo..."[425].

A pesar de la clara posición del Libertador sobre el sistema federal, éste, sin embargo, no sólo se impuso en Venezuela en la Constitución de 1830, sino después de las guerras federales, en la Constitución de 1864. Otros países latinoamericanos siguieron también el modelo federal y otros optaron, sin embargo, por el modelo unitario.

Ahora bien, después de más de siglo y medio de evolución del Estado Nacional, éste está en crisis en sus dos formas clásicas: la del Estado Unitario y las del Estado Federal, según el sistema de distribución vertical del poder.

En todo caso esa dicotomía clásica puede decirse que nunca existió en la práctica con criterios y fronteras definidoras precisas. Nunca ha existido un Estado Unitario puro, sin alguna forma de entes descentralizados, así como tampoco ha existido un Estado Federal puro, completamente descentralizado. La crisis del Estado Nacional centralizado ha provocado por ello, la crisis de las formas clásicas tanto de Estado Unitario como de Estado Federal, pues ambas han sido el soporte de aquél, y ella se ha puesto en evidencia en un doble proceso contradictorio que en ellos se ha operado: el Estado Unitario ha tendido cada vez más a descentralizarse, pero sin llegar al esquema ideal e inexistente del federalismo clásico; y el Estado Federal se ha caracterizado por un creciente proceso de centralismo, sin llegar, tampoco, al extremo del Estado Unitario, y comenzando a regresar, ahora, hacia nuevas formas descentralizadoras. Por ello el signo contemporáneo de la evolución del Estado parece ser el de una convergencia hacia soluciones de organización política descentralizadas similares: los Estados Unitarios tienden a región al izarse y los federalismos, después de haberse centralizado, vuelven a seguir esquemas descentralizadores.

No hay que olvidar que en ese proceso evolutivo la democracia pluralista transformó los viejos Estados Unitarios, pues provocó el surgimiento de niveles inferiores de poder a nivel local: la democracia implicó, así la descentralización de los Estados Unitarios por lo que en éstos se puede distinguir, siempre, un grado de descentralización local, en el sentido de la existencia de colectividades político-territoriales menores: municipios o comunas, con autonomía político-territorial.

Pero las propias exigencias de la democracia pluralista han provocado la necesidad de establecer un sistema político o forma de Estado, que acerque más las instituciones políticas a los ciudadanos, asegure la participación democrática en varios

---

424 *Ibídem*, p. 140

425 *Ibídem*, pág. 200 y 201

niveles territoriales y no sólo en el nivel local, y permita la efectiva satisfacción de las necesidades colectivas en sociedades industrializadas y urbanas complejas. De allí que haya sido una tendencia general contemporánea en todos los Estados Unitarios, la aparición primero, de niveles intermedios desconcentrados (Regiones o Departamentos) para la acción nacional y resolución de los asuntos públicos; y luego, un proceso de regionalización política, dando origen a una nueva forma de Estado que comienza a delinearse: la del Estado Regional, institucionalizada ya en Italia, España y Bélgica y programado en Francia.

En todo caso, el proceso de descentralización política que se observa tanto en Estados Unitarios como Federales debe verse como una técnica de perfeccionamiento de la democracia, al hacerla más participativa y representativa, y que al igual que la primacía del Ejecutivo, es una exigencia que debe guiar el proceso de reforma del Estado, también, para garantizar la libertad, en este caso, democrática.

IV. CONCLUSIÓN

Sin duda, a la base de la concepción del Estado en la obra de Bolívar, como hemos visto, está el sistema de distribución del poder, en sus dos vertientes, lo cual además, ha sido una constante en la concepción de los Estados Nacionales del mundo moderno. Ese sistema puede decirse que aún tiene vigencia, a través de los principios de separación de poderes y de descentralización política. Sin embargo, la implementación de esos dos principios ahora está en crisis debido a la crisis del propio Estado Nacional.

En cuanto a los sistemas de distribución horizontal del poder, hemos señalado que la propia libertad está imponiendo un vuelco en la primacía de algunos de los Poderes del Estado, identificándose una clara tendencia a la primacía del Ejecutivo, como factor de gobierno. Ello no ha impedido, sin embargo, las interferencias del legislador en el gobierno, acentuando la crisis del Estado, por la ineficacia del mismo en la atención de las exigencias económicas y sociales de las sociedades contemporáneas. En todo caso, una de las soluciones de la crisis del Estado Nacional está en el pase de la primacía del Legislador a la primacía del Ejecutivo, sometido, sin embargo, a los necesarios controles del Parlamento y de los Tribunales.

En cuanto a los sistemas de distribución vertical del poder, ha sido la propia democracia pluralista contemporánea, la que está imponiendo un vuelco en las formas clásicas del Estado: los Estados Unitarios tienden a descentralizarse, y los Estados Federales Centralizados, tienden, también, a descentralizarse bajo el esquema de un nuevo federalismo. La necesaria democratización de la democracia, y la creciente demanda de eficiencia en la actuación de los entes públicos, ha provocado el necesario descenso de los niveles verticales del poder, de manera de acercarlo al ciudadano, para que éste pueda efectivamente participar.

En todo caso, la superación de la crisis del Estado Nacional centralizado está en sus propias formas de distribución del poder, las cuales hoy, para garantizar la libertad, deben ser reformadas. Nuevas libertades y nuevas Naciones exigen una nueva organización del Estado, y ella es la tarea fundamental que tiene nuestra generación.

SECCIÓN QUINTA:

LOS ORÍGENES DEL SISTEMA MIXTO O INTEGRAL DE CONTROL DE CONSTITUCIONALIDAD (1995)

Esta Sección es la nota histórica sobre el tema publicada en el libro: *El Sistema Mixto o Integral de Control de la Constitucionalidad en Colombia Y Venezuela,* Universidad Externado de Colombia (Temas de Derecho Público Nº 39) y Pontificia Universidad Javeriana (Quaestiones Juridicae Nº 5), Bogotá 1995, 120 pp.

Dentro de los sistemas de control de la constitucionalidad que existen en el mundo, el sistema mixto de control de constitucionalidad que existe en Colombia y Venezuela, se configura como un modelo de justicia constitucional en sí mismo, mixto o integral, que combina el llamado sistema difuso con el sistema concentrado de control de constitucionalidad, y que se consolidó en nuestros países mucho antes de que este último se hubiese comenzado a implantar en Europa[426]. También funciona en Guatemala, Perú, Brasil y El Salvador[427].

En efecto, en Venezuela, en la Constitución de 1858 se previó la competencia de la Corte Suprema de Justicia para conocer de la *acción popular* de inconstitucionalidad de los actos de las Legislaturas Provinciales, al atribuírsele en el artículo 113, ordinal 8° competencia para:

"Declarar la nulidad de los Actos Legislativos sancionados por las legislaturas provinciales, *a petición de cualquier ciudadano*, cuando sean contrarios a la Constitución".

Esta atribución de la Corte Suprema se amplió, a partir de la Constitución de 1893, respecto de las leyes, decretos y resoluciones inconstitucionales (art. 110, ord. 8°).

Este control concentrado de la constitucionalidad se estableció, en paralelo, con el control difuso desarrollado durante el siglo pasado por la previsión expresa de la garantía objetiva de la Constitución (nulidad de los actos inconstitucionales) a partir de 1811[428], el cual encontró consagración legal expresa a partir del Código de Pro-

---

426 El modelo colombo-venezolano fue analizado con el espíritu críico que lo caracterizó, por Manuel Gaona Cruz, en las Primeras Jornadas Venezolano-Colombianas de Derecho Pœblico que organizamos en Caracas en 1983 en su trabajo "El control de constitucionalidad de los actos jur'dicos en Colombia ante el Derecho Comparado," en *Derecho Pœblico en Venezuela y Colombia, Archivo de Derecho Pœblico y Ciencias de la Administración,* Vol. VII, 1984-1985, Instituto de Derecho Público, Caracas 1986, pp. 39 a 114; y en el Simposio organizado por la Universidad Externado de Colombia en 1984, recogido en el libro *Aspectos del control constitucional en Colombia,* Bogotá 1984, pp. 67 a 89.

427. Véase en general, Allan R. Brewer-Carías, *Judicial Review in Comparative Law,* Cambridge 1989, pp. 183 y ss.

428. Véase Humberto J. La Roche, "La jurisdicción constitucional en Venezuela y la nueva Ley Orgánica de la Corte Suprema de Justicia" en *La jurisdicción constitucional en Iberoamérica, II Coloquio Iberoamericano de Derecho Constitucional,* Universidad Externado de Colombia, Bogotá 1984, pp. 503 y ss. Véase sobre el sistema venezolano, Allan R. Brewer-Carías, *El control de la constitucionalidad de los actos estatales,* Caracas 1977; *Estado de Derecho y Control Judicial,*

cedimiento Civil de 1897, en una norma que se ha conservado desde entonces en todos los Códigos posteriores, en la cual se estableció:

"Art. 10. Cuando la Ley vigente, cuya aplicación se pida, colidiere con alguna disposición constitucional, los tribunales aplicarán ésta con preferencia".

En el caso de Colombia, la competencia de la Corte Suprema de Justicia en materia de control de constitucionalidad se estableció por primera vez en la Constitución de 1886, respecto de los actos legislativos, en forma limitada y preventiva cuando hubiesen sido objetados por el Gobierno (arts. 88, 90 y 151, ord. 4°).

Posteriormente, en 1887, el artículo 5 de la Ley 57 estableció que:

"Art. 5°. Cuando haya incompatibilidad entre una disposición constitucional y una legal, preferirá aquélla."

La norma consagraba el control difuso de la constitucionalidad de las leyes, pero lamentablemente, no por mucho tiempo, pues la Ley 153 del mismo año (art. 6°) eliminó toda posibilidad de que los jueces pudieran desaplicar leyes dictadas con posterioridad a la Constitución de 1886 que considerasen inconstitucionales en la resolución de casos concretos, exigiéndoles al contrario, aplicarlas "aún cuando parezca contraria a la Constitución" (art. 6°). El control difuso sólo quedó entonces vigente, respecto de leyes pre-constitucionales[429], lo que en realidad consistía en un ejercicio interpretativo sobre el poder derogatorio de la Constitución respecto de las leyes precedentes.

Posteriormente, sólo fue mediante el Acto Legislativo N° 3 de 31-10-1910 (reformatorio de la Constitución Nacional), que el sistema colombiano de justicia constitucional adquirió plena consagración, de carácter mixto, al establecerse en los artículos 40 y 41, la *acción popular* de inconstitucionalidad, en paralelo con el control difuso de la constitucionalidad de las leyes, en la forma siguiente:

"Art. 40. En todo caso de incompatibilidad entre la Constitución y la Ley se aplicarán de preferencia las disposiciones constitucionales.

Art. 41. A la Corte Suprema de Justicia se le confía la guarda de la integridad de la Constitución. En consecuencia, además de las facultades que le confieren ésta y las leyes, tendrá las siguientes:

Decidir definitivamente sobre la exequibilidad de los actos legislativos que hayan sido objetados como inconstitucionales por el Gobierno, o sobre todas las leyes o decretos acusados ante ella *por cualquier ciudadano* como inconstitucionales, previa audiencia del Procurador General de la Nación."

De lo anterior resulta que la *acción popular* de control jurisdiccional de la constitucionalidad de las leyes, tiene su antecedente en la Constitución venezolana de

---

Madrid, 1987, pp. 25 y ss.; y "La Justicia Constitucional en Venezuela" en *Revista de la Universidad Externado de Colombia*, N° 3, Bogotá 1986, pp. 527 y ss.

429. Véase Manuel Gaona Cruz, "El control constitucional...", *loc. cit*, p. 91.

1858[430] y en la Constitución colombiana de 1910; y que en el derecho positivo, el control difuso de la constitucionalidad de las leyes se consagró formalmente en Venezuela a partir de 1897 y en Colombia en un breve período en 1887 y luego, a partir de 1910.

Las reformas constitucionales que se han efectuado durante el presente siglo no han variado el modelo colombo-venezolano de control de la constitucionalidad, a la vez difuso y concentrado; siendo la única modificación la efectuada, en Colombia, de carácter orgánico, al atribuirse los aspectos del control concentrado, en 1979, a la Sala Constitucional de la Corte Suprema de Justicia y a partir de 1991, a la Corte Constitucional, pero sin variarse, afortunadamente, el modelo mixto o integral, que se erige como un tercer género frente al modelo de control concentrado exclusivo, europeo o latinoamericano; y al modelo americano o difuso.

Este sistema mixto o integral de control de la constitucionalidad, colombo-venezolano, con razón lo calificó Manuel Gaona Cruz, a pesar de todas las críticas que se le han hecho[431], como:

> "el sistema de control constitucional más eficiente, completo, experimentado, avanzado y depurado de Occidente y por lo tanto del orbe, pues aglutina la organización, los mecanismos y la operancia de todos los existentes"[432].

Por ello, ante las propuestas que se habían formulado en Colombia para el establecimiento de un sistema de control exclusivamente concentrado (en la orientación del sistema panameño, más que del modelo europeo), el mismo Manuel Gaona finalizaba su exposición en el Simposio de 1984, advirtiendo:

> "Francamente, entonces, no nos dejemos influir por manías doctrinarias extranjerizantes, que como no nos conocen, nos interpretan mal; ni menos por intereses ocasionales y pasajeros, siempre constantes y siempre distintos, de estirpe política o de efímero lucimiento personalista. Conozcamos y defendamos lo que tenemos y no sustituyamos por prurito imitativo lo que ya hemos perfeccionado y logrado con mayor experiencia y solidez llevar a un grado superior de avance y completud, como aporte al mundo de nuestro genio jurídico nacional"[433].

Afortunadamente, el modelo no ha variado, y como se dijo, la diferencia fundamental entre el sistema colombiano y el venezolano es de carácter orgánico, en el sentido de que las competencias anulatorias de leyes inconstitucionales en Colombia, corresponde a la Corte Constitucional, integrada en el Poder Judicial; y en cambio, en Venezuela, como antes sucedía en Colombia, a la Corte Suprema de Justicia, situada en la cúspide del Poder Judicial.

---

430. Contrariamente a lo que afirma Cesar A. Quintero, "La jurisdicción constitucional en Panamá", en Jorge Fabrega P. (Compilador), *Estudios de Derecho Constitucional Panameño*, Panamá, 1987, p. 826.

431. Véase Luis Carlos Sáchica, *El control de constitucionalidad*, Bogotá 1980, pp. 58 y 59; y *La Corte Constitucional y su jurisdicción*, Bogotá 1993, p. 24 y ss.

432. Véase en el libro de la Universidad Externado de Colombia, *Aspectos del control constitucional en Colombia*, cit. p. 67.

433. *Idem*, p. 89

En todo caso, sobre este sistema de justicia constitucional que existe en Venezuela y Colombia, de carácter mixto, la propia Corte Suprema de Justicia de Venezuela, al insistir sobre el ámbito del control de la constitucionalidad de las leyes, ha señalado que está encomendado:

"no tan sólo al Supremo Tribunal de la República, sino a los jueces en general, cualquiera sea su grado y por ínfima que fuere su categoría. Basta que el funcionario forme parte de la rama judicial para ser custodio de la Constitución y aplicar, en consecuencia, las normas de ésta prevalecientemente a las leyes ordinarias... Empero, la aplicación de la norma fundamental por parte de los jueces de grado, sólo surte efecto en el caso concreto debatido, y no alcanza, por lo mismo, sino a las partes interesadas en el conflicto; en tanto, que cuando se trata de la ilegitimidad constitucional de las leyes pronunciadas por el Supremo Tribunal en ejercicio de su función soberana, como intérprete de la Constitución y en respuesta a la acción pertinente, los efectos de la decisión se extiende *erga omnes* y cobran fuerza de ley. En el primer caso, el control es incidental y especial; y en el segundo, principal y general; y cuando éste ocurre, vale decir, cuando el recurso es autónomo, éste es formal o material, según que la nulidad verse sobre una irregularidad concerniente al proceso elaborativo de la ley, o bien que no obstante haberse legislado regularmente en el aspecto formalista, el contenido intrínseco de la norma adolezca de vicios sustanciales"[434]

En todo caso, además, tanto en Venezuela como en Colombia, el sistema mixto de control de la constitucionalidad, que combina el control concentrado con el control difuso, está concebido en paralelo con la consagración de garantías judiciales para la protección de los derechos constitucionales a través de las acciones de amparo o de tutela, cuyo conocimiento corresponde a todos los tribunales, generalmente de primera instancia

---

434. Véase sentencia de la antigua Corte Federal de 19-6-53, en *Gaceta Forense*, N° 1, 1953, pp. 77 y 78.

EL DESARROLLO DEL CONSTITUCIONALISMO EN VENEZUELA DESPUÉS DE CARACAS (1811): ANGOSTURA (1819), CÚCUTA (1821) Y VALENCIA (1830)
(2005)

Esta Séptima-Parte es el estudio sobre *Cádiz y los orígenes del constituciona-lismo en Venezuela. Después de Caracas (1811): Angostura (1819), Cúcuta (1821) y Valencia (1830)*, expuesto en el *Congreso: 1812: fra Cadice e Palermo – entre Cádiz y Palermo. Nazione, rivoluzione, constituzione, representanza politi-ca, libertà garantite, autonomie*, organizado por la Unión Latina y la Università degli Strudi di Messina, en Palermo y Messina, los días 5 al 12 de diciembre de 2005. El texto de esta Ponencia se recogió también en nuestro libro: *Los inicios del proceso constituyente hispano y americano. Caracas 1811 – Cádiz 1812*, (Prólogo de Asdrúbal Aguiar), Editorial bid & co. Editor, Colección Historia, Caracas 2012, pp. 175–229.

Los orígenes del constitucionalismo venezolano se sitúan, en primer lugar, en las discusiones y actos adoptados por el antiguo Cabildo de Caracas, convertido el 19 de abril de 1810, en Junta Suprema de las Provincias de Venezuela, conservadora a de los derechos de Fernando VII, quien ya se encontraba en Francia luego de haber abdicado al Trono de la Corona española.

En dicha Junta se planteó el desconocimiento de la supuesta autoridad de la Re-gencia de Cádiz en estas provincias, entre otros factores, por no haber sido consti-tuida por el voto de los habitantes de las mismas, las cuales, como todas las ameri-canas, habían dejado de ser colonia y habían sido declarada como parte de la Corona de España.

La idea de constituir un gobierno propio y darse una constitución propia derivó del proceso de la independencia que continuó al convocarse, un año después, un Congreso o Junta General de Diputados de las Provincias de Venezuela para esta-blecer un gobierno democrático representativo, a cuyo efecto se dictó el Reglamento de elección y reunión de diputados de 11 de junio de 1810, quizás la primera ley electoral del Continente latinoamericano.

Por ello, en segundo lugar, los orígenes del constitucionalismo también se sitúan en las discusiones de este Cuerpo representativo, compuesto de diputados provinciales electos en siete de las nueve Provincias de la antigua Capitanía General de Venezuela, mediante elecciones relativamente universales e indirectas, los cuales se constituyeron en Congreso General de las Provincias de Venezuela.

Este Congreso se instaló el 2 de marzo de 1811, y a partir del 25 de junio de 1811, cuando comenzaron sus sesiones, el objetivo que lo guió fue la redacción de una Constitución democrática, republicana y representativa, la cual se sancionó el 21 de diciembre de 1811. La misma fue precedida, además, por la formal declaración de los Derechos del Pueblo el 1° de julio de 1811 y de la también formal declaración de la Independencia el 5 de julio de 1811[1].

Todo lo anterior ocurría antes de que se hubiese promulgado la Constitución de Cádiz el 19 de marzo de 1812, y en paralelo a las reuniones de las Cortes de Cádiz que se habían instalado el 24 de septiembre de 1810, y en las cuales también se había comenzado a delinear una Constitución Monárquica de democracia representativa. Ya en otro lugar nos hemos referido a la ausencia de influencia del constitucionalismo de Cádiz en los orígenes del constitucionalismo venezolano en 1811[2]; por lo que ahora queremos referirnos al proceso constitucional venezolano posterior reflejado en las Constituciones de 1819 (Angostura), 1821 (Cúcuta) y 1830 (Valencia), y la también ausencia de influencia de la Constitución de Cádiz en el mismo, la cual por lo demás, para 1814 ya había sido anulada.

I.   LA INFLUENCIA DE LA CONSTITUCIÓN DE CÁDIZ DESPUÉS DE 1820

En efecto, la Constitución de Cádiz sólo estuvo en vigencia en España y sus dominios escasos dos años (19–03–1812/04–05–1814), pues fue anulada por el mismo Fernando VII en 1814. Debe recordarse que el 8 de diciembre de 1813, Napoleón firmó en Valençay un Tratado de Paz con Fernando VII, reconociéndolo como Rey. Meses después, los Aliados europeos entrarían en Paris (31 de marzo de 1814), imponiendo la constitución de un gobierno transitorio, y tres días después, el 3 de abril de 1814, el Senado pronunciaría el fin del Imperio, removiendo a Napoleón quien fue exilio a la isla de Elba, comenzando la restauración de la Monarquía en Francia con Luis XVIII.

---

1   Véase los textos en Allan R. Brewer-Carías, *Las Constituciones de Venezuela*, Academia de Ciencias Políticas y Sociales, Caracas 1997, pp. 361-281; y *Libro de Actas del Supremo Congreso de Venezuela 1811-1812*, (Estudio Preliminar: Ramón Díaz Sánchez), Biblioteca de la Academia Nacional de la Historia, 2 Vols., Caracas 1959.

2   Véase Allan R. Brewer-Carías, "El paralelismo entre el constitucionalismo venezolano y el constitucionalismo de Cádiz (o de cómo el de Cádiz no influyó en el venezolano)" Ponencia al I Simposio Internacional La Constitución de Cádiz de 1812. *Hacia los orígenes del constitucionalismo iberoamericano y latino*, Unión Latina, Centro de Estudios Constitucionales 1812, Centro de Estudios Políticos y Constitucionales, Fundación Histórica Tavera, Cádiz, España, 24 al 27/04/02, publicada en *La Constitución de Cádiz. Hacia los orígenes del Constitucionalismo Iberoamericano y Latino*, Unión Latina-Universidad Católica Andrés Bello, Caracas 2004, pp. 223-331; y en *El Estado Constitucional y el derecho administrativo en Venezuela, Libro Homenaje a Tomás Polanco Alcántara*, Universidad Central de Venezuela, Caracas 2005, pp. 101-189. Forma la primera Parte de este libro.

En España, el mes siguiente, el 4 de mayo de 1814, Fernando VII también iniciaría la restauración monárquica, adoptando su célebre Manifiesto sobre abrogación del Régimen Constitucional mediante el cual restableció el absolutismo, declarando "nulos y de ningún valor ni efecto, ahora, ni en tiempo alguno, como si no hubiesen pasado jamás..., y se quitasen de en medio del tiempo" la Constitución y los actos y leyes dictados durante el período de gobierno constitucional[3]. Se extinguió, así, por Reales Cédulas de junio y julio de 1814, la nueva concepción del Estado que los constituyentes de Cádiz habían concebido como Monarquía constitucional, con un nuevo régimen municipal y provincial, todo lo cual se eliminó, restableciéndose el sistema a la condición que tenía en marzo de 1808.

Sin embargo, seis años después, en marzo de 1820, después del pronunciamiento de Riego, Fernando VII manifestaría su decisión de jurar de nuevo la Constitución, la cual permanecería en vigencia otros tres años y medio (10–03–1820/01–10–1823)[4].

A pesar de estas vicisitudes, sin embargo y sin duda, la Constitución de la Monarquía española de Cádiz de 1812, tuvo un impacto importantísimo en el constitucionalismo del mundo latino. Había sido la segunda Constitución europea en recoger los principios del constitucionalismo moderno que se generaron en las Revoluciones Norteamericana (Constitución de 1787) y Francesa (Constitución de 1791), por lo que su influencia no sólo se manifestó en las antiguas colonias americanas, con excepción de Venezuela y Colombia, sino en Europa misma; particularmente luego de su restauración en 1820.

En esta forma, fue precisamente la entrada en vigencia de la Constitución (de 1812) el 19 de marzo de 1820, la que condujo a que hubiera tenido una influencia inmediata en algunos procesos revolucionarios que se desarrollaban en Europa, como por ejemplo en Italia[5], donde los revolucionarios napolitanos comandados por la sociedad secreta la Carbonara, no sólo tuvieran a España como el ejemplo a seguir, sino que consideraban a la Constitución de Cádiz como la más democrática de todos los Estados europeos. Por ello, a los pocos meses del pronunciamiento de Riego en España, en julio de 1820, los carbonarios serían los que obligarían al rey Fernando I a otorgar la Constitución de Cádiz, la cual por Edicto de 7 de julio pasó a ser la Constitución del Reino de las Dos Sicilias "salvo las modificaciones que la representación nacional, constitucionalmente convocada, creará oportuno adoptar para adaptarla a las circunstancias particulares de los reales dominios"[6]. La Constitución de Cádiz, además sería el estandarte que también tendrían, junto con los carbonarios, los revolucionarios piamonteses que en el Reino de Cerdeña también obligarían por la fuerza a que se otorgara la Constitución española.

---

3   Véase en *Constituciones Españolas y Extranjeras*, Tomo I, Ediciones de Jorge de Esteban, Ed. Taurus, Madrid 1977, pp. 125 ss.

4   Véase José F. Merino Merchán, *Regímenes históricos españoles*, Tecnos, Madrid 1988, pp. 60 y 61.

5   Véase Juan Ferrando Badía, "Proyección exterior de la Constitución de Cádiz" en M. Artola (ed), *Las Cortes de Cádiz, Ayer, 1-1991*, Marcial Pons, Madrid 1991, p. 241.

6   *Idem*, p. 237.

Pero la mayor influencia de la Constitución de Cádiz después de 1820, sin duda se produciría en Hispanoamérica, particularmente en los países en los cuales para esa fecha aún no se había proclamado la independencia, que eran la mayoría[7]. La excepción, como se dijo, la constituyeron Venezuela y Colombia, donde las bases constitucionales de sus Estados se comenzaron a echar antes de que se promulgara la Constitución de Cádiz.

No se olvide, como antes hemos indicado y ahora recapitulamos por lo que se refiere al primer período de vigencia de la Constitución de Cádiz (1812–1814), que desde 1810, ya se había declarado la independencia en las Provincias de Venezuela (Caracas 19–04–1810; Cumaná 27–04–1810; Barinas, 05–05–1810; Mérida 16–09–1810; Trujillo 09–10–1810; La Grita 11–10–1810; Barcelona 12–10–1810 y San Cristóbal 28–10–1810) y Colombia; que en 1811 ya se había sancionado la Constitución Federal de los Estados de Venezuela[8]; y que entre 1811 y 1812 ya se habían dictado muchas Constituciones provinciales tanto en Venezuela[9] como en Colombia[10].

Por lo que se refiere al segundo período de vigencia de la Constitución de Cádiz (1820–1823), debe recordarse que desde meses antes, en 1819, ya se había adoptado la Constitución política de Venezuela de Angostura, la cual rigió también en las antiguas provincias de Cundinamarca; y que ya se había dictado la Ley constitucional de la Unión de los pueblos de Colombia, como consecuencia de lo cual se sancionó la Constitución de Cúcuta de 1821 con la que se conformó la República de Colombia; inspirada, sin duda, en la de Angostura.

Habiéndonos referido extensamente a cómo el constitucionalismo de Cádiz de 1812, a diferencia de lo que ocurrió en casi toda América latina, no influyó en el constitucionalismo venezolano que se había iniciado un año antes en 1811[11], ahora queremos referirnos, a cómo el constitucionalismo de Cádiz tampoco influyó en el constitucionalismo de Angostura de 1819, ya que la Constitución de Venezuela de ese año ya estaba sancionada para cuando la Constitución de Cádiz volvió a entrar en vigor en 1820; ni tampoco influyó en el constitucionalismo de la unión de Venezuela, Cundinamarca y Ecuador en la República de Colombia de 1821, la cual fue continuación del de Angostura, ni en el de la reconstitución de la República de Venezuela en 1830.

---

7   Véase por ejemplo, Manuel Ferrer Muñoz, *La Constitución de Cádiz y su aplicación en la Nueva España*, UNAM, México 1993.

8   Véase en Allan R. Brewer-Carías, *Las Constituciones de Venezuela, cit.*, pp. 285 y ss.

9   Barcelona 12-01-1811; Barinas 26-03-1811. Véase en el libro *Las Constituciones provinciales*, Biblioteca de la Academia Nacional de la Historial, Caracas 1959, pp. 151 y ss.

10   Véase Carlos Restrepo Piedrahita, *Primeras Constituciones de Colombia y Venezuela 1811-1830*, Universidad Externado de Colombia, Bogotá 1996.

11   Véase Allan R. Brewer-Carías, "El paralelismo entre el constitucionalismo venezolano y el constitucionalismo de Cádiz (o de cómo el de Cádiz no influyó en el venezolano)", *cit.*

II.   LA CONSTITUCIÓN DE ANGOSTURA (1819) Y LA UNIÓN DE LOS PUEBLOS DE COLOMBIA (1819–1821)

1.   Los antecedentes de la Constitución de Angostura de 1819

La Constitución política de Venezuela, sancionada en Angostura, la capital de Guayana, de 15 de agosto de 1819,[12] tuvo como antecedente el texto de la Constitución de 1811, de la cual tomó muchas disposiciones, entre ellas, la declaración de derechos, los principios democráticos representativos y la separación de poderes; y además, tuvo la influencia directa de las ideas del general Simón Bolívar, para entonces jefe supremo de la República, quien las había expresado tanto en el Proyecto que elaboró para presentarlo en el Congreso de Angostura, como en su Discurso de presentación ante en el mismo[13]; los cuales además, seguían la línea de pensamiento que había delineado en el Manifiesto de Cartagena (1812) y en la Carta de Jamaica (1815)[14]. La Constitución de 1819, sin embargo, tuvo una importante disidencia respecto del texto de la Constitución de 1811, al establecer conforme a la orientación de Bolívar, un Estado unitario en contraste con la forma federal inicial.

En efecto, el Estado Federal en 1811 había estado dividido en Provincias, precisamente delimitadas sobre las antiguas provincias coloniales, en las cuales existían Legislaturas Provinciales (la denominación de "Diputaciones provinciales", que fueron su equivalente, apareció en la Constitución de Cádiz del año siguiente), a'las cuales correspondía dictar la Constitución propia de cada Provincia, siendo el ejemplo más acabado la Constitución de la Provincia de Caracas de 31 de enero de 1812 (sancionada dos meses antes que la de Cádiz), con 328 artículos[15]. En cada Provincia, el Gobernador era electo en la forma establecida en la Constitución provincial. Además, cada Provincia regulaba su propia división territorial, por lo que por ejemplo, el territorio de la Provincia de Caracas se dividió en Departamentos, Cantones y Distritos conforme a la terminología francesa (art. 2).

Frente a esta forma federal del Estado que había privado en la concepción de la Constitución de 1811, y que sin duda había conducido al imperio del caudillismo local y regional alentado por las guerras de independencia, la oposición del Libertador fue pertinaz, lo que en definitiva provocó que el texto constitucional de 1819 organizara una República "unitaria y centralista"[16], tal como lo dice el texto constitucional en el Titulo II: "una e indivisible" (art. 1º), aún cuando con una división territorial de diez Provincias (Barcelona, Barinas, Caracas, Coro, Cumaná, Guayana,

---

12   Véase el texto en Allan R. Brewer-Carías, *Las Constituciones de Venezuela, cit.*, pp. 351-367.

13   Véase los textos en *El Libertador y la Constitución de Angostura*, (ed. Pedro Grases), Publicaciones del Congreso de la República, Caracas, 1969.

14   El Manifiesto de Cartagena (1812) y la Carta de Jamaica (1815) pueden consultarse, entre otros, en Simón Bolívar, *Escritos Fundamentales*, Caracas, 1982 y en *Itinerario Documental de Simón Bolívar. Escritos selectos*, Ediciones de la Presidencia de la República, Caracas 1970, pp. 30 y ss. y 115 y ss. Véase además, Simón Bolívar, *Carta de Jamaica*, Ediciones del Ministerio de Educación, Caracas 1965 y Ediciones de la Presidencia de la República, Caracas 1972.

15   Véase en *Las Constituciones provinciales, cit.*, pp. 61 y ss.

16   Para un análisis de la labor del Congreso de Angostura, véase Pedro Grases (ed.), *Actas del Congreso de Angostura*, Instituto de Derecho Público, Universidad Central de Venezuela, Caracas, 1969.

Maracaibo, Margarita, Mérida y Trujillo) *(*Art. 2°), todas bajo la autoridad de un gobernador sujeto inmediatamente al Presidente de la República (Título IX, Sección Primera, Art. 1°), sin prever regulación alguna respecto de órgano legislativos en las provincias.

La organización constitucional del Estado en la Constitución de Angostura, en todo caso, solo tendría aplicación escasos años, no sólo porque la guerra continuó, sino porque en 1821 Venezuela se integraría a la República de Colombia[17]. En la Constitución de la República de Colombia de Cúcuta de 1821[18], por tanto, puede decirse que el centralismo de Estado continuó y se acentuó al integrarse las provincias de Cundinamarca, Venezuela y Ecuador, por lo cual el territorio de la República de Colombia que estableció, se lo dividió en Departamentos, los cuales quedaron bajo el mando político de Intendentes. Estos eran nombrados por el Presidente de la República con acuerdo del Senado, y le estaban sujetos (art. 121, 122, 151 y 152). Los Departamentos se dividían en Provincias, y en cada una de ellas había un Gobernador con subordinación al Intendente del departamento respectivo, nombrado también por el Presidente de la República (art. 153). El Intendente, en todo caso, era a la vez gobernador de la provincia en cuya capital residía (art. 154); y las provincias se subdividían en cantones, donde existían cabildos o municipalidades (art. 155).

Por otra parte, en cuanto a la organización del Estado, las ideas de Bolívar sobre la Presidencia Vitalicia, el Senado Hereditario y el original Poder Moral[19], si bien absolutamente novedosas para el constitucionalismo de la época, sin embargo, en Angostura fueron dejadas aparte, y el texto constitucional, siguiendo la base de la Constitución de 1811, estableció un sistema de gobierno presidencial, pero esta vez abandonando el esquema triunviral y optando por el unipersonal, que aún tiene el país; siguió con el sistema de separación de poderes y previó el elenco de los derechos y garantías del hombre ya establecido en el texto de 1811.

2. *La unión de las provincias de Cundinamarca y Venezuela y la desaparición de la República de Venezuela*

La Constitución de 1819, por otra parte, no sólo rigió en las provincias de Venezuela, pues durante el mismo año de 1819, Bolívar, quien había participado en la Campaña de Apure y a mediados de ese año había pasado la Cordillera hacia Nueva Granada y en agosto ya había triunfado en la Batalla de Boyacá; había declarado a las provincias de Cundinamarca como sujetas al Congreso y al Gobierno de Angostura. Así consta en su Proclama del 8 de septiembre de 1819 en la cual, además, abogaba por la "reunión de la Nueva Granada y Venezuela en una República", precisando que una Asamblea Nacional así debía decidirlo[20]. Por ello, a su regreso a

---

17   Véase la Ley Fundamental de la República de Colombia de 1819 y la Ley Fundamental de la Unión de los Pueblos de Colombia de 1821, en Allan R. Brewer-Carías, *Las Constituciones de Venezuela, cit.,* pp. 373-376.

18   Véase el texto en Allan R. Brewer-Carías, *Las Constituciones de Venezuela, cit.,* pp. 379-395.

19   En anexo a la Constitución de 1819, sin embargo, se publicó el Título correspondiente al Poder Moral. Véase en Allan R. Brewer-Carías, *Las Constituciones de Venezuela, cit.,* pp. 367-371.

20   Véase Vicente Lecuna (ed.), *Proclamas y Discursos del Libertador,* Edición ordenada por el gobierno de Eleazar López Contreras, caracas 1939, p. 240.

Angostura desde la Nueva Granada, el 14 de diciembre de 1819 propuso la creación de la República de Colombia, señalando: "La reunión de la Nueva Granada y Venezuela es el objeto único que me he propuesto desde mis primeras armas: es el voto de los ciudadanos de ambos países, y es la garantía de la libertad de la América del Sur"[21].

En esta forma, el 17 de diciembre de 1819, conforme a la propuesta del Libertador, el mismo Congreso de Angostura sancionó la Ley Fundamental de la República de Colombia, conforme a la cual las Repúblicas de Venezuela y Colombia "quedaban desde ese día reunidas en una sola, bajo el título glorioso de la República de Colombia"[22].

De acuerdo a esta Ley, "el Poder Ejecutivo sería ejercido por un Presidente, y en su defecto por un Vicepresidente, nombrados interiormente por el actual Congreso" (Art. 4), y se dividió la República de Colombia, en tres grandes Departamentos: Venezuela, Quito y Cundinamarca (Art. 6), los cuales debían ser Administrados por un Jefe cada uno, con el título de Vicepresidente (Art. 6). En tal virtud, la Ley Fundamental prescribió que el Congreso debía ponerse en receso el 15 de agosto de 1820, debiendo procederse a nuevas elecciones para el Congreso General de Colombia (Art. 11), que debía reunirse en la Villa del Rosario de Cúcuta el 1° de enero de 1821. En la misma sesión del 17 de diciembre de 1819, el Congreso, de nuevo eligió al General Bolívar como Presidente del Estado de Colombia y Vicepresidente a Francisco Zea; y como Vicepresidente de los Departamentos de Cundinamarca y Venezuela, al General Santander y Juan G. Roscio, respectivamente.

El Libertador regresó a la Nueva Granada y entró en Bogotá en marzo de 1820. Regresó a Venezuela a fines de ese mismo mes, y hacia fines de ese año suscribió el Armisticio y el Tratado de Regularización de la guerra con Pablo Morillo el 25 y 26 de noviembre, entrevistándose ambos jefes en Santa Ana, el 27 de noviembre. Morillo encargó del ejército español a Miguel de la Torre y se embarcó para España. Al poco tiempo, el Armisticio se rompió, por el pronunciamiento del gobierno de la Provincia de Maracaibo a favor de una República democrática, incorporándose a Colombia.

El 24 de junio de 1821 se libró la Batalla de Carabobo, y con ello se selló definitivamente la independencia de Venezuela. El 30 de Junio de 1821 el Libertador, en una proclama dirigida a los habitantes de Caracas, además de anunciar que: "Una victoria final ha terminado la guerra en Venezuela", les precisó la integración "la unión de Venezuela, Cundinamarca y Quito" anunciando que con ello se "ha dado un nuevo realce a vuestra existencia política y cimentado para siempre vuestra estabilidad. No será Caracas la capital de una República será sí, la capital de un vasto departamento gobernado de un modo digno de su importancia. El Vicepresidente de Venezuela goza de las atribuciones que corresponden a un gran Magistrado"[23].

---

21   Véase en Pedro Grases (ed.), *Actas del Congreso de Angostura, cit.,* pp. 349 y ss., y en V. Lecuna (ed), *Proclamas y Decretos del Libertador, op. cit.*, p. 245.

22   Véase el texto en Allan R. Brewer-Carías, *Las Constituciones de Venezuela, cit.,* pp. 373-374; y en Pedro Grases (ed), *Actas del Congreso de Angostura, cit.,* pp. 356 y ss.

23   Véase en Vicente Lecuna (ed.), *Proclamas y Decretos del Libertador, cit.,* p. 263.

El Congreso General de Colombia se reunió en la villa del Rosario de Cúcuta en mayo de 1821 y el 12 de julio ratificó la Ley Fundamental de la Unión de los pueblos de Colombia[24]. El 30 de agosto, el Congreso sancionó la Constitución de 1821, y a comienzos de octubre el Libertador aceptó la Presidencia de Colombia que el Congreso le ofreció, siempre que se le autorizara a continuar a la cabeza del ejército dejando todo el gobierno del Estado al General Santander, elegido Vicepresidente[25]. Con tal carácter de Presidente Bolívar le puso el ejecútese a la Constitución, el 6 de octubre de 1821[26], ejerciendo la Presidencia de Colombia hasta 1830.

III. PRINCIPIOS DEL CONSTITUCIONALISMO Y ALGUNAS IDEAS DE BOLÍVAR SOBRE LA ORGANIZACIÓN DEL ESTADO EN LA CONSTITUCIÓN DE ANGOSTURA (1819) Y SUS SECUELAS EN LA CONSTITUCIÓN DE CÚCUTA (1821)

Simón Bolívar fue, sin duda, un hombre de Poder. Lo ejerció militar-mente, lo condujo civilmente, y además, lo concibió institucionalmente.

Por ello, si bien es cierto que no llegó a participar activamente en la concepción constitucional del primigenio Estado venezolano en 1811,[27] su intensa labor política y militar posterior no se redujo a comandar las guerras de independencia y a ejercer la conducción política de nuestro país en momentos de total desorganización, sino que además, desarrolló ideas para la reconstrucción del Estado[28], adaptada a la convulsa sociedad que quedó en estas tierras después de la Independencia.

1. *El republicanismo y la representatividad: el sistema electoral*

Ese Estado de acuerdo a las modernas corrientes del constitucionalismo que comenzaban a formularse en esa época, debía conciliar el Poder con las libertades, de manera que el Estado fuera, como debe ser, la organización política de la sociedad para garantizar la libertad, basado en la soberanía popular y en el republicanismo.

Por ello, la Constitución de 1819, además de contener una extensa declaración de Derechos y deberes del hombre y del ciudadano (34 artículos, Título I), en su Título 5°, siguiendo los principios de la de 1811 dispuso que "La soberanía de la nación reside en la universidad de los ciudadanos. Es imprescriptible e inseparable del pueblo"; y que "El pueblo de Venezuela no puede ejercer por sí otras atribuciones de la

---

24   Véase el texto en Allan R. Brewer-Carías, *Las Constituciones de Venezuela, cit.,* pp. 375-376.

25   Véase en Vicente Lecuna (ed.), *Proclamas y Decretos del Libertador, cit.,* p. 266.

26   Véase en Allan R. Brewer-Carías, *Las Constituciones de Venezuela, cit.,* pp. 379-395.

27   Bolívar, después de cumplir su misión en Londres en 1810, al regresar a Caracas participó en las discusiones de la Sociedad Patriótica que se celebraban en paralelo a las sesiones del Congreso General, y en ella, el 3 de julio de 1811, en la víspera de la declaración de Independencia, exigió al Congreso que debía "oír a la Junta Patriótica, centro de las luces y de todos los intereses revolucionarios", clamando por la necesidad de declarar la Independencia de España, diciendo: "Pongamos sin temor la piedra fundamental de la libertad suramericana: vacilar es perdernos". Véase en Sociedad Bolivariana de Venezuela, *Escritos del libertador,* Tomo IV, Ediciones Cuatricentenario de la Ciudad de Caracas 1968, p. 81.

28   Véase lo expuesto en Allan R. Brewer-Carías. "Ideas centrales sobre la organización del Estado en la obra del Libertador y sus proyecciones contemporáneas", en *Boletín de la Academia de Ciencias Políticas y Sociales* enero-junio 1984, Nos 95-96, pp. 137 y ss.

soberanía que la de las elecciones ni puede depositarla toda en unas solas manos" (art. 2). A tal efecto, se reguló un sistema democrático representativo republicano de gobierno.

A. El sistema electoral en la Constitución de Angostura: Asambleas parroquiales y asambleas electorales en los departamentos

En cuanto al sistema electoral en la Constitución de Angostura, el mismo siguió exactamente la orientación de la Constitución de 1811, de Asambleas parroquiales y Departamentales (que a la vez había seguido la orientación del Reglamento de elección y reunión de diputados de 11 de junio de 1810), con las mismas atribuciones. (Título 4°). En efecto, el sistema representativo en la Constitución de 1819, se reguló en el Título 4° relativo las Asambleas parroquiales y departamentales; estableciéndose un sistema de elección indirecta para los representantes ante la Cámara de Representantes, con la precisión de que "Pasados diez años, las elecciones se harán inmediatamente por el pueblo, y no por medio de electores" (art. 8, Sección Segunda).

A tal efecto, conforme a la división territorial del país (Provincias, Departamentos y Parroquias) se regularon elecciones en dos niveles, en las Parroquias y en los Departamentos.

En cuanto a las elecciones parroquiales, se dispuso que en cada Parroquia, los ciudadanos activos no suspensos vecinos y con determinadas rentas, conformaban la Asamblea parroquial (cuerpo de electores de cada parroquia), la cual debía ser convocada por el agente departamental, y tenía las siguientes funciones, en elecciones que debían ser públicas y por tanto, con la presencia indispensable de los votantes:

1. Nombrar el elector o electores que correspondan a la parroquia, lo cual dependía de la población a razón de un elector por 500 almas. Estos electores debían en la Asamblea departamental elegir a los representantes de la Cámara de Representantes.

2. Elegir el juez del departamento.

3. Elegir los miembros municipales del departamento.

4. Nombrar el juez de paz de la parroquia y los jurados.

Es de destacar, que estas Asambleas parroquiales, por tanto, no se convocaban sólo para elegir a los electores de segundo grado, sino que tenían funciones electivas directas respecto de los jueces y los miembros de los cabildos y municipalidades.

Concluidas las elecciones en una sesión, que debía durar no más de cuatro días, la asamblea debía disolverse indicándose que "cualquier otro acto más allá de lo que previene la Constitución no solamente es nulo, sino atentado contra la seguridad pública" (art. 9).

El agente departamental, presidente de la asamblea, debía remitir a la municipalidad de la capital del departamento los registros de las elecciones para archivarlos y participar a los electores que corresponden a la parroquia sus nombramientos, señalándoles el día en que debían hallarse en la misma capital.

Efectuadas las elecciones parroquiales, se pasaba a las elecciones departamentales mediante la constitución de la asamblea electoral en la capital de cada departamento, presidida por el prefecto y compuesta de los electores parroquiales electos en las Asambleas parroquiales que estuviesen presentes. La Asamblea debía realizar sus funciones en una sola sesión de ocho días a lo más, indicándose que "Ni antes ni después de las elecciones podrá ocuparse de otros objetos que los que le previene la presente Constitución. Cualquier otro acto es un atentado contra la seguridad pública y es nulo" (art. 2).

Las funciones de las Asambleas departamentales (electores de segundo grado elegidos en las parroquias) eran:

1. Elegir al Presidente de la República y al Vicepresidente.

2. Nombrar el representante o representantes ante la Cámara de Diputados que correspondieran al departamento y un número igual de suplentes que debían reemplazarlos en caso de muerte, dimisión, destitución, grave enfermedad y ausencia necesaria. El número de representantes de cada departamento dependía de su población, a razón de uno por cada 20.000 mil almas. Se observa que la figura del suplente, prevista en la Constitución de Cádiz (no así en la Constitución de 1811) se reguló en la Constitución de 1819.

3. Examinar el registro de las elecciones parroquiales para los miembros de los cuerpos municipales; hacer el escrutinio de todos los sufragios de las parroquias y declarar legítimo el nombramiento del número constitucional de vecinos que reúnan la mayoría absoluta de votos. El número de los miembros municipales dependía también de la población del departamento con esta proporción: 6 municipales si la población no pasa de 30.000 almas; 8 si pasaba de 30.000 mil; pero no excedía de 60.000, y 12 si pasare de este número

4. Declarar juez de paz de cada parroquia al ciudadano que haya reunido la mayoría absoluta de sufragios de su respectiva parroquia o elegirlo entre los tres que hayan obtenido mayor número de votos.

5. Hacer la misma declaratoria o la misma elección respecto al juez departamental.

6. Formar la lista de jurados de cada parroquia, inscribiendo en ella los nombramientos de los veinticuatro vecinos que hayan obtenido una mayoría de sufragios en sus respectivas parroquias.

Como se ha dicho, este sistema electoral de un grado y dos grados que se estableció en la Constitución de 1811 y que antes se había establecido en el reglamento de elecciones y reunión de diputados de 1810, precedió al sistema electoral establecido en la Constitución de Cádiz de 1812, el cual consistía básicamente en un sistema indirecto pero en tres niveles.

B. *El sistema electoral en la Constitución de Cádiz: Juntas electorales parroquiales, de partidos y de provincias*

En efecto, recordemos que en la Constitución de Cádiz[29], en primer lugar estaban las Juntas Electorales de parroquia integradas por todos los ciudadanos avecindados y residentes en el territorio de la parroquia respectiva (art. 35), las cuales debían nombrar un elector parroquial por cada 200 vecinos (art. 38). La junta parroquial debía elegir "à pluralidad de votos once compromisarios", para que estos nombrasen el elector o electores de la parroquia" (arts. 41 y 53). A diferencia con la Constitución de Venezuela de 1811, en la cual las asambleas parroquiales, además de elegir electores de segundo grado, elegían por ejemplo a los jueces de departamento y de paz y a los miembros municipales, en la Constitución de Cádiz las Juntas parroquiales sólo tenían por función elegir a los electores de segundo grado. Por otra parte, al igual que en la Constitución venezolana de 1811, en la de Cádiz se dispuso que "verificado el nombramiento de electores, se disolverá inmediatamente la junta, y cualquiera otro acto en que intente mezclarse será nulo" (art. 57).

En segundo lugar estaban las Juntas electorales de partido, compuestas por los electores parroquiales que se debían congregar en la cabeza de cada partido, a fin de nombrar el elector o electores que debían concurrir a la capital de la provincia para elegir los diputados de Cortes (art. 59). Eran presididas por el jefe político o el alcalde primero del pueblo cabeza de partido (art. 67).

Y en tercer lugar, estaban las juntas electorales de provincia, que se componían con los electores de todos los partidos de cada provincia a fin de nombrar los diputados que le correspondían asistir a Cortes, "como representantes de la nación" (art. 78), y además, en votación separada, a los suplentes (art. 90).

La diferencia fundamental entre ambos sistemas, radicaba que en Cádiz era una elección indirecta de tres grados en tanto que en Caracas era directa e indirecta de dos grados; y en ambas Constituciones, los electores del último grado eran los que elegían a los representantes, sea a Cortes o a la Cámara de Representantes. En la Constitución de 1811, además, los electores de segundo grado también elegían al Presidente de la República.

El mismo esquema de las Constituciones de 1811 y 1819 se siguió en la Constitución de Angostura de 1821 (arts. 12 y ss.), con la única diferencia de que las asambleas electorales de segundo grado dejaron de ser departamentales y se convirtieron en provinciales, por el cambio en la organización territorial al comprender la República de Colombia, a Cundinamarca, Venezuela y Ecuador; y que las mismas, como asambleas provinciales, además de elegir a los representantes que debían integrar la Cámara de Representantes, y al Presidente y Vicepresidente, también elegían a los senadores (art. 34), superándose el concepto de Senador Vitalicio que estaba plasmado en la Constitución de 1819.

---

29   Véase el texto en *Constitución Política de la Monarquía Española promulgada en Cádiz a 19 de marzo de 1812*, (Prólogo de Eduardo García de Enterría), (edición facsimilar de la Imprenta Nacional de Madrid, 1820), Civitas Madrid, 1999.

2. *La separación de poderes y el sistema presidencial*

A. *El principio constitucional de la separación de poderes*

Por otra parte, en cuanto al principio de la distribución del Poder, o separación horizontal de los poderes, el mismo había penetrado desde 1811 en el constitucionalismo venezolano. Desde el origen, se tenía claro que la concentración del poder era un atentado a la libertad; y al contrario, que la mejor forma de garantizar la libertad en una Nación, era mediante un sistema de distribución del poder en la organización del Estado.

Para el momento de la independencia, este principio de la distribución del poder ya se había plasmado en dos vertientes: la distribución horizontal y la distribución vertical del poder. La primera ya había conducido a los sistemas de gobierno, y de allí el sistema presidencial del constitucionalismo norteamericano (en contraste con los sistemas parlamentarios monárquicos europeos) que se había adoptado en la Constitución de 1811, aún cuando el Poder Ejecutivo había quedado a cargo de un triunvirato; y la segunda, también había dado origen a la forma de los Estados, unitarios o federales, es decir, más o menos descentralizados, y que luego del invento norteamericano de la federación, la Constitución de 1811 había optado precisamente por la forma federal (en contraste con los Estados unitarios europeos).

Ambos principios, por supuesto, aparecen en la concepción del Estado en la obra de Simón Bolívar, con reflejos en la Constitución de 1819: un sistema de separación horizontal de poderes, con un sistema presidencial reforzado, de carácter unipersonal; y un sistema de Estado unitario, centralizado, con el abandono de todo vestigio federal.

La Constitución de 1811, sin duda, se había adoptado bajo el principio de la separación de poderes, como distribución horizontal del poder público, lo que había sido un acabado producto de los ideólogos del absolutismo, al propugnar la limitación del poder político ilimitado Monarca absoluto, en cuya base estaba la consideración del estado natural del hombre y del contrato original de la sociedad, origen del Estado, para la preservación de sus vidas, libertades y posesiones. El Estado surgió entonces para proteger los derechos "naturales" que no desaparecieron con el contrato social; y ello guió a nuestros constituyentes de 1811, para lo cual en la Constitución se estableció expresamente la división del Poder Supremo en tres categorías: Legislativo, Ejecutivo y Judicial, señalando expresamente que: "El ejercicio de esta autoridad confiada a la Confederación no podrá hallarse reunida en sus diversas funciones", siendo preciso que se conserven "tan separados e independientes el uno del otro cuanto exija la naturaleza de un gobierno libre".

Pero en el texto de 1811, el mecanismo de separación de poderes se configuró con una hegemonía del Poder Legislativo, lo que dio origen a todo un sistema de contrapeso de poderes para evitar la formación de un poder fuerte, que fue una de las causas de la caída de la Primera República.

Contra esta debilidad del Poder Ejecutivo constitucionalmente consagrada, el cual además era tripartito, reaccionó de inmediato Simón Bolívar en su Manifiesto de Cartagena en 1812 y luego en su Discurso de Angostura en 1819, en el cual propuso al Congreso, al contrario, la adopción de una fórmula de gobierno con un Ejecutivo fuerte.

Decía en su Discurso de Angostura, refiriéndose a la Constitución de 1811: "el Congreso ha ligado las manos y hasta la cabeza a los Magistrados. Este cuerpo deliberante ha asumido una parte de las funciones Ejecutivas, contra la máxima de Montesquieu, que dice que un Cuerpo Representativo no debe tomar ninguna resolución activa: debe hacer Leyes, y ver si se ejecutan las que hace. Nada es tan contrario a la armonía de los Poderes, como su mezcla. Nada es tan peligroso con respecto al pueblo como la debilidad del Ejecutivo". Y agregaba: "En las Repúblicas el Ejecutivo debe ser el más fuerte porque todo conspira contra él; en tanto que en las Monarquías el más fuerte debe ser el Legislativo, porque todo conspira en favor del Monarca...". Y concluía diciendo: "Por lo mismo que ninguna forma de Gobierno es tan débil como la democrática, su estructura debe ser de la mayor solidez; y sus instituciones consultarse para la estabilidad. Si no es así, contemos con que se establece un ensayo de Gobierno, y no un sistema permanente: contemos con una Sociedad díscola, tumultuaria, anárquica, y no con un establecimiento social, donde tengan su imperio la felicidad, la paz y la justicia"...[30].

Insistió además, en su Discurso de Angostura: "Cuando deseo atribuir al Ejecutivo una suma de facultades superiores a la que antes gozaba, no he deseado autorizar a un déspota para que tiranice la República, sino impedir que el despotismo deliberante sea la causa inmediata de un círculo de vicisitudes despóticas en que alternativamente la anarquía sea reemplazada por la oligarquía y por la monocracia[31].

La Constitución de 1819, en consecuencia, estableció un sistema de separación de poderes, con un presidencialismo reforzado, insistiendo en el Titulo 5°, art. 2, que: "El poder soberano estará dividido para su ejercicio en legislativo, ejecutivo y judicial" (art. 2).

B.   *El Poder Legislativo: el Congreso General de Venezuela*

El Título 6° de la Constitución de 1819, siguiendo la orientación de la de 1811, dispuso que el poder legislativo debía ser ejercido por el Congreso General de Venezuela, dividido en dos Cámaras, la de Representantes y el Senado. La Cámara de representantes se integraba por los representantes electos en segundo grado, por las Asambleas departamentales; y el Senado, integrado por igual número que los representantes, se lo reguló de carácter vitalicio, cuyos miembros (después de que fueron elegidos por el Congreso de Angostura por primera vez) serían designados en caso de muerte o destitución, por la Cámara de Representantes para presentarlos al Senado, "a pluralidad de votos tres candidatos entre los ciudadanos más beneméritos por sus servicios a la República, por su sabiduría y virtudes".

La Constitución de 1819, sin embargo, a diferencia de la Constitución de 1811, enumeró las siguientes atribuciones exclusivas propias del Congreso:

1.   Proponer y decretar todas las leyes de cualquier naturaleza que sea. El poder ejecutivo sólo podrá presentarle alguna materia para que la tome en consideración, pero nunca bajo la fórmula de ley.

---

30   Véase el texto en Simón Bolívar, *Escritos Fundamentales,* Caracas, 1982, pp. 132 y ss.
31   *Idem.,* p. 139.

2. Fijar los gastos públicos.

3. Establecer toda suerte de impuestos, derechos o contribuciones; velar sobre la inversión y tomar cuenta de ella al poder ejecutivo, sus ministros o agentes.

4. Contraer deudas sobre el crédito del Estado.

5. Establecer un Banco nacional.

6. Determinar el valor, peso, tipo y nombre de la moneda que será uniforme en toda la República.

7. Fijar los pesos y medidas que también serán uniformes.

8. Establecer los tribunales de justicia.

9. Decretar la creación o suspensión de todos los empleos públicos y señalarles rentas, disminuirlas o aumentarlas.

10. Librar cartas de naturaleza a los extranjeros que las hayan merecido por servicios muy importantes a la República.

11. Conceder honores y decoraciones personales a los ciudadanos que hayan hecho grandes servicios al Estado.

12. Decretar honores públicos a la memoria de los grandes hombres.

13. Decretar la recluta y organización de los ejércitos de tierra, determinar su fuerza en paz y guerra y señalar el tiempo que deben existir según las proposiciones que le haga el poder ejecutivo.

14. Decretar la construcción y equipamiento de una marina, aumentarla y disminuirla según las proposiciones del mismo poder ejecutivo.

15. Formar las ordenanzas que deben regir a las fuerzas de mar y tierra.

16. Decretar la guerra según la proposición formal del poder ejecutivo.

17. Requerir al poder ejecutivo para que negocie la paz.

18. Ratificar y confirmar los tratados de paz, de alianza, de amistad, de comercio y de neutralidad.

19. Elegir la ciudad, capital de la República, que debe ser su residencia ordinaria, pero puede variarla cuando lo juzgue conveniente.

20. Decretar el número y especie de tropas que deben formar su guardia y nombrar el jefe de ella.

21. Permitir o no el paso de tropas extranjeras por el territorio de la República.

22. Permitir o no el paso o residencia de tropas en el círculo constitucional. Este tendrá quince leguas de radio.

23. Permitir o no la estación de escuadras navales extranjeras en los puertos de la República por más de un mes. Siendo por menos tiempo el poder ejecutivo podrá conceder la licencia.

Muchas de estas atribuciones tienen una redacción similar a las reguladas en la Constitución de Cádiz para las Cortes.

En cuanto a las leyes, el artículo 11 dispuso que "Ningún proyecto de ley se entenderá sancionado ni será ley del Estado hasta que no haya sido firmado por el poder ejecutivo", habiéndose previsto la posibilidad de devolución así: "Si éste no creyere conveniente hacerlo, devolverá el proyecto a la cámara de su origen, acompañándole sus reparos, sea sobre faltas en las fórmulas o en lo sustancial, dentro del término de diez días, contado desde su recibo.

C. El Poder Ejecutivo: el Presidente de la República

El Presidente de la República, electo en las Asambleas electorales departamentales, ejercía el Poder Ejecutivo. Para la elección, el voto de cada elector debía contener los nombres de dos ciudadanos de Venezuela, de manera que el que obtenía las dos terceras partes de votos de electores departamentales era elegido presidente de la República; y el que le siguiere inmediatamente en el número de votos con mayoría absoluta se declaraba vicepresidente de la República.

Conforme se regula detalladamente en el Título 7° de la Constitución de 1819, el Presidente era el comandante en jefe de todas las fuerzas de mar y tierra y está exclusivamente encargado de su dirección, pero no podrá mandarlas en persona. (art. 1); y declaraba la guerra a nombre de la República después que el Congreso la hubiera decretado (art. 7). Celebraba treguas y hacía la paz, pero ningún tratado tenía fuerza hasta que no fuera ratificado por el Congreso (art. 8). También, celebraba todos los tratados de alianza, amistad, comercio y naturalidad con los príncipes, naciones o pueblos extranjeros, sometiéndolos todos a la sanción y ratificación del Congreso, sin la cual no tendrán fuerza (art. 9).

El Presidente nombraba todos los empleos civiles y militares que la Constitución no reservare (art. 2); era jefe de la administración general de la República (art. 4), y tenía a su cargo la conservación del orden y tranquilidad interior y exterior (art. 5).

El Presidente convocaba al Congreso en los períodos señalados por la Constitución y lo presidía en la apertura de sus sesiones; también podía convocarlo extraordinariamente, siempre que la gravedad de alguna ocurrencia lo exigiera (art. 11). Igualmente, convocaba las asambleas primarias o parroquiales por medio de las municipalidades en los períodos señalados por la Constitución (art. 12).

Las leyes, como se dijo, debían ser promulgadas por el Presidente, quien las mandaba a ejecutar y cumplir (art. 13); y además, mandaba a cumplir y hace ejecutar las sentencias pronunciadas por el Senado en los casos determinados por la Constitución y las que sean dadas por el poder judicial de la República (art. 14). Se destaca, sin embargo, una atribución específica de intervención ejecutiva en la función judicial, y es que conforme al artículo 15 del Título, "En los casos de injusticia notoria que irrogue perjuicio irreparable puede rechazar la sentencia del poder judicial, fundando su oposición. Si éste la confirma de nuevo y el Senado no está reunido, suspende su ejecución hasta que, reunido, le consulte si deba o no cumplirse". El Presidente también podía otorgar indultos (arts. 17, 19).

Por último, se destaca entre las atribuciones del Presidente que en caso de conmoción interior a mano armada que amenazare la seguridad del Estado, podía "suspender el imperio de la Constitución en los lugares conmovidos o insurrectos por un tiempo determinado si el Congreso estuviere en receso. Las mismas facultades se le conceden en los casos de una invasión exterior y repentina, en los cuales podrá también hacer la guerra, pero ambos decretos contendrán un artículo convocando el Congreso para que confirme o revoque la suspensión" (art. 20).

En cuanto a la Constitución de 1821, debe señalarse que si bien siguiendo la orientación centralista de la anterior, dividió la República en Departamentos y Provincias[32], en la misma se descartaron los principios del Ejecutivo fuerte que había propugnado Bolívar, debilitando aún más su posición en relación a la que consagraba el texto de 1819, con grandes controles por parte del Senado y del Consejo de Gobierno que estableció[33].

D. *El Poder Judicial*

En cuanto al Poder Judicial, de acuerdo con el Título 8° de la Constitución de 1819, estaba depositado en una Corte Suprema de Justicia compuesta por 5 miembros, que residía en la capital, y en los demás tribunales (art. 1). Para el nombramiento de los magistrados de la Corte Suprema se debía proceder así: Eran propuestos por el presidente de la República a la Cámara de Representantes en número triple; esta Cámara los reducía al doble y lo presentaba al Senado para que éste nombrase los que debían componerla (art. 4). Los empleos de ministros de la alta corte de Justicia eran vitalicios (art. 5).

La Corte Suprema de Justicia conocía y determinaba en el último grado las causas de su resorte, no exceptuadas en la Constitución; pero también ejercía las funciones de tribunal de primera instancia, en los casos concernientes a embajadores, ministros, cónsules o agentes diplomáticos con noticia del presidente de la República; conflictos de competencias suscitadas entre los tribunales superiores; controversias que resultaren de los tratados y negociaciones que hiciera el poder ejecutivo; y en las diferencias o pleitos que se suscitaren entre una o muchas provincias o entre un individuo y una o más provincias.

Por otra parte, en cada capital de provincia debía haber un tribunal superior de apelaciones, compuesto de tres letrados, nombrados por el presidente de la República a propuesta de la alta corte; el cual debía conocer de las causas que se elevaren en apelación de los juzgados inferiores de la provincia y de las competencias promovidas entre ellos.

---

32   Véase artículo 6° de la Ley Fundamental y artículo 150 de la Constitución. En 1821 a Venezuela se le señalaron tres Departamentos: Orinoco formado por las Provincias de Guayana, Cumaná, Barcelona y Margarita el Departamento de Venezuela, con las Provincias de Caracas y Barinas y el Zulia, con las de Coro, Trujillo, Mérida y Maracaibo. En 1824 se creó un nuevo Departamento en Venezuela, el de Apure y en 1826, se creó el de Maturín. *Cfr.* los datos en Augusto Mijares, "La Evolución Política de Venezuela" (1810-1960)", en M. Picón Salas y otros, *Venezuela Independiente 1810-1960*, Caracas, 1962, p. 67.

33   Véase Pablo Ruggeri Parra, *Historia Política y Constitucional de Venezuela*, Tomo I, Editorial Universitaria, Caracas 1949, pp. 68, 62 y 64; José Gil Fortoul, *Historia Constitucional de Venezuela*, Berlín, 1909, Tomo I, p. 622.

3. *La organización territorial del Estado: centralismo y federalismo*

A. *El federalismo de 1811*

Pero la estructuración del Estado, como organización política de la sociedad para garantizar la libertad, no sólo se fundamenta en un sistema de distribución horizontal del Poder, sino también en un sistema de distribución vertical del poder en el territorio, sea en niveles locales, municipales, como ocurrió en la Revolución francesa, sea en niveles intermedios federales, como ocurrió en la revolución norteamericana, con la implantación de la forma federal, la cual Alexis de Tocqueville, consideraba como el "más funesto todos los vicios", como inherente al sistema federal mismo...la debilidad relativa del gobierno de la Unión", pues estimaba que "una soberanía fraccionada será siempre más débil que una soberanía completa"[34].

Sin embargo, los constituyentes de 1811, dada la configuración territorial provincial de Venezuela, precisamente adoptaron la forma federal del Estado, a la cual el Libertador le atribuyó también parte de la culpa de la caída de la Primera República. De allí su rotunda afirmación en la comunicación que dirigió el 12 de agosto de 1813 al Gobernador Barinas en la cual le expuso sus ideas fundamentales para la organización y buena marcha del Estado: "Jamás la división del poder ha establecido y perpetuado gobiernos, sólo su concentración ha infundido respeto para una nación"[35].

Debe tenerse en cuenta que al momento de la independencia, el sistema español había dejado en el territorio de las nuevas repúblicas un sistema de poderes autónomos Provinciales y citadinos, hasta el punto de que la declaración de independencia la realizan los Cabildos en las respectivas Provincias, iniciándose el proceso en el Cabildo de Caracas el 19 de abril de 1810. En 1811 se trataba, por tanto, de construir un Estado en territorios disgregados en autonomías territoriales descentralizadas en manos de Cabildos o Ayuntamientos coloniales. La federación, sin duda, fue entonces la fórmula sacada de la Constitución norteamericana para integrar pueblos habituados a un sistema de poderes descentralizados, y ella fue adoptada en nuestra República, pues era lo único que se conocía para unir políticamente territorios que nunca antes habían estado unidos. En esta forma, como hemos dicho, la Constitución de 1811 recibió la influencia directa de la Constitución norteamericana en la configuración del Estado, como un Estado Federal, y a partir de ese momento, a pesar de la crítica de Bolívar, del interregno de Angostura y de la República de Colombia (1819–1830), la idea federal en una forma u otra ha sido una constante en la historia política de Venezuela.

Por la adopción del esquema federal, hemos destacado cómo en 1811 el Estado se dividió en Provincias, cada una de las cuales debía dictarse su propia Constitución en relación con la organización de sus propios poderes públicos, pero indicándose en la Constitución federal, la necesaria existencia de Legislaturas provinciales en las diversas provincias, a cargo del Poder Legislativo provincial (arts. 25, 48,

---

34 Véase Alexis de Tocqueville, *La democracia en América,* Fondo de Cultura Económica, México, 1973.

35 Véase el texto en *Escritos del Libertador,* Tomo V, Sociedad Bolivariana de Venezuela, *cit.* p. 24.

124, 130, 134, 135). Estas Legislaturas provinciales, precedieron, sin duda a las Diputaciones provinciales de Cádiz.

B.   *El centralismo en el pensamiento de Bolívar*

El Libertador, como se dijo, fue un crítico feroz de la forma federal, y por tanto, de todo esquema de distribución vertical del poder en nuestras nacientes repúblicas, y a todo lo largo de su vida política no cesó de condenar el federalismo y alabar el centralismo como la forma de Estado adecuada a nuestras necesidades.

Así, en el Manifiesto de Cartagena, en 1812, al año siguiente de la sanción de la Constitución y caída la Primera República, escribía... "lo que debilitó más al Gobierno de Venezuela fue la forma federal que adoptó, siguiendo las máximas exageradas de los derechos del hombre, que autorizándolo para que se rija por sí mismo, rompe los pactos sociales y constituye a las naciones en anarquía". "Tal era el verdadero estado de la Confederación. Cada Provincia se gobernaba independientemente: y a ejemplo de éstas cada ciudad pretendía iguales facultades alegando la práctica de aquéllas, y la teoría de que todos los hombres y todos los pueblos gozan de la prerrogativa de instituir a su antojo el gobierno que les acomode". "El sistema federal, bien que sea el más perfecto y más capaz de proporcionar la felicidad humana en sociedad, es, no obstante, el más opuesto a los intereses de nuestros nacientes Estados"[36].

Coincidía el Libertador con Alexis de Tocqueville, quien como hemos señalado, afirmaba respecto de la Constitución de los Estados Unidos que, "se parece a esas bellas creaciones de la industria humana que colman de gloria y de bienes a aquellos que las inventan pero permanecen estériles en otras manos"[37].

Ahora bien, frente al esquema federal, el Libertador propugnaba una forma de Estado centralizado. Por ello afirmaba, en el mismo Manifiesto de Cartagena: "Yo soy de sentir que mientras no centralicemos nuestros gobiernos americanos, los enemigos obtendrán las más completas ventajas; seremos indefectiblemente envueltos en los horrores de las disensiones civiles y, conquistados vilipendiosamente por ese puñado de bandidos que infestan nuestras comarcas[38]. Esto mismo lo repitió al año siguiente, en la comunicación que dirigió en 1813 al Gobernador de Barinas, en la cual expuso ideas fundamentales para la organización y buena marcha del Estado, en la cual afirmo "...no son naciones poderosas y respetadas sino las que tienen un gobierno central y enérgico"[39].

Posteriormente, en 1815, en su famosa Carta de Jamaica, insistió el Libertador en sus críticas al sistema federal al constatar que: ...así como Venezuela ha sido la República americana que más se ha adelantado en instituciones políticas, también ha sido el más claro ejemplo de la ineficacia de la forma democrática y federal para nuestros nacientes Estados"[40]; y posteriormente, en 1819, expresaba en su Discurso

36   Véase el texto en Simón Bolívar, *Escritos Fundamentales, cit.*, pp. 61 y 62.

37   Véase en Alexis de Tocqueville, *La Democracia en América, cit.*, p. 159.

38   Véase en Simón Bolívar, *Escritos Fundamentales, op. cit.*, 63.

39   Véase en *Escritos del Libertador*, Tomo V, Sociedad Bolivariana de Venezuela, *cit.*, p. 24.

40   *Idem*, p. 97.

de Angostura; "Cuanto más admiro la excelencia de la Constitución Federal de Venezuela, tanto más persuado de la imposibilidad de su aplicación a nuestro Estado"[41].

"El magnífico sistema Federativo –decía– no era dado a los venezolanos ganarlo repentinamente al salir de las cadenas. No estábamos preparados para tanto bien; el bien como el mal, da la muerte cuando es súbito y excesivo". Y agregaba: "Horrorizado de la divergencia que ha reinado y debe reinar entre nosotros por el espíritu sutil que caracteriza al gobierno federativo, he sido arrastrado a rogaros para que adoptéis el Centralismo y la reunión de todos los Estados de Venezuela en una República sola, e indivisible..."[42].

C.   El Estado centralizado de 1819

Precisamente bajo la influencia de Bolívar, como se ha dicho, la Constitución de 1819 (Título 2°) reguló a la República de Venezuela como "una e indivisible" (art. 1); dividiendo sin embargo su territorio en 10 provincias cuyos límites y demarcaciones debían ser fijadas por el Congreso. A su vez, cada provincia se dividía en Departamentos y Parroquias, cuyos límites y demarcaciones también se debían fijar por el Congreso, "observándose, entre tanto, los conocidos al tiempo de la Constitución Federal" (art. 3). Se precisó, sin embargo, que se haría "una división más natural del territorio en Departamentos, Distritos y Partidos dentro de diez años, cuando se revea la Constitución" (art. 4).

En el Título 9° de la Constitución de 1819 sobre la organización interior del Estado, se reguló lo concerniente a la administración de las provincias, estableciéndose que en cada capital de provincia debía haber un gobernador sujeto inmediatamente al Presidente de la República, el cual sin embargo, no mandaba las armas que estaban a cargo de un comandante militar. (art. 1). Estos gobernadores de las provincias tenían las siguientes funciones (art. 20): ejercer la alta policía en toda ella y presidir las municipalidades; velar sobre el cumplimiento de las leyes; proponer al presidente los prefectos departamentales; y ser intendente de las rentas de la provincia.

En cada uno de los departamentos, que era la división territorial interna de las provincias, había un prefecto y una municipalidad. Sin embargo, el gobernador era a la vez prefecto del departamento de la capital de la provincia. (art. 2). El prefecto en cada departamento era a la vez teniente del gobernador de la provincia en todas sus atribuciones y confirmaba los agentes departamentales que nombrase la municipalidad (art. 3).

En cuanto a la municipalidad que debía existir en cada departamento (art. 4), la misma ejercía la policía municipal; nombraba los agentes departamentales; estaba especialmente encargada del cumplimiento de la Constitución en su departamento; proponía al gobernador de la provincia por conducto del prefecto o por diputaciones las reformas y mejoras que podían hacerse en la administración de su departamento para que las pasase al presidente de la República; formaba y llevaba un registro de los censos de la población del departamento por parroquias con expresión de estado,

---

41   *Ibidem*, p. 120.

42   *Ibidem*, p. 140.

domicilio, edad, caudal y profesión de cada vecino; formaba y llevaba un registro de todos los niños que nacían en el departamento, conforme a las partidas que había asentado en cada parroquia el agente, con expresión del día de su nacimiento, del nombre de sus padres y padrinos, de su condición; es decir, si es legítimo o natural; Formaba y llevaba otro registro de los que morían en el departamento, con expresión de su edad, estado y vecindario.

Los departamentos, como se ha dicho, se dividieron en parroquias, y en cada una de ellas había un agente departamental, que era a la vez, el teniente del prefecto en todas sus atribuciones. En la capital de departamento, la municipalidad debía elegir entre su seno el agente que debe presidir la asamblea primaria o parroquial; y en las demás funciones de agente eran ejercidas por el prefecto en la parroquia capital del departamento (art. 5).

La estructura del gobierno interior en la Constitución de Angostura, por tanto, respondió a la orientación centralista que impuso el Libertador, la cual lo acompañaría hasta el fin de sus días. Así la vemos expuesta en 1829 en una carta que envía desde Guayaquil a su antiguo edecán general Daniel Florencio O´Leary, al calificar al sistema federal, como; "...una anarquía regularizada, o más bien es la Ley que prescribe implícitamente la obligación de disociarse y arruinar el Estado con todos sus individuos", lo que llevó a afirmar rotundamente: "Yo pienso que mejor sería para la América adoptar el Corán que el gobierno de los Estados Unidos, aunque es el mejor del mundo..."[43].

Sin embargo, a pesar de la clara posición del Libertador sobre el sistema federal, este no sólo se volvió a reflejar en Venezuela en la Constitución de 1830, sino que después de las Guerras Federales se consolidó en la Constitución de 1864. Otros países latinoamericanos siguieron también el modelo federal y otros optaron, sin embargo, por el modelo unitario.

IV. LA RECONSTITUCIÓN DEL ESTADO DE VENEZUELA EN LA CONSTITUCIÓN DE VALENCIA DE 1830

1. *Las vicisitudes de la destrucción de la República de Colombia y la reconstitución del Estado de Venezuela*

Bolívar fue electo Presidente de la República de Colombia en 1821, pero su ausencia del ejercicio de la Presidencia de esta vasta República, por encontrarse comandando los ejércitos en el Sur, aunado entre otros factores al desarrollado carácter localista y regional de las autoridades de los diversos Departamentos, particularmente los que habían sido creados en lo que había sido Venezuela[44], provocaron desconocimiento paulatino de la unidad de la Gran Colombia y de la autoridad del Go-

---

43   *Ibídem*, pp. 200 y 201.

44   El historiador R. M. Baralt resume así los sentimientos de Venezuela, respecto de la Constitución de Cúcuta de 1821. "No fue recibida en Venezuela la Constitución de Cúcuta ni incondicionalmente ni con grandes muestras de alegría. Destruida la soberanía del país, dividido éste en departamentos minados de leyes propias y colocado al centro del Gobierno en la distante Bogotá, no podían los venezolanos vivir contentos bajo aquel pacto de unión, por más que la guerra lo hiciese necesario". *Cit.,* por Augusto Mijares, "La Evolución Política de Venezuela" (1810-1960)", *cit.,* p. 69.

bierno de Bogotá, donde se había situado desde 1821 la capital provisional. El cau-dillismo militar y regional que tanto se desarrolló con motivo de las guerras de inde-pendencia, y la anarquía personalista que implico, indudablemente que provocaron la destrucción de la Gran Colombia.

No debe olvidarse que las guerras de independencia, que se extienden hasta 1824, si bien hicieron inaplicables formalmente los textos constitucionales de 1811, 1819 y 1821, consolidaron los poderes de los caudillos militares regionales y locales bajo cuyas tropas se habían ganado y perdido batallas. La Provincia–Ciudad–Estado que había quedado como legado de la época colonial se consolidaría con el agrega-do militar fáctico, que no sólo permitió desconocer Constituciones, como sucedió respecto al texto de 1821 por la Municipalidad de Caracas y el poder militar de Páez, sino que inclusive en plena guerra de independencia llegó a poner en duda y discusión la autoridad del Libertador[45].

En la Constitución de 1819, si bien como se ha dicho, su tendencia teórica, por las presiones del Libertador, fue por el establecimiento de un sólido poder central[46], la división de la República en Provincias[47], a cargo de "un Gobernador sujeto inme-diatamente al Presidente de la República", y el establecimiento de "municipalida-des" en los Departamentos (divisiones de las Provincias) con atribuciones propias, inclusive la de proponer el nombramiento del Gobernador de la Provincia que co-rrespondía a los "miembros municipales" electos por votación (Artículos 1, 2 y 4 de la Sección Segunda del Título IX), indudablemente que contribuyó a consolidar el poder regional–local de los caudillos militares, quienes sustituyeron a la aristocracia criolla colonial en el control de los organismos locales.

La Constitución 1821, al unir los territorios de Ecuador, Cundinamarca (Nueva Granada) y Venezuela en la República de Colombia, formalmente centralizó aun más el gobierno del nuevo Estado, el cual se dividió en Departamentos pero con "una administración, subalterna dependiente del gobierno nacional."[48] Sin embargo la situación de guerra que todavía continuaba, el poder de los caudillos militares regionales y los poderes de las autoridades municipales, desde el primer momento conspiraron contra este texto y su pretendida centralización, hasta que lograron por sobre los deseos del Libertador e inclusive expulsándolo de Venezuela, la separa-ción de ésta de la República de la Gran Colombia y la formación, en 1830, de la República de Venezuela.

En todo caso, en el proceso de destrucción de la Gran Colombia, varios hechos pueden destacarse. En primer lugar, el Gobierno de Bogotá, ejercido por el Vicepre-sidente Santander en ausencia de Bolívar, no tuvo nunca poder real sobre los jefes

---

45 Como sucedió en el denominado *Congreso de Cariaco*, que provocó el fusilamiento de Piar. Véase el Acta del Congreso en Allan R. Brewer-Carías, *Las Constituciones de Venezuela, cit.,* pp. 323 y ss.

46 De allí la declaración antes mencionada del artículo 1° (Título II) de la Constitución de 1819: "La Re-pública de Venezuela es una e indivisible".

47 Las Provincias en que se dividía el territorio de la República en la Constitución de 1819 fueron básica-mente las mismas referidas en la Constitución de 1811: Barcelona, Barinas, Caracas, Coro, Cumaná, Guayana, Maracaibo, Margarita, Mérida y Trujillo. Véase artículo 2, Título I, Sección Primera.

48 Artículo 6 de la Ley Fundamental de la Unión de los Pueblos de Colombia, de 1821.

militares en guerra de Venezuela, y particularmente, sobre el general Páez.[49] En segundo lugar, la reacción localista de la Municipalidad de Caracas contra el régimen constitucional de 1821, que inclusive condujo a que dicha Municipalidad se negase a jurar fidelidad completa al texto constitucional, institucionalizó la tendencia separatista de los venezolanos de la Gran Colombia.[50] En tercer lugar, los conflictos entre las autoridades civiles y militares en Venezuela, que condujeron en 1826 a la separación temporal de Páez de la Comandancia General de las tropas, y que posteriormente, en los sucesos denominados La Cosiata condujeron a que se reconociera su jefatura militar en contra de las decisiones del gobierno de Bogotá[51]; y por último, después de 1826 el inicio del predominio absoluto del general Páez en Venezuela, con la anuencia del Libertador para evitar una nueva guerra civil, y su renuncia a hacerse "jefe de facciones" de carácter caudillesco.[52]

Por otra parte, debe destacarse que los caudillos militares y regionales venezolanos, se habían constituido en los herederos directos del poder económico de la aristocracia criolla aniquilada, y en los años posteriores a 1830, en los principales aliados de ésta. Tal como lo destacó Vallenilla Lanz, "el latifundio colonial pasó sin modificación alguna a las manos de Páez, Monagas y otros caudillos, quienes habiendo entrado a la guerra sin bienes algunos de fortuna, eran a poco de constituida Venezuela los más ricos propietarios del país."[53]

A ello contribuyeron los Tribunales de Secuestros y las Leyes de Reparto de los bienes confiscados en las guerras de independencia a los extranjeros y a los criollos, por ambos lados (realistas y patriotas) entre 1817 y 1824, y que repartidos entre los guerreros fueron paulatinamente adquiridos a precios irrisorios por los caudillos

---

49   El mismo Soublette, Jefe Superior del Departamento de Venezuela, reconocía que no tenía ningún poder sobre los jefes militares venezolanos (Páez y Mariño) y que sólo Bolívar podía controlarlos. Véase la carta dirigida por Soublette al Libertador en Noviembre de 1821 en las *Memorias de O'Leary*, Tomo VIII, Ediciones Ministerio de la defensa, Caracas, p. 26, *cit.*, por Augusto Mijares, "La Evolución Política de Venezuela" (1810-1960)", *loc. cit.*, p. 70.

50   Véase, Augusto Mijares, "La Evolución Política de Venezuela" (1810-1960)", *loc. cit.*, p. 68; José A. Páez, *Autobiografía*, Tomo I, Nueva York, 1870, pp. 292 y ss.; en particular, p. 371; José Gil Fortoul, *Historia Constitucional de Venezuela, cit.*, Tomo I, pp. 470 y ss., y 585.

51   Véase Augusto Mijares, "La Evolución Política de Venezuela" (1810-1960)", *loc. cit.*, pp. 75 y ss.; José Gil Fortoul, *Historia Constitucional de Venezuela, cit.*, Tomo I, pp. 587 y ss. El mismo General Páez consideró la época de los años posteriores al año 1826, como dolorosa y "la más funesta" de su vida. Véase J. A. Páez, *Autobiografía*, Tomo I, *cit.*, pp. 286 y 292 y ss. Véase los documentos relativos a los sucesos del año 1826, en pp. 313 a 363.

52   *Cfr.* José Gil Fortoul, *Historia Constitucional de Venezuela, cit.*, Tomo I, p. 616. Bolívar escribía, en efecto: "Mas vale estar con él que conmigo, porque yo tengo enemigos y Páez goza de opinión popular". "La República se va a dividir en partidos; en cualquier parte que me halle me buscarán por caudillo del que se levante allí; y ni mi dignidad ni mi puesto me permiten hacerme jefe de facciones". Véase las citas en Augusto Mijares, "La Evolución Política de Venezuela" (1810-1960)", *loc. cit.*, pp. 78 y 80. *Cfr.* J. A. Páez, *Autobiografía*, Tomo I, *cit.*, p. 375.

53   Véase L. Vallenilla Lanz, *Cesarismo Democrático. Estudios sobre las bases sociológicas de la Constitución efectiva de Venezuela*, Caracas, 1952, p. 107. *Cfr.* John Duncan Powell, *Political mobilization of the Venezuela Peasant*, Cambridge (Mass.) 1971, p. 16. En 1840 el diario *El Venezolano*, decía que Páez, quien era Presidente en ese momento, era "el más rico propietario del país, el de más pingues y seguras rentas". *Cit.*, por F. González Guinán, *Historia Contemporánea de Venezuela*, Caracas, 1954., Tomo III, p. 156.

militares.[54] En esta forma, "el latifundio colonial se integró como elemento funda-mental de la estructura económica (monopolio individual o familiar, monocultivo, técnicas rudimentarias) y en las relaciones de producción basadas en la esclavitud y en la servidumbre de la población rural, jurídicamente libre."[55] Por ello, los caudi-llos militares y regionales, de origen popular, posteriormente como propietarios y terratenientes, se convirtieron paulatinamente en conservadores, y de la alianza entre la oligarquía local y aquellos, no solo se producirá la separación definitiva de Vene-zuela de la Gran Colombia[56] sino que se constituirá la República de Venezuela, autónoma con un gobierno netamente oligárquico y conservador.[57]

En todo caso, el proceso formal de la separación definitiva de Venezuela de la Gran Colombia se inició en 1829, como consecuencia de la circular expedida por el Libertador el 31 de agosto de 1829, confirmada el 16 de octubre de ese año, en la cual excitó a los pueblos manifestar sus opiniones sobre la forma de gobierno que debía adoptar Colombia, sobre la Constitución que debía adoptar el Congreso, y sobre la elección del Jefe del Estado.[58]

En efecto, a pesar de que en julio de ese año el colegio electoral de Venezuela, reunido en Caracas, había aprobado por unanimidad un proyecto de instrucciones para los diputados que irían al Congreso constituyente, en las cuales se planteaba la necesidad de sostener la Constitución de Cúcuta[59], en la ciudad de Valencia, reunida una Asamblea Popular el 23 de noviembre de 1829, convocada por el Gobernador de la Provincia de Carabobo, "convinieron todos unánimemente en que Venezuela no debe estar unida a la Nueva Granada y Quito, porque las leyes que convienen a aquellos territorios, no son a propósito para éste, enteramente distinto por costum-bres, clima y producciones", y acordaron también que se dirigiese "esta petición al Congreso constituyente, para que teniéndola en consideración provea los medios más justos, equitativos y pacíficos, a fin de conseguir la separación sin necesidad de ocurrir a vías de hecho; antes bien proporcionando a este país una reunión en que sus habitantes, congregados legítimamente, expresen su voluntad; y que en todo caso ella sea definitiva, sin que los otros Estados tengan derecho de intervención en sus resoluciones". La remisión de esa Acta se acordó hacerla por conducto del "Jefe Superior Civil y Militar, General en Jefe benemérito J. A. Páez."[60]

Una reunión similar se realizó en Caracas, en el edificio de San Francisco, en los días siguientes, el 25 y 26 de noviembre de 1829 y allí se acordó la "Separación del

---

54   Cfr. L. Vallenilla Lanz, *Cesarismo democrático, cit.*, pp. 104 y ss.; F. Brito Figueroa, *Historia Econó-mica y Social de Venezuela. Una estructura para su estudio*, Caracas, 1966. Tomo I, pp. 192 y ss.; P. Ruggeri Parra, *Historia Política y Constitucional de Venezuela*, Tomo I, Caracas, 1949, p. 48; José Gil Fortoul, *Historia Constitucional de Venezuela, cit.*, Tomo segundo, p. 187.

55   Véase F. Brito Figueroa, *Historia Económica y Social de Venezuela, cit.*, p. 220.

56   Cfr. Gil Fortoul, *Historia Constitucional de Venezuela*, Tomo I, pp. 612 y 614.

57   De ahí, quizás, el calificativo de "Oligarquía Conservadora" que J. Gil Fortoul dió al Gobierno de Vene-zuela después de 1830. Véase J. Gil Fortoul, *Historia Constitucional de Venezuela, cit.*, Tomo II, pp. 7 y ss. y 186.

58   Véase José Gil Fortoul, *Historia Constitucional de Venezuela, cit.*, Tomo I, p. 468.

59   *Idem.*, Tomo I, p. 470.

60   Véase el texto en *idem*, Tomo I, pp. 470 y 471.

Gobierno de Bogotá y desconocimiento de la autoridad del General Bolívar y que S.E. el benemérito General José Antonio Páez sea jefe de estos Departamentos y que reuniendo como reúne la confianza de los pueblos, mantenga el orden público y todos los ramos de la Administración, bajo las formas existentes, mientras se instala la convención."[61]

La reacción antibolivariana de estos acuerdos, sin embargo, fue mitigada por el propio Páez, quien luego de convocar otra asamblea en Caracas, el 24 de diciembre de 1829, reconoció el papel del Libertador en la independencia, y se dirigió a él encareciéndole "ejerza su poderosa influencia para que nuestra separación y organización se haga en paz."[62]

El 2 de enero de 1830 comenzaron en Bogotá, las sesiones preparatorias del Congreso constituyente que había convocado el Libertador el año anterior, pero once días después, el 13 de enero, J. A. Páez convocó por Decreto la realización de elecciones para un Congreso Constituyente venezolano, en Valencia, que debía instalarse el 30 de abril[63], lo cual solo ocurrió el 6 de mayo de 1830. Entre febrero y abril, a instancias de Bolívar en el Congreso de Bogotá, se reunieron en Cúcuta comisionados de Colombia y Venezuela para tratar de llegar a un acuerdo pacífico, esfuerzos que a pesar de la labor del Mariscal Sucre, fracasaron.

Bolívar, que tenía la resolución de abandonar el poder, manifestó al Congreso de Bogotá que no aceptaría la Presidencia de la República, y el 1° de marzo, éste encargó del Ejecutivo al Presidente interino del Consejo de Estado, General Domingo Caicedo. El Congreso de Bogotá adoptó la Constitución de Colombia el 29 de abril de 1830[64], y por Decreto separado acordó ofrecérsela a Venezuela para su adopción.

El Congreso Constituyente de Valencia, reunido desde mayo de 1830, el 10 de julio había dictado un Reglamento de Organización Provisional del " Estado de Venezuela", conforme al cual, el Poder Ejecutivo provisional se depositó en una persona con la denominación de Presidente del Estado de Venezuela, teniendo un Consejo de Gobierno compuesto del Vicepresidente de la República, de un Ministro de la Corte Suprema de Justicia nombrado por ella, de dos Secretarios del Despacho y de dos Consejeros elegidos por el Congreso. José Antonio Páez (1790–1873) fue nombrado Presidente provisional y Diego Bautista Urbaneja, Vicepresidente.[65]

El Congreso, además, el 6 de agosto de 1830 expidió un Decreto sobre garantías de los venezolanos para el gobierno provisional,[66] y consideró la propuesta del Congreso de Bogotá sobre la Constitución adoptada por el mismo, el 29 de abril. Sobre ello, el 17 de agosto de 1830, decretó: "Que Venezuela ocupada de su propia Constitución conforme a la voluntad unánime de los pueblos, no admite la Constitución

---

61   Véase el texto en *idem, cit.,* Tomo I, p. 472.

62   Véase *idem., cit.,* Tomo I, p. 473.

63   Véase el texto en Allan R. Brewer-Carías, *Las Constituciones de Venezuela, cit.,* pp. 415 y ss.

64   Véase el texto en Carlos Restrepo Piedrahita, *Constituciones Políticas Nacionales de Colombia,* Universidad Externado de Colombia, Bogotá, 1995, pp. 101 y ss.

65   Véase el texto en Allan R. Brewer-Carías, *Las Constituciones de Venezuela, cit.,* pp. 427 y ss.

66   Véase el texto en *Leyes y Decretos de Venezuela,* Tomo I, 1830-1840, Biblioteca de la Academia de Ciencias Políticas y Sociales, Caracas, 1982, pp. 30 y 31.

que se le ofrece, ni como existe, ni con reformas cualesquiera que sean; pero que está dispuesta a entrar en pactos recíprocos de federación que unan, arreglen y representen las altas relaciones nacionales de Colombia, luego que ambos Estados estén perfectamente constituidos y que el General Bolívar haya evacuado el territorio de Colombia."[67]

El Congreso de Valencia sancionó la Constitución del Estado de Venezuela el 22 de septiembre de 1830, a la cual puso el ejecútese el General Páez, Presidente del Estado, el 24 de septiembre de 1830, fecha en la cual el Congreso dictó un nuevo Decreto sobre la publicación y el juramento del texto constitucional.[68]

El 17 de diciembre de 1830 murió el Libertador Simón Bolívar: el mismo día, once años después que se había sancionado en Angostura la Ley Fundamental de la República de Colombia, y el mismo año en el cual aquella gran nación desapareció, por la separación de Venezuela, y su constitución como República autónoma.

2. *El republicanismo y la democracia representativa*

La Constitución del 24 de septiembre de 1830, que consolidó la República autónoma de Venezuela[69] es, quizás uno de los textos que más influencia tuvo en el proceso constitucional venezolano, dado los largos años de vigencia que tuvo hasta 1857. Fue un Texto que siguió la misma línea constitucional que se había iniciado en Venezuela con la Constitución de 181, de cuyo texto recibió una influencia fundamental así como de las Constituciones de 1819 y 1821, aún cuando mitigando el centralismo que Bolívar le había propugnada en ellas.

La Constitución declaró que la soberanía residía esencialmente en la nación y no podía ejercerse sino por los poderes políticos que establecía (art. 3), cuyos titulares debían ser electos. Por ello, la Constitución dispuso que el pueblo no podía ejercer por sí mismo otras atribuciones de la soberanía que no fueran las elecciones primarias "ni depositará el ejercicio de ella en una sola persona" (art. 7). A tal efecto, se declaró que el gobierno sería "siempre republicano, popular, representativo, responsable y alternativo" (art. 6). Incluso, en esta materia la Constitución de 1830 incluyó una cláusula pétrea al disponer en el artículo 228 que "la autoridad que tiene el Congreso para reformar la Constitución no se extiende a la forma del Gobierno, que será siempre republicano, popular, representativo, responsable y alternativo".

Todos los venezolanos podían elegir y ser elegidos para los destinos públicos, siempre que fueran ciudadanos (art. 13), condición que sólo tenían los dueños de propiedad raíz con renta anual fuera de 50 pesos o tener una profesión, oficio o industria útil que produjera 100 pesos anuales, sin dependencia de otro en clase de

---

67   Véase el texto en *Leyes y Decretos de Venezuela*, Tomo I, 1830-1840, *cit.*, p. 33; y en Allan R. Brewer-Carías, *Las Constituciones de Venezuela*, *cit.*, pp. 439-460.

68   Véase los textos en Allan R. Brewer-Carías, *Las Constituciones de Venezuela*, *cit.*, pp. 461 y ss.

69   Véase los comentarios de Páez sobre las causas que motivaron a Venezuela a separarse de la Unión Colombiana, en J. A. Páez, *Autobiografía*, Nueva York, 1870, Tomo II, *cit.*, pp. 1 y ss. Debe señalarse, que la elección de diputados que formaron el Congreso de Venezuela se hizo en base a un Decreto expedido por el General Páez, que estableció el sufragio restringido por razones económicas. *Cfr.* F. González Guinán, *Historia Contemporánea de Venezuela*, *cit.*, Tomo II, p. 11. Véase el texto del Decreto en Allan R. Brewer-Carías, *Las Constituciones de Venezuela*, *cit.*, pp. 411 y ss.

sirviente doméstico, o que gozaran de un sueldo anual de 150 pesos (art. 14). Se siguió así, con la condición censitaria del sistema electoral que se había establecido desde la Constitución de 1811 (art. 26)[70]. La Constitución exhortaba a los ciudadanos a tener presente que "del interés que todos toen en las elecciones nace el espíritu nacional que, sofocando los partidos, asegura la manifestación de la voluntad general y que del acierto de las elecciones en las asambleas primarias y electorales es que principalmente dependen la duración, la conservación y el bien de la República" (art. 17).

Una vez que la primera autoridad civil de cada parroquia, asociándose con 2 vecinos notables designados por el concejo municipal del cantón, formase la lista de los electores o sufragantes parroquiales (art. 18), se procedía a realizar el proceso electoral en dos niveles:

En primer lugar, en el nivel parroquial donde en asambleas parroquiales, que presidía el primer juez de cada parroquia, elegían al elector o electores que correspondan al cantón respectivo (arts. 21–23). En las provincias que hubieran de dar un solo representante se nombraban 10 electores, distribuyéndolos entre los cantones a proporción de la población de cada uno; y en las provincias que hubieran de nombrar 2 o más representantes, se elegirían tantos electores cuantos correspondieran a los cantones de que se componían, debiendo elegir todo cantón un elector por cada 4.000 almas y uno más por un residuo de 2000. Todo cantón, aunque no alcanzare a 4.000 mil almas, debía nombrar un elector (art. 25).

El escrutinio de las votaciones parroquiales se debía hacer por la autoridad civil del cantón en asociación con el concejo municipal (art. 29), correspondiéndole declarar constitucionalmente electos a quienes resultaren con mayor número de votos (art. 30), a quienes se debía dar aviso inmediatamente para que concurrieran a la misma capital el día designado al efecto.

Se procedía entonces a la elección en el segundo grado, en las asambleas o colegios electorales compuesto de los electores nombrados por los cantones (art. 32), para cuya constitución debían participar al menos las dos terceras partes de todos los electores (art. 34). Reunidos los colegios electorales, conforme al artículo 36 de la Constitución, debían proceder a elegir por mayoría absoluta de votos (art. 41) a los siguientes funcionarios: Presidente del Estado; Vicepresidente; Senadores de la provincia y suplentes; Representantes de la misma y de otros tantos para suplir sus faltas; y miembros para las Diputaciones provinciales y de igual número de individuos en clase de suplentes. En los casos en los cuales ningún candidato hubiere alcanzado la mayoría absoluta, se debía concretar la votación a los dos individuos que hayan obtenido mayor número de sufragios y se debía proceder a un segundo escrutinio, del cual debía resultar la mayoría, debiendo, en casos de empate, decidirse por la suerte.

---

70   *Cfr.* las apreciaciones de L. Vallenilla Lanz. *Cesarismo Democrático, cit.,* p. 193, y de P. Ruggeri Parra, *Historia Política y Constitucional de Venezuela, cit.,* Tomo II, p. 17. "Bueno malo este régimen -dice Gil Fortoul, al referirse a la oligarquía conservadora (1830-1848)-, su existencia dependía por necesidad de la limitación del sufragio a la clase rica o ilustrada", en *Historia Constitucional de Venezuela, cit.,* Tomo II, p. 311.

En cuanto al sistema de derechos políticos y garantías individuales enumeradas ampliamente en los artículos 188 a 219, el texto siguió la orientación de las Constituciones precedentes, y de la Declaración de los derechos del pueblo de 1811.

3. *La fórmula mixta (centro–federal) de 1830 en el proceso de reconstitución de Venezuela*

En cuanto a la forma de Estado, la Constitución de 1830 estableció una fórmula mixta, transaccional, entre centralismo y federación, pues las discusiones que precedieron su sanción en 1830, habían estado signadas por la misma discusión sobre la estructura federal o centralista del nuevo Estado venezolano. No hay que olvidar que la misma constitución del Estado de Venezuela, separado de Colombia, había sido producto de las fuerzas centrífugas del regionalismo.

De ello se optó, en definitiva, por una fórmula "centro federal o mixta", como la denominó el Congreso,[71] según la cual el Estado era unitario pero las Provincias en las cuales se lo dividió, que eran las que conformaban el territorio que tenía la antigua Capitanía General de Venezuela antes de la transformación política de 1810 (art. 5),[72] gozaban de amplia autonomía e, inclusive, contaban además de con un gobernador designado por el Presidente del Estado, del cual eran "agente natural e inmediato" (art. 170); con una Diputación Provincial compuesta por diputados electos en segundo grado. La denominación de "diputación" provincial ciertamente que se había adoptado en la Constitución de Cádiz,[73] pero la concepción de las mismas en realidad, reflejaba el sistema eleccionario de diputados a las "Asambleas provinciales" establecidas en la Constitución de 1811.

Estas Diputaciones intervenían en la designación de los Gobernadores de Provincia mediante la presentación de ternas al Presidente del Estado (art. 161.4). También podían solicitar la remoción de los mismos. Por tanto, si bien los gobernadores dependían del Poder Ejecutivo, significaban el "equilibrio" entre el centralismo y federación que los constituyentes buscaron.[74]

Las Diputaciones provinciales tenían amplísimas competencias, que contrastaban con las que se habían previsto para las Asambleas provinciales en las Constituciones anteriores, y que evidencian el proceso de distribución territorial del poder que

---

71 Véase en J. Gil Fortoul, *Historia Constitucional de Venezuela*, Tomo II, *cit.,* pp. 19 y 20. *Cfr.* P. Ruggeri Parra, *Historia Política y Constitucional de Venezuela*, Tomo II, *cit.*, p. 17.

72 Los Diputados que conformaron el Congreso Constituyente de Valencia provenían de las siguientes Provincias 11 Provincias: Apure, Barcelona, Barinas, Caracas, Carabobo, Coro, Cumaná, Guayana, Maracaibo, Margarita y Mérida. Véase en Allan R. Brewer-Carías, *Las Constituciones de Venezuela, cit.,* p. 460.

73 *Cfr.* J. M. Casal Montbrún, "Estudio Preliminar", *La Constitución de 1961 y la Evolución Constitucional de Venezuela*, Tomo II, Vol. I, Caracas, 1972, pp. 23 y 32; Jesús M. casal, h, "La Constitución de Cádiz como fuente del Derecho Constitucional Venezolano" en Asdrúbal Aguiar (Coordinador), *La Constitución de Cádiz de 1812, fuente del derecho Europeo y Americano*, Ayuntamiento de Cádiz, Cádiz 2010, p. 220.

74 Artículo 156 y siguientes de la Constitución de 1830 y particularmente los artículos 164,4 y 170. Véase los comentarios sobre esta Constitución en J. Gil Fortoul, *Historia Constitucional de Venezuela, cit.,* Tomo II, pp. 77 y ss. F. González Guinán, *Historia Contemporánea de Venezuela, cit.,* Tomo II, pp. 135 y ss.; y Ruggeri Parra, *Historia Política y Constitucional de Venezuela, cit.,* Tomo II, pp. 17 y ss.

marcó la concepción del Estado. Entre dichas competencias se destacan, conforme al artículo 161 de la Constitución, las siguientes:

1. Informar a la Cámara de Representantes las infracciones y abusos que se hayan cometido contra la Constitución y las leyes y velar en el exacto cumplimiento de éstas.

2. Denunciar al Poder Ejecutivo o a la Cámara de Representantes con los datos necesarios los abusos y mala conducta del gobernador y demás empleados de la provincia, los abusos, malversación y poca eficacia en la recaudación, inversión y manejo de las rentas del Estado.

3. Presentar a la Corte Suprema de Justicia tantos letrados con las cualidades necesarias cuantas sean la plazas que hayan de proveerse en la Corte Superior del distrito a que cada provincia corresponda a fin de que la Corte Suprema forme de entre los presentados una terna para el nombramiento de cada ministro.

4. Presentar al Poder Ejecutivo ternas para el nombramiento de gobernadores y pedir la remoción de estos empleados cuando falten a sus deberes y su continuación sea perjudicial al bien de la provincia.

5. Pedir a la autoridad eclesiástica con los datos necesarios la remoción de los párrocos que observen una conducta notoriamente reprensible y perjudicial al bien de sus feligreses.

6. Presentar al gobernador ternas para el nombramiento de jefes de cantón y de los empleados en la administración de las rentas provinciales.

7. Recibir de las Corporaciones y ciudadanos de la provincia las peticiones, representaciones e informes que se dirijan para hacer uso de ellas si son de su inspección o darles el curso conveniente.

8. Supervigilar en el cumplimiento de la ley de manumisión y ejercer las demás atribuciones que ella le designe.

9. Hacer con proporción el repartimiento de las contribuciones que decrete el Congreso entre los cantones de cada provincia.

10. Hacer, según la ley, el reparto de reemplazos para el ejército y armada con que deba contribuir la provincia.

11. Establecer impuestos provinciales o municipales en sus respectivas provincias para proveer a sus gastos y arreglar el sistema de su recaudación e inversión; determinar el número y dotación de los empleados en este ramo y los demás de la misma clase que estén bajo su inspección; liquidar y fenecer sus cuentas respectivas.

12. Contratar empréstitos sobre los fondos provinciales o municipales para las obras de sus respectivos territorios.

13. Resolver sobre la adquisición, enajenación o cambio de edificios, tierras o cualesquiera otros bienes que pertenezcan a los fondos provinciales o municipales.

14. Establecer bancos provinciales.

15. Fijar y aprobar anualmente el presupuesto de los gastos ordinarios y extraordinarios que demanda el servicio municipal en cada provincia.

16. Formar los reglamentos que sean necesarios para el arreglo y mejora de la policía urbana y rural, según lo disponga la ley, y velar sobre su ejecución.

17. Promover y establecer por todos los medios que estén a su alcance escuelas primarias y casas de educación en todos los lugares de la provincia, y al efecto podrá disponer y arreglar del modo que sea más conveniente la recaudación y administración de los fondos afectos a este objeto, cualquiera que sea su origen.

18. Promover y decretar la apertura de caminos, canales y posadas y la construcción de puentes, calzadas, hospitales y demás establecimientos de beneficencia y utilidad pública que se consideren necesarios para el bien y prosperidad de la provincia, pudiendo a este fin aceptar y aprobar definitivamente las propuestas que se hagan por compañías o particulares, siempre que no sean opuestas a alguna ley de la República.

19. Procurar la más fácil y pronta comunicación de los lugares de la provincia entre sí y la de éstos con los de las vecinas, la navegación interior, el fomento de la agricultura y comercio por los medios que estén a su alcance, no siendo contrarios a alguna ley

20. Favorecer por todos los medios posibles los proyectos de inmigración y colonización de extranjeros industriosos.

21. Acordar el establecimiento de nuevas poblaciones y la traslación de las antiguas a lugares más convenientes y promover la creación, suspensión o reunión de cantones en la respectiva provincia.

22. Conceder temporalmente y bajo determinadas condiciones privilegios exclusivos en favor del autor o autores de algún invento útil e ingenioso y a los empresarios de obras públicas con tal que se consideren indispensables para su ejecución y no sean contrarios a los intereses de la comunidad.

23. Pedir al Congreso o al Poder Ejecutivo, según la naturaleza de las peticiones, cuanto juzguen conveniente a la mejora de la provincia y no esté en las atribuciones de las diputaciones.

Las ordenanzas o resoluciones de las Diputaciones provinciales se debían pasar para su ejecución al gobernador, quien tenía el derecho de objetarlas (art. 162). Las Diputaciones, conforme se establecía en el artículo 167, no podrán deliberar sobre ninguno de los negocios comprendidos en las atribuciones del Congreso y del Poder Ejecutivo ni dictar órdenes o celebrar acuerdos contrarios a la Constitución o a las leyes.

Las Provincias se dividieron en cantones y parroquias, y en cada cantón la Ley atribuyó la autoridad gubernativa y económica a los "jefes políticos" designados por el Gobernador (art. 176), quienes presidían los "Consejos municipales" integrados, a su vez, por alcaldes y concejales designados por las Diputaciones Provinciales (art. 179).

En esta forma, el pacto centro–federal, disminuyó la autonomía municipal que el texto constitucional de 1819 había consagrado, en beneficio de las Diputaciones

Provinciales, donde se alojó el poder de los caudillos regionales para, inclusive, discutir el poder central[75].

Este federalismo–centralista que se previó en el texto de 1830, en todo caso, es el que de hecho o de derecho hemos tenido hasta la actualidad en nuestra historia político–constitucional.

4. *La separación horizontal del poder y el sistema presidencial de gobierno*

Por otra parte, la Constitución siguió el esquema del constitucionalismo venezolano anterior, estableciendo un sistema de separación de poderes, así: "El Poder Supremo se dividirá para su administración en Legislativo, Ejecutivo y Judicial. Cada Poder ejercerá las atribuciones que le señala esta Constitución, sin excederse de sus límites respectivos" (art. 8).

A. *El Poder Legislativo: el Congreso*

El poder legislativo, se atribuyó al Congreso, compuesto por dos Cámaras: la de Representantes y la de Senadores (Art. 48), cuyos miembros se elegían en segundo grado por las asambleas provinciales de electores. La cámara del Senado estaba compuesta por dos Senadores por cada una de las Provincias que hubiera en la República (Art. 60). Tanto los senadores como los representantes tenían "este carácter por la nación y no por la provincia que los nombraba", y no podían "recibir órdenes ni instrucciones particulares de las asambleas electorales ni de las Diputaciones provinciales" (art. 80).

Cada Cámara tenía algunas atribuciones privativas (arts. 57 y 65); y en general, al Congreso correspondía, conforme al artículo 87, las siguientes atribuciones:

1. Dictar las leyes y decretos necesarios en los diferentes ramos de la administración pública, interpretar, reformar, derogar y abrogar las establecidas y formar los códigos nacionales.

2. Establecer impuestos, derechos y contribuciones, velar sobre su inversión y tomar cuenta de ella al Poder Ejecutivo y demás empleados de la República.

3. Determinar y uniformar la ley, valor, tipo y denominación de la moneda.

4. Fijar y uniformar los pesos y medidas.

5. Crear los tribunales y juzgados que sean necesarios.

6. Decretar la creación y supresión de los empleos públicos y señalarles sueldos, disminuirlos o aumentarlos.

7. Decretar en cada año la fuerza de mar y tierra, determinando la que deba haber en tiempo de paz, y arreglar por leyes particulares el modo de le-

vantar y reclutar la fuerza permanente y la de milicia nacional y su organización.

8. Decretar el servicio de la milicia nacional cuando lo juzgue necesario.

9. Decretar la guerra en vista de los fundamentos que le presente el Presidente de la República y requerirle para que negocie la paz.

10. Decretar la enajenación, adquisición o cambio de territorio.

11. Prestar o no su consentimiento y aprobación a los tratados de paz, tregua, amistad, alianza ofensiva y defensiva, neutralidad y los de comercio concluidos por el jefe de la República.

12. Decretar los gastos públicos en vista de los presupuestos que le presente el Ejecutivo por las respectivas secretarías y una suma extraordinaria para los gastos imprevistos.

13. Decretar lo conveniente para la administración, conservación y enajenación de los bienes nacionales.

14. Contraer deudas sobre el crédito del Estado.

15. Establecer un Banco nacional.

16. Celebrar contratos con ciudadanos o compañías de nacionales o extranjeros para la navegación de ríos, apertura de caminos y otros objetos de utilidad general.

17. Promover por leyes la educación pública en las universidades y colegios, el progreso de las ciencias y artes y los establecimientos de utilidad general y conceder por tiempo limitado privilegios exclusivos para su estímulo y fomento.

18. Conceder premios y recompensas personales a los que hayan hecho grandes servicios a Venezuela.

19. Establecer las reglas de naturalización.

20. Decretar honores públicos a la memoria de los grandes hombres.

21. Conceder amnistías e indultos generales cuando lo exija algún grave motivo de conveniencia pública.

22. Elegir el lugar en que deba residir el Gobierno y variarlo cuando lo estime conveniente.

23. Crear nuevas provincias y cantones, suprimirlos, formar otros de los establecidos y fijar sus límites según crea más conveniente para la mejor administración previo el informe del Poder Ejecutivo y de la Diputación de la provincia a que corresponda el territorio de que se trata.

24. Permitir o no el tránsito de tropas extranjeras por el territorio del Estado.

25. Admitir o no extranjeros al servicio de las armas de la República.

26. Permitir o no la estación de escuadra de otra nación en los puertos de Venezuela por más de un mes.

27. Hacer el escrutinio y perfeccionar la elección de Presidente y Vicepresidente de la República y admitir o no sus renuncias.

B. *El Poder Ejecutivo: el Presidente y Vicepresidente*

El Poder Ejecutivo, conforme al sistema presidencial de gobierno, estaba a cargo del Presidente de la República (art. 103), pero con la figura de un Vicepresidente (art. 109); ambos electos en segundo grado. El Presidente de la República debía ser electo por las dos terceras partes de los votos de los electores que hubieran sufragado en los colegios electorales (art. 105), yo no podía ser reelecto inmediatamente (art. 108), con lo cual se estableció el principio de la no reelección inmediata que perduró en nuestro sistema constitucional hasta 1999.

La Constitución estableció tres secretarías para el despacho de los negocios correspondientes al Poder Ejecutivo: una del Interior y Justicia, otra de Hacienda y otra de Guerra y Marina, debiendo el Ejecutivo agregar a cualquiera de ellas el Despacho de las Relaciones Exteriores (art. 134). Los Secretarios se configuraron en la Constitución, como "los órganos precisos e indispensables del Gobierno" y, como tales, debían autorizar todos los decretos, reglamentos, órdenes y providencias que expidiere", de manera que las que no estuviesen autorizadas por el respectivo Secretario no debían ser ejecutadas por ningún tribunal ni persona pública o privada, aunque aparecieran firmadas por el Presidente de la República (art. 136). Los Secretarios del Despacho, además, debían dar cuenta a cada Cámara en sus primeras sesiones del estado de sus respectivos ramos y además, cuantos informes se les pidieran por escrito o de palabra, reservando solamente lo que no convenga publicar (art. 137).

Conforme al artículo 117 de la Constitución, el Presidente era el Jefe de la administración general de la República y como tal tenía las atribuciones siguientes:

1. Conservar el orden y tranquilidad interior y asegurar el Estado contra todo ataque exterior.

2. Mandar ejecutar y cuidar de que se promulguen y ejecuten las leyes, decretos y actos del Congreso.

3. Convocar el Congreso en los períodos ordinarios y también extraordinariamente con previo consentimiento o a petición del Consejo de Gobierno cuando lo exija la gravedad de alguna ocurrencia.

4. Tiene el mando supremo de las fuerzas de mar y tierra para la defensa de la República.

5. Llamar las milicias al servicio cuando lo haya decretado el Congreso.

6. Declarar la guerra a nombre de la República previo decreto del Congreso.

7. Dirigir las negociaciones diplomáticas, celebrar tratados de tregua, paz, amistad, alianza ofensiva y defensiva, neutralidad y comercio, debiendo proceder la aprobación del Congreso para prestar o denegar su ratificación a ellos.

8. Nombrar y remover los secretarios del Despacho.

9. Nombrar, con acuerdo del Consejo de Gobierno, los Ministros plenipotenciarios enviados y cualesquiera otros Agentes diplomáticos, Cónsules, Vicecónsules y Agentes comerciales.

10. Nombrar, con previo acuerdo y consentimiento del Senado, para todos los empleos militares, desde coronel y capitán de navío inclusive arriba, y a propuesta de los jefes respectivos, para todos los inferiores, con calidad de que estos últimos nombramientos tengan siempre anexo el mando efectivo, pues quedan abolidos de ahora en adelante todos los grados militares sin mando.

11. Conceder retiros y licencias a los militares y a otros empleados, según lo determine la ley.

12. Expedir patentes de navegación y también de corso y represalias cuando el Congreso lo determine o, en su receso, con el consentimiento del Consejo de Gobierno.

13. Conceder cartas de naturaleza conforme a la ley.

14. Nombrar a propuesta en terna la Corte Suprema de Justicia los Ministros de las Cortes Superiores.

15. Nombrar los gobernadores de las provincias a propuesta en terna de la respectiva Diputación provincial.

16. Nombrar para todos los empleos civiles, militares– y de hacienda cuyo nombramiento no se reserve a alguna otra autoridad en los términos que prescriba la ley.

17. Suspender de sus destinos a los empleados en los ramos dependientes del Poder Ejecutivo cuando infrinjan las leyes o sus decretos u órdenes, con calidad de ponerlos a disposición de la autoridad competente, dentro de tres días, con el sumario o documentos que hayan dado lugar a la suspensión para que los juzgue.

18. Separar a los mismos empleados cuando por incapacidad o negligencia desempeñen mal sus funciones, procediendo para ello el acuerdo del Consejo de Gobierno.

19. Cuidar de la recaudación e inversión de las contribuciones y rentas públicas con arreglo a las leyes.

20. Cuidar de que la justicia se administre pronta y cumplidamente por los Tribunales y Juzgados y que sus sentencias se cumplan y ejecuten.

21. En favor de la humanidad puede conmutar las penas capitales, con previo acuerdo y consentimiento del Consejo de Gobierno, a propuesta del tribunal que conozca de la causa en última instancia o a excitación del mismo Ejecutivo, siempre que ocurran graves y poderosos motivos, excluyéndose de esta atribución los que hayan sido sentenciados por el Senado.

La Constitución creó un Consejo de Gobierno compuesto del Vicepresidente de la República que lo presidía de cinco Consejeros y de los Secretarios del Despacho (art. 123), que tenía a su cargo, básicamente, funciones consultivas (art. 127). Uno de los cinco Consejeros era un miembro de la Corte Suprema de Justicia nombrado por ella cada dos años, y los otros cuatro eran nombrados por las dos Cámaras del Congreso reunidas en una de sus primeras sesiones cada cuatro años y serán reemplazados por mitad cada dos años (art. 124). El Consejo debía elegir cada dos años un Vicepresidente de entre los miembros que no fueran nombrados por el Ejecutivo para que reemplazase las faltas del Vicepresidente del Estado.

C. El Poder Judicial: la Corte Suprema

El Poder Judicial, se asignó a la Corte Suprema, de Cortes superiores, de Juzgados de primera instancia y de los demás Tribunales creados por la ley (art. 144), previéndose que en las causas criminales la justicia se debía administrar por jurados (art. 142)

Para el nombramiento de los ministros de la Corte Suprema, los candidatos debían ser propuestos por el Presidente de la República a la Cámara de Representantes en número triple; la Cámara debía reducir este número al doble y lo debía presentar al Senado para que éste nombrara los que debían componer la Corte (art. 147).

Entre las atribuciones de la Corte Suprema, además de las relativas a juzgar y sentenciar en las causas que se formasen contra el Presidente de la República y Vicepresidente encargado del Poder Ejecutivo; de las causas de responsabilidad que por mal desempeño en el ejercicio de sus funciones se formasen a los secretarios del Despacho, y de las otras causas contenciosas respecto de latos funcionarios, se destaca la competencia para "Oír las dudas de los demás Tribunales sobre la inteligencia de alguna ley y consultar sobre ellas al Congreso por el conducto del Poder Ejecutivo si las considerase fundadas para la conveniente declaratoria" (ord. 10), lo que abría la posibilidad del control de constitucionalidad de las leyes. A tal efecto, la propia Constitución dispuso que "Ningún funcionario público expedirá, obedecerá ni ejecutará órdenes manifiestamente contrarías a la Constitución o las leyes o que violen de alguna manera las formalidades esenciales prescritas por éstas o que sean expedidas por autoridades manifiestamente incompetentes" (art. 186).

REFLEXIÓN FINAL

Lo anterior es sólo una muestra de los importantes aportes al constitucionalismo latinoamericano que dieron los constituyentes venezolanos, en paralelo con lo que fueron los aportes de la Constitución de Cádiz. De ello deriva que todas las bases del constitucionalismo venezolano de los últimos casi 200 años, sin duda, surgieron de la Constitución de 1811 (Caracas), y luego, de las Constituciones de 1819 (Angostura), de 1821 (Cúcuta) y de 1830 (Valencia).

Sin embargo, al repasar comenzando el Siglo XXI, todas aquellas bases o principios, no podemos menos que lamentarnos, pues no hemos logrado, los propios venezolanos, aprender de nosotros mismos y de nuestras propias experiencias. En 2006, en efecto, después de haber tenido durante casi medio siglo un período de democracia representativa, alternativa, responsable y liberal, con un desarrollo constitucional envidiable en el resto de América Latina que de desenvolvió al amparo de la Constitución de 1961, con la Constitución de 1999 hemos pasado a un régimen signado por el autoritarismo–populismo, con forma seudo electoral, caracterizado por la antítesis de lo que es un constitucionalismo democrático; es decir, por tener una Constitución impuesta, que no fue fruto de consenso o negociación alguna; por la mediatización de una amplia declaración de derechos constitucionales, dada la ausencia de garantías judiciales y la existencia de un poder judicial dependiente, compuesto en su mayoría por jueces provisorios; por haberse producido, con base constitucional, una concentración del poder como no se había visto en cien años, que con una formal penta división del mismo, atribuye la totalidad del control del poder a la Asamblea Nacional la cual a su vez ha estado controlada totalmente por el Presidente de la República (Recuérdese, además, que el 4 de diciembre de 2005, luego del retiro de las candidaturas para la elección de diputados que habían presentado los partidos de oposición, con una participación electoral que no superó el 25%, es decir, con un 75% de abstención, los candidatos oficialistas acapararon todos los escaños en la Asamblea Nacional); por la existencia de un juez constitucional que lejos de garantizar el Estado de derecho, se ha puesto al servicio de la consolidación del autoritarismo; por el desarrollo de un sistema electoral elaborado para facilitar la concentración del poder y de un órgano electoral no confiable, al estar controlado por el Presidente de la República; por un centralismo de Estado propio de una Federación centralizada, que se ha caracterizado por un ahogamiento progresivo de la precaria autonomía de Estados y Municipios; y como consecuencia de todo ello, por la persecución política que se ha desatado contra los opositores, con vanos intentos de matar las ideas, como no se veía en el país desde los tiempos de las dictaduras militares.

La historia nos enseña que todo ello pasará, y de nuevo se reabrirá el ciclo democrático. Lo lamentable, sin embargo, es que en este caso, todo ese esquema autoritario propio de un autoritarismo rico y destructor, hará más difícil la reconstrucción, lo que no elimina las esperanzas que los venezolanos todos tenemos en que ello ocurrirá.

ÍNDICE GENERAL

SEGUNDA PARTE
BASES DEL CONSTITUCIONALISMO MODERNO Y
SU PENETRACIÓN EN LOS TERRITORIOS DE LA AMÉRICA
COLONIAL

CUARTA PARTE
LAS DECLARACIONES DE DERECHOS DEL PUEBLO Y DEL HOMBRE DE 1811 (2011)

SEXTA PARTE

**OTROS ESTUDIOS SOBRE LOS INICIOS DEL
CONSTITUCIONALISMO EN HISPANOAMERICA**   775

SECCIÓN PRIMERA:
ESPAÑA Y EL CONSTITUCIONALISMO HISPANOAMERICANO

SÉPTIMA PARTE

EL DESARROLLO DEL CONSTITUCIONALISMO EN VENEZUELA DESPUÉS DE LA REVOLUCIÓN Y CONSTITUCIÓN DE CARACAS (1811): LA CONSTITUCIÓN DE ANGOSTURA (1819), LA CONSTITUCIÓN DE CÚCUTA CON LA CREACIÓN DE LA REPÚBLICA DE COLOMBIA (1821) Y LA CONSTITUCIÓN DE VALENCIA CON EL RESTABLECIMIENTO DEL ESTADO DE VENEZUELA (1830) (2005)